革命文献与民国时期文献
保护计划

成 果

国家图书馆 编

民国时期
图书总目

语言文字

国家图书馆出版社

图书在版编目（CIP）数据

民国时期图书总目 . 语言文字 / 国家图书馆编 .—北京：国家图书馆出版社，2023.7
ISBN 978-7-5013-7193-8

Ⅰ . ①民…　Ⅱ . ①国…　Ⅲ . ①语言学—图书目录—中国—民国　Ⅳ . ① Z812.6

中国版本图书馆 CIP 数据核字（2020）第 268782 号

书　　名　民国时期图书总目·语言文字
著　　者　国家图书馆　编
责任编辑　景　晶
封面设计　陆智昌

出版发行　国家图书馆出版社（北京市西城区文津街7号　　100034）
　　　　　　　　（原书目文献出版社　北京图书馆出版社）
　　　　　　010-66114536　63802249　nlcpress@nlc.cn（邮购）
网　　址　http://www.nlcpress.com
排　　版　京荷（北京）科技有限公司
印　　装　河北三河弘翰印务有限公司
版次印次　2023年7月第1版　2023年7月第1次印刷

开　　本　787×1092　1/16
印　　张　48.5
字　　数　1320千字
书　　号　ISBN 978-7-5013-7193-8
定　　价　420.00元

革命文献与民国时期文献整理出版

编纂委员会

《民国时期图书总目》编委会

本卷编委会

主　编：袁乐乐

编　委（按姓氏笔画排列）：

王艳萍　刘小玲　延卫平　孙保珍　张　伟

张　茜　张新宇　胡　砚　侯　芮　袁春艳

索　晶　韩佳芮

出版说明

《民国时期图书总目》主要收录 1911 年 1 月—1949 年 9 月我国出版的中文图书，酌情收录这段时间内国外出版的中文图书，是一部大型的回溯性书目。

基于目前普查情况统计，在这段时期里，我国出版的中文图书约 20 余万种。20 世纪 80—90 年代，北京图书馆（今国家图书馆）曾编过一套《民国时期总书目》，主要收录了北京图书馆、上海图书馆和重庆图书馆收藏的中文图书，并补充了一些其他图书馆的藏书，基本上反映了这段时期中文图书的出版概貌。《民国时期总书目》由原北京图书馆参考研究部自 1961 年开始组织编纂，编委和顾问主要成员包括田大畏、王润华、邱崇丙、朱光暄等，1985 年开始分卷册陆续出版，为民国时期的书目存录、学术研究和文献保护提供了便利。前辈专家学者以严谨求实的工作作风，为民国时期文献整理和保护事业做出的卓越贡献，值得我们永远铭记。感念于斯，我们深知责任重大，只有砥砺前行，在前辈专家学者工作的基础上不断充实和完善其内容，争取为广大读者提供一部可供参考利用的书目。

《民国时期图书总目》是在参与民国时期文献普查的各个机构的大力支持下，依托"民国时期文献联合目录"，并吸收了全国图书馆联合编目中心各省级成员馆、"大学数字图书馆国际合作计划"(China Academic Digital Associative Library, CADAL) 的主要高校成员馆以及一些专业图书馆等民国时期文献主要收藏机构的书目数据编纂而成。在收书范围、书目分类、著录方式及编纂体例上，大体延续了《民国时期总书目》的做法，同时根据目前书目数据的实际情况进行了一些调整。从书目的完整性、藏书机构的代表性等各方面都较《民国时期总书目》有了显著的提高。此外，本书目一大特色是待陆续出版完成后将实现与"民国时期文献联合目录"线上数据联动，以满足在数字时代大背景下读者对于民国时期文献数据的实时便捷查找、识别、选择和获取等需求。

本书目基本依据《中国图书馆分类法》(第四版)体系，按学科分为哲学，宗教，社会科学总论，政治，法律，军事，经济，文化、科学、教育、体育，语言文字，文学理论、世界文学、外国文学，中国文学，艺术，历史、地理，自然科学（基础科学），医药卫生，农业科学，工业技术、交通运输、航空航天、环境科学，综合性图书 18 卷，将分卷陆续出版。

随着时代的发展和技术的进步，图书馆编目工作发生了巨大变化，编目方式由卡片目录发展为机读目录，各藏书机构间的书目交流也日趋频繁和便捷。如何以海量的机读格式书目数据为基础，编纂一部大型的印刷本回溯性书目，对于编纂人员来说充满挑战，实施过程复杂且动态，不易掌控，而且这部书目涉及的藏书机构多、书目数据量大、图书版本情况复杂、涉及学科范围广，并且有一些图书破损严重，著录信息无从查起，需要编纂人员考证或推测，加之编纂人员水平有限，一定会有错误或不当之处，敬请读者批评指正。

本书编委会

2018 年 4 月

前　言

　　民国时期是中国历史上一个短暂但又十分重要的时期。这一时期，社会变化剧烈，学术思想活跃，留下了大量文献，包括图书、期刊、报纸、档案、日记、手稿、票据、传单、海报、图片及声像资料等。这些文献是反映民国时期政治、经济、社会、文化、军事等方面情况的重要资料。但是，由于种种原因，民国时期文献老化、损毁现象严重，亟待抢救与保护。自 20 世纪 80 年代以来，民国时期文献日益受到关注，抢救、保护与开发利用工作逐步展开，并取得了阶段性成果。

　　为了进一步促进民国时期文献的保护和利用，2011 年，国家图书馆联合国内部分文献收藏单位策划了"民国时期文献保护计划"，希望通过文献普查、海内外文献征集与整理出版、文献保护技术研究等工作的开展，加强民国时期文献的原生性和再生性保护。这一计划，得到了文化部（今文化和旅游部）、财政部的大力支持，并于 2012 年正式启动。

　　项目开展以来，在各收藏单位以及相关专家学者的大力支持下，各方面工作均取得了重要成果。在文献普查方面，建成"民国时期文献联合目录"系统，收录国家图书馆等 22 家大型文献收藏机构的书目数据 30 余万条，馆藏数据 60 余万条。在此基础上，2015 年 2 月，《民国时期图书总目》编纂工作正式启动，力争全面揭示普查成果，提供社会各界使用。为了做好这项工作，我们制订了《〈民国时期图书总目〉实施方案》，确定了客观著录图书信息的原则，界定了文献收录时间，规范了编纂体例与工作细则等。

　　《民国时期图书总目》是一部收集、整理民国时期图书的大型工具书，收录 1911 年1 月—1949 年 9 月除线装古籍以外在我国出版的中文图书，并酌情收录这段时间内国外出版的中文图书。

　　北京图书馆（今国家图书馆）曾于 20 世纪 80 年代中期陆续整理出版了一套联合目录性质的《民国时期总书目》，被学者广泛使用。为使书目更加丰富完整、资料来源更加可靠、著录更加详细准确、分类更加合理，我们在充分吸收《民国时期总书目》成果的基础上，对书目及著录内容进行了大量的补充和校订，收藏单位数量也大大增加。

《民国时期图书总目》按学科分卷出版，同时还将发行《民国时期图书总目》数据库版，并随时补充、订正，以方便读者查检使用。

陈力

2018 年 4 月

凡　　例

一、收录范围

1. 本书目主要收录 1911 年 1 月至 1949 年 9 月我国出版的中文图书，酌情收录这段时间内国外出版的中文图书。

2. 连续出版的丛书、多卷书涉及 1911 年前或 1949 年 10 月后的卷次，酌情收录；同一著作，1911 年前的版本不予收录。

3. 期刊、报纸、少数民族文字图书及线装书等不在本书目收录范围。

二、著录项目

1. 著录内容：顺序号、题名、责任说明、版本、出版发行、形态细节、丛书、提要及附加说明、馆藏标记，共 9 个项目。

（1）顺序号：每个条目有 5 位数字序号，各卷依条目顺序单独编号。

（2）题名：包括正题名、副题名、分辑题名、交替题名、外文题名等。正题名、外文题名单独著录，其他题名信息一律置于正题名后的圆括号内，之间按性质用空格隔开（交替题名单独列出）。三种及以下的合订书，依次著录各题名，其间用中圆点隔开。三种以上的合订书，正题名著录第一种，其他题名在附注中说明。

（3）责任说明：包括责任者名称和责任方式。责任方式包括著、译、编等。责任说明之间以空格隔开，不同责任者的合订书，责任说明之间用中圆点隔开。

（4）版本：包括版次、版本的附加说明等。"初版"不予著录。

（5）出版发行：包括出版地（或发行地、经售地点）、出版者（或发行者、印刷者、经售者）、出版时间（或发行时间、印刷时间）等。发行者为个人的，在发行者个人名称后著录 [发行者]。

（6）形态细节：包括册数、页数、开本、装帧等。图书中分段表示的页码，用加号相连。开本依据普查数据著录的载体尺寸和民国时期的通用纸型标准转换，并参照《民国时期总书目》进行整理。特殊尺寸以厘米（cm）为单位著录，个别数据缺失尺寸信息。普通平装本不著录装帧形式。

（7）丛书：包括丛书名、丛书编号等，丛书责任者不予著录。丛书项置于出版发行项后的圆括号内，有多个丛书名时，分别置于各自的圆括号内。

（8）提要及附加说明：包括图书的内容提要、适用范围、题名及责任者的补充说明以及其他著录内容的补充说明。同一条目内容相同的，只保留一个提要及附加说明。根据普查数据的实际情况，有部分书目提要及附加说明原缺。

（9）馆藏标记：按条目著录提供馆藏数据的收藏单位简称，以汉语拼音排序。此外，本书还收录了部分来自《民国时期总书目》和其他来源的书目信息，因为无对应普查馆，所以无馆藏标记。

2. 著录标准：依照中文图书著录规则，以题名页、版权页为主要信息源，同时参考其他信息源。以客观著录为基本原则，对相关内容进行必要的规范化处理。原书著录项目缺漏，经编者考证后酌情补充，加方括号以示区别。未能详考补充者，以缺省方式处理。

三、分类与编排

1. 本书目按学科分卷，分册编辑出版。按照书目数量的多寡一个学科编成一册或多册；或由若干学科合成一册。

2. 本书目分类和类目设置主要依据《中国图书馆分类法》（第四版），并结合各卷收录图书的具体情况进行调整。

3. 本书目类目不作交替和互见。凡属学科界限不清或有争议者，一般归入上一级类目或按照主要内容归类。

4. 本书目把《四部丛刊》《丛书集成》和《四部备要》三套丛书统一放在"综合性图书"卷。

5. 本书目各卷在划分类目的基础上，依次按照题名、责任者和出版者三个项目汉语拼音音序编排。三个项目完全相同的，原则上合并为一个条目，计为一种；三个项目相同但内容差异较大的，可析为单独条目。

6. 同一条目下的不同版本，按出版时间先后排序，同时兼顾版次顺序。出版发行信息不全的版本，放在最后。

7. 在编排上，为集中同一责任者的同一作品，凡使用不同笔名和署名，以及有不同中译名的外国原著者，一般选用当时较常见的署名，不拘于本名和标准译名，必要时在附注中说明。

四、索引及用字

1. 本书目各卷都附有汉语拼音为序的题名索引以及题名首字汉语拼音检索表。

2. 本书目使用的汉字除了按规定必须使用的繁体字和异体字外，均以现行的简化字为标准。

本卷编制说明

一、本卷主要收录 1911 年 1 月至 1949 年 9 月我国出版的有关语言、文字方面的中文图书，并酌情收录这段时间内国外出版的此类图书，共计 5625 种。

二、本卷分为语言学、汉语、中国少数民族语言、常用外国语、汉藏语系、阿尔泰语系、南岛语系（马来亚－玻里尼西亚语系）、印欧语系、国际辅助语共 9 个类目，在 9 个类目下，又分为语音学，文字学，语义学、语用学、词汇学、词义学，语法学、写作学与修辞学、翻译学，词典学、语文教学等 38 个细目。

三、本卷收录的图书归类主要依据《中国图书馆分类法（第四版）》，并根据民国时期图书具体情况分编。凡属学科界限不清或有争议者，一般归入上一级类目或按照主要内容归类。

四、科学论文和报告的抽印本、暂行本，均予以收录。

五、本卷基本依题名、责任者、出版者相同的原则划分条目，每一条目计为一种。

六、各类目图书的排序，原则上依次按照题名、责任者、出版者三个项目汉语拼音音序编排。同一条目下的不同版本，按出版时间先后排序，兼顾版次顺序；个别出版发行信息不全的图书，放在该条目的最后。

七、提要和附注说明主要揭示图书的内容、适用范围以及题名、责任者的一些补充说明等信息。

八、书目编纂以客观描述文献信息为基本原则，但为了给读者提供更多丰富有效的信息，对于古人的朝代、外国责任者的国别、原名形式等，即使著录信息源上没有，亦尽可能予以补充。

九、对部分著录内容实施必要的规范化处理，如对责任者名称形式、责任方式、尺寸等进行信息转换与统一。

十、由于部分图书无题名页、版权页等著录信息源，或破损严重，因此某些著录项目存在空缺，或由编纂者推测考证后加方括号注明。

本卷收藏单位简称表

收藏单位简称	收藏单位全称
安徽馆	安徽省图书馆
北大馆	北京大学图书馆
北师大馆	北京师范大学图书馆
重庆馆	重庆图书馆
大理馆	大理白族自治州图书馆
大连馆	大连图书馆
大庆馆	大庆市图书馆
东北师大馆	东北师范大学图书馆
福建馆	福建省图书馆
复旦馆	复旦大学图书馆
甘肃馆	甘肃省图书馆
广东馆	广东省立中山图书馆
广西馆	广西壮族自治区图书馆
贵州馆	贵州省图书馆
桂林馆	广西壮族自治区桂林图书馆
国家馆	国家图书馆
河南馆	河南省图书馆
黑龙江馆	黑龙江省图书馆
湖北馆	湖北省图书馆
湖南馆	湖南图书馆
华东师大馆	华东师范大学图书馆
吉大馆	吉林大学图书馆
吉林馆	吉林省图书馆（吉林省少年儿童图书馆）
江西馆	江西省图书馆
近代史所	中国社会科学院近代史研究所
辽大馆	辽宁大学图书馆
辽东学院馆	辽东学院图书馆
辽宁馆	辽宁省图书馆

收藏单位简称	收藏单位全称
辽师大馆	辽宁师范大学图书馆
南大馆	南京大学图书馆
南京馆	南京图书馆
内蒙古馆	内蒙古自治区图书馆
宁夏馆	宁夏回族自治区图书馆
青海馆	青海省图书馆
人大馆	中国人民大学图书馆
山东馆	山东省图书馆
山西馆	山西省图书馆
上海馆	上海图书馆（上海科学技术情报研究所）
绍兴馆	绍兴市图书馆
首都馆	首都图书馆
四川馆	四川省图书馆
天津馆	天津图书馆
武大馆	武汉大学图书馆
西交大馆	西安交通大学图书馆
西南大学馆	西南大学图书馆
新疆馆	新疆维吾尔自治区图书馆
云南馆	云南省图书馆
浙江馆	浙江图书馆
中科图	中国科学院文献情报中心

说明：

1. 本表按收藏单位简称汉语拼音音序排序。

2. 简称规则：公共图书馆一般以行政区划名称加"馆"字简称，如吉林省图书馆简称为"吉林馆"；高校图书馆以高校简称加"馆"字简称，如北京大学图书馆简称为"北大馆"；其他类型图书馆以常用简称为准，如中国科学院文献情报中心简称为"中科图"。

3. 本书目中所收录的首都图书馆的部分馆藏，来源于"北京市公共图书馆联合目录"。

目　录

语言学

00001

国立暨南大学言语学纲要讲义　张世禄编述

广州：国立暨南大学出版室，1930.5，99页，16开

本书共 12 章：序说、言语的本质、言语的声音、言语的内容、言语的组织、形态学、措辞学、言语的分类、言语的起源、言语之内的变迁、言语之外的变迁、言语教学法。

收藏单位：浙江馆

00002

国立中央研究院历史语言研究所三十二年度工作报告

[重庆]：[国立中央研究院]，1943，油印本，8 叶，13 开，环筒页装

收藏单位：国家馆

00003

历史言语学中之比较的方法　（法）美野（A. Meillet）著　岑麒祥译

广州：国立中山大学文史研究所，1935，26+117 页，16 开

00004

情为语变之原论（一名，情文相生论）　（德）师辟伯（Hans Sperber）著　章士钊译

上海：商务印书馆，1930.10，77 页，22 开

上海：商务印书馆，1933.6，国难后 1 版，77 页，22 开

本书主要论述情感、语言和文字相生演变的理论。据 1913 年版译。书前有译者序和著者原序。书末附译名对照表。

收藏单位：重庆馆、东北师大馆、甘肃馆、贵州馆、国家馆、吉林馆、江西馆、南京馆、上海馆、首都馆、浙江馆

00005

人怎样会说话的　（苏）尼柯尔斯基著　达克译

大连：光华书店，1948.12，83 页，36 开（自然科学小译丛）

本书共 6 部分：世界上有多少种语言？动物有语言吗？人们怎样解释语言的起源？为什么人类说起话来？最初的人类言语是怎样的？为什么人类从不说同一种话？著者原题：尼可力斯基。

收藏单位：东北师大馆、广东馆、国家馆、吉林馆、辽宁馆、南京馆、山西馆

00006

人怎样会说话的　（苏）尼柯尔斯基著　达克译

大连：新中国书局，1949.8，再版，83 页，32 开（自然科学小译丛）

收藏单位：重庆馆、天津馆

00007

人怎样开始讲话的？　（苏）尼柯尔斯基（苏）雅柯夫列夫合著　水夫译

上海：天下图书公司，1947.4，68 页，36 开（大众科学丛书 5）

上海、北平：天下图书公司，1949.4，68 页，36 开（人民科学丛书）

北平：天下图书公司，1949.6，华北版 2 版，68 页，36 开（人民科学丛书）

本书共 6 部分：世界上有多少种语言？动物有没有语言？人怎样解释语言的起源？为什么人要说话？原始的人类语言是怎样的？为什么人从来不曾用一种语言说过话？1947 年版封面题名：人怎样讲话的，1949 年版封面及版权页题名：人怎样开始讲话。封面题：（苏）雅柯夫列夫、（苏）尼柯尔斯基合著。

收藏单位：北师大馆、东北师大馆、广东馆、桂林馆、国家馆、江西馆、山东馆、上海馆、首都馆、天津馆

00008

三种古西域语之发见及其考释；龟兹国语及其研究之端绪；所谓东伊兰语即于阗国语考；近

三十年中国学问上之新发见　方壮猷著

[北平] : [女师大], [1930—1931], 1册, 16开

　　本书为《女师大学术季刊》第1卷单行本。

　　收藏单位：南京馆

00009

巫术与语言　李安宅编译

上海：商务印书馆, 1936.11, [13]+78+7页, 32开

上海：商务印书馆, 1937.2, 再版, [13]+78+7页, 32开

　　本书共3章：巫术底分析、语言底魔力、语言底综合观（译文，据E.司皮耳的一篇著作译）。编译者认为语言文字的阻碍与原始的巫术心理有关。书前有编译者序。附录语言分布统计概要。

　　收藏单位：重庆馆、东北师大馆、广东馆、广西馆、贵州馆、桂林馆、国家馆、河南馆、湖南馆、江西馆、近代史所、南京馆、内蒙古馆、首都馆、天津馆、西南大学馆、浙江馆、中科图

00010

新兴言语理论　（苏）安特烈也夫（A. P. Andreev）（苏）特雷仁（Ernest Drezen）著　徐沫译

上海：新文字书店, 1936.9, 113页, 32开

　　本书收语言论文4篇：《马尔底〈耶菲底〉言语理论研究》《言语，它底任务和它底进化》《言语进化之人工的调整》《现代的世界语（Esperanto），未来的国际语和全世界的言语》。第1篇摘自《言语科学里的革命》（安特烈也夫），其余三篇译自《世界共通语史》（特雷仁）中的第2章和最后1章。书后有译者的话。

　　收藏单位：国家馆、内蒙古馆、上海馆

00011

言语学大纲　（日）安藤正次著　雷通群译

外文题名：The outline of philology

上海：商务印书馆, 1931.5, 172页, 32开（新智识丛书）

　　本书共5章。除概论外，分别论述世界言语的系别及言语的声音、本质、发达和变迁。

　　收藏单位：重庆馆、东北师大馆、广东馆、国家馆、河南馆、黑龙江馆、湖南馆、首都馆、天津馆、浙江馆

00012

言语学概论　沈步洲著

上海：商务印书馆, 1931.2, 193页, 32开

　　本书共16章，介绍言语学的历史和言语的性质、起源、分类、变迁，以及印度日尔曼语词之构造、英语的沿革、中国语言的发展等，主要论述语言的起源、发展和各语系间的异同。

　　收藏单位：重庆馆、东北师大馆、广东馆、广西馆、国家馆、河南馆、江西馆、辽大馆、辽宁馆、南京馆、内蒙古馆、宁夏馆、上海馆、首都馆、天津馆、浙江馆

00013

言语学通论　王古鲁著

上海：世界书局, 1930.8, 214页, 32开, 精装（文化科学丛书）

上海：世界书局, 1931.10, 再版, 214页, 32开, 精装（文化科学丛书）

　　本书据日本安藤正次的《言语学概论》编著，共5章：序说、世界的言语、言语之音声、言语之本质、言语之发达及其变迁。书脊题名：言语学。

　　收藏单位：重庆馆、广东馆、广西馆、桂林馆、国家馆、河南馆、湖南馆、江西馆、辽大馆、南京馆、首都馆、天津馆、西南大学馆、浙江馆

00014

言语学与国际语　（苏）斯皮义多维奇著　孙伯坚译

上海：辛垦书店, 1935.6, 194页, 22开

　　本书对于如何认识言语（言语是自然发生的吗，或是社会的产物？），如何改进言语（言语只能自然生长吗，或可以人工改造？）等问题，加以研究，并作解答。分市民言语学及其危机之原因、言语学之民族革命、言

语和言语学之劳动阶层革命等 6 部分。书前有译者序。附录柴门霍夫之言语理论。据日本高木弘和井上英一日译本转译。

收藏单位：重庆馆、东北师大馆、广东馆、桂林馆、国家馆、河南馆、湖南馆、上海馆、天津馆、西南大学馆、中科图

00015

一年来的新文字协会（吴玉章、张继祖在第一届年会上的报告） 吴玉章　张继祖讲

新文字协会秘书处，1942，油印本，37 页，16 开

收藏单位：国家馆

00016

语文零拾 朱自清著

上海：名山书局，1948.4，沪 1 版，109 页，32 开

本书收书评、译文、读书笔记等 14 篇。包括《修辞学的比兴观——评黎锦熙修辞学比兴篇》《中国语的特征在那里——序王力中国现代语法》《中国文学与用语》《日本语的欧化》等。

收藏单位：桂林馆、国家馆、吉林馆、上海馆

00017

语言趣谈 唐家珑著

北京：语文出版社，1925.1，136 页，32 开

收藏单位：近代史所

00018

语言学 岑麒祥编著

广州：心声社，1938.2，144 页，16 开

本书分语言的本质、声音、文法、词汇及语言之组合等 5 编。

00019

语言学大意 乐嗣炳编

上海：中华书局，1923.6，44 页，22 开（国语讲义 第 9 种）

上海：中华书局，1923.11，再版，44 页，22 开（国语讲义 第 9 种）

上海：中华书局，1929.8，3 版，44 页，22 开（国语讲义 第 9 种）

本书分语言的起源、演进、变迁、分类等 7 讲。中等学校适用。

收藏单位：重庆馆、东北师大馆、广东馆、广西馆、湖南馆、内蒙古馆、上海馆、天津馆

00020

语言学概论 张世禄编

上海：中华书局，1934.11，212+[23] 页，32 开（中华百科丛书）

上海：中华书局，1941.2，3 版，212+[23] 页，32 开（中华百科丛书）

本书分 6 章论述语言学的概念，语言的本质、起源、构成、组织、分类、演变等。后附中西文名词索引。

收藏单位：重庆馆、东北师大馆、桂林馆、国家馆、河南馆、黑龙江馆、湖南馆、江西馆、辽大馆、辽宁馆、南京馆、内蒙古馆、上海馆、首都馆、天津馆、浙江馆、中科图

00021

语言学概要 周辨明　黄典诚译著

长汀：国立厦门大学，1945.11，[480] 页，30 开，环筒页装

本书共 9 章。内容包括：语言的原料和取材、在演化中的语音、语言的地理、语言的分类、大同世界的语言计划等。书末有《八年抗战中国语文国际化的进展：Q.R.1937—45》等 9 篇附录，其中有些文章是中文与国语罗马字对照的。

收藏单位：内蒙古馆、上海馆

00022

语言学论丛 林语堂著

上海：开明书店，1933.5，376 页，25 开

上海：开明书店，1934.11，再版，376 页，25 开

本书收有关语言文字学的论文 32 篇。包括《古有复辅音说》《前汉方音区域考》《古音中已遗失的声母》《周礼方音考》《左传真

伪与上古方音》《汉字中之拼音字》《印度支那语言书目》等。

收藏单位：安徽馆、重庆馆、东北师大馆、广东馆、贵州馆、桂林馆、国家馆、湖南馆、吉林馆、江西馆、辽大馆、辽师大馆、南京馆、山西馆、上海馆、首都馆、天津馆、浙江馆、中科图

00023

语言学史 林祝敬编译

上海：世界书局，1943.4，[261] 页，32 开

本书共 6 编：通史、印欧语学史、非印欧语学史、比较语言学史、一般语言学史、文字学史。附录语言学书目表、语言学家生卒表。

收藏单位：重庆馆、广西馆、桂林馆、国家馆、河南馆、南京馆、宁夏馆、首都馆

00024

语言学通论 （英）福尔（J. R. Firth）著 张世禄 蓝文海译

外文题名：Speech

上海：商务印书馆，1937.7，84 页，32 开（新中学文库）（百科小丛书）

上海：商务印书馆，1947.3，再版，84 页，32 开（新中学文库）（百科小丛书）

本书是原书（共 9 章）的节译本，对于一般语言学上的重要问题都有简括论述。内容包括：语言的起源、口说、听受和认识、发音习惯、语言的系族等 7 章。

收藏单位：安徽馆、重庆馆、大庆馆、东北师大馆、广东馆、贵州馆、国家馆、河南馆、黑龙江馆、湖南馆、江西馆、辽大馆、辽东学院馆、辽宁馆、南京馆、内蒙古馆、宁夏馆、上海馆、首都馆、天津馆、西南大学馆、浙江馆、中科图

00025

语言学原理 张世禄编

外文题名：The principles of philology

上海：商务印书馆，1931.4，169 页，32 开（百科小丛书）（万有文库 第 1 集 0373）

上海：商务印书馆，1933.6，169 页，32 开（百科小丛书）

上海：商务印书馆，1935，再版，169 页，32 开（百科小丛书）

上海：商务印书馆，1939.9，169 页，32 开（百科小丛书）（万有文库 第 1—2 集 简编 500 种 114）

本书分 4 篇：语言学与语言、语言的构成、语言的组织、语言的发生和变化。

收藏单位：安徽馆、重庆馆、大理馆、大连馆、大庆馆、东北师大馆、广东馆、广西馆、贵州馆、国家馆、河南馆、黑龙江馆、湖南馆、江西馆、辽大馆、辽宁馆、辽师大馆、南京馆、内蒙古馆、宁夏馆、山西馆、上海馆、绍兴馆、首都馆、天津馆、西南大学馆、浙江馆、中科图

00026

中国语言文字学参考书要目

广州：国立中山大学出版社，[1926—1949]，64 页，32 开

收藏单位：广西馆

语音学

00027

比较语音学概要 （法）帕西（Paul Passy）著 刘半农译

外文题名：Petite phonétique comparée des principales langues européennes

上海：商务印书馆，1930.2，283 页，32 开，精装

上海：商务印书馆，1933.8，国难后 1 版，283 页，32 开，精装（大学丛书 教本）

本书通过法语语音比较欧洲各重要语言的语音之异同，介绍了学习外国语的方法。包括语言之构成、音素之研究、声音的结合，以及英、法、德语音的比较等。著者原题：保尔巴西。译者原题：刘复。

收藏单位：安徽馆、东北师大馆、广东馆、广西馆、国家馆、黑龙江馆、湖南馆、吉林馆、辽大馆、辽宁馆、南京馆、内蒙古

馆、宁夏馆、上海馆、首都馆、天津馆、西南大学馆、浙江馆、中科图

00028

国际音标用法说明　岑麒祥编

外文题名：Remarks on the use of the international phonetic alphabet

上海：商务印书馆，1937.5，59页，32开

　　本书共5章：总论、音标、发音的说明与音值、标音的方法、举例。附录国语注音符号、国语罗马字母及国际音标对照表、世界各国采用国际音标书籍举要。

　　收藏单位：重庆馆、广东馆、贵州馆、国家馆、吉大馆、辽宁馆、南京馆、内蒙古馆、上海馆、天津馆、中科图

00029

国立暨南大学语音学讲义　张世禄编

出版者不详，[1927—1949]，76页，16开

　　收藏单位：南京馆

00030

口吃矫正法　高明编著

上海：储辛之 [发行者]，1939.3，97页，32开

　　本书分18章讲述了口吃的原因和各种治疗方法。内容包括：发生口吃的原因、口吃习惯的性状、口吃者心境之研究、发音矫正法、暗示的作用和效能等。附录口吃者与口吃的治疗方法。

　　收藏单位：国家馆

00031

实施口吃矫正自疗法　曹聚仁著

厦门：中华口吃研究院，1938.5，82页，32开

厦门：中华口吃研究院，1939.2，再版，82页，32开

厦门：中华口吃研究院，1940.3，3版，82页，32开

　　收藏单位：上海馆

00032

万国语音学大意　沈彬编著

上海：中华书局，1921.11，52页，32开

上海：中华书局，1922.4，[再版]，52页，32开

　　本书为新教育教科书，共17章。内容包括：人类的发音机关、万国语音学字母、语音的研究和分类、辅音字母的分类、元音字母的分类、各种特别符号等。中等学校通用。

　　收藏单位：安徽馆、广西馆、国家馆、黑龙江馆、吉林馆、南京馆、西南大学馆

00033

英德法文读音之比较　王光祈著

上海：中华书局，1933.2，66页，大32开

　　本书内容包括：文科与语言学之关系、英德法三国文字之系统、母音子音产生之原理、英德法三国母音之比较、英德法三国子音之比较等。附录英德法三国母音子音分类表、英德法三国母音对照表、英德法三国子音对照表。

　　收藏单位：桂林馆、国家馆、河南馆、湖南馆、吉林馆、江西馆、南京馆、内蒙古馆、上海馆、首都馆、浙江馆

00034

语言宣传之理论与方法　李宗理编著

扫荡报社，1938.6，165页，32开

　　本书共7章：绪论、语言之起源与演进、语言宣传与各种心理学、讲演之种类、组织之方法、声调之锻炼、演说之姿势。

　　收藏单位：重庆馆、广东馆、国家馆、浙江馆

00035

语音学概论　岑麒祥编

昆明、上海：中华书局，1939.4，194页，32开

昆明、上海：中华书局，1941.4，再版，194页，32开

　　本书分总论、普通语音学、历史语音学3编，共20章。论述语音学之目的、方法、发音作用、记音符号、音素之性质、分类及其

组合，研究各国语音的变迁及变迁之倾向等。后附参考书目、中西名词索引。

收藏单位：安徽馆、重庆馆、东北师大馆、广东馆、国家馆、吉大馆、江西馆、辽大馆、上海馆、西南大学馆、中科图

00036

语音学纲要 张世禄著

上海：开明书店，1934.9，90页，32开

本书原为著者在暨南大学讲授语音学的讲义，共6篇13章。讲述语音学的意义、语音的构成、语音符号的应用、子音及母音的类别、音素的拼合及音势、音量、音调变化的原理等。

收藏单位：安徽馆、重庆馆、广东馆、桂林馆、国家馆、河南馆、江西馆、南京馆、内蒙古馆、上海馆、天津馆、浙江馆

朗诵法、演讲术

00037

辩驳大全 吴瑞书编著

上海：中央书店，1935.7，再版，[540]页，32开

上海：中央书店，1935，3版，[540]页，32开

收藏单位：贵州馆、首都馆

00038

辩驳精华 陈俨编

上海：大方书局，1936.2，再版，[280]页，25开

上海：大方书局，1937，再版，[280]页，25开

上海：大方书局，1946.11，再版，[280]页，25开

上海：大方书局，1947.10，[再版]，[280]页，25开

本书共4卷：口头辩驳、书函辩驳、诉状辩驳、文字辩驳。卷眉题名：唇枪舌剑辩驳大全。

收藏单位：重庆馆、广东馆、河南馆、湖

南馆、江西馆

00039

辩驳新编（针锋相对） 平襟亚编 时希圣校

上海：中央书店，1930.12，4册（161+160+160+162页），25开

上海：中央书店，1932.11，再版，4册（161+160+160+162页），25开

全书共4册：口头辩驳、书函辩驳、诉状辩驳、文字辩驳。编者原题：襟亚阁主。

收藏单位：河南馆、江西馆、浙江馆

00040

唇枪舌剑辩驳大全 平襟亚编 王景山校

上海：中央书店，1929.10，再版，4册，32开

上海：中央书店，1930.3，3版，4册，32开

上海：中央书店，1935.9，4版，4册，32开

本书共4卷：口头辩驳、书函辩驳、诉状辩驳、文字辩驳。编者原题：襟亚阁主。

收藏单位：重庆馆、东北师大馆、广东馆、贵州馆、河南馆、吉林馆

00041

唇枪舌剑辩驳大全 吴瑞书编 王景山校订

上海：中央书店，1929.8，4册，32开

上海：中央书店，1931.4，5版，4册，32开

上海：中央书店，1933.3，6版，4册，32开

上海：中央书店，1935.7，再版，1册，32开

全书共4册：口头辩驳、书函辩驳、诉状辩驳、文字辩驳。封面题名：辩驳大全。

收藏单位：重庆馆、江西馆、上海馆、首都馆、浙江馆

00042

副会长讲学录（在克难坡进步室讲） 民族革命同志会基干工作委员会编

民族革命同志会基干工作委员会，1942，263页，25开

收藏单位：山西馆

00043

讲演法的研究（一名，讲演常识） 李寓一编

篡

上海：现代书局，1928.2，122 页，32 开

上海：现代书局，1928.9，再版，122 页，32 开

上海：现代书局，1929.8，3 版，122 页，32 开

本书主要包括作者的讲演经验和理论研究。分总论、各论、余论 3 章。后附讲演辞两篇。

收藏单位：重庆馆、广东馆、国家馆、河南馆、江西馆、南京馆、浙江馆

00044

口才训练 （美）卡内基（D. Carnegie）著
蓬勃译

上海：激流书店，1940.6，[10]+208 页，32 开

上海：激流书店，1940.8，[10]+208 页，32 开

上海：激流书店，1941.4，再版，[10]+208 页，32 开

上海：激流书店，1946.7，再版，[10]+208 页，32 开

上海：激流书店，1946.10，[再版]，[10]+208 页，32 开

上海：激流书店，1947.11，再版，[10]+208 页，32 开

本书分 16 章介绍各种演讲方法及著名演说家。内容包括：培养自信力和勇气、演说成功者预备方法、怎样增强记忆力、怎样结束演说、怎样使你的辞句动人等。著者原题：达尔·卡尼基。

收藏单位：重庆馆、广东馆、广西馆、国家馆、黑龙江馆、南京馆、上海馆、首都馆、天津馆、浙江馆

00045

朗诵法 黄仲苏著

上海：开明书店，1936.7，151 页，32 开

本书共 18 章。从发音、呼吸、中国文字特征、文法、音节、风格、姿势、表情等方面讲述朗诵方法。书前有钱基博序。

收藏单位：安徽馆、重庆馆、东北师大馆、广东馆、广西馆、国家馆、河南馆、吉林馆、江西馆、南京馆、内蒙古馆、上海馆、首都馆、天津馆、武大馆、浙江馆

00046

民众讲演实施法 谷剑尘编著

上海：商务印书馆，1935.8，264 页，22 开（师范丛书）

本书分民众讲演的学理的研究及其分类、民众讲演机关和民众讲演员、讲材、题目组织和修辞、民众讲演的实施 5 编，共 25 章。

收藏单位：东北师大馆、广东馆、贵州馆、国家馆、黑龙江馆、吉林馆、辽宁馆、南京馆、上海馆

00047

青年说话与演讲 徐士铜著

上海：国光书店，1940.2，136 页，32 开

上海：国光书店，1941.4，再版，136 页，32 开

上海：国光书店，1946.10，再版，136 页，32 开

上海：国光书店，1947.2，再版，136 页，32 开

上海：国光书店，1947.5，3 版，136 页，32 开

本书分上下两编。上编为说话的研究，包括说话的起源、说话的艺术、说话的哲学、说话与学习国语等 7 章；下编为演讲的研究，包括演讲的定义、讲题的选择、登台演讲应注意点、演讲与辩论等 7 章。

收藏单位：广东馆、广西馆、国家馆、湖南馆、江西馆、南京馆、内蒙古馆、上海馆、首都馆、天津馆、浙江馆

00048

青年演说集 国立暨南大学青年演说会编

广州：国立暨南大学青年演说会编辑部，1929.8，130 页，22 开

本书收演讲稿 20 篇。包括《外交与国际地位的关系》《我国丝业现势与将来》《国府五院组织法一个商榷》《世界语与中国之关系》《三民主义的新闻政策》《我国外债整理方法》等。

收藏单位：南京馆、浙江馆

00049

诗歌朗诵手册 徐迟著

桂林：集美书店，1942.7，63 页，32 开

本书共 47 节。内容包括：形象化与空想、舞台朗诵、怎样分析一首诗、朗诵的感情、诗的语言、诗与口语、艺术与生活等。

收藏单位：重庆馆、广东馆、广西馆、贵州馆、国家馆、湖南馆、吉林馆、南京馆、西南大学馆

00050

实验演说学 汪励吾编著

上海：人生书局，1928.3，250 页，32 开

本书共 57 节。讲述演说的定义、目的、心理、常识、兴趣、时境、方法、责任心、感应力、礼仪、服饰、规则、戒律及注意点等。

收藏单位：国家馆、河南馆、黑龙江馆、湖南馆、南京馆、内蒙古馆、上海馆

00051

说话的研究 赵志嘉编著

上海：警察学社，1938.3，226 页，32 开

本书内容包括：言语的概念和说话研究的意义、言语的特色和运用、说话的根本修养、说话的具体研究、察言等。

收藏单位：国家馆、吉林馆、南京馆、上海馆、首都馆

00052

说话的艺术 裴小楚著

上海：世界书局，1940.6，12+188 页，32 开（青年成功丛书）

上海：世界书局，1941.9，再版，12+188 页，32 开（青年成功丛书）

上海：世界书局，1943.12，赣 1 版，12+188 页，32 开（青年成功丛书）

上海：世界书局，1944.6，赣 2 版，12+188 页，32 开（青年成功丛书）

上海：世界书局，1947.5，3 版，12+190 页，32 开（青年成功丛书）

上海：世界书局，1949.4，4 版，12+190 页，32 开（青年成功丛书）

本书分 7 章介绍了说话要有艺术的必要性和基本条件以及各种艺术语言的定义和用法，指出说话要注意的若干实际问题。

收藏单位：重庆馆、广东馆、贵州馆、国家馆、吉林馆、江西馆、南京馆、宁夏馆、上海馆、首都馆、天津馆、西南大学馆

00053

说话与演讲法 黄凤著

博文印书馆，1942，124 页，32 开

收藏单位：首都馆

00054

说写做 予且著

上海：中华书局，1936.10，98 页，32 开

上海、昆明：中华书局，1939.10，再版，98 页，32 开

本书主要介绍了怎样谈话、演说、辩论、演戏、写剧本。附《写作的趣味》。予且，原名潘序组，字子瑞。

收藏单位：重庆馆、广东馆、国家馆、江西馆、南京馆、内蒙古馆、上海馆、首都馆、浙江馆

00055

谈话术 任毕明著

成都：实学书局，1943.3，6 版，增订本，[93] 页，36 开

成都：实学书局，1945，7 版，增订本，[93] 页，36 开

本书共 6 部分：先来一席话、先决的原则、词质、从何说起、一般的注意点、运用诸法举隅。在原著《演讲·雄辩·谈话术》的基础上，分订《演讲术》《雄辩术》《谈话术》3 册发行。

收藏单位：重庆馆、国家馆、江西馆

00056

唐蔚芝先生读文灌音片通用集说明书 唐蔚芝先生读文传播会编

上海：唐蔚芝先生读文传播会，1948，14 页，32 开

本书为唱片的中英文说明书。内容包括：

《史记屈原列传》《满江红》(岳飞)等古文,诗词唱片5张(大中华唱片厂发行),唐氏生平介绍。

00057

通俗讲演　俞雍衡著

杭州:浙江省立图书馆印行所,1931.3,96页,23开(民众教育丛书)

本书分8章阐述通俗讲演的定义、目的、范围,讲材的编辑,举行的方法及准备工作,技术及附带问题等。

收藏单位:安徽馆、河南馆、南京馆、首都馆、浙江馆

00058

通俗讲演设施法　朱智贤著

济南:山东省立民众教育馆出版部,1932.3,102页,32开

本书分14章,介绍通俗讲演的功用、种类、计划、方法、辅助品、场所、应用表格等。后附通俗讲演员检定条例等5个附录。

收藏单位:重庆馆、南京馆、上海馆

00059

通俗教育讲演学　何熙嘏著

长沙:青白印刷社,1928.11,58页,32开(通俗教育丛刊)

收藏单位:湖南馆、南京馆

00060

通俗演讲　吕海澜编著

上海:商务印书馆,1937.6,88页,32开(社会教育小丛书)

本书分11章讲述通俗演讲的沿革、分类、组织、计划、材料的编辑、演讲的场所、推广办法等。附录通俗讲演员检定条例、通俗讲演员检定委员会组织通则。

收藏单位:重庆馆、广东馆、贵州馆、国家馆、湖南馆、吉大馆、辽大馆、上海馆、天津馆

00061

为什么　徐迥千著

上海:中华书局,1936.4,38页,32开

收藏单位:重庆馆

00062

我国推行通俗讲演之商榷　冯熙浓编

上海:教育讨论社,1930,61页,32开

收藏单位:广东馆

00063

新讲演术(口才训练指导)　(美)卡内基(D. Carnegie)著　张林译

北平:新生出版社,1941.11,122+62页,32开(青年修养丛书)

北平:新生出版社,1943.12,再版,122+62页,32开(青年修养丛书)

本书分6辑:说话是一种艺术、怎样准备你自己、获得人们同意和听从的秘诀、如何打动人们的心坎、演说的技巧、辩论术。附30条成功秘诀。著者原题:卡耐基。

收藏单位:国家馆、河南馆、首都馆

00064

雄辩大全(出奇制胜)　苔华生著

上海:大达图书供应社,1935.6,2册,25开(辩论学会丛书)

上海:大达图书供应社,1935.11,再版,2册,25开

本书分4部分:口头雄辩、书函雄辩、诉状雄辩、文字雄辩。

收藏单位:河南馆、湖南馆、江西馆、南京馆、首都馆

00065

雄辩大全(出奇制胜)　苔华生著

上海:法政学社,1937.6,再版,2册(138+140+138+132页),25开(辩论学会丛书)

收藏单位:江西馆、首都馆

00066

雄辩大全(出奇制胜)　苔华生著　吴瑞书校订

上海:广益书局,1930.10,4册,32开(辩论学会丛书)

上海：广益书局，1932.6，订正再版，4册，32开，函套装（辩论学会丛书）

上海：广益书局，1935，再版，2册（138+140+138+132页），32开

　　收藏单位：安徽馆、广东馆、湖南馆、江西馆、上海馆、首都馆

00067

雄辩术　任毕明著

桂林：实学书局，1943.3，6版，增订本，[118]页，36开

成都：实学书局，1945，6版，增订新本，[118]页，36开

　　本书分5部分：真理在等候我们、战略和战术、在战斗中、笔战、拿起我们的武器。在原著《演讲·雄辩·谈话术》的基础上，分订《演讲术》《雄辩术》《谈话术》3册发行。

　　收藏单位：重庆馆、桂林馆、国家馆、湖南馆、上海馆

00068

雄辩术（又名，论战术）　任毕明著

桂林：明意社，1941.6，3版，112页，32开

　　本书分5部分：真理在等候我们、战略和战术、在战斗中、笔战、拿起我们的武器。

　　收藏单位：南京馆

00069

学生讲演集　田绍源编

奉天（沈阳）：信源印书馆，1937.10，44页，32开

　　收藏单位：辽宁馆

00070

演讲初步　孙起孟著

上海、重庆：生活书店，1946.7，60页，36开（新知识初步丛刊）

上海：生活书店，1947.2，再版，60页，36开（新知识初步丛刊）

上海、星加坡：生活书店，1948.4，3版，60页，36开（新知识初步丛刊）

　　本书分5部分：引子、演讲的意义、演讲

的训练、怎样"演"、怎样"讲"。

　　收藏单位：重庆馆、广东馆、广西馆、国家馆、河南馆、吉大馆、辽大馆、南京馆、内蒙古馆、首都馆

00071

演讲方法　树人　学文编著

桂林：真实书店，1942.7，36页，42开（实用小丛书）

　　收藏单位：南京馆

00072

演讲术　韩蠡编著

上海：大公报代办部，1937.6，300页，32开

上海：大公报代办部，1937.12，再版，300页，32开

　　本书分12章讲述如何选择题目、搜集材料、编订纲要、编写演讲辞以及演讲的声调、姿态、登台规则等。

　　收藏单位：重庆馆、广东馆、国家馆、辽大馆、内蒙古馆、上海馆、首都馆、浙江馆

00073

演讲术　（美）卡内基（D. Carnegie）著　李木译

上海：正新出版社，1949.2，244页，32开（成功丛书）

　　本书分16章介绍各种演讲方法及著名演说家。内容包括：勇气与自信之养成、著名演说家的演说预备法、演说成功之要素、如何开始演说、如何结束演说、改善你的辞句等。著者原题：代尔·卡耐基。

　　收藏单位：东北师大馆、上海馆

00074

演讲术　任毕明著

桂林、成都：实学书局，1943，6版，增订本，87页，36开

成都：实学书局，1945，7版，增订本，87页，36开

　　本书分基本条件、发展进程、场合和方式、组织和训练等6部分。在原著《演讲·雄辩·谈话术》的基础上，分订《演讲

术》《雄辩术》《谈话术》3 册发行。

收藏单位：重庆馆、广东馆、广西馆、国家馆、湖南馆、南京馆

00075

演讲术 任毕明著

桂林：文化供应社，1941.6，3 版，[87] 页，32 开

收藏单位：南京馆

00076

演讲术及在事业上影响他人 （美）卡内基（D. Carnegie）著 李木 宋昆译

外文题名：Public speaking and influencing men in business

天津：崔淳镜 [发行者]，1939.5，354 页，32 开

天津：崔淳镜 [发行者]，1940.2，再版，354 页，32 开

天津：崔淳镜 [发行者]，1940.11，3 版，242 页，32 开

本书分 16 章介绍各种演讲方法及著名演说家。内容包括：勇气与自信之养成、著名演说家的演说预备法、演说成功之要素、如何开始演说、如何结束演说、改善你的辞句等。书前有美国电影新闻报告家陶玛斯的导言。版权页题名：演讲术。著者原题：代尔·卡耐基。

收藏单位：安徽馆、重庆馆、南京馆、广东馆、国家馆、首都馆、浙江馆

00077

演讲术及在事业上影响他人 （美）卡内基（D. Carnegie）著 李木译

天津：崔淳镜 [发行者]，1944.6，4版，192 页，32 开

著者原题：代尔·卡耐基。

00078

演讲术例话 尹德华编著

桂林：文化供应社，1943.8，169 页，32 开（青年文库）

上海：文化供应社，1948.2，169 页，32 开（青年文库）

本书按政治、职务、礼节、专题、广播、法庭辩护 6 类，举例介绍演讲的方法。书前有"例前话"，说明什么是演讲术、演讲术的内容及怎样学习演讲术。

收藏单位：安徽馆、重庆馆、广东馆、广西馆、贵州馆、国家馆、吉林馆、内蒙古馆、上海馆

00079

演讲·雄辩·谈话术 任毕明著

任毕明 [发行者]，1941.3，286 页，32 开

任毕明 [发行者]，1941.9，再版，286 页，32 开

任毕明 [发行者]，1942.3，3 版，286 页，32 开

本书分演讲术、雄辩术、谈话术 3 部分。第 1 部分讲述演讲的定义、基本条件、组织和训练等；第 2 部分讲述辩论的基本概念、理论、战略战术等；第 3 部分讲述谈话的技术、法则、注意点及运用诸法举例等。

收藏单位：重庆馆、广东馆、贵州馆、国家馆、湖南馆、江西馆、南京馆、内蒙古馆

00080

演讲·雄辩·谈话术 任毕明著

桂林：实学书局，1942.11，增订 5 版，303 页，32 开

广州：实学书局，1946.10，沪 1 版，303 页，32 开（实用知识丛书）

广州：实学书局，1947，沪 2 版，303 页，32 开（实用知识丛书）

本书分演讲术、雄辩术、谈话术 3 部分。第 1 部分讲述演讲的定义、基本条件、组织和训练等；第 2 部分讲述辩论的基本概念、理论、战略战术等；第 3 部分讲述谈话的技术、法则、注意点及运用诸法举例等。此版经著者增补校改多处。

收藏单位：重庆馆、东北师大馆、广东馆、国家馆、湖南馆、江西馆、辽大馆、内蒙古馆、宁夏馆、上海馆、首都馆

00081

演讲学　程湘帆编

上海：商务印书馆，1933.9，268 页，32 开

上海：商务印书馆，1934.5，再版，268 页，32 开

长沙：商务印书馆，1938.5，3 版，268 页，32 开

　　本书分 18 章讲述演讲的效用、态度、词句、组织的技能、编制大纲等，并介绍说明式、故事式、议论式等多种形式的演讲方法。

　　收藏单位：安徽馆、重庆馆、广东馆、广西馆、贵州馆、国家馆、湖南馆、江西馆、南京馆、上海馆、首都馆、浙江馆

00082

演讲学　（美）卫南斯著　彭兆良译述

上海：中华新教育社，1929.11，218 页，32 开

上海：中华新教育社，1933.1，再版，218 页，32 开

　　本书共 11 章。内容包括：演讲者对讲题的注意、诱导与信仰、姿势与台势、声的锻炼等。

　　收藏单位：南京馆、上海馆、天津馆

00083

演讲学大要　徐松石编著

上海：中华书局，1928.11，308 页，32 开

上海：中华书局，1929.12，再版，308 页，32 开

上海：中华书局，1931.2，3 版，308 页，32 开

上海：中华书局，1935.6，158 页，32 开（初中学生文库）

上海：中华书局，1936，4 版，308 页，32 开

昆明：中华书局，1941.1，3 版，158 页，32 开（初中学生文库）

　　本书共 7 篇：概论、心理之考察、题目、材料、布置、体裁、登台演述。

　　收藏单位：安徽馆、重庆馆、广东馆、广西馆、桂林馆、国家馆、河南馆、黑龙江馆、湖南馆、江西馆、南京馆、内蒙古馆、上海馆、首都馆、天津馆、浙江馆

00084

演讲艺术　（美）卡内基（D. Carnegie）著　蓬勃译

上海：激流书店，1940，243 页，32 开

重庆：激流书店，1949，再版，243 页，32 开

　　本书分 16 章介绍各种演讲方法及著名演说家。内容包括：培养自信力和勇气、演说成功者预备方法、怎样增强记忆力、演说成功的几个诀窍、怎样开始你的演说等。本书又题：口才训练。著者原题：达尔·卡尼基。

　　收藏单位：重庆馆、广东馆、贵州馆、桂林馆、国家馆、吉林馆、江西馆、南京馆

00085

演说　袁泽民编

上海：商务印书馆，1917.2，98 页，32 开

上海：商务印书馆，1921.3，6 版，98 页，32 开

上海：商务印书馆，1922.7，7 版，98 页，32 开

上海：商务印书馆，1926.4，10 版，98 页，32 开

上海：商务印书馆，1928，11 版，98 页，32 开

　　本书分演说学、演说法、演说家、演说文 4 部分。用文言体写成。

　　收藏单位：广西馆、湖南馆、吉大馆、吉林馆、南京馆、首都馆、天津馆、浙江馆

00086

演说法则谭　吕国斌编

昆明：学术研究社，1940，再版，96 页，32 开

　　本书共 5 节，内容包括：法则、图例、模范演说、演说材料等。

　　收藏单位：重庆馆、内蒙古馆

00087

演说术　Arthur M. Lewis 原著　殷凯编译

上海：太平洋书店，1924.11，92 页，50 开

上海：太平洋书店，1926.10，再版，92 页，50 开

上海：太平洋书店，1927.3，3 版，92 页，50 开

本书共 17 章，内容包括：导言、发端、善始、慎言、演说之终结、题目、野外讲演、辩论等。附录高一涵先生在北京法专辩论会的讲演辞《辩论家应该熟读的两种名著》。

收藏单位：广西馆、国家馆、江西馆、上海馆

00088

演说术　Arthur M. Lewis 著　殷凯编译
北京：志成印书馆，1924，98 页，50 开

收藏单位：重庆馆

00089

演说学　（日）冈野英太郎编
上海：国光书局，1926.6，再版，84 页，25 开

上海：国光书局，1927.6，3 版，84 页，25 开

本书内容包括：完全演说家、演说学之发达、演说之三大别、技术的辩说、演说学之利益、演说学之解剖等。

收藏单位：江西馆

00090

演说学　（日）冈野英太郎原著　王蕃青翻译
保定：直隶教育图书局，1912.11，[100] 页，25 开

收藏单位：国家馆

00091

演说学　（美）郝理士特（R. D. T. Hollister）著　刘奇编译
外文题名：Speech-making
上海：商务印书馆，1930.5，447 页，32 开
上海：商务印书馆，1934.11，国难后 2 版，447 页，32 开
上海：商务印书馆，1935，国难后 3 版，447 页，32 开
上海：商务印书馆，1947.2，4 版，447 页，32 开
上海：商务印书馆，1947，5 版，447 页，32 开

本书分演说能力的培养、演说的试验、演说材料的预备、演说词的构造、演说词的分析和纲要、演说的修辞、演说的姿势及准备、举行演说 8 章。据美国郝理士特的《演说学》一书编译而成。理论上的陈述悉照原书，例证有删换。书后附中外名人演说词 19 篇。

收藏单位：安徽馆、重庆馆、广东馆、广西馆、国家馆、河南馆、黑龙江馆、湖南馆、吉林馆、江西馆、辽大馆、辽东学院馆、南京馆、内蒙古馆、绍兴馆、首都馆、浙江馆、中科图

00092

演说学　罗一东著
出版者不详，1930，120 页，25 开

本书共 4 篇：演说学之理论、演说之方法、演说文、演说家。

收藏单位：江西馆

00093

演说学 ABC　余楠秋著
上海：ABC 丛书社，1928.7，80 页，32 开（ABC 丛书）
上海：ABC 丛书社，1929.2，2 版，80 页，32 开（ABC 丛书）
上海：ABC 丛书社，1929.7，3 版，80 页，32 开（ABC 丛书）
上海：ABC 丛书社，1932.11，4 版，80 页，32 开（ABC 丛书）
上海：ABC 丛书社，1934.10，5 版，80 页，32 开（ABC 丛书）

本书内容包括：演说之定义、演说评判之标准、上台须知、姿势与动作、声调之锻炼等。

收藏单位：安徽馆、重庆馆、广东馆、广西馆、国家馆、河南馆、黑龙江馆、湖南馆、江西馆、辽大馆、南京馆、宁夏馆、首都馆、天津馆、浙江馆

00094

演说学大纲　杨炳乾著
上海：商务印书馆，1928.6，168 页，32 开

上海：商务印书馆，1928.12，再版，168 页，32 开

上海：商务印书馆，1931.12，168 页，32 开（万有文库 第 1 集 0760）（百科小丛书）

上海：商务印书馆，1933.2，国难后 1 版，168 页，32 开

上海：商务印书馆，1933，3 版，168 页，32 开

上海：商务印书馆，1935，国难后 2 版，168 页，32 开

　　本书共 4 编：概念与学理、组织与修辞、陈述与姿态、分类演说辞。绪言部分介绍了演说之起源、进化、艺术等。

　　收藏单位：安徽馆、重庆馆、大理馆、大连馆、东北师大馆、广东馆、广西馆、贵州馆、国家馆、河南馆、黑龙江馆、湖南馆、江西馆、辽大馆、辽师大馆、南京馆、内蒙古馆、宁夏馆、上海馆、首都馆、天津馆、浙江馆

00095

演说学概要　余楠秋编

上海：中华书局，1934.9，126 页，32 开（中华百科丛书）

广州：中华书局，1938.10，再版，126 页，32 开（中华百科丛书）

昆明：中华书局，1941.2，4 版，126 页，32 开（中华百科丛书）

　　本书分 9 章讲述演说的基本原则和常识。内容包括：演说的定义、演说的范围、演说的礼仪、声调的锻炼、姿态的锻炼、思想的锻炼等。附录中外名人演说辞、参考书目、名词索引、中西人名地名对照表。

　　收藏单位：重庆馆、广东馆、国家馆、黑龙江馆、湖南馆、吉林馆、江西馆、辽宁馆、南京馆、内蒙古馆、上海馆、天津馆

00096

演说钥　钱炜著

常州：钱炜 [发行者]，1934.12，[154] 页，25 开

　　本书分引言、思想、态度、语言、演说竞赛会、尾声 6 部分。

　　收藏单位：国家馆、南京馆、上海馆

00097

演说与辩论　（英）荷利阿克（W. A. Cornaby）著　高葆真译

外文题名：Public speaking and debate

上海：广学会，1914，35 页，22 开

　　本书内容包括：演说之利益、辩述之真伪、演说之感动力、演说之计划、口才要诀、演说之方法、辩论之宗旨等。

　　收藏单位：国家馆、首都馆

00098

演说指导　卢冠六　尹诵吉编

上海：三民图书公司，1936.1，18+103+47 页，32 开

上海：三民图书公司，1936.10，再版，18+103+47 页，32 开

上海：三民图书公司，1937.4，3 版，18+103+47 页，32 开

　　本书分甲、乙、丙 3 编：演说指导、演说材料、模范演说。供中小学生演说参考。

　　收藏单位：重庆馆、广西馆、国家馆、河南馆、湖南馆、江西馆、西南大学馆

00099

怎样集体讲话　恩平县初级中学校编

恩平县初级中学校，1941.2，25 页，32 开

　　收藏单位：南京馆

00100

怎样集体讲话　中国国民党广东省执行委员会编

广东：中国国民党广东省执行委员会，[1937—1945]，32 页，42 开

　　本书介绍演讲的方法与技巧。

00101

怎样讲演　孙起孟著

重庆：国讯书店，1931，37 页，32 开

重庆：国讯书店，1941.12，桂 1 版，37 页，32 开

　　本书介绍演讲的意义、演讲的训练及怎

样演、怎样讲。著者原题：孟起。

　　收藏单位：重庆馆、广西馆

00102

怎样讲演　孙起孟著

重庆［等］：生活书店，1940.9，37 页，36 开

重庆［等］：生活书店，1940.11，再版，37 页，32 开

　　本书共 5 部分：引子、演讲的意义、演讲的训练、怎样演、怎样讲。出版地还有：成都、贵阳、桂林、昆明、曲江。著者原题：孟起。

　　收藏单位：重庆馆、广东馆、贵州馆、国家馆、南京馆

00103

怎样讲演（口才训练）　陈独醒编著

成都：甲申出版社，1945.5，再版，80 页，40 开

　　本书分 6 章介绍演说的定义、题材、方法、注意事项及演说者的修养等。

　　收藏单位：重庆馆

00104

怎样说话　顾绮仲著

［上海］：纵横社，1939.1，120 页，36 开

　　本书分 7 章介绍不同情境下的说话方法。比如同意人家的主张怎样讲、规劝人家的话怎样讲等。

　　收藏单位：安徽馆、重庆馆

00105

怎样说话与演讲　顾绮仲著

［上海］：纵横社，1940.9，227 页，32 开

［上海］：纵横社，1941，227 页，32 开

［上海］：纵横社，1943.1，227 页，32 开

［上海］：纵横社，1946，227 页，32 开

［上海］：纵横社，1948.4，227 页，32 开

　　本书分怎样说话和怎样演说两编。前编包括说话是一件难事、怎样和人家辩难、怎样说规劝人家的话等 7 章；后编包括怎样预备演说、怎样引起听众的注意、演说的开头和

结尾等 7 章。书前有《说话——代序》（朱自清）。

　　收藏单位：重庆馆、广东馆、贵州馆、国家馆、河南馆、湖南馆、首都馆

00106

怎样说话与演讲　林语堂著

奉天（沈阳）：惠迪吉书局，1942，208 页，32 开

奉天（沈阳）：惠迪吉书局，1943.11，184 页，32 开

　　收藏单位：国家馆、首都馆

00107

怎样训练口才　林荫著

上海：大方书局，1946，再版，69 页，32 开

　　收藏单位：广东馆

00108

怎样训练口才　林荫编译

上海：美德书局，1945.11，124 页，32 开（青年修养丛刊）

上海：美德书局，1947.2，再版，124 页，32 开（青年修养丛刊）

　　本书主要介绍说话的艺术、记忆的方法以及如何提高表达能力、锻炼口才等。

　　收藏单位：南京馆

00109

怎样演讲　威克尔著　尹德华译

赣县：中华正气出版社，1942.7，68 页，32 开

赣县：中华正气出版社，1943.5，3 版，68 页，32 开

赣县：中华正气出版社，1944.1，4 版，68 页，32 开

赣县：中华正气出版社，1946.7，再版，68 页，32 开

　　本书分 17 章介绍演讲的常识。内容包括：演讲的基础、演讲的预备、演讲的发表、质问的应付、礼节上的演讲、会场规则、关于修辞等。

收藏单位：重庆馆、广东馆、国家馆、江西馆、上海馆、浙江馆

00110

怎样演讲（口才训练） 曾金编著

上海：经纬书局，1944.10，80 页，42 开

　　收藏单位：重庆馆、国家馆

00111

怎样演讲和辩论 林天兰编

上海：正中书局，1946.10，198 页，32 开

　　收藏单位：南京馆

00112

怎样演说 陈和焜著

上海：长城书局，1936.12，234 页，32 开

上海：长城书局，1939.8，再版，234 页，32 开

　　本书分 13 章讲述演说的意义、种类、方法及声调的训练、题目的选择、演说者的修养等。

　　收藏单位：重庆馆、广东馆、贵州馆、国家馆、吉大馆、南京馆、上海馆、首都馆、天津馆、浙江馆

00113

战时通俗讲演 邵仁著

浙江省教育厅，1939，94 页，32 开

　　收藏单位：广东馆

00114

最新实用演讲术 叶鸿绩编著

上海：国华书局，1912.11，46 页，23 开

上海：国华书局，1919.4，4 版，46 页，23 开　附姿势图。

　　收藏单位：河南馆、首都馆

00115

最新雄辩法 吕策译述

集成图书公司，1920.4，150 页，大 32 开，精装

　　收藏单位：南京馆

00116

最新雄辩学 （美）Keleham 著

广东：中美书局，1924，415 页，32 开

　　收藏单位：安徽馆

00117

最新演说学 杨平章著

教养卫出版社，1936，3 版，162 页，22 开

　　本书共分 6 编：吾人为什么要研究演说学、演说者的修养、演说要诀、演说各论、辩论要诀、略述十个成功的演说家。

　　收藏单位：重庆馆、南京馆

00118

最新演说学 杨平章著

上海：上海抵抗社，1934.1，218 页，22 开

上海：上海抵抗社，1934.3，再版，218 页，22 开

　　本书共分 5 编：吾人为什么要研究演说学、演说者的修养、演说要诀、演说各论、略述十个成功的演说家。

　　收藏单位：重庆馆

文字学

00119

比较文字学概论 （英）葛劳德（E. Clodd）著　林祝敬译

外文题名：The story of the alphabet

长沙：商务印书馆，1940.2，222 页，32 开

　　本书共 11 章，内容包括：字母的起源、汉文日文韩文、楔形文、埃及圣书字、埃及文与其他文字的关系、希腊草纸等。附录《语文学概观》（林祝敬）。据 1935 年版翻译。

　　收藏单位：东北师大馆、国家馆、辽大馆、南京馆、上海馆、天津馆、浙江馆、中科图

00120

忽与果赢 国立中山大学文史研究所编

广州：国立中山大学文史研究所，1933.6，91

页，16 开（国立中山大学文史研究所语言学会丛书 第 1 种）

本书收《朝鲜语"忽"字原义考》（日本白鸟库吉著，闻宥译）和《果蠃变语与谐声》（潘尊行著）两篇论文。

收藏单位：国家馆、南京馆

00121

手切教本（注音符号 算学数学字符号 英字符号） 龚宝荣编

杭州：吴山聋哑学校，1936，40 页，32 开

本书为手语的手势图解。

收藏单位：浙江馆

00122

西文旗语 汪仁侯编译

南京：正中书局，1937.5，84 页，32 开（童子军小丛书 第一辑 5）

南京：正中书局，1942.8，3 版，84 页，32 开（童子军小丛书 第一辑 5）

本书概述旗语的地位、世界适用的旗语，并着重讲述英文旗语的种类及旗式、符号、收发的方法等。

收藏单位：重庆馆、国家馆、吉林馆、西南大学馆、浙江馆

00123

语言和文字 刘宇著

上海：永祥印书馆，1945.8，52 页，36 开（青年知识文库 第一辑 6）

上海：永祥印书馆，1947.8，再版，52 页，36 开（青年知识文库 第一辑 6）

本书共 6 部分：语言文字的发端和发展、杂论文字的功用、语言和文字的关系、文言文·白话文、文字的各种表现形式、内容和形式的统一。

收藏单位：重庆馆、东北师大馆、桂林馆、国家馆、吉林馆、南京馆、内蒙古馆、上海馆

00124

中西各种旗语·号鼓乐谱（旗语专科 号角专

科） 赵慰祖编集

上海：少年用品供应社，1932，40+44 页，64 开（童子军高级课程）

本书包括两部分内容。第 1 部分介绍旗语设备及方法、英文双旗语及单旗语、程创主音双单旗语、电报码及四角号码双单旗语等；第 2 部分介绍号角种类及练习法和各种乐谱。

收藏单位：国家馆

语义学、语用学、词汇学、词义学

00125

处世珍言 陈耀才编

上海：中国图书编译馆，1941.9，120 页，36 开

本书汇集了中外古今名人格言，分立志、求学、惜时、改过、品行、奋斗、任事、技艺、名誉、自由、知足、治家、亲爱、勤俭、婚姻、卫生、朋友、处世、言语、政治、法律等 26 个专题。

收藏单位：上海馆

00126

格言丛辑 郁慕侠编

上海：格言丛辑社，1921.10，[200] 页，25 开

上海：格言丛辑社，1921.11，再版，[200] 页，25 开

本书包括古今中外名人格言、语录及谚语等。为第 1—14 集合订本。

收藏单位：上海馆

00127

格言丛辑（第十二集） 郁慕侠编

上海：格言丛辑社，1921.12，32 页，25 开

收藏单位：河南馆

00128

格言汇编

上海：明善书局，[1934]，68 页，32 开

收藏单位：南京馆

00129

格言集　刘筱安编

上海：刘筱安，1943，104 页，64 开

　　本书分个人、家庭、社会 3 个部分，收录中外名人语录、格言、谚语。此外尚有《朱子格言》《戒赌歌》《劝孝歌》等 30 篇关于修养的短文。

　　收藏单位：上海馆

00130

格言集　刘筱安主编　朱建德编绘

上海：刘孝菴，1943.4，104 页，36 开

上海：刘孝菴，1943.6，再版，104 页，36 开

上海：刘孝菴，1944.2，增订 3 版，104 页，36 开

上海：刘孝菴，1944.6，4 版，104 页，36 开

上海：刘孝菴，1946.10，5 版，104 页，36 开

　　收藏单位：内蒙古馆、上海馆

00131

格言集成　林小梅选述

上海：道德书局，1936，18 页，25 开

　　收藏单位：江西馆、内蒙古馆

00132

格言精粹　静庐主人编

上海：南洋印刷所，1935.12，13 页，32 开

上海：南洋印刷所，1936.12，2 版，13 页，32 开

　　本书收入劝世格言 200 则。附《经验良方选》。

　　收藏单位：国家馆

00133

格言类编　知非子编

张子材 [发行者]，1922.9，86+82 页，32 开

　　本书辑录中外古今名人格言。分两卷 42 类编排。

00134

古今格言大全　汪漱碧编　储菊人校订

上海：中央编纂室，1936，324 页，25 开

上海：中央编纂室，1936，2 版，324 页，25 开

　　本书共 7 编：修养格言、治学格言、服务格言、家庭格言、社交格言、官吏格言、杂纂格言。

　　收藏单位：安徽馆、南京馆、首都馆

00135

古今格言大全　汪漱碧编辑

上海：中央书店，1937，370 页，32 开

上海：中央书店，1938.5，5 版，370 页，32 开

上海：中央书店，1938.10，6 版，370 页，32 开

上海：中央书店，1941，7 版，370 页，32 开

上海：中央书店，1943.4，8 版，370 页，32 开

上海：中央书店，1947.8，9 版，370 页，32 开

上海：中央书店，1949.1，10 版，370 页，32 开

　　收藏单位：安徽馆、广东馆、广西馆、国家馆、江西馆、近代史所、南京馆、山东馆、首都馆

00136

古今格言大全（新编）　汪漱碧编

重庆：新生书局，1946，370 页，32 开

　　收藏单位：重庆馆、东北师大馆

00137

古今贤哲嘉言钞　张秉衡编

成都：大陆书局，1946，98 页，36 开（格言精华）

重庆：大陆书局，1948，再版，97 页，36 开

　　本书所收嘉言分 16 类：达观、勉励、劝戒、悖凶、修身、齐家、事亲、处事、御人、察物、涉世、从政、治国、存养、惠吉、修道。

　　收藏单位：重庆馆、西南大学馆

00138

古今贤哲嘉言钞 张秉衡编

成都：复兴书局，1944，102 页，32 开

收藏单位：重庆馆、南京馆、西南大学馆

00139

古今贤哲嘉言钞 张秉衡编

成都：经纬书局，1945.7，97 页，32 开（格言精华）

00140

古今贤哲嘉言钞 张秉衡编

上海：一鸣书店，[1944—1445]，97 页，32 开（青年修养要录）

收藏单位：安徽馆、上海馆、绍兴馆、首都馆

00141

古今中外格言大全 席令编

上海：四明书店，1935，118 页，32 开

本书广集中西名哲之嘉言，举凡立身、行事、养性、有功于世道人心切合于道德范围者，均搜取列入。

收藏单位：重庆馆

00142

古今中外格言集成 董镇南 徐茂 陈士豪 编辑

上海：经纬书局，1936.1，931 页，32 开（青年必读书）

上海：经纬书局，1936.12，再版，931 页，32 开（青年必读书）

上海：经纬书局，1947.2，3 版，644 页，32 开（青年修养丛书 1）

上海：经纬书局，1947.10，4 版，644 页，32 开（青年修养丛书 1）

本书为中外名人格言集。分个人、家庭、社会、国家 4 部分。1947 年版为个人、家庭两部分。1947 年版版权页题：董镇南编著。

收藏单位：重庆馆、东北师大馆、广东馆、国家馆、湖南馆、华东师大馆、辽大馆、南京馆、山西馆、绍兴馆、首都馆

00143

古今中外名言精选 王望甫编

桂林：大众出版社，1944，172 页，32 开

收藏单位：广东馆

00144

金言集 罗蒙辑

上海：良友图书公司，1933.3，64 页，32 开

本书汇辑外国名人格言。分友谊、希望、勇气 3 部分。

收藏单位：广西馆、吉林馆、首都馆、浙江馆

00145

军人格言（初集） 郁慕侠编

上海：格言丛辑社，1924，9 版，28 页，40 开

本书辑录古今中外名人格言。

收藏单位：重庆馆、湖南馆

00146

俚语格言 [士清] 著

出版者不详，1935，6 版，80 页，32 开

收藏单位：广东馆

00147

名言大辞典 许啸天整理

上海：群学社，1926.4，[1076] 页，36 开，精装

上海：群学社，1929.12，再版，[1076] 页，36 开，精装

上海：群学社，1929.12，再版，2 册，36 开

本书收入古今中外名人名言。分个人、社会、家庭、国家、杂类 5 个大类，除杂类外，每大类又分若干小类。封面题名：中外分类名言大辞典。精装 1 册，平装 2 册。

收藏单位：安徽馆、广东馆、国家馆、湖南馆、吉林馆、南京馆、内蒙古馆、上海馆、首都馆、浙江馆

00148

名言集 厄特华（T. Edwards）著 陈德明译

上海：广学会，1936.4，92 页，32 开（壹角

丛书）

上海：广学会，1936.6，再版，92页，32开
（壹角丛书）

上海：广学会，1936.11，3版，92页，32开
（壹角丛书）

本书收入欧美各种学说名言38篇。内容涉及良心、死、基督教、儿童、责任、法律、人生等。

收藏单位：国家馆、上海馆、浙江馆

00149

名言集　厄特华（T. Edwards）著　陈德明译

上海：广学会，1940.2，增订4版，143页，32开

本书在原版本的基础上又增加第二辑，共收入各种学说名言47篇。内容涉及良心、死、基督教、儿童、责任、法律、人生、名誉、伪善、勤劳、礼貌、谦逊、爱国等。

收藏单位：上海馆、首都馆

00150

名言与俗谚　余光显编

上海：中流书店，1941.4，142页，36开

本书辑录中外古今名人的名言和民间俗语，共33类。内容涉及读书方法、处事的艺术、果断与应变、待人的态度、用人与治人、孝敬父母、教育子女等。

收藏单位：国家馆、上海馆

00151

人镜　于传林编辑

上海：中华书局，1920.3，2册（132+122页），32开

上海：中华书局，1920.6，2版，2册（132+122页），32开

上海：中华书局，1921.11，3版，2册（132+122页），32开

上海：中华书局，1924.4，5版，2册（132+122页），32开

上海：中华书局，1926，7版，2册（132+122页），32开

上海：中华书局，1927.3，8版，2册（132+122页），32开

上海：中华书局，1931，11版，2册（132+122页），32开

上海：中华书局，1933，13版，2册（132+122页），32开

上海：中华书局，1935，14版，2册（132+122页），32开

上海：中华书局，1937，15版，2册（132+122页），32开

本书辑古今中外名人格言警语，分上下两卷。卷上11篇：存心、养性、慎独、克己、励志、求学、自立、谨言、慎行、治家、接物；卷下11篇：处世、作事、观人、用人、听言、为政、治军、境遇、毁誉、功业、风气。1937年版为两册合订。

收藏单位：重庆馆、广东馆、广西馆、国家馆、河南馆、黑龙江馆、湖南馆、江西馆、南京馆、内蒙古馆、山东馆、上海馆、绍兴馆、首都馆、天津馆、西南大学馆

00152

人生座右铭　（美）卡内基（D. Carnegie）著　冯洪译

上海：激流书店，1945，94页，32开

本书著者原题：达尔·卡纳基。

收藏单位：广西馆

00153

世界格言大全　龚彬　周则鸣编译

上海：世界书局，1929.9，1册，25开，精装（成功丛书）

上海：世界书局，1933.3，3版，1册，32开

上海：世界书局，1935.3，3版，1册，32开，精装（成功丛书）

本书辑录中外格言。共17章：政治、法律、社会、家庭、处世、道德、学问、技艺、教育、卫生、宗教、商业、天文地理、动植物、珍宝器皿、衣食住、杂事。封面题名：标语大全。

收藏单位：重庆馆、广西馆、国家馆、湖南馆、江西馆、南京馆、上海馆、天津馆、浙江馆

00154

世界名人格言精华大全　张坚忍编

天津：华新书局，1939.5，226 页，32 开

天津：华新书局，1941.2，2 版，226 页，32 开

　　收藏单位：山东馆

00155

世界名人格言选（中英对照）　沙夫编

重庆：业余读物出版社，1943，69 页，32 开

　　本书共分 16 类，内容包括：智识、勤劳、努力、谦逊等。

　　收藏单位：重庆馆、南京馆

00156

世界名言（汉英对照）　沙夫编译

桂林：英语周刊社桂林分社，1943，69 页，36 开

　　收藏单位：广东馆

00157

世界名言辞典　郭毅编

成都：经纬书局，1944，90 页，42 开

　　本书收录世界著名格言 1000 余条。分国家、公民、从军、家庭、修身、训练、节约、处世、教养、职业等 11 部分。

　　收藏单位：重庆馆、国家馆

00158

世界名言集　莫崇卿编

桂林：南光书店，1943.9，126 页，36 开

桂林：南光书店，1946.11，5 版，胜利后增订版，102 页，32 开

　　本书汇辑中外古今名人格言。共 5 辑，内容涉及战争、抗战建国、哲学、科学、文学艺术、政治、外交、为学、立志、做事等。

　　收藏单位：重庆馆、广东馆、广西馆、贵州馆、桂林馆、国家馆、吉林馆、南京馆、西南大学馆

00159

世界伟人格言精华大全　张坚忍编

奉天（沈阳）：东方书店，1939.8，264 页，32 开

奉天（沈阳）：东方书店，1940.7，再版，264 页，32 开

奉天（沈阳）：东方书店，1942.2，再版，264 页，32 开

　　本书收入的格言分 33 类。内容包括：礼义与廉耻类、淡泊与明理类、养身与明心类、自治与习惯类、求学与技艺类、教育与戒勉类等。版权页题：朱楠秋编辑。

　　收藏单位：首都馆

00160

西方格言（初辑）　谢介子辑译

外文题名：A collection of western proverbs and maxims. Book one

上海：申报馆，1921.5，30 页，22 开

　　本书辑录欧美古今哲学、政治、文学、军事、自然科学等方面的格言。

　　收藏单位：南京馆

00161

先正格言

上海：明善书局，[1911—1949]，34 页，32 开

　　本书供青年自修用。

　　收藏单位：广西馆

00162

新格言联璧　金咏之编著

上海：读者书局，1934，58 页，32 开

　　本书收集商业格言、店员应有的训练格言、银行家座右铭等中外格言。分存养、持躬、摄生、敦品、处事、接物、齐家、从政、患苦、悖凶 10 类。

00163

应用标语　第二绥靖区司令部编

济南：第二绥靖区司令部，1946，10 页，32 开

　　收藏单位：南京馆

00164

箴言类钞　陶觉编

上海：文明书局，1919.8，3 册，25 开

上海：文明书局，1920.7，3 版，3 册，25 开

上海：文明书局，1925，5 版，3 册，25 开

上海：文明书局，1926，6 版，3 册，25 开

上海：文明书局，1928，7 版，3 册，25 开

本书汇集中外名人格言。共分 6 卷：学问门、颐养门、省克门、伦理、治道、文艺。

收藏单位：重庆馆、河南馆、吉林馆、南京馆、内蒙古馆、上海馆、首都馆、天津馆

00165

知之集　　徐士铜编

上海：正行出版社，1939.10，278 页，32 开（中外名人格言汇编）

上海：正行出版社，1940，再版，278 页，32 开（中外名人格言汇编）

上海：正 行 出 版 社，1941.1，3 版，278 页，32 开（中外名人格言汇编）

上海：正行出版社，1946，再版，278 页，32 开（中外名人格言汇编）

上海：正行出版社，1947.4，再版，278 页，32 开（中外名人格言汇编）

本书共 12 章。收中外名人论述治国救民、齐家处世、养身律己之道的格言及俚谚多则。

收藏单位：安徽馆、重庆馆、广东馆、广西馆、国家馆、河南馆、近代史所、南京馆、上海馆、绍兴馆、首都馆

00166

中外格言汇海　　徐遐飞编

上海：春明书店，1936.6，174 页，32 开

上海：春明书店，1946.6，174 页，32 开

上海：春明书店，1946.12，再版，174 页，32 开

上海：春明书店，1947.5，再版，174 页，32 开

本书汇辑中外历代名人言论。共 10 编：处世类、修养类、服务类、治学类、家庭类、勤俭类、社交类、道义类、政治类、诗联类。名人名言修养必读。

收藏单位：广东馆、国家馆、河南馆、湖南馆、吉林馆、南京馆、内蒙古馆、上海馆、绍兴馆、首都馆、天津馆

00167

中外名人格言　　陈志鹄编

重庆：华成书店，1947.6，208 页，32 开

重庆：华成书店，1948，再版，208 页，32 开

本书收集中外古今的格言、谚语。分成德行、处事、治事等 30 类。

收藏单位：重庆馆

00168

中外名人格言　　马麟编

上海：大众书局，1935.1，136 页，32 开

上海：大众书局，1936，重版，136 页，32 开

上海：大众书局，1947，2 版，136 页，32 开

本书汇集中外名人格言。内容涉及修身、齐家、从政、居乡、处事、处人等诸方面。封面题名：实用标语大全。

收藏单位：广东馆、国家馆、首都馆

00169

中外名人格言　　唐懿选编

[重庆]：建国书店，[1945—1949]，121 页，32 开

本书共 9 卷：官·民、社会·人类、意志·感情、语言·学习、学说·研究、工作·健康、衣食·经济、社交·集团、恋爱·家族。

收藏单位：重庆馆

00170

中外名人格言　　徐企唐编

桂林：长风书店，1944.1，桂初版，119 页，32 开

重庆：长风书店，1945.6，渝初版，119 页，32 开

上海：长风书店，1946.5，119 页，36 开

上海：长风书店，1946.10，2 版，119 页，36 开

上海：长风书店，1947.2，3 版，119 页，36 开

本书辑录古今中外名人格言、语录。分 8 类：社会·人类、意志·情感、语言·学说、学习·研究、工作·健康、衣食·经济、社交·集团、恋爱·家庭。1947 年版编者题：

徐启堂。

收藏单位：重庆馆、广西馆、桂林馆、国家馆、上海馆、首都馆

00171

中外名人格言大全　王望甫编

上海：南光书店，1946.12，9 版，172 页，25 开

广州：南光书店，1947.9，10 版，172 页，25 开

本书共 8 编，内容涉及人类、国家、革命、家庭、生活、处世、治事等。

收藏单位：广西馆、江西馆、绍兴馆

00172

中外名人格言大全　叶明生编

柳州：百城书局，1944，208 页，32 开

本书共 6 编：治国、从政、齐家、为学、正心、修身。

收藏单位：广西馆、桂林馆

00173

中外名人格言集成　张礼五编

天津：诚文信书局，1939.7，128 页，32 开

本书共分 8 类：勤学、务农、习艺、经商、敬业、修身、处世、齐家。

收藏单位：国家馆

00174

中外名人格言类典　张坚忍编

上海：九州书局，1937，305 页，32 开

本书辑录中外古今名人格言。内容包括：道德与名誉、坚韧与涵养、立业与成功、养身与明心、治家与弟兄等。版权页题名：格言精华类典。

收藏单位：广东馆、绍兴馆、首都馆

00175

中外名人语录　林若年编选

桂林：建国书局，[1911—1949]，211 页，32 开

本书收古今中外名人名言。共 6 编：治国、从政、齐家、为学、正心、修身。各条下注明立言人姓名或出处。

收藏单位：重庆馆

00176

中西格言

出版者不详，1923，1 册，32 开

本书汇集中国和外国的格言、俗语，并做了对比。

收藏单位：浙江馆

00177

作家语录　沙夫编

桂林：综合出版社，1943.5，154 页，32 开

桂林：综合出版社，1944.3，再版，154 页，32 开

本书收入中外 35 位作家的语录 450 则，其中包括歌德、尼采、莎士比亚、雪莱、高尔基、莫泊桑、巴尔扎克、辛克莱、厨川白村、泰戈尔、鲁迅、郭沫若、巴金等。

收藏单位：重庆馆、东北师大馆、广东馆、广西馆、贵州馆、桂林馆、黑龙江馆、湖南馆、吉林馆、江西馆、南京馆、上海馆、天津馆

语法学、写作学与修辞学、翻译学

00178

翻译阶梯（中文本）　蒋凤征编译

上海：进步书店，1935.1，104 页，32 开

本文并未谈翻译理论，只是选择"九·一八""一·二八"日本侵略东三省和上海这两次事件的外交文件 57 篇，供学习翻译者对照参考。

收藏单位：东北师大馆、贵州馆、国家馆、吉大馆、近代史所、上海馆

00179

翻译论　吴曙天编

上海：光华书局，1933.1，[230] 页，32 开

本书选收期刊上讨论翻译的文章 16 篇。作者有林语堂、郭沫若、江绍原、胡适、张

友松等。

收藏单位：重庆馆、东北师大馆、广东馆、国家馆、辽师大馆、上海馆、浙江馆

00180

翻译论集　黄嘉德编

外文题名：Selected essays on translation

上海：西风社，1940.1，10+305 页，32 开

上海：西风社，1940.3，再版，10+305 页，32 开

上海：西风社，1941.5，3 版，305 页，32 开

本书收入严几道、林语堂、胡适、周作人、傅斯年等 22 人有关翻译的论文 24 篇。分翻译通论、论译名、论译诗、翻译的历史 4 辑。

收藏单位：重庆馆、东北师大馆、广东馆、贵州馆、桂林馆、国家馆、湖南馆、吉林馆、江西馆、辽大馆、辽宁馆、辽师大馆、内蒙古馆、上海馆、首都馆、天津馆、浙江馆、中科图

00181

翻译实习指导书　方光源编著

上海：世界书局，1930.10，101+60 页，32 开

本书内容涉及翻译原理、方法、实习 3 部分，大部分为翻译家们的经验所得。

收藏单位：安徽馆、广东馆、国家馆、江西馆、辽宁馆、南京馆、天津馆、浙江馆

00182

翻译问题　国际文化合作学院编　陈西禾译

上海：珠林书店，1939.4，78 页，36 开

本书是有关翻译问题的论文集，共 14 篇。这些论文代表欧美 12 个国家文化界对翻译问题的意见，原文均发表于国际文化合作学院院刊《文化合作》1 卷 4 期，本书是其节译本。

收藏单位：福建馆、广东馆、国家馆、吉林馆、上海馆

00183

翻译学通论　蒋翼振编著

上海：蒋翼振，1927.9，234 页，32 开

本书共 12 章，内容包括：梁任公佛典之翻译、清吴势父与严几道论译西书、梁任公论译书、傅斯年译书感言等。

收藏单位：广东馆、南大馆、内蒙古馆、上海馆

00184

翻译研究　杨镇华著

上海：商务印书馆，1935.8，116 页，32 开（百科小丛书）

上海：商务印书馆，1936.2，再版，116 页，32 开（百科小丛书）

本书共 7 章：翻译的困难、怎样才算好翻译、"直译"法和"意译"法、翻译的五步法、诗的译法、名的翻译、译才与译德。附录《外国专名汉译问题之商榷》。

收藏单位：安徽馆、重庆馆、大庆馆、广东馆、国家馆、河南馆、黑龙江馆、湖南馆、江西馆、辽大馆、南京馆、内蒙古馆、宁夏馆、首都馆、浙江馆

00185

国语之大小主词　张其春著

出版者不详，[1945]，1 册，16 开

本书共收入文章 5 篇：国语之大小主词、国文之形态美、汉字传英小考、中国名物英语传译年表、我国韵文之西译。

收藏单位：国家馆

00186

实用翻译法（英汉对照）　张则之编辑

北平：北平科学社，1936.1，[238] 页，28 开

本书共分 14 章。主要介绍单字、单句、习语、成语、格言、新闻等译法，并有应用单句、论说故事等示范。

收藏单位：国家馆、江西馆

00187

新著修辞学　陈介白著

上海：世界书局，1936.3，272+10 页，25 开

本书分总论、词藻论、文体论 3 编，对中文修辞的理论和规则有较详细论述。在作者《修辞学》一书基础上，参考《新美辞学》

（日本岛村抱月）、《新文章讲话》（日本五十岚力）、《修辞法讲话》（日本佐佐政一）等著作重新编著。

收藏单位：重庆馆、广东馆、贵州馆、国家馆、辽宁馆、南京馆、首都馆、西南大学馆

00188

修辞讲话　赵景深著

上海：北新书局，1934.3，171 页，25 开

本书共分 4 章：材料上的修辞、意境上的修辞、词语上的修辞、章句上的修辞。

收藏单位：重庆馆、广西馆、国家馆、湖南馆、内蒙古馆、上海馆、首都馆、天津馆、西南大学馆

00189

修辞学　曹冕著

上海：商务印书馆，1934.4，319 页，25 开

上海：商务印书馆，1935.3，再版，319 页，25 开

本书分通论、文章之结构、文章之分类3 编。介绍修辞学之定义、现代文字之特色、字法、句法、描写文、叙述文等。

收藏单位：重庆馆、东北师大馆、广东馆、贵州馆、国家馆、河南馆、湖南馆、南京馆、首都馆、天津馆、浙江馆

00190

修辞学　曹冕撰

南京：中央政治学校，1929，296 页，18 开

收藏单位：南京馆

00191

修辞学　陈介白编著

上海：开明书店，1931.8，18+204 页，32 开，精、平装

本书分导言、总论、词藻论、文体论、结论等部分。讲述了语法、语趣、辞格、主观的文体、客观的文体等内容。附录修辞学汉英术语对照表、修辞学英汉术语对照表。

收藏单位：重庆馆、东北师大馆、国家馆、河南馆、辽大馆、山西馆、首都馆、天津馆、浙江馆

00192

修辞学　王易著

南京：国立中央大学，[1928—1949]，288 页，18 开

本书为中央大学讲义。包括"修辞学"和"国学概论"两部分。前者即神州国光社1930 年出版的《修辞学通诠》，后者分经学与小学两编。附国学概论。

00193

修辞学　薛祥绥编著

上海：世界书局，1931.5，243 页，24 开

上海：世界书局，1931.8，再版，243 页，24 开

上海：世界书局，1932.5，订正 3 版，243 页，24 开

上海：世界书局，1932，5 版，243 页，24 开

上海：世界书局，1933，6 版，243 页，24 开

本书分 5 编：字法、句法、章法、篇法、总述。前 3 个版本题：中学师范教本。后 2 个版本题：高中师范教本。

收藏单位：重庆馆、东北师大馆、复旦馆、广东馆、贵州馆、国家馆、黑龙江馆、湖南馆、辽东学院馆、辽宁馆、南京馆、首都馆

00194

修辞学　郑业建编著

重庆：正中书局，1944.5，248 页，25 开

上海：正中书局，1946.2，沪 1 版，248 页，25 开

本书分 8 章讲述修辞学之界说、功用、地位、与其他学科之关系，以及字与词音义上之修饰、词义和字音的选择、句形修饰和辞格修饰等。

收藏单位：重庆馆、东北师大馆、国家馆、湖南馆、江西馆、辽宁馆、南京馆、上海馆、西南大学馆、中科图

00195

修辞学讲话　章衣萍著

成都：复兴书局，1943.10，蓉版，244 页，32 开

本书共分 6 讲：修辞学的意义、修辞学的内容与形式、修辞格论、文体论、文类论、修辞学的历史。

收藏单位：重庆馆、东北师大馆、国家馆、南京馆

00196

修辞学讲话 章衣萍著

上海：天马书店，1934.1，214 页，25 开

收藏单位：重庆馆、国家馆、河南馆、山西馆、上海馆、天津馆

00197

修辞学讲义 董鲁安编

外文题名：Chinese rhetoric

北京：文化学社，1926.3，2 册（176+314 页），32 开

本书共 4 编 13 章，分上下两卷。上卷：体性论；下卷：文格论、批评论、余论。附录华英术语对照表及本书引用英文书目。

收藏单位：重庆馆、东北师大馆、广西馆、近代史所、内蒙古馆、首都馆

00198

修辞学讲义（下册） 董鲁安编著

北京：文化学社，1927，订正再版，162 页，32 开

本册包括体性论、文格论、批评论 3 编，共 10 章。附录华英术语对照表。高级中学用。

收藏单位：东北师大馆、湖南馆、首都馆

00199

修辞学教程 徐梗生编述

上海：广益书局，1933.9，310 页，25 开

本书共 6 编：修辞通论、消极修辞、积极修辞（上）、积极修辞（下）、文体、结论。

收藏单位：广东馆、国家馆、江西馆、上海馆、首都馆、天津馆

00200

修辞学举例（第一卷 风格篇） 宫廷璋编著

北平：中国学院国学系，1933.7，378 页，32 开（中国学院国语系丛书）

本书共 4 篇：风格、结构、体裁、词藻。本卷为风格篇，包括概论、至善之标准、审美之标准 3 章。以西洋修辞学原则为本，引例证多系名篇，并注明出处。有练习题。

收藏单位：国家馆、黑龙江馆、首都馆、中科图

00201

修辞学提要 郑业建著

北平：立达书局，1933.10，[12]+244 页，32 开

本书据著者在上海交通、复旦等校授课讲稿编著。分绪论、理智方面的修辞、情感方面的修辞 3 部分。论述修辞学的定义、功用、字义和文法上的修饰，以及外形和内容的修饰等。附录句读符号和修辞的关系。

收藏单位：国家馆、近代史所、首都馆、西南大学馆

00202

修辞学通诠 王易著

上海：神州国光社，1930.5，10+213 页，22 开

上海：神州国光社，1930.8，再版，10+213 页，22 开

上海：神州国光社，1931，3 版，10+213 页，22 开

上海：神州国光社，1933.2，4 版，10+213 页，22 开

本书据著者在中央大学授课讲义修订而成，分续论、本论两编，共 11 章。绪论编讲述修辞学的定义和研究法、辞的要素和思想、修辞目的及效果，本论编讲述修辞的组织、辞藻的内容和外形及文体等。

收藏单位：安徽馆、重庆馆、东北师大馆、广东馆、广西馆、国家馆、河南馆、湖南馆、江西馆、南京馆、内蒙古馆、山西馆、首都馆、天津馆、中科图

00203

修词学通诠　王易著

上海：中国文化服务社，1946.10，10+213 页，32 开

上海：中国文化服务社，1948.11，10+213 页，32 开

　　本书逐页题名：修辞学通诠。

　　收藏单位：重庆馆、湖南馆

00204

英法德造句学之比较　杨立诚编

外文题名：Comparative grammar of English, French and German

上海：商务印书馆，1928.11，207 页，32 开

　　本书按词类顺序，举例句比较英、法、德语之间的相近和相异之处。

　　收藏单位：广东馆、国家馆

00205

英法德珍谈互译　杨立诚编辑

外 文 题 名：Anecdotes in English, French and German

上海：商务印书馆，1928.8，66 页，横 25 开

上海：商务印书馆，1933.7，国难后 1 版，66 页，横 25 开

　　本书是作者留学德法时练习翻译所作，其中有采自英德读本而添译法文者，有采自德文读本而添译英法文者，有采自法文读本而添译英德文者。全书共计百篇，每篇附有汉文释义。

　　收藏单位：广东馆、贵州馆、国家馆、四川馆、浙江馆

00206

怎样编写　宫达非等著

威县：冀南书店，1947.12，46 页，36 开

　　本书收《大众化编辑工作》（宫达非）、《大家来写文艺通讯》（钟望阳）、《关于写作上的几个困难》（楼适夷）3 篇文章。

00207

著述论　赵骞源著

黄县[山东]：友竹堂，1933.3，230 页，25

开

　　本书分总论、法则、价值、根柢 4 卷 50 节。论述不论何种学科，只要著书立说，均应注意的各方面问题。文言体。

　　收藏单位：重庆馆、国家馆、南京馆、天津馆、浙江馆

词典学、语文教学

00208

初级外国语科教学法　周越然著

外文题名：The teaching of foreign language in schools

上海：商务印书馆，1932.1，85 页，32 开（师范小丛书）

　　本书分 11 节介绍教学的新方法、教师的常识、教程、发音、文法、作文、文学及参考的书目等。

　　收藏单位：安徽馆、广东馆、国家馆、吉林馆、辽大馆

00209

德国学校近世语教授法　（英）白赉勃那著
周越然译

外文题名：The teaching of modern languages in Germany

上海：商务印书馆，1916.9，162 页，32 开

　　本书系著者 1897 年去德国考察外国语教学法后写成。主要介绍德国大、中学校外国语课程设置、教学方法、考核及教师配备等方面的情况。分论新式教授法、论文法及作文、论教授外国语之用辨音学、德国近世语教员之养成等 7 章。

　　收藏单位：广东馆、广西馆、国家馆、湖南馆、吉林馆、首都馆、浙江馆

00210

华英德法词典　王安国编纂

外 文 题 名：A Chinese-English-German-French dictionary

上海：商务印书馆，1936.2，424 页，18 开，

精装

上海：商务印书馆，1936.5，再版，424 页，18 开，精装

　　本书为四种语音的对照词典。以汉语为主，按词条首字笔画多少编排。

　　收藏单位：国家馆、湖北馆、湖南馆、江西馆、辽大馆、辽宁馆、南京馆、宁夏馆、天津馆、西南大学馆、中科图

00211

简明的美中日会话　台湾旅行社编

台北：台湾旅行社，1945.11，64 页，64 开

　　本书为英、中、日三种文字对照的单字及简单会话。

00212

吕宋华文合璧字典　谭培森著

出版者不详，1927，3 版，1030+42 页，25 开，精装

　　本书是中文与英文、德文、希腊文、拉丁文、法文等多种文字的对照字典，按字母顺序排列。书后附吕华字典续编。

　　收藏单位：辽师大馆、南京馆、山西馆

00213

外国语文学习指南　陈原著

外文题名：How to study a foreign language

桂林：实学书局，1943.7，135 页，32 开

广州：实学书局，1946.10，沪 1 版，135 页，32 开（语文丛书 2）

大连：实学书局，1948.6，124 页，32 开

　　本书介绍英、法、德、日、俄、世界语等外国语文的学习方法。分楔子、原则篇、方法篇、书目篇 4 部分。书末附国际常用新语汇。大连实学书局版删去"书目篇"、附录及后记。

　　收藏单位：安徽馆、重庆馆、广东馆、贵州馆、国家馆、黑龙江馆、湖南馆、辽宁馆、南京馆、内蒙古馆、山东馆、天津馆

00214

外国语文学习指南　陈原著

哈尔滨：新知书店，1948.9，124 页，32 开

　　收藏单位：东北师大馆、广西馆、桂林馆、国家馆、湖南馆、山西馆、天津馆

00215

现代外国语教授法刍议　徐仲年译著

南京：正中书局，1937.2，53 页，25 开（外国语研究丛书）

　　本书收文两篇：《以科学方法教授现代外国语》（路易·马尔山演讲，徐仲年译）、《教授法语管见》（徐仲年著）。

　　收藏单位：重庆馆、国家馆、河南馆、吉林馆、首都馆

00216

新体分类辞典之性质及其用途　吴炎著

天津：天津工商学院辞典编纂处，1943.6，油印本，15 叶，22 开

　　本书介绍了一般字书辞典和新体分类辞典的性质、新体分类辞典的用途、分类辞典的略史及其编纂经过。

　　收藏单位：国家馆

00217

怎样学习外国语文　杨承芳著

桂林：文化供应社，1942.2，66 页，50 开（青年新知识丛刊）

桂林：文化供应社，1942.10，再版，66 页，48 开（青年新知识丛刊）

　　本书分 3 节：为什么要学习外国语、怎样学习外国语、文法与字汇。所介绍的外国语学习法，重点在英语，但也涉及其他语种。

　　收藏单位：重庆馆、广东馆、桂林馆、国家馆、湖南馆

00218

字典简论　戴镏龄著

武昌：文华图书馆学专科学校，1935，100 页，16 开（文华图书馆学专科学校丛书）

　　本书分 5 章简述我国古今字典起源及演进过程，介绍现代著名英文字典、辞书等。

　　收藏单位：国家馆、江西馆、南京馆、浙江馆

00219

综合华巫荷英大辞典（国语注音） 李毓恺著

爪哇：吧城国民书局，1932.7，293 页，42 开

爪哇：吧城国民书局，1933.8，增订 2 版，293 页，42 开

爪哇：吧城国民书局，1934.8，3 版，293 页，42 开

本书为汉语、马来语、荷兰语、英语对照辞典。按汉字笔画数及部首排列并标注拼音。字后有例词若干，均有马来语、荷兰语及英语释义。书前有说明。

收藏单位：广东馆

汉语

00220

白话文百日通 黄敬云编

上海：广益书局，1929.10，4 册，32 开

上海：广益书局，1932.8，续版，4 册，32 开

本书按释法、说题、篇段、注解等举例讲述各种文体。

收藏单位：国家馆、河南馆、南京馆

00221

白话与文言之关系 章太炎讲演 王謇等记录

苏州：章氏星期讲演会，1935.4，10 页，32 开

本书为章氏星期讲演会记录的第 2 期。此讲稿对当时提倡白话文持否定态度。文言文、旧式圈点。

收藏单位：国家馆、南京馆

00222

标准国文一月通（原名，国文百日通） 张一飞著

上海：寰球书局，1936.5，295 页，32 开

本书内容包括：作文要义、名人演讲、作文用笔法、章法研究、辨字与字别、文学与人生、修辞工作、古今论文选等。

00223

标准国语的定义 周铭三演讲 何元兴笔记

[中华国语学会]，[1920—1929]，10 页，32 开

本书通过列举英、法、德、日等国关于国语的定义，论述我国标准国语的定义。

00224

初级国文 杨荫深编著

长沙：商务印书馆，1938，6 册，32 开，精、平装

本书为职业学校教科书，职业教科书委员会审查通过。每册选录教材 30 课，除选录有关学者身心修养之普通教材外，对于各业特殊应用文字也尽量选录。

收藏单位：贵州馆、国家馆、江西馆

00225

大众语文论战 宣浩平编

上海：启智书局，1934.9，196 页，32 开

上海：启智书局，1934.10，再版，196 页，32 开

本书收论文 52 篇，包括《关于文言文》（徐懋庸）、《关于大众语文》（胡愈之）、《关于大众语文学的建设》（陈望道）、《大众语文运动之路》（陶知行）、《大众语文运动与现代中国》（宣浩平）等。

收藏单位：安徽馆、重庆馆、东北师大馆、国家馆、河南馆、吉林馆、江西馆、近代史所、南京馆、内蒙古馆、宁夏馆、上海馆、天津馆

00226

大众语文论战（续编） 宣浩平编

上海：启智书局，1934.11，150 页，32 开

本书收论文 34 篇，包括《"大众语"与"世界语"》（胡绳）、《一张字条的写法》（曹聚仁）、《大众语与大众意识》（伍实）、《怎样做到大众语"普通"》（陈望道）等。

收藏单位：东北师大馆、国家馆、河南馆、中科图

00227

大众语文论战（续二） 宣浩平编

上海：启智书局，1935.1，162页，32开

本书收论文38篇，包括《大众语万岁》（吴稚晖）、《答吴稚晖先生》（曹聚仁）、《大众语和文学》（狄舟）、《文言，白话与歌曲》（华士奇）等。

收藏单位：安徽馆、国家馆、河南馆、近代史所

00228

大众语文学

出版者不详，[1934]，365页，32开

本书客观叙述自1934年5月以来语文论战的详细内容。附录语文论战文献编目、辑要，另附选录的38篇文章。

收藏单位：重庆馆

00229

段砚斋杂文 沈兼士著 葛信益编

北平：葛信益 [发行者]，1947.12，1册，16开

本书为沈兼士先生遗著之一，收入关于语言文字学方面的短论、书札、序跋等25篇。内容包括：《今后研究方言之新趋势》《说文通俗序》《说文段注摘例序》《古音系研究序》《广韵异读字研究序》《联绵词音变略例》《"卢"之字族与义类》《汉魏注音中义同换读例发凡》等。

收藏单位：安徽馆、重庆馆、东北师大馆、广东馆、国家馆、湖南馆、吉林馆、辽师大馆、南京馆、内蒙古馆、上海馆、首都馆、天津馆、西南大学馆、中科图

00230

奉天两级师范学校国文讲义 奉天两级师范学校选录

奉天（沈阳）：惠工有限公司，1914.9，292页，22开

本书选历代古文百余篇。分书牍、奏疏、诏令、杂记、颂赞等9类。

收藏单位：辽大馆

00231

辅仁大学语文学会讲演集 辅仁大学语文学会编辑

北平：辅仁大学，1940—1942，3册（68+72+40页），22开

全书共3辑，收入有关语文学的论文25篇。内容包括：《读经籍旧音辨证发墨》《古文字对于载籍故训之纠正》《国文法之特质》《论语新证》《词略之类例》《禅母古音读如定母说》《评高本汉古韵二十六部》《联绵词音变略例》《说文重文之探讨》《唐本毛诗音撰人考》等。卷端题名：语文学会讲演集。

收藏单位：国家馆、内蒙古馆、上海馆、首都馆、中科图

00232

高级国文（第一册） 杨荫深编

长沙：商务印书馆，1939.2，129页，25开

本书为职业学校教科书，职业教科书委员会审查通过。选录教材20课，含历代文学名著等。

收藏单位：江西馆

00233

广西大学国文讲义

出版者不详，[1928—1949]，油印本，1册，16开

收藏单位：广东馆

00234

广州市国语同志会会务报告

出版者不详，1929.4，82页，32开

收藏单位：南京馆

00235

国立中山大学语言历史学研究所概览 国立中山大学语言历史学研究所编

广州：国立中山大学语言历史学研究所，1930.1，132页，16开

本书共5编：概述、规程、所务实录、出版物、收藏物品。书后附教职员姓名录，事务委员会委员及名誉顾问姓名录。

00236
国民自修书辑要说明书
出版者不详，[1911—1949]，[120] 页，32 开
　　收藏单位：广西馆

00237
国文　何炳松　孙俍工编
上海：商务印书馆，1935.1，6 册，32 开
上海：商务印书馆，1935.3，2 版，6 册，32 开
　　本书为师范学校教科书。附师范学校国文教科书各册文体分配表及各册文法作法教学分配表。
　　收藏单位：广东馆、国家馆、西南大学馆

00238
国文　钱基博编
上海：中华书局，1924—1925，2 册（101+ 122 页），32 开
上海：中华书局，1929，8 版，2 册（101+122 页），32 开
　　本书为新师范讲习科用书，国民政府教育部审定。依照江苏三年师范讲习所学程起草委员会所定"国文教学纲要"编辑。全书共 6 编：当代文、明清文、唐宋元文、两汉魏晋南北朝文、周秦文、中国文学史论略。

00239
国文（第一册）　何炳松　孙俍工编
上海：商务印书馆，1946，11 版，203 页，32 开
上海：商务印书馆，1947.8，12 版，203 页，32 开
　　收藏单位：江西馆、辽大馆

00240
国文（第二册）　何炳松　孙俍工编
上海：商务印书馆，1946，10 版，209 页，32 开
　　收藏单位：广东馆

00241
国文（第三册）　何炳松　孙俍工编
上海：商务印书馆，1947，9 版，183 页，32 开

00242
国文（第四册）　何炳松　孙俍工编
上海：商务印书馆，1941，3 版，171 页，32 开
上海：商务印书馆，1946.12，8 版，171 页，32 开
上海：商务印书馆，1948，9 版，171 页，32 开
　　收藏单位：广东馆、国家馆

00243
国文（第五册）　何炳松　孙俍工编
上海：商务印书馆，1948，8 版，148 页，32 开

00244
国文（第六册）　何炳松　孙俍工编
上海：商务印书馆，1941，4 版，187 页，32 开
　　收藏单位：广东馆

00245
国文（第一册）　叶楚伧主编　汪懋祖　叶溯中校阅　许文雨　唐卢锋选注
南京：正中书局，1935.11，200 页，32 开
南京：正中书局，1946.8，沪 1 版，200 页，25 开
　　本书由教育部审定，遵照部颁课程标准编辑。简易师范学校及简易乡村师范学校用。版权页题名：简师简乡师国文（第一册）。
　　收藏单位：广西馆、江西馆

00246
国文（第二册）　叶楚伧主编　汪懋祖　叶溯中校阅　许文雨　唐卢锋选注
南京：正中书局，1936.3，229 页，32 开
南京：正中书局，1946.10，沪 23 版，229 页，32 开
南京：正中书局，1948.10，5 版，229 页，32 开
　　本书由教育部审定，遵照部颁课程标准

编辑。简易师范学校及简易乡村师范学校用。
版权页题名：简师简乡师国文（第二册）。

收藏单位：广西馆、国家馆、江西馆

00247

国文（第三册） 叶楚伧主编　汪懋祖　叶溯中校阅　唐卢锋选注
南京：正中书局，1936.8，256 页，32 开
南京：正中书局，1946.8，沪 1 版，256 页，32 开
南京：正中书局，1948.6，4 版，256 页，32 开

本书由教育部审定，遵照部颁课程标准编辑。简易师范学校及简易乡村师范学校用。
版权页题名：简师简乡师国文（第三册）。

收藏单位：国家馆、江西馆

00248

国文（第四册） 叶楚伧主编　汪懋祖　叶溯中校阅　唐卢锋选注
南京：正中书局，1936.8，沪 1 版，311 页，32 开
南京：正中书局，1936.9，311 页，32 开
南京：正中书局，1937，再版，311 页，32 开
南京：正中书局，1946.10，沪 16 版，311 页，32 开

本书由教育部审定，遵照部颁课程标准编辑。简易师范学校及简易乡村师范学校用。
版权页题名：简师简乡师国文（第四册）。

收藏单位：广东馆、国家馆、江西馆

00249

国文（第五册） 叶楚伧主编　汪懋祖　叶溯中校阅　苏渊雷选注
南京：正中书局，1946，沪 1 版，243 页，32 开
南京：正中书局，1947.5，21 版，243 页，32 开

本书由教育部审定，遵照部颁课程标准编辑。简易师范学校及简易乡村师范学校用。
版权页题名：简师简乡师国文（第五册）。

收藏单位：国家馆、江西馆

00250

国文（第六册） 叶楚伧主编　汪懋祖　叶溯中校阅　苏渊雷选注
南京：正中书局，1937.3，349 页，32 开
重庆：正中书局，1939.11，11 版，349 页，32 开
南京：正中书局，1946.10，13 版，349 页，32 开

本书由教育部审定，遵照部颁课程标准编辑。简易师范学校及简易乡村师范学校用。
版权页题名：简师简乡师国文（第六册）。

收藏单位：安徽馆、国家馆、江西馆、南京馆

00251

国文（第七册） 叶楚伧主编　汪懋祖　叶溯中校阅　唐卢锋选注
正中书局，1939.3，318 页，32 开
正中书局，1946，沪 27 版，318 页，32 开
正中书局，1946.12，修正沪 1 版，318 页，32 开
正中书局，1947.5，修正沪 15 版，318 页，32 开

本书由教育部审定，遵照部颁课程标准编辑。简易师范学校及简易乡村师范学校用。
版权页题名：简师简乡师国文（第七册）。

收藏单位：国家馆、江西馆

00252

国文（第一册 上编）
出版者不详，[1911—1949]，436 页，22 开
收藏单位：首都馆

00253

国文（现代文） 蒋寿同编
出版者不详，[1935—1936]，306 页，32 开（上海市私立申报新闻函授学校讲义）

本书共 11 章，内容包括：近代文学的变动、古文衰落期及其作家、新文体发生期之古新冲突、民间文艺之发生、新文学演进之鸟瞰、写实主义与自然主义、世纪末的文学思潮、颓废派及象征派、中国文学革命运动等。

收藏单位：河南馆、黑龙江馆、上海馆

00254

国文百日通　徐白冰著

上海：百新书店，1936.8，173 页，32 开

上海：百新书店，1939.5，6 版，173 页，32 开

　　本书共 10 章：文学的定义、文学的特质、一般的作文法、新式标点使用法、各种词的用法、记事文作法、叙事文作法、说明作文法、小品文作法、议论文作法。

　　收藏单位：绍兴馆

00255

国文百日通　张冥飞编辑

上海：中华国学研究会，1929，3 版，3 册，32 开

上海：中华国学研究会，1932.8，增订 6 版，3 册，32 开

上海：中华国学研究会，1934.4，增订 7 版，3 册，32 开

　　本书分上中下 3 册。上册为文学通论，中册为文法概论，下册包括修辞学和古今论文集要（也称：古今论文精华）。

　　收藏单位：重庆馆、国家馆、南京馆、人大馆、首都馆、浙江馆

00256

国文百日通　张冥飞编辑

上海：中华国学研究会，1928.12，再版，2 册，32 开

上海：中华国学研究会，1929.10，3 版，2 册，32 开

上海：中华国学研究会，1930.7，4 版，2 册，32 开

　　本书分上下两册。上册包括文学通论、修辞学，下册包括文法概论（上、下）、古今论文集要。

　　收藏单位：东北师大馆、辽师大馆、南京馆、绍兴馆

00257

国文参考书　张振镛编

上海：中华书局，1927.11，128 页，25 开

　　本书仅列出课文篇名，篇名后均包括作者小史、题解、提要、注释 4 部分内容。新师范讲习科用书。

　　收藏单位：吉林馆、上海馆、天津馆

00258

国文常识　丘琼笙著

上海：新中国书局，1934.6，212 页，32 开

　　本书分 5 编介绍书籍、作家、体制与流派、篇目与调名、成语。

　　收藏单位：东北师大馆、上海馆、绍兴馆

00259

国文常识讲话　马铭阁编

北京：马铭阁 [发行者]，1936.4，62 页，32 开

　　本书分经学、小学、史学、子学、诗、词、小说、戏曲等 14 节，介绍经、史、子、集常识。附《国文常识测验》。

　　收藏单位：国家馆、首都馆

00260

国文读本　宋文翰编

上海：中华书局，[1935—1936]，4 册（286+276+300+334 页），22 开

　　新课程标准师范及乡村师范学校适用。

　　收藏单位：重庆馆、河南馆、江西馆

00261

国文读本（第一册）　宋文翰编

上海：中华书局，1947.5，12 版，286 页，32 开

　　新课程标准师范及乡村师范学校适用。

00262

国文读本（第二册）　宋文翰编

上海：中华书局，1946.12，10 版，276 页，32 开

上海：中华书局，1947.5，11 版，276 页，32 开

　　新课程标准师范及乡村师范学校适用。

　　收藏单位：广东馆、江西馆

00263

国文读本（第三册）　宋文翰编

上海：中华书局，1947.5，10 版，300 页，32

开

新课程标准师范及乡村师范学校适用。

00264

国文读本（第四册） 宋文翰编

上海：中华书局，1946.8，6 版，334 页，32 开

新课程标准师范及乡村师范学校适用。

00265

国文读本（第五册） 宋文翰编

上海：中华书局，1937.1，再版，322 页，32 开

上海：中华书局，1947.5，9 版，322 页，32 开

新课程标准师范及乡村师范学校适用。

00266

国文讲话概说辑 傅东华著

长沙：商务印书馆，1940.4，156 页，32 开

长沙：商务印书馆，1940.9，再版，156 页，32 开

本书共两辑：国与文（8 讲）、艺文原理（6 说）。所选论文曾发表在《学生时代》《学生杂志》。

收藏单位：东北师大馆、国家馆、吉林馆、江西馆、南京馆、首都馆、天津馆

00267

国文讲义 姚岳讲授

北平：国立北京大学理学院数理化地四系，1944，38 叶，10 开

本书内容包括：国文法六则、浅语十四则、韩非子说难篇、汉书艺文志诗赋论、史记伯夷列传、老子韩非传、圣哲画像记等。

收藏单位：国家馆

00268

国文讲义（本二） 张寿林选辑

[北京]：国立新民学院，1942，6 页，18 开

本书内容包括：荀子劝学、论六家之要指、史记信陵君列传。

收藏单位：国家馆、湖南馆

00269

国文讲义（第一册）

出版者不详，[1912—1945]，56 页，25 开

收藏单位：江西馆

00270

国文讲义（京师优级师范） 陈曾则编纂 商务印书馆编译所校订

上海：商务印书馆，1911.1，121+116+102 页，24 开，精装

上海：商务印书馆，1913，3 版，121+116+102 页，24 开，精装

上海：商务印书馆，1913.12，4 版，121+116+102 页，24 开，精装

上海：商务印书馆，1916.10，5 版，121+116+102 页，24 开，精装

本书原分 3 册，此合为 1 册。讲述文字源流、六书释别、音韵学、训诂学及经史子集 4 部文体等。

收藏单位：安徽馆、重庆馆、广东馆、广西馆、河南馆、江西馆、南京馆、上海馆、天津馆、浙江馆

00271

国文讲义（下册） 杨光锡编

出版者不详，[1911—1949]，98 页，25 开

本书分文法与文体两编。

收藏单位：重庆馆

00272

国文讲座 陈冠宇编著

上海：国文讲座社，1938—1939，14 册（1072 页），32 开，布面精装

本书讲述作文法、程式文、小学大要、经学大要、史学大要、诸子大要等。

收藏单位：东北师大馆、吉林馆、江西馆

00273

国文课本（第二册） 中央农业学校编

中央农业学校，[1934]，油印本，12 叶，32 开

本书共计 22 课，其中有 7 课为"国民党在被占领区域的兽行"。

　　收藏单位：国家馆

00274
国文快读（言文对照） 来福诒编
上海：会文堂书局，1926，192 页，32 开
　　收藏单位：首都馆

00275
国文趣味 姜建邦编著
上海：正中书局，1947.9，229 页，32 开
　　本书以讲故事、杂谈形式，讲述汉字、文体、文章、文人、读书、作文等语文知识。
　　收藏单位：重庆馆、国家馆、南京馆、上海馆

00276
国文手册 程西玲编著
西安：原上出版社，1945.5，86 页，32 开
　　本书共 10 章，内容包括：文字学、经史学、学术思想史略、文学、文章作法、作文病症报告、成语汇要等。
　　收藏单位：重庆馆、宁夏馆

00277
国文通（自学导师） 韦月侣编
上海：明华书局，1936.4，324 页，32 开
　　本书分总论、分论、范文选 3 编，前两编论述国文的变迁及语法、修辞、文体等；范文选有鲁迅、茅盾及古代作家的作品。封面题：韦昌寿主编。

00278
国文学 陈遵统著
福州：福建协和大学出版课，1937.10，250 页，22 开
福州：福建协和大学出版课，1942.1，再版，250 页，22 开
　　本书将国文分为论著类、序跋类、辞赋类、命令类、陈议类、书牍类、哀祭类、典志类等，每类均设范文若干篇。书前有著者绪言。书后有勘误表（16 页）。逐页题名：国文学讲义。
　　收藏单位：福建馆

00279
国文学 陈遵统著
福州：公教印书馆，[1937]，2 册（164+162 页），22 开
　　其他题名：国文学讲义。
　　收藏单位：福建馆

00280
国语辨音 严工上编
上海：商务印书馆，1924.10，224 页，32 开
　　本书介绍辨字音及发音的方法。每字注音、点声、标轻重读符号。
　　收藏单位：重庆馆、东北师大馆、广西馆、国家馆、河南馆、辽宁馆、辽师大馆、南京馆、上海馆、首都馆、天津馆、浙江馆

00281
国语讲义（第一集）
绥远小修道院，1935.10，296 页，25 开
　　本书选徐蔚南、俞平伯、许钦文、朱自清、冰心、郑振铎等人的文章 40 篇左右。书中插有修辞学、作文法大纲等。适用于小修道生。
　　收藏单位：国家馆、内蒙古馆、上海馆

00282
国语四千年来变化潮流图 黎锦熙编著 张蔚瑜写绘
北平：文化学社，1929.6，订正再版，影印本，1 幅，78×112cm
　　本图初版多有错误，再版时加以纠正。
　　收藏单位：安徽馆、国家馆、中科图

00283
国语四千年来变化潮流图 黎锦熙编著 张蔚瑜写绘
北京：中华教育改进社，1926.9，影印本，1 幅，全开
　　本图是 1926 年为纪念美国开国一百五十周年在费城举行世界博览会应征的中国教育

陈列品。图中显示了四千年来中国语言文字的变迁及文学的源流派别，对各时代的辞书、字典、韵书及文学上的重要典籍略举内容，列成系统。对历代作家，略考生卒年代，举例作品，分别流派。

00284

国语问题（阅读心理）　艾伟著

上海：中华书局，1948.11，164页，22开（中国教育心理研究所丛书）

本书根据各种实验、调查统计，从心理学角度探讨小学国语阅读问题。分国语阅读心理研究之重要、儿童阅读兴趣之研究、朗读与默读之比较、作文错误之分析等10章。书末有图表目录。大学用书。

收藏单位：重庆馆、东北师大馆、广东馆、国家馆、江西馆、辽大馆、辽宁馆、南京馆、内蒙古馆、上海馆、首都馆

00285

国语问题讨论集　朱麟公编辑

上海：中国书局，1921.8，1册，32开

本书收文50余篇，按国语国音、国语文法、国语教材、国语教学、国语统一等专题编排。作者有：周铭三、朱希祖、胡适、黎锦熙、蔡元培、劳泽人、洪北平、张士一、王蕴山、何仲英、吴研因等。书末附当时教育部颁布的"注音字母令""国民学校一二年级改授国语令""练习语言办法"等。

收藏单位：国家馆、江西馆、南京馆

00286

国语问题之历史的研究　沈兼士著

出版者不详，1923，57—79页，16开

本书为国立北京大学《国学季刊》1卷1期抽印本。著者试图不墨守六书旧说，用世界一般文字发达的次序和思想进化的历程，研究中国文字与语言的关系及变迁。

收藏单位：国家馆

00287

国语文通　现代辞书编译社编

上海：儿童文艺杂志社，1936.10，1册，32开（儿童文艺丛书2）

上海：儿童文艺杂志社，1937.3，3版，1册，32开（儿童文艺丛书2）

本书内容分5部分：总论、阅读之部、作法之部、书法之部、应用文之部。附录《新文字的提倡》。

收藏单位：安徽馆、重庆馆、广东馆、国家馆、江西馆、上海馆

00288

国语学草创　胡以鲁编

外　文　题　名：Rudiments of the Chinese spoken language

上海：商务印书馆，1923.5，147页，25开

上海：商务印书馆，1926.5，再版，147页，25开

上海：商务印书馆，1933.8，国难后1版，147页，25开

本书主要论述语言的起源、发展，以及标准语、汉语在语言学的地位、方言等。分说国语缘起、国语缘起心理观、说国语后天发展、国语成立之法则等10部分。文言文，旧式标点。

收藏单位：安徽馆、重庆馆、东北师大馆、广东馆、桂林馆、国家馆、河南馆、湖南馆、吉林馆、辽宁馆、南京馆、宁夏馆、首都馆、西南大学馆、浙江馆

00289

国语学大纲　乐嗣炳编著

上海：大众书局，1935.1，15+395页，32开

本书分7章讲述国语的语音、声调、字体、词儿、组织等。附录教育部国语教育进行概况、国语关系的重要文件等。供高中、师范教学用。

收藏单位：东北师大馆、桂林馆、国家馆、山西馆、首都馆、天津馆

00290

国语学讲义　黎锦熙编

上海：商务印书馆，1919.5，45+54页，27开

上海：商务印书馆，1919.11，再版，45+54页，27开

上海：商务印书馆，1920.3，3 版，45+54 页，27 开

上海：商务印书馆，1920.5，4 版，45+54 页，27 开

上海：商务印书馆，1920.8，5 版，45+54 页，27 开

上海：商务印书馆，1921.1，6 版，45+54 页，27 开

上海：商务印书馆，1921，7 版，45+54 页，27 开

本书分上下两篇。上篇 5 章：发端、音韵、词类、语法、结论；下篇 3 章：前清关于简字音标及统一国语之文件、关于注音字母之法令文件、关于国语全部进行之法令文件。

收藏单位：重庆馆、广东馆、国家馆、河南馆、江西馆、辽宁馆、南京馆、宁夏馆、上海馆、首都馆、天津馆、浙江馆

00291
国语研究调查之进行计划书
北京：[教育部]，[1919]，46 页，20 开

本书是针对当时国语教育无系统无条理的现象提出的改进计划。附《国语讲演录》《注音字母表》《字音表序列》《国语选字表旨例》，均为黎锦熙讲演和编著。

00292
国语与国文 杜天縻编著
上海：大华书局，1933，2 册（267+346 页），25 开

上海：大华书局，1934，再版，2 册（267+346 页），25 开

本书第 1 册包括修养与健康、教育与生活、民族与国家 3 部分；第 2 册包括社会与人生、科学与文化、经济与生产、文学与艺术 4 部分。每部分都有范文和参读文，主要为诗歌、戏曲和描写文。后附补充教材及注释。

收藏单位：重庆馆、广东馆、国家馆、河南馆、湖南馆、首都馆、西南大学馆

00293
汉文典 来裕恂编纂
上海：商务印书馆，1911，7 版，2 册，24 开

上海：商务印书馆，1911，10 版，2 册，24 开

上海：商务印书馆，1913.5，11 版，2 册，24 开

上海：商务印书馆，1914.1，12 版，2 册，24 开

上海：商务印书馆，1915，14 版，2 册，24 开

上海：商务印书馆，1916.11，15 版，2 册，24 开

上海：商务印书馆，1920，16 版，2 册，24 开

上海：商务印书馆，1921.11，17 版，2 册，24 开

上海：商务印书馆，1924.7，18 版，2 册，24 开

上海：商务印书馆，1931，19 版，415 页，24 开

上海：商务印书馆，1932.9，国难后 1 版，1 册，20 开，精、平装

本书分上下两卷。上卷为文字典，共 3 部分：字由、字统、字品；下卷为文章典，共 4 部分：文法、文诀、文体、文论。初版为 1906 年。

收藏单位：重庆馆、广东馆、广西馆、国家馆、河南馆、湖南馆、江西馆、南京馆、内蒙古馆、宁夏馆、山西馆、上海馆、绍兴馆、首都馆、西南大学馆

00294
基本国文讲义 国立暨南大学编
[广州]：国立暨南大学，[1927—1949]，330 页，16 开

本书收历代古文 97 篇。
收藏单位：南京馆

00295
江阴国语讲习所汇刊 张铁珊编
江阴劝学所，1920.10，1 册，18 开

本书内容包括：江阴国语讲习所简章、大事记、讲义、演说、研究、教职学员通信录及序、跋。

收藏单位：国家馆

00296
经传文选（第四册） 中华书局函授学校编

上海：中华书局函授学校，[1926—1949]，67—88 页，32 开（高级国文科讲义 9）

本书为活页古文选。有注释。

00297

黎锦熙的国语讲坛　陆衣言编

上海：中华书局，1921.3，[158] 页，25 开

上海：中华书局，1921.11，再版，[158] 页，25 开

上海：中华书局，1923.3，3 版，[158] 页，25 开

本书从概论国语、讨论学理、国语教育 3 个方面辑录黎氏 1920 年 9—11 月在江浙一带讲演的笔记共 13 篇。曾发表在上海各报刊杂志。附录《国语问答一束》《致全国教育会联合会书》等 5 篇。

收藏单位：重庆馆、东北师大馆、广东馆、广西馆、国家馆、河南馆、黑龙江馆、湖南馆、南京馆、内蒙古馆、上海馆、首都馆、西交大馆、浙江馆

00298

历代簿录对于小学分类之异同及其得失（上编）　吴三立著

勷勤大学，1935，16 页，16 开

本书为《勷勤大学季刊》1 卷 1 期单行本。论述《汉书艺文志》《隋书经籍志》《旧唐书经籍志》《新唐书艺文志》《宋史艺文志》等历代史志中杂字、字书、声韵、体势的分类及其学术源流。

收藏单位：国家馆

00299

历史语言研究　行政院新闻局编

[南京]：行政院新闻局，1948.1，20 页，32 开

本书共分 5 部分：中央研究院历史研究所成立之经过、组织及设备、近年研究之成绩、国人对历史语言研究之进展情形、语言与方言。

收藏单位：安徽馆、重庆馆、大庆馆、广东馆、广西馆、国家馆、河南馆、湖南馆、江西馆、近代史所、南京馆、内蒙古馆、宁

夏馆、上海馆、首都馆、天津馆

00300

六同别录（上）　国立中央研究院历史语言研究所编

[南京]：国立中央研究院历史语言研究所，1945，石印本，[253] 页，12 开（国立中央研究院历史语言研究所集刊外编 3）

本书收石璋如、周法高、张政烺等人关于古语言文字方面的论著 9 篇。

收藏单位：重庆馆

00301

鲁迅先生与语文改革运动　黄毅奋等著

香港：中国新文字学会，[1948]，46 页，32 开（语文研究丛刊）

本书收录《鲁迅先生与语文改革运动》（黄毅奋）、《学习朱自清先生写文章》（进之）、《关于汉字、方言、白话文的问题》（芽子）、《英语和美语》（大块）、《关于僮族原始语的探讨》（韦庆稳）、《方言和新文字》（任重）、《外来语写法问题》（宜闲）等 15 篇文章。另有 4 篇用拉丁化新文字拼写的文章。

收藏单位：首都馆

00302

全国国语教育促进会概况（第七年 1932 年 9 月—1933 年 8 月）　全国国语教育促进会编

南京：全国国语教育促进会，1933，30 页，16 开

本书内容包括：纪念会、宣传会、国语游艺竞赛会、注音符号竞赛会、国语传习会等会务情况。

收藏单位：国家馆

00303

全国国语教育促进会概况（第八年 1933 年 9 月—1934 年 8 月）　全国国语教育促进会编

南京：全国国语教育促进会，1934，20 页，16 开

本书内容包括：纪念会、宣传会、注音委员会报告、审词委员会报告、国语传习所报告等。附本会各种章规、本会现任职员表。

收藏单位：桂林馆、国家馆

00304

如何能使全国人皆能写能读·一国的出产与国计　陈振先著

出版者不详，[1934]，20 页，32 开

　　本书收入的两篇文章为作者 1934 年 7 月在庐山军训团演讲稿的节录，全文曾载于 1934 年天津《大公报》。

　　收藏单位：重庆馆、湖南馆

00305

通俗文化与语文（论文集）　曹伯韩著

重庆：读书出版社，1945.10，159 页，32 开

重庆：读书出版社，1946.6，再版，159 页，32 开

　　本书分甲乙两编，甲编讨论文化大众化问题，乙编是有关语言文字的改进运动。收论文 19 篇，包括《关于通俗化问题的近感》《文化的大众化问题》《中国语文改革问题》《民主与语文改革》等。曹伯韩，又名曹朴。

　　收藏单位：重庆馆、东北师大馆、国家馆、内蒙古馆、山东馆、上海馆、天津馆

00306

王璞的模范语　王璞编纂

外文题名：Wangpu's standard national language

上海：商务印书馆，1925.1，90 页，32 开

上海：商务印书馆，1925.7，再版，90 页，32 开

上海：商务印书馆，1927.7，6 版，90 页，32 开

上海：商务印书馆，1932.6，国难后 1 版，90 页，32 开

上海：商务印书馆，1933.1，国难后 2 版，90 页，32 开

上海：商务印书馆，1937，国难后 3 版，90 页，32 开

上海：商务印书馆，1939.1，国难后 5 版，90 页，32 开

　　本书分常言讲习、助字讲习、动字讲习、套言讲习 4 讲，共 68 课。每字均用注音字母注音。模范语即当时的标准国音。

收藏单位：重庆馆、东北师大馆、广东馆、国家馆、河南馆、辽宁馆、南京馆、首都馆、天津馆

00307

文言·白话·大众语论战集　任重编辑

上海：民众读物出版社，1934.9，1 册，32 开

　　本书收论文 55 篇，按文言、白话、大众话、杂论 4 类编排。文章选自当时的《中央日报》《申报》《中华日报》等报刊。书末有编校后记。

　　收藏单位：重庆馆、东北师大馆、国家馆、江西馆、上海馆、浙江馆

00308

戊午暑期国文讲义汇刊　薛凤昌　钱基博　沈昌直著

[上海]：江苏省立第三师范学校，1918.11，74+40+46 页，23 开

　　本书分国文研究法、作文法述略、七经纲要 3 部分。

00309

现代国文讲话　周倩丝著

现代文化出版部，1933，138 页，32 开

　　本书共 5 讲：什么是国文、我们为什么要研究国文、我们应当怎样去研究国文（上下）、一个文学书目的介绍。教授国文及自修国文适用。

　　收藏单位：重庆馆

00310

现代文范（第二册）　私立中华书局函授学校编

上海：中华书局，[1926—1949]，26—66 页，32 开（中级国文科讲义 6）

　　本书收入文章 4 篇：《危险之塞耳政策》（朱执信）、《人间嗜好之研究》（王国维）、《西洋近代文明》（胡适）、《现代的危机》（胡愈之）。后附试验题。

00311

小学百问　萧蜕著

上海：中国书局，1921.4，46 页，32 开
上海：中国书局，1921.5，再版，46 页，32 开

　　本书讲述中国语言文字学的 100 个问题。文言文、旧式圈点。小学三书之一。"小学三书"指《小学百问》《字形溯原》《声韵发伏》。

　　收藏单位：重庆馆、南京馆、天津馆

00312

小学略说　章太炎讲　王乘六　诸祖耿记
苏州：章氏国学讲习会，1935.10，2 册（42+30 页），32 开

　　本书为章氏国学讲习会讲演记录第 1、2 期。所称之"小学"即中国语言文字学。

　　收藏单位：国家馆、辽大馆、南京馆

00313

小学研究　金陵大学文学院国学研究班编
南京：金陵大学文学院国学研究班，1936.3，172 页，16 开（金陵大学文学院文史丛刊 1）

　　本书收语言文字学论文 6 篇：《声统表》（胡光炜）、《释士》（高文）、《释甲子》（游寿）、《金陵方言考》（朱锦江）、《释名音证上编》（徐复）、《读契文举例》（曾昭燏）。书前有刘国钧"弁言"。

　　收藏单位：国家馆、浙江馆、中科图

00314

新编大一国文（上册）　丁霙音等选辑
上海：商务印书馆，1949.9，[165] 页，28 开
上海：商务印书馆，1949，4 版，[165] 页，28 开

　　本书收《为建设新中国的人民文艺而奋斗》（郭沫若）、《到群众中去从群众中来，从群众中来到群众中去》（丁玲）、《魏晋风度及文章与药及酒之关系》（鲁迅）、《为了忘却的纪念》（鲁迅）、《鲁迅杂感集序言》（瞿秋白）、《鲁迅思想发展的道路》（胡绳）、《雪里钻》（艾青）、《荷花淀》（孙犁）、《同志》（高尔基）、《喜相逢》（胡可）等 13 篇文学作品。

　　收藏单位：重庆馆、东北师大馆、国家馆

00315

新国语概论　马国英著

上海：东方编译社，1928.6，25 页，32 开

　　本书为国语模范学校教本。分标准语音、标准语词、标准语法等 5 讲。

00316

新体国文典讲义　俞明谦编纂　陈宝泉　庄俞校订
上海：商务印书馆，1918.3，218 页，32 开
上海：商务印书馆，1919.10，再版，218 页，32 开

　　本书共 9 编，按字、词、短语、片句、读、句、节、章、篇编排。师范学校用书。

　　收藏单位：河南馆

00317

新语文建设论　李达仁等著
永安：东方出版社，1945.7，92 页，36 开

　　本书收《论新语文运动（代序）》（李达仁）、《再来一次白话文运动》（李何林）、《关于白话文运动》（孙用）等 10 篇论文。

　　收藏单位：山东馆、上海馆

00318

许地山语文论文集　许地山著
新文字学会，1941.9，54 页，32 开

　　本书收入论文 5 篇：《中国文字的命运》《青年节对青年讲话》《拼音字和象形字的比较》《中国文字的将来》《国粹与国学》。

　　收藏单位：广东馆、上海馆

00319

语文丛谈　王了一著
重庆：国民图书出版社，1944.2，136 页，32 开

　　本书为语言、文字、修辞论文集。收《理想的字典》《语言学在现代中国的重要性》《逻辑和语法》《论汉译地名人名的标准》等 10 篇。著者通称：王力。

　　收藏单位：重庆馆、广东馆、国家馆、黑龙江馆、吉大馆、吉林馆、南京馆、上海馆、西南大学馆

00320

语文论战的现阶段　文逸编著

上海：天马书店，1934.10，365页，32开

　　本书为1934年5—8月语体文、文言文论战的鸟瞰。分7部分：五四时代的白话文运动、"文言复兴"与反对复古、大众语运动底基本性质、"大众语"与"白话文"、大众语运动中的几个问题等。后附语文论战文献编目和语文论战文献辑要。辑要收入《禁习文言与强令读经》（汪懋祖）、《所谓"中小学文言运动"》（胡适之）、《文言—白话—大众语》（陈子展）、《关于大众语文学的建设》（陈望道）、《关于大众语文》（胡愈之）等38篇文章。

　　收藏单位：重庆馆、东北师大馆、国家馆、湖南馆、吉林馆、近代史所、内蒙古馆、上海馆、天津馆、西南大学馆、浙江馆

00321

语文通论　郭绍虞著

上海：开明书店，1941.9，162页，32开

上海：开明书店，1947.4，再版，156页，32开

　　本书收文9篇：《中国语词之弹性作用》《文笔再辨》《中国文字型与语言型的文学之演变》《重刊菜根谭序》《新诗的前途》等。

　　收藏单位：重庆馆、大庆馆、东北师大馆、广东馆、广西馆、桂林馆、国家馆、河南馆、湖南馆、吉林馆、江西馆、辽宁馆、南京馆、首都馆、天津馆、西南大学馆

00322

语文通论续编　郭绍虞著

上海：开明书店，1948.3，194页，32开

上海：开明书店，1949.3，再版，194页，32开

　　本书收文10篇，包括《中国诗歌中之双声叠韵》《中诗外形律详说序》《中国语词的声音美》《谚语的研究》《关于扫除文盲》等。

　　收藏单位：安徽馆、重庆馆、东北师大馆、广东馆、国家馆、黑龙江馆、湖南馆、辽宁馆、南京馆、山西馆、上海馆、首都馆、西南大学馆、云南馆、浙江馆

00323

语言·文字·思想　聂绀弩著

上海：大风书店，1937.6，207页，32开

　　本书收关于语文运动的论文22篇。包括《文章·语言·文字》《大众语跟土话》《"白话"和"大众语"的界限》《为白话文告林语堂先生》《新文字和大众文学》《关于语言》等。

　　收藏单位：内蒙古馆

00324

语言与文学　国立清华大学中国文学会编

上海：中华书局，1937.6，232页，32开

　　本书收文14篇，包括《诗言志说》（朱自清）、《司徒司马司空释名》（杨树达）、《古韵分部异同考》（王力）、《逍遥游之话》（浦江清）、《九歌非民歌说》（孙作云）、《昌谷诗校释》（李嘉言）等。

　　收藏单位：重庆馆、东北师大馆、广东馆、国家馆、湖南馆、吉林馆、江西馆、辽宁馆、辽师大馆、南京馆、上海馆、首都馆、天津馆、西南大学馆、中科图

00325

中国人与中国文　罗常培著

重庆：开明书店，1945.5，126页，32开

重庆：开明书店，1947.3，再版，126页，32开

　　本书收文9篇，包括《中国人与中国文》《中国文学的新陈代谢》《我的中学国文教学经验》《从文艺晚会说起》《误读字的分析》《国语运动的新方向》等。附录《老舍在云南》等3篇。

　　收藏单位：安徽馆、重庆馆、东北师大馆、广东馆、国家馆、湖北馆、湖南馆、江西馆、近代史所、南京馆、宁夏馆、上海馆、首都馆、西南大学馆、浙江馆、中科图

00326

中国文的过去与未来　胡怀琛编

上海：世界书局，1931.9，124页，32开

上海：世界书局，1932.12，再版，124页，32开

本书为汉字和文法论文集。收文5篇：《韵语的种类及其影响》《纵横文的内容及其影响》《论中国古代文字中的译音字》《改造文字的种种计划》《关于文法的种种问题》。附录《上大学院请规定国语及文法标准书》等4篇。

收藏单位：重庆馆、国家馆、河南馆、湖南馆、江西馆、南京馆、内蒙古馆、首都馆、浙江馆

00327

中国文学教科书（第一册） 刘师培撰
出版者不详，[1936]，114页，42开，精装

本书共36课，内容包括：论解字为作文之基、古代字例之分析、字体变迁考、古音分部述略、韵学述略等。

收藏单位：东北师大馆、首都馆

00328

中国言文问题 庄泽宣著
北京：庄泽宣[发行者]，[1923]，44页，24开

本书收《中国的言文问题》《用科学的方法去解决中国的言文问题》等4篇论文，并附林语堂的文章及钱玄同写的附记。

收藏单位：上海馆

00329

中国语文概论 王力著
长沙：商务印书馆，1939.4，117页，32开（国学小丛书）

本书原系作者1936、1937两年在燕京大学暑期学校的演讲稿，经修改成书。共5章：绪论、语音、语法、辞汇、文字。

收藏单位：重庆馆、桂林馆、国家馆、宁夏馆、上海馆、首都馆、天津馆

00330

中国语文学研究 光华大学中国语文学会著
上海：中华书局，1935.3，202页，22开

本书分论著、特载、文苑3部分。论著部分收章炳麟、郑师许、沈延国、钱基博、蒋维乔、吕思勉等人有关语言、文学、名学

等方面文章13篇；特载部分收李审言、沈竹礽遗稿各1篇；文苑部分收文3篇、诗32首。

收藏单位：重庆馆、东北师大馆、广东馆、贵州馆、国家馆、黑龙江馆、湖南馆、吉林馆、江西馆、辽大馆、辽东学院馆、辽宁馆、南京馆、内蒙古馆、宁夏馆、山西馆、上海馆、首都馆、天津馆、西南大学馆、浙江馆、中科图

00331

中国语言学研究 （瑞典）高本汉（Bernhard Karlgren）著 贺昌群译
外文题名：Philology and ancient China
上海：商务印书馆，1934.6，190页，32开（国学小丛书）
上海：商务印书馆，1934.7，再版，190页，32开（国学小丛书）

本书是作者在挪威人类文化比较研究学会的讲稿。主要讲述中国语言文字的性质、研究中国语言学的途径、方法，以及改革语言文字等问题。

收藏单位：重庆馆、大庆馆、东北师大馆、广东馆、国家馆、湖南馆、近代史所、辽大馆、辽师大馆、南京馆、宁夏馆、首都馆、天津馆、西南大学馆、浙江馆

00332

中国语与中国文 （瑞典）高本汉（Bernhard Karlgren）著 张世禄译
外文题名：Sound and symbol in Chinese
上海：商务印书馆，1931.9，27+150页，32开（百科小丛书）
上海：商务印书馆，1933.6，国难后1版，27+150页，32开（百科小丛书）

本书分6章讲述中国语言的起源、特性、结构、演进趋势、中国文字和语言的关系、中国语言上的修辞方法等。书前的导言简介著者及译述经过等。

收藏单位：安徽馆、重庆馆、大庆馆、东北师大馆、广东馆、桂林馆、国家馆、河南馆、黑龙江馆、湖南馆、江西馆、辽东学院馆、辽宁馆、南京馆、内蒙古馆、宁夏馆、

上海馆、首都馆、中科图

00333
中国语原及其文化（初辑）　潘懋鼎著
福州等：致知书店，1947.3，[18]+186 页，32 开

　　本书分叙说、本论两部分。通过诠释某些字的语源意义，分析古代社会文化各方面的发展变化。书前有前记及陈易园等人的序。发行地还有：上海、厦门。

　　收藏单位：福建馆、国家馆、辽大馆、中科图

00334
中华民国国语研究会第一次会务报告
北京：中华民国国语研究会，1917.5，18 页，36 开

　　本书内容包括：该会人数、收藏书报、收发文件、会员著述、经费收支等。

00335
中文教科书（第四部 下册）　马士林科编
出版者不详，1930，128 页，22 开
　　本书为汉语教材，共 27 课。
　　收藏单位：国家馆

00336
做白话文秘诀　沈维钧编辑
上海：广文书局，1921.6，3 版，84 页，25 开
上海：广文书局，1923.8，4 版，84 页，25 开
　　本书分 7 章介绍白话文的意义、由来、做法、组织、标点法、修辞、范文。范文部分收录了黄炎培、蔡元培、胡适、钱玄同、李大钊、陈独秀等人的文章。

　　收藏单位：广东馆、国家馆、河南馆、湖南馆

语音

00337
比较实验国语正音法　秦凤翔著　吴敬恒

王璞校阅
上海：中华书局，1922.3，72 页，32 开
上海：中华书局，1922.12，再版，72 页，32 开

　　本书共 8 章：发音机关生理和物理的研究、发音学上一般的原理、实验的器具和用法、国语注音字母的正音法、切音时声音的迁移、国语的音数、国语的音节、国语的语调。后附发音表。供师范或小学教师自修用。

　　收藏单位：安徽馆、广西馆、国家馆、河南馆、人大馆、上海馆、天津馆、浙江馆

00338
标准国音国语留声片课本　白涤洲发音　朱文叔等编辑
上海：中华书局，1933，[166] 页，32 开
香港：中华书局，1940，15 版，50+62+92 页，32 开

　　本课本包括国音、国语、读本选 3 部分。附小学国语读本选读。

　　收藏单位：重庆馆、广东馆、国家馆、江西馆、西南大学馆

00339
标准国音两式拼音图　陈楚狂编
开封：陈楚狂 [发行者]，1937，2 张，54×80cm，袋装

　　本图以注音字母为第一式，国语罗马字为第二式，以韵母为经、声母为纬编成。

　　收藏单位：国家馆

00340
禅母古音读如定母说　周祖谟著
出版者不详，1941.8，24 页，24 开

　　本书取《说文》《广韵》所收之禅母字，重加寻案，推衍其义。由文字之谐声，以求诸字得声之根源，由经籍之异文，以见声音通转变化规律，是一部研究古音韵学的专著。书口题名：讲演集。

　　收藏单位：国家馆

00341

从史实论切韵 陈寅恪著

北平：北京大学出版部，1948.12，17 页，16 开（国立北京大学五十周年纪念论文集 文学院第 12 种）

收藏单位：广东馆、国家馆、武大馆、西南大学馆、中科图

00342

等韵通转图证 徐昂著

南通：徐昂 [发行者]，1935.8，114 页，18 开

本书取十二韵摄约为八部，以卦位相配而成等韵通转图。内容包括韵摄起音进退、韵与声之结合、等韵配声等。

收藏单位：重庆馆、南京馆、上海馆、天津馆、中科图

00343

等韵一得研究 许世瑛著

北京：燕京大学，1939，73—86 页，16 开

本书为《燕京大学文学年报》第 5 期单行本。

收藏单位：国家馆

00344

调查方音声韵表

出版者不详，[1911—1949]，14 页，18 开

收藏单位：国家馆、上海馆

00345

读故宫本王仁昫刊谬补缺切韵后 万鼎煃著

北京：国立北京大学国学季刊，[1923—1937]，6 页，16 开

收藏单位：南京馆

00346

段氏说文注所标韵部辨误 许世瑛著

北京：燕京大学哈佛燕京学社，1941.6，71—142 页，16 开

本书为《燕京学报》第 29 期单行本。比较《古十七部谐声表（六书音均表二）》和《说文注》所标韵部，对其注的错误和表的错误详加考订并勘误。

收藏单位：国家馆、人大馆

00347

段玉裁古十七部谐声表补正 许世瑛 [著]

北平：北京大学文学院，[1942]，60 页，18 开

本书为国立北京大学论文集（1942 年度）中的一篇，后单印成册。对段玉裁所著《古十七部谐声表（六书音均表二）》的补充与纠正。

收藏单位：国家馆、河南馆、人大馆、首都馆

00348

对类引端

民智书店，[1911—1949]，52 页，32 开

收藏单位：广东馆

00349

对于中国古音重订的贡献 （俄）A. Dragunov 著 唐虞试译

北平：国立中央研究院历史语言研究所，1931，295—308 页，16 开

本书为《国立中央研究院历史语言研究所集刊》第 3 本第 2 分抽印本。

收藏单位：首都馆

00350

敦煌写本守温韵学残卷跋·梵文颚音五母之藏汉对音研究 罗常培著

北平：国立中央研究院历史语言研究所，1931，251—276 页，16 开

本书为《国立中央研究院历史语言研究所集刊》第 3 本第 2 分抽印本。收跋文、论文各 1 篇。敦煌所出唐人写本中有守温关于音韵学方面的残卷，本书作者为之写跋。梵文字母有元音 13 个，辅音 33 个，本书的论文即是对梵文字母中的颚音五母与藏汉对音的比较研究。

收藏单位：国家馆

00351

反切简法全书书名及最简说明 韩汝甲著

出版者不详，[1918]，25 页，22 开

收藏单位：国家馆

00352

反切语八种 赵元任编著

国立中央研究院历史语言研究所，1931，313—354 页，16 开

本书为《国立中央研究院历史语言研究所集刊》第 2 本第 3 分抽印本。

00353

傅氏音学三书 傅廷仪著

出版者不详，[1911—1949]，24+34 页，16 开

本书内收《切韵真诠》《古韵通论》两篇文章。

收藏单位：重庆馆

00354

高元国音学 高元著

外文题名：Kao Yuan's Chinese phonetics

上海：商务印书馆，1922.6，12+11+145 页，25 开

上海：商务印书馆，1923.9，重订再版，12+11+145 页，25 开

上海：商务印书馆，1925.3，重订 3 版，12+11+145 页，25 开

本书共 5 章：绪论、声、韵、五声、国音之特性。从发音学、声韵沿革、语言文字的改进、国语普及等方面研究我国现代音韵学。

收藏单位：重庆馆、广东馆、国家馆、河南馆、江西馆、南京馆、内蒙古馆、上海馆、首都馆、天津馆、浙江馆、中科图

00355

古今音异读表 江谦著

出版者不详，1911.9，[30] 页，27 开

本书含两表，按今音、古音、考证 3 项列表。文言注释，无标点。

收藏单位：上海馆

00356

古今韵略 （清）邵长蘅纂

上海：商务印书馆，1937.6，影印本，2 册（616

页），32 开（万有文库 第 2 集 179）（国学基本丛书）

本书共 5 卷，收字 9551 个，反切注音。按上平声（古二十八韵，今十五韵）、下平声（古二十九韵，今十五韵）、上声（古五十五韵，今二十九韵）、去声（古六十韵，今三十韵）、入声（古三十四韵，今十七韵）排列。

收藏单位：大连馆、国家馆、黑龙江馆、湖南馆、浙江馆

00357

古声韵讨论集 杨树达辑录

北平：好望书店，1933.12，136 页，25 开

本书收钱大昕、章炳麟、曾运乾、汪荣宝、杨树达 5 人有关古声、古韵的论著 6 篇，其中论古声 4 篇，论古韵 2 篇。

收藏单位：重庆馆、东北师大馆、国家馆、辽宁馆、南京馆、上海馆、首都馆、天津馆、中科图

00358

古音对转疏证 杨树达著

北平：国立清华大学，1935，43 叶，16 开

本书为《清华学报》单行本。分微没痕、歌泰寒、支锡青、模铎唐、侯屋东、哈德登 6 部分。

收藏单位：国家馆、人大馆

00359

古音说略 陆志韦著

北平：燕京大学哈佛燕京学社，1947.10，317 页，16 开（燕京学报专号 20）

本书共 15 章。讲述考订上古音的常识，论述古收声，说文广韵中间声母转变的大势及上古声母的几个特殊问题等。

收藏单位：东北师大馆、甘肃馆、广西馆、国家馆、近代史所、山西馆、上海馆、首都馆、天津馆

00360

古音系研究 魏建功著

北平：国立北京大学出版组，1935.5，412+18 页，16 开，精装

本书分 6 部分论述古音系的分期、内容、研究材料、研究方法、研究条件及实际问题等。卷首有罗常培、周作人、沈兼士、钱玄同及著者序。附录《果蠃转语记》（程瑶田）、《叠韵转语》（王念孙）等。

收藏单位：重庆馆、东北师大馆、国家馆、吉林馆、南京馆、宁夏馆、山西馆、首都馆、天津馆、浙江馆、中科图

00361

古音阴阳入互用例表及其他　陈独秀著　何之瑜校

出版者不详，1948，271 页，16 开

收藏单位：近代史所

00362

古音有无上去二声辨　周祖谟著

出版者不详，[1941]，石印本，291—350 页，16 开

本书为《辛巳文录初集》抽印本。

收藏单位：国家馆、内蒙古馆

00363

古韵廿八部音读之假定　钱玄同著

出版者不详，1934.12，22 页，16 开

本书为《师大月刊》卅二周年纪念专号。作者综合古今各家古韵分部情况，提出将古韵分成二十八部的假定并加论述。

收藏单位：东北师大馆、国家馆

00364

古韵学源流　黄永镇著

上海：商务印书馆，1934.9，86 页，32 开（国学小丛书）

本书共 12 章。叙述古韵的起源、界域、取材、读法及通韵转韵、古无上声等。

收藏单位：重庆馆、东北师大馆、广东馆、广西馆、国家馆、河南馆、湖北馆、湖南馆、吉林馆、江西馆、辽大馆、辽宁馆、南京馆、内蒙古馆、宁夏馆、上海馆、首都馆、天津馆、浙江馆、中科图

00365

官话捷诀（中华国语要览）　北京官话研究会社编

广州：共和新书局，1918.12，石印本，2 册（100 页），50 开，环筒页装

广州：共和新书局，1921.1，再版，石印本，2 册（100 页），50 开，环筒页装

广州：共和新书局，1924.5，3 版，石印本，2 册（100 页），50 开，环筒页装

本书用汉字切音注官话读音。

收藏单位：上海馆

00366

广东民众国音讲习法　赵荣光编

广州：培正国语传习所，1937.1，64 页，32 开

本书共 16 课，内容包括：四声易记法、拼音易用法、声符的读法、会话练习法等。后附注音符号体式、国语罗马字体式、罗马字声调改拼法。

收藏单位：国家馆、南京馆、西南大学馆

00367

广韵　（宋）陈彭年等著

上海：商务印书馆，1931.4，影印本，5 册，32 开（万有文库 第 1 集 0390）（国学基本丛书）

上海：商务印书馆，1935.2，国难后 1 版，影印本，1 册，32 开，精装（国学基本丛书）

上海：商务印书馆，1939.9，影印本，5 册，32 开（万有文库 第 1—2 集 简编 500 种 123）（国学基本丛书）

上海：商务印书馆，[1940]，影印本，2 册，32 开（国学基本丛书 简编）

本书共 5 卷：广韵上平声、广韵下平声、广韵上声、广韵去声、广韵入声，共 206 韵。收字 26000 余，注文 191000 多字。附双声叠韵法。全称：大宋重修广韵。

收藏单位：安徽馆、重庆馆、大理馆、大连馆、大庆馆、东北师大馆、广西馆、贵州馆、国家馆、河南馆、黑龙江馆、湖南馆、吉大馆、江西馆、辽大馆、辽师大馆、内蒙古馆、宁夏馆、山西馆、上海馆、首都馆、

天津馆、西南大学馆、浙江馆

00368

广韵讹夺举正 葛信益著

北平：辅仁大学辅仁学志编辑委员会，1940.6，34页，16开

本书为《辅仁学志》9卷1期抽印本。以《广韵》张氏泽存堂刻本为底本，参照其他多种版本勘校，就其可疑处举出讹误160例。分字夺注误者、正文讹误者、注中又音讹误者、本无其字因讹而成字遂添音切者、本无其音因反切字误遂有异读者、误注又音者6种类型加以勘正讹误。

收藏单位：国家馆

00369

广韵声纽韵类之统计 白涤洲著

北平：中国大辞典编纂处，[1931]，28页，16开

本书为中国大辞典编纂处报告之一。分绪论、广韵的认识、方法说明、声纽统计、韵类统计5部分。

收藏单位：国家馆、南京馆、首都馆

00370

广韵声系 沈兼士主编

北平：辅仁大学，1945.1，石印本，2册，16开

本书叙列周秦两汉以来谐声字的发展变化，主谐字与被谐字训诂上文法上的各种关系，比较主谐字与被谐字读音分合之现象等。书末附广韵声系检字、广韵声系案语补遗。

收藏单位：大庆馆、东北师大馆、国家馆、黑龙江馆、吉林馆、辽大馆、辽东学院馆、辽宁馆、内蒙古馆、山西馆、上海馆、首都馆、天津馆、中科图

00371

广韵声系报告 私立北平辅仁大学中国文学系研究室编辑

北平：辅仁大学中国文学系研究室，1937，油印本，1册，横10开

本书卷端题名：辅仁大学中国文学系研究室编辑广韵声系报告。

收藏单位：国家馆

00372

广韵研究 张世禄著

上海：商务印书馆，1933.2，274页，32开（国学小丛书）

上海：商务印书馆，1933，再版，274页，32开（国学小丛书）

上海：商务印书馆，1935.4，3版，274页，32开（国学小丛书）

本书分5章论述广韵的作述及其体例、广韵的韵部和声类、广韵以前及之后的韵书。

收藏单位：重庆馆、大庆馆、东北师大馆、广西馆、贵州馆、国家馆、河南馆、黑龙江馆、湖南馆、吉林馆、江西馆、辽大馆、南京馆、宁夏馆、上海馆、首都馆、天津馆、中科图

00373

国难讲演大纲 山东省立民众教育馆讲演部编

济南：山东省立民众教育馆发行处，1933.5，104页，32开

本书选收《中国近百年外交失败小史》《列强对华的经济侵略》《我们要怎样才能挽救国难》等通俗宣传讲演提纲13篇，介绍了大纲的编制方法。包括各演讲题目如何写出重点和简略说明以及参考书和演讲的场合等。

收藏单位：重庆馆

00374

国音辨似 符宗翰编著

上海：中华书局，1923.12，72页，25开

上海：中华书局，1925.6，再版，72页，25开

本书分上下两编。上编：平上去声；下编：入声。

收藏单位：重庆馆、广东馆、广西馆、河南馆、南京馆、内蒙古馆、人大馆、浙江馆

00375

国音标准汇编 台湾省国语推行委员会编

台北：台湾省国语推行委员会，1947，80+49页，25开

本书内容包括4部分：国字旁注之注音符号印刷体式表、注音符号发音表、国音简说、国音常用字。

收藏单位：桂林馆、国家馆、吉林馆、南京馆、浙江馆

00376

国音初阶 赫永襄编

外文题名：First step in Chinese phonetics

上海：商务印书馆，1922.3，23+9页，50开

上海：商务印书馆，1922，再版，23+9页，50开

上海：商务印书馆，1925，5版，23+9页，50开

上海：商务印书馆，1930.4，7版，23+9页，50开

本书共20课。书后附教授注音字母说明。

收藏单位：广东馆、广西馆、国家馆、南京馆、天津馆、浙江馆

00377

国音独习法 马国英编

上海：中华书局，1923.3，29页，32开

上海：中华书局，1926.5，5版，29页，32开

收藏单位：广西馆、河南馆

00378

国音分韵常用字表（一名，佩文新韵） 黎锦熙 白涤洲编

北平：人文书店，1934.10，82页，横16开

本书将《佩文韵府》一书中的常用字以表列出，分18个韵部。书末附国音普通轻声字示例及《说辙儿》（魏建功）、《与黎锦熙论"儿化韵"书》（钱玄同）。

收藏单位：国家馆、首都馆、浙江馆

00379

国音基本学习表 魏建功著

上海：开明书店，1949.3，石印本，62页，32开

本书含6个表及1个附表。包括注音符号、注音符号歌、国语基本音、国语四声基本字等表格。

收藏单位：广东馆、广西馆、辽宁馆、上海馆

00380

国音讲习课本（修改标准） 齐铁恨编

上海：中华书局，1929.9，94页，32开

上海：中华书局，1931.3，3版，94页，32开

上海：中华书局，1935，5版，94页，32开

上海：中华书局，1937，6版，94页，32开

上海：中华书局，1938.8，7版，94页，32开

昆明：中华书局，1940.6，8版，94页，32开

本书共3章：字母、声调拼法（一）、声调拼法（二）。逐页题名：国音讲习课本。

收藏单位：广东馆、广西馆、黑龙江馆、南京馆、内蒙古馆、上海馆

00381

国音讲义 乐嗣炳编辑

上海：中华书局，1923.12，96页，32开

上海：中华书局，1924.11，2版，96页，32开

上海：中华书局，1925.11，3版，96页，32开

上海：中华书局，1926.5，4版，96页，32开

本书共9讲，内容包括：辅音、元音、拼音、五声、国音辨似、国音字母底写法等。

收藏单位：河南馆、南京馆、浙江馆

00382

国音讲义 夏宗秀编著

[赣县]：江西省立赣县民教馆，1943.12，石印本，68页，36开

本书供中小学校、各级师范学校及国音讲习班教学用。

收藏单位：重庆馆

00383

国音教本 方宾观编

上海：商务印书馆，1920.4，40页，42开

上海：商务印书馆，1920.5，再版，40页，42开

上海：商务印书馆，1920.8，3版，40页，42

开

　　本书主要讲述注音字母的拼音及声调。书末附短篇白话文范及注音字母练习等。

　　收藏单位：重庆馆、国家馆、河南馆、首都馆

00384

国音京音对照表　王璞编

上海：商务印书馆，1921.10，48+18 页，42 开

　　本书比较《国音字典》的读音和北京话的读音。前编按字偏旁查取，后编将同音字排在一起。版权页编者题：王樸。

　　收藏单位：广东馆、国家馆、河南馆、上海馆、天津馆、浙江馆

00385

国音练习读本　马国英编著

上海：中华书局，1923.12，47 页，32 开

上海：中华书局，1926.5，5 版，47 页，32 开

上海：中华书局，1927，6 版，47 页，32 开

上海：中华书局，1930.3，7 版，47 页，32 开

　　本书以拼音的练习为中心，供一般初学国语者练习之用。

　　收藏单位：广西馆、河南馆、浙江馆

00386

国音模范字读本　马国英编著

上海：东方编译社，1928.7，石印本，24 页，32 开，环筒页装

上海：东方编译社，1929.7，3 版，石印本，24 页，32 开，环筒页装

　　本书为国语模范学校教本。

　　收藏单位：江西馆、上海馆

00387

国音浅说　范祥善编纂

外文题名：A first course of Chinese phonetics

上海：商务印书馆，1919.7，44 页，50 开

上海：商务印书馆，1919，再版，44 页，50 开

上海：商务印书馆，1920.1，5 版，44 页，50 开

上海：商务印书馆，1920.8，7 版，44 页，50 开

上海：商务印书馆，1920.11，8 版，44 页，50 开

上海：商务印书馆，1921.6，10 版，44 页，50 开

　　本书共 10 章。讲述注音字母的必要、由来、读法及声母、介母、韵母的用法等。教育部审定。

　　收藏单位：安徽馆、国家馆、江西馆、南京馆、上海馆、首都馆、浙江馆

00388

国音入声字指南　马国英编

上海：中华书局，1926.4，77 页，32 开

　　本书以北京声调为标准，研究入声字的声调。

　　收藏单位：广西馆、河南馆、江西馆、南京馆

00389

国音实习法　董文编

上海：中华书局，1920.4，52 页，48 开

上海：中华书局，1920.5，再版，52 页，48 开

上海：中华书局，1920.8，4 版，52 页，48 开

上海：中华书局，1920.12，6 版，52 页，48 开

上海：中华书局，1921，7 版，52 页，48 开

　　本书共 10 章。讲述声母、介母、韵母的读法和用法及注音练习等。

　　收藏单位：重庆馆、河南馆、上海馆

00390

国音实习法（增补订正）　董文编

上海：中华书局，1922.3，8 版，44 页，32 开

　　本书共 7 章。讲述声母、介母、韵母的读法和用法等。

　　收藏单位：广西馆

00391

国音问答　郑天心编纂

外文题名：Catechism on Chinese phonetics

上海：商务印书馆，1921.4，98 页，42 开

上海：商务印书馆，1921.6，再版，98 页，42 开

　　本书分总纲、声母、介母、韵母、结论 5

章。介绍国音字母及其使用。书末有附录。

收藏单位：广东馆、广西馆、国家馆、河南馆、南京馆、首都馆、浙江馆

00392

国音新教本　方宾观　章寿栋编纂　刘儒校订

外文题名：A new textbook on Chinese phonetics

上海：商务印书馆，1923.4，65 页，32 开

上海：商务印书馆，1927，7 版，65 页，32 开

上海：商务印书馆，1928.6，9 版，65 页，32 开

上海：商务印书馆，1930.4，11 版，65 页，32 开

上海：商务印书馆，1933，国难后 1 版，65 页，32 开

上海：商务印书馆，1934.11，国难后 2 版，65 页，32 开

本书共 8 部分：国音字母次序、声母发音各图、韵母读法图、拼音表、五声练习表、辨音表、书法体式、国音字母练习。供中学、师范学校或短期国语讲习会之用。

收藏单位：广东馆、广西馆、河南馆、南京馆、首都馆、浙江馆

00393

国音新诗韵（附平水韵）　赵元任著

外文题名：A new vocabulary of rimes

上海：商务印书馆，1923.11，105 页，横 16 开

上海：商务印书馆，1927.3，再版，105 页，横 16 开

上海：商务印书馆，1933.5，国难后 1 版，105 页，横 16 开

本书分理论、字汇两部分。第一部分包括国音字母、韵的定义、韵的分类、韵的位置、说古韵等 9 章；第二部分包括分韵字汇、部首字汇、古纲今目韵汇 3 章。附平水韵。

收藏单位：重庆馆、国家馆、河南馆、上海馆、首都馆、浙江馆、中科图

00394

国音学　丛介生编著

上海：世界书局，1933.7，125 页，32 开

本书为高中师范教本，根据部颁高中师范科课程标准编写。分理论、练习、教学 3 部分。

收藏单位：重庆馆、广西馆、桂林馆、南京馆

00395

国音学讲义　易作霖编

外文题名：Lectures on Chinese phonetics

上海：商务印书馆，1920.6，106 页，25 开

上海：商务印书馆，1920，再版，106 页，25 开

上海：商务印书馆，1921.2，3 版，106 页，25 开

上海：商务印书馆，1921.3，4 版，106 页，25 开

上海：商务印书馆，1921.8，5 版，106 页，25 开

本书分 6 章介绍声母、韵母、介母、合母、清浊四声及闰母等。附录声母与字母等 4 种对照表及手语法。

收藏单位：广东馆、国家馆、河南馆、吉林馆、江西馆、辽大馆、南京馆、内蒙古馆、宁夏馆、山西馆、上海馆、首都馆、天津馆、西南大学馆、浙江馆

00396

国音沿革　方毅编纂

外文题名：A history of Chinese sounds

上海：商务印书馆，1924.9，23+66 页，32 开（上海国语师范学校讲义 第 1 种）

本书共 4 章：国音字母的发生和经过、国音字母在音韵学上的价值、旧音韵的三大变迁、国音字母与历代标准音的比较。

收藏单位：重庆馆、国家馆、河南馆、湖南馆、吉林馆、江西馆、南京馆、内蒙古馆、上海馆、浙江馆

00397

国音沿革六讲　邵鸣九编著

上海：商务印书馆，1937.2，136 页，32 开（百科小丛书）

本书分 6 讲叙述周秦、两汉、魏晋六朝、隋唐宋、元明清三代及现代（注音符号）的国音沿革史及注音字母。附声韵和反切的说明。

收藏单位：重庆馆、大庆馆、广东馆、广西馆、贵州馆、国家馆、河南馆、黑龙江馆、湖南馆、吉林馆、南京馆、宁夏馆、上海馆、首都馆、西南大学馆、中科图

00398

国音易解　黎均荃　陆衣言编辑

上海：中华书局，1920.6，[105] 页，48 开

上海：中华书局，1920.8，再版，[105] 页，48 开

上海：中华书局，1921.1，3 版，[105] 页，48 开

本书介绍国音字母发音法、国音拼音法等。前有北洋政府教育部颁布的 3 个国音令。

收藏单位：重庆馆、浙江馆

00399

国音易解（增订补正）　黎均荃　陆衣言编辑

上海：中华书局，1921，5 版，48 页，32 开

上海：中华书局，1925.4，10 版，48 页，32 开

上海：中华书局，1926.3，12 版，48 页，32 开

本书内容包括：国音字母发音法、国音拼音法、国音字母拼音练习表及国音声母、介母、韵母与英法日的字母对照表等。前有教育部令 3 则。

收藏单位：安徽馆、广西馆、河南馆

00400

国音指掌图　张兆麟编绘

上海：商务印书馆，1922.5，1 幅

本图表以注音字母的声母、韵母作经纬绘成。全图除多音字重复外，共收常用字 3630 个。

收藏单位：国家馆

00401

国音指掌图（新标准）　方宾观编

上海：商务印书馆，1922.6，1 幅

上海：商务印书馆，1931.8，4 版，1 幅

本图表按注音字母音序排列常用汉字。

收藏单位：国家馆

00402

国语变音举例　齐铁恨著　台湾省国语推行委员会编辑

台北：台湾书店，1948.4，65 页，32 开

本书以普通话语音为标准，举例说明较重要语词的变音及轻重声。内容包括：因调变音的韵母、结合韵母的变音、指示代名词的变音、国语里的分音变调等 7 部分。

收藏单位：国家馆、吉林馆、南京馆、浙江馆

00403

国语发音及文法　穆修德编

北平：文化学社，1932.5，36+64+18 页，32 开

本书包括国语发音学大意、国语文法之研究。附录新式标点符号详解。

收藏单位：广西馆、国家馆、河南馆、浙江馆

00404

国语发音学　汪怡编

外文题名：New Chinese phonetics

北平：中国大学，1935，150 页，16 开

北平：中国大学，1937，150 页，16 开

本书共 10 章，内容包括：发音器官、声母、韵母、拼音、音调、四声及四声拼音表等。后附开口呼、齐齿呼及合口呼拼音表 3 张。逐页题名：中国大学国语发音学讲义。

收藏单位：国家馆

00405

国语发音学（新著）　汪怡编

外文题名：New Chinese phonetics

上海：商务印书馆，1924.3，325 页，32 开

上海：商务印书馆，1926.4，再版，325 页，32 开

上海：商务印书馆，1928.5，再版，325 页，32 开

本书共 11 章，内容包括：发音机关、类

别声母、类别韵母、结合韵母、拼音、五声、音变、音调等。

　　收藏单位：南京馆

00406

国语发音学纲要　后觉编

上海：中华书局，1923.5，33 页，32 开

上海：中华书局，1925.7，3 版，33 页，32 开

上海：中华书局，1930.4，4 版，33 页，32 开

　　本书为初级国语讲义。共 7 讲：概说、语音底由来和分类、辅音底分析、元音底分析、流音、拼音、声调。

　　收藏单位：重庆馆、广东馆、国家馆、黑龙江馆、湖南馆、南京馆、内蒙古馆、上海馆

00407

国语留声片课本（甲种）　赵元任编著

上海：商务印书馆，1922.10，52 页，横 16 开

上海：商务印书馆，1927.8，7 版，52 页，横 16 开

　　本书是编者为推广国音制作的一套唱片的课文和说明书。分国音、国语两部分，共 16 课。

　　收藏单位：国家馆、上海馆、首都馆

00408

国语留声片课本（乙种）　赵元任编著

上海：商务印书馆，1923.1，63 页，32 开

上海：商务印书馆，1924.6，6 版，63 页，32 开

上海：商务印书馆，1925.2，8 版，63 页，32 开

上海：商务印书馆，1927，13 版，63 页，32 开

上海：商务印书馆，1933.8，国难后 11 版，[88] 页，32 开

　　收藏单位：重庆馆、国家馆、江西馆、天津馆

00409

国语声调研究　后觉编著

上海：中华书局，1926.7，109 页，36 开（国语小丛书 5）

上海：中华书局，1930.5，再版，109 页，36 开（国语小丛书 5）

上海：中华书局，1932.8，3 版，109 页，36 开（国语小丛书 5）

　　本书共 10 章，内容包括：声调底分析、方言音调底一斑、声调底实验、入声问题、标准声调跟国语话、标准声调底学习法等。

　　收藏单位：重庆馆、东北师大馆、广西馆、国家馆、河南馆、黑龙江馆、湖南馆、辽宁馆、南京馆、上海馆、天津馆

00410

国语四声纂句　朱兆祥撰稿

台北：台湾省国语推行委员会，1947.11，20 页，32 开

　　收藏单位：南京馆

00411

国语同音词类辨　刘儒编　黎锦熙　方毅校订

外文题名：Phonetics Chinese homonyms distinguished

上海：商务印书馆，1924.7，46 页，42 开

　　本书主要介绍国语同音词的辨析方法。

　　收藏单位：国家馆、天津馆、西南大学馆、浙江馆、中科图

00412

国语训练大纲　赵元任编纂

南京：正中书局，1937，3 版，33 页，32 开（教育部教育播音小丛书）

　　本书包括：引子和声母、韵母、声调、拼音等 10 讲。

　　收藏单位：重庆馆

00413

国语演说辩论词作法　王德崇作

北平：平社出版部，1929.1，284 页，25 开

　　本书共 12 篇，内容包括：国语演说辩论题目的意义和种类、题目选择的重要和标准、题目分析的目的和方法、材料的搜集和审定等。末附华北各大学第二届演说竞赛第一名演说词等。

收藏单位：东北师大馆、国家馆、天津馆

00414

国语演说辩论术　王德崇著

北平：平社出版部，1949，432 页，32 开

　　收藏单位：南京馆

00415

国语演说辩论术概论　王德崇作

北平：平社出版部，1928.11，148+14 页，22 开

　　本书分 7 篇叙述国语演说和辩论的意义、发展历史、演说辩论家必具的基本学习、各种演说辩论的分析和要诀等。书前有杨钟健博士和作者的序各 1 篇；书末附华北各大学国语演说竞赛会第一名演说词和《寄读者》。

　　收藏单位：宁夏馆、首都馆

00416

国语中的语音的分配　马大猷著

昆明：国立北京大学研究院文科研究所，1941，油印本，9 叶，18 开，环筒页装（国立北京大学研究院文科研究所油印论文 17）

　　本书内容包括：引言、国语的特性、国语中语音的转变、统计的研究、声调声母出现频率等内容。

　　收藏单位：重庆馆

00417

国语中的语音的分配　马大猷著

重庆：国民图书出版社，1943.10，9 页

　　收藏单位：南京馆

00418

汉语音字之研究　马体乾著

北平：马体乾 [发行者]，1936.11，石印本，6 页，16 开

　　本书对音、韵、声调、拼音及字母的拼写等作了研究。书中有声母发音动作对照表、独有韵母发音表等 18 种附表。

00419

汉语语音基础知识　华东师大著

上海：华东师范大学出版社，1925，43 页，32 开

　　收藏单位：山西馆

00420

汉语字声实验录提要·国语运动略史提要（译文）　刘半农著

上海：群益书社，1925，14 页，18 开

　　本书收 1925 年 3 月 17 日作者在巴黎大学博士堂用法文写的两篇答辩论文的译文。著者原题：刘复。

　　收藏单位：中科图

00421

集韵　（宋）丁度等撰　（清）方成珪考正

上海：商务印书馆，1937.3，15 册，32 开（万有文库 第 2 集 178）（国学基本丛书）

长沙：商务印书馆，1939.9，15 册，32 开（万有文库 第 1—2 集 简编 500 种）（国学基本丛书）

　　本书共 10 卷。平声 4 卷，上、去、入各 2 卷。收字 53525 个，比《广韵》增一倍余。韵部仍分 206 韵，而韵目名称和次序稍有变动，并参考当时读音更订反切。内容注重文字形体和训诂，为研究文字训诂和宋代语音的重要资料。附考正。

　　收藏单位：安徽馆、重庆馆、大理馆、大连馆、大庆馆、东北师大馆、国家馆、黑龙江馆、湖南馆、江西馆、辽大馆、辽师大馆、内蒙古馆、宁夏馆、上海馆、西南大学馆

00422

集韵声类考　白涤洲著

北平：国立中央研究院历史语言研究所，1931，159—236 页，16 开

　　本书为《国立中央研究院历史语言研究所集刊》第 3 本第 2 分抽印本。包括对集韵切音的特点考及集韵切音与广韵切音的比较等。

00423

简明国音练习法　钟戴崖著

上海：进化书局，1921，70 页，22 开

收藏单位：广东馆、河南馆

00424

江浙人学习国语法 王力著

南京：正中书局，1936.7，88 页，32 开

南京：正中书局，1947.11，沪 1 版，88 页，32 开

本书分 4 章介绍江浙人学习国语标准读音的方法。包括：绪论、初步学习法（三大戒）、进步学习法、最后学习法。著者原题：王了一。

收藏单位：重庆馆、贵州馆、国家馆、湖南馆、辽师大馆、南京馆、上海馆

00425

教育部国语训练广播大纲 赵元任编讲

[南京]：教育部，1936，33 页，32 开

收藏单位：安徽馆、河南馆、南京馆

00426

康熙字典字母切韵要法考证 赵荫棠著

北平：国立中央研究院历史语言研究所，1931，93—120 页，16 开

本书为《国立中央研究院历史语言研究所集刊》第 3 本第 1 分抽印本。共 11 章，内容包括：从韵摄上论字母切韵要法、论明显图与内含图为一书、从"唱"字上论字母切韵要法、确定大藏字母切韵要法的年代、原书及作者湮没之故等。

收藏单位：国家馆

00427

来纽明纽古复辅音通转考 吴其昌著

北平：国立清华大学，1932，47—110 页，16 开

本书为《清华学报》单行本。

收藏单位：国家馆

00428

类音研究 王力著

北平：国立清华大学，1935.7，44 页，16 开

本书为《清华学报》单行本，是对清潘耒所著《类音》一书的专门研究。对潘书中

的"五十字母""四呼""全分音""二十四类"等问题提出了著者的新见解。

收藏单位：国家馆

00429

林峰音义 林峰著

上海：林峰书屋，[1931]，132 页，32 开

本书共 6 章，内容包括：论汉字语音学、论四声各方似有不同、论阳韵、论本书反切及调声法等。出版年据写序时间。

收藏单位：国家馆

00430

六朝唐代反语考 刘盼遂著

北平：国立清华大学，1934，128—142 页，16 开

本书为《清华学报》9 卷 1 期单行本。

收藏单位：国家馆

00431

陆法言切韵以前的几种韵书（吕静、夏侯咏、阳休之、李季节、杜台卿五家韵目考） 魏建功著

北平：国立北京大学，1932.6，36 页，16 开

本书为国立北京大学《国学季刊》3 卷 2 号抽印本。共 10 个问题，包括：王仁昫切韵与陆法言切韵的关系、由陆法言切韵次序上推吕静夏阳李杜五家部数、吕静韵集考目及解释、夏侯咏韵略考目及解释、关于研究古今音系采用标准韵书的三条意见等。

收藏单位：国家馆

00432

论开合口 王静如著

北平：燕京大学哈佛燕京学社，1941.6，143—192 页，16 开

本书为《燕京学报》第 29 期单行本。分 5 部分论述高本汉氏合口强弱分配之可疑、二四两等合口与唇化牙喉音、三四等合韵重出之唇音、三四等合韵重出之牙喉音及腭介音之性质、轻唇音变及唇音之性质。

收藏单位：国家馆、吉林馆

00433

论切韵系的韵书　魏建功著

出版者不详，[1936]，80 页，16 开

　　收藏单位：重庆馆、东北师大馆

00434

论唐末以前的"轻重"和"清浊"　唐兰著

北平：北京大学出版部，1948.12，20 页，16
开

　　本书卷首题名：论唐末以前韵学家所谓
"轻重"和"清浊"。为国立北京大学五十周年
纪念论文集文学院第二种。

　　收藏单位：东北师大馆、广东馆、国家
馆、湖南馆、天津馆、西南大学馆

00435

论周颂的韵　（瑞典）高本汉（Bernhard
Karlgren）著　朱炳荪译

北平：燕京大学，1937.5，[163—168] 页，16
开

　　本书为《燕京大学文学年报》第 3 期单行
本。对《诗经》中 10 篇周颂韵进行研究，
并对段玉裁、王念孙、江有浩、苗夔 4 人的
论点作了新的探讨。

　　收藏单位：国家馆

00436

默识斋新反切法　默识著

出版者不详，[1940—1949]，47—60 页，16 开

　　本书为《东方杂志》33 卷 23 号抽印本。
介绍作者创编的一种新反切法，该法取辅音
74 个，元音 140 个，反切所有汉字。

　　收藏单位：国家馆

00437

南北朝诗人用韵考　王力著

北平：国立清华大学，1936.7，60 页，16 开

　　本书为《清华学报》单行本。

　　收藏单位：国家馆

00438

切音一览表　周逸凤编著

杭州：正中书局，1935.6，1 幅，18 开

　　收藏单位：国家馆

00439

切韵考外篇　（清）陈澧著

[广州]：国立暨南大学，[1927—1949]，1
册，16 开

　　本书共 3 卷：切语上字分并为三十六类
考、二百六韵分并为四等开合图摄考、后论。
书前有著者写于光绪五年八月的《切韵考外
篇序》，书末有廖廷相写于光绪十年五月的
《切韵考外篇跋》。

　　收藏单位：安徽馆

00440

三四等与所谓"喻化"　陆志韦著

北平：燕京大学哈佛燕京学社，1939.12，
143—173 页，16 开

　　本书为《燕京学报》第 26 期抽印本。

00441

上古音韵表稿　董同和编著

重庆：国立中央研究院历史语言研究所，
1944.12，石印本，188 页，10 开（国立中央
研究院历史语言研究所单刊甲种 21）

　　收藏单位：国家馆

00442

上古韵母系统研究　王力编著

北平：国立清华大学，1937.7，68 页，16 开

　　本书为国立清华大学《清华学报》12 卷
3 期抽印本。重点考订上古韵母的主要元音类
别及韵母的开合与洪细。

　　收藏单位：国家馆、山西馆

00443

**上古中国音当中的几个问题·跋高本汉的上
古中国音当中的几个问题并论冬蒸两部**　（瑞
典）高本汉（Bernhard Karlgren）著　赵元任
译·王静如著

北平：国立中央研究院历史语言研究所，
1930，345—416 页，16 开

　　本书为《国立中央研究院历史语言研究
所集刊》第 1 本第 3 分抽印本。

收藏单位：国家馆

00444

沈氏四声考 （清）纪昀著

长沙：商务印书馆，1941，影印本，163 页，36 开

　　本书据《畿辅丛书》本影印。共两卷，考证梁沈约四声说。

　　收藏单位：重庆馆、广东馆、贵州馆、国家馆、湖南馆、辽大馆、辽宁馆、南京馆、西交大馆、中科图

00445

审母古音考　周祖谟著

北平：辅仁大学，[1941]，17 页，16 开

　　本书为《辅仁学志》10 卷 1—2 合期抽印本。内容是对唐守温 36 个字母中"审母"字的古发音考。

00446

声调谱阐说 （清）郑先朴著

出版者不详，[1911—1949]，18 页，16 开

　　收藏单位：上海馆

00447

声调之推断及"声调推断尺"之制造与用法　刘半农著

国立中央研究院历史语言研究所，1930.6，131—163 页，16 开

　　本书为《国立中央研究院历史语言研究所集刊》第 1 本第 2 分抽印本。著者原题：刘复。

　　收藏单位：国家馆、首都馆

00448

声韵学表解　刘赜著

上海：商务印书馆，1934.2，183 页，22 开，精装（国立武汉大学丛书）

　　本书分上下两篇。上篇：今音之属，下篇：古音之属。多用图表讲解。文言体。

　　收藏单位：重庆馆、东北师大馆、广东馆、广西馆、贵州馆、国家馆、河南馆、湖南馆、吉林馆、辽大馆、辽东学院馆、辽宁

馆、南京馆、首都馆、天津馆、浙江馆、中科图

00449

声韵学大纲　叶光球著

南京：正中书局，1936.2，130 页，25 开（国学丛刊）

南京：正中书局，1936.10，再版，130 页，25 开（国学丛刊）

上海、南京：正中书局，1947.7，沪 1 版，130 页，25 开（国学丛刊）

　　本书共 4 章：韵学概要、声学概要、反切、等韵学概要。

　　收藏单位：重庆馆、国家馆、湖南馆、吉林馆、江西馆、辽大馆、南京馆、天津馆、浙江馆、中科图

00450

声韵沿革大纲　乐嗣炳编

上海：中华书局，1926.6，34 页，22 开（国语讲义 第 5 种）

上海：中华书局，1927.4，再版，34 页，22 开（国语讲义 第 5 种）

上海：中华书局，1930.4，3 版，34 页，22 开（国语讲义 第 5 种）

　　本书主要论述国音声韵的变迁。共分 5 讲：绪论、声母期、韵书期、官话期、字母期。中等学校适用。

　　收藏单位：广西馆、贵州馆、国家馆、河南馆、南京馆、内蒙古馆、上海馆、天津馆、西南大学馆

00451

诗词易读（第四册）　中华书局函授学校编

上海：中华书局，[1926—1949]，49—64 页，32 开（初级国文科讲义 第 8 种）

　　本书为古诗词读本。有注释。

00452

诗三百古音发明（卷一）　周熙编著

顺庆：益新书局，1927.10，166 页，16 开

　　本书据顾炎武《日知录》编。

　　收藏单位：桂林馆、国家馆

00453

十韵汇编资料补并释　魏建功编著

北平：北京大学出版部，1948.12，72 页，16 开（国立北京大学五十周年纪念论文集 文学院第 15 种）

本书以广韵为主体，把国内外残存的切韵系统中的 9 种材料排比辑录，并有释义。

收藏单位：广东馆、国家馆、天津馆、西南大学馆

00454

实用国音学　廖立勋编　黎锦熙订正

外文题名：Practical Chinese phonetics

上海：商务印书馆，1920.11，105 页，32 开

上海：商务印书馆，1921.2，再版，105 页，32 开

上海：商务印书馆，1921.3，3 版，105 页，32 开

本书共 9 章。前 3 章介绍国音学定义、国音沿革及声母、介母及韵母知识；后 6 章介绍注音字母及其应用。

收藏单位：安徽馆、广东馆、国家馆、河南馆、湖南馆、江西馆、南京馆、山西馆、首都馆、浙江馆

00455

释名音证　徐复著

南京：金陵大学文学院国学研究班，1936.3，40 页，16 开（南京金陵大学文学院文史丛刊第一种 5）

本书就《释名》前 7 篇所收名物加以音证，所用音均据段玉裁的古音十七部。

收藏单位：重庆馆、国家馆、南京馆

00456

说文广韵中间声类转变的大势　陆志韦著

北京：燕京大学哈佛燕京学社，1940.12，40 页，16 开

本书为《燕京学报》第 28 期单行本。研究《说文》中从某得声字到切韵时代声母如何变化，《广韵》中多音字声母之间的关系，以及《说文》《广韵》中间声类转变的趋势。

收藏单位：国家馆

00457

四声切韵表　（清）江永编

长沙：商务印书馆，1941.8，影印本，39+110 页，36 开（国学基本丛书）

本书用"三十六字母"及等呼说明《广韵》的分韵和各韵的字音。

收藏单位：重庆馆、东北师大馆、贵州馆、国家馆、南京馆、西南大学馆

00458

四声三问　陈寅恪著

北平：国立清华大学，1934.4，14 页，16 开

本书为《清华学报》单行本。内容是关于汉字四声问题的三问三答。

收藏单位：国家馆

00459

四声实验录　刘半农著

上海：群益书社，1924.3，91 页，10 开，精装

本书用实验语音学的方法，研究中国语言中的"四声"问题。分声音之断定、语音与乐音、计算及作图、已实验的四声（北京、南京、武昌、长沙、成都、福州、广州、潮州、江阴、江山、旌德、腾越、各地四声的共同点）、余论（今日以前四声论）等部分。书前有吴敬恒的序及《书序赘后》，刘复的《序赘》等。著者又名：刘复。

收藏单位：东北师大馆、广西馆、辽大馆、南京馆、上海馆、首都馆、西南大学馆、浙江馆

00460

四声易通　杜子劲著

河南民报社，1947.1，再版，32 页，32 开

本书分 7 篇讲述四声歌、四声的辨认、四声的应用以及常用旧入声字四声分配表等。

收藏单位：国家馆、河南馆

00461

四声易通　杜子劲著

中国文化服务社河南分社，1943.9，46 页，32 开

中国文化服务社河南分社，1947.1，再版，46

页，32 开

中国文化服务社河南分社，1948.3，3 版，46 页，32 开

本书分 10 篇讲述四声歌、四声的辨认、四声的应用、入声字的分检、入声字便记以及常用旧入声字四声分配表等。

收藏单位：国家馆、河南馆

00462

宋代汴洛语音考　周祖谟著

北平：辅仁大学，1942，221—286 页，16 开

本书为《辅仁学志》12 卷 1—2 合期抽印本。分序言、皇极经世书声音倡和图解、汴洛文士诗词分韵、宋代汴洛语音与今音之比较 4 部分。

收藏单位：国家馆、西南大学馆

00463

唐钞本韵书及印本切韵之断片　（日）武内义雄著　万斯年译

北平：国立北平图书馆，1936.10，16 页，16 开

本书为《国立北平图书馆馆刊》10 卷 5 号抽印本。是著者在柏林就其所看到的两页中国唐钞本韵书断片及印本切韵断片所写的研究论文。

收藏单位：国家馆

00464

唐代行用的一种韵书的目次（千禄字书所据韵目考）　魏建功著

昆明：国立北京大学研究院文科研究所，1939.12，油印本，12 叶，16 开，环筒页装（国立北京大学研究院文科研究所油印论文 4）

收藏单位：重庆馆、国家馆、南京馆

00465

唐宋两系韵书体制之演变（敦煌石室存残五代刻本韵书跋）　魏建功撰

北平：出版者不详，1932.3，1 册

本书为国立北京大学《国学季刊》3 卷 1 号抽印本。有撰者墨笔题记。

收藏单位：国家馆

00466

唐五代韵书跋　陆志韦著

北平：燕京大学哈佛燕京学社，1939.12，84—128 页，16 开

本书为《燕京学报》第 26 期单行本。收《论唐五代韵书里小韵的体例》《论唐代韵书的字数》《论切韵残卷》《论蒋本唐韵》《论两本王仁昫刊谬补缺切韵》5 篇论文。论述有关唐五代韵书的体例和版本问题。

收藏单位：国家馆、首都馆

00467

同窠音图　（日）太田方述

日本：东京六合馆，1915，1 册，精装

收藏单位：国家馆

00468

王石臞先生《韵谱》《合韵谱》稿后记　陆宗达著

北平：北京大学，1935，129—174 页，16 开

本书为国立北京大学《国学季刊》5 卷 2 号抽印本。

00469

五分钟的演讲　徐迥千著

上海：新中国书局，1934，71 页，32 开（儿童演讲第 3 集）

本书为国语科补充读物。小学校适用。

收藏单位：广东馆、首都馆

00470

新编潮声十八音（又名，潮声同音字检字表）　刘绎如编

出版者不详，1936，126 页，32 开

收藏单位：广东馆

00471

新定国音发音法　陆衣言编

上海：中华书局，1921.9，[70] 页，32 开

上海：中华书局，1922.1，再版，[70] 页，32 开

上海：中华书局，1922.3，3 版，[70] 页，32 开

上海：中华书局，1922，4 版，[70] 页，32 开

本书讲述了声音的原、国音音素的类别、声母的类别法、韵母的类别法、国音的切音、国音的五声、国音字母的字体等内容。

收藏单位：东北师大馆、广西馆、河南馆、江西馆、天津馆、浙江馆

00472

新反切 来炯编著

上海：大东书局，1924.5，68 页，16 开

上海：大东书局，1925.7，再版，68 页，16 开

本书共 9 章：切音沿革、国音字母类序歌、声母次序的变更原因、读音练习法、国音一览表、切音指掌简易法、反切应用法、注音字母拼切法、四声。

收藏单位：浙江馆

00473

新反切法 曾彝进著

北平：京华印书局，1941.4，38 页，16 开（默识斋丛稿 2）

本书主要讲述新反切术之必要、汉字音汉字之法术、合声及反切之价值比较、合声反切并用法等。后附基本音字声母表、基本音字韵母表、新反切表。

收藏单位：国家馆、吉林馆、近代史所、南京馆、上海馆、中科图

00474

新国音读本 陆衣言著

商务印书馆，1937，国难后 3 版，32 页，25 开

收藏单位：广东馆

00475

新国音概要 马国英著

上海：东方编译社，1928.7，石印本，77 页，32 开，环筒页装

上海：东方编译社，1929.7，再版，石印本，77 页，32 开，环筒页装

本书共 7 章。讲述新国音字母发音法及新国音的拼音、音调、变化等。版权页题名：

新国语概要。

收藏单位：江西馆、上海馆

00476

新国音讲习课本 齐铁恨编

上海：中华书局，1929.9，94 页，32 开

本书共 3 章：字母、声调拼法（一）、声调拼法（二）。

收藏单位：重庆馆、东北师大馆、国家馆、浙江馆

00477

新国语留声片课本（甲种 注音符号本） 赵元任著

上海：商务印书馆，1935，75+23 页，22 开

上海：商务印书馆，1935.2，109 页，25 开

上海：商务印书馆，1935，3 版，109 页，25 开

上海：商务印书馆，1935.8，订正 4 版，109 页，25 开

上海：商务印书馆，1936.10，订正 7 版，109 页，25 开

上海：商务印书馆，1939.10，订正 12 版，109 页，25 开

上海：商务印书馆，1941，订正 14 版，109 页，25 开

上海：商务印书馆，1947.8，订正 15 版，109 页，25 开

本书分国音和国语两部，国音、国语各 8 课。主要讲述国音字母、声调、助词、代名词及听写练习等。

收藏单位：重庆馆、广东馆、贵州馆、国家馆、江西馆、上海馆

00478

新国语留声片课本（乙种 国语罗马字本） 赵元任著

上海：商务印书馆，1935.2，71 页，25 开

本书分国音和国语两部，国音、国语各 8 课。主要讲述国音字母、声调、助词、代名词及听写练习等。后附练习答案及国语罗马字用法一览表。

收藏单位：广东馆、国家馆、河南馆

00479

新旧国音辨异 马国英著

上海：东方编译社，1928.6，石印本，91 页，30 开，环筒页装

本书分上下两编。上编为普通字辨异，下编为辨入声字。

收藏单位：江西馆

00480

徐氏类音字汇 徐筱帆编

上海：深柳书屋，1927.3，4 册，32 开

上海：深柳书屋，1927.4，再版，4 册，32 开

本书分首、上、中、下卷。平装本 4 册，精装本 1 册。共收 13000 多字，同韵字、类音字集中，字下注有简单字义，分十五韵编排。书前有依音检字的有关介绍及康有为、章炳麟等人的题跋、序文。

收藏单位：国家馆、上海馆

00481

续音说 徐昂著

南通：翰墨林书局，1934.6，100 页，18 开

本书共 10 部分，内容包括：等韵通转、十二韵摄分列八部表、入声之配合、轻重鼻音协韵、形声、乡音、杂说等。

收藏单位：国家馆、南京馆、上海馆

00482

玄应反切考 周法高著

国立中央研究院历史语言研究所，[1948]，359—444 页，16 开

本书为《国立中央研究院历史语言研究所集刊》第 20 本抽印本。玄应，唐初长安僧人。

收藏单位：国家馆、南京馆

00483

乙二声调推断尺 刘半农著

上海：国立中央研究院历史语言研究所，1934，355—361 页，16 开

本书为《国立中央研究院历史语言研究所集刊》第 4 本第 4 分抽印本。作者曾先后发明两个推断方言声调的推断尺，分别命名为“乙一声调推断尺”“乙二声调推断尺”，该部分主要讲述“乙二声调推断尺”的发明经过、制造原理和使用方法。著者原题：刘复。

收藏单位：国家馆、中科图

00484

音释梵书与中国古音 （俄）钢和泰（Alexander von Staël-Holstein）著 胡适译

北京：北京大学，1923，47—56 页，16 开

本书为国立北京大学《国学季刊》1 卷 1 期抽印本。由汉文音译的梵文书《佛经》推断中国文字的古音。

收藏单位：国家馆

00485

音图口义·全斋读例 （日）太田方撰 （日）滨野知三郎编

日本：东京六合馆，1915，1 册，精装

收藏单位：国家馆

00486

音学备考 夏敬观著

上海：商务印书馆，1931.9，1 册，32 开

上海：商务印书馆，1935.6，国难后 1 版，1 册，32 开

本书收中国音韵学论著 3 种：《古声通转例证》（2 卷）、《经传师读通假例证》、《今韵析》（4 卷）。

收藏单位：重庆馆、东北师大馆、广东馆、广西馆、国家馆、河南馆、湖南馆、吉林馆、江西馆、辽东学院馆、辽宁馆、南京馆、上海馆、首都馆、天津馆、浙江馆、中科图

00487

音学四种 徐昂著

南通：翰墨林书局，1930.10，338 页，18 开

本书收文 4 种：《诗经声韵谱》《说文部首音释》《声纽通转》《音说》。书后有诗经声韵谱附载声韵补遗。

收藏单位：广东馆、广西馆、国家馆、吉林馆、辽大馆、南京馆、上海馆、浙江馆、

中科图

00488

音学五书 （清）顾炎武著

上海：商务印书馆，1937.6，5 册（656 页），32 开（万有文库 第 2 集 180）（国学基本丛书）

本书收文 5 种：《音论》（3 卷），论古音及古音学上重大问题；《诗本音》（10 卷），以《诗经》用韵为主，以其他古书中韵语为旁证，考定《诗经》古音；《易音》（3 卷），专讲《易经》用韵；《唐韵正》（20 卷），为《诗本音》的详细注解；《古音表》（2 卷），变更《唐韵》次第，分析《唐韵》以求古音。书前有《音学五书叙》等，书末附《音学五书后叙》《答李子德书》。

收藏单位：安徽馆、重庆馆、大连馆、国家馆、黑龙江馆、湖南馆、江西馆、辽大馆、辽师大馆、内蒙古馆、宁夏馆、浙江馆

00489

音韵阐微 （清）李光地等编著

上海：商务印书馆，1936.3，影印本，10 册（1248 页），32 开（万有文库 第 2 集 181）（国学基本丛书）

本书共 18 卷。清康熙时李光地、王兰生等奉诏编纂，至雍正时完成。该书应用等韵学理改进韵书体例，又取满文十二字头拼音方法加以改良反切。韵目依据平水韵各韵之字复按"开、齐、合、撮"四呼和"三十六字母"排列。每字反切上字用"支""微""鱼""虞""歌""麻"韵的字；下字取其能收本韵的字，清音用"影"母字，浊音用"喻"母字。有音无字者，则另立变例。虽未尽革除反切之弊，但对反切进行了较完备的改革。

收藏单位：安徽馆、重庆馆、大理馆、大连馆、东北师大馆、国家馆、黑龙江馆、湖南馆、江西馆、辽大馆、辽师大馆、内蒙古馆、宁夏馆、天津馆、西南大学馆、浙江馆

00490

音韵阐微释例 赵宪章编著 曾浩然指导

出版者不详，1933，40 页，16 开

收藏单位：首都馆

00491

音韵常识 徐敬修 顾实编辑

上海：大东书局，1925.4，136 页，32 开（国学常识 2）

上海：大东书局，1926.6，4 版，136 页，32 开（国学常识 2）

上海：大东书局，1928.12，5 版，136 页，32 开（国学常识 2）

上海：大东书局，1931，6 版，136 页，32 开（国学常识 2）

上海：大东书局，1932，7 版，136 页，32 开（国学常识 2）

上海：大东书局，1933.5，8 版，136 页，32 开（国学常识 2）

本书共 10 章。讲述古今字音的变迁、反切的起源、四声的分类、广韵之分部等韵之开齐合撮、古韵之通转及注音字母等。

收藏单位：安徽馆、重庆馆、广东馆、广西馆、国家馆、河南馆、湖南馆、江西馆、辽大馆、辽东学院馆、南京馆、内蒙古馆、山西馆、上海馆、绍兴馆、首都馆、天津馆、浙江馆、中科图

00492

音韵发蒙

出版者不详，[1911—1949]，[32] 页，16 开

本书为古音韵研究著作，分上下编。上编包括总论、五声八音、七音、形声、方言方音、反切、四声等 19 节；下编包括广韵、古韵两节。

00493

音韵学 沉沉著

东台（江苏）：沉沉 [发行者]，1920.3，再版，34+42 页，16 开

本书包括绪论、本论、备考 3 篇。书前有音韵学序、音韵表例及 16 个音韵表。介绍著者创编的 40 个发音字母，27 个摄韵字母及其应用，并叙述以此为基础的音韵系统体制。

收藏单位：国家馆

00494

音韵学 张世禄著

上海：商务印书馆，1932.11，208 页，32 开（百科小丛书）

上海：商务印书馆，1933.12，208 页，32 开（万有文库 第 1 集 0389）（百科小丛书）

上海：商务印书馆，1933，再版，208 页，32 开（百科小丛书）

上海：商务印书馆，1934.4，3 版，208 页，32 开（百科小丛书）

上海：商务印书馆，1947.3，4 版，208 页，32 开（百科小丛书）

本书共 5 篇：音韵学总论、关于广韵的研究、古音学上的问题、等韵学的内容、国音字母和国音系统。

收藏单位：安徽馆、重庆馆、大理馆、大连馆、东北师大馆、广东馆、广西馆、贵州馆、国家馆、河南馆、黑龙江馆、湖南馆、江西馆、辽大馆、辽宁馆、辽师大馆、南京馆、内蒙古馆、宁夏馆、山西馆、上海馆、首都馆、天津馆、浙江馆、中科图

00495

音韵指南 沈镕编著

上海：大东书局，1923.4，80 页，42 开

上海：大东书局，1924，再版，80 页，42 开

上海：大东书局，1926.5，3 版，80 页，42 开

本书分 14 章，叙述字音的起源、古今字音的变迁、汉字的单音问题及论四声、论字母、论反切、论广韵等。

收藏单位：重庆馆、国家馆、浙江馆、中科图

00496

音徵不尽 （日）太田方述

日本：东京六合馆，1915，1 册，精装

收藏单位：国家馆

00497

有音四声记号说 曾彝进著

出版者不详，1941.3，20 页，16 开（默识斋丛稿 1）

本书主要介绍四声之各种记号法术、四声究竟为何物、有音四声记号之发见等内容。

收藏单位：国家馆、南京馆、上海馆

00498

语法与国音 汪震 王述达编著

天津：百城书局，1932.8，90 页，32 开

天津：百城书局，1933.8，再版，90 页，32 开

本书共 20 章，内容包括：什么是国语文法、字与词、实体词、叙述词、区别词、语与句、图解法、标点符号、什么是国音字母、声调、韵母四声表等内容。初中师范适用。

收藏单位：首都馆、浙江馆

00499

韵典（大字本 乙种） 李炳卫等编

北平民社，1934，1 册，16 开，精装

本韵书共 447 个字音，收 18922 字。分 13 编，以注音字母韵母为纲排列。附笔画部首检字表。

收藏单位：重庆馆、国家馆、湖南馆、辽宁馆、首都馆、天津馆

00500

韵典（大字本 丙种） 李炳卫等编

北平民社，1934，1 册，16 开，精装

本韵书共 447 个字音，收 18922 字。分 13 编，以注音字母韵母为纲排列。附笔画部首检字表。

收藏单位：东北师大馆、广西馆、国家馆、河南馆、近代史所、浙江馆

00501

韵典（小字本 丁种） 李炳卫等编

北平民社，1934，1 册，32 开，精装

本韵书共 447 个字音，收 18922 字。分 13 编，以注音字母韵母为纲排列。附笔画部首检字表。

收藏单位：东北师大馆、首都馆

00502

韵典（小字本 戊种） 李炳卫等编

北平民社，1934，1 册，32 开，精装

本韵书共 447 个字音，收 18922 字。分 13 编，以注音字母韵母为纲排列。附笔画部首检字表。

收藏单位：广东馆、国家馆、吉林馆、辽大馆、辽东学院馆、首都馆

00503
韵镜 （宋）张麟之编
日本：松云堂书店，1929.9，影印本，45 页，22 开

收藏单位：国家馆、中科图

00504
韵镜 （宋）张麟之撰
出版者不详，[1936]，影印本，1 册，32 开
本书据宋庆元年重刊本影印。

收藏单位：国家馆

00505
韵史 （清）何萱著
上海：商务印书馆，1936.12，影印本，14 册，32 开

本书共 80 卷。收字以《说文》为主，以《玉篇》《广韵》为辅。说明形、音、义三者的演变。附录《石闾何先生家传》。

收藏单位：安徽馆、重庆馆、东北师大馆、广东馆、贵州馆、国家馆、湖南馆、吉林馆、江西馆、辽大馆、南京馆、内蒙古馆、山西馆、上海馆、首都馆、西南大学馆、中科图

00506
韵学源流 （清）莫友芝著　学林丛刊社编
北平：震亚书局，1933.4，68 页，32 开（学林丛刊）

本书分古韵、今韵、反切 3 个部分。论述韵字、韵书、四声、反切古音标准等问题。

收藏单位：重庆馆、国家馆、首都馆

00507
证广韵五十一声类　陆志韦著
北平：燕京大学哈佛燕京学社，1939.6，58 页，16 开

本书为《燕京学报》第 25 期单行本。内容包括：评陈澧之系联法并及其他、述广韵声类之形式的证明、余论 3 部分。附录陈澧广韵韵类考校补、广韵切上字统计表。

收藏单位：国家馆

00508
中国古音（切韵）之系统及其演变　（瑞典）高本汉（Bernhard Karlgren）著　王静如译
国立中央研究院历史语言研究所，1930.8，185—204 页，16 开

本书为《国立中央研究院历史语言研究所集刊》第 2 本第 2 分抽印本。附国音古音比较。

收藏单位：国家馆、近代史所、中科图

00509
中国古音学　张世禄著
上海：商务印书馆，1930.12，14+179 页，32 开（国学小丛书）
上海：商务印书馆，1933.1，国难后 1 版，14+179 页，32 开（国学小丛书）
上海：商务印书馆，1935.4，国难后 2 版，14+179 页，32 开（国学小丛书）

本书共 20 章。除论述古音学溯源、叶韵说外，分别对郑庠、顾炎武、江永、段玉裁、戴震、钱大昕、孔广森、章炳麟等诸家古音学说，以及近世古读之考证作了介绍。

收藏单位：安徽馆、重庆馆、大庆馆、东北师大馆、广东馆、广西馆、贵州馆、国家馆、黑龙江馆、湖南馆、吉林馆、江西馆、近代史所、辽大馆、辽东学院馆、辽宁馆、南京馆、宁夏馆、上海馆、首都馆、天津馆、浙江馆、中科图

00510
中国古音研究上些个先决问题　魏建功著
[北平]：[国立北京大学]，[1932]，[78] 页，16 开

本书为国立北京大学《国学季刊》3 卷 4 号抽印本。分引论、分论、结论 3 部分。内容包括：解释题中"古"字之范围、略说古音研究之难点、指明古音研究之将来、声变重

于韵变、主要元音重于等呼、方言重于族语、文字形音义之沟通等。

收藏单位：国家馆

00511

中国声韵学 姜亮夫编著

上海：世界书局，1933.6，328 页，25 开

上海：世界书局，1934.8，再版，328 页，25 开

上海：世界书局，1936.7，328 页，25 开，精装

本书分前说、声、韵、反切 4 编。附录中国声韵学书目举要提要。

收藏单位：重庆馆、东北师大馆、广东馆、广西馆、国家馆、河南馆、黑龙江馆、湖南馆、江西馆、辽大馆、辽东学院馆、南京馆、内蒙古馆、宁夏馆、山西馆、上海馆、首都馆、天津馆、浙江馆、中科图

00512

中国声韵学概要 张世禄著

外文题名：A study of Chinese phonetics

上海：商务印书馆，1929.4，195 页，32 开（国学小丛书）

上海：商务印书馆，1930.4，195 页，32 开（万有文库 第 1 集 0388）（国学小丛书）

上海：商务印书馆，1930.4，再版，195 页，32 开（国学小丛书）

上海：商务印书馆，1933.5，国难后 1 版，195 页，32 开（国学小丛书）

上海：商务印书馆，1934，再版，195 页，32 开（万有文库 第 1 集 0388）（国学小丛书）

上海：商务印书馆，1935.4，国难后 2 版，195 页，32 开（国学小丛书）

上海：商务印书馆，1939.12，195 页，32 开（万有文库 第 1—2 集 简编 500 种 122）（国学小丛书）

本书分语音总论、声母与韵母、历代声韵之变迁及拼音 4 编。

收藏单位：安徽馆、重庆馆、大理馆、大连馆、东北师大馆、广东馆、广西馆、贵州馆、国家馆、河南馆、黑龙江馆、湖南馆、江西馆、辽大馆、辽东学院馆、辽宁馆、辽

师大馆、南京馆、内蒙古馆、宁夏馆、上海馆、绍兴馆、首都馆、天津馆、浙江馆、中科图

00513

中国声韵学通论 林尹著

上海：中华书局，1937.7，130 页，22 开

上海：中华书局，1946.8，再版，130 页，22 开

本书为大学用书。分绪论、声、韵、反切 4 章。附录广韵切语上下字表。

收藏单位：安徽馆、重庆馆、东北师大馆、广东馆、国家馆、湖南馆、江西馆、辽大馆、辽东学院馆、辽宁馆、南京馆、内蒙古馆、上海馆、首都馆、西南大学馆、中科图

00514

中国声韵沿革表

出版者不详，163+11 页，16 开

收藏单位：广东馆、南京馆、首都馆、中科图

00515

中国音韵学 王力著

上海：商务印书馆，1936—1937，2 册（266+15+383+18 页），22 开，精装（大学丛书 教本）

本书共 4 编。第 1 编前论，含语言学常识、中国音韵学名词略释、等韵学 3 章；第 2 编本论上，含广韵 1 章；第 3 编本论中，含古音 1 章；第 4 编本论下，含广韵后的韵书及现代音 2 章。原系清华大学中文系讲义。

收藏单位：重庆馆、东北师大馆、广东馆、贵州馆、桂林馆、国家馆、河南馆、黑龙江馆、湖南馆、吉林馆、辽大馆、南京馆、宁夏馆、山西馆、上海馆、首都馆、西南大学馆、浙江馆

00516

中国音韵学（上册） 王力著

上海：商务印书馆，1937.7，再版，266+15 页，22 开（大学丛书 教本）

本书上册内容包括：语言学常识、中国音韵学名词略释、等韵学、广韵，共 2 编 4 章。

收藏单位：贵州馆、辽师大馆、西南大学馆

00517

中国音韵学导论　罗常培著

北京：国立北京大学出版部，1949.6，114 页，32 开

本书共分 5 讲。除绪论外分别对声类、韵类、调类进行分析，并讲述汉字标音方法之演进。末附唐诗拟音举例 30 首。

收藏单位：东北师大馆、国家馆、西南大学馆、浙江馆

00518

中国音韵学的外来影响　罗莘田著

出版者不详，[1924—1949]，[44] 页，16 开

收藏单位：首都馆

00519

中国音韵学概要　刘思生编

南京：国立编译馆，1943.12，152+16 页，22 开

本书分绪论、音理两编。绪论介绍了音韵学历史、功用及演进等；音理部分包括声类、韵类、声调 3 章。附录论字音之起源及论字音之衍变。

收藏单位：国家馆、吉林馆、辽宁馆、南京馆

00520

中国音韵学史　张世禄著

长沙：商务印书馆，1938.7，2 册（222+363 页），32 开，精装（中国文化史丛书 第二辑）

本书共 9 章，内容包括：古代文字上表音的方法、周汉间的训诂和注音、"反切" 和 "四声" 的起源、魏晋隋唐间的韵书、"字母" 和 "等韵" 的来源、宋后韵书和 "等韵" 的沿革、明清时代的 "古音学" 及近代中国音韵学所受西洋文化的影响等。

收藏单位：重庆馆、大庆馆、东北师大馆、贵州馆、国家馆、湖南馆、辽大馆、辽

宁馆、南京馆、内蒙古馆、宁夏馆、上海馆、首都馆、天津馆、浙江馆

00521

中国音韵学研究　（瑞典）高本汉（Bernhard Karlgren）著　赵元任　罗常培　（美）李方桂译

长沙：商务印书馆，1940.9，44+731 页，16 开，精装

上海：商务印书馆，1948.4，再版，44+731 页，16 开，精装

本书根据现代方言研究汉语古代音韵。分古代汉语、现代方言的描写语音学、历史上的研究、方言字汇 4 卷。卷首有傅斯年序、著者序及译者序。末附调查方言地图。中华教育文化基金董事会编译委员会特刊。

收藏单位：重庆馆、东北师大馆、国家馆、湖南馆、辽大馆、上海馆、天津馆、浙江馆、中科图

00522

中国语音的演变与音韵学的发展　张世禄著

重庆：中国语文教育学会主办语文展览会，1939.11，22 页，32 开（中国语文教育学会主办语文展览会会刊 2）

本书论述中国音韵学的发展和中国语音演变的关系。共 3 部分：语文的现象和语文的研究、中国音读的演变和方音分布的区域、中国音韵学的发展及其内在的和外来的因素。

收藏单位：重庆馆

00523

中国语音学研究之弁言与通论·中国方音字典之通论　（瑞典）高本汉（Bernhard Karlgren）著　董世礼译

北平：辅仁大学，1935.8，24 页，16 开

收藏单位：国家馆、首都馆

00524

中华国音留声机片课本　董文　陆衣言　陆费达编　王璞读音

上海：中华书局，1920.11，[20]+72 页，32 开

上海：中华书局，1922.10，7 版，[20]+72 页，

32 开

上海：中华书局，1926.10，14 版，[20]+72 页，32 开

上海：中华书局，1930，17 版，[20]+72 页，32 开

　　本书共 12 课。前 6 课为国音，后 6 课为国语。书前有关于留声机片的使用保存法及中华国音留声机片缘起。

　　收藏单位：广东馆、广西馆、国家馆、上海馆

00525

中华国音留声机片说明书　陆衣言编

上海：中华书局，1921.10，1 册，22 开

　　本书把机片内原文依次列在书中，同时在原文的每节每段每项的末尾加以详细说明。

　　收藏单位：国家馆、河南馆、上海馆

00526

中华新韵　教育部国语推行委员会编

上海：正中书局，1947.12，144 页，25 开

　　本书以周德清的《中原音韵》和《洪武正韵》为蓝本，以 1932 年教育部公布的《国音常用字汇》的注音为标准编成。内容包括例说、注音符号、韵目、韵略表、新韵、国音简说。

　　收藏单位：重庆馆、广东馆、国家馆、吉林馆、南京馆、内蒙古馆、上海馆、首都馆

00527

中原音韵研究　赵荫棠著

北平：国立北京大学，1932.9，102 页，16 开

　　本书为国立北京大学《国学季刊》3 卷 3 号抽印本。分上下卷，上卷为历史之考证，下卷为声韵之标注。对元末至清初中原音韵一系的重要韵书进行了考订，明其源流，勘其异同，评其得失。卷首有著者导师钱玄同的《中原音韵研究审查书》。

　　收藏单位：东北师大馆、国家馆、中科图

00528

中原音韵研究　赵荫棠著

上海：商务印书馆，1936.2，10+298 页，32

开（国学小丛书）

上海：商务印书馆，1936.8，再版，14+298 页，32 开（国学小丛书）

　　本书分上下卷，上卷为历史之考证，下卷为声韵之标注。对元末至清初中原音韵一系的重要韵书进行了考订，明其源流，勘其异同，评其得失。卷首有钱玄同的《中原音韵研究审查书》。

　　收藏单位：重庆馆、大庆馆、东北师大馆、甘肃馆、广东馆、贵州馆、国家馆、河南馆、湖南馆、江西馆、辽大馆、南京馆、内蒙古馆、上海馆、绍兴馆、首都馆、西南大学馆

00529

中原语言直音

出版者不详，[1940—1949]，油印本，4 叶，16 开

　　收藏单位：国家馆

00530

中州乐府音韵类编　（元）卓从之述

北平：国立北平图书馆，1932，晒印本，1 册

　　收藏单位：国家馆

00531

周代古音考韵微　国语调查委员会编

东京：株式会社国定教科书共同贩卖所，1914.6，439 页，16 开

　　收藏单位：南京馆

00532

注音国语课本　周盘编

南京：周盘 [发行者]，1921.2，[100] 页，16 开

　　本书分注音字母讲授、读本、会话、注音练习 4 部分。曾作为大中学校教本。

　　收藏单位：重庆馆

00533

注音字母读法　易熹编纂

桂林：桂林图书公司，1920，58 页，大 64 开

　　本书供说桂林话的人学习注音字母之用。

收藏单位：广西馆

00534

自然国音学　U-X 编著　许树德校订

烟台：大华书局，1932.5，影印本，70 页，32 开

　　本书把当时通行的注音字母略作归并，制出"声韵定位表"，供学习国音用。共分 12 部分，包括：注音符号、切字的捷法、反切语的研究、国音新电码、结论等。附录关于注音符号的问答、给王云五先生的一封信。

　　收藏单位：国家馆

文字学

00535

兵字解　杨言昌 [著]

出版者不详，1936.10，16 页，25 开，环筒页装

　　本书是对"兵"字的研究解读。文言体。

　　收藏单位：国家馆

00536

国文探索一斑　华学涑著

天津：天津博物院，1921.12，影印本，[30] 页，8 开，活页装

　　本书包括 6 个表：华夏文字变迁表、中华民国现行文字表、音声纽根原表、华夏文字支衍表、华埃比较表、华巴古文比较表。通过列表研究我国历代书体演变，以及越南、朝鲜、日本等国对汉字的利用等问题，并纠正我国古文是由巴比伦楔形文字所孳衍说之谬误。

　　收藏单位：国家馆、天津馆

00537

汉字辨正　陈妙英　张孝友同编

九龙兴仁中学，1949，72 页，32 开

　　收藏单位：广东馆

00538

汉字问题（阅读心理）　艾伟著

上海：中华书局，1949.1，252 页，22 开（中国教育心理研究所丛书）

　　本书从心理学角度对汉字问题进行实验研究。共 9 章内容：字形研究、字量问题、识字测量、词汇研究、音义分析、简化问题、排列问题、书法研究、全书总结。附录关于识字测量、关于词汇分析等。大学用书。

　　收藏单位：安徽馆、重庆馆、大庆馆、东北师大馆、广东馆、广西馆、桂林馆、国家馆、黑龙江馆、江西馆、辽大馆、辽东学院馆、南京馆、内蒙古馆、上海馆、首都馆、天津馆、中科图

00539

汉字新编　赵荣光编

广州：培正中学图书馆，1941，油印本，169+7 页，25 开

　　收藏单位：广东馆

00540

汉字研究　布莱克尼（R. B. Blakney）著

外文题名：A course in the analysis of Chinese characters

上海：商务印书馆，1927.2，384 页，21 开，精装

上海：商务印书馆，1934.1，国难后 1 版，384 页，21 开，精装

上海：商务印书馆，1935.5，国难后 2 版，384 页，21 开，精装

　　本书用英文写成。

　　收藏单位：安徽馆

00541

汉字研究　古层冰著

上海：启智书店，1928.7，1 册，32 开

　　收藏单位：南京馆

00542

汉字音义之分析研究　艾伟著

南京：国立中央大学，[1930—1937]，67—144 页，16 开

　　本书为《教育丛刊》抽印本。内容包括：汉字测量结果表、音义比率表、音义成绩所

属等第表、所用汉字按造字原则分配表及汉字测量答案分析等。

收藏单位：国家馆

00543

汉字之心理研究　艾伟著

艾伟 [发行者]，[1925—1949]，54 页，16 开

本书共 9 部分，内容包括：字形之比较研究、实验之计划、字形观察之实验、观察历程之研究、统计结果之讨论等。

收藏单位：国家馆、绍兴馆

00544

汉字之优点与缺点　哈特奥里（Unokichi Hattori）著　中国太平洋国际学会编译

外文题名：On the convenience and inconvenience of Chinese characters

上海：中国太平洋国际学会，1932.8，12 页，18 开（中国太平洋国际学会丛书）

本书内容包括 7 部分：汉字源起及构造之基本原则、汉字特性——形声义、汉字字形之利弊、汉字字音之利弊、汉字字义之利弊、日本采用汉字后之特殊变化、改良汉字缺点之办法。封面题名：汉字之优点与劣点。

收藏单位：重庆馆、国家馆、南京馆、上海馆、浙江馆、中科图

00545

基本字和常用字综合研究　中华平民教育促进会

重庆：中华平民教育促进会，1949，70 页，36 开

本书将各方面对于基本字常用字的研究，做一总结，以求出其共同标准。其次对于基本常用字的研究作一检讨，发现问题，提出意见，以便寻求继续研究的方法。

收藏单位：重庆馆、南京馆

00546

近三十年来中国治文字学者的派别及其方法　郑师许著

上海：中华学艺社，1933.3，18 页，16 开（学艺小丛书 2）

本书共 10 部分。介绍文字学的界说，商朝甲骨文发现的意义，中国文字学未来的新趋势，日本的中国文字学者，以及中国文字学的古文派、今文派、新今文派、科学派等。

收藏单位：国家馆、上海馆

00547

考字奇本

出版者不详，[1911—1949]，石印本，1 册

收藏单位：国家馆

00548

李敬斋第六十次生日论文　[李敬斋著]

南京：李敬斋 [发行者]，1948.4，23 叶，16 开，环筒页装

本论文题目为《整理中国文字之意见》。

收藏单位：国家馆

00549

林峰音谱　林峰著

上海：林峰书屋，1934，[31] 页，横 20 开

本书为汉字字音表，包括中国各省及日本、朝鲜、越南使用的汉字字音。分外转、内转两大部分，第 1 图至第 12 图为外转，第 13 图至第 14 图为内转，后分张口呼图与敛口呼图，上下对照。

收藏单位：国家馆

00550

声统表　胡光炜著

南京：南京金陵大学文学院国学研究班，1936.3，50+36 页，16 开（南京金陵大学文学院文史丛刊 第一种 1）

本书分上下两卷。上卷以表格形式讲解汉字读音；下卷偏重文字释义。

收藏单位：重庆馆、国家馆、吉林馆

00551

识字顾问　陈绍唐编

上海：中华书局，1948.5，136 页，36 开（中华文库 民众教育 第 1 集）

本书所收字是从各字汇、词典辑录，每字加注音并释义。

收藏单位：重庆馆、广东馆、广西馆、国家馆、湖南馆、上海馆、天津馆

00552

识字心理　姜建邦编著

北平：正中书局，1948.6，126 页，32 开

　　本书共 11 章，内容包括：汉字学习心理研究的历史、汉字学习历程的错综关系、笔画多少与学习的难易、几种特殊汉字的学习、错字别字的研究、常用字汇与识字测量等。

　　收藏单位：重庆馆、广东馆、国家馆、南京馆、西南大学馆、浙江馆

00553

实用文字学　吴契宁著

上海：商务印书馆，1935.3，影印本，2 册，32 开

上海：商务印书馆，1935.6，再版，影印本，2 册，32 开

　　本书内容包括正讹、辨似、汇同说明，以及说文要略问答、参考书举要、汇同捡字表等。附录《致各师范学校校长及书报两业书》。

　　收藏单位：重庆馆、东北师大馆、甘肃馆、广东馆、广西馆、桂林馆、国家馆、湖南馆、吉林馆、江西馆、近代史所、辽大馆、辽东学院馆、辽宁馆、南京馆、内蒙古馆、上海馆、首都馆、天津馆

00554

未庵答问（又名，引书斋答问初编）　李墨馨[撰]

李墨馨[发行者]，[1948]，石印本，37 叶，16 开

　　本书内容包括：文字类、学说类、辞章类。目录页题名：未庵答问初编。

　　收藏单位：国家馆

00555

文字历史观与革命论　李中昊编

北平：文化学社，1931.5，620 页，32 开

　　本书收有关汉字改革的文章 27 篇，分历史观、革命论、附录 3 部分。包括《文字的起源》（贺昌群译）、《中国文字的源流》（章太炎）、《从发音上研究中国文字之源》（梁启超）、《汉字革命》（钱玄同）、《补救中国文字之方法若何》（吴稚晖）、《汉字改革说》（蔡元培）、《全国国语运动大会宣言》（黎锦熙）等。附录《中国文字学之历史观》（赵焕文）、《国语运动小史》（黎锦熙）、《国音字母小史》（汪怡）等。

　　收藏单位：重庆馆、东北师大馆、广西馆、国家馆、黑龙江馆、湖南馆、吉林馆、近代史所、辽大馆、辽师大馆、山西馆、上海馆、首都馆、天津馆、西南大学馆、中科图

00556

文字体用论　杨闻庠著

哈尔滨：北满特别区法学院出版部，1934.9，94 页，23 开

　　本书分 4 章讲述文字创造的本原、文字的变迁及其流弊、文字的作用、文字的改革等。

00557

文字通诠　杨誉龙编

上海：中华书局，1923.3，4 册，25 开

　　本书共 8 卷：象天、象人、象体（上、下）、象事、象器、象植物、象动物。

　　收藏单位：国家馆

00558

文字形义学　高亨著

义东书局，[1930—1939]，油印本，136 页，16 开

　　收藏单位：国家馆、辽大馆

00559

文字形义学　周兆沅著

上海：商务印书馆，1935.3，石印本，51+82 页，28 开，环筒页装

　　本书分上下两篇。上篇书体，论述书体之原委；下篇形论，论述六书。

00560

文字学 毕任庸著

苏州：萃英中学，1931，[66] 页，32 开（吴县私立萃英中学丛书）

本书讲述汉字的缘起、变迁及文法等。书末附《残梦集》（旧体诗词）。

00561

文字学 毕任庸著

上海：开华书局，1931.5，66 页，32 开（吴县私立萃英中学丛书）

本书讲述汉字的缘起、变迁及文法等。

收藏单位：上海馆

00562

文字学 汪东编

南京：国立中央大学，[1928—1949]，96 页，30 开

本书共 4 部分，除第 1 部分概述文字学外，其余 3 部分均为对《六书》的研究。

收藏单位：南京馆

00563

文字学（上 中国古代社会勾沉） 丁兴潢著

出版者不详，[1911—1949]，34 页，16 开

收藏单位：首都馆

00564

文字学 ABC 胡朴安著

上海：ABC 丛书社，1929.8，155 页，32 开（ABC 丛书）

上海：ABC 丛书社，1930.6，再版，155 页，32 开（ABC 丛书）

上海：ABC 丛书社，1931，3 版，155 页，32 开（ABC 丛书）

上海：ABC 丛书社，1933.1，6 版，155 页，32 开（ABC 丛书）

本书共 3 编：文字源流、六书条例、研究书目。封面题：世界书局出版。

收藏单位：安徽馆、重庆馆、广东馆、国家馆、河南馆、湖南馆、吉林馆、江西馆、辽大馆、辽师大馆、南京馆、内蒙古馆、宁夏馆、首都馆、天津馆、浙江馆

00565

文字学初步 戴增元著

上海：中华书局，1935.1，石印本，245 页，25 开

本书共 3 编：形体、声音、字义。

收藏单位：安徽馆、重庆馆、广东馆、广西馆、桂林馆、国家馆、吉林馆、江西馆、辽大馆、辽宁馆、南京馆、内蒙古馆、上海馆、首都馆、天津馆

00566

文字学大纲 林之棠著

北平：华盛书社，1933.4，38+44 页，32 开

本书主要包括六书释例和音韵举要等内容。

收藏单位：国家馆

00567

文字学概论 刘大白著

上海：大江书铺，1933.3，164 页，32 开

本书讲述文字的性质、效用、起源、构成、演变及形态、声韵等。

收藏单位：国家馆、河南馆、南京馆、首都馆、天津馆、浙江馆、中科图

00568

文字学概论 刘大白著

上海：开明书店，1934.10，再版，164 页，32 开

收藏单位：安徽馆、重庆馆、广东馆、国家馆、上海馆、首都馆

00569

文字学概论 任化远著

北平：中国大学，[1949]，44 页，16 开（中大国学丛著 2）

本书为著者在中国大学教授文字学的讲义。讲述文字创造的经过、六书的名称及象形、指事、形声、假借等造字原则。

收藏单位：国家馆

00570

文字学概论 汪国镇编著

长沙：商务印书馆，1939.1，281 页，32 开

长沙：商务印书馆，1939.8，再版，281 页，32 开

　　本书共 5 篇，从汉字的字音、字形、字义三个方面加以论述。取材于《文字学大纲》（何仲英）、《文字学六书条例》（胡朴安）及胡适的有关著作等。

　　收藏单位：重庆馆、东北师大馆、广东馆、贵州馆、国家馆、上海馆、首都馆、天津馆、浙江馆

00571

文字学概论　汪国镇编著

南昌：汪德佑 [发行者]，1936.9，266 页，25 开

　　收藏单位：江西馆

00572

文字学概论　汪国镇编著

汪国镇 [发行者]，1937，260 页，32 开

　　收藏单位：国家馆

00573

文字学概说　邵祖平著

上海：商务印书馆，1929.10，38 页，32 开（万有文库 第 1 集 0377）（国学小丛书）

上海：商务印书馆，1933.3，38 页，32 开（国学小丛书）

上海：商务印书馆，1934.1，再版，38 页，32 开（国学小丛书）

上海：商务印书馆，1939.9，38 页，25 开（万有文库 第 1—2 集 简编 500 种 115）（国学小丛书）

上海：商务印书馆，1947.2，3 版，38 页，32 开（新中学文库）（国学小丛书）

　　本书共 7 部分：叙言、文字学略史、六书通释、六书之分类、音形义之总辨、结论、六书注字附例。

　　收藏单位：安徽馆、重庆馆、大理馆、大连馆、东北师大馆、广东馆、广西馆、贵州馆、桂林馆、国家馆、河南馆、黑龙江馆、湖南馆、吉大馆、江西馆、辽大馆、辽宁馆、辽师大馆、南京馆、内蒙古馆、宁夏馆、上海馆、绍兴馆、首都馆、天津馆、西南大学馆、浙江馆、中科图

00574

文字学纲要　李翰章编

北平：李翰章 [发行者]，1939，52 页，32 开

　　本书为编者的一本讲义。共 4 篇：绪论、字音、字形、字义。

　　收藏单位：东北师大馆、国家馆

00575

文字学纲要　彭凤昭编纂　冯名元校对

上海：亚新地学社，1929.1，158 页，25 开

　　收藏单位：重庆馆、江西馆

00576

文字学名词诠释　叶长青著

上海：群众图书公司，1927.4，224 页，32 开（国学专刊社丛书）

　　本书收中国文字学名词 500 多条，按首字笔画编排。附录《声纽通转》（徐昂）。供中等及专门以上学校语文教员及学生参考用。

　　收藏单位：安徽馆、重庆馆、国家馆、河南馆、吉林馆、江西馆、南京馆、上海馆、首都馆、中科图

00577

文字学纂要　蒋伯潜编著

上海：正中书局，1946.12，198 页，32 开（国学汇纂丛书 3）

　　本书共 6 章，除绪论外，讲述造字和六书及汉字的形、音义等。

　　收藏单位：重庆馆、东北师大馆、国家馆、河南馆、湖南馆、吉林馆、近代史所、辽大馆、辽宁馆、南京馆、上海馆、天津馆

00578

文字源流（第 2 册）　中华书局函授学校编

上海：中华书局，[1926—1949]，21—44 页，32 开（高级国文科讲义 11）

　　本书分六书大意、许书大略两章。书末附问题及试题。

00579

小学常识 徐敬修编

上海：大东书局，1925.4，114 页，32 开（国学常识 1）

上海：大东书局，1925.8，3 版，114 页，32 开（国学常识 1）

上海：大东书局，1926.6，4 版，114 页，32 开（国学常识 1）

上海：大东书局，1928.12，5 版，114 页，32 开（国学常识 1）

上海：大东书局，1932.11，7 版，114 页，32 开（国学常识 1）

上海：大东书局，1934.10，8 版，114 页，32 开（国学常识 1）

本书分 6 章讲述文字的源流、六书大要、字体正伪及文字学研究方法等。

收藏单位：重庆馆、东北师大馆、广东馆、广西馆、贵州馆、国家馆、河南馆、湖南馆、吉林馆、江西馆、辽大馆、南京馆、内蒙古馆、山西馆、绍兴馆、首都馆、浙江馆、中科图

00580

新体国字 任峋著

北平：任峋 [发行者]，1929，106 页，16 开

本书用 36 个字母拼写汉字字音。字母的形体类似注音符号，但笔画较为复杂。书末附著者为此事给教育部的呈文及针对教育部未予接受而作的答辩文。

收藏单位：广西馆

00581

新著中国文字学大纲 何仲英编

外文题名：Outline of Chinese etymology

上海：商务印书馆，1922.2，104 页，32 开

上海：商务印书馆，1922.12，再版，104 页，32 开

上海：商务印书馆，1925.4，4 版，104 页，32 开

上海：商务印书馆，1926.2，6 版，104 页，32 开

上海：商务印书馆，1927.6，8 版，104 页，32 开

上海：商务印书馆，1928，9 版，104 页，32 开

上海：商务印书馆，1929.5，10 版，104 页，32 开

上海：商务印书馆，1933.1，国难后 1 版，104 页，32 开

上海：商务印书馆，1935.5，国难后 2 版，104 页，32 开

上海：商务印书馆，1937.6，国难后 4 版，104 页，32 开

上海：商务印书馆，1937，国难后 5 版，104 页，32 开

上海：商务印书馆，1944.12，蓉 1 版，104 页，32 开

本书共分 5 篇。以时代为经，以音、形、义为纬，论述字音、字体源流、字义训诂等。中等学校用。

收藏单位：安徽馆、重庆馆、东北师大馆、广东馆、广西馆、贵州馆、国家馆、河南馆、黑龙江馆、湖南馆、吉林馆、江西馆、辽大馆、辽宁馆、辽师大馆、南京馆、内蒙古馆、宁夏馆、山西馆、绍兴馆、首都馆、天津馆、西南大学馆、浙江馆

00582

新著中国文字学大纲参考书 何仲英编

上海：商务印书馆，1922.4，168 页，32 开

上海：商务印书馆，1922.10，再版，168 页，32 开

上海：商务印书馆，1924.10，3 版，168 页，32 开

上海：商务印书馆，1935.2，国难后 1 版，168 页，32 开

本书为编者《新著中国文字学大纲》的配套用书。附录中国文字学书目提要。供教学参考及学生自修用。

收藏单位：安徽馆、重庆馆、东北师大馆、广东馆、广西馆、贵州馆、桂林馆、国家馆、河南馆、黑龙江馆、湖南馆、吉林馆、辽大馆、辽东学院馆、辽师大馆、南京馆、内蒙古馆、山西馆、上海馆、首都馆

00583

新字片指导法 孙慕坚 沈百英编

上海：商务印书馆，1935，17 页，50 开

 收藏单位：广东馆、南京馆

00584

学字新定义 宋玺昌著

出版者不详，1931，74 页，32 开

 本书共 8 章，内容包括：中国文化不进步之原因、朱熹误解学字、朱熹解释学字之不合于事理、学字真正意义的估定、教育与学的关系、两个提议等。

 收藏单位：重庆馆

00585

研究文字学之几条方法 陈柱尊著

上海：中华学艺社，1933.7，6 页，18 开（学艺小丛书 8）

 本书卷首和书眉题名：治文字学之几条方法。

 收藏单位：桂林馆、国家馆

00586

中国文字变迁考 吕思勉著

外文题名：Transitions of Chinese writing

上海：商务印书馆，1926.2，99 页，32 开（国学小丛书）

上海：商务印书馆，1930.4，74 页，32 开（万有文库 第 1 集 0381）（国学小丛书）

上海：商务印书馆，1931.6，再版，99 页，32 开（国学小丛书）

上海：商务印书馆，1933.5，国难后 1 版，74 页，32 开（国学小丛书）

上海：商务印书馆，1934.1，国难后 2 版，74 页，32 开（国学小丛书）

上海：商务印书馆，1934.7，再版，74 页，32 开（万有文库 第 1 集 0381）（国学小丛书）

上海：商务印书馆，1935，国难后 3 版，74 页，32 开（国学小丛书）

 本书共 5 章。讲述文字变迁之理、文字之始、古文篆籀、隶书八分正书、草书行书。

 收藏单位：安徽、重庆馆、大理馆、大连馆、大庆馆、东北师大馆、广东馆、广西馆、贵州馆、国家馆、河南馆、黑龙江馆、湖南馆、吉林馆、江西馆、辽大馆、辽宁馆、辽师大馆、南京馆、内蒙古馆、宁夏馆、山西馆、上海馆、首都馆、天津馆、西南大学馆、浙江馆、中科图

00587

中国文字的过去现在和将来 陈耐烦编著

上海：世界书局，1941.1，159 页，32 开（新五四运动丛刊）

 本书共 5 章。先概述世界文字，然后论述汉字的过去、现在和将来，最后讨论了国语的统一、四声的处置、字形三大问题。书前有迭肯（即林汉达）的《新文字与国粹》（代序）。

 收藏单位：贵州馆、内蒙古馆

00588

中国文字的演变 曹伯韩著

上海：生活书店，1937.2，185 页，36 开（青年自学丛书）

上海：生活书店，1937.7，再版，185 页，36 开（青年自学丛书）

上海：生活书店，1947.5，胜利后 1 版，134 页，36 开（青年自学丛书）

哈尔滨：生活书店，1948.5，东北初版，102 页，36 开（新青年学习丛书）

上海：生活书店，1948.6，胜利后 2 版，134 页，36 开（青年自学丛书）

 本书共 9 章。讲述造字法、汉字形义和读音的变迁、造字和造词、汉字的特征和它同语言的关系、汉字改革的各派主张、新文字运动等。曹伯韩，又名曹朴。

 收藏单位：重庆馆、东北师大馆、广东馆、广西馆、贵州馆、桂林馆、国家馆、湖南馆、江西馆、辽宁馆、内蒙古馆、山东馆、山西馆、上海馆、首都馆、天津馆、浙江馆

00589

中国文字的演变 曹伯韩著

上海：生活·读书·新知上海联合发行所，1949.6，134 页，32 开（新中国青年文库）

上海：生活·读书·新知上海联合发行所，

1949，再版，134 页，32 开（新中国青年文库）

收藏单位：重庆馆、东北师大馆、广东馆、国家馆、南京馆、绍兴馆、天津馆、西南大学馆

00590

中国文字学　顾实著

上海：商务印书馆，1926，1 册，32 开

本书分 3 章介绍文字之由来、文字之变迁、文字之构造。

收藏单位：东北师大馆、湖南馆、山西馆

00591

中国文字学　孙东生编著

北平：景山书社，1930.4，118 页，32 开

本书分 5 章讲述文字学的重要性、文字的缘起和仓颉造字、文字的变迁和构造等。

收藏单位：重庆馆、东北师大馆、国家馆、河南馆、湖南馆、天津馆

00592

中国文字学　孙海波著

东京：文求堂书店，1941.12，石印本，107 叶，16 开，环筒页装

本书分上中下 3 编：叙论、文字之发生及其演变、文字之构成。

收藏单位：安徽馆、国家馆、黑龙江馆、辽大馆

00593

中国文字学　唐兰著

上海：开明书店，1949.3，192 页，25 开

本书共 5 部分。讲述中国文字学的定义、特点、范围及文字的构成、演化、变革等。在若干有争议（如汉字改革等）的问题上，著者明确地阐述了个人见解。

收藏单位：安徽馆、重庆馆、大庆馆、东北师大馆、国家馆、吉林馆、江西馆、辽大馆、辽宁馆、辽师大馆、首都馆、天津馆、中科图

00594

中国文字学　徐道政编

杭州：武林印书馆，1917.8，石印本，[327] 页，18 开

本书共两编 9 部分。讲述文字原始、六书区别、双声同义谱、迭韵同义谱，并解释说文解字五百四十部首、古音十七部声母等。

收藏单位：安徽馆、国家馆、内蒙古馆、绍兴馆、首都馆、浙江馆、中科图

00595

中国文字学大要（高中受验及参考之部）

上海：神州国光社，62 页，36 开

本书共 4 章：引论、字形略述、六书例释、训诂大要。

00596

中国文字学大意　江恒源编著

上海：大东书局，1930.2，178 页，25 开

上海：大东书局，1931.4，再版，178 页，25 开

上海：大东书局，1932.7，3 版，178 页，25 开

上海：大东书局，1933.3，4 版，178 页，25 开

上海：大东书局，1933.9，5 版，178 页，25 开

本书论述了中国文字学的定义、字形、字音、字义等。

收藏单位：重庆馆、东北师大馆、桂林馆、国家馆、河南馆、湖南馆、江西馆、辽大馆、南京馆、绍兴馆、首都馆、天津馆、浙江馆

00597

中国文字学大意（文源篇）　江恒源编著

出版者不详，[1911—1949]，140 页，25 开

本书论述中国文字学的定义、字形、字音、字义等。本书又题：中国文源。

收藏单位：广东馆、首都馆

00598

中国文字学概论　张松如著

北平：新亚印书局，1935.4，10+246 页，18 开

本书分 7 章论述汉字字形、音、义及汉字改革等。

收藏单位：国家馆、吉林馆、首都馆、中科图

00599

中国文字学概要　贺凯著

北平：文化学社，1931.4，132 页，25 开

北平：文化学社，1932.3，再版，132 页，25 开

北平：文化学社，1933.9，3 版，132 页，25 开

北平：文化学社，1936，4 版，132 页，25 开

　　本书分 5 章论述中国文字的形、音、义及源流演变等。

　　收藏单位：重庆馆、东北师大馆、广西馆、国家馆、黑龙江馆、湖南馆、辽大馆、辽宁馆、内蒙古馆、首都馆

00600

中国文字学概要　齐佩瑢著

北平：国立华北编译馆，1942.8，457 页，32 开（现代知识丛书）

　　本书共 4 章。主要讲述文字学的略史、重要性和文字的起源、演变、构造等。

　　收藏单位：东北师大馆、国家馆、吉林馆、辽大馆、上海馆、首都馆、天津馆、西南大学馆、中科图

00601

中国文字学概要（新著）　齐佩瑢著

北平：华北科学社，1945.8，457 页，32 开（国学知识丛书）

　　本书分 4 章讲述文字的起源、演变、构造等。

　　收藏单位：东北师大馆

00602

中国文字学概要　张世禄著

贵阳：文通书局，1941.10，208 页，25 开，精装（大学丛书）

　　本书分两篇 4 章：文字学释义、研究中国文字的材料和途径、中国文字的起源、中国文字的构造。

　　收藏单位：重庆馆、贵州馆、国家馆、湖南馆、吉林馆、南京馆

00603

中国文字学概要参考书　贺凯著

北平：文化学社，1931.6，212 页，25 开

　　本书按《中国文字学概要》的章节编辑。书中有对历代语言文字学家著作的介绍。

　　收藏单位：重庆馆、东北师大馆、国家馆、黑龙江馆、吉林馆、辽大馆、辽东学院馆、辽宁馆、内蒙古馆、山西馆、首都馆、天津馆、西南大学馆、中科图

00604

中国文字学纲要　傅介石编著

北平：傅介石 [发行者]，1933.12，208 页，32 开

　　本书共 5 编：总论、声韵、形体、训诂、余论。概述声音的起源和声韵母的沿革、字形的由来和构造、训诂的来历和变迁，以及文字学研究史、各民族语言文字等，并介绍注音符号与国语罗马字等。大学高中师范适用。

　　收藏单位：国家馆、首都馆

00605

中国文字学纲要　傅介石编著

昆明：中华书局，1940.12，244 页，32 开

　　收藏单位：重庆馆、东北师大馆、桂林馆、国家馆、吉林馆、江西馆、辽东学院馆、辽宁馆、南京馆、首都馆、西南大学馆

00606

中国文字学检讨　胡耐安编

上海：正中书局，1936.8，94 页，18 开

　　本书共 11 章。主要论述汉字的创造、演变和形成，其中对象形、指事、形声、会意、转注、假借等阐述尤详。

　　收藏单位：重庆馆、国家馆、湖南馆、江西馆、南京馆

00607

中国文字学史　胡朴安著

上海：商务印书馆，1937.2，石印本，2 册（19+618 页），32 开，精装（中国文化史丛书第一辑）

上海：商务印书馆，1937.4，再版，石印本，2 册（19+618 页），32 开（中国文化史丛书第一辑）

本书除绪言外，共 4 编：文字书时代（自秦至隋）、文字学前期时代（唐宋元明）、文字学后期时代（清）、古文字学时期（清末至现在）。主要讲述文字学的定义及其范围，文字学史的性质及历代文字学的发展变化等。

收藏单位：安徽馆、重庆馆、大庆馆、东北师大馆、广东馆、广西馆、贵州馆、桂林馆、国家馆、黑龙江馆、湖南馆、江西馆、近代史所、辽大馆、辽宁馆、辽师大馆、南京馆、内蒙古馆、宁夏馆、山西馆、上海馆、首都馆、天津馆、西南大学馆、浙江馆

00608

中国文字学通论　丁山著

广州：国立中山大学，[1926—1949]，88 叶，长 20 开，环筒页装

本书共 4 编。主要讲述文字的缘起及造字原则等。逐页题名：中国文字通论。

收藏单位：广西馆、吉林馆、中科图

00609

中国文字学新编　谭正璧编

上海：北新书局，1936.8，209 页，32 开

本书分上中下 3 卷：叙引编、原则编、沿革编。上卷综述关于文字及文字学的基本原理；中卷叙述古代造字的六书说；下卷叙述字形、字音、字义的演变过程。供中学及师范学校用。

收藏单位：广东馆、国家馆、河南馆、辽师大馆、首都馆、天津馆

00610

中国文字之本质的研究　闻宥著

出版者不详，1929，39 页，16 开

本书就文字和其他类似的东西何以不同、文字的构造法则、文字构成的形态、文字的形态所代表的声音进行了论述。

收藏单位：浙江馆

00611

中国文字之起源及变迁　吴贯因著

上海：商务印书馆，1929.10，66 页，32 开（百科小丛书）（万有文库 第 1 集 0378）

上海：商务印书馆，1931.8，66 页，32 开（百科小丛书）

上海：商务印书馆，1933.4，国难后 1 版，66 页，32 开（百科小丛书）

上海：商务印书馆，1934.7，再版，66 页，32 开（百科小丛书）（万有文库 第 1 集 0378）

上海：商务印书馆，1935.4，国难后 2 版，66 页，32 开（百科小丛书）

本书共 10 章：无文时代、结绳时代、仓颉之创字、创字之动机、文字最初之形体、古文时代、篆书时代、隶书时代、楷书时代、将来之趋势。

收藏单位：安徽馆、重庆馆、大理馆、大连馆、东北师大馆、广东馆、广西馆、贵州馆、国家馆、河南馆、黑龙江馆、湖南馆、江西馆、辽大馆、辽师大馆、南京馆、内蒙古馆、宁夏馆、上海馆、绍兴馆、首都馆、天津馆、西南大学馆、浙江馆、中科图

00612

字监　胡吉宣著

长沙：商务印书馆，1940.6，石印本，40 页，32 开

收藏单位：东北师大馆、广西馆、贵州馆、国家馆、黑龙江馆、吉林馆、上海馆、首都馆

00613

字学及书法　韩非木　高云塍编

上海：中华书局，1936.6，89 页，32 开（初中学生文库）

上海：中华书局，1936.11，再版，89 页，32 开（初中学生文库）

昆明：中华书局，1941.1，4 版，89 页，32 开（初中学生文库）

上海：中华书局，1947.12，89 页，32 开（中华文库 初中 第 1 集）

本书分字学与书法两编。字学编讲述字的起源、分类、构成及字形演变等；书法编讲

述书法的派别和其代表书法家及学书研究等。

收藏单位：重庆馆、广东馆、广西馆、桂林馆、黑龙江馆、湖南馆、江西馆、辽大馆、辽宁馆、南京馆、内蒙古馆、上海馆、首都馆、天津馆、浙江馆

00614

字学金针　萧延壬编纂

长沙：民治书局，1934.1，再版，[225] 页，25 开

收藏单位：湖南馆、江西馆

00615

字原学讲义　胡韫玉著

上海：商务印书馆函授学社国文科，[1915—1946]，27 页，32 开

本书共 10 章。讲述什么是字原学及六书浅说、字体变迁、指事举例等。

收藏单位：东北师大馆、南京馆、上海馆

古文字

00616

朝阳字鉴精萃　（日）高田忠周著

东京：西东书房，1929.10，972 页，22 开，精装

收藏单位：国家馆

00617

古书读法凡例　三通书局编辑部编

上海：三通书局，1939.6，92 页，50 开（三通小丛书）

本书收录：事同义异例、文同意异例、无文字处求文字例、无证据中得证据例、两书不可强同例等 18 篇文章。

收藏单位：东北师大馆

00618

古文变迁论　胡光炜讲　曾昭燏录

出版者不详，[1911—1949]，34 页，16 开

本书主要论述中国古代文化之分期、中国文字发生与古史年代、中国文字成熟之分期、花文与文字相应之变化。

收藏单位：重庆馆

00619

论古无复辅音凡来母字古读如泥母　唐兰撰

国立清华大学，1937，1 册

本书为《清华学报》12 卷 2 期抽印本。

收藏单位：桂林馆、国家馆

00620

文字音韵学论丛　刘盼遂编著

北平：人文书店，1935.4，322 页，32 开

本书为古文字音韵学论文集，共 4 卷。收《甲骨中殷商庙制征》《释因等十四文》《嫦娥考》《说文重文疏自序》《说文师说》《反切不始于孙叔然辨》《淮南许注汉语疏》《说文声谱自序》《六朝唐代反语考》《黄氏古音廿八部商兑》等 20 余篇。附《王安石字说源流考》（刘铭恕）。

收藏单位：重庆馆、东北师大馆、广西馆、桂林馆、国家馆、河南馆、湖南馆、吉林馆、近代史所、辽大馆、上海馆、首都馆、天津馆、浙江馆、中科图

00621

中国文字之原始及其构造　蒋善国著

上海：商务印书馆，1930.6，76+97 叶，25 开，精装

上海：商务印书馆，1933.5，国难后 1 版，2 册（76+97 叶），25 开

上海：商务印书馆，1935.7，国难后 2 版，2 册（76+97 叶），25 开

本书主要介绍了中国文字学的起源和原始文字的结构。分中国原始文字之探索、中国文字之构成两编。

收藏单位：国家馆

汉字构造

00622

重订六书通　（清）闵齐伋著　（清）毕弘述订纂

上海：扫叶山房，1947，影印本，[200] 页，36 开

本书为按音韵编排的篆字汇。以今通用的楷书为标首，下列篆文、籀文、鼎彝及其他变体字。有解释及切音。封面题名：重订篆字汇。

收藏单位：近代史所、辽大馆、绍兴馆、首都馆

00623

订正六书通 （清）闵齐伋辑 （清）毕弘述篆订

上海：上海书店，1937，1 册，32 开

本书辑者闵齐伋即闵寓五。

收藏单位：吉大馆、首都馆

00624

订正六书通（一名，篆字汇） （清）闵齐伋编 林直清重订

上海：广益书局，1936.12，1 册，32 开

上海：广益书局，1937.5，再版，1 册，32 开

本书书前有编者、订者序，书末附《订正六书通撷遗》（毕星海）。编者原题：闵寓五。

收藏单位：重庆馆、广东馆、南京馆、绍兴馆

00625

订正六书通（一名，篆字汇）（重订） （清）闵齐伋编 林直清重订

上海：广益书局，1936.5，新 1 版，1 册，32 开，精装

上海：广益书局，1946.11，新 2 版，[552] 页，32 开，精装

上海：广益书局，1947.3，新 3 版，1 册，32 开，精装

上海：广益书局，1947.10，新 4 版，影印本，[552] 页，32 开，精装

上海：广益书局，1949，新 6 版，1 册，32 开，精装

收藏单位：重庆馆、广西馆、上海馆、天津馆、西南大学馆

00626

六书转注说 陈登澥著

北平：陈子几 [发行者]，1935.4，影印本，[8] 页，32 开（七闽丛书）

本书是对《六书》的研究。

收藏单位：国家馆

00627

上代象形文字中目文之研究 闻宥著

北平：燕京大学，1932.6，2353—2375 页，16 开

本书为《燕京学报》第 11 期抽印本。研究象形文字中"目""眉""臣"等字。

00628

胜利字体 曹盛春著

[上海]：出版者不详，1946，40 页，64 开

本书内容由 37 个楷书单笔字母组成。每字都成方块形，各有左右两边傍，右边谐声，左傍释理。

收藏单位：重庆馆

00629

文字形义总元 冯子青著

冯子青 [发行者]，[1911—1919]，石印本，28 叶，16 开，环筒页装

本书根据《说文解字》所收 9353 字，按文字形义分体解说。封面题名：文字形义总元初稿。

收藏单位：国家馆、中科图

00630

形声字声中有义略证 杨树达著

北平：清华大学，1934.4，19 页，16 开

本书为《清华学报》单行本。以《说文解字》为例，进一步论证王怀祖、郝兰皋等人主张的"声近则义近"和清以后黄承吉、刘师培主张的"形声字义实寓声"等形声字声中有义的观点。后附《论中国语源学问题》《释兹篇》。

收藏单位：国家馆

00631

中国文字构造论 戴君仁著

上海：世界书局，1934.4，118 页，32 开

上海：世界书局，1935，再版，118 页，32 开

本书分 4 章讲述形表、义表、形义兼表、取音共 4 种汉字构造法。

收藏单位：重庆馆、广东馆、广西馆、国家馆、黑龙江馆、湖南馆、辽宁馆、南京馆、内蒙古馆、宁夏馆、山西馆、天津馆、浙江馆、中科图

00632

字例略说 吕思勉著

上海：商务印书馆，1927.7，129 页，32 开（国学小丛书）

上海：商务印书馆，1928.11，再版，129 页，25 开（国学小丛书）

上海：商务印书馆，1930.4，101 页，32 开（国学小丛书）（万有文库 第 1 集 0382）

上海：商务印书馆，1933.3，国难后 1 版，101 页，32 开（国学小丛书）

上海：商务印书馆，1934.5，国难后 2 版，101 页，32 开（国学小丛书）

本书共 13 章。按象形、指事、会意、形声、转注、假借等六书原则研究汉字。

收藏单位：安徽馆、重庆馆、大理馆、大连馆、大庆馆、东北师大馆、广东馆、广西馆、贵州馆、国家馆、河南馆、黑龙江馆、湖南馆、江西馆、辽大馆、辽宁馆、辽师大馆、南京馆、内蒙古馆、宁夏馆、上海馆、首都馆、天津馆、西南大学馆、浙江馆、中科图

汉字形体

00633

草书在文字学上之新认识 魏建功著

北平：辅仁大学，[1946]，236—240 页，16 开

本书为《辅仁学志》14 卷 1—2 合期抽印本。收入汉代草隶 4 种，碑帖及墨迹摄影 1 页。

收藏单位：国家馆、吉林馆

00634

鸟书考 容庚著

北平：燕京大学燕京学报社，1934.12，29 页，16 开

本书为《燕京学报》第 16 期抽印本。"鸟书"也叫"鸟虫书""虫书"，篆书的变体。有铜版图。

收藏单位：上海馆

00635

我国文字形体的源流 高元白著

城固：文化服务社，[1943]，56 页，23 开（建进丛书）

本书共 4 章：溯源、明形、辨体、顺流。书眉题：建进月刊。

收藏单位：重庆馆

00636

圆体字导学篇 齐均著

南京：华侨通讯社，1936.12，1 册，32 开

本书内容包括：警语、序文、凡例、索引、像楷字根、变形字根等。书前有蔡子民、吴稚晖先生题字。

收藏单位：上海馆

00637

中国文字形体的演变 （回）金祖同著

上海：中国语文教育学会主办语文展览会，1939.11，22 页，32 开（中国语文教育学会主办语文展览会会刊 1）

本书共 9 部分。简略介绍甲骨文、鼎彝古籀文、小篆、隶书、八分、草书、行书等，说明汉字形体的演变。

收藏单位：重庆馆

00638

正草隶篆大字典 中国文字研究社编

上海：春明书店，1948.1，482 页，50 开，精装

上海：春明书店，1948.9，再版，482 页，50 开，精装

本书是正、草、隶、篆四体字典。按正楷部首检字。书前有编者前言、部首检字表、难字检查表。

收藏单位：国家馆、湖南馆、南京馆、上海馆

00639
正草隶篆四体大字典 吴镜冰等编辑
上海：扫叶山房，1926.9，28 册，32 开，环筒页装
　　本书共 24 册，分为锦套 4 函。内容包括：石鼓、楹联、钟鼎等。随书另附赠名人楹联大观 4 册。书前有序。
　　收藏单位：重庆馆

00640
字学举隅 （清）龙启瑞 （清）黄虎痴增辑
　李梓材修订
北平：文光书店，1937.1，石印本，55 页，32 开
　　本书共两部分：正讹（平声、上声、去声、入声、增订正讹）、辨似（二字相似、三字相似、四字相似、五字相似、偏旁相似、增订辨似）。附摘误及无是字而误用者两则。
　　收藏单位：国家馆、首都馆

00641
字学举隅 宋琦撰
上海：锦章图书馆，1917，23 页，32 开
　　收藏单位：南京馆

00642
篆字谱
出版者不详，[1911—1949]，石印本，114 页，16 开，精装
　　本书篆字下注有正楷字。按楷字部首编排。
　　收藏单位：首都馆

汉字整理和简化

00643
白话字辨 周天籁编
上海：华文书店，1934.8，[31]+333 页，32 开
　　本书共 15 部分。按同一个字而异读和音义、形声、形体、形义等的相似情况及两字的异同、三字的异同、简体、俗体等辨字。书前有序言及部首检字表等。
　　收藏单位：安徽馆、重庆馆、桂林馆、国家馆、江西馆、辽宁馆、首都馆

00644
半周字汇索引 周辨明著
厦门：厦门大学语言学系，1928.7，72 页，16 开
　　本书介绍汉字分类索引方法。前为索引法说明，后为字表，收 6915 字。用半周索引法检字。
　　收藏单位：南京馆

00645
常见的错字 凌子鎏编
香港：凌子鎏 [发行者]，1941.2，72 页，32 开
　　收藏单位：广东馆

00646
常见的错字 凌子鎏编
广州：培中书局，1947，5 版，9+58 页，32 开
　　收藏单位：广东馆

00647
常用国字认识法 宋文翰著
上海：商务印书馆，1948.4，118 页，32 开（国民教育文库）
　　本书讲述国字的类别、进化、演变及国字的语音、形体、意义等，并介绍识字用的工具书。
　　收藏单位：重庆馆、甘肃馆、广东馆、广西馆、贵州馆、桂林馆、国家馆、湖南馆、江西馆、南京馆、首都馆、天津馆

00648
常用简字表 陈光垚著
上海：北新书局，1936.11，94+[120] 页，32 开（简字丛书 6）
　　本书收简字 3150 个，原字 3418 个。表前绪论部分包括：常用简字表、凡例和说明、

简字运动宣言、简字研究报告、简字选举例、汉字改革会简章等 8 篇。

收藏单位：重庆馆、东北师大馆、广东馆、国家馆、河南馆、吉林馆、南京馆、上海馆、首都馆、天津馆、浙江馆

00649

从北方话新文字检汉字　许中编辑

上海：新文字书店，1939.4，42 页，64 开（拉丁化检字小丛书 第 1 种）

收藏单位：南京馆

00650

错别字研究　黄凝晖纂

黄凝晖 [发行者]，1947.1，32 页，32 开

黄凝晖 [发行者]，1947.4，再版，32 页，32 开

收藏单位：首都馆

00651

订正字辨　陈世汉编订

六艺印书馆，1946.7，150+2 页，25 开

收藏单位：江西馆

00652

儿童与成人常用字汇之调查及比较　杜佐周　蒋成堃著

厦门：厦门大学，1933.6，166 页，16 开（厦门大学教育学院研究丛刊 3 ）

本书分 6 部分：字汇调查的意义及其重要性、过去关于字汇的调查或研究、本研究的主要目的、研究的方法及材料、统计的结果与分类、结论与希望。收入日常说话、读书、写字、作文以及各方面所常用的单字加以分析、统计和比较，供文字教育参考。附关于中文字汇问题之重要参考资料。

收藏单位：国家馆、河南馆、吉林馆、西南大学馆、浙江馆

00653

国语注检字母排检法　李乃琦编造

出版者不详，[1911—1949]，16 页，64 开

收藏单位：南京馆

00654

国字自然排检法概要　丁德先著

青岛：同德印刷局，1948.3，18 页，32 开

收藏单位：南京馆

00655

汉字六部编检法　黎尚桓著

出版者不详，[1911—1949]，13 页，16 开

收藏单位：南京馆

00656

汉字末笔索引　林语堂著

上海：商务印书馆，[1925]，88 页

收藏单位：南京馆

00657

汉字排字法　杜定友著

外文题名：Chinese alphabeting

上海：上海图书馆协会，1925.12，36 页，32 开（上海图书馆协会丛书）

本书介绍排字法原则、排字法规则、排字和检字方法及汉字排字法优点等，并有评论。附录目录排叠法规则、排字盘用法。

收藏单位：国家馆、南京馆、山西馆、上海馆、首都馆、天津馆、浙江馆

00658

汉字新文字两用检字　张雁编

沈阳：东北书店，1949.2，89+36 页，50 开

本书分从汉字查新文字和从新文字查汉字两部分。前面部分共 5500 个实用单字，按照首笔四部及笔画多少排列；后面部分按照同音字分别编在新文字 440 多段音段里，其音段是依照新文字的字母表顺序排列。版权页题名：两用检字。

收藏单位：东北师大馆、国家馆、辽宁馆

00659

汉字形位排检法　杜定友著

上海：中华书局，1932.7，125 页，32 开

本书共 6 部分：大纲、原则、排法、检法、指引法、讨论。附目录排叠规则、汉字字根排列顺序表、图书目录使用法。

收藏单位：安徽馆、重庆馆、广西馆、国家馆、河南馆、吉林馆、江西馆、辽宁馆、南京馆、上海馆、绍兴馆、首都馆、天津馆、浙江馆

00660

号码检字法 王云五著

出版者不详，[1925]，17 页，16 开

本书为《东方杂志》12 卷 12 号抽印本。分序言、检字法两部分。

00661

检字便览 天津中华打字机公司编辑部编

天津：中华打字机公司，1936.1，1 册，大 64 开

本书为中华打字机检字用。

收藏单位：首都馆

00662

简体字表（第一册）

济南：[天主教使团出版社]，[1930—1939]，34 页，32 开

收藏单位：国家馆

00663

简体字表（第一批）

北平：和记印书馆，1935.10，24 页，32 开

本书内容包括：中华民国二十四年八月二十一日教育部颁布的第 1140 号令，第一批简体字表（共 325 字）等。国民政府教育部公布。

收藏单位：国家馆、吉林馆、首都馆

00664

简体字表（第一批）

南京：国民政府教育部，1935.8，32 页，32 开

本书内容包括：公布令、第一批简体字表（共 325 字）、各省市教育行政机关推行部颁简体字办法、选编经过等。国民政府教育部公布。

收藏单位：重庆馆、广东馆、国家馆、黑龙江馆、湖南馆、江西馆、近代史所、辽大

馆、南京馆、上海馆、绍兴馆

00665

简体字表（第一批）

上海：中华书局，1935.8 翻印，32 页，32 开

收藏单位：内蒙古馆

00666

简体字典 容庚著

北平：哈佛燕京学社，1936.10，1 册，32 开

本书收 4445 个主要源自草书的简体字。

00667

简体字范本 孙同绰编

上海：钱华[发行者]，1935.10，41 页

收藏单位：南京馆

00668

简体字考证 欧阳溱著

南昌：欧阳溱[发行者]，1936.6，手写影印本，1 册，18 开

本书对 1935 年 8 月国民党政府教育部公布的第一批 324 个简体字做了考证。包括简体字的构造之成因及其出处等。附《简体字之研究》。

收藏单位：国家馆、江西馆

00669

简易字说 胡怀琛编著

上海：商务印书馆，1928.10，105 页，32 开

本书的简易字，是对汉字简化的一种尝试，不同于当时已有流行的简笔字。前 8 章介绍什么叫简易字及简易字的构成和提倡等；9—17 章为简易字汇；第 18 章附录《字的分化》。

收藏单位：重庆馆、广东馆、广西馆、国家馆、河南馆、湖南馆、吉林馆、江西馆、南京馆、上海馆、首都馆、天津馆、浙江馆

00670

简字标准字表 杜定友编

上海：中国图书服务社，1934.1，1 册，32 开

收藏单位：南京馆

00671

简字论集　陈光垚著

上海：商务印书馆，1931.6，192 页，32 开

　　本书收《发起简字运动临时宣言》《简字运动始记》《简字举例》《中国文字趋简的历史观》《简字检字法》等有关汉字简化的论文15 篇。均为 1927—1928 年间所著。

　　收藏单位：重庆馆、东北师大馆、广东馆、广西馆、国家馆、江西馆、辽大馆、南京馆、上海馆、天津馆、浙江馆

00672

简字论集（续集）　陈光垚著

上海：启明学社，1933.10，206 页，32 开（简字丛书 4）

　　本书继《简字论集》后，续收《一个治标的部首法》《简字问题答客难》《中华简字表自序》《汉字改革会宣言及章程》等 18 篇文章。均为 1929—1932 年所著。附《识字运动宣传纲要》。

　　收藏单位：重庆馆、国家馆、江西馆、辽师大馆、南京馆、上海馆、首都馆

00673

考正字汇

上海：鸿宝书局，1920，石印本，1 册，25 开，精装

　　收藏单位：广东馆

00674

破音字举例　马瀛编

外文题名：A glossary of Chinese words irregularly pronounced

上海：商务印书馆，1923.12，198 页，42 开

上海：商务印书馆，1924.8，再版，198 页，42 开

上海：商务印书馆，1927.7，3 版，198 页，42 开

上海：商务印书馆，1939，[4 版]，198 页，42 开

　　本书收经籍习见及世所通行的多音字

一千多个，注明读音和字义。"破音字"即多音字，按笔画多少编排。

　　收藏单位：重庆馆、广东馆、国家馆、河南馆、南京馆、首都馆

00675

瞿氏重字法　瞿重福编

出版者不详，1930，1 册，16 开

　　收藏单位：南京馆

00676

三十言志诗（五言俗体）　陈光垚著

上海：黄警顽 [发行者]，1936.10，30+94 页，32 开（简字丛书 别集）

　　本书著者长期研究汉字简化，以诗的形式自述其生平、志愿等。附录作者简字研究报告、简字选举例、作者五年著书计划、黄警顽先生姓名简字。

　　收藏单位：重庆馆、广东馆、国家馆、湖南馆、吉林馆、南京馆、上海馆、首都馆、天津馆、浙江馆

00677

三字典引得　哈佛燕京学社引得编纂处编

外文题名：Trindex : an index to three dictionaries

北平：哈佛燕京学社引得编纂处，[1936]，[70]+584 页，50 开

　　本书介绍三字典即 Giles 的《汉英字典》《康熙字典》《佩文韵府》排检法等。

　　收藏单位：广东馆、国家馆、山东馆、上海馆、首都馆、中科图

00678

实用音义双解标准辨字汇　许有成编

上海：中央书店，1936.10，28+460 页，32 开，精装

　　本书所收字按形音相像、形似音异、音似形异、笔画错误 4 部编排。书前有卷头语、编辑凡例、检字。供中小学生及一般人分辨错别字用。

　　收藏单位：安徽馆、吉林馆、江西馆、南京馆、浙江馆

00679

手头字概论　郭挹清著

上海：天马书店，1936，60 页，32 开（天马丛书 4）

本书分 7 部分：什么是手头字、从古文说到手头字、手头字运动的历史、为什么要提倡手头字、手头字的成因、手头字构成的方法、手头字改造老式字的偏旁的系统。后有附记。

收藏单位：重庆馆、国家馆

00680

首笔号码索引法　吴甲原著

重庆：香草书屋，1944，60 页，50 开，环筒页装

本书又称：第一笔检辞法。书前有张阆声、孙伏园等人的序。

收藏单位：贵州馆、国家馆、上海馆

00681

首尾号码排检法　陈文著

上海：中国科学图书仪器公司，1935.12，23页，25 开

本书把部首制与号码制检字的特长融合为一体，使之既有部首制的准确，又有号码制的便捷。

收藏单位：上海馆

00682

四角号码检字法　王云五著

上海：商务印书馆，[1926]，[36]+40 页，22 开

本书介绍了检字法的创编经过及使用方法，书前有蔡元培、胡适等人的序 3 篇。书末附录四角一览表等。另有英文版。

收藏单位：国家馆、首都馆

00683

四角号码检字法　王云五著

上海：商务印书馆，1933.12，69+75 页，32开（百科小丛书）（万有文库 第 1 集 0009）

上海：商务印书馆，1934，再版，69+75 页，32 开（百科小丛书）（万有文库 第 1 集 0009）

上海：商务印书馆，1934.1，国难后 1 版，69+75 页，32 开（百科小丛书）

上海：商务印书馆，1935.1，国难后 2 版，69+75 页，32 开（百科小丛书）

上海：商务印书馆，1939，69+75 页，32 开（百科小丛书）

长沙：商务印书馆，1939.12，69+75 页，32开（百科小丛书）（万有文库 第 1—2 集 简编500 种）

本书内容包括：凡例、参考表、采用本法机关及出版物，蔡元培、胡适、高梦旦、吴敬恒的序及著者自序、统计表、词语排列法、检字表（附说明）。书后附录各种样张、中外著者统一排列法。

收藏单位：安徽馆、重庆馆、大理馆、大连馆、大庆馆、东北师大馆、广东馆、广西馆、国家馆、黑龙江馆、湖南馆、江西馆、辽大馆、辽师大馆、南京馆、内蒙古馆、宁夏馆、山西馆、上海馆、天津馆、西南大学馆、浙江馆

00684

四角号码检字法　王云五著

出版者不详，[1930—1939]，9 页，16 开

本书由东方杂志第 23 卷第 3 号重印。

收藏单位：国家馆、上海馆

00685

四角号码检字法（改订）　王云五著

外文题名：The revised four-corner numeral system

上海：商务印书馆，1928，143 页，22 开

收藏单位：国家馆、上海馆

00686

四角号码检字法（第二次改订）　王云五著

上海：商务印书馆，1928.5，18+54 页，32 开

上海：商务印书馆，1928.7，87 页，32 开

上海：商务印书馆，1928.10，订正 3 版，[122]页，32 开

上海：商务印书馆，1929.12，4 版，[122] 页，32 开

上海：商务印书馆，1930.5，5 版，[122] 页，32 开

本书讲述第二次改订的四角号码取角时

有哪些原则、四角号码相同的字怎样处理、汉字的写法不一怎样处理等问题。后附检字表。

收藏单位：东北师大馆、国家馆、江西馆、南京馆、上海馆、绍兴馆、首都馆、浙江馆、中科图

00687

四角号码检字法教学法　赵景源编

上海：商务印书馆，1931.7，19 页，32 开

上海：商务印书馆，1933.3，国难后 1 版，19 页，32 开

本书阐述了 5 个方面的内容：汉字的形体怎样、四角号码检字法是怎样发明的、取角时有那几个原则、四角号码相同的字怎样、汉字的写法不一怎样应付。后附习题答案及四角号码检字法的应用。

收藏单位：东北师大馆、广东馆、国家馆、河南馆、吉林馆、南京馆、绍兴馆、浙江馆

00688

宋元以来俗字谱　刘半农　李家瑞编

北平：国立中央研究院历史语言研究所，1930.2，[17]+137 页，16 开（国立中央研究院历史语言研究所单刊 3）

本书从《古列女传》（宋刊本）、《大唐三藏取经诗话》（宋刊本）、《京本通俗小说》（元钞本）、《金瓶梅奇书前后部》（清嘉庆济水太素轩刊本）等 12 种宋元以来书中摘出全部俗字，依据各俗字的楷体部首编排，供读者研究宋元以来俗字的演进和变化。编者"刘半农"原题：刘复。

收藏单位：东北师大馆、广东馆、广西馆、国家馆、吉林馆、江西馆、辽大馆、辽宁馆、南京馆、浙江馆

00689

同音字手册（国民基本字）　金轮海主编

苏州：国立社会教育学院江苏国民教育实验区，1947.7，42 页，64 开（研究资料 2）

本书收 382 个基本字。同音字集中，按注音字母音序编排。

收藏单位：国家馆、吉林馆、南京馆、上海馆

00690

王氏检字法说明　王德乾著

出版者不详，[1930—1949]，20 页，42 开

收藏单位：浙江馆

00691

文字辨正　周天籁编

上海：春明书店，1935.8，14+17+333 页，32 开

本书共 15 部分。按同一个字而异读和音义、形声、形体、形义等相似情况及两字的异同、三字的异同、简体、俗体等辨字。有序及部首检字表。初版封面题：学生适用。

收藏单位：重庆馆、国家馆、吉林馆、山西馆、首都馆

00692

文字辨正（学生求解作文两用）　周天籁编

上海：文光书局，1936.5，4 版，14+17+333 页，32 开

上海：文光书局，1937.5，7 版，14+17+333 页，32 开

收藏单位：安徽馆、湖南馆、辽师大馆、南京馆、上海馆、首都馆

00693

文字会通（上册）　何仁楷纂辑

广州：国学研究社，1949.5，石印本，170 页，32 开

本书将段注《说文解字》中的异体字如古文、籀文、奇字，或体字、隶变、俗字，以及段氏所认为的假借字，分别注于本字之下，便于初学者翻检，书前有检字表。

收藏单位：国家馆、江西馆、南京馆、内蒙古馆、天津馆、浙江馆

00694

文字正误　孙梓甫编

上海：经纬书局，1936.3，135 页，32 开

上海：经纬书局，1936.5，再版，135 页，32

开

本书共 12 编，内容包括：分毫字辨、误读诸字、误写诸字、奇字考、字数音例、相近字音、各地乡音等。

收藏单位：东北师大馆、国家馆、黑龙江馆、上海馆、绍兴馆、首都馆、天津馆

00695

文字指正 谢苇丰著

上海：东方文学社，[1934]，[195] 页，32 开

上海：东方文学社，1946，[195] 页，32 开

本书内容包括：字义指正、字形指正、字音指正、成文字指正。

收藏单位：重庆馆、广东馆、国家馆、绍兴馆、首都馆、天津馆、浙江馆

00696

吾道行矣 陈立夫编著

上海：中华书局，1937.7，34 页，32 开

收藏单位：南京馆

00697

五笔检字法之原理效用 陈立夫编著

上海：中华书局，1928.11，34 页，32 开

上海：中华书局，1937.7，再版，34 页，32 开

本书讲述了楷书基本笔画的原理、定名、互变等以及五笔检字法的实际应用。

收藏单位：重庆馆、广东馆、贵州馆、国家馆、江西馆、南京馆、内蒙古馆、上海馆、首都馆、浙江馆

00698

小朋友字辨 费洁心编

上海：儿童书局，1934.11，216 页，32 开

上海：儿童书局，1935.4，再版，216 页，32 开

上海：儿童书局，1937.6，3 版，216 页，32 开

本书按同形异音、同音异形、同音同形、通假、简俗、误读、错写 7 种情况辨字。书末附习字笔顺表。

收藏单位：广东馆、国家馆、江西馆、南京馆

00699

新发明国字自然排检法概要 丁德先著

青岛：丁德先 [发行者]，1948.3，18 页，32 开

本书介绍汉字"自然排检法"及排字实例之比较等。后附《四角号码检字法》（王云五）、《五笔检字法》（陈立夫）、《汉字形位排检法》（杜定友）、《汉字母笔排列法》（万国鼎）。

收藏单位：广西馆、国家馆、吉林馆、南京馆、浙江馆

00700

研究拼形简字母之一得

出版者不详，1931，68 页，25 开

收藏单位：广东馆

00701

一个新检字法——"丙"字检字法之说明与应用 葛启扬编

北平：葛启扬 [发行者]，1933.10，14 页，32 开

本书共 5 部分，包括对我国检字法的评论、汉字起笔测验及该法与"永"字八法的比较等。

收藏单位：国家馆

00702

一千一百个基本汉字使用教学法 洪深著

上海：生活书店，1935.11，196 页，32 开

本书首先说明为什么要有基本汉字，然后将这 1100 个汉字分为 70 组，按新辞和新意、共用和活用、商业和经济、法律和政治等 6 部分编排。附有写字练习等。

收藏单位：广西馆、桂林馆、国家馆、内蒙古馆、首都馆

00703

一三五九检字法 杜祺远著

出版者不详，1947，40 页，42 开

本书讲述检字法的具体方法和检字法的概要。

收藏单位：浙江馆

00704

芸窗必备　方安邦编

镇海：方安邦 [发行者]，[1931]，96 页，32 开

本书内容为汉字异体字研究。

00705

张凤形数检字法　张凤编

上海：张凤 [发行者]，1927.10，20 页，18 开

上海：张凤 [发行者]，1927，再版，20 页，18 开

本书介绍该法口诀、检字正例、排字附例等，并有说明及自序。附姓氏索引。

收藏单位：国家馆、浙江馆

00706

中国检字法沿革史略及七十七种新检字法表　蒋一前著

中国索引社，1933.8，28 页，22 开

本书主要介绍我国文化史上各种不同检字法。其中关于晚近检字法的问题及七十七种新检字法均有详论。逐页题名：汉字检字法沿革史略及近代七十七种新检字法表。

收藏单位：国家馆、南京馆、上海馆、浙江馆

00707

中国检字问题　杜定友著

上海：杜定友 [发行者]，1931.11，62 页，32 开（杜氏丛著）

本书从中国检字法评略、检字研究、检字试验、改良康熙字典式的建议、新部首与旧部首等16个方面讲述检字问题。

收藏单位：广西馆、国家馆、南京馆、上海馆、首都馆

00708

中文同音字典　杜松寿编

西安：经世书店，1945.5，[364] 页，32 开

本书收字近 9000 个。按韵声编排，同音字以四声为序。据《国音常用字汇》编辑。分 8 部分：序、凡例、中文同音字典正文、中文同音字典检查方法、音序表、方音检字要诀、中文同音字典检字表、附录。附有度量衡表、中国历代先后年数表等。

收藏单位：国家馆

00709

中文五百基础单字表　载坚著

同仇学社，1946，增订 3 版，1 张，32 开

收藏单位：广东馆

00710

字辨　顾雄藻编辑

上海：顾询 [发行者]，1933.3，1 册，32 开

上海：顾询 [发行者]，1933.8，再版，1 册，32 开

上海：顾询 [发行者]，1933.10，3 版，1 册，32 开

上海：顾询 [发行者]，1933.12，4 版，1 册，32 开

上海：顾询 [发行者]，1934.4，5 版，1 册，32 开

上海：顾询 [发行者]，1934.8，6 版，1 册，32 开

上海：顾询 [发行者]，1935.9，8 版，1 册，32 开

上海：顾询 [发行者]，1936.8，9 版，1 册，32 开

本书分义辨、音辨、体辨、词辨 4 类。附字词首字部首笔画索引。其中初版仅含义辨、音辨、体辨 3 类，书后有字辨勘误表。

收藏单位：安徽馆、重庆馆、广东馆、广西馆、桂林馆、国家馆、河南馆、黑龙江馆、江西馆、辽东学院馆、内蒙古馆、绍兴馆、首都馆、天津馆、西南大学馆、浙江馆

00711

字辨　顾雄藻编辑

上海：商务印书馆，1941.9，增订 1 版，166+49 页，32 开

上海：商务印书馆，1947.2，增订 2 版，166+49 页，32 开

上海：商务印书馆，1947.11，增订 3 版，166+49 页，32 开

上海：商务印书馆，1948.6，增订 4 版，166+

49 页，32 开

收藏单位：安徽馆、重庆馆、广东馆、广西馆、国家馆、河南馆、黑龙江馆、湖南馆、江西馆、辽大馆、辽东学院馆、南京馆、内蒙古馆、绍兴馆、首都馆、天津馆、浙江馆、中科图

00712

字辨 刘治平编

桂林：华光书店，1943.7，284 页，32 开

本书共 4 部分：字义辨正、字音辨正、字体辨正、成文词辨正。

收藏单位：重庆馆、桂林馆、湖南馆、江西馆、南京馆

00713

字辨 刘治平编

重庆：陪都书店，1944.12，284 页，32 开

重庆：陪都书店，1945.3，再版，284 页，32 开

重庆：陪都书店，1949，4 版，284 页，32 开

收藏单位：重庆馆、国家馆、内蒙古馆、首都馆

00714

字辨 刘治平编

长沙：商务印书馆，1943，40 页，50 开

本书介绍字义、字音、字体、成文词的辨正。

收藏单位：广西馆

00715

字辨补遗 杨燮酃纂辑

上海：徐亮[发行者]，1935.6，18+176 页，32 开

上海：徐亮[发行者]，1935.11，再版，18+176 页，32 开

上海：徐亮[发行者]，1936.10，3 版，18+176 页，32 开

本书为顾雄藻《字辨》一书补遗。共 10 部分。按音义相似、形声相似、形体相似、义同体异及同字异读、专名词异读等 10 种情况辨字。

收藏单位：大庆馆、贵州馆、国家馆、辽大馆、南京馆、内蒙古馆、上海馆、首都馆、天津馆、中科图

00716

字别辞典 陶友白编著

上海：三江书店，1936.9，[291] 页，32 开

上海：三江书店，1936.11，再版，[291] 页，32 开

本书共 4 编。按义别、形别、音别三种情况辨字。前有例言，后附流用俗字汇编、流用古字汇编、日用杂字汇编。

收藏单位：东北师大馆、广东馆、国家馆、湖南馆、吉林馆、南京馆、上海馆、绍兴馆、首都馆、浙江馆

00717

字别一览 李育彬编

无锡：李育彬[发行者]，1922.6，48 页，23 开

本书以表解形式辨别汉字的形音。

收藏单位：上海馆

00718

字别正编 李志遐编著

瓯海图书社，1942.4，103 页，36 开

本书收录形似字，各加注音、注释。

00719

字类辨正 朱起凤著

重庆：路明书店，1948，179 页，36 开（基本知识丛书）

本书列举字形相似易于混淆的字 500 多个，辨正音、义，指明出处与沿用。书前有部首和笔画检字表。

收藏单位：重庆馆

00720

字类辨正 朱起凤著

上海：亚细亚书局，1935.10，24+22+179 页，32 开（基本知识丛书）

收藏单位：国家馆、南京馆、上海馆、首都馆、浙江馆

00721

字类辨正　朱起凤著

上海：中国文化服务社，1936.3，再版，23+21+179 页，32 开（基本知识丛书）

　　收藏单位：重庆馆、广东馆、广西馆、国家馆、天津馆

00722

字首"不"字排检法　赵荣光编著

广州：培正中学，1935，40 页，32 开

　　收藏单位：国家馆

00723

字首"不"字排检法　赵荣光编著

澳门：培正中学圕，1940.1，84 页，32 开

澳门：培正中学圕，1940.9，再版，84 页，32 开

澳门：培正中学圕，1941.2，3 版，84 页，32 开

　　本书按照"不"字四法（一丿丨、四笔的顺序）决定一切笔画的分类和次序。

　　收藏单位：国家馆、吉林馆、南京馆、上海馆、浙江馆

00724

字首"不"字排检法　赵荣光编著

北平：燕京大学，1934，16 页，64 开

　　本书为《燕京大学图书馆报》65—66 合期抽印本。

　　收藏单位：国家馆

00725

字体明辨　谭正璧编

广州：中华书局，1938.10，162 页，32 开（国文入门必读）

昆明、广州：中华书局，1941.2，再版，162 页，32 开（国文入门必读）

上海、广州：中华书局，1947.12，162 页，25 开（中华文库初中 第 1 集）

　　本书共两编，按同字异音、同音异字两种情况辨字。

　　收藏单位：重庆馆、广东馆、桂林馆、国家馆、黑龙江馆、湖南馆、吉林馆、江西馆、

南京馆、内蒙古馆、上海馆、西南大学馆

00726

字通（识字辨正）　金偶庵编

上海：中西书局，1934.10，1 册，32 开

　　本书共 6 卷。按形体相似、同音异用、通假互用、一字数用、世俗误写、世俗误读 6 种情况辨正。

　　收藏单位：国家馆、吉林馆、南京馆、上海馆、天津馆、浙江馆

00727

综合检字法绪言　马瀛著

杭州：浙江省立图书馆，[1934]，42 页，22 开

　　本书共 3 部分：绪言、排字例言、检字例言。略述"检字法"的历史及对综合检字法的说明。

　　收藏单位：国家馆、南京馆、上海馆、天津馆

汉字改革

00728

Q.R. 步上了最后的一阶段　周辨明编著

外文题名：Internationalizing the Chinese script: last lap of Quoyu Romanization

厦门：厦门大学，1947.6，9 页，25 开

　　本书作者认为国语罗马字已经到了臻于完善的最后阶段，可以推广了。Q.R. 是"国语罗马字"的缩写。

　　收藏单位：国家馆、吉林馆

00729

八百壮士　中国国民党军事委员会后方勤务部政治部编

中国国民党军事委员会后方勤务部政治部，[1940—1949]，10 页，32 开（注音符号丛书 19）

　　本书内容包括拼音举例、注音说明及注音符号举要等。

　　收藏单位：国家馆

00730

八年抗战中国语文国际化的进展（Q.R. 1937—45） 周辨明编著

外文题名：Internationalizing the Chinese script: progress in Quokyu Romanization 1937—45

厦门：国立厦门大学文学院，1945，庆祝胜利版，1册，25开，环筒页装

本书介绍八年抗战中国语文国际化的进展、国语罗马字的方案、国语罗马字基本字汇等。书末编后附言：基本汉字的选择、中国语言文字学会章程草案。

收藏单位：国家馆、吉林馆

00731

北方话的新文字小字典 萧聪编

上海：新文字研究所、上海光明书局，1936.10，122+46页，32开

本书内容包括：北方话新文字方案概要（字母和读音、音段底构成、写法规则、大写和标点符号）、字典本文、汉字检字（从汉字检新文字的拼法）等。

收藏单位：国家馆、江西馆

00732

北方话拉丁化 清华拉丁化研究会编

北平：清华拉丁化研究会，1935，12页，32开

本书共分7部分。讲述拉丁化字母、拼音、词、用法等。

00733

北方话拉丁化方案

山东：胶东文协，1944.10，38+2页，32开（新文字理论指导丛书）

本书分4章介绍字母的发音、音段的构成、词儿的写法、话的写法。

收藏单位：国家馆、山东馆

00734

北方话拉丁化方案研究指南 王弦著

上海：新文字书店，[1939]，23页，32开

本书是对1931年发表的《北方话拉丁化方案》的通俗解说。版权页题名：北方话拉丁化研究指南。

00735

北方话拉丁化新文字拼音检字表 苏红编

上海：东方书店，1949，1册，16开

本书附北方话拉丁化新文字的简单说明。

收藏单位：国家馆、辽宁馆

00736

北方话新文字ABC 王弦编

上海：新文字书店，1936.4，18页，36开（新文字ABC丛书）

上海：新文字书店，1938.7，5版，18页，36开（新文字ABC丛书）

本书讲述拉丁化新文字的意义、北方话新文字方案、文例等。本书是拉丁化新文字的入门书。

收藏单位：国家馆

00737

北方话新文字初级讲义 张雁编

沈阳：东北新华书店，1949.8，62页，32开

本书为拉丁化新文字课本。共16课。可供教学自修两用。

收藏单位：天津馆

00738

北方话新文字发音、写法、检字、教学法 拓牧编

上海：新文字书店，1936，77页，64开

本书是拉丁化新文字的入门书，讲述拉丁化新文字的意义、北方话新文字方案、文例等。

收藏单位：广西馆

00739

北方音新文字拼音课本指导书 张雁编

沈阳：东北书店，1949.4，60页，32开

收藏单位：天津馆

00740

笔画音标（草案） 丁西林编著

出版者不详，[1911—1949]，石印本，[6]页，

16 开，环筒页装

本书以草书的汉字偏旁作为汉字音标的一种方案。

收藏单位：国家馆

00741

博明音符　陈博明著

出版者不详，1933.6，52 页，24 开

本书介绍了著者创制的一种注音符号。

收藏单位：南京馆

00742

采用"林峰新字"为振兴中国之第一捷径

林峰著

上海：林峰 [发行者]，1935.4，9 页，23 开

本书为林峰新字的宣传品。

00743

常州注音符号教本　方英观编

上海：商务印书馆，1931，11 页，32 开

收藏单位：广东馆

00744

陈氏天然拼音新字　陈振先著

陈振先 [发行者]，[1921]，石印本，34+42 页，16 开

本书为文字改革的一种方案。内容包括陈氏天然拼音新字说明及新字实习（京音粤音合璧千字文）等。共有字母 30 个，每一字母皆用一笔表示，类似速记符号。

收藏单位：重庆馆、国家馆、首都馆、天津馆

00745

初学罗马字改本

出版者不详，[1911—1949]，26 页，22 开

收藏单位：广东馆

00746

川军死守滕县　中国国民党军事委员会后方勤务部政治部编

中国国民党军事委员会后方勤务部政治部，[1940—1949]，7 页，32 开（注音符号丛书）

收藏单位：国家馆

00747

从白话文到新文字　聂绀弩著

[上海]：北新书局，1936.5，80 页，32 开（大众文化丛书 第 1 辑 第 22 种）

本书叙述提倡新文字的历史及提倡语文运动的意义。共 11 章，内容包括：文言文、方块字、语文问题、五四运动、白话文、国语统一运动、别字手头字、新文字等。

收藏单位：重庆馆、国家馆、人大馆、西南大学馆

00748

从白话文到新文字　聂绀弩著

上海：大众文化社，1936.6，80 页，36 开（大众文化丛书 第 1 辑 第 22 种）

上海：大众文化社，1936.9，再版，80 页，36 开（大众文化丛书 第 1 辑 第 22 种）

收藏单位：重庆馆、河南馆

00749

代辞字表稿　甲原著

南京：出版者不详，1948.5，油印本，58 页，16 开

收藏单位：南京馆

00750

道汉字典（袖珍）　陈瑞祺等编辑

香港：道字总社，1939.9，10+176 页，64 开

本书内容包括：道字绪言、编辑大意、检字法说明附凡例，并用"道字"检字法检字。

封面题名：道汉字典。

收藏单位：国家馆、南京馆

00751

道汉字音　陈瑞祺创编

香港：道字总社，1939.8，石印本，1 册，18 开

本书为《道汉字音》与《国音粤音字典》合刊本。内有对道字的说明。

收藏单位：国家馆、上海馆、首都馆

00752

道字初刊　陈瑞祺主编

香港：道字研究总社，1934，重版，1 册，25 开

　　"道字"是陈氏所创编的一种由声头、声尾拼成的新型文字（类似速记符号）。书中对道字图式、读法及道字对社会的意义等均作了介绍。"道字"义为顺应自然之道。

　　　　收藏单位：国家馆

00753

道字典（袖珍本）　陈瑞祺编著

香港：道字总社，1939.9，[266] 页，横 64 开

香港：道字总社，1941.4，再版，[266] 页，横 64 开

香港：道字总社，1941.9，3 版，[266] 页，横 64 开

　　本书为《道汉字音》一书中的道汉字典部分。收单字 11400 个，每字右注国音，左注粤音。道汉对照本。

　　　　收藏单位：广东馆、国家馆、吉林馆

00754

道字国音课本　陈瑞祺编著　道字总社编辑部编辑

香港：道字总社，1938.1，20 页，25 开

香港：道字总社，1938.10，4 版，20 页，25 开

　　本书包括图式、说明、拼音表、调声表及 26 课课文。

　　　　收藏单位：国家馆

00755

道字十科　陈瑞祺编著

香港：道字总社，1938.1，25 页，32 开

　　本书用道字符号表现草书、打字、手语、旗语、灯语、声语、光语、无线电语、盲人凸字、音乐，统称为"道字十科"。

　　　　收藏单位：国家馆

00756

道字粤音课本　陈子民等创作

香港：道字总社，1940，17 页，32 开

　　　　收藏单位：南京馆

00757

敌兵日记　中国国民党军事委员会后方勤务部政治部编

中国国民党军事委员会后方勤务部政治部，[1940—1949]，10 页，32 开（注音符号丛书）

　　本书为注音符号读物。

　　　　收藏单位：国家馆

00758

第七次挑选　中国国民党军事委员会后方勤务部政治部编

中国国民党军事委员会后方勤务部政治部，[1940—1949]，11 页，32 开（注音符号丛书 11）

　　本书为注音符号读物。

　　　　收藏单位：国家馆

00759

第三号注音汉字字模表　[教育部编]

上海：中华书局，1935.12，74 页，32 开

　　本书内容包括 5 部分：注音汉字字模铸造之旨趣及其经过、注音汉字之选字工作、注音汉字之推行办法、本表编例及用法、字模表。书后附同字异音表。收常用字、次常用字、备用字 5787 个，同字异体字 633 个，同字异音字 368 个。

　　　　收藏单位：重庆馆、东北师大馆、广东馆、国家馆、河南馆、黑龙江馆、吉林馆、江西馆、南京馆、内蒙古馆、上海馆、浙江馆

00760

断魂枪　老舍著　台湾省国语推行委员会编选

台北：台湾书店，1946.11，22 页，32 开（注音国语文选 2）

　　本书为注音符号读物。讲授自修适用。

　　　　收藏单位：广东馆、国家馆、吉林馆、南京馆

00761

对于台湾同胞的希望　台湾省国语推行委员会编选

台北：台湾书店，1946.11，9 页，32 开（注音国语文选 1）

本书为注音符号读物。讲授自修适用。内容是国民党台湾省行政长官对全省的广播讲话稿。

收藏单位：国家馆、南京馆

00762

发音挂图指导书　陆衣言编辑

上海：世界书局，1930.12，74 页，32 开（国语注音符号丛书）

上海：世界书局，1931.5，再版，74 页，32 开（国语注音符号丛书）

本书包括图例、各种发音挂图说明、国音音素表、国音声符表、国音拼音表、声调符号等。封面题名：国语注音符号发音图指导书。版权页题名：注音符号发音指导书。

收藏单位：国家馆、南京馆、山西馆、天津馆、西南大学馆

00763

反对拉丁化的十种"理由"　倪海曙编

上海：文化出版社，1941.8，82 页，36 开

本书搜集并整理历来反对汉字拉丁化的十种理由及对这些理由的驳复意见。本书是一份研究拉丁化问题的综合性材料。附驳复参考。

收藏单位：广东馆、国家馆

00764

放羊小好运气　中国国民党军事委员会后方勤务部政治部编

中国国民党军事委员会后方勤务部政治部，[1940—1949]，11 页，32 开（注音符号丛书）

本书为注音符号读物。

收藏单位：国家馆

00765

疯姑娘　中国国民党军事委员会后方勤务部政治部编

中国国民党军事委员会后方勤务部政治部，[1940—1949]，26 页，32 开（注音符号丛书 26）

本书为注音符号读物。

收藏单位：国家馆

00766

改良形声字　新鄦客人著

上海：新鄦客人 [发行者]，[1949]，26 页，50 开

本书为文字改革的一种建议。说明汉字不能永远不变和采用纯粹拼音方法之毛病等，主张用汉字偏旁和注音字母拼音组成一种新汉字。

收藏单位：国家馆、上海馆

00767

鸽子姑娘　中国国民党军事委员会后方勤务部政治部编

中国国民党军事委员会后方勤务部政治部，[1940—1949]，19 页，32 开（注音符号丛书）

本书为注音符号读物。

收藏单位：国家馆

00768

攻下敌人司令部　中国国民党军事委员会后方勤务部政治部编

中国国民党军事委员会后方勤务部政治部，[1940—1949]，16 页，32 开（注音符号丛书 6）

本书为注音符号读物。

收藏单位：国家馆

00769

贡献给中国的新文字　弓岚撰

上海：铭阁国语印书馆，1940.11，69 页，32 开

本书附录由汉文翻译的新文字、最后的微笑、人的分类、街上提琴、鹤的生活、乐观，以及中华新文字常用字词汇的样页。

收藏单位：南京馆

00770

关于注音符号的几个问题　中国国民党军事委员会后方勤务部政治部编

出版者不详，[1937—1945]，102 页，32 开

收藏单位：南京馆

00771

关于注音符号的几句话　蔡苏娟著

上海：基督教提倡注音符号委员会，[1911—1949]，84+14页，50开

　　本书作者口述自己推广注音符号教育基本工作的情形。附注音符号简易教授法举例。

　　收藏单位：重庆馆

00772

桂林话拉丁化写法方案　广西留日同学会新文字促进会编

[广西留日同学会新文字促进会]，[1935—1936]，油印本，1册，13开

　　本书包括开头的话、字母和发音、音段的构成等内容。

　　收藏单位：桂林馆

00773

国民政府推行注音符号述略　教育部国语统一筹备委员会编

北平：教育部国语统一筹备委员会，1931.8，44页，32开

　　本书收国民政府关于注音符号的重要法令文件5篇：国民政府训令行政院文（1930年4月）、教育部注音符号推行委员会规程（1930年5月）、第二次全国教育会议议决案、教育部制定各省市县推行注音符号办法（1930年7月）、北平市推行注音符号办法建议案（1931年4月）。

　　收藏单位：重庆馆、广东馆、广西馆、国家馆、湖南馆、南京馆、首都馆、浙江馆

00774

国音符号课本　贝嵩思编

汉口：中国基督圣教书会，1939，30页，32开

　　全书用注音符号编写。

　　收藏单位：国家馆

00775

国音统一字母音谱（普通官话）　廖宇春编

北京：东华印书局，1917.3，1册，32开，环筒页装

本书为文字改革的一种方案。作者取汉字偏旁自创字母48个，即母音、父音各24个。母音读促音，父音读长音，两字相切成一音，以北京语音为准。

　　收藏单位：国家馆

00776

国音新教本教授书　章寿栋编

上海：商务印书馆，1931，订正3版，141页，50开

　　收藏单位：广东馆

00777

国音新浅说　范祥善等编

外文题名：A new first course of Chinese phonetics

上海：商务印书馆，1924.1，47页，42开

上海：商务印书馆，1924.8，2版，47页，42开

上海：商务印书馆，1930.4，4版，47页，42开

　　本书共8章。略说国音和国音字母的用处、国音字母的分类、声母韵母发音的部位、五声及注音练习等。

　　收藏单位：广东馆、国家馆、河南馆、南京馆、上海馆、天津馆

00778

国音指南（下册）　陆文德　王国基编辑

上海：广益书局，1924，再版，60页，32开

　　本书通俗适用。

　　收藏单位：河南馆、西南大学馆

00779

国音注音便读　赫永襄著

汉口：协和书局，1920，18+12页，25开

　　收藏单位：广东馆

00780

国音注音符号讲义　李正开编

南昌：艺文书社，1936.8，84页，32开

　　收藏单位：南京馆

00781

国音自习法 张铁珊编

上海：新文学研究社，1920.5，48 页，42 开

上海：新文学研究社，1924.3，5 版，48 页，42 开

本书内容包括国音释义、注音字母释义、音类说明以及声母、介母、韵母的用法等。末附国音和罗马字拼音对照表。

收藏单位：广东馆、国家馆、上海馆

00782

国音字母 教育部国语统一筹备委员会编

教育部国语统一筹备委员会，[1934]，1 页，26×54cm

收藏单位：国家馆

00783

国音字母便读歌诀 马体乾编著

北平：出版者不详，1929.10，19 页，18 开

本书包括注音字母歌诀 6 首、小体字母歌诀 3 首、罗马字母歌诀 2 首、文言部标歌诀 4 首、传习歌诀 1 首（附字母拼音全谱六表）。

收藏单位：国家馆

00784

国音字母标准体式 蒋镜芙编

上海：中华书局，1936.6，50 页，32 开（初中学生文库）

上海：中华书局，1941.1，3 版，50 页，32 开（初中学生文库）

本书包括国音字母的两式、注音符号的体式、国语罗马字母的体式及词类连书的方法等。

收藏单位：重庆馆、广西馆、贵州馆、黑龙江馆、吉林馆、江西馆、南京馆、内蒙古馆

00785

国音字母排版法 刘善董编

上海：中华书局，1926.3，45 页，32 开

本书介绍国音字母图板制造、国音各字的排法及图板装置图等。封面题名：国音字母排板法。

收藏单位：河南馆

00786

国音字母习字范本 董文编

上海：中华书局，1924.7，46 页，横 23 开

收藏单位：南京馆、上海馆

00787

国音字母演进史 罗常培著

上海：商务印书馆，1934.9，80 页，32 开

上海：商务印书馆，1947.2，4 版，80 页，32 开（新中学文库）

上海：商务印书馆，1948.2，5 版，80 页，32 开（新中学文库）

本书分国音字母之发端、国语罗马字之演进、注音符号之演进 3 部分。

收藏单位：安徽馆、重庆馆、东北师大馆、广东馆、广西馆、桂林馆、国家馆、河南馆、黑龙江馆、湖南馆、江西馆、辽宁馆、南京馆、内蒙古馆、上海馆、首都馆、浙江馆

00788

国语标准音注读简捷法 吴稚晖编著

重庆：教育部国语推行委员会，1944.3，24 页，32 开

收藏单位：南京馆

00789

国语发音图解 张铁珊编

上海：大东书局，1924.6，3 版，44 页，48 开

本书为注音字母发音图解。

收藏单位：江西馆、浙江馆

00790

国语罗马字 后觉编

上海：全国国语教育促进会，1927.5，30 页，32 开（全国国语教育促进会丛书）

本书讲述国语罗马字的产生略史以及字母、声调、拼法等。版权页责任者题：郭后觉。

00791

国语罗马字　蒋镜芙编

上海：中华书局，1936.6，51 页，32 开（初中学生文库）

上海：中华书局，1937.2，再版，51 页，32 开（初中学生文库）

上海：中华书局，1941.1，4 版，51 页，32 开（初中学生文库）

　　本书介绍国语罗马字的历史、字母、拼法和应用等。

　　收藏单位：重庆馆、贵州馆、黑龙江馆、吉林馆、江西馆、南京馆、内蒙古馆、天津馆、浙江馆

00792

国语罗马字　黎维岳编

上海：世界书局，1930.11，84 页，32 开（国语注音符号丛书）

上海：世界书局，1931.3，再版，84 页，32 开（国语注音符号丛书）

　　本书内容包括 7 部分：总论、字母、音调、分系拼音、词类连书、文字举例、简写。

　　收藏单位：广东馆、广西馆、国家馆、南京馆、山西馆、首都馆、西南大学馆、浙江馆、中科图

00793

国语罗马字　齐铁恨编

上海：商务印书馆，1930.12，39 页，32 开

上海：商务印书馆，1933，国难后 1 版，39 页，32 开

　　本书分国语罗马字拼音法式、单字音全表、实用文选等 6 部分。

　　收藏单位：重庆馆、广东馆、国家馆、辽宁馆、浙江馆、中科图

00794

国语罗马字常用字表　赵元任编

北平：文化学社，1930.6，12+38 页，16 开

　　本表按罗马字母顺序排列。国语罗马字与同音汉字对照。

　　收藏单位：东北师大馆、广东馆、国家馆、吉林馆、南京馆、首都馆、西南大学馆、中科图

00795

国语罗马字初步（华巫注解）　林耀真编译

泗水：林耀真 [发行者]，1941.7，1 册，25 开

　　本书包括编译例话、国语罗马字名称、声母韵母表、词汇等。附录公布两式国音字母的令、国语罗马字拼法一览表等。

　　收藏单位：国家馆

00796

国语罗马字初步讲义　李仲吟著

天津：华洋书庄，1933.9，22+142 页，32 开（中华民国国语罗马字促进会天津分会丛书）

　　本书包括字母、音的两部分、标点符号等 14 章。书前有著者的《写这本小书的大意》，介绍国语罗马字。书末附《我们为什么提倡国语罗马字》及国音全韵表和说明。

　　收藏单位：国家馆

00797

国语罗马字公布经过述略　教育部国语统一筹备委员会编辑

北平：教育部国语统一筹备委员会，1931.8，20 页，16 开

　　本书讲述公布以前的略史（明末至 1923 年），内有"教育部国语统一筹备会会员钱玄同提议请组织国语罗马字委员会案"；第一次公布（1924—1927 年）、第二次公布（1928—1931 年）情况，介绍"教育部国语统一筹备会布告""中华民国大学院第十七号布告"等材料。

　　收藏单位：重庆馆、桂林馆、国家馆、南京馆、上海馆、首都馆、浙江馆、中科图

00798

国语罗马字国语模范读本（首册）　黎锦熙编

上海：中华书局，1930，4 版，[50] 页，25 开

上海：中华书局，1931，5 版，[88] 页，32 开

　　本书附词汇表、拼音法等。全书 5 册，其他册未见。

　　收藏单位：广西馆、国家馆、吉林馆、西南大学馆

00799

国语罗马字国语新会话　林武　陈朗秋　林剑虹编

广州：培英印务公司，1930.8，1 册，22 开

广州：培英印务公司，1930，再版，1 册，22 开

本书介绍罗马字拼写的学习方法。

收藏单位：广东馆、浙江馆

00800

国语罗马字基本字汇　周辨明编

厦门：国立厦门大学语文学系，1937，[129] 页，32 开

本书附标准语罗马字辞汇初稿。

00801

国语罗马字讲义（注音符号第二式）　张德良编

出版者不详，1937，26 页，32 开（国语讲义第 2 种）

收藏单位：广东馆

00802

国语罗马字讲座　萧迪忱著

济南：中国新文字先锋队，1935，153 页，32 开

本书共 23 讲，讲授什么是罗马字母、字母和发音、基本章韵的结构、声调的分类与拼法写法、大写字母的用法、句子的主要成分等。自修教学两用。

收藏单位：重庆馆

00803

国语罗马字拼音法普通教本　郭遵贤编

上海：商务印书馆，1934.11，27 页，32 开

上海：商务印书馆，1935.4，再版，27 页，32 开

本书主要以注音符号作对照，共 20 时。附录轻声、入声、卷舌韵。

收藏单位：东北师大馆、广东馆、广西馆、国家馆、河南馆、南京馆、西南大学馆、浙江馆、中科图

00804

国语罗马字拼音法式（国音字母第二式）　国语统一筹备会编制

国语统一筹备会，1926.11，12 页，24 开

1926 年 9 月罗马字母拼音研究委员会通过了国语罗马字拼音法式。本书将其重要图表加以注释。内容包括字母、声调拼法、拼法举例等。

收藏单位：上海馆、中科图

00805

国语罗马字拼音法式修正方案　李钟灏著

广东省教育厅及三水县教育局，1936，19 页，32 开

本书卷端题名：新文字写法方案（国语罗马字 拼音法式修正方案）。

00806

国语罗马字入门　萧迪忱著

北平：国语罗马字促进会，1932.8，6+14+79 页，32 开（国语罗马字促进会丛书）

本书共 8 章：字母、声母、韵母、声调、声调的拼法、认声调法、词类连书、标点符号及大写字母的用法。附录国语罗马字举例。

收藏单位：广西馆、国家馆、首都馆、浙江馆

00807

国语罗马字声调拼法表（国音字母第二式）
国语周刊社编制

上海：商务印书馆，1936.1，6 页，16 开

本书封面题名：国音字母第二式国语罗马字声调拼法表。

收藏单位：东北师大馆、国家馆、南京馆

00808

国语罗马字使用法　陆衣言编

上海：中华书局，1930.5，86 页，32 开（新国音丛书）

上海：中华书局，1930.9，3 版，86 页，32 开（新国音丛书）

上海：中华书局，1931.7，4 版，86 页，32 开（标准国音丛书）

上海：中华书局，1934.8，5 版，86 页，32 开（标准国音丛书）

本书共 7 章。根据民国政府大学院颁布的"国语罗马字拼音法式"编订。介绍国语罗马字的来历及功用，举例说明读法、拼音法式、词类连书条例、重字写法及卷舌韵和方音的拼法等。书末附姓氏的拼音法式 507 个。

收藏单位：重庆馆、广东馆、广西馆、国家馆、黑龙江馆、湖南馆、江西馆、辽大馆、南京馆、内蒙古馆、天津馆、西南大学馆、浙江馆

00809

国语罗马字新读本　周辨明　黄典诚编写

国立厦门大学，1939，21+19+10+129 页，32 开，环筒页装

本书内容包括：王璞的模范语、赵元任的国语留声机片课本、高本汉的国语读本、杂文等。

00810

国语罗马字疑问解答　王玉川著

济南：国语罗马字促进会，1935.1，70 页，32 开（国语罗马字促进会丛书）

本书收集的问题都是山东济南师范国语罗马字讲习班的学生提出来的，共分成 13 类。

收藏单位：重庆馆

00811

国语罗马字与威妥玛式拼法对照表　赵元任编

外文题名：An equivalence table between the national Romanization and the Wade system

北平：文化学社，1930.7，35 页，16 开

本书为国语罗马字拼音法式与威式拼法的对照。

收藏单位：重庆馆、广东馆、国家馆、吉林馆、南京馆、首都馆

00812

国语拼音词汇（连写·定型·注调·分部）

林汉达主编　齐铁恨注音

上海：世界书局，1944.8，39+19+503 页，32 开，精装

上海：世界书局，1947.10，再版，39+19+503 页，32 开，精装

本书收词 3 万多，每词用拉丁化新文字连写、定型、注调。按汉字笔画检索。主编原题：林迭肯。

收藏单位：重庆馆、国家馆、江西馆、首都馆、西南大学馆

00813

国语拼音课本　林汉达编著

上海：世界书局，[1931—1939]，16 页，32 开

本书为国语罗马字课本。主要内容为拼音方案和拼音练习等。编著者原题：林迭肯。

收藏单位：国家馆、南京馆

00814

国语拼音字拼写法式（国语罗马字修正式）

杜子劲写

杜子劲 [发行者]，1944.4，石印本，9 叶，22 开，环筒页装

本书共 6 部分：简说、字母、拼法、写法、举例、附录。

收藏单位：国家馆

00815

国语速通法　何慧僧著

上海：教育图书馆，1921.7，112 页，32 开

本书内容包括：字母练习、拼音练习、会话练习、吟唱诗歌练习等。

收藏单位：河南馆、浙江馆

00816

国语新文字论　黎锦熙撰

北平师范大学，[1949]，72 页，16 开

本书为《师大文史丛刊》第 1 期抽印本。论述中国文字改革是属于国语的、国语新文字究竟要采用何种字母、汉字存废问题、汉字处理办法、标准语与方言、少数民族的各种语文等。

收藏单位：东北师大馆、国家馆、吉林馆、内蒙古馆、首都馆

00817

国语新游艺　后觉编著

上海：中华书局，1925.11，59 页，36 开（国语小丛书 4）

上海：中华书局，1927.5，再版，59 页，36 开（国语小丛书 4）

　　本书前编主要说明什么是国语游艺、游戏语、国语游艺的效用、国语游艺的知能、国语游艺的类别等；后编介绍了 9 种帮助学习国语和注音字母的游戏。

　　收藏单位：广西馆、河南馆、内蒙古馆

00818

国语一月通　魏冰心编

上海：世界书局，1935.3，176 页，36 开

上海：世界书局，1941.4，新 4 版，176 页，36 开

上海：世界书局，1947.11，新 5 版，176 页，36 开

　　本书内容包括字母练习、拼音练习、词类和会话练习、会话演说和吟唱诗歌练习等。

　　收藏单位：国家馆、湖南馆、南京馆、天津馆、浙江馆

00819

国语游戏　江仲琼编　陆衣言校订

上海：世界书局，1930.9，64 页，32 开（国语注音符号丛书）

上海：世界书局，1931.1，再版，64 页，32 开（国语注音符号丛书）

　　本书介绍的游戏方法包括：拼音竞赛盘、拼音方木、拼音木牌、预知盘、注音符号牌、八卦仙等。用以学习注音字母的读音与拼音。

　　收藏单位：广西馆、国家馆、河南馆、南京馆、山西馆、天津馆

00820

国语运动　黎锦熙编

外文题名：The national dialect movement

上海：商务印书馆，1933.12，190 页，32 开（百科小丛书）（万有文库 第 1 集 0375）

上海：商务印书馆，1934.1，190 页，32 开（百科小丛书）

　　本书叙述切音、简字、注音字母、国语罗马字等各个推动时期的历史。

　　收藏单位：安徽馆、重庆馆、大理馆、大连馆、东北师大馆、广西馆、贵州馆、国家馆、黑龙江馆、湖南馆、江西馆、辽大馆、辽师大馆、内蒙古馆、宁夏馆、上海馆、天津馆、浙江馆

00821

国语运动史纲　黎锦熙著

上海：商务印书馆，1934.12，[137]+425+20 页，32 开

上海：商务印书馆，1935.1，再版，[137]+425+20 页，32 开

长沙：商务印书馆，1940.2，3 版，2 册，32 开

　　本书共 4 卷。按切音运动时期、简字运动时期、注音字母与新文学联合运动时期、国语罗马字与注音符号推进运动时期四个阶段叙述国语运动发展情况。书前序言中论述了大众语、大众语文及大众语文学。书后附教育法令分类索引及引用的重要论文函犊索引。

　　收藏单位：安徽馆、重庆馆、东北师大馆、广东馆、贵州馆、桂林馆、国家馆、河南馆、湖南馆、江西馆、辽大馆、辽东学院馆、辽宁馆、辽师大馆、南京馆、内蒙古馆、山西馆、上海馆、首都馆、天津馆

00822

国语注音符号　儿童编译所编

上海：儿童书店，1946，36 页，32 开

　　收藏单位：广西馆

00823

国语注音符号　蒋镜芙编

上海：中华书局，1935.6，56 页，32 开（初中学生文库）

上海：中华书局，1937.4，56 页，32 开（小学教员检定丛刊）

上海：中华书局，1937.7，再版，56 页，32 开（小学教员检定丛刊）

上海：中华书局，1941，4 版，56 页，32 开（小学教员检定丛刊）

昆明：中华书局，1941，5 版，56 页，32 开
（初中学生文库）

上海：中华书局，1947.12，56 页，25 开（中
华文库 初中 第 1 集）

本书分 8 节介绍注音符号小史，注音符号，注音符号发音法，注音符号拼音法、拼音练习，单字音声调读法、声调练习，注音符号书写法，注音符号推行法，注音符号使用法。为《国语注音符号新教本》一书的改排本。

收藏单位：重庆馆、广东馆、广西馆、桂林馆、国家馆、黑龙江馆、湖南馆、吉林馆、江西馆、南京馆、内蒙古馆、上海馆、首都馆、天津馆、西南大学馆

00824

国语注音符号　王鸿文主编

上海：儿童书局，1946，10 版，36 页，36 开

本书共 11 章，采用分课编制，说明国语注音符号的读音、拼音及注音的方法。初学者教本及自修适用。

收藏单位：重庆馆、广东馆

00825

国语注音符号发音法　陆衣言编

上海：中华书局，1930.7，92 页，36 开（新国音丛书）

上海：中华书局，1930.9，再版，92 页，36 开（新国音丛书）

上海：中华书局，1931.3，4 版，92 页，36 开（新国音丛书）

上海：中华书局，1931.9，6 版，92 页，36 开（标准国音丛书）

上海：中华书局，1932.8，7 版，92 页，36 开（标准国音丛书）

上海：中华书局，1934.4，8 版，92 页，36 开（新国音丛书）

上海：中华书局，1937.2，9 版，92 页，36 开（新国音丛书）

上海：中华书局，1937.4，10 版，92 页，36 开（新国音丛书）

上海：中华书局，1940.6，12 版，92 页，36 开（新国音丛书）

上海：中华书局，1940.6，13 版，92 页，36 开（新国音丛书）

本书共 8 章：总论、声符的发音法、韵符的发音法、结合韵符的发音法、拼音、音调、拼音和音调表、结论。附入声字的变调、入声字变调表的说明、入声字音索引、入声字变调表。

收藏单位：重庆馆、广东馆、广西馆、国家馆、江西馆、内蒙古馆、山西馆、上海馆、天津馆、西南大学馆

00826

国语注音符号发音指南　马国英编

上海：商务印书馆，1931.5，62 页，32 开

上海：商务印书馆，1934，国难后 1 版，62 页，32 开

上海：商务印书馆，1935，国难后 2 版，62 页，32 开

本书共 8 章。概述注音符号的音源、类别，介绍字母发音、音调拼音及练习法等。

收藏单位：重庆馆、东北师大馆、广东馆、广西馆、国家馆、湖南馆、吉林馆、江西馆、南京馆、上海馆、浙江馆

00827

国语注音符号讲习课本　陆衣言编

上海：中华书局，1930.12，62 页，36 开（标准国音丛书）

上海：中华书局，1931.4，再版，62 页，36 开（标准国音丛书）

上海：中华书局，1931.11，3 版，62 页，36 开（标准国音丛书）

上海：中华书局，1932.10，4 版，62 页，36 开（标准国音丛书）

上海：中华书局，1936.2，8 版，62 页，36 开（标准国音丛书）

上海：中华书局，1937.2，9 版，62 页，36 开（标准国音丛书）

本书讲述注音符号的定义、种类、功用、要素以及声符、韵符、结合韵符、声调、拼音及应用等。

收藏单位：重庆馆、广东馆、桂林馆、国家馆、黑龙江馆、湖南馆、江西馆、南京馆、

天津馆、浙江馆

00828

国语注音符号讲义　马国英编

上海：商务印书馆，1931.2，石印本，52 页，32 开

上海：商务印书馆，1933.9，国难后 1 版，石印本，52 页，32 开

长沙：商务印书馆，1940.6，国难后 2 版，石印本，52 页，32 开

本书共 8 讲。主要说明国语注音符号的发音，音调和拼音以及注音符号的使用法。后附拼音一览表。

收藏单位：重庆馆、广东馆、国家馆、南京馆、西南大学馆

00829

国语注音符号教程　尹棣编

广州：自由出版社，1946.12，40 页，36 开

广州：自由出版社，1949.2，9 版，40 页，36 开

本书主要内容包括：发音机关的说明、声符和韵符及结合韵符的拼音练习、声调、常用词类练习、会话练习等。

00830

国语注音符号拼音法　杨春芳编

上海：儿童书局，1936.5，115 页，32 开

上海：儿童书局，1938.3，再版，115 页，32 开

上海：儿童书局，1946，再版，115 页，32 开

上海：儿童书局，1947.2，10 版，115 页，32 开

本书共 4 章：概论、国语注音符号读音法、练习声符和韵符互拼及声调的表示、国语注音符号和汉字互译的练习。附录国音注出的中国各地方言差异比较表。教科自修两用。

收藏单位：安徽馆、重庆馆、广东馆、广西馆、国家馆、湖南馆、南京馆、首都馆

00831

国语注音符号浅说　陆衣言编　方毅校

外文题名：Explanatory notes on phonetic symbols used in Chinese national language

上海：商务印书馆，1931.1，石印本，57 页，32 开

上海：商务印书馆，1935.5，2 版，石印本，57 页，32 开

本书分 6 章讲述国语注音符号的定义、功用及历史，符号、拼音、声调、体式及实例。

收藏单位：重庆馆、国家馆、河南馆、湖南馆、南京馆、山西馆

00832

国语注音符号使用法　陆衣言编

上海：中华书局，1930.10，82 页，36 开（标准国音丛书）

上海：中华书局，1931.4，再版，82 页，36 开（标准国音丛书）

上海：中华书局，1931.8，3 版，82 页，36 开（标准国音丛书）

上海：中华书局，1932.9，4 版，82 页，36 开（标准国音丛书）

上海：中华书局，1936.12，5 版，82 页，36 开（标准国音丛书）

本书分 10 章讲述国语注音符号的历史和应用，国语注音符号的读法，拼音注音的方法，音调的种类、读法、符号以及标准国音的各种发音和练习等。供初学国语注音符号的人研习参考之用。

收藏单位：重庆馆、广东馆、广西馆、湖南馆、江西馆、上海馆、天津馆

00833

国语注音符号新教本　蒋镜芙编

上海：中华书局，1930.8，64 页，50 开

上海：中华书局，1931.2，再版，64 页，50 开

上海：中华书局，1931，3 版，64 页，50 开

上海：中华书局，1931.8，4 版，64 页，50 开

上海：中华书局，1936.12，12 版，64 页，50 开

上海：中华书局，1938，14 版，64 页，50 开

上海：中华书局，1939.8，15 版，64 页，50

开

本书分 8 部分讲述注音符号小史、注音符号的发音、拼音法、声调、写法、用法、推行法等。

收藏单位：重庆馆、广西馆、国家馆、黑龙江馆、湖南馆、江西馆、南京馆、内蒙古馆、上海馆、浙江馆

00834

国语注音罗马字拼音法程　李培元编著

北平：东北问题研究会，1933.12，82 页，32 开

本书分上下两编。上编包括罗马字注音符号之沿革、罗马字标音与各种音标之关系、罗马字母发音法式、声母与各种结合韵母之拼合等 6 章；下编包括普通声母与各种韵母之结合、特别声母与韵母之结合两章。

收藏单位：国家馆

00835

国字整理发扬的途径　张公辉著

台北：台湾评论社，1946.7，61 页，32 开

本书分 6 章叙述国字整理的重要性、改革方案、国字的研究、整理的途径及将来的发展方向等。提出一种用"注音字"为汉字注音的汉字改革方案。即以常用易识的 411 个字标注其他同音字的方法。

收藏单位：重庆馆、黑龙江馆、南京馆

00836

汉字改革　王了一著

长沙：文史丛书编辑部，1940.12，118 页，32 开（文史丛书 25）

长沙：文史丛书编辑部，1941，再版，118 页，32 开（文史丛书 25）

本书共 3 部分：总论、拼音字所引起的问题、改革的方案。主要探讨汉字改革的利弊关系等。

收藏单位：重庆馆、广东馆、贵州馆、桂林馆、国家馆、湖南馆、江西馆、南京馆

00837

汉字改革论文选　萧迪忱编

济南：山东省立民众教育馆，1935.11，160 页，32 开（新文字先锋队丛书 第 1 种）

本书收论文 10 篇，包括《为什么要提倡国语罗马字？》（钱玄同）、《历史的汉字改革论》（钱玄同）、《条驳反对中国改用拼音文字的谬论》（钱玄同）、《汉字的进化——由衍形倾向衍声》（伯潜）、《中国文字必须改用罗马字母拼音》（嵩山）、《反对罗马字的十大疑问》（赵元任）、《全国国语运动大会宣言》（黎锦熙）、《国语罗马字公布经过述略》（黎锦熙）、《国语罗马字拼音与科学方法》（林语堂）等。附录国语罗马字音节分韵表。

收藏单位：重庆馆、国家馆、浙江馆

00838

红旗及其他（新旧文字对照）　林汉达编译

上海：世界书局，1949.8，185 页，32 开

本书为用拉丁化新文字注音的短篇故事集。收东北解放区故事 10 篇。封面题名：红旗。

收藏单位：东北师大馆、广东馆、国家馆、江西馆、南京馆、内蒙古馆

00839

华威先生　张天翼著　何欣　林式鉴选注

新民印书馆，1947.1，30 页，32 开（国语文学名著选）

本书为注音符号读物。

收藏单位：国家馆、南京馆

00840

建设的"大众语"文学（国语运动史纲序）
黎锦熙编

国语统一筹备委员会中国大辞典编纂处，1934.10，77 页，16 开

收藏单位：东北师大馆、国家馆、南京馆、上海馆、首都馆

00841

建设的"大众语"文学（国语运动史纲序）
黎锦熙编

上海：商务印书馆，1936.3，117 页，32 开

上海：商务印书馆，1940.2，再版，117 页，32 开

重庆：商务印书馆，1944.3，渝 1 版，87 页，36 开

本书原系《国语运动史纲》一书的序。分论"大众语"、论"大众语文"、论"大众语"文学 3 部分。

收藏单位：重庆馆、东北师大馆、广东馆、贵州馆、国家馆、河南馆、黑龙江馆、湖南馆、吉林馆、江西馆、南京馆、上海馆、首都馆、西南大学馆、中科图

00842

江南话新文字课本 王宏编

上海：新文字书店，1938.9，29 页，32 开

上海：新文字书店，1939.6，再版，29 页，32 开

本书为知识分子初学用书。

收藏单位：上海馆

00843

江南话新文字五分钟 上海新文字研究会编

上海：新文字书店，[1911—1949]，8 页，64 开

本书用拉丁化新文字拼写江南话。介绍了说话和文字、说话的声音、声音的符号及用法、读法、写法。

收藏单位：国家馆

00844

教育部最近推行注音汉字述略 黎锦熙著

黎锦熙 [发行者]，[1936]，12 页，16 开

本书概述当时教育部根据著者的提案推行注音汉字的前后经过。

收藏单位：国家馆

00845

解放黑奴的林肯（新文字连环图画） 陈鹤琴
邢舜田编

上海：世界书局，1939.2，12 页，32 开

本书说明文字为汉字与拉丁化新文字对照。

00846

喀那注音定式（中国北京语） 曾彝进著

北京：曾彝进 [发行者]，1942.8，56 页，16 开（默识斋丛稿 5）

本书介绍用日文假名给汉字注音的定式。

收藏单位：中科图

00847

抗战两年收获 中国国民党军事委员会后方勤务部政治部编

中国国民党军事委员会后方勤务部政治部，[1940—1949]，[15] 页，32 开（注音符号丛书 14）

本书为注音符号读物。

收藏单位：国家馆

00848

抗战诗歌 中国国民党军事委员会后方勤务部政治部编

中国国民党军事委员会后方勤务部政治部，[1940—1949]，14 页，32 开（注音符号丛书 43）

本书为注音符号读物。

收藏单位：国家馆、南京馆

00849

拉丁化概论 叶籁士著

上海：天马书店，1935.7，83 页，32 开（天马丛书 1）

广州：天马书店，1938.3，重版，83 页，32 开（天马丛书 1）

本书分理论与写法两编。讲述汉字的改造运动、从方言到统一语，以及字母、发音、词的写法、标点符号的用法等。

收藏单位：重庆馆、广东馆、贵州馆、国家馆、湖南馆、江西馆、南京馆、内蒙古馆、浙江馆

00850

拉丁化检字 武汉中国字拉丁化研究会编

武汉：武汉中国字拉丁化研究会，1938.7，37 页，64 开

本书据《拉丁化检字》（应人编）中的第一部分编成，由拉丁化检汉字。按拉丁化新文字字母顺序编排。

收藏单位：国家馆

00851
拉丁化检字 应人编
上海：天马书店，1935.9，131 页，32 开（天马丛书 3）

　　本书包括拉丁化与汉字互检两种方法，前者按拉丁化字母表次序编排，后者按汉字部首编排。

　　收藏单位：广东馆、国家馆、辽大馆、内蒙古馆、上海馆

00852
拉丁化课本 叶籁士著
上海：天马书店，1935.6，107 页，32 开（天马丛书 2）

　　本书分字母、文选、课外讲话 3 部分。详细说明了字母的发音并收入诗歌、书信、新闻、论文等各种体裁的文章。

　　收藏单位：重庆馆、广东馆、国家馆、吉林馆、绍兴馆

00853
拉丁化呢？国语罗马字呢？ 周辨明著
外文题名：The alphabetization of Chinese : shall it be Latinxua or Quoyu Romatzyh?
厦门：厦门大学语言学系，1936.7，24 页，32 开

　　本书通过拉丁化与国语罗马字二者间的比较，论述主张采用国语罗马字的理由。拉丁化与国语罗马字学者都主张采用罗马字母拼写新文字，其不同之处主要为拉丁化学者主张不必统一注音，先制成各地方言拉丁化文字，而国语罗马字学者则主张统一国语注音，即选定北京音为标准；拉丁化不要声调，而国语罗马字则必须注声调等。

　　收藏单位：国家馆

00854
拉丁化拼法 辽北省教育厅编
四平：辽北省教育厅，1948.3，石印本，[13] 页，32 开

　　本书前有字母表，后附复合韵母表。

00855
拉丁化新文字概论 倪海曙编
上海：时代出版社，1948.8，243 页，32 开

　　本书分 12 部分论述语言发展的三个阶段、西洋表音文字的产生和发展、中国文字的演变、中国记音方法的演进、中国拼音文字运动的意义、中国拼音文字运动简史及拉丁化中国字的字母和拼法等。书末附《答复美国 John de Francis 君关于中国文字改革问题》等 4 篇。

　　收藏单位：重庆馆、东北师大馆、国家馆、江西馆、辽宁馆、南京馆、内蒙古馆、首都馆、天津馆

00856
拉丁化新文字"国语"课本
[香港]：出版者不详，1948，32 页，32 开
　　收藏单位：广东馆

00857
拉丁化研究 长沙新文字教育促进会编
长沙：长沙新文字教育促进会，1938，32 页，32 开
　　收藏单位：南京馆

00858
拉丁化中国字运动新纲领草案 上海新文字研究会编
上海：上海新文字研究会，[1939]，13 页，42 开

　　本草案在 1939 年 7 月 12 日上海新文字研究会第三次研究委员会上通过。阐述了推行拉丁化拼音汉字运动的理由。

　　收藏单位：国家馆

00859
林峰新字 林峰著
上海：林峰书屋，[1931]，44 页，25 开

　　本书介绍作者创编的一种新形文字。新字有 76 个字母，50 个部首，统称为字种。错综配合可拼成汉字。书中除论新字构造、音

种外，还有文字史略、六书略论等。

收藏单位：国家馆、浙江馆

00860

林峰字典　林峰编

上海：林峰书屋，[1934]，582 页，32 开

　　本书以编者创造的"新字"编订。按音序编排。有反切及罗马字注音。

收藏单位：国家馆、吉林馆、南京馆、上海馆

00861

罗马字母缀法字典　教育联合会编

北平：教育联合会，1934，96 页，22 开

　　本书收字 5000 多个，按部首编排。每字下用罗马字母注音，并介绍用罗马字母拼写汉字的方法。

收藏单位：国家馆、内蒙古馆、首都馆

00862

满洲国语音标　语学研究所编

长春：语学研究所，[1939]，23 页，横 16 开（语学研究所国语研究资料 第 1 辑）

　　本书介绍一种以日文假名拼读汉字的拼音方法。书末有此法拼读的应用文例。

00863

毛二老虎　中国国民党军事委员会后方勤务部政治部编

中国国民党军事委员会后方勤务部政治部，[1940—1949]，17 页，32 开（注音符号丛书 21）

　　本书正文用注音符号拼写。后有拼音举例、注音符号举要等。

收藏单位：国家馆

00864

没难事　中国国民党军事委员会后方勤务部政治部编

中国国民党军事委员会后方勤务部政治部，[1940—1949]，20 页，32 开（注音符号丛书 1）

　　本书正文全部用注音符号拼写，内容均

为供士兵阅读的小故事。

收藏单位：国家馆

00865

女看护　中国国民党军事委员会后方勤务部政治部编

中国国民党军事委员会后方勤务部政治部，[1940—1949]，20 页，32 开（注音符号丛书 2）

　　本书为注音符号读物。

收藏单位：国家馆

00866

普通课本

北京：注音字母书报社，[1911—1928]，石印本，16 页，32 开，环筒页装

　　本书为注音字母课本。

00867

千字文（林峰新字）　林峰著

上海：林峰书屋，1935.6，42 页，32 开

收藏单位：国家馆

00868

千字音（一名，立体千字文）　曾彝进著

北京：曾彝进 [发行者]，1941.10，39 页，16 开（默识斋丛稿 3）

　　本书介绍著者创编的一种汉字标音和读音法。

收藏单位：国家馆、南京馆、上海馆

00869

前驱国语罗马字标准国语教本　前驱国语社编著

厦门：厦门大学文学院语言学系，1935.9，68 页，16 开

　　本书内容包括：国语罗马字法式说明、日常口头语、应用会话。

收藏单位：上海馆

00870

琴语　蒋镜芙著

上海：中华书局，1924.6，42 页，36 开（国

语小丛书1）

上海：中华书局，1929.9，2 版，42 页，36 开（国语小丛书 1）

　　本书介绍琴语和国语、琴语的基本知识、乐音符号的支配、基本符号、标点符号、规则符号等。

　　收藏单位：广西馆、黑龙江馆、南京馆、上海馆

00871

青岛市推行注音符号概况　青岛市教育局编

青岛市教育局，[1931]，44 页，22 开

　　本书包括 4 篇论文、法规（青岛市教育局注音符号推行委员会规程、办事细则、注音符号实施方案等）、工作概况、附载 4 部分内容。

　　收藏单位：国家馆

00872

全球五音字母　李澄祥编

李澄祥 [发行者]，[1911—1949]，石印本，1 册，32 开，精装

　　本书根据我国及各国通行的语音，创编中外字形结合、可读出五音的 50 个字母，拼合后可表达汉字字意。是一种新的世界语尝试，故书名有"全球"二字。

　　收藏单位：国家馆

00873

日本兵在芦沟桥　中国国民党军事委员会后方勤务部政治部编

中国国民党军事委员会后方勤务部政治部，[1940—1945]，9 页，32 开（注音符号丛书 16）

　　本书正文用注音符号拼写。后有拼音举例、注音符号举要等。

　　收藏单位：国家馆

00874

瑞祺学说　陈瑞祺著

香港：道字总社，1938，131 页，25 开

　　本书为推广"道字"而刊印的道汉对照读物，内容为阐述作者对社会的见解。

　　收藏单位：国家馆、黑龙江馆、上海馆

00875

三颗手溜弹　中国国民党军事委员会后方勤务部政治部编

中国国民党军事委员会后方勤务部政治部，[1940—1949]，9 页，32 开（注音符号丛书）

　　本书为注音符号读物。

　　收藏单位：国家馆

00876

十用注音符号规范　桓力行著

上海：新宇宙图书出版公司，1947，1 册，25 开

　　本书内容包括正音、辨音、拼音、正误、记符、识字、缀词、求解等。

　　收藏单位：广东馆

00877

识字捷径　区学家著

广州：区学家 [发行者]，1913，石印本，[246] 页，24 开

广州：区学家 [发行者]，1929，校正 3 版，石印本，[246] 页，24 开

　　本书分上下两卷。上卷为分韵撮要读本，下卷为问字查音法。介绍著者发明的一种用音韵和中式数字识读汉字的拼音方法。

　　收藏单位：上海馆

00878

实用国语注音符号读本　萧达三编著

香港：生活书店，1938.7，62 页，32 开

香港：生活书店，1939.1，增订 3 版，62 页，32 开

00879

实用基本国语话　马国英编著

上海：世界书局，1944.9，75 页，32 开

上海：世界书局，1948.5，再版，75 页，32 开

　　本书共 60 课，每课首先提出应该练习的词语，然后把词语逐个编成对话，由简入繁。为了便于学习，每个词的音调都标注出来。

　　收藏单位：国家馆

00880

手语法（国语游戏）　徐克明　胡协寅　韩受禄编纂

外文题名：dactylology

上海：商务印书馆，1921.7，39+8 页，42 开

　　本书介绍一种用手、头的各种动作表示声母、韵母的拼音和四声，以达到相互交流思想的游戏方法。分总论、表示字母的方法、拼法、练习、应用 5 章。附手语简法。

　　收藏单位：广东馆、国家馆、首都馆

00881

数目字音标　曾彝进著

北京：曾彝进 [发行者]，1942.3，26 页，16 开（默识斋丛稿 4）

　　本书介绍用阿拉伯数字代替字母的汉字标音方法。每四位数字代表一个音节（读音），前两位代表声母，后两位代表韵母。可用作汉字正音、检字及电报通讯等。内容包括：声母基本读法表、数目字拼音表、数目字与注音符号对照表、数目字音标用法举例等。

　　收藏单位：国家馆、南京馆

00882

送出征勇士歌　中国国民党军事委员会后方勤务部政治部编

中国国民党军事委员会后方勤务部政治部，[1940—1949]，15 页，32 开（注音符号丛书 8）

　　本书为注音符号读物。

　　收藏单位：国家馆

00883

唐玉书答复改革文字质疑书　唐玉书著

北平：唐玉书 [发行者]，1935.7，8 页，16 开

　　本书对黄学周在《大众画报》现代问题专论上发表的《中国文字彻底改革谈》一文所提意见的答复和质疑。黄文附后。

　　收藏单位：国家馆、吉林馆

00884

天津市注音符号检定委员会检定纪实　天津市注音符号检定委员会编

天津：天津市注音符号检定委员会，1932，1 册，22 开

　　本书内容包括法规、纪录、公牍、试卷、检定合格人名表等。

　　收藏单位：国家馆

00885

土语拉丁化批判　张涤非著

汉口：抗战出版社，1938.4，36 页，32 开

汉口：抗战出版社，1939.3，5 版，36 页，32 开

　　本书讲述土语拉丁化的理论、土语拉丁化的错误、土语拉丁化的工作、土语拉丁化的本质等内容。后附中国国民党中央宣传部关于取缔中国文字拉丁化的通令。

　　收藏单位：重庆馆、广西馆、贵州馆、国家馆、江西馆

00886

文字教授改良论　方沕生编著

上海：大东书局，1926.12，92 页，22 开

　　本书共 3 章：论普及教育即普及文字之理由、论普及文字应根据六书之理由、论根据六书以改良教法之理由。作者反对汉字欧化（拉丁化），主张根据字的形、音、义改良教授方法。

　　收藏单位：广东馆、国家馆、河南馆、湖南馆、江西馆、辽宁馆、天津馆、浙江馆、中科图

00887

五十七位壮士　中国国民党军事委员会后方勤务部政治部编

中国国民党军事委员会后方勤务部政治部，[1940—1949]，14 页，32 开（注音符号丛书 7）

　　本书为注音符号读物。

　　收藏单位：国家馆

00888

系全易简明字　贺生乐编著

临汾：新字研究总社，1934.5，石印本，70 页，18 开

本书介绍著者发明的用声、介、韵 36 个字母读写的简明字。每字一个读音，语法与汉字同。

收藏单位：国家馆

00889

新汉字检字法及拼音法　王景春著

重庆：商务印书馆，1944.1，35 页，32 开

本书分别介绍新汉字检字法和新汉字拼音法及说明。是用罗马字母拼写新汉字的一种方法。再版题：新汉字检字法及拼写法。

收藏单位：重庆馆、广西馆、桂林馆、国家馆、南京馆

00890

新文字单音字汇　林涛编著

哈尔滨：光华书店，1948.8，64 页，64 开

本书据抗战前出版的《拉丁化检字》《国音常用字汇》和抗战后出版的《国语拼音词汇》三书编辑而成。按拉丁化新文字字母顺序编排。

收藏单位：东北师大馆、国家馆、山西馆、天津馆

00891

新文字的发音写法检字教学法　拓牧编

上海：新文字书店，1936.5，85 页，64 开

00892

新文字的理论和实践　胡绳著

上海：大众文化社，1936.11，72 页，48 开（大众文化丛书 第 2 辑 第 1 种）

本书共 4 章：言语发展的一般的理论、中国的言语和文字、新文字在中国语文发展中的意义、北方话和江南话的新文字方案的介绍。

收藏单位：重庆馆、国家馆、南京馆

00893

新文字讲话　景林编

新华书店，1941.8，1 册，32 开

本书共 7 讲，内容包括：字母、拼音、带

鼻音的母音、复合母音、音段和界音法等。

00894

新文字九日通　辽西人民政府教育厅编

[辽宁]：辽西人民政府教育厅，1949，38 页，32 开

本书为自修拉丁化新文字速成课本。

收藏单位：辽宁馆

00895

新文字课本（第 1 册 拼法）　谢景永编

哈尔滨：光华书店，1948.1，28 页，32 开

全书用拉丁化新文字编写，共 3 册。第 1 册，拼法；第 2 册，写法；第 3 册，应用文（未见书）。

收藏单位：东北师大馆、广东馆、国家馆、南京馆

00896

新文字课本（第 2 册 写法）　谢景永编

哈尔滨：光华书店，1948.1，28 页，32 开

全书用拉丁化新文字编写，共 3 册。第 1 册，拼法；第 2 册，写法；第 3 册，应用文（未见书）。

收藏单位：东北师大馆、广东馆、国家馆、吉林馆、辽宁馆、天津馆

00897

新文字论丛（一集）　延安新文字运动委员会编

延安：延安新文字运动委员会，1940.10，89 页，36 开

本书收入《门外文谈》（鲁迅）、《新文字与新文化运动》（吴玉章）等文章。

收藏单位：重庆馆

00898

新文字拼音方案　林涛编著

光华书店，1947.4，15 页，64 开

光华书店，1948.2，再版，15 页，64 开

哈尔滨：光华书店，1948.3，3 版，15 页，64

开

本书共 5 节：字母和发音、界音、特种韵母、词儿的连写和分写、变体。书末有"鲁迅先生的话"。

收藏单位：东北师大馆、国家馆、吉大馆、山东馆、天津馆

00899

新文字入门　新文字研究会编

上海：群众图书公司，1949.9，31 页，32 开

本书主要介绍北方话拉丁化方案及关于发音、专有名词等问题。1936 年曾由北平新文字研究会编印出版，此次刊印把原书有关介绍新文字理论的文章删去。

收藏单位：国家馆、南京馆、上海馆

00900

新文字入门　之光编

北平：新文字研究会，1936.10，74 页，32 开（北平新文字研究会丛书 第 1 种）

本书介绍语文常识、汉字和新文字、新文字的几个问题、北方话新文字方案、发音常识等。

收藏单位：国家馆

00901

新文字入门

外交月报社，1936.2，48 页，32 开

本书讲述新文字是什么、为什么要废除汉字、汉字的缺点、历史上的拼音文字、新文字和拉丁字母、北方话拉丁方案等。

00902

新文字速成课本　谢景永编辑　林涛校订

哈尔滨：光华书店，1948.4，26 页，32 开

本书为拉丁化新文字课本，分 12 课讲解读音和拼字规则。书前代序记述了拉丁化新文字的种种优点和汉字的缺点。

收藏单位：东北师大馆、国家馆、吉林馆、辽宁馆

00903

新文字速成课本　谢景永编辑　林涛校订

哈尔滨：新中国书局，1949.5，3 版，26 页，32 开

收藏单位：重庆馆、国家馆、吉林馆、南京馆

00904

新文字写法手册　林涛编辑

大连：光华书店，1947.2，24 页，32 开

哈尔滨：光华书店，1948.3，3 版，24 页，32 开

本书内容包括新文字拼音方案、变体字分类表、词儿连写的标准、分化的同音词儿举例等。

收藏单位：东北师大馆、国家馆、黑龙江馆、南京馆、内蒙古馆

00905

新文字研究初步　汉口新文字研究会编

火炬出版社，1938.2，29 页，32 开

本书内容包括新文字概说、北方话拉丁化方案、拼音表、关于发音及专有名词问题等。

收藏单位：西南大学馆、浙江馆

00906

新文字与新文化运动　吴玉章著

华北大学，1948，77 页，32 开

华北大学，1949.7，再版，77 页，32 开

本书主要讲述中国旧文字的源流及中国新文字的创造。曾于 1940 年在延安《新文字论丛》上发表。

收藏单位：国家馆、宁夏馆

00907

新文字自修课本　林涛编著

大连：光华书店，1947.2，93 页，32 开

大连：光华书店，1947.8，再版，订正本，97 页，32 开

哈尔滨：光华书店，1948.6，东北版，订正本，97 页，32 开

本书分拼法、写法、读物 3 部分，共 40 课，课后有练习。附录变体定型字表。订正本附录增加了练习问题解答。

收藏单位：重庆馆、东北师大馆、国家馆、吉林馆、辽宁馆、山东馆、山西馆、天津馆

00908

新中国文字

出版者不详，[1930—1949]，油印本，1册，18开，环筒页装

本书主要介绍新中国文字的用法及发音等。

收藏单位：国家馆

00909

新纂新华字 刘继善编

北京：刘继善 [发行者]，1914.8，70 页，24开

本书是以二十六个罗马字母拼音代替汉字的一种新文字方案。包括分解说、二十六字母形体图、声韵表及字汇等部分。

00910

修正注音字母并确定国音音标草案 廖宇春编

廖宇春 [发行者]，1918.12，石印本，18 叶，13 开，环筒页装

收藏单位：国家馆

00911

压迫 台湾省国语推行委员会选注

台北：台湾书店，1947.1，44 页，32 开（注音国语文选 4）

台北：台湾书店，1947.11，再版，44 页，32开（注音国语文选 4）

本书为《压迫》（独幕剧）的注音读物。讲授自修适用。

收藏单位：南京馆

00912

一片爱国心 中国国民党军事委员会后方勤务部政治部编

中国国民党军事委员会后方勤务部政治部，[1940—1949]，[11] 页，32 开（注音符号丛书12）

本书为注音符号读物。

收藏单位：国家馆

00913

异哉中国文字拉丁化运动 李廉方编著

重庆：独立出版社，1939.8，42 页，64 开（抗战建国小丛书）

本书共 6 章：写在篇首的话、非本身必然产生的事实不应该作为发言的根据、要认清种种方面的整体和全程来决定改造方针、声音和言语文字的关系、国际和土语、学习易难。作者的主要论点是：音符字是必要的，但不一定要完全废除汉字；音符的拼法要便利，认为拉丁字母不是理想的音符。

收藏单位：重庆馆、贵州馆、国家馆、吉林馆

00914

语文研究展览记录册（中国二千年前标音文字的研究及其今后标音符号改革的建议） 王瑞炳著

上海：中国识字教育社，[1940.8]，石印本，60 页，36 开

初版年月据书前序的写作时间。

收藏单位：南京馆

00915

再论注音字母译音法 赵元任著

上海：中国科学社，1923.12，888—902 页，16 开

本书为《科学》8 卷 8 期抽印本。

收藏单位：国家馆

00916

怎样学习拉丁化 王弦著

上海：中国拉丁化书店，1941.1，91 页，32开

本书讲述拉丁化字母、词句及怎样阅读和学习的方法。

00917

振兴中国之第一捷径 林峰著

上海：林峰 [发行者]，[1935.7]，44 页，23

开

　　本书为推广采用"林峰新字"的宣传品。

00918

知音便检　彭林仙编著

津浦铁路党务整理委员会宣传科，[1929]，106+72+26 页，32 开（宣传丛书 9）

　　本书共 3 部分：知音便检、国语讲义、开口呼类。第 1 部分根据大学院公布的国语罗马字拼音法式单字音扩充而成，收字 7800 多，按声韵分为 25 部，每部又分为开齐合撮 4 等，每等更分为阴阳上去 4 声，逐页题名：注音符号知音便检；第 2 部分共 12 章：绪论、发音机关、声母和韵母、拼音法、四声、词类连写、声调的变化、国语罗马字拼音法式、国音电报、国音旗语、国音手语和国音速记；第 3 部分的逐页题名：注音符号开口呼类。

　　收藏单位：国家馆、南京馆

00919

中国古代文字之研究　任峋著

北平：任峋 [发行者]，1929.11，106 页，18 开

　　本书是著者创立的一种"新体国字"。用 36 个字母拼写汉字字音。字母的形体类似注音符号，但笔画较为复杂。书末附著者为此事给教育部的呈文及针对教育部未予接受而作的答辩文。

　　收藏单位：国家馆

00920

中国国语字母表

出版者不详，[1911—1949]，1 册，10 开

　　收藏单位：首都馆

00921

中国话写法拉丁化（理论·原则·方案）　中文拉丁化研究会编辑

上海：新文字书店，1935.4，77 页，32 开

上海：新文字书店，1935.6，增订再版，77 页，32 开

上海：新文字书店，1936.1，3 版，77 页，32 开

上海：新文字书店，1936.6，4 版，77 页，32 开

　　本书内容包括：前记、中文拉丁化概说、中文拉丁化的原则、北方话拉丁化的方案、拉丁化和知识分子的使命、拉丁化汉文对译读物（附录）。再版和 3 版书前有各版自己的版本前记。

　　收藏单位：重庆馆、广东馆、国家馆、吉林馆、近代史所、上海馆、天津馆

00922

中国话写法拉丁化文法　韦伦编　施林校

上海 [等]：上海中文拉丁化研究会，1936.1，132 页，32 开

　　本书共 5 章：句子、句子的构造、实词和虚词、实词的分类、词里面的声音和写法的规则。

　　收藏单位：广东馆、国家馆、上海馆

00923

中国话写法拉丁化指南（理论·方案·研究·读物）　王弦编

上海：新文字书店，1939.7，117 页，32 开

上海：新文字书店，1941.4，再版，117 页，32 开

　　本书是《中国话写法拉丁化——理论·原则·方案》一书的后继之书。内容包括：前记、中文拉丁化概说、北方话拉丁化的方案、北方话拉丁化方案研究资料、北方话方言调查表、拉丁语·汉字对译读物。

　　收藏单位：南京馆

00924

中国拼音文字的出路　林汉达著

上海：世界书局，[1919—1949]，184+99 页，32 开（新五四运动丛刊）

　　本书分 6 章：一个还没有解决的问题、拼音文字与中国语文的整理、整理单字的原则、整理单字的方法、词儿连写的标准、拼音文字的方案。书前有陆高谊的"介绍词"。附录国音检字（从拼音字检汉字、从汉字检拼音字）。著者原题：林迭肯。

　　收藏单位：重庆馆、东北师大馆、桂林

馆、国家馆、江西馆、内蒙古馆、首都馆

00925

中国拼音文字的演进（明末以来中国语文的新潮） 陈望道著

中国语文教育学会，1939.11，14 页，32 开（语文展览会会刊 3）

本书著者把注音拼音的潮流划分为 3 个阶段：西方人自己计划便于学习汉字的时期、随地拼音的时期（专用于教会中人传道给不识字人）、用作普及教育的工具的时期，并进行相关的论述。

收藏单位：重庆馆、上海馆

00926

中国拼音文字的整理 林汉达等著

上海：世界书局，1944.6，93 页，32 开

本书是林汉达《中国拼音文字的出路》的姐妹篇。内容包括林汉达的研究报告《中国拼音文字的整理》，以及读者对《中国拼音文字的出路》一书的意见。著者原题：林迭肯。

收藏单位：重庆馆、广西馆、国家馆、辽师大馆、南京馆

00927

中国拼音文字概论 倪海曙著

上海：时代书报出版社，1948.8，213 页，32 开

本书共分 12 篇，内容包括：语言发展的三个阶段、西洋表音文字的产生和发展、中国文字的演变、拉丁化中国字的字母和拼法、世界各地拉丁化运动概况、北方话拉丁化常用汉字声音字汇（江南话广东话拉丁化对照）等。书末附《答复美国 John de Francis 君关于中国文字改革问题》。

收藏单位：重庆馆、东北师大馆、广西馆、桂林馆、国家馆、辽师大馆、南京馆、山西馆、上海馆、绍兴馆、首都馆、天津馆、云南馆、浙江馆、中科图

00928

中国拼音文字新方案 郭茂章拟

台南：永茂印刷所，1947.11 印，10 页，32 开

本书内容包括：四声的分化与标注、词语的分类和语尾的变化、单音字的分字、结语。

00929

中国拼音文字运动史简编 倪海曙著

上海：时代书报出版社，1948.6，229 页，32 开

本书分 6 章：明末耶稣会传教士的罗马字注音、教会罗马字运动和西洋人的华语拼音方案、切音字运动、注音字母运动、国语罗马字运动、拉丁化中国字运动。书末附录（一）拉丁化出版物调查；（二）拉丁化和国语罗马字的中间派——林迭肯（即林汉达）的"国语拼音文字"；（三）胜利一年中的中国拼音文字运动。

收藏单位：重庆馆、东北师大馆、广东馆、广西馆、桂林馆、国家馆、吉林馆、辽宁馆、南京馆、内蒙古馆、上海馆、绍兴馆、首都馆、天津馆

00930

中国文字的优点和整理发扬的方法 张公辉著

重庆：张公辉 [发行者]，1945.10，16 页，32 开

本书介绍一种用汉字为汉字注音的方法。书末附中国文字研究会缘起、中国文字研究会章程草案、中国文字研究会入会申请书。

收藏单位：国家馆、黑龙江馆、南京馆

00931

中国文字改进问题 白占友著

天津：白占友 [发行者]，1934.11，124 页，32 开

本书是对天津《益世报》1934 年 6 月 4 日社论《改革汉字之商榷》一文的评论。书中除阐明著者对汉字简化和采用国语罗马字拼音的意见外，还引用了中外学者对汉字改革的见解。书前有陈哲甫序。书末附国语统一会制定国语罗马字拼音法式等。

收藏单位：安徽馆、重庆馆、国家馆、江

西馆、辽师大馆、首都馆、天津馆、浙江馆

00932

中国文字改进学会宣言及章程　中国文字改进学会编

北平：中国文字改进学会，[1938]，25 页，32 开

　　本书共 4 部分：发起中国文字改进学会宣言要旨、中国文字改进学会章程草案、推行简字目前最急要之初步计划、陈光垚著《中华简字典》万分之一举例。

　　收藏单位：国家馆

00933

中国文字拉丁化全程　拓牧著

上海：生活书店，1939.8，441 页，32 开

　　本书分上下两篇，共 12 章。讲述汉字与拉丁化新文字、中国文字改革运动史和拉丁化运动史及方言拉丁化问题、中国语文统一问题、北方语拉丁化方案等。书前有编者序。书末附两种检字：（一）由拉丁化检汉字；（二）由汉字检拉丁化文字。

　　收藏单位：广东馆、国家馆、首都馆

00934

中国文字拉丁化文献　拉丁化出版社编译部主编

上海：拉丁化出版社，1940.5，180 页，25 开（言语科学丛刊 第一辑）

　　本书分上下两篇。上篇为拉丁化论文选辑，收《明末以来中国语文的新潮》（陈望道）、《中国文字底命运》（许地山）、《新文字理论提纲》（瞿秋白）、《关于〈新文字的缺点〉》（叶籁士）等 17 篇论文；下篇为鲁迅·拉丁化论文辑存，收《论大众语》《门外文谈》《关于新文字》等 7 篇论文。末附蔡元培的《我们对于推行新文字的意见》等有关文章、文件、纲领、通讯 6 篇。

　　收藏单位：桂林馆、国家馆、上海馆

00935

中国新文字初步（北方话）

上海：新文字出版社，1938.5，34 页，32 开

　　本书内容包括：中国新文字的理论、方案、文选及附录 4 部分。

　　收藏单位：国家馆

00936

中国新文字底文法和写法　韦伦编

上海：我们的书社，1936.1，113 页，32 开

上海：我们的书社，1938.9，4 版，113 页，32 开

上海：我们的书社，1939.8，5 版，113 页，32 开

　　本书分句子的构造、在文法上词的分类、词里面的声音和写法的规则 3 部分。附标点符号的用法。

　　收藏单位：广东馆、广西馆、国家馆、上海馆、首都馆

00937

中国新文字概论　张雁著

沈阳：东北书店，1948.12，67 页，32 开

沈阳：东北书店，1949.4，67 页，32 开

哈尔滨：东北书店，1949.5，67 页，32 开

沈阳：东北书店，1949.9，再版，67 页，32 开

　　本书共 10 部分，内容包括：汉字不是一个好的文字工具、新文字有五大优点两个好处、新文字是中国文字改革的正确方向、北方话新文字方案等。书前有《徐特立同志论及新文字的一封信》（代序）。

　　收藏单位：东北师大馆、国家馆、山西馆

00938

中国新文字问题讨论集（第一辑）　陈其一编

河南教育厅编辑处，1929.9，138 页，32 开（河南教育厅小丛书 第 1 种）

　　本书收关于汉字改革的讨论文章 17 篇，包括《汉字革命》（钱玄同）、《中国新文字问题》（杜子劲）、《改革汉字的意见》（傅均）、《改革汉字的一个提议》（杨端六）等。

　　收藏单位：国家馆、河南馆、首都馆

00939

中国新文字研究初步 赵虹飞编

北平：艺虹广告社，1946，25 页，32 开

　　收藏单位：内蒙古馆、首都馆

00940

中国新文字研究初步 赵虹飞编著

北平：中国新文字研究会，1946.7，50 页，32 开

北平：中国新文字研究会，1948.10，再版，50 页，32 开

　　本书包含新文字楷字、行书、形式、用法暨文词构造之简介，发明中国新文字之动机源起等 9 章。

　　收藏单位：东北师大馆

00941

中国新字汉英分类语汇（全音字母） 黄连兆著

广州：黄连兆［发行者］，1927.6，手写影印本，130 页，32 开

广州：黄连兆［发行者］，1933.5，再版，手写影印本，130 页，32 开

广州：黄连兆［发行者］，1948.7，3 版，手写影印本，130 页，32 开

　　本书是著者创编的一种字母式新字（即黄连兆全音字母）与汉字、英文三者对照的语词汇编，按国家、国民、人体、学校、通信等类编排。

　　收藏单位：国家馆

00942

中国新字寻汉字字典（全音字母） 黄连兆著

广州：黄连兆［发行者］，1927.6，手写影印本，110 页，32 开

广州：黄连兆［发行者］，1933.5，再版，手写影印本，110 页，32 开

广州：黄连兆［发行者］，1948.7，3 版，手写影印本，110 页，32 开

　　本书按汉字部首检索。"新字"即作者发明的"黄连兆创编全音字母"。版权页题：世界全音字母串成中国寻音寻韵新字字典。

　　收藏单位：国家馆

00943

中国新字寻音字典（全音字母） 黄连兆著

广州：黄连兆［发行者］，1927.6，手写影印本，104 页，32 开

广州：黄连兆［发行者］，1933.5，再版，手写影印本，104 页，32 开

广州：黄连兆［发行者］，1948.7，3 版，手写影印本，104 页，32 开

　　本书按"发音字母检字表"检索。版权页题：世界全音字母串成中国寻音寻韵新字字典。

　　收藏单位：国家馆

00944

中国新字寻韵字典（全音字母） 黄连兆著

广州：黄连兆［发行者］，1927.6，手写影印本，105 页，32 开

广州：黄连兆［发行者］，1933.5，再版，手写影印本，105 页，32 开

广州：黄连兆［发行者］，1948.7，3 版，手写影印本，105 页，32 开

　　本书按作者创编的"韵母检字表"检"新字"各韵。版权页题：世界全音字母串成中国寻音寻韵新字字典。

　　收藏单位：国家馆

00945

中国形声字母商榷 杜定友拟

上海：交通大学，1932.1，［10］页，16 开

　　本书原以《中国新体形声字母商榷》为题发表于《新中华》杂志第 3 卷 3、4 两期上，此为抽印本。作者拟设通用字 5000 余个，分天文、地理、人伦、思想情态、动作能力、身体疾病等 20 大类。书中列出 13 大类的 138 个部首。为中国文字改革意见书。

　　收藏单位：国家馆、南京馆、上海馆

00946

中国语文的新生（拉丁化中国字运动二十年论文集） 倪海曙编辑

上海：时代出版社，1949.3，581 页，18 开

　　本书共 9 编，内容包括："第三次文学革命"和"罗马字新中国文"、从大众语的讨论

到拉丁化的提倡、抗日战争时期的拼音文字论、抗日战争胜利后三年中的拼音文字问题研究和实际工作的讨论等。收 1929—1948 年 20 年间有关汉字拉丁化的论文 150 篇。作者有鲁迅、郭沫若、瞿秋白、茅盾、蔡元培、聂绀弩、周建人、许地山、吕叔湘、倪海曙等，还包括少量译著。附录"一九四六年征求各界对于中国文字拼音化的意见""拉丁化中国字出版物调查（1935—1948）"。书末有著者索引。

收藏单位：重庆馆、东北师大馆、广东馆、广西馆、桂林馆、国家馆、吉林馆、辽大馆、南京馆、内蒙古馆、上海馆、首都馆、天津馆、西南大学馆、中科图

00947

中国语写法用汉字横草字母的提案 陈晓厚著

南宁：陈晓厚 [发行者]，1936.7，9 页，16 开

本书为非拉丁化拼音方案。

收藏单位：广东馆

00948

中国字拉丁化问题解说 拓牧著

生活书店，1939.3，110 页，36 开

本书分拉丁化与方块文字、拉丁化与政治、拉丁化与中国文化、拉丁化的技术与实践诸问题、拉丁化理论原则 5 章，解说了五年来中国字拉丁化相关的 41 个问题。书前有著者序。书后附鲁迅、郭沫若、茅盾、曹聚仁对拉丁化的意见。

收藏单位：广东馆

00949

中国字拉丁化运动年表 倪海曙编

上海：中国拉丁化书店，1941.5，166 页，36 开

本书分史前部（1605—1928）和本史部（1929—1940），介绍中国字拉丁化运动的史料。封面题名：中国字拉丁化运动年表（1605—1940）。

收藏单位：国家馆、南京馆、上海馆

00950

中国字语问题竟然解决 林峰著

上海：林峰书屋，[1911—1949]，6 页，24 开

本书是汉字改革的一种建议。内附林峰新字速记学校的"统一国语普及教育之唯一捷法"。

00951

中国字之结构及其形母创说 蒋一前著

昆明：识字教育社，1939.1，手抄影印本，11+88 页，22 开

本书通过研究汉字的结构、特点，创造了 12 类"形母"，认为可用其"形母法"识检汉字。书前有著者自序。

收藏单位：重庆馆、东北师大馆、国家馆、吉林馆、南京馆、中科图

00952

中华国语音声字制 周辨明编

厦门：厦门大学语言科学系，1923.8，16 页，24 开

本书是拼音字兼有形义字的一种文字改革方案。用罗马字拼音，组字、标声，使人一看即知字音、字声，又可就体取义。

收藏单位：国家馆

00953

中华字母问答

陕西：陕西北界主教易，1917，22 页，32 开

收藏单位：广东馆

00954

中外字母举隅 [孙锵撰]

出版者不详，[1924]，66+26 页，32 开

本书内容包括：文字源流、单韵源流、注音字线表、字典检查法、满文字母表，以及各种文字字母表。

收藏单位：浙江馆

00955

中文拉丁化课本 许中编辑

上海：新文字书店，1938.7，106 页，32 开

上海：新文字书店，1938.10，3 版，106 页，32

开

上海：新文字书店，1939.1，4 版，106 页，32
开

本书共 10 课，内容包括：理论、字母、复合韵母的发音、带声韵母的发音、转音法、界音法、写法规则、理论问题等。附录 A 包括：发音常识问答、拼音表等；附录 B 包括：鲁迅、郭沫若、蔡元培、斯诺夫人、秋田雨雀等人对于推行中文拉丁化新文字以及拉丁化运动的意见。

收藏单位：东北师大馆、国家馆、上海馆

00956
中文拉丁化课本
出版者不详，1948，74 页，32 开
收藏单位：南京馆

00957
中字建议　张韶舞著
张韶舞 [发行者]，1945，油印本，9+70 叶，16 开

"中字"依照国民政府公布标准国音拼成，有常用基本单字 3340 个，不加无声字母，足够日常使用。"中字"实验结果，习"中字"者，发音完全为标准国语。

收藏单位：国家馆、浙江馆

00958
中字字汇　张韶舞著
张韶舞 [发行者]，1945，油印本，1 册，16 开

本书共收单音字 4497 个，复音字 1825 个，均依国语拼音系统顺序排列。

收藏单位：国家馆

00959
注音百家姓　北京注音字母书报社编
北京：注音字母书报社，[1920—1929]，石印本，12 页，32 开，环筒页装

00960
注音法　赵宝如编著
广州：文光印务馆，1937.8，186 页（广东省

立民众教育馆国语讲习所丛书）
收藏单位：南京馆

00961
注音符号　李文浩　王杏生合编
上海：开明书店，1948，再版，43 页，32 开（国语新课本 1）
收藏单位：广东馆

00962
注音符号　马国英编
上海：大上海书店，1932.8，36 页，36 开（标准国语留声机片丛书）
上海：大上海书店，1933.2，再版，36 页，36 开（标准国语留声机片丛书）
收藏单位：桂林馆、上海馆

00963
注音符号　台湾省国语推行委员会编
台北：台湾书店，1946.12，37 页，32 开（国语讲习用书 第 1 种）

本书共 7 部分：名称的解释、创制的经过、发音的方法、拼音的方法、书写的方法、注音的方法、声调的记法。

收藏单位：广东馆、国家馆、南京馆

00964
注音符号　中国国民党南京特别市执行委员会宣传部编
南京：中国国民党南京特别市执行委员会宣传部，1931.3，127 页，32 开（识字运动宣传丛书）

收藏单位：安徽馆、南京馆

00965
注音符号初步　方宾观编
上海：商务印书馆，1935，4 版，22 页，32 开（小学生文库 第 1 集 语文类）
收藏单位：河南馆、首都馆

00966
注音符号初步　唐海沧编辑
[鄞县]：鄞县教育局，1931.6，54 页，32 开

（鄞县教育小丛书9）

本书共4章：符号、拼音、音调、注音。书末附《注音符号发音略说》《创制闰符举隅》《注音符号参考书》。

收藏单位：国家馆

00967

注音符号传习小册 方宾观编

上海：商务印书馆，1930.10，16页，64开

上海：商务印书馆，1931.5，再版，16页，64开

上海：商务印书馆，1931.5，渝2版，16页，64开

上海：商务印书馆，1932.10，国难后1版，16页，64开

本书分8部分：弁言、国语注音符号、声母读法、韵母读法、结合韵母读法、拼音练习、声调、苏沪注音符号。

收藏单位：国家馆

00968

注音符号传习小册 教育部编审处编辑

上海：中华书局，1930.10，72页，48开

上海：中华书局，1931.3，4版，72页，48开

上海：中华书局，1931.5，6版，72页，48开

上海：中华书局，1933，9版，72页，48开

上海：中华书局，1934，11版，72页，48开

上海：中华书局，1937.6，16版，72页，48开

上海：中华书局，1938.9，17版，72页，48开

本书共分两部分：注音符号和拼音练习、课文。书前有例言和教学方法概要。书末附注音符号发音略说和教育部训令。

收藏单位：广东馆、广西馆、桂林馆、国家馆、黑龙江馆、江西馆、南京馆、内蒙古馆、上海馆、天津馆、西南大学馆、浙江馆

00969

注音符号发音法 彭淑珍编辑 陆衣言校订

上海：世界书局，1930.8，79页，32开（国语注音符号丛书）

上海：世界书局，1931.1，再版，79页，32开（国语注音符号丛书）

上海：世界书局，1931.8，3版，79页，32开

（国语注音符号丛书）

本书共8篇：声音的来源、声的发音法、韵的发音法、结合韵的发音法、拼音、音调、双拼音的练习、三拼音的练习。

收藏单位：重庆馆、广东馆、广西馆、国家馆、河南馆、江西馆、内蒙古馆、首都馆、西南大学馆

00970

注音符号发音浅说（民众特刊） 天津市立民众教育馆编

天津：天津市立民众教育馆，1933，18+27页，32开

本书共7章：注音符号、声母、韵母、四等呼、结合韵母及卷舌韵母、声调、拼音。书前有序和绪言。书末有声母、韵母发音表。

收藏单位：国家馆、天津馆

00971

注音符号发音原理 马俊如编 陆衣言校订

上海：世界书局，1930.11，75页，32开（国语注音符号丛书）

上海：世界书局，1931.1，再版，75页，32开（国语注音符号丛书）

本书共6篇：注音符号概说、语音成立的要素、辅音、元音、音调、拼音。

收藏单位：广西馆、河南馆、山西馆、上海馆、首都馆、天津馆

00972

注音符号反切法 王祖佑[著]

武昌：中道书局，1934.4，58页，32开

收藏单位：南京馆

00973

注音符号概说 王敦行著

重庆：三友书店，1943.10，92页，32开

本书共8章：绪言、声韵的区别、声母简说、韵母简说、结合韵母简说、拼音、反切、声调。书前有隋树森序及著者例言。书末附《注音符号基本的笔画结构正讹一览》（教育部）、《矫正方音》（赵元任）、《注音符号小史》（隋树森）。

收藏单位：重庆馆

00974

注音符号歌　吴稚晖编著

[重庆]：中央组织部，1944.1，18 页，25 开

　　本书除介绍注音符号歌词外，还包括作歌之用意和音理排列之略述。

　　收藏单位：重庆馆、国家馆、南京馆

00975

注音符号函授科讲义　陆衣言主编　陆仲贤等编

国语传习会函授部，1933.1，6 册，36 开

　　本书共 6 篇：注音符号、小史、发音、声调、拼音、卷舌韵及书法体式。

00976

注音符号及音字　马体乾著

北平：马体乾 [发行者]，1934.10，石印本，28 页，25 开

　　本书是著者《国音字母变通用法意见书》中的一部分。说明要使每一个符号成为一个字音，两个符号的连写，成为一个单音字或复音字。

00977

注音符号急读合音法例字表　黎锦熙 [编]

台北：台湾省立台北民众教育馆，1946，石印本，1 张，42×63cm

　　收藏单位：国家馆

00978

注音符号简明自习法　张国仁编

上海：民智书局，1930.8，38 页，32 开

　　本书共 12 章，内容包括：发音机关、练习发声部位、声符怎样读才正确、尚未解决的问题等。书前有引言，说明教育部统一全国语音，从 1913 年春开始的"读音统一会"，到 1930 年 4 月第 88 次中央常务会议决议，注音字母改称为注音符号的简要历史。附录最后的提议。

　　收藏单位：广东馆

00979

注音符号讲义　汪怡　孙崇义　徐世荣编著

北平：教育总署直辖中国大辞典编纂处，1943.11，70 页，32 开

　　本书共 11 讲：注音符号简史、发音机关、声母、韵母、结合韵母、拼音、声调、音变、矫正方音、写法、注音汉字和国音字典。

　　收藏单位：东北师大馆、桂林馆、国家馆、南京馆

00980

注音符号讲义　汪志青编

出版者不详，[1911—1949]，2 册，22 开

　　本书详解发音的分类和方法。

　　收藏单位：浙江馆

00981

注音符号教本　陈位烨编著

福州：教育图书出版社，1944.6，再版，65 页，32 开

福州：教育图书出版社，1946，3 版，75 页，32 开

福州：教育图书出版社，1947.9，5 版，75 页，32 开

　　本书内容包括：注音符号的定义、注音符号的沿革、注音符号的功用、注音符号的分类和读法、注音符号的发音法等。

　　收藏单位：福建馆、广西馆、浙江馆

00982

注音符号教本　林恒　梁子美编

济南：山东省立民众教育馆，1932.3，52 页，32 开

济南：山东省立民众教育馆，1933.6，4 版，52 页，32 开

济南：山东省立民众教育馆，1936，8 版，52 页，32 开

　　本书共 14 章，内容包括：国语注音符号、声符读法、韵符读法、拼音练习、注音练习、辨音、声调等。

　　收藏单位：重庆馆

00983

注音符号教本　马国英编辑　陆衣言校订

上海：世界书局，1932，再版，113 页，32 开
（国语注音符号丛书）

　　收藏单位：山西馆

00984

注音符号教科书　陆衣言编著

上海：大华书局，1934.1，60 页，32 开

　　本书共 5 部分：基本符号、结合韵、声
调、基本韵的拼音、结合韵的拼音。书末附
辨音、辨字、词儿、语文等综合复习材料。

　　收藏单位：重庆馆、国家馆、首都馆、浙
江馆

00985

注音符号课本　陆问梅编辑　陆衣言校订

上海：世界书局，1930.8，87 页，32 开（国
语注音符号丛书）

上海：世界书局，1930，再版，78 页，32 开
（国语注音符号丛书）

上海：世界书局，1931，3 版，87 页，32 开
（国语注音符号丛书）

上海：世界书局，1931.7，4 版，87 页，32 开
（国语注音符号丛书）

上海：世界书局，1931.7，6 版，87 页，32 开
（国语注音符号丛书）

上海：世界书局，1933.4，8 版，87 页，32 开
（国语注音符号丛书）

上海：世界书局，1936.6，13 版，87 页，32
开（国语注音符号丛书）

上海：世界书局，1948.9，11 版，78 页，32
开（国语注音符号丛书）

上海：世界书局，1948.12，12 版，78 页，32
开（国语注音符号丛书）

　　本书用于国语注音符号练习，把声韵、
结合韵都标注"北平"字音，以便按字朗读。
共 6 课：注音符号、开口音的练习、齐齿音的
练习、合口音的练习、撮口音的练习、注音
练习。

　　收藏单位：重庆馆、甘肃馆、广东馆、广
西馆、南京馆、内蒙古馆、山西馆、天津馆

00986

注音符号课本　萧迪忱编校

教育部第一社会教育工作团，[1937—1945]，
24 页，32 开

　　本书为抗战时期出版物。

　　收藏单位：国家馆

00987

注音符号浅说　徐朗秋著

镇江：民众教育馆编辑部，1931.4，80 页，大
64 开（民众小丛书 乙种 2）

　　本书解释注音符号的意义、创造史和功
用。

　　收藏单位：广西馆、上海馆

00988

注音符号浅说　乐嗣炳编著

上海：大众书局，1934，再版，108 页，32 开

上海：大众书局，1936，重版，108 页，32 开

上海：大众书局，1939.2，3 版，108 页，32 开

上海：大众书局，1948，再版，108 页，32 开

　　本书共 8 章：绪言、声母、韵母、拼音、
声调、国音辨似、注音符号的写法、注音的
练习。可作为短期注音符号讲习课本或自修
讲义。

　　收藏单位：南京馆、首都馆、浙江馆

00989

注音符号全书　陆衣言主编　全国国语教育
促进会鉴定

上海：汉文正楷印书局，1933.6，10+155 页，
32 开

　　本书共分 6 篇。讲述注音字母小史、发
音方法、声调、拼音及书法体式等。

　　收藏单位：安徽馆、广东馆、国家馆、浙
江馆

00990

注音符号三千年沿革简史　黎锦熙著

北平：中国大辞典编纂处，1947.3 重印，22
页，32 开

　　本书包括注音符号的现行重要法令，附
参考文件。

收藏单位：东北师大馆

00991

注音符号十八课　教育部国语推行委员会编

教育部国语推行委员会，[1945—1949]，[37]页，横 32 开

本书封面加题：注音识字教育表证区用。

收藏单位：东北师大馆、国家馆、南京馆

00992

注音符号实验报告　军事委员会后方勤务部编

出版者不详，[1937—1945]，130 页，32 开

收藏单位：南京馆

00993

注音符号书法体式　陆问梅编辑　陆衣言校订

上海：世界书局，1930.8，71 页，32 开（国语注音符号丛书）

上海：世界书局，1931，再版，71 页，32 开（国语注音符号丛书）

本书详述 1921 年教育部公布的"注音符号书法体式"，共 4 章 9 节。内容包括：部令、书法体式（印刷体、书写体·楷书、书写体·草书）、书写法（笔画的名称、笔画的数目、书写的笔顺、书写的注意）、使用法（注音式、独用式）。

收藏单位：广西馆、国家馆、内蒙古馆、山西馆、首都馆

00994

注音符号书写示范（又名，注音符号帖）　桓力行编

上海：新宇宙出版公司，[1931—1949]，18 页，32 开

本书包括说明和法帖两部分。说明部分包括：注音符号的意义、注音符号的作用、注音符号的正确写法、音调符号的正确写法等；法帖部分包括：注音符号填写法帖、注音符号横写法帖、注音符号速写法帖、注音符号直写法帖等。

收藏单位：广东馆

00995

注音符号问答　张漱六编辑　陆衣言校订

上海：世界书局，1930.9，67 页，32 开

上海：世界书局，1931.1，再版，67 页，32 开（国语注音符号丛书）

本书汇集有关注音符号的疑难问题，分类编排。共 7 章：总纲、声符、韵符、结合韵符、拼音、音调、结论。

收藏单位：广东馆、广西馆、国家馆、内蒙古馆、山西馆

00996

注音符号无师自通　黎锦熙　白涤洲编辑

北平：文化学社，1929.6，20 页，25 开（新国文社丛书）

北平：文化学社，1930.7，再版，20 页，25 开（新国文社丛书）

北平：文化学社，1932.1，3 版，20 页，25 开（新国文社丛书）

汉语注音符号，旧称为"注音字母"，为汉字注音而设定的符号，1913 年由中国读音统一会制定，1918 年由北洋政府教育部发布，共计 39 个字母，排列以"ㄍㄅ"开头；1920 年改订字母顺序，增加一个字母"ㄜ"共计达 40 个。本书共 8 章：读者须知、注音符号、释声母、释韵母、释结合韵母、释拼音、释四声、拼音表。

收藏单位：广西馆、国家馆、南京馆、首都馆、浙江馆

00997

注音符号无师自通　黎锦熙　白涤洲编辑

北平：中华平民教育促进会，1929.4，46 页，32 开

北平：中华平民教育促进会，1934，再版，46 页，32 开

00998

注音符号小史　江仲琼编辑　陆衣言校订

上海：世界书局，1930.8，89 页，32 开（国语注音符号丛书）

上海：世界书局，1931.1，再版，89 页，32 开（国语注音符号丛书）

本书共 3 篇：创造史、改进史、推行史。

收藏单位：广西馆、国家馆、河南馆、内蒙古馆、山西馆、绍兴馆、天津馆、西南大学馆

00999

注音符号总表 赵元任编

北平：国语统一筹备委员会，1932.4，手写石印本，1 册，16 开

本书是国音、方音字、国语罗马字、国际音标以及英、法、德、日文字与注音符号对照的标音总表。

收藏单位：桂林馆、国家馆、南京馆、首都馆

01000

注音符号作用之辩正 吴稚晖著

重庆：教育部国语推行委员会，[1944]，36 页，32 开

本书内容包括：普通怀疑点、每种拼音字母能力皆有限度、何谓标准音、注音符号仿何古法制成、今后之希望等。附录《谨答吴稚晖先生并祝国语运动周》（顾毓琇）、《为注音符号辩诬》（何容）。

收藏单位：国家馆、吉林馆、南京馆

01001

注音汉字 黎锦熙编

上海：商务印书馆，1936.8，156 页，32 开

上海：商务印书馆，1947.3，4 版，156 页，32 开（新中学文库）

本书前 4 章内容为：注音汉字字模铸造之历史及其旨趣、注音符号印刷母模体式之规定、注音汉字选字工作之经过、注音汉字推行办法之公布，其后为"注音汉字常用六七八八字表"。附录报刊发表的关于推行注音字母的社论、黎锦熙的书信等 10 篇。

收藏单位：安徽馆、重庆馆、东北师大馆、广东馆、广西馆、贵州馆、桂林馆、国家馆、河南馆、黑龙江馆、湖南馆、江西馆、辽宁馆、南京馆、内蒙古馆、山西馆、绍兴馆、首都馆、天津馆、西南大学馆、浙江馆、中科图

01002

注音音符 傅景良首创

绍兴：傅景良 [发行者]，[1932.8]，34 页，32 开

本书介绍了一种代替注音字母的音符。共 4 章：音符的组织、音符的种类、音符的注法和读法、音调。书前有著者自序。初版年月据著者序的写作日期。

收藏单位：国家馆

01003

注音字课本（第一册） 山东兖州府天主堂编

兖州：兖州府天主堂，[1911—1949]，石印本，12 叶，32 开，环筒页装

本书为注音符号课本。

收藏单位：国家馆

01004

注音字母 方毅编

上海：商务印书馆，1924.6，2 册（18+19 页），50 开（平民小丛书 第十种 杂类）

上海：商务印书馆，1925，再版，2 册（18+19 页），50 开（平民小丛书 第十种 杂类）

本书对 40 个国音字母进行了注音，内容包括注音字母表（国语），以及上海、徽州、广州、福州等地方注音字母的音读。书后附平民千字课注音字母表。

收藏单位：国家馆、首都馆

01005

注音字母报

北京：出版者不详，1922，石印本，1 册，32 开，环筒页装

本书为第 128 期、135 期、134 期合订本。卷端题名：国语注音字母报。

收藏单位：国家馆

01006

注音字母发音部位图表·文字形体学要旨

沈恩孚著

[南京]：江苏省教育会，1918.12，[10] 页，22 开

文言体，旧式圈点。

收藏单位：国家馆、上海馆

01007

注音字母发音图说 王璞著

北京：注音字母书报社，1919.12，石印本，16 叶，32 开，环筒页装

　　本书著者王璞为国语统一筹备会会员。书前有蔡元培序。

　　收藏单位：国家馆

01008

注音字母国语讲义 王璞著　陈恩荣校阅

北京：注音字母书报社，1916.3，26 叶，25 开，环筒页装

北京：注音字母书报社，1918.6，4 版，26 叶，25 开，环筒页装

北京：注音字母书报社，1919，6 版，26 叶，25 开，环筒页装

　　本书供师范学校用。

　　收藏单位：国家馆

01009

注音字母讲义 范祥善编辑

外文题名：Lessons in Chinese phonetics

上海：商务印书馆，1922.7，77 页，25 开

上海：商务印书馆，1924.11，5 版，77 页，25 开

　　本书共 36 课，第 1 至 22 课讲授基本知识（读法及用法、发音法及拼法）；第 23 至 28 课讲授补充事项（杂说）；第 29 至 36 课讲授应用法则（注音练习法）。

　　收藏单位：安徽馆、国家馆、吉林馆、南京馆、内蒙古馆、西南大学馆、浙江馆

01010

注音字母教本 （清）李金藻编辑

天津：教育学术编译社，1919.12，50 页，24 开

天津：教育学术编译社，1920.6，再版，50 页，24 开

　　本书共 10 课，以传习注音字母为主。该注音字母为 1918 年 11 月教育部通令推行的统一读音字母，共有 39 字，其中声母 24、介

母 3、韵母 12。封面题：李琴湘著。

　　收藏单位：上海馆、天津馆

01011

注音字母教本 易焘编

桂林：注音字母书报社，1919，[20] 页，32 开

　　收藏单位：广西馆

01012

注音字母教授法 陆衣言编

上海：中华书局，1920.9，[158] 页，48 开

上海：中华书局，1922.4，5 版，[158] 页，48 开

　　本书内容包括：注音字母的历史、注音字母和国语的关系、注音字母的应用、注音字母的必要、怎样教授注音字母、教授初入学儿童的法子等。

　　收藏单位：广西馆、国家馆、河南馆、浙江馆

01013

注音字母无师自通 黎锦熙　白涤洲编

北平：文化学社，1929.6，1 册，32 开（新国文社丛书 1）

北平：文化学社，1934.8，再版，1 册，32 开（新国文社丛书）

　　本书共 8 章：读者须知、注音字母、释声母、释韵母、释结合韵母、释拼音、释四声、拼音表。

　　收藏单位：国家馆

01014

注音字母无师自通 黎锦熙　白涤洲编著

北平：平民教育促进会总会，1929，1 册，16 开

　　收藏单位：重庆馆、山西馆、浙江馆

01015

字母表 黎锦熙编

台北：台湾省立台北民众教育馆，1946 翻印，1 幅，对开

　　本表全称：黎锦熙先生扫除文盲"注音符

号急读合音法"例字表。

01016

最后五分钟　李剑南编辑

台北：台湾书店，1948，55 页，32 开（台湾省国语推行委员会注音文选自修讲习用书 2）

　　本书为话剧剧本《最后五分钟》（赵元任编著）的注音读物。

　　收藏单位：国家馆

01017

最后五分钟（国语罗马字对话戏戏谱）（英）

米尔恩（Alan Alexander Milne）著　赵元任编译

上海：中华书局，1930.4，144 页，32 开

上海：中华书局，1933.2，再版，144 页，32 开

　　本书为国语罗马字和白话文的对照读本。正文为独幕话剧《最后五分钟》剧本。书前有 3 篇序：国语罗马字跟白话文、语调的研究、"戏谱"这观念；3 篇凡例：国语罗马字、戏谱凡例、演戏注意。书末附《北平语调的研究》一文。

　　收藏单位：东北师大馆、广西馆、国家馆、湖南馆、江西馆、南京馆、内蒙古馆、上海馆、浙江馆

01018

最新国语师范讲义　王璞著

北京：注音字母书报社，1920.5，石印本，62 页，32 开，环筒页装

北京：注音字母书报社，1922.4，4 版，石印本，62 页，32 开，环筒页装

　　本书为注音字母讲义。

　　收藏单位：国家馆

特种文字

01019

邦永速记术　张邦永著

上海：邦永速记学社，1930.8，108 页，32 开，精装

本书介绍拼音法、简写法等。有练习答案。

　　收藏单位：国家馆、上海馆

01020

邦永速记学　张邦永著

长沙：商务印书馆，1938.7，石印本，82 页，32 开

长沙：商务印书馆，1939.1，再版，石印本，82 页，32 开

长沙：商务印书馆，1939，3 版，石印本，82 页，32 开

　　本书共 3 篇 14 课：拼音法（包括声符、韵符等 4 课）、位置法（包括位置法总纲等 5 课）、简写法（包括字的简写等 5 课）。书末附著者用速记符号写的自传和各课的练习答案。

　　收藏单位：重庆馆、国家馆、吉林馆、南京馆、内蒙古馆、上海馆、天津馆

01021

邦永速记学问答　张邦永著

上海：商务印书馆，1948.2，石印本，32 页，32 开

　　本书共 14 课，内容包括：正误、总纲、声符、韵符、介符、短符等方面问答。

　　收藏单位：重庆馆、广东馆、国家馆、浙江馆

01022

笔画旗语纲要　刘澡著　中国童子军司令部审定

南京：童子军学术研究会，1931.8，28 页，50 开

　　本书讲述如何通过挥动旗帜传递笔画，并介绍了 10 种笔画及笔画旗语的方法等。

　　收藏单位：桂林馆、浙江馆

01023

炳勋速记模范语辞典　杨炳勋著

上海：炳勋中文速记学校，1933，29 页，大 64 开

上海：炳勋中文速记学校，1935，修正再版，

63 页，大 64 开

本书介绍炳勋速记模范语的概况。

收藏单位：浙江馆

01024

炳勋速记入门　杨炳勋发明

上海：炳勋中文速记学校，1934.1，58 页，25 开

上海：炳勋中文速记学校，1934.10，再版，58 页，25 开

本书通过 7 课介绍了炳勋速记的符号写法、连接方法、拼音、练习方法等内容。书后有"炳勋中文速记学校章程"。

收藏单位：国家馆、上海馆

01025

炳勋速记特种辞典　杨炳勋著

上海：炳勋中文速记学校，1933，1 册，精装

01026

炳勋速记习语辞典　杨炳勋著

上海：炳勋中文速记学校，1935，1 册，64 开

收藏单位：南京馆

01027

炳勋中文速记　杨炳勋著

上海：炳勋中文速记学校，1927，66 页，32 开

上海：炳勋中文速记学校，1929，再版，66 页，32 开

上海：炳勋中文速记学校，1932，3 版，66 页，32 开

上海：炳勋中文速记学校，1933，4 版，66 页，32 开

本书介绍炳勋速记模范语的概况。

收藏单位：南京馆、浙江馆

01028

长风速记术（最新叶子形系统）　金长风著

上海：长风速记学校，1948.2，176 页

本书共 22 章，内容包括：绪论、国音、符号各 1 章，基本符号 16 章，以及直线符号、钩线符号、圈线符号的补习各 1 章。附

录范文和中国现行各派速记术符号统计表。

收藏单位：首都馆

01029

传音快字初阶（南音上卷、北音下卷）　张文龄著

广州：百忍堂，1912，[180] 页，27 开，环筒页装

本书用传音快字进行中文速记。介绍南音和北音的传音快字音母、音母书法、韵母书法，以及反切、分声、分句等有关问题。字末有序和总说明部分的英译文。

01030

范氏速记术　顾浚泉　范资深著

中国中英文速记打字学社出版部，1944，4 版，44 页，32 开

收藏单位：重庆馆、国家馆

01031

高级范氏速记术　顾浚泉　范资深著

中国中英文速记打字学社出版部，1944.6，10 页，32 开

收藏单位：国家馆

01032

高级亚伟速记学讲义（第五部）　唐亚伟著

亚伟速记学社高级研究会，[1938—1949]，石印本，115—157 页，36 开，环筒页装

本书为 13—15 课。职业学校适用。

收藏单位：重庆馆

01033

各式速记评述　刘捷声著

上海：亚伟速记学校，[1947]，57 页，32 开（速记丛书）

本书共 3 章：分辨速记优劣的标尺、各式速记的比较评述、中国速记革新与发展之路。在第 2 章中，对蔡璋式、邦永式、炳勋式、汪怡式、易简式、世勤式、建中式、顾范式 8 种速记方法进行了比较和评述，并附长风式。

收藏单位：国家馆、吉林馆、内蒙古馆

01034

顾范速记菁华（又名，甲式范氏速记菁华）

范资深编著

南京：中国中英文速记打字学社，1947.11，
14 页，25 开

本书附速记古文选读。

收藏单位：国家馆、南京馆

01035

国音邦永速记术　张邦永著

上海：商务印书馆，1933.6，石印本，150 页，
32 开

上海：商务印书馆，1934.9，再版，石印本，
150 页，32 开

上海：商务印书馆，1935.5，3 版，石印本，
150 页，32 开

上海：商务印书馆，1938，[4 版]，石印本，
150 页，32 开

长沙：商务印书馆，1938.4，5 版，石印本，
150 页，32 开

长沙：商务印书馆，1940.7，7 版，石印本，
150 页，32 开

本书共 3 篇 20 课：拼音法（声符、开口
呼之韵符等 9 课）、位置法（位置法总纲等 5
课）、简写法（字的简写等 6 课）。书末附速
记字汇及练习答案。

收藏单位：重庆馆、广东馆、国家馆、湖
南馆、吉林馆、辽宁馆、南京馆、首都馆、
天津馆、浙江馆

01036

国音盲字符号指导　叶炳华著

南京：南京市立盲哑学校，1933.12，38 页，
32 开

本书为盲文注音符号。分基本凸点、国
音盲字符号、声调符号、标点符号、拼音举
例等 9 篇。书末附盲人算术新符号。

收藏单位：国家馆、浙江馆

01037

国语简易速记术　何谦著

湖南：华茂石印局，1919，石印本，134 页，
25 开

收藏单位：国家馆、首都馆

01038

国语旗语　乐嗣炳著

上海：中华书局，1922.8，44 页，32 开（国
语讲义 第 12 种）

上海：中华书局，1923，再版，44 页，32 开
（国语讲义 第 12 种）

本书内容包括：总说、传递底方法、传递
前后所应注意底各点等。中等学校适用。

收藏单位：广东馆、广西馆、河南馆、黑
龙江馆、首都馆

01039

国语速记术　陆衣言著

全国国语教育促进会，1927.10，1 册，32 开

收藏单位：南京馆

01040

国语信号　张万华编辑　陆衣言校订

上海：世界书局，1930.10，65 页，32 开（国
语注音符号丛书）

上海：世界书局，1931.1，再版，65 页，32
开（国语注音符号丛书）

本书讲述根据国语注音符号制订的旗号
（又名旗语）、灯号（又名灯语）、电报号（又
名国语电报）。

收藏单位：广西馆、国家馆、南大馆、南
京馆、西南大学馆、浙江馆

01041

函授指导书

亚伟速记学校函授部，1946.9，88 页，32 开

收藏单位：南京馆

01042

会写字的旗　刘澡编著

南京：童子军学术研究会，1932.4，70 页，32
开

收藏单位：广西馆

01043

简式速记重编　树冀编

保定：华北新华书店保定分店，1949，影印本，85 页，32 开

收藏单位：国家馆、宁夏馆、山东馆

01044

简易速记法 平生著

大连：光华书店，1949.1，石印本，61 页，32 开

本书共 3 节：前言、简易速记法、简易速记的练习。

收藏单位：东北师大馆、国家馆、湖南馆、吉林馆、辽宁馆、山东馆、山西馆、上海馆、天津馆

01045

简易速记法 平生著

大连：新中国书局，1949.1，61 页

大连：新中国书局，1949.8，再版，61 页

收藏单位：南大馆

01046

科学快字（又名，思源速记） 李盛唐编著

资中（四川）：中国农业银行，1948.11，石印本，50 页，64 开

本书参照《亚伟速记学高级讲义》《略符研究》《中国各式速记评述》等编写。讲述速记原则、符号等。书末附线圈速符四声活用拼音表。

收藏单位：重庆馆、国家馆

01047

林峰速记 林峰记

上海：林峰书屋，1931，10+16 页，32 开

本书介绍用三种符号结成一音的速记方法。出版年月据书前序的写作日期。

收藏单位：国家馆

01048

略符研究 张培彩著

上海：亚伟图书出版社，1947，29 页，32 开（速记丛书）

本书讲述速记略符的性质、品类、构成及用法等。

01049

士秋实用速记术（国音） 赵士秋著

上海：士秋实用速记术社，1939.5，139 页，50 开，精装

上海：士秋实用速记术社，1947.5，再版，139 页，50 开，精装

本书共 15 课，内容包括：声符与单纯韵符、声符与复合韵符、词之连写、惯用词冠词及尾词省略法、同声同韵及复文省略法等。第 1 课前有：音符全观（附声符韵符图）。

01050

世勤中文速记 范世勤著

上海：世勤中文速记学校，1934.9，石印本，87 页，32 开

本书前有孙福熙序和王世杰的题字。

收藏单位：广西馆、国家馆、上海馆、浙江馆

01051

速记发音法详解 唐亚伟著

上海：亚伟图书出版社，1948.10，37 页，32 开（速记丛书）

本书前 13 章内容包括：速记学的纪录对象、基本音素、声符与韵符、结合韵符、缀音法等，第 14 章为附录"基本符号发音对照"。

收藏单位：吉林馆、首都馆

01052

速记法

出版者不详，1911，石印本，22 页，环筒页装

本书所创速记符号分主音、辅音两类共 53 个，符号、切音大都以龙溪蔡氏《传音快字》为蓝本，以京音为标准。著者用速记符号署名。

01053

速记汉字合音举隅 蔡璋著

上海：中华书局，1935.8，手写石印本，50 页，22 开

本书为速记符号与汉字对照举例。以速

记符号代音，下注同音汉字。供速记字、汉字互译用。

收藏单位：国家馆、吉林馆、江西馆、辽宁馆、南京馆、内蒙古馆、上海馆、天津馆、浙江馆

01054

速记经验谈 李曼寅等著

上海：亚伟速记学校，[1938—1949]，25 页，32 开（速记丛书）

本书收文 10 篇，内容包括:《胜利的微笑》(秦狄原)、《要作活的速记》(伍天峙)、《陆大参战记》(李曼寅)、《从"手脑并用"到"手脑合一"》(魏正权)、《怎样记录"座谈会"》(曾廷献)等。

收藏单位：国家馆

01055

速记实务 刘捷声著

上海：亚伟图书出版社，1949.1，39 页，32 开（速记丛书）

01056

速记学概论 白陈群编辑

北京：白崇光，1938.1，32 页，32 开

本书共 6 章：中国文字之变迁与速记之关系、速记学之功用、世界速记学之历史、中国速记不发达之原因、学习速记必要之条件、男女性与学习之关系。

收藏单位：国家馆、首都馆

01057

速记学习法 邓纲著

上海：亚伟速记学校，[1947]，22 页，32 开（速记丛书）

收藏单位：广东馆、吉林馆、内蒙古馆

01058

汪怡国语速记学 汪怡著

北平：国语速记讲习所，1936，140 页，32 开，精装

北平：国语速记讲习所，1936.3，再版，140

页，32 开，精装

本书共 23 章，内容包括：绪论、基本声母线、声本线、基本韵母线、韵本线、有关数字的省略法、叠字叠句及省区省词、结论等。

收藏单位：重庆馆、国家馆、吉林馆、南京馆、浙江馆

01059

汪怡国语速记学 汪怡著

北平：汪怡 [发行者]，1928.7，288 页，32 开

北平：汪怡 [发行者]，1931.9，石印本，374 页，32 开

本书共 26 章，内容包括：基本声母线、声本线、基本韵母线、韵本线、省词及标点符号、钩声线、钩韵线、数字、叠字及叠句、省略法等。书前有卷头语和三个学习者的报告。书后有卷尾语。

收藏单位：国家馆、南京馆、首都馆、天津馆、浙江馆

01060

汪怡简式速记学 汪怡著

上海：商务印书馆，1948.5，184 页，32 开

本书共 27 课，内容包括：基本声母线、细音声母线、省词及标点符号、小圈线、大圈线、三段省略法、省词制定的原则等。书前有著者自序。

收藏单位：国家馆、辽宁馆、上海馆、首都馆

01061

汪怡简式速记学 汪怡著

北平：汪怡 [发行者]，1936，[18]+184 页，32 开，精装

收藏单位：广东馆、国家馆

01062

汪怡式国语速记记录选粹 汪怡编

北平：国语速记讲习所，1934.5，174 页，32 开

本书是汪怡国语速记记录整理的讲演汇刊，讲演内容涉及军事学、警察学、新闻学、

教育学、法律学、经济学、史地学等方面。版权页题名：汪怡国语速记记录选粹。

　　收藏单位：广东馆、国家馆、吉林馆、南京馆、首都馆、西南大学馆

01063

维纲速记学　刘维纲著

成都：维纲速记学社，1944，再版，60页，16开

　　本书内容涵盖速记史、速记学等。

　　收藏单位：浙江馆

01064

新式旗语　黄士元编

浙江省警官学校，1929，177页，32开

　　本书为注音字母旗语。浙江省警官学校讲义。

　　收藏单位：浙江馆

01065

新式旗语　曾彝进著

北京：注音字母书报社，[1918]，44页，32开

　　本书上编为传音法，下编为传形法。

01066

新中国速记学　刘拓著

新中国速记学校，74页，36开

　　职业学校适用。

　　收藏单位：重庆馆

01067

亚伟流线速记学（基本讲义）　唐亚伟著

上海：亚伟图书出版社，1949.4，12版，162页，32开

　　本书为《亚伟速记学讲义》改书名出版，并对前11版做了全面的修订。共10章：速记学的概念、原理与方法、基本符号、音符级合（一）、音符级合（二）、词语连写、略号、速缩公式、特种法则、结论。书前有12版序，后附"速记是一种大众学术"。封面题名：亚伟速记学（十二版·基本讲义）。

　　收藏单位：重庆馆

01068

亚伟速记学（高级讲义）　唐亚伟著

上海：亚伟图书出版社，1940.9，石印本，61页，32开

上海：亚伟图书出版社，1948.10，6版，石印本，61页，32开

　　本书适合修读基本讲义第9—11版学员之用。

　　收藏单位：上海馆

01069

亚伟速记学（基本讲义）　唐亚伟著

上海：亚伟速记学校，1938.2，1册，32开

上海：亚伟速记学校，1940.3，再版，1册，32开

上海：亚伟速记学校，1942.1，4版，1册，32开

上海：亚伟速记学校，1947.2，10版，1册，32开

　　本书版权页题名：亚伟速记学讲义（基本用书）。

　　收藏单位：广东馆、南京馆

01070

亚伟速记学函授指导书　亚伟速记学校函授部编

亚伟速记学校，1945，3版，油印本，1册，32开

　　收藏单位：广东馆

01071

亚伟速记学函授指导书　亚伟速记学校函授部编纂

上海：亚伟图书出版社，1948.4，11版，37页，32开

　　本书为初级速记学函授讲义，是循序渐进研究学习《亚伟速记学（基本讲义）》的指导书。书前有校徽、校训的简释。

　　收藏单位：南京馆、内蒙古馆

01072

亚伟速记学讲义（基本讲义）　唐亚伟著

上海：亚伟图书出版社，1948.5，11版，104

页，32 开

本书为《亚伟中文速记学讲义》改书名出版。共 9 章：总说、原理与方法、基本符号、音的缀合、词语连写、略符、速缩公式、特种法则、结论。附录 4 篇：盐与光·新与旧、解明稗子的比喻、两种果树和两种根基、无知的财主。

收藏单位：国家馆、南京馆

01073

亚伟速记学校函授部招生章则 [亚伟速记学校编]

重庆：亚伟速记学校，[1943—1945]，[30] 页，32 开

本书围绕亚伟速记学校函授部招生的说明和宣传，除招生章则外，介绍了校训、校徽、校歌，介绍了速记的作用和意义，函授学习带来的实益，列举了部分已毕业学员所在的政府机关单位等。

收藏单位：国家馆

01074

亚伟速记字汇（标准国音） 亚伟速记学校编辑部编纂

上海：亚伟图书出版社，1943.2，107 页，64 开

上海：亚伟图书出版社，1945.4，再版，107 页，64 开

上海：亚伟图书出版社，1948.8，3 版，107 页，64 开

上海：亚伟图书出版社，1949.1，4 版，107 页，64 开

收藏单位：首都馆

01075

亚伟中文速记学讲义 唐亚伟著

重庆：亚伟速记学社，1938.2，138 页，32 开

重庆：亚伟速记学社，1940.3，再版，138 页，32 开

重庆：亚伟速记学社，1941.6，3 版，石印本，增订版，160 页，32 开

重庆：亚伟速记学社，1942.1，4 版，138 页，32 开

重庆：亚伟速记学社，1942.12，5 版，138+15 页，32 开

本书共 9 章：总说、原理与方法、基本符号、音的拼缀、词的连写、略符、速缩公式、特种法则、结论。附学习程序。1938 年 2 月初版和 1940 年 3 月再版，用文言体裁讲述，之后改为语文体。前 3 版均用“国音注音符号”标注速符的读音，以后版本改用汉字注音。5 版书后有勘误表。封面题名：亚伟中文速记学。

收藏单位：重庆馆、贵州馆、国家馆、南京馆、上海馆

01076

易简速记 郭立华著

郭立华 [发行者]，1941.7，145 页，32 开

收藏单位：南京馆

01077

音标简字 蔡璋著

北京：速记传习所，1915.3，1 册，16 开

本书介绍速记符号加上音标字母而拼成的一种简字。字母是作者创编的，类似日文假名。拼音方法采取欧西各国拼音法，并参以汉字反切法。

收藏单位：国家馆

01078

怎样纪录人名 邓纲著

上海：亚伟图书出版社，1945.8，21 页，32 开（速记丛书）

上海：亚伟图书出版社，1948.9，再版，21 页，32 开（速记丛书）

收藏单位：广东馆、内蒙古馆、上海馆

01079

赵氏国音速记（上卷） 李瘦芝编

南宁：广西南宁赵氏国音速记专修班，1933 印，48 页，22 开

本书为速记专修班用的文法书。

收藏单位：广西馆

01080

中国速记导师 伍天峙著

上海：亚伟速记学校，1947，再版，16 页，32 开

收藏单位：广东馆

01081

中国速记简明表 白陈群编辑

北京：白崇光 [发行者]，1941.3，石印本，32 页，16 开

本书用图表形式讲述中国文字与速记的关系、速记的功用，以及学习的方法、记录法、书法等。书前有陆少游序及编者弁言。封面加题：受业三十年纪念。

收藏单位：国家馆、首都馆

01082

中国速记学 （清）蔡锡勇著　蔡璋增订

沈阳：光华书店，1923，74 页，22 开

收藏单位：山西馆

01083

中国速记学 （清）蔡锡勇　蔡璋著

北京：速记传习所，1913，增订 3 版，石印本，59 页，18 开

本书清光绪 22 年初版，宣统 2 年增订再版。

收藏单位：国家馆、湖南馆

01084

中国速记学 （清）蔡锡勇原著　蔡璋增订

上海：中华书局，1919.5，增订本，[19]+74 页，22 开

上海：中华书局，1934.9，石印本，[19]+74 页，22 开

上海：中华书局，1935.4，再版，石印本，[19]+74 页，22 开

本书由蔡璋增删其父蔡锡勇《传音快字》而成。编制易记易写之字，提高书写速率。

收藏单位：安徽馆、重庆馆、广东馆、广西馆、国家馆、河南馆、黑龙江馆、江西馆、辽大馆、南京馆、内蒙古馆、绍兴馆、首都馆、天津馆、浙江馆

01085

中国新式速记术（兼讲发音） 汪怡著

外文题名：The latest system of Chinese shorthand

北京：新式速记传习所，1919.8，石印本，244 页，18 开

本书介绍速记字母、省略法等。后附练习题及答案。

收藏单位：安徽馆、国家馆、上海馆、天津馆

01086

中华国语最新速记学 汪怡著

北平：汪怡 [发行者]，1928，石印本，288 页，32 开

收藏单位：国家馆、首都馆、中科图

01087

中级童子军旗语教本 陈潮中编　杨克敬校译

南京：共和书局，1932，134 页，32 开

收藏单位：广西馆

01088

中文电码旗语检字典 范晓六编

上海：二二五童子军书报用品社，1936，166 页，64 开

收藏单位：重庆馆

01089

中文旗语捷法 沈延平编著

苏州：沈延平 [发行者]，1936.9，56 页，32 开

本书在中文笔画旗语的基础上采用增加旗式、偏旁，校正方位，修改符号等方法改良而成。

收藏单位：国家馆、河南馆、南京馆、上海馆、首都馆、天津馆

01090

最新汉字传音速记法 （美）钟越翰（D. D. Jones）著　黎道援译

外文题名：The Jones system of Chinese Shorthand

广州：钟越翰 [发行者]，1913.5，46 页，24

开，精装

　　本书介绍字画、字母、调音、写法、特别减写法及减写法例式等。书前有钟荣光序及作者写于广州公医学校的序言，叙述速记的必要性及创造速记法的经过。

01091

最新式张氏华文平线速记术　张兆云著

上海：π学艺社，1935，84+14 页，32 开

　　本书分总论元音、速记术、结论 3 章。出版者又题：派爱学艺社。

　　　　收藏单位：广东馆、国家馆

语义、词汇、词义（训诂学）

01092

希杀祭古语同原考　沈兼士著

北平：辅仁大学，1939.12，14 页，16 开

　　本书为《辅仁学志》8 卷 2 期抽印本。内分 6 部分：（一）希彖豕、希杀蔡、蔡祭各字相通之史迹；（二）杀之语原；（三）祭字古有杀义；（四）祭之语原；（五）卜辞末字之新解；（六）希杀祭字族表。

　　　　收藏单位：国家馆、吉林馆、上海馆

01093

"巴"字十义及其复合词、成语　黎锦熙著

北平：中国大辞典编纂处，[1933]，32 页，16 开

　　本书以"巴"字为例，说明国语文学的一种训诂研究方法。"巴"字共有二十多义，这里仅取与近代国语文学关系密切的十义。本文曾登载《文学季刊》创刊号，题为《近代国语文学之训诂研究示例》并加小序。此书即其抽印本。

　　　　收藏单位：国家馆

01094

白话字诂　方毅编纂

外文题名：Etymological study of Pai Hua style

上海：商务印书馆，1920.10，95 页，50 开

上海：商务印书馆，1921，再版，95 页，50 开

上海：商务印书馆，1921.3，3 版，95 页，50 开

上海：商务印书馆，1921.8，4 版，95 页，50 开

　　本书辑录当时通行的白话小说、书报、杂志中的习用字与文言相印证，以明字义的沿革。

　　　　收藏单位：广东馆、国家馆、河南馆、江西馆、上海馆、首都馆、天津馆

01095

编辑慧琳一切经音义引用书索引之经过（国立北京大学研究院编辑工作记事）　戴明扬著

北平：北京大学，1931，2 页，16 开

　　本书为国立北京大学《国学季刊》6 卷 1 号抽印本。说明编辑《慧琳一切经音义引用书索引》的目的、整理工作步骤以及编辑过程中的困难之处。

　　　　收藏单位：国家馆

01096

伥字之商榷　黄文袞著

广州大学，1938.2，18 页，36 开（广大计政增刊 2）

广州大学，1938.5，再版，18 页，36 开（广大计政增刊 2）

　　本书说明"伥"字是根据"帐"字改创而成，"伥"字创立的必要性及适合会计学原理和文字学原则，适合新式簿记用。

　　　　收藏单位：湖南馆、江西馆

01097

伥字之商榷　黄文袞著

平正高级会计学校，1940，18 页，36 开（平正会计增刊）

平正高级会计学校，1940.10，5 版，18 页，36 开（平正会计增刊）

　　　　收藏单位：重庆馆、首都馆

01098

常用成语　周忠治编著

广州：南光书店，1946.12，85 页，32 开

广州：南光书店，1947.6，85 页，32 开

本书收成语 4000 余句。各界必备。

收藏单位：广西馆、首都馆

01099

常用成语辞典　苏文勒编著

成都：进修书店，[1911—1949]，50 页，32 开

收藏单位：南京馆

01100

常用的成语　凌子鎏编

香港：南开教育用品公司，1940，4 版，70 页，32 开

收藏单位：广东馆

01101

唱喏考　孙楷第著

北平：辅仁大学，[1933]，24 页，16 开

本书为《辅仁大学》4 卷 1 期抽印本。分释诂、述古礼、正俗 3 章。引用史书和历代文艺作品中的章句，考证"唱喏"二字的始源及流变。书后有"结论"。

收藏单位：国家馆

01102

成语读本　彭飞陆编

南昌：艺文书社，1940.4，56 页，25 开

收藏单位：江西馆

01103

成语汇编　张文宽　朱焕鼎编辑

上海：南华书局出版部，1924.6，[394] 页，32 开，精装

上海：南华书局出版部，1924.8，再版，[394] 页，32 开，精装

本书为四字成语辞典。按天文、地理、岁时、国家、文艺、音乐、交际等 20 门 130 类编排。卷端与目录页题名：注释成语汇编。

收藏单位：东北师大馆、国家馆、上海馆、天津馆

01104

成语类选　中华书局函授学校编

上海：中华书局，[1926—1949]，2 册（34 页），

32 开，（中级国文科讲义 5）

本书所收成语分形容、譬喻、直叙、名物词 4 类。书后有练习和试验题等。

01105

成语连珠　彭飞陆著

出版者不详，1939.7，42 页，25 开

出版者不详，1946.7，3 版，62 页，25 开

彭飞陆，又名：彭鸿元。

收藏单位：广东馆、江西馆

01106

成语使用法　中华书局函授学校编

上海：中华书局，[1926—1948]，2 册（31 页），32 开（初级国文科讲义 第 6 种）

本书所收成语分 3 类：譬喻、直叙、名物词。标出处，附注释。书后有练习和试题。供作文修辞参考。

01107

成语手册　张萌编

上海：华成书店，1948.8，增订本，142 页，36 开

本书收成语 3000 余条，依其性质分为 12 部分，以全句每个字的笔画多少排列检索。分类注释，各界适用。

收藏单位：重庆馆

01108

辞通　朱起凤著

上海：开明书店，1934.8，2 册（2814+[340] 页），32 开，精装

上海：开明书店，1944.8，2 册，22 开

本书共 24 卷。采古籍中双音词语，按平水韵编次。把音同和音近通假、义同通用、形近而讹的词语，搜集在一起，博举例证以明其用法。每条下附加按语，说明形、音、义三者的流变。凡字同而义异、音异者作为附录。书前有章炳麟、胡适、钱玄同、刘大白、林语堂等序及编者自序共 8 篇。书末有补遗和附录及四角号码、笔画索引。

收藏单位：安徽馆、重庆馆、东北师大馆、福建馆、广东馆、广西馆、桂林馆、国

家馆、湖南馆、吉林馆、近代史所、辽大馆、辽东学院馆、辽宁馆、南京馆、内蒙古馆、宁夏馆、上海馆、首都馆、天津馆、西南大学馆、浙江馆

01109

萃语类编 高殿澍编选

奉天（沈阳）：胡魁章号，1935.9，134 页，32 开

奉天（沈阳）：胡魁章号，1938.4，再版，增订本，148 页，32 开

奉天（沈阳）：胡魁章号，1940.4，3 版，148 页，32 开

奉天（沈阳）：胡魁章号，1942.6，4 版，148 页，32 开

    本书辑录典故和成语，分类编排。

    收藏单位：山东馆、首都馆

01110

萃语类编 高殿澍编选

奉天（沈阳）：太古山房，1929.11，152 页，32 开

奉天（沈阳）：太古山房，1933.7，152 页，32 开

01111

戴醇士题画偶录 戴熙著 夏定域校点

广州：戴熙 [发行者]，1928.12，24 页，32 开

    本书选录 100 余则格言。书末有跋。戴熙，字醇士。

    收藏单位：国家馆

01112

胆汁录 李警众著

上海：泰东图书局，1916.9，74 页，32 开

上海：泰东图书局，1920，再版，74 页，32 开

    本书共 8 部分，为格言、警句集。

    收藏单位：东北师大馆、国家馆、首都馆

01113

第四次资料报道 资料研究室编制

出版者不详，[1937—1945]，1 册，16 开

    本书为抗战时期宣传常用名词正误表。

分两部分：一，敌人分化侮辱我国之名词及对敌使用注意之名词；二，共产党及人民阵线习用之名词。

    收藏单位：南京馆

01114

叠语 王峻著

王峻 [发行者]，1913，246 页，16 开

    迭语今称迭字即重言，是由两个相同的字组成词语。本书是迭语词典，收迭字 3081 个。有注音和注释，按部首编排。

    收藏单位：国家馆

01115

读尔雅释地以下四篇 顾颉刚著

史学年报，1934，（247—266 页），16 开

    本书为《史学年报》2 卷 1 期抽印本。分本文、案语两部分。对《尔雅》中的释地、释丘、释山、释水 4 篇的释义和考证。

    收藏单位：吉林馆、南京馆、上海馆

01116

读书杂志 （清）王念孙著

上海：商务印书馆，1930.4，16 册，32 开（万有文库 第 1 集 845）（国学基本丛书）

上海：商务印书馆，1934.7，再版，16 册，32 开（万有文库 第 1 集 0845）（国学基本丛书）

    本书为校勘和训诂书，共 82 卷。所校古书有《逸周书》《战国策》《史记》《汉书》《管子》《晏子春秋》《墨子》《荀子》《淮南内篇》9 种。附《汉隶拾遗》1 种及余篇（《后汉书》《老子》《庄子》《吕氏春秋》《楚辞》《文选》等），对其文字谬讹、句读错乱、著训异同，均加考辩。

    收藏单位：安徽馆、重庆馆、大理馆、大连馆、东北师大馆、贵州馆、国家馆、黑龙江馆、湖南馆、辽大馆、辽师大馆、内蒙古馆、宁夏馆、山东馆、上海馆、西南大学馆

01117

读书杂志 （清）王念孙著

上海：商务印书馆，1933.3，3 册，32 开，精装（国学基本丛书）

上海：商务印书馆，1934，再版，3 册，32 开（国学基本丛书）

上海：商务印书馆，1934.6，3 版，3 册，32 开，精装（国学基本丛书）

收藏单位：安徽馆、重庆馆、大庆馆、广东馆、贵州馆、国家馆、湖南馆、江西馆、内蒙古馆、宁夏馆、上海馆、首都馆、西南大学馆、中科图

01118

尔雅学 陈晋著

太原：山西大学教育学院，1935.6，2 册（[867]页），18 开（山西大学教育学院丛书）

本书共 19 篇。上册 3 篇：释诂、释言、释训；下册 16 篇：释亲、释宫、释器、释乐、释天、释地、释北、释山、释水、释草、释木、释虫、释鱼、释鸟、释兽、释畜。书前为隶书书写的尔雅学序及 44 页的绪言。

收藏单位：国家馆

01119

尔雅义疏 （清）郝懿行著

上海：商务印书馆，1929.10，5 册（[509]页），32 开（万有文库第 1 集 380）

上海：商务印书馆，1933.3，[509]页，32 开，精、平装（国学基本丛书）

上海：商务印书馆，1934.2，再版，[509]页，32 开，精装（国学基本丛书）

上海：商务印书馆，1934.9，3 版，[509]页，32 开（国学基本丛书）

长沙：商务印书馆，1936.2，2 册（[509]页），32 开（国学基本丛书 简编）

长沙：商务印书馆，1938.6，4 版，2 册（[509]页），32 开（国学基本丛书 简编）

上海：商务印书馆，1939.9，5 册（[509]页），32 开（万有文库 第 1—2 集 简编 500 种 118）（国学基本丛书）

本书早期万有文库版本为 5 册，以后的版本系用该版本印行，合订为 1 册或 2 册，页数保留 5 册的编页。书前有尔雅郭注义疏序。卷端题名：尔雅郭注义疏。

收藏单位：安徽馆、重庆馆、大理馆、大连馆、东北师大馆、广西馆、贵州馆、国家馆、河南馆、黑龙江馆、湖南馆、吉大馆、江西馆、辽大馆、辽师大馆、南京馆、内蒙古馆、宁夏馆、上海馆、绍兴馆、首都馆、天津馆、西南大学馆、浙江馆

01120

尔雅义疏 （清）郝懿行撰

上海：中华书局，1933.3，1 册，32 开（国学基本丛书）

收藏单位：上海馆、绍兴馆

01121

尔雅义证 尹桐阳撰著

衡阳：衡阳湖南第五联合县立中学校，1914.8，3 册，25 开

本书为文科国文类应用书，共 3 卷。内容包括：文学之部（释诂、释言、释训）、亲族之部（释亲）、建筑之部（释宫）、理化之部（释器）、音乐之部（释乐）、天文之部（释天）、地理之部（释地、释北、释山、释水）、博物之部（释草、释木、释虫、释鱼、释鸟、释兽、释畜）。

收藏单位：国家馆

01122

尔雅引得 哈佛燕京学社引得编纂处编

北平：哈佛燕京学社引得编纂处，1941.6，129 页，16 开（引得特刊第 18 号）

本书附标校尔雅经文。

收藏单位：桂林馆、国家馆、近代史所、辽大馆、辽宁馆、首都馆、西南大学馆

01123

尔雅郑玄注稽存 （汉）郑玄注 许森辑

出版者不详，[1932]，1 册

本书为郑玄对《尔雅》的释诂、释言、释训等 19 篇注释。书前有许森的"尔雅郑玄注稽存序"，出版年根据该序推测。

收藏单位：国家馆

01124

尔雅注疏引书引得 哈佛燕京学社引得编纂处编

北平：哈佛燕京学社引得编纂处，1941.1，14页，42开（引得第38号）

本书据《尔雅》郭璞注和邢昺疏所引书名编制的索引。

收藏单位：国家馆、辽宁馆、首都馆、天津馆、西南大学馆

01125

反训纂例 董璠著

北平：燕京大学哈佛燕京学社，1937.12，119—173页，16开

本书为《燕京学报》第22期单行本。对反训现象进行了较系统的论述，以字为单位，把反训分为同字同声反训、同字异读反训、从声反训、异形反训、表德反训、彰用反训、省语反训、叠词反训等10类。

收藏单位：国家馆

01126

分类成语 郑雪华编

重庆：陪都书店，[1911—1949]，192页，36开

本书成语分人品、仪容、姿态、动作、神情等共50类。

收藏单位：重庆馆

01127

分类成语手册 柯槐青编注　何公超校订

上海：华新出版社，1946.10，148页，32开

上海：华新出版社，1947.2，再版，148页，32开

本书共收成语3000余条，分4门66类。人事门30类、人物门22类、人伦门5类、自然门9类。4门之后为书信成语12类，以及书信用语。书前有何公超序，书末附谚语、歇后语、同字异音详解、同音异字详解、标点符号使用法、注音符号的秩序及读法、国语文法表、国音四声符号表。

收藏单位：绍兴馆、首都馆

01128

分类成语手册 田实萍编注

重庆：会文堂书局，1949，150页，32开

本书收成语3000余条，分人事、人物、人伦、自然等类。末附谚语、歇后语、同字异音详解、同音异字详解等。

收藏单位：重庆馆

01129

分类成语手册（正编） 柯槐青编注　何公超校订

上海：新鲁书店，1947，148页，32开

上海：新鲁书店，1947.5，3版，148页，32开

上海：新鲁书店，1947.9，4版，148页，32开

上海：新鲁书店，1947.10，5版，148页，32开

上海：新鲁书店，1948.2，7版，148页，32开

上海：新鲁书店，1948.8，8版，148页，32开

上海：新鲁书店，1948.10，9版，148页，32开

上海：新鲁书店，1949，20版，148页，32开

本书共收成语3000余条，分4门66类。人事门30类、人物门22类、人伦门5类、自然门9类。4门之后为书信成语12类，以及书信用语。书前有何公超序，书末附谚语、歇后语、同字异音详解、同音异字详解、标点符号使用法、注音符号的秩序及读法、国语文法表、国音四声符号表。

收藏单位：重庆馆、广东馆、湖南馆、绍兴馆、天津馆

01130

分类成语手册（续编） 柯槐青编注　何公超校订

上海：新鲁书店，1947.10，184页，32开

上海：新鲁书店，1947.11，再版，184页，32开

上海：新鲁书店，1948.2，4版，184页，32开

上海：新鲁书店，1948.8，5版，184页，32开

上海：新鲁书店，1948.10，6版，184页，32开

上海：新鲁书店，1949.2，7版，184页，32开

本书所收成语亦按正编分类编排。书前有何公超序，书末附谚语、双声句解、叠韵句解、虚字复词用法、成语检句表。

收藏单位：安徽馆、重庆馆、广东馆、湖南馆、南京馆、上海馆、绍兴馆、首都馆、浙江馆

01131

分类成语手册（三编） 柯槐青编注 何公超校订

上海：新鲁书店，1949.2，1 册，25 开

上海：新鲁书店，1949.3，再版，1 册，25 开

　　本书所收成语亦按正编分类编排。书前有何公超序，书末附单句谚语、复句谚语、以物喻事句解、上海俗语解、重庆俗语解、绍兴俗语解以及成语检字表。

　　　　收藏单位：浙江馆

01132

分类成语手册（正续编袖珍合订本） 柯槐青编注 何公超校订

上海：新鲁书店，[1947—1949]，148+184 页，64 开

　　本书收正编和续编 4 门 66 类成语各 3000 余条，以及正编和续编的附录、检字表等。

　　　　收藏单位：首都馆、浙江馆

01133

分类格言精华 张秉衡编

上海：时还书局，1935.7，重版，102+108 页，32 开

　　本书分上下两卷。上卷有 8 类：达观、勉励、劝戒、悖凶、修身、齐家、事亲、处事；下卷有 8 类：御人、察物、涉世、从政、治国、存养、惠吉、修道。书前有编者的"缘起"和"序"。版权页题名：分类格言精华读本。

　　　　收藏单位：国家馆

01134

分类格言精华 张秉衡编

上海：希望出版社，1937.7，102+108 页，32 开

　　　　收藏单位：山东馆

01135

分类格言精华（历代名人家言） 王儒林校

上海：东方文学社，1946.8，98 页，32 开

　　本书格言分 16 类：达观类、勉励类、劝戒类、悖凶类、修身类、齐家类、事亲类、处事类、御人类、察物类、涉世类、从政类、治国类、存养类、惠吉类、修道类。书前有张秉衡的"序"和"缘起"。

　　　　收藏单位：广东馆、绍兴馆

01136

分类实用成语手册 姚虚谷编著

上海：新群书店，1947.5，214 页，32 开

　　本书分上下两编，约 6000 句左右成语。上编 10 类 67 目，按成语字形划分；下编 10 类 114 目，按成语内容属性区别。

　　　　收藏单位：广西馆

01137

分类字源 曹春涵等总纂

[上海]：[鸿宝斋书局]，1921，石印本，2 册，36 开

上海：鸿宝斋书局，1923.2，再版，[1200] 页，36 开，精装

上海：鸿宝斋书局，1925.7，3 版，[1200] 页，36 开，精装

上海：鸿宝斋书局，1937.3，12 版，[1200] 页，36 开，精装

　　本书分 39 部，内容包括：天文部、岁时部、地理部、朝代部、职官部、政教部、礼仪部、刑赏部、文学部等，每部下按类编排。书前有吴荫培的序及曹春涵的分类字源说略、分类字源总目。书末有"辨似"和"补编"。1937 年版书名前加题"最新"二字。总纂者还有：秦伟模、冯玉崑、傅闻蛰。曹春涵，原名：曾涵。

　　　　收藏单位：北师大馆、国家馆、吉林馆、南京馆、上海馆、浙江馆

01138

分类字源 曹春涵等总纂

上海：翼文书局，1921.8，2 册，32 开

上海：翼文书局，1921.10，再版，2 册，32 开

　　本书分 39 部，内容包括：天文部、岁时部、地理部、朝代部、职官部、政教部、礼仪部、刑赏部、文学部等，每部下按类编排。书前有吴荫培的序及曹春涵的分类字源说略、

分类字源总目。书末有"辨似"和"补编"。布面装订为1册。总纂者还有：秦伟模、冯玉崑、傅闻蛰。曹春涵，原名：曾涵。

收藏单位：辽大馆、绍兴馆

01139

格言别录

出版者不详，[1911—1949]，影印本，1册，18开

本书依《格言联璧》录写。

收藏单位：上海馆

01140

格言菁华录（第一集） 赵葆恒辑

天津：格言编辑社，1937.7，76页，25开

本书收中国古代名人格言580则。分智育门（勉学、省察、存养）、德育门（忠恕、亲仁、力行）、体育门（知耻、改过、自强、卫生）。

收藏单位：广东馆、国家馆、浙江馆

01141

格言联璧 范叔寒校阅

上海：新文化书社，1941，130页，32开

收藏单位：首都馆

01142

格言联璧 （清）金缨辑

上海：佛教净业社流通部，1929.4，206页，22开

上海：佛教净业社流通部，1930.6，3版，206页，22开

收藏单位：国家馆、内蒙古馆、上海馆、首都馆

01143

格言联璧 （清）金缨辑

上海：佛学书局，1921.12，206页，22开

上海：佛学书局，1931.4，4版，206页，22开

上海：佛学书局，1932.5，6版，206页，22开

收藏单位：国家馆、江西馆、绍兴馆

01144

格言联璧 （清）金缨编

天津：广昌印务局，1926.6重印，160页

本书收录中国圣贤语录、名言。分成14类：学问、存养、持躬、敦品、处事、接物、齐家、从政、惠吉、悖凶、劝毁淫书说、戒淫歌详注、戒邪淫单式、劝戒食牛犬无鳞鱼单式。

收藏单位：近代史所

01145

格言联璧 （清）金缨辑

苏州：弘化社，1933.6，6版，206页，25开

苏州：弘化社，1934.12，7版，206页，25开

苏州：弘化社，1936，8版，206页，25开

苏州：弘化社，1937.8，9版，206页，25开

本书收录中国圣贤语录、名言。分成10类：学问、存养、持躬、敦品、处事、接物、齐家、从政、惠吉、悖凶。附录5类：劝毁淫书说、戒淫歌详注、戒邪淫单式、劝戒食牛犬无鳞鱼单式、劝戒杀吃素文。书前有1921年印光法师重刻序，咸丰元年编者序。

收藏单位：广东馆、河南馆、山东馆、上海馆、首都馆

01146

格言联璧 （清）金缨辑

出版者不详，1920.3，116页，大32开

出版者不详，1928.3重印，156页，22开

出版者不详，[1931]，206页，25开

出版者不详，1935.6重印，160页，22开

出版者不详，[1911—1949]，93页，36开

收藏单位：重庆馆、国家馆、江西馆、南京馆、首都馆

01147

格言联璧 薛恨生句读

上海：尊善社，1935.8，130页，32开

上海：尊善社，1935.10，再版，130页，32开

上海：尊善社，1937，[再版]，130页，32开

本书收录中国圣贤语录、名言。分成10类：学问、存养、持躬、敦品、处事、接物、齐家、从政、惠吉、悖凶。封面题：上海尊善

书社印行。

收藏单位：广东馆、绍兴馆、首都馆

01148

格言联璧

济南：北洋印刷公司，1931，78 页，18 开

收藏单位：首都馆

01149

格言录　倪儒范编

上海：土山湾印书馆，1932，再版，153 页，
32 开

本书汇集中国的格言、俗语。分宗教、
家道、人事、人品、境遇、光阴、气候、杂
类共 8 类。

收藏单位：安徽馆、国家馆、南京馆、上
海馆、浙江馆

01150

格言三千句　董尧羹编

上海：经纬书局，1947.9，112 页，36 开（青
年修养丛书 3）

上海：经纬书局，1948，4 版，112 页，36 开
（青年修养丛书 3）

本书将古今格言 3000 句分成格言（内分
8 类：正心、修身、为学、齐家、敬业、乐
群、从政、治国）和格言联句两部分。

收藏单位：广西馆、人大馆

01151

格言三千句　董尧羹编

上海：自力出版社，1946.4，112 页，36 开

收藏单位：上海馆

01152

格言俗语录　遣使会司铎编

嘉兴：天主堂，1924.10，120 页，32 开

本书辑录古今格言、谚语。分宗教、家
道、人事、人品、境遇、光阴、气候、杂类
共 8 类。

01153

古话正误（第一集）　高沐鸿集正

韬奋书店，[1940—1949]，45 页，大 64 开，
环筒页装

本书收关于卫生、妇女、社会政治等民
间俗语 106 条，并逐条加以更正，或作新的
解释。

收藏单位：国家馆

01154

古话正误（第二集）　王千秋编

韬奋书店，1945.10，27 页，64 开，环筒页装

本书收关于命运等迷信、关于社会不平
等、关于官民关系等民间俗语 54 条，并逐条
加以更正或作新的解释。

收藏单位：北师大馆、国家馆

01155

古话正误（第三集）　李瘦鹏辑　王千秋正

韬奋书店，1946.1，28 页，大 64 开，环筒页
装

本书收关于命运迷信、关于人生观、关
于女子及婚姻等民间俗语 62 条，并逐条加以
更正，或作新的解释。

收藏单位：国家馆、南京馆

01156

古语浅释　张伯康编

上海：商务印书馆，1924.6，2 册（18+14 页），
50 开（平民小丛书 第八种 杂类）

上海：商务印书馆，1925，再版，2 册（18+
14 页），50 开（平民小丛书 第八种 杂类）

上海：商务印书馆，1936.5，2 册，64 开（民
众基本丛书 第一集 公民修养类）

收藏单位：重庆馆、国家馆、南京馆、首
都馆

01157

古语浅释（第一集）　张伯康编

上海：商务印书馆，1926，再版，[125] 页，50
开（平民小丛书 第八种 杂类）

本书为合订本。另有《注音字母》《红十
字会》《开会的方法》。

收藏单位：重庆馆

01158

广雅疏证 （三国）张揖著 （清）王念孙疏
证

上海：商务印书馆，1936.12，9 册（1585 页），
32 开（万有文库 第 2 集 173）（国学基本丛
书）

　　本书博搜汉以前古训，订讹补缺，由古
音以求古义，为研究古代词汇和训诂的重要
资料。《广雅》篇目次序依据《尔雅》，博采
汉人笺注《三苍》《说文》《方言》诸书，增
广《尔雅》所未备，故名《广雅》。附博雅
音。书前有广雅疏证原序和《上广雅表》。

　　收藏单位：安徽馆、重庆馆、大理馆、大
连馆、大庆馆、东北师大馆、国家馆、黑龙
江馆、湖南馆、辽大馆、辽师大馆、内蒙古
馆、宁夏馆、天津馆、西南大学馆、浙江馆

01159

"鬼"字原始意义之试探 沈兼士著

北平：北京大学，1936.2，16 页，16 开

　　本书为国立北京大学《国学季刊》5 卷 3
号抽印本。作者认为人死为鬼的传统解释并
非原意。"鬼"的原始意义可能指古代一种似
人的动物，其后鬼神妖怪之义，皆由此概念
引申发展。书中把"鬼"字字族各字系统列
出，以说明"鬼"字的演变。

　　收藏单位：国家馆

01160

国民通用词表 中华平民教育促进会编

出版者不详，[1923—1949]，64 页，32 开

　　收藏单位：南京馆

01161

国文成语辞典 庄适编纂

上海：商务印书馆，1934.3，国难后 1 版，
[1038] 页，32 开，精装

上海：商务印书馆，1935.7，国难后 2 版，
[1038] 页，32 开，精装

上海：商务印书馆，1938.11，国难后 3 版，
[1038] 页，32 开，精装

上海：商务印书馆，1939，国难后 4 版，
[1038] 页，32 开，精装

本书依《康熙字典》例分部，以部首笔
画为先后，计分 12 集以干支为纪。除成语
外，其他词语亦有收入，但只限于中国文学。
供普通文人及高等小学、中等师范各校学生
之用。

　　收藏单位：重庆馆、贵州馆、国家馆、湖
南馆、南京馆、内蒙古馆、山西馆、上海馆、
绍兴馆

01162

国文成语辞典 庄适编纂

上海：中国图书公司和记，1916.11，[1022]
页，32 开，精装

上海：中国图书公司和记，1917.5，3 版，
[1022]，32 开，精装

上海：中国图书公司和记，1924.5，5 版，
[1022]，32 开，精装

上海：中国图书公司和记，1929.1，8 版，
[1022]，32 开，精装

上海：中国图书公司和记，1930.8，9 版，
[1022] 页，32 开，精装

　　本辞典不限于成语，一般词语亦有收入，
但只限中国文学。依《康熙字典》部首编排。

　　收藏单位：安徽馆、黑龙江馆、吉林馆、
辽大馆、辽宁馆、南京馆、宁夏馆、山西馆、
绍兴馆、首都馆、天津馆、浙江馆、中科图

01163

国文成语大辞典（求解作文两用） 王士湜编
辑

上海：教育书店，1937.6，再版，[612] 页，
32 开

　　本书收适合现代时势的各种成语，分天
文、岁时、与地、政治、植物、矿物、器物、
杂语等 48 个类卷。书后有按笔画排列的《实
用成语大辞典索引》和其目录。逐页题名：实
用成语大辞典。

　　收藏单位：黑龙江馆、近代史所、首都馆

01164

国语成语大全 后觉编著

上海：中华书局，1926.10，14+220+16 页，32
开

上海：中华书局，1928，再版，14+220+16 页，32 开

上海：中华书局，1930.1，5 版，14+220+16 页，32 开

上海：中华书局，1936.2，6 版，14+220+16 页，32 开

本书收成语3250多条。按成语首字笔画多少编排。有简明注释和注音字母注音。前有检字表，末附补遗。版权页责任者题：郭后觉。

收藏单位：广西馆、国家馆、河南馆、黑龙江馆、湖南馆、绍兴馆、首都馆、天津馆

01165

国语单音词词汇 陆志韦著

北平：燕京大学，1938.4，88 页，16 开

本书虽系《国语单音词词汇》一书的说明书，但通篇论述了汉语的词及单音词分类等汉语语法问题。分汉语的词、国语（北平话）的单音词、单音词的词类、编制单音词词汇的经过4章，以及"本词汇所用符号和排列法说明"等。

收藏单位：东北师大馆、桂林馆、国家馆、吉林馆、内蒙古馆、首都馆

01166

"何当"解 丁声树著

[北平]：国立中央研究院历史语言研究所，[1947]，（449—463）页，18 开

本书为《国立中央研究院历史语言研究所集刊外编蔡元培先生65岁庆祝论文集》抽印本。针对清人桂馥《札朴》一书中对"何当"的解释提出不同意见。作者认为"何当"为问时之词，意即"何时""何日"，而非作"当也"。

收藏单位：国家馆

01167

恒言录（白话辞源）（清）钱大昕著

常州：新群书社，1923.2，16+148 页，32 开

本书分吉语、人身、交际、毁誉、常语、单字、叠字、亲属称谓等19类。收集常言俗语八百余条，逐一证其源流。为汉语词汇研究提供重要资料。版权页题名：钱大昕先生恒言录。

收藏单位：国家馆、河南馆、南京馆

01168

慧琳一切经音义反切考 黄淬伯编

北平：国立中央研究院出版品国际交换处、国立中央研究院历史语言研究所，1931.6，217 叶，16 开，环筒页装（国立中央研究院历史语言研究所专刊6）

本书共7卷，内容包括：慧琳经音义所据之韵书说、声类考、韵类考、反切四声表等。

收藏单位：重庆馆、南大馆

01169

慧琳一切经音义引用书索引 国立北京大学研究院文史部编

长沙：商务印书馆，1938.7，5 册（1548 页），22 开（国立北京大学研究院文史丛刊6）

"一切经音义"，亦称"慧琳音义"或"大藏音义"，唐释慧琳著，博引古代韵书、字书，以释佛经的音义。

收藏单位：重庆馆、桂林馆、国家馆、江西馆、内蒙古馆、宁夏馆

01170

"家"之来源与中国古代士庶庙祭考 姜亮夫著

上海：民族月刊，[1933]，32 页，16 开

本书为《民族月刊》1卷8期抽印本。分6部分：理惑、豕为象之变、象与家的关系、象神变转之遗痕、象之转变为豕、家为士庶庙祭说。

01171

嘉言集 赵宗溥著

重庆：中央印刷材料厂，[1949]，104 页，36 开

本书共5章：求学、修身、齐家、处事、涉世。

收藏单位：重庆馆

01172

江湖话　卫聚贤编辑

重庆：说文社，1946，213 页，64 开
重庆：说文社，1947.2，再版，213 页，64 开
重庆：说文社，1947，3 版，213 页，64 开
重庆：说文社，1948.1，5 版，213 页，64 开
重庆：说文社，1948，6 版，213 页，64 开

　　介绍江湖问答、隐话、行动等。编者原题：卫大法师。

　　收藏单位：北师大馆、重庆馆、广东馆、广西馆、湖南馆

01173

经典释文　（唐）陆德明撰

上海：商务印书馆，[1911—1949]，1 册，32 开

　　收藏单位：南京馆

01174

经典释文考　王利器著

北平：北京大学出版部，1948.12，47 页，16 开

　　本书共 6 节：唐书陆德明传注、经典释文释名、经典释文成书之年代、释文序录之因袭、宋人之改窜经典释文、经典释文传本考略。附影印书稿 11 幅。为国立北京大学五十周年纪念论文集文学院第八种。

　　收藏单位：东北师大馆、广东馆、国家馆、南大馆、天津馆、西南大学馆

01175

经籍举要　（清）龙启瑞撰

广州：培英印务局，1936，1 册

　　收藏单位：国家馆

01176

经籍籑诂（阮刻景印）　（清）阮元编刻

上海：国学整理社，1936.8，76+1072 页，25 开，精装

　　本书共 106 卷。按平水韵分部，每一韵为一卷。将唐以前古籍正文和注解的训诂搜集在一起，所收为单字，但注释中也包括双音词。按笔画排列检字，知一韵而查众字，检一字而知诸训。书名页加题：新增目录索引、同字异体。

　　收藏单位：重庆馆、广东馆、国家馆、河南馆、湖南馆、近代史所、南京馆、山东馆、上海馆、绍兴馆、浙江馆

01177

抗战中的新词语　陈远湘编

[河南]：中原书店，1939，84 页，32 开

　　本书分抗战建国之部、敌伪之部、附录 3 部分。

　　收藏单位：重庆馆

01178

匡谬正俗　（唐）颜师古著

上海：商务印书馆，1937.3，影印本，122 页，32 开（万有文库 第 2 集 172）（国学基本丛书）

　　唐贞观年间作者取经史中易被世俗弄错的字、词，根据考证并吸收诸家训诂加以匡正，谓之《匡谬正俗》，但未成而卒。永徽年间，由其子颜扬庭编订成书，共 8 卷。书前有卢见曾序及颜扬庭的《上匡谬正俗表》。

　　收藏单位：安徽馆、重庆馆、大理馆、大庆馆、东北师大馆、国家馆、黑龙江馆、湖南馆、辽大馆、辽师大馆、内蒙古馆、宁夏馆、西南大学馆、浙江馆

01179

匡谬正俗校注　秦选之著

上海：商务印书馆，1936.9，93 页，32 开（国学小丛书）

　　本书据雅雨堂本校注，不改原文。前 4 卷凡 55 条，论诸经训诂音释，后 4 卷凡 127 条，论诸书字义、字音及俗语相承之异。

　　收藏单位：重庆馆、大庆馆、广东馆、国家馆、湖南馆、吉林馆、江西馆、辽大馆、辽宁馆、南京馆、内蒙古馆、山西馆、上海馆、首都馆、天津馆

01180

联绵字典　符定一编著

符韫道、符同天 [发行者]，1943，10 册，32

开

符韫道、符同天 [发行者]，1946，10 册，32 开

本书共 36 卷。收双声、迭韵和迭音的词，包括虚词。用反切注音，音义有不同者，皆分条注释并引书证明，按部首编排。本书是一部研究古籍的参考工具书。

收藏单位：重庆馆、东北师大馆、贵州馆、国家馆、黑龙江馆、湖南馆、辽大馆、南京馆、内蒙古馆、宁夏馆、山西馆、上海馆、首都馆、中科图

01181

联绵字典　符定一著

上海：中华书局，1946.5，10 册，32 开

本书共 36 卷。收双声、迭韵和迭音的词，包括虚词。用反切注音，音义有不同者，皆分条注释并引书证明，按部首编排。本书是一部研究古籍的参考工具书。

收藏单位：重庆馆、广西馆、河南馆、湖北馆、江西馆、近代史所、辽大馆、山西馆、上海馆、武大馆、西南大学馆、浙江馆

01182

联绵字典索引　符定一著

符韫道、符同天 [发行者]，1943.8，244 页，32 开

本索引依字典中各字切语注明国音，有一二字切语与字典中不同，可互见补正。注音者为中国大辞典编纂处编辑张蔚瑜。

收藏单位：重庆馆、东北师大馆、广东馆、广西馆、贵州馆、国家馆、湖南馆、吉林馆、江西馆、辽大馆、辽东学院馆、辽宁馆、辽师大馆、南京馆、内蒙古馆、宁夏馆、山西馆、上海馆、首都馆、天津馆、武大馆、西南大学馆、浙江馆

01183

联绵字典索引　符定一编著

上海：中华书局，1946.5，244 页，32 开，布装

本索引依字典中各字切语注明国音，有一二字切语与书中不同，可互见补正。注音

者为中国大辞典编纂处编辑张蔚瑜。

收藏单位：河南馆、上海馆

01184

联绵字典样本　符定一编著

北平：符定一 [发行者]，[1940—1949]，[30] 页，16 开

本书包括《联绵字典》的全部序言、凡例及一画和二画部分词条。

收藏单位：国家馆

01185

联绵字浅说　孙德宣编

出版者不详，1942，28 页，16 开

本书为《辅仁学志》1—2 合期抽印本。

收藏单位：南京馆、内蒙古馆

01186

民众日用名词谱　茅仲英等编

江苏省立教育学院民众工人教育实验区，1931，[40] 页，32 开

收藏单位：广西馆

01187

抹云楼家言　秦祖泽述

出版者不详，1947，46 页

本书分 6 部分：序言（陈布雷先生序和自序）、自述示诸儿、家庭座谈会纪录、银钱业联谊会演讲节约运动、开市日与福源庄全体同人谈话、抚孙日课。

收藏单位：上海馆、浙江馆

01188

牧狼庵偶语　曹天风著

上海：平衡社，1949，96 页，36 开

本书收格言式语录 1657 则。

收藏单位：上海馆

01189

诮皮话大观（二集）　新编诮皮话会校正

北平：打磨厂学古堂，[1928—1937]，7 页，32 开

本书封面加题：说话调坎甚是趣乐。

收藏单位：国家馆

01190

俏皮语（三集）

北平：学古堂，[1930—1939]，7 页，32 开

　　本书逐页题名：俏皮话大观。封面加题：改良新词 文明消遣。

　　收藏单位：国家馆

01191

全国各界切口大词典　胡汉痴主编　董光昌等分撰

上海：东陆图书公司，1924.1，1 册，50 开，精装

　　"切口"即旧时行业用的隐语（行话）。本书收录全国各行各业的行话、术语加以注释，分商铺、行号、杂业、工匠等 18 类。逐页题名：切口大词典。

　　收藏单位：国家馆、南京馆、内蒙古馆、山西馆、上海馆

01192

群书拾补　（清）卢文弨著

上海：商务印书馆，1937，3 册（884 页），32 开（国学基本丛书）

　　本书考订《五经正义表》《周易略例》《礼记注疏》《吕氏读诗记》《魏书》《宋史孝宗纪》《金史》《新唐书纠谬》《列子张湛注》《申鉴》《新序》《刘书新论》等 37 种著作。据抱经堂丛书本排印。

　　收藏单位：安徽馆、重庆馆、大庆馆、国家馆、河南馆、湖南馆、辽大馆、辽宁馆、南京馆、山东馆、上海馆、首都馆、西南大学馆

01193

如此我云（悲愿集之三）　萧继宗作

屯溪：皖南出版社，1944.4，128 页，36 开

　　本书收杂感语录 224 条，每条后附列他人同类语录数条。

　　收藏单位：安徽馆、重庆馆、国家馆、吉大馆、吉林馆、上海馆、首都馆

01194

上海俗语大辞典　严芙孙总纂

上海：云轩出版部发行科，1924.9，再版，166 页，64 开

上海：云轩出版部发行科，1924，3 版，166 页，64 开

　　本书所采凡属沪上已经人人习用之名词，别无新旧概行列入，编制体例以各条首字笔画之多少，分顺序之先后，逐条详加注释，以备当地人士及异方旅沪人士参考之用。前有编辑者言、序言。

　　收藏单位：重庆馆、南京馆

01195

声训论　沈兼士著

出版者不详，[1941.12]，28 页，16 开

　　本书共 3 部分，论述声训之原理及诸家学说、声训之分类及其一般公式、审辨声训义类法。附致丁声树书论释名濡字之义类。初版年月据著者写文日期。

　　收藏单位：东北师大馆、国家馆、黑龙江馆、首都馆

01196

圣贤格言十二则·吕氏大学图·吕氏循环图　王书铭编辑

奉天（沈阳）：大同学院出版部，1933.10，14 页，横 8 开

　　本书辑录中国诸家语录。分 12 类：德性、人品、学教、检身、事亲、治家、取友、待人、处境、随遇、理财、卫生。将《大学》一书的内容、吕新吾有关身家盛衰循环之说编制为图解。书前有辑者自序。书末附三田村源次的跋。

　　收藏单位：国家馆

01197

实用成语　张萌编著

上海：华成书店，1945.3，再版，134 页，32 开

上海：华成书店，1946，再版，134 页，32 开

上海：华成书店，1947.7，再版，134 页，32 开

上海：华成书店，1948，142 页，32 开

广州：华成书店，1949，131 页，32 开

本书收成语 3000 余句，依性质分 12 章，每句成语均加以注释。分类详释，各界适用。

收藏单位：重庆馆、国家馆、首都馆

01198

实用成语　张萌编著

桂林：文友书店，1943.8，134 页，32 开

收藏单位：重庆馆、贵州馆、吉大馆、江西馆、南京馆

01199

实用成语词典　王野村编

北平：建国出版社，1937.7，106 页，32 开

本书收常用成语 2000 多句，以二字、四字为主，按首字笔画排序，每句成语后有注释和举例。附录新式标点符号用法表、教育部公布简体字表。供中等程度读者用。

收藏单位：国家馆

01200

实用成语词典　王野村编

北平：中华印书局，1936.11，106 页，42 开

收藏单位：首都馆

01201

实用成语大辞典　王士湜编

上海：大陆图书公司，1924.8，1 册，32 开，精装

本书共 48 卷。收成语 6500 余条，分天文、岁时、舆地、政治、财用、教育、文学等 48 类，按笔画多少编排。书前有叶琦序、例言，书后有笔画索引。

收藏单位：重庆馆、东北师大馆、广东馆、湖南馆、南京馆、内蒙古馆、绍兴馆、首都馆、浙江馆

01202

释否定词"弗""不"　丁声树著

北平：国立中央研究院历史语言研究所，1934，967—996 页，16 开

本书为《国立中央研究院历史语言研究

所集刊外编蔡元培先生 65 岁庆祝论文集》抽印本。讲解"弗""不"二字在古诗文中的音意、训诂。

收藏单位：国家馆

01203

释否定词"弗""不"·关中入声之变化　丁声树　白涤洲著

北平：国立中央研究院历史语言研究所，[1934]，967—1092 页，16 开

本书为《国立中央研究院历史语言研究所集刊外编蔡元培先生 65 岁庆祝论文集》抽印本。包括《释否定词"弗""不"》（丁声树）和《关中入声之变化》（白涤洲）两篇论文。前文是对"弗""不"二字的考证和训诂，后文是关中方言调查。

收藏单位：国家馆

01204

释名疏证补　王先谦撰集

上海：商务印书馆，1937.3，2 册（474 页），32 开（万有文库 第 2 集 177）（国学基本丛书）

本书为对《释名疏证》（毕沅）的补证。共 8 卷，内容包括：释天、释地、释山、释水、释丘、释州国、释形体、释姿容、释长幼等。附续释名、释名补遗、释名疏证补附。

收藏单位：安徽馆、重庆馆、大理馆、大连馆、东北师大馆、国家馆、黑龙江馆、湖南馆、辽大馆、辽师大馆、内蒙古馆、宁夏馆、天津馆、武大馆、西南大学馆、浙江馆

01205

释书诗之"诞"　吴世昌著

北平：燕京大学，1930.12，1563—1576 页，16 开

本书为《燕京学报》第 8 期单行本。讲述"诞"字在《尚书》《诗经》中的用法及解释。历代经学名家把"诞"字释作副词、发语词等，而作者则提出不同看法，引例说明"诞"字应释作"其"或"当"。

收藏单位：国家馆、吉大馆

01206

释庇　励乃骥著

北平：故宫博物院，1936.7，24 页，16 开

　　本书为《国立北平故宫博物院年刊》抽印本。共 6 部分，内容包括：《考工记》桃氏为剑说、《考工记》车人为来庇长尺有一寸说、《仪礼·有司彻》桃七枋说等。书前有引言。

　　收藏单位：国家馆

01207

释卝　许维遹著

昆明：国立北京大学研究院文科研究所，[1939—1945]，油印本，15 叶，16 开，环筒页装（国立北京大学研究院文科研究所油印论文 12）

　　本书共 4 部分：释卝、卝寿、兽曰卝、卝礼。

　　收藏单位：重庆馆、国家馆、南京馆

01208

释"一"　刘半农著

北平：北京大学，1932.3，20 页，16 开

　　本书为国立北京大学《国学季刊》3 卷 1 号抽印本。讲述"一"字的意义及各种用法，为编一部更完备的字典做准备。著者原题：刘复。

　　收藏单位：东北师大馆、国家馆

01209

说文笔　逯钦立著

出版者不详，[1947]，[173—210] 页，16 开

　　本书为《历史语言研究所集刊》第 16 本抽印本。

　　收藏单位：南京馆

01210

说文稽古篇　程树德著

上海：商务印书馆，1930.5，72+62 页，32 开

上海：商务印书馆，1933.9，国难后 1 版，72+62 页，32 开

　　本书从《说文》中选其与逸史、制度、风俗有关，特别是与近世社会学关系密切而

又有趣的汉字加以释义。

　　收藏单位：重庆馆、东北师大馆、广东馆、国家馆、河南馆、湖南馆、吉大馆、江西馆、南京馆、内蒙古馆、山西馆、上海馆、首都馆

01211

四字成语辞典　严玉潭编

上海：仿古书店，1937.5，470 页，50 开

　　本书共收录四字成语 4800 余条，按首字笔画排序。书前有说明和自序。

　　收藏单位：吉林馆、天津馆

01212

俗语典　胡韫玉　胡怀琛编

上海：广益书局，1922.9，1 册，50 开，布面精装

上海：广益书局，1922.9，4 册，50 开

上海：广益书局，1929.4，2 册，50 开

　　本书分子集、丑集、寅集等 12 集。收常见名词、成语、俗语等。详注出处，按部首编排。卷首有黄炎培等人题字。

　　收藏单位：重庆馆、国家馆、河南馆、湖南馆、南京馆、山西馆、上海馆、浙江馆

01213

俗语格言集　陈长铸编

上海：世界书局，1940.6，101 页，32 开

　　本书汇集格言、谚语，内容包括：人事、家庭、军政、工农、青年、修身、卫生、勤俭、贫富、善恶、历代名人。

01214

袓裼 但马 划袜　沈兼士著

北平：辅仁大学，[1942.5]，5 页，16 开

　　本书为《辅仁学志》11 卷 1—2 合期抽印本，是对"袓裼""但马""划袜"六字的考证。出版时间据正文最后一页推测。

　　收藏单位：国家馆、吉林馆

01215

外来语词典　胡行之编

上海：天马书店，1936.4，76+412 页，40 开，

精装

外来语是从别种语言里吸收过来的词语。本词典共计 24 类，按词语首字笔画多少排列。

收藏单位：重庆馆、广西馆、国家馆、湖南馆、内蒙古馆、宁夏馆、上海馆、浙江馆

01216

王石臞删订尔雅义疏声韵谬误述补　萧璋著
出版者不详，1948，30 页，16 开

本书为《浙江学报》2 卷 1 期单行本。

收藏单位：国家馆

01217

先哲言行类钞　（回）马福祥编
马福祥 [发行者]，1931，1 册，22 开

本书选中国古人语录。分慎言、寡过、惩忿、戒贪等 15 类。卷首有编者像及手写序言。

收藏单位：国家馆、首都馆

01218

先哲言行类钞　（回）马福祥编
上海：中国书店、明德书室，1932.10，1 册，22 开

收藏单位：南京馆、上海馆

01219

歇后语选录　陈光垚编辑
上海：启明学社，1933.11，128 页，32 开

本书辑集南北 10 余省的歇后语 1700 余条。分人、物、事 3 大类，按首字笔画顺序编排。

收藏单位：国家馆、上海馆

01220

新编成语辞林（分类索引 白话注释）　董坚志
编纂
上海：大方书局，1948.1，106 页，32 开

本书"分字索引"部分按笔画排序；"分类索引"部分按照其含义或者描写对象，分成 4 门 61 类。封面题名：写作常用成语辞林，逐页题名：成语辞林。

收藏单位：上海馆

01221

新名词手册　仓年编
上海：长风书店，1949.9，122 页，32 开

本书编选有关世界和中国政治、经济、军事、社会、文化等方面的新名词、术语，如"新政协""新民主主义""党八股""二流子"等，加以浅显的解释。按笔画编排。书末附索引。

收藏单位：东北师大馆、国家馆、绍兴馆、天津馆

01222

新体同义字典　邵立人编　钱雄飞校
常熟：开文社，1922.5，90 页，32 开

收藏单位：南京馆

01223

训诂学概论　齐佩瑢著　沈启无校
北平：国立华北编译馆，1943.8，376 页，32 开（现代知识丛书）

本书共 4 章。论述训诂学的定义、起因、演变及流派。每章后列有参考书目。

收藏单位：桂林馆、国家馆、首都馆、天津馆、云南馆

01224

训诂学引论　何仲英著
上海：商务印书馆，1933.12，108 页，32 开（万有文库 第 1 集 0379）（国学小丛书）
上海：商务印书馆，1934.1，108 页，32 开（国学小丛书）
上海：商务印书馆，1934.5，再版，108 页，32 开（国学小丛书）
上海：商务印书馆，1935.5，3 版，108 页，32 开（国学小丛书）
上海：商务印书馆，1939.12，108 页，32 开（万有文库 第 1—2 集 简编 500 种 117）（国学小丛书）

本书共 3 章：训诂、代语的沿革、现在方言。

收藏单位：安徽馆、重庆馆、大理馆、大

连馆、东北师大馆、广东馆、广西馆、贵州馆、国家馆、河南馆、黑龙江馆、湖南馆、吉林馆、江西馆、辽大馆、辽师大馆、南京馆、内蒙古馆、宁夏馆、山西馆、上海馆、首都馆、天津馆、西南大学馆、浙江馆

01225

弋射与弩之溯原及关于此类名物之考释·皇王士三字之探原　徐中舒著

北平：国立中央研究院历史语言研究所，1934，417—446页，有图，16开

　　本书为《国立中央研究院历史语言研究所集刊》第4本第4分册抽印本。内容为有关名物考释、文字探源的两篇论文。

　　收藏单位：近代史所

01226

右文说在训诂学上之沿革及其推阐　沈兼士著

北平：国立中央研究院历史语言研究所，1933.9，777—854页，有表，16开

　　本书为《国立中央研究院历史语言研究所集刊外编蔡元培先生六十五岁庆祝论文集》抽印本。分声训与右文、右文说之略史、诸家学说之批评与右文之一般公式、应用右文以比较字义、应用右文以探寻语根等部分。书末有附录。

　　收藏单位：重庆馆、桂林馆、国家馆、吉大馆、吉林馆、上海馆、首都馆

01227

语源学论文十二篇　杨树达著

北平：国立清华大学清华学报社，[1934]，16页，16开

　　收藏单位：湖南馆、南京馆

01228

杂俗语

出版者不详，[1941—1949]，手抄本，1册，32开

　　收藏单位：国家馆

01229

哲言韵编

长沙：湖南通俗教育馆，1933.1，再版，32页，32开

　　本书收录古今哲学家的格言。分名言、博学、盛年、民生、尚志、不辱、心主、为善、大味、清明、见处、处人、礼义、平生、宁静、见谀、忠恕、言行、践履、物役、才能、远虑、补拙、入国、先知、高立、豪杰等30章。书前有编者自叙。

　　收藏单位：广西馆、国家馆、江西馆、南京馆、首都馆

01230

中国成语大辞典　周如晖等编纂　朱剑芒校订

上海：潮锋出版社，1948.6，32+518页，46开，精装

上海：潮锋出版社，1948.10，再版，32+518页，46开，精装

　　本书收成语、谚语约1万余条。按部首编排。书前有编者引言。书脊书名前加题：求解、措词、写信、作文四用。版权页题：周知晖、李道藩、陈见萍、邢纪纲编纂。

　　收藏单位：重庆馆、广东馆、辽宁馆

01231

中国大学讲议（经典 经典释文卷第一）（唐）陆德明撰　吴承仕[疏]

出版者不详，[1925—1929]，40页，18开

　　收藏单位：国家馆

01232

中国训诂学概要　张世禄著

贵阳：文通书局，1942.4，128页，25开，精装（大学丛书）

　　本书共6章。讲述训诂学的意义、训诂的方法、术语，以及字体、音读、字义、语言等的演变与训诂。后附小学考训诂类目录。

　　收藏单位：重庆馆、贵州馆、国家馆、湖南馆、吉林馆、南京馆

01233

中国训诂学史　胡朴安著

长沙、上海：商务印书馆，1939.8，18+359
页，32 开，精装（中国文化史丛书 第二辑）

　　本书共 6 章。介绍尔雅派、传注派、释
名派、方言派之训诂，以及清代训诂学的方
法和训诂学的趋势等。附注间有参考书目。

　　收藏单位：重庆馆、东北师大馆、广东
馆、贵州馆、国家馆、湖南馆、吉林馆、辽
大馆、辽宁馆、南京馆、内蒙古馆、宁夏馆、
上海馆、首都馆、天津馆、西南大学馆、浙
江馆、中科图

01234

中国语文中的反训现象　李笠著

厦门：国立厦门大学，1943，60 页，16 开

　　本书为《厦大学报》第 2 集。

　　收藏单位：广东馆、南京馆

01235

中华成语词典　吴廉铭编

上海：中华书局，1936.2，17+723 页，32 开

上海：中华书局，1939.4，4 版，17+723 页，32
开

上海：中华书局，1940.7，7 版，17+723 页，32
开

上海：中华书局，1941，8 版，17+723 页，32
开

上海：中华书局，1949，10 版，721 页，32 开，
精装

　　本书所收成语包括应用熟语、常用复词和
成语化的名词。按成语首字笔画多少编排。书
末附录（一）简体字表;（二）注音符号及声符
表;（三）歧字检查表。供中等程度读者用。

　　收藏单位：国家馆、江西馆、南京馆、上
海馆、绍兴馆、首都馆、天津馆、浙江馆

01236

字义类例　陈独秀著

上海：亚东图书馆，1925.12，石印本，[230]
页，27 开，环筒页装

　　本书按假借、通用、引用、反训、增益、
俗误、辨伪、异同、正俗、类似 10 个方面分

析字义。

01237

最新选注格言丛编　剑翁编

上海：新中国文化协会，1929.12，45 页，44
开

　　本书汇集中国格言谚语。分修养、持躬、
处事、接物 4 篇。

　　收藏单位：国家馆、天津馆

01238

左传成语集　周建端编

出版者不详，1946.11，61 页，32 开

　　收藏单位：广西馆、桂林馆

语法

01239

白话文法初步　张廷华编纂

上海：世界书局，1922，4 版，82 页，25 开

上海：世界书局，1924.3，6 版，82 页，25 开

　　本书共 14 章，内容包括：白话文的关于
教育、白话文的应用、白话和土话的区别、
白话文的关于词类、白话文的用字表、白话
文的标点法等。

　　收藏单位：河南馆、浙江馆

01240

白话文法指南　许慕羲编

上海：广益书局，1921.8，100 页，28 开

上海：广益书局，1924.5，3 版，100 页，28 开

　　本书分上下编，共 11 章。内容包括总
论、名词、代名词、动词等。

　　收藏单位：东北师大馆、上海馆

01241

比较国文法图解　徐锡九　牛满川编

北平：大北书局，1935.8，24+286 页，32 开

　　本书共 11 章。用图解法说明中外语法之
异同。章后有练习题。书末附标点符号。

　　收藏单位：国家馆、黑龙江馆、辽东学院

馆、首都馆、中科图

01242

比较文法（词位与句式）　黎锦熙编著

北平：著者书店，1933.5，[18]+292+[30] 页，32 开

　　本书分主位、呼位、宾位、副位、补位、领位等 7 章。附录中西文索引。

　　收藏单位：重庆馆、东北师大馆、广西馆、国家馆、吉林馆、南京馆、首都馆

01243

标准国语文法　周铭三编纂

上海：大东书局，1921，再版，76 页，25 开

上海：大东书局，1924.2，3 版，76 页，25 开

　　本书是苏皖两省师范学校国语讲习科、江苏教育厅委办 60 县国语讲习科两处试教教材。分总论、词性论两编。总论包括字和句、句之原质、句主和谓语、词类；词性论包括名词、代名词、形容词、动词、副词、介词、接续词、助词、感叹词。

　　收藏单位：河南馆

01244

初等白话文法　张廷华编纂

上海：广文书局，1921，再版，82 页，25 开

　　收藏单位：广东馆、首都馆

01245

词和句　孙起孟著

上海：开明书店，1936.12，128 页，32 开（开明少年丛书）

上海：开明书店，1940.3，3 版，128 页，32 开（开明少年丛书）

上海：开明书店，1946.3，4 版，128 页，32 开（开明少年丛书）

上海：开明书店，1948，6 版，128 页，32 开（开明少年丛书）

上海：开明书店，1949.3，7 版，128 页，32 开（开明少年丛书）

　　本书以故事形式讲述语法知识。包括怎样认字、词及词类、词类及其功能、句和词组、句之解析及常见的错误等 14 节。

收藏单位：安徽馆、重庆馆、东北师大馆、广东馆、国家馆、湖南馆、吉林馆、江西馆、辽东学院馆、辽宁馆、南京馆、宁夏馆、山西馆、上海馆、绍兴馆、首都馆、天津馆、浙江馆

01246

词诠　杨树达著

上海：商务印书馆，1928.10，1 册，32 开，精装

上海：商务印书馆，1931.1，再版，1 册，32 开，精装

上海：商务印书馆，1932.9，国难后 1 版，1 册，32 开，精装

　　本书共 10 卷。取古书中常用的介词、连词、助词、叹词及一部分代词、动词、副词说明用法。首别其词类，次释其义训，再举例。以注音字母顺序编排，有部首检字。

　　收藏单位：安徽馆、重庆馆、东北师大馆、广东馆、广西馆、贵州馆、国家馆、黑龙江馆、湖南馆、江西馆、辽宁馆、南京馆、宁夏馆、上海馆、首都馆、天津馆、中科图

01247

辞征　艮思氏著

艮思氏 [发行者]，1912.6，242 页，22 开

　　本书研究文言虚字定义、用法及其声调。分总说、虚字说、虚字名义异同说、字异义同虚字、字同义异虚字、实字、半实半虚字、实字虚用虚字实用、省文、合文 10 章。

　　收藏单位：重庆馆、国家馆、湖南馆、南京馆、首都馆、天津馆

01248

傅氏白话文法　傅子东著

江油：兴中印刷厂，[1949]，174 页，32 开

　　本书共 9 章，内容包括：词类和句底、词底位次、动词、助动词、介词、连词等。

　　收藏单位：重庆馆、东北师大馆

01249

高等国文法　杨树达著

上海：商务印书馆，1930.6，92+678 页，22

开

上海：商务印书馆，1932，国难后 1 版，92+678 页，22 开

上海：商务印书馆，1934.3，国难后 1 版，改订本，75+536 页，22 开，精、平装（大学丛书 教本）

上海：商务印书馆，1934.12，大丛本改订 1 版，75+536 页，22 开，精装（大学丛书 教本）

上海：商务印书馆，1935.5，大丛本改订 2 版，75+536 页，22 开，精装（大学丛书 教本）

上海：商务印书馆，1939.2，国难后改订 1 版，75+536 页，22 开（大学丛书 教本）

上海：商务印书馆，1940.10，国难后改订 2 版，75+536 页，22 开（大学丛书 教本）

　　本书分总论、名词、代名词、动词、形容词、副词、介词、连词、助词、叹词 10 章，对《马氏文通》一书有所修正。

　　收藏单位：安徽馆、重庆馆、东北师大馆、广东馆、贵州馆、国家馆、黑龙江馆、湖南馆、江西馆、辽大馆、辽师大馆、南京馆、内蒙古馆、上海馆、绍兴馆、首都馆、天津馆、浙江馆、中科图

01250

高级文法　商务印书馆函授学校国文科编
商务印书馆，[1911—1949]，1 册
　　收藏单位：南京馆

01251

古今文法会通　钟寿昌著
上海：进化书局，1922.8，42+66 页，25 开
上海：进化书局，1922.9，再版，42+66 页，25 开

　　本书以 48 篇古今名文为例，讲述古今文法。文言叙述。

　　收藏单位：国家馆、华东师大馆、天津馆、浙江馆

01252

古书读法略例　孙德谦著
上海：商务印书馆，1936.1，372 页，32 开

上海：商务印书馆，1936.4，再版，372 页，32 开

　　本书共分 6 卷。包括"事同义异例""文同意异例""无文字处求文字例""无证据中得证据例""读书因彼见此例""读书由虚索实例""两书不可牵合例""读书宜辨家数例""书用校读例""善推例"等 52 例。文言体，有圈点。

　　收藏单位：重庆馆、广东馆、国家馆、黑龙江馆、湖南馆、吉大馆、吉林馆、江西馆、近代史所、辽宁馆、南京馆、山西馆、上海馆、绍兴馆、首都馆、天津馆、西南大学馆

01253

古书读校法　陈钟凡编述
上海：商务印书馆，1923.11，74+73 页，22 开（东南大学丛书）

上海：商务印书馆，1924，再版，74+73 页，22 开（东南大学丛书）

上海：商务印书馆，1926.11，4 版，74+73 页，22 开（东南大学丛书）

上海：商务印书馆，1931，5 版，74+73 页，22 开（东南大学丛书）

上海：商务印书馆，1933.2，国难后 1 版，74+73 页，22 开（东南大学丛书）

上海：商务印书馆，1943.5，渝 1 版，62+60 页，22 开（东南大学丛书）

上海：商务印书馆，1944，渝 2 版，62+60 页，22 开（东南大学丛书）

　　本书共 6 部分。介绍古书的体制、类别、论述读古书的旨趣及读书和校书的方法等。附治国学书目。

　　收藏单位：安徽馆、重庆馆、东北师大馆、广东馆、广西馆、国家馆、河南馆、黑龙江馆、湖南馆、吉大馆、吉林馆、辽大馆、南京馆、内蒙古馆、宁夏馆、上海馆、首都馆、西南大学馆、浙江馆、中科图

01254

古书句读释例　杨树达著
上海：商务印书馆，1934.2，127 页，32 开
　　本书列举古书句读释例 169 条。
　　收藏单位：重庆馆、广东馆、国家馆、黑

龙江馆、湖南馆、吉林馆、辽大馆、辽宁馆、南京馆、上海馆、首都馆、天津馆、中科图

01255

古书句读释例　杨树达著

北平：中华书局，1935，再版，127 页，32 开

收藏单位：山西馆

01256

古书虚字集释　裴学海著

上海：商务印书馆，1934.10，918 页，32 开，精装

上海：商务印书馆，1935.4，再版，918 页，32 开，精装

本书共分 10 卷。收文言虚字 290 个，大多选自《经传释词》《助字辨略》《古书疑义举例》《词诠》等书。其例句以周秦、两汉之典籍为主。附录《经传释词正误》《类书引古书多以意改说》《本书说解述要》。

收藏单位：重庆馆、大庆馆、贵州馆、国家馆、河南馆、湖南馆、辽大馆、辽宁馆、南京馆、上海馆、首都馆、天津馆、浙江馆、中科图

01257

古书疑义举例　（清）俞樾撰　刘师培补

上海：商务印书馆，1937，107+16 页，32 开（万有文库 第 2 集 009）（国学基本丛书）

长沙：商务印书馆，1939.3，107+16 页，32 开（国学基本丛书）

长沙：商务印书馆，1939.9，再版，107+16 页，32 开（国学基本丛书）

本书摘取九经诸子为古书疑义举例七卷，供研究古籍解惑释疑之用。后附刘师培《古书疑义举例补》。

收藏单位：重庆馆、大连馆、国家馆、黑龙江馆、湖南馆、江西馆、南京馆、上海馆、首都馆、浙江馆

01258

古书疑义举例　（清）俞樾著　张虫天标点

上海：大东书局，1931.5，3 册（100+84+[136] 页），25 开（国学门径丛书）

上海：大东书局，1932.3，再版，3 册（100+84+[136] 页），25 开（国学门径丛书）

上海：大东书局，1933.11，3 版，3 册（100+84+[136] 页），25 开（国学门径丛书）

本书上中册为《古书疑义举例》，共 7 卷。举周秦两汉书中造句用词与后世不同者 88 例，说明要领；下册为附录，包括《古书疑义举例补》（刘师培）、《古书疑义举例续补》（杨树达）、《古书疑义举例校录》（马叙伦）、《古书疑义举例补附》（姚维锐）4 篇。封面题名：新式标点古书疑义举例。

收藏单位：重庆馆、广东馆、广西馆、贵州馆、国家馆、河南馆、湖南馆、吉林馆、辽大馆、南京馆、上海馆、首都馆、天津馆

01259

古书疑义举例补（卷 1、2）　刘师培补编

出版者不详，[1919—1949]，1 册，22 开

本书是《古书疑义举例》的补续，包括两字并列系双声叠韵之字而后人分析解之之例、两字并列均为表象之词而后人望文生训之例等。

收藏单位：广东馆

01260

古书之句读　杨树达著

北平：文化学社，1929.1，126 页，32 开

本书分当读而失读、不当读而误读、当属上读而误属下、当属下读而误属上、原文不误因误读而误改、原文不衍因误读而误删、因文省而误读、因字误而误读、数读皆可通等 14 类。末附补遗。

收藏单位：安徽馆、吉林馆、江西馆、近代史所、南京馆、上海馆、首都馆、天津馆、浙江馆

01261

古书字义用法丛刊　（清）俞樾等著

上海：国学整理社，1936.12，[440] 页，32 开，精装

本书收《古书疑义举例》（俞樾）、《古书疑义举例补》（刘师培）、《古书疑义举例校录》（马叙伦）、《古书疑义举例续补》（杨树

达）、《古书疑义举例补附》（姚维锐）、《经传释词》（王引之）、《经词衍释》（吴昌莹）7篇。

收藏单位：重庆馆、贵州馆、吉林馆、南京馆、绍兴馆、天津馆

01262

官话文法　张廷彦　（日）田中庆太郎撰

东京：文求堂书店，1920，再版，125 页，25 开，精装

本书共列举 6 类 140 个字的用法。

收藏单位：国家馆

01263

国文比较文法　周迟明编著

北平：正中书局，1948.8，597 页，25 开

本书分单句、复句、名词的种类、动词的种类等 36 章。后附请颁行新式标点符号议案。

收藏单位：重庆馆、国家馆、湖南馆、首都馆、浙江馆

01264

国文典　戴克敦编

外文题名：Chinese grammar

上海：商务印书馆，1912.12，207 页，25 开

上海：商务印书馆，1913.10，2 版，207 页，25 开

上海：商务印书馆，1915，4 版，207 页，25 开

上海：商务印书馆，1916.6，5 版，207 页，25 开

上海：商务印书馆，1917.2，6 版，207 页，25 开

上海：商务印书馆，1919，9 版，207 页，25 开

上海：商务印书馆，1922.12，11 版，207 页，25 开

上海：商务印书馆，1923.11，12 版，207 页，25 开

本书为师范讲习社师范讲义。分词性和修辞两篇。词性篇介绍名词、代名词、形容词、动词等 9 种词类；修辞篇介绍句读、篇章、章法和篇法。

收藏单位：重庆馆、国家馆、吉大馆、江西馆、上海馆、首都馆

01265

国文典讲义　戴克敦编

上海：商务印书馆，1912，205 页，22 开

收藏单位：湖南馆、首都馆

01266

国文法草创　陈承泽著

上海：商务印书馆，1922.11，119 页，22 开

上海：商务印书馆，1925，3 版，119 页，22 开

上海：商务印书馆，1926.7，4 版，119 页，22 开

上海：商务印书馆，1930.11，5 版，119 页，22 开

上海：商务印书馆，1934.4，国难后 1 版，119 页，22 开

本书据著者在《学艺杂志》上发表过的文章增删而成。分 13 篇，包括研究法大纲、文法上应待解决之诸悬案及字与词、虚词与实词、名词、动词、副词等。

收藏单位：重庆馆、东北师大馆、福建馆、广东馆、广西馆、国家馆、河南馆、南京馆、内蒙古馆、上海馆、首都馆、天津馆、西南大学馆、浙江馆

01267

国文法纲要　姜证禅编著

上海：大东书局，1923.5，1 册，32 开

上海：大东书局，1924，3 版，1 册，32 开

上海：大东书局，1926，4 版，1 册，32 开

上海：大东书局，1932，6 版，1 册，32 开

上海：大东书局，1933.5，7 版，1 册，32 开

本书分字法、句法、章法、篇法 4 编。文言体，有圈点。

收藏单位：安徽馆、重庆馆、东北师大馆、广东馆、桂林馆、国家馆、湖南馆、吉林馆、江西馆、南京馆、首都馆、天津馆

01268

国文法句式举例　杨践形编

杨践形[发行者],1932,94+34页,32开

　　本书分10章:总则、名字、象字、状字、指字、联字、助字、感字、文位、结论。书前有秦仁存、周佛海、唐蔚芝等题词作序。书后有国文法附表。

　　收藏单位:国家馆、内蒙古馆、上海馆

01269

国文法之研究　金兆梓著

上海:中华书局,1922.11,140页,25开

上海:中华书局,1923.3,再版,140页,25开

上海:中华书局,1923,3版,140页,25开

上海:中华书局,1925,4版,140页,25开

上海:中华书局,1925.12,5版,140页,25开

上海:中华书局,1929.12,6版,140页,25开

上海:中华书局,1932.10,7版,140页,25开

上海:中华书局,1936,8版,140页,25开

　　本书对陈承泽和刘复的有关论点兼有采用。分导言、文法之研究、名学现象与文法现象3章。书中对《马氏文通》一书指出二点不足之处:(一)不明中西文习惯上的区别;(二)对于中国文字的历史和习惯,缺少研究和说明。作者主张我国文法与他国文法不必强同。对词品的分配,应以逻辑学为基础加以研究和整理我国文字的习惯法。中等学校适用。

　　收藏单位:重庆馆、广东馆、广西馆、国家馆、河南馆、黑龙江馆、湖南馆、江西馆、南京馆、内蒙古馆、首都馆、西南大学馆、浙江馆

01270

国文阶梯　谭正璧编著

上海:世界书局,1944.11,117页,32开(国文必读 第1辑 语文会通)

上海:世界书局,1947.10,再版,117页,32开(国文必读 第1辑 语文会通)

　　本书收录《沈百五》(钱泳)、《聪明的戏子》(刘大白)、《记任昭才》(阮元)、《谭叟诗引》(谭元春)、《居礼夫人的配偶》(萧艾)、《小品三章》(郭沫若)、《红百合》(叶灵风)等30篇文章。

　　收藏单位:重庆馆、广东馆、上海馆

01271

国文进修　谭正璧编著

上海:世界书局,1944.11,128页,32开(国文必读 第1辑 语文会通)

上海:世界书局,1947.10,再版,128页,32开(国文必读 第1辑 语文会通)

　　本书收录《李凤林传》(蒋维乔)、《范西屏墓志铭》(袁枚)、《红桃》(钮琇)、《记苏雪林》(赵景深)、《于中丞》(蒲松龄)、《长人岛》(洪迈)等32篇文选。

　　收藏单位:重庆馆、上海馆

01272

国文入门　谭正璧编著

上海:世界书局,1944.11,105页,32开(国文必读 第1辑 语文会通)

　　本书收录《王义士传》(陈鼎)、《羊头村》(曹聚仁)、《岳武穆擒杨么》(张元赓)、《华盛顿轶事》(杨瑞文)、《甘地在南非洲》(徐懋庸)、《雕工》(钱泳)、《旅德的印象》(李石岑)、《登州观海记》(焦循)等28篇文章。

　　收藏单位:重庆馆、广东馆

01273

国文文法　谭正璧编著

上海:世界书局,1944.11,134页,32开(国文必读 第1辑 语文会通)

　　本书共10章,分析名词、代名词、动词等各种词性。

　　收藏单位:重庆馆、广东馆、广西馆、国家馆

01274

国文文法　张汝舟著

兰田:兰田书报合作社,1942.11,145+20页,

32 开

本书共 20 章。讲述古今文法、中西文法之比较、文法与字音、辞章之关系及词类、句法等。有练习题及附录 3 种。

收藏单位：安徽馆、国家馆

01275

国文文法学讲义（甲编）

出版者不详，[1911—1949]，68 页，22 开

本书分甲乙两编。甲编为文字篇，讲述文字的历史及词品；乙编为文章篇，讲述古文法及文体、文论等。仅见甲编。书口书名：文法讲义。

收藏单位：国家馆

01276

国语法 后觉编

上海：中华书局，1923.7，323 页，32 开

上海：中华书局，1924.3，再版，323 页，32开

本书讲述国语法的定义、句法的成分和分析等。有习题。

收藏单位：黑龙江馆、南京馆、上海馆

01277

国语文法 曹伯韩著

桂林：乐群书店，1944.2，196 页，32 开（自修国文讲义）

上海：乐群书店，1945.11，再版，196 页，32开（自修国文讲义）

本书共 30 课。讲述语词和词素、句子和短语、句群、标点符号等现代文法的基本知识。每课后有练习。书末附习题答案和索引。著者原题：曹朴。

收藏单位：重庆馆、东北师大馆、国家馆、湖南馆、南京馆、内蒙古馆

01278

国语文法 曹伯韩著

上海：致用书店，1947.7，196 页，32 开（自修国文讲义）

本书为自修国文讲义，共 30 课。讲述语词和词素、句子和短语、句群、标点符号等

现代文法的基本知识。每课后有练习。书末附习题答案和索引。著者原题：曹朴。

收藏单位：重庆馆、东北师大馆、上海馆、首都馆

01279

国语文法 靳极苍编著

北平：文化学社，1935.8，146 页，32 开

本书为语法教学讲义。共 13 章。参考黎锦熙《国语文法》编写。供初级中学师范用。著者原题：靳德峻。

收藏单位：国家馆

01280

国语文法 黎明编

上海：中华书局，1922.7，33 页，22 开（国语讲义 第 8 种）

上海：中华书局，1922，3 版，33 页，22 开（国语讲义 第 8 种）

上海：中华书局，1926，12 版，33 页，22 开（国语讲义 第 8 种）

上海：中华书局，1934，21 版，33 页，22 开（国语讲义 第 8 种）

上海：中华书局，1936.5，22 版，33 页，22开（国语讲义 第 8 种）

本书据黎锦熙《语法通论》编写。内容包括概说、词类、句子的成分、图解法、图解例题等。

收藏单位：安徽馆、广东馆、广西馆、河南馆、首都馆、西南大学馆

01281

国语文法 黎明编

上海：中华书局，1936.6，44 页，32 开（初中学生文库）

上海：中华书局，1940.6，3 版，44 页，32 开（初中学生文库）

昆明：中华书局，1941，4 版，44 页，32 开（初中学生文库）

上海：中华书局，1947.12，44 页，32 开（中华文库 初中第 1 集）

收藏单位：重庆馆、广东馆、广西馆、桂林馆、国家馆、黑龙江馆、湖南馆、江西馆、

南京馆、内蒙古馆、上海馆、天津馆

收藏单位：国家馆

01282

国语文法　卢正编

上海：民众教育研究社，1933，83 页，50 开（注音符号民众万有丛书 国学类）

　　本书内容包括：什么是文法，什么是句、词，词的分类，标点的用法。

　　收藏单位：重庆馆、江西馆、首都馆

01283

国语文法　谭正璧编著

上海：世界书局，1941.12，86 页，32 开（国文研究丛刊）

上海：世界书局，1944，再版，86 页，32 开（国文研究丛刊）

　　本书共 3 章：词性、词位、句式。举例着重文言。有习题。中学适用。

　　收藏单位：重庆馆、广东馆、国家馆、吉大馆、南京馆、首都馆

01284

国语文法　汪震编著

北平：文化学社，1930.8，104 页，32 开

北平：文化学社，1931.6，再版，104 页，32 开

北平：文化学社，1932.9，3 版，104 页，32 开

　　本书分 15 章：总论、名词、位、代名词、动词、形容词、副词、介词、连词、助词、叹词、句之成分、单句图解、复句、标点符号。供中学及师范学校用。

　　收藏单位：广西馆、国家馆、内蒙古馆

01285

国语文法（新著）　黎锦熙编

长沙：商务印书馆，1938.3，国难后 8 版，订正本，1 册，32 开

　　收藏单位：湖南馆、南京馆

01286

国语文法表解（九品词）　马铭阁制图

北平：华北中学校，1935，1 页，3 开

01287

国语文法概要　邹炽昌编　方毅校

上海：商务印书馆，1928.11，94 页，32 开

上海：商务印书馆，1930.4，再版，94 页，32 开

上海：商务印书馆，1933.9，国难后 1 版，104 页，32 开

上海：商务印书馆，1935.5，国难后 2 版，104 页，32 开

　　本书为广州国语讲习所讲义。分 7 章讲述词类的定义、分类、用法、分别及文句的组成和分析，有附录。

　　收藏单位：安徽馆、重庆馆、东北师大馆、广东馆、国家馆、河南馆、南京馆、内蒙古馆、上海馆、首都馆、天津馆

01288

国语文法纲要六讲　黎锦熙编著

上海：中华书局，1925.2，72 页，32 开（国语小丛书 3）

上海：中华书局，1926，4 版，72 页，32 开（国语小丛书 3）

上海：中华书局，1927，5 版，72 页，32 开（国语小丛书 3）

上海：中华书局，1930，7 版，72 页，32 开（国语小丛书 3）

上海：中华书局，1930.10，8 版，72 页，32 开（国语小丛书 3）

上海：中华书局，1931.1，9 版，72 页，32 开（国语小丛书 3）

上海：中华书局，1931，10 版，72 页，32 开（国语小丛书 3）

上海：中华书局，1932.10，11 版，72 页，32 开（国语小丛书 3）

上海：中华书局，1934.4，13 版，72 页，32 开（国语小丛书 3）

上海：中华书局，1937.4，14 版，72 页，32 开（国语小丛书 3）

广州：中华书局，1938.10，15 版，72 页，32 开（国语小丛书 3）

　　本书内容包括：字、词、句的区别，句法

的成分，复句的种类。

收藏单位：重庆馆、东北师大馆、广东馆、广西馆、国家馆、河南馆、黑龙江馆、湖南馆、江西馆、南京馆、内蒙古馆、上海馆、首都馆、浙江馆

01289

国语文法讲义 尔粜编

上海：中华书局，1921.6，88 页，32 开

上海：中华书局，1921，再版，88 页，32 开

上海：中华书局，1923.12，6 版，88 页，32 开

上海：中华书局，1925.4，7 版，88 页，32 开

上海：中华书局，1925.11，8 版，88 页，32 开

上海：中华书局，1927.1，9 版，88 页，32 开

上海：中华书局，1934，10 版，88 页，32 开

本书分文法的研究、论词、论句 3 篇。原为编者在嵊县国语讲习所的讲稿。

收藏单位：重庆馆、广西馆、国家馆、河南馆、黑龙江馆、吉林馆、辽宁馆、南京馆、上海馆

01290

国语文法讲义 邹炽昌编辑 方毅校订

上海：商务印书馆，1925，194 页，25 开

本书分词性的研究、句法的研究、标点的研究 3 编。

收藏单位：广东馆、南京馆、内蒙古馆、首都馆

01291

国语文法讲义

出版者不详，1942，1 册，32 开

收藏单位：山西馆

01292

国语文法实例 杨荫深编

上海：汉文正楷印书局，1933，38 页，36 开（汉文小丛书）

收藏单位：国家馆

01293

国语文法四讲 易作霖编辑

上海：中华书局，1924.4，手写石印本，224 页，32 开

上海：中华书局，1932.9，再版，手写石印本，224 页，32 开

上海：中华书局，1935.4，3 版，手写石印本，224 页，32 开

本书共 21 章。讲述文法纲要、词性、语句的组织、图解法和标点等。

收藏单位：东北师大馆、广西馆、国家馆、黑龙江馆、南京馆、内蒙古馆、浙江馆

01294

国语文法向导 邹炽昌编

上海：世界书局，1929.9，175 页，32 开

上海：世界书局，1932.5，3 版，175 页，32 开

上海：世界书局，1932.10，4 版，175 页，32 开

本书分文句、主词、述语、止词、足词、补词、附加语、絮系语、情态语等 10 章。有举例、说明及练习。

收藏单位：重庆馆、东北师大馆、广东馆、广西馆、国家馆、河南馆、湖南馆、吉林馆、江西馆、辽宁馆、南京馆、首都馆、天津馆、浙江馆

01295

国语文法与国文文法 谭正璧编

广州、香港：中华书局，1938.10，10+172 页，32 开（国文入门必读）

广州：中华书局，1941.6，2 版，10+172 页，32 开（国文入门必读）

本书分词类与句法两编。文言、语体对照举例。

收藏单位：重庆馆、东北师大馆、广东馆、国家馆、南京馆、上海馆

01296

国语文法指导 顾锦藻编辑

上海：三民图书公司，1937.6，128 页，32 开

收藏单位：南京馆

01297

国语虚字用法　戴渭清编

上海：商务印书馆，1920.11，108 页，32 开

上海：商务印书馆，1921.3，3 版，108 页，32 开

上海：商务印书馆，1921.6，4 版，108 页，32 开

上海：商务印书馆，1931，6 版，108 页，32 开

　　本书讲述了国语习用虚字的使用方法。有文言举例说明。

　　收藏单位：广东馆、国家馆、河南馆、江西馆、南京馆、山西馆、首都馆、浙江馆

01298

汉语词类　（瑞典）高本汉（Bernhard Karlgren）著　张世禄译

上海：商务印书馆，1937.1，15+259 页，32 开（国学小丛书）

　　本书分前后两部分。前部分对几种上古音中的问题进行研究；后部分按拟定的上古音，把汉语 2000 多个语词依类排列，研究其语源。

　　收藏单位：安徽馆、重庆馆、大庆馆、东北师大馆、广东馆、贵州馆、国家馆、湖南馆、江西馆、辽大馆、辽宁馆、南京馆、宁夏馆、上海馆、首都馆、天津馆

01299

汉语的人称代名词　高名凯著

北平：[燕京大学]，1946，26 页，16 开

　　本书为《燕京学报》第 30 期抽印本。

　　收藏单位：国家馆

01300

汉语语法论　高名凯著

上海：开明书店，1948.1，696 页，25 开

　　本书分句法论、范畴论、句型论 3 篇。卷首有绪论和陆志韦序。

　　收藏单位：安徽馆、重庆馆、东北师大馆、甘肃馆、广东馆、国家馆、湖南馆、吉林馆、辽宁馆、内蒙古馆、宁夏馆、绍兴馆、首都馆、天津馆

01301

简易国文法　余家菊编

上海：中华书局，1934.11，122 页，32 开

上海：中华书局，1935.2，122 页，32 开（初中学生文库）

上海：中华书局，1941.3，3 版，122 页，32 开（初中学生文库）

上海：中华书局，1947.12，122 页，32 开（中华文库 初中第 1 集）

　　本书分上下两篇，共 15 章。上篇讲品词，包括名词、代名词、形容词、动词等；下篇讲句法，包括句之分析、种类等。

　　收藏单位：重庆馆、东北师大馆、广东馆、广西馆、桂林馆、国家馆、黑龙江馆、湖南馆、江西馆、南京馆、内蒙古馆、上海馆、首都馆、天津馆、浙江馆

01302

简易国语文法十四讲　余白金编

[哈尔滨]：东北书店，1948.10，86 页，32 开（青年知识丛书 3）

　　本书共 14 讲，内容包括：词底种类、名词、代名词、动词、形容词、副词、介词、感叹词、语和句子、句底语气等。

　　收藏单位：东北师大馆、国家馆、吉大馆、吉林馆、辽宁馆、内蒙古馆、山西馆、天津馆

01303

简易国语文法十四讲　余白金编

晋西北新华书店，1949.7 翻印，72 页，32 开（青年知识丛书）

　　收藏单位：国家馆、辽宁馆、山东馆

01304

经传释词　（清）王引之著

上海：商务印书馆，1930.10，2 册（81+85 页），32 开（万有文库 第 1 集 0376）（国学基本丛书）

上海：商务印书馆，1934.7，再版，2 册（81+85 页），32 开（万有文库 第 1 集 0376）（国学基本丛书）

上海：商务印书馆，1939.12，81+85 页，32

开（万有文库 第1—2集 简编500种116）（国学基本丛书）

本书共10卷。收古文言虚字160个，引自九经及周秦、两汉之书，分字标目、引伸触类、推明隐义。

收藏单位：安徽馆、重庆馆、大理馆、大连馆、东北师大馆、广西馆、贵州馆、国家馆、黑龙江馆、湖南馆、江西馆、辽大馆、辽师大馆、内蒙古馆、宁夏馆、上海馆、天津馆、西南大学馆、浙江馆

01305

经传释词 （清）王引之著
北京：中华印刷局，[1920—1929]，[330]页，32开

本书据守山阁本刊印，共10卷。收古文言虚字160个，引自九经及周秦、两汉之书，分字标目、引伸触类、推明隐义。

收藏单位：国家馆、江西馆、首都馆

01306

经传释词 （清）王引之著　陈彬龢点注
上海：商务印书馆，1931.1，1册，32开（学生国学丛书）
上海：商务印书馆，1932.9，国难后1版，1册，32开（学生国学丛书）

本书是解释经传古籍中虚词的专著，对《经传释词》加入新式标点，酌加白话文注解，校正其中错字，并编入孙经世著的《经传释词补》与《再补》。

收藏单位：重庆馆、国家馆、湖南馆、吉林馆、辽大馆、辽师大馆、南京馆、宁夏馆、山东馆、首都馆、天津馆

01307

经传释词 （清）王引之编　王由标点
苏州：振兴书社，1925.7，1册，32开

收藏单位：南京馆

01308

经传释词 许啸天译注　沈继先校订
上海：群学书社，1929.10，2册，32开
上海：群学书社，1929.10，1册，32开，精装

本书平装本封面题名：标点分段经传释词。精装本书脊题名：新式标点整理经传释词。

收藏单位：辽大馆、内蒙古馆、上海馆、首都馆

01309

经传释词（新式标点 下册） （清）王引之著
常州：新群和记书社，1925.10，178页，25开

收藏单位：江西馆、内蒙古馆

01310

经传文法之研究 张凌汉著
北平：中华印书局，1935.4，76+88页，32开
本书分上下两卷。研究诗经、书经、论语、孟子、庄子、左传等文法。

收藏单位：国家馆、首都馆

01311

就元秘史译文所见之中国人称代名词 王静如著
国立中央研究院历史语言研究所，[1935]，545—549页，16开

本书为《历史语言研究所集刊》第5本抽印本。

收藏单位：国家馆、南京馆

01312

马氏文通 （清）马建忠著
上海：商务印书馆，1911，9版，2册，24开
上海：商务印书馆，1913.7，11版，2册，24开
上海：商务印书馆，1916，12版，2册，24开
上海：商务印书馆，1919.6，13版，2册，24开
上海：商务印书馆，1920，14版，2册，24开
上海：商务印书馆，1921.7，15版，2册，24开
上海：商务印书馆，1923.2，16版，2册，24开

上海：商务印书馆，1925.11，18 版，2 册，24
开

上海：商务印书馆，1927，19 版，2 册，24 开

上海：商务印书馆，1929.3，20 版，2 册，24
开

上海：商务印书馆，1930，21 版，2 册，24 开

　　《马氏文通》是我国第一部较全面系统的
语法专著，收集了大量的古汉语例句。本书
共 10 卷。分正名、实字、虚字、句读 4 部
分。从经、史、子、集中选出例句，参考拉
丁语法，求其所同所不同。

　　收藏单位：安徽馆、重庆馆、东北师大
馆、广东馆、广西馆、国家馆、河南馆、湖
南馆、江西馆、近代史所、南京馆、内蒙古
馆、宁夏馆、绍兴馆、首都馆

01313

马氏文通　（清）马建忠著

上海：商务印书馆，1929.10，6 册，32 开（万
有文库 第 1 集 0387）（国学基本丛书）

上海：商务印书馆，1932.9，国难后 1 版，1
册（6 册合订），32 开

上海：商务印书馆，1933，国难后 2 版，1 册
（6 册合订），32 开

上海：商务印书馆，1934.7，再版，6 册，32
开（万有文库 第 1 集 0387）（国学基本丛书）

上海：商务印书馆，1935，国难后 3 版，1 册
（6 册合订），32 开

　　收藏单位：安徽馆、重庆馆、大理馆、大
连馆、东北师大馆、广西馆、贵州馆、国家
馆、黑龙江馆、湖南馆、江西馆、辽大馆、
辽师大馆、南大馆、内蒙古馆、宁夏馆、上
海馆、绍兴馆、首都馆、西南大学馆、浙江
馆

01314

马氏文通　（清）马建忠著

上海、长沙：商务印书馆，1939.9，3 册（459
页），25 开（万有文库 第 1—2 集 简编 500 种
120）（国学基本丛书）

　　收藏单位：安徽馆、黑龙江馆、江西馆、
上海馆

01315

马氏文通　（清）马建忠著

出版者不详，1928，4 册，22 开

　　收藏单位：广西馆

01316

马氏文通刊误　杨树达编

上海：商务印书馆，1931.1，171 页，22 开

上海：商务印书馆，1933.4，国难后 1 版，176
页，22 开

　　编者曾在其所著《高等国文法》中对
《马氏文通》提出过若干修正意见，本书是在
这个基础上综论马氏之失，计有 10 点。

　　收藏单位：重庆馆、东北师大馆、广东
馆、广西馆、国家馆、河南馆、湖南馆、江
西馆、辽大馆、内蒙古馆、上海馆、绍兴馆、
天津馆、西南大学馆、中科图

01317

马氏文通要例启蒙　陶散生著

北京：华新印刷局，1916.5，2 册，22 开

　　本书对《马氏文通》一书的例句，给以
通俗的白话解释，供初学《马氏文通》之用。
分 5 卷 10 篇。讲述名词、代词、静词、动
词、状词、介词、连词、叹词、助词、句读。
全书不录原文，只取其义例。依《马氏文通》
原分类编排。书名简称：文通要例。

　　收藏单位：国家馆、上海馆、首都馆、中
科图

01318

马氏文通易览（新式标点）　邵成萱编纂

瑞安（浙江）：仿古印书分局，1934.5，148
页，16 开

　　本书对《马氏文通》进行标点、订正和
研究。分正名、字类、句读 3 部分。比《马
氏文通》约少三分之二，但仍分为 10 卷。对
原书订正百余条。书前有编纂者序。供作大
学、高中教本。

　　收藏单位：重庆馆、广西馆、国家馆、黑
龙江馆、上海馆

01319

评注文法津梁　宋文蔚编

外文题名：Introduction to Chinese grammar

上海：商务印书馆，1916.12，3 册（128+102+96 页），32 开

上海：商务印书馆，1917.6，再版，3 册（128+102+96 页），32 开

上海：商务印书馆，1919.1，5 版，3 册（128+102+96 页），32 开

上海：商务印书馆，1919，6 版，3 册（128+102+96 页），32 开

上海：商务印书馆，1919.12，7 版，3 册（128+102+96 页），32 开

上海：商务印书馆，1920，8 版，3 册（128+102+96 页），32 开

上海：商务印书馆，1921，9 版，3 册（128+102+96 页），32 开

上海：商务印书馆，1921，10 版，3 册（128+102+96 页），32 开

上海：商务印书馆，1923，11 版，3 册（128+102+96 页），32 开

上海：商务印书馆，1925，12 版，3 册（128+102+96 页），32 开

上海：商务印书馆，1926.6，13 版，3 册（128+102+96 页），32 开

上海：商务印书馆，1926—1927，14 版，3 册（128+102+96 页），32 开

上海：商务印书馆，1930，15 版，3 册（128+102+96 页），32 开

上海：商务印书馆，1933.1，国难后 1 版，3 册（128+102+96 页），32 开

上海：商务印书馆，1934.11，国难后 2 版，3 册（128+102+96 页），32 开

上海、长沙：商务印书馆，1938—1940，国难后 3 版，3 册（128+102+96 页），32 开

上海、长沙：商务印书馆，1938—1940，国难后 4 版，3 册（128+102+96 页），32 开

　　本书为古文文法书。以历代名文 115 篇为例，讲解古文的结构、段落、句法、修词、章法等。上册包括造意、谋篇、布局 3 节，有例文 43 篇；中册包括分段、运调、音节 3 节，有例文 36 篇；下册包括运典、修辞、炼句、炼字 4 节，有例文 36 篇。

收藏单位：重庆馆、广东馆、国家馆、河南馆、湖南馆、吉林馆、江西馆、南京馆、内蒙古馆、山西馆、首都馆、西南大学馆

01320

实用国语文法　王应伟编

上海：商务印书馆，1920—1921，2 册（[396] 页），25 开

上海：商务印书馆，1921—1922，再版，2 册（[396] 页），25 开

上海：商务印书馆，1921—1922，3 版，2 册（[396] 页），25 开

上海：商务印书馆，1922.12，4 版，2 册（[396] 页），25 开

　　本书分上下两编。内容有词论、句论及单句、复句等。教育部审定。

收藏单位：安徽馆、重庆馆、东北师大馆、广东馆、广西馆、国家馆、湖南馆、江西馆、内蒙古馆、首都馆、天津馆、浙江馆

01321

四声别义释例（汉语、文法形态之研究）　周祖谟著

出版者不详，1946.1，75—112 页，18 开

　　本书为《辅仁学志》13 卷 1—2 合期抽印本。

收藏单位：国家馆

01322

速成文范　王钟山著

新民书社，1942，油印本，53 页，16 开

收藏单位：南京馆

01323

唐代禅家语录所见的语法成分　高名凯著

北平：燕京大学，1948.6，49—84 页，16 开

　　本书为《燕京学报》第 34 期抽印本。

01324

文法　皖北新华书店编

皖北新华书店，1949.8，51 页，32 开

　　本书为干部文化学习材料。附标点符号。

收藏单位：安徽馆、天津馆

01325
文法便览表（第5—6册）
出版者不详，[1930—1937]，2册，32开
残书。
收藏单位：国家馆

01326
文法大要（中学国文 乙编） 谭正璧编著
上海：大东书局，1947.2，172页，36开
本书共12章，内容包括：词与句、实体
词、述说词、区别词、关系词、情态词、省
略和倒置、语类和句式、词句分析、标点符
号等。
收藏单位：重庆馆、广东馆、国家馆、辽
宁馆、南京馆、上海馆

01327
文法概论
出版者不详，[1911—1949]，104+90页，32开
本书包括辨字与笔法上下两篇，论述汉
语的语法修辞。
收藏单位：重庆馆

01328
文法概要五讲 何霭人编著
长春：益智书店，1943.7，212页，32开
本书共5讲：概论、单句的成分、词类细
目、单句的复成分、复句。语体、文言对照，
有练习题。末附国语文法研究法。

01329
文法解剖ABC 郭步陶著
上海：ABC丛书社，1929.9，104页，32开
（ABC丛书）
上海：ABC丛书社，1930.9，再版，104页，
32开（ABC丛书）
上海：ABC丛书社，1932.11，4版，104页，
32开（ABC丛书）
本书共4章。讲述字、词及句之成分、
种类等。凡有难解之处，均用图解。
收藏单位：安徽馆、重庆馆、东北师大
馆、广东馆、国家馆、河南馆、湖南馆、江
西馆、辽大馆、南京馆、内蒙古馆、宁夏馆、

上海馆、浙江馆

01330
文法例解 王大千著
沈阳：正文印书馆，1946.10，138页，32开
本书分文法要纲和文章解读法两编。前
编讲述文章构造、词的研究、字类分析等文
法理论。后编分文言语体两类，选古今名著
30篇，按篇法、章法、句法、字法等作说明
解释。附新式标点符号。
收藏单位：辽宁馆

01331
文键 陈登澥著
上海：商务印书馆，1933.1，262页，32开
上海：商务印书馆，1933.5，再版，262页，32
开
上海：商务印书馆，1934，3版，262页，32
开
本书为古汉语文法入门书。分发语词、
接语词、转语词、助语词、束语词、歇语词6
类。每类广列词语，逐个解释，多引用王引
之《经传释词》中的说法。书末附《释词》。
收藏单位：安徽馆、重庆馆、东北师大
馆、广东馆、广西馆、国家馆、黑龙江馆、
湖南馆、吉林馆、江西馆、南京馆、内蒙古
馆、上海馆、绍兴馆、首都馆、天津馆

01332
文句构造及修饰 朱翊新著
上海：日新出版社，1946.9，81页，32开
（作文基础丛刊）
上海：日新出版社，1947.5，再版，81页，32
开（作文基础丛刊）
本书包括句的定义、句的成分、句的分
类和构造、句的修饰4章。附表解和练习题。
收藏单位：重庆馆、国家馆、河南馆、吉
林馆、南京馆、首都馆

01333
文言文法
出版者不详，[1911—1949]，138页，25开
本书分名词、代名词、动词、形容词、

副词、介词、连词、助词、叹词9部分。

01334

文言虚字 吕叔湘著

桂林：开明书店，1944.2，222页，32开（开明青年丛书）

桂林：开明书店，1944，6版，222页，32开（开明青年丛书）

重庆：开明书店，1945.8，渝再版，222页，32开（开明青年丛书）

重庆、桂林：开明书店，1945.11，东1版，222页，32开（开明青年丛书）

上海、桂林：开明书店，1946.3，4版，222页，32开（开明青年丛书）

上海：开明书店，1947.2，沪5版，222页，32开（开明青年丛书）

上海、桂林：开明书店，1948.7，特1版，222页，32开（开明青年丛书）

上海、桂林：开明书店，1949.3，6版，222页，32开（开明青年丛书）

本书共12篇。所论虚字有之、其、者、所、何、孰、於、与、以、为、则、而、虽、然、且、乃、也、矣、焉、耳、乎、哉等二十余字。有习题。卷首有作者序。

收藏单位：重庆馆、大庆馆、东北师大馆、广东馆、广西馆、贵州馆、国家馆、黑龙江馆、湖南馆、吉大馆、吉林馆、江西馆、辽宁馆、南京馆、内蒙古馆、上海馆、绍兴馆、首都馆、天津馆、浙江馆

01335

现代汉语动词形容词介词为一类说 傅懋勣著

成都：华西协合大学，1942.4，249—266页，16开

本书为《金陵齐鲁华西三大学中国文化研究汇刊》抽印本。内容包括：词有定类而无定品，动词形容词介词为一类证，余论。出版年月取自完稿日期。

收藏单位：国家馆

01336

《笑》之图解（国语文法例题详解之一） 黎锦熙编

北京：文化学社，1926.10，17页，23开

本书以《笑》（冰心著《超人集》中的一篇）为例，图解国语文法知识。附修辞法。

收藏单位：国家馆

01337

新文法浅说 陈孟缉编

上海：美术印书馆，1922.5，60页，36开

本书分总论、名词、代名词、动词等9章。

01338

虚词典 顾佛影编

上海：大公书店，1934.1，[350]页，50开

本书分文言、白话两部分。文言部收虚词400多个；白话部收虚词100多个。有说明解释，按笔画多少编排。书末附习用重迭形副词分类表和习用双声迭韵形副词分类表。

收藏单位：国家馆、上海馆、绍兴馆、首都馆、天津馆、浙江馆

01339

虚助词典 施括乾编

上海：亚东图书馆，1923.7，84+58页，36开

上海：亚东图书馆，1925，再版，84+58页，36开

上海：亚东图书馆，1928.3，3版，84+58页，36开

上海：亚东图书馆，1931，4版，84+58页，36开

上海：亚东图书馆，1935.7，5版，84+58页，36开

本书据《经传释词》《助字辨略》编。按笔画多少编排。后附词之分类、词之释要、词之原始、词之通俗4卷。

收藏单位：国家馆、辽大馆、南京馆、上海馆、绍兴馆、首都馆、天津馆、浙江馆

01340

虚字集解 童斐著

上海：勤奋书局，1941.7，191页，32开

本书收文言虚字80个。介绍其用法，并

作解释。解释多引证古籍实例。

收藏单位：辽师大馆、上海馆

01341

虚字集解 童斐著

上海：童斐[发行者]，1931，3版，191页，32开

收藏单位：国家馆、上海馆

01342

虚字集解 童斐著

常州：新群书社，1923.6，再版，191页，32开

收藏单位：河南馆

01343

虚字集解 童斐著

出版者不详，[1923—1949]，162页，22开

本书收文言虚字63个。介绍其用法，并作解释。解释多引证古籍实例。

收藏单位：河南馆、绍兴馆

01344

虚字解释用法 严学修著

广州：觉觉小学校，1933，152页，32开

收藏单位：广东馆

01345

虚字使用法 宋文翰编

上海：中华书局，1935.6，83页，32开（初中学生文库）

广州：中华书局，1938.10，83页，32开（国文入门必读）

上海：中华书局，1940.2，再版，83页，32开（国文入门必读）

昆明：中华书局，1941.2，再版，83页，32开（国文入门必读）

上海、昆明：中华书局，1941，3版，83页，32开（初中学生文库）

上海：中华书局，1947.12，84页，32开（中华文库 初中第1集）

本书共7章。按介系虚字、连接虚字、语助虚字及感叹虚字等分类说明。

收藏单位：重庆馆、广东馆、广西馆、桂林馆、国家馆、黑龙江馆、湖北馆、湖南馆、江西馆、辽东学院馆、辽宁馆、南京馆、内蒙古馆、上海馆、首都馆、天津馆

01346

虚字使用法（第八册） 私立中华书局函授学校编

上海：私立中华书局函授学校，[1926—1949]，128页，32开（初级国文科讲义 第3种）

收藏单位：南京馆、上海馆

01347

虚字使用法（言文一贯） 周善培著

上海：商务印书馆，1914.6，4册，32开，环筒页装

本书收虚字74个，包括单字51个和两字三字合用23个。

收藏单位：重庆馆

01348

虚字速通法 韦月侣编

上海：大中华书局，1936，82页，32开

收藏单位：河南馆、首都馆、浙江馆

01349

虚字文作法精华 金啸梅编

上海：新华书局，[1924]，106页，32开（学生文学宝库）

本书内容包括：虚字之述旨、虚字辨、虚字阐微、介辞说、助词杂识、虚字文字之互用谈等。

收藏单位：浙江馆

01350

虚字用法 朱宇苍著

上海：右文书局，1939.9，222页，32开

本书参考《经传释词》《马氏文通》和其他著作说明虚字用法。举例多采自《论语》《孟子》两书。所收虚字依笔画多少为序。题名前加题：教学必需。

收藏单位：国家馆、黑龙江馆、吉林馆、南京馆

01351

虚字指南　沈镕著

上海：东方文学社，1935.6，[19]+200 页，32 开

上海：东方文学社，1938.9，复版，[19]+200 页，32 开

　　本书收文言虚字单字 104 个，复合字 57 个。有注释，举例说明用法。按注音字母顺序编排。再版封面题：言文一贯虚字使用指南。版权页著者题：沈溶。

　　收藏单位：重庆馆、广东馆、广西馆、国家馆、吉林馆、辽宁馆、绍兴馆、首都馆、浙江馆

01352

应用文法举隅　梁日新著

出版者不详，[1911—1949]，133 页，32 开

　　收藏单位：广东馆

01353

语法新论　何宗元著

礜山：渝北日报印刷厂，1945，196 页，32 开

　　本书共 6 章，内容包括：概论、词、语、句、段落、篇章。

　　收藏单位：重庆馆、东北师大馆

01354

语体文法　李直编

上海：中华书局，1920.8，90 页，32 开

上海：中华书局，1921.7，5 版，90 页，32 开

上海：中华书局，1921，6 版，90 页，32 开

上海：中华书局，1930.9，12 版，90 页，32 开

上海：中华书局，1931.6，13 版，90 页，32 开

上海：中华书局，1934，14 版，90 页，32 开

上海：中华书局，1937.4，再版，90 页，32 开（小学教员检定丛刊）

　　本书共 6 章：略说、词类、语类、句、总说、标点的用法。

　　收藏单位：重庆馆、东北师大馆、广东馆、广西馆、国家馆、河南馆、湖南馆、江西馆、南京馆、内蒙古馆、首都馆、西南大学馆、浙江馆

01355

语体文法表解　吕云彪著

上海：大东书局，1921.6，102 页，32 开

上海：大东书局，1922，再版，102 页，32 开

上海：大东书局，1924.7，4 版，102 页，32 开

　　作者把语体文法中繁杂难明的问题，用简明的语句、提纲挈领的方法，逐一顺次表解，并在表解的下面举出例子，使读者既明文法又知应用。

　　收藏单位：重庆馆、河南馆

01356

语体文法大纲　许地山编

上海：中华书局，1921.8，62 页，32 开

上海：中华书局，1922.2，再版，62 页，32 开

上海：中华书局，1923.3，3 版，62 页，32 开

上海：中华书局，1923.12，4 版，62 页，32 开

上海：中华书局，1925.11，5 版，62 页，32 开

上海：中华书局，1928.9，6 版，62 页，32 开

　　本书共 12 章。讲述句法及名词、代名词、形容词、副词、介词、连词、助词、感叹词等。后附图表法、文字的理想的写法、文法略表等。

　　收藏单位：重庆馆、广西馆、国家馆、河南馆、江西馆、南京馆、内蒙古馆、上海馆

01357

增批古文快笔贯通解　杭永年评解

上海：沈鹤记书局，1936，1 册，32 开

　　收藏单位：广东馆

01358

章句论　吕思勉著

上海：商务印书馆，1926.6，73 页，32 开（国学小丛书）

上海：商务印书馆，1927.6，再版，73 页，32 开（国学小丛书）

上海：商务印书馆，1930.4，53 页，32 开（万有文库第 1 集 0386）（国学小丛书）

上海：商务印书馆，1933.5，国难后 1 版，53 页，32 开（万有文库）（国学小丛书）

上海：商务印书馆，1934，国难后 2 版，53 页，32 开（国学小丛书）

上海：商务印书馆，1934.7，再版，53 页，32 开（万有文库 第 1 集 0386）（国学小丛书）

本书讲述文言语法、修辞。书前有著者序。书末附录《读吕氏春秋》。

收藏单位：安徽馆、重庆馆、大理馆、大连馆、东北师大馆、广西馆、贵州馆、国家馆、河南馆、黑龙江馆、湖南馆、江西馆、辽大馆、辽宁馆、辽师大馆、南京馆、内蒙古馆、宁夏馆、上海馆、首都馆、天津馆、西南大学馆、浙江馆、中科图

01359

章与句　蒋伯潜　蒋祖怡编著

上海：世界书局，1940.8，2 册（222+222 页），32 开（国文自学辅导丛书 第 1 辑 3—4）

长沙：世界书局，1943，2 册（222+222 页），32 开（国文自学辅导丛书 第 1 辑 3—4）

上海：世界书局，1947.4，沪再版，2 册（222+222 页），32 开（国文自学辅导丛书 第 1 辑 3—4）

本书以故事体裁讲述有关语法、修辞知识。上册分句的构成、古代修辞论等 20 章；下册分字的艺术、谈诗等 20 章。

收藏单位：重庆馆、东北师大馆、广东馆、桂林馆、国家馆、河南馆、湖南馆、江西馆、南京馆、内蒙古馆、上海馆、绍兴馆、首都馆、西南大学馆

01360

中等国文典　章士钊编纂

上海：商务印书馆，1911.2，3 版，302 页，25 开，精装

上海：商务印书馆，1913，[4 版]，302 页，25 开，精装

上海：商务印书馆，1913.6，5 版，302 页，25 开，精装

上海：商务印书馆，1914.12，6 版，302 页，25 开

上海：商务印书馆，1921，9 版，302 页，25 开，精装

上海：商务印书馆，1925.1，12 版，302 页，

25 开，精装

上海：商务印书馆，1925，13 版，302 页，25 开，精装

上海：商务印书馆，1928.10，15 版，302 页，25 开，精装

上海：商务印书馆，1930，16 版，302 页，25 开

上海：商务印书馆，1933.11，国难后 1 版，284 页，32 开

上海：商务印书馆，1935.2，国难后 2 版，284 页，32 开

本书共 9 章。讲述名词、代名词、动词、副词等各种词类。文言叙述，旧式标点。中学校师范学校用。

收藏单位：安徽馆、重庆馆、大庆馆、东北师大馆、广东馆、贵州馆、国家馆、河南馆、湖南馆、吉林馆、江西馆、辽大馆、辽师大馆、南京馆、内蒙古馆、宁夏馆、绍兴馆、首都馆、浙江馆、中科图

01361

中等国文法（中等国文典之改造）　汪震编

北平：文化学社，1928.9，148 页，32 开

北平：文化学社，1929.12，再版，148 页，32 开

北平：文化学社，1931.9，3 版，148 页，32 开

北平：文化学社，1936.7，4 版，138 页，32 开

本书是对章士钊《中等国文典》一书的订正和补充。共 9 章：总论、名词、代名词、动词、形容词、副词、介词、连词、助词。书后附对照表。

收藏单位：重庆馆、国家馆、黑龙江馆、吉林馆、江西馆、近代史所、内蒙古馆、首都馆、天津馆

01362

中国国文法　吴瀛编

上海：商务印书馆，1930.11，4 册（[423] 页），32 开，精装

上海：商务印书馆，1932.9，国难后再版，4 册（[423] 页），32 开

本书分论字、释句、辨文 3 卷。第 1 卷共 10 章：总则、名字、代字、动字、表字、

状字、介字、联字、助字、感字；第 2 卷共 4 章：句读与辞、语气辞、修词大略、文字上之标记；第 3 卷共 2 章：文体之别、文类之别。文言体，旧式标点。

收藏单位：重庆馆、广东馆、广西馆、国家馆、河南馆、湖南馆、辽宁馆、宁夏馆、上海馆、绍兴馆、首都馆、天津馆、西南大学馆

01363

中国文典　商务印书馆编译所编

上海：商务印书馆，1914，3 版，1 册，25 开，环筒页装

本书为师范学校教科书。

收藏单位：首都馆

01364

中国文法（文言白话对照）　赵宗贤编著

北平：中华印书局，1935.8，[22]+254 页，32 开

本书共 15 章。讲述字与词、语与句区别、句法组织及词的类别等语法知识。有附录及注释。

收藏单位：东北师大馆、国家馆、首都馆、天津馆

01365

中国文法初阶　曹伯韩著

重庆：文光书店，1945.4，渝初版，159 页，32 开（基本知识丛书）

上海：文光书店，1948.1，沪初版，159 页，32 开（基本知识丛书）

本书共 15 节。讲述字和词、词类、句子、述语、宾语、补足语及句的修饰等。著者原题：曹朴。

收藏单位：重庆馆、东北师大馆、广东馆、贵州馆、国家馆、吉林馆、辽宁馆、内蒙古馆、首都馆、天津馆、西南大学馆

01366

中国文法复词中偏义例续举　刘盼遂著

北平：燕京大学燕京学报社，1932.12，2589—2594 页，16 开

本书为《燕京学报》第 12 期单行本。

收藏单位：国家馆

01367

中国文法革新论丛　陈望道编著

重庆：文津出版社，1943.8，270 页，22 开

本书收录陈望道、傅东华、金兆梓等有关中国文法革新的论文 34 篇。这些文章，曾先后在《语文周刊》《东方杂志》《学术杂志》《文理月刊》《理论与现实》《复旦学报》《读书通讯》等刊物上发表过。

收藏单位：重庆馆、国家馆、吉林馆、近代史所、南京馆、内蒙古馆、山西馆、天津馆、西南大学馆

01368

中国文法革新讨论集　汪馥泉编辑

上海：学术社，1940.3，160 页，32 开（学术第 2 辑）

本书收录《一个国文法新体系的提议》《文法革新的一般问题》《文字学与文法学》等 27 篇论文。著者有陈望道、傅东华、方光焘等人。

收藏单位：安徽馆、重庆馆、广东馆、国家馆、绍兴馆、浙江馆

01369

中国文法讲话（上册）　刘半农著

上海：北新书局，1932.11，176 页，25 开

上海：北新书局，1933.3，2 版，176 页，25 开

上海：北新书局，1935，3 版，176 页，25 开

上海：北新书局，1937.4，4 版，176 页，25 开

本书在著者所著《中国文法通论》的基础上，修订其疏漏牵强之处而成。分总说、名词及代名词两部分。对文言白话两种文法兼述，举例力求易解，立规主张通用。著者原题：刘复。

收藏单位：安徽馆、重庆馆、东北师大馆、广东馆、国家馆、湖南馆、吉林馆、南京馆、内蒙古馆、山西馆、首都馆、天津馆、西南大学馆、浙江馆

01370

中国文法讲话（下册） 赵景深著

上海：北新书局，1946.9，新1版，170页，25开

　　本书内容包括：动词、静词、副词、介词、连词、助词、叹词以及新式标点用法等。初版年月据编著者序的写作日期。

　　收藏单位：广东馆、国家馆

01371

中国文法论 何容著

重庆：独立出版社，1944.4，140页，22开

南京：独立出版社，1947.12，再版，140页，22开

　　本书分文法浅说、论中国文法的研究、论词类区分、论语句分析、论所谓词位、论复句与连词、马氏文通的句读论、助词语气与句类8章。

　　收藏单位：重庆馆、广东馆、广西馆、国家馆、吉林馆、南京馆、内蒙古馆、浙江馆

01372

中国文法论 何容撰

上海：开明书店，1949，217页，32开

上海：开明书店，1949.6，改排版，217页，32开（开明文史丛刊）

　　收藏单位：重庆馆、东北师大馆、国家馆、内蒙古馆、上海馆、首都馆、天津馆、浙江馆

01373

中国文法浅说 胡怀琛著

上海：商务印书馆，1935，3版，40页，32开（小学生文库第1集语文类）

　　收藏单位：首都馆

01374

中国文法通论 刘半农著

上海：群益书社，[1919.12]，112页，23开

上海：群益书社，1920.8，再版，112页，23开

上海：群益书社，1921.1，3版，112页，23开

上海：群益书社，1924.5，增补4版，136页，23开

　　本书为1919年至1920年第一学期北京大学预科二年级讲义。共3讲。第1讲论述文法的定义、范围及其研究法；第2讲论述理论和文法的状况及字、句；第3讲叙述语言的历史及变化、分歧等。增补4版有附言24页。

　　收藏单位：东北师大馆、国家馆、江西馆、内蒙古馆、绍兴馆、天津馆

01375

中国文法通论 刘半农著

上海：中华书局，1939.8，5版，136页，22开

　　本书共3讲。第1讲论述文法的定义、范围及其研究法；第2讲论述理论和文法的状况及字、句；第3讲叙述语言的历史及变化、分歧等。著者原题：刘复。

　　收藏单位：内蒙古馆、天津馆、浙江馆

01376

中国文法新编 林子侠编著

广州：浩然书屋，1937.1，10+350页，32开

　　本书共11章。首章为文法学引论；末章介绍新式标点符号使用法；第2至第10章分别叙述字、词、语句等。

01377

中国文法学初探 王力著

北平：国立清华大学，1936，57页，16开

　　本书为《清华学报》单行本。

　　收藏单位：首都馆

01378

中国文法学初探 王力著

长沙：商务印书馆，1940.2，204页，32开

长沙：商务印书馆，1941.3，2版，204页，32开

　　本书共10章，内容包括：比较语言学与中国文法、西洋文法与中国文法、中国文字与中国文法、古文法与今文法、中国的文法成分、词的次序等。附《中国文法中的系词》一文。本书内容曾在《清华学报》11、12卷

1 期上发表。

　　收藏单位：重庆馆、东北师大馆、广东馆、桂林馆、国家馆、江西馆、辽大馆、辽宁馆、南京馆、天津馆

01379

中国文法语文通解　杨伯峻编

上海：商务印书馆，1936.7，582 页，22 开，精装

　　本书共 12 章，内容包括：词类总论、名词、代名词、动词、形容词及标点符号等。

　　收藏单位：安徽馆、东北师大馆、广东馆、国家馆、黑龙江馆、湖南馆、辽大馆、辽师大馆、宁夏馆、首都馆、西南大学馆

01380

中国文法中的系词　王力著

北平：国立清华大学，1937，68 页，16 开

　　本书为《清华学报》12 卷 1 期抽印本。

　　收藏单位：国家馆

01381

中国现代语法　王力著

重庆：商务印书馆，1943—1944，2 册（24+413+386 页），32 开

赣县：商务印书馆，1944，2 册（24+413+386 页），32 开

上海：商务印书馆，1947.2，2 册（24+413+386 页），32 开（新中学文库）

　　本书原系著者在西南联大的教学讲义，经修改和补充后出版。分造句法（上）、造句法（下）、语法成分、替代法和称数法、特殊形式、欧化的语法 6 章。摘引归纳《红楼梦》《儿女英雄传》中的语句，说明语法规律，但不作理论阐述。书后有语音、文字、标点、格式 4 个附录。可作中学教本。

　　收藏单位：安徽馆、重庆馆、东北师大馆、广东馆、广西馆、贵州馆、桂林馆、国家馆、河南馆、黑龙江馆、湖南馆、江西馆、辽大馆、辽宁馆、南京馆、内蒙古馆、山西馆、首都馆、天津馆、西南大学馆、中科图

01382

中国现代语法（下册）

出版者不详，[1939]，240 页，18 开

　　收藏单位：国家馆、西南大学馆

01383

中国语法纲要　王了一著

上海：开明书店，1946.3，228 页，32 开（开明青年丛书）

上海：开明书店，1947.3，再版，228 页，32 开（开明青年丛书）

　　本书分语音、文字、构词法、词类和词品、替代法、称数法、语言的变态、语言的着色等 16 章。后附语法词汇索引。著者通称：王力。

　　收藏单位：重庆馆、广东馆、广西馆、桂林馆、国家馆、辽大馆、辽宁馆、南京馆、宁夏馆、上海馆、绍兴馆、首都馆、浙江馆

01384

中国语法纲要　杨树达编纂

上海：商务印书馆，1920.11，78 页，24 开

上海：商务印书馆，1921.2，3 版，78 页，24 开

上海：商务印书馆，1921.4，4 版，78 页，24 开

上海：商务印书馆，1921.6，5 版，78 页，24 开

上海：商务印书馆，1928.10，7 版，78 页，24 开

上海：商务印书馆，1930，8 版，78 页，24 开

　　本书共 16 章，内容包括：词类、名词的种类、名词的三位、代名词的三种、动词的四种等。

　　收藏单位：东北师大馆、广西馆、国家馆、河南馆、湖南馆、江西馆、南京馆、首都馆、天津馆、西南大学馆

01385

中国语法讲义　孙俍工编

上海：亚东图书馆，1921.5，168 页，32 开

上海：亚东图书馆，1922，再版，168 页，32 开

上海：亚东图书馆，1923.4，3 版，168 页，32 开

上海：亚东图书馆，1924.2，4 版，168 页，32 开

上海：亚东图书馆，1928，6 版，168 页，32 开

上海：亚东图书馆，1930.9，8 版，168 页，32 开

上海：亚东图书馆，1933.2，10 版，168 页，32 开

本书共 3 篇：概论、词的专论、句的专论。中学校及师范学校适用。

收藏单位：重庆馆、广东馆、国家馆、河南馆、湖南馆、南京馆、绍兴馆、首都馆、天津馆、浙江馆

01386

中国语法理论 王力著

重庆：商务印书馆，1944—1945，2 册（371+430 页），32 开

重庆：商务印书馆，1946—1947，沪初版，2 册（371+430 页），32 开

本书与著者的《中国现代语法》一书相辅而行。共 6 章：造句法、语法成分、替代法、称数法、特殊形式、欧化的语法。可作大学教本。

收藏单位：安徽馆、重庆馆、东北师大馆、广东馆、广西馆、桂林馆、国家馆、湖南馆、江西馆、南京馆、上海馆、首都馆、西南大学馆

01387

中国语言之变迁（以"把"字为证） 黎锦熙著

出版者不详，1933.10，18 页，16 开

本书为《师大月刊》第 6 期抽印本，以"把"字为例，论证中国语言之变迁。

收藏单位：国家馆

01388

中级文法 商务印书馆函授学校国文科编

上海：商务印书馆函授学校，6 册（[196]页），32 开

本书为商务印书馆函授学校内部讲义。全 6 册，仅见第 2 册（讲名词、代名词），第 5 册（讲句之成分、分类、主词、表词、宾词等），第 6 册（讲新式标点符号）。

收藏单位：南京馆

01389

周金文中之双宾语句式 沈春晖编

北平：燕京大学哈佛燕京学社，1936，376—408 页，16 开

本书为《燕京学报》第 20 期单行本。

收藏单位：广东馆

01390

助字辨略 （清）刘淇著

上海：商务印书馆，1937.12，166 页，32 开（万有文库 第 2 集 176）（国学基本丛书）

本书博采宋元以前经、传、子、史及俗语中的虚字 400 多个，分四声编排。用正训、反训、借训、互训、转训等方法加以解释。书末附《钱训导泰吉曝书杂记》《钱训导泰吉跋旧刻本》《王氏元启济宁图记人物列传》《助字辨略跋》等。

收藏单位：大连馆、大理馆、大庆馆、东北师大馆、国家馆、黑龙江馆、湖南馆、辽师大馆、内蒙古馆、浙江馆

01391

助字辨略 （清）刘淇著 章锡琛校注

上海：开明书店，1940.1，315+12 页，32 开（中国语文学丛书）

上海：开明书店，1947.3，再版，315+12 页，32 开（中国语文学丛书）

本书共 5 卷，包括上平声、下平声、上声、去声、入声。卷末附助字辨略索引。

收藏单位：安徽馆、重庆馆、东北师大馆、广西馆、贵州馆、国家馆、黑龙江馆、湖南馆、吉林馆、江西馆、近代史所、辽宁馆、南京馆、上海馆、绍兴馆、首都馆、天津馆、西南大学馆

01392

作文虚字用法 李紫函编

长春：益智书店，1936.7，42+12 页，32 开。

本书为国文科参考书。讲述文言文常用虚字字义，并举例说明用法。书末附录词性之种类。

01393

作文虚字用法（原名，虚字用法举隅） 薛传薪编

上海：大东书局，1922.9，58 页，32 开

上海：大东书局，1924.1，3 版，58 页，32 开

上海：大东书局，1924，4 版，58 页，25 开

上海：大东书局，1925.8，6 版，58 页，32 开

上海：大东书局，1926，7 版，58 页，25 开

上海：大东书局，1931.1，9 版，58 页，32 开

上海：大东书局，1932，10 版，58 页，32 开

上海：大东书局，1934.9，12 版，58 页，32 开

本书列举虚字单字及复合词，说明其用法，并以例示范。文言体，有圈点。学生自修用书。

收藏单位：安徽馆、广东馆、广西馆、国家馆、湖南馆、江西馆、辽大馆、南京馆、上海馆、首都馆、浙江馆

01394

作文虚字自通法 汪蓉第编著

上海：世界书局，1926.3，2 册（64+138 页），32 开

本书分上下两编。上编为单用虚字，下编为联用虚字，逐字释义。按虚字部首编排。

收藏单位：安徽馆、广东馆、国家馆、绍兴馆、天津馆

写作、修辞

01395

初等作文修辞法（言文对照） 朱麟公 沈味之编

上海：广益书局，1924.2，石印本，[70] 页，32 开，环筒页装

本书分总论、各论、结论 3 部分。讲述选词、造句、切题及各种修辞法。

01396

初学国文捷诀（一名，作文指南） 朱通孺著

北平：平化合作社，1935.9，74 页，32 开（明月清风我斋丛书 文类 5）

本书讲述作文方法。目录页题名：作文法捷径，卷端题名：初学国文捷法。

收藏单位：国家馆、天津馆

01397

读书与写作 叶心安等编

上海：中国图书杂志公司，1941.4，95 页，32 开（中国职业与修养丛刊）

本书收夏丏尊的《阅读什么》《怎样阅读》《学习国文的着眼点》3 篇，叶绍钧的《写作什么》《怎样写作》《中学生课外读物的商讨》《文艺作品的鉴赏》《写作漫谈》等 7 篇。

收藏单位：黑龙江馆、上海馆、首都馆、浙江馆

01398

读书作文法 唐彪著

上海：中华新教育社，1925.8，1 册，32 开（国学门径丛书）

本书共 10 卷。讲述读书、作文、写诗的方法。封面著者题：唐翼修。

收藏单位：国家馆、浙江馆

01399

读书作文通 文经纬等编

上海：世界书局，1934.7，1 册，32 开，精装

上海：世界书局，1934.11，再版，1 册，32 开，精装

本书收《读书方法》《读书座右铭》《古书今读法》《一般作文法》《新文章作法》《作文描写类典》6 篇。作者有文经纬、胡怀琛、顾凤城、马兼善、姚壬龙等。

收藏单位：安徽馆、重庆馆、广东馆、广西馆、贵州馆、国家馆、湖南馆、吉林馆、南京馆、上海馆、首都馆、天津馆、浙江馆

01400

读写座谈会 吕漠野著

丽水：青年读书通迅社，1941.8，102 页，32
开

本书收语言和文字等。

收藏单位：浙江馆

01401

儿童作文讲座 梁士杰著

上海：儿童书局，1933.6，再版，64 页，32
开

上海：儿童书局，1935，4 版，64 页，32 开

本书分 3 讲对小朋友讲述作文方法和语
句做法，并对议论文、记事文、日记、游记、
传记、书信等作文方法举例说明。

收藏单位：重庆馆、浙江馆

01402

高级作文法 商务印书馆函授学社国文科编

上海：商务印书馆，[1915—1946]，3 册（54+
72+20 页），32 开

本书供高级函授学生学习作文法用。分
通论、篇法、章节法、分类作法等 6 篇。

收藏单位：南京馆

01403

古书修辞例 张文治编

上海：中华书局，1937.9，332+10 页，22 开

本书用古书中的例文、论点讲述修辞知
识。分修辞总论、改易之例、增加之例、删
节之例、摹拟之例、繁简之例 6 编。末附引
用书目。

收藏单位：重庆馆、广东馆、国家馆、辽
宁馆、南京馆、上海馆、首都馆、天津馆、
中科图

01404

国文修辞 谭正璧编著

上海：世界书局，1944.11，87 页，32 开（国
文必读 第 1 辑 语文会通）

上海：世界书局，1947，2 版，87 页，32 开
（国文必读 第 1 辑 语文会通）

本书共 5 章：叙论、结构、体制、遣词、
辞格。

收藏单位：重庆馆、广东馆、吉林馆、南

京馆、上海馆、首都馆

01405

国文修辞学 伦达如编著

广州：伦达如 [发行者]，1924.10，212 页，
18 开

本书分上下两编。上编包括体制（文
体）、文之构成、转义及文的花样等；下编包
括构想、记事文、叙事文、说明文等。

收藏单位：国家馆、中科图

01406

国文之修辞学 陈梦炎编著

陈梦炎 [发行者]，[1911—1949]，6 页，32 开

本书讲述国文修辞的由来和方法、文章
精神与形体、艺术与学术文等。

01407

国文作法 高语罕编

上海：亚东图书馆，1922.8，452 页，32 开

上海：亚东图书馆，1923.1，再版，452 页，
32 开

上海：亚东图书馆，1923，3 版，452 页，32
开

上海：亚东图书馆，1924，4 版，452 页，32
开

上海：亚东图书馆，1925，5 版，452 页，32
开

上海：亚东图书馆，1927.2，7 版，452 页，32
开

上海：亚东图书馆，1928，8 版，452 页，32
开

上海：亚东图书馆，1929.1，9 版，452 页，
32 开

上海：亚东图书馆，1929，10 版，452 页，32
开

上海：亚东图书馆，1930.10，11 版，452 页，
32 开

上海：亚东图书馆，1932.8，12 版，452 页，
32 开

本书分通论、文体两编。通论编包括国
文作法的意义、作文的初步、文字的要素、
文字的戒律、文字的美质、文字的精神、文

字的构造 7 章。文体编包括叙述文、叙述文的作法、描写文、解说文、论辩文 5 章。附书信的写法、标点符号。

收藏单位：重庆馆、东北师大馆、广东馆、国家馆、河南馆、黑龙江馆、湖南馆、江西馆、辽东学院馆、南京馆、内蒙古馆、山西馆、绍兴馆、首都馆、浙江馆

01408

国语文修辞法　宋文翰著

上海：中华书局，1935.6，241 页，32 开

上海：中华书局，1938.10，再版，241 页，32 开

上海：中华书局，1947.12，241 页，32 开（中华文库 初中第 1 集）

本书共 6 章。讲述篇的构成、句的修饰及词的选用等。

收藏单位：重庆馆、东北师大馆、广东馆、广西馆、桂林馆、国家馆、黑龙江馆、湖南馆、吉林馆、江西馆、辽宁馆、南京馆、内蒙古馆、山西馆、上海馆、绍兴馆、首都馆、天津馆、西南大学馆

01409

国语文作法　黄正厂著

上海：中华书局，1924.8，84 页，32 开

上海：中华书局，1930.3，5 版，84 页，32 开

上海：中华书局，1931.6，6 版，84 页，32 开

上海：中华书局，1932.12，7 版，84 页，32 开（国语小丛书 2）

本书讲述作文的初步和文章的构造、体裁、美质及怎样学习作文等。

收藏单位：广东馆、广西馆、河南馆、吉林馆、辽大馆、南京馆、人大馆、上海馆、首都馆、西南大学馆

01410

国语修辞学　汪震编著

北平：文化学社，1935.6，20+398 页，32 开

本书共 9 章。讲述国语修辞学的范围与意义、词的选择、语的运用、逻辑常识等。据 Genung 的 *Outlines of Rhetoric* 一书编成。书前有编者序。书后有习题和原则一览。

收藏单位：安徽馆、东北师大馆、国家馆、黑龙江馆、吉林馆、首都馆、天津馆、浙江馆

01411

景物描写辞典　谢天申编

上海：经纬书局，1948.2，100+112 页，32 开（作文辞库）

本书辑录文艺作品中有关描写景物的片断，分自然和动植物两部分。

收藏单位：上海馆

01412

实用国文修辞学　金兆梓著

上海：中华书局，1932.1，160 页，32 开

上海：中华书局，1932，再版，160 页，32 开

上海：中华书局，1934，3 版，160 页，32 开

广州、香港：中华书局，1938.10，4 版，160 页，32 开

重庆：中华书局，1944.6，渝重排初版，136 页，32 开

本书共 7 章：题目、材料、谋篇、裁章、炼句、遣辞词、藻饰。文言叙述。

收藏单位：重庆馆、广西馆、国家馆、河南馆、湖南馆、吉林馆、江西馆、南京馆、内蒙古馆、首都馆、天津馆、西南大学馆、浙江馆

01413

实用文章义法　谢无量著

上海：中华书局，1917.1，2 册（124+96 页），32 开

上海：中华书局，1919.10，再版，2 册（124+96 页），32 开

上海：中华书局，1920.10，3 版，2 册（124+96 页），32 开

上海：中华书局，1924，5 版，2 册（124+96 页），32 开

上海：中华书局，1926.3，6 版，2 册（124+96 页），32 开

上海：中华书局，1928.10，7 版，2 册（124+96 页），32 开

上海：中华书局，1933.3，8 版，2 册（124+

96 页），32 开

本书内容包括文意论、文势论、字法、句法、篇法、实用纪事文、实用文、词赋杂体等。有古文实例说明。

收藏单位：安徽馆、重庆馆、广东馆、广西馆、国家馆、河南馆、黑龙江馆、湖南馆、江西馆、南京馆、内蒙古馆、首都馆、西南大学馆、浙江馆

01414
实用修辞学　郭步陶编著
上海：世界书局，1934.6，196 页，32 开
上海：世界书局，1934，再版，196 页，32 开

本书共 3 章：概要、修辞现象之过程、中国古籍中之修辞学。前 2 章讲述词与辞、品词与修辞、修辞学定义和范围及研究修辞学的方法与步骤，第 3 章介绍作者研究《文心雕龙》的成果。书口题：中国实用修辞学。

收藏单位：重庆馆、广西馆、国家馆、河南馆、南京馆、山西馆

01415
四体文作法精华　金啸梅编
上海：新华书局，[1924]，98 页，32 开（学生文学宝库）

本书主要围绕骈文、环文、语体文、散体进行论述。文言体，有圈点。

收藏单位：东北师大馆、浙江馆

01416
谈景物描写　叶泯著
重庆：文光书店，1947，193 页，32 开
重庆：文光书店，1948，再版，193 页，32 开
本书论述为什么要描写景物，介绍描写景物的方法。

收藏单位：重庆馆

01417
文学指导　郭固编著
长春：满洲新京艺文书房，1943.12，130 页，32 开（青少年指导丛书）

本书分上下两编，讲述文字、文体、句读、段落及写作常识等。

收藏单位：国家馆、天津馆

01418
文则　（宋）陈骙著
上海：商务印书馆，1937.12，40 页，32 开（万有文库 第 1—2 集 简编 500 种）（国学基本丛书）
长沙：商务印书馆，1939.9，40 页，32 开（万有文库 第 1—2 集 简编 500 种）（国学基本丛书）

本书为古籍重印，有句点，全书两卷。论评文章体式，着重研究六经诸子的文章句法，为我国古代的修辞论著之一。

收藏单位：安徽馆、东北师大馆、国家馆、湖南馆、江西馆、上海馆

01419
文章概论　汪馥泉著
长沙：商务印书馆，1939.4，405 页，32 开

本书分文章的要素、特质、构成、体制、材料 5 章。

收藏单位：重庆馆、东北师大馆、广东馆、国家馆、南京馆、内蒙古馆、上海馆、西南大学馆、浙江馆

01420
文章构造法　杨杏佛著　杨人楩编
上海：文华美术图书公司，1933.8，153 页，32 开

本书为著者在中央大学、燕京大学的讲稿，分文章和诗歌两部分。1933 年著者遇刺死后，由杨人楩将讲稿整理成本书。

收藏单位：国家馆、吉林馆、浙江馆

01421
文章构造法　杨杏佛著　杨人楩编
上海：中国图书编译馆，[1933.6]，153 页，32 开

收藏单位：国家馆

01422
文章构造法　张资平编纂
上海：商务印书馆，1935.11，106 页，32 开

（百科小丛书）

上海：商务印书馆，1936.8，再版，106页，32开（百科小丛书）

　　本书分总论、主词与目的词、代名词之特别用法、表示时限之方法、疑问文的形式等11章。

　　收藏单位：重庆馆、广东馆、广西馆、国家馆、河南馆、湖南馆、南京馆、宁夏馆、首都馆、天津馆、西南大学馆、中科图

01423

文章轨范　沪江大学中国语言文学系编选

上海：江大书店，1931.8，470页，24开

　　本书据《开明活叶文选》编选，收古今有关文章作法的短论及各体范文。

　　收藏单位：天津馆

01424

文章及其作法　高语罕编

上海：光华书局，1933.2，[295]页，32开

　　本书选曹雪芹、胡适、李一尘、托尔斯泰、高尔基、柴霍夫、莫泊桑、克鲁泡特金等人的17篇作品为范文，篇后进行段落分析、讲述结构、说明文章大意，以帮助读者掌握基本的写作方法。

　　收藏单位：东北师大馆、广东馆、国家馆、辽师大馆、南京馆、内蒙古馆、首都馆、天津馆、浙江馆

01425

文章技巧的研究　蒋祖怡编著

上海：世界书局，[1934—1949]，158页，32开（作文自学辅导丛书）

　　本书共10章。讲述语言与文字的关系、文法与文章的关系、标点与段落等。

　　收藏单位：重庆馆、广东馆、广西馆、吉林馆、江西馆、内蒙古馆、上海馆、绍兴馆

01426

文章讲话　夏丏尊　叶绍钧著

上海：开明书店，1938.4，130页，32开（开明青年丛书）

上海：开明书店，1938.9，2版，130页，32开（开明青年丛书）

上海：开明书店，1939，4版，130页，32开（开明青年丛书）

上海：开明书店，1940，5版，130页，32开（开明青年丛书）

桂林：开明书店，1941.4，桂1版，130页，32开（开明青年丛书）

上海：开明书店，1942，6版，130页，32开（开明青年丛书）

上海：开明书店，1943.2，内2版，130页，32开（开明青年丛书）

上海：开明书店，1946.4，9版，130页，32开（开明青年丛书）

上海：开明书店，1947，11版，130页，32开（开明青年丛书）

上海：开明书店，1948.7，特1版，130页，32开（开明青年丛书）

上海：开明书店，1948.5，12版，130页，32开

上海：开明书店，1949，13版，130页，32开（开明青年丛书）

　　本书收《句读和段落》《开头和结尾》等10篇有关文章写作的讲话，其中有7篇曾在《中学生》杂志57期至76期发表过。叶绍钧即叶圣陶。

　　收藏单位：重庆馆、大庆馆、东北师大馆、广东馆、广西馆、贵州馆、国家馆、河南馆、湖南馆、吉林馆、江西馆、辽大馆、南京馆、内蒙古馆、上海馆、绍兴馆、首都馆、天津馆、西南大学馆

01427

文章例话　叶圣陶著

上海：开明书店，1937.2，191页，32开（开明少年丛书）

上海：开明书店，1937.3，再版，191页，32开（开明少年丛书）

上海：开明书店，1939.3，3版，191页，32开（开明少年丛书）

上海：开明书店，1940，4版，191页，32开（开明少年丛书）

上海：开明书店，1941.3，5版，191页，32开（开明少年丛书）

重庆：开明书店，1945.3，东 1 版，191 页，32 开（开明少年丛书）

重庆：开明书店，1945.6，渝内 1 版，191 页，32 开（开明少年丛书）

上海：开明书店，1946，7 版，191 页，32 开（开明少年丛书）

上海：开明书店，1947，8 版，191 页，32 开（开明少年丛书）

上海：开明书店，1947.12，9 版，191 页，32 开（开明少年丛书）

上海：开 明 书 店，1948.11，10 版，191 页，32 开（开明少年丛书）

上海：开 明 书 店，1949，11 版，191 页，32 开（开明少年丛书）

　　本书就朱自清、茅盾等当代作家的 24 篇文章，讲述文章作法及有关作文的其他知识。这些例话曾在《新少年》杂志上陆续发表过。

　　收藏单位：重庆馆、东北师大馆、广东馆、广西馆、国家馆、黑龙江馆、湖南馆、吉林馆、江西馆、辽大馆、辽师大馆、南京馆、内蒙古馆、上海馆、首都馆、天津馆、浙江馆

01428

文章偶话　秦光银　青枫著

泸县：青年文化促进社，1943.3，44 页，36 开

　　本书收《怎样用字才正确》《怎样“断句”和“分段”》《一字传神》《记叙文的结尾》《“剪裁”和“含蓄”》《文章的开头》6 篇文章。

　　收藏单位：重庆馆、广东馆、南京馆

01429

文章评选　高语罕编

上海：大光书局，1935.10，[295] 页，32 开

　　本书为《文章及其作法》一书改书名出版。选曹雪芹、胡适、李一尘、托尔斯泰、高尔基、柴霍夫、莫泊桑、克鲁泡特金等人的 17 篇作品为范文，篇后进行段落分析、讲述结构、说明文章大意，以帮助读者掌握基本的写作方法。

　　收藏单位：广东馆、国家馆、首都馆

01430

文章修养　唐弢著

上海：文化生活出版社，1939.11，2 册（87+117 页），32 开（少年读物小丛刊 第一集 8—9）

上海：文化生活出版社，1940.1，2 版，2 册（87+117 页），32 开（少年读物小丛刊 第一集 8—9）

上海：文化生活出版社，1941.1，再版，87+117 页，32 开（少年读物丛刊丙辑）

上海：文化生活出版社，1946.11，3 版，204 页，32 开（青年读物丛刊）

　　本书讲述文字、文章、文体、句读和段落、写作方法等。

　　收藏单位：重庆馆、东北师大馆、广东馆、桂林馆、国家馆、湖南馆、吉林馆、辽宁馆、南京馆、上海馆、首都馆、西南大学馆

01431

文章学初编　龚自知编

上海：商务印书馆，1926.6，178 页，32 开

上海：商务印书馆，1931.3，再版，178 页，32 开

　　本书分格调与创作两篇。论述文章的一般原理。

　　收藏单位：重庆馆、广东馆、广西馆、国家馆、河南馆、湖南馆、江西馆、南京馆、上海馆、首都馆、天津馆

01432

文章学十讲初稿　刘启瑞编著

重庆：刘启瑞 [发行者]，1943.5，58 页，32 开（训练丛书）

　　本书共 10 讲：释文章、取材料、运思想、选题目、定范围、整结构、炼词句、调动静、融物我、极天人。

　　收藏单位：重庆馆

01433

文章学纂要　蒋祖怡编著

重庆：正中书局，1942.1，渝初版，219 页，32 开（国学汇纂 1）

重庆：正中书局，1943，渝 3 版，219 页，32 开（国学汇纂 1）

上海：正中书局，1946.10，沪 1 版，219 页，32 开（国学汇纂 1）

本书共 20 章。讲述字的形态与意义、字音的变化、复词的组织、词性及其活用、句子的变化、明喻暗喻和寓言、章篇的安排及题目的研究和文章流变等有关古文写作知识。

收藏单位：安徽馆、重庆馆、东北师大馆、广东馆、贵州馆、国家馆、湖南馆、江西馆、近代史所、辽大馆、辽宁馆、南京馆、内蒙古馆、首都馆、西南大学馆、浙江馆

01434

文章作法 高天楼 朱平君著

上海：国光书店，1939.10，再版，165 页，32 开

本书分绪论、文章与作者、叙事文、记事文、论说文、小品文 6 章。

收藏单位：广东馆、黑龙江馆

01435

文章作法全集 胡怀琛等编

上海：世界书局，1934.11，[663] 页，32 开

上海：世界书局，1936，3 版，[663] 页，32 开，精装

上海：世界书局，1937.5，4 版，[663] 页，32 开

本书为 8 种文章作法书的合订本。包括：胡怀琛的《抒情文作法》《说明文作法》《修辞方法》《标点符号使用法》，徐国桢的《记叙文作法》，汪倜然的《论辩文作法》，邹炽昌的《公文作法》《国语文法》。

收藏单位：重庆馆、国家馆、首都馆、天津馆

01436

写作进修读本（第一册） 孙起孟 顾诗灵 蒋仲仁编著

上海、昆明：进修出版教育社，1942.10，176 页，32 开（进修丛书）

上海：进修出版教育社，1946.2，再版，176 页，32 开（进修丛书）

上海、昆明：进修出版教育社，1948.8，6 版，176 页，32 开（进修丛书）

本书共两册。第 1 册偏重一般写作理论与技术，并有语法和修辞；第 2 册侧重文艺写作理论与技术。每册 20 课，每课包括选文、文话及作业等。所选文章的作者有叶圣陶、绀弩、茅盾、严文井、周恩来、鲁迅等。周恩来的选文是《悼张淮南先生》（1931 年 1 月 9 日写）。卷册号取自目录页。

收藏单位：重庆馆、南京馆、宁夏馆、山西馆、上海馆

01437

写作进修课本 孙起孟 顾诗灵 蒋仲仁编著

昆明：进修出版教育社，1942.10—12，2 册（194+184 页），32 开（进修丛书）

昆明：进修出版教育社，1943，3 版，2 册（194+184 页），32 开（进修丛书）

本书上册偏于一般写作理论与技术，并有语法和修辞。下册偏于文艺写作理论与技术。每册 20 课，每课包括选文、文话及作业等。所选文章的作者有叶圣陶、绀弩、茅盾、严文井、周恩来、鲁迅等。周恩来的选文是《悼张淮南先生》（1931 年 1 月 9 日写）。封面题名：写作进修读本。

收藏单位：重庆馆、广东馆、国家馆、江西馆、上海馆、西南大学馆

01438

写作手册 金声编

南平：南风书屋，1944，46 页，36 开

本书由著名作家茅盾、郭沫若、老舍、叶圣陶、艾芜、艾青、姚雪垠执笔，指导青年创作文艺作品的途径和方法。

收藏单位：重庆馆、南京馆

01439

写作指引 沐绍良 方健明编著

上海：大成出版社，1949.8，174 页，36 开

本书介绍怎样学习写作，以及文字、词、句的运用等方法。

收藏单位：重庆馆、内蒙古馆

01440

新华作文百法 新华书局编辑

上海：新华书局，1924.5，62 页，32 开

收藏单位：上海馆

01441

修辞初步 程善之编

上海：有正书局，1918，[140] 页，32 开

收藏单位：河南馆、内蒙古馆、首都馆

01442

修辞初步附稿 程善之编

上海：有正书局，1918，193 页，32 开

本书内分甲乙丙丁四部，有"党争平议""说冒险""战祸辩""清明谒墓记""论鸿门之宴""答友人论事书"等。本书编者原题：陈善之。

收藏单位：重庆馆、广东馆、河南馆、首都馆

01443

修辞的方法 胡怀琛编著

上海：世界书局，1931.6，72 页，32 开

上海：世界书局，1931，再版，72 页，32 开

上海：世界书局，1932，3 版，72 页，32 开

本书共 3 章：修辞的基本知识、修辞的方法、杂论。

收藏单位：重庆馆、广西馆、国家馆、湖南馆、南京馆、内蒙古馆、上海馆、首都馆、浙江馆

01444

修辞格 唐钺著

上海：商务印书馆，1923.1，89 页，32 开（百科小丛书 14）

上海：商务印书馆，1923.10，2 版，89 页，32 开（百科小丛书 14）

上海：商务印书馆，1924.12，3 版，89 页，32 开（百科小丛书 14）

上海：商务印书馆，1925.10，4 版，89 页，32 开（百科小丛书 14）

上海：商务印书馆，1929.10，77 页，32 开（万有文库 第 1 集 0754）（百科小丛书）

上海：商务印书馆，1931，5 版，89 页，32 开（百科小丛书 14）

上海：商务印书馆，1933.1，国难后 1 版，77 页，32 开（百科小丛书）

上海：商务印书馆，1934.7，再版，77 页，32 开（万有文库 第 1 集 0754）（百科小丛书）

上海：商务印书馆，1935，国难后 2 版，77 页，32 开（百科小丛书）

修辞格即积极修辞的各种格式。共 5 章，讲述根于比较的修辞格、根于联想的修辞格、根于想像的修辞格、根于曲折的修辞格、根于重复的修辞格 5 种修辞格式。附英汉名词对照。

收藏单位：安徽馆、重庆馆、大理馆、大连馆、大庆馆、东北师大馆、广东馆、广西馆、贵州馆、国家馆、河南馆、黑龙江馆、湖南馆、江西馆、辽大馆、辽师大馆、南京馆、内蒙古馆、宁夏馆、山东馆、上海馆、首都馆、天津馆、浙江馆

01445

修辞学比兴篇 黎锦熙著

上海：商务印书馆，1936.1，110 页，32 开

本书分显比法定义、句式、比与兴（诗经例）、比与例等篇。正文内与附注间有参考书目。

收藏单位：重庆馆、东北师大馆、广东馆、广西馆、国家馆、湖南馆、吉林馆、江西馆、辽大馆、南京馆、内蒙古馆、宁夏馆、首都馆、天津馆、浙江馆、中科图

01446

修辞学大纲 夏宇众编著

北平：国语小报社，1947.10，82 页，32 开

本书共 12 章。除叙述修辞学定义等一般理论外，主要是举例说明"比喻""对衬""含蓄""谐趣"等 10 种修辞式。

收藏单位：国家馆、首都馆、中科图

01447

修辞学发凡 陈望道著

上海：大江书铺，1932.8，2 册（502 页），32 开，精、平装

上海：大江书铺，1932.9，再版，2 册（502 页），32 开，精装

上海：大江书铺，1933.1，3 版，2 册（502 页），32 开，精、平装

上海：大江书铺，1934，4 版，2 册（502 页），32 开

上海：大江书铺，1935，6 版，2 册（502 页），32 开

本书共 12 篇。讲述修辞的两大分野、消极修辞和积极修辞及文体等。

收藏单位：安徽馆、重庆馆、广东馆、广西馆、国家馆、河南馆、湖南馆、江西馆、宁夏馆、上海馆、绍兴馆、首都馆、天津馆、浙江馆

01448

修辞学发凡　陈望道著

上海：开明书店，1932.4，435 页，32 开

上海：开明书店，1935.7，6 版，435 页，32 开

上海：开明书店，1935.11，7 版，435 页，32 开

上海：开明书店，1938，8 版，435 页，32 开

上海：开明书店，1940.10，9 版，435 页，32 开

收藏单位：重庆馆、广东馆、国家馆、河南馆、黑龙江馆、江西馆、宁夏馆、绍兴馆、首都馆

01449

修辞学发凡　陈望道著

重庆：中国文化服务社，1945.4，修订本，378 页，32 开（青年文库）

重庆：中国文化服务社，1945.5，再版，378 页，32 开（青年文库）

上海：中国文化服务社，1946，沪 1 版，378 页，32 开（青年文库）

上海：中国文化服务社，1947，沪 2 版，378 页，32 开（青年文库）

收藏单位：安徽馆、重庆馆、广东馆、广西馆、国家馆、湖南馆、辽大馆、南京馆、内蒙古馆、上海馆、首都馆、西南大学馆

01450

修辞学发微　胡怀琛编著

上海：大华书局，1935.12，84 页，25 开

本书共 14 章。讲述修辞学的意义和修辞、文法、作文、文学等相互间的关系及修辞方法、修辞格式等。

收藏单位：重庆馆、广西馆、贵州馆、国家馆、山西馆

01451

修辞学集说释例（副本）　郑业建编著

出版者不详，[1911—1949]，油印本，1 册，16 开

本书内容包括修辞学的定义、功用，修辞学在美学中之地位及与心理学、伦理学等科的关系，字与词等。

收藏单位：南京馆

01452

修辞学要略　胡怀琛编著

上海：大东书局，1923.6，62+28 页，32 开

上海：大东书局，1924.2，再版，62+28 页，32 开

上海：大东书局，1924.7，3 版，62+28 页，32 开

上海：大东书局，1925.7，4 版，62+28 页，32 开

上海：大东书局，1926.7，5 版，62+28 页，32 开

上海：大东书局，1932，6 版，62+28 页，32 开

上海：大东书局，1933.7，7 版，62+28 页，32 开

本书分上下编，共 12 章。上编文章之结构，从用字、造句、措词等方面讲述文章结构；下编文章之精神，结合古文例，从声、色、格、律、神、理、气、味 8 个方面分析文章之精神。

收藏单位：安徽馆、重庆馆、国家馆、湖南馆、南京馆、内蒙古馆、绍兴馆、首都馆、浙江馆

01453

修辞学之矛盾问题　宫廷璋编

北平：国立北平师范大学出版社，1934.3，21

页，16 开

　　收藏单位：南京馆

01454

学生作文辞林　钟能华编

上海：春明书店，1947.10，233 页，32 开

　　本书选辑报刊上短篇文章 300 多篇，分季节、气象、风景、生物、人物、社会、论说等 12 类。青年自学写作用书。

　　收藏单位：首都馆

01455

一般作文法　胡怀琛编著

上海：世界书局，1931.3，123 页，32 开

上海：世界书局，1931.9，再版，123 页，32 开

上海：世界书局，1932.5，3 版，123 页，32 开

上海：世界书局，1933.3，4 版，123 页，32 开

　　本书分作文的基本知识、作文的技术、杂论 3 章。附作文练习题。

　　收藏单位：重庆馆、广西馆、国家馆、湖南馆、江西馆、内蒙古馆、山西馆、上海馆、首都馆、浙江馆

01456

一篇文章的构成　郭莽西编著

龙泉：龙吟书屋，1944.5，172 页，32 开（读书生活丛书）

　　本书收编著者的《读书、作文、做人》《写什么？怎样去写？》《描写的一个定理》等 5 篇和叶圣陶、夏丏尊、姚雪垠的《开头与结尾》《怎样写小品文？》《小说是怎样写成的？》3 篇，以及由王季思供稿的《做成一首诗的几个步骤》《时论的格局》两篇文章。

　　收藏单位：东北师大馆、绍兴馆、浙江馆

01457

阅读与写作　穆氏文社教务处编

上海：穆氏文社，1937.1，56 页，32 开

　　本书为 1935—1936 年教育部主办的广播讲稿。收叶绍钧的《写作什么》《怎样写作》两篇和夏丏尊的《阅读什么》《怎样阅读》等 3 篇文章。

01458

怎样写作文　唐懿著

重庆：建国书店，1948，98 页，32 开

　　本书讲述作文文法，分词句、文章、作文修养 3 类。

　　收藏单位：重庆馆

01459

中等简易作文法　胡怀琛著

上海：崇文书局，1922.5，98 页，32 开

　　本书为著者在南洋女子师范等校授课讲义。内容包括两个否定词连用法、增字减字、组合法、正面与反面等。

　　收藏单位：河南馆、南京馆

01460

中国文词辨正　萧钟棠编著

上海：春光书店，1934.6，222 页，32 开（上海寂溪文学会丛书）

　　本书分文字辨正、词句辨正、有病的文章、一字异读、叠字 5 部分。指出字、词、句子、篇章等方面易犯的错误，并加改正。

　　收藏单位：广西馆、桂林馆、国家馆、河南馆

01461

中国文词学研究　施畸著

上海：出版合作社，1925.2，156 页，22 开

　　本书说明文词学与修辞学相似，但还有区别。修辞学重于技术，文词学则侧重于修辞原理、研究文章构成的规律。分中国文词学上的积弊、词品论、词的联读、词藻论等 8 章。

　　收藏单位：重庆馆、国家馆、吉林馆、上海馆、首都馆、中科图

01462

中国文学之修辞　高锡辰著

天津：百城书局，1935，152 页，32 开

　　收藏单位：首都馆

01463

中国修辞学　杨树达编著

上海：世界书局，1933.3，13+218 页，25 开

上海：世界书局，1933.10，再版，13+218 页，25 开

本书共 18 章，内容包括：释名、修辞之重要、修辞实例等。后附《文病若干事》。

收藏单位：安徽馆、重庆馆、广东馆、广西馆、贵州馆、国家馆、河南馆、黑龙江馆、湖南馆、吉林馆、近代史所、南京馆、山西馆、上海馆、首都馆、天津馆、浙江馆

01464

中国修辞学　张弓编

天津：华英书局，1926，142 页，32 开

收藏单位：首都馆

01465

中级作文法（第二册）　商务印书馆函授学社国文科编

上海：商务印书馆，[1915—1946]，29—59 页，32 开

本书分上下两编。本册为下编，分论词、论句、论段 3 章。

01466

作文百法　许恂儒编

上海：中原书局，[1911—1949]，石印本，[72] 页，32 开

收藏单位：广东馆、南京馆、首都馆

01467

作文材料精华（国民优级缀法）　宋泽励编

长春：益智书店，1939.5，244 页，32 开

长春：益智书店，1942，再版，244 页，32 开

本书实系作文修辞描写辞典。分文言、语体两编，辑录有关各种描写的文字片断，按类编排。

01468

作文成语辞典　吴瑞书编

上海：春明书店，1947.9，274 页，32 开

上海：春明书店，1948.1，274 页，32 开

上海：春明书店，1949.3，613 页，72 开，精装

本书分自然界之部和人事之部两篇。前者 7 类：天体时令、山水风景、花草鸟兽、瓜果竹木、珍宝器用、饮食服用、数量颜色。后者 47 类：父子祖孙、尊长卑幼、兄弟朋友、妇女儿童等。封面书名前加题：分类释义、撰文参考。题名页书名前加题：写作参考、读书顾问。

收藏单位：广东馆、内蒙古馆、首都馆

01469

作文法讲义　陈望道著

上海：开明书店，1944.1，109 页，36 开

上海：开明书店，1946，再版，109 页，36 开

上海：开明书店，1947.3，3 版，109 页，36 开

本书分选词、造句、分段、记载文、纪叙文等 12 章。

收藏单位：重庆馆、东北师大馆、广东馆、桂林馆、江西馆、辽大馆、辽宁馆、辽师大馆、南京馆、内蒙古馆、山西馆

01470

作文法讲义　陈望道著

上海：民智书局，1922.3，182 页，32 开

上海：民智书局，1924.1，再版，182 页，32 开

上海：民智书局，1924.2，3 版，182 页，32 开

上海：民智书局，1925.9，5 版，182 页，32 开

上海：民智书局，1926.4，6 版，182 页，32 开

上海：民智书局，1927，7 版，182 页，32 开

上海：民智书局，1931，8 版，182 页，32 开

本书共 12 章，分导言、文章的构造体制和美质、选词、造句、分段、记载文、记叙文、解释文、论辩文、诱导文、文章的美质、余言。书末附本书所用的三种新字法。

收藏单位：广东馆、广西馆、国家馆、湖南馆、辽宁馆、南京馆、内蒙古馆、上海馆、天津馆、浙江馆、中科图

01471

作文概说　叶绍钧著

上海：亚细亚书局，1935.9，170 页，32 开（基本知识丛书）

本书共 9 章，内容包括：作文即是生活、

写出自己的话、写作的源泉等。介绍作文的有关知识和记述文、叙述文、解说文、议论文4种文体的作法。

收藏单位：重庆馆、广西馆、国家馆、河南馆、上海馆、首都馆、浙江馆

01472

作文概说　叶绍钧著

上海：中国文化服务社，1936.4，10版，170页，32开（基本知识丛书）

收藏单位：广东馆、上海馆、首都馆、天津馆

01473

作文讲话　马璧著

上海：世界书局，1940.6，66页，32开

长沙：世界书局，1943.12，湘1版，66页，32开

上海：世界书局，1946，再版，66页，32开

本书分绪论、作文的准备、写作的方法、结论等9章。书前有代序《告诉读者的话》，写于1939年9月。

收藏单位：重庆馆、广东馆、贵州馆、湖南馆、上海馆

01474

作文讲话　章衣萍著

上海：北新书局，1930.12，240页，25开

上海：北新书局，1931.5，2版，240页，25开

上海：北新书局，1932，3版，240页，25开

上海：北新书局，1932，4版，240页，25开

上海：北新书局，1933.3，5版，240页，25开

本书共10讲。概述作文的意义、作文与读书的关系及文章结构等作文基础知识，并专述记事文、叙事文、解说文、议论文4种文体的写作理论和方法。书末附参考书目。

收藏单位：重庆馆、东北师大馆、广东馆、广西馆、桂林馆、国家馆、河南馆、湖南馆、辽宁馆、南京馆、上海馆、首都馆、天津馆、浙江馆

01475

作文类典　杨喆编

上海：中华书局，1920.5，4册，32开

上海：中华书局，1921.11，3版，1册，32开，精装

上海：中华书局，1923，4版，1册，32开，精装

上海：中华书局，1923，5版，1册，32开，精装

上海：中华书局，1926.3，7版，1册，32开，精装

上海：中华书局，1931.8，11版，1册，32开，精装

上海：中华书局，1934.11，12版，1册，32开，精装

上海：中华书局，1936.2，13版，1册，32开，精装

昆明：中华书局，1940.4，14版，1册，32开，精装

本书收词23000多条，包括各类名词、成语、典故。每条均注明出处，不加解释。按国家、法律、政治、军事、外交、教育、道德、理化、动物、植物、衣食、天文、地理、文艺、礼乐、人事等31门类编排。书前有词条部首索引。1920年版书前无条目索引。

收藏单位：重庆馆、广东馆、广西馆、国家馆、黑龙江馆、湖南馆、吉林馆、江西馆、辽大馆、南京馆、内蒙古馆、山西馆、上海馆、绍兴馆、首都馆、天津馆、浙江馆

01476

作文论　叶绍钧著

上海：商务印书馆，1924.4，68页，36开（百科小丛书48）

上海：商务印书馆，1925，再版，62页，32开（百科小丛书）

上海：商务印书馆，1926.6，3版，68页，36开（百科小丛书48）

上海：商务印书馆，1929.10，62页，32开（万有文库 第1集0756）（百科小丛书）

上海：商务印书馆，1931，4版，68页，36开（百科小丛书48）

上海：商务印书馆，1933.2，国难后1版，62页，32开（百科小丛书）

上海：商务印书馆，1934，再版，62页，32

开（万有文库 第 1 集 0756）（百科小丛书）

上海：商务印书馆，1935.7，国难后 2 版，62 页，32 开（百科小丛书）

上海：商务印书馆，1937，国难后 3 版，62 页，32 开（百科小丛书）

本书分文体与写作上的区分、组织、叙述、议论、抒情、描写、修词等 10 题，讲述作文法则。

收藏单位：安徽馆、重庆馆、大连馆、大理馆、大庆馆、东北师大馆、广东馆、广西馆、贵州馆、国家馆、黑龙江馆、湖南馆、江西馆、辽大馆、辽师大馆、南京馆、内蒙古馆、宁夏馆、上海馆、首都馆、天津馆、西南大学馆、浙江馆

01477

作文门径 胡怀琛著

上海：中央书店，1933.5，80+56 页，32 开

上海：中央书店，1934，再版，80+56 页，32 开

上海：中央书店，1935.2，3 版，80+56 页，32 开

上海：中央书店，1935.5，4 版，80+56 页，32 开

上海：中央书店，1937.3，5 版，80+56 页，32 开

上海：中央书店，1940.6，新 1 版，80+56 页，32 开

本书包括对于"文"的认识和关于"文"的作法两编。附小品文选读，包括周作人、孙福熙、徐志摩、鲁迅、朱自清等人的文章，以及两篇译作。

收藏单位：安徽馆、重庆馆、广东馆、国家馆、河南馆、江西馆、南京馆、上海馆、首都馆、浙江馆

01478

作文门径 胡怀琛著 平襟亚校订

上海：博览书局，1935.2，80+56 页，32 开

上海：博览书局，1935.9，2 版，80+56 页，32 开

收藏单位：上海馆

01479

作文速成指导 高天栖 朱平君编

上海：国光书店，1939.4，165 页，36 开（青年自学丛书）

上海：国光书店，1947.3，再版，165 页，36 开（青年自学丛书）

本书分为什么要作文、怎样作文、怎样作纪事文等 10 章。初版年月据书前序的写作日期。

收藏单位：上海馆

01480

作文文法指导 张竹著

上海：启智书局，1936.6，再版，152 页，25 开

小学初中参考用书。

收藏单位：江西馆、浙江馆

01481

作文文法指导合编 俞焕斗编

上海：商务印书馆，1940.2，262 页，32 开

上海：商务印书馆，1941，3 版，262 页，32 开

本书内容包括作文法与文法两部分，分词底九种五类、各种词底用法、词类的转变、作用相等于词的短语等 30 章。

收藏单位：江西馆、内蒙古馆、首都馆

01482

作文修辞讲话 田仲济著

上海：教育书店，1947.10，145 页，32 开（武训学校丛书）

重庆：教育书店，1948，145 页，32 开（武训学校丛书）

本书分作文、修辞两编，每编各 4 章。作文编包括选词、造句、分段、成篇。修辞编包括修辞学底分类、消极的修辞、积极的修辞、文体。

收藏单位：重庆馆、广东馆、国家馆、湖南馆、南京馆

01483

作文与人生 高语罕著

上海：亚东图书馆，1936.9，306 页，32 开

（生活指导丛书）

上海：亚东图书馆，1940.7，6 版，306 页，32 开

本书分语言文字的起源与进化、语体文与文言文、文字写作之必要条件、文字的要素、文字的戒律、文字的质力、文字的内容 7 篇。高语罕，化名：王灵皋。

收藏单位：广东馆、桂林馆、国家馆、辽宁馆、宁夏馆、上海馆、首都馆、天津馆

01484

作文与修辞 石苇编

上海：光明书局，1933.7，342 页，32 开

上海：光明书局，1934.2，再版，342 页，32 开

上海：光明书局，1935，3 版，342 页，32 开

上海：光明书局，1939.3，4 版，342 页，32 开

本书共 5 章。讲述文章的构造、作文与修辞的关系、文章布局及体式等。

收藏单位：重庆馆、东北师大馆、广东馆、广西馆、贵州馆、国家馆、湖南馆、江西馆、南京馆、内蒙古馆、上海馆、首都馆、浙江馆

01485

作文综论 胡山源著

上海：大东书局，1948.10，44 页，32 开

本书收有关作文理论和技巧的短文 18 篇，包括《一看就懂·百读不厌》《浅近明白》《新文艺腔》《稚拙美》《熟练》《油腔滑调》《谈标点符号》《勿从论文入手》《题目与题材》等。

文体论

01486

白话文笔法百篇 戴一鹤编

上海：广益书局，1930，1 册，32 开

上海：广益书局，1932.8，续版，[198] 页，25 开

上海：广益书局，1933，1 册，32 开

收藏单位：广东馆、江西馆、首都馆

01487

白话文笔法百篇 世界书局编辑所编辑

上海：世界书局，1921，152 页，25 开

上海：世界书局，1926.2，6 版，152 页，25 开

上海：世界书局，1934.12，16 版，152 页，25 开

上海：世界书局，1938，新 1 版，152 页，25 开

本书教科自修适用，介绍白话文的 60 种写作方法。

收藏单位：广东馆、湖南馆、山西馆

01488

白话文轨范 吕云彪 朱麟公著述

上海：新文学研究社，1920.10，222 页，32 开

上海：新文学研究社，1921.8，再版，222 页，32 开

上海：新文学研究社，1931.4，10 版，222 页，32 开

本书分文谈与文例两部分。文谈主要论述白话文的定义、要素、语句、段落篇章及写作方法等。文例分议论、表抒、记叙、说明、叙跋、传记、小说、应用文 8 类，以李大钊、陈独秀、蔡元培等 26 人的 30 余篇作品作为范文。

收藏单位：国家馆、河南馆、黑龙江馆、湖南馆、南京馆、上海馆

01489

白话文速成法 达文社编

上海：中华书局，1922.12，4 版，50 页，32 开

上海：中华书局，1923，6 版，50 页，32 开

上海：中华书局，1924，10 版，50 页，32 开

上海：中华书局，1926，15 版，50 页，32 开

上海：中华书局，1928.8，19 版，50 页，32 开

上海：中华书局，1931，23 版，50 页，32 开

上海：中华书局，1931.10，24 版，50 页，32 开

上海：中华书局，1934，26 版，50 页，32 开

本书分白话文的真义、白话文辨字法、运词法、特别句法等 10 篇。

　　收藏单位：广东馆、广西馆、国家馆、黑龙江馆、江西馆、内蒙古馆、天津馆

01490

白话文做法　吕云彪　戴渭清　陆友白著述

上海：太平洋学社，1920.4，210 页，32 开

上海：太平洋学社，1921，4 版，210 页，32 开

上海：太平洋学社，1921.11，5 版，210 页，32 开（文学丛书）

上海：太平洋学社，1927.6，10 版，210 页，32 开（新文学丛书）

上海：太平洋学社，1928.8，11 版，210 页，32 开

上海：太平洋学社，1929，13 版，210 页，32 开

上海：太平洋学社，1930，15 版，210 页，32 开

上海：太平洋学社，1931.8，17 版，210 页，32 开

上海：太平洋学社，1933.9，19 版，210 页，32 开

上海：太平洋学社，1933.11，20 版，210 页，32 开

　　本书共 14 章。讲述白话文的意义、变迁、条件、种类、白话文和文言文及白话文的用词、用语、句法、构造、修辞、标点法等。附白话诗的作法。

　　收藏单位：安徽馆、重庆馆、东北师大馆、广东馆、广西馆、国家馆、黑龙江馆、湖南馆、吉林馆、山西馆、上海馆、绍兴馆、首都馆

01491

白话文做法　许蝶仙著

上海：大中书局，1934.4，3 版，96 页，32 开

　　本书封面题名：白话文作法。

　　收藏单位：南京馆

01492

白话文作法　许廑父编

上海：梁溪图书馆，1924.5，再版，96 页，32 开

上海：梁溪图书馆，1926.3，3 版，96 页，32 开

　　本书共 6 章，内容包括：导言、实质论、形式论、构造法等。逐页题名：最新白话文做法。卷首责任者题：许蝶仙。

　　收藏单位：安徽馆、国家馆、河南馆、南大馆、上海馆、绍兴馆

01493

东帖程式　董坚志编著

上海：春明书店，1940.2，176 页

　　收藏单位：湖南馆、南京馆

01494

读书与作文　张素民著

上海：东新书局，1939.5，90 页，32 开

上海：东新书局，1939.6，2 版，90 页，32 开

　　本书分上下两篇，共 28 章。讲述读书和作文法。曾连载于《自修周刊》。

　　收藏单位：国家馆、南京馆、内蒙古馆

01495

古文笔法（新式标点）　（清）李扶九选编（清）黄绂麟评语　陈益标点

上海：扫叶山房，1925.11，[232] 页，32 开

上海：扫叶山房，1927.2，再版，[232] 页，32 开

　　本书分 8 卷：对偶、波澜纵横、起笔不平、小中见大、写照、旷达、雄伟、华丽。选收历代古文，文内有眉批，篇末附对该文笔法、文法、读法的评述。书前有刘凤仪、李元度、黄绂麟等序文 4 篇。

　　收藏单位：国家馆、河南馆、南京馆、上海馆

01496

古文笔法百篇

上海：启智书局，1936.7，2 册，32 开

　　收藏单位：绍兴馆

01497

古文笔法百篇（精校铜版）（清）李扶九原选 王文英校阅

上海：大达图书供应社，1935.1，[212] 页，32 开

上海：大达图书供应社，1935.5，再版，[212] 页，32 开

本书分 20 卷，包括对偶、一字立骨、波澜纵横、起笔不平等卷。

收藏单位：重庆馆、广东馆、国家馆、河南馆、湖南馆、吉林馆、江西馆、南京馆、首都馆

01498

古文笔法百篇（精校铜版）（清）李扶九原选 王文英校阅

上海：广益书局，1935.5，再版，1 册，25 开

上海：广益书局，1936.3，再版，1 册，25 开

上海：广益书局，1937.1，再版，1 册，25 开

上海：广益书局，1940.12，再版，1 册，25 开

上海：广益书局，1947.1，新 1 版，1 册，25 开

上海：广益书局，1947.9，新 2 版，1 册，25 开

上海：广益书局，1948.5，新 3 版，1 册，25 开

收藏单位：广东馆、河南馆、湖南馆、江西馆、首都馆

01499

古文笔法百篇（言文对照） 富文图书社编辑部编

富文图书社，1943.12，228 页，25 开

收藏单位：江西馆

01500

古文笔法百篇（言文对照） 韩伯勋编

赣县：合众书局，[1910—1919]，435 页，32 开

本书选汉至清的古文百篇，按笔法分 20 类编排，每篇末附语体译文及详细注解。教科自修适用。

收藏单位：重庆馆、国家馆、江西馆

01501

古文笔法百篇（言文对照） 胡怀琛编辑

上海：大东书局，1932.6，2 册，32 开

上海：大东书局，1932，4 版，2 册，32 开

上海：大东书局，1941.1，7 版，2 册，32 开

本书列举 32 种古文作文法，选文上起周秦，下迄明代，选录作品为各类代表作，并有对照的白话译文。

收藏单位：重庆馆、南京馆、绍兴馆、首都馆

01502

古文笔法百篇（言文对照） 李书成编

重庆：桂林新生书局，1947，再版，192 页，32 开

本书选周秦至清代的古文百篇，按笔法分 22 类编排，每篇末附语体译文及评注。

收藏单位：重庆馆

01503

古文笔法百篇（言文对照） 李书成编辑 何自强校阅

文渊出版社，1943，192 页，25 开

收藏单位：江西馆

01504

古文笔法百篇（言文对照） 平如衡编

上海：中央书店，1935.4，再版，2 册（[300] 页），32 开

上海：中央书店，1935.10，3 版，2 册，32 开

上海：中央书店，1936.4 重印，2 册，32 开

本书为古文选，文末有简单评注。

收藏单位：江西馆、南京馆、绍兴馆

01505

古文笔法百篇（言文对照） 世界书局编辑所编

上海：世界书局，1924.3，8 版，2 册（90+105 页），32 开

上海：世界书局，1925.10，12 版，2 册（90+105 页），32 开

上海：世界书局，1931，28 版，45+51 叶，32 开，环筒页装

上海：世界书局，1932.10，31 版，2 册（90+105 页），32 开

上海：世界书局，1934.3，33 版，2 册（90+105 页），32 开

上海：世界书局，1935.3，36 版，2 册（90+105 页），32 开

上海：世界书局，1935.9，38 版，2 册（90+105 页），32 开

上海：世界书局，1939.4，[新 3 版]，2 册（90+105 页），32 开

上海：世界书局，1941，新 4 版，2 册（90+105 页），32 开

本书选收周秦至清初的各代古文，分通论、史论、经论、陈说、杂说、书后、序跋及增序等类，每文均有评注和白话文翻译。供学习古文作法用。

收藏单位：重庆馆、广西馆、湖南馆、江西馆、辽宁馆、南京馆、首都馆

01506

古文笔法精选　谭正璧选注

上海：日新出版社，1946.9，90 页，32 开（作文基础丛刊）

上海：日新出版社，1947.5，再版，90 页，32 开（作文基础丛刊）

本书收古文 30 篇，每篇均附有书籍题解、注释、语译。

收藏单位：重庆馆、江西馆、南京馆

01507

古文笔法精选　谭正璧选注

重庆：万有书局，1948，90 页，36 开

收藏单位：重庆馆

01508

古文通（古文作法）　金茂之编著

上海：大通图书社，1935.7，190 页，32 开

本书讲述古文的源流、本质、体裁、笔法、读法及作文的避忌、宗旨、布局、气势、虚字的使用等。附模范古文选近 40 篇。

收藏单位：广东馆、国家馆、天津馆

01509

国萃文体序略　王功森著　舒和钧　孟彦伦鉴定

邵陵书局，1931.12，96 页，32 开

本书逐页题名：文体序略。

收藏单位：广西馆

01510

国文法详说　陈子达编

南京：国立编译馆，1942.5，128 页，22 开

本书分总论、命意、布局、用笔、造句、文体 6 编。

收藏单位：国家馆、吉林馆、南京馆、上海馆

01511

国文作法　顾震白著

桂林：耕耘出版社，1943.11，252 页，32 开（自学丛书 第 1 册）

本书分开场白、文章的功用、文章的种类和作法、作文的修养、作文的设计、好文章的例子 6 章。

收藏单位：重庆馆、广东馆、国家馆、吉林馆、上海馆

01512

国文作法　谭正璧编著

世界书局，1944.11，80 页，32 开（国文必读 第 1 辑 语文会通）

世界书局，1947.10，再版，80 页，32 开（国文必读 第 1 辑 语文会通）

本书共 4 章。讲述记叙、说明、抒情、议论 4 种文体。

收藏单位：重庆馆、广西馆、南京馆

01513

国语笔法百篇　戴一鹤编

上海：中国书局，1921.6，186 页，32 开

收藏单位：南京馆

01514

江西青年写作选辑　江西省政府教育厅选

南昌：江西省政府教育厅，1937.3，148 页，

22 开

　　本书分上下编，收文章 30 篇，内容包括：《孟子的经济哲学》《第二次世界大战前我国应有的准备》等。

　　收藏单位：国家馆、江西馆

01515

论文章作法　劳和编

北京：新华书店，1949.7，71 页，32 开

　　本书收《反对党八股》（毛泽东）、《回忆马克思的写作》（拉发格）、《编辑者列宁的工作》（克鲁普斯卡娅）、《论通讯员的写作和修养》（加里宁）、《怎样给报纸写论文》（巧尔尼雪夫）、《辱骂和恐吓决不是战斗》《创作要怎样才会好》（鲁迅）、《写作范例——一则新闻》（听樵）8 篇文章。末有编者的话。

　　收藏单位：重庆馆、广东馆、国家馆、河南馆、近代史所、宁夏馆、山西馆、天津馆、浙江馆

01516

评注古文百法示范（言文对照）　大陆图书公司编辑

上海：大陆图书公司，1925.3，4 册（[556]页），32 开

　　本书共分 4 卷，每卷 1 册，每册收古文25 篇，为古文作法的说明范文。

　　收藏单位：安徽馆、国家馆

01517

青年写作指导　李尚文编著

上海：世界书局，1940.11，111 页，32 开

长沙：世界书局，1943，湘 1 版，111 页，32开

上海：世界书局，1946，再版，111 页，32 开

上海：世界书局，1947.10，3 版，111 页，32开

　　本书分写作之道、讨论标点符号、文法浅说、用字和造句、短文练习等 14 部分。书前有编者小引。书末附作文练习 70 题。

　　收藏单位：重庆馆、广东馆、广西馆、国家馆、江西馆、南京馆、上海馆

01518

诗文选（写景抒情）　李冷欣编

长春：益智书店，1936.7，110 页，32 开

　　本书分自然界的描写、季节的描写、写景与抒情 3 章。选录著名作家作品中的段落语句为范例，讲述写景抒情的方法。

01519

时论文范（第 1、4 册）　中华书局函授学校编

上海：中华书局函授学校，[1926—1949]，2 册（24+[41] 页），32 开（初级国文科讲义 第 7种）

　　本书第 1 册收丁文江等人的时论 4 篇，第 4 册收章乃器等人的时论 5 篇。有题解、作者略历、注释、问题。

01520

实用作文法　顾凤城著

上海：乐华图书公司，1931.9，241 页，32 开

　　本书分文章的结构、文字的构造、叙事文作法、描写文作法等 9 章。

　　收藏单位：国家馆

01521

抒情文描写辞典　谢天申编

上海：经纬书局，1948.2，[180] 页，32 开（作文辞库）

　　本书内容包括：品性之部、感情之部、爱情之部、意志之部、口语之部、人物之部等。目录页题名：作文描写小辞库·抒情之部。

　　收藏单位：湖南馆、首都馆

01522

文体举隅　张叙忠编

[军需学校]，[1920]，[188] 页，22 开

　　收藏单位：河南馆、南京馆

01523

文体论　薛凤昌著

上海：商务印书馆，1931.4，123 页，32 开（万有文库 第 1 集 0755）（百科小丛书）

上海：商务印书馆，1934.7，123 页，32 开（百

科小丛书）

长沙：商务印书馆，1939.9，123 页，32 开（万有文库第 1—2 集简编 500 种）（百科小丛书）

重庆：商务印书馆，1945.1，渝 1 版，101 页，32 开（百科小丛书）

重庆：商务印书馆，1945.10，渝 2 版，101 页，32 开（百科小丛书）

上海：商务印书馆，1947.2，3 版，123 页，32 开（百科小丛书）（新中学文库）

上海：商务印书馆，1948.8，4 版，123 页，32 开（万有文库）（百科小丛书）（新中学文库）

本书分文体的概观、文体的纵观、文体的分别、现代文体之变革 4 章。书前有著者序。

收藏单位：安徽馆、重庆馆、大理馆、大连馆、大庆馆、东北师大馆、广东馆、广西馆、贵州馆、国家馆、河南馆、黑龙江馆、湖南馆、江西馆、辽大馆、辽东学院馆、辽宁馆、辽师大馆、南京馆、内蒙古馆、宁夏馆、上海馆、绍兴馆、首都馆、天津馆、西南大学馆、浙江馆、中科图

01524

文体论纂要　蒋伯潜编著

重庆、上海、金华：正中书局，1942.6，渝初版，220 页，32 开（国学汇纂 2）

重庆：正中书局，1943，渝 3 版，220 页，32 开（国学汇纂 2）

上海：正中书局，1946.10，沪 1 版，220 页，32 开（国学汇纂 2）

上海：正中书局，1948.2，沪 4 版，220 页，32 开（国学汇纂 2）

本书共 21 章。介绍骈文、散文、论说、颂赞、箴铭、序跋、注疏、考订、契约、公文、对联、碑志、辞赋、诗歌、小说、戏剧等文体。沪 1 版版权页题：蒋祖怡编著。

收藏单位：安徽馆、重庆馆、东北师大馆、广东馆、国家馆、湖南馆、吉林馆、江西馆、辽大馆、南京馆、内蒙古馆、上海馆、首都馆、西南大学馆、中科图

01525

文体正变论（又名，文章作法）　朱子范著

经纬社，1946.7，48 页，32 开（经纬丛书 2）

本书分 5 章：绪论、总论、体制、法则、结论。

收藏单位：广东馆、国家馆

01526

文体综合的研究　蒋祖怡编著

上海：世界书局，[1917—1949]，152 页，32 开（作文自学辅导丛书）

本书讲述文体的发生、演变及功用等。

收藏单位：重庆馆、东北师大馆、吉林馆、南京馆、上海馆、首都馆

01527

文言文研究法（原名，作文研究法）　袁静安著

上海：教育书店，1937.6，再版，156 页，32 开

本书研究审题、立意、谋篇、用笔、造句、下字、设喻、用事等法。

收藏单位：重庆馆、国家馆、南京馆、上海馆

01528

文章辨体式　（清）程鋆编　王正己标点

北平：人文书店，1935.4，80 页，32 开

本书分析旧文体起因和发展。原书据明代吴德敏《文章辨体》改编。现标点者仅择取书中有关各类文体缘起源流的说明文字并删取例文，实际上已非程编本之旧。

收藏单位：国家馆、南京馆、上海馆

01529

文章病院（一名，怎样纠正文章的错误）　蒋祖怡著

上海：激流书店，1947.1，229 页，32 开

本书列举实例，分析写文章最易犯的弊病，指出错误的原因，并予以改正。书前有蔡丐因序。

收藏单位：广东馆、吉林馆、上海馆

01530

文章病院（一名，怎样纠正文章的错误） 蒋祖怡著　侯寄远校订

上海：海天书店，1940.12，229 页，32 开

　　收藏单位：国家馆、吉林馆、上海馆

01531

文章体裁　谭正璧编著

上海：世界书局，1941.12，65 页，32 开（国文研究丛刊）

上海：世界书局，1944.3，再版，65 页，32 开（国文研究丛刊）

上海：世界书局，1944.5，3 版，65 页，32 开（国文研究丛刊）

上海：世界书局，1947.9，4 版，65 页，32 开（国文研究丛刊）

　　本书内容同《国文作法》。中学适用。

　　收藏单位：重庆馆、广东馆、江西馆、南京馆、上海馆、天津馆

01532

文章体制　喻守真编

上海：中华书局，1936.6，162 页，32 开（初中学生文库）

上海：中华书局，1936.10，再版，162 页，32 开（初中学生文库）

昆明：中华书局，1941.7，4 版，162 页，32 开（初中学生文库）

上海：中华书局，1947.12，162 页，32 开（中华文库 初中 第 1 集）

　　本书讲述文章的定义、体裁分类，以及记叙文、抒情文、说明文、议论文 4 种文体的作法。

　　收藏单位：重庆馆、广东馆、广西馆、桂林馆、国家馆、黑龙江馆、湖南馆、吉林馆、江西馆、南京馆、内蒙古馆、上海馆、首都馆、天津馆、浙江馆

01533

文章体例（中学国文 乙编） 谭正璧著

上海：大东书局，1946.11，176 页，32 开

　　本书分 4 章：记叙文、说明文、抒情文、议论文。后附应用文示范。

01534

文章写作论　朱滋萃著

长沙：商务印书馆，1939.1，157 页，32 开（百科小丛书）

长沙：商务印书馆，1941.1，再版，157 页，32 开（百科小丛书）

　　本书分文章的组织、怎样修辞、文章的体式 3 章。

　　收藏单位：安徽馆、国家馆、吉林馆、辽大馆、南京馆、宁夏馆、上海馆、天津馆

01535

文章正误示例　甲申出版社编

成都：甲申出版社，1944.12，[96] 页，42 开

　　本书内容包括：文章为什么写得不对，错误的原因，例文摘误。

　　收藏单位：重庆馆、贵州馆、国家馆

01536

文章作法　顾震白著

上海：耕耘出版社，[1946.10]，252 页，32 开

　　本书为《国文作法》一书改名出版。分开场白、文章的功用、文章的种类和作法、作文的修养、作文的设计、好文章的例子 6 章。出版年月据新序的日期。

　　收藏单位：东北师大馆、辽宁馆、辽师大馆、南京馆、宁夏馆、上海馆、首都馆

01537

文章作法　沈志坚编

上海：沪江图书公司，1940.4，101 页，36 开

上海：沪江图书公司，1941，再版，101 页，36 开

　　本书共 6 章：绪论、文章与作者、叙事文、记事文、论说文、小品文。初版年月据著者序的写作日期。

　　收藏单位：广西馆、江西馆

01538

五儿创作　吴楚雄编

渭南小学，1936.6，232 页，32 开

收藏单位：南京馆

01539

习作的方法　裴小楚著

上海：世界书局，1940.4，203 页，32 开

上海：世界书局，1943.12，赣 1 版，203 页，32 开

　　本书共 14 章。讲述用词、造句、分段、结构、描写等方法和诗歌、小说、散文、报告文学的习作法，以及题材的配置和技巧的修炼。

　　收藏单位：重庆馆、广东馆、贵州馆、国家馆、江西馆、上海馆、首都馆

01540

小品文描写辞典　钱一鸣编著

上海：群学书店，1947.11，170 页，32 开

上海：群学书店，1949.1，170 页，32 开

　　本书供青年学生习作小品文参考。辑录一些小品文的片段，按季节、天象、时间、风景、花鸟、抒情等类编排。

　　收藏单位：广东馆、首都馆

01541

小品文描写辞典　张叶舟编著

上海：博文书店，1946.7，170 页，32 开

　　本书从季节、天象、时间、风景、花鸟、抒情 6 个方面选辑著名作家的文章片段。供写作小品文参考。

　　收藏单位：重庆馆、广东馆、国家馆

01542

写作　孙起孟著

生活书店，[1940—1949]，107 页，36 开（青年自学丛书）

　　本书著者原题：孟起。

　　收藏单位：国家馆

01543

写作方法讲话　孙起孟著

上海：生活书店，1947.4，增订版，113 页，36 开（青年自学丛书）

　　本书是在《写作方法入门》一书的基础上增订而成。分写作的基本认识和态度、基本语法知识、作文和作人等 7 讲。末附习作讨论 4 则。曾刊于《中学生杂志》。

　　收藏单位：广西馆、南京馆、宁夏馆、山西馆、上海馆

01544

写作方法论　孙起孟著

重庆：生活书店，1938，107 页，36 开（青年自学丛书 第 3 辑）

重庆：生活书店，1939.2，再版，107 页，36 开（青年自学丛书 第 3 辑）

重庆：生活书店，1939.10，5 版，95 页，36 开（青年自学丛书 第 3 辑）

　　本书共 5 讲：写作有没有方法、写作的基本认识和态度、基本的语法知识、写作的基本技术、抗战期中关于写作方法的诸问题。著者原题：孟起。

　　收藏单位：重庆馆、贵州馆、国家馆、南京馆、上海馆

01545

写作方法论　孙起孟著

重庆：学艺出版社，1939，5 版，95 页，36 开（青年自学丛书）

　　收藏单位：重庆馆、贵州馆

01546

写作方法入门　孙起孟著

重庆、上海：生活书店，1936.7，107 页，36 开（青年自学丛书）

重庆、上海：生活书店，1945.10，胜利后 1 版，107 页，36 开（青年自学丛书）

重庆、上海：生活书店，1947.3，胜利后 2 版，[107] 页，36 开（青年自学丛书）

　　收藏单位：重庆馆、国家馆、上海馆

01547

写作方法入门　孙起孟著

桂林：自学书店，1943.5，107 页，36 开（青年自学丛书）

桂林：自学书店，1944.5，107 页，36 开（青年自学丛书）

收藏单位：重庆馆、广东馆、广西馆、桂林馆、国家馆、江西馆

01548

写作入门 李岳南著

香港：民华出版社，1949，88 页，32 开（少年自修丛书）

　　收藏单位：国家馆

01549

新文艺描写作文法 钱谦吾著

上海：南强书局，1931，305 页，32 开

　　收藏单位：吉林馆、山西馆、首都馆

01550

新主义作文法 陈益著

上海：大通书局，[1912—1948]，54 页，32 开

　　收藏单位：首都馆

01551

一个国文教师写给作文自修者 黄霜华著

广州：大东书局，1936，230 页，32 开

　　本书共 6 章，内容包括：字的研究、段落的研究、篇章的研究等。高小至中学适用。

　　收藏单位：广东馆

01552

语体文笔法百篇 朱绍曾编

上海：中央书店，1936，2 册（416 页），32 开

　　收藏单位：广东馆、南京馆

01553

语体文法向导读本 沈公布编

上海：合群商业印刷所，1934.3，114 页，22 开

　　本书分作法十讲、句法十讲、语法十讲、词法十讲 4 编。

　　收藏单位：上海馆

01554

语体文选及其作法 谢美云编著

上海：乐华图书公司，1934.8，223 页，32 开

　　本书选胡适、朱自清、梁启超、吴敬梓等人的文章及译作共 16 篇，按描写、论说、记叙等文体分成 7 组。每篇后有作者小传、注释、段落分析及评论等。书前有序。

　　收藏单位：国家馆、河南馆、首都馆、天津馆

01555

语体文研究法 袁静安著

上海：教育书店，1937，再版，1 册，32 开

　　收藏单位：广东馆

01556

语体文作法 高语罕著

上海：黄华社，1933.3，312 页，22 开

　　本书分 7 篇：语言文字的起源与进化、语体文与文言文、文字写作之必备的条件、文字的要素、文字的戒律、文字的质力、文字的内容。

　　收藏单位：广西馆、南京馆、内蒙古馆、浙江馆

01557

语体文作法 郭怵编

上海：大东书局，1923.2，78 页，32 开

上海：大东书局，1925.5，3 版，78 页，32 开

上海：大东书局，1931.4，4 版，78 页，32 开

　　本书论述从文言文改作语体文的途径，包括论标点符号、语体文欧化、方言采用、夹用外国文等问题。

　　收藏单位：辽宁馆、首都馆

01558

语文作法讲话 徐安之编著

上海：开明出版部，1930.7，76+37+21 页，32 开

　　本书分上下两编。上编包括导言、文章的实质和形式、文章的美质、作文的几个通病、文章的步骤 5 章；下编包括文体说略、各种文体的作法概述、作文的基本工作 3 章。附标点符号用法简况。

　　收藏单位：国家馆

01559
怎样写文章 沙羽著
上海：博文书店，1940.6，262 页，32 开
　　本书共 5 辑：怎样写小品文；写散文的六个方法；一种最时髦的文章——通讯；杂文写作例话；短篇小说。
　　　　收藏单位：广西馆

01560
怎样写文章 文森华著
桂林：生光书店，1942.1，107 页，32 开
桂林：生光书店，1942.5，再版，107 页，32 开
　　本书分总论和分论两部分。总论包括作文的意义和功用、作文的基本态度等 4 节；分论包括 8 节，讲述日记、游记、笔记、书信、小品、小说、诗歌、剧本作法。附录标点符号用法。
　　　　收藏单位：重庆馆、江西馆

01561
怎样作文 陈和祥编
上海：民众教育研究社，1932，56 页，50 开（注音符号民众万有丛书 修养类）
　　本书为作文教学参考资料。讲述作文写作的方法。
　　　　收藏单位：江西馆、首都馆

01562
怎样作文 汤建勋著
香港：民华出版社，1949，84 页，32 开（少年自修丛书）
　　　　收藏单位：国家馆

01563
中等应用文范 费只园著　戴志超校
上海：崇文书局，1922，[214] 页，22 开
　　　　收藏单位：河南馆

01564
中国文体论 施畸编著
北平：立达书局，1933.7，198 页，25 开
　　本书共 5 章：文体与文体论、旧文体汇类

说之略评、汇类文体之方法及新汇类之创制、新汇类与义例、文体论之功用。
　　　　收藏单位：东北师大馆、国家馆、黑龙江馆、吉林馆、山西馆、上海馆、首都馆、天津馆、中科图

01565
最新作文指导 许德邻著
中国教育图书社，1920.1，52 页，25 开
　　　　收藏单位：广西馆

01566
最新作文指导法 许德邻著
上海：中原书局，1920.1，1 册，32 开
上海：中原书局，1926.3，7 版，1 册，32 开
上海：中原书局，1933，15 版，1 册，32 开
上海：中原书局，1937，19 版，1 册，32 开
　　　　收藏单位：广东馆

01567
作文百法实例 张毕来编辑
奉天（沈阳）：正大书局，1940.12，2 册，32 开
　　本书讲述各种作文法的注意要点，每种都列举 1—3 篇范文加以说明。编辑者原题：张四维。
　　　　收藏单位：吉林馆

01568
作文百日通 杨叔明编辑
上海：大华书局，1934.7，78 页，32 开
　　本书分上下两编。上编为作文的几种基本智识，下编为文体。
　　　　收藏单位：浙江馆

01569
作文辞典（文言白话 两部合璧） 金式如　杨镇华编
上海：世界书局，1935.9，[763] 页，42 开
上海：世界书局，1936.2，3 版，[763] 页，42 开
　　本书分景、人、物、事 4 大类，辑有关文章片断 2000 余条，选自历代 200 多位文学

家的作品。金编文言之部，杨编白话之部，自分起讫。

收藏单位：国家馆、吉林馆、上海馆

01570

作文辞海　姚乃麟编

上海：春明书店，1944.12，再版，215页，32开

上海：春明书店，1946.3，再版，215页，32开

上海：春明书店，1948，再版，215页，32开

本书辑录文艺作品中的描写片断，按季节、天象、地象、城乡、人物及动植物等类编排。封面书名前加题：文艺描写辞句参考。

收藏单位：安徽馆、国家馆、河南馆、湖南馆、吉林馆、江西馆、南京馆、绍兴馆、首都馆

01571

作文辞库　谢天申编

上海：经纬书局，1948.2，1册，精装

本书内容包括：论说之部、记叙之部、自然之部、动植物之部、抒情之部、生活素描之部。

收藏单位：南京馆

01572

作文的方法　澄英著

上海：现代书局，1933，52页，32开（现代儿童丛书）

上海：现代书局，1934.12，再版，52页，32开（现代儿童丛书）

本书分作文的意义、文章的效用、作文的基本条件、词、句、作文的体裁、作文的练习、标点的用法8部分。

收藏单位：重庆馆、江西馆、南京馆

01573

作文的方法　陆思红著

重庆：建国书店，1943.7，90页，32开

上海：建国书店，1946，90页，32开

本书用书信形式讲述作文法。

收藏单位：重庆馆、国家馆

01574

作文法精义　周乐山编著

上海：广益书局，1933.2，1册，25开（文学精义丛书）

上海：广益书局，1934.1，再版，1册，25开（文学精义丛书）

本书讲述各体文章的意义、分类和作法。共5章：绪论、论说文、记事文、叙事文、小品文。

收藏单位：重庆馆、东北师大馆、广东馆、国家馆、湖南馆、江西馆、南京馆、首都馆

01575

作文概论　刘湘山编　徐志摩校

长沙：民治书局，1935.8，338页，32开

本书分总论和分论两部分。总论包括作文之意义、作文之步骤等6章；分论包括记叙文、描写文等5章。

收藏单位：贵州馆、湖南馆

01576

作文技术　任苍厂编

上海：经纬书局，1941，237页，50开

上海：经纬书局，1947.5，237页，50开

本书共30章，内容包括：语言和文字、作文的准备、题材的裁剪等。

收藏单位：首都馆

01577

作文技术　任苍厂编著

成都：自力书局，1944，237页，42开

收藏单位：国家馆

01578

作文捷径　文森华著

雷风出版社，1943，107页，32开

本书由《怎样写文章》一书改书名出版。分总论和分论两部分。总论包括作文的意义和功用、作文的基本态度等4节；分论包括8节，讲述日记、游记、笔记、书信、小品、小说、诗歌、剧本作法。青年自修必读。

收藏单位：广西馆、南京馆

01579

作文描写辞典　刘铁冷编著

重庆：陪都书店，1948.5，245 页，32 开

　　本书按自然、季节、社会、生物等类编排，辑录了 131 位中外作家作品中的描写片断。

　　　　收藏单位：重庆馆、广西馆、首都馆

01580

作文描写辞典　刘铁冷编著

桂林：文潮书店，1943.8，245 页，32 开

　　　　收藏单位：重庆馆、广东馆、国家馆、湖南馆、浙江馆

01581

作文描写辞典　刘铁冷编著

成都：新生书局，1945.2，蓉版，245 页，32 开

　　　　收藏单位：国家馆

01582

作文描写辞典（文艺写作 修辞范例）　黄华生编

上海：正气书局，1947，226 页，32 开

上海：正气书局，1949.3，226 页，32 开

　　本书共 4 编，内容包括：人的部分、景的部分、行的部分等。

　　　　收藏单位：安徽馆、吉林馆、南京馆、内蒙古馆、首都馆

01583

作文描写辞典（语体文之部）　张盱编

上海：民立书店，1947.3，再版，628 页，32 开

　　本书分景的描写、人的描写、物的描写、事的描写 4 大类，大类之下又分小类及细目。每一条目下列有作家的小段范文。

　　　　收藏单位：黑龙江馆、上海馆、首都馆

01584

作文描写辞典（语文之部）　张盱编

上海：教育书店，1937，616 页，32 开

上海：教育书店，1939.3，再版，616 页，32 开，精装

　　　　收藏单位：东北师大馆、广东馆

01585

作文描写辞库（记叙之部 一）　谢天申编

上海：经纬书局，[1912]，107 页，50 开（经纬百科丛书 209）

　　　　收藏单位：广东馆

01586

作文描写辞库（论说之部 一）　谢天申编

上海：经纬书局，[1912]，101 页，50 开（经纬百科丛书 206）

　　本书分处世之部、责任之部、励志之部、恋爱婚姻之部、烦闷之部 5 部分。

01587

作文描写辞林（艺术化·新资料）　吴毅编

上海：大方书局，1948，14+252 页，32 开

　　本书按写人、写物、写景、写情等分类，摘抄别人文字中的一段，供学生作文时参考。

　　　　收藏单位：首都馆

01588

作文描写辞源　李白英编

上海：中央书店，1935，2 册，32 开

上海：中央书店，1935，再版，341 页，32 开

上海：中央书店，1935，3 版，2 册，32 开

上海：中央书店，1936，再版，2 册，32 开

上海：中央书店，1937，5 版，341 页，32 开

上海：中央书店，1941，再版，2 册，32 开

上海：中央书店，1942，[6 版]，341 页，32 开

上海：中央书店，1945，244 页，32 开

上海：中央书店，1948，9 版，341 页，32 开

　　本书共分 10 大部，包括季节描写、天象描写、群众及战争描写、女性美描写、心理及感觉描写等。每部分门别类，列篇细目。

　　　　收藏单位：安徽馆、重庆馆、广东馆、河南馆、吉林馆、南京馆、内蒙古馆、绍兴馆、首都馆

01589

作文描写辞源　刘铁冷撰

上海：中原书局，1934.5，再版，2 册，32 开

上海：中原书局，1934.7，1 册，32 开

上海：中原书局，1934.10，4 版，2 册，32 开

上海：中原书局，1947.12，12 版，1 册，32 开

本书按写人、写物、写景、写情分类。中学生读物。

收藏单位：南京馆、内蒙古馆、首都馆

01590

作文描写新辞典 徐涛编著

重庆：长风书店，1945.8，渝初版，235 页，32 开

上海：长风书店，1947，3 版，235 页，32 开

本书按自然、季节、社会、生物 4 大类编排。

收藏单位：重庆馆、国家馆

01591

作文描写新范 李流芳选辑

上海：春明书店，1939，3 版，276 页，32 开

收藏单位：广东馆

01592

作文模范 顾孟平编

上海：天健书局，1941，128 页，32 开

收藏单位：广东馆

01593

作文七七法 李尚文编著

上海：世界书局，1940.10，139 页，32 开

长沙：世界书局，1944.1，139 页，32 开

长沙：世界书局，1944，再版，139 页，32 开

上海：世界书局，1946，再版，139 页，32 开

本书列举 77 种文章作法，并各举一篇范文加以说明。书前有作者《作文总诀》（代序）。

收藏单位：重庆馆、广东馆、贵州馆、湖南馆、江西馆、首都馆、天津馆

01594

作文述要 周侯于编纂

上海：商务印书馆，1930.2，174 页，32 开

上海：商务印书馆，1933.5，国难后 1 版，149 页，32 开

上海：商务印书馆，1934.10，国难后 2 版，149 页，32 开

上海：商务印书馆，1935.5，国难后 3 版，149 页，32 开

上海：商务印书馆，1937.4，国难后 4 版，149 页，32 开

上海：商务印书馆，1940.2，国难后 5 版，149，32 开

本书论述古文法则。分用字、修辞、结构、取材、立意 5 论。书前有汪懋祖、钱穆序及作者自序，书末有编者跋。

收藏单位：重庆馆、东北师大馆、广东馆、贵州馆、国家馆、黑龙江馆、湖南馆、辽大馆、南京馆、内蒙古馆、山西馆、上海馆、绍兴馆、首都馆、天津馆

01595

作文要诀 李吉圃 桑春明编

大连：关东出版社，1947.12，118 页，32 开

本书共 11 章。讲述文言体作文的方法和要点。

01596

作文指导 魏仁著

桂林：乐华书店，1942，111 页，32 开

收藏单位：广东馆

01597

作文指导（下册） 陈际云编

上海：新中国书局，1935，108 页，32 开

本书分上下两册。下册分两篇，包括文体的研究和修辞指导。附录标点符号。

收藏单位：重庆馆、河南馆

记叙文

01598

记事文写作指导（怎样作记事文） 任苍厂编

成都：经纬书局，1945.1，94 页，42 开

本书共 14 节，内容包括：什么是记事文、

记事文的旨趣、故事的剪裁、文艺的记事文、新闻的记事文等。

收藏单位：重庆馆、南京馆

01599

记叙文讲话 石苇著

上海：光明书局，1936.9，223 页，32 开

上海：光明书局，1941.2，新 1 版，223 页，32 开（语文教育丛书）

本书分一般论、方法论、情调论、描写论、记叙文各论 5 讲。书前有编辑例话。

收藏单位：安徽馆、广东馆、贵州馆、桂林馆、国家馆、湖南馆、辽师大馆、南京馆、首都馆、天津馆

01600

记叙文一题数作法 蒋祖怡编著

上海：世界书局，[1917—1949]，167 页，32 开（作文自学辅导丛书）

本书分记人、记物、记事、记游 4 编。

收藏单位：重庆馆、广东馆、国家馆、上海馆、首都馆

01601

记叙文作法 张廷华编

上海：大东书局，1922，74 页，32 开

上海：大东书局，1924.3，3 版，74 页，32 开

上海：大东书局，1925，4 版，74 页，32 开

上海：大东书局，1928.3，5 版，74 页，32 开

本书共 20 章。前 9 章为各家论述记叙文特点、种类、功效的文章，后 11 章为作法举例。学生自修用书。

收藏单位：重庆馆、广东馆、国家馆、河南馆、湖南馆、首都馆、天津馆

01602

记叙文作法范例 胡怀琛著

上海：大华书局，1933.6，76 页，32 开

本书理论与方法并重，旨在教人认识记叙文并了解作记叙文的基本方法。共 10 章，内容包括：何谓记叙文、记叙文与非记叙文的关系及其辨别、作记叙文应当注意的几点等。版权页题名：记叙文作法。

收藏单位：国家馆、江西馆、内蒙古馆、浙江馆

01603

描写文一题数作法 蒋祖怡编著

上海：世界书局，[1948]，150 页，32 开（作文自学辅导丛书）

本书分写人、写物两编。书末附《描写文作法述要》。

收藏单位：重庆馆、广东馆、吉林馆、内蒙古馆、首都馆、浙江馆

01604

写景文作法 汤增扬编著

上海：广益书局，1933.8，1 册，25 开

本书根据编者在复旦大学授课讲义，增选现代作家写景范文而成。包括写景文概论、写景文作法、写景文选论、写景文文范 4 编。

收藏单位：广东馆、国家馆、江西馆、南京馆、天津馆

01605

语体写景文作法 钱谦吾编

上海：南强书局，1931.1，305 页，32 开

上海：南强书局，1931.9，再版，305 页，32 开

上海：南强书局，1932.10，3 版，305 页，32 开

上海：南强书局，1934.2，4 版，305 页，32 开

本书共 8 章，以有关文章片断为例，指导青年读者用语体文描写季节、光景、天、地、河流、动物、花卉、乡村与都市等自然景象。

收藏单位：安徽馆、广东馆、广西馆、国家馆、湖南馆、江西馆、上海馆

辩论文

01606

论辩文作法 汪倜然编著

上海：世界书局，1931.2，335 页，32 开

上海：世界书局，1932，3 版，335 页，32 开

本书分本质论、预备论、方法论 3 编。后附举例 20 篇。供大中学生及教员参考用。

收藏单位：重庆馆、广东馆、广西馆、贵州馆、国家馆、河南馆、辽宁馆、南京馆、内蒙古馆、山西馆、绍兴馆、天津馆、浙江馆

01607

论辩文作法讲话　吴念慈编

上海：南强书局，1934.5，291 页，32 开

本书内容包括绪论、论辩文的本质及其组织、论辩文的预备工夫、论辩文与逻辑、论辩文的文学侧面等 6 篇。

收藏单位：重庆馆、广西馆、贵州馆、国家馆、吉林馆、南京馆、内蒙古馆、上海馆、首都馆、天津馆、浙江馆

01608

论说文百法　费只园著　刘铁冷编

上海：崇新书局，1922，2 册（47+47 叶），32 开

本书卷端题名：论说文自修百法。

收藏单位：河南馆

01609

论说文百法　费只园著　刘铁冷校订

上海：中原书局，1931.4，再版，2 册，32 开（作文自修全书 第 1 种）

本书共 4 卷，讲述了前正后反法、先抑后扬法、化大为小法、全题互翻法、借题发挥法、援古证今法、分点总结法等 100 种论说文写作方法。卷端题名：论说文自修百法。

01610

论说文范　谭正璧编

广州：中华书局，1938.10，236 页，32 开（国文入门必读）

上海：中华书局，1941.2，再版，236 页，32 开（国文入门必读）

本书选收历代论说文 80 余篇。每篇有题解、作者小传及注释、注音。供初中及初中程度学生研习国文之用。

收藏单位：重庆馆、国家馆、辽宁馆、南京馆、上海馆、首都馆

01611

论说文范　张廷贵编

上海：文明书局，1925.10，88 页，32 开

上海：文明书局，1928.7，再版，88 页，32 开

本书以韩愈、苏洵、苏轼、柳宗元等古人的论说文为例，加注释、评语、分析并说明其审题、命意、构局、分段、用笔、造句等作文方法。

收藏单位：内蒙古馆、上海馆

01612

论说文一题数作法　蒋祖怡编著

上海：世界书局，[1917—1949]，146 页，32 开（作文自学辅导丛书）

本书分论事、论物、论学、论文、论人 5 编。

收藏单位：重庆馆、广东馆、南京馆、首都馆

01613

论说文作法　张廷华编撰

上海：大东书局，1922.9，94 页，32 开

上海：大东书局，1924，3 版，94 页，32 开

上海：大东书局，1925，4 版，94 页，32 开

上海：大东书局，1926.4，5 版，94 页，32 开

本书以汉至清名家论说文为例，讲述文言体论说文的审题、布局、分段、用笔等。学生自修用书。

收藏单位：安徽馆、河南馆、湖南馆、吉林馆、南京馆、首都馆

01614

论说文作法讲义　孙俍工编

上海：商务印书馆，1924.6，11+221 页，32 开

上海：商务印书馆，1925.10，再版，11+221 页，32 开

上海：商务印书馆，1926.7，3 版，11+221 页，32 开

上海：商务印书馆，1927，4 版，11+221 页，32 开

上海：商务印书馆，1930.10，5 版，11+221 页，32 开

上海：商务印书馆，1933.2，国难后 1 版，11+221 页，32 开

本书共 3 章：绪论、说明文、辩论文。

收藏单位：安徽馆、重庆馆、广东馆、广西馆、国家馆、河南馆、湖南馆、江西馆、南京馆、内蒙古馆、首都馆、天津馆、西南大学馆、浙江馆

01615

议论文写作指导　任苍厂编

成都：甲申出版社，1945.5，88 页，48 开

本书讲述议论文与论理学的关系和写作议论文的修养等问题。供初学者阅读。

收藏单位：重庆馆

01616

议论文作法范例　胡怀琛著

上海：大华书局，1933.9，84 页，32 开

本书共 8 章，内容包括：何谓议论文、议论文的作者与读者、关于议论文用字造句的几个要点等。

收藏单位：国家馆、江西馆、南京馆、内蒙古馆、浙江馆

01617

怎样写论辩文　杜守素著

上海：致用书店，1947.9，244 页，32 开

本书分绪论、论辩文的本质和组织、写论辩文的准备、论辩文的写法、论辩文与逻辑、论辩文的文学的侧面 6 章。

收藏单位：重庆馆、东北师大馆、广西馆、桂林馆、上海馆

01618

怎样写论文　黎德（W. G. Reeder）著　马鸿述译述

广州：国立中山大学出版部，1936，132 页，22 开（国立中山大学研究院教育研究所丛书 33）

本书共 12 章，介绍论文的性质、问题的选择、参考书目的编制、材料的搜集、论文

的文笔等写作知识。

收藏单位：重庆馆、国家馆、南京馆

应用文

01619

爱的书信　沈学敏选注

上海：文友书店，1948.2，138 页，32 开

本书收恋爱书信 11 篇。有评注。

01620

爱的书信（新式标点 言文对照 下册）　养花轩主主编　林立珊校订

上海：新智书局，1932.5，再版，184 页，25 开

本书收《赛金花致瓦德海西书》《海上名妓李萍香致方世慰书》《曹柄钧致其妻杨若朱书》《张大辫致小毛子书》《越中名幕谢南庭致冯国彰书》等文言体书简 32 封。每封有语体译文。书前有养花轩主自序，写于 1931 年 1 月。

收藏单位：河南馆、江西馆

01621

案头写信便览　王定九编

上海：中央书店，1936，152 页，32 开

上海：中央书店，1946.11，再版，152 页，32 开

本书写信法。包括书信称谓、修饰成语、岁月异名及实例等。附寄信须知。

收藏单位：广东馆、首都馆

01622

白话女界尺牍　傅绍先编著

上海：文明书局，1924.8，2 册（66+68 页），32 开

上海：文明书局，1929.5，5 版，2 册（66+68 页），32 开

上海：文明书局，1931.5，6 版，2 册（66+68 页），32 开

上海：文明书局、中华书局，1936.6，8 版，2 册（66+68 页），32 开

本书为尺牍范本。分家庭、亲戚、朋友、学校4类。

　　收藏单位：黑龙江馆、内蒙古馆、上海馆、浙江馆

01623

白话女子尺牍　文明书局编

上海：文明书局，1924.3，[132] 页，32 开

上海：文明书局，1926.12，3 版，[132] 页，32 开

上海：文明书局，1931.9，8 版，[132] 页，32 开

　　本书为尺牍范本。分家庭、亲戚、学校、社会4类。收文180余篇。

　　收藏单位：上海馆

01624

白话情书　燕燕等著　村农校订

上海：国华新记书局，1931.8，4 版，108 页，25 开

上海：国华新记书局，1936.9，7 版，108 页，25 开

　　收藏单位：湖南馆、江西馆

01625

白话商业尺牍　沈容编

上海：中华书局，1920.7，1 册，25 开

　　收藏单位：江西馆

01626

白话书信　高语罕编

上海：亚东图书馆，1921.1，502 页，32 开

上海：亚东图书馆，1921.4，再版，502 页，32 开

上海：亚东图书馆，1921.10，3 版，502 页，32 开

上海：亚东图书馆，1922.4，增订 4 版，558 页，32 开

上海：亚东图书馆，1922.12，增订 6 版，558 页，32 开

上海：亚东图书馆，1928，增订 19 版，558 页，32 开

上海：亚东图书馆，1930.2，重排 23 版，550 页，32 开

上海：亚东图书馆，1930.4，重排 24 版，550 页，32 开

上海：亚东图书馆，1932，增订 27 版，558 页，32 开

上海：亚东图书馆，1932.11，重排 28 版，550 页，32 开

上海：亚东图书馆，1940，增订 31 版，558 页，32 开

　　本书为作者在商业夜校授课的讲义。包括绪论、家庭、社交、工商、论学5编。介绍书信写作，附范例。

　　收藏单位：广东馆、国家馆、江西馆、上海馆、首都馆、天津馆、中科图

01627

白话书信　高语罕编

上海：亚洲书局，1929.6，22 版，510 页，32 开

　　收藏单位：北师大馆、国家馆、首都馆

01628

白话书信　孙季叔著

上海：中国文化服务社，1936，10 版，1 册，32 开

　　收藏单位：广东馆

01629

白话书信大全　王者著

奉天（沈阳）：文艺书局，1938.9，313 页，32 开

奉天（沈阳）：文艺书局，1943.7，5 版，313 页，32 开

　　本书共20编。第1编为书信作法，后19编为书信范文。附录便条写法、卡片写法。各界适用。

01630

白话书信二集　高语罕编

出版者不详，1927.3，再版，544 页，25 开

　　本书为商业夜校授课的讲义。分绪论、家庭、社交、工商、论学5编。介绍书信写法，附有范例。

收藏单位：江西馆

01631

白话书信集成　李协和编辑

上海：大方书局，1937，再版，1 册，32 开

　　收藏单位：首都馆

01632

白话书信作法　器重编

上海：华新书社，1927.6，72 页，32 开

　　本书共 8 章，介绍书信的意义、要素、内容、类别及写法，有书信举例。

　　收藏单位：黑龙江馆

01633

白话书信作法　王景山编

上海：大亚书局，1932，3 版，72 页，36 开

　　本书共 8 章，介绍书信的意义、要素、内容、类别及写法，有书信举例。封面责任者题：顾器重编。

　　收藏单位：重庆馆

01634

白话新尺牍　李劫生编著

上海：春明书店，1941.10，再版，123 页，32 开

　　本书共 8 类：庆贺、慰唁、推荐、贷索、家书、延请、邀约、规诫。逐页题名：男女白话书信。新时代男女适用。

　　收藏单位：绍兴馆

01635

白话新尺牍　娄哲著

长春：启智书店，1943.4，216 页，32 开

长春：启智书店，1944.4，216 页，32 开

　　本书包括通候、邀约、讨论、买卖、谢罪等 17 卷。男女各界适用。

　　收藏单位：国家馆、首都馆

01636

白话新书信　周旋冠编著　时圣希校订

上海：广益书局，1932.6，再版，284 页，32 开

上海：广益书局，1933.5，再版，284 页，32 开

　　本书以通信的方式，使青年们一方面吸收新知识、新经验以提起学术研究的兴趣，并能得到写白话信的门径。内容包括：例言、社会问题、政治问题、经济问题、哲学问题、家庭问题、青年问题、妇女问题、其他。青年适用。

　　收藏单位：重庆馆

01637

白话新书信　周旋冠编

上海：新民书局，1935，再版，284 页，32 开

　　收藏单位：重庆馆、广东馆

01638

白话信　万秋田编

杭州：浙江书局，1924.3，140 页，32 开

　　本书分家庭、社交、工商、论学等。包括：书信写作、写信的方法、书信举例、白话信的选粹。

　　收藏单位：浙江馆

01639

白话信大全　严慎予　王平陵著

上海：新文化书社，1922.10，18+94+83 页，32 开

上海：新文化书社，1927.4，10 版，18+94+83 页，32 开

上海：新文化书社，1930，13 版，18+94+83 页，32 开

上海：新文化书社，1934.1，19 版，18+94+83 页，32 开

　　本书分上下卷。上卷包含问题讨论、是非驳辩、问候邀约、求托问询、劝索、借赠、祝贺慰唁等 10 类书信写法；下卷包含关于社交的书信、关于讨论学术的书信、关于家庭的书信的写法。高等小学校及中学校用。著者"严慎予"原题：严刃迁。

　　收藏单位：首都馆

01640

白话信大全（新式标点）　严慎予　王平陵著

上海：新文化书社，1934.8，93+83 页，32 开

上海：新文化书社，1935.6，再版，93+83 页，32 开

上海：新文化书社，1935，9 版，93+83 页，32 开

本书分上下卷。上卷包含问题讨论、是非驳辩、问候邀约、求托问询、劝索、借赠、祝贺慰唁等 10 类书信写法；下卷包含关于社交的书信、关于讨论学术的书信、关于家庭的书信的写法。高等小学校及中学校用。

收藏单位：黑龙江馆、江西馆、首都馆

01641
百行商业新尺牍（新体白话 一问二答） 朱楠秋编

奉天（沈阳）：东方书店，1941.4，160 页，32 开

奉天（沈阳）：东方书店，1942.11，再版，160 页，32 开

本书为商业尺牍范本。每封信都有两封不同的回函。初版副题名为：新体白话 双问双答。

收藏单位：天津馆

01642
百新尺牍三百法 延龄室主著

上海：百新书店，[1912—1949]，248 页，32 开

本书附字汇新旧帖式。其他题名：百新普通往来百法尺牍。

收藏单位：首都馆

01643
标准写信必读（言文对照） 董坚志编　储菊人校订

上海：中央书店，1938.9，8 版，356 页，32 开

上海：中央书店，1941.2，新 2 版，356 页，32 开

上海：中央书店，1948.3，新 10 版，356 页，32 开

本书为文言体书信范本。

收藏单位：广西馆、江西馆

01644
标准新尺牍（言文对照 详细注解） 储菊人编著

上海：群学书店，1947.2，149 页，32 开

上海：群学书店，1948，再版，149 页，32 开

本书收录的尺牍分家属类、亲戚类、喜庆类、荐举类、延聘类等。

收藏单位：首都馆

01645
才子尺牍 （明）陈眉公编

民声书局，1934，114 页，25 开

本书分抒情体、记叙体、理论体 3 编。

收藏单位：江西馆

01646
财政文牍讲义 景学铸编

出版者不详，[1920—1929]，180 页，22 开

收藏单位：江西馆

01647
常识白话书信 时希圣著

上海：新民书局，1936，73 页，32 开

本书收各类书信 40 篇。

收藏单位：重庆馆、首都馆

01648
常用白话书信 王子坚编

上海：经纬书局，1946.11，96 页，36 开

本书介绍书信写作，附有范例。

收藏单位：绍兴馆

01649
常用便条程式 董坚志编著

建成书局，[1943]，130 页，32 开

本书分 14 编，介绍恳托便条、预定便条、探问便条、报告便条、介绍便条、延聘便条、推荐便条、索取便条等写法，并附答式 3 种。附录父族、母族、师友等写信称谓及各种信封、便条、名片写式。

收藏单位：重庆馆

01650

尺牍百法（写信捷径） 梁凤楼编

上海：大中华书局，1936.3，10版，2册（96+205页），32开

上海：大中华书局，1936，11版，2册（96+205页），32开

本书共5篇：尺牍材料、尺牍款式、活用尺牍、专用尺牍、尺牍体格。书前有编辑大意。

收藏单位：国家馆

01651

尺牍百日通（上册）

益智书店，[1936]，204页，32开

本书为商业尺牍范本。

收藏单位：首都馆

01652

尺牍成语辞典 费有容编

上海：大东书局，1925.11，1册，32开，精装

本书分岁时、舆地、学校、实业、交通、家庭、人品、遭遇、情感等30类，共收3300余条成语。有简单解释并注出典。按笔画检索。

收藏单位：广东馆、广西馆、湖南馆、吉林馆、南京馆、内蒙古馆、首都馆

01653

尺牍初桄

上海：土山湾慈母堂印书局，1922重印，2册（90+160+228页），32开

收藏单位：国家馆、首都馆

01654

尺牍初桄（卷上）

出版者不详，[1911—1949]，234页，25开

收藏单位：江西馆

01655

尺牍辞典 吴东园等著 包醒独 陈云柯校订

上海：国华书局，1924.11，5版，2册，25开，精装

上海：国华书局，1925.8，6版，2册，25开，精装

本书共12卷：上册8卷，下册4卷。收各类尺牍常用词语，分条解释。下册有补编和增订。著者还有贡少芹、李定夷、李涵秋、朱诗隐等。封面有"增订"字样。6版校订者题：包醒独、陈陶斋。

收藏单位：国家馆

01656

尺牍辞典 吴东园等编辑 包醒独校订

上海：国华书局，1921.7，1册，25开，精装

上海：国华书局，1922.5，再版，1册，25开，精装

本书分称谓、颂语、岁时、地舆、政界、学界等23类。辑录尺牍应用的文言辞语。再版校订者题：包醒独、陈陶斋。

收藏单位：国家馆、吉林馆、南京馆、内蒙古馆、绍兴馆、首都馆

01657

尺牍辞典补编 朱诗隐等著 永福村农校订

上海：国华书局，1922.6，10+104页，22开

本书分颂语、岁时、学界、商异、工界、庆贺、慰唁、怀叙、邀约、置产、赞助等34类。著者还有吴东园、贡少芹等5人。

收藏单位：国家馆

01658

尺牍辞海 吴瑞书编著

上海：春明书店，1947.4，226页，32开

收藏单位：吉林馆、绍兴馆、首都馆

01659

尺牍辞源 上海新华书局编辑

上海：新华书局，1933，676页，32开

上海：新华书局，1935.6，再版，676页，32开

本书按时令、气象、政治、官署、交通、学校、宗教等类别归类书信写法。卷端题名：分类尺牍辞源。

收藏单位：湖北馆、江西馆、内蒙古馆、首都馆、浙江馆

01660

尺牍大全 沈瓶庵编 韩非木增订

上海：中华书局，1914.12，1 册，50 开，精装

上海：中华书局，1918.9，18 版，1 册，50 开，精装

上海：中华书局，1920.5，25 版，1 册，50 开，精装

上海：中华书局，1923，33 版，1 册，50 开，精装

上海：中华书局，1924.4，35 版，1 册，50 开，精装

上海：中华书局，1930.2，46 版，1 册，50 开，精装

上海：中华书局，1931.9，47 版，929 页，50 开，精装

上海：中华书局，1933.1，48 版，929 页，50 开，精装

上海：中华书局，1933.3，49 版，1 册，50 开，精装

上海：中华书局，1935.8，51 版，1 册，50 开，精装

　　本书分上下两卷。上含政界、学界、军警界、实业界、妇女界、普通社会界 6 类；下含尺牍类腋、选粹、摘锦、称谓 4 类。封面题名：中华尺牍大全。46 版后有增订者：韩非木。布面 1 册，纸面 3 册。

　　收藏单位：重庆馆、国家馆、河南馆、江西馆、南京馆、上海馆、绍兴馆、首都馆

01661

尺牍大全答函 许德厚编辑

上海：中华书局，1922.9，[380] 页，48 开

上海：中华书局，1929.3，5 版，[380] 页，48 开

上海：中华书局，1937.1，8 版，[380] 页，48 开

　　本书为文言尺牍范本。分政界、学界、军警界、商界、家庭、社会交际 6 卷。封面题名：中华尺牍大全答函；目录页及卷末题名：增补尺牍大全答函。

　　收藏单位：上海馆、天津馆

01662

尺牍合璧大全（文言白话） 金老佛编

上海：大通图书社，1935.2，230 页，32 开

　　本书介绍写信要诀和写信称谓法，举例说明家书、亲戚、师友、政界、军警、学界、商界等类书信的写法。附白话尺牍和尺牍辞典。

　　收藏单位：重庆馆

01663

尺牍菁华 天虚我生著 栩园编译社校勘

上海：时还书局，1934.4，5 版，162 页，25 开

　　收藏单位：江西馆

01664

尺牍句解

上海：大文书局，[1911—1949]，1 册，32 开

　　本书附百家姓音义、千字文音义。其他题名：增广百千音义尺牍句解。仿宋版印。

　　收藏单位：首都馆

01665

尺牍句解

上海：新文华书社，[1911—1949]，2 册，32 开

　　收藏单位：河南馆、南京馆、绍兴馆

01666

尺牍句解（新式标点 言文对照） 湖上渔隐标点 范叔寒校

上海：有益书局，1936，再版，98+114 页，32 开

上海：有益书局，1937.5，重版，98+114 页，32 开

　　本书分上下两册。上册收庆贺、问候、唁慰、规劝、请托等 10 类；下册分庆祝、通候、劝慰、推荐、家书等 8 类。附录书信、束帖、契据 3 类。

　　收藏单位：重庆馆

01667

尺牍句解（新式标点 言文对照） 基本书局编辑所编著

上海：基本书局，1934.5，98+114 页，32 开

本书分上下两册。上册包含庆贺类、问候类、规劝类等；下册包含庆祝类、通候类、劝慰类等。附录书信类、契据类、柬帖类。

收藏单位：国家馆、南京馆

01668

尺牍句解（言文对照） 槐花馆主著　江邨注解

上海：大达图书供应社，1935.3，258 页，32 开

上海：大达图书供应社，1935.10，再版，258 页，32 开

收藏单位：河南馆、吉林馆、江西馆、首都馆

01669

尺牍句解（言文对照） 槐花馆主著　江邨注解

上海：广益书局，1937.1，10+257 页，32 开

上海：广益书局，1939，再版，10+257 页，32 开

上海：广益书局，1940.1，10+257 页，32 开

收藏单位：江西馆

01670

尺牍句解（言文对照） 槐花馆主著　江邨注解

上海：大达图书局，1936.3，258 页，32 开

本书包括庆贺类、问候类、慰唁类、规劝类、婉辩类、请托类、索借类等。附录写信秘诀、尺牍称谓等。广益书局发行。

收藏单位：首都馆

01671

尺牍句解（言文对照） 世界书局编辑所编辑

上海：世界书局，1933，76+82 页，32 开

上海：世界书局，1939.1，新 2 版，76+82 页，32 开

上海：世界书局，1948.11，新 8 版，76+82 页，32 开

收藏单位：广东馆、首都馆

01672

尺牍句解（言文对照） 孙虚生著

安东：诚文信书局，1938，98+109 页，32 开

收藏单位：首都馆

01673

尺牍句解（言文对照） 熊石僧著

桂林：华中书局，1941.10，208 页，32 开

本书包括恳托书信、探询书信、报告书信、延著书信、借索书信、劝诫书信等 16 编。

收藏单位：广东馆

01674

尺牍句解（言文对照 白话注解） 徐新民校阅

上海：晨曦书局，1941.5，166 页，25 开

收藏单位：江西馆

01675

尺牍句解（言文对照 白话注解） 徐新民校阅

上海：群益书局，1943.5，166 页，25 开

收藏单位：江西馆

01676

尺牍句解（言文对照 白话注释） 李浩译释

上海：大方书局，1947.10，159 页，32 开

本书收庆贺、问候、慰唁、规劝、婉辩、请托、求荐、索借、贸易、家书、尺牍撮要 11 类。

收藏单位：绍兴馆

01677

尺牍句解（言文对照 符号注释） 达文书店编

上海：达文书店，[1911—1949]，1 册，32 开

收藏单位：广东馆

01678

尺牍句解（言文对照 考正译释） 曹国锋译释　王天恨校正

上海：国学研究社，1948.6，再版，165 页，32 开

收藏单位：湖南馆、江西馆

01679

尺牍句解（言文对照 详细注解） 曹国锋译著

上海：国学研究社，1943，165 页，32 开

　　收藏单位：首都馆

01680

尺牍描写辞源　范菊高编

上海：中央书店，1935.6，2 册（180+194 页），32 开

上海：中央书店，1935.11，再版，2 册（180+194 页），32 开

上海：中央书店，1936，4 版，2 册（180+194 页），32 开

上海：中央书店，1936，5 版，2 册（180+194 页），32 开

上海：中央书店，1937，6 版，2 册（180+194 页），32 开

上海：中央书店，1939.3，新 1 版，2 册（180+194 页），32 开

上海：中央书店，1941，新 2 版，2 册（180+194 页），32 开

　　本书收古今尺牍片断共 1436 条，分类编排。

　　收藏单位：重庆馆、广西馆、国家馆、湖南馆、吉林馆、江西馆、南京馆、绍兴馆、首都馆

01681

尺牍描写辞源（文言语体）　叶光华编

奉天（沈阳）：大东书局，1940，318 页，32 开

　　收藏单位：首都馆

01682

尺牍入门　蒋谷生编

上海：文明书局，1925.11，62 页，32 开

上海：文明书局，1928.3，再版，62 页，32 开

　　本书分称谓、便条、封套、词类、程式等章。书末附写信一般常识，旧式标点。

01683

尺牍入门（第 6 册）　中华书局函授学校编

上海：中华书局，[1926—1949]，81—96 页，32 开（初级国文科讲义 第 4 种）

本书为书信教本。文言、白话对照。

01684

尺牍释例　何实睿著

上海：中华书局，1919.4，[276] 页，25 开

上海：中华书局，1919.11，4 版，[276] 页，25 开

上海：中华书局，1920.1，5 版，[276] 页，25 开，精装

上海：中华书局，1920，6 版，[276] 页，25 开，精装

　　本书分 8 卷。收各类文言体尺牍实例 40 篇，篇后均有释义。

　　收藏单位：重庆馆、国家馆、湖南馆、华东师大馆、吉林馆、江西馆、内蒙古馆、上海馆、首都馆、天津馆

01685

尺牍通论　徐望之编著

烟台：出版者不详，1935.10，10+244 页，32 开

烟台：出版者不详，1935.12，再版，10+244 页，32 开

　　本书分上下两编。上编为总论，介绍尺牍的定义、特质、类别、式例等；下编为各论，分交际、政事、学术、亲属、业务 5 类，各附实例。

　　收藏单位：国家馆、首都馆

01686

尺牍用语小辞典　甲申出版社编

成都：甲申出版社，1945.1，128 页，42 开

　　本书分函式、颂语、庆贺、怀叙、邀约、答谢、劝诫、思念等 27 类。

　　收藏单位：重庆馆、国家馆

01687

尺牍指导法　上海书信研究社著

上海：书信研究社，1925，1 册，32 开

上海：书信研究社，1926.1，再版，1 册，32 开

　　收藏单位：广东馆、广西馆

01688
酬世大典（分类实例） 朱翊新编著
上海：启明书局，1940.6，56+768 页，50 开，精装
上海：启明书局，1947.1，3 版，56+768 页，50 开，精装
　　本书分上中下 3 篇。内容包括社交礼仪、社交常识、生活须知、集会指导、演说要诀、酬世文件、邮政便览等。版权页题名：酬世大全。
　　收藏单位：重庆馆、河南馆、江西馆、首都馆

01689
酬世大观
出版者不详，[1947]，1 册，32 开
　　收藏单位：首都馆

01690
酬世大全 田家编
成都：中华出版社，1942，增订本，1 册，32 开
成都：中华出版社，1943，增订 4 版，1 册，32 开
　　本书共分 5 部分：分类写信必读、现行公文程式、楹联菁华、日用契据、日用文件柬帖。各界适用。
　　收藏单位：重庆馆、南京馆

01691
酬世大全 朱翊新编
上海：启明书局，1947.5，3 版，768 页，64 开
　　收藏单位：南京馆

01692
酬世锦囊 黎振寰编
上海：大文书局、春明书店，1939，281 页，32 开
　　本书分庆贺文件程式、哀挽文件程式、酬世柬帖指导、日用酬世契约、酬世尺牍指导 5 编。
　　收藏单位：首都馆

01693
酬世锦囊 黎振寰编
上海：四明书店，1935，282 页，32 开
　　收藏单位：广东馆

01694
酬世全书 袁韬壶编
上海：会文堂书局，1926.3，4 版，8 册（4598 页），42 开
　　本书题名前加题：最新各界适用。编者原题：袁智根。
　　收藏单位：江西馆、绍兴馆

01695
酬世全书（卷九 第九编 文艺门） 袁韬壶编辑
上海：会文堂书局，[1924]，2 册（1184 页），50 开
　　本书题名前加题：最新各界适用。
　　收藏单位：重庆馆、首都馆

01696
酬世全书（卷十 第十编 函牍门） 袁韬壶编辑
上海：会文堂书局，[1924]，522 页，50 开
　　本书题名前加题：最新各界适用。
　　收藏单位：国家馆

01697
酬世万有宝库 王瑞昌　顾永泉编
重庆：桂林新生书局，1947，3 版，236+84 页，32 开
　　本书分 13 编，内容包括：婚丧礼制、交际礼制、婚丧柬帖、杂项柬帖、喜庆文辞、祭奠文辞、人事文辞、社交诗词、各类楹联等。处世交际必备。
　　收藏单位：重庆馆

01698
酬世万有书库 席灵凤编纂
上海：大中华书局，1936.4，再版，213 页，32 开
　　本书共 10 编，内容包括：礼仪顾问、尺

牍顾问、酬世文件顾问、日用广告顾问、柬帖顾问、楹联顾问、契据顾问、诉讼顾问等。新时代民众适用。

收藏单位：湖南馆、浙江馆

01699
酬世万有文库　王定九编著
上海：中央书店，[1935]，168 页，32 开
上海：中央书店，1935，再版，168 页，32 开
上海：中央书店，1939，新 1 版，168 页，32 开
上海：中央书店，1947.8，再版，168 页，32 开

本书分上下两编。上编分寿文、贺文、贺词、贺诗、祭文、挽词、挽诗、像赞、联词、题字 10 章；下编分日常簿记、日记、便条、广告 4 章。

收藏单位：国家馆、江西馆、绍兴馆、首都馆

01700
酬世文柬手册　石苇编著
重庆：建国书店，1948，232 页，32 开
本书分 7 章，介绍各种应用文的写作方法。

收藏单位：重庆馆

01701
酬世文柬指南　徐珂编
上海：商务印书馆，1915.5，[150] 页，32 开
上海：商务印书馆，1917.3，5 版，[150] 页，32 开
上海：商务印书馆，1918，8 版，[150] 页，32 开
上海：商务印书馆，1919，9 版，[150] 页，32 开
上海：商务印书馆，1924，14 版，[150] 页，32 开
上海：商务印书馆，1930.8，17 版，[150] 页，32 开
上海：商务印书馆，1933.2，国难后 1 版，[190] 页，32 开
上海：商务印书馆，1937.4，国难后 2 版，[190] 页，32 开

本书分庆祝、婚嫁、丧祭、谒叙、馈赠、书牍、契约、簿据 8 类。国难后版本等增有补遗。

收藏单位：重庆馆、广东馆、广西馆、国家馆、河南馆、黑龙江馆、吉林馆、南京馆、内蒙古馆、上海馆、绍兴馆、首都馆

01702
酬世文件大全
出版者不详，[1911—1949]，1 册，50 开
本书分婚嫁、丧祭、庆贺、契约、交际、备考 6 大类。

收藏单位：重庆馆

01703
酬世文件新编　陈蕉影编
长春：满洲图书株式会社，1942.1，320 页，32 开
本书分婚嫁、丧祭、庆贺、交际、契约、备考 6 大类。

收藏单位：国家馆

01704
酬世应用文大全　吕云彪编
上海：三民图书公司，1936.1，1 册，32 开
上海：三民图书公司，1936.6，增订再版，1 册，32 开
上海：三民图书公司，1946.1，再版，1 册，32 开

本书分书牍、电报、书启、广告、契约、柬帖、联语、颂词、幛语、讣告、哀启、哀祭等 14 类。每类前有作法指导。书前有编者的话。

收藏单位：广西馆、国家馆、河南馆、天津馆

01705
酬应文艺指南　张鸿猷编著
贵阳：文通书局，1942.8，236 页，25 开
本书介绍"酬应文艺"的体裁与作法。分文辞、诗歌、对联、题跋、书信、电报、填词 7 类。有附录。

收藏单位：重庆馆、广东馆、贵州馆、国家馆、南京馆、西南大学馆

01706

酬酢文作法精华　双黛馆主编

上海：新华书局，1924.10，104 页，32 开（学生文学宝库）

　　本书分约宴会、借贷、支取、邀请、庆吊等 10 类。卷首有酬酢考。文言体，有圈点。

　　　收藏单位：东北师大馆、浙江馆

01707

初等新尺牍（言文对照）　黄克宗编　张云石校阅

上海：世界书局，1932，71 版，2 册，32 开

上海：世界书局，1933.3，77 版，2 册，32 开

上海：世界书局，1936.8，90 版，60 页（2 册合订），32 开

上海：世界书局，1946.9，新 13 版，60 页（2 册合订），32 开

　　本书适合初等学生练习书信之用。男女适用。

　　　收藏单位：重庆馆、广东馆、江西馆、首都馆

01708

初级尺牍（言文对照　第一册）　朱鼎元编辑

上海：大东书局，44 页，36 开

　　　收藏单位：首都馆

01709

初级尺牍（言文对照　第三册）　朱鼎元编辑

上海：大东书局，48 页，36 开

　　　收藏单位：首都馆

01710

初级尺牍教本　商务印书馆函授学校国文科编

上海：商务印书馆，[1915—1946]，4 册（[146] 页），32 开

　　本书为函授讲义。分尺牍例介、家族往来尺牍、亲戚往来尺牍、师友往来尺牍 4 部

分。

01711

初级民众书信　陶知行主编　操震球编辑

上海：世界书局，1935.4，20 页，32 开

　　本书为民众学校教科书。共 16 课。介绍写信和寄信的常识、信件种类与应用等。

　　　收藏单位：国家馆

01712

初级女子尺牍（言文对照）

上海：广益书局，1942.4，80 页，32 开

　　　收藏单位：广东馆

01713

初级应用文　王子玉编

世界书局，1943，新 2 版，180 页，32 开

　　　收藏单位：广东馆

01714

初级应用文（新体编制）　洪为法编著

南京：正中书局，1936.7，218 页，32 开

南京：正中书局，1936.9，4 版，218 页，32 开

南京：正中书局，1943，渝 11 版，218 页，32 开

南京：正中书局，1943.8，14 版，218 页，32 开

南京：正中书局，1947.7，沪 1 版，218 页，32 开

　　本书用故事体裁说明各类应用文的意义、特点和作法。

　　　收藏单位：重庆馆、国家馆

01715

初级应用文讲义　福建省地方行政干部训练团编

福建省地方行政干部训练团，1942，70 页，32 开

　　　收藏单位：广东馆

01716

初级应用文教本　王子玉编

上海：世界书局，1931.7，178 页，32 开

上海：世界书局，1932.9，3 版，178 页，32 开

上海：世界书局，1935，5 版，178 页，32 开

　　本书共 10 章，内容包括：便条式、书信式、电报式、广告式等。学生适用。

　　收藏单位：广东馆

01717

初学尺牍指南（注音浅释）　贺群上编纂

上海：广益书局，1936，186 页，32 开

上海：广益书局，1940，再版，186 页，32 开

　　收藏单位：广东馆、湖南馆、首都馆

01718

初学指南尺牍（白话注释）　鸿文书局编辑部译

上海：鸿文书局，1941，再版，[155] 页，32 开

　　收藏单位：安徽馆、首都馆

01719

处世尺牍大全　张建中编

重庆：万有书局，1945.3，220+208 页，32 开

上海：万有书局，1946.12，3 版，220+208 页，32 开

上海：万有书局，1948.2，4 版，220+208 页，32 开

　　本书分上下两卷。所收尺牍按通候、请托、延聘、馈赠、道谢、催索、还偿、邀约、庆贺、慰藉等 17 类编排。文言体，有注释。

　　收藏单位：重庆馆、吉林馆、江西馆

01720

处世家书一百封　寄萍编

长沙：缤缤书局，1944，82 页，32 开

　　收藏单位：广东馆

01721

处世文件要诀　张澄清编

桂林：中央出版社，1943.4，293 页，32 开

　　本书分契据、礼帖、文词、楹联、公文、书信、公告 7 编。

　　收藏单位：重庆馆、国家馆、湖南馆

01722

大众契约程式　王恺豫著

上海：大众书局，1936，333 页，32 开

　　本书分上下两篇。上篇为通论，介绍契约之成立、因革、类别等；下篇为实例。

　　收藏单位：广东馆、首都馆

01723

大众书信读本　动力丛书编委会编

上海：动力出版社，1949，32 页

　　本书为职工学校教材。

　　收藏单位：国家馆

01724

大众写信便条（言文对照）　李蝶庄编

上海：中央书店，1937.4，[268] 页，32 开

　　本书为书信便条内容汇编，分邀约、借贷、慰问、推荐等 17 类。

　　收藏单位：国家馆、江西馆

01725

大众信箱集　大众生活社编选

上海：大众生活社，1936，213 页，32 开

　　收藏单位：广东馆

01726

大众应用文　陈建堂编

华中新华书店，1949，76 页，64 开

华中新华书店，1949.3，再版，76 页，64 开

　　本书为文化学习类大众读物。包含 4 种应用文：行政公事上用的、团体和人事关系上用的、个人与个人之间用的、通讯稿件和日记。

　　收藏单位：国家馆、南京馆、天津馆

01727

大众应用文　陈建堂著

苏北新华书店，1949，3 版，76 页，50 开

　　本书为文化学习类大众读物。

　　收藏单位：天津馆

01728

大众应用文　蒋希益编辑

上海：大众书局，1936.4，[146] 页，32 开

上海：大众书局，1938，3 版，[146] 页，32 开

上海：大众书局，1941.3，5 版，[146] 页，32 开

　　本书分经济、社交、政治 3 章，介绍应用文的写法。

　　收藏单位：广东馆、广西馆、湖南馆、江西馆、首都馆

01729

大众应用文

[盐阜]：华中新华书店盐阜分店，1948.4，58 页，64 开

　　本书分信、通知、报告、证明书、日记、请帖等 10 部分。工农干部读物。

　　收藏单位：山东馆

01730

大众应用文件集成　朱翊新编

上海：世界书局，1936.12，[1250] 页，42 开，精装

上海：世界书局，1937，再版，[1250] 页，42 开

上海：世界书局，1937，3 版，[1250] 页，42 开，精装

上海：世界书局，1939，新 3 版，[1250] 页，42 开，精装

　　本书从当时近百种书报中选各类文件 1900 余例，分人事、团体、会计、农事、工厂、商业、学校 7 编。

　　收藏单位：重庆馆、广东馆、国家馆、河南馆、吉林馆、江西馆、南京馆、上海馆、绍兴馆、首都馆

01731

单据作法　吴增芥等编

上海：商务印书馆，1935.9，58 页，32 开（小学生作文指导丛书）

上海：商务印书馆，1938.6，5 版，58 页，32 开（小学生作文指导丛书）

长沙：商务印书馆，1940，6 版，58 页，32 开（小学生作文指导丛书）

　　本书介绍租契、典契、绝契、借据、承揽、合同、分书、发票、期票、汇票等契据类和票据类单据的作法。

　　收藏单位：重庆馆、广东馆、贵州馆、国家馆、南京馆

01732

当代五百名家分类应酬文汇　张鄂生编著

上海：大东书局，1931.8，6 版，石印本，6 册，25 开

　　收藏单位：广东馆、江西馆

01733

党政军尺牍大全（名家专撰）　刘铁冷著

上海：真美书社，1929.11，1 册，50 开，精装

　　本书共 4 编：党政部、行政部、军政部、名人书牍。书前有啸公序。平装本分订 4 册。

　　收藏单位：重庆馆、国家馆、江西馆

01734

刀笔驳诘文选　平襟亚编著　王小逸校订

上海：中央书店，1934.12，再版，1 册，32 开

上海：中央书店，1935.3，3 版，1 册，32 开

上海：中央书店，1935.5，4 版，1 册，32 开

　　本书收入驳法、驳斥、驳诘、驳论、反驳等文章 27 篇。封面题名：刀笔驳诘文。

　　收藏单位：绍兴馆

01735

刀笔评论文选　平襟亚编著　王小逸校订

上海：中央书店，1934.12，再版，1 册，32 开

上海：中央书店，1935，3 版，1 册，32 开

上海：中央书店，1935.5，4 版，1 册，32 开

　　本书包括刀笔文作法、新奇标点之趣评、一语破的之名论、官兵私用之感言等。

　　收藏单位：广东馆、绍兴馆

01736

第一次通信　秦海波著

海光出版社，220 页，25 开

收藏单位：江西馆

01737

短篇书牍读本（标点评注）

上海：大光明书局，1934.1，114 页，25 开

　　收藏单位：江西馆

01738

儿童尺牍问答　董保平编

上海：大方书局，1947.5，再版，100 页，36 开

　　本书逐页题名：儿童写信问答。

01739

儿童实用书信　劳春华著

上海：儿童书局，1930.11，150 页，32 开

上海：儿童书局，1932.12，6 版，150 页，32 开

上海：儿童书局，1933，7 版，150 页，32 开

上海：儿童书局，1933，8 版，150 页，32 开

上海：儿童书局，1935.4，10 版，114 页，32 开

上海：儿童书局，1939.12，16 版，114 页，32 开

上海：儿童书局，1946，新 10 版，114 页，32 开

　　本书为儿童书信范本。收文 29 篇。

　　收藏单位：广东馆、国家馆、河南馆、南京馆

01740

儿童书信　尤劲编

上海：儿童书局，[1933]，79 页，32 开

上海：儿童书局，1941，9 版，79 页，32 开

　　本书按类分编，分催求、赠送、邀约、报告、询问、介绍、祝贺、规劝等 13 类。

　　收藏单位：重庆馆、首都馆

01741

儿童书信　查震青编

桂林：文化供应社，1942，157 页，32 开

　　本书按类分编，分问候、报告和介绍等 16 类。书前附详细目录。

收藏单位：重庆馆

01742

儿童书信　周建章编辑

上海：中华图书文具社，1941，61 页，32 开

　　本书封面题：周建章著。

　　收藏单位：首都馆

01743

儿童书信范本　贺玉波著

上海：儿童书局，1935.4，4 册（[264] 页），32 开

上海：儿童书局，1938，6 版，4 册（[264] 页），32 开

上海：儿童书局，1946.2，16 版，4 册（[264] 页），32 开

上海：儿童书局，1946.3，20 版，4 册（[264] 页），32 开

　　收藏单位：广东馆、国家馆、河南馆、江西馆

01744

儿童书信作法　曹云鹏著

上海：儿童书局，1935.4，118 页，32 开

上海：儿童书局，1935.7，再版，118 页，32 开

上海：儿童书局，1937，5 版，118 页，32 开

上海：儿童书局，1940，9 版，118 页，32 开

上海：儿童书局，1946，新 10 版，118 页，32 开

　　本书共 27 篇。讲述为什么要写书信和各种书信的写法等。

　　收藏单位：广东馆、上海馆、首都馆

01745

儿童新尺牍（言文对照）　世界书局编辑所编

上海：世界书局，1929.7，119 页，32 开

上海：世界书局，1931，95 版，2 册（61+53 页），32 开

江西：世界书局，1941，119 页，32 开

上海：世界书局，1942.9，赣 3 版，119 页，32 开

上海：世界书局，1948.9，新 24 版，119 页，

32 开

本书包括家庭类、亲戚类、学校类、商店类 4 编及附录。书前附例言和详细目录。目录页题名:言文对照绘图儿童新尺牍。

收藏单位:重庆馆、国家馆、首都馆

01746

儿童新尺牍（言文对照） 张均编著 储菊人校订

上海:合众书店,1941,131 页,32 开

本书分家族类、亲戚类、学校类、社交职业类 4 部分。有附录。

收藏单位:首都馆

01747

儿童新尺牍（言文对照 白话详注） 胡伟著

重庆:学生书局,1949,2 版,104 页,32 开

本书分家庭、亲戚、师友、社会 4 类。附称呼一览表和信封、明信片、便条的写法等。

收藏单位:重庆馆

01748

儿童新尺牍（言文对照 第 2 册） 世界书局编辑所编

上海:世界书局,1933,27 版,53 页,32 开

收藏单位:广东馆

01749

分类尺牍辞海 黄钟瀛编

上海:世界书局,1926.10,4 册,32 开

本书共 12 集,分 35 类。凡庆吊通候、投赠答复分别列举,对各词出处均加注释。

收藏单位:重庆馆、国家馆、河南馆、近代史所、绍兴馆、首都馆

01750

分类尺牍大全 李小川编

长春:益智书店,1936.12,56+440 页,32 开

长春:益智书店,1938,3 版,56+440 页,32 开

长春:益智书店,1941.9,7 版,56+440 页,32 开

本书为尺牍范本。介绍了喜庆、贺寿、慰藉、唁丧等类尺牍的用语和格式。目次页题名:（精撰详注）分类尺牍大全。

收藏单位:辽宁馆

01751

分类尺牍大全 梁凤楼著

上海:三星书局,[1911—1949],4 册,25 开

本书各界适用。

收藏单位:江西馆

01752

分类尺牍大全 叕汉编

上海:智新书局,1940.6,2 册（252+142+138 页）,32 开

本书共两卷。按 30 类收辑书信范例,字句间有夹注。新式详注,各界适用。

收藏单位:国家馆、首都馆

01753

分类尺牍大全

出版者不详,[1911—1949],226 页,25 开

本书包括家庭类、亲戚类、夫族类、师长类、同学类、社会类等。

收藏单位:江西馆

01754

分类尺牍大全（详注） 袁韬壶编

上海:会文堂新记书局,1933.8,730 页,32 开

上海:会文堂新记书局,1937,730 页,32 开

上海:会文堂新记书局,1939.1,730 页,32 开

上海:会文堂新记书局,1941,730 页,32 开

本书所收书信范文按喜庆、贺寿、慰藉等 30 余类编排。版权页题名:分类尺牍大全（新撰详注）。

收藏单位:江西馆、绍兴馆、首都馆、西南大学馆

01755

分类尺牍句解 邹古愚编

南昌:艺文书社,1942,356 页,25 开

本书共 24 类，包括家书类、亲戚类、问候类、声明与报告类等。各界适用。

收藏单位：江西馆

01756

分类例解尺牍作法 吴攸之编著

上海：正中书局，1948，17+419 页，32 开

本书分尺牍作法讲话、分类例解、尺牍词藻 3 编。

收藏单位：国家馆、人大馆、上海馆

01757

分类评注尺牍宗海 唐之奇编 蔡廷侯评

上海：观文社，1920，4 册（126+106+210+146 页），50 开

收藏单位：首都馆

01758

分类实用白话尺牍大全（新式标点） 刘传厚编

上海：文明书局，1928.2，1 册，50 开，精装

上海：文明书局，1929.5，再版，1 册，50 开，精装

上海：文明书局，1930，3 版，1 册，50 开，精装

上海：文明书局，1932，4 版，1 册，50 开，精装

本书分 24 类，收信 1000 封。按去信、回信对照编排。逐页题名：实用白话尺牍大全。

收藏单位：重庆馆、黑龙江馆、内蒙古馆、上海馆、天津馆、浙江馆

01759

分类实用尺牍大全 程冰卢编

上海：大江书局，[1920]，256 页，32 开

本书各界适用。言文对照。

收藏单位：首都馆

01760

分类袖珍尺牍大全（详注） 袁韬壶编

上海：会文堂新记书局，1936.1，814 页，64 开，精装

本书所收书信范文按喜庆、贺寿、慰藉等 30 余类编排。文言体。

01761

风流情书合集 竹溪主人编辑 储菊人校订

上海：中央书店，1938.10，10 版，1 册，36 开

本书共 6 卷：室家情书、金兰情书、青楼情书、幽闺情书、情调草堂诗余选、情诗古今诗集选。卷端题名：风流情书。

收藏单位：江西馆、首都馆

01762

福建省各机关应用簿记实例（乙）

[福建]：出版者不详，[1911—1949]，30+18+28 页，16 开，环筒页装

本例分主计机关、征收机关、支出机关 3 类，以事实为主，说明各记账事项如何分录（见传票摘要栏）及其登记程序。

收藏单位：重庆馆

01763

妇女处世书信 刘治平编 秀兰校阅

桂林：华光书店，1943.11，桂 1 版，180 页，32 开

本书共 5 编。通过范例说明少女书信、学术书信、生活书信、家庭书信、社会书信的写作方法。

收藏单位：重庆馆、国家馆

01764

妇女处世书信 刘治平编 秀兰校阅

重庆：陪都书店，1948，180 页，32 开

本书书前附序言和目次。封面题名：现代妇女书信。

收藏单位：重庆馆

01765

妇女书信 文淑青编

桂林：文化供应社，1941.12，147 页，50 开

桂林：文化供应社，1943.1，3 版，147 页，50 开

本书为书信范本。分家族、亲戚、师友、机关等 5 类。收书信 98 篇。

收藏单位：重庆馆、广东馆

01766

妇女写信法　范竞芳编

上海：民众教育研究社，1933，再版，61 页，50 开（注音符号民众万有丛书 酬世类）

　　收藏单位：重庆馆、江西馆、首都馆

01767

改良最新商务简易尺牍教科书

上海：会文学社，1913，再版，2 册，32 开，环筒页装

01768

改善讣文写法商榷　谭嚣才编著

天津：谭嚣才 [发行者]，1934，油印本，1 册，13 开

　　本文原刊于 1934 年 11 月 25—27 日《益世报》。包括引言、序言、赘言等章。

　　收藏单位：国家馆

01769

高等尺牍大观（广注）　广文书局编辑所编

上海：世界书局，1923.1，3 版，1 册，25 开

01770

高级白话尺牍　吴达斋编

上海：大众书局，1936，重版，72 页，32 开

　　本书封面题名：高级学生白话尺牍。

　　收藏单位：重庆馆

01771

高级白话信大全　程振华编著　储菊人校订

上海：中央书店，1935.5，178 页，32 开

上海：中央书店，1936.4，再版，178 页，32 开

上海：中央书店，1936，3 版，178 页，32 开

　　本书除介绍书信程式外，所收书信按家族、亲友、学艺、研究、职业、升学、生活、婚姻、社交 9 类编排。书前有董坚志的《高级白话书信编纂旨趣》。

　　收藏单位：首都馆、浙江馆

01772

高级尺牍范本（言文对照 第 1 册）　顾兆文著

上海：春江书局，1942.4，6 版，40 页，36 开

　　本书收叙事尺牍 18 篇。

01773

高级尺牍课本（言文对照）　朱鼎元编

上海：大东书局，1948，8 版，4 册（42+45+45+45 页），32 开

　　收藏单位：广东馆

01774

高级民众书信　陶知行主编　操震球编辑

上海：世界书局，1935.5，40 页，32 开

　　本书衔接初级民众书信，注重写信寄信的常识，使读者能明了信件之种类与用法。共 24 课，内容包括：一件有趣的新闻、骇人听闻的肺痨病、将来生活问题、为兴趣而做工、为社会国家尽力、另谋自立生活、结交朋友等。著者陶知行，即陶行知。

　　收藏单位：国家馆

01775

高级女子尺牍（言文对照）　吴瑞书编著

上海：广益书局，1948.5，新 4 版，124 页，25 开

上海：广益书局，1949.2，新 5 版，124 页，25 开

　　收藏单位：江西馆、宁夏馆

01776

高级写信指导法

出版者不详，[1911—1949]，176 页，25 开

　　收藏单位：安徽馆、江西馆

01777

高级应用文　秦薰陶编

长沙：湘芬书局，1946.7，336 页，32 开

　　封面题名：应用文。

　　收藏单位：湖南馆、南京馆

01778

高级中学生书信　董坚志著

上海：会文堂新记书局，1937，3 版，320 页，
32 开

上海：会文堂新记书局，1937.8，4 版，320
页，25 开

　　书信范本。

　　收藏单位：江西馆、首都馆

01779
各界尺牍渊海（分类详注） 大陆图书公司编
上海：大陆图书公司，1923.5，[1200] 页，32
开，精装

　　本书分政界、学界、商界、家庭、普通 5
编。

　　收藏单位：绍兴馆、首都馆

01780
工人写信法 文明书局编
上海：文明书局，1922.8，132 页，32 开

　　　　收藏单位：重庆馆、广东馆、内蒙古馆、
上海馆

01781
工人写信法 杨文苑编
上海：民众教育研究社，1931.4，68 页，50
开（注音符号民众万有丛书 酬世类）

上海：民众教育研究社，1933，再版，68 页，
50 开（注音符号民众万有丛书 酬世类）

　　收藏单位：重庆馆、江西馆、首都馆

01782
工商文件程式 董坚志编
上海：春明书店，1947.1，306 页，32 开

　　本书分创业文件、管理文件、营业文件、
其他文件 4 编。契据函牍各体具全。

　　收藏单位：江西馆、南京馆、上海馆

01783
广注尺牍（言文对照）
长沙：民治书局，[1911—1949]，84+72 页，32
开

　　收藏单位：广东馆

01784
广注写信必读 世界书局编辑所编
上海：世界书局，1943，9 版，1 册，32 开

　　收藏单位：广东馆

01785
广注写信必读
上海：上海印书馆，[1930—1939]，102 页，32
开

　　收藏单位：广东馆

01786
广注写信必读（言文对照） 世界书局编辑所
编辑
上海：世界书局，1932.4，102 页，32 开

上海：世界书局，1937，50 版，1 册，32 开

　　本书内容包括：家书类、贸易类、问候
类、短札类、契据类等。版权页题名：言文对
照写信必读。

　　收藏单位：首都馆

01787
广注语译雪鸿轩尺牍 （清）龚未斋著　宋晶
如注释
上海：国学整理社，1936.7，315 页，25 开

上海：国学整理社，1938.3，新 1 版，315 页，
25 开

上海：国学整理社，1946.10，[再版]，315
页，25 开

　　本书共 186 篇，分 15 类，包括议论类、
自述类、邀请类、感谢类、颂赞类等。版权
页题：广注语译秋水轩尺牍、广注语译雪鸿轩
尺牍合一册。

　　收藏单位：湖南馆、江西馆

01788
国民交际快览 江梦花编著
上海：广益书局，1937.7，155 页，32 开

上海：广益书局，1941.3，再版，155 页，32
开

　　本书为交际应用文范汇编。按文辞、诗
歌、联额、束帖、尺牍、契约等类编排。

　　收藏单位：安徽馆

01789

国民写信（初集） 文化供应社编著

桂林：文化供应社，1941.10，106 页，50 开

桂林：文化供应社，1941，4 版，106 页，50 开

桂林：文化供应社，1942.3，6 版，106 页，50 开

　　本书分上下两编。上为写法；下为范例。分家信、营业上的信、公事等 5 类。

　　收藏单位：重庆馆、广东馆、桂林馆、国家馆

01790

国民写信（二集） 文化供应社编著

桂林：文化供应社，1941.10，129 页，50 开

桂林：文化供应社，1942.3，再版，129 页，50 开

　　本书分家信、给亲戚的信、问候邀约及谈心、祝贺及慰问、询问请托及推荐、借贷及商业、讨论的信 7 类。

　　收藏单位：重庆馆、广西馆、桂林馆、国家馆

01791

国民学校应用文作法 茆玉麐编著

上海：正中书局，1947.11，50 页，32 开（国民教育辅导丛书）

　　本书共 7 章，内容包括：学校应用文概说、公牍的种类及一般原则、学校应用的呈文作法、公函作法、布告作法等。

　　收藏单位：安徽馆、重庆馆、广西馆、国家馆、湖南馆、吉林馆、江西馆、辽大馆、南京馆、天津馆、西南大学馆

01792

国语解释分类新尺牍 贺群上著

上海：大达图书供应社，1935.4，再版，2 册（190+176 页），25 开

　　本书分 4 编 16 大类，内容包括：禀陈、训谕、问候、贺庆、慰唁、感谢、请托、介绍等。

　　收藏单位：重庆馆、江西馆、绍兴馆、首都馆

01793

国语解释分类新尺牍 贺群上著

上海：广益书局，1934.5，2 册（190+176 页），25 开

上海：广益书局，1941.1，再版，2 册（190+176 页），25 开

　　收藏单位：广东馆、江西馆

01794

国语解释实用新尺牍 贺群上编

上海：大达图书供应社，1935，再版，102+90 页，32 开

　　收藏单位：首都馆

01795

国语解释实用新尺牍 贺群上编纂

上海：广益书局，1934.3，2 册（102+90 页），32 开

上海：广益书局，1936，再版，2 册（102+90 页），32 开

上海：广益书局，1938，再版，2 册（102+90 页），32 开

上海：广益书局，1946，新 2 版，2 册（102+89 页），32 开

　　本书所收尺牍：分家庭类、亲党类、通候类、庆贺类、规劝类、邀约类和催促类。

　　收藏单位：江西馆、首都馆

01796

国语信范本 张九如编辑

上海：中国书局，1921.4，76 页，32 开

　　本书介绍语体信及信封、明信片、便条、电报等的写法。

01797

国语信写法 吕云彪编

上海：大东书局，1923.1，119 页，32 开

上海：大东书局，1924.3，4 版，119 页，32 开

　　本书共 6 章，内容包括：国语信的根本概念、实质研究、形式研究、写法、写后的手续和类例。

　　收藏单位：广西馆、国家馆、江西馆

01798

河南省乡村师资训练所应用文讲义　河南省
政府编

河南：出版者不详，1935.12，244 页，32 开

　　本书包括总论、书启、契据、公文。附
录结婚用帖及仪式、吊丧用帖及仪式。卷端
题名：乡村师资训练所应用文教本。逐页题
名：应用文教本。

　　　　收藏单位：河南馆

01799

贺年骈体尺牍　广益书局编辑部撰著

上海：广益书局，1932，11 版，2 册（22+23
页），25 开

上海：广益书局，1935，12 版，2 册（22+23
页），25 开

　　　　收藏单位：安徽馆、广东馆

01800

贺年新尺牍　孙虚生著

安东：诚文信书局，1940.1，81 页，32 开

　　本书为文言尺牍范本。有注解。

01801

花月尺牍　（清）韬园著　姚禅　东讷注释

上海：小说丛报社，1922，再版，4 册（[574]
页），25 开

　　本书为男女尺牍示范。文言体。篇后有
注释。

　　　　收藏单位：安徽馆

01802

花月尺牍　（清）韬园著　姚禅诠注

上海：小说丛报社，1936.4，128 页，32 开

　　本书为男女尺牍示范。

　　　　收藏单位：湖南馆、南京馆

01803

花月尺牍　徐枕亚著　东讷诠注

上海：静得轩，1917.4，2 册，25 开

　　　　收藏单位：湖南馆、江西馆

01804

华侨不求人信札

广州：华兴书局，[1918]，119 页，32 开

　　书口题名：华侨写信不求人。出版年据书
前序的写作时间。

01805

华文跬步　（日）浅井新太郎著

东京：龙文书局，1941.1，226 页，32 开

东京：龙文书局，1944.7，再版，226 页，32
开

　　本书包括揭示文、广告、电报、公文、
普通书翰文等 10 章。附录语句摘解、北京社
会镜。

　　　　收藏单位：人大馆、首都馆

01806

绘图儿童新尺牍（言文对照）　陆保璿编著

上海：大陆书局，[1932—1945]，111 页，32
开

　　本书附录忠孝节义智仁勇故事画。

　　　　收藏单位：首都馆

01807

绘图儿童新尺牍（言文对照）　陆保璿编著

上海：广益书局，1948.6，新 16 版，111 页，
32 开

　　本书分家属、亲戚、师长、朋友 4 类。
每类中各按事实备一格式。后附便条、信封
等式。

　　　　收藏单位：国家馆

01808

绘图写信初步　蒋筹编著

上海：大东书局，1936.8，7 版，石印本，100
页，32 开

　　本书介绍了邀约类、借贷类、赠送类、
订定类、探问类、请托类等 9 类书信的写作
方法。

　　　　收藏单位：国家馆

01809

绘图新儿童尺牍（言文对照）　范西峰编辑

上海：广益书局，1926，石印本，2 册，32
开，环筒页装

上海：广益书局，1931.2，12 版，石印本，2
册，32 开，环筒页装

　　封面题名：新儿童尺牍。

　　收藏单位：首都馆

01810

婚丧喜庆礼节文件大全　吴守雄编著

上海：大通图书社，1937.5，238 页，32 开

　　本书分婚嫁、丧祭、祝寿、庆贺 4 编。

　　收藏单位：国家馆、南京馆

01811

混合应用文　瞿世镇主编

上海：三民图书公司，1935.9，74 页，32 开

　　本书共 16 类，内容包括：公文、宣言、
颂词、建议、契约、广告等。有举例。书后
附送礼法、寄信件法。

　　收藏单位：重庆馆、国家馆

01812

活用尺牍大全（言文对照 分类详注）　董浩
李公耳编

上海：春明书店，1940.2，3 版，[498] 页，32
开

　　本书由《商人标准新尺牍》《普通新尺
牍》两书合订而成。前者以行业分类，后者
以内容性质分类。

　　收藏单位：江西馆

01813

活用新尺牍（一信四用 精校详注）　董坚志著
述

上海：春明书局，1941.4，251 页，32 开

上海：春明书店，1941，再版，251 页，32 开

　　收藏单位：南京馆、首都馆

01814

家常书信　姚乃麟编

成都：经纬书局，1944.10，蓉版，119 页，48
开

　　书信范本。分祖孙、父子、母子、伯叔

侄、夫妇、兄弟等 9 类。封面出版者题：成都
复兴书局。

　　收藏单位：重庆馆

01815

家庭借镜二集　罗子政编

广州：广东七十二行商报，1935.8，321 页，
32 开

　　书信范本。

　　收藏单位：广东馆

01816

柬帖大全　方秩音编

上海：大方书局，1936.4，92 页，32 开

　　本书为婚丧嫁娶柬帖汇编。卷端题名：最
新应用柬帖大全。

01817

简明新尺牍（言文对照）　储菊人编

上海：育才书局，1947.5，再版，149 页，32
开

　　本书分商业、问候、探询、筹办、报告、
借贷、催索、抵押、偿还、请托等 19 类。商
人适用。

　　收藏单位：国家馆

01818

简明应用文　杨乃藩编著

台北：台湾书店，1947.4，130 页，32 开（光
复文库 3）

　　本书共 7 章：概说、书信、公文、柬帖、
契据、广告、章程。讲述应用文的理论和作
法。

　　收藏单位：国家馆、吉林馆、南京馆

01819

简易适用普通文件集　李荫泉著

大连：大阪屋号书店，1936，11+126 页，42
开，精装

　　本书收应用文范文 103 件。分广告声明
类、新闻记事类、商业用文、公文公函类 4
种。

　　收藏单位：国家馆

01820

交代实习　王令铨讲述

江西省赣政人员训练所，1936.3，69 页，25 开

　　收藏单位：江西馆

01821

交际白话尺牍　黎公儿编著

上海：春明书店，1948，99 页，32 开

　　本书其他题名：交际白话书信。

　　收藏单位：首都馆

01822

交际白话尺牍　黎公儿编著　李洪年校阅

上海：春明书店，1947.10，99 页，25 开

　　本书封面题名：最新编著交际白话书信。

　　收藏单位：江西馆

01823

交际大尺牍　王铭恩　有怀编著

上海：进化书局，1923，石印本，1 册，32 开

　　本书为交际尺牍范本。有注释。

　　收藏单位：首都馆

01824

交际大尺牍　吴润芝著

上海：华新书局，1936，2 册，32 开

　　本书为交际尺牍范本。有注释。书末附公私文牍程式。各界适用。

　　收藏单位：国家馆、首都馆

01825

交际大全　世界书局编辑所编

上海：世界书局，1927.5，24 版，17+301 页，32 开

上海：世界书局，1930.3，35 版，17+301 页，32 开

上海：世界书局，1937.4，58 版，17+301 页，32 开

江西、上海：世界书局，1942.6，赣 2 版，17+301 页，32 开

江西、上海：世界书局，1943.8，赣 5 版，17+301 页，32 开

上海：世界书局，1946.9，新 13 版，17+301 页，32 开

上海：世界书局，1947.2，新 14 版，17+301 页，32 开

　　本书分文艺、诗词、尺牍、电文、联额、柬帖、契据、广告 8 章，介绍以上各体文的格式和写法。

　　收藏单位：安徽馆、重庆馆、河南馆、湖南馆、江西馆、南京馆、首都馆

01826

交际大全　许金英著　王月芬校

赣县：文化书社，1946.5，1 册，25 开（万有宝库）

　　本书包括文艺、诗词、尺牍、联额、契据和广告等章节。

　　收藏单位：江西馆

01827

交际快览

上海：明华书局，1947.11，新 1 版，1 册，25 开

　　本书为日用酬世文件。

　　收藏单位：江西馆

01828

交际全书正编　刘铁冷撰述

上海：崇新书局，1927，13 版，[727] 页，42 开

　　本书共 6 卷。撰述者原题：铁冷。

　　收藏单位：安徽馆

01829

交际全书正编　刘铁冷撰述　楚声注释

上海：崇文书局，1918.9，1 册，50 开，精装

上海：崇文书局，1923.1，9 版，3 册，50 开

　　本书分交际全书总目、交际全书细目两部分。总目除叙、例言外，分 6 卷，包括交际概论、交际书札、交际文字、交际礼制、交际绮语、绮语杂存。细目为以上内容的详细条目。封面题名：各界交际全书。布面 1 册，纸面 3 册。撰述者原题：铁冷。

　　收藏单位：上海馆、首都馆

01830

交际全书正编 刘铁冷撰述 楚声注释

上海：中原书局，1926，12 版，4 册（48+[167]+[348]+[312] 页），50 开

　　本书为各种酬世应用文范汇编。分特殊交际、名人书札选、公文举例等类。封面题名：各界交际全书正编。撰述者原题：铁冷。

　　收藏单位：首都馆、浙江馆

01831

交际全书补编 刘铁冷编著

上海：崇新书局，1918.9，[600] 页，48 开，精装

上海：崇新书局，1924.6，10 版，[600] 页，48 开，精装

上海：崇新书局，[1927]，13 版，[600] 页，48 开

　　本书为各种酬世应用文范汇编。分特殊交际、名人书札选、公文举例等类。编著者原题：铁冷。

　　收藏单位：安徽馆、上海馆

01832

交际全书补编 刘铁冷撰述 楚声注释

上海：崇文书局，1919.4，[600] 页，48 开，精装

上海：崇文书局，1923.1，9 版，[600] 页，48 开，精装

　　本书为各种酬世应用文范汇编。分特殊交际、名人书札选、公文举例等类。封面题名：各界交际全书补编。撰述者原题：铁冷。

　　收藏单位：河南馆、首都馆

01833

交际全书补编 刘铁冷撰述 楚声注释

上海：中原书局，1926，12 版，2 册（36+[264]+[348] 页），50 开

　　本书为各种酬世应用文范汇编。分特殊交际、名人书札选、公文举例等类。封面题名：各界交际全书补编。撰述者原题：铁冷。

　　收藏单位：首都馆

01834

交际文辞百科全书 董坚志编

上海：大兴图书馆，1924，再版，8 册（[1316] 页），42 开，精装

上海：大兴图书馆，1926，5 版，8 册（[1316] 页），42 开

上海：大兴图书馆，1928.11，6 版，8 册（[1316] 页），42 开

　　本书分喜庆、丧祭、贺寿、杂文 4 大集。每集约分 6 编，细目 2000 余则。布面 1 册，纸面 8 册。

　　收藏单位：重庆馆、国家馆、河南馆、湖南馆、山东馆、首都馆

01835

交际文辞百科全书（第一、三、四集） 董坚志编

上海：然藜阁，1923.10，3 册（92+156+446 页），50 开

　　收藏单位：山东馆

01836

交际文牍大全（分类详注） 许指严编撰　胡翼云校正

上海：时还书局，1925.12，3 册，50 开

上海：时还书局，1934.12，6 版，3 册，50 开

　　本书包括政界，军警、实业、教育、社会，家族、礼俗、女界 3 部分。附弹华阁酬世文范和选辑名人酬世文字。许指严，原名许国英。

　　收藏单位：国家馆

01837

交际文件程式大全

上海：中南书局，[1926.9]，6 册，32 开

　　本书共 12 编，内容包括：法令须知、公文程式、喜庆文辞、丧祭礼制、契据大全、酬世文辞等。

　　收藏单位：安徽馆

01838

交际新尺牍（言文对照 白话注译） 储菊人编著

重庆：新中国书局，1945.10，152 页，32 开

重庆：新中国书局，1946，再版，152 页，32 开

本书分庆贺、通候、邀约、馈赠、慰问等 15 类。收文 100 余篇。封面题名：交际新尺牍（言文对照 详注分类），目录页题名：交际新尺牍（言文对照 详细注解）。

收藏单位：重庆馆、国家馆、首都馆

01839

交际新尺牍（言文对照 双问双答） 冯玉奇编著

上海：春明书店，1947，再版，36 开

本书为商业实用尺牍范本。

收藏单位：首都馆

01840

交际新书全编 费恕皆编著

上海：群学书社，1920.5，2 册，48 开，精装

上海：群学书社，1928.1，4 版，2 册，48 开，精装

本书分教育、工商、庆贺等类。文言体。书末附清代名人小简集范。

收藏单位：安徽馆、湖南馆、上海馆

01841

交际指南全书 竞智图书馆编辑

竞智图书馆，1923.2，1 册，25 开，环筒页装

竞智图书馆，1928.5，4 版，1 册，25 开，环筒页装

本书内容包括：礼制备要、文件汇选、诗词合璧、尺度集成等。

收藏单位：江西馆、首都馆

01842

交涉辩驳尺牍 汪漱碧著

上海：中央书店，1935.11，174 页，32 开

上海：中央书店，1936.4，再版，174 页，32 开

上海：中央书店，1937.4，3 版，174 页，32 开

本书分债务辩驳、婚姻辩驳、劳资辩驳、继承辩驳、人事辩驳、商业辩驳 6 编。

收藏单位：上海馆、浙江馆

01843

交涉尺牍（辩驳讼师） 伍澄宇 梁凤楼编辑

上海：育古山房，3 册，32 开

本书共 3 编：商业、职工、教育。

收藏单位：河南馆

01844

交涉新尺牍（各种纠纷 软硬两用） 姚乃麟著

奉天（沈阳）：大众书局，1942.3，218 页，32 开

本书为文言体应用尺牍范本。分商业交涉、债务交涉、侵占交涉、损害交涉等类。每封信有态度软、硬不同的两种答函。有注解。

收藏单位：辽宁馆、首都馆

01845

交涉新尺牍（言文对照 一问一答） 屈疆著

上海：国光书店，1949，再版，102 页，32 开

收藏单位：广东馆

01846

今日妇女书信 红风著

上海：博文书店，1940，175 页，32 开

本书内容包括：书信的作法、少女的书信、家庭的书信等。

收藏单位：广东馆、南京馆

01847

今日青年书信 红风著

上海：博文书店，1940，194 页，32 开

收藏单位：广东馆

01848

金融工商界应用文 秦柳方编著

桂林：实学书局，1943.5，420 页，22 开

本书共 3 编：公文论述、公文举例、一般应用文举例。有说明。

收藏单位：重庆馆、东北师大馆、广东馆、桂林馆、国家馆、湖南馆、吉林馆、江西馆、首都馆

01849

金融工商业应用文　潘文安编著

长沙：商务印书馆，1940.6，212 页，32 开

长沙：商务印书馆，1941，再版，212 页，32 开

上海：商务印书馆，1947.2，3 版，212 页，32 开

上海：商务印书馆，1947.10，4 版，212 页，32 开

　　本书为职业学校教科书。分绪论、公文、公文作法、公文实例 4 章。卷首有《编印职业教科书缘起》（王云五）。

　　收藏单位：安徽馆、广东馆、贵州馆、国家馆、黑龙江馆、吉大馆、江西馆、辽大馆、上海馆

01850

近代名家尺牍　谭正璧选注

上海：光明书局，1948.2，302 页，32 开

　　本书共 3 编：叙事与写景、说理与论事、抒情与述怀。为《近代尺牍选注》一书改书名出版。

　　收藏单位：重庆馆、广东馆、湖南馆、华东师大馆、宁夏馆、首都馆

01851

精校礼文汇（十四卷）（清）愚谷居士编

长沙：湖南图书公司，1943，[142+120] 页，32 开

　　收藏单位：湖南馆

01852

军用白话尺牍　利生编

南京：军学编译社，1934.12，132 页，32 开

南京：军学编译社，1936.12，再版，132 页，32 开

　　本书士兵适用。

　　收藏单位：南京馆

01853

军用白话文范　林芳编辑

南京：首都军学编译社，1936，224 页，32 开

　　本书分作文法、标点法、应用法、文范选等。供武装同志研究日常应用文字用。

　　收藏单位：重庆馆

01854

君中应用文　李时编著

北平：君中书社，1931.9，128 页，25 开

北平：君中书社，1941，128 页，25 开

　　本书为中学师范适用教本。

　　收藏单位：国家馆

01855

礼文备录（考正精校）（清）愚谷居士编

长沙：缤缤书局，[1911—1949]，200 页，32 开

　　本书分婚、丧、祭、祈等类。

　　收藏单位：湖南馆

01856

历代妇女书信　程馀斋编注

上海：长风书店，1947.9，109 页，25 开

　　本书收入周、汉、魏、晋、六朝、唐、宋、辽、金、元、明、清代妇女书信数十篇。

　　收藏单位：重庆馆、广西馆、湖南馆、江西馆、南京馆

01857

恋爱尺牍（新式标点）　朱松庐著　观涛室主评校

上海：大亚书局，1933.4，5 版，207 页，32 开

　　本书收恋爱情书 50 余封。按恋爱初步之情书、钦慕才名之情书、爱恋进步之情书、可怜身世之情书、恋爱热烈之情书等类编排。版权页书名前加题"新体评注"。

　　收藏单位：国家馆

01858

恋爱尺牍（新式标点）　朱松庐著　观涛室主评校

上海：三益书局，1925.2，208 页，32 开

上海：三益书局，1929.9，8 版，208 页，32 开

　　收藏单位：国家馆、上海馆

01859
恋爱信的作法　（美）蓝麦根著　徐培仁译
上海：独流社，1928，99 页，50 开
上海：独流社，1930.5，再版，99 页，50 开
　　本书包括引言、良好的友谊、坚决的柔情、订约、结婚 5 部分。
　　收藏单位：重庆馆、国家馆

01860
描写辞句镜（第一部 人物的描写）　钱一鸣编著
上海：激流书店，1941，156 页，32 开
　　本书共 9 章，内容包括：躯体、外貌、服饰、品性、表情、动作、感觉、心理等。编辑其描写辞句供文艺写作案头参考。
　　收藏单位：重庆馆、上海馆

01861
民众常用尺牍　王定九编
上海：中央书店，1935.4，274 页，32 开
　　本书为文言体，介绍各种书信写法。共 8 章，内容包括：法律信类、交涉信类、学生信类等。后附书信称呼、用语、程式等。
　　收藏单位：国家馆

01862
民众尺牍　唐振权编
上海：北新书局，1932.8，52 页，32 开
　　本书分家报、通问、馈送、请假、请托、慰劳、约游等 12 类，共 45 篇，每首皆有小题。后附应用文件，分习业、票据、田契 3 类，共 6 篇。
　　收藏单位：浙江馆

01863
民众浅近尺牍　上海会文堂新记书局编
上海：会文堂新记书局，1933.7，3 版，2 册（60+76 页），25 开
　　收藏单位：江西馆

01864
民众万有信库　王定九编
上海：中央书店，1935，10+248 页，32 开
　　收藏单位：河南馆、首都馆

01865
民众用的　常熟第二民众教育馆编
常熟：常熟第二民众教育馆，1931，128 页，36 开
　　本书共 3 章，讲述应用文的写法。第 1 章经济的应用文，主要以契约为主；第 2 章社交的应用文，主要以书信简帖为主；第 3 章政治的应用文，主要以公文为主。
　　收藏单位：重庆馆

01866
模范女子尺牍（言文对照）　张永馨编
奉天（沈阳）：新亚书店，1943.10，86 页，32 开
　　本书为书信范本。分家庭、亲戚、学校、社会 4 类。

01867
模范日记与作法　沈志坚编著
赣州：沪江图书公司，1943.1，70 页，36 开
　　本书共 6 部分，内容包括：什么是日记、为什么要写日记、写日记要有修养、写日记的各种对象、日记示范等。
　　收藏单位：重庆馆、江西馆

01868
模范书信　尹汐编
长春：文化社，1942.4，147 页，32 开
　　本书收书信范文 150 篇。

01869
模范书信读本（第一集 家庭书信）　瞿世镇编
上海：三民图书公司，1935.6，40 页，32 开
　　本书为国语科补充读物。全书分 5 类，本册为家庭类，收信 40 封。
　　收藏单位：国家馆

01870
模范书信文选　戴叔清编
上海：光明书局，1933，348 页，32 开
上海：光明书局，1933.10，再版，348 页，32

开

本书收鲁迅、茅盾、老舍、郁达夫、徐志摩、胡适等人的书信39篇，分地方通信、生活通信、论学书信3编。书后附编者著《论书信文学》。

收藏单位：广东馆、国家馆、湖南馆、江西馆、辽师大馆、首都馆、浙江馆

01871

谋生自荐书信（分类详注） 董坚志编著　诸有人校阅

上海：春明书店，1941.4，116 页，25 开

本书共10编，内容包括：自荐书信写法、向公司自荐信、向商店自荐信、向工厂自荐信、向学校自荐信等。各界适用。

收藏单位：江西馆

01872

男女交际现代白话尺牍 吴仿吾编

北平：群英书局，1939，220 页，32 开

收藏单位：湖南馆、首都馆

01873

农村应用文 刘大明著

太岳新华书店，1946.1，80 页，36 开

本书为农村应用文集。包括各种条子、文契、记账、书信、对联等。

收藏单位：重庆馆、国家馆

01874

农村应用文 刘大明著

河北：韬奋书店，1945.9，82 页，36 开

收藏单位：国家馆、河南馆、天津馆

01875

农村应用文 刘大明编著

洛阳：新洛阳报社，[1948—1949]，重订本，68 页，32 开

收藏单位：重庆馆

01876

农村应用文（重订） 刘大明著

太行群众书店，1948.11，再版，[77] 页，36

开

本书为农村应用文集。共 17 个部分，内容包括：各种条子、各种文书契约合同、各种字码符号、各种算术口诀、怎样看日历、怎样记账、怎样写信、怎样写新闻通讯、怎样记日记、各种贺幛等。书前有编者原序。

收藏单位：国家馆、河南馆

01877

农村应用文 嫩江农民社编

齐齐哈尔：东北书店，1949，37 页，32 开（嫩江农民丛书 5）

本书共 13 篇，讲述农村常用应用文的写法。

收藏单位：重庆馆、东北师大馆

01878

农村应用文 嫩江农民社编

沈阳：东北新华书店，1949.9，35 页，32 开

收藏单位：重庆馆、国家馆

01879

农村应用文 嫩江农民社编

沈阳：东北新华书店辽东分店，1949.8，37 页，32 开

本书收农村应用文 13 篇，讲述各项格式。

收藏单位：国家馆

01880

农村应用文 嫩江农民社著

汉口：新华书店出版社，1949，38 页，32 开

收藏单位：山西馆

01881

农村应用文 辛安亭等编

朝城：冀鲁豫书店，1947.7，81 页，32 开

收藏单位：国家馆、河南馆

01882

农村应用文 辛安亭　陈永康编

出版者不详，[1947—1949]，94 页，36 开

本书包括条据、契约、帖子、贺幛、祭

文、书信、启事、广告、诉状、保条、公文、会议记录、新闻通讯等。书前有编者的话。

01883
农村应用文　辛安亭　刘大明编
威县：冀南书店，1947.5，112 页，32 开
　　收藏单位：国家馆

01884
农村应用文　岳北人民报社编
岳北人民报社，1946.4，58 页，32 开
　　本书内容包括：各种条子、文书、契约合同、帖子、怎样写信等。

01885
农村应用文
[兴县]：吕梁文化教育出版社，[1948]，65 页，32 开
　　本书分条据、书信、公文等 11 类。书前有编者的话。
　　收藏单位：重庆馆

01886
农工商尺牍教本　张咏春　程旭清编
上海：中华书局，1930.1，55 页，32 开
上海：中华书局，1930.9，再版，55 页，32 开
上海：中华书局，1931.3，3 版，55 页，32 开
　　本书分亲族、朋友、职业、社会 4 类。
　　收藏单位：广东馆、国家馆、黑龙江馆、湖南馆、内蒙古馆、上海馆

01887
农人写信法　杨文苑编
上海：民众教育研究社，1933，再版，81 页，50 开（注音符号民众万有丛书 酬世类）
　　本书分 3 编，介绍写信的方法、信封和便条明信片的写法、各种信体写法。
　　收藏单位：重庆馆、首都馆

01888
女学生书信　孙季叔著
上海：北新书局，1933.10，138 页，32 开（青

年丛书）
　　本书为书信范本。收文 40 篇。书前有作者序，介绍书信的应用及作法。
　　收藏单位：重庆馆、广东馆、国家馆

01889
女学生书信　叶光华著
奉天（沈阳）：大东书局，1942.9，1 册，32 开
　　本书收女学生书信 40 篇。书前有作者序，介绍书信的应用及作法。
　　收藏单位：首都馆

01890
女子白话尺牍　储菊人编著
上海：大明书局，1947.10，75 页，32 开
　　本书为补充读物。

01891
女子白话尺牍　储菊人著
上海：武林书店，1946.8，新 1 版，72 页，32 开
上海：武林书店，1946.11，3 版，72 页，32 开
　　本书收 74 封书信范例，包括问友近况、约同行旅行、谢友赠等。
　　收藏单位：南京馆

01892
女子白话尺牍　储菊人著
上海：惠民书局，1949.1，1 册，32 开

01893
女子白话尺牍（分类广注）　吴镜冰著
上海：时还书局，1935.5，7 版，2 册（[248] 页），32 开
　　本书分家庭、请托、学校、亲戚等 10 类。
　　收藏单位：国家馆、江西馆、首都馆

01894
女子白话新尺牍　周雪辉编
上海：东方文学社，1946.8，168 页，32 开
　　本书共 3 编，上编说明写信的一般方法；

中编举示书信的实例，共 72 篇；下编附录便简的写法。小学毕业及中学适用。

　　收藏单位：重庆馆

01895

女子常用尺牍　韦月侣编

上海：中央书店，1936.3，再版，100 页，32 开

　　收藏单位：首都馆

01896

女子处世尺牍（言文对照）　吴月芬编　王萃英校

现实教育研究社，1943.6，120 页，25 开

　　收藏单位：江西馆

01897

女子交际尺牍　李定夷著

上海：国华新记书局，1930.4，1 册，36 开

上海：国华新记书局，1932.1，再版，1 册，36 开

　　本书分怀叙、教育、庆贺、借索等 12 卷。书前有通用名词、通用典故，并注释。

　　收藏单位：国家馆

01898

女子交际尺牍（分类广注）　吴镜冰著

上海：时还书局，1935.1，4 版，2 册，32 开

　　本书为文言体尺牍范本。分庆贺、通候、宴会、馈赠、劝勉、借贷、唁慰等 10 类。篇后有注解。

　　收藏单位：国家馆、首都馆、天津馆

01899

女子交际尺牍（分类广注）　吴镜冰著

上海：希望出版社，1937.5，[290] 页，32 开

01900

女子交际尺牍（言文对照）　张中岫编

奉天（沈阳）：信源印书馆，1938.5，71 页，32 开

　　本书为书信范本。有注释。

01901

女子模范尺牍（分类往还）

上海：世界书局，[1943—1949]，4 册，25 开

　　本书为书信范本。正续集各两册。包括筹办、咨询、旅行、借贷、催促、调查、报告、毕业、索取等 15 类。

　　收藏单位：东北师大馆

01902

女子模范书信（言文对照 双问双答）　冯玉奇著

上海：春明书店，1941，再版，270 页，32 开

上海：春明书店，1941.4，3 版，270 页，32 开

　　本书为女学生书信范本。按时令分 12 类。

　　收藏单位：广东馆

01903

女子实用新尺牍（言文对照 详细注解）　李建民编著

上海：万有书局，1942，再版，85 页，32 开

　　收藏单位：广东馆

01904

女子实用新尺牍（言文对照 详细注解）

出版者不详，[1923—1949]，84 页，25 开

　　本书分家庭类、亲戚类、学务类、交际类 4 部分。附录便条卡片写法、明信片写法、通用称谓表。

　　收藏单位：江西馆

01905

女子适用尺牍（言文对照）　高其位编

奉天（沈阳）：奉天省道德总分会，1937.4，2 册，32 开

奉天（沈阳）：奉天省道德总分会，1939.6，再版，2 册，32 开

　　本书分家庭、亲戚、学校、社会等类。教科自修适用。

01906

女子书信　汤咏兰著

上海：女子书店，1933.5，133 页，32 开（女子文库）（女子常识丛书）

　　本书共 6 编：绪论、女子书信的作法、女子家庭书信举例、女子社会书信举例、女子爱情书信举例、女子学校书信举例。书信为白话体裁，除一般的作法总说以外，每篇书信的例子后面均附有详细的说明，解释这篇书信的意义及其价值与作法。封面题名：现代女子书信。

　　收藏单位：国家馆、浙江馆

01907
女子书信　王恺豫编著
上海：大众书局，1935，21+386 页，32 开
上海：大众书局，1936.4，重版，21+386 页，32 开

　　本书为语体文书信范本。包括询问、报告、请托、介绍、借贷等 18 类。

　　收藏单位：广东馆、国家馆

01908
女子书信文库（白话句解）　黄朗轩编著
上海：沈鹤记书局，1940.11，252+258 页，64 开

　　本书为书信范本。包括问候、请托、论事、邀顾、告借、家书等类。书前有序及编辑大旨。逐页题名：最新女子尺牍大全。版权页题名：最新句解女子尺牍大全。

　　收藏单位：国家馆

01909
女子新尺牍　富立田编
奉天（沈阳）：关东印书馆，1943.1，98 页，36 开

　　书信范本。分家庭、亲戚、学校等类。版权页题名：言文对照女子新尺牍。

01910
女子新尺牍（言文对照）　李龙公编著　张建人修正
上海：广益书局，1941.2，修正版，104 页，32 开
上海：广益书局，1947，新 2 版，104 页，32

开
上海：广益书局，1948.2，新 3 版，104 页，32 开
上海：广益书局，1948.6，新 4 版，104 页，32 开

　　本书封面题名：详注女子新尺牍（言文对照）。

　　收藏单位：河南馆、湖南馆、江西馆、首都馆

01911
女子新尺牍（言文对照）　广文书局编辑所编辑
上海：世界书局，1921.7，石印本，2 册，32 开，环筒页装
上海：世界书局，1923.12，8 版，石印本，2 册，32 开，环筒页装
上海：世界书局，1924.4，10 版，石印本，2 册，32 开，环筒页装

　　教科自修用。分学校类和社会类。
　　收藏单位：东北师大馆

01912
女子新尺牍（言文对照）　世界书局编辑所编辑
上海：世界书局，1930.8，32 版，2 册（86+112 页），32 开
上海：世界书局，1934，42 版，2 册（86+112 页），32 开
上海：世界书局，1935.2，43 版，2 册（86+112 页），32 开
上海：世界书局，1936，45 版，2 册（86+112 页），32 开
上海：世界书局，1936.9，46 版，2 册（86+112 页），32 开
上海：世界书局，1937.3，48 版，2 册（86+112 页），32 开

　　本书分家庭、亲戚、学校、社会 4 类。后附便条、信封等格式。

　　收藏单位：广东馆、江西馆、首都馆

01913
女子新尺牍（言文对照 分类详注）　储菊人编

著

重庆：桂林新生书局，1946.2，146 页，36 开

重庆：桂林新生书局，1948，3 版，146 页，36 开

　　本书分通候、家庭、庆贺、慰唁、请求、推荐、邀约、感谢等 16 类。

　　收藏单位：重庆馆

01914

女子新尺牍（言文对照 分类详注） 冯玉奇编著

上海：春明书店，1939.8，246 页，32 开

上海：春明书店，1946.10，246 页，32 开

上海：春明书店，1948.7，再版，246 页，32 开

　　本书为书信范本。分抒情、邀约、庆贺、借索、酬谢、延荐、慰唁等 12 类。

　　收藏单位：吉林馆、首都馆、天津馆

01915

女子新尺牍（言文对照 详细注解） 储菊人编著

群学书店，1947.2，146 页，32 开

　　本书分通候、家庭、庆贺、慰唁、请求、推荐、邀约、感谢等 16 类，百余函，全部采用新式标点。供各界妇女阅读。

　　收藏单位：广东馆

01916

女子新尺牍（言文对照 详细注解） 王大错编著

上海：合众书店，1941.6，196 页，32 开

上海：合众书店，1946.9，再版，196 页，32 开

　　本书分家庭、亲戚、学校、职业、社会、附录 6 辑。

　　收藏单位：广东馆

01917

女子新尺牍（言文对照 详细注释） 李仕春编

文林书社，1942.12，118 页，25 开

　　收藏单位：江西馆

01918

女子新尺牍（言文对照 一问一答） 施琅著

上海：国光书店，1947.2，再版，103+11 页，32 开

上海：国光书店，1947.9，再版，103+11 页，32 开

上海：国光书店，1948.10，再版，103+11 页，32 开

　　本书收家庭、亲戚、学校、社会 4 类书信。每信都有文言白话两体。书末附称谓表、写信须知、信封名片格式。逐页题名：女子浅近信书。

　　收藏单位：广东馆、江西馆

01919

女子新尺牍（译注 言文对照） 李龙公编著 张健人修正

上海：广益书局，1940.6，修正版，104 页，32 开

　　本书分述事、达理、抒情、写景、交际 5 类。版权页题名：言文对照女子新尺牍。

01920

骈体贺年尺牍（分类注音） 王有珩编著

上海：大东书局，1930，4 版，62 页，32 开

　　收藏单位：广东馆

01921

平民书信 杨冯著　傅若愚编

上海：青年会全国协会，1936.12，11 版，56 页，32 开

　　收藏单位：南京馆

01922

平民书信 赵闻伟编

上海：商务印书馆，1926.7，57 页，32 开

上海：商务印书馆，1927.6，再版，57 页，32 开

上海：商务印书馆，1930.3，20 版，57 页，32 开

上海：商务印书馆，1935，国难后 9 版，57 页，32 开

重庆：商务印书馆，1943.6，渝 1 版，48 页，32 开

　　本书为平民识字课本中的通俗写信范本。

收各类书信 40 余篇。分家庭的书信、亲戚的书信、朋友的书信。附写信须知、记账法、契约举例。

收藏单位：重庆馆、广东馆、国家馆、河南馆、浙江馆

01923

普通白话尺牍　储菊人编著

上海：武林书店，1940，73 页，32 开

收藏单位：首都馆

01924

普通便条大全（言文对照　一问一答）　董坚志著

上海：国光书店，1946.10，再版，132 页，32 开

收藏单位：吉林馆、首都馆

01925

普通尺牍（言文对照）　文明书局编辑

上海：文明书局，1929.10，2 册（126+122 页），32 开

上海：文明书局，1931.9，再版，2 册（126+122 页），32 开

本书共 4 卷。分通候、庆贺、唁慰、馈遗、请托、介绍、借索、邀约、勤勉、论事等 16 类。

收藏单位：湖南馆、内蒙古馆、上海馆

01926

普通尺牍大观（分类广注）　世界书局编辑所编

上海：世界书局，1939，新 2 版，224 页，32 开

上海：世界书局，1941.12，赣 1 版，224 页，32 开

上海：世界书局，1942.9，赣 3 版，224 页，32 开

上海：世界书局，1943.6，赣 4 版，224 页，32 开

上海：世界书局，1943，新 7 版，224 页，32 开

本书共 5 编：家书、普通尺牍、商业尺牍、女子尺牍、附录。

收藏单位：重庆馆、吉林馆、江西馆、首都馆

01927

普通尺牍范本　蒋谷生编

上海：文明书局，1925.11，[100] 页，32 开

上海：文明书局，1928，再版，[100] 页，32 开

上海：文明书局，1929.8，3 版，[100] 页，32 开

上海：文明书局，1932.3，4 版，[100] 页，32 开

本书收文言书信 60 多封，对其格式、措辞法等均加说明。难字有注解。

收藏单位：广东馆、上海馆

01928

普通尺牍文例集　（日）福田胜藏编

上海：东亚同文书院，1937.5，189 页，22 开，精装

上海：东亚同文书院东亚研究部，1941.9，189 页，32 开

本书包括名片文例、表条文例、信函文例等。附帖子式例和送礼式例。卷首有编者用日文写的《写信须知》。

收藏单位：国家馆、南京馆

01929

普通稿件举例

出版者不详，[1911—1945]，18+5 页，16 开

本书分明令、训令、指令、公函 4 类。

收藏单位：重庆馆

01930

普通贺年尺牍　吴瑞书著

上海：大达图书供应社，1935.12，75 页，32 开

上海：大达图书供应社，1936.1，再版，75 页，32 开

本书分 4 卷：各界适用、家族、姻戚、友谊。

收藏单位：重庆馆

01931

普通贺年尺牍（分类音注） 王有珩编著

上海：大东书局，1923.12，104 页，32 开

上海：大东书局，1924.10，2 版，104 页，32 开

上海：大东书局，1926.5，3 版，104 页，32 开

　　本书分家族、亲戚、学校、商店等类。

　　收藏单位：上海馆、绍兴馆

01932

普通书信大观（分类广注） 董坚志编著

上海：春明书店，1941.5，421+80 页，32 开

上海：春明书店，1947.3，421+80 页，32 开

上海：春明书店，1948.10，421+80 页，32 开

　　本书分家族应用书信、交际应用书信、政界应用书信、军界应用书信、学界应用书信、工界应用书信、商界应用书信、妇女应用书信 8 编。书后附录写信方法、写信称谓和写信用语。各界适用。

　　收藏单位：江西馆、上海馆、首都馆

01933

普通书信大观（分类广注） 赵学荣编

沈阳：义生书局，1943.12，392+75 页，32 开

　　收藏单位：首都馆

01934

普通写信法 文明书局编

上海：文明书局，1922.7，4 册（[368] 页），32 开

　　收藏单位：黑龙江馆、吉林馆、上海馆

01935

普通新尺牍 储菊人编著

上海：群学书店，1946.10，155 页，32 开

　　本书包括家属类、探询类、报告类、谋托类、介绍类、延聘类等。

　　收藏单位：绍兴馆

01936

普通新尺牍 熊石僧编

上海：天健书局，1941，再版，208 页，32 开

　　收藏单位：广东馆

01937

普通新尺牍（广注分类 言文对照） 世界书局编辑所编

上海：世界书局，1933，37 版，6 册，32 开

上海：世界书局，1940，重排新 3 版，375 页，32 开

上海：世界书局，1943.5，赣 2 版，375 页，32 开

上海：世界书局，1947.9，重排新 7 版，375 页，32 开

　　本书为书信范本。按问候、报告、论事及询问等 18 类编排。

　　收藏单位：国家馆、河南馆、湖南馆、江西馆、绍兴馆、首都馆

01938

普通新尺牍（言文对照 分类详注） 董浩编

上海：春明书店，1939.2，再版，218 页，32 开

上海：春明书店，1941，4 版，218 页，32 开

　　本书按类分编，分恳托书信、探询书信和报告书信等 16 编。书前附编纂旨趣和详细目录。

　　收藏单位：重庆馆

01939

普通新尺牍（言文对照 分类详注） 董浩编

重庆：时新书局，1944，3 版，218 页，32 开

　　收藏单位：重庆馆

01940

普通新尺牍（言文对照 详注分类） 储菊人编

重庆：新中国书局，1948，再版，156 页，32 开

　　本书分家族、亲戚、探询、谋托、介绍等 13 类，共有百余函，包含社会间一切普通应用的信件。供社会间普通人阅读。

　　收藏单位：重庆馆

01941

普通新写信法（各式完备） 顾宏谋编纂

上海：大达图书供应社，1935.6，122 页，32 开

上海：大达图书供应社，1935.9，再版，122 页，32 开

本书分寿诞、婚嫁、生育、荣升、新迁、吊唁、颂扬、慰藉、通候、请求等 33 类。

收藏单位：重庆馆、江西馆、西南大学馆

01942
普通新写信法（各式完备） 顾宏谋编纂

上海：广益书局，1932.1，再版，122 页，32 开

上海：广益书局，1936.3，再版，122 页，32 开

上海：广益书局，1941.1，再版，122 页，32 开

上海：广益书局，1947.4，新 1 版，122 页，32 开

收藏单位：广东馆、首都馆

01943
普通学生尺牍（详注）

上海：大华书局，[1943—1949]，154 页，32 开

收藏单位：广东馆

01944
契据及其他 钱子惠编

上海：中华书局，1948.7，50 页，32 开（中华文库 民众教育 第 1 集）

本书介绍契据、日用广告、楹联的定义、种类、作法等。

收藏单位：东北师大馆、国家馆、上海馆、浙江馆

01945
契据写法 杨心笔编

上海：民众教育研究社，1932.6，2 册（79+83 页），42 开（注音符号民众万有丛书 酬世类）

上海：民众教育研究社，1933，再版，2 册（79+83 页），42 开（注音符号民众万有丛书 酬世类）

收藏单位：重庆馆、江西馆、首都馆

01946
契约程式（现行新标准） 席灵凤编著

上海：时远书局，1935，137 页，32 开

收藏单位：绍兴馆、首都馆

01947
契约程式大全（现行实用） 吴瑞书编 许石庵校阅

上海：中央书店，1931.5，4 册，32 开，函套装

上海：中央书店，1931.7，再版，4 册，32 开，函套装

上海：中央书店，1933.11，3 版，[398] 页，32 开

上海：中央书店，1935.10，5 版，[398] 页，32 开

本书分契约论、债券契约、物权契约、亲属契约、继承契约等 6 卷。书前有平襟亚序。

收藏单位：安徽馆、广东馆、河南馆、黑龙江馆、湖南馆、上海馆、天津馆、浙江馆

01948
青年白话书信 谢曼编著 陈彬龢校订

上海：青年书店，1932.12，10+238 页，32 开

本书分家庭与社交、青年问题、学术讨论、社会问题 4 编。附书信的写法。

收藏单位：国家馆、绍兴馆

01949
青年白话信库 大中书局编

上海：大中书局，1934.4，5 版，2 册（422 页），32 开

收藏单位：国家馆、首都馆

01950
青年女子书信 高语罕著

上海：亚东图书馆，1934.3，188 页，32 开

上海：亚东图书馆，1939.12，7 版，188 页，32 开

本书分家庭、学校、社会 3 编，收文 47 篇。

收藏单位：南京馆、内蒙古馆、上海馆、首都馆

01951

青年社交书信 任之编著

海光出版社，1946.12，239 页，25 开

　　收藏单位：江西馆

01952

青年同志尺牍 王尘影编

上海：大美书局，1936，148 页，32 开

　　本书分庆贺、通候、家书、亲戚、闺阁、劝诫、请托、推荐、贸易、钱债、慰唁、便条 12 类。每篇书信均有白话文言对照。

　　收藏单位：重庆馆

01953

清国最新书翰文 （日）宫锦舒 （日）冈本正文著

东京：文求堂书店，1914，再版，204 页，32 开

　　收藏单位：首都馆

01954

情书百法 湘云编著

上海：百新书局，1934.5，203 页，32 开

　　本书收各种格式的爱情书信 101 封。有文言文，也有白话文。书口题名：最新情书百法。

01955

情书规范 朱诗隐著 李定夷注释 包醒独校订

上海：国华书局，[1911—1928]，2 册，32 开

　　本书封面题名：定夷详注情书规范。逐页题名：详注情书规范。

　　收藏单位：安徽馆、南京馆、内蒙古馆

01956

情书描写辞典 韦月侣著

上海：中央书店，1933.4，1 册，32 开

上海：中央书店，1933.5，再版，1 册，32 开

上海：中央书店，1935.5，3 版，1 册，32 开

上海：中央书店，1937.3，5 版，1 册，32 开

上海：中央书店，1946，再版，128 页，32 开

上海：中央书店，1949.1，新 2 版，1 册，32

开

　　本书分情书总说、作法、描写、规范、最后的表白 5 章。附录《情诗一束》《情书秘密百法》。1946 年版只有前 4 章。著者原题：静宜。

　　收藏单位：重庆馆、国家馆、湖南馆、江西馆、南京馆

内部

01957

情书描写辞典

西南文化社，[1932]，168 页，32 开

　　本书分情书的作法、描写、规范、最后的表白 4 章。

　　收藏单位：重庆馆

01958

情书三百首 情书指南合编 徐枕亚等编

中兴印书局，1935，再版，150 页，32 开

　　收藏单位：广东馆

01959

情书手册 秦海波编著

海光出版社，1945.8，220 页，25 开

海光出版社，1946.7，再版，220 页，25 开

海光出版社，1947，再版，220 页，25 开

　　本书介绍各种场景中情书的写法。包括第一次通信、友谊的缔结、不正当的追求、赞美、诉衷情、旅途中、相思与期待、别离等场景。

　　收藏单位：重庆馆、江西馆

01960

情书手册 沈君眉等编著

上海：梅岭书屋，1946.3，胜利后 1 版，239 页，25 开

　　收藏单位：江西馆

01961

情书指南 朱诗隐著

上海：国华新记书局，1936.7，6 版，2 册（108+108 页），42 开

　　本书介绍各类情书写法。分上下两卷。

上卷包括某君与某女士初通款曲书、某女士答某君书、暑假致某女士叙别、答谢某君赠书等；下卷包括谢某女士允谐婚约、赠某君小影等。

收藏单位：重庆馆

01962

情书指南（男女必读） 赵素珠著

上海：世界书局，1921.4，再版，石印本，2册（61+39叶），42开，环筒页装

上海：世界书局，1921.6，3版，石印本，2册（61+39叶），42开，环筒页装

此书为情书指南后集，分40节介绍情书的写作。

收藏单位：国家馆、吉林馆

01963

情书作法 彭兆良著

上海：中华新教育社，1929，120页，32开

上海：中华新教育社，1932，再版，120页，32开

收藏单位：广东馆、国家馆

01964

人事文件（大众应用文件集成） 朱翊新编辑

上海：世界书局，1946.12，新再版，216页，42开

本书分谋业文件、喜庆文件、杂用文件等8编。

收藏单位：广东馆、江西馆

01965

日常写信快览 董坚志编

上海：中央书店，1935.4，208页，32开

文言体书信范本。包括写信程式、称呼、材料、模范4编。有注释。

收藏单位：广东馆、国家馆

01966

日常应酬文件程式 范镠编著

上海：中央书店，1935.7，5版，184页，32开

上海：中央书店，1935.11，6版，184页，32开

上海：中央书店，1936，7版，184页，32开

上海：中央书店，1937.2，8版，184页，32开

本书包括寿文、祭文、贺诗、挽诗、贺联、挽联等作法和程式。封面题名：日常应酬文。封面著者题：范菊高。

收藏单位：重庆馆、广东馆、吉林馆、首都馆

01967

日常应酬文件大全 王有为编著

上海：万有书局，1942，再版，103页，32开

上海：万有书局，1943.1，5版，103页，32开

本书共10章，内容包括：寿文、祭文、贺诗、挽诗、贺联、挽联等作法和程式。逐页题名：日常应酬文件程式。

收藏单位：广东馆、重庆馆

01968

日常应用便条 王定九编著

上海：中央书店，1935，17+233页，32开

上海：中央书店，1935.10，再版，17+233页，32开

本书共18章。有各种便条写法及举例。

收藏单位：广东馆、国家馆、河南馆、吉林馆、南京馆、首都馆

01969

日常应用文件程式 范镠编著

上海：中央书店，1935.3，4版，1册，32开

上海：中央书店，1935.10，6版，1册，32开

本书分8章：日常应用的契约、日常应用柬帖、日常应用的簿记、日常应用的书信、日常应用的便条、日常应用的日记、日常应用的广告、日常应用的电报。封面题名：日常应用文。封面著者题：范菊高。

收藏单位：北师大馆、重庆馆、国家馆、浙江馆

01970

日常应用文件大全 王有为编著

上海：万有书局，1942，161 页，32 开

上海：万有书局，1942，2 版，161 页，32 开

上海：万有书局，1943.1，5 版，161 页，32 开

　　本书分日常应用的契约、日常应用柬帖等 8 章。书前附详细目录。目次页题名：日常应用文件程式。

　　收藏单位：重庆馆、广东馆

01971

日记的作法

出版者不详，[1911—1949]，328 页，32 开

　　收藏单位：广东馆

01972

日记文作法讲话　林华编著

上海：乐华图书公司，1934.1，126 页，32 开

　　本书分两部分。前半部讲述日记文的形式、取材和结构等；后半部为范文，收郁达夫、郭沫若、田汉等 7 家的日记文。

　　收藏单位：广东馆、湖南馆、首都馆、浙江馆

01973

日用宝库　孙虚生著

安东：诚文信书局，1936.6，2 册，32 开

　　本书分日用文件、日用契据、日用柬帖、简明诉讼浅说、公文要诀、邮政章程等，列举应用文范。

　　收藏单位：黑龙江馆、吉林馆

01974

日用便条大全（言文对照　一问一答）　董坚志著

上海：国光书店，1949.4，再版，124 页，32 开

　　本书分请托、通候、咨询、延聘等 14 编。附各种写信称谓及格式。

　　收藏单位：吉林馆

01975

日用酬世大观　李紫函编著

长春：益智书店，1940.1，328 页，32 开

01976

日用酬世大全　白尘编著

桂林：天下书店，1942.8，142 页，32 开

桂林：天下书店，1944.1，2 版，201 页，32 开

桂林：天下书店，[1948]，5 版，142 页，32 开

　　本书分写信、柬帖、契据、公文、楹联、广告等类。交际必备，应酬必携。

　　收藏单位：重庆馆、广东馆、国家馆、湖南馆、吉林馆、上海馆

01977

日用酬世快览　姚乃麟编著

建成书局，[1911—1949]，245 页，32 开

　　本书供社会各界撰写应酬文件及应用文件参考用。共 10 编，内容包括：喜庆文辞、祭奠文辞、人事文辞、社交诗词、各体尺牍、婚丧柬帖等。

　　收藏单位：重庆馆

01978

日用酬世快览　叶明生编

广州：南光书店，1947.6，162 页，32 开

　　各界必备。

　　收藏单位：广西馆、湖南馆

01979

日用的书信　贺玉波著

上海：北新书局，1937，54 页，32 开（儿童幸福丛书）

　　本书收书信 40 封。书前附序。

　　收藏单位：重庆馆

01980

日用交际快览　姚乃麟编著

上海：春明书店，1946.10，212 页，32 开

上海：春明书店，1946.10，再版，212 页，32 开

上海：春明书店，1947.5，[3 版]，212 页，32 开

　　本书为交际应用文范汇编。分喜庆文辞、社交诗词、各体尺牍、各种契约、酬世楹联、广告程式等 10 编。有作法说明。酬世文件，各体咸备。

收藏单位：安徽馆、广东馆、国家馆、河南馆、黑龙江馆、湖南馆、吉林馆、江西馆、上海馆、首都馆

01981

日用快览　周梦麟著

上海：大中华书局，1946.7，新 1 版，213 页，32 开

上海：大中华书局，1947，新 4 版，213 页，32 开

本书共 10 篇相关顾问：礼仪、尺牍、酬世、日用广告、柬贴、楹联、契据、诉讼、公文、旅行。

收藏单位：广东馆

01982

日用商人快览　秦须予编著

南光书店，1944，181 页，32 开

收藏单位：重庆馆

01983

日用文件写作法大全（各体完备）　金老佛编

上海：中西书局，1932，4 册（[668] 页），32 开（农工商军政学写算大全集 上集）

本书包括尺牍、书契、交际文艺写作法及新式簿记大全。

收藏单位：国家馆、绍兴馆

01984

日用文件指导　钱俊民编

上海：南星书店，1931.6，242 页，32 开（民众指导丛书）

上海：南星书店，1936.3，3 版，242 页，32 开（民众指导丛书）

上海：南星书店，1936.6，再版，242 页，32 开（民众指导丛书）

本书分契据、礼帖、文词、楹联、呈文 5 类。

收藏单位：河南馆、黑龙江馆、湖南馆、江西馆、天津馆、浙江馆

01985

三答新尺牍　董志坚编著

上海：春明书店，1940.11，399 页，32 开

上海：春明书店，1946，399 页，32 开

上海：春明书店，1947.9，再版，399 页，32 开

分类详注，往还实用。各界适用。

收藏单位：广东馆、首都馆

01986

三民主义商民尺牍　陆端编辑

上海：大东书局，1927.9，124 页，32 开

本书分庆贺、贸易、询问、招待、介绍等 13 类。逐页题名：商民尺牍。

收藏单位：广西馆

01987

僧伽尺牍（言文对照）　叶盖尘著

上海：佛学书局，1930.7，158 页，32 开

上海：佛学书局，1931.3，再版，158 页，32 开

上海：佛学书局，1933.5，3 版，158 页，32 开

本书分亲属、庆贺、请约、问唁及杂类。书末附僧伽尺牍称谓表。逐页题名：增订僧伽尺牍。

收藏单位：重庆馆、国家馆、南京馆、首都馆

01988

商工一问三答新尺牍　董坚志编著

奉天（沈阳）：东方书店，1942.11，306 页，32 开

本书为应用书信范本。分请托、延聘、荐引、告借等 12 编。每封信均有 3 封内容不同的复函。往还实用，最近分类。版权页题：朱楠秋编辑。

01989

商界白话尺牍　陆律西编

上海：文明书局，1923.12，2 册，32 开

上海：文明书局，1931.5，2 册，32 开

本书分庆贺、家庭、问候、荐保、唁慰、劝告、赠送、答谢、邀请、辞退 10 类。有注解。书前有序。

收藏单位：广西馆、国家馆、内蒙古馆、上海馆

01990

商人常用文库（新式标点）　董坚志编

上海：中央书店，1935.8，288 页，32 开

上海：中央书店，1941.2，再版，288 页，32 开

　　本书分公牍、文艺、广告、契据、书信、电文、联语、柬帖 8 编，收商业应用文件 600 余种。三百六十行日常应用。

　　收藏单位：广东馆、国家馆

01991

商人尺牍（言文对照）　庄衣言编

上海：民声书店，1934，80 页，32 开

　　本书分庆贺、报告、调查、声明、借押等 25 类。

　　收藏单位：上海馆

01992

商人日用快览　王定九著

上海：中央书店，1937.4，4 版，191 页，32 开

　　本书共 12 章：商业基础、商业注册、商业税率、商业章程、商业交涉、商业法律、商业文契、商业书信、商业联语、商业广告、商业邮政、商业电报。书末附电报日期通用代字表。

　　收藏单位：贵州馆

01993

商人写信法　杨文苑编

上海：民众教育研究社，1933，66 页，50 开（注音符号民众万有丛书 酬世类）

上海：民众教育研究社，1933.3，再版，66 页，42 开（注音符号民众万有丛书 酬世类）

　　收藏单位：江西馆、首都馆

01994

商人写信法　杨文苑编

上海：世界书局，1933，4 版，66 页，50 开（注音符号民众万有丛书 酬世类）

本书简介书信的写法及 26 封书信范本。

　　收藏单位：重庆馆

01995

商人新尺牍（言文对照 分类详注）　李公耳著

上海：春明书店，1937.3，280 页，32 开

上海：春明书店，1941.5，再版，280 页，32 开

　　收藏单位：广东馆

01996

商人新尺牍（言文对照 分类详注）　吴泽民编

上海：正气书局、文益书局，1947.10，122 页，32 开

　　收藏单位：湖南馆、南京馆

01997

商业白话尺牍　陈鹤炜著

安东：诚文信书局，1939，3 版，146 页，32 开

　　收藏单位：首都馆

01998

商业尺牍大全（详注分类）　王振之等编辑

上海：大东书局，1922.10，1 册，50 开，精装

上海：大东书局，1927.4，4 版，1 册，50 开，精装

　　本书分上下两编。上编包括营业之部、理事之部、交通之部、请求之部、交际之部、安全之部；下编包括商信摧法、商业法令、商业文件。编辑者还有：张希伯、周乙厂、曹绣君。

　　收藏单位：广东馆、广西馆

01999

商业尺牍教科书　（日）福田胜藏著

上海：东亚同文书院大学东亚研究部，1933.2，67 页，22 开

上海：东亚同文书院大学东亚研究部，1936.3，改订再版，67 页，22 开

上海：东亚同文书院大学东亚研究部，1939.4，3 版，67 页，22 开

上海：东亚同文书院大学东亚研究部，1942.10，4 版，67 页，22 开

本书共 81 小节，包括通知新设商店、通知分公司之开设、通知代理店之选定等。

收藏单位：国家馆、南京馆

02000

商业尺牍指导　潘衍编著

上海：中华新教育社，1934.3，162 页，32 开

本书分两部分。第 1 部分介绍创办、延聘、推广、贸易、借贷等 20 种商业书信的写法；第 2 部分介绍注册文件、营业契约、聘请合同和租借各项契据 4 种商业文件的起草要领。

收藏单位：广东馆、国家馆

02001

商业会话尺牍大全　奚亚夫编

上海：商务印书馆，1922.8，99 页，32 开

收藏单位：南京馆

02002

商业交际尺牍（白话句解）　黄朗新著

上海：大中华书局，1935.11，7 版，306 页，32 开

本书内容包括营业、请托、介绍、辞谢、延请等 22 类 240 函。一问一答，每函都有答书。文言体，每句都有白话解释。

收藏单位：国家馆

02003

商业交际尺牍（白话句解）　文业书局编辑部编　崔俊夫校阅

上海：文业书局，1936，305 页，32 开

上海：文业书局，1938.3，4 版，306 页，32 开

本书卷端题名：商业交际尺牍。4 版责任者题：崔俊夫编著。

收藏单位：上海馆、首都馆

02004

商业浅近尺牍　会文堂新记书局编

上海：会文堂新记书局，1932.4，再版，2 册（60+76 页），32 开

上海：会文堂新记书局，1933.6，3 版，2 册（60+76 页），32 开，精装

本书分上、下两册，每册 60 篇。按最浅、稍浅、稍深、最深 4 个程度，分问候、庆慰、请托、邀约等 48 类。书后有附录 7 种。商人适用。

收藏单位：国家馆、江西馆

02005

商业书信　姚乃麟编著

成都：经纬书局，1944.11，蓉版，107 页，42 开

本书共 21 编，内容包括：庆贺类、借贷类、保险类、挽回类等。

收藏单位：国家馆

02006

商业书信　周乐山编著

上海：北新书局，1935，206 页，32 开

收藏单位：广东馆、国家馆、吉林馆

02007

商业通信之研究　涂开舆编著

上海：文明书局，1926.3，112 页，32 开

上海：文明书局，1928.1，再版，112 页，32 开

上海：文明书局，1931.9，3 版，112 页，32 开

本书分 7 章。论述普通通信准则和商业通信范围等问题。

收藏单位：重庆馆、广西馆、内蒙古馆、西交大馆、浙江馆

02008

商业文件　曹冰严著

长沙：商务印书馆，1938.7，2 册（696 页），32 开（实用商业丛书）

长沙：商务印书馆，1940.6，3 版，2 册（696 页），32 开（实用商业丛书）

本书分 9 章。介绍商业公告、书类、电信、广告文、契约书、章则、商业证券、单据、表册等商业文件的内容、用途和编制方法。

收藏单位：重庆馆、广东馆、贵州馆、国家馆、江西馆、辽大馆、南京馆

02009

商业文件　朱翊新编辑

世界书局，1946，新再版，218页，36开（大众应用文件集成）

本书包括商业概论、创业文件、管理文件、营业文件、改组文件、解散清算文件，后附公司法等。

收藏单位：广东馆、黑龙江馆

02010

商业文件大全　高伯时编

上海：中华书局，1935.5，310页，32开

上海：中华书局，1936.2，2册（190+151页），32开（初中学生文库）

上海：中华书局，1936.11，再版，2册（190+151页），32开（初中学生文库）

上海：中华书局，1940，3版，2册（190+151页），32开（初中学生文库）

上海：中华书局，1941.1，4版，2册（190+151页），32开（初中学生文库）

本书介绍各种商业文件的内容、式样、文字体裁等。包括登记文件、注册文件、公司文件、呈文及书信、契约及章程、证明文件、广告文件等。

收藏单位：重庆馆、广东馆、广西馆、国家馆、黑龙江馆、湖南馆、吉林馆、江西馆、辽大馆、辽宁馆、南京馆、内蒙古馆、上海馆、天津馆、浙江馆

02011

商业文件举隅　徐珂编纂

上海：商务印书馆，1913，3版，1册，25开

上海：商务印书馆，1914，4版，1册，25开

上海：商务印书馆，1915.12，5版，[64]页，25开

上海：商务印书馆，1916，6版，[64]页，25开

上海：商务印书馆，1919.12，8版，1册，25开

上海：商务印书馆，1926.8，13版，76页，25开

本书列举商业文件156件，分文牍、广告、契据、簿记4类。初版刊于1909年11月。1926年版较1919年版增加至76页。

收藏单位：重庆馆、广西馆、国家馆、湖南馆、南京馆、山西馆、首都馆

02012

商业新尺牍（分类详注）　王治平编辑

北平：广文书局，1943，138页，32开

收藏单位：首都馆

02013

商业新尺牍（言文对照）　黄兴洛编

上海：大东书局，1941，111页，32开

收藏单位：南京馆

02014

商业新尺牍（言文对照）　黄兴洛编著

上海：大东书局，1922.5，2册，25开

上海：大东书局，1929.8，8版，2册，25开

上海：大东书局，1931.4，11版，2册，25开

本书为商业书信写作教材。介绍借贷类、请托类、邀约类、庆贺类等商业尺牍的写作方法。

收藏单位：浙江馆

02015

商业新尺牍（言文对照）　世界书局编辑所编辑

上海：世界书局，1933.10，46版，石印本，2册（76+68页），32开

上海：世界书局，1937.3，56版，石印本，2册（76+68页），32开

上海：世界书局，1938.2，新2版，2册（76+68页），32开

上海：世界书局，1940.10，新9版，2册（76+68页），32开

上海：世界书局，1942，新14版，2册（76+68页），32开

本书为商业书信范本。上册为商业门，包括交易、市情、货款等15类；下册为人事门，包括家书、通候、推荐等13类。有注

释。教科自修适用。

收藏单位：广东馆、国家馆、江西馆、首都馆

02016

商业一笔写算　时希圣　江荫香编

上海：广益书局，1933.5，6册，32开

本书内容包括：商业谋事常识、常识白话书信、商业珠算秘诀、应用礼帖程式、新式契约撮要、商业新楹联。

收藏单位：广东馆、浙江馆

02017

商业应用尺牍　王晖著

上海：大众书局，[1911—1949]，2册（425页），38开

本书内容包括：借偿、索取、催促、邀约、申谢、庆贺、唁慰和家书等。文言体。

02018

商业应用文　汪家培编著

上海：世界书局，1932.8，130页，32开

上海：世界书局，1935.10，3版，130页，32开

本书分总论、契据、章程、注册、函牍、电报、广告、公文8章。

收藏单位：广东馆、广西馆、国家馆、江西馆

02019

商业应用文（第一辑）　鄞县县立中山民众教育馆编

鄞县：鄞县县立中山民众教育馆，[1928—1937]，54页，25开

本书收开业谨谢来宾启事、宣告清理通告等。

收藏单位：浙江馆

02020

商业应用文件　王晖编著

上海：大众书局，1936.4，重版，117页，25开

本书内容包括：契据、广告、公文、柬帖、簿记等。

收藏单位：上海馆、浙江馆

02021

商业应用文件程式　董坚志编著

上海：上海会文堂书局，1923.8，[200]页，27开

本书内容包括：商业上的应用文件、契据以及证券、专件等。

02022

商业应用文件集　（日）福田胜藏编

上海：东亚同文书院，1934.4，112页，23开

上海：东亚同文书院，1938.4，4版，112页，22开

本书共3编。上编为票单条类；中编为契据类；下编为广告启事类。目录页题名：商业应用文件。

收藏单位：南京馆

02023

商业应用文作法　庞翔勋编著

重庆：立信会计图书用品社，1942.12，384页，32开（立信商业丛书）

重庆：立信会计图书用品社，1944.5，384页，32开（立信商业丛书）

重庆：立信会计图书用品社，1944，3版，384页，32开（立信商业丛书）

上海：立信会计图书用品社，1946.3，再版，384页，32开（立信商业丛书）

上海：立信会计图书用品社，1947.2，5版，384页，32开（立信商业丛书）

重庆：立信会计图书用品社，1948，4版，384页，32开（立信商业丛书）

上海：立信会计图书用品社，1949.2，6版，384页，32开

本书介绍书信、启事、公文、契约、规章、广告文、电报7大类商业应用文的写作方法。商科职业学校适用。

收藏单位：安徽馆、重庆馆、广东馆、贵州馆、国家馆、吉林馆、辽大馆、南京馆、山西馆、天津馆

02024

商业指南　中华书局编

上海：中华书局，1914.10，1 册，22 开

上海：中华书局，1915，再版，1 册，22 开

上海：中华书局，1919.10，3 版，1 册，22 开

上海：中华书局，1924.8，5 版，1 册，22 开

上海：中华书局，1926.6，6 版，1 册，22 开

上海：中华书局，1928.5，7 版，1 册，22 开

　　本书介绍商业应用文之内容与格式，包括禀、函、说帖、契、据、约、券、票、单、招帖、簿记等。

　　收藏单位：广西馆、国家馆、湖南馆、南京馆、上海馆、首都馆、浙江馆

02025

少年书信　厚生著

上海：乐华图书公司，1934.3，152 页，32 开（乐华少年文库）

　　本书分礼赞、实际问题、艺术生活、改造环境等类。附少年书信写法。

　　收藏单位：首都馆、西南大学馆

02026

少年书信　周乐山编

上海：北新书局，1931.8，168 页，32 开

上海：北新书局，1932.8，再版，168 页，32 开

上海：北新书局，1933.2，3 版，168 页，32 开

上海：北新书局，1935，4 版，168 页，32 开

　　本书为少年应用尺牍范本。收信 151 封。

　　收藏单位：甘肃馆、上海馆、天津馆

02027

少女书信　徐学文著

上海：北新书局，1933.2，98 页，32 开

　　本书分家族、亲戚、师友、便条 4 篇。举凡实用书信体例，均已完备。高小及初中之女生，可将此作为书信范本。

　　收藏单位：重庆馆、首都馆、西南大学馆

02028

师范应用文　谭正璧编

上海：中华书局，1939.10，378 页，32 开

上海：中华书局，1941.4，再版，378 页，32 开

上海：中华书局，1946.9，4 版，378 页，32 开

上海：中华书局，1947.9，5 版，378 页，32 开

　　本书分公牍、书启、记录、规章、表册、契约、应酬 7 编。讲述各类应用文的性质、效用、结构和作法。有范文示例。

　　收藏单位：重庆馆、东北师大馆、广东馆、贵州馆、国家馆、吉林馆、江西馆、南京馆、山西馆、上海馆、绍兴馆、浙江馆

02029

实用尺牍　宋逸民编

长春：益智书店，1935.5，120 页，32 开

长春：益智书店，1937.5，再版，120 页，32 开

　　本书为商业尺牍范本。分 22 类，收信100 封。书前简述尺牍的构成，书末附尺牍款式。

02030

实用尺牍大全（标点详注）　张萌编著

桂林、成都：文友书店，1945.7，蓉 1 版，158 页，36 开

　　本书为尺牍范本。分应用、交际、酬应、便用、普通 5 编。书末附公函、短札等。各界适用。

　　收藏单位：重庆馆

02031

实用契据举例　王子玉编

上海：商务印书馆，1931.9，160 页，32 开

上海：商务印书馆，1933.11，国难后 1 版，160页，32 开

上海：商务印书馆，1934.9，国难后 2 版，160页，32 开

上海：商务印书馆，1935，国难后 3 版，160页，32 开

　　本书收契据实例 138 件，按钱债、营业、房屋、田地、家庭、婚姻、丧葬、聘雇、工

程、杂务 10 类编排，并说明作法。

收藏单位：重庆馆、广东馆、国家馆、河南馆、上海馆、天津馆、浙江馆

02032

实用契约大全　周赓镐著

重庆：拔提书店，1942，197 页，32 开

重庆：拔提书店，1943.10，197 页，32 开

本书分总论、本论两编。共 3 章：债权契约、物权契约、人事契约。

收藏单位：重庆馆、吉林馆、南京馆

02033

实用契约全书　董坚志编

上海：新村书局，1931.9，4 册，32 开

上海：新村书局，1935.1，4 版，4 册，32 开

上海：新村书局，1935.6，5 版，4 册，32 开

本书分总论、买卖、租赁、商务、婚姻等 21 章。书末附现行婚丧柬帖。封面题名：现代应用文（契约指南 礼帖程式）。书脊题名：契约礼帖应用文。版权页题名：现代实用契约礼帖程式全书。

收藏单位：重庆馆、国家馆、内蒙古馆

02034

实用书信　沈永椿著

桂林：霖社，1943.5，240 页，32 开

本书除"书信述要"部分讲述基本要点、内容、写法外，分问候、贸易、婚姻、请托、报告、借索等 16 类，收书信范例 250 篇。

收藏单位：重庆馆

02035

实用新尺牍　任之编

曲江：实用出版社，1942.11，10+196 页，32 开

本书按尺牍内容分家庭、社交、工业、商业、军队、公务等类。

收藏单位：国家馆

02036

实用新尺牍（国语解释）　贺群上著

上海：广益书局，1941，再版，1 册，32 开

收藏单位：广东馆

02037

实用新尺牍（问答对照）　孙虚生著

安东：诚文信书局，1937.8，2 册（11+203+[180] 页），32 开

本书按尺牍内容分家庭、亲戚、通候、贺年、祝寿、婚姻等类。分类详注。

收藏单位：河南馆、首都馆

02038

实用新尺牍（言文对照）　董振华著

上海：春明书店，1940，251 页，32 开

上海：春明书店，1941，再版，251 页，32 开

收藏单位：广东馆

02039

实用主义商用文法　林传甲编辑

北京：共和印刷局，1917，70 页，22 开

本书收商用文法两章。

收藏单位：首都馆、浙江馆

02040

仕商要览　教育图书馆编辑

上海：教育图书馆，1920.11，1 册，32 开

本书介绍辨别称呼秘诀、层次分段秘诀、作文秘诀。其他题名：商学快览。商学界适用本。

收藏单位：浙江馆

02041

书翰文作法　沈镕编纂

上海：大东书局，1922.9，178 页，32 开

上海：大东书局，1923.5，再版，178 页，32 开

上海：大东书局，1925，4 版，178 页，32 开

上海：大东书局，1926，5 版，178 页，32 开

本书为学生自修用书。分原始、功用、辨体、分类、作法、举例 6 章。

收藏单位：重庆馆、广东馆、河南馆、江西馆、内蒙古馆、首都馆

02042

书契便蒙（上册 信札）

上海：土山湾印书馆，1933.9，7 版，173 页，32 开

　　本书分卷首和信札两部分。包括书札起结语简明表、书札起结语汇录、交接称呼和各类信札实例。

　　收藏单位：国家馆

02043

暑期补习尺牍（言文对照）　许慕羲编著

上海：广益书局，1929.12，再版，57 页，32 开

　　本书为尺牍范本。分家庭、亲戚、师友、商业 4 类。男女适用。

　　收藏单位：国家馆

02044

抒情女子新尺牍（言文对照）　曹铁符编

奉天（沈阳）：广益书局，1941.6，104 页，32 开

　　本书为书信范本。分述事、写景、交际、抒情、达理 5 类。有注释。书末附便条、名片格式和写法。

　　收藏单位：辽宁馆

02045

抒情文一题数作法　蒋祖怡编著

上海：世界书局，[1917—1949]，144 页，32 开（作文自学辅导丛书）

　　本书分快乐、悲苦、感慨、闲适之情 4 编。有说明及范文、范文表解、例题等。

　　收藏单位：重庆馆、广东馆、河南馆、吉林馆、南京馆、内蒙古馆、上海馆、首都馆、浙江馆

02046

抒情文作法　胡怀琛编著

上海：世界书局，1931.12，190 页，32 开

上海：世界书局，1933，再版，190 页，32 开

　　本书分本体论、预备论、方法论 3 篇。讲述抒情文的性质、历史等，并介绍"明写"和"暗写"等方法。再版加题：供大学或高中

教学参考用。

　　收藏单位：重庆馆、国家馆、河南馆、南京馆、内蒙古馆、首都馆、天津馆、浙江馆

02047

书算尺牍百日通　王晖编著

上海：大众书局，1932，3 册（50+176+[278]+[258] 页），32 开

上海：大众书局，1932.11，重版，3 册（50+176+[278]+ [258] 页），32 开

上海：大众书局，1933.12，4 版，3 册（50+176+[278]+ [258] 页），32 开

上海：大众书局，1935，[再版]，3 册（50+176+[278]+[258] 页），32 开

上海：大众书局，1936.4，重版，3 册（50+176+[278]+[258] 页），32 开

　　本书内容包括：如何学写作、学珠算。

　　收藏单位：江西馆、南京馆、首都馆

02048

书信不求人　甲申出版社编

成都：甲申出版社，1945.1，87 页，42 开

　　本书分书信之称谓、书信之程式、书信之材料、书信之实例 4 编。

　　收藏单位：国家馆

02049

书信柬帖　金寒英编

上海：中华书局，1948.6，56 页，36 开（中华文库 民众教育 第 1 集）

　　收藏单位：上海馆、天津馆

02050

书信讲话　章衣萍著

上海：沪江书店，1932.9，256 页，25 开

　　本书先述书信的意义、写法、分类，后按抒情、议论、叙事等类列举书信范例 50 通。书前有作者序。

　　收藏单位：国家馆、南京馆

02051

书信描写法（新式标点）　鲍赓生标点

上海：新文化书社，1935.8，90+86 页，32 开

本书主要研究书信捷径。

收藏单位：广东馆

02052

书信十八法　吴梅编辑

上海：文艺书局，1939.10，246 页，32 开

收藏单位：首都馆

02053

书信手册（分类说明）　何公超编著

上海：新鲁书店，1947.5，318 页，32 开

上海：新鲁书店，1948.11，4 版，318 页，32 开

本书分写给家族的信、写给亲戚的信、请托的信、邀约的信、询问的信 5 编。少年、职业青年适用。

收藏单位：重庆馆、广东馆、首都馆

02054

书信文海　杨文超编著

长春：仁义书店，[1911—1949]，131 页，32 开

本书共两编。第 1 编绪论，讲述书信的名称、种类、称呼、敬语等；第 2 编书信范例汇编，分家庭、社交、工商、论学 4 类。

收藏单位：辽宁馆

02055

书信文作法　贺玉波编著

上海：广益书局，1933.5，200 页，25 开

本书分两部分。前为书信文的理论和作法；后为范文，包括鲁迅、俞平伯、郭沫若、郁达夫、谢冰心、朱自清等 9 人的书信 25 篇。

收藏单位：国家馆、湖南馆

02056

书信写法　（宋）陈彭年编著

上海：沪江图书公司，1940，再版，104 页，36 开

收藏单位：广东馆

02057

书信写法指导　杨友白编辑

上海：南星书店，1931，184 页，32 开（民众指导丛书）

本书分书信规则指导、书信称呼指导、书信用语指导、书信体裁指导、书信格式指导、便条语法指导 6 部分。版权页题：信书写法指导。

收藏单位：首都馆

02058

书信作法　孙季叔　李洁华编著

上海：亚细亚书局，1933.12，438 页，32 开，精装（文学基本丛书 3）

本书分总论、家庭、社交、论学 4 章。有举例。

收藏单位：国家馆、河南馆、天津馆

02059

说明文描写辞典　钱一鸣编著

上海：群学书店，1949.1，151 页，32 开

本书为作文范本。收 70 篇说明文，按宇宙、天气、历史、战争、泄情、人物、游记、生活 8 类编排。

收藏单位：辽宁馆

02060

说明文描写辞典　张叶舟编著

上海：博文书店，1946.7，151 页，32 开

本书从宇宙、天气、历史、战争、泄情、人物、游记、生活 8 个方面选辑 70 篇说明文。书前有著者序，说明什么是说明文及本书编著目的。封面题名：说明文描写字典。

收藏单位：国家馆

02061

说明文描写辞典　张叶舟编著

上海：群学书店，1946.11，151 页，32 开

本书供初学作文者参照。

收藏单位：国家馆

02062

说明文作法　胡怀琛编

上海：世界书局，1932.10，168 页，32 开

　　本书分本体论、预备论、方法论 3 编。讲述说明文的定义、历史、作法。

　　收藏单位：重庆馆、东北师大馆、贵州馆、国家馆、辽宁馆、南京馆、上海馆、西南大学馆、浙江馆

02063

说明文作法范例　胡怀琛著

上海：大华书局，1933.9，104 页，32 开

　　本书分何谓说明文、如何整理文材组织成文、作说明文与读说明文等 14 章。

　　收藏单位：重庆馆、国家馆、江西馆、山西馆、浙江馆

02064

四种模范尺牍　董坚志编纂　朱嘘元校订

上海：中西书局，1932.9，254 页，25 开（模范尺牍 1）

　　本书封面题名：模范学生尺牍。

　　收藏单位：江西馆

02065

四种应用文作法与选例　姬清波著

新文化书局，[1946]，188 页，36 开

　　本书分 4 章，介绍公文、书函、柬启及便条、联语的写法。

　　收藏单位：重庆馆

02066

唐注写信必读　（清）唐芸洲原著　广智书局编辑

长沙：广智书局，1941，再版，118 页，32 开

　　本书教科自修适用。

　　收藏单位：广东馆

02067

唐著写信必读（国语注解）（清）唐芸洲著

上海：大达图书供应社，1935.10，再版，195 页，32 开

　　本书为书信范本。分家书、贸易、问候、请托、短札、恳求、闺阁、庆慰 8 类，后附尺牍撮要。封面题名：国语详注唐注写信必读。

　　收藏单位：重庆馆、河南馆、首都馆

02068

唐著写信必读（国语注解）（清）唐芸洲原著　江邨注释

上海：广益书局，1936，192 页，32 开

上海：广益书局，1937，再版，192 页，32 开

上海：广益书局，1939，再版，192 页，32 开

上海：广益书局，1947，新 6 版，192 页，32 开

上海：广益书局，1948.4，新 10 版，192 页，32 开

上海：广益书局，1949.4，新 15 版，192 页，32 开

　　本书新 6 版题名前加题"重订"。

　　收藏单位：湖南馆、江西馆、首都馆、天津馆

02069

唐著写信必读（精校详注）（清）唐芸洲原著

重庆：上海书店，1941.10，163 页，32 开

重庆：上海书店，1943，5 版，163 页，32 开

　　收藏单位：重庆馆、湖南馆

02070

唐著写信必读（言文对照）（清）唐芸洲著

上海：东亚书局，1926，177 页，32 开

上海：东亚书局，1936，6 版，177 页，32 开

　　收藏单位：重庆馆

02071

唐注写信必读（言文对照）（清）唐芸洲原著　刘润圃编辑

奉天（沈阳）：德和义书局，1937.11，183 页，32 开

奉天（沈阳）：德和义书局，1939.2，再版，183 页，32 开

奉天（沈阳）：德和义书局，1940.8，3 版，183 页，32 开

　　本书目次页题名：唐著写信必读（言文对照 增注详解）。

收藏单位：首都馆

02072
唐著写信必读（言文对照）（清）唐芸洲原著　孙锦堂译
上海：大中华书局，1939.4，210 页，32 开
上海：大中华书局，1946.9，新 1 版，210 页，32 开
　　本书为白话句解优良自修范本。
　　收藏单位：绍兴馆

02073
唐著写信必读（言文对照 标点注解）（清）唐芸洲原著　樊承训校订　何铭标点注解
上海：新文化书社，[1923—1949]，180 页，32 开
　　本书封面题名前加题：详注标点 白话解释。目录页题名前加题：言文对照 增注详解。
　　收藏单位：重庆馆、河南馆

02074
唐著写信必读（言文对照 广注句解）（清）唐芸洲编著
上海：鸿文书局，[1911—1949]，142 页，32 开
　　收藏单位：首都馆

02075
唐著写信必读（言文对照 广注句解）（清）唐芸洲编著
赣州：三晶书店，1943.1，177 页，32 开
赣州：三晶书店，1943，再版，177 页，32 开
　　收藏单位：重庆馆

02076
唐著写信必读（言文对照 广注句解）（清）唐芸洲编著
成都：新亚书店，1944.2，蓉版，180 页，32 开
　　收藏单位：国家馆、湖南馆

02077
唐著写信必读（言文对照 广注句解）（清）唐芸洲原著　凌善清编

桂林：南光书店，1943.4，95 页，32 开
　　本书为书信范本。分家书、贸易、问候、请托、短札、闺阁、庆贺、慰唁 8 类，收 89 篇信例。

02078
唐著写信必读（言文对照 分类详注）（清）唐芸洲编　吴敬晖译
上海：春明书店，1947.3，212 页，32 开
　　收藏单位：首都馆

02079
唐著写信必读（言文对照 考正译释）（清）唐芸洲原著　曹国锋译释
上海：博文书店，1948.4，132 页，32 开
　　本书为书信范本。分家书、贸易、问候、请托、求恳、短札、庆慰、闺阁 8 类，收 131 篇信例。书前有尺牍撮要。

02080
唐著写信必读（言文对照 考正译释）（清）唐芸洲原著　曹国锋译释
上海：国学研究社，1947，131 页，32 开
　　收藏单位：首都馆

02081
唐著写信必读（言文对照 详细注解）（清）唐芸洲著
重庆：会文堂书局，1949，133 页，32 开
　　收藏单位：重庆馆

02082
唐著写信必读（言文对照 详细注解）（清）唐芸洲著
上海：万有书局，1943.4，132 页，32 开
上海：万有书局，1949，3 版，132 页，32 开
　　收藏单位：重庆馆、江西馆

02083
唐著写信必读（言文对照 详细注解）（清）唐芸洲著
重庆：新生书局，1946，132 页，32 开
　　收藏单位：重庆馆

02084

唐著写信必读（言文对照 增注详解）（清）
唐芸洲著
上海：启智书局，1934.4，207 页，32 开
　　收藏单位：国家馆

02085

唐著写信必读（言文对照 增注详解）（清）
唐芸洲编　唐叟瀞译
上海：广华图书馆，[1911—1949]，212 页，32
开
　　收藏单位：首都馆

02086

唐注写信必读（言文对照 增注详解）（清）
唐芸洲原著　胡碧云译　湖上渔隐标点
上海：达文书店，1937.3，再版，179 页，32
开
上海：达文书店，1937.6，重版，179 页，32
开
　　本书为初学尺牍读本。目录页题名：唐著
写信必读（言文对照 广注句解）。
　　收藏单位：南京馆

02087

通俗尺牍注解　邢启新著
长春：辽东编译社，1935.12，96 页，32 开
　　本书为初级文言尺牍范本。有注解。

02088

通俗新尺牍　商务印书馆编译所编纂
上海：商务印书馆，1913.10，665 页，50 开
上海：商务印书馆，1914.3，3 版，665 页，50
开
上海：商务印书馆，1921.4，16 版，665 页，
50 开，精装
上海：商务印书馆，1922，18 版，665 页，50
开，精装
上海：商务印书馆，1925.9，20 版，665 页，
50 开，精装
上海：商务印书馆，1927，22 版，665 页，50
开，精装
上海：商务印书馆，1930，25 版，665 页，50

开，精装
长沙：商务印书馆，1933.1，665 页，50 开，
精装
长沙：商务印书馆，1939.9，7 版，665 页，50
开，精装
　　本书为文言体书信范本。按亲朋之间不
同关系分 18 类编排。
　　收藏单位：大庆馆、广西馆、国家馆、江
西馆、上海馆、首都馆

02089

通俗应用文　朱尚初编　周博文重编
上海：学海书局，1936，139 页，32 开
　　收藏单位：河南馆、首都馆

02090

通用尺牍大观（分类句解）　贺群上编
上海：广益书局，1936.3，再版，2 册（280+
306 页），32 开
上海：广益书局，1944.11，再版，2 册（280+
306 页），32 开
　　本书分家庭、亲戚、通候、恭贺、祝寿、
谢贺、问病、感谢等类。
　　收藏单位：重庆馆、河南馆、湖南馆、江
西馆、绍兴馆、首都馆

02091

通用尺牍大观（分类句解 下册）　贺群上著
上海：大达图书供应社，1935，306 页，32 开
　　收藏单位：广东馆

02092

童子新尺牍　董浩编著
重庆：春明书店，1942.8，150 页，32 开
　　本书分问候、请托、邀约、讨论、祝贺、
唁慰等 12 编。间有说明和注解。分类详注，
课程适用。书末附格式范例。
　　收藏单位：重庆馆

02093

万法皆通活用尺牍　陈益著
上海：国粹学生会，1925.10，2 册，32 开
　　收藏单位：首都馆

02094

万事辩驳尺牍（唇枪舌剑 针锋相对） 吴瑞书编著

上海：春明书店，1946.7，281 页，32 开

上海：春明书店，1946.10，再版，281 页，32 开

　　本书为书信范本，交涉函牍规范。分婚姻、身分、继承、契约、债务、买卖、人事、商事、典质、占有、公司、票据、损害等类。

　　收藏单位：国家馆、江西馆、首都馆

02095

文辞大尺牍 钟惺伯纂辑

上海：碧梧山庄，1921.10，16 册，25 开

　　收藏单位：江西馆

02096

文明初级尺牍 何泽生著

新会：文明印书局，1947.1，8 册，32 开

新会：文明印书局，1948.6，3 版，8 册，32 开

　　收藏单位：广东馆

02097

文式（卷四）

出版者不详，[1911—1949]，[208] 页，32 开

　　收藏单位：首都馆

02098

文书程式 范铨编辑 滑秉忠校订

上海：普益书局，1933.3，369 页，32 开（酬世宝鉴）

　　收藏单位：首都馆

02099

文书程式举例 商务印书馆编译所编纂

上海：商务印书馆，1914.1，再版，342 页，32 开

　　收藏单位：河南馆、江西馆

02100

文言尺牍入门 谭正璧编

上海：中华书局，1938.10，172 页，32 开（国文入门必读）

上海：中华书局，1940.7，再版，172 页，32 开（国文入门必读）

成都：中华书局，1943，蓉重排初版，134 页，32 开（国文入门必读）

　　本书分请求、陈叙、人事等 4 类。每篇信后附简注及语体译文。书后附称谓、套语。

　　收藏单位：重庆馆、贵州馆、国家馆、江西馆、南京馆

02101

文字精华（五册合装） 黄之根编辑

汉口：东壁书社，1932.10，296 页，22 开

　　本书内容包括格言、便条程式、写信程式、游历指南、卫生要义、契约程式、各种帖式、现行公文程式、英语问答、英语随录等。

　　收藏单位：东北师大馆、国家馆、南京馆、内蒙古馆、上海馆

02102

文字精华（七册合装） 黄之根编辑

上海：因果书社，1927.4，454+46 页，32 开

上海：因果书社，1933.12，7 版，454+46 页，32 开

上海：因果书社，1934.1，8 版，454+46 页，22 开

　　收藏单位：国家馆、黑龙江馆、湖南馆、内蒙古馆、首都馆

02103

文字精华（全部） 黄之根编辑

汉口：因果书社，[1924]，石印本，1 册，18 开

　　收藏单位：国家馆

02104

文字宣传手册 林逸民著

成都：众志书局，1941.7，160 页，32 开

　　本书讲述抗战宣传中文字宣传的意义、应用、对象及各类型文字宣传（包括宣传、通电、传单、标语、小册子、报纸等）的作法。附录《对联选编》等。

收藏单位：重庆馆、国家馆、吉林馆、上海馆

02105

问答尺牍（语文对照） 徐迥千等编

广州：中华书局，1938.10，1 册，32 开，精装

上海：中华书局，1939，再版，1 册，32 开，精装

本书为尺牍范本。分庆贺、慰问等 17 类。收 360 封，一问一答。有注释。

收藏单位：重庆馆、广东馆、国家馆、首都馆、浙江馆

02106

问答尺牍大观（分类详注） 王儒林编

上海：东方文学社，1946，1 册，32 开

收藏单位：江西馆、南京馆、首都馆

02107

现代白话书信 董坚志编

上海：大中华书局，1933.5，再版，156 页，32 开

上海：大中华书局，1935，5 版，156 页，32 开

本书分祝贺、唁慰、赞扬、论说、问候、赠送、感谢、请托、报告等 23 类。

收藏单位：重庆馆、绍兴馆

02108

现代白话新尺牍 祝波扬编

重庆：上海书店，1941.9，5 版，164 页，32 开

重庆：上海书店，1941.12，6 版，164 页，32 开

重庆：上海书店，1942.2，7 版，164 页，32 开

重庆：上海书店，1943.10，8 版，164 页，32 开

重庆：上海书店，1944，9 版，164 页，32 开

本书分家庭、亲戚、妇女、学校、交际、名人书札 6 类。收语体书信 236 篇。新式标点。末附书信格式。家庭社会各级学校适用。

封面题：白话新尺牍。编者又称：尼丹。

收藏单位：重庆馆

02109

现代百体尺牍大全 陈燕方编纂

上海：广益书局，1930.6，2 册（370+366 页），32 开

上海：广益书局，1930.9，再版，2 册（370+366 页），32 开

本书内容包括：尺牍的构造方法、骈体尺牍略例、白话尺牍略例等。版权页题名：百体尺牍大全。

收藏单位：河南馆、首都馆

02110

现代常用交际百科全集 方秩音 钱明璆编

上海：大方书局，1937，再版，3 册（[2200]页），32 开

本书共 13 类，内容包括：庆贺类、借索类、应允类、馈赠类、邀约类、劝勉类等。

02111

现代尺牍精选 王定九编

上海：中央书店，1935，118 页，32 开

收藏单位：广东馆

02112

现代酬世大观 陈杰编

上海：大方书局，1938，312+136 页，32 开

本书共 20 余类，内容包括：书信门径、普通尺牍、契约程式、常用便条、应用束帖等。

收藏单位：国家馆

02113

现代酬世大全 储菊人编

上海：正气书局，1948.10，342 页，32 开

各体应用文写作指导。共 8 编：文艺、束帖、契据、尺牍、楹联、诉讼、邮政、广告。

收藏单位：重庆馆

02114

现代酬世文件大全 方秩音编

上海：大方书局，1937.4，再版，422页，32开

本书分喜事应用文件、人事应用文件、丧事应用文件、商业应用文件、公事应用文件、善事应用文件6编。

收藏单位：天津馆

02115

现代酬世文库　许金英编
生活导报社，1943，1册，32开

收藏单位：广东馆

02116

现代处世尺牍　谭正璧著
上海：光明书局，1941.7，358页，32开
上海：光明书局，1948.1，4版，358页，32开
上海：光明书局，1949.3，8版，358页，32开

本书为书信范文。分通候、庆贺、唁慰等18类。文言体。书前有凡例、说明。

收藏单位：重庆馆、广东馆、国家馆、南京馆、上海馆、西南大学馆

02117

现代处世尺牍　谭正璧著
上海：青年出版社，1941.7，358页，32开
上海：青年出版社，1941.9，再版，358页，32开
桂林：青年出版社，1942.6，358页，32开
桂林：青年出版社，1943.6，3版，358页，32开
上海：青年出版社，1945.12，4版，358页，32开
上海：青年出版社，1946.5，渝初版，358页，32开
上海：青年出版社，1946.8，5版，358页，32开

收藏单位：重庆馆、广东馆、国家馆、江西馆、上海馆、绍兴馆、首都馆

02118

现代分类尺牍大全　贺群上编著

上海：广益书局，1929.11，1册，42开，精装
上海：广益书局，1930.5，再版，1册，42开，精装
上海：广益书局，1933.5，续版，1册，42开，精装

文言尺牍范本。分政、学、商、农工、女界、社会6类。外编分尺牍撷锦、尺牍典故韵注、尺牍称谓、尺牍套语4类。各界适用。

收藏单位：广东馆、国家馆、上海馆

02119

现代分类尺牍大全　张守白　顾绮仲编著
上海：大华书局，1934.2，30+1042页，32开，精装
上海：大华书局，1936.12，30+1042页，32开

本书分上中下3编。上编讲述写信的程序及要点；中编为各类书信范例，共700余封；下编为各项用语及称谓说明。后附日常应用之其他文件格式等。

收藏单位：国家馆、江西馆、首都馆

02120

现代妇女书信　叶舟著
上海：光明书局，1933.9，362页，32开
上海：光明书局，1934，2版，362页，32开
上海：光明书局，1936，3版，362页，32开
上海：光明书局，1939.5，6版，362页，32开
上海：光明书局，1940.6，8版，362页，32开
重庆：光明书局，1945.1，改正后渝1版，257页，32开

本书分6类：思想与修养、生活与职业、恋爱与结婚、家庭与儿童、学校与教育、社会与社交。书后附《现代妇女小简》。

收藏单位：重庆馆、广东馆、国家馆、湖北馆、吉林馆、江西馆、上海馆、首都馆

02121

现代交际尺牍大全（分类详注）　钱明璆编
上海：大方书局，1936.5，再版，2册，32开
上海：大方书局，1939，再版，428页，32开

本书分讨论类、家事类、感谢类、贸易

类、延聘类、声明类、常用便条、书信规则、书信材料、称谓表、契约程式等。

收藏单位：安徽馆、重庆馆、江西馆、绍兴馆、天津馆

02122

现代交际尺牍大全（上编） 游省园著

上海：商务印书馆，1936.10，232 页，32 开

上海：商务印书馆，1937，再版，232 页，32 开

本书为通候类尺牍范本，包括 76 封官场应酬书信。书前有编者序。

收藏单位：重庆馆、广东馆、国家馆、内蒙古馆、上海馆、首都馆、浙江馆

02123

现代交际大全 方秩音编纂

上海：大方书局，1936，2 册，32 开

上海：大方书局，1946.10，再版，422 页，32 开

上海：大方书局，1947.8，再版，422 页，32 开

本书为《最新酬世文件》一书改书名出版。分喜事、人事、丧事、商业、公事、善事 6 编。有例文说明。国民必备。

收藏单位：安徽馆、河南馆、辽宁馆、山东馆、首都馆

02124

现代交际大全（上册） 许金英著

泰山出版社，1943，86 页，32 开

收藏单位：广东馆

02125

现代交际全书 时希圣编

上海：大同书局，[1911—1949]，1 册，32 开

收藏单位：河南馆、江西馆、首都馆

02126

现代名家情书选 薛时进选注

上海：亚细亚书局，1933.11，548 页，32 开

本书收郭沫若、徐志摩、郁达夫、鲁迅、梁实秋、陈衡哲、谢冰莹、巴金等 46 位作家

的书信 49 篇。书前有选注者题记，介绍情书的写法。国语补充读物。

收藏单位：国家馆

02127

现代名家情书选 薛时进选注

上海：中国文化服务社，1936.5，548 页，32 开

收藏单位：广东馆、广西馆、南京馆、宁夏馆、上海馆、首都馆、浙江馆

02128

现代名人书信选 胡作风 戴述章编

求知出版社，[1911—1949]，194 页，32 开

本书收有孙文、蒋介石、胡适、鲁迅、梁启超、巴金、田汉、郭沫若等人的书信。

收藏单位：重庆馆

02129

现代名人书信选 寄萍编著

长沙：缤缤书局，1946.4，81 页，32 开

长沙：缤缤书局，1947.7，再版，81 页，32 开

收藏单位：湖南馆、近代史所

02130

现代模范白话书信 陈筱梅编

上海：仿古书店，1937，256 页，32 开

收藏单位：首都馆

02131

现代模范书信 徐培仁著

上海：南星书店，1936.9，再版，240 页，32 开

本书分书信作法指导、应用书信示范两编。

收藏单位：绍兴馆

02132

现代女学生尺牍（上册） 宋毅编

新京（长春）：益智书店，[1932—1945]，72 页，32 开

本书分家庭、亲戚、师长、朋友 4 类。上下册各收书信 40 篇。每信后有说明、详

释、作法。学校适用。

02133

现代女子尺牍　陶圣闲著

上海：大华书局，1933，[156] 页，32 开

　　收藏单位：首都馆

02134

现代女子处世书信　盛毓方著

重庆：国风书店，1945.3，渝初版，87 页，32 开

　　收藏单位：国家馆、湖南馆

02135

现代女子书信　陶秋英编

上海：世界书局，1930.7，230 页，32 开

上海：世界书局，1941.5，新 2 版，163 页，32 开

　　书信范本。分家庭、亲戚、夫族、师长、同学、社会 6 类。收 150 余篇，每篇题下有提要，篇末附注释。

　　收藏单位：国家馆、湖南馆、天津馆

02136

现代女子书信指导　汤咏兰著

上海：女子书店，1935.2，133 页，32 开（女子文库）（学术指导丛书）

上海：女子书店，1935，再版，133 页，32 开（女子文库）（学术指导丛书）

　　本书内容包括女子家庭问题、婚姻问题、职业问题、求学问题、失学问题、恋爱问题、社交问题，以及一切与女子有关系的问题。以书信的体裁，指示给时代妇女们一条明显的出路。除一般的作法总说以外，每篇书信的例子后面，均附有详细的说明，解释这篇书信的意义及其价值与作法。逐页题名：女子书信。

　　收藏单位：首都馆、浙江馆

02137

现代普通白话尺牍　金培斋编纂

上海：文业书局，1937，144 页，32 开

　　收藏单位：首都馆

02138

现代普通白话尺牍（男女交际）　吴志明编著

北平：正文书店，1941，再版，172 页，32 开

　　收藏单位：首都馆

02139

现代普通尺牍大全　王遨汝编著

上海：商务印书馆，1936.6，16+345 页，32 开

上海：商务印书馆，1936.10，再版，16+345 页，32 开

上海：商务印书馆，1937.2，3 版，16+345 页，32 开

上海：商务印书馆，1938.9，6 版，16+345 页，32 开

长沙：商务印书馆，1940，11 版，16+345 页，32 开

上海：商务印书馆，1947.4，沪 13 版，16+345 页，32 开

　　本书分社交、家书两编。收 180 余封书信范例。

　　收藏单位：重庆馆、广东馆、国家馆、上海馆、首都馆、天津馆、浙江馆

02140

现代契约程式　汪苍梧编著

上海：群益书局，1943.7，98 页，32 开

　　本书分买卖契约、租赁契约、借贷契约、抵押契约、继承契约、合股契约等。

　　收藏单位：国家馆、南京馆

02141

现代青年白话信　张彬著

上海：启智书局，1934.7，4 版，157 页，32 开

上海：启智书局，1935，5 版，157 页，32 开

　　本书共 3 篇：绪论、书信、便条。

　　收藏单位：首都馆

02142

现代青年书信　邱尼山著

上海：光明书局，1933.1，339 页，32 开

上海：光明书局，1934.2，3 版，345 页，32 开

上海：光明书局，1939.1，7 版，345 页，32
开

上海：光明书局，1939.3，8 版，339 页，32
开

重庆：光明书局，1940.6，10 版，266 页，32
开

重庆：光明书局，1945.1，改正后渝 1 版，
266 页，32 开

重庆：光明书局，1946，改正后渝 2 版，266
页，32 开

　　本书分书信写法、文艺书信、学术书信、
家庭书信、学校书信、社会书信 6 编。

　　收藏单位：重庆馆、贵州馆、国家馆、湖
南馆、南京馆、上海馆、浙江馆

02143

现代青年书信　邱尼山著

桂林：青年出版社，1943，3 版，358 页，32
开

02144

现代商人新尺牍（言文对照 详细注解）　储菊
人编纂

上海：文光书局，1939，232 页，32 开

　　收藏单位：首都馆

02145

现代商业新尺牍（言文对照）　赵岭南编

广州：民智书店，1948.7，73 页，32 开

02146

现代社会青年书信

奉天（沈阳）：艺声书店，1937.8，350 页，
32 开

奉天（沈阳）：艺声书店，1940.5，6 版，350
页，32 开

奉天（沈阳）：艺声书店，1942.8，7 版，350
页，32 开

　　本书共 10 编，内容包括：书信作法、家
庭书信、一般书信、学艺书信、研究书信等。

　　收藏单位：首都馆

02147

现代社交尺牍大全　许廑父编著

上海：世界书局，1937，3 版，2 册（766+742
页），46 开

　　本书分为两篇。上篇处世之部，分交际和
交涉两部分；下篇立身之部，分谋生和谋事两
部分。书前附《说明及例言》《分类大意》两
文和目录。

　　收藏单位：重庆馆、湖南馆

02148

现代社交书信　谭正璧著

上海：光明书局，1941.7，266 页，32 开

上海、广州：光明书局，1948，7 版，266 页，
32 开

上海、广州、成都：光明书局，1949.3，8 版，
266 页，32 开

　　本书分通候、婚姻、庆贺、唁慰、借还、
请托、催索、荐引、邀约、讨论、报告等 18
类。

　　收藏单位：湖南馆、首都馆

02149

现代社交书信　谭正璧著

桂林：青年出版社，1941.7，266 页，32 开

桂林：青年出版社，1942.11，再版，266 页，
32 开

桂林：青年出版社，1943.4，3 版，266 页，
32 开

重庆：青年出版社，1946，266 页，32 开

桂林：青年出版社，1946.4，5 版，266 页，32
开

　　收藏单位：重庆馆

02150

现代生活书牍　许廑父著　王纯甫校

上海：东方文学社，1934，2 版，1 册，32 开，
精装

上海：东方文学社，1935，3 版，1 册，32 开

上海：东方文学社，1946.8，1 册，32 开（创
作信库）

　　本书为书信写法范例。1946 年版版权页
题：王友铭校阅。

收藏单位：重庆馆、河南馆、绍兴馆

02151

现代生活书牍（上） 许廑父著

上海：东方文学社，1933，[505] 页，32 开

上海：东方文学社，1936.1，再版，[505] 页，32 开

本书为书信写法范例。分谋事、求保两编。各界适用。

收藏单位：重庆馆、国家馆、江西馆、首都馆

02152

现代生活书牍（下） 许廑父著

上海：东方文学社，1936，[再版]，1 册，32 开

本书为书信写法范例。各界适用。

收藏单位：重庆馆、首都馆

02153

现代生活书牍（第 3 册 附编） 许廑父著

上海：东方文学社，1933，198 页，32 开

本书为书信写法范例。各界适用。本册包括延用门和荐举门两部分。

收藏单位：首都馆

02154

现代实用契约礼帖程式全书 董坚志编

上海：文光书局，1931.12，4 册（128+128+116+116 页），32 开

本书共 21 章，内容包括：契约总说、买卖契约、互易契约、赠与契约、租赁契约、借贷契约、雇佣契约、承揽契约、出版契约、委任契约、寄托契约、合伙契约、保证契约等。书末附录现行婚丧柬帖。逐页题名：实用契约全书。

收藏单位：河南馆、南京馆

02155

现代书信 尼山著

上海：光明书局，1937.7，战后新 3 版，176 页，32 开

上海：光明书局，1946，胜利 1 版，176 页，

32 开

本书介绍现代书信的写法，分家庭、学校、社会 3 编。

收藏单位：重庆馆

02156

现代书信 杨德辉著

上海：明月书局，1930.7，230 页，32 开

本书分家庭、社交、学术 3 编。收来往书信 88 篇。

02157

现代书信 杨德辉著

上海：南强书局，1932.3，230 页，32 开

上海：南强书局，1933.2，再版，230 页，32 开

收藏单位：北师大馆、国家馆、上海馆

02158

现代书信（新式标点） 蔡又培校订

上海：大光明书局，1934.11，164 页，32 开

上海：大光明书店，1935.11，3 版，163 页，25 开

上海：大光明书店，1936.3，4 版，163 页，25 开

上海：大光明书店，1936.5，5 版，163 页，25 开

本书共 10 类：党务、政治、经济、教育、文学、社会、家庭、旅行、妇女、恋爱。每类有范例 5 篇。

收藏单位：国家馆、江西馆、首都馆

02159

现代书信文精选 朱益才编

上海：经纬书局，[1936]，108 页，64 开（经纬百科丛书 1）

本书收胡适、周作人、鲁迅、徐志摩、郭沫若、田汉、冰心等人的书信。专供中学校教科及课外阅读之用。

收藏单位：重庆馆

02160

现代书信作法 孙席珍编辑

上海：中国文化服务社，1936.3，438 页，32
开

　　本书分总论、家庭书信、社交书信、论学书信 4 章。逐页题名：书信作法。

　　　　收藏单位：广东馆、首都馆

02161

现代写信必读　董振华编

上海：大中华书局，1935，95 页，32 开

　　本书分写信方法、家庭书信、交际书信等 6 编。

　　　　收藏单位：首都馆

02162

现代写信必读　董振华编

上海：文业书局，1936.9，95 页，32 开

02163

现代新刀笔　平襟亚编著

上海：中央书店，1935.7，4 版，[479] 页，32
开

上海：中央书店，1935.11，5 版，[479] 页，32
开

上海：中央书店，1937.5，6 版，[479] 页，32
开

　　本书分评论文、驳诘文、书启文、诉状文 4 编。每编列举事实，并根据事实撰写范文，说明写该类应用文如何下笔雄劲、写法新颖等。

　　　　收藏单位：安徽馆、国家馆、河南馆、吉林馆、首都馆

02164

现代新刀笔（第 1、2、4 册）　平襟亚著

上海：中央书店，1931，3 册，32 开

　　著者原题：襟霞阁主。

　　　　收藏单位：广东馆

02165

现代新妇女书信　朱楠秋编

奉天（沈阳）：东方书店，1941.4，128 页，
32 开

奉天（沈阳）：东方书店，1942.6，3 版，128

页，32 开

　　本书分思想与修养、生活与职业、恋爱与结婚、家庭与儿童 4 编，收 30 多篇书信范本。

　　　　收藏单位：天津馆

02166

现代新女子书信　韦月侣著

上海：南星书店，1935，改订版，281 页，32
开

　　本书分交际、讨论、抒情 3 部。除可作写信楷本外，对于妇女问题、学术问题以及青年修养问题都有讨论。

　　　　收藏单位：重庆馆

02167

现代学生白话书信集　陆一远编著

上海：乐华图书公司，1932.10，再版，2 册，
32 开

上海：乐华图书公司，1932.11，189+182 页
（2 册合订），32 开

　　本书收与友论暑期工作、暑期生活的一班、邀友避暑、邀友参观暑期学校、与友论求学目的、报告暑期工作成绩、关于学校的新设备、向友借书、与友论英文学习法等书信 95 篇。

　　　　收藏单位：浙江馆

02168

现代学生书信　徐蓬轩编

上海：世界书局，1931.5，127 页，32 开

上海：世界书局，1931.11，再版，127 页，32 开

上海：世界书局，1936.6，8 版，127 页，32 开

　　本书分家族通信、社交通信、团体通信 3 编。

　　　　收藏单位：国家馆

02169

现代学生书信　张祥和编著

上海：新光书局，[1911—1949]，192 页，32 开

　　本书介绍各类书信作法。有范例。

02170

现代学生书信（言文对照） 谭正璧 盛俊才编

上海：联立出版社，1947.9，156 页，32 开

本书分学校书信、社会书信、家族书信、亲戚书信 4 卷。

收藏单位：国家馆

02171

现代学生新尺牍 柯耀符编

上海：大一统书局，1933.3，2 册（54+46 页），32 开

上海：大一统书局，1933.9，再版，2 册（54+46 页），32 开

本书所收尺牍分陈述类、问候类、请托类、借索类等。

收藏单位：国家馆

02172

现代学生新尺牍（言文对照） 储苏民编著

重庆：仁智书局，1945.7，渝初版，205 页，32 开

本书所收尺牍分学业、交际、家庭、亲戚等 16 类。篇后附白话文。

收藏单位：国家馆

02173

现代学生新尺牍（言文对照） 赵岭南编

广州：民智书店，1948.7，84 页，32 开

本书有注解。

02174

现代学生新书信 郭志远编辑

上海：中南图书公司，1940.1，64 页，32 开

上海：中南图书公司，1942.1，4 版，64 页，32 开

本书包括陈述类、慰问类、请托类、借索类、规劝类、感谢类、邀约类、赠送类、贺唁类。

02175

现代应酬文 董坚志编

上海：春明书店，[1939.9]，264 页，32 开

本书初版年月据书前"旨趣"的写作日期。

收藏单位：广东馆

02176

现代应用文 石苇编

上海：文艺书局，1934.3，352 页，25 开

上海：文艺书局，1939.7，5 版，352 页，25 开

本书共 12 章。前 2 章讲应用文原理和一般作法，后 10 章分述书启、公文、电报、规程、契据、庆吊、联语、日记、传记等各种应用文的作法。

收藏单位：重庆馆、国家馆、河南馆、南京馆

02177

现代应用文 石苇编

上海：新生出版社，1937，4 版，352 页，25 开

上海：新生出版社，1940.2，5 版，352 页，25 开

上海：新生出版社，1941，6 版，352 页，25 开

收藏单位：安徽馆、重庆馆、广东馆、贵州馆、吉林馆、辽师大馆、首都馆

02178

现代应用文大全 梁辉南编著

上海：合众书店，[1911—1949]，333 页，32 开

收藏单位：南京馆

02179

现代应用文选 陈子展选

上海：北新书局，1934.1，480 页，32 开

上海：北新书局，1935，2 版，480 页，32 开

本书收《国难会议宣言》《上海全体新闻记者为刘煜生案联名宣言》等 60 篇应用文范。书前有编者序。

收藏单位：重庆馆、广东馆、广西馆、国家馆、天津馆、西南大学馆

02180

现代应用文选 执中 北溟编选

桂林：国防书店，1941.8，60页，32开

　　本书收宣言、论文、祭文、寿序、赠言、文告、启事、电文、书评、书简、自传、日记等类文章23篇。作者有孙文、蒋中正、梁启超、蔡元培、胡适、柳亚子、冯玉祥、陶行知、朱光潜、鲁迅、郭沫若、田汉、林语堂等人。

　　收藏单位：重庆馆、广东馆、广西馆、湖南馆、江西馆

02181

现代应用文作法　庞翔勋编著

上海：正中书局，1929.10，66页，22开（万有文库）

　　收藏单位：重庆馆

02182

现代应用文作法　中华职业教育社主编　庞翔勋编著

重庆：正中书局，1942.1，渝初版，360页，32开（职业教育丛书）

重庆：正中书局，1942，3版，360页，32开（职业教育丛书）

重庆：正中书局，1943，6版，360页，32开（职业教育丛书）

重庆：正中书局，1947.2，沪1版，360页，32开（职业教育丛书）

重庆：正中书局，1947.10，沪7版，360页，32开（职业教育丛书）

　　本书分总论、书启文、公文、契据、规章、广告文、电报7部分。书前有江恒源序。

　　收藏单位：重庆馆、国家馆、河南馆、湖南馆、江西馆、辽东学院馆、南京馆、宁夏馆、上海馆、首都馆、浙江馆

02183

详注分类尺牍大全　王应瑞编

重庆：上海书店，1944，238页，32开

　　本书按类分编，共14卷，包含通候、庆贺和慰唁等类。书前附凡例和详细目录。

　　收藏单位：重庆馆

02184

详注分类尺牍问答　马子耕　谢苇丰著

上海：东方文学社，1942，1册，32开

　　本书为文言书信范本。分贺年、祝寿等18类。

　　收藏单位：首都馆

02185

详注分类尺牍问答

上海：东方书局，[1911—1949]，1册，32开

　　本书共8编：家族类、营业类、学业类、政事类、婚丧类、借贷类、农工类、杂物类。

　　收藏单位：国家馆

02186

详注分类女子高等尺牍　刘铁冷著

上海：小说丛报社，1918，187页，32开

上海：小说丛报社，1918.6，再版，187页，32开

　　本书著者原题：铁冷。

　　收藏单位：绍兴馆、首都馆

02187

详注女子高等尺牍　刘铁冷著

上海：崇文书局，1925.3，5版，146页，25开

　　本书封面题名：详注分类女子高等尺牍。著者原题：铁冷。

　　收藏单位：广东馆

02188

详注商业新尺牍　重庆会文堂书局编

重庆：会文堂书局，1941，再版，82页，32开

重庆：会文堂书局，1944，再版，82页，32开

　　本书内容包括：通候类、报告类、谋荐类、借索类、延聘类、庆贺类、慰唁类、家庭类、规劝类等。封面题名：分类详注商业新尺牍。

　　收藏单位：重庆馆

02189

详注通用尺牍　中华书局编

上海：中华书局，1937.1，改订本，[380] 页，32 开

上海、昆明：中华书局，1940.7，4 版，改订本，[380] 页，32 开

上海：中华书局，1948.4，5 版，改订本，[380] 页，32 开

本书为文言书信范本。共 6 卷，分家人、姻戚、师友及普通、团体往来、便条、电信等类。引典有注释。

收藏单位：广东馆、江西馆、南京馆、上海馆、首都馆

02190

详注写信不求人（言文对照）

重庆：上海书店，1943.4，5 版，107 页，32 开

本书内容与大中文化社版《写信不求人（言文对照）》一书相同。

收藏单位：重庆馆

02191

详注中华高等学生尺牍 中华书局辑注

昆明：中华书局，1940.11，144 页，32 开

本书为文言书信范本。分问安、庆贺、慰唁等 12 类。有注释。

收藏单位：辽宁馆、上海馆

02192

小国民尺牍 会文堂新记书局编

上海：会文堂新记书局，1933.10，10 版，2 册（46+62 页），25 开

上海：会文堂新记书局，1934.11，12 版，2 册（46+62 页），25 开

收藏单位：江西馆

02193

小学教师应用文 谭正璧编

上海：中华书局，1948，274 页，32 开（中华文库 小学教师用书 1）

收藏单位：重庆馆、大庆馆、江西馆、辽大馆、上海馆、首都馆

02194

小学教师应用文 朱浩文编著

南京：正中书局，1936.1，258 页，32 开（师范丛书）

南京：正中书局，1936.9，5 版，258 页，32 开（师范丛书）

南京：正中书局，1937.5，7 版，258 页，32 开（师范丛书）

南京：正中书局，1941.4，8 版，258 页，32 开（师范丛书）

[南京]：正中书局，1943，23 版，258 页，32 开（师范丛书）

重庆：正中书局，1943.7，渝 2 版，258 页，32 开（师范丛书）

重庆、上海：正中书局，1946.9，沪 1 版，258 页，32 开（师范丛书）

上海：正中书局，1947.10，沪 8 版，258 页，32 开（师范丛书）

本书共 3 编：公文程式概要、小学公牍实例、普通应用文件。书前有编者例言及俞子夷序。

收藏单位：重庆馆、广东馆、国家馆、湖南馆、江西馆、南京馆、首都馆、天津馆

02195

小学教师应用文便览 孙汝周编著

桂林：华华书店，1942.7，13+338 页，32 开

本书讲述应用文格式。分公文、章程、契约、书启、柬帖、楹联、题词、表册、纪录、标语等 12 章。供师范学生及学校教师用。

收藏单位：重庆馆、广东馆、贵州馆、南京馆

02196

小学教师应用文手册 孙汝周编

上海：华华书店，1946.7，313 页，32 开

上海：华华书店，1946.9，2 版，313 页，32 开

上海：华华书店，1947.2，3 版，313 页，32 开

上海：华华书店，1947.9，4 版，313 页，32 开

本书讲述应用文格式。分公文、章程、契约、书启、柬帖、楹联、表册等8章。

收藏单位：重庆馆、国家馆、黑龙江馆、吉林馆、内蒙古馆、山西馆、绍兴馆

02197

写便条法（通俗应用） 文明书局编

上海：文明书局、中华书局，1921.8，石印本，2册（48+58页），32开，环筒页装

上海：文明书局、中华书局，1930.2，12版，石印本，2册（48+58页），32开，环筒页装

上海：文明书局、中华书局，1933.7，14版，石印本，2册（48+58页），32开，环筒页装

本书包括有邀约类、赠送类、借贷类、订定类、探问类、请托类、报告类、转托类等便条写法。

收藏单位：吉林馆、内蒙古馆、上海馆

02198

写契一看通 董坚志编

上海：大文书局，1937.7，307页，32开

本书共21章。介绍买卖、互易、赠与、租赁、借贷、雇佣、承揽、出版、委任、继承等契约的写法。

收藏单位：上海馆

02199

写算不求人 王定九编辑

上海：中央书店，1936，6版，156页，32开

收藏单位：首都馆

02200

写算一看通（谋生捷径） 席灵凤编纂　王吉人校阅

上海：大中华书局，1936.4，再版，142页，32开

收藏单位：首都馆

02201

写文言信百法 董浩编著

上海：大通图书社，1935.3，14+316页，32开

本书分总论、寄递、整理、称呼、用语、写法6编。

收藏单位：国家馆

02202

写信百法 王君著　蔡又培校

上海：新文化书社，1935.10，172页，32开

上海：新文化书社，1936.6，再版，172页，32开

本书内容包括：书信总诀、写笺封诀、加标点诀、修饰词诀、书信格式等。

收藏单位：南京馆

02203

写信百法 有怀编辑

上海：大陆书局，1920，156页，32开

上海：大陆书局，1934，6版，156页，32开

收藏单位：首都馆

02204

写信百法（得心应手）

出版者不详，[1930—1949]，162页，25开

本书分借款、回绝、索物、荐人、觅保、问事、祝寿等21类。

收藏单位：江西馆

02205

写信百法（新式标点） 王君著　蔡又培校订

上海：大光明书局，1934.11，172页，32开

上海：大光明书局，1937，再版，172页，32开

收藏单位：重庆馆、首都馆

02206

写信百法（新式广注） 张侣侠编

上海：世界书局，1934.11，20版，16+80+82页，32开

上海：世界书局，1948.5，新4版，16+80+82页，32开

本书分借款、回绝、索物、荐人、觅保、问事、祝寿等21类。各界适用。

收藏单位：广东馆、国家馆

02207

写信百法（新式广注） 张侣侠编

广州：书信研究社，[1930—1949]，[184] 页，32 开

　　本书分借款、回绝、索物、荐人、觅保、问事、祝寿等 21 类。文言体。

02208
写信百法（新式注解） 黄德仁编辑
上海：书信研究社，1929，90 页，32 开
　　收藏单位：广东馆

02209
写信百日通 顾宗骞著
上海：大华书局，1934.1，98 页，32 开
　　本书分写信的要求、写信的格式、缮写的规律、称呼的用法、信封的写法、常用字句的习惯法、常见的运用语 7 章。
　　收藏单位：国家馆、河南馆

02210
写信必读合璧 （清）唐芸洲著　蔡东藩续著
上海：会文堂新记书局，1935，3 版，[268] 页，32 开
　　收藏单位：首都馆

02211
写信不求人 刘铁冷编选
上海：中原书局，1941，127 页，32 开
　　收藏单位：首都馆

02212
写信不求人 群益书局编
上海：群益书局，1943.9，再版，88 页，32 开
　　本书分家族类、学校类、妇女类、商业类、朋友类。附便条举例、短札选粹、称呼、成句、套语、程式、便条、卡片、信封。
　　收藏单位：浙江馆

02213
写信不求人
上海：大通书局，[1936]，106 页，32 开
　　收藏单位：首都馆

02214
写信不求人（言文对照） 大中文化社编
大中文化社，[1946]，102 页，32 开

02215
写信不求人（言文对照） 孙虚生著
安东：诚文信书局，1938.12，101 页，32 开
安东：诚文信书局，1942.1，再版，101 页，32 开
　　本书为书信范本。有注解。附录便条举例、短札选粹、尺牍称谓、书函套语。

02216
写信不求人（言文对照） 王继廷著
大连：聚胜堂立记书局，1943.11，101 页，32 开
　　本书为书信范本。有注释。附录便条举例、短札选粹、尺牍称谓、书函套语。
　　收藏单位：首都馆

02217
写信不求人（言文对照） 许慕羲译白
上海：大达图书供应社，1935.4，96 页，32 开
　　本书为书信范本。有注解。分家族、亲戚、朋友、学校、商业、妇女 6 类。

02218
写信不求人（言文对照） 许慕羲译白
上海：广益书局，1941.8，再版，96 页，32 开
上海：广益书局，1948.6，新 2 版，96 页，32 开
上海：广益书局，1949，新 14 版，96 页，32 开
　　收藏单位：重庆馆、广东馆、江西馆、首都馆

02219
写信不求人（言文对照）
上海：奋进书店，1946.5，再版，88 页，25 开
　　收藏单位：江西馆

02220
写信不求人（言文对照）
上海：启智书局，1935，6 版，106 页，32 开
　　收藏单位：首都馆

02221
写信不求人（言文对照）
广州：五桂堂，[1911—1949]，96 页，32 开
　　收藏单位：首都馆

02222
写信不求人（言文对照 白话注解） 李健民著
上海：万有书局，1942，88 页，32 开
　　收藏单位：广东馆

02223
写信不求人（言文对照 白话注解） 徐新民校阅
上海：晨曦书局，1941.4，88 页，25 开
　　收藏单位：江西馆

02224
写信不求人（言文对照 分类详注） 青云室主人编
上海：新村书局，1935.1，8 版，92 页，32 开
　　收藏单位：重庆馆

02225
写信不求人（言文对照 详细注解） 王天恨译注
重庆：万有书局，1949，4 版，88 页，36 开
　　本书分家族、亲戚、朋友、学校、商业、妇女 6 编。每函译成白话文，附于文言之后。供初学练习书信之用。
　　收藏单位：重庆馆

02226
写信不求人（言文对照 详细注释） 储菊人著
上海：正气书局，1947.2，103 页，32 开
　　本书分家族、亲戚、朋友、学校、商业、妇女 6 编。书末附便条、交际称呼、写信套语等。

02227
写信成语千句 王定九编
上海：中央书店，1935.9，132 页，32 开
上海：中央书店，1936.5，132 页，32 开
　　本书分单词、双词、连词、地名、姓氏成语 5 章。附录时令成语。
　　收藏单位：江西馆、首都馆

02228
写信辞典（写信必备） 程振华编著　董坚志校阅
上海：文业书局，1936，158 页，32 开
上海：文业书局，1937.6，2 版，158 页，32 开
上海：文业书局，1939.9，3 版，158 页，32 开
　　本书共 10 编，内容包括：称谓词、怀叙辞、恭维辞、启事辞、请安辞、收尾辞、借索辞等。
　　收藏单位：绍兴馆、首都馆

02229
写信辞典（写信必备） 程振华编著　王浦校阅
上海：大中华书局，1935.6，158 页，32 开
上海：大中华书局，1935，3 版，158 页，32 开
　　收藏单位：首都馆

02230
写信顾问 崔俊夫编
上海：大中华书局，1933.2，1 册，32 开
上海：大中华书局，1935.5，3 版，1 册，32 开
上海：大中华书局，1936.5，4 版，1 册，32 开
　　本书分活用、专用、商业、交际、白话 5 编。各界适用。初版年月据编者卷头语的写作日期。
　　收藏单位：国家馆、湖南馆

02231
写信顾问 崔俊夫编辑
上海：江南书局，[1933—1939]，4 册，32 开
　　收藏单位：国家馆、江西馆

02232
写信和寄信（应用文） 张友仁 李忠运著
北平：中华平民教育促进会，1930.11，28 页，
50 开（平民读物 114）
北平：中华平民教育促进会，1932.7，再版，
28 页，50 开（平民读物 114）
　　收藏单位：国家馆

02233
写信快览 董浩编著
上海：会文堂新记书局，1928.10，8 版，556
页，32 开
上海：会文堂新记书局，1935，[再版]，556
页，32 开
上海：会文堂新记书局，1936.3，再版，556
页，32 开
　　本书分写信方法、写信手续、写信用语、
写信模范 4 编。后两编有详细注释。版权页
题名：新式标点写信快览。
　　收藏单位：国家馆、江西馆、首都馆、天
津馆

02234
写信快览 董坚志编著
上海：会文堂新记书局，1925，石印本，16+
337 页，32 开
上海：会文堂新记书局，1925.7，5 版，石印
本，16+337 页，32 开
上海：会文堂新记书局，1930.10，12 版，石
印本，16+337 页，32 开
上海：会文堂新记书局，1932，14 版，石印
本，16+337 页，32 开
　　本书分写信须知、写信整理、写信用语、
写信模范 4 章。
　　收藏单位：首都馆

02235
写信门径 韦月侣 王定九编著
上海：中央书店，1935.4，重订，114+130 页，
32 开
上海：中央书店，1935，3 版，114+130 页，
32 开
上海：中央书店，1940，新 1 版，114+130

页，32 开
　　收藏单位：首都馆

02236
写信秘诀 陈和祥 张云石著
上海：世界书局，1921，1 册，32 开
上海：世界书局，1925.4，11 版，1 册，32 开
上海：世界书局，1930，18 版，1 册，32 开
上海：世界书局，1930.9，19 版，1 册，32 开
上海：世界书局，1942.10，赣 1 版，171 页，
32 开
　　本书分写信之款式、体格、材料、种类
及白话信的写法等 6 章。
　　收藏单位：重庆馆、江西馆、首都馆

02237
写信模范辞书 叶许生编著
上海：大众书局，1937.6，34+418 页，32 开
　　本书共 6 篇：称谓、规则、类别、资料、
语气、杂类。
　　收藏单位：国家馆、辽宁馆、绍兴馆、首
都馆

02238
写信速成秘诀（各式完备） 贺群上编
上海：大达图书供应社，1935，1 册，32 开
上海：大达图书供应社，1935.11，再版，1
册，32 开
　　本书共 6 编。讲述写信的规则、款式、
资料、体格、种类及白话信写法等。
　　收藏单位：重庆馆、首都馆

02239
写信速成秘诀（各式完备） 贺群上编
上海：广益书局，1924，[172] 页，32 开
上海：广益书局，1936.5，再版，[172] 页，32
开
上海：广益书局，1946.11，新 1 版，[172] 页，
32 开
　　本书新 1 版题名前加题 "重订"。
　　收藏单位：广东馆、江西馆、首都馆

02240

写信研究法　大陆图书公司编辑

上海：大陆图书公司，1923.5，162 页，32 开

上海：大陆图书公司，1923.8，再版，162 页，32 开

　　本书介绍书信写法、用语、称呼、规律及邮寄章程等。

　　　收藏单位：首都馆

02241

写信要览　徐麟史著

重庆：中国文化服务社，1945.5，48 页，32 开（国民文库）

重庆：中国文化服务社，1945.6，再版，48 页，32 开（国民文库）

　　本书共 4 部分：绪言、敬语、公式、技术。

　　　收藏单位：重庆馆、国家馆

02242

写信用语手册　董庚华编著

上海：大方书局，1949.2，107 页，25 开

　　本书封面题名前加题：书信顾问 大众必备。

　　　收藏单位：江西馆

02243

写信指南（言文合璧）　费有容编纂

上海：大东书局，1934.1，1 册，32 开

　　　收藏单位：南京馆

02244

新编大众应用文　周如晖编著

上海：潮锋出版社，1948.9，185 页，25 开

　　　收藏单位：江西馆、南京馆

02245

新编妇女书信　黄萍编著

桂林：文友书店，1942.10，153 页，32 开

桂林：文友书店，[1940—1945]，158 页，32 开

　　本书包括书信的作法和范例。范例按少女、妇女、家庭、学校、职业 5 类编排。

收藏单位：广东馆、贵州馆、国家馆、首都馆

02246

新编情书的规范　静宜新著

上海：中央书店，1935，96 页，25 开

　　本书共有 14 编。

　　　收藏单位：江西馆

02247

新编应用文范　卢冠六编　瞿世镇校

上海：三民图书公司，[1927—1937]，132 页，36 开

　　　收藏单位：广西馆

02248

新潮流女子尺牍　韦月侣著

上海：广益书局，1931，再版，224 页，32 开

上海：广益书局，1933，再版，224 页，32 开

　　　收藏单位：广东馆、首都馆

02249

新尺牍大全（分类详注）　袁韬壶编注

上海：群学书社，1937，[494] 页，32 开

　　本书所收书信范文按商界、政界、军警、学界、家书等 40 多门类编排。文言体。

　　　收藏单位：重庆馆、首都馆

02250

新酬世尺牍大全（分类详注 上卷）

成都：上海亚光书局，1945，2 版，222 页，32 开

　　本书分上下两卷。全书按类分编，有通候类、请托类、延聘类、馈赠类、道谢类、借贷类等。书前附例言和详细目录。

　　　收藏单位：重庆馆

02251

新分类尺牍大全　贺群上编著

上海：广益书局，1917.2，1 册，50 开，精装

上海：广益书局，1917.10，3 版，1 册，50 开，精装

上海：广益书局，1919.4，9 版，1 册，50 开，

精装

上海：广益书局，1919.7，10 版，1 册，50 开，精装

上海：广益书局，1919.10，11 版，1 册，50 开，精装

上海：广益书局，1920.1，12 版，1 册，50 开，精装

上海：广益书局，1920，13 版，1 册，50 开，精装

上海：广益书局，1924，4 册，25 开

本书为各界适用文言尺牍范本。分政界、学界、商界、农工界、女界、普通社会界 6 类。

收藏单位：广东馆、国家馆、河南馆、江西馆、首都馆

02252

新分类尺牍汇海　沙嘉树编撰

上海：锦章图书局，1920，1 册，42 开，精装

上海：锦章图书局，1921，2 版，4 册，50 开

交际适用。

收藏单位：广东馆、首都馆

02253

新妇女书信　韦月侣著

上海：广益书局，1930.6，178 页，32 开

上海：广益书局，1934.10，再版，178 页，32 开

本书分恋爱、结婚、失恋、离婚 4 类。

收藏单位：重庆馆、上海馆、武大馆

02254

新妇女书信（言文对照 各界咸备）　李公耳著

上海：春明书店，1940，2 版，212 页，32 开

本书分 6 类。收书信范例 150 余篇。

收藏单位：国家馆

02255

新国民尺牍　韦玉予编

上海：广益书局，1934，再版，60 页，32 开

收藏单位：广东馆

02256

新函牍分类大全　费有容编

上海：大达图书供应社，1935.6，4 册，32 开

上海：大达图书供应社，1935，再版，4 册，32 开

本书共 8 卷，分上下编。收函牍 1000 余篇。每篇均有注释和注音。附纪念、酬应两类。

收藏单位：重庆馆、广东馆、首都馆

02257

新函牍分类大全　费有容编

上海：广益书局，1930，[678] 页，32 开，精装

上海：广益书局，1931.5，续版，4 册，32 开

收藏单位：重庆馆、国家馆、吉林馆、江西馆、首都馆

02258

新辑写信必读分韵撮要合璧　蒲编使者编

上海：锦章书局，1915，石印本，144+150 页，32 开，环筒页装

本书每页上半面为"改良增广写信必读"，据苏州唐芸洲所著《写信必读》删繁就简择要而成；下半面为"分韵撮要字汇，按汉字音韵编排"。附婚礼帖式、楹联新编、百家姓郡名。

收藏单位：重庆馆

02259

新辑写信必读分韵撮要合璧　蒲编使者编

上海：醉经书局，1915，石印本，144+150 页，32 开，环筒页装

02260

新辑写信必读分韵撮要合璧　（清）唐芸洲编

广州：华兴书局，[1930]，石印本，144+150 页，48 开

02261

新交际大全　朱楠秋编辑

奉天（沈阳）：东方书局，1939，3 册（785 页），32 开

交际应用文范汇编。分交际秘诀、礼节大全、日用文件、柬帖大全、公事文件、尺牍大观、联对大全等 14 部分。有格式说明和作法。

02262

新民众尺牍（文言语体对照） 世界书局编译所编

世界书局，1943.5，121 页，32 开

　　本书以日常交际需要为取材标准，包括报告、陈述、探询等 16 类，凡 100 篇，文语各半。

　　收藏单位：广东馆

02263

新女子尺牍（文言语体对照）

上海：上海书局，1941.12，117 页，32 开

　　本书分家庭、亲戚、夫族、师友、社交 5 类，凡 100 篇，文语各半。

　　收藏单位：广东馆

02264

新青年书信 李守东著

上海：文艺书局，1933.11，265 页，32 开

　　本书共 6 编：书信式样、社交书信、家庭书信、学校书信、社会书信、学术书信。

02265

新青年书信 李守东著

上海：中华书局，1937.1，265 页，32 开

上海：中华书局，1939，3 版，265 页，32 开

　　收藏单位：国家馆、湖南馆、吉林馆、内蒙古馆、首都馆

02266

新商业尺牍 万隐编著

上海：文明书局，1926.11，64+60 页，32 开

上海：文明书局，1929.3，再版，64+60 页，32 开

上海：文明书局，1931.7，4 版，64+60 页，32 开

上海：文明书局，1936.10，7 版，64+60 页，32 开

本书分上下两卷。包括贸易、经营、市情、汇兑、转运、报关、股票、租押、还欠、保险、银行、家庭、庆贺、唁慰、介绍、恳托等 24 类，每类例函 3 则。

　　收藏单位：广西馆、黑龙江馆、内蒙古馆、上海馆

02267

新商业尺牍（文言语体对照） 世界书局编译所编辑

上海：世界书局，1941，187 页，32 开

上海：世界书局，1947.4，再版，187 页，32 开

　　本书共 20 类 60 篇，包括报告类、陈述类、邀约类、探询类、应允类、借索类等。

　　收藏单位：江西馆、首都馆

02268

新少年的写信范本 王景山著

上海：建设书局，1929.10，133 页，32 开

　　语体书信范本。分问候、讨论、报告、答复、邀约、贺喜、赠送、介绍、借物、催讨等 18 类。

02269

新社交书信（语体文式） 张永馨编辑

沈阳：新亚书店，1943，282 页，32 开

　　本书共 18 卷，分通候、婚姻、庆贺、唁慰、借还、请托、催索、荐引、邀约、讨论、报告等。

　　收藏单位：首都馆

02270

新生活书信

新生活书社，1934.9，268 页，25 开

　　收藏单位：江西馆

02271

新式尺牍大全（分类句解） 袁韬壶编著

上海：大达图书供应社，1935.7，2 册（24+320+356 页），32 开

上海：大达图书供应社，1935.9，再版，2 册（24+320+356 页），32 开

本书所收书信范文按延请类、劝勉类、规诫类、借贷类、还偿类、催索类、请求类、恳托类、女子学务类、女子家庭类、女子亲戚类、女子职业类、女子交际类、便条类、称谓类、信面类、联幛类、礼制类等门类编排。

收藏单位：河南馆、南京馆、首都馆

02272

新式尺牍大全（分类句解） 袁韬壶著　周郁浩校阅

上海：广益书局，1936.3，再版，2 册（320+356 页），32 开

上海：广益书局，1937.1，再版，2 册（320+356 页），32 开

本书约 500 篇，分 34 类，包括亲戚、庆贺、慰唁、通候、馈赠、答谢、举荐、交际、往来及生意贸易等。

收藏单位：重庆馆、河南馆、江西馆

02273

新时代女子尺牍 蒋振英编著

上海：文业书局，1936，112 页，32 开

收藏单位：首都馆

02274

新时代写信必读（言文对照） 王纪铭编

上海：广益书局，1929.5，2 版，54 页，32 开

上海：广益书局，1933.5，9 版，2 册，32 开，环筒页装

本书为书信范本。按通候、请托、允诺、劝诫等类编排。

收藏单位：南京馆、首都馆

02275

新时代应用文件 席灵凤编

上海：大中华书局，1936.4，110 页，32 开

本书分喜庆柬帖类、丧祭柬帖类、杂事柬帖类、尺牍类、契据类、公文类 6 编。现代标准适用。

收藏单位：浙江馆

02276

新式白话尺牍 朱逸仙编

上海：文光书局，1921.4，20 页，32 开

上海：文光书局，1924，8 版，20 页，32 开

书中内容取自学校里的事情，编成往来的信札。分家庭、师友、亲戚等类。适用于初中学生。

收藏单位：重庆馆

02277

新式尺牍大全（分类句解 上册） 袁韬壶著

大达图书供应社，[1935]，320 页，32 开

收藏单位：广东馆

02278

新式尺牍大全（下册） 袁韬壶著

上海：大达图书供应社，1935，再版，356 页，32 开

收藏单位：广东馆

02279

新式尺牍大全（分类句解 下册） 袁韬壶著

上海：广益书局，[1936]，356 页，36 开

收藏单位：广东馆

02280

新式活用百体尺牍大全 陈燕方编撰

上海：江南印刷局，1922，4 册（204+166+172+194 页），32 开

收藏单位：首都馆

02281

新式普通尺牍（言文对照） 世界书局编辑所编辑

上海：世界书局，1937，22 版，2 册（63+69 页），32 开

本书教科自修适用。

收藏单位：首都馆

02282

新式契约撮要 时希圣著

上海：新民书局，1935，再版，100 页，32 开

本书分 12 部分：买卖契约、典押契约、

租赁契约、借贷契约、承揽契约、雇佣契约、营业契约、保证契约、聘任契约、继嗣契约、分赠契约、婚姻契约。

　　收藏单位：重庆馆、河南馆、吉林馆、绍兴馆、首都馆

02283

新思想的白话书信　许啸天著　沈继先校阅

上海：群学社，1930.10，568 页，25 开

上海：群学社，1932.8，3 版，568 页，25 开

　　收藏单位：江西馆

02284

新体白话信　杨平编

上海：商务印书馆，1920.9，17+138 页，32 开

上海：商务印书馆，1929.6，12 版，17+138 页，32 开

上海：商务印书馆，1932.10，国难后 1 版，17+138 页，32 开

上海：商务印书馆，1936.11，国难后 6 版，17+138 页，32 开

上海：商务印书馆，1937.4，国难后 7 版，17+138 页，32 开

上海：商务印书馆，1941，国难后 10 版，17+138 页，32 开

　　本书分家书、问候、荐托、庆贺、馈送、唁慰 6 类。

　　收藏单位：广东馆、国家馆、南京馆、上海馆、首都馆

02285

新体尺牍　金湛庐著

上海：中华书局，1938，354 页，32 开

昆明：中华书局，1940，354 页，32 开

　　本书为文言体书信范本。分祝贺、吊唁、慰问等 12 类。每函均附复函。书末附词语解释。

　　收藏单位：重庆馆、河南馆、上海馆

02286

新体女子白话尺牍　胡怀琛编著

上海：大东书局，1937.3，1 册，32 开

　　收藏单位：绍兴馆

02287

新体女子白话尺牍

上海：广文书局，[1921.6]，4 册，32 开，环筒页装

02288

新体女子白话尺牍（上册）

上海：世界书局，[1925]，68 页，32 开

　　本书分两编：家庭类和师友类。书内题名：女子白话尺牍。教科自修适用。

　　收藏单位：绍兴馆

02289

新体女子尺牍（言文对照）　邹侠禅编

上海：大东书局，1936.8，17 版，66 页，25 开

上海：大东书局，1941.1，20 版，66 页，25 开

　　收藏单位：江西馆、南京馆

02290

新文体白话书信　黄醒吾　顾吉六著

上海：晞晨书社，1930，304 页，36 开

　　本书介绍书信写作，有范例。

　　收藏单位：首都馆

02291

新小学教师应用文　孙一芬编著

上海：商务印书馆，1947.5，188 页，32 开

上海：商务印书馆，1947.10，再版，188 页，32 开

上海：商务印书馆，1948.4，188 页，32 开（国民教育文库）

　　本书共 5 章：概论、呈文、公函、通告、附编。附编包括电报、诉讼、契据、婚丧喜庆等类应用文。

　　收藏单位：重庆馆、广东馆、广西馆、贵州馆、国家馆、黑龙江馆、湖南馆、江西馆、辽大馆、辽宁馆、南京馆、内蒙古馆、上海馆、首都馆、浙江馆

02292

新学生尺牍（言文对照） 曹绣君编著

上海：文明书局，1926.11，2 册（90+82 页），32 开

上海：文明书局，1934.11，10 版，2 册（90+82 页），32 开

上海：文明书局，1936.5，11 版，2 册（90+82 页），32 开

上海：文明书局，1941.6，13 版，2 册（90+82 页），32 开

本书分上下卷，按学业、交际两类介绍学生尺牍的写作方法。有范例和注释。

收藏单位：北师大馆、国家馆、河南馆、黑龙江馆、江西馆、上海馆

02293

新应用文手册 王夐编著

桂林：上海杂志公司，1942.5，316 页，32 开

桂林：上海杂志公司，1943.10，再版，316 页，32 开

本书分 6 章：日记书启、庆吊文帖、联额幛语、规程约章、契据凭证、公告广告。

收藏单位：重庆馆、广东馆、湖南馆、江西馆、南京馆、西南大学馆

02294

新增信札不求人

[广州]：永新书局，[1912]，56 页，32 开

收藏单位：广东馆

02295

新制酬世大全 广益书局编辑部编辑

上海：广益书局，[1920]，1 册，50 开，精装

上海：广益书局，1920.1，4 册，50 开

上海：广益书局，1922，6 版，1 册，50 开，精装

上海：广益书局，1929，续版，4 册，50 开

上海：广益书局，1932.3，7 版，1 册，50 开，精装

上海：广益书局，1933，8 版，4 册，50 开

上海：广益书局，1935.5，10 版，1 册，50 开，精装

上海：广益书局，1936.2，续版，1 册，50 开，精装

本书分婚丧礼制、礼节、公文、书札、契据、柬帖、礼书、楹联等 17 类。新制分类，各界适用。布面 1 册，纸面 4 册。

收藏单位：重庆馆、国家馆、河南馆、江西馆、南京馆

02296

新制酬世大全 贺群上编纂

上海：广益书局，1936.11，再版，4 册，50 开

上海：广益书局，1937，再版，4 册，50 开

上海：广益书局，1943.1，再版，4 册，50 开

上海：广益书局，1948.11，新 2 版，1 册，50 开，精装

收藏单位：广东馆

02297

新撰句解分类尺牍正轨 锦章图书局编

上海：锦章图书局，1929，18 版，石印本，8 册，32 开，环筒页装

收藏单位：重庆馆

02298

新撰女学生尺牍 胡怀琛编辑

上海：广益书局，1913，石印本，2 册，32 开，环筒页装

上海：广益书局，1922.2，10 版，石印本，2 册，32 开，环筒页装

本书内容包括：家庭类、亲戚类、师友类等。逐页题名：中华女界新尺牍。

02299

新撰普通尺牍 商务印书馆编译所编纂

上海：商务印书馆，1916，11 版，2 册，25 开，环筒页装

上海：商务印书馆，1927.10，21 版，[2 册]，25 开，环筒页装

上海：商务印书馆，1933.9，国难后 1 版，19+272+96 页，32 开

上海：商务印书馆，1934.3，国难后 2 版，19+272+96 页，32 开

上海：商务印书馆，1940，国难后 8 版，19+

272+96 页，32 开

上海：商务印书馆，1940.8，国难后 9 版，19+272+96 页，32 开

成都：商务印书馆，1943，蓉 1 版，19+272+96 页，32 开

成都：商务印书馆，1944，蓉 2 版，19+272+96 页，32 开

上海：商务印书馆，1946.11，11 版，19+272+96 页，32 开

　　本书分通候、庆贺、祝寿、劝勉、馈送、推荐、介绍、谢贺、恳托、杂事等 25 类。附详解订正和新撰普通尺牍详解，按笔画多少排列。卷端题名：订正新撰普通尺牍。

　　收藏单位：重庆馆、甘肃馆、河南馆、辽宁馆、南京馆、上海馆、首都馆、武大馆、浙江馆

02300

新撰商业尺牍（订正）　徐珂编

上海：商务印书馆，1932.9，国难后 1 版，180 页，32 开

上海：商务印书馆，1940.2，国难后 5 版，180 页，32 开

上海：商务印书馆，1947.7，7 版，180 页，32 开

　　本书分劝诫类、商学类、商业概要类、资本类、借贷类等。有尺牍规范。

　　收藏单位：国家馆、南京馆、首都馆

02301

新撰商业尺牍（订正）　徐珂编

上海：商务印书馆，1926.5，20 版，2 册，32 开

上海：商务印书馆，1928.7，21 版，2 册，32 开

　　本书分呈文、函牍、电报、合同、章程、契约、报告书等。有书写格式和范文。

　　收藏单位：浙江馆

02302

新撰学生尺牍　商务印书馆编译所编

上海：商务印书馆，1932.9，国难后 1 版，189 页，32 开

上海：商务印书馆，1938.7，国难后 7 版，189 页，32 开

　　本书分家报、通问、馈送、启事、请假、介绍、请托、慰劳等。书前有凡例。

　　收藏单位：广东馆

02303

新撰政军警界骈体尺牍大全　许慕义撰释　何海鸣鉴定

出版者不详，[1911—1949]，122 页，25 开

　　本书封面题名：骈体尺牍大全。

　　收藏单位：江西馆

02304

信札不求人

上海：光东书局，1912，32 页，32 开

　　收藏单位：广东馆

02305

行楷尺牍规范　张秋虫　李蝶庄编

上海：中央书店，1937，影印本，202 页，32 开

　　写信习字两用，名家新著手写影印。

　　收藏单位：广东馆、首都馆

02306

学生尺牍（言文对照）　段隽原编　刘大白鉴定

上海：大众书局，1932.7，170 页，32 开

上海：大众书局，1935，3 版，170 页，32 开

　　本书分问安、庆贺、慰唁、馈遗、借索、恳托、预约、劝诫、介绍、思慕 10 类。举例讲述尺牍格式、作法等。有详细注释。

　　收藏单位：重庆馆、浙江馆

02307

学生尺牍新范　袁韬壶编

上海：大东书局，1932.10，4 版，206 页，32 开

　　本书分学业门、酬应门、家书门。学业门包括求学类、请益类。酬应门包括通候类、庆贺类、邀约类、赠送类等。家书门包括请求类、叮嘱类等。

收藏单位：浙江馆

02308

学生实用尺牍 钱钟汉编

上海：大华书局，1935.4，90 页，32 开

　　本书分家书、论学、社交 3 编。

　　收藏单位：国家馆

02309

学生书信指导 李白英编著

上海：大光书局，1935.12，2 版，268 页，32 开（学生指导丛书）

　　本书分书信作法、书信文范两编。介绍书信的意义、类别、作法等，收鲁迅、郁达夫、尼采、契诃夫等中外作家书简 12 篇。

　　收藏单位：上海馆、天津馆

02310

学生书信作法 董成志编著

桂林：进修书店，1944.9，蓉 1 版，98 页，36 开

　　本书分怎样写信和应用书信两部分。附便条、应用文柬。

02311

学生问答尺牍 董坚志著述

上海：春明书店，1941，再版，258 页，32 开

　　收藏单位：广东馆

02312

学生写信指导（作法详解） 司马良著

桂林：应用图书社，1941，桂版，98 页，32 开

　　收藏单位：广东馆

02313

学生新尺牍 宋逸民编

长春：益智书店，1935.7，再版，124 页，32 开

　　本书收 120 封尺牍范本。

02314

学生新尺牍（言文对照） 世界书局编辑所编辑

上海：世界书局，[1929.7]，86 页，32 开

上海：世界书局，1932，8 版，2 册（76+88 页），32 开

上海：世界书局，1933，99 版，2 册（76+88 页），32 开

上海：世界书局，1935，120 版，2 册（76+88 页），32 开

上海：世界书局，1936.9，128 版，2 册（76+88 页），32 开

上海：世界书局，1936，129 版，2 册（76+88 页），32 开

上海：世界书局，1939，新 5 版，2 册（76+88 页），32 开

上海：世界书局，1941，新 14 版，2 册（76+88 页），32 开

上海：世界书局，1942.10，赣 1 版，180 页，25 开

　　本书分学业门、交际门两部分。学业门包括入学类、报告类、请假类、论事类等。交际门包括陈说类、问候类、邀约类、借索类等。教科自修适用。

　　收藏单位：国家馆、湖南馆、江西馆、首都馆、广东馆

02315

学生新尺牍（言文对照） 王静文编

吉安：现实教育研究社，1942，162 页，32 开

　　收藏单位：广东馆、国家馆

02316

学生新尺牍（言文对照） 王梦弼著

哈尔滨：大东书局，1943.5，222 页，32 开

　　本书为尺牍范本。分家庭、亲戚、庆贺等 20 编，含注释。

　　收藏单位：辽宁馆

02317

学生新尺牍（言文对照 下册） 孙酉山编

复县：日新书局，1935.10，2 册，32 开

　　本书为书信范本，有注释。满洲国学校自修适用。

　　收藏单位：广东馆

02318

学生新尺牍（言文对照 分类详注） 董振华编著

上海：春明书店，[1936.9]，226 页，32 开

上海：春明书店，1941，再版，226 页，32 开

上海：春明书店，1946.10，3 版，226 页，32 开

　　本书分家属书信、亲戚书信、庆贺书信、唁慰书信、通候书信等 20 编。教科及自修适用。

　　收藏单位：重庆馆、国家馆

02319

学生新尺牍（言文对照 详细注解） 储菊人编著

上海：博文书店，1946，155 页，32 开

　　收藏单位：广东馆

02320

学生新尺牍（言文对照 详细注解） 李健民著

上海：万有书局，1942，再版，103 页，32 开

　　收藏单位：广东馆

02321

学生新尺牍（言文对照 详细注解） 张均编著

上海：合众书局，1940，262 页，32 开

　　本书为书信范本，有注释。

　　收藏单位：首都馆

02322

学生新尺牍（言文对照 详注分类） 储菊人编著

重庆：桂林新生书局，1945.6，155 页，32 开

重庆：桂林新生书局，1948，2 版，155 页，32 开

　　本书分求学、请益、通候、邀约、规劝、道歉等 13 类。收一百多篇尺牍。

　　收藏单位：重庆馆、国家馆

02323

学生新尺牍范本（言文对照 详细注释） 李建民编著

上海：万有书局，1943，103 页，32 开

　　收藏单位：广西馆

02324

学生新尺牍范本（言文对照 详细注释） 吴继铨编著

上海：三民图书公司，1946.12，新 1 版，3 册，36 开

　　本书为书信范本。有注释。

　　收藏单位：上海馆

02325

学生应用文手册 赵容期编著

桂林：南光书店，1943.3，177 页，32 开

　　本书分公牍、书启、简帖等 8 编。封面加题：学校适用教材 酬世交际必备。

　　收藏单位：重庆馆、广西馆、贵州馆

02326

学生应用文指导 张匡编著

重庆：万有书局，1948，237 页，32 开

　　本书内容分上下两册。上册为社会生活应用文，包括交际应用文、代笔应用文、杂类应用文；下册为学校生活应用文，包括儿童自治应用文、杂类应用文。

　　收藏单位：重庆馆

02327

学校应用表册 陈杰编

福建：福建省政府教育厅编辑委员会，1942，98 页，32 开

　　收藏单位：福建馆

02328

艳情书牍 李定夷编纂

上海：国华书局，1917.1，2 册（[200] 页），32 开

　　本书为文言体书信范本。分求婚、寄外、表情、述事、诀别 5 卷。

02329

一问二答大众尺牍 大众书局编

上海：大众书局，1933.3，重版，2 册（88+92 页），25 开

收藏单位：湖南馆、江西馆、首都馆

02330

一问二答大众尺牍 林任编著

上海：大众书局，1934.3，3 版，204 页，25 开

本书内收各种尺牍，以教学生进行写作。共 4 章：家族类、亲戚类、师友类、团体类。

收藏单位：江西馆

02331

一问二答大众尺牍 袁韬壶著

上海：会文堂新记书局，1934.10，6 版，524 页，25 开

收藏单位：江西馆

02332

一问三答尺牍 王定九编

上海：中央书店，1935，120 页，36 开

上海：中央书店，1941.4，新 1 版，121 页，36 开

本书共 9 章，内容包括：家庭尺牍、问候尺牍、贸易尺牍、庆贺尺牍、劝慰尺牍、请托尺牍、邀约尺牍等。

收藏单位：广东馆、江西馆、南京馆

02333

一问三答尺牍 王亚农编著

桂林：三民出版社，1940.12，121 页，32 开

本书分家庭、问候、贸易、庆贺、赠送等 10 章。

收藏单位：重庆馆、广东馆、湖南馆

02334

一问三答新尺牍 席令编

上海：文业书店，1936，112 页，32 开

本书分商业、交际、庆贺、慰唁、劝诫 5 编。

收藏单位：湖南馆、首都馆

02335

一问三答新尺牍 席令编

上海：益智书店，1943，120 页，36 开

收藏单位：重庆馆

02336

一问三答新尺牍 袁韬壶编

上海：会文堂新记书局，1930，2 册（30+484+[472] 页），32 开

上海：会文堂新记书局，1933.1，[24]+956 页，32 开，精装

上海：会文堂新记书局，1933.10，4 版，[24]+956 页，32 开，精装

上海：会文堂新记书局，1934，5 版，2 册（30+484+[472] 页），32 开

上海：会文堂新记书局，1934.5，6 版，[24]+956 页，32 开，精装

上海：会文堂新记书局，1934.12，7 版，[24]+956 页，32 开，精装

上海：会文堂新记书局，1935，8 版，2 册（30+484+[471] 页），32 开

本书为文言书信范本，专供研究函牍之用。分贺年、祝寿、慰问、吊唁、通候、家庭、亲戚、婚姻、生育、赠送、邀约、请托、借还、索催、劝勉等 18 类。平装 2 册，精装 1 册。

收藏单位：国家馆、河南馆、湖南馆、江西馆、南京馆、绍兴馆、首都馆

02337

一问三答新尺牍（分类详注） 王梦弼著

哈尔滨：大东书局，1938.6，2 册，32 开

哈尔滨：大东书局，1940.10，再版，550 页，32 开

哈尔滨：大东书局，1942.6，3 版，550 页，32 开

收藏单位：首都馆

02338

一问四答尺牍（分类注解） 余达文编

成都：中华出版社，1942.5，146 页，36 开

本书分家庭、亲戚、商业、庆贺、请托、催索、社会、妇女等 10 编。

收藏单位：重庆馆

02339

一问四答尺牍（各体咸备） 姚乃麟编

上海：中央书局，1935.11，10+280 页，32 开

本书分家庭、戚族、商业、庆贺、请托、催索、社会、妇女等 12 编。卷端题名：新著详解一问四答尺牍。

收藏单位：国家馆、南京馆

02340

一问五答尺牍（新著详解） 汪漱碧编著

上海：中央书店，1935.10，2 册（15+237+241 页），32 开

上海：中央书店，1937.6，7 版，2 册（15+237+241 页），32 开

本书分上下两册，上册 1—5 编，下册 6—10 编。分庆贺、馈赠、通候、邀约、询问、介绍、规劝等。每封信有 5 封不同的回信，内有 1 封为语体文，余者为文言体。卷端题名：新注详解一问五答尺牍。

收藏单位：国家馆、湖南馆、内蒙古馆、上海馆、首都馆

02341

一问一答新尺牍 袁韬壶著

上海：会文堂新记书局，1932，3 版，524 页，32 开

上海：会文堂新记书局，1934.4，5 版，524 页，32 开

上海：会文堂新记书局，1934.10，6 版，524 页，32 开

上海：会文堂新记书局，1937，[再版]，524 页，32 开

本书为文言书信范本。分家庭、亲戚、贺年、祝寿等类编排。

收藏单位：广东馆、首都馆

02342

音注分类交际尺牍大全 王有珩编

上海：大东书局，1922.11，石印本，2 册（[1358] 页），22 开，环筒页，精装

上海：大东书局，1930.9，8 版，石印本，2 册（[1358] 页），22 开，环筒页，精装

上海：大东书局，1931.10，9 版，石印本，6 册（[1358] 页），22 开，环筒页，精装

本书分庆贺、慰唁、别离、通候、怀叙、问病、邀约、请求、谋托、允诺、感谢、称扬、介绍等 40 类。书末附称谓表、空套语、时序摘句、类别词令。

收藏单位：广西馆、国家馆、湖南馆、江西馆、首都馆

02343

音注实用尺牍大全 徐毓嘉　刘传厚编辑

上海：中华书局，1924.12，1 册，50 开，精装

上海：中华书局，1928，6 版，4 册，50 开

上海：中华书局，1931，9 版，1 册，50 开，精装

上海：中华书局，1933.9，11 版，4 册，50 开

上海：中华书局，1935，12 版，1 册，50 开，精装

上海：中华书局，1936.9，14 版，1 册，50 开，精装

本书为文言书信范本，内容包括庆贺、慰唁、辞退、婚姻、馈赠、介绍、延聘、规诫、借贷、汇兑、保险、催索、营业等 24 类。每封信后均附复信，难词有注音。精装 1 册，平装分订 4 册。

收藏单位：重庆馆、东北师大馆、广东馆、国家馆、河南馆、黑龙江馆、辽大馆、内蒙古馆、首都馆、天津馆、浙江馆

02344

应酬大观 冉秀山编

保定：晓钟书局，1936.6，13+172 页，32 开

保定：晓钟书局，1937.8，3 版，13+172 页，32 开

保定：晓钟书局，1946.6，5 版，增广修正本，13+172 页，32 开

本书收各种酬世应用文范例。内容包括：娶帖、婚书、八字帖、喜事请帖、合婚要诀、贺寿用帖、贺开张、求雨用帖、喜联、讣闻格式等。书前有作者自序。

收藏单位：辽宁馆、首都馆

02345
应酬大观 朱子元编
北平：泰山堂书局，1936.4，276 页，32 开
北平：泰山堂书局，1939.1，再版，276 页，32
开
北平：泰山堂书局，1941.3，3 版，276 页，32
开
北平：泰山堂书局，1942.1，4 版，276 页，32
开
　　本书收各种酬世应用文范例。内容包括：
春联喜庆婚、挽丧亲戚友、喜庆酬贺红、挽
男女联类、契据类、请酒帖类、新式结婚柬
帖、丧祭用柬帖程等。书前有序言。
　　收藏单位：国家馆

02346
应酬交际大全（最新增编） 王洁忱　关润田
编
北平：老二西堂书局，1941.8，石印本，[278]
页，32 开
　　本书收各种酬世应用文范例。内容包括：
现代婚礼、丧礼仪序、喜庆各种柬帖式、丧
祭各种柬帖式、新式楹联、庙宇祠堂联、简
明尺牍等。
　　收藏单位：辽宁馆、首都馆

02347
应酬文字顾问（一名，应酬汇编） 董浩编
上海：会文堂新记书局，1935，4 册，32 开
上海：会文堂新记书局，1935.8，24+528 页，
32 开
　　本书分祝贺、唁悼、交际、交涉 4 卷。
收录祝贺文辞、祝贺联幛、祝贺函牍、祝贺
柬帖、唁悼文辞、唁悼联幛、唁悼函牍、唁
悼柬帖、交际函牍、交际柬帖等应酬文件。
　　收藏单位：北师大馆、辽师大馆、南京
馆、首都馆

02348
应用的文件 周阆风编
上海：北新书局，1934，69 页，36 开（儿童
幸福丛书）

本书收录儿童应用文件。分类编排，每
篇均附说明和注意两项注解。
　　收藏单位：重庆馆

02349
应用礼帖程式 贺群上编
上海：广益书局，1932.10，185 页，32 开
上海：广益书局，1937.1，再版，185 页，32
开
　　本书按喜、庆、婚、丧等类拟定各种礼
帖式样，并作写法说明。
　　收藏单位：广东馆、国家馆、内蒙古馆、
上海馆

02350
应用礼帖程式 时希圣著
上海：广益书局，1931.10，[10]+185 页，32
开
上海：广益书局，1935.12，再版，[10]+185
页，32 开
　　本书为增进民众对于礼帖程式之常识而
设。共分喜、庆、婚、丧、其他 5 编，内容
包括：弄璋之喜、落成之喜、乔迁之喜、开张
之喜、恭贺新禧、庆寿请帖、祝冥寿帖、悬
壶之庆、学校庆典、结婚礼帖、结婚仪式等。
　　收藏单位：国家馆

02351
应用礼帖程式 时希圣著
上海：新民书局，1934，[10]+186 页，32 开
上海：新民书局，1935.2，再版，[10]+186 页，
32 开
上海：新民书局，1936，3 版，[10]+186 页，
32 开
　　本书分喜、庆、婚、丧、其他 5 编。
　　收藏单位：重庆馆、河南馆、江西馆、首
都馆

02352
应用文 陈位烨编著
福州：教育图书出版社，1944.6，增订 6 版，
220 页，25 开（师范丛书 3）

本书适用于新课程标准师范学校。

收藏单位：湖南馆、江西馆

02353

应用文 关健南编

天津：百城书局，1934.1，320 页，25 开

本书共 6 编：绪说、私文书、公牍文、章程、标语、杂项。书前有编者例言。

收藏单位：国家馆、吉林馆、南京馆、天津馆

02354

应用文 江西省政府教育厅编

江西：江西省政府教育厅，[1933—1949]，194 页，25 开

本书为江西省义务教育师资训练教材。

收藏单位：江西馆

02355

应用文 军事委员会战时工作干部训练团第四团编

军事委员会战时工作干部训练团第四团，198 页，36 开（专科教程 3）

本书共 6 章：绪论、公文、规章、公文书之处理、特种文书、附录。

收藏单位：重庆馆

02356

应用文 张鸿来编

北平：文化学社，1933，8 版，176+303 页，25 开

收藏单位：广东馆

02357

应用文 赵宗预编辑

上海：世界书局，1932.7，103 页，25 开

上海：世界书局，1932.12，再版，103 页，25 开

上海：世界书局，1933.4，3 版，103 页，25 开

本书为职业学校教科书。共 6 章：便条、电报、广告、信札、章则、应用练习。

收藏单位：北师大馆、国家馆

02358

应用文程式集成 姚谷孙 蒋息岑主编 潘文安等编辑

上海：大东书局，1935.9，3 册，32 开，精装

上海：大东书局，1936.2，再版，10 册，32 开

本书所收应用文程式按行政、军事、教育、自治、团体、商业、工厂、会计、司法、普通 10 类编排。

收藏单位：安徽馆、重庆馆、国家馆、河南馆、湖南馆、江西馆、南京馆、内蒙古馆、首都馆、天津馆

02359

应用文大全

出版者不详，[1911—1949]，692 页，25 开

收藏单位：江西馆

02360

应用文大全（第 1 册） 陈筱梅编

上海：仿古书店，[1936.10]，209 页，32 开

本书全 6 编：公文、书信、柬帖、联幛、广告、契约。每编一册。本册为第 1 编公文类。

收藏单位：吉林馆

02361

应用文大全（第 4 册） 陈筱梅编

上海：仿古书店，1937，182 页，16 开

本书全 6 编，每编一册。本册为第 4 编联幛类。

收藏单位：河南馆、内蒙古馆

02362

应用文范 谢善继编著

中央军校特别训练班，1937，288 页，32 开

本书分上下两编。上编：应用文范概说；下编：应用文选。书前附详细目录。

收藏单位：重庆馆

02363

应用文范（第 4 册） 中华书局函授学校编

上海：中华书局，[1926—1949]，49—64 页，32 开

本书分寿文、祭文两章。收范文 9 篇。

02364

应用文范讲义　韩凤阁编著

[南京]：中央军校特别训练班政训科，1936，190 页，32 开（政治丛书 15）

　　本书共 8 章：概论、公牍总则、上行公文、平行公文、下行公文、电文、告书、宣言。

　　收藏单位：重庆馆

02365

应用文范讲义　中央陆军军官学校特别训练班编

重庆：中央陆军军官学校特别训练班，1941.1，292 页，32 开

　　收藏单位：湖南馆、南京馆

02366

应用文概要　戴龙孙编著

南京：金陵大学农学院，1947.11，360 页，25 开

　　本书共 11 章：总论、公文写作技术、公文处理手续、书牍、电文、契约、规程、表簿、制图、计划书、其他应酬文字。

　　收藏单位：国家馆、南京馆

02367

应用文概要　瞿世镇　吴继铨编校

上海：春江书局，1938.8，134 页，32 开

上海：春江书局，1943.2，4 版，134 页，32 开

　　本书包括书信、电报、颂词、祭文、联语、柬帖、契约、章程、广告等各类应用文。

　　收藏单位：广东馆、南京馆、上海馆

02368

应用文件讲义　徐懋来讲述

浙江：浙江财务人员养成所，1932.6，160 页，18 开

　　本书为浙江财务人员养成所正科第二期讲义。分上下两编。上编：公文程式；下编：财政案牍。封面题名：应用文件。

　　收藏单位：浙江馆

02369

应用文件举要　蒋昂编著

外文题名：Models of social and business writings

上海：商务印书馆，1922.6，石印本，46+51 页，32 开

上海：商务印书馆，1926，4 版，石印本，46+51 页，32 开

上海：商务印书馆，1927.6，5 版，石印本，46+51 页，32 开

上海：商务印书馆，1930.1，7 版，石印本，46+51 页，32 开

上海：商务印书馆，1932.9，国难后 1 版，石印本，46+51 页，32 开

上海：商务印书馆，1933，国难后 2 版，石印本，46+51 页，32 开

上海：商务印书馆，1935.4，国难后 3 版，石印本，46+51 页，32 开

　　本书讲述应用文作法及格式。分上下两编。上编分书信、函牍两类；下编分票据、交际、各种杂件 3 类。

　　收藏单位：重庆馆、广东馆、广西馆、国家馆、河南馆、黑龙江馆、湖南馆、内蒙古馆、上海馆、首都馆

02370

应用文讲话　钱忠实编著

上海：乐华图书公司，1934.6，322 页，32 开

上海：乐华图书公司，1936.3，2 版，322 页，32 开

　　本书分总论、公牍、书启、简帖、广告、契据 6 讲。每讲后附习题。

　　收藏单位：重庆馆、广东馆、国家馆、上海馆、天津馆

02371

应用文讲义　陈抑甫著

福州：省立福州高级工业职业学校，1942.8，80 页，32 开

福州：省立福州高级工业职业学校，1943.8，再版，80 页，32 开

福州：省立福州高级工业职业学校，1946.8，5 版，80 页，32 开

　　本书分书启文、公文、契据等 4 章。书

后附各项送礼分类表。

　　收藏单位：重庆馆、国家馆、湖南馆、南京馆

02372

应用文讲义　景学涛编

出版者不详，1943，170 页，24 开

　　本书共 5 部分：公文类、书信类、契据类、柬帖类、联语类，内容涵盖公文之种类及程式、公文之用语、公文之示例、书信规则、书信用语、书信举例等。

　　收藏单位：重庆馆

02373

应用文讲义　彭飞陆编　徐谷生校阅

南昌：艺文书社，1941.2，162+170+190 页，25 开

南昌：艺文书社，1946.10，7 版，162+170+190 页，25 开

　　收藏单位：广东馆、江西馆

02374

应用文讲义　韦稚吕编

南川（重庆）：南川平儿院印刷所，[1940—1949]，1 册，32 开

　　本书分柬帖、契约、书启 3 章。

　　收藏单位：重庆馆

02375

应用文讲义（公文之部）　张峥阳讲授

重庆：侨民教育函授学校，[1938—1945]，58 页，16 开

　　收藏单位：南京馆

02376

应用文讲义大纲　陈豪编

交通管理人员训练班，1946，23 页，36 开

　　本书为中央训练团讲义。分 3 讲介绍如何学习应用文、应用文之范围以及公文程式。

　　收藏单位：重庆馆

02377

应用文精义　周乐山编著

上海：广益书局，1933.5，21+[489] 页，25 开

上海：广益书局，1934.5，再版，21+[489] 页，25 开

　　本书共 9 章，内容包括：公文、电文、函牍、书启、楹联、文契议约票据及其他、规章等。

　　收藏单位：国家馆、湖南馆、江西馆、天津馆

02378

应用文例解　李国栋编著

长春：益智书店，1935.4，164 页，25 开

　　本书前半部讲述公文、书札、电报、契约、章程、广告、交际等应用文的写法和格式，后半部为各类范文。

02379

应用文全程　石苇编著

上海：长风书店，1941.4，249 页，32 开

桂林：长风书店，1943.6，249 页，32 开

　　本书共 7 章：应用文绪论、书启、柬帖、联语、公文、契据、广告。附编：邮电常识。

　　收藏单位：重庆馆、广东馆、桂林馆、国家馆、上海馆、首都馆、西南大学馆

02380

应用文全程　石苇编著

上海：长风书店，1946.8，233 页，32 开

　　本书为酬世文柬手册，中学补充读本。共 7 章：应用文绪论、书启、柬帖、联语、公文、契据、广告。版权页题名：应用文大全。

　　收藏单位：浙江馆

02381

应用文手册　黄嘉焕 [编]

出版者不详，1946.12，石印本，1 册，32 开，环筒页装

　　收藏单位：广东馆、国家馆

02382

应用文手册　刘矫编著

成都、桂林：草原书局，1942.3，241 页，32 开

本书共 7 章：公文、契据、书启、柬帖、联语、广告、日用常识。

收藏单位：重庆馆、广东馆

02383

应用文写作指导 任苍厂编

成都：经纬书局，[1938.10]，蓉版，94 页，50 开

本书内容分 4 部分：什么是应用文、口头交涉和书面交涉、应用文的新趋势、作法。书末附录结婚仪式。

收藏单位：国家馆

02384

应用文新编 柳青编著

南平：天行社，1943.8，189 页，32 开

南平：天行社，1944.1，3 版，189 页，32 开

本书共 6 章：日记书启、庆吊文帖、联额幛语、规程约章、契据凭证、公告广告。

收藏单位：重庆馆、江西馆、浙江馆

02385

应用文选例 舒国华编

出版者不详，[1947.1]，208 页，36 开

本书分上行文、平行文、下行文、杂体文等部分，选收各类公文和应用文范例。书末附《公文之特点》《公文程式条例》等。

收藏单位：江西馆

02386

应用文一百篇 吴拯寰编

上海：三民图书公司，[1927—1937]，103 页，32 开

本书精选应用文 100 篇，分便条、卡片、明信片、电报、书信、柬帖等日常应用所必需之文字。

收藏单位：广西馆

02387

应用文指导 张匡 周阆风编著

上海：中华书局，1939.8，126 页，32 开

昆明：中华书局，1941.4，再版，126 页，32 开

本书分上下两篇。上篇介绍应用文的定义、用处、类别、作法等一般常识；下篇是对各类应用文的分析研究和试作。

收藏单位：国家馆、湖南馆、辽宁馆、上海馆、天津馆、浙江馆

02388

应用文作法 陈子展著

上海：文化社，1944.1，189 页，36 开

本书包括公牍、书启、联语、庆吊、广告、契约等应用文的作法。封面出版者题：文化出版社。

收藏单位：广东馆、南京馆、首都馆、浙江馆

02389

应用文作法 徐蓬轩编著

上海：世界书局，1932.12，240 页，32 开

上海：世界书局，1934.8，再版，240 页，32 开

上海：世界书局，1937，4 版，240 页，32 开

本书共 5 章：总说、书信类的作法、广告类的作法、票据类的作法、柬帖类的作法。

收藏单位：重庆馆、东北师大馆、广东馆、广西馆、国家馆、湖南馆、南京馆、首都馆

02390

应用文作法讲话 陈子展编

上海：北新书局，1931.8，364 页，25 开

上海：北新书局，1932.3，再版，364 页，25 开

上海：北新书局，1932.9，3 版，364 页，25 开

上海：北新书局，[1933]，4 版，364 页，25 开

上海：北新书局，1933.4，5 版，364 页，25 开

上海：北新书局，1934.10，6 版，364 页，25 开

上海：北新书局，1935.9，7 版，364 页，25 开

上海：北新书局，1937.2，8 版，364 页，25

开

上海：北新书局，1937.6，9 版，364 页，25 开

本书分公牍、电报、书启、庆吊、联语、契据、余论等 8 章。书名虽为《作法讲话》，实际上只是辑录上述各类应用文的范文。

收藏单位：重庆馆、广东馆、广西馆、国家馆、河南馆、湖南馆、吉林馆、江西馆、辽东学院馆、南京馆、内蒙古馆、上海馆、首都馆、西南大学馆

02391

应用新对联 卢兴福编著

桂林：文华书店，1943，88 页，64 开

本书主要有"新春家门""家堂""重门""后门"等 13 类对联。书前附作者弁言。

收藏单位：重庆馆、广西馆

02392

应用杂俎（下册） 张席珍编

博山：博山师范讲习所，1935，再版，89 叶，25 开，环筒页装

本书讲述应用文写法，分称谓、契约、对联、公文、杂集等类。

收藏单位：重庆馆

02393

语体书信文作法（及文范） 钱谦吾编

上海：南强书局，1931.8，310 页，32 开

上海：南强书局，1932.10，再版，310 页，32 开

本书共 3 编：语体书信文作法、语体书信文文范（上、下）。作法编讲述书信的意义、分类、作法等；文范编包括契诃夫、托尔斯泰、尼采等 7 位外国名人的书信 43 篇和周作人、谢冰心、鲁迅、郁达夫等 6 位中国作家的书信 22 篇。封面题名：语体书信文作法。

收藏单位：广西馆、国家馆、南京馆、上海馆、浙江馆

02394

语体书信作法 欧阳元编著

海屋出版社，1945.2，220 页，32 开

收藏单位：重庆馆、国家馆

02395

语体新尺牍 金湛庐编

上海：中华书局，1933.5，232 页，32 开

上海：中华书局，1933.10，再版，232 页，32 开

昆明：中华书局，1935.6，202 页，32 开（初中学生文库）

昆明：中华书局，1941.7，5 版，202 页，32 开（初中学生文库）

本书分家庭、社会、学校 3 编。家庭编包括：训勉、慰问、怀念、申诉等；社会编包括：庆贺、邀约、规劝、咨询、调解等；学校编包括：学校与学校间的往来、师生间的往来等。

收藏单位：重庆馆、广东馆、国家馆、湖南馆、江西馆、辽宁馆、南京馆、上海馆、浙江馆

02396

语体应用文范本 戴叔清著

上海：亚东图书馆，1929.8，410 页，32 开

上海：亚东图书馆，1931，再版，410 页，32 开

上海：亚东图书馆，1933.2，3 版，410 页，32 开

本书分日记、小品、书信 3 编。共收 32 篇应用文，其中包括鲁迅、谢冰心、郭沫若、胡适、王独清等人的作品。每编后附注释。

收藏单位：安徽馆、重庆馆、浙江馆

02397

语体应用文作法 戴叔清著

上海：亚东图书馆，1929.3，234 页，32 开

上海：亚东图书馆，1930.12，再版，234 页，32 开

上海：亚东图书馆，1933.2，3 版，234 页，32 开

本书内容包括日记作法、小品作法、书信作法、文艺上的自然描写法等。书后附录有周作人、郁达夫、夏丏尊等人的文章。

收藏单位：重庆馆、东北师大馆、广东

馆、广西馆、河南馆、内蒙古馆、上海馆、天津馆、浙江馆

02398

语文对照问答尺牍　周近新等编

广州：中华书局，1938.10，1 册，25 开，精装

　　本书分 4 卷，包含庆贺、慰问、吊唁、通候、询问、报告、营业、请托、辞退、借还、劝勉等 17 类，共有书信 360 封，涵盖所有社会日常交际上必需之函牍。

　　收藏单位：上海馆

02399

怎样写情书　许克家著

新民书局，1931，48 页，32 开

　　收藏单位：广东馆

02400

怎样写信　曹南风编著

重庆：沪江图书社，1948.5，45 页，32 开

　　本书共 10 章，内容包括：一封完全的信、对于收信人称呼、全信中最大的一部份、问安祝福的话、写信人的具名、写信的日期、信封的写法、明信片的性质及其写法等。

　　收藏单位：广西馆

02401

怎样写信　蒂克著

香港：民华出版社，1949，96 页，32 开（少年自修丛书）

　　收藏单位：国家馆

02402

怎样写信　郭家文著

桂林：文化供应社，1941.1，47 页，42 开（青年新知识丛刊）

　　本书共 10 节，内容包括：写信的意义、写信法的要点、信的组织、怎样写公函、明信片和便条的写法、书信的改革、信笺的写法、信封的写法等。

　　收藏单位：广东馆、国家馆

02403

怎样写信　胡怀琛编

上海：新中国书局，1933.2，45 页，32 开

上海：新中国书局，1934，4 版，45 页，32 开

　　本书为教育部选定小学国语科补充读物。编者原题：胡寄尘。

　　收藏单位：重庆馆、南京馆

02404

怎样写信给你的朋友　胡怀琛著

上海：商务印书馆，1933.12，82 页，32 开（小学生文库第 1 集语文类）

上海：商务印书馆，1934，再版，82 页，32 开（小学生文库 第 1 集 语文类）

　　本书内容包括：你要和你的朋友通信么、怎样写信等。编者原题：胡寄尘。

　　收藏单位：重庆馆、湖南馆、首都馆

02405

怎样写应用文　朱菱阳编著　殷佩斯校订

上海：商务印书馆，1936.3，46 页，32 开

上海：商务印书馆，1944.12，渝 1 版，46 页，32 开

　　本书以故事形式讲述书信、字条、票据、标语、章程、礼帖、贺年片等应用文的格式和写法。

　　收藏单位：重庆馆、国家馆、南京馆

02406

怎样作工作总结　大众书店编辑委员会选编

天津：大众书店，1949，1 册，32 开

　　本书为大众学习文选。共收录 3 篇文章：《必须要学会总结经验》（克·希达列夫）、《如何计划、检查与总结工作》（江陵）、《怎样作工作总结》（洪彦林）。

　　收藏单位：国家馆

02407

怎样作工作总结　洪彦林著

北平：新时代出版社，1949.9，再版，97 页，32 开

　　本书介绍作工作总结的意义及方法。共 8 章，内容包括：为什么要作工作总结、对"总

结"的认识、怎样总结工作、怎样研究与掌握规律性、工作总结与群众教育、养成总结研究的风气等。

　　收藏单位：天津馆

02408

怎样作工作总结（关于调查研究与业务之结合） 洪彦林著

辽南群众书店，1948.4，92 页，36 开

　　收藏单位：重庆馆

02409

怎样作工作总结（关于调查研究与业务之结合） 洪彦林著

香港：新民主出版社，1949.3，124 页，32 开

　　收藏单位：国家馆、吉大馆

02410

增补应世杂文

上海：广益书局，1922，40 页，32 开，环筒页装

　　本书包括婚礼帖式、封田帖等。书前有著者自序。书后附学校教室规则、学生记功表、学生记过表等。逐页题名：应世杂文。

　　收藏单位：首都馆

02411

增广唐著写信必读 孙虚生注释

安东：诚文信书局，1936.7，石印本，244 页，32 开

安东：诚文信书局，1940.5，再版，石印本，244 页，32 开

　　本书为唐芸洲编写的文言书信范本。共10 卷，有夹注。每页上端分列珠算大法、口诀和汉字字汇。附珠算字汇。

02412

增广唐著写信必读

上海：扫叶山房，1922，石印本，1 册，32 开

　　本书新增改正字汇。

　　收藏单位：江西馆

02413

增广唐著写信必读（国语注解） 赵云龙注解

上海：大文书局，1935，1 册，32 开

上海：大文书局，1936，3 版，1 册，32 开

　　本书分家书、贸易、问候、请托、短札、恳求、闺阁、庆慰等类，每函之后均译国语体一篇对照。内附最新简明算法、考正字汇。

　　收藏单位：重庆馆、首都馆

02414

增注模范商人尺牍 董坚志编纂　朱嘘元校订

上海：中西书局，1932.9，290 页，25 开（模范尺牍）

　　本书封面题名：模范商人尺牍。

　　收藏单位：江西馆

02415

增注模范应酬尺牍 董坚志编纂　朱嘘元校订

上海：中西书局，1932.9，320 页，25 开（模范尺牍）

　　本书封面题名：模范交际尺牍。

　　收藏单位：江西馆

02416

增注模范自荐尺牍 董坚志编纂　朱嘘元校订

上海：中西书局，1932.9，208 页，25 开（模范尺牍）

　　本书内容包括自荐国文教员书、自荐庶务员书、自荐会计员书等。封面题名：模范自荐尺牍。

　　收藏单位：江西馆

02417

战时军人尺牍 坚忍编

西安：九州书局，1938.12，56 页，50 开

　　本书分交际、服务、恳托 3 编。内容包括：贺军长到任信、贺新任团长信、问候当地老百姓信、询问防地敌情信、请拨军饷信、介绍军需信、托代请雇员信等。供武装同志战时使用。

收藏单位：重庆馆、国家馆

02418

战时应用文件　柴绍武编

绍兴：抗战建国社，1940.2，34 页，36 开（抗战建国丛书）

本书共两编：战时公文程式、各种声请书。

收藏单位：上海馆

02419

枕霞阁尺牍　徐枕亚编　张广生校阅

国学研究社，1931.4，156 页，25 开

收藏单位：江西馆

02420

正草尺牍临范（写信习字两用）　李蝶庄编

上海：中央书店，1947.2，再版，209 页，25 开

上海：中央书店，1949，新再版，209 页，25 开

本书为名家手写铜版影印本。封面题名：写信习字两用正草尺牍临范。

收藏单位：广东馆、江西馆

02421

正草问答分类民众书信大成　李润堂编著

大连：商业书局，1941.9，石印本，2 册（[368] 页），32 开，环筒页装

本书为书信范本。上册按家庭、夫妻、亲戚、通候等 10 类编排；下册按延请、请托、谋荐、借还、索催等 9 类编排。来信用正楷书写，答函以行草书写。封面加题：最新各界男女适用和民众宝库。

02422

政界尺牍大观（新著骈体）　王楚香编辑

上海：文明书局，1917.3，2 册（628 页），42 开

上海：文明书局，1920.7，3 版，628 页，42 开，精装

上海：文明书局，1924.3，6 版，2 册（628 页），42 开

上海：文明书局，1924.3，7 版，628 页，42 开，精装

本书为政界尺牍作法。分中央、外省、特别区域、勋位、勋章、宦秩 6 类，收范文七百余篇。书前有蠡湖老人弁言及渔隐小序。精装 1 册，平装 2 册。

收藏单位：黑龙江馆、江西馆、上海馆、首都馆

02423

职业应用文　潘文安编

上海：文明书局，1929.9，238 页，32 开

上海：文明书局，1932.4，再版，238 页，32 开

上海：文明书局，1934.12，3 版，238 页，32 开

本书共 9 章，内容包括：呈文、函牍、电报、合同、章程、契约、报告书等。有书写格式和范文。书前有编者弁言。

收藏单位：国家馆、黑龙江馆、吉林馆、江西馆、上海馆、天津馆、浙江馆

02424

职业应用文　潘文安编

上海：中华职业学校，1925.5，270 页，32 开

本书在编者同名书（1922 年版）的基础上增订而成。书前有："1916 年 7 月 29 日大总统教令第 28 号公布的公文程式。"版权页题名：高级职业应用文。

收藏单位：国家馆、首都馆、天津馆

02425

职业应用文　潘文安　叶公复编

上海：中华职业教育社，1922.8，194 页，32 开

本书内容包括函札、电报、章程、合同、呈文、契约、广告、传单等。

收藏单位：首都馆

02426

中华尺牍大全　沈瓶庵编

上海：中华书局，1914.12，1 册，50 开，精装

上海：中华书局，1915.11，7 版，1 册，50 开，精装

上海：中华书局，1924，35 版，1 册，50 开，精装

上海：中华书局，1929.3，44 版，1 册，50 开，精装

上海：中华书局，1940.9，55 版，3 册（[985]页），50 开

本书分上下两卷。上卷分政界、学界、军警界、实业界、妇女界、普通社会界 6 类；下卷分尺牍类腋、尺牍选粹、尺牍摘锦、尺牍称谓 4 类。

收藏单位：贵州馆、国家馆、江西馆、浙江馆

02427

中华尺牍大全答函　许德厚编

上海：中华书局，1940，9 版，1 册，50 开

本书将所收尺牍答函分为政界类、学界类、军警界类 3 卷。内容包括：复托友推荐人才、复侨商请保护、复请调查外情、复商论税则、复托聘外国教员、复托询某校章程、复禀告转学、复商论推广教育等。

收藏单位：广东馆

02428

中华商业尺牍　华鹏飞编

上海：中华书局，1912.11，石印本，120 页，27 开，环筒页装

上海：中华书局，1914.3，3 版，石印本，120 页，27 开，环筒页装

上海：中华书局，1934，34 版，石印本，120 页，27 开，环筒页装

本书为文言体，3 册合刊。卷端题名：中华初等商业尺牍。

收藏单位：上海馆

02429

中华应用文件大全　王楚香编　朱彦频增订

上海：中华书局，1919.5，[558] 页，42 开，精装

上海：中华书局，1932，12 版，[558] 页，42 开，精装

上海：中华书局，1935.8，14 版，[558] 页，42 开，精装

本书为日常应用文范本。分文词、函牍、联语、幛额、帖式、契据等 8 类。书前有编者弁言。

收藏单位：重庆馆、广东馆、广西馆、国家馆、黑龙江馆、吉林馆、江西馆、内蒙古馆、上海馆

02430

中级尺牍教本　商务印书馆函授学社国文科编

上海：商务印书馆，[1915—1946]，4 册（[160] 页），32 开

本书分概论、达情、述事、说理 4 编。有范例、说明、注释和练习题。

02431

中心及国民学校教师应用文　陈位烨编著

沙县：[福建省立沙县简易师范学校]，[1941]，250 页，32 开

收藏单位：福建馆

02432

中心及国民学校教师应用文　陈位烨编著

福建：沙师消费合作社，1942.5，再版，196 页，25 开（省立沙师辅导丛书 3）

收藏单位：广东馆、江西馆

02433

主计机构行文则例

出版者不详，[1911—1949]，30 页，25 开

收藏单位：江西馆

02434

注释尺牍进阶　李澹吾编纂

上海：商务印书馆，1918.8，149 页，36 开

上海：商务印书馆，1929.6，12 版，149 页，36 开

长沙：商务印书馆，1933.1，国难后 1 版，149 页，36 开

上海：商务印书馆，1937，国难后 2 版，149 页，36 开

长沙：商务印书馆，1938.10，国难后 4 版，149 页，36 开

长沙：商务印书馆，1941，国难后 6 版，149 页，36 开

本书内容包括：家庭类、戚族类、朋友类、社会类等。

收藏单位：广东馆、首都馆

02435

注释中华普通学生尺牍   中华书局辑注

昆明：中华书局，1940.12，98 页，32 开

本书为文言体应用尺牍范本。分家庭、亲戚、学校、社会等类。附注释。

收藏单位：广东馆、上海馆

02436

自荐尺牍（谋事必读）   韦月侣著

上海：广益书局，1934.5，再版，248 页，32 开

本书为文言对照读物。所收尺牍分农界自荐类、工界自荐类、学界自荐类、党部自荐类、政界自荐类、军界自荐类、警界自荐类、妇女界自荐类等部分。

收藏单位：广东馆

02437

自荐尺牍（谋生快览）   董坚志编著

上海：大中华书局，1936，再版，112 页，32 开

收藏单位：首都馆

02438

自荐新尺牍（言文对照 分类详注）   储菊人编著

苏州：力行出版社，1949.1，122 页，32 开

本书为书信范本。

02439

字汇尺牍句解合璧（初集 二集）   桃花馆主编

味香居士校录

上海：广益书局，1912，石印本，1 册，64 开

收藏单位：河南馆

02440

最新酬世文件   方秩音编

上海：大方书局，1940.3，422 页，32 开

上海：大方书局，1941，再版，422 页，32 开

本书分喜事、人事、丧事、商业、公事、善事 6 编。有例文说明。

收藏单位：国家馆、首都馆

02441

最新分类白话信

上海：泰东图书局，[1921.3]，1 册，大 64 开

本书选收书信范例。分家庭、社交、工商、论学类等。书前有白话书信总论，介绍书信称呼、格式及写法。

收藏单位：浙江馆

02442

最新各界白话尺牍大观   许慕羲著

上海：文益书局，1930.10，6 版，27+205+214+216 页，50 开

上海：文益书局，1932，7 版，27+205+214+216 页，50 开

本书举信式 500 例，分家族、亲戚、社交 3 类编排。各界适用。目次页题名：白话尺牍大观。

收藏单位：广东馆、国家馆

02443

最新各界白话尺牍大全   许德邻著

上海：崇文书局，1923，24 版，3 册，50 开

本书所收尺牍涵盖家庭类、亲友类等。书前有细目及例言。

收藏单位：首都馆

02444

最新各界酬世锦囊交际全书   刘铁冷撰述

楚声注释

上海：崇新书局，1926.4，12 版，2 册，42 开，精装

本书版权页题名：最新各界交际全书正补编。撰述者原题：铁冷。

收藏单位：国家馆

02445

最新交际尺牍　顾孟平编纂　黄兆英校阅

上海：天健书局，1940.12，108 页，25 开

　　收藏单位：江西馆

02446

最新交际尺牍　黄是余编

重庆：兄弟书店，1946，116 页，36 开

　　本书共 21 类，内容包括：通候、请求、恳讬、推荐、延聘、借贷、催索、报告、谋事、规劝、应允、慰问、邀约、离别、庆贺、吊唁等。各界适用。

　　收藏单位：重庆馆

02447

最新交际尺牍　赵容期编

桂林：南光书店，1943，100 页，32 开

　　本书所收尺牍分通候、请求等 21 类。

　　收藏单位：重庆馆

02448

最新交际大全　复光编著

重庆：明伦出版社，1947.4，198 页，32 开

重庆：明伦出版社，1948，再版，198 页，32开

　　本书为处世必备模范文牍。共 13 章，内容包括：日常应酬文件、实用交际尺牍、契约要诀、柬帖格式、楹联精华、公文程式等。封面题名：日用酬世快览（交际文范），版权页题名：（社交必备）交际大全，逐页题名：交际大全。

　　收藏单位：重庆馆、国家馆

02449

最新交际大全　钱公侠编

上海：启明书局，1947.9，302 页，50 开

　　本书共分 3 篇。上篇常识之部；中篇文件之部；下篇附录，包括电报新编和邮件资费表。逐页题名：交际大全。

02450

最新交际大全　周学权编著

桂林：建国书局，1943.3，168 页，32 开

桂林：建国书局，1943.3，再版，168 页，32 开

　　本书分文艺、酬世柬指导、楹联、抗建春联选集 4 章。包括结婚庆贺类、祝寿类等36 类。

　　收藏单位：重庆馆、贵州馆

02451

最新交际大全　朱建康编

上海：大文书局，1943，[453] 页，32 开

上海：大文书局，1945.7，3 版，[453] 页，32开

重庆：大文书局，1946，4 版，[453] 页，32开

重庆：大文书局，1949，7 版，[453] 页，32开

　　本书分文艺、诗词、联额、契据、尺牍、广告 6 类。各界适用。

　　收藏单位：重庆馆、国家馆、江西馆

02452

最新交际大全　朱建康编

[重庆]：新生书局，[1945]，[453] 页，32 开

　　收藏单位：重庆馆

02453

最新交际大全　朱楠秋编

奉天（沈阳）：东方书店，1939.6，3 册（785页），32 开

　　本书为交际应用文范汇编。分交际秘诀、礼节大全、日用文件、柬帖大全、公事文件、尺牍大观、联对大全等 14 部分。有格式说明和作法。封面题名：现代最新交际大全。

　　收藏单位：首都馆、天津馆

02454

最新交际大全

重庆：明伦出版社，1948，再版，289 页，32开（酬世万有文库）

　　本书共 14 章，内容包括：日常应酬文件、实用交际尺牍、契约要诀、柬帖格式、楹联精华、公文程式、法律诉讼等。

　　收藏单位：重庆馆

02455

最新交际大全

出版者不详，[1922—1949]，408 页，25 开

　　本书分祝贺类和奠祭类两编。

　　　收藏单位：江西馆

02456

最新交际大全（文牍必需） 方新民编

吉安：群力书局，1942.11，[420] 页，32 开

　　本书分文艺、诗词、尺牍、联额、契据、广告 6 类。

　　　收藏单位：江西馆

02457

最新交际大全（文牍必需） 黄是余著　熊益壮校

天健书局，1941.3，1 册，25 开

　　本书内容包括文艺、诗词、尺牍、联额、契据、广告等。

　　　收藏单位：江西馆

02458

最新女子尺牍（言文对照） 陈白云编

上海：南星书店，1933，12+222 页，32 开

上海：南星书店，1935.2，改订版，12+222 页，32 开

　　本书分家庭、亲戚、学校、社会 4 类。有详细注释。书前有作者的编辑大意。书末附便条式、名片式、明信片式、信封式 4 类。

　　　收藏单位：广东馆、国家馆

02459

最新普通尺牍大全 倪维编著

重庆：群力出版社，1945.7，148 页，32 开

　　本书为言文对照尺牍范本。所收尺牍分庆贺类、商业类、学校类、家族类、妇女类等 7 类。书后附便签举例。逐页题名：普通尺牍大全。

　　　收藏单位：国家馆

02460

最新契约大全 安徒司编

上海：华华书店，1947.5，263 页，32 开

　　本书共 3 章。第 1 章契约总说，对契约大纲作简要的说明；第 2 章债权契约，凡民法债编内可为契约程式者，均为举尽；第 3 章其他契约，凡不属于债权之物权、亲属、继承等契约，咸为之详列。

　　　收藏单位：广东馆、广西馆

02461

最新契约大全 莫崇卿编著

桂林：南光书店，1943.8，108 页，36 开

　　本书内容包括：总论、买卖契约程式、互易契约程式、赠与契约程式、借贷契约程式、租赁契约程式、出版契约程式、委任契约程式等。

　　　收藏单位：重庆馆

02462

最新契约大全 赵圣鸣编著

上海：应用图书社，1941.10，273 页，36 开

　　本书共 4 章：契约总说、债权契约、其他契约、杂录。封面题名：现代适用最新契约大全。

　　　收藏单位：重庆馆、广东馆、广西馆、湖南馆、南京馆

02463

最新日用酬世快览 许金英编

赣县：文化书社，1946.5，再版，1 册，25 开

　　本书内容包括：文艺、诗词、尺牍、契据、广告等。

　　　收藏单位：江西馆

02464

最新日用书信大全 王昌硕编

桂林：实学书局，1941.11，264 页，32 开

桂林：实学书局，1942.4，再版，264 页，32 开

桂林：实学书局，1942.12，3 版，264 页，32 开

桂林：实学书局，1942，修订 4 版，264 页，32 开

　　本书共分两编：书信方法和各类书信范例。

收藏单位：重庆馆、广东馆、广西馆、国家馆

02465
最新日用书信大全
出版者不详，[1935—1949]，392 页，25 开
　　收藏单位：江西馆

02466
最新商业尺牍　杨宏林编
北平：泰山堂书局，1947.8，5 版，123 页，32 开
　　本书为学生补充自修课本。内容包括：家信类、问候类等。
　　收藏单位：首都馆

02467
最新商业新尺牍（言文对照）　陶性编辑
吉安：大亨书局，1943.3，150 页，25 开
　　本书封面题名前加题：分类译注，男女适用。
　　收藏单位：江西馆

02468
最新实用尺牍　陈梅盦编
总动员出版社，1944.3，88 页，25 开（实用丛书 4）
　　收藏单位：江西馆

02469
最新现代交际大全　许金英编　王月芬校
赣县：文化书社，1946.5，再版，1 册，25 开
　　本书内容包括：文艺、诗词、尺牍、契据、广告等。
　　收藏单位：江西馆

02470
最新现代交际大全
出版者不详，[1937—1949]，234 页，25 开（世界宝库）
　　本书内容包括：最新普通交际新尺牍、最新现代交际全书契约、最新现代交际全书广告等。

收藏单位：江西馆

02471
最新现代交际全书
出版者不详，[1937—1949]，324 页，25 开（万有宝库）
　　收藏单位：江西馆

02472
最新现代日用应酬大全　许金英编
现实教育研究社，[1937—1949]，224 页，25 开（万有宝库）
　　本书其他题名：最新现代日用应酬大全广告。
　　收藏单位：江西馆

02473
最新乡党应酬
长沙：集古书局，1941.4，1 册，32 开
　　本书封面题名：最新精选乡党应酬，卷端题名：乡党应酬，逐页题名：乡党应酬尺牍。
　　收藏单位：广西馆、湖南馆

02474
最新应用文　胡怀琛编著
上海：世界书局，1932.10，[295] 页，25 开
上海：世界书局，1933.3，再版，[295] 页，25 开
　　本书分本体论、预备论、方法论 3 编。书前有例言。书后附录应用文话。高中大学适用。
　　收藏单位：广东馆、国家馆、湖南馆、吉林馆、江西馆、首都馆、天津馆

02475
最新应用文　王夐编著
成都：东方书社，1945.4，蓉版，316 页，32 开
　　本书共 6 章：日记书启、庆吊文帖、联额幛语、规程约章、契据凭证、公告广告。
　　收藏单位：重庆馆、国家馆

02476

最新应用文大全　陈平编著

重庆：上海进化书局，1947，247 页，32 开

重庆：上海进化书局，1949.4，2 版，247 页，32 开

　　本书讲述各种应用文的写法，分公文、贺喜、祝寿、丧祭、其他等 5 类。目次页题名：最新应酬文大全。

　　　收藏单位：重庆馆、江西馆

02477

最新应用文精华

桂林：野草书屋，[1937—1949]，242 页，32 开

　　本书收呈文、令批、指令、批示、布告、楹联、喊祭程序、祭文、其他 9 类应用文。

　　　收藏单位：重庆馆、南京馆

02478

最新应用文类例　无公编

成都：复兴书局，1943.9，[462] 页，32 开

　　本书分简启、契据、公牍 3 编。讲述应用文体的要义和各体应用文的作法。

　　　收藏单位：国家馆、河南馆、吉林馆、江西馆、南京馆

02479

最新应用文手册　鲁衍编著

重庆：智林书局，1949，274 页，32 开

　　本书封面题名：应用文手册。

　　　收藏单位：重庆馆

02480

最新应用文手册　王夐编著

上海：上海杂志公司，1946.11，316 页，32 开

上海：上海杂志公司，1948，2 版，316 页，32 开

　　本书共 6 章：日记书启、庆吊文帖、联额幛语、规程约章、契据凭证、公告广告。

　　　收藏单位：重庆馆、广东馆、国家馆、河南馆、上海馆

02481

最新整年模范日记（元月一日起十二月三十一日止）　饶正宁编著

万县：中华书局，[1939—1945]，278 页，32 开

　　　收藏单位：重庆馆

02482

最新注解分类尺牍大全

[上海]：[大东书局]，[1925—1949]，1 册，50 开

　　本书分 5 编：政界、学界、商界、女界、各界通用。按类收辑书信范例，字句间有夹注。

　　　收藏单位：国家馆

标点法

02483

标点符号　效厂编

重庆：教育部民众读物编审委员会，[1937—1945]，26 页，50 开

　　　收藏单位：国家馆、吉林馆

02484

标点符号的意义和用法　黄承燊编

台北：台湾书店，1947.4，39 页，32 开（光复文库 2）

　　本书共 12 章，介绍了为什么要用标点符号、标点符号的种类和名称、功用、八种用法以及使用的注意事项。

　　　收藏单位：国家馆、吉林馆、南京馆

02485

标点符号各点名称之检讨　郑彪文著

出版者不详，1938，5 叶，25 开

　　　收藏单位：福建馆

02486

标点符号使用法　白云著

上海：大中华书局，1935，74 页，32 开

　　本书是为中学生而编。分 13 节，每节讲

一标点的用法。除将各种标点分门别类解释外，并在每节后附习题。

收藏单位：重庆馆

02487

标点符号使用法　胡怀琛编著

上海：世界书局，1931.4，97 页，32 开

上海：世界书局，1931.8，再版，97 页，32 开

上海：世界书局，1931，3 版，97 页，32 开

上海：世界书局，1932.10，4 版，97 页，32 开

上海：世界书局，1933.3，5 版，97 页，32 开

上海：世界书局，1934.6，6 版，97 页，32 开

上海：世界书局，1934.10，7 版，97 页，32 开

上海：世界书局，1936.11，9 版，97 页，32 开

本书共 7 章，内容包括：标点符号议案、议案外的标点符号、标点符号用法的变例、标点符号用法的疑问、古书中文字本身是标点等。

收藏单位：安徽馆、重庆馆、广东馆、广西馆、国家馆、河南馆、黑龙江馆、湖南馆、江西馆、南京馆、内蒙古馆、山西馆、首都馆、天津馆、浙江馆

02488

标点符号用法　阮觉君编述

安化：大中学社，1942.3，57 页，36 开，环简页装

本书除导言、结论外，分新式标点符号、公文标点符号、旧式句点符号 3 编。

收藏单位：重庆馆

02489

标点符号怎样使用　锡金著

哈尔滨：光华书店，1948.9，东北版，88 页，32 开（青年学习丛书）

光华书店，1949.5，67 页，32 开

本书共 5 章：引言、点号、标号、其他几种印刷中常见的符号、余论。附录（一）标点符号一览表；（二）几种通行的修改文字的方法和符号；（三）几种通行的校对印刷文字的方法和符号。

收藏单位：重庆馆、东北师大馆、国家馆、天津馆

02490

标点符号怎样使用　锡金著

[沈阳]：新中国书店，1948.9，88 页，36 开（青年学习丛书）

[沈阳]：新中国书店，1949.3，再版，88 页，36 开（青年学习丛书）

收藏单位：广东馆、国家馆

02491

标点使用法（中英文）　程道清著

重庆：商务印书馆，1944.8，14+80+79 页，32 开

重庆：商务印书馆，1945.10，再版，14+80+79 页，32 开

本书为中英文对照图书，内容分为规则组和答案组两部分。书前有郭沫若序和张治中题字"文章津梁"。

收藏单位：重庆馆、广东馆、国家馆、南京馆、西南大学馆

02492

国文国语公文应用标点符号（一名，新式标点符号注补）　胡适修正　黎锦熙编注

西安：中国文化服务社陕西分社，1942，40 页，32 开

本书介绍新式标点符号的种类和用法。附录旧式点句符号。

收藏单位：重庆馆

02493

国语统一筹备会请教育部颁行新式标点符号议案　[国语统一筹备会编]

国语统一筹备会，1922.10，16 页，24 开

收藏单位：国家馆

02494

新式标点符号案（修正案）　胡适等著

出版者不详，[1919.11]，14 页，18 开

本书共 4 部分：释名、标点符号的种类、用法、理由。其中第 2 部分对句号、点号、分号、冒号、问好、惊叹号、引号、破折号、删节号、夹注号、私名号、书名号等的用法举例说明。本案提议人有马裕藻、周作人、

朱希祖、刘复、钱玄同、胡适。

收藏单位：国家馆、南京馆

02495

新式标点符号教本 冯昭梵编著

上海：开华书局，1934.12，57 页，32 开

上海：开华书局，1936.2，再版，57 页，32 开

本书分标点符号的简史、种类、功用、用法举例、练习题等 8 节。曾发表于广州《民国日报》南国副刊。

收藏单位：重庆馆、江西馆

02496

新式标点符号使用法 马国英编

上海：中华书局，1922.12，54 页，22 开

上海：中华书局，1924.3，7 版，54 页，22 开

上海：中华书局，1924.11，10 版，54 页，22 开

上海：中华书局，1925.9，11 版，54 页，22 开

上海：中华书局，1929.9，24 版，54 页，22 开

上海：中华书局，1930，26 版，54 页，22 开

上海：中华书局，1931，31 版，54 页，22 开

上海：中华书局，1931.7，32 版，54 页，22 开

上海：中华书局，1933.7，35 版，54 页，22 开

上海：中华书局，1936.2，72 页，32 开（初中学生文库）

上海：中华书局，1947.12，72 页，32 开（中华文库 初中 第 1 集）

本书讲述当时教育部颁行的 12 种新式标点符号使用法。书末有练习题及答案。

收藏单位：重庆馆、广东馆、广西馆、国家馆、湖南馆、江西馆、南京馆、宁夏馆、首都馆、浙江馆

02497

新式标点使用法（第 2 册） 中华书局函授学校编

上海：中华书局，[1926—1949]，17—32 页，32 开（初级国文科讲义 第 5 种）

本书为初级国文科讲义。附练习及试题。

02498

新式标点用法详解 赵景深编

上海：中原书局，1928，再版，63 页，32 开

上海：中原书局，1930.4，4 版，63 页，32 开

本书内容包括：标点的历史观、标点的功用、标之研究等。

收藏单位：河南馆、浙江馆

02499

怎样使用标点符号？ 大智编

石家庄：石家庄日报社，1949.5，20 页，32 开

本书为干部文化学习补助材料。

收藏单位：国家馆

02500

怎样使用标点符号 大智编

正定县：正定县委机关学委会，1949.5，20 页，32 开

收藏单位：国家馆

02501

怎样使用标点符号 乐嗣炳编著

上海：大众书局，1933.8，114 页，32 开

上海：大众书局，1933.10，再版，114 页，32 开

本书共 7 章：绪言、文法的基础、新式标点符号、旧式句点符号、发展活用及新生、误用及滥用、标点符号的功效。

收藏单位：广西馆、国家馆、江西馆、上海馆、天津馆、浙江馆

02502

怎样使用标点符号？ 史雪怀著

长春：山城书坊，1943.4，102 页，32 开

长春：山城书坊，1943.9，再版，102 页，32 开

本书举例详解各种标点符号的用法。有练习题及答案。

收藏单位：吉林馆

02503

增订新式标点符号 戴述胜编著

[南昌]：江西中学校，1935.10，18 页，25 开

收藏单位：江西馆

02504

最新标点符号 颜仪民编著

北平：戊辰学社，1932.11，68 页，32 开

收藏单位：国家馆

字书、字典、词典

02505

白话词典（国音标准） 方宾观编 方毅校订

外文题名：A pronouncing dictionary of colloquial Chinese

上海：商务印书馆，1924.3，30+616 页，36 开

上海：商务印书馆，1925，再版，30+616 页，36 开

上海：商务印书馆，1926.6，3 版，30+616 页，36 开

上海：商务印书馆，1928，4 版，30+616 页，36 开

上海：商务印书馆，1933.1，国难后 1 版，30+616 页，36 开

长沙：商务印书馆，1938.10，国难后 5 版，30+616 页，36 开

上海：商务印书馆，1939.8，国难后 6 版，30+616 页，36 开

本书专收一般名词、成语和方言，不收单字。注音字母注音，语体解释。按笔画多少排列。书前有例言。

收藏单位：广东馆、国家馆、华东师大馆、南京馆、上海馆、绍兴馆、首都馆、天津馆、浙江馆

02506

标准国音实用新字典 屠思聪编辑

上海：东方书社，1949，296 页，64 开

收藏单位：国家馆

02507

标准国音学生新字典 瞿世镇 钱释云 金熙章编

上海：三民图书公司，1933.8，[16]+411+[43] 页，64 开

上海：三民图书公司，1934，3 版，[16]+411+[43] 页，64 开

上海：三民图书公司，1936.3，5 版，[16]+411+[43] 页，64 开

本书收字 9000 多个。注音符号注音，按部首检字。附同异字表、国文国语文法分类表、新式标点使用一览表。供中学生及一般读者用。

收藏单位：国家馆

02508

标准国音学生新字典 张文治等编

上海：中央书局，1947，11 版，1 册，36 开

收藏单位：国家馆、内蒙古馆

02509

标准国音学生字典 世界书局编辑所编 朱翊新增修

上海：世界书局，1936.3，[16]+532+14 页，48 开，精、平装

上海：世界书局，1943.5，赣 6 版，[16]+532+14 页，48 开，精、平装

本字典按部首检字。附录（一）国语文法简表；（二）我国历代年数表；（三）全国各省区面积人口表；（四）各国度量衡币表；（五）化学元素名称表。

收藏单位：广东馆、国家馆、江西馆

02510

标准国音学生字典 张文治等编

上海：中华书局，1935.8，[445] 页，36 开

上海：中华书局，1947.2，11 版，[445] 页，36 开

本书收字 8000 多个。用注音字母、同音汉字注音。按部首编排。附录（一）教育部公布第一批简体字表；（二）度量衡标准制正名表；（三）度量衡新制简便折合表；（四）化学元素表。

收藏单位：国家馆、江西馆、南京馆、浙江馆

02511

标准国音中小字典 刘半农编

上海：北新书局，1937.7，[791] 页，36 开，精装

本书收字 8654 个，依《国音常用字汇》注音及 393 个同音汉字注音。按部首检字。书前有自序和直音字全表；书末附有电报补遗备查表、电报新添字码备查表、国音字母表。编者原题：刘复。

收藏单位：广东馆、国家馆、黑龙江馆、吉林馆、南京馆、首都馆、天津馆、浙江馆

02512

标准国音字典 鲍叔良编

[上海]：[广益书局]，[1930—1939]，14+[380] 页，36 开

上海：广益书局，1940.7，再版，14+[380] 页，36 开

本书有注音符号、罗马字拼音、反切三种注音。书前有检字表。供学生和普通识字者使用。

收藏单位：国家馆、首都馆、浙江馆

02513

标准国音字典 陆廉翁编

上海：新民书局，1935，1 册，32 开

上海：新民书局，1935.7，再版，1 册，32 开

上海：新民书局，1936.3，再版，1 册，32 开

上海：新民书局，1937.1，[再版]，1 册，32 开

本书有注音符号、罗马字拼音、反切三种注音。书前有检字表。适用于中小学生。

收藏单位：广东馆、广西馆、湖南馆、江西馆、绍兴馆、首都馆

02514

标准学生字典（词性分解） 朱翊新编

世界书局，1943，3 版，578+16 页，50 开，精装

世界书局，1946.9，6 版，578+16 页，50 开，精装

本书是遵照国音常用字汇定的注音而新编的字典，依照文法上的词性分别注出、举例说明。

收藏单位：首都馆

02515

标准语大辞典 全国国语教育促进会审词委员会编

上海：商务印书馆，1935.12，638+[50] 页，32 开，精装

上海：商务印书馆，1936.4，再版，638+[50] 页，32 开，精装

上海：商务印书馆，1937.11，4 版，638+[50] 页，32 开，精装

本书收标准字、词、语共 36000 多个。单字用注音符号和国语罗马字注音，按部首编排。后附补遗和四角号码索引。

收藏单位：贵州馆、国家馆、湖南馆、南京馆、内蒙古馆、山西馆、上海馆、首都馆、天津馆

02516

常用字选 蔡乐生编

[成都]：四川省立教育科学馆，[1946.8]，72 页，16 开

本书为四川省立教育科学馆专题报告，为编制扫盲课本用的研究资料。内容包括常用字研究、常用字选（2000 字）两部分。书前有序，书后附录检字。初版年月据写序时间。

收藏单位：国家馆

02517

词典精华 翟健雄编辑

南京：世界出版社，1947.5，1313+38 页，32 开，精装

本书只收一般通用名词和成语，包括国学典故、欧美故事、童谣、俗谚、圣经等方面的词汇，不列单字。每词语均注明出处，按笔画多少编排。书末附补遗和索引。

收藏单位：东北师大馆、国家馆、内蒙古馆、上海馆、首都馆

02518

词性分解红皮新式中华字典 黄钟瀛编

上海：世界书局，1927.1，[786] 页，32 开，精装

上海：世界书局，1928.9，11 版，[786] 页，32 开，精装

上海：世界书局，1931.3，16 版，[786] 页，32 开，精装

上海：世界书局，1932，17 版，[786] 页，32 开，精装

上海：世界书局，1933，19 版，[786] 页，32 开，精装

上海：世界书局，1936.10，28 版，[786] 页，32 开，精装

本书供学生查字用。收字 1 万多个。有注音字母、同音汉字、反切 3 种注音。按部首编排。封面题名：词性分解新式中华字典，版权页题名：词性分解红皮中华字典，编辑大意中定名：词性分解简明学生字典。

收藏单位：重庆馆、国家馆、湖南馆、南京馆、首都馆、浙江馆

02519

辞辩

出版者不详，[1932—1949]，12+150 页，32 开

本书为厘正辞源正续编，共 600 余条。

收藏单位：国家馆、南京馆

02520

辞典

出版者不详，[1911—1949]，1 册，16 开

收藏单位：广西馆

02521

辞林（大众实用） 蔡丏因编

上海：世界书局，1936.2，18+1530+[440] 页，48 开，精装

上海：世界书局，1936.3，3 版，18+1530+ [440] 页，48 开，精装

上海：世界书局，1936.4，5 版，18+1530+[440] 页，48 开，精装

上海：世界书局，1949，1530+148 页，32 开

本书所收单字、词语限于常用。按"八部检字法"检索。附笔画检字表。后有补编及大事年表、各国概况、简体字等 21 种附表。书脊题名：大众实用辞林。

收藏单位：国家馆、辽师大馆、南京馆、山西馆、首都馆、天津馆

02522

辞书

出版者不详，[1912]，3 册，50 开

收藏单位：江西馆

02523

辞渊 周华严著

上海：青光出版社，1949，3 版，2 册，32 开

本书后附四角号码索引。

收藏单位：河南馆、山西馆

02524

辞渊 周华严等编纂

上海：青光书局，[1948—1949]，2 册（1712+131+110 页），50 开，精装

上海：青光书局，1949.1，2 版，2 册（1712+140+ 110 页），50 开，精装

收藏单位：安徽馆、东北师大馆、广西馆、湖南馆、南京馆、宁夏馆、首都馆、天津馆

02525

辞源 方毅等编

外文题名：The Chinese encyclopedic dictionary

上海：商务印书馆，1937.5，13 版，2 册，32 开，精装

上海：商务印书馆，1937.11，16 版，2 册，32 开，精装

上海：商务印书馆，[1938]，17 版，2 册，32 开

本书分子集和午集。书后附辞源附录。

收藏单位：广东馆、贵州馆、国家馆、江西馆、南京馆、山西馆

02526

辞源 陆尔奎等编

外文题名：The Chinese encyclopedic dictionary

上海：商务印书馆，1915.10，2 册，32 开，精装

上海：商务印书馆，1916，再版，2 册，32 开，精装

上海：商务印书馆，1917，6 版，2 册，32 开，精装

上海：商务印书馆，1925.4，16 版，2 册，32 开，精装

上海：商务印书馆，1930.10，26 版，2 册，32 开，精装

上海：商务印书馆，1932.6，国难后 6 版，2 册，32 开，精装

上海：商务印书馆，1932.12，国难后 12 版，2 册，32 开，精装

《辞源》以旧有的字书、韵书、类书为基础，吸收了现代词书的特点，以语词为主，兼收百科；以常见为主，结合书证，重在溯源。是我国现代第一部较大规模的语文词书。

收藏单位：安徽馆、重庆馆、东北师大馆、广东馆、广西馆、国家馆、河南馆、湖南馆、江西馆、近代史所、山西馆、上海馆、绍兴馆

02527

辞源（乙种）　陆尔奎等编

外文题名：The Chinese encyclopedic dictionary

上海：商务印书馆，1915.10，2 册，16 开，精装

上海：商务印书馆，1916.10，再版，2 册，16 开，精装

上海：商务印书馆，1927.9，6 版，2 册，16 开，精装

收藏单位：国家馆、辽师大馆、南京馆、上海馆、绍兴馆

02528

辞源（丙种）　陆尔奎等编校

外文题名：The Chinese encyclopedic dictionary

上海：商务印书馆，1915.10，2 册，16 开，精装

上海：商务印书馆，1924.7，5 版，2 册，16 开，精装

上海：商务印书馆，1927.9，6 版，2 册，16 开，精装

收藏单位：重庆馆、大庆馆、广东馆、国家馆、江西馆、近代史所、南京馆、内蒙古馆、山西馆、上海馆、天津馆

02529

辞源（丁种）　陆尔奎等编校

外文题名：The Chinese encyclopedic dictionary

上海：商务印书馆，1915.10，2 册，32 开，精装

上海：商务印书馆，1918.9，10 版，2 册，32 开，精装

上海：商务印书馆，1919.12，13 版，2 册，32 开，精装

上海：商务印书馆，1920.10，16 版，2 册，32 开，精装

上海：商务印书馆，1922.2，17 版，2 册，32 开，精装

上海：商务印书馆，1923.5，18 版，2 册，32 开，精装

上海：商务印书馆，1923.11，19 版，2 册，32 开，精装

上海：商务印书馆，1925.1，20 版，2 册，32 开，精装

上海：商务印书馆，1926.6，22 版，2 册，32 开，精装

上海：商务印书馆，1927.1，23 版，2 册，32 开，精装

上海：商务印书馆，1928.2，24 版，2 册，32 开，精装

上海：商务印书馆，1930.10，26 版，2 册，32 开，精装

上海：商务印书馆，1932.6，国难后 6 版，2 册，32 开，精装

上海：商务印书馆，1932.12，国难后 12 版，2 册，32 开，精装

上海：商务印书馆，1933.3，国难后 16 版，2 册，32 开，精装

上海：商务印书馆，1933.3，国难后 18 版，2 册，32 开，精装

上海：商务印书馆，1935.5，国难后 20 版，2 册，32 开，精装

《辞源》是一部语文性辞典。以旧有的字

书、韵书、类书为基础，吸收了现代词书的特点，以语词为主，兼收百科；以常见为主，结合书证，重在溯源。是我国现代第一部较大规模的语文词书。收录内容一般止于 1840 年以前的古代汉语、一般词语、常用词语、成语、典故，兼收各种术语、人名、地名、书名、文物、典章制度。

收藏单位：重庆馆、大庆馆、东北师大馆、广西馆、桂林馆、国家馆、河南馆、近代史所、南京馆、内蒙古馆、宁夏馆、上海馆、绍兴馆、首都馆、天津馆、西南大学馆、浙江馆

内部

02530

辞源（丁种 普及本）　方毅等编

外文题名：The Chinese encyclopedic dictionary

上海：商务印书馆，1937.2，2 册，32 开，精装

上海：商务印书馆，1937.5，13 版，2 册，32 开，精装

上海：商务印书馆，1937.6，17 版，2 册，32 开

上海：商务印书馆，1937.12，19 版，2 册，32 开，精装

本书收单字 1 万余个、词目近 10 万条，是一部语文性辞典。收录内容一般止于 1840 年以前的古代汉语、一般词语、常用词语、成语、典故，兼收各种术语、人名、地名、书名、文物、典章制度。

收藏单位：重庆馆、东北师大馆、贵州馆、国家馆、南京馆、内蒙古馆、浙江馆

02531

辞源（戊种）　陆尔奎等编

外文题名：The Chinese encyclopedic dictionary

上海：商务印书馆，1927.5，18 版，2 册，50 开，精装

上海：商务印书馆，1930.7，20 版，2 册，50 开，精装

上海：商务印书馆，1933.1，国难后 1 版，2 册，50 开，精装

上海：商务印书馆，1933.1，国难后 8 版，2 册，50 开，精装

上海：商务印书馆，1933.4，国难后 11 版，2 册，50 开，精装

上海：商务印书馆，1935.5，国难后 25 版，2 册，50 开，精装

《辞源》是一部语文性辞典。以旧有的字书、韵书、类书为基础，吸收了现代词书的特点，以语词为主，兼收百科；以常见为主，结合书证，重在溯源。收录内容一般止于 1840 年以前的古代汉语、一般词语、常用词语、成语、典故，兼收各种术语、人名、地名、书名、文物、典章制度。

收藏单位：东北师大馆、广东馆、国家馆、江西馆、南京馆、上海馆、绍兴馆、新疆馆、浙江馆

02532

辞源（续编）　方毅等编

外文题名：The Chinese encyclopedic dictionary

上海：商务印书馆，1931.12，[1568] 页，16 开，精装

上海：商务印书馆，1933.5，1 册，22 开，精装（万有文库 第 1 集）

上海：商务印书馆，1933.5，4 版，[1568] 页，50 开，精装

上海：商务印书馆，1935.5，24 版，[1568] 页，50 开，精装

《辞源》以旧有的字书、韵书、类书为基础，吸收了现代词书的特点，以语词为主，兼收百科；以常见为主，结合书证，重在溯源。是我国现代第一部较大规模的语文词书，共 3 册，正编 2 册，续编 1 册。续编对正编有词条上的增加和释义上的补充。

收藏单位：重庆馆、广西馆、贵州馆、国家馆、湖南馆、江西馆、辽大馆、上海馆、绍兴馆、首都馆、中科图

02533

辞源（续编 丙种）　方毅等主编

外文题名：The Chinese encyclopedic dictionary

上海：商务印书馆，1931.12，1 册，16 开，精装

《辞源》以旧有的字书、韵书、类书为基

础，吸收了现代词书的特点，以语词为主，兼收百科；以常见为主，结合书证，重在溯源。是我国现代第一部较大规模的语文词书。续编对正编有词条上的增加和释义上的补充。

收藏单位：国家馆、南京馆、绍兴馆、天津馆

02534
辞源（续编 丁种） 方毅等编
外文题名：The Chinese encyclopedic dictionary
上海：商务印书馆，1931.12，1册，32开，精装
上海：商务印书馆，1931，5版，1册，32开，精装
上海：商务印书馆，1932.7，国难后1版，1册，32开，精装
上海：商务印书馆，1932.8，国难后4版，1册，32开，精装
上海：商务印书馆，1932.8，国难后10版，1册，32开，精装
上海：商务印书馆，1933.5，国难后12版，1册，32开，精装
上海：商务印书馆，1935.5，国难后13版，1册，32开，精装
上海：商务印书馆，1937.1，国难后16版，1册，32开，精装
上海：商务印书馆，1937.4，6版，1册，32开，精装
上海：商务印书馆，1937，8版，1册，32开，精装
上海：商务印书馆，1937.6，13版，1册，32开，精装

收藏单位：重庆馆、大庆馆、东北师大馆、广西馆、贵州馆、国家馆、湖南馆、江西馆、辽宁馆、辽师大馆、南京馆、宁夏馆、上海馆、绍兴馆、首都馆、天津馆、西南大学馆、浙江馆

02535
辞源（续编 丁种 普及本） 方毅等编
外文题名：The Chinese encyclopedic dictionary
上海：商务印书馆，1937.8，[1568]页，32开，精装

上海：商务印书馆，1937.11，16版，[1568]页，32开，精装
长沙：商务印书馆，1938.4，17版，[1568]页，32开，精装

收藏单位：广西馆、国家馆、上海馆、首都馆

02536
辞源（续编 戊种） 方毅等编
外文题名：The Chinese encyclopedic dictionary
上海：商务印书馆，1933.4，1册，50开，精装
上海：商务印书馆，1933.5，14版，1册，50开，精装
上海：商务印书馆，1933.8，20版，1册，50开，精装
上海：商务印书馆，1935.5，25版，1册，50开，精装

《辞源》以旧有的字书、韵书、类书为基础，吸收了现代词书的特点，以语词为主，兼收百科；以常见为主，结合书证，重在溯源。是我国现代第一部较大规模的语文词书。续编是对正编有词条上的增加和释义上的补充。

收藏单位：重庆馆、大庆馆、东北师大馆、广东馆、广西馆、国家馆、河南馆、南京馆、宁夏馆、上海馆、绍兴馆、浙江馆

02537
辞源（样本呈正） 陆尔奎等编
上海：商务印书馆，[1915]，34页，18开
本书内容包括“辞源说略”“辞源选录”“辞源·子集”。
收藏单位：国家馆

02538
辞源（正编） 陆尔奎等编
外文题名：The Chinese encyclopedic dictionary
上海：商务印书馆，1933.5，4版，2册，32开，精装
上海：商务印书馆，1933.12，2册，23开，精装（万有文库第1集）
《辞源》以旧有的字书、韵书、类书为基

础，吸收了现代词书的特点，以语词为主，兼收百科；以常见为主，结合书证，重在溯源。是我国现代第一部较大规模的语文词书。共 3 册，正编 2 册，续编 1 册。

　　收藏单位：重庆馆、辽大馆、宁夏馆、绍兴馆、首都馆

02539

辞源（正续编） 方毅等编
外文题名：The Chinese encyclopedic dictionary
上海：商务印书馆，1933.12，3 册，32 开（万有文库 第 1 集）
上海：商务印书馆，1937，3 册，32 开
　　《辞源》以旧有的字书、韵书、类书为基础，吸收了现代词书的特点，以语词为主，兼收百科；以常见为主，结合书证，重在溯源。是我国现代第一部较大规模的语文词书。全书共 3 册，正编 2 册，续编 1 册。续编对正编有词条上的增加和释义上的补充。

　　收藏单位：近代史所、宁夏馆、山西馆

02540

辞源（正续编合订本） 方宾观等编辑
上海：商务印书馆，1949，3 版，2 册，22 开，精装
　　本书附四角号码索引。

　　收藏单位：安徽馆、山西馆、天津馆

02541

辞源（正续编合订本） 方毅等编
上海：商务印书馆，1933，1739+[220] 页，23 开，精装（万有文库 第 1 集）
长沙：商务印书馆，1939.6，1739+[220] 页，23 开，精装
上海：商务印书馆，1946.5，12 版，1739+[220] 页，23 开，精装
上海：商务印书馆，1947.2，15 版，1739+[220] 页，23 开，精装
上海：商务印书馆，1948.12，17 版，1739+[220] 页，23 开，精装
上海：商务印书馆，1949，18 版，1739+[220]，23 开，精装
上海：商务印书馆，1949.2，19 版，1739+[220]

页，23 开，精装
上海：商务印书馆，1949.3，20 版，1739+[220] 页，23 开，精装
　　收藏单位：大庆馆、东北师大馆、广东馆、广西馆、桂林馆、国家馆、江西馆、辽大馆、辽师大馆、南京馆、内蒙古馆、山西馆、上海馆、绍兴馆、首都馆、浙江馆、中科图

02542

辞源四角号码索引 商务印书馆编
上海：商务印书馆，1937.4，[707] 页，25 开
　　本书为《辞源》索引，按王云五氏之“四角号码检字法”排列，以便检查正文。
　　收藏单位：东北师大馆、广东馆、江西馆、西南大学馆

02543

辞源续编四角号码索引 商务印书馆编辑
上海：商务印书馆，1937.4，1 册，32 开
　　本书为《辞源续编》索引，按王云五氏之“四角号码检字法”排列，以便检查正文。
　　收藏单位：桂林馆、国家馆、内蒙古馆、浙江馆

02544

辞源正误（云斋读书记之一） 瞿润缗著
北平：[燕京大学国文学会]，1940，157—168 页，16 开
　　本书为《文学年报》第 6 期单行本。
　　收藏单位：国家馆

02545

大众字典 王贻泰编
上海：大众书局，1934.9，[21]+882 页，32 开，精装
上海：大众书局，1935.9，3 版，[21]+882 页，32 开，精装
上海：大众书局，1936.4，3 版，[21]+882 页，32 开
上海：大众书局，1949.4，再版，[21]+882 页，32 开，精装
　　本书所收字用注音符号和同音汉字注音，

无同音汉字可注音，则注切音，读书音与口语音有区别者亦加注明。语体解释。按部首编排。不易检的字，另附"检字"。

收藏单位：吉林馆、江西馆、内蒙古馆、上海馆、绍兴馆、首都馆、西南大学馆

02546

德芸字典　陈德芸著

上海：良友图书印刷公司，1930.10，[94]+356页，32开

本书收字近1万个。以《学生字典》（民国初年，商务版）所收字为依据。按横、直、点、撇、曲、捺等7种笔形次序编排并检字。

收藏单位：广西馆、国家馆、绍兴馆、首都馆、天津馆、浙江馆

02547

段注说文解字斠误　卫瑜章著

上海：商务印书馆，1935.3，石印本，2册（98+[203]页），32开

上海：商务印书馆，1935.7，再版，石印本，2册（98+[203]页），32开

本书分上下两编。上编包括订段误类、衍文类、篆误类、倒误类等；下编包括正误类（上下）。

收藏单位：安徽馆、重庆馆、广东馆、贵州馆、国家馆、黑龙江馆、湖南馆、吉林馆、江西馆、辽大馆、南京馆、内蒙古馆、首都馆、西南大学馆

02548

改良部首标准国音小字典　江仲琼　陆衣言编校

上海：中华书局，1936.1，287+[20]页，50开

昆明：中华书局，1940.7，4版，287+[20]页，50开

本书收常用字6000多个。按部首编排。书前有改良部首说明。书末附教育部公布第一批简体字表、中国度量衡及货币表等。

收藏单位：上海馆

02549

革新学生字典　王屏南著

上海：知行编译社，1936.12，581页，32开

本书有注音字母、威妥码式拼音、反切、同音汉字4种注音。按每字的起笔笔形编排。

收藏单位：黑龙江馆、内蒙古馆、上海馆、新疆馆

02550

桂氏字汇　桂中枢创编

外文题名：Kwei's key to Chinese characters

上海：桂中枢[发行者]，1947.10，72页，横16开

本书收1万余字。按编者创编的"汉字编列法"编排。书前有方位检字法、汉字编列法、汉字拼音法、电码增编法、部首分类表等。

收藏单位：国家馆、南京馆、上海馆

02551

国民辞典　郭家文编

桂林：文化供应社，1941.6，249页，50开

本书约收词语5000条，按笔画多少编排。书前有用法说明和检字表；书末附中西纪年对照表、行政区域表、中外度量衡比较表。

收藏单位：广西馆、南京馆

02552

国民辞典　王穆夫著

桂林：文化供应社，1941.6，14+84页，42开

桂林：文化供应社，1941.9，再版，14+84页，42开

本书约收词语1000条，按笔画多少编排。书前有用法说明和检字表；书末附中西纪年对照表、中国行政区域表、中外度量衡比较表。

收藏单位：重庆馆、广西馆、湖南馆、浙江馆

02553

国民大字典　冯家勋编

桂林：军民书店，1945.9，再版，[13]+362+[21]页，32开

上海：军民书店，1946.8，增订再版，[13]+362+[21]页，32开

上海：军民书店，1949.3，增订 5 版，[13]+
362+[21] 页，32 开

　　本书所收多为常用字。有同音汉字、注音符号、国语罗马字 3 种注音。按部首编排。卷首有难字检查表及李四杰序（1943 年 10 月）、编者的《怎样查字和读音》等。书末附中华民国行政区简表、近代中外大事表等。版权页题名：国语注音国民大字典。

　　收藏单位：重庆馆、国家馆、湖南馆

02554

国音常用字汇　教育部国语统一筹备委员会编

上海：商务印书馆，1932.5，20+286+76 页，50 开，精装

上海：商务印书馆，1933.2，再版，20+286+76 页，50 开，精装

上海：商务印书馆，1933.6，3 版，20+286+76 页，50 开，精装

上海：商务印书馆，1938，5 版，20+286+76 页，50 开，精装

成都：商务印书馆，1944.8，蓉 1 版，[384] 页，50 开，精装

　　本书在 1920 年的《国音字典》基础上重修。有注音符号、国语罗马字两种注音。按注音符号顺序编排。书前有"本书的说明"，书末附国音常用字汇检音表和国音常用字汇索引。本版书前还有"公布两式国音字母的令"等。

　　收藏单位：重庆馆、东北师大馆、广东馆、广西馆、国家馆、湖南馆、吉林馆、南京馆、上海馆、首都馆、天津馆、西南大学馆、浙江馆

02555

国音分韵检字　教育部国语统一筹备会编

上海：中华书局，1922.6，[291] 页，24 开

　　本书据《国音字典》并参酌《音韵阐微》（清·李光地著）和《华英字典》及其他字书、词典、韵书等编辑。收 14000 余字。分韵编排并检字。书前有字母声韵对照表、拼音一览表；书末有国音分韵检字表。

　　收藏单位：河南馆、中科图

02556

国音检字

北京：中华书局，1913，1 册，50 开

　　收藏单位：国家馆、江西馆

02557

国音普通字典　中华书局编

上海：中华书局，1921.1，[522] 页，64 开

上海：中华书局，1921.4，再版，[522] 页，64 开

　　本书用注音符号及反切注音。按部首编排。

　　收藏单位：上海馆

02558

国音熟字表　陆衣言编

上海：中华书局，1921.5，[49] 页，50 开

　　本书选收通俗常用字。照民国九年十二月教育部公布改正的国音注音。

　　收藏单位：天津馆

02559

国音小检字　陆衣言　陈逸编

上海：中华书局，1921.8，64 页，64 开

上海：中华书局，1925.10，4 版，64 页，64 开

上海：中华书局，1927.12，5 版，64 页，64 开

　　本书收 5000 多字。按注音字母音序编排。末附国音字母发音法等。封面加题：照民国九年十二月教育部公布改正的。

　　收藏单位：国家馆、上海馆

02560

国音小字典　陆衣言主编

上海：中华书局，1921.5，133 页，64 开

上海：中华书局，1923.12，3 版，133 页，64 开

　　本书收 5000 多字。只有注音没有解释。按部首编排。书末附国音字母发音法等。封面加题：照民国九年十二月教育部公布改正的。

　　收藏单位：河南馆

02561

国音学生新字典

上海：广益书局，[1924]，1 册，64 开

　　收藏单位：南京馆

02562

国音学生新字典（绘图） 陆保璿　朱孝怡编

上海：广益书局，1945.11，新 2 版，2 册（152+157 页），42 开

上海：广益书局，1947.4，新 10 版，2 册（152+157 页），42 开

上海：广益书局，1948.6，新 17 版，2 册（152+157 页），42 开

上海：广益书局，1949.3，新 19 版，2 册（152+157 页），42 开

　　本书收 8000 余字。有注音符号和同音汉字注音，无同音汉字可注者，则注切音。供高小学生用。

　　收藏单位：河南馆、江西馆

02563

国音学生新字典（新式绘图） 朱孝怡　陆保璿编辑

上海：广益书局，1922.4，2 册，36 开

上海：广益书局，1936.3，60 版，2 册，36 开

　　收藏单位：绍兴馆、首都馆

02564

国音学生字典 马汉裔编辑　马斯廉校订

上海：有益书局，1934.10，6 版，216 页，128 开

　　收藏单位：江西馆

02565

国音学生字汇 方毅　马瀛编

上海：商务印书馆，1919.9，312+[99] 页，72 开，精装

上海：商务印书馆，1920.2，6 版，312+[99] 页，72 开，精装

上海：商务印书馆，1924，8 版，312+[99] 页，72 开，精装

上海：商务印书馆，1932.4，国难后 1 版，312+[99] 页，72 开，精装

上海：商务印书馆，1933，国难后 6 版，312+

91 页，72 开，精装

上海：商务印书馆，1937.6，国难后 11 版，312+[99] 页，72 开，精装

上海：商务印书馆，1947.10，312+[99] 页，72 开

　　本字典收千余字，依新标准订正。附四角号码索引。书后附国音检字表、同字异读表。

　　收藏单位：广东馆、河南馆、南京馆、内蒙古馆、上海馆、首都馆、浙江馆

02566

国音学生字汇（四角号码） 方毅　马瀛编

王云五制号码

外文题名：Phonetic dictionary: arranged according to the four-corner numeral system

上海：商务印书馆，1928.9，12 版，296+73 页，大 64 开

上海：商务印书馆，1931.8，50 版，296+73 页，大 64 开

　　本书收字 7000 多个。采用第二次改订四角号码检字法编排。注解简明。封面题名：四角号码学生字汇。适合中等以下文化程度的读者用。

　　收藏单位：国家馆

02567

国音知音检字 刘达民编著

上海：北新书局，[1935.8]，32+594 页，72 开

　　本书为同音字汇。将国音字母的韵母、介母、声母分为 17 部。由音检字。无释义。

02568

国音字典 教育部读音统一会编

上海：商务印书馆，1919.9，[312] 页，64 开

上海：商务印书馆，1920.3，6 版，[312] 页，64 开

上海：商务印书馆，1920.9，15 版，[312] 页，64 开

　　本书注音系用读音统一会审定经部令公布之注音字母。

　　收藏单位：湖南馆、江西馆、绍兴馆、首都馆、浙江馆

02569

国音字典（新部首索引） 黎锦熙主编　中国大辞典编纂处编

上海：商务印书馆，1949.8，[40]+399+[113]页，32 开

　　本书收 12230 余字。在《校改国音字典》基础上增收异体字、简体字、俗字、新字、方言用字等编辑而成。用注音符号及同音汉字注音。按部首编排。书前有黎锦熙序。书末附国字四系七起笔新部首表索引、注音符号发音表说明、国音四呼四声拼法例字全表等。

　　收藏单位：重庆馆、国家馆、黑龙江馆、湖南馆、吉林馆、南京馆、内蒙古馆、宁夏馆、上海馆、首都馆、天津馆

02570

国音字典附录 教育部国语统一筹备会编

上海：商务印书馆，1921.3，28 页，42 开

上海：商务印书馆，1921.4，再版，28 页，42 开

　　本书是对 1913 年"读音统一会"编制的《国音字典》之订正说明和字音校勘记。目的是在正式修订重印《国音字典》前，解决急需。此次修改只限普通常用字。

　　收藏单位：国家馆

02571

国音字典校勘表

商务印书馆，[1921]，15 页，64 开

　　收藏单位：南京馆

02572

国音字汇及电码书（半周钥笔索引法编排） 周辨明编

厦门：厦门大学语言学系，1937.4，204 页，32 开

　　本书收字万余，每字注明国语罗马字拼音、旧电报号码、罗马字母电码及次序编号。按编者创编的检字法检字。

　　收藏单位：重庆馆、福建馆、桂林馆、国家馆、湖南馆、南京馆、内蒙古馆、上海馆

02573

国语辞典 汪怡主编　中国大辞典编纂处编

上海：商务印书馆，1937.3，4 册（860+[1168]+[1318]+[1139] 页），32 开

北平：商务印书馆，[1945]，8 册（4485+[232] 页），32 开

上海：商务印书馆，1948.4，再版，4 册（860+[1168]+[1318]+[1139] 页），32 开

　　本书收单字（包括简体字、异体字）、单词、复合词、成语等十万余。有注音字母和国语罗马字注音。按注音字母顺序编排。附音序检字表及部首检字表。

　　收藏单位：重庆馆、东北师大馆、广西馆、贵州馆、国家馆、湖南馆、江西馆、辽大馆、南京馆、内蒙古馆、宁夏馆、山西馆、上海馆、首都馆、西南大学馆

02574

国语辞典（国音平音对照） 周铭三编　方宾观校

外文题名：A dictionary of the Chinese national language

上海：商务印书馆，1922.9，281 页，42 开

上海：商务印书馆，1930.4，3 版，281 页，42 开

　　本书收词条五千左右。按笔画多少排列。

　　收藏单位：国家馆、首都馆

02575

国语辞典（京音平音对照） 周铭三编

上海：商务印书馆，1926.10，再版，281 页，36 开

　　收藏单位：首都馆、浙江馆

02576

国语典 马继桢编

上海：泰东图书局，1925，152 页，32 开

上海：泰东图书局，1925.12，再版，152 页，32 开

　　本书共 4 章：总义、九品词、语句、篇段。教育部审定，中学师范学校适用。

　　收藏单位：重庆馆、吉大馆

02577

国语普通词典　马俊如　后觉编

上海：中华书局，1923.12，[491] 页，42 开，精装

上海：中华书局，1925.9，再版，[491] 页，42 开，精装

　　本书收单音、复音词共 1 万个，例语、例句三、四千个，不收叠词。

　　收藏单位：大庆馆、国家馆、湖南馆、南京馆、上海馆、西南大学馆

02578

国语三千字通　杨凯著

上海：世界书局，1943.10，再版，244 页，36 开

　　本书共 140 课，根据同音同韵字编辑。用 2800 多个基本汉字编辑，每一个字又演成四五个句子。可作为中小学国语补习学校的国语课本。

　　收藏单位：广东馆、南京馆

02579

国语通音字典　殷骞著

上海：交通图书馆，1920，379 页，25 开，精装

　　收藏单位：首都馆

02580

国语新字典　许啸天编

上海：群学社，1933.3，152+709 页，32 开，精装

　　本书内容包括：序文、读法、国语注音符号读法及拼法、检查目录、字典。

　　收藏单位：国家馆、绍兴馆

02581

国语新字典（校正注音）　方志新编

上海：会文堂新记书局，1928，19 版，[500] 页，36 开

上海：会文堂新记书局，1934.1，28 版，[500] 页，36 开

上海：会文堂新记书局，1937.6，32 版，[500] 页，36 开

　　收藏单位：河南馆、首都馆

02582

国语学生字典　陆衣言等编

上海：中华书局，1926.7，[450] 页，50 开，精装

上海：中华书局，1929.5，6 版，[450] 页，50 开，精装

上海：中华书局，1941.5，15 版，[450] 页，50 开，精装

　　本书收 8000 余字。有注音字母、同音汉字、反切三种注音。按部首编排。

　　收藏单位：国家馆、上海馆

02583

国语学生字典（注音详解）　许德邻编

上海：崇文书局，1920.9，[21+359] 页，50 开，精装

上海：崇文书局，1926.2，8 版，[21+359] 页，50 开，精装

　　本书有注音符号、反切、国语罗马字拼音三种注音。释义较详。按部首编排。书前有检字表。版权页题名：注音国语字典。

　　收藏单位：首都馆

02584

国语正音字典（国际音标）　赵元任正音　赵虎廷　孙珊馨编校

外文题名：A phonetic dictionary of the Chinese national language

上海：商务印书馆，1926.11，372 页，32 开，精装

　　本书选应用字约 1 万个，根据《国音字典》及赵元任所定拼音表，逐字注国音、国际音标和罗马字拼音。按国音检字。

　　收藏单位：国家馆、江西馆、首都馆、天津馆

02585

国语注音军民新字典　冯家勋编　梁鼎铭校

桂林：军民书店，1944.3，362+12 页，25 开

　　收藏单位：广东馆、江西馆

02586

汉语世界语辞典　傅振伦著

北平：立达书局，1934.8，414 页，32 开

　　收藏单位：东北师大馆、山西馆

02587

汉字义读法之一例——说文重文之新定义

沈兼士著

出版者不详，[1941.7]，石印本，265—289
页，16 开

　　本书为《辛巳文录初集》抽印本，是研
究说文中重文的论文。

　　收藏单位：国家馆、首都馆

02588

崔巢通俗字环（形音义 查字典）　王云轩著

上海：求古斋书局，1936，手写缩印，[304]
页，32 开，环筒页装

　　本书分字形类纂、字音类纂、字义类纂
3 卷，收单字 6200 多个。按作者发明的检字
方法检字，检形可转查音义，检音可转查形
义，检义可转查音形，回环互查，故称字环。
"崔"为作者名，"巢"表栖息书室之意，凡
作者著书均加此二字。

　　收藏单位：广东馆、上海馆、首都馆

02589

崔巢通俗字环（形音义 查字典）　王云轩著

上海：出版者不详，[1937]，2 册，25 开，环
筒页装

　　本书书脊题名：通俗字环。

　　收藏单位：国家馆、湖南馆、江西馆、南
京馆

02590

基本字汇　庄泽宣编

外文题名：A fundamental vocabulary of Chinese
characters

上海、广州：中华书局，1930，292 页，50 开
（中山大学教育学研究所丛书）

上海、广州：中华书局，1938.10，292 页，50
开（中山大学教育学研究所丛书）

　　本书收单字 5262 个。分常用字、备用
字、罕用字 3 类。按 18 种笔形编排。后附常
用字表和形异字表。

　　收藏单位：重庆馆、广东馆、国家馆、江
西馆、南京馆、上海馆、首都馆

02591

简明学生字典

出版者不详，[1913—1949]，1 册，25 开

　　收藏单位：江西馆、绍兴馆

02592

校改国音字典　教育部读音统一会编

上海：商务印书馆，1919.9，1 册，36 开

上海：商务印书馆，1920.6，10 版，1 册，36
开

上海：商务印书馆，1921.2，订正版，1 册，
36 开

上海：商务印书馆，1921.6，27 版，1 册，36
开

上海：商务印书馆，1923.5，29 版，1 册，36
开

上海：商务印书馆，1924.10，35 版，1 册，36
开

上海：商务印书馆，1926.2，38 版，1 册，36
开

　　1931 年"读音统一会"为国音制订注音
字母 39 个。从李光地《音韵阐微》中选取较
普通的字 6500 多个、科学上新制的字 6000
多个，以及《阐微》中所缺的字 600 多个，
共计 13000 多字，为其审定标准国音读法，
注以注音字母并依《康熙字典》部首法编成
《国音字典》。本书是其校改本。1921 年版是
校改本的订正。书前有"教育部校正国音字
典之通告"，书末有"修正《国音字典》之说
明"和"校改《国音字典》附识"。

　　收藏单位：东北师大馆、国家馆、吉林
馆、上海馆、首都馆、浙江馆

02593

康德新词典（注音插画）　东方印书馆编译所
编

奉天（沈阳）：东方印书馆，1937.1，43+770
页，50 开，精装

本书收汉字 1 万个，常用词 15000 条。用注音字母注音，以通俗文字释义，重要的实物名词之下附加插图，按笔画多少编排。书前有检字表。

收藏单位：吉林馆

02594

康熙新字典 广记书局校订

上海：广记书局，1935，156 页，32 开

收藏单位：重庆馆、首都馆

02595

康熙新字典 文业书局编辑部编辑

上海：文业书局，1937.5，2 版，铜版精印，156 页，32 开

收藏单位：首都馆

02596

康熙字典 文业书局编辑部编著

上海：文业书局，1939.10，5 版，1 册，32 开

本书卷端题名：重校康熙新字典。

收藏单位：绍兴馆

02597

康熙字典 （清）张玉书等编

上海：经纬教育联合出版社，1935.10，4 册（[1807] 页），32 开

本书共 42 卷。张玉书等奉昭编写。康熙五十五年（1716）印行。依据《字汇》《正字通》加以增订而成。载古文以溯其字源，列俗体以著其变迁。末附《补遗》，收冷僻字。又列《备考》，收有音无义或音义全无之字。共 47035 字。

收藏单位：国家馆、河南馆、湖南馆、绍兴馆、首都馆

02598

康熙字典 （清）张玉书等编

上海：商务印书馆，1930.10，12 册，32 开（万有文库 第 1 集 0385）（国学基本丛书）

上海：商务印书馆，1934.7，再版，12 册，32 开（万有文库 第 1 集 0385）（国学基本丛书）

收藏单位：安徽馆、重庆馆、大理馆、大连馆、东北师大馆、广西馆、贵州馆、国家馆、黑龙江馆、湖南馆、江西馆、辽大馆、辽师大馆、内蒙古馆、宁夏馆、上海馆、绍兴馆、天津馆、浙江馆

02599

康熙字典 （清）张玉书等编

上海：商务印书馆，[1915]，铜版影印，1824 页，32 开，精装

上海：商务印书馆，[1933]，铜版影印，1824 页，32 开，精装

上海：商务印书馆，1935.12，国难后 1 版，铜版影印，1824 页，32 开，精装

上海：商务印书馆，1937.2，国难后 3 版，铜版影印，1824 页，32 开，精装

长沙：商务印书馆，1937.12，国难后 6 版，铜版影印，[2050] 页，32 开，精装

收藏单位：广西馆、国家馆、上海馆、中科图

02600

康熙字典 （清）张玉书等编

上海：中央书店，1936，铜版影印，2 册（[1807] 页），32 开

上海：中央书店，1936.5，铜版影印，4 册（[1807] 页），32 开

上海：中央书店，1937.6，5 版，铜版影印，4 册（[1807] 页），32 开

上海：中央书店，1940，铜版影印，4 册（78+454+[430]+[566]+[374] 页），32 开

收藏单位：广西馆、国家馆、河南馆、吉林馆、江西馆、南京馆、上海馆、绍兴馆、首都馆

02601

康熙字典

上海：商务印书馆，1937，1824+45+173 页

本书附录字典考证（45 页），索引说明（173 页）。

收藏单位：河南馆、湖南馆、近代史所

02602

康熙字典

永新书局，[1935]，154 页，32 开

本书附检字笔画索引。

收藏单位：广东馆、广西馆

02603

康熙字典（殿刻铜版）（清）张玉书等编

上海：世界书局，1936.6 重印，[850] 页，32 开，精装

上海：世界书局，1936.6 重印，3 版，[850] 页，32 开，精装

上海：世界书局，1936.6 重印，4 版，[850] 页，32 开，精装

上海：世界书局，1937 重印，5 版，[850] 页，32 开，精装

本书附检字索引、篆字谱、字典考证等。据粹芬阁藏本重印。

收藏单位：重庆馆、桂林馆、国家馆、湖南馆、南京馆、首都馆

02604

康熙字典（殿刻铜版）

上海：粹芬阁，1936.6，[850] 页，32 开，精装

上海：粹 芬 阁，1936.6，3 版，[850] 页，32 开，精装

上海：粹 芬 阁，1936.6，5 版，[850] 页，32 开，精、平装

本书装帧形式包括：甲种，道林纸印布面精装；乙种，瑞典纸印布面精装；丙种，瑞典纸印普通精装。

收藏单位：国家馆、河南馆、上海馆、绍兴馆

02605

康熙字典（节本） 张元济选节

上海：商务印书馆，1949.3，534 页，22 开，精装

上海：商务印书馆，1949.4，再版，534 页，22 开，精装

本书节选一般常用字。据殿版《康熙字典》裁剪影印，并加校正。偏僻字不录。

收藏单位：东北师大馆、桂林馆、国家馆、湖南馆、辽宁馆、辽师大馆、南京馆、

首都馆

02606

康熙字典（增订篆字）（清）张玉书等编 胡哲夫校勘

上海：广益书局，1937，殿版影印，4 册，32 开

上海：广益书局，1940，殿版影印，4 册，32 开

上海：广益书局，1941.8，殿版影印，4 册，32 开

上海：广益书局，1949，新 2 版，殿版影印，1 册，32 开，精装

上海：广益书局，1949，新 6 版，殿版影印，1 册，32 开，精装

本书内容分酉集、戌集、亥集以及补遗。平装 4 册，精装 1 册。胡哲夫，原名吴泽。

收藏单位：广东馆、湖南馆、绍兴馆、首都馆

02607

康熙字典考异正误 （日）渡部温著 （日）井田书店编辑部编

日本：井田书店，1933.7，423 页，50 开

收藏单位：广东馆、南京馆

02608

考正新字典 广记书局校订

上海：广记书局，1935，1 册，25 开

收藏单位：江西馆、南京馆

02609

科学性的国民基本字汇 国立社会教育学院江苏国民教育实验区编

苏州：国立社会教育学院江苏国民教育实验区，1947.7，16 页，32 开

本书根据北平语音 411 音（除去一音一字的生僻字和语音字）得 382 个基本字（音），其他字的读音均可用这些基本字注出来。

收藏单位：广东馆、国家馆、吉林馆、南京馆、天津馆

02610

梁式小字典（横×计数法） 梁麟阁著

上海：梁麟阁[发行者]，1936.5，288页，50开

本字典按字型结构把汉字分为上下字、左右字、内外字、单字，提供了一种作者独创的检字方式。

收藏单位：广东馆、上海馆

02611

两用字典（写话求解） 林汉达编著

[吉林]：新中国书局，1949.5，影印本，[469]页，50开

本书分3部分：从音找字、从字找音、各种应用文。书前有拉丁化拼音方案、关于四声的说明、检音表；书后有标点符号使用法、常用简体字分类表、几种常用的应用文等12个附录。

收藏单位：国家馆、南京馆、天津馆

02612

六书分毫 （清）李调元著

长沙：商务印书馆，1941.8，影印本，31页，38开

本书所收字按形似而音义各别、音似而形义各别、形异而音义相同等类编排，以助识别汉字。

收藏单位：重庆馆、广东馆、桂林馆、国家馆

02613

民众常用字汇（四川省立教育馆专题研究报告） 陈虞裳编

四川省立教育馆，1948.5，60页，16开

本书在蔡乐生编制的《常用字选二千字》的基础上校订而成。分民众常用字汇综合研究、民众常用字汇和附录、检字3部分。收最常用字1715个，次常用字285个，备用字472个。

收藏单位：重庆馆、复旦馆、广东馆、桂林馆、国家馆、吉林馆、南京馆、浙江馆

02614

民众辞典

广西省政府教育厅，[1933—1949]，126页，32开

收藏单位：广东馆、桂林馆

02615

模范学生字典 赵侣青　张咏春　卢冠六编著

上海：中华书局，1944.11，330+16页，36开

上海：中华书局，1948.6，4版，330+16页，36开

本书据《国音常用字汇》编辑。有注音符号、同音汉字、反切、国语罗马字4种注音。按部首检字。后附特别音与特别字举例等。

收藏单位：贵州馆、国家馆、南京馆

02616

平民百部字典 屠伯华编

撷华永记书局，1941.9，244页，50开

本书有注音字母注音。按"点""横""撇""直"4大笔形编排。部首法检字。版权页、封面、书脊题名：国音百部字典。供学生用。

02617

平民新字典 朱鼎元　唐湛声[著]

上海：新民书局，1940，再版，316页，64开

本书以注音字母排列，利于平民查找一些寻常字或简单成语的读音、解释。

收藏单位：广西馆

02618

平民字典 马瀛　方毅编

上海：商务印书馆，1927.6，[30]+553页，64开

上海：商务印书馆，1928.4，再版，[30]+553页，64开

上海：商务印书馆，1933.5，国难后1版，[30]+553页，64开

本书收字4500多个，按笔画多少编排。附录（一）别体字表；（二）字音表；（三）注

音字母读法；（四）五声读法；（五）新式标点符号用法；（六）电报代用日期韵目一览；（七）中国通用度量衡币一览；（八）全国商场表；（九）朝代表；（十）姓氏族望表。

收藏单位：国家馆、南京馆、上海馆、首都馆、浙江馆

02619

祁刻说文系传初印本与后印本校异　葛信益著

北平：辅仁大学，[1932—1949]，11 页，24 开

本书为《辅仁大学语文学会讲演集》抽印本。

02620

启明辞林　蔡丏因主编

上海：启明书局，1940.3，[148]+1140+65 页，50 开，精装

上海：启明书局，1947.3，[148]+1140+65 页，50 开，精装

上海：启明书局，1947.6，3 版，[148]+1140+65 页，50 开，精装

本书所收单字按"四部检字法"检索。该法系根据部首法（即康熙字典检字法）简化的。书前有部首索引、四角号码索引。书末附注音符号表、国语文法表、标点符号表等 14 种。初版年月据蔡丏因序的写作日期。

收藏单位：广东馆、河南馆、辽宁馆、浙江馆

02621

起笔字典　赵震编

上海：华东出版社，1936.8，[921] 页，42 开，精装

上海：华东出版社，1937.5，3 版，[921] 页，42 开，精装

本书所收字按一丿、丨分成 4 部分，再依次编排。字旁加注标准电报号码。附录电报新编。扉页有蔡元培题字。

收藏单位：国家馆、江西馆、南京馆、天津馆

02622

起笔字典　赵震编

上海：学生书局，1947.1，再版，236+234+156+183 页，42 开，精装

收藏单位：国家馆、绍兴馆

02623

清浊辨音字汇（注音符号 上册）　王祖佑编

出版者不详，[1936]，[34]+[200] 页，32 开

本书收字近 1 万个。分列清浊音，多音字一一注明。有释义。书前有《清浊音研究》一文，末附检字表、国音拼合条例等。

02624

少年字典　白动生编著

上海：正中书局，1947.8，[15]+516 页，48 开

本书收常见字 8000 多个。按部首检字。后附注音符号、声符表及国语文法表。供中小学生用。

收藏单位：国家馆、湖南馆、南京馆

02625

实用辨字辞典　新辞书编译社编

上海：童年书店，1936.9，398+39 页，32 开

上海：童年书店，1936.10，再版，398+39 页，32 开

上海：童年书店，1937.3，4 版，398+39 页，32 开

本书共 4 部分：辨音、辨义、辨体、辨词。书前有钱小柏序。书末有笔画总索引。

收藏单位：北师大馆、东北师大馆、国家馆、上海馆、首都馆

02626

实用大众字典　张雁编著

佳木斯：东北书店，1948.8，373+70 页，48 开，精装

本书收实用单字 5500 个。字音用新文字字母拼音及同音汉字并注。单字按首笔四部丿一、丨及笔画多少排列。书末附新文字字母表、同音字检字表等 6 种。

收藏单位：东北师大馆、吉林馆、辽宁馆、南京馆、天津馆

02627

实用大字典 杨誉龙等编 陆费逵 戴克敦参订

上海：中华书局，1918.5，[1162] 页，32 开，精装

上海：中华书局，1920.3，再版，[1162] 页，32 开，精装

上海：中华书局，1931.7，3 版，[1162] 页，32 开，精装

上海：中华书局，1934.12，4 版，[1162] 页，32 开，精装

上海：中华书局，1936.3，5 版，[1162] 页，32 开，精装

　　本书以《中华大字典》为蓝本，加以增删补遗和正误。收字以普通实用为主，按部首编排。

　　收藏单位：重庆馆、东北师大馆、广东馆、国家馆、湖南馆、吉林馆、南京馆、内蒙古馆、绍兴馆、首都馆

02628

实用大字典（缩本） 杨誉龙等编 陆费逵 戴克敦参订

上海：中华书局，1945.10，[1090] 页，64 开，精装

上海：中华书局，1948.8，再版，[1090] 页，64 开，精装

　　收藏单位：重庆馆、东北师大馆、广东馆、国家馆、辽宁馆、南京馆、内蒙古馆

02629

实用新字典（词性分解 最新注音） 宋萼秋著

安东：德兴印书馆，1943，390 页，32 开

　　收藏单位：首都馆

02630

实用学生字典 方毅 陆尔奎 马瀛编

上海：商务印书馆，1917.10，[275] 页，32 开

上海：商务印书馆，1919.4，增订大本，[275] 页，25 开

上海：商务印书馆，1920.3，再版，增订大本，[275] 页，25 开

上海：商务印书馆，1926.6，20 版，[275] 页，32 开

上海：商务印书馆，1930.9，22 版，[275] 页，32 开

　　本书收单字 13000 多个，比原《学生字典》增 5000 余字。供小学生及一般识字者用。

　　收藏单位：国家馆、上海馆、绍兴馆、首都馆

02631

说文部首讲义 唐玉书编著

北平：唐玉书 [发行者]，1935.8，56+270 页，32 开

北平：唐玉书 [发行者]，1936.10，再版，56+270 页，32 开

　　本书把说文中 540 个部首分为物类、人体、地理、天文 4 大部类，分别对每个古篆的起源、沿革作白话文解说。

　　收藏单位：东北师大馆、国家馆、南京馆、绍兴馆、首都馆、天津馆

02632

说文部首句读 （清）桂文灿编著

广州：广东国民大学出版组，1946.11，22 页，16 开（民大丛书 4）

　　本书收录说文 540 个篆文部，分别加以注释，有的附有音注。书后有陈庆镛跋。供初学说文用。

　　收藏单位：安徽馆、广西馆、国家馆、湖南馆、吉林馆、南京馆

02633

说文段注指例 吕景先编著

上海：正中书局，1949.3，98 页，24 开

　　本书研究清段玉裁《说文注》的体系、用语及态度等。共 7 章：绪论、段氏自明作注之例、说明许书之例、论古来造字命名之例、阐明古今形音义演变之例、兼明注书解字之例、附述他书体例。

　　收藏单位：上海馆

02634

说文古籀补 （清）吴大澂著

上海：商务印书馆，1936.3，3 册（318 页），32 开（万有文库第 2 集 171）（国学基本丛书）

本书共 14 卷，又附录 1 卷。收录钟鼎、石鼓、陶器、玺印、货币文字 3500 余，后又增补 1200 余，依据《说文》部次排列。认为《说文》所录古籀未备，据金石文以补之。有疑者，列入附录。书前有潘祖荫、陈介祺及作者序。

收藏单位：重庆馆、大理馆、大连馆、国家馆、黑龙江馆、湖南馆、江西馆、辽大馆、辽师大馆、内蒙古馆、宁夏馆、天津馆、浙江馆

02635
说文简易释例 （清）桂坫著
广州：广东国民大学出版组，1947.4，16 页，32 开（民大丛书 5）

本书内容包括：古今字、引伸字、异部重文、同部重文、会意包形声、形声包会意、双声、叠韵、引古语、引方言、引谚等。书口题名：说文简易释例自叙。

收藏单位：安徽馆、国家馆、湖南馆、吉林馆、南京馆

02636
说文解字（十一—十二）
诂林精舍，1931，5123—5654 页，16 开
本书逐页题名：说文解字诂林。
收藏单位：国家馆

02637
说文解字读若音订　陆志韦著
北平：燕京大学哈佛燕京学社，1946.6，144 页，16 开

本书为《燕京学报》第 30 期抽印本。《说文》9000 多字中注"读若某"或"读与某同"者大约有十分之一，其余 8000 多字没有注"读若某"，其原因本书予以详细考证。并对所存读若之文 800 余条各加订音。

收藏单位：国家馆

02638
说文解字段注考正订补　（日）仓石武四郎著

京都：东方学报，[1922—1949]，27 页，16 开
收藏单位：南京馆

02639
说文解字讲记　冯振著
无锡：山围精舍，1937.6，1 册，22 开（无锡国学专修学校丛书 16）
收藏单位：广东馆、桂林馆

02640
说文解字句读　（清）王筠著
上海：商务印书馆，1936.9，影印本，20 册（2486 页），32 开（万有文库 第 2 集 169）（国学基本丛书）

本书共 30 卷。采掇《说文解字注》（段玉裁）、《说文义证》（桂馥）及其他诸家研究《说文》的书，删繁举要，便于初学。

收藏单位：安徽馆、重庆馆、大理馆、大连馆、大庆馆、东北师大馆、国家馆、黑龙江馆、湖南馆、江西馆、辽大馆、辽师大馆、内蒙古馆、宁夏馆、天津馆、浙江馆

02641
说文解字序　章太炎讲演　王謇等记录
苏州：章氏星期讲演会，1935.4，24 页，32 开

本书是章氏星期讲演会记录第 1 期。从神农结绳到仓颉造字，说明古文字的产生及演变过程。对文字的异形及字义的引申也作了论证。

收藏单位：国家馆、江西馆、南京馆

02642
说文解字叙讲疏　郦承铨著
上海：商务印书馆，1935.8，146 页，32 开（国学小丛书）

本书为对许慎《说文解字》自叙的笺注解释（不附原文）。书末附严可均写的《许慎事迹考》一文及参考书目。

收藏单位：重庆馆、广东馆、国家馆、湖南馆、吉林馆、辽大馆、辽宁馆、南京馆、内蒙古馆、宁夏馆、上海馆、首都馆、天津馆、西南大学馆、中科图

02643

说文解字注 （清）段玉裁注

上海：国学整理社，1936.10，846+[74+76]页，32开，精装

　　本书是研究《说文解字》的经典著作，对《说文解字》进行了勘校和注解。书前有王念孙序，书末附《六书音韵表》（74页）、《说文通检》（76页）。版权页题名：景印说文解字段注。

　　收藏单位：重庆馆、贵州馆、国家馆、黑龙江馆、湖南馆、近代史所、内蒙古馆、上海馆、首都馆、西南大学馆

02644

说文解字注 （清）段玉裁注

上海：商务印书馆，1930.10，影印本，18册（[3463]页），32开（万有文库 第1集 0384）（国学基本丛书）

上海：商务印书馆，[1936]，影印本，6册（[3463]页），32开（国学基本丛书 简编）

上海：商务印书馆，1937，3版，影印本，6册（[3463]页），32开（国学基本丛书 简编）

长沙：商务印书馆，1939.9，影印本，18册（[3463]页），32开（万有文库 第1—2集 简编500种）（国学基本丛书）

上海：商务印书馆，[1940]，[4版]，影印本，6册（[3463]页），32开（国学基本丛书 简编）

　　本书共32卷。据原版影印。书前有王念孙序，写于1808年5月。末附《六书音均表》（74页）、《说文通检》（76页）。版权页题名：说文解字段注。由上海世界书局发行。

　　收藏单位：安徽馆、重庆馆、大理馆、大连馆、大庆馆、东北师大馆、广西馆、贵州馆、国家馆、河南馆、黑龙江馆、湖南馆、江西馆、辽大馆、辽东学院馆、辽师大馆、内蒙古馆、宁夏馆、山西馆、上海馆、首都馆、天津馆、西南大学馆

02645

说文解字注 （清）段玉裁注

上海：文盛书局，1914，再版，石印本，1册，25开

　　收藏单位：首都馆

02646

说文释例 （清）王筠撰

上海：国学整理社，1936.11，影印本，961页，32开，精装

　　本书是探讨《说文解字》体例和文字学规律的著作。共20卷，原序写于1837年7月。

　　收藏单位：重庆馆、国家馆、湖南馆、南京馆、山西馆、上海馆、首都馆、西南大学馆

02647

说文释例 （清）王筠著

上海：商务印书馆，1937.3，影印本，10册（2010页），32开（万有文库 第2集 168）（国学基本丛书）

　　收藏单位：安徽馆、重庆馆、大理馆、大连馆、大庆馆、东北师大馆、广西馆、国家馆、黑龙江馆、湖南馆、辽大馆、辽师大馆、内蒙古馆、宁夏馆、天津馆、西南大学馆、浙江馆

02648

说文通训定声 （清）朱骏声著

上海：国学整理社，1936.9，影印本，[1030]页，24开，精装

　　本书共18卷，又柬韵1卷。著者根据《说文》9000多字，又增附7000多字，从中分析形声声符1137个，再依古韵归并为18部。变更《说文》体例，按古韵及形声声符排比。以声音、训诂相通之理阐明《说文》甚为详密。

　　收藏单位：重庆馆、广东馆、桂林馆、国家馆、江西馆、辽宁馆、南京馆、上海馆、西南大学馆

02649

说文通训定声 （清）朱骏声著

上海：商务印书馆，1937.3，影印本，18册（4366页），36开（万有文库 第2集 170）（国学基本丛书）

　　收藏单位：安徽馆、重庆馆、大理馆、大连馆、大庆馆、东北师大馆、国家馆、黑龙

江馆、湖南馆、辽大馆、辽师大馆、内蒙古馆、宁夏馆、天津馆、西南大学馆、浙江馆

02650

说文通训定声　（清）朱骏声著

上海：世界书局，1936.9，841 页，25 开

　　本书 18 卷，又柬韵 1 卷。著者根据《说文》9000 多字，又增附 7000 多字，从中分析形声声符 1137 个，再依古韵归并为 18 部。变更《说文》体例，按古韵及形声声符排比。以声音、训诂相通之理阐明《说文》甚为详密。

　　收藏单位：湖南馆、内蒙古馆、山西馆

02651

说文通训定声目录

出 版 者 不 详，[1931—1939]，24+46+28 页，22 开，精装

　　收藏单位：国家馆

02652

说文研究法　陈晋著

上海：商务印书馆，1934.9，石印本，189 页，25 开（国学小丛书）

上海：商务印书馆，1935.4，再版，石印本，189 页，25 开（国学小丛书）

　　本书分说文解字定义、说文本、说文六书名义、重文、逸文、用俗字假借字例、治六书须识字、用金石甲骨文字研究六书、许慎事迹、说文在文化史上之价值等 31 章。

　　收藏单位：安徽馆、重庆馆、广东馆、广西馆、贵州馆、国家馆、河南馆、湖南馆、吉林馆、江西馆、辽大馆、辽东学院馆、辽宁馆、南京馆、上海馆、绍兴馆、首都馆、天津馆、浙江馆

02653

说文"音母"（并部首）今读及古纽韵表　黎锦熙编订注音

国立西北师范学院出版组，1946.8，油印本，[78] 页，16 开，环筒页装

　　本书收常用汉字 6788 个，说明源于《说文》之最初"音母"，以韵为纲兼及文字形

义。附《说文音母及部首通检》（孙毓苹）。

　　收藏单位：国家馆

02654

说文综合的研究　顾荩丞编著

上海：世界书局，1931.4，350+271 页，32 开，精装

上海：世界书局，1932.10，再版，350+271 页，32 开，精装

　　本书分上下两编。上编包括六书论、象形字、指事字、会意字（上）4 章；下编包括会意字（下）、形声字、转注字、假借字和补阙 5 章。

　　收藏单位：重庆馆、广东馆、桂林馆、国家馆、黑龙江馆、湖南馆、江西馆、南京馆、宁夏馆、上海馆、绍兴馆、首都馆、天津馆、浙江馆

02655

四角号码学生字典　陆尔奎　方毅编　王云五制号码

外文题名：Students' dictionary of Chinese: arranged according to the four-corner numeral system

上海：商务印书馆，1928.9，572+59 页，32 开

上海：商务印书馆，1928.12，572+59 页，32 开，精装

上海：商务印书馆，1930，572+59 页，32 开

　　本书收单字 7000 多个。采用第二次改订四角号码检字法检索。后附笔画索引。

　　收藏单位：国家馆、山西馆

02656

[四角号码字典]　[王云五]编

[上海]：[商务印书馆]，1930，1 册，32 开

　　收藏单位：绍兴馆、首都馆

02657

四四字典（四笔便查）　姚仲拔编

上海：姚仲拔 [发行者]，1947.4，22+504 页，36 开

　　本书采用编者创造的检字法检索，即以点横竖撇（、一 丨丿）四笔分类、四笔分部、

四笔排字、四笔查字。书末附难字索引等。

收藏单位：安徽馆、广东馆、广西馆、国家馆、湖南馆、江西馆、南京馆、内蒙古馆、山西馆、上海馆、首都馆、西南大学馆

02658
四用辨字辞典（辨音　辨义　辨体　辨词）　李白英编

上海：启明书局，1947.4，398+[39] 页，36 开

本书共 6 部分：分类纲目、编辑例言、序、辨字辞典正文、标点符号使用法、笔画总索引。

收藏单位：东北师大馆、桂林馆、上海馆、首都馆

02659
头尾号码标准国音检字　陆衣言　马国英著

上海：中华书局，1931，[165] 页，64 开

本书收字八千四百多个。有国语罗马字和注音字母两种注音。按编者创编的"头尾号码检字法"检字。

收藏单位：湖南馆、首都馆、浙江馆

02660
头尾号码新国音学生字典　陆衣言　马国英编

上海：中华书局，1929.11，[12+585] 页，64 开

上海：中华书局，1932，9 版，[12+585] 页，64 开

上海：中华书局，1940.5，16 版，[12+585] 页，64 开

上海：中华书局，1947.11，17 版，[12+585] 页，64 开

本书收字 8400 多个。有国语罗马字和注音字母两种注音。按编者创编的"头尾号码检字法"检字。

收藏单位：国家馆、黑龙江馆、上海馆、首都馆、浙江馆

02661
图解国音学生小字典　张宗麟编　魏冰心校

江西：世界书局，1942.8，308 页，50 开

江西、上海：世界书局，1942，3 版，308 页，50 开

江西：世界书局，1943.4，4 版，308 页，50 开

本书收 3749 个日常通用字，各字排列采取笔画多寡制为经，部首制为纬的方法。

收藏单位：重庆馆、广西馆、南京馆

02662
万能声形检字册　余震穰著

上海：佛学书局，1948.3，122 页，64 开

本书共 8 部分：注音符号检音表、罗马字注音检音表、自序、凡例、检字法说明、注音符号读法、声音检字栏、字形检字栏。

收藏单位：南京馆

02663
王云五大辞典　王云五编著

上海：商务印书馆，1930.7，1384+[252] 页，25 开，精装

上海：商务印书馆，1930.9，再版，1384+[252] 页，25 开，精装

上海：商务印书馆，1932.7，国难后 1 版，1384+[252] 页，25 开，精装

上海：商务印书馆，1932，国难后 2 版，1384+[252] 页，25 开，精装

上海：商务印书馆，1937，国难后 8 版，1384+[252] 页，25 开，精装

上海：商务印书馆，1939.5，国难后 12 版，1384+[252] 页，25 开，精装

上海：商务印书馆，1940，国难后 15 版，1384+[252] 页，25 开，精装

本书按四角号码检字法检索，并附笔画索引。书前有著者自序。书后附各种参考表 30 个。

收藏单位：东北师大馆、广东馆、桂林馆、国家馆、河南馆、湖南馆、江西馆、辽大馆、辽宁馆、南京馆、内蒙古馆、山西馆、首都馆、西南大学馆、浙江馆

02664
王云五大辞典（样本）

上海：商务印书馆，[1920.5]，40 页，48 开

上海：商务印书馆，[1930]，40 页，48 开

    收藏单位：国家馆

02665

王云五小辞典　王云五著

上海：商务印书馆，1931.7，808 页，80 开，精装

上海：商务印书馆，1932.5，国难后 1 版，808 页，80 开，精装

上海：商务印书馆，1932，国难后 6 版，808 页，80 开，精装

上海：商务印书馆，1933.10，国难后 22 版，808 页，80 开，精装

长沙：商务印书馆，1942，增订本，852 页，50 开，精装

重庆：商务印书馆，1943，3 版，[860] 页，50 开，精装

上海：商务印书馆，1945.11，4 版，2 次增订版，[860] 页，50 开，精装

上海：商务印书馆，1948.6，31 版，2 次增订版，[860] 页，50 开，精装

上海：商务印书馆，1949.4，46 版，2 次增订版，[860] 页，50 开，精装

    本书按四角号码检字法检索，并附笔画索引。本辞典原版收词语 8000 余条，增订版增加 5800 多条，共 14000 余条。所增词语以一般通用名词为主，行政区域及词语释义亦有补订。原版注音照旧式，增订版采用注音符号及国语罗马字。

    收藏单位：重庆馆、广东馆、广西馆、湖南馆、南京馆、内蒙古馆、上海馆、绍兴馆、首都馆、天津馆

02666

王云五小辞典（四角号码）　王云五著

上海：商务印书馆，1935.4，852 页，大 64 开，精装

上海：商务印书馆，1935，国难后增订 48 版，852 页，大 64 开，精装

上海：商务印书馆，1936.9，国难后增订 55 版，852 页，大 64 开，精装

上海：商务印书馆，1940，国难后增订 91 版，852 页，大 64 开，精装

    收藏单位：广东馆、内蒙古馆、首都馆

02667

王云五小字典　王云五著

商务印书馆，1939，252 页，64 开

    收藏单位：南京馆

02668

王云五小字汇　王云五编著

上海：商务印书馆，1940.10，5 版，452 页，90 开

    本书收单字 9600 余个。按四角号码次序编排。附笔画索引及国语罗马字索引。封面题名：增订王云五小字汇。

    收藏单位：湖南馆、浙江馆

02669

王云五小字汇（四角号码 普通本）　王云五编著

上海：商务印书馆，1935.8，452 页，72 开

上海：商务印书馆，1935，12 版，571 页，72 开

上海：商务印书馆，1937.2，59 版，452 页，72 开

上海：商务印书馆，1937.8，增订 1 版，452 页，72 开

长沙：商务印书馆，1938，增订 16 版，452 页，72 开

上海：商务印书馆，1942.12，赣县 20 版，452 页，72 开

上海：商务印书馆，1947.1，增订 51 版，452 页，72 开

    本书收单字 9600 余个。按四角号码次序编排。

    收藏单位：广东馆、湖南馆、江西馆、南京馆、上海馆、首都馆

02670

王云五新词典　王云五著

重庆：商务印书馆，1943.11，254+17 页，32 开，环筒页装

重庆：商务印书馆，1944.8，再版，254+17 页，32 开，环筒页装

上海：商务印书馆，1945.12，254+17 页，32
开

本书收 3400 多词条，按四角号码检索。
后附笔画索引。

收藏单位：东北师大馆、国家馆、湖南
馆、南京馆、内蒙古馆、首都馆

02671

文盲字汇研究　黄贵祥著

贵阳：文通书局，1947.8，86 页，32 开（教育
丛书）

本书共 4 章：文盲的界说、文盲字汇研究
的需要、文盲字汇研究的方法与经过、文盲
字汇研究的结果。

收藏单位：重庆馆、广东馆、贵州馆、国
家馆、南京馆、上海馆、西南大学馆

02672

文字蒙求　（清）王筠著

上海：大东书局，1931.5，影印本，[10+202]
页，25 开（国学门径丛书）

上海：大东书局，1932.3，再版，影印本，
[10+202] 页，25 开（国学门径丛书）

上海：大东书局，1933.11，3 版，影印本，[11+
202] 页，25 开（国学门径丛书）

本书收 2000 多字，分象形、指事、会
意、形声 4 卷。讲述文字的构造及演进。另
附篆文，有注释。1932 年版封面题名：新式
标点文字蒙求。3 版书前新增丛书编辑凡例，
故页码稍有差异。

收藏单位：重庆馆、广西馆、贵州馆、国
家馆、湖南馆、吉林馆、江西馆、内蒙古馆、
宁夏馆、绍兴馆、首都馆、天津馆、浙江馆

02673

文字蒙求　（清）王筠著

上海：中华书局，1936.6，影印本，2 册（[180]
页），32 开（初中学生文库）

上海：中华书局，1936，再版，2 册（[180]
页），32 开（初中学生文库）

上海、昆明：中华书局，1940.2，3 版，影印
本，2 册（[180] 页），32 开（初中学生文库）

中华书局，1941.1，4 版，2 册（[194] 页），

32 开（初中学生文库）

收藏单位：重庆馆、大庆馆、广东馆、广
西馆、桂林馆、黑龙江馆、吉林馆、江西馆、
南京馆、内蒙古馆、上海馆、首都馆、天津
馆、西南大学馆

02674

五用小辞典（注音 求解 作文 成语 辨字）　周
性初编著

上海：亚光图书社，1944.2，976 页，80 开，
精装

上海：亚光图书社，1946，5 版，976 页，80
开，精装

上海：亚光图书社，1948.11，8 版，976 页，
80 开，精装

本书收 11000 余单字，成语 9500 条。按
部首编排。书末附辨字表（收 2200 字）和同
音异字表等。

收藏单位：重庆馆、东北师大馆、广东
馆、南京馆、上海馆、首都馆

02675

现代语辞典　李鼎声编

上海：光明书局，1933.6，[75]+722 页，32 开，
精装

上海：光明书局，1933.11，再版，[75]+722
页，32 开，精装

上海：光明书局，1934.12，3 版，[75]+722
页，32 开，精装

上海：光明书局，1936.3，4 版，[75]+722 页，
32 开，精装

上海：光明书局，1938，5 版，[75]+722 页，
32 开，精装

上海：光明书局，1940.2，7 版，71+722 页，
32 开，精装

上海：光明书局，1941，8 版，[75]+722 页，
32 开，精装

本书为综合性辞典。收各科词语近 5000
条，按词条首字笔画多少编排。

收藏单位：安徽馆、重庆馆、东北师大
馆、广西馆、贵州馆、国家馆、河南馆、湖
南馆、江西馆、近代史所、辽大馆、辽师大
馆、南京馆、宁夏馆、山东馆、山西馆、上

海馆、首都馆、天津馆、西南大学馆、浙江馆、中科图

02676

现代语汇集　秦剑峰编

江西：浙赣铁路印刷所，1941.9，120 页，32 开

　　本书为普通名词辞书。收外事、军事、政治、经济、国际会议等 5 类的名词术语数百条。

02677

详注辨字摘要

出版者不详，[1913—1949]，44 页，25 开

　　收藏单位：江西馆

02678

新编中华字典　许伏民等编

上海：群学书社，1914.2，石印本，435+245 页，32 开，环筒页精装

上海：群学书社，1921，石印本，1 册，32 开，精装

上海：群学书社，1921.7，6 版，石印本，435+245 页，32 开，环筒页精装

　　本书收 4 万多字。分正编和补编两部分，正编收普通常用字，补编收生僻字。按笔画多少编排。

　　收藏单位：国家馆

02679

新部首国民字典　薛典曾编

上海：大伦书局，1942.3，520 页，48 开

　　本字典采用的检字法是以部首为基础，但打破了传统的部首次序，以起笔类型重新编排，故名"新部首"。卷首题：大伦书局编辑。

　　收藏单位：南京馆、内蒙古馆、上海馆

02680

新辞典　王康等编

桂林：建设书店，1943.11，217 页，42 开

　　本书编者还有：孟硕、文叔、陈树林、方汉滨、钱实甫。

　　收藏单位：广东馆、湖南馆、南京馆、绍兴馆

02681

新辞典　王康等 [编]

上海：商务印书馆，1943，217 页，50 开

　　本书主要收集七七抗战以后新发各词。

　　收藏单位：广西馆

02682

新辞典　筱铮等编

[邯郸]：裕民印刷厂，1946.12，45+244 页，32 开，精装

[邯郸]：裕民印刷厂，1947，45+244 页，32 开

　　收藏单位：重庆馆、国家馆、河南馆、首都馆

02683

新辞典（增订）　筱铮等编

洛阳：新华书店，1949.7，再版，42+248 页，36 开

　　收藏单位：国家馆、天津馆

02684

新辞典（增订）　筱铮等编

出版者不详，1947.10，再版，279 页，32 开

　　收藏单位：国家馆

02685

新的学生字典　谢少卿编撰

上海：振业书局，1935.1，1 册，32 开

上海：振业书局，1938.10，6 版，1 册，32 开

　　收藏单位：首都馆

02686

新华大字典　张嵩云等编

上海：新华书局，1935.8，25 版，1 册，32 开

　　收藏单位：湖南馆、南京馆、绍兴馆

02687

新桥字典　万国鼎编

上海：中华书局，1929.11，[119]+802 页，32 开，精装

上海：中华书局，1933.9，再版，[119]+802 页，32 开，精装

本书约收 15000 字。按"母笔检字法"检字（改用母笔检字，废除部首检字）。书前有汉字母笔排列法大纲和单字表。

收藏单位：东北师大馆、广东馆、国家馆、湖南馆、近代史所、辽宁馆、南京馆、内蒙古馆、山西馆、上海馆、首都馆、天津馆、西南大学馆、中科图

02688

新式大字典 郭秉成等编

上海：广益书局，1927.8，[1309] 页，32 开，精装

上海：广益书局，1933，6 版，[1309] 页，32 开，精装

上海：广益书局，1934.8，7 版，[1309] 页，32 开，精装

本书收字约 12000 个。按部首检字。

收藏单位：广东馆、国家馆、河南馆、南京馆、首都馆

02689

新式大字典（词性分解） 王梦弼著

哈尔滨：大东书局，1938.9，1 册，32 开

哈尔滨：大东书局，1939，再版，1 册，32 开

哈尔滨：大东书局，1940，3 版，1 册，32 开

收藏单位：东北师大馆、首都馆

02690

新式学生辞林 中华书局编

上海：中华书局，1925.2，[15+786] 页，36 开

本书分 12 集。每集各自分部，每部依笔画多少排列。计 40 余万言。

收藏单位：国家馆、湖南馆、绍兴馆、天津馆、浙江馆

02691

新式学生简易字典

上海：广益书局，1923，388 页，36 开

收藏单位：南京馆

02692

新体国音字典 蒋兆燮著

上海：新民图书馆，1920，[10]+157 页，42 开

收藏单位：河南馆

02693

新体国语大字典 世界书局编

上海：世界书局，1923.3，1 册，64 开

收藏单位：南京馆

02694

新字典 陆尔奎等编

上海：商务印书馆，1912.9，[40]+[880] 页，32 开，精装

上海：商务印书馆，1912.10，3 版，[40]+[880] 页，32 开，精装

上海：商务印书馆，1914.4，5 版，[40]+[880]，32 开，精装

上海：商务印书馆，1924.11，11 版，26+530+[278] 页，32 开，精装

上海：商务印书馆，1927.1，12 版，26+530+[278] 页，32 开，精装

上海：商务印书馆，1933.3，国难后 1 版，26+530+[278] 页，32 开，精装

上海：商务印书馆，1935.1，国难后 2 版，26+530+[278] 页，32 开，精装

商务印书馆，1940，国难后 12 版，26+530+[278] 页，32 开，精装

本书为单字字典。收字 1 万多个，以《康熙字典》中普通常用字为主，并吸收现代科学新字，生僻字附后。凡二字以上的词语，非与意义有关者，概不收录。按部首检字。所谓"新字典"是指继《康熙字典》之后，第一部收有现代科学新字的字典。书前有蔡元培等人序。书末附中外度量衡币表、中国历代纪元表，以及检字、勘误、补编等。另有线装本，分订 6 册。

收藏单位：重庆馆、国家馆、江西馆、内蒙古馆、上海馆、首都馆、天津馆、浙江馆

02695

新字典（缩本） 陆尔奎主编

外文题名：New Chinese dictionary

上海：商务印书馆，1917.4，7 版，569+[28]
页，50 开，精装

上海：商务印书馆，1921.2，13 版，569+[24]
页，50 开，精装

上海：商务印书馆，1922.2，15 版，44+569
页，50 开，精装

上海：商务印书馆，1924.5，17 版，569+16
页，50 开，精装

上海：商务印书馆，1932.8，国难后 6 版，
569+[28] 页，50 开，精装

长沙：商务印书馆，1938，国难后 8 版，
569+[28] 页，50 开，精装

上海：商务印书馆，1939，国难后 24 版，
569+[28] 页，50 开，精装

　本书缩印时删去原收补编中的生僻字。

　收藏单位：广东馆、江西馆、南京馆、上
海馆、绍兴馆、首都馆、天津馆

02696

新字典　许伏民等编

上海：群学书社，1941，3 版，[713] 页，25
开

　收藏单位：河南馆

02697

新字典（一 子集 丑集 寅集）　傅运森等编

上海：商务印书馆，1923，1 册，25 开

　收藏单位：首都馆

02698

新字典（四 酉集 戌集 亥集 拾遗）　傅运森等
编

上海：商务印书馆，1923，1 册，25 开

　收藏单位：首都馆

02699

修增普通国音字典（初稿 一——七卷）　中国大
辞典编撰处编撰

中国大辞典编撰处，[1928—1949]，油印本，
1 册，16 开

　收藏单位：国家馆

02700

袖珍学生新字典　李龙公编

上海：广益书局，1935.3，再版，562 页，50
开，精装

　收藏单位：广东馆

02701

袖珍学生新字典

出版者不详，[1913—1949]，556 页，64 开

　收藏单位：江西馆

02702

学生词典（国音白话注）　唐昌言等编

外文题名：Students' encyclopedic dictionary

上海：商务印书馆，1924.12，[1161] 页，32
开，精装

上海：商务印书馆，1926.3，再版，[1161] 页，
32 开，精装

上海：商务印书馆，1929，9 版，[1161] 页，
32 开，精装

上海：商务印书馆，1930.3，13 版，[1161] 页，
32 开，精装

上海：商务印书馆，1933.7，国难后 1 版，
[1161] 页，32 开，精装

上海：商务印书馆，1933，国难后 4 版，
[1161] 页，32 开，精装

上海：商务印书馆，1935.5，国难后 7 版，
[1161] 页，32 开，精装

长沙：商务印书馆，1939.12，国难后 14 版，
[1161] 页，32 开，精装

　本书收单字 5000 多个，复词和成语共 3
万余条。按部首编排。书前有笔画检字表。
卷首署商务印书馆编辑。书末附中外度量衡
币表、化学元素表、中国历代纪元表等。

　收藏单位：重庆馆、河南馆、湖南馆、南
京馆、内蒙古馆、山西馆、上海馆、首都馆、
天津馆、浙江馆

02703

学生简明新字典　上海会文堂新记书局编辑

上海：会文堂新记书局，1917.12，1 册，42
开

上海：会文堂新记书局，1929.1，49 版，1

册，42 开

上海：会文堂新记书局，1931，59 版，1 册，42 开

收藏单位：广东馆

02704

学生小辞汇　储祎编

上海：东方书店，1937.3，[25]+757+109 页，48 开，精装

上海：东方书店，1937.6，再版，[25]+757+109 页，48 开，精装

上海：东方书店，1938.9，5 版，[25]+757+109 页，48 开，精装

上海：东方书店，1939.1，10 版，[25]+757+109 页，48 开，精装

上海：东方书店，1943，96 版，[25]+757+109 页，48 开，精装

桂林：东方书店，1945.1，[25]+757+109 页，48 开，精装

本书收汉字万余个。按部首编排。书前有邹懋的序即编辑大意、难检字笔画索引等。书末附四角号码检字法。桂林版由万有书局、长风书店印行。

收藏单位：重庆馆、南京馆、首都馆

02705

学生新字典　民智书局编辑

民智书局，1933.3，3 版，1 册，32 开

本书学校适用。版权页题名：简明新字典。

02706

学生新字典

大成书局，[1913—1949]，1 册，64 开

收藏单位：江西馆

02707

学生新字典（词性分解）　顾佛影编

上海：锦章书局，1938.2，4 版，517 页，32 开

本书收字、词 15000 余个。注明词性、词义。编者原题：顾宪融。

收藏单位：湖南馆

02708

学生新字典（最新绘图）　朱孝怡　陆保璿编辑

上海：广益书局，1923.4，1 册，28 开，环筒页装

上海：广益书局，1924，4 版，1 册，28 开，环筒页装

上海：广益书局，1927.1，7 版，1 册，28 开，环筒页装

收藏单位：重庆馆、湖南馆

02709

学生字典　章哲卿　沈溥涛编

重庆：新生命书局，1945，475 页

本书附录注音符号表、国语文法表等 6 种。

收藏单位：南京馆

02710

学生字典（标准国音 词性分解）　赵镜波　储觉民编

上海：晨钟书局，1943.8，537 页，112 开，精装

本书收字 8000 多个。按笔画多少编排。

02711

学生字典（词性分解）　世界书局编译所编辑　王菩生校订

上海：世界书局，1936.7，339 页，32 开

上海：世界书局，1938.4，新 1 版，339 页，32 开

上海：世界书局，1939.3，新 4 版，339 页，32 开

上海：世界书局，1947.2，新 7 版，339 页，32 开

上海：世界书局，1948.6，新 8 版，339 页，32 开

本书收字万余。有注音字母、同音汉字、反切 3 种注音。语体文释义。按部首检字。

收藏单位：安徽馆、国家馆、江西馆、南京馆

02712

永字八法号码检字国音字典　周策勋编著

南京：京城印书馆，1937.8，[10]+210 页，32 开

本书收字 8000 多个。按作者创编的汉字笔形编号法即"永字八法"检字。供中小学文化程度的读者用。

收藏单位：国家馆、吉林馆

02713

语体适用字汇　周廷珍编著

上海：新文华书社，1936，80 页，64 开

收藏单位：南京馆

02714

语体文应用字汇　陈鹤琴编

上海：商务印书馆，1928.6，12+116 页，32 开（中华教育改进社丛刊 5）

上海：商务印书馆，1933.4，国难后 1 版，12+116 页，32 开（中华教育改进社丛刊 5）

上海：商务印书馆，1939，国难后 2 版，12+116 页，32 开（中华教育改进社丛刊 5）

本字汇是通过对常用字的调查汇集的。编者阅读 554478 字的各类材料，收集重复出现率最多的异样字 4261 个，注明每字重复次数，使读者看出各字的使用率，知道哪些字是常用字。按部首编排。

收藏单位：重庆馆、东北师大馆、广东馆、广西馆、国家馆、河南馆、湖南馆、吉林馆、江西馆、辽大馆、辽师大馆、南京馆、内蒙古馆、上海馆、首都馆、天津馆、西南大学馆、浙江馆

02715

玉篇反切考　汪桂年著

天津：天津艺文学会，1935，102 页，16 开（天津艺文学会丛书）

收藏单位：国家馆

02716

韵略字典　缪文渭编著

出版者不详，[1949.8]，[325] 页，32 开

本书书前有韵略字母表。书脊题名：增订韵略字典。

收藏单位：国家馆

02717

暂用国民通用基本字表审查用卷　教育部国民教育司编

出版者不详，[1940—1949]，24 页，32 开

本书附补字参考材料。

收藏单位：南京馆

02718

增订注解国音常用字汇　黎锦熙主编

上海：商务印书馆，1949.8，19+427+74+20 页，大 16 开

本书所收字按注音字母音序编排。卷首有序，书末有补遗及附录。国音常用字汇公布于民国二十一年，十七年后加增订、注解后出版。

收藏单位：东北师大馆、国家馆、黑龙江馆、湖南馆、上海馆、天津馆、西南大学馆

02719

张凤字典创造本　张凤创编

张凤字典编辑所，1928.7，354 页，144 开

本字典的排检法为编者所创造，是一种由面及线到点的独特检索方法。

02720

整理说文之计划书　何士骥著

北平：何士骥 [发行者]，1931.7，[8] 页，18 开

收藏单位：国家馆

02721

中国大辞典编纂处第五次总报告书　中国大辞典编纂处编

北平：中国大辞典编纂处，1933.6，40 页，18 开

本书为中国大辞典编纂处 1928 至 1933 五年间工作总报告书。内容包括：中国大辞典编纂处第五次总报告书、纂著部中国大辞典本股暂行简章、文字形体变迁考订表、文字声韵变迁考订表。附录中国大辞典编纂处著

部本股职员录。

收藏单位：重庆馆、广东馆、国家馆、湖南馆、南京馆、上海馆、首都馆

02722

中国大辞典编纂处一览 中国大辞典编纂处编

北平：中国大辞典编纂处，1931.8，58 页，16 开

本书内容包括中国大辞典编纂处计划书、规程、董事会简章、搜集部委托工作章程、出版合作章程、第三次报告书等。书后附董事表、职员表。

收藏单位：广西馆、国家馆、湖南馆、南京馆、山西馆、首都馆

02723

中华大字典 徐元诰等编

上海：中华书局，1915.12，2 册（[1203]+ 1767 页），16 开，精装

上海：中华书局，1915，8 册（[2970] 页），16 开

上海：中华书局，1923，2 册（[1203]+ 1767 页），16 开，精装

上海：中华书局，1923，3 版，4 册，16 开，精装

上海：中华书局，1927.4，4 版，4 册，16 开，精装

上海：中华书局，1935.1，5 版，4 册，16 开，精装

本书收 48000 余单字，包括籀、古、俗、讹、翻译新字等，并有辨释。用反切和同音汉字注音。释义引例注明出处。按部首编排。书前冠切韵指掌图及篆字谱，书末附补遗及正误表。编者又题：徐浩。

收藏单位：安徽馆、重庆馆、广东馆、广西馆、国家馆、湖南馆、江西馆、辽大馆、辽师大馆、南京馆、内蒙古馆、宁夏馆、上海馆、绍兴馆、首都馆、西南大学馆、浙江馆、中科图

02724

中华大字典 徐元诰等编

上海：中华书局，1916.12，[54]+[789] 页，32 开，精装

上海：中华书局，1936.4，5 版，[54]+[789] 页，32 开，精装

本书用反切注音。解释注明出典，按部首编排。

收藏单位：东北师大馆、河南馆、南京馆、宁夏馆、山西馆

02725

中华大字典（缩本） 徐元诰等编

上海：中华书局，1915.12，13 册（[177+ 3152] 页），50 开，环筒页装

上海：中华书局，1916.9，再版，13 册（[177+ 3152] 页），50 开，环筒页装

收藏单位：吉林馆

02726

中华大字典（缩本） 徐元诰等编

上海：中华书局，1916.10，2 册，32 开，精装

上海：中华书局，1932.10，4 版，2 册，32 开，精装

上海：中华书局，1936，5 版，2 册，32 开，精装

上海：中华书局，[1936.11]，6 版，2 册，32 开，精装

本书逐页题名：中华大字典。

收藏单位：安徽馆、东北师大馆、广东馆、国家馆、南京馆、内蒙古馆、山西馆、上海馆、首都馆、浙江馆

02727

中华大字典附册

上海：中华书局，[1915—1919]，177+34+114 页，22 开

本书内容包括检字表、正误表、篆字谱 3 部分。书前有各国国旗。

收藏单位：重庆馆、国家馆、内蒙古馆、中科图

02728

中华大字典检字

出版者不详，[1915—1949]，177+114 页，16 开

收藏单位：广东馆

02729

中华国音新检字 陆衣言 [等] 编辑

上海：中华书局，1922.3，[100] 页，32 开

上海：中华书局，1922.9，再版，[100] 页，32 开

上海：中华书局，1922.9，5 版，[100] 页，32 开

本书分上中下 3 编。上编为单音诸字；中编为双拼音诸字；下编为三拼音诸字。由音检字。封面题名：国音新检字。封面加题：照民国九年十二月教育部公布改正的。

收藏单位：国家馆、河南馆、天津馆、浙江馆

02730

中华国音新字典 陆衣言编

上海：中华书局，1921.2，[14+183+20] 页，32 开

上海：中华书局，1921.3，再版，[14+183+20] 页，32 开

本书收字 8000 多个，分上下两编。据 1920 年 12 月教育部公布的标准国音注音。除多音字外，不注字义。附录（一）教育部令第七五号；（二）国音字母发音法；（三）国音的切音法；（四）国音的五声。

收藏单位：国家馆、河南馆、黑龙江馆、浙江馆

02731

中华国语大辞典 陆衣言著

上海：中华书局，1940.1，984 页，32 开，精装

上海：中华书局，1947.11，3 版，984 页，32 开，精装

上海：中华书局，1949.1，4 版，984 页，32 开，精装

本书选收常用词语 4 万余条。按部首编排。书末附增订语音一览表。

收藏单位：重庆馆、广东馆、湖南馆、辽

宁馆、内蒙古馆、山西馆、上海馆、首都馆、天津馆

02732

中华基本教育小字典 吴廉铭编 舒新城校订

上海：中华书局，1948.4，31+266 页，50 开

本书收字 1600 个。在洪深的《一千一百个基本汉字》基础上补选五百字编辑而成。卷首有北方话拉丁化新文字检字表等。书名下加题：千六百生字注解，用改良部首检字。

收藏单位：重庆馆、东北师大馆、广东馆、广西馆、贵州馆、桂林馆、国家馆、辽宁馆、上海馆、绍兴馆、天津馆、浙江馆

02733

中华民国最新字典 葛天爵等编校

上海：会文堂新记书局，1922.6，2 册（[875] 页），32 开

上海：会文堂新记书局，1929.11，16 版，2 册（[875] 页），32 开

本书约收常见字 1 万余。按干支分 12 部。反切注音，有释义，笔画检字。书前有序，书末有补遗。

收藏单位：国家馆、湖南馆

02734

中华通俗新字典 文明书局编辑

上海：文明书局，1928.3，7 版，石印本，188 页，64 开，环筒页装

上海：文明书局，1930.2，8 版，石印本，188 页，64 开，环筒页装

本字典有同音汉字注音，简单释义。按部首编排。

收藏单位：黑龙江馆、上海馆

02735

中华万字字典 沈镕编

上海：中华书局，1926.9，[12+523] 页，42 开，精装

上海：中华书局，1932.7，3 版，[12+523] 页，42 开，精装

上海：中华书局，1935.5，6 版，[12+523] 页，

42 开，精装

上海：中华书局，1937，[8 版]，[12+523] 页，42 开，精装

　　本书收字 10400 余个，分 12 集。按部首检字。卷端题名：中华万字典。供中小学生及一般识字者用。

　　收藏单位：国家馆、南京馆、上海馆

02736

中华新式字汇　中华书局编辑

上海：中华书局，1924.5，[200] 页，60 开

上海：中华书局，1930.7，6 版，[200] 页，60 开

上海：中华书局，1933.9，8 版，[200] 页，60 开

　　本书用反切注音，文言解释，按部首检字。

　　收藏单位：上海馆

02737

中华新字典　王颂棠编

广州：环球书局，1947，2 版，522 页，32 开

　　收藏单位：国家馆

02738

中华新字典

出版者不详，[1913—1949]，512 页，25 开

　　收藏单位：江西馆

02739

中华新字典（京粤注音 复式详解）　王颂棠著

上海：群益书局，1947.6，再版，522 页，32 开

　　收藏单位：广西馆

02740

中华字典

上海：鸿文书局，1913，石印本，6 册，28 开，环筒页装

　　收藏单位：重庆馆

02741

中山大辞典"一"字长编　王云五总编纂

长沙：商务印书馆，1938.12，12+478 页，16 开，精装

长沙：商务印书馆，1939.4，再版，12+478 页，16 开，精装

长沙：商务印书馆，1939.5，3 版，12+478 页，16 开，精装

　　本书集中"一"字开头的各词条，在发排《中山大辞典》之前先行刊印，以供校正。

　　收藏单位：重庆馆、东北师大馆、福建馆、广东馆、贵州馆、桂林馆、国家馆、河南馆、湖南馆、江西馆、辽大馆、辽宁馆、南京馆、内蒙古馆、上海馆、首都馆、西南大学馆、中科图

02742

注音白话新字典　上海会文堂书局编辑所编著

上海：会文堂书局，1925，再版，1 册，32 开

　　本书封面题名：新式白话字典。

　　收藏单位：首都馆

02743

注音国语学生字典　邵雅堂编纂

安东：诚文信书局，1934.12，1 册，36 开，精装

安东：诚文信书局，1935.4，再版，1 册，36 开，精装

　　收藏单位：绍兴馆、首都馆

02744

注音详解学生新字典　张廷华等编

上海：大东书局，1924.4，1 册，36 开

上海：大东书局，1932，10 版，1 册，36 开

　　收藏单位：首都馆

02745

注音新辞林　中华书局编

上海：中华书局，1921.4，[500] 页，32 开，精装

上海：中华书局，1928.8，4 版，[500] 页，32 开，精装

　　本书选收一般常用词。用国音字母注音。按部首检索。

收藏单位：广东馆、黑龙江馆、湖南馆、南京馆、天津馆

02746

注音学生新字典 董坚志编辑

上海：锦章图书局，1927，[456] 页，32 开

本书书口题名：注音华英新字典。

收藏单位：河南馆

02747

篆文偏旁同形异部考 张梦达著

河北省立女子师范学校，[1935]，2 册（[56] 页），16 开

本书为《河北省立女子师范学校期刊》3 卷 1、2 期抽印本。内容是以形体为主，研究《说文》中小篆的重文。仍依说文部首次序编排。

收藏单位：国家馆

02748

字类标韵分韵撮要合编 （清）范多珏 （清）温仪凤编

上海：广益书局，[1910—1919]，石印本，2 册（[208] 页），25 开，环筒页装

本书为按韵编排的字汇。每页分上下两栏，上栏为"字类标韵"，卷端题"增注字类标韵"；下栏为"分韵撮要"，卷端题"分韵撮要字汇"。后附应酬须知、礼仪帖式。

收藏单位：国家馆、南京馆、首都馆

02749

最常用三千五百字谱 教育部国语教育讲习会编

[南京]：教育部国语教育讲习会，1948.8，19 页，16 开

本书供矫正方音及方音和国音比较用。所收字选自 1935 年公布的"注音国字表"。按注音字母音序编排。另有北平师范学院出版组编印本。

收藏单位：国家馆、吉林馆、南京馆

02750

最新校正国音新字汇 上海会文堂书局编辑

所编辑

上海：会文堂书局，1924.5，再版，[487] 页，36 开

本书有注音字母、反切、同音汉字 3 种注音。按部首编排。逐页题名：考正国音新字汇。

02751

最新适用字典全璧（注音符号）

安东：宏业号印书局，1938.1，[528] 页，48 开

本书收 8700 多字。注音符号注音。按部首编排。书前附检部表、笔画检字表及注音符号例说。

收藏单位：辽宁馆、首都馆

方言

02752

北京大学国文系方音研究 [北京大学国文系编]

北京：北京大学国文系，[1919—1949]，90 页，18 开

本书共 6 讲：研究方音之基本观念、研究方音之代表著作、研究方音之普通常识、研究方音之工作方法、研究方音之理想收获、研究方音之应用。

收藏单位：国家馆

02753

北京官话旅行用语 东亚同文书院编

上海：东亚同文书院，1941.4，9 版，181 页，36 开，精装

收藏单位：南京馆

02754

北京官话谈论新篇 金国璞 （日）平岩道知著

东京：文求堂书店，1912，8 版，订正版，134 页，22 开，精装

东京：文求堂书店，1921，13 版，订正版，

134 页，22 开，精装

本书卷端题名：谈论新篇。

收藏单位：国家馆

02755

北京语对照广东语研究 （日）香坂顺一著

台北：东都书籍株式会社，1943，686 页，25 开

收藏单位：广西馆

02756

北平方音析数表 刘半农著

北平：北京大学，1932.9，6 页，16 开

本书为国立北京大学《国学季刊》3 卷 3 号抽印本，介绍一种研究方音的科学方法。"析数表"即把分析音素所得到的数目字以表列出，用来表现北平方音中所含各音素的结合法及其变化。著者原题：刘复。

收藏单位：国家馆

02757

北平音入声的演化和连音的变化 张为纲[著]

出版者不详，[1936—1949]，10 页，32 开

收藏单位：南京馆

02758

北平音系十三辙（一名，北平同音小字典）

张洵如编 魏建功参校

北平：国语推行委员会中国大辞典编纂处，1937.1，1 册，32 开

本书按注音字母的韵母顺序排列汉字，可由辙韵检索注音及汉字。

收藏单位：东北师大馆、国家馆、黑龙江馆、吉林馆、辽大馆、南京馆、山西馆、首都馆、天津馆、武大馆

02759

北平音系小辙编（一名，北平儿化词汇） 张洵如编

上海：开明书店，1949.2，48+126 页，32 开

本书是对《北平音系十三辙》一字中"儿化韵"（卷舌韵）的补充。分 8 卷，收儿化词 3000 多个，词后多有注释。

收藏单位：重庆馆、东北师大馆、桂林馆、国家馆、吉大馆、吉林馆、辽宁馆、上海馆、首都馆、西南大学馆

02760

北音入声演变考 白涤洲著

北平：中国大辞典编纂处，1931.8，42 页，18 开

北平：中国大辞典编纂处，1935，42 页，18 开

本书为中国大辞典编纂处报告之一。内容分绪论、北音区域与入声定义、用书释略、现代北音入声情形、北音入声之演变 5 部分。本文曾载于中央研究院历史语言研究所集外篇。

收藏单位：国家馆、南京馆

02761

标注音调说话流口辙（北平口语练习法） 严工上编著

上海：商务书局，1945.10，93 页，32 开

本书收当时北平流行的熟词儿、成语、俗语儿、俚谐话、小孩儿语、比方话儿等，联缀成句，注音标调，供读者学习北平口语用。

收藏单位：重庆馆、广东馆、国家馆、南京馆、首都馆、浙江馆

02762

潮汕注音字集 陈复衡编

汕头：大潮社，[1928.10]，69 页，32 开

本书讲述潮音声母、韵母及入声和鼻音符号，并分韵母独用各音字集和声母独用及切韵所得各音字集。

02763

潮汕字典 潮汕编辑社编

[汕头]：潮汕编辑社，[1938]，609 页，32 开

本书有潮汕方音同音汉字和潮汕方言切音注音及简单释义，按部首检字。

收藏单位：吉林馆、南京馆、山西馆

02764

潮汕字典　陈凌千编

汕头：中央书局等，1938，5 版，609 页，32 开

本书收汉字 1 万多个。有潮汕方音切音和潮汕方音同音汉字两种注音及简明释义。

收藏单位：首都馆

02765

潮汕字典（重订）　陈凌千编

汕头：育新书社，1935.9，455 页，32 开

汕头：育新书社，1936.6，再版，[22]+582 页，32 开

本书逐页题名：潮汕字典。

收藏单位：东北师大馆、广东馆、国家馆、宁夏馆、浙江馆

02766

潮音大众字典　姚慕韩　姚愈豪编

汕头：榕涛出版社，1937.3，[530] 页，32 开

本书收 1 万字。卷首有潮音字母、潮音拼音表、部首索引、笔画检字索引等。

收藏单位：国家馆

02767

潮音分韵常用字表（又名，改订雅俗通十五音）　鸣平编著

汕头：岭东出版社，1937.4，188 页，32 开

本书将常用汉字按潮州地区所通行的语音音韵列表。书前有关于本表的说明介绍，书末附录简体字表等。

02768

潮语十五音　汕头文明商务书馆编

汕头：汕头文明商务书馆，1948，订正版，石印本，1 册，32 开

本书共 4 卷。据《潮声十五音》删繁就简，并参照他书校勘而成。封面题：字学津梁。

收藏单位：国家馆

02769

潮正两音字集　汲约翰（John Sieele）编

上海：长老会，1924，2 版，384 页，32 开

本书所收字同音集中，字后用罗马字拼音注出潮州方音和国语标准正音。书末附读音索引。

收藏单位：吉林馆

02770

辰溪方言考　张绵周著

上海：良友书店，1949，130 页，32 开

收藏单位：广东馆

02771

重庆方言　唐幼峰著

[重庆]：重庆旅行指南社，1942.6，13 页，32 开

本书为《重庆旅行指南》的附刊。书中广辑重庆方言，按方言首字笔画编排。可由重庆方言检查普通话。

收藏单位：重庆馆、国家馆、南京馆

02772

从台湾话学习国语　魏建功等著

台北：现代周刊社，1946.7，19 页，64 开（国语问题小丛书 3）

收藏单位：南京馆

02773

方言考　崔骥编

中华图书馆协会，1932.3，68 页，16 开

本书为《图书馆学季刊》第 6 卷单行本。收历代 47 种方言书的名家序跋、自序、凡例、提要等，是治方言学的一部目录专书。

收藏单位：国家馆、吉林馆、中科图

02774

方言调查表格（第 2 种 甲 声母韵母）

出版者不详，[1911—1949]，13 页，23 开

本书将汉字按读法分为开、齐、合、撮四类。

收藏单位：重庆馆

02775

方言调查表格（第 2 种 丙 语助词故事）

出版者不详，[1911—1949]，16 页，25 开

本书通过《北风和太阳》争论谁的本事大的故事，比较普通话、苏州话和广州话之间在语助词方面的区别。正文前书名：语助词北风跟太阳。

收藏单位：国家馆

02776

方言注商 吴予天著
上海：商务印书馆，1936.11，81 页，32 开（国学小丛书）

本书将秦、汉以前的双声相转、叠韵相移的语汇加以音释和解注。书末附补遗。

收藏单位：重庆馆、大庆馆、广东馆、广西馆、贵州馆、国家馆、湖南馆、吉林馆、江西馆、辽大馆、南京馆、内蒙古馆、宁夏馆、上海馆、首都馆、天津馆、中科图

02777

方言字考 谢璇编著
上海：会文堂书局，1923.3，再版，122 页，40 开

本书采集各家著述和各种小说中的方言字，以文言白话互相印证、考订。

收藏单位：广西馆、国家馆、吉大馆、上海馆、中科图

02778

方音调查表格（1 例字表） 赵元任制
[北平]：国立中央研究院历史语言研究所，1930，82 页，16 开

本书是调查方音用的单字例字表，共收3567 字，按古音（切韵系统音）排列，用古音罗马字注音。

收藏单位：国家馆、吉林馆、南京馆、山西馆、首都馆、西南大学馆

02779

分类通行广州话 谭季强编
广州：谭季强，[1925]，115 页，32 开
广州：谭季强，[1933]，7 版，1 册，32 开

本书按普通问答、天文、地理、身体、人事、饮食、衣服器具、动植物、杂名词等类编排。附笑话故事五则及百家姓同音字表。

收藏单位：国家馆、人大馆、上海馆、首都馆

02780

福州语 （日）北原癸己男等编
台北：株式会社竹腰商店，1930.8，326 页，32 开

收藏单位：南京馆

02781

古今方言语音字母说明书 沈凡著
重庆：沈凡[发行者]，[1911—1949]，30 页，32 开

本书分略说、字形与体式、声与韵、真音与假音、字母之读法、拼音与音节、声调、实用例等章。语音字母基本图形大致以注音字母为蓝本，共 35 个。

02782

关西方言钩沉 范紫东著
西安：克兴印书馆，1947.1，1 册，24 开（待雨楼著作）

本书分称谓、名物、状语、动词 4 卷。依据《说文》及诸韵书，用今音探索古音，又以古音印证今音研究关西方言。

收藏单位：东北师大馆、甘肃馆、国家馆、吉大馆、吉林馆、宁夏馆、中科图

02783

关中入声之变化 白涤洲著
北平：国立中央研究院历史语言研究所，1934，997—1092 页，16 开

本书为《国立中央研究院历史语言研究所集刊外编蔡元培先生 65 岁庆祝论文集》抽印本。共 5 部分，讲述关中方言的区域、声调、入声变读规律及例外字之解释等。后附北音入声演变调查表、关中入声变读声调谱。

收藏单位：国家馆、吉林馆、内蒙古馆

02784

关中声调实验录 白涤洲著
上海：国立中央研究院历史语言研究所，1934，

447—488 页，16 开

本书为《国立中央研究院历史语言研究所集刊》抽印本。分缘起、关中之域区、关中声调之实验、结论 4 部分。

收藏单位：国家馆、吉林馆、人大馆

02785

官话初阶 （英）怀恩光（J. S. Whitewright）编

上海：广协书局，1934，44 页，32 开

本书为外国人学汉语课本。全书用汉语编写。编者是济南英浸会教士。

收藏单位：国家馆

02786

官话初阶 （英）怀恩光（J. S. Whitewright）编

上海：广学书局，1918，44 页，32 开

收藏单位：国家馆

02787

官话初阶 （英）怀恩光（J. S. Whitewright）编

外文题名：An introduction to Mandarin

上海：雷斯赉，1922 重刊，44 页，38 开

收藏单位：国家馆

02788

官话初阶 （英）怀恩光（J. S. Whitewright）编

外文题名：An introduction to Mandarin

山东大学堂书局，1911，44 页，38 开

收藏单位：国家馆

02789

官话谈论新篇 金国璞 （日）平岩道知著

东京：文求堂书店，1924.7，14 版，202 页，32 开，精装

东京：文求堂书店，1937.4，21 版，202 页，32 开，精装

东京：文求堂书店，1939.2，22 版，202 页，32 开，精装

东京：文求堂书店，1939.10，23 版，202 页，

32 开，精装

东京：文求堂书店，1940.11，25 版，202 页，32 开，精装

本书逐页题名：谈论新篇。

收藏单位：国家馆、南京馆、绍兴馆

02790

官话指南

上海：出版者不详，1919，221 页，23 开，精装

本书分 4 卷，以对话的形式介绍常用官话。

收藏单位：重庆馆

02791

官话指南（改订） （日）郑永邦 （日）吴启太著 金国璞改订

东京：文求堂书店，1914.5，10 版，230 页，32 开，精装

东京：文求堂书店，1919.10，15 版，230 页，32 开，精装

东京：文求堂书店，1923.12，18 版，230 页，32 开，精装

东京：文求堂书店，1927.6，22 版，230 页，32 开，精装

东京：文求堂书店，1933.1，28 版，230 页，32 开，精装

东京：文求堂书店，1936，33 版，230 页，32 开，精装

东京：文求堂书店，1937.3，34 版，230 页，32 开，精装

东京：文求堂书店，1938.4，35 版，230 页，32 开，精装

东京：文求堂书店，1938.9，36 版，230 页，32 开，精装

东京：文求堂书店，1941.2，40 版，230 页，32 开，精装

东京：文求堂书店，1942.1，42 版，230 页，32 开，精装

东京：文求堂书店，1944，44 版，230 页，32 开，精装

本书共分 4 卷：酬应琐谈、官商吐属、使令通话、官话问答。逐页题名：官话指南。

收藏单位：广东馆、国家馆、黑龙江馆、浙江馆、中科图

02792

广东俗语考（又名，广东方言） 孔仲南著

广州：南方扶轮社，1933.12，2册（64+64页），25开

　　本书所收广东俗语、方言按天时、地理、动作、名称、语词等17类编排，并加注音和考释。

　　收藏单位：青海馆、上海馆

02793

广州话新文字教程读本 香港新文字学会编

香港：[香港新文字学会]，1939，30页，32开

　　教师训练班用书（卷三）。

　　收藏单位：国家馆

02794

广州话指南 禅山著

广州：复兴书局，[1930—1949]，91页，36开

　　本书为学习广州方言的课本，共70课。

　　收藏单位：广西馆、国家馆、吉林馆、首都馆

02795

广州话指南

广州：守经堂书局，[1930—1949]，91页，32开

　　收藏单位：上海馆

02796

广州音系概述 岑麒祥著

广州：广东建设研究委员会，[1940—1949]，9页，16开

　　本书为《广东建设研究专刊》1卷2期抽印本。

　　收藏单位：国家馆

02797

贵州夷语的初步研究 胡英著

出版者不详，1939，手写油印本，48页，16开

　　收藏单位：国家馆

02798

国台字音对照录 台湾省国语推行委员会编

台北：台湾省国语推行委员会，1946，90页，32开

　　收藏单位：南京馆

02799

国语入声字与徐海入声字变读比较 王守之著

[南京]：南京市立兴中门小学，[1936.5]，98页，32开（南京市立兴中门小学国语小丛书2）

　　本书用表格形式把国语音和徐海地方音加以对比，以便纠正读音。书后有附录。初版年月据书前序的写作日期。

　　收藏单位：国家馆

02800

河南民众常用名词类聚 河南省立实验民众学校教材编辑委员会编

[郑州]：河南省立实验民众学校教材编辑委员会，1933.1，70页

　　本书主要介绍河南地方方言。

　　收藏单位：浙江馆

02801

湖北方言调查报告 赵元任等著

上海：商务印书馆，1948.3，2册（[1574]页），大16开

　　本书为国立中央研究院历史语言研究所专刊。分总说明、分地报告及综合报告。1936年春季写成。

　　收藏单位：安徽馆、重庆馆、东北师大馆、广东馆、广西馆、国家馆、黑龙江馆、湖南馆、辽大馆、南京馆、内蒙古馆、首都馆、西南大学馆、浙江馆

02802

沪语汇编 帕克（R. A. Parker）编

上海：广协书局，[1923]，[254]页，32开，

精装

　　本书供外国人学习上海话用。为上海话和英语拼音对照。出版年月据书前序的写作日期。

02803

沪语开路　克罗福特（J. W. Crofoot）　拉伍林桑（F. Rawlinson）编

外文题名：Conversational exercises in the Shanghai dialect

上海：华美书馆，1915，48 页，25 开

　　本书为供外国人学习上海地方话用的简单会话读本。

　　收藏单位：国家馆

02804

华言问答　金国璞著

东京：文求堂书店，1916.5，3 版，198 页，25 开，精装

　　本书共 30 章。

　　收藏单位：国家馆、黑龙江馆

02805

嘉定方言

出版者不详，[1947]，70 页，32 开，环筒页装

　　本书主要研究上海市嘉定县方言的语音和词义。

　　收藏单位：国家馆

02806

较正方言应用杂字　张国播校正

平遥：四义永书庄，1939，石印本，[114] 页，32 开，环筒页装

　　本书所收字分天文、时令、地理、人事等 25 类编排。有释义和同音汉字注音。末附补遗。书口题名：方言杂字。

02807

京音字汇　王璞著

北京：民国书局，1913.5，石印本，[110]+379 页，25 开

　　本书收常用字，同音归类，用注音字母标注北京音，依《康熙字典》注释。书前有部首检字。

　　收藏单位：东北师大馆、桂林馆、国家馆、黑龙江馆、湖南馆、吉林馆、辽宁馆、南京馆、内蒙古馆

02808

客话方音符号　彭志中编

彭志中 [发行者]，1948，油印本，1 册，16 开，环筒页装

　　收藏单位：国家馆、南京馆

02809

临川音系　罗常培著

长沙：商务印书馆，1940.12，237 页，16 开（国立中央研究院历史语言研究所单刊 甲种 17）

上海：商务印书馆，1947.12，再版，237 页，16 开（国立中央研究院历史语言研究所单刊 甲种 17）

　　本书主要研究江西省东部临川地区方音。共 6 章，内容包括：语言的分析、本地江西的音韵、比较的音韵等。

　　收藏单位：重庆馆、东北师大馆、国家馆、吉林馆、江西馆、南京馆、内蒙古馆、中科图

02810

论隋唐间之楚音　刘文兴著

北平：辅仁大学，[1940.1]，43—52 页，23 开

　　本书为辅仁大学语文学会讲演集抽印本。论述楚音在方音中的特征，推求隋唐间楚音之材料、方法、结果等。

　　收藏单位：国家馆、上海馆

02811

旅行用语　东亚同文书院著

上海：东亚同文书院，1941，1 册，精装

　　收藏单位：南京馆

02812

闽方言考　叶长青著

[福建]：福建全省通志局，1923.12，60 页，

32 开（无尽藏室丛著 第 1 种 方言）

本书为福建方言考。用国语罗马字注音。书前有陈石遗、吴曾祺等人的序。由上海中华书局印刷。著者原题：叶俊生。

收藏单位：吉大馆、吉林馆、首都馆、中科图

02813

闽粤语和国语对照集 后觉等编著

上海：儿童书局，1938.12，161 页，32 开

本书供广东、福建及南洋华侨学生练习国语用。内容包括词语、对话、文篇等。附录广客话的语法和国语的语法歧异示例表、闽粤人对于国语较难的音调表。编著者原题：郭后觉。

收藏单位：东北师大馆、广东馆、黑龙江馆、南京馆、上海馆、天津馆

02814

南京音系 赵元任著

上海：中国科学社，1929，[31] 页，16 开

本书原载《科学》13 卷 8 期。

收藏单位：首都馆

02815

上海话（英汉对照） 福（George Foe）著

外文题名：Shanghai dialect in 4 weeks

上海：启明书局，1940，102 页，36 开，精装

本书为供外国人学习上海话的课本，共30 课。又译：上海话一月通。

收藏单位：上海馆

02816

上海商业习惯用语字汇 徐沧水编

上海：商务印书馆，1924.7，109 页，64 开

本书所收行业用语按各业通用语及货币、银行钱业、证券业、会计、簿记、海关买卖等 8 类编排。以笔画多少检索。

收藏单位：广东馆、国家馆、上海馆

02817

上海俗语图说 汪仲贤著述 许晓霞绘图

苏州：力行出版社，1948.12，[250] 页，32 开

本书分"正集、二集"。收录上海旧社会所流行的习语与俗语百余条，加以解释，并有插图。

收藏单位：吉林馆、南京馆

02818

上海俗语图说 汪仲贤著述 许晓霞绘图

上海：社会出版社，1935.6，597 页，24 开，精装

本书收集上海旧社会所流行的习语与俗语共 240 条，加以解释，并有插图。

收藏单位：广西馆、国家馆、吉林馆、宁夏馆

02819

上海通俗语及洋泾浜 上海通编辑部编

上海：龙文书店，1945.7，40 页，56 开（语文丛书）

本书为龙文书店出版的《上海通》附录。收集上海旧社会的一般俗语、各行业习惯语及流氓语、外来语（即洋泾浜）等，并加说明。

收藏单位：重庆馆

02820

士民通用语录 （美）马医生 金湘儒合著

外文题名：Conversations of educated men

上海：美华书馆，1915，152 页，22 开

本书内容包括：婚姻问答、出门问答、问答官话、买卖人问答、教训学生、僧家问答、道家问答、买卖问答、农人问答、宦途问答等。

收藏单位：国家馆

02821

松阳方言考 叶梦麟著

出版者不详，[1945.5]，24 页，32 开

本书从古音、古语、方言等方面，对浙江省南部松阳方言加以研究考证。出版年月据书前序的写作日期。

收藏单位：国家馆、上海馆

02822

苏州话诗经　倪海曙著

上海：方言出版社，1949.4，19+180 页，32 开

本书从《诗经》里选诗 60 首，用苏州方言翻译。著者意在尝试用方言写作，故翻译时较自由，凭借想象，加进了许多现代的东西，与其说是翻译，不如说是改写。

收藏单位：北师大馆、国家馆、吉林馆、上海馆、西南大学馆、中科图

02823

苏州注音符号　陆基　方宾观编

上海：商务印书馆，1931.6，32 页，32 开

本书是根据苏州方言编印的注音符号，供学习苏州方言用。

收藏单位：广东馆、上海馆

02824

唐五代西北方言　罗常培著

外文题名：Northwestern dialects of Tang and Five dynasties

上海：国立中央研究院历史语言研究所，1933.11，23+224 页，16 开（国立中央研究院历史语言研究所单刊 甲种 12）

本书是利用汉藏对音材料研究中国古代西北方言音系的第一部专著，是罗常培古音方言研究的代表作。收《唐五代西北方言》和《〈唐蕃会盟碑〉中之汉藏对音》两篇汉语古音考订论文。著者以四、五种敦煌石室发现的汉藏对音和藏文译音写本及石刻作为材料，同切韵比较，推溯其渊源，然后再同六种现代西北方音比较探讨其流变。附录《汉藏对音千字文与切韵音及六种现代西北方音的比较》《汉藏对音千字文残卷索引》《〈大乘中宗见解〉藏音索引》。中华教育文化基金董事会资助出版。

收藏单位：安徽馆、重庆馆、东北师大馆、广东馆、国家馆、河南馆、黑龙江馆、江西馆、近代史所、辽大馆、南京馆、首都馆、西南大学馆、中科图

02825

推行苏州方音注音符号报告书　陆基编

苏州注音符号推行会，1936.7，37 页，32 开

本书分 6 部分，内容包括：发起推行、捐募款项、编印书籍、第一届征求苏音小先生情形等。

收藏单位：国家馆

02826

吴川方言　李全佳编著

广州：李全佳 [发行者]，1948.5，10 页，16 开

本书为《文风学报》第 2、3 期合刊抽印本，是对广东湛江地区吴川的方言调查。

收藏单位：国家馆

02827

吴音辣体字典

上海：土山湾天主堂，1940.12，21+39 页，32 开

本书为天主教会出版物，是用拉丁字母标注吴音的字典。内容包括辣体汉字导言和吴音辣体字典两部分。

收藏单位：国家馆、上海馆

02828

吴音奇字　（清）孙楼编辑校正　陆镒补遗

[苏州]：江苏省立苏州图书馆，1939.10，30 页，32 开（江苏省立苏州图书馆吴中文献小丛书 8）

本书所收字按天文、地理、时令、人物、身体等 14 类编排。

收藏单位：南京馆、上海馆、首都馆、天津馆、浙江馆、中科图

02829

厦门音系　罗常培著

外文题名：Phonetics and phonology of the Amoy dialect

上海：国立中央研究院出版品国际交换处，北平：国立中央研究院历史语言研究所，1930，[14]+278 页，16 开（国立中央研究院历史语言研究所单刊 甲种 4）

本书内容包括厦门地方音的语音、音韵、标音举例及与《广韵》的比较等。附注间有参考书目。书末附索引。

收藏单位：安徽馆、东北师大馆、广东馆、国家馆、吉林馆、江西馆、辽宁馆、南京馆、首都馆、天津馆、中科图

02830
厦门语系研究　陈延庭编著
漳州：华声通讯社，1945.9，26 页，36 开

本书内容包括厦门语的来源、该语系的民族、分布、风俗等。

收藏单位：南京馆

02831
现代吴语的研究　赵元任著
外文题名：Studies in the modern Wu-dialects
北平：清华学校研究院，1928.6，135 页，16 开（清华学校研究院丛书 4）
北平：清华学校研究院，1935.3，再版，135 页，16 开（清华学校研究院丛书 4）

"吴语"是上海、江苏省东南部分和浙江省大部分地区的方言。作者在这一带调查后写成此书。分吴音、吴语两部分。正文前有调查路线图。

收藏单位：国家馆、吉林馆、内蒙古馆、上海馆、西南大学馆、中科图

02832
续方言　（清）杭世骏纂　程际盛补正
上海：商务印书馆，1937.3，58 页，32 开（万有文库 第 2 集 174）（国学基本丛书）
长沙：商务印书馆，1939.12，58 页，25 开（万有文库 第 1—2 集 简编 500 种 124）（国学基本丛书）

本书为古籍重刊。分上下两卷，集唐宋以前经、史、传、注、字书里的古代方言词语，补杨雄《方言》所未备。依《尔雅》门类编次，但不明标其目。后附《续方言补正》（程际盛纂）。

收藏单位：安徽馆、重庆馆、大理馆、大连馆、大庆馆、东北师大馆、国家馆、黑龙江馆、湖南馆、江西馆、辽大馆、辽师大馆、内蒙古馆、宁夏馆、上海馆、天津馆、西南大学馆、浙江馆

02833
言子选辑　杨世才编著
重庆：重庆指南编辑社，1943，52 页，32 开（重庆指南编辑社语言学丛刊）
重庆：重庆指南编辑社，1943.5，再版，55 页，32 开（重庆指南编辑社语言学丛刊）

"言子"即四川话的歇后语或俏皮话。本书选收 615 条，补遗 18 条。

收藏单位：重庆馆、贵州馆、国家馆、南京馆

02834
言子选辑（一名，幽默话谜）（第一集）　杨世才　文德铭编
重庆：重庆指南编辑社，1942.6，31 页，50 开（重庆指南编辑社方言丛书）

"言子"即四川话的歇后语。本书收民间流行的歇后语 360 条。

收藏单位：国家馆

02835
研究吴语方式表（第五册 第 21 表 国语—吴语对照词汇 第 22 表 语助词）　清华学校研究院制
北京：清华学校，[1925—1929]，1 册，32 开

收藏单位：南京馆

02836
研究吴语方式表（第六册 第 23 表 吟诗读文乐调）　清华学校研究院制
北京：清华学校，[1925—1929]，1 册，32 开

收藏单位：南京馆

02837
鹦笑楼语录　（日）龟山正夫著
上海：内山书店，1934.10，125 页，23 开，精装

本书是用上海话记述的短篇杂谈，供日本人学习上海话参考。

02838

黟县方言调查录 [魏建功等著]

北京：国立北京大学，[1935]，52 页，16 开

收藏单位：南京馆

02839

甬谚名谓籀记 陈训正著

杭州：浙江省立图书馆印行所，1936.4，影印本，41+34+19 页，16 开

本书为研究宁波一带方言、谚语的著作。分上下两卷。附甬句言脞记。文言体，有圈点。

收藏单位：国家馆、吉大馆、南京馆、内蒙古馆、上海馆、浙江馆、中科图

02840

輶轩使者绝代语释别国方言 （汉）扬雄著 （清）戴震疏证

上海：商务印书馆，1937.3，影印本，2 册（361 页），32 开（万有文库 第 2 集 175）（国学基本丛书）

长沙：商务印书馆，1939，影印本，2 册（361 页），32 开（万有文库 第 1—2 集 简编 500 种）（国学基本丛书）

本书今本 13 卷。体例仿《尔雅》，类集古今各地同义的词语，大部分注明通行范围。材料的来源有古代的典籍，有直接的调查，可以看出汉代语言分布情况，为研究古代词汇的重要材料。本书是其清代的疏证本，对原文逐句加以注疏。

收藏单位：安徽馆、重庆馆、大理馆、大连馆、大庆馆、东北师大馆、国家馆、湖南馆、江西馆、辽大馆、内蒙古馆、上海馆

02841

粤音韵汇（广州标准音之研究） 黄锡凌著

外文题名：A Chinese syllabary pronounced according to the dialect of Canton

上海：中华书局，1941.4，54+46+80 页，25 开

本书所收字用国际音标标音。可按字查广州标准音。卷末有英文介绍。附按《康熙字典》部首排列的粤语韵汇检字表。

收藏单位：重庆馆、广西馆、国家馆、辽

大馆、南京馆、上海馆、西南大学馆

02842

粤语速成通 杜山著

香港：文展文化出版社，1939.3，33 页，32 开

本书主要讲解广州话学习法，利用乐谱上的拍节练习广州话。作者认为此法最简单速成有效。

收藏单位：重庆馆

02843

增补实用上海语 王廷珏著

上海：美术工艺制版社出版部，1919.3，226 页，50 开，精装

上海：美术工艺制版社出版部，1941，12 版，226 页，50 开，精装

本书内容分数目、人事、时日、地名等 12 类，共 30 课。供日本人学习上海话用。

收藏单位：南京馆、上海馆

02844

中等官话谈论新篇 李俊漳选辑

东京：文求堂书店，1937.3，195 页，32 开，精装

东京：文求堂书店，1941，再版，195 页，32 开，精装

东京：文求堂书店，1942，4 版，195 页，32 开，精装

本书内容除作者自撰修养之数课外，仅集平日报章所载，略事增添削减，北平语言之中颇多新语为研究起见一并录入，以供读者参考。收录的文章包括《应酬买卖》《谎言谎话》《穷人吃亏》等。

收藏单位：国家馆、黑龙江馆、内蒙古馆

02845

钟祥方言记 赵元任著

长沙：商务印书馆，1939.9，160 页，13 开（国立中央研究院历史语言研究所单刊 甲种 15）

本书记录钟祥城内及其西北乡方言的发音。钟祥县在湖南省正中心，其方言是我国

中部的代表语言。

收藏单位：重庆馆、广西馆、国家馆、江西馆、南京馆

02846
最新官话谈论篇　李俊漳　张廷彦著
东京：文求堂书店，1924.3.10，214 页，32 开，精装
东京：文求堂书店，1941，[再版]，214 页，32 开，精装

收藏单位：黑龙江馆、南京馆、绍兴馆

汉语教学

02847
国文　戴道平著
上海：神州国光社，[1923]，2 册，32 开
上海：神州国光社，1931.10，2 册，32 开

本书内容包括：国内各大学入学试验中的国文试验的一般情形、国学常识问题、作文预备法、标点符号与文言白话互译的预备法等。上卷为大学及专门受验参考之部，下卷为高中受验参考之部。

收藏单位：广东馆、国家馆、浙江馆

02848
国文比较研究法　陈柱编
上海：大夏大学，[1928.2]，56 页，16 开

本书为大夏大学讲义。选收历代诸体文章 97 篇，分 29 组，比较其作法之异同。

收藏单位：桂林馆

02849
国文导师　王野村编
北平：建国出版社，1937.7，262 页，32 开

本书共 5 编：古书正误、文法举隅、成语练习、字体明辨、常识解答。

收藏单位：吉大馆、吉林馆、首都馆

02850
国文自修书辑要　沈恩孚编

上海：中华书局，1916.7，18+[226] 页，22 开，精装
上海：中华书局，1919.10，再版，18+[226] 页，22 开，精装
上海：中华书局，1925，3 版，18+[226] 页，22 开，精装
上海：中华书局，1930.3，4 版，18+[226] 页，22 开，精装
上海：中华书局，1932.12，5 版，18+[226] 页，22 开，精装

本书就文字、文章范围介绍自修国文所需的重要著作。包括《说文解字部首》《说音》《四书》《汉书艺文志》《四库全书总目提要叙》《古文辞类纂序目》6 种。书前有《国文自修书辑要说明书》。

收藏单位：安徽馆、广东馆、广西馆、国家馆、河南馆、黑龙江馆、湖南馆、吉林馆、江西馆、辽大馆、辽宁馆、南京馆、内蒙古馆、上海馆、首都馆、天津馆

02851
国语的基础　冯杰民编著
韶关：广州青年会职业学校，1944.2，30 页

收藏单位：南京馆

02852
国语读本　金醒吾编
北京：中华教育改进社，1925.8，石印本，2 册，22 开

本书为蒙古族、藏族学习汉字的读本。上册 60 课，下册 50 课。

收藏单位：国家馆

02853
国语文研究法　马国英著
上海：中华书局，1925.6，24+25 页，24 开
上海：中华书局，1926.12，3 版，24+25 页，24 开
上海：中华书局，1928，4 版，24+25 页，24 开
上海：中华书局，1932.10，7 版，24+25 页，24 开

本书可作研究国语文的学者的自修书。

共分 3 章：国语文的概说、国语文的读法、国语文的作法。

收藏单位：重庆馆、广东馆、河南馆、南京馆、浙江馆

02854

教育部国语教育进行概况
出版者不详，1922.5，24 页，25 开

本书内容分 4 部分：注音字母、国音字典、小学校国文科改为国语科、现在的进行（整理汉字并预备国语拼音；推行国语教育）。

收藏单位：国家馆、首都馆

02855

台湾省国语教育实施概况 台湾省国语推行委员会编
台北：台湾省国语推行委员会，1946.12，10 页，32 开

本书内容分 5 部分：迫切的需要和实施的难题、国语推行委员会、国语推行所、实施概况、前途的展望。

收藏单位：国家馆、南京馆

02856

学文示例 郭绍虞编
上海：开明书店，1941.8，2 册（578 页），25 开
赣县：开明书店，1944.8，内 1 版，2 册（578 页），25 开
上海：开明书店，1944.12，内 2 版，2 册（578 页），25 开
上海：开明书店，1946.8，再版，2 册（578 页），25 开
上海：开明书店，1947.1，3 版，2 册（578 页），25 开
上海：开明书店，1947，4 版，2 册（578 页），25 开
上海：开明书店，1947.12，5 版，2 册（578 页），25 开

本书为燕京大学一年级国文教本。选骈散韵文、小说、戏曲、翻译、佛经节录等。文后多有编者简评和议论。

收藏单位：安徽馆、重庆馆、东北师大

馆、广东馆、广西馆、桂林馆、国家馆、河南馆、黑龙江馆、湖南馆、吉林馆、江西馆、辽宁馆、辽师大馆、南京馆、内蒙古馆、上海馆、首都馆、西南大学馆、浙江馆

02857

中国语文的整理和发展 林汉达等著
上海：中国拉丁化书店，1941.7，37 页，32 开（语文丛刊第一辑）

本书著者原题：迭肯。

收藏单位：南京馆

教学法

02858

标准国语课本（注音会话） 韩学章编
上海：霞飞书局，1947.3，4 版，增订本，112 页，32 开

本书共 8 章，内容包括：国语概论、标准国音、注音符号发音法、拼音法、音调、注音会话、注音课文等。

收藏单位：国家馆

02859

标准国语商业会话（百货类） 徐宗科编
香港：中华国语专门学院，1938，2 册（68+70 页），32 开

收藏单位：国家馆

02860

标准国语应用会话 蒋镜芙编
上海：中华书局，1935.6，76 页，32 开（初中学生文库）
上海：中华书局，1937.4，4 版，76 页，32 开（初中学生文库）
上海：中华书局，1939，9 版，76 页，32 开（初中学生文库）
上海：中华书局，1940，10 版，76 页，32 开（初中学生文库）
上海：中华书局，1941.6，昆明 13 版，76 页，32 开（初中学生文库）
上海：中华书局，1947.12，76 页，32 开（中

华文库 初中 第1集）

本书共20课，按衣食住行等类编排生活常用会话，用注音符号注音。

收藏单位：重庆馆、大庆馆、广东馆、广西馆、桂林馆、黑龙江馆、湖南馆、江西馆、辽宁馆、南京馆、内蒙古馆、上海馆、首都馆、天津馆

02861

标准国语应用会话新教本　蒋镜芙编

上海：中华书局，1932.1，80页，22开

上海：中华书局，1932.9，再版，80页，22开

上海：中华书局，1935.6，[再版]，80页，22开

本书共20课，内容包括：代名词的应用、官能上的用词、旅行时的见闻、自然界的现象、卫生上的琐事、成语的应用等。每课后附常用词。文旁有注音符号注音。

收藏单位：上海馆、天津馆、浙江馆

02862

彩图五用大方字（第一盒 指导书）　林汉达编著

上海：世界书局，1936.10，4版，1册，64开

本书收录最通俗的704字，以供学龄前儿童使用。生字先从儿童日常所接触的实物着手，所以名词居大多数，其次为形容词、动词等。

收藏单位：南京馆

02863

大中华民国标准语会话　桓力行编

上海：新宇宙出版公司，[1911—1949]，1册，22开

收藏单位：广东馆

02864

对于教育部蒋部长意见讨论书　何应钦提案

南京：出版者不详，[1930.8]，59页，16开

本书为何应钦提出的《改进文字教育建议书》一案的补充参考材料。分文字教育法目的之讨论、文字教育法要领之讨论、读本用字之讨论、中国文字教育应否本于六书之讨论、初学国文读本用文言或口语之讨论、初学国文读本内容所应注意之点等9章。

收藏单位：国家馆、湖南馆

02865

改进文字教育法建议书

出版者不详，[1930]，20页，32开

收藏单位：南京馆

02866

国音会话读本　王定一编

上海：崇文书局，1920.5，72页，25开

上海：崇文书局，1921.3，增订4版，72页，25开

本书共13章，内容包括：访问、消遣、学业、通信、商家用语、游历、辞别、庆贺、人物、杂类等。书末附注音字母表。

收藏单位：上海馆

02867

国语播音会话（下册）　伊静轩编

马尼拉：中华国语教育社，1941，再版，94页，32开

收藏单位：广东馆、湖南馆

02868

国语常识会话（交通）　陆衣言编辑

上海：中华书局，1921.11，23页，28开

昆明：中华书局，1940.7，23版，23页，28开

本书采交通上的常识，编成会话。内容分8部分：交通器具的模型、火车站、关卡、轮船、旅馆、电话、邮务局、电报。课文上边都加注音符号，以便正音。

收藏单位：国家馆、河南馆、上海馆

02869

国语会话　陆衣言编

上海：世界书局，1933.2，2册（63+64页），25开

本书供师范生用。分24类编排各种会话，字旁有注音符号注音。

收藏单位：国家馆、南京馆

02870

国语会话　齐铁恨编　方毅校

外文题名：National language conversation book

上海：商务印书馆，1925.7，104 页，32 开

上海：商务印书馆，1927.8，5 版，104 页，32 开

上海：商务印书馆，1928，6 版，104 页，32 开

上海：商务印书馆，1932.9，国难后 1 版，104 页，32 开

上海：商务印书馆，1933.5，国难后 2 版，104 页，32 开

上海：商务印书馆，1940.10，国难后 13 版，104 页，32 开

　　本书为编者在上海国语师范学校教会话的课本。就普通社交的情形采些应用的词语，共 30 课，包括看望朋友、路上相遇、久别重逢、朋友电话、探问病人、托人办事、住宿旅馆、打听道路等。有注音字母注音。

　　收藏单位：重庆馆、广东馆、南京馆、上海馆、天津馆

02871

国语会话（第 1 册）　陆衣言编

上海：中华书局，1922，2 版，23 页，32 开

　　本书为新教育教科书。

　　收藏单位：河南馆

02872

国语会话课本　台湾省国语推行委员会编

台北：台湾书店，1947.3，26 页，32 开

　　本书为台湾省公务员语文班课本。

　　收藏单位：南京馆

02873

国语师资会话　桓力行编

上海：新宇宙出版公司，8 页，横 28 开（大中华民国标准语 甲辑）

　　收藏单位：广东馆

02874

国语说话（第 1 册）　李瘦芝编

广州：文光印刷馆，1938，50 页，32 开

　　收藏单位：广东馆

02875

国语说话课本（标注音调）　齐铁恨编著

上海：世界书局，1944.4，51 页，32 开

上海：世界书局，1948，再版，51 页，32 开

　　本书共 30 课，包括人称代名词、指示代名词、时间名词或副词、时间副词、地位名词或副词、数量名词、形容词等。书前有拼音方案、拼音练习。

　　收藏单位：广东馆、国家馆

02876

国语指南　顾子静编

上海：广文书局，1920.12，[200] 页，32 开

上海：广文书局，1921，再版，[202] 页，32 开

上海：广文书局，1921.5，3 版，[202] 页，32 开

　　本书主要教授民国时期拼音及汉语发音。分上下两篇。上篇为国音，内容包括：国音之标准、注音字母之读法、注音字母之用法、五声之辨别、注音字母之注字。下篇为会话，分房屋类、游戏类等。

　　收藏单位：河南馆、江西馆、浙江馆

02877

集体习作实践记　于在春编写

上海：永祥印书馆，1946.7，176 页，32 开

　　本书介绍作文教学的一种方法。分从动机说起、材料商讨过程、文字商讨过程 3 部分。

　　收藏单位：重庆馆、复旦馆、国家馆、南京馆、内蒙古馆、上海馆

02878

交际国语话（注音符号）　陆衣言编

上海：大华书局，1934.2，64 页，32 开

　　本书采取社会上常用的交际话编成。依照交际上的惯例，分成 16 课：初会、访友、问路、闲谈、便饭、迎接、探亲、馈赠、久违、谢步、慰问、游园、喝茶、回籍、公饯、送行。

　　收藏单位：国家馆、南京馆、浙江馆

02879

交际国语会话　陆衣言编著

上海：世界书局，1931.4，72 页，32 开

上海：世界书局，1936，10 版，72 页，32 开

上海：世界书局，1941，新 11 版，72 页，32 开

上海：世界书局，1948.5，新 14 版，72 页，32 开

上海：世界书局，1948.12，新 15 版，72 页，32 开

　　本书采取交际场中流行的活语言编辑而成，以供各级学校教学国语会话之用。共 16 个部分，内容包括：初见、介绍、访问、接风、游园、久别、小酌、听戏、参观、道喜、辞行、送行等。文字旁边一律加注国语注音符号，以正读音。

　　收藏单位：广东馆、江西馆、首都馆、天津馆、浙江馆

02880

口语文法　廖庶谦著

上海：读书出版社，1946.5，153 页，32 开

哈尔滨：读书出版社，1948，东北初版，153 页，32 开

[长春]：读书出版社，1949，130 页，32 开

　　本书研究口语文法的发展和沿革，以及口语文法的结构和应用等。共分 20 个部分，内容包括：文法是从哪里来的、中国文法要怎样研究、怎么样问就怎么样答、从名词性的短语到名词性的子句、复音词类的发生和发展、语句的情态和停顿等。

　　收藏单位：重庆馆、东北师大馆、广西馆、国家馆、黑龙江馆、吉大馆、辽宁馆、内蒙古馆、山东馆、上海馆、首都馆、天津馆

02881

论中国文字教育法

出版者不详，[1911—1949]，1 册，32 开

　　收藏单位：南京馆

02882

民国大学学生观摩集（第 1 编）　黄以兰等著

北京：民国大学，1925，380 页，32 开（民大众书）

　　本书内收有关政治、经济、文学的文章及诗歌，供学生写作参考。

02883

民众语文教育　沈厚润编

上海：中华书局，1948.6，114 页，36 开（中华文库 民众教育 第 1 集）

　　本书共 11 章。讲述民众语文教育的意义、民众语文教育和各项教育的关系，以及怎样实施民众语文教育等。

　　收藏单位：重庆馆、广东馆、广西馆、国家馆、人大馆、上海馆、天津馆

02884

商人国语会话　陆衣言编著

上海：世界书局，1931.5，74 页，28 开

上海：世界书局，1940.2，新 1 版，74 页，28 开

上海：世界书局，1947，新 3 版，74 页，28 开

　　本书共 24 章，内容包括：资本、招股、开张、广告等。有注音符号注音。

　　收藏单位：广东馆、天津馆、浙江馆

02885

师范国文述教　张须编纂

上海：商务印书馆，1927.1，106 页，32 开

　　本书分 6 篇。从课程设施、施教标准、教授文字、指导读书、选定范文、讲解语法、批改作文等方面介绍语文教学的方法和经验。

　　收藏单位：重庆馆、广东馆、国家馆、河南馆、黑龙江馆、湖南馆、吉林馆、内蒙古馆、上海馆

02886

实用国语会话　靳为梁编

广州：培桂中学、广东省立女师，1949，60 页，32 开

　　收藏单位：广东馆

02887

实用国语会话　王璞编

上海：商务印书馆，1920.12，58 页，32 开

上海：商务印书馆，1921.5，4 版，58 页，32 开

上海：商务印书馆，1927，10 版，58 页，32 开

上海：商务印书馆，1929.3，11 版，58 页，32 开

上海：商务印书馆，1933.4，国难后 1 版，58 页，32 开

上海：商务印书馆，1935，国难后 2 版，58 页，32 开

上海：商务印书馆，1939.1，国难后 4 版，58 页，32 开

　　本书是当时教育部所办国语讲习所第二班的会话讲义。共 36 课。每课先举一单字成一名词，由一名词构一句话，以便学习者循序练习。

　　收藏单位：重庆馆、广东馆、广西馆、国家馆、河南馆、辽宁馆、内蒙古馆、首都馆、天津馆、浙江馆

02888

王璞的国音示范　王璞编

上海：中华书局，1927.5，437 页，32 开

上海：中华书局，1928.8，3 版，437 页，32 开

上海：中华书局，1930.8，8 版，437 页，32 开

　　本书原为著者在北京大学等校任教时的国音讲义。书中列 40 表，共得 406 音 1300 声，以讲述国音字母的拼法。书中拼音、声调根据当时第三次修正的《国音字典》。

　　收藏单位：安徽馆、重庆馆、广西馆、国家馆、河南馆、黑龙江馆、吉林馆、江西馆、南京馆、宁夏馆、上海馆、天津馆

02889

王璞的国语会话　王璞编

上海：中华书局，1921.7，232 页，32 开

上海：中华书局，1922，6 版，232 页，32 开

上海：中华书局，1923.1，7 版，232 页，32 开，精装

上海：中华书局，1923.9，9 版，232 页，32 开

上海：中华书局，1930.5，27 版，232 页，32 开

上海：中华书局，1935.6，34 版，232 页，32 开

上海：中华书局，1936.9，35 版，232 页，32 开

　　本书是当时教育部所办国语讲习所第一班的会话讲义。共 130 课。文旁有注音字母注音。

　　收藏单位：安徽馆、广东馆、国家馆、河南馆、黑龙江馆、江西馆、南京馆、内蒙古馆、首都馆、浙江馆

02890

文言文作法百日通（国文门径）　魏哲甫编著

上海：大通图书社，1935.12，179 页，32 开

　　本书共 8 章，内容包括：字性、演译、文言缀法、文言句法、文言作法等。

　　收藏单位：上海馆

02891

文言文作法指导　袁静安著　秦树仁校订

上海：民立书店，1947.3，再版，156 页，32 开

　　本书内容包括：作文之定义、立意之研究、谋篇之研究、用笔之研究等。

　　收藏单位：黑龙江馆、上海馆

02892

文章作法讲话（写作门径）　黎翼群编著

上海：正气书局、文益书局，1947.11，104 页，32 开

　　本书封面和书脊题名：文章作法讲话。

　　收藏单位：上海馆

02893

写话　平生著

华中新华书店，1949.4，58 页，64 开

　　收藏单位：南京馆、山东馆

02894

写话（介绍一种初学读和写很有效的教学法）

平生著

山东：光华书店，1947.1，69 页，32 开

大连：光华书店，1947.11，69 页，32 开

大连：光华书店，1948.2，再版，69 页，32
开

长春：光华书店，1949.4，4 版，69 页，32 开

　　本书为工农写作指导。除序言与后记外，共 5 部分：什么叫写话、写话教学的基本精神、写话教学的效率、写话教学的步骤、写话与大众化及工农干部学习问题。

　　收藏单位：重重庆馆、东北师大馆、国家馆、湖南馆、辽宁馆、南京馆、山东馆、上海馆、天津馆、西南大学馆

02895

写话教学法　平生著

[菏泽]：冀鲁豫书店，1947.10，62 页，32 开

　　收藏单位：国家馆、山东馆

02896

写话教学法　平生著

山东新华书店，1947.7，68 页，32 开（大众文库 语文类）

山东新华书店，1948.5，68 页，32 开

　　本书共 5 部分：什么叫写话、写话教学的基本精神、写话教学的效率、写话教学的步骤、写话与大众化及工农干部学习问题。

　　收藏单位：东北师大馆、国家馆、吉林馆、辽宁馆、南京馆、山东馆、山西馆、天津馆

02897

写话教学法　平生著

[宝丰]：中原新华书店，1949.2，45 页，32 开（大众文库）

　　收藏单位：国家馆、宁夏馆

02898

写作的疾病与健康　中学生社编

上海：开明书店，1935.6，191 页，32 开（中学生杂志丛刊 4）

上海：开明书店，1940.7，4 版，191 页，32

开（中学生杂志丛刊 4）

上海：开明书店，1947.3，6 版，191 页，32 开（中学生杂志丛刊 4）

　　本书收《中学生自述的“作文难”》（尤墨君）、《作自己要作的题目》（叶圣陶）、《论描写》（谢六逸）、《翻译是艺术》（傅东华）、《怎样写成我们的诗》（卢冀野）、《关于字体》（王伯祥）、《书法四论》（金忍）等 16 篇论写作的文章。

　　收藏单位：安徽馆、重庆馆、广东馆、广西馆、国家馆、湖南馆、上海馆、绍兴馆、首都馆、天津馆、浙江馆

02899

新编北京语读本（会话篇）　李友三编

台北：日光堂商会，1939.5，164 页，32 开

　　本书为日常应用会话读本，共 60 课，文旁有注音符号注音。

　　收藏单位：辽宁馆

02900

新国语课本　陆衣言等编

上海：商务印书馆，1931.2，108 页，32 开

上海：商务印书馆，1932，国难后 3 版，108页，32 开

　　本书内容包括字母、拼音的法子、数词、名词的应用等。卷首附总理遗嘱和国音字母歌。

　　收藏单位：广东馆、湖南馆

02901

新教育国语会话　陆衣言原编　蒋镜芙重订

上海：中华书局，1921.9，23 页，28 开

上海：中华书局，1933.12，21 版，23 页，28 开

　　本书有注音字母注音。

　　收藏单位：上海馆

02902

新生活国语教学做法　余阳编

上海：大东书局，1934.8，4 册，32 开

　　收藏单位：南京馆

02903

新诗文作法　朱采真著

杭州：浙江书局，1922.8，230 页，32 开

　　本书内容包括：方法浅说、新文作法、新诗作法、新书信作法。

　　收藏单位：河南馆、浙江馆

02904

学写话　平生著

涉县：太行群众书店，1947.11，62 页，32 开

　　本书为工农写作指导书。共 13 部分，内容包括：写话要用话来做主、写话要写土话、写话要用一般人自己的话、学写话分三步、教写话的方法、写话的提高、写作的园地、写话和大众化问题、写话和工农干部学习问题等。

　　收藏单位：国家馆、河南馆

02905

应用的国语会话　黎锦晖编

上海：中华书局，1923.7，26 页，32 开（初级国语讲义）

上海：中华书局，1930，12 版，26 页，32 开（初级国语讲义）

上海：中华书局，1932.4，14 版，26 页，32 开（初级国语讲义）

　　本书将常用的国语会话分为 4 部分：关于生活、事业的；关于情感、动作的；关于日用、交际的；关于通常知识的。

　　收藏单位：广西馆

02906

中华适用话

出版者不详，[1911—1949]，144 页，16 开

　　本书内容包括 64 课和三个特别课。主要介绍一些汉字的用法及句子等。

　　收藏单位：国家馆

02907

中学以上作文教学法　梁启超讲演　卫士生束世澂笔记

上海：中华书局，1925.7，54+66 页，22 开（教育丛书）

上海：中华书局，1928，5 版，54+66 页，22 开（教育丛书）

上海：中华书局，1929，7 版，54+66 页，22 开（教育丛书）

上海：中华书局，1932.5，8 版，54+66 页，22 开（教育丛书）

上海：中华书局，1934.8，9 版，54+66 页，22 开（教育丛书）

上海：中华书局，1940.6，10 版，54+66 页，22 开（教育丛书）

　　本书是梁启超在东大暑校讲演的笔记，既是作文教学法，也是中学以上国文研究法。书末附梁启超在大学里的另一篇讲演《中国韵文里头所表现的情感》（66 页）。

　　收藏单位：安徽馆、重庆馆、广西馆、国家馆、河南馆、湖南馆、吉林馆、江西馆、辽宁馆、南京馆、内蒙古馆、天津馆、西南大学馆

02908

作文摘谬实例序（一个国文教学法中的新问题）　郭绍虞著

北京：[燕京大学哈佛燕京学社]，1941，97—100 页，16 开

　　本书为《燕京大学文学年报》第 7 期单行本。

　　收藏单位：国家馆

汉语读物

02909

大河文选　庞南州编选

洛阳：大河出版社，1943.1，6 册（[800] 页），36 开

　　本书为大河活叶文选合订本。收古今中外名家作品 200 余篇，篇后有作者小传及注释。

　　收藏单位：重庆馆、河南馆

02910

大学国文　沈启无编

北平：新民印书馆，1942.11，2 册（423 页），

24 开

本书分风土民俗、笔记小说、记游、日记、书信尺牍等 10 组，共收 300 余篇。书前有编者序。

收藏单位：东北师大馆、国家馆、近代史所、辽大馆、内蒙古馆、上海馆、首都馆、天津馆

02911

大中华民国标准语 桓力行编 中华语协增订

汎太平洋编译社图书出版公司，1946.1，62 页，32 开（最新标准国语丛书）

本书内容包括：会话、演说、专有名词、注音读物等。

收藏单位：广东馆

02912

大众活页文选（国文研究） 史本直选辑 朱宇苍校

上海：大众书局，1933，33 册，25 开

收藏单位：江西馆

02913

高级国文精读文选（言文对照 详细注解 第一册） 卢冠六编

上海：春江书局，41 页，36 开

本书选文言故事、寓言、诗歌、书信、散文等 20 篇，篇后附注释、语译、指导和练习。

02914

古今应酬作品精选（一名，留青别集） 朱鑫伯编

上海：会文堂新记书局，1935.9，434 页，32 开

本书选辑历代名人的应酬之作，分文辞、诗歌、楹联 3 卷，之下又分寿序、祭文、哀词、诔、吊文、行述、婚诗、哀挽诗、挽联等，共收 880 余篇。

收藏单位：国家馆、湖南馆、江西馆、内蒙古馆、首都馆

02915

国文大义 唐文治著

出版者不详，[1911—1949]，186 页，16 开

本书以研究文体为纲，并列举各体文章详加说明。内容包括：论文之根源、论文之气、论文之情、论文之才、论文之志意与理、论文之繁简、论文之奇正变化、论文之声、论文之色、论文之味、论文之神等。

收藏单位：东北师大馆、上海馆

02916

国文考试指导 储祎编著

上海：东方书店，1937.4，56+58 页，32 开（考试指导丛书）

上海：东方书店，1937.4，3 版，56+58 页，32 开（考试指导丛书）

本书内容分两大部分：国学试题总解部分包括经学、子学、理学、史学、文字学等的试题总解；历年会考入学国文试题备览部分包括作文试题备览、标点与翻译试题备览、解释与改错试题备览。

收藏单位：广东馆

02917

国文研究读本 史本直编

上海：大众书局，1933.6，4 册，32 开

本书选《木兰再考》和《木兰歌再考补篇》（徐中舒）、《古文辞类纂序》（姚鼐）、《与韩荆州书》（李白）等数十篇古今文章，以古文为主，有题解、作者介绍和详细注解等。中学适用。

收藏单位：河南馆、江西馆、南京馆、上海馆、绍兴馆

02918

国文研究读本（第二辑 第二集） 史本直选辑 李英侯校

上海：大众书局，1934.2，118 页，32 开

本书中学适用。

收藏单位：河南馆、江西馆、绍兴馆

02919

国文研究读本（第三辑 第一集） 史本直编

上海：大众书局，[1926—1949]，245 页，32 开

　　收藏单位：江西馆

02920

抗战国语选　韩一青编

西安：大东书局，1941，再版，131 页，32 开

　　收藏单位：河南馆

02921

上级国文选　一二九师政治部编

一二九师政治部，[1937—1945]，37 页，32 开，环筒页装

　　本书收文 10 篇：《雨》（罗雪支著，胡愈之译）、《垓下突围》（司马迁）、《纪念刘和珍君》（鲁迅）、《茬苒三十年》（林伯渠）、《隆中对》（诸葛亮）等。

02922

上级国文选（1—2 集）　晋察冀军区政治部编

[太原]：晋察冀军区政治部，1942，1 册，25 开

　　收藏单位：山西馆

02923

实用国语读本　李瘦芝编

澳门：光明书局，1937.2，74+61 页，32 开

澳门：光明书局，1940.10，再版，74+61 页，32 开

澳门：光明书局，1941.5，4 版，74+61 页，32 开

澳门：光明书局，1947.12，5 版，增订本，74+61 页，32 开

　　本书为现代文读本。内容包括：注音符号、发音法、声调读法、拼音法、会话、讲演、同字异音字例、同字异调字例。书末附拼音练习的汉字、会话的汉字、拼音表等。

　　收藏单位：广东馆

02924

特种国文补　孙俍工编

[南京]：中央陆军军官学校，1937，58 页，22 开

　　收藏单位：广东馆

02925

特种国文选

[南京]：中央陆军军官学校，1937，424 页，25 开

　　本书为古今文选，专供有特殊需要的学校采用。分论说、史传、应用、韵文等 5 类，约收 130 篇。新式标点，有注。

　　收藏单位：重庆馆、南京馆

02926

特种国文选（论说组）　孙俍工编

[南京]：[中央陆军军官学校]，[1936]，200 页，25 开

　　这套文选按体裁分论说、记叙、传记、小说戏剧、诗词曲、应用 6 组。本册为论说组，收《富强论》（孙中山）、《世风篇·廉耻》（顾炎武）、《论吏道》（邓牧）、《伯夷颂》（韩愈）、《原才》（曾国藩）、《鱼我所欲也章》（孟子）等 21 人的文章 23 篇。重要词句及难解字句有注释。供有特殊需要的学校及高级中学以上的学校采用。

　　收藏单位：安徽馆、重庆馆、广东馆、国家馆、南京馆

02927

特种国文选（诗词曲组）　孙俍工编

南京：中央陆军军官学校，[1936]，96 页，25 开

　　本册为诗词曲组，收《战城南》（吴均）、《从军行二首》（王褒）、《咏荆轲》（陶渊明）、《贺新郎》（辛弃疾）、《哭威海》（黄遵宪）等文章。

　　收藏单位：安徽馆、重庆馆、甘肃馆、广东馆、南京馆

02928

特种国文选（小说戏剧组）　孙俍工编

[南京]：[中央陆军军官学校]，[1936]，110 页，25 开

　　收藏单位：安徽馆、南京馆

02929

特种国文选（传记组） 孙俍工编

南京：中央陆军军官学校，1936，178 页，32 开

本册为传记组，收《苏武传》《傅介子传》《班超传》《岳飞传》《文天祥传》《史可法传》《戚继光传》等。

收藏单位：南京馆

02930

西南联大语体文示范 西南联大文学院编

重庆：作家书屋，1944.10，142 页，32 开

重庆：作家书屋，1945.8，再版，142 页，32 开

本书为论说文、小说、剧本、散文合集。收胡适的《建设的文学革命论》（节录），鲁迅的《狂人日记》《示众》，徐志摩的《我所知道的康桥》（节录）、《死城》（节录），宗白华的《论世说新语和晋人的美》，朱光潜的《文艺与道德》《无言之美》，梁宗岱的《哥德与李白》《诗、诗人、批评家》，谢冰心的《往事》（节录），林徽因的《窗子以外》，丁西林的《压迫》（剧本）共 13 篇。书前有西南联大文学院中国文学系的卷头语。

收藏单位：重庆馆、广东馆、国家馆、南京馆、上海馆、首都馆、西南大学馆

02931

新时代模范文选 胡慧僧编

上海：明华书局，1939.2，431 页，32 开，精装

本书为中大学生补充读本。选收我国现代作品和翻译作品 62 篇。

02932

中级国文选 范文澜等编

华北新华书店，1942—1945，4 册，36 开，环筒页装

本书原为延安中级干部读物。内容为古今文选，收录《于中丞》《赤壁战》《毛泽东同志等致国民参政会秘书处电》等文章。篇末有作者简介、全文要旨、章节大意、音注等，附文法知识。第 1 册书前有毛泽东同志

1942 年 1 月 17 日为本书写的序。编者还有叶蠖生、齐燕铭、金灿然、刘亚生 4 人。

收藏单位：重庆馆、国家馆、内蒙古馆、山东馆

02933

中级国文选

威县：冀南书店，[1945]，2 册，32 开

本书前有毛泽东的序。

收藏单位：国家馆、南京馆

02934

中级国文选（第一册） 徐特立等编

[濮县]：冀鲁豫书店，1943.9，136 页，32 开

本书前有毛泽东同志 1942 年 1 月 17 日写的"文化课本序"。

收藏单位：国家馆

02935

中级国文选（第一册） 新华书店编

山东新华书店，1944.4，138 叶，32 开

收藏单位：国家馆、南京馆、山东馆

02936

中级国文选（第二册） 范文澜等编

新华书店，1942，161 页，32 开

新华书店，1943，订正版，176 页，32 开

本书原为延安中级干部读物，内容为古今文选。篇末有作者简介、全文要旨、章节大意、音注等，附文法知识。

收藏单位：重庆馆、国家馆、山东馆

02937

中级国文选（第三册） 范文澜等编

山东新华书店，1946.9，200 页，32 开

收藏单位：南京馆

古代汉语读物

02938

白话详解鉴略妥注 吴友文编纂

赣县：文化书社，1943.6，136 页，25 开

本书卷首题名：鉴略妥注白话解。

收藏单位：江西馆

02939

白话幼学故事琼林　朱鑫伯注解　沈鹤泉校正

上海：沈鹤记书局，1940.11，石印本，[176]页，32开

本书封面题名：(白话解说)幼学琼林，逐页题名：幼学琼林白话注解。

收藏单位：首都馆

02940

白话注解鉴略妥注　吴友文编纂

上海：新华图书公司，1941.10，136页，25开

收藏单位：江西馆

02941

百家姓　钱释云注释

上海：三民图书公司，1938，再版，1册，32开

收藏单位：广东馆

02942

北京大学预科文范（1—3卷）　北京大学预科编

[北京]：北京大学预科，[1913—1949]，6册([1800]页)，24开

本书为古文读本。选历代名文，按论著、序跋、诏令、奏议、书牍、赠序、传志、典志、杂记等类编排。

收藏单位：广东馆、国家馆、首都馆

02943

蔡氏古文评注补正　蔡铸编

上海：商务印书馆，1934.4，国难后1版，1册，25开

《蔡氏古文评注补正》全10册。本书为第6—10册合订本。

收藏单位：广东馆

02944

重增绘图幼学故事琼林　蔡东藩增订

民智书店，[1921—1949]，石印本，1册，32开

本书为铜版精印本。内容共分4卷。

收藏单位：广东馆、桂林馆、国家馆、湖南馆

02945

重增绘图幼学故事琼林　[(清)程允升著]

上海：会文堂，石印本，1册，36开

收藏单位：国家馆

02946

重增幼学琼林白话句解　(清)程允升著　钟际华校阅

上海：大文书局，1936.9，2册(94+78页)，32开

上海：大文书局，1937.3，再版，2册(94+78页)，32开

本书封面题名：白话句解幼学琼林。

收藏单位：南京馆、首都馆

02947

初级论说精华　张健民编著

桂林：南光书店，1944，118页，32开

收藏单位：广东馆

02948

大学国文　国立贵阳师范学院国文学会编

贵阳：文通书局，1943.8，2册([336]页)，25开(大学丛书)

本书为古文读本。收《氓》《蒹葭》《重耳之亡》《霍光传》《说文解字序》《诸葛亮传》等31篇。篇后有注释及参考书。

收藏单位：重庆馆、西南大学馆

02949

大学国文　中央政治学校国文教材编纂室编注

重庆：正中书局，1942.12，368页，25开

重庆：正中书局，1943.8，6版，368页，25开

重庆：正中书局，1944.11，7版，368页，25开

上海：正中书局，1948，368页，25开

本书为古文读本。选先秦至民国历代古

文 68 篇。篇后有作者传略、注释及参考材料。分政理、典志、传记、治术 4 类。

收藏单位：安徽馆、重庆馆、贵州馆、国家馆、南京馆、上海馆

02950

大学国文选 国立编译馆大学用书编辑委员会编选

金华：国立编译馆，1943.8，渝初版，358 页，25 开

重庆：国立编译馆，1944.5，4 版，358 页，25 开

重庆：国立编译馆，1944.11，358 页，25 开（大学丛书）

重庆：国立编译馆，1944，8 版，358 页，25 开

上海：国立编译馆，1946.11，沪 7 版，358 页，25 开

金华：国立编译馆，1946，358 页，25 开

上海：国立编译馆，1947.6，沪 17 版，358 页，25 开

上海：国立编译馆，1948.10，[再版]，358 页，25 开

本书为部定大学用书，供大学一年级使用。自经、史、子、集中选文 50 篇，按四部次第排列。有注释。由正中书局发行。编选者有卢前（即卢冀野）、朱自清、魏建功等。

收藏单位：安徽馆、重庆馆、东北师大馆、广东馆、国家馆、湖南馆、江西馆、辽大馆、辽宁馆、南京馆、内蒙古馆、上海馆、西南大学馆、浙江馆

02951

大学国文选 孔德编选

广州：国立中山大学文学院中国文学系，1947.11，110 页，32 开

02952

大学国文选 中华文法学院编

中华文法学院，1947，65 页，25 开

收藏单位：广东馆

02953

大学国文自修读本 复旦大学编

上海：复旦大学，[1917—1949]，250 页，16 开

本书为《尚书》和《左传》的选读本。

收藏单位：南京馆、上海馆

02954

弟子规

北京：致文堂，[1911—1928]，[32] 页，50 开

收藏单位：国家馆

02955

弟子规白话解说 王克己注

北平：锦章书局，1933，32 页，32 开

收藏单位：南京馆

02956

弟子规·童子撷谈

苏州：弘化社，1937，再版，52 页，32 开

本书为启蒙读物。

收藏单位：广西馆

02957

辅仁大学国文选本 辅仁大学编

北平：辅仁大学，1948.9，67 页，16 开

本书为辅仁大学讲义，古文读本。收录《史记信陵君列传》《史记荆轲列传》《韩愈柳子厚墓志铭》《韩愈张中丞传后续》《五代史一行传序》《顾亭林论廉耻》《顾亭林论文章繁简》等文章。

收藏单位：国家馆

02958

改良绘图妇孺三四五字书

上海：经济书局，[1911—1949]，38 页，32 开

本书封面题名：小学适用妇孺三四五字书。

收藏单位：广东馆

02959

高级论说精华 沈毅令编著

上海：大方书局，[1946.10]，106 页，再版，

25 开（现代学生自修读本）

收藏单位：江西馆

02960

高级论说精华 赵伯棠编译

现代书局，1948，109 页，36 开（学生自修丛书）

现代书局，1949，再版，109 页，36 开（学生自修丛书）

本书供初高小学生课外读物及学习作文之用，内容切合学生兴趣，偏重论说兼及抒情记实等文体，文句力求自然畅达。

收藏单位：重庆馆

02961

公文选辑 郭文周编

出版者不详，[1942]，188 页，32 开

本书收录《赐南越王赵佗书》（汉文帝）、《出师表》（诸葛亮）、《罪己诏》（唐德宗）等多篇公文。

收藏单位：山西馆

02962

古文读本 李斯著

出版者不详，[1911—1949]，油印本，1 册，32 开

本书收录《谏逐客书》《师说》《出师表》《答应天巡抚宋阳山书》《勾践复仇始末》《岳飞传》等文章，体裁涵盖议论文、记叙文与说明文。

收藏单位：重庆馆

02963

古文读本 （日）田中庆太郎编

东京：文求堂书店，1935.10，86 页，大 32 开

收藏单位：南京馆

02964

古文读本 中华书局函授学校编

上海：中华书局函授学校，[1926—1949]，10 册，32 开（中级国文科讲义 1）

本书选文末有解题、作者略历、注释。

02965

古文副读本 中华书局函授学校编

上海：中华书局函授学校，[1926—1949]，10 册，32 开（中级国文科讲义 2）

本书为古文读本。有注释。

02966

古文观止 王泰识编

上海：永昌书局，1941.10，8 版，598 页，25 开

收藏单位：江西馆

02967

古文观止 （清）吴楚材选辑 曹国锋译注

上海：百新书店，1948.10，[580] 页，32 开，精装

本书为言文对照国学读本。有简要译注，卷首有著者小传。

02968

古文观止（卷一—六）

长沙：缤缤书局，210 页，25 开

收藏单位：江西馆

02969

古文观止（标点评注 言文对照）（清）吴楚材 （清）吴调侯编选

上海：大文书局，1937.5，3 版，4 册，32 开

上海：大文书局，1939，7 版，4 册，32 开

本书每篇附评语及白话译文。封面题名：言文对照古文观止。

收藏单位：国家馆、江西馆、南京馆

02970

古文观止（标点评注 言文对照）（清）吴楚材 （清）吴调侯编选 陆文昭译句

上海：广益书局，1936.10，再版，4 册，32 开

上海：广益书局，1941.12，再版，4 册，32 开

上海：广益书局，1942.10，再版，4 册，32 开

上海：广益书局，1945.4，新 3 版，4 册，32 开

上海：广益书局，1945.12，新 4 版，1 册，32 开，精装

上海：广益书局，1946.10，新 7 版，1 册，32
开，精装

上海：广益书局，1946.12，新 8 版，4 册，32
开

上海：广益书局，1947.2，新 9 版，1 册，32
开，精装

上海：广益书局，1947.7，新 11 版，1 册，32
开，精装

上海：广益书局，1947.9，新 13 版，1 册，32
开，精装

上海：广益书局，1947.12，新 15 版，1 册，
32 开，精装

上海：广益书局，1948.7，新 17 版，1 册，32
开，精装

上海：广益书局，1949.1，新 19 版，1 册，32
开，精装

上海：广益书局，1949.4，新 20 版，1 册，32
开，精装

　　本书为 4 卷本。每篇附评语及白话译文。
平装 4 册，精装 1 册。

　　收藏单位：安徽馆、重庆馆、大庆馆、东
北师大馆、广东馆、桂林馆、国家馆、河南
馆、黑龙江馆、江西馆、南京馆、内蒙古馆、
宁夏馆、上海馆、绍兴馆、首都馆、西南大
学馆

02971

古文观止（标点评注 言文对照）（清）吴楚
材 （清）吴调侯编选　汪漱碧编译　史漱石
校勘
上海：鸿文书局，1938.9，3 版，4 册（138+
182+178+173 页），32 开

上海：鸿文书局，1940，[再版]，4 册（138+
182+178+173 页），32 开

　　收藏单位：江西馆、首都馆

02972

古文观止（标点评注 言文对照）（清）吴楚
材 （清）吴调侯编选　熊觉先注
江西：励进图书社，1942.3，4 册（[666] 页），
32 开

　　本书篇末附评语及语体译文。版权页题
名：言文对照古文观止。

　　收藏单位：江西馆、南京馆

02973

古文观止（标点评注 言文对照）（清）吴楚
材 （清）吴调侯编选　周郁年标点　潘裕章
校阅
上海：大达图书供应社，1934.3，4 册（132+
174+164+164 页），32 开

上海：大达图书供应社，1934.3，再版，2 册
（132+174+164+164 页），32 开

上海：大达图书供应社，1934.5，再版，4 册
（132+174+164+164 页），32 开

上海：大达图书供应社，1934.10，[再版]，4
册（[634] 页），32 开

上海：大达图书供应社，1935.6，[再版]，4
册（[634] 页），32 开

上海：大达图书供应社，1936.3，再版，4 册
（[634] 页），32 开

　　本书除原刻本夹注夹评外，正文加新式
标点，篇后附白话译文。封面题名：言文对照
古文观止；版权页题名：新式标点古文观止。

　　收藏单位：重庆馆、广东馆、国家馆、河
南馆、湖南馆、江西馆、南京馆、绍兴馆、
首都馆、西南大学馆

02974

古文观止（标点评注 言文对照）　姚乃麟编译
　储菊人标点
上海：中央书店，1938，5 版，4 册（152+200+
188+186 页），32 开

上海：中央书店，1939，新 1 版，4 册（152+200+
188+186 页），32 开

　　本书为评解详注文学读本，供自学用。

　　收藏单位：首都馆

02975

古文观止（标点评注 言文对照 第四册）
（清）吴楚材 （清）吴调侯编选　周郁年标
点
上海：广益书局，1936.3，再版，164 页，32
开

　　本书有简要评注，并附语体译文。封面
题名：言文对照古文观止读本。

收藏单位：绍兴馆

02976

古文观止（仿宋大字 言文对照 第四册） 赵云龙编　钟际华校勘

上海：大文书局，1936.7，3 版，1 册，32 开

收藏单位：重庆馆、江西馆

02977

古文观止（广注语译）（清）吴楚材 （清）吴调侯编选　宋晶如注译

上海：国学整理社，1936.7，578 页，32 开，精装

上海：国学整理社，1936，再版，578 页，32 开，精装

上海：国学整理社，1939.1，新 3 版，578 页，32 开，精装

上海：国学整理社，1939.4，新 4 版，578 页，32 开，精装

上海：国学整理社，1939.10，新 5 版，578 页，32 开，精装

上海：国学整理社，1943，新 11 版，578 页，32 开，精装

上海：国学整理社，1944.5，新 12 版，578 页，32 开，精装

上海：国学整理社，1946.8，新 13 版，578 页，32 开，精装

上海：国学整理社，1947，14 版，578 页，32 开，精装

本书删去原刻本的眉批评语，在篇后增加释义和白话译文，并对生僻字注音。卷末附作者略传。由上海及各省世界书局发行。

收藏单位：安徽馆、广东馆、广西馆、国家馆、江西馆、南京馆、宁夏馆、绍兴馆、首都馆

02978

古文观止（广注语译） 宋晶如注译

上海：广益书局，1949.1，新 14 版，1 册，25 开

收藏单位：江西馆

02979

古文观止（精校评注）（清）吴楚材 （清）吴调侯编选　王文濡校勘

上海：中华书局，1937.6，2 册（330+308 页），32 开

上海：中华书局，1948.4，4 版，2 册（330+308 页），32 开

本书为言文国学读本，有简要评注。加有标点、夹评夹注和眉批。卷首有编者原序及著者小传。

收藏单位：安徽馆、重庆馆、国家馆、湖北馆、江西馆、上海馆、绍兴馆、首都馆、中科图

02980

古文观止（精校评注 卷一—六）

出版者不详，[1911—1949]，1 册，25 开

收藏单位：江西馆

02981

古文观止（详注评点 言文对照）

上海：大众书局，[1935]，4 册，32 开

收藏单位：南京馆

02982

古文观止（新式标点）（清）吴楚材 （清）吴调侯编选　唐仲晖译注

上海：启智书局，1937，再版，4 册（128+170+161+128 页），32 开

收藏单位：河南馆、绍兴馆、首都馆

02983

古文观止（新式标点 白话注解）（清）吴楚材 （清）吴调侯编选　何铭校

上海：新文化书社，1946.5，4 册（134+137+146+162 页），25 开

上海：新文化书社，1947.1，4 册（134+137+146+162 页），25 开

本书有评注及白话译文。封面题名：古文观止（言文对照 新式标点）。

收藏单位：江西馆、首都馆

02984
古文观止（新体广注） 吴毕天编著
重庆、上海：学生书局，1943，8 版，1 册，32 开
　　本书为全国学校国文教本。选录上起周下至明的古文 200 余篇，其中包括周文、秦文、汉文、六朝文、唐文、宋文、明文。
　　收藏单位：重庆馆

02985
古文观止（言文对照）（清）吴楚材 （清）吴调侯编选　曹国锋译注
上海：亚光书局，1943.10，蓉版，2 册（271+308 页），32 开
　　本书为言文对照国学读本。书前有作者略传。
　　收藏单位：重庆馆、山西馆

02986
古文观止（言文对照）（清）吴楚材 （清）吴调侯编选　樊筱迟标点　鉴湖渔隐校阅
上海：新文化书社，1934.3，再版，4 册，32 开
上海：新文化书社，1934，3 版，4 册，32 开
上海：新文化书社，1934.7，4 版，4 册（154+222+214+210 页），32 开
上海：新文化书社，1934.9，5 版，4 册（154+222+214+210 页），32 开
上海：新文化书社，1935.3，9 版，4 册（[738]页），32 开
上海：新文化书社，1935.10，15 版，4 册（[738]页），32 开
　　收藏单位：重庆馆、国家馆、河南馆、湖南馆、吉林馆、江西馆、近代史所、南京馆、内蒙古馆、绍兴馆、首都馆

02987
古文观止（言文对照） 上海学生书局编
上海：学生书局，1944.6，1 册，大 32 开
　　收藏单位：南京馆、绍兴馆

02988
古文观止（言文对照） 通俗图书刊行社语译

上海：通俗图书刊行社，1936.3，2 版，4 册，32 开
　　收藏单位：河南馆、南京馆

02989
古文观止（言文对照） 熊觉先编
江西：励进图书社，1946.10，182 页
　　收藏单位：南京馆

02990
古文观止（言文对照 卷七—十二）
上海：刘源记书局，1940.9，2 册，25 开
　　收藏单位：江西馆

02991
古文观止（言文对照 下册） 曹国锋译注
上海：群益书局，1943，再版，308 页，32 开
　　本书为言文对照国学读本。
　　收藏单位：重庆馆

02992
古文观止（言文对照 白话详注）（清）吴楚材 （清）吴调侯编选　许啸天译注
上海：群学社，1929.9，2 册，25 开，精装
上海：群学社，1931.1，再版，2 册，25 开，精装
上海：群学社，1931.1，再版，4 册（[1518]页），25 开
　　本书为言文对照国学读本，有简要评注。共 12 卷，包括周文、秦文、汉文、唐文、唐宋文、宋文、明文等。精装 2 册，平装 4 册。
　　收藏单位：重庆馆、江西馆、南京馆、绍兴馆

02993
古文观止（言文对照 标点评注）（清）吴楚材 （清）吴调侯编选
东方文化社，[1911—1949]，4 册（134+137+146+162 页），32 开
　　收藏单位：河南馆、首都馆

02994
古文观止（言文对照 广注双解） 吴毕天编选

重庆、上海：学生书局，1945.3，10 版，5册，32 开

本书为全国学校国文教本。

收藏单位：重庆馆、西南大学馆

02995

古文观止（言文对照 详细评注）（清）吴楚材　（清）吴调侯编选　曹国锋译注

重庆：陪都书店，1946，2 册（271+308 页），32 开

重庆：陪都书店，1948.1，再版，4 册，32 开

收藏单位：重庆馆

02996

古文观止（言文对照 详细注解）　曹国锋译注　王天恨校正

上海：国学研究社，1941.1，2 册（[267]+308），32 开

上海：国学研究社，1946.8，再版，2 册（[267]+308），32 开

上海：国学研究社，1947.1，[再版]，2 册（[267]+308），32 开

本书内容分 12 卷，包括周文、秦文、汉文、七朝唐文、唐文、唐宋文、宋文、明文等。

收藏单位：安徽馆、广东馆、河南馆、江西馆、辽大馆、南京馆、首都馆

02997

古文观止（言文对照 详细注解）　曹国锋译注　王天恨校正

上海：国学研究社，1943.5，4 册，32 开

上海：国学研究社，1946.8，再版，4 册，32 开

收藏单位：绍兴馆

02998

古文观止（言文对照 详细注解）　何铭校

上海：新文化书社，1947.6，再版，4 册，25 开

收藏单位：江西馆

02999

古文观止（言文对照 详细注解）（清）吴楚材编选　曹国锋译释

上海：国学研究社，1948，3 册（134+271+146 页），32 开

收藏单位：南京馆、绍兴馆、首都馆

03000

古文观止（言文对照 详细注解）（清）吴楚材　（清）吴调侯编选

重庆：桂林新生书局，1948.11，2 册（144+180 页），32 开

本书有简要评注，并附语体译文。

收藏单位：重庆馆

03001

古文观止（言文对照 详细注解）（清）吴楚材　（清）吴调侯编选　曹国锋译注

重庆：兄弟书店，1946，2 册（271+308 页），32 开

收藏单位：重庆馆

03002

古文观止（言文对照 详细注解）（清）吴楚材　（清）吴调侯编选　曹国锋译注　王天恨校正

上海：鸿宝斋书局，1947.1，再版，4 册，32 开

收藏单位：重庆馆

03003

古文观止（言文对照 详细注解 上册）（清）吴楚材　（清）吴调侯编选

上海：群益书局，[1911—1949]，271 页，32 开

收藏单位：重庆馆

03004

古文观止（言文对照 新式标点）（清）吴楚材　（清）吴调侯编选

上海：达文书店，[1911—1949]，4 册（154+222+214+210 页），32 开（国学自修读本）

收藏单位：东北师大馆、河南馆、绍兴馆、首都馆

03005

古文观止（增图评注 言文对照） 肃房编译室
编译　沈鹤泉　王佐才校订

上海：永昌书局，1937.2，598 页，50 开，精装

上海：永昌书局，1942.4，再版，598 页，50 开，
精装

　　本书收入历代文章 222 篇，论说抒情，
写景状物，众体兼备，以散文为主，兼顾骈
韵二体，既有长篇大论，又有精美短文。封
面加题：增图评注铜版精印。上海沈鹤记书局
印行。

　　收藏单位：国家馆、江西馆、南京馆、首
都馆

03006

古文观止读本 （清）吴楚材 （清）吴调侯
编选　胡朴安鉴定　吴拯寰校勘

上海：春江书局，1943.8，8 册（[955] 页 ），
36 开

　　本书在原选本的基础上，又增选清代文。
有作者传略、文字研究、注释考订等。

03007

古文观止读本　周郁年标点　潘裕章校

上海：广益书局，1936.3，2 版，2 册，32 开
　　收藏单位：南京馆

03008

古文评注（精校详注）（清）过商侯选编

上海：鸿文书局，1937.6，再版，4 册，32 开

上海：鸿文书局，1939.9，3 版，4 册，32 开

上海：鸿文书局，1940.5，4 版，4 册，32 开

上海：鸿文书局，1941.3，5 版，4 册，32 开

　　本书有眉批、夹注、题解。逐页题名：古
文评注全集。

　　收藏单位：安徽馆、桂林馆、国家馆、首
都馆

03009

古文评注（新式标点）（清）过商侯选注
周郁年标点

上海：广益书局，1935.1，1 册，32 开
　　收藏单位：广西馆

03010

古文评注（新式标点）（清）过商侯选注
周郁年标点　朱太忙校阅

上海：大达图书供应社，1934.3，4 册（140+
152+138+134 页 ），32 开

上海：大达图书供应社，1934.10，4 册（140+
152+138+134 页 ），32 开

上海：大达图书供应社，1934.12，再版，4 册
（140+152+138+134 页 ），32 开

上海：大达图书供应社，1935.3，再版，4 册
（140+152+138+134 页 ），32 开

　　本书为历代古文选。共 4 卷，收 236 篇。
书前附康熙年间过商侯的《原序》，书中有夹
注。篇末有评语。

　　收藏单位：重庆馆、东北师大馆、国家
馆、河南馆、湖南馆、吉林馆、江西馆、南
京馆、绍兴馆、首都馆、西南大学馆

03011

古文评注（言文对照）　广益书局编译

上海：广益书局，1933.3，14 版，石印本，1
册，32 开，精装

上海：广益书局，1933.10，15 版，石印本，
12 册，32 开

　　本书收古文 235 篇，每篇均译成白话。
　　收藏单位：广东馆

03012

古文评注读本 （清）过商侯选编　朱太忙点
校

上海：广益书局，1936.3，再版，4 册（[564]
页 ），32 开

上海：广益书局，1936.8，再版，4 册（[564]
页 ），32 开

上海：广益书局，1940.8，再版，4 册（[564]
页 ），32 开

上海：广益书局，1941.7，再版，4 册（[564]
页 ），32 开

上海：广益书局，1947.8，新 1 版，4 册（[564]
页 ），32 开

　　本书为历代古文选。共 4 卷，收 236 篇。
卷端题名：新式标点古文评注，逐页题名：古
文评注。

收藏单位：广东馆、国家馆、河南馆、湖南馆、江西馆、南京馆、首都馆

03013

古文评注读本（卷5—6）

出版者不详，[1911—1949]，65页，25开

　　收藏单位：江西馆

03014

古文评注读本（文言对照） 孙继编

赣县：文华书局，1944.1，174页，90开

　　本书为袖珍本。按照高级小学的儿童制度，精选富有文学兴趣的短篇古文百篇。小学自修适用。

　　收藏单位：江西馆、浙江馆

03015

古文评注读本（言文对照）（清）过商侯编

上海：世界书局，[1917—1949]，6册，32开

　　收藏单位：南京馆

03016

古文评注读本（言文对照）（清）过商侯原编　印水心增订

上海：世界书局，1925.11，3版，6册（83+87+117+132+155+179页），32开

上海：世界书局，1935.1，4版，6册（83+87+117+132+155+179页），32开

上海：世界书局，1935.9，5版，6册（83+87+117+114+155+179页），32开

　　本书有评注及白话译文。

　　收藏单位：重庆馆、江西馆、绍兴馆、首都馆

03017

古文评注读本（言文对照）（清）过商侯原编　印水心增订

上海：世界书局，[1948.9]，2册（95+98页），32开

　　收藏单位：国家馆

03018

古文评注读本（言文对照　第一册）（清）过

商侯原编　印水心增订

上海：世界书局，1924，96页，32开

上海：世界书局，1924.11，再版，96页，32开

上海：世界书局，1926，3版，96页，32开

上海：世界书局，1928，6版，96页，32开

　　收藏单位：重庆馆、国家馆、河南馆、绍兴馆、首都馆

03019

古文评注读本（言文对照　第二册）（清）过商侯原编　印水心增订

上海：世界书局，1925.11，4版，98页，32开

上海：世界书局，1927.1，5版，98页，32开

上海：世界书局，1928，6版，98页，32开

上海：世界书局，1929，8版，98页，32开

　　本书收录《敬姜论劳逸》《范蠡不许吴成》《宋人及楚人平》《逍遥游》《晋献公杀世子申生》等古文。有评注及白话译文。

　　收藏单位：河南馆、江西馆、绍兴馆、首都馆

03020

古文评注读本（言文对照　第三册）（清）过商侯原编　印水心增订

上海：世界书局，1924，再版，117页，32开

上海：世界书局，1927.1，5版，117页，32开

上海：世界书局，1928，6版，117页，32开

上海：世界书局，1929，8版，117页，32开

　　本书内容包括：秦文、西汉文、东汉文、三国文、六朝文。有评注及白话译文。

　　收藏单位：河南馆、江西馆、首都馆

03021

古文评注读本（言文对照　第四册）（清）过商侯原编　印水心增订

上海：世界书局，1924，132页，32开

上海：世界书局，1924.11，再版，132页，32开

上海：世界书局，1928，6版，132页，32开

上海：世界书局，1929，8版，132页，32开

　　收藏单位：河南馆、绍兴馆、首都馆

03022

古文评注读本（言文对照 第五册）（清）过商侯原编　印水心增订

上海：世界书局，1924，180 页，32 开

上海：世界书局，1927.1，5 版，180 页，32 开

上海：世界书局，1928，7 版，180 页，32 开

上海：世界书局，1929，8 版，180 页，32 开

本书包括唐文和宋文两大部分，收录《捕蛇者说》《小石城山记》《岳阳楼记》《爱莲说》《醉翁亭记》等古文。有评注及白话译文。

收藏单位：河南馆、江西馆、首都馆

03023

古文评注读本（言文对照 第六册）（清）过商侯原编　印水心增订

上海：世界书局，1928，7 版，208 页，32 开

上海：世界书局，1930.6，8 版，208 页，32 开

收藏单位：河南馆、江西馆、首都馆

03024

古文评注全集（新体详注）　张廷华　沈镕详注

上海：大东书局，1936，4 册，25 开

上海：大东书局，1941.10，3 版，4 册，25 开

收藏单位：南京馆、绍兴馆、首都馆

03025

古文评注全集（言文对照）　世界书局编辑所编辑

上海：世界书局，1935，6 册（[900] 页），28 开

上海：世界书局，1940.10，修正新 3 版，6 册（[900] 页），28 开

本书据清康熙年间过珙评选注释本排印，附白话译文。

收藏单位：安徽馆、广东馆、河南馆、南京馆、西南大学馆

03026

古文评注全集（言文对照）　世界书局编辑所编辑

上海：世界书局，1941，新 1 版，3 册，28 开

本书上册一至四卷，包括《左传》《国语》《公羊》《穀梁》《庄子》《檀弓》《战国策》《楚辞》《秦文》《西汉文》等；中册五至八卷，包括《史记》《三国》《晋文》《唐文》等；下册九至十二卷，包括《宋文》《明文》《清文》等。

收藏单位：重庆馆

03027

古文评注全集（言文对照 第二册）

上海：世界书局，[1917—1949]，78+76 页，25 开

本册内容包括古文评注全集卷三和卷四。

收藏单位：首都馆

03028

古文评注全集（言文对照 第四册）

上海：世界书局，[1917—1949]，64+79 页，25 开

本册内容包括古文评注全集卷七和卷八。

收藏单位：首都馆

03029

古文拾级　李朴编选

上海：土山湾印书馆，1930，3 版，383 页，32 开

本书共 8 卷，包括清文、明文、宋文、宋唐文、唐文、汉文、汉周文等。选历代古文 100 篇。卷首有张謇和马良的序及编选者自序。

收藏单位：国家馆

03030

古文释义（言文对照）（清）余诚评注　王镇若演白

奉天（沈阳）：艺声书店，[1943]，460 页，32 开

收藏单位：首都馆

03031

古文四象（详注 下）（清）曾国藩纂辑　宋铁生编辑　冯责匹校阅

上海：东方文学社，1936，139 页，32 开

《古文四象（详注）》为曾文正公所辑，提精挬华，分析入微，早为学者所公认。全书共两册，内分 4 卷。本书为下册。封面题：上海九州书局印行。

收藏单位：安徽馆、首都馆

03032

官话急就编　（日）宫岛大八编

东京：善邻书院，1933.6，126 版，182 页，64 开，精装

本书分 5 部分：单语、问答之上、问答之中、问答之下、散语。书后附家庭常语、应酬须知。书前有题签。1904 年 8 月初版。1933 年 10 月改订初版发行。

收藏单位：南京馆

03033

广注古文观止　（清）吴楚材　（清）吴调侯编选　黄筑严　刘再苏注释

上海：世界书局，1934.9，23 版，6 册，32 开

上海：世界书局，1936.2，25 版，6 册，32 开

本书为言文国学读本，有简要评注。其他题名：古文观止。

收藏单位：重庆馆、南京馆

03034

广注名家纪事文读本　陆翔评选　邹志鹤注释

上海：世界书局，1936.10，11+16+224 页，32 开

上海：世界书局，1937，再版，11+16+224 页，32 开

上海：世界书局，1937，3 版，11+16+224 页，32 开

本书分叙人、叙事、叙地、叙物 4 卷。书前有《纪事文浅说》一文。逐页题名：名家纪事文读本。民国 25 年重制。

收藏单位：重庆馆、河南馆、湖南馆、山西馆、首都馆

03035

广注名家论说文读本　陆翔评选　邹志鹤注释

上海：世界书局，1936.10，手抄石印本，14+208 页，32 开

上海：世界书局，1937.1，再版，手抄石印本，14+208 页，32 开

上海：世界书局，1937.5，3 版，手抄石印本，14+208 页，32 开

本书为历代论说文集。分论人、论事、论学、论理 4 卷，有注释。书前有《论说文浅说》一文。逐页题名：名家论说文读本。民国 25 年重制。

收藏单位：重庆馆、河南馆

03036

广注名家骈体文读本　张廷华选注

上海：世界书局，1936.10，手抄石印本，156 页，32 开

上海：世界书局，1937.1，再版，手抄石印本，156 页，32 开

本书内分：六朝文、唐文、宋元明文、清文 4 卷。每篇末附注释。书前有《骈文浅说》一文。逐页题名：名家骈体文读本。民国 25 年重制。

收藏单位：重庆馆、吉林馆、山西馆

03037

国立中正大学国文选

出版者不详，[1911—1949]，148 页，18 开

收藏单位：江西馆

03038

国文粹选　平民大学编

北平：平民大学，1930，10+86 页，18 开

本书为平民大学讲义。选司马迁、班固、司马光、杜牧、柳宗元、韩愈、嵇康、曹植、苏轼、杜甫、辛弃疾等名家诗文，按叙记、传状、杂记、论辩、序跋、告语、箴颂、谏祝、诗歌、辞别 10 类编排。

收藏单位：国家馆

03039

国文副读本（第 10 册）　中华书局函授学校编

上海：中华书局函授学校，[1926—1949]，145—160 页，32 开（初级国文科讲义 第 2 种）

本书为古文读本，有注释。

03040

国文经纬贯通大义（又名，国文四十四法） 唐文治讲授

出版者不详，[1925]，2 册（284 页），22 开

本书为古文读本。每篇附文章分析。初版年据写跋时间。

收藏单位：江西馆、南京馆、上海馆、中科图

03041

国文选读　国立北京师范大学编

北京：国立北京师范大学，1942，1 册，18 开，环筒页装

收藏单位：国家馆

03042

厚纸千字文

北平：瑞文书局，[1911—1949]，11 页，32 开，环筒页装

本书卷端题名：千字文。题名前加题：学生入蒙新读。

收藏单位：首都馆

03043

绘图白话注解千字文　高馨山译注　刘铁冷校订

上海：中原书局，1927.1，石印本，42 页，32 开，环筒页装

本书卷端题名：新式标点千字文白话注解。

03044

绘图弟子规　王英编

长春：大陆书局，1942，石印本，12 页，32 开

本书版权页题名：绘图增注弟子规。逐页题名：绘图大字弟子规。

收藏单位：吉林馆

03045

绘图龙文鞭影（初集）（明）萧良有纂辑（明）杨臣诤增订　李恩绥校补　嵩山居士校阅

上海：鸿文书局，1925.3，[104] 页，32 开

上海：鸿文书局，1937.3，再版，[104] 页，32 开

《龙文鞭影》系中国旧时的蒙学课本，原名《蒙养故事》，为四言韵文，包括自然知识和历史典故。本书卷首有杨臣诤《龙文鞭影原叙》及丹叔氏的《校补龙文鞭影凡例》。

收藏单位：国家馆、上海馆

03046

绘图龙文鞭影（初集）　钟际华校阅

上海：大文书局，1936.4，66 页

收藏单位：山西馆、绍兴馆

03047

绘图龙文鞭影（二集）　李晖吉　徐瓒纂辑钱黎民重校　嵩山居士校阅

上海：鸿文书局，1936.11，再版，铜版精印，[101] 页，32 开

上海：鸿文书局，1938，再版，铜版精印，[101] 页，32 开

《龙文鞭影》原名《蒙养故事》，是中国古代非常有名的儿童启蒙读物，主要介绍中国历史上的人物典故和逸事传说，四字一句，两句押韵。本书卷首题名：龙文鞭影二集。

收藏单位：广西馆、首都馆

03048

绘图续增幼学故事琼林

出版者不详，[1911—1949]，295 页，32 开

收藏单位：广东馆

03049

急就篇　（日）宫岛大八编辑

东京：善邻书院，1939，改订 33 版，153 页，50 开，精装

东京：善邻书院，1940，改订 46 版，153 页，50 开

东京：善邻书院，1943.2，改订 66 版，153

页，50 开

东京：善邻书院，1943.4，改订 67 版，153 页，50 开

　　本书为善邻书院藏版。内容包括：单语、问答之上、问答之中、问答之下、散语 4 部分。附录家庭常语、应酬须知。版权页题名：改订急就篇。发卖所为文求堂书店。

　　收藏单位：国家馆、南京馆、首都馆

03050

急就篇　（日）宫岛大八编辑

东京：株式会社龙文书局创立事务所，1944.8，改订 71 版，153 页，50 开

　　本书为善邻书院藏版。内容包括：单语、问答之上、问答之中、问答之下、散语 4 部分。附录家庭常语、应酬须知。版权页题名：改订急就篇。

　　收藏单位：国家馆、南京馆

03051

鉴略妥注白话解

出版者不详，[1913—1949]，135 页，25 开

　　《鉴略妥注》是李廷机根据我国古史资料所写。本书为其白话文译释，按时代顺序将我国上自远古传说，下至元明的社会历史，进行了简单扼要的总述和概括。

　　收藏单位：江西馆

03052

校正龙文鞭影（初集 二集）　（明）萧良有纂辑　（明）杨臣诤增订　李恩绶校补

上海：昌文书局，[1925]，[62] 页，36 开

　　本书共 4 卷。有注释。

　　收藏单位：重庆馆、南京馆

03053

精校千字文

北平：致文堂，[1911—1928]，11 页，32 开

　　本书卷端题名：千字文。

　　收藏单位：首都馆

03054

精校新增绘图幼学故事琼林　（清）程允升著

（清）邹圣脉增补

上海：昌文书局，[1911—1949]，1 册，32 开

　　本书是中国古代启蒙儿童读物，用骈文写成，博采自然、社会、历史、伦理等方面的知识典故，也被称为中国古代的百科全书。增附英语入门。封面题名：幼学故事琼林，其他题名：绘图幼学故事琼林。

　　收藏单位：首都馆

03055

精选古文评注（言文对照）　上海会文堂书局选译

上海：会文堂书局，1924，2 册（186+170 页），22 开

　　收藏单位：首都馆

03056

开明古文选类编　开明书店编译所编

上海：开明书店，1931.7，6 册（[1737] 页），32 开

上海：开明书店，1933—1934，再版，6 册（[1737] 页），32 开

　　本书把开明活页文选中的古文分类编为 6 册。第 1 册论说文；第 2、3 册记叙文；第 4 册抒情文；第 5 册文论；第 6 册学术文。

　　收藏单位：重庆馆、广东馆、广西馆、贵州馆、江西馆、上海馆、绍兴馆、首都馆、天津馆、西南大学馆

03057

开明文言读本　朱自清等编

上海：开明书店，1948.8—1949.6，3 册（142+122+142 页），32 开

　　本书第 1 册讲述文言的性质、语音、词汇、文法、虚字等，并有文选 16 篇、诗 4 首；第 2、3 册为诗文选，约收五六十篇。篇后有注释、文法、诗体略说、作者介绍及篇题解等。

　　收藏单位：重庆馆、东北师大馆、广东馆、桂林馆、国家馆、湖南馆、上海馆、绍兴馆、首都馆、浙江馆

03058

考正古文观止（言文对照 精校评注） 姚稚翔
译注 沈卫鉴定 吴若民等校阅

上海：春明书店，1945.11，4 册（132+174+166+
162 页），32 开

上海：春明书店，1946.7，3 版，4 册（132+174+
166+162 页），32 开

上海：春明书店，1947.3，7 版，4 册（132+
174+166+162 页），32 开

上海：春明书店，1948，再版，4 册（132+
174+166+162 页），32 开

本书为基本国学读本。内容包括：周文、秦文、汉文、六朝文、明文等。卷端题名：古文观止。书脊题名：言文对照考正古文观止。

收藏单位：安徽馆、重庆馆、东北师大馆、广东馆、河南馆、黑龙江馆、湖南馆、江西馆、上海馆、绍兴馆、首都馆

03059

礼记语文解（国学读本） 周乐山译

上海：锦章书局，1938，182 页，32 开

收藏单位：广东馆

03060

历代文评注读本（言文对照） 秦同培评选

上海：世界书局，1923，4 册（88+94+114+
104 页），32 开

上海：世界书局，1924.4，再版，4 册，32 开

本书收记事文 28 篇。作者有陆游、苏轼、曾巩、王安石、欧阳修、柳宗元、李翱、韩愈等 10 人。篇后有评注及语体译文。

收藏单位：重庆馆、国家馆、湖南馆、吉林馆、绍兴馆、首都馆

03061

龙文鞭影 李晖吉 徐瓒辑 钱黎民重校

出版者不详，[1911—1949]，石印本，2 册（22+
23 页）

收藏单位：国家馆

03062

龙文鞭影二集 刘藩校勘

上海：大文书局，1937.1，[127] 页，25 开

收藏单位：江西馆

03063

论说精华 宋毅编

长春：益智书店，1934.12，2 册（112+120 页），
32 开

长春：益智书店，1936.4，4 版，2 册（112+
120 页），32 开

本书选收文言论说文 100 篇。篇后有篇段和注释，说明每自然段的意义，解释文中难字字义。下册末附中小学校作文集、文章之作法、虚字用法说明。

03064

吕氏小儿语 （明）吕得胜 （明）吕坤著

开封：新豫印刷所，1944 重印，52 页，32 开

收藏单位：河南馆

03065

蒙学读本

华兴出版社，[1911—1949]，8 册（[224] 页），
32 开

本书初级适用。内容包括：国史大概、电话、种树、艺菊、牛马、行政、毕业等。

收藏单位：安徽馆

03066

蒙学读本（第 3—8 册） [儿童出版社] 编

上海：儿童出版社，石印本，6 册，32 开

本书初级适用。内容包括：全体之功用、齿等。

收藏单位：安徽馆、江西馆

03067

蒙学千字文

出版者不详，[1911—1949]，18 页，32 开

收藏单位：广西馆

03068

蒙学幼学诗

出版者不详，[1911—1949]，[21] 页，32 开

收藏单位：广西馆

03069

民众三字经 方克刚编著

湖南：南轩图书馆，1940.4，石印本，16 页，25 开

　　收藏单位：江西馆

03070

模范文选 程演生编选

北京：北京大学出版部，1918.9，320 页，22 开

北京：北京大学出版部，1923.7，3 版，320 页，22 开

北平：北京大学出版部，1931，4 版，320 页，22 开

　　本书为古代散文选，收 113 篇。分叙述、描写、议论 3 类。书口题名：模范文选甲编。

　　收藏单位：广西馆、国家馆、南京馆、首都馆

03071

模范文选 程演生编注

上海：亚东图书馆，1918.9，12+452 页，22 开

上海：亚东图书馆，1931.3，5 版，重排本，12+452 页，22 开

上海：亚东图书馆，1933.9，6 版，12+452 页，22 开

　　本书分"叙述""描写""议论"三大类，约收 110 余篇范文，分别选自《左传》《水经注》《荀子》等。

　　收藏单位：广东馆、国家馆、河南馆、江西馆、辽师大馆、上海馆、浙江馆

03072

南洋公学新国文（卷 4） 唐文治鉴定

苏州：振新书社，1914.7，118 页，32 开，环筒页装

　　《南洋公学新国文》全 4 卷，是清末民初时期交大学生的优秀作文萃编。选文编排模仿《昭明文选》，分门别目，以类相从，一目了然。共分原、释、说、读、书后、史论、合论、问、杂文 9 大类。本册为卷 4。

03073

评注广解大字古文观止（卷四—六）

上海：学生书局，[1912—1940]，1 册，25 开

　　收藏单位：江西馆

03074

评注广解大字古文观止（卷七—九）

上海：学生书局，[1912—1940]，1 册，25 开

　　收藏单位：江西馆

03075

评注文选读本 秦同培评选　世界书局编译所注释

上海：世界书局，1924，2 册（204+204 页），32 开

上海：世界书局，1925.8，2 册（204+204 页），32 开

上海：世界书局，1946，2 册（204+204 页），32 开

　　本书教科自修适用。从《文选》中选文，按论说、序跋、书牍、奏议、诏令、碑志、颂赞、箴铭、辞赋、诗歌等类编排。有注释。书前有编辑大意。其他题名：文选读本。

　　收藏单位：国家馆、江西馆、山西馆、上海馆、绍兴馆、首都馆

03076

评注周秦文读本 张廷华评选　沈镕等注释

上海：大东书局，1923.1，80 页，32 开（历代文读本 6）

上海：大东书局，1923.7，再版，80 页，32 开（历代文读本 6）

上海：大东书局，1925.3，4 版，80 页，32 开（历代文读本 6）

上海：大东书局，1926.1，5 版，80 页，32 开（历代文读本 6）

　　本书选录周秦文 44 篇，来自《左传》《公羊传》《穀梁传》《檀弓》《论语》《孟子》《国语》《战国策》《列子》《庄子》《荀子》《韩非子》《楚辞》，不依文体分类。书前有著述考略。

　　收藏单位：安徽馆、重庆馆、河南馆、湖南馆、江西馆、绍兴馆、首都馆、天津馆

03077

评注汉魏文读本　张廷华评选　沈镕等注释
上海：大东书局，1924，3 版，2 册（70+76 页），32 开（历代文读本 5）
上海：大东书局，1925.3，4 版，2 册（70+76 页），32 开（历代文读本 5）
上海：大东书局，1926，5 版，2 册（70+76 页），32 开（历代文读本 5）

　　本书逐页题名：汉魏文读本。

　　收藏单位：广东馆、河南馆、绍兴馆、首都馆

03078

评注南北朝文读本　张廷华评选　沈镕等注释
上海：大东书局，1922.12，2 册（116+102 页），32 开（历代文读本 4）
上海：大东书局，1923，再版，2 册，（116+102 页），32 开（历代文读本 4）
上海：大东书局，1924，3 版，2 册（116+102 页），32 开（历代文读本 4）
上海：大东书局，1925.3，4 版，2 册（116+102 页），32 开（历代文读本 4）
上海：大东书局，1926.1，5 版，2 册（116+102 页），32 开（历代文读本 4）

　　本书为上下册合订本。收骈文、散文 60 余篇，以骈文为多，篇后有评注。逐页题名：南北朝文读本。

　　收藏单位：安徽馆、重庆馆、广东馆、国家馆、河南馆、湖南馆、江西馆、绍兴馆、首都馆

03079

评注唐文读本　张廷华评选　邹有梅等注释
上海：大东书局，1922.12，2 册（82+96 页），32 开（历代文读本 3）
上海：大东书局，1924.1，3 版，2 册（82+96 页），32 开（历代文读本 3）
上海：大东书局，1926，5 版，2 册（82+96 页），32 开（历代文读本 3）

　　本书收 25 位唐代作家的文章 70 余篇，篇后有评注。按论辩、序跋、书牍、诏令等类编排。书前有作家的《姓氏爵里志略》。其

他题名：唐文读本。

　　收藏单位：重庆馆、广东馆、国家馆、河南馆、湖南馆、江西馆、绍兴馆、首都馆

03080

评注宋元明文读本　张廷华评选　沈镕等注释
上海：大东书局，1922.7，2 册（76+78 页），32 开（历代文读本 2）
上海：大东书局，1924.1，3 版，2 册（76+78 页），32 开（历代文读本 2）
上海：大东书局，1925.3，4 版，2 册（76+78 页），32 开（历代文读本 2）
上海：大东书局，1926，5 版，2 册（76+78 页），32 开（历代文读本 2）
上海：大东书局，1928.3，6 版，2 册（76+78 页），32 开（历代文读本 2）
上海：大东书局，1940.8，7 版，2 册（76+78 页），32 开（历代文读本 2）

　　本书按论辩、序跋、书牍、赠序、传状、碑志、杂记、箴铭、颂赞、哀祭 10 类编排，选收百余篇。有眉批及注释。书前有《姓氏爵里志略》等文。注释者还有：张廷华、黄兴洛。

　　收藏单位：重庆馆、广东馆、国家馆、河南馆、湖南馆、江西馆、南京馆、绍兴馆、首都馆

03081

评注清文读本　张廷华评选　黄兴洛等注
上海：大东书局，1922.7，2 册（74+90 页），32 开（历代文读本 1）
上海：大东书局，1922.9，再版，2 册（74+90 页），32 开（历代文读本 1）
上海：大东书局，1924，5 版，2 册（74+90 页），32 开（历代文读本 1）
上海：大东书局，1925.3，6 版，2 册（74+90 页），32 开（历代文读本 1）
上海：大东书局，1926.1，7 版，2 册（74+90 页），32 开（历代文读本 1）
上海：大东书局，1926，8 版，2 册（74+90 页），32 开（历代文读本 1）
上海：大东书局，1932，10 版，2 册（74+90

页），32 开（历代文读本 1）

上海：大东书局，1933.7，11 版，2 册（74+90 页），32 开（历代文读本 1）

本书内分论辩、序跋、书牍、赠序、传状、碑志、杂记、哀祭等类，选收 59 人的文章 82 篇。书前有作者志略。逐页题名：清文读本。

收藏单位：重庆馆、广东馆、国家馆、河南馆、湖南馆、江西馆、绍兴馆、首都馆

03082

七言杂字

北京：老二西堂，1939，[14] 页，32 开

收藏单位：首都馆

03083

千字文

北平：老二西堂，1934，11 页，32 开，环筒页装

收藏单位：首都馆

03084

清代文评注读本（言文对照） 秦同培评选

上海：世界书局，1923.7，2 册（176+192 页），32 开

上海：世界书局，1924.6，再版，2 册（176+192 页），32 开

上海：世界书局，1925.4，4 版，2 册（176+192 页），32 开

本书选清代文 80 余篇，按杂记、书翰、传状、赠序、序跋、论辩、碑志、哀祭等类编排。有评注和眉批及语体译文。

收藏单位：安徽馆、广东馆、国家馆、河南馆、湖南馆、江西馆、南京馆、绍兴馆、首都馆

03085

三字经 （宋）王应麟编 （清）贺兴思注解

上海：大新图书局，1936.3，90 页，32 开

本书为句解本。卷端题名：三字经注解备要。

收藏单位：国家馆

03086

三字经 章炳麟著 欧阳溱增订

出版者不详，[1937.3]，石印本，7 页，25 开

本书其他题名：重订三字经。

收藏单位：湖南馆、江西馆

03087

三字经（注音注解 言文对照） 钱释云编注

上海：三民图书公司，1937.6，48 页，32 开

上海：三民图书公司，1938.3，再版，48 页，32 开

本书按注音字母注音。卷端题名：三字经（注音注释 言文对照）。

收藏单位：江西馆

03088

三字经增注 王伯厚作 章太炎重订

上海：世界书局，1938.4，新 1 版，25 页，32 开

上海：世界书局，1940.8，新 3 版，25 页，32 开

本书为启蒙教育用书，有详细注解。书内题名：增注三字经。

收藏单位：江西馆、南京馆、上海馆

03089

三字经注解备要 王应鳞 贺思兴注解

出版者不详，1934，石印本，72 页，32 开

本书封面题名：三字经注解。

03090

善恶之报 薛恨生句读 何铭校阅

上海：新文化书社，1936.1，3 版，74 页，25 开

收藏单位：江西馆

03091

天宝楼解元三字经

出版者不详，[1911—1949]，15 页，25 开

收藏单位：广东馆

03092

童蒙补习 苏州弘化社编

苏州弘化社，1939.1，42 页，32 开

本书包括《弟子规》（清·倭艮峰）、《童蒙须知五则》（宋·朱熹）等封建教育的童蒙读物。

收藏单位：南京馆、上海馆

03093

童蒙训 （宋）吕本中著

上海：商务印书馆，1937.3，33 页，32 开（万有文库 第 2 集 156）（国学基本丛书）

上海：商务印书馆，1939.12，33 页，32 开（万有文库 第 1—2 集 简编 500 种 104）（国学基本丛书）

本书为古籍重印，有圈点。

收藏单位：安徽馆、大理馆、大连馆、大庆馆、东北师大馆、广西馆、国家馆、黑龙江馆、湖南馆、江西馆、辽大馆、辽师大馆、内蒙古馆、宁夏馆、上海馆、天津馆、西南大学馆、浙江馆

03094

文字初桄 程善之著

上海：有正书局，1916.6，76 页，36 开

上海、北京：有正书局，1918.6，3 版，76 页，36 开

本书为古文读本。收录《说毛笔》《说钢笔》《说鼠》《说豪杰》《说羊》《说孝弟》《记雨后》《论自立》《记玉兰》等 70 余篇文章。旧式圈点。

收藏单位：安徽馆、国家馆、南京馆、上海馆

03095

西南联合大学国文选 闻一多等选录

[西南联合大学]，[1939]，130 页，16 开

本书收历代各家文章。约收 30 余篇。选编者有闻一多、余冠英、朱自清、王力、魏建功、浦江清、罗常培等。书末附鲁迅的《狂人日记》。

收藏单位：国家馆

03096

西南联合大学国文选 [西南联合大学编]

[西南联合大学]，[1938]，1 册，16 开

本书为古今诗文选。约收 60 余篇，其中有《三国志诸葛亮传》《史通自叙》（刘知几）、《薄奠》（郁达夫）、《往事（节录）》（谢冰心）、《一只马蜂》（丁西林）、《悲陈陶一首》（杜甫）、《新乐府》（白居易）等。

收藏单位：国家馆

03097

西南联合大学国文选（1939—1940 年） [西南联合大学编]

[西南联合大学]，[1940]，[208] 页，16 开

03098

详订古文评注 广益书局编译

上海：广益书局，1915，石印本，1 册，25 开

收藏单位：广东馆

03099

详订古文评注全集 刘豫庵鉴定

上海：锦章图书局，1927，10 册，32 开

收藏单位：广东馆

03100

详细注解古文观止 曹国锋译注

上海：智识书店，[1911—1949]，271 页，32 开

收藏单位：湖南馆、南京馆

03101

详注古文观止 （清）吴楚材 （清）吴调侯编选

出版者不详，[1911—1949]，2 册，25 开

本书为言文国学读本，共 12 卷，有简要评注。

收藏单位：重庆馆

03102

小学集解 （清）张伯行纂辑

上海：商务印书馆，1937.5，[25]+192 页，32 开（国学基本丛书）

上海：商务印书馆，1937.5，再版，[25]+192 页，32 开（国学基本丛书）

《小学》系宋朱熹、刘子澄编。本书是其集解本。书前有张伯行的原序和李兰序，以及"小学辑说""小学书题""小学题辞"等。

收藏单位：重庆馆、大庆馆、河南馆、湖南馆、辽大馆、辽宁馆、南京馆、上海馆、首都馆、天津馆

03103
小学集解 （清）张伯行撰辑
上海：三通书局，1941，151页
本书汇集诸家注释，融会其说，对朱熹的《小学》一书进行诠释，分篇章句段逐一阐发，以明朱子"亲切指点引人体力行之意"。
收藏单位：安徽馆、山西馆

03104
小学韵语 罗泽南著
[重庆]：出版者不详，[1941]翻印，石印本，134页，32开
本书为启蒙读物。
收藏单位：重庆馆

03105
新体评注古文观止（新式标点） （清）吴楚材 （清）吴调侯编选 黄兴洛注释
上海：大东书局，1947，12版，4册（152+192+182+180页），32开
收藏单位：首都馆

03106
新体评注古文观止（新式标点）
上海：大东书局，[1911—1949]，3册，32开
收藏单位：河南馆、江西馆、南京馆

03107
新体幼学句解
上海：文明书局，1926.3，3版，64页，32开，环筒页装

03108
新增白话注解幼学琼林 裒振英注
文林书社，[1911—1949]，石印本，1册，25开
本书逐页题名：幼学琼林白话注解。

收藏单位：国家馆

03109
新增幼学白话解 （清）程允升原著 （清）邹圣脉增补
重庆：沪江图书社，1948.7，5版，200页，32开
重庆：沪江图书社，1948.9，6版，200页，32开
本书内容为《幼学琼林白话注解》卷一至四。封面题名：（名家批评 详细注解）幼学白话解。
收藏单位：重庆馆

03110
新增幼学故事琼林 董坚志重增 徐鸿云校正
上海：锦章图书局，1947，1册，32开
收藏单位：首都馆

03111
新增幼学故事琼林
广州：华兴书局，1938.3，1册，32开
本书增附英语入门。版权页题名：幼学故事琼林。
收藏单位：广西馆

03112
新增幼学故事琼林（言文对照 白话注解） 董伟编译 罗剪波校
上海：春明书店，1942，273+28页，32开
上海：春明书店，1946.12，273+28页，32开
上海：春明书店，1948.8，273+28页，32开
本书分4卷。书末附录中国旧历节气表、年月日时通称表、干支异名表、中国山脉系统一览表、外亲丧服图、称谓表等。目次页题名：重增幼学琼林故事读本。
收藏单位：南京馆、绍兴馆、首都馆

03113
新增幼学琼林白话注解 （清）程允升原著 （清）邹圣脉增补 费恕皆编演 沈继先校勘
上海：群学社书局，1940.3，3版，石印本，

[206] 页，32 开

上海：群学社书局，1941.3，4 版，石印本，[206] 页，32 开

本书版权页及逐页题名：幼学琼林白话注解。封面题：上海群学书社发行。

03114

新增幼学琼林白话注解 （清）程允升原著（清）邹圣脉增补　费恕皆编演　沈继先校勘

上海：群学书店，1946，石印本，[206] 页，32 开

本书版权页题名：幼学琼林白话注解。

收藏单位：首都馆

03115

新增幼学琼林白话注解　高馨山注

上海：中原书局，1927.3，[168] 页，32 开

上海：中原书局，1947，石印本，2 册，32 开

本书卷端题名：新增幼学琼林白话句解。

收藏单位：湖南馆、南京馆、首都馆

03116

新注弟子规白话解说　王克己注

上海：锦章书局，1940，32 页，32 开

收藏单位：山东馆

03117

选集魏氏古文

永丰：刘养元 [抄写者]，1926，抄本，1 册

本书书名据书衣墨笔题。书名页墨笔题"民国丙寅十五年秋九月抄于永丰县立第八区第十一义务小学校之约溪万寿宫"，钤"养元"印。

收藏单位：国家馆

03118

学生国文选读　李松伍编著

长春：国民书局，1947，2 册（147+154 页），32 开

收藏单位：南京馆

03119

言文古文观止　胡朴安鉴定

上海：春天书局，1943.11，4 册，32 开

收藏单位：南京馆

03120

言文古文观止 （清）吴楚材 （清）吴调侯编选　胡朴安鉴定

上海：三民图书公司，1945，再版，1 册，36 开

上海：三民图书公司，1946.10，新 2 版，[834] 页，36 开

本书加标点和注释，并有语体译文。其他题名：古文观止。封面加题：言文对照 音注标点。

收藏单位：重庆馆、河南馆、吉林馆、南京馆、首都馆

03121

言文古文观止（言文对照 音注标点 第二册）　唐文治主编

上海：三民图书公司，[1946]，155 页，25 开

本书加标点和注释，并有语体译文。书前有沈恩孚、唐文治、胡朴安、吴拯寰等人的序，写于 1943 年。封面加题：言文对照 音注标点。

收藏单位：江西馆

03122

幼学白话句解　罗家侯标点　申江居士校对

上海：协成书局，[1939]，64 页，32 开

上海：协成书局，1946.10，再版，2 册，32 开

收藏单位：南京馆

03123

幼学白话句解（言文对照 新式标点）　吴谷民演译

上海：碧梧山庄，1931.4，2 册（89+115 页），32 开

本书是《幼学琼林》的语体句解本，增加一些新的资料。卷首有历代帝王国号歌。由上海求古斋书帖局发行。书末附历代帝王图纪、行政区域表和中华民国一统舆地图。

收藏单位：首都馆

03124

幼学白话注解　罗家侯标点

上海：协成书局，1936.2，石印本，2 册，32 开

　　本书正文题名：绘图幼学白话注解。

　　收藏单位：绍兴馆

03125

幼学故事琼林　（清）程允升著　（清）邹圣脉增补

上海：国学整理社，1937.5，248 页，32 开

上海：国学整理社，1940.8，新 3 版，248 页，32 开

上海：国学整理社，1943，新 4 版，248 页，32 开

上海：国学整理社，1946.11，新 5 版，248 页，32 开

　　本书内容共分 4 卷，有文言夹注。

　　收藏单位：广东馆、黑龙江馆、上海馆、绍兴馆

03126

幼学故事琼林　余为童编著　王友铭校

重庆：东方书局，1942.10，2 版，1 册，32 开

　　收藏单位：南京馆

03127

幼学故事琼林　余为童编著　王友铭校

上海：东方文学社，1939.6，4 册，32 开

　　本书封面、版权页题名：三增大字幼学故事琼林。

　　收藏单位：绍兴馆

03128

幼学故事琼林　张文华校订

长春：大陆书局，1943.5，220 页，32 开

　　本书共 4 卷，有夹注。书前有校订者序。

　　收藏单位：吉林馆、首都馆

03129

幼学故事琼林（白话解说）　吴斌忠编译

上海：春明书店，1941.8，2 版，石印本，1 册，32 开

本书分 4 卷。分天文、地舆、名人、外戚、花木等。封面加题：铜版精印 白话详解。目录页加题：新式标点 白话详解。

　　收藏单位：广东馆

03130

幼学故事琼林（白话注解）　（清）程允升著（清）邹圣脉增补　朱鑫伯注解

上海：沈鹤记书局，1936.6，石印本，[191] 页，32 开

　　本书卷首有历代帝王图、帝王纪、丧服表等。末附百孝图。

　　收藏单位：上海馆

03131

幼学故事琼林（精校仿宋版）　（清）程允升著　（清）邹圣脉增补

上海：通俗图书刊行社，1941.6，[214] 页，32 开

　　本书卷端题名：精校幼学故事琼林。由上海会文堂新记书局总发行。

　　收藏单位：重庆馆、贵州馆

03132

幼学故事琼林（精校仿宋版）　（清）程允升著　（清）邹圣脉增补

上海：会文堂新记书局，1936.7，再版，1 册，32 开

　　本书增补者原题：（清）邹梧冈。

　　收藏单位：绍兴馆

03133

幼学故事琼林（精校仿宋版）　（清）程允升著　（清）邹圣脉增补

重庆：进化书局，1948，影印本，1 册，32 开

　　本书增补者原题：（清）邹梧冈。

　　收藏单位：重庆馆

03134

幼学故事琼林（精校仿宋版）　（清）程允升著　（清）邹圣脉增补

重庆：上海书店，1940，236 页，32 开

重庆：上海书店，1942.1，236 页，32 开

重庆：上海书店，1943，236 页，32 开

　　本书内容涉及范围很广，诸如天文地理、古往今来、人情世故、家庭婚姻、生老病死、衣食住行、制作技艺、鸟兽花卉，乃至神话传说，无所不包。有文言夹注。增补者原题：（清）邹梧冈。

　　收藏单位：重庆馆

03135

幼学故事琼林（精校仿宋版） 赵志中校正

上海：东华书局，1935，[236] 页，32 开

　　本书共 4 卷。

　　收藏单位：首都馆

03136

幼学故事琼林（文言对照 上册）（清）程允升原著 （清）邹圣脉增补　谢梅林　邹可庭参订　石韫玉重校

上海：广益书局，[138] 页，32 开

03137

幼学故事琼林（详细注解）（清）程允升著 （清）邹圣脉增补

上海：鸿宝斋书局，1946，[152] 页，32 开

　　本书封面题名：幼学琼林故事读本。

　　收藏单位：首都馆

03138

幼学故事琼林（新式标点）（清）程允升原本 （清）邹圣脉增补　何铭校

上海：新文化社，1947.5，再版，石印本，73+79 页，25 开

　　收藏单位：江西馆

03139

幼学故事琼林（言文对照 白话注解） 吴谷民演译

上海：碧梧山庄，1931.4，1 册，32 开

　　本书共 5 卷。新增联文。有夹注，每类后有白话译文。逐页题名：言文对照幼学白话注解。

　　收藏单位：上海馆

03140

幼学故事琼林（言文对照 白话注解） 杨馁编注

沈阳：商务印书馆，1942.12，317 页，32 开

　　本书共 5 卷。新增联文。有夹注，每类后有白话译文。冠孔子像。

03141

幼学故事琼林（再增国语注解）（清）程允升原本　叶玉麟再增

出版者不详，[1931]，[46+84+131+108+106] 页，25 开

　　收藏单位：江西馆、绍兴馆

03142

幼学故事琼林读本（详注 新式标点）（清）程允升原本 （清）邹圣脉增补

上海：群益书局，1943.6，再版，石印本，73+80 页，25 开

　　收藏单位：江西馆

03143

幼学句解（言文对照 详细注释）（清）程允升著 （清）钱元龙厘订

上海：三民图书公司，2 册（162+210 页），32 开

　　本书书前有钱元龙写于 1757 年的序。附历代帝王国号歌。

　　收藏单位：河南馆

03144

幼学句解（言文对照 详细注释）（清）程允升原著 （清）邹圣脉增补　周祖芬增订

上海：春江书局，1938.3，2 册（266+259 页），32 开（国学入门丛书）

　　本书是《幼学琼林》的白话注释本。原著 4 卷，增订 1 卷，共 5 卷，增订内容包括史地、修养、卫生、历算、字学、应用文件等。

　　收藏单位：重庆馆、绍兴馆

03145

幼学琼林 （清）程允升著 （清）邹圣脉增

补　谢梅林　邹可庭参订

邵阳：汉光书局，1943.9，4 版，石印本，1
册，32 开

　　本书为 1—4 卷合订本。这本蒙学读物涉
及范围很广，诸如天文地理、古往今来、人
情世故、家庭婚姻、生老病死、衣食住行、
制作技艺、鸟兽花卉，乃至神话传说，无所
不包。封面题名：绘图新增幼学故事琼林。

　　收藏单位：重庆馆

03146

幼学琼林　（清）程允升著　（清）邹圣脉增
订

锦章图书局，[1911—1949]，28 页，32 开，
环筒页装

　　《幼学琼林》系旧时蒙学课本。原名《幼
学须知》，后经增补改名为《幼学琼林》，简
称《幼学》。全书共 4 卷，博采自然、社会、
历史、伦理等方面的知识典故，编为骈语。
原文下有夹注，每段后有语译。本书书口题
名：新增绘图幼学故事琼林。增附简明尺牍考
正字汇英字入门。增订者原题：（清）邹梧冈。

　　收藏单位：安徽馆

03147

幼学琼林　罗家侯标点

上海：协成书局，1936.2，86 页，32 开

　　收藏单位：南京馆

03148

幼学琼林（白话解说 和部 卷四）　[（清）程
允升编]

上海：沈鹤记书局，88 页，36 开

　　本书逐页题名：幼学琼林白话注解（卷
四）。编者原题：（明）程登吉。

　　收藏单位：国家馆

03149

幼学琼林（白话句解）　王笑若编纂

天津：诚文信书局，1939.5，2 册（144+150
页），25 开

　　收藏单位：首都馆

03150

幼学琼林（白话注解）（清）程允升著
（清）邹圣脉增补

赣县：三晶书局，[1947.5]，石印本，206 页，
25 开

　　本书封面题名：新增白话注解幼学琼林，
书脊题名：幼学琼林白话注解。

　　收藏单位：江西馆

03151

幼学琼林（白话注解 新增精校）（清）程允
升原本　谢梅林等参订

上海：新群书局，1946.10，再版，石印本，
200 页，25 开

　　收藏单位：江西馆

03152

幼学琼林（初学实用）（清）程允升原著
（清）邹圣脉增补　嵩山居士校阅

上海：鸿文书局，1935.9，铜版，石印本，
[200] 页，32 开

上海：鸿文书局，1935.11，再版，[200] 页，
32 开

上海：鸿文书局，1936，[再版]，[200] 页，
32 开

上海：鸿文书局，1937.7，再版，铜版，石印
本，[200] 页，32 开

上海：鸿文书局，1940.3，再版，[200] 页，
32 开

　　本书封面题名：绘图新增幼学故事琼林，
逐页题名：新增绘图幼学故事琼林，版权页题
名：新增幼学琼林。增附英语入门。

　　收藏单位：国家馆、吉林馆、绍兴馆、首
都馆

03153

幼学琼林（详细注解 新式标点）（清）程允
升著　（清）邹圣脉增补

上海：亚光书局，1944.5，蓉版，[150] 页，
36 开

　　本书卷首题名：幼学故事琼林。

03154

幼学琼林（新增白话句解）（清）程允升原著　（清）邹圣脉补订　李汉文校订

上海：国学书局，1938.6，35+58+46+46 页，32 开

本书封面题名：新增幼学琼林白话句解。

收藏单位：国家馆

03155

幼学琼林（新增白话注解）（清）程允升著　（清）邹圣脉增补　曹本译注

上海：艺海书店，1943.11，188 页，32 开

本书封面题名：幼学故事琼林，卷端题名：新增幼学琼林白话注解。增补者原题：（清）邹梧冈。

03156

幼学琼林（新增精校 白话注解）（清）程允升原著　（清）邹圣脉增补　谢梅林　邹可庭参订

成都：新亚书店，1943.7，200 页，32 开

收藏单位：重庆馆、国家馆

03157

幼学琼林白话句解　（清）程允升著　李汉文校

上海：国学书局，1938.6，1 册，32 开

收藏单位：南京馆

03158

幼学琼林白话句解　（清）程允升原著　邹圣脉增补

上海：道德书局，[1935—1940]，[180] 页，32 开

本书封面题名：新增幼学琼林白话句解。

收藏单位：湖北馆、首都馆

03159

幼学琼林白话注解　费恕皆编演　沈继先校勘

上海：群学社，1936.3，2 册（55+53 页），25 开

上海：群学社，1939，3 版，2 册（55+53 页），25 开

本书封面题名：新增幼学琼林白话注解。发行者取自封面。

收藏单位：国家馆

03160

幼学琼林读本　（清）程允升著　（清）邹圣脉增补　沈元起译白

上海：广益书局，1937，2 册（56+82+76+76 页），32 开

上海：广益书局，1940，再版，2 册（56+82+76+76 页），32 开

上海：广益书局，1941，[再版]，2 册（56+82+76+76 页），32 开

上海：广益书局，1942，再版，2 册（56+82+76+76 页），32 开

收藏单位：首都馆

03161

幼学琼林读本　叶玉麟撰　朱惟公校

上海：广益书局，1935.2，1 册，32 开，精装

收藏单位：南京馆

03162

幼学琼林读本（详注）（清）程允升著　（清）邹圣脉增补　朱惟公校勘

上海：广益书局，1941.9，再版，152 页，32 开

本书封面题名：详注幼学故事琼林，正文前题名：新式标点幼学故事琼林。在江西赣县刊行。

收藏单位：首都馆

03163

幼学琼林读本（言文对照）（清）程允升著　（清）邹圣脉增补　沈元起译白

上海：大达图书供应社，1925，2 册（56+82+76+76 页），32 开

上海：大达图书供应社，1935.11，2 册（56+82+76+76 页），32 开

本书共 4 卷。上册收卷一和卷二部分，分天文、岁时、朝廷、文臣、祖孙父子、婚姻、身体、衣服等。下册收卷三和卷四部分，

分人事、饮食、珍宝、贫富、文事、科第、讼狱、花木等。逐页题名：幼学故事琼林，卷端题名：幼学故事琼林（新式标点 言文对照）。

　　收藏单位：国家馆、湖南馆、首都馆

03164

幼学琼林读本（言文对照）（清）程允升著 （清）邹圣脉增补　沈元起译白

上海：广益书局，1946，新 2 版，2 册（56+82+76+76 页），32 开

上海：广益书局，1947，新 3 版，2 册（56+82+76+76 页），32 开

上海：广益书局，1947.5，新 4 版，2 册（56+82+76+76 页），32 开

上海：广益书局，1948，新 5 版，2 册（56+82+76+76 页），32 开

上海：广益书局，1948.7，新 6 版，2 册（56+82+76+76 页），32 开

　　本书版权页题名：重订言文对照幼学琼林读本。

　　收藏单位：安徽馆、重庆馆、国家馆、南京馆、绍兴馆、首都馆、西南大学馆

03165

幼学琼林读本（言文对照 新式标点）（清）程允升著 （清）邹圣脉增补　沈元起译白

上海：广益书局，1936.3，石印本，2 册（56+82+76+76 页），32 开

上海：广益书局，1936.4，再版，石印本，2 册（56+82+76+76 页），32 开

上海：广益书局，1939.7，再版，石印本，2 册（56+82+76+76 页），32 开

上海：广益书局，1941.7，再版，石印本，2 册（56+82+76+76 页），32 开

　　收藏单位：广东馆、河南馆、湖南馆、江西馆、绍兴馆、首都馆

03166

幼学琼林读本（再增国语解释） 叶玉麟增撰　朱惟公校勘

上海：广益书局，1936，再版，2 册，32 开

上海：广益书局，1948.5，新 2 版，2 册，32 开

本书是《幼学琼林》的语体译注本，增加了一些新的资料。书末附历代帝王图纪、行政区域表和中华民国一统舆地图。封面题名：幼学故事琼林。

　　收藏单位：重庆馆、广西馆

03167

幼学琼林读本（再增国语注解） 叶玉麟增撰　朱惟公校勘

上海：广益书局，1933.8，[64]+84+132+108+112 页，32 开

上海：广益书局，1934.9，再版，[64]+84+132+108+112 页，32 开

上海：广益书局，1936.2，再版，[64]+84+132+108+112 页，32 开

　　本书书前有历代帝王图纪、行政区域表。序言页题名：幼学琼林读本（再增国语解释）。

　　收藏单位：广东馆、国家馆、吉林馆、首都馆

03168

幼学琼林故事读本（言文对照 详细注解）

（清）程允升著 （清）邹圣脉增补　曹国锋标点　王天恨校正

上海：国学研究社，1943.5，[152] 页，32 开

　　本书由励力出版社、合众书店总发行。

　　收藏单位：国家馆、吉林馆

03169

幼学珠玑

出版者不详，[1911—1949]，166 页，32 开

　　本书为幼儿启蒙读物。除卷首历代帝王纪外，共分 4 卷：卷一地舆、文臣、武职等；卷二祖孙父子、夫妇等；卷三人事、饮食、贫富等；卷四科第、讼狱、鸟兽等。

　　收藏单位：重庆馆、湖南馆

03170

再增幼学琼林 叶玉麟重撰

上海：广益书局，1948.5，新 2 版，2 册，32 开

　　本书共分 4 卷：卷一天文，卷二老寿幼慧，卷三人事，卷四文事。卷端题名：再增国

语注解幼学故事琼林。

收藏单位：广西馆、湖南馆

03171

增补弟子规白话解说 王克己注 道源鉴定 沙门悟霞增补

北平：佛学书局，1941，再版，2 册，32 开

本书分初集、二集两册。书前有《弟子规白话解》序。

收藏单位：广东馆、首都馆

03172

增订古文观止 （清）吴楚材 （清）吴调侯编选 胡朴安鉴定

上海：春江书局，[1944]，2 册（[1694] 页），36 开，精装

本书上册收周秦至明代文章，即一般通行的《古文观止》，系根据三民图书公司出版的《（言文）古文观止》纸型重印；下册是清代文选，由金熙章、瞿西华选编。书末附吴拯寰撰《拯庐校勘记》。

收藏单位：上海馆

03173

增批古文观止 （清）吴楚材 （清）吴调侯编选

上海：昌文书局，1929，影印本，2 册（[253] 页），32 开

《古文观止》系旧时蒙学读本，选收上起先秦下至明代的文章 222 篇，以散文为主，间收骈文，按时代先后编排。本书据阙补斋重刊本影印，有夹注及眉批。封面和书脊书名前加题"精校增批"。

收藏单位：国家馆、河南馆、首都馆

03174

增注三字经 章炳麟重订 扬铎增注

夏口：法言书屋，1936，4 版，192 页，32 开

收藏单位：首都馆

03175

章太炎增订三字经

出版者不详，[1911—1949]，23 页，22 开

本书系增改《三字经》原文。

收藏单位：国家馆

03176

中国大学国文教本 中国大学国文讲习会编

北平：中国大学国文讲习会，[1944.6]，264 页，22 开

本书分上下两编，选收历代古文百余篇，包括《伐檀》《师说》《伯夷颂》《出师表》等。初版年月据书前序的写作日期。

收藏单位：国家馆、首都馆

03177

中华民族英雄故事（文言白话对照） 沈溥涛 蒋祖怡编

上海：世界书局，1940.2，3 册，32 开

上海：世界书局，1943.12，赣 1 版，3 册，32 开

本书共 3 集。第 1 集收录《汪碕》《窦宪》《苏武》《张巡》《张煌言》《史可法》《石达开》7 篇；第 2 集收录《冯异》《诸葛亮》《唐顺之》《沈云英》《徐锡麟》等 6 篇；第 3 集收录《晏婴》《田横》《蒙恬》《马援》《霍去病》《熊廷弼》《费宫人》《阎应元》《葛云飞》9 篇。每篇末附问题多则。版权页题名：中华民族英雄故事集。

收藏单位：安徽馆、重庆馆、东北师大馆、广东馆、广西馆、贵州馆、国家馆、湖南馆、江西馆、南京馆、内蒙古馆、上海馆、绍兴馆、首都馆、西南大学馆

03178

中央大学国文选（上编 模范文选） 国立中央大学研究部选编

南京：国立中央大学，1942，200 页，32 开

收藏单位：安徽馆、南京馆

03179

诸子文选（第 6 册） 中华书局函授学校编

上海：中华书局，[1911—1949]，81—96 页，32 开（高级国文科讲义 6）

本书为活页古文选。收扬雄、老子、庄子的文章 3 篇。附问题和试题。

03180

足本古文观止　许啸天译注

上海：群学书社，1936.5，再版，1 册，32 开

本书为言文对照、白话注解、新式标点读物。书前有译注者新序。

收藏单位：南京馆

03181

最新增广贤文　粟显运著

重庆：国民图书出版社，1944.8，20 页，64 开（国民常识通俗小丛书）

收藏单位：山东馆

03182

左国选读　张寄岫选辑

上海：商务印书馆，1937.5，3 册，25 开（中学国文补充读本 第 1 集）

收藏单位：大庆馆、贵州馆、湖南馆、江西馆、南京馆、首都馆

现代汉语读物

03183

大学模范作文（言文对照 详细注解）　陈志澄编著

上海：国光书店，1947.4，再版，168 页，32 开

上海：国光书店，1948.7，2 版，168 页，32 开

本书收《读韩愈马说感言》《读木兰诗感言》《中国矿业感言》《春雨有感》《读文忠列公传》等 80 篇。

收藏单位：安徽馆、重庆馆、河南馆、江西馆、绍兴馆

03184

非常时期的国语文选　陈兴猷　陈元廷编

上海：春明书店，1937，278 页，32 开

本书系选录现代作品 60 篇而成。附录国耻统计表、我国陆海空军实力与列强各国之比较。

收藏单位：重庆馆

03185

女青年模范日记　凤玉贞著　赵锦华校阅

上海：国光书店，1941.4，再版，138 页，25 开

本书为青年读物。所收日记涉及女青年所关心的读书问题、修养问题、妇女问题、职业问题、恋爱问题、结婚问题、家庭问题 7 大类。

收藏单位：江西馆

03186

全国学校国文成绩大观（上编）　毕公天选辑　章太炎鉴定

上海：国学书局，[1920]，[167] 页，25 开

收藏单位：河南馆

03187

全国学校国文成绩大观（上编）　毕公天选辑　章太炎鉴定　上海国学书局编辑部校订

上海：国学书局，1922.8，6 版，8 册（[542] 页），32 开，环筒页装

本书分上中下 3 编。上编选收大学、专科以及师范等学校的来稿；中编选收中学及甲种实业学校等来稿；下编选收高等小学、乙种实业学校以及国民学校的来稿。中编及下编第 3—10 卷，第 16—22 卷未见书。

03188

全国学校国文成绩大观（中编）　毕公天选辑　章太炎鉴定　上海国学书局编辑部校订

上海：国学书局，1925.1，10 版，1 册，25 开，环筒页装

提要同上。

收藏单位：安徽馆、广东馆、江西馆

03189

全国学校国文成绩大观（下编）　毕公天选辑　章太炎鉴定　上海国学书局编辑部校订

上海：国学书局，1925.9，5 版，5 册（[404] 页），32 开，环筒页装

提要同上。

收藏单位：安徽馆

03190

评点历代白话文范 江荫香编辑 陆翔校订

上海：广文书局，1922.6，再版，2册（224+258页），25开

本书共分4卷，收录了《东郭比武》《琵琶亭》《黛玉埋花》《鸳鸯剑》《未来中国之驳论》《最后一课》等文章。逐页题名：历代白话文范。

收藏单位：江西馆

03191

文章选读（第1集） 东北大学图书资料室编

佳木斯：东北书店，1948.1，128页，32开

本书为现代文读本。收《论绦虫》（高尔基）、《为了忘却的纪念》（鲁迅）、《包身工》（夏衍）、《风景谈》（茅盾）、《三日杂记》（丁玲）、《论列宁》（斯大林）等14篇。

收藏单位：东北师大馆、河南馆、吉大馆、吉林馆、江西馆

03192

现代华语读本（正编） 李仲刚著

大连：大阪屋号书店，1932.7，4版，146页，32开，精装

大连：大阪屋号书店，1933.4，5版，146页，32开，精装

大连：大阪屋号书店，1934.12，9版，146页，32开，精装

大连：大阪屋号书店，1935，10版，146页，32开，精装

大连：大阪屋号书店，1936，12版，146页，32开，精装

大连：大阪屋号书店，1940.10，146页，32开

本书包括名辞的应用和短句问答两部分内容。

收藏单位：国家馆、南京馆

03193

现代华语读本（续编） 李仲刚著

大连：大阪屋号书店，1933.5，5版，181页，32开，精装

大连：大阪屋号书店，1933.6，6版，181页，32开，精装

大连：大阪屋号书店，1934.12，7版，181页，32开，精装

本书内容包括5部分：普通问答、长句问答、散语的应用、改良的家庭常话、现代的应酬须知。

收藏单位：国家馆

03194

现代模范文选（一名，模范小品文选） 达夫编选

上海：希望出版社，1936.7，再版，306页，32开

本书收《小品六章》（郭沫若）、《新生活日记》（郭沫若）、《奔流》（郭沫若）、《鸟声》（周作人）、《立秋之夜》（郁达夫）、《山中杂记》（冰心）、《背影》（朱自清）、《秦淮河》（朱自清）等63篇。

收藏单位：湖南馆、南京馆

03195

现代模范作文 李苏民编

桂林：东方书店，1942，170页，32开

收藏单位：广东馆、南京馆

03196

现代学生文选 张廷华著

上海：大东书局，1940.8，8版，[414]页

本书分论、说、义、记、规、游戏文、诗、词等24卷，收录《论商业不发达之原因》《内乱足以亡国论》《工厂卫生论》《节用而爱人义》《不迁怒义》《重九登高记》《不倒翁传》等文章。

收藏单位：南京馆

03197

新活页文选（合订本） 凌企云等著

上海：儿童书局，[1945—1949]，1册，32开

本书收录《胜利中的重庆》《日本降书签字仪式记》《抗战的四种精神》《我们的国花》等文章。

收藏单位：安徽馆、重庆馆、绍兴馆

03198

作文精选

上海：激流书店，1947，102 页，32 开

收藏单位：广东馆

初级学校用汉语读物

03199

标准国语文选 储苏民编辑

上海：文光书局，1935，2 版，204 页，32 开

本书为高年级适用国语补充读物。版权页题名：国语文选。

收藏单位：甘肃馆

03200

初级儿童白话信 汪漱碧著 沈健民校订

上海：中央书店，1936.5，2 版，202 页，32 开

本书分问安类、通候类、报告类等。卷端题名：新编初级儿童白话尺牍。逐页题名：儿童白话尺牍。

03201

初级论说精华（言文对照） 赵伯棠编著

现代书局，1948，再版，122 页，32 开（学生自修丛书）

本书供初高小学生课外阅读及学习作文之用。

收藏单位：重庆馆

03202

初级模范作文 巴雷编著

上海：大方书局，1949.1，再版，105 页，25 开

本书为国语补充读物。

收藏单位：江西馆

03203

初级模范作文 董坚志编著

上海：春明书店，1946，114 页，32 开

上海：春明书店，1947.4，再版，114 页，32 开

本书为初小学生自修读物。封面题名后加题：作文参考 各体具备。

收藏单位：安徽馆、广东馆、河南馆

03204

初级模范作文 董坚志编著

上海：春明书店，1945.5，114 页，32 开

上海：春明书店，1946，2 版，114 页，32 开

本书为小学生补充读物。书中作品一方面征集自全国各著名小学，另一方面摘自优秀儿童杂志。语体文和文言文混合采用，比例约语七文三。内含《开学的一天》《开学典礼》《我的暑期生活》等 120 篇文章。

收藏单位：湖南馆

03205

春蚕 沈彩鸿等著

嵊县：私立甘霖小学，1937，72 页，32 开

本书为嵊县私立甘霖小学（第 4 次）爱级毕业班的纪念册。收该班学生所作的诗、文、讲演辞等。

03206

春天的游踪 倪锡英编

上海：北新书局，1934，116 页，36 开（小学生创作选刊 第 1 种）

本书收江苏、浙江、福建、安徽、山东、河南、河北、广东、山西等省的小学生作品。

收藏单位：重庆馆

03207

对话短剧（第二册） 李伯棠编著

上海：商务印书馆，1947.10，36 页，36 开（新小学文库第 1 集）

本书收《你这铁石心肠的畜生》《谁的本领大》《黄雀和蚂蚁》《中了我的计了》《云雀妈妈》等 7 个短剧。

收藏单位：重庆馆、广东馆

03208

儿童标准书信选 章次孟选编

上海：儿童书店，1936.3，54 页，36 开

上海：儿童书局，1936，再版，54 页，36 开

上海：儿童书店，1946，12 版，54 页，36 开

上海：儿童书店，1946.11，13 版，54 页，36 开

　　本书选录了鲁迅、胡适、朱光潜、朱自清等 10 人的 10 封书信。

　　收藏单位：广东馆、广西馆

03209

儿童创作选（第二集）　吕化南编选

上海：儿童文艺杂志社，1936.10，182 页，32 开（儿童文艺丛书 5）

上海：儿童文艺杂志社，1937.3，3 版，182 页，32 开（儿童文艺丛书 5）

　　本书选收百余篇儿童作文，按论说、应用、文艺 3 部分编排。

　　收藏单位：上海馆

03210

儿童代表作（第一—二集）　全国儿童作文比赛评判会编

上海：儿童书局，1936.12，再版，86 页，32 开（全国儿童作文比赛特等作品）

　　本书为小学六年级下学期的创作作品。

03211

儿童代表作（第二集）　全国儿童作文比赛评判会编

上海：儿童书局，1938，再版，48 页，32 开（全国儿童作文比赛特等作品）

　　本书为小学一年级下学期的创作作品。

　　收藏单位：广东馆

03212

儿童代表作（第三集）　全国儿童作文比赛评判会编

上海：儿童书局，1936，28 页，32 开（全国儿童作文比赛特等作品）

　　本书为小学二年级上学期的创作作品。

03213

儿童代表作（第四集）　全国儿童作文比赛评判会编

上海：儿童书局，1936，36 页，32 开（全国儿童作文比赛特等作品）

上海：儿童书局，1937，再版，34 页，32 开（全国儿童作文比赛特等作品）

　　本书为小学二年级下学期的创作作品。

　　收藏单位：广东馆

03214

儿童代表作（第六集）　全国儿童作文比赛评判会编

上海：儿童书局，1936，65 页，32 开（全国儿童作文比赛特等作品）

上海：儿童书局，1938，3 版，65 页，32 开（全国儿童作文比赛特等作品）

　　本书为小学三年级下学期的创作作品。

　　收藏单位：广东馆、国家馆

03215

儿童代表作（第九集）　全国儿童作文比赛评判会编

上海：儿童书局，1936.12，再版，86 页，32 开（全国儿童作文比赛特等作品）

上海：儿童书局，1938，3 版，78 页，32 开（全国儿童作文比赛特等作品）

　　本书为小学五年级上学期的创作作品。

　　收藏单位：广东馆、南京馆

03216

儿童活叶文选（第 2 辑 合订本）　徐晋选编黄一德勘校

上海：儿童书局，1932，1 册，32 开

上海：儿童书局，1933，9 版，1 册，32 开

　　收藏单位：首都馆

03217

儿童活叶文选（第 3 辑 合订本）　徐晋选编黄一德勘校

上海：儿童书局，1932.4，1 册，32 开

上海：儿童书局，1932.9，5 版，1 册，32 开

　　收藏单位：首都馆

03218

儿童活叶文选（第 4 辑 合订本）　徐晋选编黄一德勘校

上海：儿童书局，1933.2，4 版，1 册，32 开

教育部选定，小学生适用。

　　收藏单位：绍兴馆

03219

儿童活叶文选（第 5 辑 合订本） 徐晋选编
黄一德勘校

上海：儿童书局，1933.4，1 册，32 开

　　提要同上。

　　收藏单位：绍兴馆

03220

儿童模范书信 徐培人编著

上海：大中华书局，1936，再版，139 页，32
开

　　本书为小学课本。

　　收藏单位：重庆馆

03221

儿童模范文选 白云编著

上海：大中华书局，1936，219 页，32 开

　　本书为新时代儿童读物。

　　收藏单位：国家馆

03222

儿童模范文选 蒲公英编　沈英泉绘

上海：希望出版社，1937，重版，107 页，32
开

　　收藏单位：广东馆

03223

儿童模范文选 文公直编著

上海：有益书局，1935.12，208 页，25 开

　　收藏单位：江西馆

03224

儿童模范文选 吴鼎编

上海：大华书局，1935.11，[163] 页，32 开

上海：大华书局，1936，再版，[163] 页，32
开

　　本书依照文体分记叙文、论说文、实用
文 3 编。每编开始，冠以该类文字指导；后附
性质相同的文字若干篇，以供儿童精读。供
小学高年级儿童做国语科补充读本之用。

　　收藏单位：国家馆、首都馆

03225

儿童模范文选（第三册）

上海：教育书店，[1930—1937]，67—147 页，
32 开

　　本书收入绿绮、胡愈之、汪精卫、吴稚
晖、李实秋、叶绍钧、吴敬梓、孙中山等人
的文章。

　　收藏单位：安徽馆、国家馆

03226

儿童模范文选（第四册） 文公直编

上海：华成书局，1934，208 页，32 开

　　本书为小学高年级学生补充读本。依照
文体分记叙文、论说文、实用文 3 编。有写
作指导。

　　收藏单位：河南馆、首都馆

03227

儿童日记（初级 第一集） 辛安亭编

[涉县]：新华书店，1946.6，50 页，32 开
（新儿童小丛书 5）

　　收藏单位：国家馆

03228

儿童文选 舒倬编

重庆：文信书局，1945.10，133 页，32 开

　　本书收小学生作文 101 篇，分生活记录、
人物描写、纪念文字、景物描写、普通常识、
书信与日记、游记与随笔、杂品小文 8 类。

　　收藏单位：重庆馆、国家馆

03229

儿童新尺牍

上海：广益书局，[1911—1949]，石印本，109
页，32 开，环筒页装

　　收藏单位：河南馆

03230

儿童新尺牍（绘图白话 新式标点）

上海：新 文 化 书 社，[1923—1949]，112 页，
25 开

本书初级小学适用。

收藏单位：江西馆

03231

儿童新文艺丛刊（景县儿童新文艺竞赛会）

景县教育局儿童新文艺竞赛会编辑

景县：景县教育局儿童新文艺竞赛会，1934.10，[163] 页，16 开

本书为儿童作文选。收景县儿童优秀散文、韵文、故事和笑林各若干篇。有注音字母注音。书前有张英的前言。

收藏单位：国家馆

03232

儿童作文 汪绍陶编著

桂林：华华书店，1947.6，58 页，32 开

本书为小学国语科自修读物。收录看图作文、故事演述、记叙文、小品文、演讲稿、杂感文等。

收藏单位：广西馆

03233

儿童作文（初级 第一集） 辛安亭编

[涉县]：新华书店，1946.1，54 页，32 开（新儿童小丛书 3）

收藏单位：国家馆

03234

儿童作文（下册） 王一鸣编著

上海：大东书局，1932，6 版，50 页，32 开

收藏单位：河南馆

03235

儿童作文选 张友编

晋西北新华书店，1949.7，41 页，32 开

本书收儿童作文 25 篇，包括《学习科学知识》《为妇女求解放》《我和我的家庭》《自我检讨》等。书后附录怎样造句、文章怎样分段、怎样用标点符号等。

收藏单位：国家馆、辽宁馆、山东馆

03236

伐乌林 市六小学出版部编辑

[汕头]：市六小学出版部，[1911—1949]，101 页，50 开（市六儿童习作丛书 2）

收藏单位：广东馆

03237

非常时期模范日记 黄澄甫编著

上海：上海印书馆，1938.2，再版，130 页，25 开

上海：上海印书馆，1938，3 版，130 页，25 开

本书为小学国语科补充读本，依日记体编辑，内容包括：怎样记日记、我的读书方法、儿童节的来历、国庆日的感想等。

收藏单位：重庆馆、江西馆

03238

非常时期模范日记 黄澄甫著

上海：少年书店，1941.7，129 页，32 开

本书为小学国语科补充读本。

收藏单位：国家馆

03239

非常时期模范作文 黄澄甫编

上海：上海图书出版社，[1940—1945]，117 页，32 开

本书为小学国语科补充读本。内收《学生的责任》《非常时期儿童应负的责任》《给舅父的信》等 88 篇文章。卷首书名前加题：高级小学补充读本。

收藏单位：国家馆

03240

非常时期模范作文

上海：上海新生图书公司，1941.1，96 页，32 开

本书为小学国语科补充读本。内收《学生的责任》《非常时期儿童应负的责任》《给舅父的信》等 88 篇文章。

收藏单位：重庆馆、国家馆

03241

高等小学论说模范初编（1—4 卷） 彪蒙编译所编

上海：彪蒙书室，1912，4 册（128 页），32
开，环筒页装

03242

高级模范日记 钱一鸣编著

上海：激流书店，1941，再版，103 页，32 开

本书为小学国语补充读物，学生日记范
文集。

收藏单位：首都馆

03243

高级模范作文 董坚志著

上海：春明书店，1947.4，再版，108 页，36
开

本书为作文选，收《秋天的景色》《利用
星期日的法子》《春雨》等。

收藏单位：广东馆

03244

高级模范作文 吕明章编著

上海：国光书店，1946.7，91 页，25 开

本书为国语补充读物，供五六年级用。
内含《下雪》等文章 52 篇，每篇文章之后附
列仿作两题供学生练习。

收藏单位：江西馆

03245

高级模范作文 钱一鸣编著

上海：天下书店，1940，118 页，32 开

本书为小学作文范本。共收 77 篇。

03246

高级模范作文 瞿世镇编

上海：三民图书公司，1947，1 册，32 开

收藏单位：首都馆

03247

高级日记之友 陈德康等著

上海：百新书店，1948，108 页，32 开

本书为小学国语补充读物。

收藏单位：重庆馆

03248

高级小学模范文选 储祎选辑

上海：大众书局，1934.2，4 册，25 开

收藏单位：江西馆

03249

高级作文新范（第四册 标点白话体） 汪漱碧
编著 储菊人校

上海：中央书局，1935.8，119 页，25 开

上海：中央书局，1937.5，6 版，119 页，25 开

本书全 4 册，此为第 4 册。分赞颂文和
哀祭文两编。收录《中国的救星》《如松之
寿》《春光好》《纪念二舅父》《祭殉国英雄》
等文章。高级小学适用。

收藏单位：江西馆

03250

高小作文精选 邵玉书编

上海：正气文益书局，1947，119 页，36 开

本书为学生补充读物。

收藏单位：南京馆

03251

国语文选 储苏民著

上海：文光书局，1936，5 版，203 页，32 开

本书为高年级适用国语补充读物。

收藏单位：广东馆

03252

几个好孩子写的信 李白英著

激流书店，1949.1，152 页，32 开

本书收录书信若干封。这些书信又流利，
又有趣，是一切好孩子写信的好榜样。

收藏单位：黑龙江馆

03253

纪念日怎样演讲 潘志澄编辑

上海：儿童书局，1936.11，60 页，25 开（小
学应用丛书）

上海：儿童书局，1937，再版，60 页，25 开
（小学应用丛书）

本书收录各种纪念日和节日相关的儿童
演讲文章 41 篇。

收藏单位：重庆馆、华东师大馆、吉林馆

03254

纪念周怎样演讲 潘志澂编辑

上海：儿童书局，1937.3，74 页，25 开（小学应用丛书）

上海：儿童书局，1939，3 版，74 页，25 开（小学应用丛书）

收藏单位：广东馆

03255

京市小学生演讲集 南京市立私立各小学编

上海：儿童书局，1933.2，66 页，32 开

上海：儿童书局，1934.8，66 页，32 开

上海：儿童书局，1934，3 版，66 页，32 开

本书为南京市 1931 年 10 月举行的小学演说竞进会的演讲稿汇编。分高、中、低 3 组。收录《可爱的东三省》《小学生怎样救国》《日本人爱国货的故事》等 30 篇文章。

收藏单位：重庆馆、上海馆

03256

模范日记 汤建勋著

香港：民华出版社，1949，59 页，32 开（少年自修丛书）

本书为学生日记范文集。

收藏单位：国家馆

03257

模范日记 汪真编著

重庆：文光书店，1947，118 页，32 开

本书为小学国语科补充读本，学生日记范文集。

收藏单位：重庆馆

03258

模范日记 姚蕙芬编

上海：启明书局，1947，104 页，36 开（学生文库）

本书为学生日记范文集。

收藏单位：南京馆

03259

模范日记（分类指导） 伍人杰编著

衡阳：联友出版社，1943.7，188 页，36 开

本书为学生日记范文集。所收范文按记叙、描写、抒情、说明、议论、应用、诗歌、剧本编排。每篇均有指导、提要和文章分析。

收藏单位：重庆馆

03260

模范日记（正集） 储菊人编

上海：文光书局，1940，146 页，32 开

本书为国语科补充读本。收录若干篇学生日记范文。

收藏单位：首都馆

03261

模范日记（续集） 储菊人编

上海：文光书局，1940，144 页，32 开

本书为国语科补充读本，供高小学生课外阅读。收录日记范文近百篇。

收藏单位：首都馆

03262

模范日记一百篇（分类指导） 卢冠六编

上海：春江书局，[1911—1949]，105 页，32 开

本书所收日记分关于家庭生活的记载、关于学校活动的记载、关于社会情况的记载等 10 类。

收藏单位：重庆馆

03263

模范日记一百篇（分类指导） 卢冠六编

上海：仁智书局，1942.12，138 页，32 开

本书书前有编者的《写在前面的话》。

收藏单位：重庆馆、国家馆

03264

模范书信（初级） 钱一鸣著

上海：天下书店，1941，70 页，32 开

本书为小学国语补充读物。

收藏单位：广东馆

03265
模范新作文 陶明志编
现代教育研究社，1946，2 册（91+102 页），32 开
　　收藏单位：首都馆

03266
模范作文 黄晋父编
无锡：民生印书局，1936.10，150 页，32 开
　　本书收录《秋天》《秋雨》《给陆老师的信》等 135 篇模范作文。卷端题名：增订模范作文。

03267
模范作文 黎初民编
上海：大夏书店，1941，116 页，32 开
　　本书为高级小学国语补充读本。
　　收藏单位：广东馆

03268
模范作文 黎初民编
上海：天下书店，1941，3 版，108 页，32 开
　　本书为高级小学国语补充读本。
　　收藏单位：广西馆

03269
模范作文 美中编译社编
上海：时轮书店，1940.2，180 页，25 开
　　本书为高小国语补充读本。
　　收藏单位：江西馆

03270
模范作文（二集） 瞿世镇编
上海：春江书局，1936，398 页，32 开
　　本书为初中小学国语科补充读物。收记叙文、说明文、传记、游记等小学生各体作文。
　　收藏单位：江西馆、首都馆

03271
模范作文（四集 描写文范） 瞿世镇主编
上海：三民图书公司，[1937]，99 页，25 开
　　本书为国语科补充读物。

　　收藏单位：江西馆

03272
模范作文（七集 考试文范） 瞿世镇主编
上海：三民图书公司，[1937]，221 页，25 开
　　本书为国语科补充读物。
　　收藏单位：江西馆

03273
模范作文读本 瞿世镇编
上海：春江书局，1936.2，增订 7 版，[211]+14+25 页，32 开（春江实用文库）
上海：春江书局，1937，9 版，修订本，[237]页，32 开
　　本书为初中小学国语科补充读物。收记叙文、说明文、传记、游记等小学生各体作文150 余篇。初版分上下两编，修订时合为一编。
　　收藏单位：河南馆、江西馆、首都馆

03274
模范作文读本 瞿世镇编
京津书店，[1936—1949]，[190] 页，修订本，32 开
　　收藏单位：首都馆

03275
模范作文读本 瞿世镇编
上海：文化书店，[1936—1949]，124 页，修订版，32 开
　　收藏单位：东北师大馆、国家馆、首都馆

03276
模范作文读本
天津：益成书店，1943，再版，129 页，32 开
　　本书为高级国语补充读本。
　　收藏单位：河南馆

03277
模范作文读本（一集 各体文范） 瞿世镇编
上海：三民图书公司，1937，12 版，修订版，1 册，32 开
　　收藏单位：重庆馆、西南大学馆

03278

模范作文精华　丁仲英编

北平：广文书局，1943.7，72 页，32 开

　　本书为小学补充读本。共 74 课，内容包括：开学了、假期作业展览会、尽职的校役、失败不要灰心、做事要有决心、课外的工作、我们的壁报等。

　　　　收藏单位：河南馆

03279

模范作文良友　瀛祥阁主选辑

义茂书局，1940.5，再版，122 页，32 开

　　本书为国语科补充读物。收学生作文若干篇。

　　　　收藏单位：首都馆

03280

模范作文选（第一册）　关实之编

北平：大华书局，1941.2，76 页，32 开

北平：大华书局，1941.6，再版，76 页，32 开

　　本书为国语科补充读物。收小学生作文若干篇，适合小学三四年级用。

　　　　收藏单位：国家馆

03281

闹翻了天地人间　卢嘉禾著

三友书店，1949.3，62 页，32 开

　　　　收藏单位：上海馆

03282

努力的孩子　董志渊编

上海：北新书局，1937.4，96 页，36 开（小学生创作文库）

　　本书为小学生作文选。收录《努力的孩子》《一个爱国的儿童》《一个经济压迫下的学生》《母子的悲哀》等 31 篇小学生作文。

　　　　收藏单位：国家馆

03283

评点各省小学国文成绩选粹（甲编 历史类）
方浏生选订

上海：中华书局，1922，12 版，4 册（126+124+66+82 页），32 开

本书卷端题名：小学国文成绩选粹。

　　　　收藏单位：河南馆

03284

评点各省小学国文成绩选粹（丙编）　方浏生选订

上海：中华书局，1921.7，6 版，60 页，32 开

　　本书为小学生作文选。卷端题名：小学国文成绩选粹。

　　　　收藏单位：河南馆

03285

评点各省小学国文成绩选粹（丁编）　方浏生选订

上海：中华书局，1918.4，88 页，32 开

上海：中华书局，1921.7，6 版，88 页，32 开

　　本书为小学生作文选。卷端题名：小学国文成绩选粹。

　　　　收藏单位：河南馆

03286

全国小学国文成绩大观（正编）　宋萼秋编

安东：诚文信书局，1938.6，34+380 页，32 开

安东：诚文信书局，1939.4，再版，34+380 页，32 开

安东：诚文信书局，1940.4，再版，34+380 页，32 开

　　本书为小学生作文选。收 549 篇，分经义、论说、传记、序跋、书启、哀祭、感言、诗歌 8 类编排。

　　　　收藏单位：国家馆、吉林馆

03287

全国小学生新文库　沈镕　陈德谦编选

上海：大华书局，1936.6，[292] 页，32 开，精装

上海：大华书局，1937.3，再版，[292] 页，32 开，精装

上海：大华书局，1937.7，3 版，[292] 页，32 开，精装

　　本书为全国小学生作文选。收录小说、诗歌、故事、书信共 300 余篇。编选者"沈镕"原题：沈伯经。

收藏单位：辽师大馆、上海馆

03288

全国小学校国语文成绩大观　世界书局编辑所编辑

上海：世界书局，1928.8，6 册（60+84+114+94+79+117 页），32 开

上海：世界书局，1934.10，14 版，6 册（60+84+114+94+79+117 页），32 开

上海：世界书局，1935.5，16 版，6 册（60+84+114+94+79+117 页），32 开

上海：世界书局，1937，20 版，6 册（60+84+114+94+79+117 页），32 开

　　本书为全国小学生作文选。封面题名：全国小学国语文成绩大观。

　　收藏单位：江西馆、首都馆

03289

全国小学新文库　宋毅选

长春：益智书店，1935.9，28+[344] 页，32 开

长春：益智书店，1936.6，再版，28+[344] 页，32 开

　　本书分上下两编。上编包括论说、叙事、游记 3 类；下编包括应用、小品、游艺 3 类。收录文章三四百篇。

03290

全国小学新文库　中央图书公司编辑部编

上海：中央图书公司，1931，4 版，6 册，25 开

　　收藏单位：江西馆

03291

四季的风景　董志渊编

上海：北新书局，1937.4，74 页，36 开（小学生创作文库）

　　本书为小学生作文选。收录《春的特写》《春的艺术》《春天的郊外》《春要归去》《秋色与秋声》等 45 篇作文。

　　收藏单位：国家馆、首都馆

03292

文艺汇刊　顺宁县立女子两级小学校高级第

八班学生著

云南：顺宁县立女子两级小学校，[1933.7]，78 页，22 开

　　本书为顺宁县立女子两级小学校校刊。收录学生作文（诗、散文、剧）64 篇。出版时间根据书前《选后》一文的写作时间推断。

　　收藏单位：国家馆

03293

我　开明少年社编

上海：开明书店，1948.7，72 页，32 开

上海：开明书店，1948，再版，72 页，32 开

上海：开明书店，1949，3 版，72 页，32 开

　　本书是《开明少年》征文选集。收录《一年前后》《幼年的故事》《父亲和我的希望》《我在逃难中生长》《我是一个小学教师》等 30 篇作文。书前有叶圣陶序。

　　收藏单位：重庆馆、东北师大馆、广东馆、广西馆、贵州馆、国家馆、河南馆、湖北馆、江西馆、宁夏馆、山西馆、上海馆、首都馆、中科图

03294

我的劳动生活　董志渊编

上海：北新书局，1937.4，136 页，36 开（小学生创作文库）

　　本书为小学生作文选。收录《一年来的学徒生活》《在杂货店里当学徒》《在小店里充店员》《故乡》《卖报》等 50 余篇作文。

　　收藏单位：重庆馆、国家馆

03295

我的生活杂写　董志渊编

上海：北新书局，1937.4，176 页，36 开（小学生创作文库）

　　本书为小学生作文选。收录《乡村生活素描》《美丽的乡村》《塞外生活》《我的家乡》《都市的生活》等 60 余篇作文。

　　收藏单位：重庆馆、上海馆、首都馆、天津馆

03296

我的学校生活　董志渊编

上海：北新书局，1937.4，154 页，36 开（小学生创作文库）

　　本书为小学生作文选。收录《农村小学特写》《我们的学校》《最理想的生活》《黄金时代》《第二家庭》等 40 余篇作文。

　　收藏单位：国家馆

03297

我的游记　陈芳编　吕金录校

上海：商务印书馆，1936.3，再版，42 页，32 开

　　本书供小学四年级学生作为国语科补充读本。内收《黄鹤楼》《长安的印象》《北平》《曲阜》《南京的雨花台和中山陵》《西湖》6 篇文章。

　　收藏单位：河南馆

03298

我们的小品　董志渊编

上海：北新书局，1937.4，102 页，36 开（小学生创作文库）

　　本书为小学生作文选。收录《模范村特写》《街市》《马路上》《我的朋友》《地中的工作》等 50 余篇作文。

　　收藏单位：国家馆、南京馆

03299

我们的游记　董志渊编

上海：北新书局，1937.4，79 页，32 开（小学生创作文库）

上海：北新书局，1937.7，再版，79 页，32 开（小学生创作文库）

　　本书收各省小学生写的游记 35 篇，包括《小南海游记》《游山记》《游玄武湖》《小湖游记》《游鼓楼记》等。

　　收藏单位：重庆馆、国家馆、吉林馆、首都馆

03300

我自己的文艺　时希圣编

上海：儿童书局，1934.7，[13]+173 页，25 开

上海：儿童书局，1935，3 版，[13]+173 页，25 开

上海：儿童书局，1937，6 版，[13]+173 页，25 开

　　本书收全国各地小学生作文数十篇。专供全国各小学校学生对于文艺上欣赏之用。

　　收藏单位：重庆馆、广东馆、贵州馆、国家馆、河南馆、江西馆

03301

现代小学文范（第一册 记叙文）　沈镕　陈益编

上海：大华书局，1936.12，63 页，32 开

　　本书为小学生课外读物。在思想新奇、文词优美的条件下，选取全国小学学生的记叙文作品，包括《一个可怜的妇人》《端阳节》《童养媳》《乞儿的悲哀》等，以供儿童作文的模范。封面题名：儿童文范。编者"沈镕"原题：沈伯经。

　　收藏单位：国家馆

03302

现代小学文范（第三册 议论文）　沈镕　陈益编

上海：大华书局，1936.12，46 页，32 开

　　本书为小学生课外读物。在思想新奇、文词优美的条件下，选取全国小学学生的议论文作品，以供儿童作文的模范。封面题名：儿童文范。编者"沈镕"原题：沈伯经。

　　收藏单位：国家馆

03303

现代小学文范（第四册 说明文）　沈镕　陈益编

上海：大华书局，1936.12，78 页，32 开

　　本书为小学生课外读物。在思想新奇、文词优美的条件下，选取全国小学学生的说明文作品，以供儿童作文的模范。封面题名：儿童文范。编者"沈镕"原题：沈伯经。

　　收藏单位：国家馆

03304

现代小学文范（第五册 抒情文）　沈镕　陈益编

上海：大华书局，1936.12，37 页，32 开

本书为小学生课外读物。在思想新奇、文词优美的条件下，选取全国小学学生的抒情文作品，以供儿童作文的模范。封面题名：儿童文范。编者"沈镕"原题：沈伯经。

　　收藏单位：国家馆

03305

现代小学文范（第六册 写景文）　沈镕　陈益编

上海：大华书局，1936.12，35 页，32 开

　　本书为小学生课外读物。在思想新奇、文词优美的条件下，选取全国小学学生的写景文作品，以供儿童作文的模范。封面题名：儿童文范。编者"沈镕"原题：沈伯经。

　　收藏单位：国家馆

03306

现代小学文范（第二册）

[上海]：广益书局，[1911—1949]，52 页，32 开

　　本书适用于小学中年级。

　　收藏单位：重庆馆

03307

现代小学文范（第三册）

[上海]：广益书局，[1911—1949]，52 页，32 开

　　本书适用于小学中年级。

　　收藏单位：重庆馆

03308

现代学生模范作文　章依萍编著

上海：艺文书店，1942.7，137 页，32 开

　　收藏单位：首都馆

03309

小朋友的日记

上海：大东书局，1947，31 页，36 开（新儿童基本文库）

上海：大东书局，1948，3 版，31 页，36 开（新儿童基本文库）

　　收藏单位：广东馆

03310

小朋友的信　赵云骎编著　王眉庵校

上海：蓬莱鸿迹社，1932，140 页，32 开

上海：蓬莱鸿迹社，1932.3，再版，140 页，32 开

　　收藏单位：首都馆

03311

小朋友们的杰作（第十册）　全国儿童作文比赛评判会编

上海：儿童书局，1937，78 页，32 开（第二届全国儿童作文比赛特等作品）

　　本书为小学五年级下学期的创作。收录《将前方的战讯带到农村去》《爸爸的逝世纪念日》《我所最喜爱的学科》《九一八之歌》等 30 篇作文。

　　收藏单位：重庆馆、贵州馆、湖南馆

03312

小朋友们给我的信　孙敬修编著

北平：小小书店，1946.11，36 页，32 开（小小丛书 第 1 种）

　　本书收录小朋友们给孙敬修写的信件。部分信件附有照片及孙敬修的回复。

　　收藏单位：国家馆、首都馆

03313

小朋友书信　张匡著

上海：北新书局，1930.8，155 页，32 开（小朋友丛书 3）

上海：北新书局，1932.12，7 版，155 页，32 开（小朋友丛书 3）

　　本书为儿童书信范本。收文 77 篇。篇后有写信注意要点。

　　收藏单位：重庆馆、国家馆、首都馆

03314

小朋友书信（中册）　周乐山著

上海：北新书局，1932.6，82 页，32 开（小朋友丛书 7）

上海：北新书局，1932.9，再版，82 页，32 开（小朋友丛书 7）

　　本书为儿童书信范本。篇后有写信注意

要点。

　　收藏单位：重庆馆、广东馆、国家馆

03315

小朋友书信（下册） 郑震著

上海：北新书局，1932.6，109 页，32 开（小朋友丛书 7）

上海：北新书局，1932.10，再版，109 页，32 开（小朋友丛书 7）

上海：北新书局，1933，3 版，109 页，32 开（小朋友丛书 7）

　　收藏单位：广东馆

03316

小朋友游记 李致是编

上海：春明书店，1947.3，110 页，36 开

　　本书是学生文艺自修读物，供小学生作文参考。收录小学生描写和记叙体裁的游记 71 篇。附作家巴金等人的游记 10 篇。

03317

小朋友游记 徐学文著

上海：北 新 书 局，1931.5，3 册（104+70+74 页），32 开（小朋友丛书 1）

上海：北新书局，1931.12，再版，3 册（104+70+74 页），32 开（小朋友丛书 1）

上海：北新书局，1932，3 版，3 册（104+70+74 页），32 开（小朋友丛书 1）

　　本书分上中下 3 册，收录《海船上》《新加坡》《马来人》《森林之国》《优美的乡村》等小学生游记若干篇。

　　收藏单位：重庆馆、广东馆、河南馆

03318

小先生开会 董志渊编

上海：北新书局，1937.4，92 页，36 开（小学生创作文库）

　　本书为小学生作文选。收录《小先生开会》《我校校庆日》《交谊会》《小小运动会》《毕业以后》等 50 余篇作文。

　　收藏单位：国家馆

03319

小学国文成绩精华 张廷华评选

上海：大东书局，1922.7，4 册（114+112+86+76 页），32 开

上海：大东书局，1931，6 版，4 册（114+112+86+76 页），32 开

　　本书收录《求名必先求实论》《慈母有败子论》《中国女学开化早而进化迟论》《优乐相因论》等文章。卷端题名：评点小学国文成绩精华。

　　收藏单位：东北师大馆、河南馆、首都馆

03320

小学国文成绩选粹 方浏生选订

上海：中华书局，1918.2，5 版，4 册，25 开

　　收藏单位：安徽馆、河南馆、江西馆

03321

小学论说新范 徐敬修编

上海：大东书局，1925，3 版，32+36+44+56 页（4 册合订），32 开

　　收藏单位：广东馆

03322

小学模范作文 韩一青著

上海：同文出版社，1946.10，124 页，32 开

　　收藏单位：南京馆

03323

小学模范作文 沈毅令编著

上海：大东书局，1947，80 页，36 开

　　本书为国语补充读物，适合小学三四年级学生使用。

　　收藏单位：重庆馆、湖南馆

03324

小学模范作文 吴继铨编　瞿世镇校

上海：三民图书公司，[1946—1949]，增订本，1 册，25 开

上海：三民图书公司，1946.6，胜利版，301 页，25 开

　　本书为小学生作文选。分上编、下编、增编。上编收录学校生活类、时令风景类、

人物记述类、社会写真类文章；下编收录论说、游记、演讲、书信；增编收录胜利文范等。

　　收藏单位：安徽馆、江西馆

03325

小学模范作文　张霖编

上海：上海书店，88 页，32 开

　　本书为小学国语科补充读物。内分论说文、记叙文、书信、故事、诗歌、剧本等类。

　　收藏单位：重庆馆

03326

小学模范作文　周忠治编

广州：南光书店，1949.8，最新版，91 页，32 开

　　本书为小学国语科补充读本。

　　收藏单位：

03327

小学模范作文

中国复兴书店，1940，[58] 页，25 开

　　本书为小学生作文选。分上篇和下篇两部分。

　　收藏单位：江西馆

03328

小学模范作文

中国图书社，1943.3，再版，144 页，25 开

　　本书为国语补充读物。

　　收藏单位：江西馆

03329

小学模范作文（言文对照）　俞镇明编辑

上海：联立出版社，1948，112 页，36 开

　　收藏单位：首都馆

03330

小学生的信　李白英著

上海：新中国书局，1932.7，152 页，32 开

上海：新中国书局，1933，[再版]，152 页，32 开

上海：新中国书局，1935，3 版，152 页，32 开

本书为小学生书信范文集。收录小学生写的书信 8 篇。

　　收藏单位：重庆馆、广东馆、首都馆

03331

小学生书信　陈穆如著

上海：广益书局，1933，104 页，32 开（新时代小学生丛书）（新时代丛书 10）

　　本书为小学生书信范文集。

　　收藏单位：重庆馆、首都馆

03332

小学生应用书信　黄且为著

上海：新中国书局，1934，74 页，32 开

　　收藏单位：首都馆

03333

小学实用文范　吴鼎编

上海：大华书局，1935，50 页，32 开

　　收藏单位：首都馆

03334

小学书信模范　欧阳德生编

吉安：天健书局，1943.4，128 页，25 开

　　本书为小学课外补充读物。

　　收藏单位：江西馆

03335

小学文友　张旭如编著

北平：太平洋书店，1933，[18]+204 页，32 开

北平：太平洋书店，1936，3 版，[18]+204 页，32 开

北平：太平洋书店，1937.6，5 版，[18]+204 页，32 开

　　本书收记叙、说明、表抒、应用、议论等文共 100 篇，每篇之后附要义、篇段、练习。书前有标点符号的说明及用法。

　　收藏单位：河南馆、首都馆

03336

小学文友　张旭如著

北平：中华印书局，1933.9，205 页，32 开

北平：中华印书局，1934.11，再版，205 页，

32 开

　　提要同上。

　　收藏单位：重庆馆

03337

小学作文模范读本　孙漱石等编　周斐成校订

上海：大川书店，1940.8，3 版，61 页，32 开

本书供小学五年级秋冬季用。

03338

小学作文模范读本　徐迪千等编　周斐成校订

上海：大川书店，1936.8，76 页，32 开

　　本书供小学六年级秋冬季用。

03339

小学作文手册　韩洁峰编

西安：大中国书局，1947.7，122 页，32 开

　　本书为高级小学课外读物。选收小学生作文 104 篇。封面题名：新编小学作文手册。

　　收藏单位：国家馆、河南馆

03340

写些什么　都冰如绘图

上海：中华书局，1931.6，15 页，32 开（小学生丛书 第一集 第八册）

　　收藏单位：黑龙江馆、上海馆

03341

新编初级模范作文　吴拯寰主编

上海：三民图书公司，1947，新 7 版，胜利版，[130] 页，36 开

　　收藏单位：河南馆

03342

新编模范作文　储菊人编著

上海：大方书局，1941.8，再版，221 页，32 开

　　本书为高级小学国语补充读物。内收作文 150 篇，每篇后附"仿作"题。

　　收藏单位：安徽馆

03343

新编模范作文　火光波编著　张善栋校订

上海：合众书店，1946.6，再版，136 页，25 开

　　本书为小学国语补充读物。

　　收藏单位：江西馆

03344

新编日记之友　储菊人编

上海：大方书局，1947.1，2 版，152 页，32 开

　　本书为国语补充读物。

　　收藏单位：南京馆

03345

新儿童文范　陈耀邦选辑

上海：春明书店，1937，233 页，32 开

　　本书为学生课外学读文选。

　　收藏单位：首都馆

03346

新模范文选　储祎编选

北平：华龙印书馆，1939.10，112 页，32 开

北平：华龙印书馆，1940.12，再版，112 页，32 开

　　本书收录陈醉云、王统熙、胡适、许地山、老舍、鲁迅、叶绍钧、冰心等人作品 41 篇，篇末有发问、语感、注解等。供高级小学生课外阅读。

　　收藏单位：国家馆

03347

学生日记　张匡　周阆风编

上海：大众书局，1933.7，120 页，32 开

上海：大众书局，1934.3，再版，120 页，32 开

上海：大众书局，1936.3，3 版，120 页，32 开

　　本书为学生日记范文。分 4 编 10 类，有注释。供小学中高年级阅读。

　　收藏单位：广东馆、国家馆

03348

学生模范日记　陈俊编

重庆：会友书店，1945.6，110 页，32 开

本书为编者的《战时模范日记》一书改书名重印。收 104 篇日记。篇后附"仿作"练习。

收藏单位：国家馆、湖南馆

03349

一个乡村小学生的日记　吴贤岳著

上海：儿童书局，1933.8，再版，110 页，32 开

上海：儿童书局，1935，6 版，110 页，32 开

本书收日记 50 余篇，从 8 月到 1 月，按时间顺序编排，包括《始业日》《本学期应实行的事》《学生自治会成立》《我们的学校》《可怕的时疫》《创办民众夜校》《举行抗日大会》等。

收藏单位：重庆馆、广东馆、首都馆

03350

优美的作文　储祎　倪锡英编著

上海：北新书局，1943，重订新 1 版，120 页，36 开

收藏单位：首都馆

03351

优美的作文（三）　倪锡英编著

上海：北新书局，1938，3 版，46 页，36 开（儿童幸福丛书）

收藏单位：首都馆

03352

优美的作文（四）　倪锡英编

上海：北新书局，1935.2，63 页，32 开（儿童幸福丛书）

本书收《冬已到了人间》《冬夜》《滑冰》《雪的早晨》《堆雪人》《雪后》等 22 篇作文。

收藏单位：国家馆

03353

战时儿童分类作文　林兰编

广州：战时儿童教育社，1938.5，106 页，32 开（战时儿童丛刊）

本书包括全国小学生作文选和名家作品

两部分。收录文章 76 篇，分记叙、文艺、论说、应用 4 类编排。

收藏单位：重庆馆

03354

战时儿童日记　金知温著

重庆：上海书店，1940，58+66 页，32 开

重庆：上海书店，1941，再版，58+66 页，32 开

重庆：上海书店，1941，3 版，58+66 页，32 开

重庆：上海书店，1942，4 版，58+66 页，32 开

本书为上下册合订本，收录《一个人造的孤岛》《学校消息》《不自由的自由》《光荣的遗迹》《游中山公园》《今后的工作》《我们的空中斗士》《慰劳伤兵》《下乡宣传》《一个新的宣传法》等 80 篇日记。

收藏单位：重庆馆、广东馆

03355

中国的儿童　董志渊编

上海：北新书局，1937.4，94 页，36 开（小学生创作文库）

本书为小学生作文选。收录《中国的儿童》《我国目前所需要的儿童》《小学生应有的觉悟》《少年时期的可爱》《我们对于读书的态度应该怎样》等 46 篇作文。

收藏单位：国家馆、南京馆

03356

中级学生日记　吴继镖作

上海：春江书局，[1911—1949]，4 册，32 开

本书分 4 册。第 1 册为小学三年级上学期适用；第 2 册为小学三年级下学期适用；第 3 册为小学四年级上学期适用；第 4 册为小学四年级下学期适用。

收藏单位：上海馆

03357

住的演进　陈纪编

上海：中华书局，[1911—1949]，1936.11，44 页，32 开

收藏单位：重庆馆、贵州馆

03358

最近征集全国小学新文库（第 3 册）

上海：中央图书公司，1933，再版，120 页，32 开

收藏单位：河南馆、江西馆

03359

最近征集全国小学新文库（第 5 册）

出版者不详，[1911—1949]，90 页，25 开

收藏单位：江西馆

03360

最近征集全国小学新文库（第 6 册）

上海：中央图书公司，1929，132 页，32 开

收藏单位：河南馆

03361

最新本模范作文 黄晋父编著

万县：民益书局，1939，123 页，32 开

本书为小学作文范本。共收 80 余篇作文。

收藏单位：重庆馆

03362

最新模范作文 范正文编

广州：建国书店，1947.9，80 页，32 开

本书为国语补充读物，小学生作文选。

收藏单位：安徽馆

03363

最新实用投考模范作文 陶友白编

上海：新陆书局，1947.3，1 册，32 开

收藏单位：南京馆

03364

最新学生模范日记 董文编著

广州：正气图书公司，1947，202 页，36 开

本书适用于小学高年级学生。

03365

作文成绩汇编 麦会华编

麦会华 [发行者]，[1939]，[170] 页，25 开（培风副刊）

本书为港澳某小学校学生作文汇编。初版年据书前弁言著录。

中级学校用汉语读物

03366

安徽省立颍州中学学生假期作业成绩之一（乡土志与日记摘要）

出版者不详，1934，138 页，25 开

本书内容包括两大部分。乡土志部分包括临泉县乡土志、立煌县叶集乡土志、太和县旧县集乡土志、凤台县展沟集乡土志、颍州乡土志等。日记摘要部分收录了 11 位中学生的日记。

收藏单位：国家馆

03367

初中模范日记 奔流社编

上海：奔流书店，1941.2，[215] 页，32 开

本书为国语科补充读物，中学生日记文选。

03368

初中模范日记 瞿世镇主编

上海：三民图书公司，1946.6，新 1 版，122 页，32 开

收藏单位：安徽馆、河南馆

03369

初中模范作文

重庆：民益书局，1943，再版，150 页，32 开

收藏单位：重庆馆

03370

初中模范作文（胜利版） 瞿世镇主编

上海：三民图书公司，1947，新 6 版，155 页，32 开

收藏单位：河南馆

03371

初中模范作文（言文对照） 力群出版社编辑部编

昆明：力群出版社，1945.8，再版，178 页，32 开

本书按论说、写景、记叙、传记、游记、书信、抒情、寓言、赠别、祭文、人物素描等类选收古今文章，供初中作文参考。

收藏单位：重庆馆

03372

初中模范作文（言文对照 详细注释） 张叶舟编著

上海：国光书店，1946.9，170 页，36 开

上海：国光书店，1948.10，再版，170 页，36 开

上海：国光书店，1949.4，再版，170 页，36 开

本书收文言体作文 80 篇，篇后有白话译文、注释及练习题。

收藏单位：江西馆、首都馆

03373

雏燕草 生活教育社晓庄研究所主编

重庆：重庆北碚草街子育才学校，1941，52 页，32 开

本书收录 19 篇重庆北碚草街子育才学校学生的练习文章，包括《枫叶》（高云贞）、《逃走了》（张侠珍）、《蛾》（陈文达）、《秋宵》（隗求珪）、《夜》（李蔚）、《沦陷之前》（黄淑）等。

收藏单位：广东馆、国家馆

03374

雏燕草 育才学校文学组编著

[生活教育社]，[1941]，52 页，32 开（儿童文艺创作）

收藏单位：重庆馆

03375

春草（诗和散文偶集）

出版者不详，1935，123 页，32 开

本书为淮阴师范学校初中学生作品集。

收诗 11 首，散文 40 篇。卷首有题记，书后有语文教师明圆的后记。

收藏单位：国家馆

03376

分类名家尺牍选粹 姚汉章编

上海：中华书局，1936.6，2 册（209+254 页），32 开（初中学生文库）

上海：中华书局，1936.10，再版，2 册（209+254 页），32 开（初中学生文库）

上海：中华书局，1940.6，3 版，2 册（209+254 页），32 开（初中学生文库）

上海：中华书局，1941.1，4 版，2 册（209+254 页），32 开（初中学生文库）

本书选收周秦至明清各代名人的书札，分问讯、交际、聚散、哀乐、游息、褒贬、正言、自叙等类。

收藏单位：重庆馆、广东馆、黑龙江馆、吉林馆、江西馆、辽宁馆、南京馆、内蒙古馆、绍兴馆、首都馆、浙江馆

03377

高级模范日记 储菊人编著

上海：合众书店，1946，4 版，220 页，32 开

收藏单位：首都馆

03378

高级模范日记 胡济涛编著

上海：春明书店，1947，再版，110 页，36 开

本书分秋冬卷和春夏卷两编。收日记 148 篇，篇后有评介。

收藏单位：广西馆

03379

高级模范日记 宓崇晖编

上海：三民图书公司，1946，新 4 版，胜利版，114+116 页，32 开

上海：三民图书公司，1947.4，新 5 版，胜利版，114+116 页，32 开

本书分秋冬卷和春夏卷两编。收中学生日记 148 篇，各篇末附编者的话，篇后有评介。

收藏单位：安徽馆、国家馆、河南馆

03380

古今名人书牍选　龙沐勋选注

上海：商务印书馆，1937.11，2 册（14+155 页），32 开（中学国文补充读本 第 1 集）

上海：商务印书馆，1939.9，再版，2 册（14+155 页），32 开（中学国文补充读本 第 1 集）

本书选收马援、曹丕、曹植、韩愈、柳宗元、白居易、范仲淹、司马光、王安石、苏轼、朱熹、曾国藩、薛福成等 22 人的书牍 70 多篇。书前有编者导言。

收藏单位：安徽馆、重庆馆、大庆馆、广东馆、广西馆、国家馆、河南馆、黑龙江馆、湖南馆、江西馆、南京馆、内蒙古馆、绍兴馆、首都馆、浙江馆、中科图

03381

古今名人书牍选　郑纪选注

上海：商务印书馆，1937.11，13+155 页，32 开（中学国文补充读本 第 1 集）

上海：商务印书馆，1947.4，3 版，13+155 页，32 开（中学国文补充读本 第 1 集）

03382

国民精神作兴资料　文教部编辑

长春：文教部，1934.8，76 页，24 开

本书为中小学校学生作文集。

收藏单位：黑龙江馆

03383

国文模范读本（言文对照 详细注释）　吴继铨编著　瞿世镇校订

上海：三民图书公司，[1940—1949]，新 1 版，246 页，32 开

本书为国文国语补充读物。

收藏单位：河南馆

03384

国文文库（全国国民优级学生 第 2 辑）　赵钧编

奉天（沈阳）：盛京书店，1942.9，31+282 页，32 开

本书为中学生作文选。收文数百篇，按文体分类编排。

收藏单位：吉林馆

03385

甲子集　朱秉国　丁葆成合编

南通：江苏第一代用师范图书馆，1927.4，166 页，32 开

本书为南通代用师范甲子年班学生的作文集。

03386

开明活叶文选总目　开明书店编译所编

上海：开明书店，1931.8，[18]+46 页，25 开

上海：开明书店，1934.7，1 册，25 开

《开明活叶文选》选择古今名著汇编而成，供中学以上学生国文科讲习或自修用。分甲、乙、丙、丁四种等级，其中甲为初中一、二年级适用；乙为初中二、三年级适用；丙为高中一、二年级适用；丁为高中二、三年级适用。本书前为例样，后为目录。

收藏单位：重庆馆、江西馆、内蒙古馆、上海馆、武大馆

03387

抗战模范作文　丹尼编

重庆：上海书店，[1940.1]，114 页，32 开

重庆：上海书店，1942.3，5 版，114 页，32 开

本书为国语科补充课本。收录中小学生作文 69 篇，体裁包括记叙文、书信、故事、诗歌、剧本等。初版年月据书前序的写作日期。

收藏单位：重庆馆、广东馆、吉林馆

03388

模范作文　储苏民编

上海：文光书局，1936.8，204 页，32 开

本书为高年级适用国语补充读物。收全国中学生作文 124 篇。

收藏单位：浙江馆

03389

模范作文（分类指导）　伍人杰编著

衡阳：联友出版社，1943.7，156 页，36 开

本书所收范文按记叙、描写、抒情、说

明、议论、应用、诗歌、剧本等类编排。每篇均有指导、提要和文章分析。供高小和初中学生自学用。

收藏单位：重庆馆

03390

模范作文精选 凌云阁主选辑 秀山居士校对

晓钟书局，1944，95 页，32 开

晓钟书局，1946，再版，95 页，32 开

本书为初中适用国语科补充读物。封面题：作文之友 / 甘振东编。

收藏单位：首都馆

03391

模范作文一百篇 王原培编

广州：南光书店，1946.8，91 页，32 开

广州：南光书店，1946.11，3 版，91 页，32 开

本书为国语科补充读本。收各体文章共 100 篇。

03392

模范作文一百篇（分类题解 中心指导） 卢冠六编

重庆：一心书局，1944.11，132 页，32 开

本书为中小学生作文选集。分记叙、描写、议论、抒情、说明、应用、诗歌、剧本 8 类。每类前有作文指导，每篇前有提要。

收藏单位：重庆馆

03393

模范作文一百篇（分类指导） 卢冠六编

上海：仁智书局，1943，再版，156 页，32 开

上海：仁智书局，1944.1，3 版，156 页，32 开

广西：仁智书店，1944.4，4 版，156 页，32 开

上海：仁智书店，1944.4，渝 4 版，改订版，156 页，32 开

上海：仁智书店，1947，4 版，156 页，32 开

收藏单位：重庆馆、广东馆、湖南馆

03394

模范作文一百篇（分类指导） 卢冠六编

上海：三民图书公司，1946.10，新 2 版，胜

利版，119 页，36 开

收藏单位：河南馆、江西馆

03395

女学生模范日记 鲍维湘著 殷晓钟校阅

上海：春明书店，1941，154 页，32 开

上海：春明书店，1941.8，再版，154 页，32 开

上海：春明书店，1946.10，[再版]，154 页，32 开

本书为课余自修读物。

收藏单位：河南馆

03396

女学生模范日记 凤玉贞著 赵锦华校阅

上海：国光书店，1928.11，138 页，32 开

本书为学生补充读物。

03397

青年标准作文 黄一德编

上海：长风书店，1947.1，123 页，36 开

本书为国语补充教材。收有评论、议论、游记、杂谈、记事、记叙、杂感等各类范文。

收藏单位：重庆馆

03398

青年优美作文 韦启予编

上海：作文研究社，1946.6，158 页，32 开

上海：作文研究社，1947，[再版]，158 页，32 开

本书收录《一个同学的死》等文章。书前有夏丏尊《作文底基本的态度》代序。

收藏单位：安徽馆、广东馆、湖南馆、江西馆、首都馆

03399

全国初中作文精华（战后新编） 马崇淦主编

上海：勤奋书局，1948.3，3 册（696 页），32 开

本书为初中生作文选。分记叙、描写、抒情、小品、说明、议论、应用、小说、新体诗等 11 类编排。

收藏单位：吉林馆、南京馆、上海馆、首

都馆

03400

全国高中作文精华（战后新编） 马崇淦主编

上海：勤奋书局，1948.3，3 册（676 页），32 开

　　本书为高中生作文选。分记叙、描写、抒情、小品、说明、议论、应用等 12 类编排。

　　收藏单位：广东馆、吉林馆、江西馆、上海馆、首都馆

03401

全国现代初中作文精华 马崇淦主编 吴宝经助编

上海：勤奋书局，1936.9，4 册（1235 页），32 开

上海：勤奋书局，1939.2，增订再版，4 册（1235 页），32 开

　　收藏单位：吉林馆、绍兴馆

03402

全国现代高中作文精华 马崇淦主编

上海：勤奋书局，1936.9，4 册，32 开

　　本书为中学生作文选。收百余篇。卷首有许绍棣、潘公展等序文十余篇。

　　收藏单位：东北师大馆、江西馆、上海馆

03403

全国学校国文成绩汇编 崔俊夫编

上海：大中华书局，[1931]，14+[526] 页，32 开

上海：大中华书局，1936.5，5 版，14+[526] 页，32 开

　　本书为全国中小学生作文选。共收 530 篇，篇后均加编者评语。按说论、杂文、记事、诗词歌赋等类编排。封面题名：国文成绩汇编。

　　收藏单位：安徽馆、国家馆、湖南馆、首都馆

03404

全国中学国文成绩 世界书局编辑所编

上海：世界书局，[1923]，石印本，6 册（[240] 页），32 开，环筒页装（学生新文库 乙编）

上海：世界书局，1931.3，14 版，石印本，6 册（[240] 页），32 开，环筒页装（学生新文库 乙编）

　　本书选辑全国中学、师范学生作文 500 篇，按文体分 20 卷，篇后有评语。封面加题：蔡元培先生鉴定 初高中学之部。

　　收藏单位：上海馆

03405

全国中学国语文成绩大观 世界书局编辑所编

上海：世界书局，1938.12，新 2 版，2 册（501 页），32 开

上海：世界书局，1944.1，湘 1 版，2 册（501 页），32 开

　　本书为世界书局征集的中小学生作文选。共 300 篇，按议论、记述、传状、序跋、杂说、赠序、箴铭、书牍、赞颂、哀祭、诗歌、小说等分类编排。多为白话文，间有文言文。目次页题名：全国中学校国语文成绩大观。

　　收藏单位：重庆馆

03406

全国中学生新文库 沈镕 陈德谦编

上海：大华书局，1936，[630] 页，32 开，精装

上海：大华书局，1937.3，再版，[630] 页，32 开，精装

　　本书为全国中学生习作选。共收 600 余篇。原分论说文、记叙文、实用文、文艺（小说、剧本、诗、词赋）等 4 个单行本，此为合订本。编者"沈镕"原题：沈伯经。

　　收藏单位：国家馆、内蒙古馆、浙江馆

03407

全国中学校国语文成绩大观 世界书局编辑所编辑

上海：世界书局，1928，6 册，32 开

上海：世界书局，1930.3，3 版，6 册，32 开

上海：世界书局，1931，7 版，6 册，32 开

上海：世界书局，1934，13 版，6 册，32 开

上海：世界书局，1937.1，15 版，2 册，32 开

本书为 1928 年征集的中学生作文选。封面题名：全国中学国语文成绩大观。

收藏单位：安徽馆、重庆馆、河南馆、吉林馆、绍兴馆、首都馆

03408

仁爱的教育（一名，一个学生的日记）（中文本）（意）德·亚米契斯（Edmondo De Amicis）著　秦瘦鸥译

上海：春江书局，1940.1，747 页，32 开

本书为中小学国语科补充读物。书中作者以日记的形式追写幼时的学校生活，字里行间处处充满着爱国思想。

收藏单位：重庆馆、首都馆、西南大学馆

03409

日记选　刘直编

上海：北新书局，1934.2，2 册（[474] 页），32 开（中学国语补充读本）

本书选收李翱、黄庭坚、张舜民、范成大、陆游、周密等历代名人日记 21 篇。

收藏单位：重庆馆、东北师大馆、国家馆、湖南馆、南京馆、上海馆、首都馆、天津馆、西南大学馆

03410

乳燕集　甘冠瑞等著　上海民智中小学秋六甲毕业班编辑

上海：民智中小学，[1936.5]，65 页，32 开

本书为中小学学生作文选集。收时论、诗歌、小说、杂文等共 42 篇。初版年月据书前吴兰岩序的写作日期。

收藏单位：上海馆、天津馆

03411

汕头市立女子中学学生日记选　汕头市立女子中学编

汕头：汕头市立女子中学，1936.4，影印本，106 页，18 开（汕市女中丛书 9）

收藏单位：国家馆

03412

少年创作文库　何公超编选　林荫校订

上海：儿童文艺杂志社，1937.5，2 版，1 册，32 开

收藏单位：上海馆

03413

少年们的一天　开明少年社编

上海：开明书店，1947.7，56 页，32 开

上海：开明书店，1948.1，3 版，56 页，32 开

上海：开明书店，1948，4 版，56 页，32 开

上海：开明书店，1948，5 版，56 页，32 开

上海：开明书店，1949.2，6 版，56 页，32 开

本书为《开明少年》杂志二周年征文集。征文的题目是《少年们的一天》，时间为 1947 年 5 月 10 日，共征得中小学生的记叙文和日记 40 篇。书前有叶圣陶序，内有沈同衡的插图 15 幅。

收藏单位：重庆馆、广东馆、广西馆、国家馆、湖北馆、吉林馆、江西馆、上海馆、浙江馆

03414

少年文范　严焕之著

桂林：少年读物社，1943.3，198 页，32 开

本书为高小初中国文补充读物。分记叙、写景、抒情、文艺、论说、应用 6 编。收中小学生作文 108 篇。

收藏单位：重庆馆、广东馆

03415

少年文范　严焕之著

重庆：实学书局，1944.1，再版，198 页，32 开

重庆：实学书局，1944.10，3 版，198 页，32 开

重庆：实学书局，1946，[再版]，198 页，32 开

收藏单位：重庆馆、吉林馆、江西馆

03416

圣约翰中学国文成绩　圣约翰中学编

上海：圣约翰中学，[1931.2]，168 页，32 开

本书为圣约翰中学学生作文选集。文言体。初版年月据书前"缘起"的写作日期。

03417
十九枝箭（中西高一国文班刊）
出版者不详，1935，1 册，18 开
　　本书收录《九一八三周年纪念会演说词》《华北运动会参观记》《谈青年出路》《新的我》《九一八三周年纪念感言》《秋雨之夜》《与友人书报告校居生活》等文章。
　　收藏单位：国家馆

03418
市中　林寿椿等编
杭州：金沙市出版股、栖霞市出版股，1935.1，172 页，32 开
　　本书为杭州市立初中学生的作文选，内容包括时论、随笔、日记、回忆录和诗歌等。书末有该校教职员通讯录、同学通讯录及编者的"编后"。
　　收藏单位：国家馆

03419
文字的自由画　于在春编
上海：开明书店，1936.1，170 页，32 开
　　本书为江苏省立淮阴师范学校学生自由命题作文选集。编者附部分批改按语。
　　收藏单位：重庆馆、广东馆、国家馆、江西馆、南京馆、首都馆、天津馆、浙江馆

03420
我是燕子（征文当选集）　中学生社编
上海：开明书店，1935.6，170 页，32 开（中学生杂志丛刊 25）
　　本书为中学生作品选。共收 39 篇，分散文、小说、诗歌、剧本等类编排。
　　收藏单位：重庆馆、广东馆、桂林馆、国家馆、湖北馆、湖南馆、辽大馆、南京馆、上海馆、天津馆

03421
现代初中学生文范　陈和祥编辑
上海：世界书局，1930，3 册（101+151+137 页），32 开
上海：世界书局，1931.11，4 版，3 册（101+151+137 页），32 开
　　本书为中学生作文选，按纪实、叙事等 6 类编排。篇后有编者的分析和说明。
　　收藏单位：广东馆、河南馆

03422
现代模范日记　刘揆一编
重庆：陪都书店，1945.6，渝 1 版，171 页，32 开
　　本书为中学生日记选。共收 101 篇，包括《日记是学问的计程碑》《怎样记日记》《失败是成功的基础》《我美丽的小天地》《女青年的任务》《莫辜负了美丽的秋光》等。书前有编者例言。
　　收藏单位：国家馆、天津馆

03423
现代日记选　赵景深选
上海：北新书局，1934.10，216 页，32 开（中学国语补充读本）
　　本书收胡适、鲁迅、周作人、冰心、郭沫若、郁达夫、田汉、沈从文、陶晶孙 9 位作家的 14 篇日记。篇前有作者小传，篇后附注释。
　　收藏单位：国家馆、南京馆、天津馆、浙江馆

03424
现代书信选　胡云翼编
上海：北新书局，1934，2 册（166+159 页），32 开（中学国语补充读本）
　　本书收鲁迅、胡适、周作人、郁达夫等 19 人的书信 60 余篇。有注释。
　　收藏单位：广东馆、国家馆、首都馆、西南大学馆

03425
现代文选　郑婴选注　朱经农校订
重庆：陪都书店，1948，再版，210+21 页，32 开
　　本书适用于初中生。内分上下两卷，共

收文 60 篇。

　　收藏单位：重庆馆、宁夏馆

03426

现代学生文选　刘铁冷编辑　夏静观校

上海：上海书局，1937.5，138+56+48 页，25
开

　　本书适用于中学生。

　　收藏单位：江西馆

03427

详注中学民族文选　余雪曼选注

重庆：正中书局，1940.9，178 页，32 开

重庆：正中书局，1942.1，再版，198 页，32
开

　　本书为高中国文补充读物。收录司马迁、
左丘明、班超、诸葛亮、杜甫、司马光等有
民族气节的诗文 70 余篇。篇后有题解、作者
小传、注释。封面题名：详注民族文选，逐页
题名：中学民族文选。

　　收藏单位：安徽馆、重庆馆、西南大学馆

03428

新编高级模范作文　董坚志编

上海：合众书店，1943，185 页，32 开

　　本书为学生作文选集。共收 120 篇，包
括《春天是我们的》《春天的雨夜》《足球比
赛素描》《街头的书摊》《自修的重要》《童子
军露营速写》等。目次页题名：高级模范作
文。

03429

新编高级模范作文　瞿世镇编

上海：三民图书公司，[1945—1949]，4 册，
胜利版，36 开

　　本书内容包括：记叙事实、描写景色、解
释事理、事物预言、诗歌阅读、发表言论、
生活纪录、书信实习、生活回忆、秋景描写
等。目次页题名：高级模范作文。

　　收藏单位：广东馆

03430

新编中学模范日记　巴雷编著

上海：大方书局，1942.6，再版，238 页，32
开

　　本书收编者自撰及各地中学生写作的日
记 105 篇。书末节选鲁迅、周作人、郁达夫、
丁玲、郭沫若等名家日记多篇。书前有编者
例言。供初高中学生参考。版权页题名：中学
模范日记。

　　收藏单位：国家馆、江西馆

03431

新编中学模范作文　巴雷编著

上海：大方书局，[1941]，234 页，36 开

上海：大方书局，1942.5，再版，234 页，36
开

上海：大方书局，1946.11，再版，234 页，25
开

　　本书为国语补充读物。初版年月据编辑
例言的写作日期。版权页题名：中学模范作
文。

　　收藏单位：江西馆、上海馆

03432

新编中学生模范作文　陶友白　方雪园编著

上海：新陆书局，1946.3，再版，1 册，36 开

　　收藏单位：南京馆

03433

修订初中模范作文　黄晋父编

桂林：上海文友书店，1942.12，150 页，32 开

　　本书为中学生作文选。共收 131 篇，分
时代言论、生活活动、见解感想、时令季节、
景物描写、胜迹记游、杂品小文等 10 类编
排。

　　收藏单位：重庆馆、广东馆

03434

修订初中模范作文　黄晋父编

时新书局，1947，186 页，36 开

　　提要同上。

　　收藏单位：重庆馆

03435

学生创作选（乙集）　光华读书会编

上海：大光书局，1936.7，3 版，139 页，32 开

　　本书选收全国中学以上学生的作品（小说、散文等）40 余篇。

03436

学生创作选（乙集）　光华读书会编

上海：光华书局，1932.9，139 页，32 开

　　收藏单位：南京馆

03437

学生国文新编（全国学校学生成绩）

上海：大东书局，[1916—1949]，1 册，32 开

　　收藏单位：上海馆

03438

学生国文作法成绩汇编　奉天市教育支会编辑

奉天（沈阳）：奉天市教育支会，1935.12，158 页，32 开

　　本书为中小学生作文汇编，收录 1935 年 10 月沈阳举行中小学生国文作法竞赛会选出的优秀作文。

03439

学生论说文选（全国学校学生成绩）

上海：大东书局，[1916—1949]，1 册，32 开

　　收藏单位：上海馆

03440

学生模范日记　董坚志编著

上海：万有书局，1942，140 页，32 开

上海：万有书局，1943.6，5 版，140 页，32 开

上海：万有书局，1947，7 版，140 页，32 开

　　本书为国语科补充读物，中小学生日记文选集。收录《到校的一天》《开学的盛况》《校徽》《记日记的益处》《创作时应注意的条件》《月夜的沉思》《我的读书法》《希望和失望》《青年的分析》《秋的美丽》《模范学生的条件》等。每篇末附别字订正。卷端题名：模范日记。

　　收藏单位：重庆馆、广西馆、贵州馆、桂林馆

03441

学生模范日记　王原培编

广州：南光书店，1946.8，91 页，32 开

广州：南光书店，1946.10，2 版，91 页，32 开

　　本书为国语科补充读本。

03442

学生模范日记　章玉卿编

上海：文光书局，[1936]，[180] 页，32 开

　　本书为国语科补充读物，中小学生日记文选集。每篇末附别字订正。初版年月据书前题解的写作日期。

03443

学生模范日记（下册）　奚识之著

上海：大文书局，1941，298 页，32 开

　　收藏单位：广东馆

03444

学生模范作文　董坚志编

上海：万有书局，1947.1，8 版，140 页，36 开

上海：万有书局，1947.7，9 版，140 页，36 开

　　本书为全国中小学生作文选。共收 98 篇模范作文，包括《读林觉民绝命书后》《从军后的一封信》等。

　　收藏单位：重庆馆

03445

学生模范作文　王原培编

广州：南光书店，1946.7，108 页，32 开

广州：南光书店，1946.10，3 版，108 页，32 开

广州：南光书店，1947.5，5 版，108 页，32 开

　　本书为国语科补充读本。收各体文章共 100 篇，包括《我的家庭》《我的幼年》《母子之爱》《少年时期的可爱》《学校生活的回顾》《我将来的希望》《夏天的农夫》《秋风秋雨》等。

　　收藏单位：吉林馆

03446

学生模范作文　萧潇编著

上海：大方书局，1949.3，再版，167 页，32 开

收藏单位：江西馆

03447

学生日记精华（分类注释） 周镕编

桂林：南光书店，1943.8，116 页，32 开

　　本书为国语科补充读本。分记叙、抒情、论说 3 部分，收日记 74 篇。书前有编者序言。

　　收藏单位：国家馆

03448

学生新文库（全国学校国文成绩） 陶友白 方雪园编

上海：国光书店，1947.10，172 页，36 开

上海：国光书店，1948.10，再版，172 页，36 开

　　本书为学生作文选集，分上下两编。上编为记叙文，下编为议论文。

03449

学生作文精华 周镕编

广州：南光书店，1946，12 版，110 页，32 开

广州：南光书店，1946.8，13 版，110 页，32 开

　　本书为国语科补充读本。收记叙文、抒情文、说明文、论辩文共 71 篇，每篇附内容提要、语汇注释、生字注音等。

03450

一中文选

南昌：艺文书社，78 页，25 开

　　收藏单位：江西馆

03451

游泳（征文当选集） 中学生社编

上海：开明书店，1935.6，269 页，32 开（中学生杂志丛刊 27）

　　本书为散文集。分"理想的中学生""我的幼年""我的学校""我与异性""我乡的新年""五月""游泳""关于考试" 8 个征文题，共收 68 篇。

　　收藏单位：国家馆、湖北馆、湖南馆、南京馆、天津馆、浙江馆

03452

战时模范作文 程育书编

杭州：正中书局，1941.3，112 页，32 开

　　本书为中小学生作文选。共收 74 篇，篇末附练习题。

　　收藏单位：安徽馆、重庆馆、江西馆

03453

战时模范作文 雷瑞英　陈木桦编著

昆明：战时教育出版社，1940，4 版，152 页，32 开

　　本书为初中小学国语科补充读物。分论文、演讲辞、时事、杂文、诗歌、书信、创作、剧本 8 辑，共收 90 篇。

　　收藏单位：重庆馆、东北师大馆、广东馆

03454

战时中学生文选 陈福熙编

永嘉：浙江增智书局，1941.10，96 页，32 开（抗战丛刊 5）

永嘉：浙江增智书局，1944.3，再版，96 页，32 开（抗战丛刊 5）

　　本书为中学生课外读物。从各杂志、校刊中选收中学生优秀作文约 60 篇。书前有编者序言。

　　收藏单位：国家馆

03455

挣扎 中学生杂志社编

上海：开明书店，1948.2，106 页，32 开（青年文艺集）

上海：开明书店，1948.6，再版，106 页，32 开（青年文艺集）

上海：开明书店，1948.10，3 版，106 页，32 开（青年文艺集）

上海：开明书店，1949.3，4 版，106 页，32 开（青年文艺集）

　　本书为中学生征文选。分小说、诗歌、散文 3 类编排。书前有叶圣陶序。

　　收藏单位：安徽馆、重庆馆、东北师大馆、广东馆、广西馆、桂林馆、国家馆、河南馆、湖北馆、湖南馆、吉林馆、江西馆、辽宁馆、南京馆、上海馆、绍兴馆、首都馆、

天津馆、浙江馆

03456

中级国文读本　商务印书馆函授学社国文科编

上海：商务印书馆，[1915—1946]，12 册（[450]页），32 开

本书选录古今作品若干篇，篇后附解释、指导、备考等。

收藏单位：广东馆

03457

中级国文读本（第 1 册）　国民革命军第十八集团军政治部宣传部编辑

国民革命军第十八集团军政治部，1942，110页，32 开

本书共 50 课，收录鲁迅、郭沫若、蔡元培、陶行知、叶剑英等人的文章。中级文化教材。

收藏单位：重庆馆

03458

中级模范作文（上册）　吴拯寰编

上海：三民图书公司，[1925—1949]，104 页，32 开

收藏单位：广东馆

03459

中学国文成绩精华（第一册）　张廷华评选

上海：大东书局，1922，108 页，32 开

本书为优秀国文选篇。

收藏单位：首都馆

03460

中学国文成绩精华（第二册）　张廷华评选

上海：大东书局，1922，106 页，32 开

收藏单位：首都馆

03461

中学国文成绩精华（第三册）　张廷华评选

上海：大东书局，1922，106 页，32 开

本书为优秀国文选篇。主要分为序、书后、书、训、述、策、答问、拟古文、感言 9

卷。

收藏单位：东北师大馆、河南馆、首都馆

03462

中学国文成绩精华（第四册）　张廷华评选

上海：大东书局，1922.8，90 页，32 开

上海：大东书局，1924.2，3 版，90 页，32 开

收藏单位：首都馆

03463

中学精读文选　周盈编

广州：南光书店，1947.1，117 页，32 开

本书为国语科补充读本。

03464

中学论说新范　沈镕选辑　徐敬修评注

上海：大东书局，1925.5，4 册（44+50+58+60 页），32 开

上海：大东书局，1925.8，再版，4 册（44+50+58+60 页），32 开

本书为中学生作文选集。共收 120 篇，均在《中学生文艺丛刊》第 1 卷发表过。文言体，有圈点，有眉批及释义。

收藏单位：安徽馆、首都馆

03465

中学模范文选　艾金编

桂林：学习出版社，1943.9，228 页，32 开

本书按论文、小说、诗歌、随笔、戏剧、日记、游记、书信、故事、传记等类选文，并介绍该类文章的写法。

收藏单位：重庆馆

03466

中学模范作文　京华编辑部编著

北平：京华出版社，1944，再版，105 页，32 开（学生自修丛书 第 2 种）

本书旨在为中学生们作国语的补充读本，及课外的自修读物。所选文章都是名家的精练作品，在作文的技巧，如造句、描写、结构等方面，足可作为学习写作者的典范。每篇文章都把段落分析清楚，典故注解明白，并说明文章的体裁。

收藏单位：河南馆

03467

中学模范作文　恽烈编著

上海：博文书店，1940，230 页，32 开

　　本书遵照教育部中学课程标准编辑，为 1941 年版中学生标准参考书。精选各地中学生之优良作品与作者创作的 35 篇，共收 120 篇。

　　收藏单位：重庆馆、广东馆

03468

中学模范作文　朱平君编

上海：国光书店，1946.10，再版，165 页，32 开

　　本书为国语补充读物。内容包括：记叙文、描写文、抒情文、说明文、议论文、应用文、其他。

　　收藏单位：广西馆

03469

中学模范作文（非常时期）　宋唯心编

桂林：天下书店，1942.11，110 页，32 开

　　本书为中学生作文选。共收 64 篇。

　　收藏单位：重庆馆、广东馆

03470

中学模范日记　宓崇晖编　孙玉如校

上海：春江书局，[1911—1949]，249 页，32 开

　　本书为中学生课外读物。

　　收藏单位：南京馆、首都馆

03471

中学模范日记　宋唯心编著

桂林：南光书店，1943，4 版，130 页，32 开

　　本书为国语科补充读本。内收《刻板生活底开始》《我是确认了她》《忘记了字典》《校里的三部曲》等 132 篇模范日记。

　　收藏单位：重庆馆、桂林馆

03472

中学模范日记　宋唯心编著

桂林：天下书店，1942.11，130 页，32 开

　　本书为国语科补充读本。内收 132 篇模范日记。

　　收藏单位：重庆馆、广西馆、国家馆

03473

中学模范日记　张叶舟　钱一鸣编著

上海：国光书店，1947.5，再版，116 页，25 开

　　本书为国语补充读物。

　　收藏单位：江西馆

03474

中学生创作　许寿民编

上海：中学生丛书社，1931，3 册（317+326+310 页），32 开（中学生丛书）

上海：中学生丛书社，1935，4 版，3 册（317+326+310 页），32 开（中学生丛书）

　　本书共 3 集，收小说、小品文、诗歌、短剧、日记、游记、书信、读书录等中学生作文 160 余篇。

　　收藏单位：河南馆、湖北馆、上海馆

03475

中学生国语补充读本　邹雅明编

上海：兴华书局，1937.5，231 页，32 开

　　本书选文 150 篇，按写景、论说、记事、抒情、游记、幽默、诗歌 7 部分编排。

03476

中学生记叙文选　沈镕　陈德谦编

上海：大华书局，1936.9，160 页，32 开（全国中学生新文库 2）

　　本书收全国中学生作文 100 余篇。共 3 部分：叙事、写景、抒情。书脊题名：记叙文选。编者"沈镕"原题：沈伯经。

　　收藏单位：国家馆、河南馆

03477

中学生模范日记　陈耀邦编

上海：文光书局，1941.8，158 页，32 开

　　本书为国语科补充读物。内收 147 篇日记文范，包括学生习作和作家作品。

收藏单位：安徽馆、国家馆、河南馆

03478

中学生论说文选 沈镕 陈德谦编

上海：大华书局，1936.9，200 页，32 开（全国中学生新文库 1）

本书分"议论文"和"说明文"两部分。每部分又包括"语体之部"和"文言之部"。收《秦始皇焚书坑儒的谬见》（刘世卿）、《说平民化》（王国栋）、《读书与救国》（曾道生）、《青年与环境》（张耀）、《公理与强权》（侯化治）等中学生论说文 185 篇。编者"沈镕"原题：沈伯经。

收藏单位：国家馆

03479

中学生模范作文 陈福熙编

杭州：增智书局，1941，丽水初版，122 页，32 开

本书收诗歌、游记、书信、小品等中学生模范作文约 70 篇。

收藏单位：重庆馆

03480

中学生模范作文 储苏民编

上海：文光书局，1937.7，274 页，32 开

上海：文光书局，1939.4，5 版，274 页，32 开

本书为国语补充读物，收中学生模范作文 124 篇。

收藏单位：绍兴馆

03481

中学生模范作文 天虹编

[成都]：华西文化供应公司，[1911—1949]，123 页，32 开

本书收中学生模范作文 58 篇。抗战期间出版。

收藏单位：重庆馆

03482

中学生模范作文 天虹编

天明书店，1942.6，150 页，32 开

本书收中学生模范作文 84 篇。

收藏单位：重庆馆、南京馆

03483

中学生模范作文（言文对照 详细注解） 富客华编著

桂林：人人书店 [等]，1931.11，订正本，128 页，32 开

桂林：人人书店 [等]，1932.7，再版，订正本，128 页，32 开

本书目录页题名：改正新编中学生模范作文。

收藏单位：江西馆

03484

中学生日记 高云池编

上海：南星书店，1931.6，303 页，32 开

上海：南星书店，1935.4，再版，303 页，32 开

本书以学生日记的形式，谈学校生活及学生思想、修养。书前有作者序。初版时间据序著录。

收藏单位：河南馆、江西馆、浙江馆

03485

中学生日记 管泗孙著

上海：春明书店，1937，271 页，32 开

本书的主人翁，是一位初中一年级的优秀学生，因为有许多次恶劣的引诱，他都能立刻明悟，不为所动，又因为他家庭经济的困难，养成了他勤研学业的决心。所以本书作者将他作为中学生的模范，介绍给读者。初中国语补充读物。

收藏单位：重庆馆

03486

中学生日记 杨文安著

上海：中学生丛书社，1931.2，123+10+26 页，32 开（中学生丛书）

上海：中学生丛书社，1931.6，再版，123+10+26 页，32 开（中学生丛书）

上海：中学生丛书社，1932，3 版，123+10+26 页，32 开（中学生丛书）

本书书末附郁达夫的《日记文学》、戴叔

清的《日记作法》两篇。

收藏单位：重庆馆、广东馆、湖北馆、天津馆、浙江馆

03487

中学生文艺（1930） 中学生社编

上海：开明书店，1930.3，334 页，25 开

上海：开明书店，1931，再版，334 页，25 开，精装

上海：开明书店，1935.6，3 版，334 页，25 开

本书收录《中学生的生活方式》《致我们底同伴》《青年苦闷的分析及其补救》《怎样做一个现代的中国青年》《中学生为什么不肯用功》《中学生课外作业的我见》等文章。版权页题名：一九三〇中学生文艺，逐页题名：中学生文艺。

收藏单位：广东馆、首都馆

03488

中学生文艺（1931） 中学生社编

上海：开明书店，1931.12，338 页，32 开，精装

上海：开明书店，1933.12，再版，338 页，32 开，精装

本书为《中学生》杂志文艺选集，收短篇小说、诗、剧本、散文等 64 篇。书前有编者序。逐页题名：一九三一中学生文艺。

收藏单位：广西馆、湖北馆、江西馆

03489

中学生文艺（1932） 中学生社编

上海：开明书店，1933.1，340 页，32 开，精装

本书为《中学生》杂志文艺选集，收短篇小说、诗、剧本、散文等 77 篇。书前有编者序。逐页题名：一九三二中学生文艺。封面责任者题：中学生杂志社。

收藏单位：安徽馆、重庆馆、河南馆、绍兴馆、首都馆

03490

中学生文艺（1933） 中学生社编

上海：开明书店，1933.12，337 页，32 开，精

装

本书收《流散》《没有父亲的老祖父》《一封未署名的信》《辍学》《雨天》《林俊之死》《叛徒》《乞儿》等文章。封面题名：中学生文艺，版权页题名：一九三三中学生文艺。封面责任者题：中学生杂志社。

收藏单位：重庆馆、桂林馆、国家馆、南京馆、绍兴馆

03491

中学生文艺（1934） 中学生社编

上海：开明书店，1934.12，2 册（348+356 页），32 开，精装

本书为小说、诗歌、散文、戏剧等合集。收《苦闷》（殷霞）、《散》（刘炳三）、《嫁》（严玉铭）、《不易忘掉的事》（秋水）、《视察》（顾影）、《考大学》（王天佑）等 145 篇。书前有编者序。封面题名：中学生文艺，版权页题名：一九三四中学生文艺。封面责任者题：中学生杂志社。

收藏单位：重庆馆、广东馆、广西馆、桂林馆、国家馆、河南馆、南京馆、绍兴馆、中科图

03492

中学生文艺丛刊

出版者不详，[1913—1949]，1 册，25 开

收藏单位：江西馆

03493

中学生文艺精华　沈镕　陈德谦编

上海：大华书局，1936.9，11+230 页，32 开（全国中学生新文库 4）

本书为全国中学生习作选。收短篇小说 54 篇，剧本 3 个，新诗 82 首，旧体诗 157 首，词 21 首，赋 4 篇，赞铭 4 篇。书前有编辑大意。编者"沈镕"原题：沈伯经。

收藏单位：安徽馆、国家馆

03494

中学生小品　丰子恺著

上海：中学生书局，1932.10，120 页，32 开（中学生丛书）

本书收《伯豪之死》《旧话》《出了中学校以后》《甘美的回味》《寄宿舍生活的回忆》《佛法因缘》《关于修陪尔德》《画家的少年时代》8 篇小品文。

收藏单位：重庆馆、河南馆、吉林馆、江西馆、上海馆、浙江馆

03495

中学生游记 杨文安著

上海：开华书局，1931，127+17 页，32 开（中学生丛书）

本书为游记文范。收《西山记游》《海行记游》《青岛记游》《上海杂记》《西湖记游》等 6 篇中学生游记。

收藏单位：重庆馆、广东馆、河南馆

03496

中学生游记 杨文安编

上海：中学生书局，1931.3，127+17 页，32 开（中学生丛书）

上海：中学生书局，1931.8，再版，127+17 页，32 开（中学生丛书）

上海：中学生书局，1932.10，3 版，127+17 页，32 开（中学生丛书）

收藏单位：重庆馆、上海馆

03497

中学作文模范读本 吴振环编辑 瞿世镇校

上海：三民图书公司，1937.4，5 版，1 册，25 开

收藏单位：江西馆、西南大学馆

03498

自己描写（征文当选集） 中学生社编

上海：开明书店，1935.6，226 页，32 开（中学生杂志丛刊 26）

本书为中学生征文选。分自己描写、描写一个人物、关于一种工业的调查记、与友人书、新书提要等 9 部分，收文 67 篇。

收藏单位：国家馆、湖北馆、湖南馆、南京馆、上海馆、首都馆、天津馆、浙江馆

03499

最近征集全国中学新文库 中央图书公司编辑部编

上海：中央图书公司，[1930]，[再版]，6 册（86+140+118+134+146+118 页），32 开

上海：中央图书公司，1931，5 版，6 册（86+140+118+134+146+118 页），32 开

上海：中央图书公司，1933，再版，6 册（86+140+118+134+146+118 页），32 开

上海：中央图书公司，1934，重版，6 册（86+140+118+134+146+118 页），32 开

上海：中央图书公司，1937.6，再版，6 册（86+140+118+134+146+118 页），32 开

本书为中学生作文选。全书共 6 册。第 1 册论辩 17 篇，第 2 册论辩 40 篇，第 3 册说述 36 篇、记事 45 篇，第 4 册游记 39 篇、传记 15 篇、赠序 10 篇，第 5 册赞颂 3 篇、箴铭 4 篇、哀祭 9 篇、书牍 24 篇、诗歌 35 篇、童话 5 篇、寓言 10 篇、剧本 7 个，第 6 册小说 22 篇。第 1 册书前有编辑凡例。

收藏单位：重庆馆、广东馆、河南馆、江西馆

03500

最新模范作文选 王郁芬选编 吴道明校对

学生书社，1942.12，138 页，25 开

本书为少年国语补充读物。收《到农村去》《春来了》《勇敢的姑娘们》《司马光的少年时代》《母爱》《理想中的居处》《新秋月下》等模范作文。

收藏单位：江西馆

03501

最新实践模范作文（言文对照 详细注解）

上海：大中书局，1944.3，3 版，198 页，25 开

收藏单位：江西馆

03502

最新应用文 石苇编著

上海：长风书店，1947.7，3 版，232 页，25 开

上海：长风书店，1948.10，4 版，232 页，25 开

本书为中学补充读本。

收藏单位：江西馆

03503

最新中学模范作文 陈淑雨编

桂林：南光书店，1944，242 页，32 开

本书选收当时一些青年刊物上的各体文章，由编者加以评注，供中学生作文参考。

收藏单位：广东馆、国家馆

03504

最新中学生模范作文选 王郁芬编

学生书社，1942.12，156 页，25 开（青年学生之友）

本书为少年国语补充读物。

收藏单位：江西馆

03505

作文笔法百篇 许德邻编著

合众书局，[1913—1949]，186 页，25 开

收藏单位：江西馆、南京馆

03506

作文笔法百篇 许德邻编著

重庆：力群出版社，1946.8，155 页，32 开

重庆：力群出版社，1948，155 页，32 开

本书分 3 卷介绍了作文的各种写法。自修适用。

收藏单位：重庆馆

03507

作文描写精华 王原培编

广州：南光书店，1946.5，13 版，110 页，32 开

广州：南光书店，1946.11，14 版，110 页，32 开

本书为国语科补充读本。选辑我国文学名著的描写片断，分自然、风景、生物、社会、生活、人物、战争 7 编。

03508

作文描写字句新辞典（一名，作文描写宝库） 陈平编

上海：进化书局，1947.10，重庆 2 版，11+210 页，32 开

上海：进化书局，1948.4，重庆 3 版，11+210 页，32 开

本书分天象之部、季节之部、地象之部、市尘与乡村之部、园林与屋宇之部、动物与植物之部、人物之部、女性美之部、表情与动作之部、心理与感觉之部 10 编。题名页题：桂林新生书局印行。

收藏单位：重庆馆、广西馆

对外汉语教学

03509

标准国语讲义录（中日对照） 王禹农撰

台北：标准国语通信学会，1946.10，改订本，4 册，32 开

收藏单位：南京馆

03510

标准华语教本（下卷） 华北交通株式会社编纂

北平：华北交通株式会社炼成部，1944，52 页，32 开

收藏单位：国家馆

03511

标准中华国语教科书（中级篇）（日）神谷衡平 （日）清水元助编

东京：文求堂书店，1924.4，130 页，32 开

本书为适用于日本国中级华语学习者的汉语课本。收录内容以当年中国名人所作的白话文为主，包括《新生活》《今日青年之弱点》《志气》等 25 篇。书前有序。

收藏单位：国家馆

03512

初级华语课本 王诏九著

上海：美国学堂，1947，77 页，32 开

本书为英美人学习汉语的课本。共 16 课。

收藏单位：上海馆

03513

傅式华语教科书（第二编）　傅培荫著

奈良：傅培荫 [发行者]，1931.6，100 页，32
开

　　本书为适用于华语学习者的汉语课本。
共 100 课，每课 1 页。每页分两部分，上部
为词语或短语，下部为对应例句。封面加题：
天理外国语学校。

　　收藏单位：国家馆

03514

官话萃珍　（美）富善（Chauncey Goodrich）
编

外文题名：A character study in mandarin colloquial

上海：美华书馆，1916.10，2 版，474 页，22
开，精装

上海：美华书馆，1916，4 版，474 页，22 开，
精装

　　本书把汉字按英语音序编排，按拼音逐
字列举，汉字下有用法举例。供英美人学习
汉语用。原作于 1898 年。第 2 版出版年据书
前序的写作时间推断。

　　收藏单位：首都馆、中科图

03515

官署用会话读本　国务院总务厅人事处编

长春：国务院总务厅人事处，1941.12，106 页，
64 开，精装

　　本书为汉语会话读本。书名后题：满洲语
编。

　　收藏单位：黑龙江馆

03516

国语指南　施列民（A. C. Selmon）编

上海：时兆报馆，1915.11，80 页，32 开，精
装

上海：时兆报馆，1919，再版，80 页，32 开，
精装

　　本书为教会编刊的学习汉语读本。

　　收藏单位：上海馆

03517

汉文仟语　Ferd Dransmann 编

兖州：天主教堂印书馆，1939.3，86 页，22
开

　　本书为法国人学习汉语读本。收录 31 篇
汉语短文，篇后附有逐句的法文义释，个别
单字则加法文音注。书前有序。书后附中国
十八省之文称。

　　收藏单位：国家馆、吉林馆

03518

汉音集字

汉口：出版者不详，1915，再版，195 页，24
开，精装

　　本书把声韵相同的字集中编列，供外国
人学习汉语用。据卷首的英文序言写作时间
推断，初版年为 1899 年。

03519

汉英对照实用文大全　张则之编

外文题名：Practical Chinese with English translations

北平：北平科学社，1936.7，1 册，16 开

　　收藏单位：黑龙江馆、首都馆

03520

汉英对照中国文体举例（汉文本）（德）额
尔德（Friedrich Otte）（美）约旦（K. E.
Jordan）编

外文题名：Translations from modern Chinese:
Chinese text

上海：商务印书馆，1916.10，87+103 页，32
开，精装

上海：商务印书馆，1923.7，3 版，87+103 页，
32 开，精装

上海：商务印书馆，1926.8，4 版，87+134 页，
32 开，精装

上海：商务印书馆，1935.4，修订国难后 1
版，87+103 页，32 开，精装

　　本书 1916 年初版分公文公函节略照会申
呈、谕旨、命令通告预算、商务邮政、法律
章程、论说 6 类。后续版本增加：外交文牍、
其他文牍、中国与国民党、法律章程、商务
报告、论说 6 类。供外国人学习中国各体文
章用。

收藏单位：重庆馆、广东馆、广西馆、国家馆、河南馆、湖南馆、江西馆、南京馆、上海馆、首都馆、天津馆

03521

汉英对照中国文体举例（英文本） （德）额尔德（Friedrich Otte）编

外文题名：Translations from Modern Chinese: English text

上海：商务印书馆，1916.10，1册，32开，精装

上海：商务印书馆，1935，5版，修订本，166页，32开，精装

收藏单位：国家馆

03522

华德进阶（华文本）

外文题名：Deutsch-Chinesisches lehrbuch

青岛：德华印书社，1912，55页，50开

本书为德国人学习汉语的初级读本。共50课。

收藏单位：国家馆

03523

华文释义 巴勒（F. W. Baller）编

外文题名：Lessons in elementary Wen-Li

上海：长老会，1924，128页，18开，精装

本书为英美人学习汉语读本。收汉英对照课文和阅读课文各15篇。有白话、文言两种，并英文注释。书前有序。书后附字词音节索引。

收藏单位：国家馆

03524

华语初阶 张廷彦撰

东京：文求堂书店，1920.10，1册，50开

东京：文求堂书店，1921.7，再版，1册，50开

东京：文求堂书店，1924.2，3版，170页，50开

本书分4编：名词、小问答、问答、谈论付小说。书前有例言。

收藏单位：国家馆

03525

华语萃编 东亚同文书院编

上海：东亚同文书院，1916—1933，4册（512页），22开，精装

上海：东亚同文书院，1934.12，再版，4册（512页），22开，精装

上海：东亚同文书院，1940，7版，4册（512页），22开，精装

本书为日本人学汉语读本。全书分4册，初集收华语声音表、华语声音编58课；第2集分3编：第1编应酬用语23课，第2编使令通话16课，第3编俗尚琐谈10课；第3集分3编：第1编通商用语21课，第2编访问应酬14课，第3编外交官场用语9课；第4集共20课。每册书前均有凡例。由日商在上海出版。

收藏单位：国家馆、南京馆

03526

华语萃编（二集） 东亚同文书院编

上海：东亚同文书院，1938.4，9版，136页，22开，精装

上海：东亚同文书院，1944.2，订正13版，136页，22开，精装

本书为日本人学汉语读本。全书共4集。第2集分3编：第1编应酬用语23课，第2编使令通话16课，第3编俗尚琐谈10课。由日商在上海出版。1944年版责任者题：东亚同文书院大学编。

收藏单位：国家馆、江西馆

03527

华语发音法 常静仁著

东京：文求堂书店，1934.2，26页，32开

本书适用于外国汉语入门学习者。书前有序言、凡例。

收藏单位：国家馆

03528

华语讲话 北平华文学校编

北平：北平华文学校，1948.6，70页，16开

本书为外国人学习汉语课本。共11课，每课分问答、生词、练习3部分。

收藏单位：国家馆

03529

华语讲话（十三号） 北平华文学校编

北平：北平华文学校，1948.6，油印本，1 册，16 开

　　收藏单位：国家馆

03530

华语讲话（十四号） 北平华文学校编

北平：北平华文学校，1948，油印本，1 册，16 开

　　收藏单位：国家馆

03531

华语讲话（十五号） 北平华文学校编

北平：北平华文学校，1948，油印本，1 册，16 开

　　收藏单位：国家馆

03532

华语讲话（十六号） 北平华文学校编

北平：北平华文学校，1948，油印本，1 册，16 开

　　收藏单位：国家馆

03533

华语课本

出版者不详，[1930—1939]，440 页，16 开

　　本书为二年级课本。共 80 课。

　　收藏单位：国家馆

03534

华语须知 （美）奥瑞德等编

外文题名：Practical Chinese

北平：法文图书馆，1931，347 页，16 开，精装

　　本书供外国人学习汉语会话用。

03535

活用上海语 （日）大川与朔著

上海：至诚堂书店，1924.7，218 页，32 开

上海：至诚堂书店，1940.4，218 页，32 开

收藏单位：南京馆

03536

满洲语讲座 满洲帝国政府语学检定试验委员会编

长春：东光书苑，1937.9—1938.4，6 册（[276] 页），32 开

　　本书为汉日对照会话读本。

03537

南京华言学堂课本 华言学堂编

南京：华言学堂，1915—1916，石印本，[170] 页，18 开

　　本书为外国人学习汉语的初级课本。

　　收藏单位：国家馆

03538

启蒙读本 朱厄尔夫人（Mrs. Jewell）编著

上海：广学会，1915—1917，3 册 [270] 页，22 开

　　本书为外国人学汉语课本。共 3 卷，137 课。除书名有英汉对照外，课内无英文注释。

　　收藏单位：国家馆

03539

师范汉文（新制版 卷三） （日）简野道明编　明治书院编辑部修正

东京：中等学校教科书株式会社，1941，修正版，142 页，25 开

　　本书收录《霞关临幸记》《王道之始》《桃花源记》等共 49 篇。书后附汉吴音例、国字表。供师范学校国语汉文科用。

　　收藏单位：国家馆

03540

适用新中华语 （美）芮德义（J. P. Ratay）著　秀毓生　金叔延校正

外文题名：Current Chinese

上海：出版者不详，1927.3，237 页，18 开，精装

　　本书为外国人学习汉语读本。分世俗酬应语、家庭琐事语、商贾须知语、官场普通语 4 卷，共 90 课。出版年月据凡例的写作日

期。

收藏单位：国家馆、南京馆、内蒙古馆、上海馆

03541

速修北京语教本 （日）小泽照治　张英符编著

奉天（沈阳）：大东文化协会，1941.5，5 版，203 页，32 开，精装

本书为汉日文对照会话读本。共 100 课。课文前有汉字生字注音字母注音，课文后有日文注解。

03542

新京官话指针　普康　（日）武藤富男著

长春：满洲行政学会，1938.6，198 页，32 开，精装

本书供学习汉语用。将伪满时期长春各方面情形，以及一些故事、笑话等，分门别类编成问答对话。前半部分为中文，后半部分为日文。

03543

续急就篇　[（日）宫岛大八编辑]

出版者不详，[1911—1942]，64 页，32 开

本书为对外汉语教学的语言读物。共 37 章。

收藏单位：东北师大馆、中科图

03544

续急就篇　（日）宫岛大八编辑　包象寅校阅

东京：善邻书院，1941.12，84 页，大 64 开

东京：善邻书院，1942.12，2 版，84 页，大 64 开

本书为对外汉语教学的语言读物。

收藏单位：上海馆

03545

医语会话　北平华文学校编

北平：北平华文学校，1948，74 页，16 开

本书为对外汉语教学的语言读本。内容为医学场景内的会话，分"介绍大夫""挂号""内科门诊"等共 20 课。

收藏单位：国家馆、吉林馆

03546

中国国语（第二册）（日）宫越健太郎编

东京：富山房，1936.11，106+26 页，25 开，精装

东京：富山房，1937.11，订正再版，106+26 页，25 开，精装

本书共 70 课，收录《开学》《蝴蝶》《不要贪多》《一只黑一只白》等课文。书前有伪满洲国地图，书后附中华民国地图。供日本中学校·实业学校外国语科用。

收藏单位：国家馆

03547

中国国语（第五册）（日）宫越健太郎编

东京：富山房，1928.11，99+15 页，25 开，精装

东京：富山房，1937.11，订正再版，99+15 页，25 开，精装

本书共 13 课，收录《新生活》（胡适）、《迷信话》（陈在新）、《国文之将来》（蔡元培）等课文。书后附录《文学改良刍议》（胡适）。供日本中学校·实业学校外国语科用。

收藏单位：国家馆

03548

中华辣丁合注问答不二字　Alphohso Hubrecht 编

外文题名：Glossarium Sinico-Latinum.Pars secunda catechismus

北京：救世堂，1914，48 页，16 开

本书是教会为外国人学习汉字而编辑的汉字字汇表。用拉丁文注音和中拉两种文字解释字义。

收藏单位：国家馆

03549

中华辣丁合注早晚课不二字

外文题名：Glossarium Sinico-Latinum.Pars prima preces matutinae et serotinae

北京：救世堂，1914，65 页，18 开

本书是教会为外国人学习汉字而编辑的

出版物。内容为天主教每天早晚应该做到的教规。用中文及拉丁文简释。

收藏单位：国家馆

03550

中华民国语捷径　王昆圃著

东京：冈崎屋书店，1928.5，180 页，32 开，精装

收藏单位：南京馆

03551

中日会话集　丁卓著

台北：台湾书店，1948.2，22 版，136 页，32 开

本书为日人学习汉话的会话集。收 2000 余句。所谓"三音"是指日本音、中国语国音和中国语上海方音。

收藏单位：南京馆

03552

中日会话集（单音版）　丁卓编注

上海：求进书局，1936.12，315 页，32 开

本书为日人学习汉话的会话集。分 102 课，收 2000 余句。

03553

中日会话集（双音版）　丁卓编注

上海：求进书局，1937.4，再版，315 页，32 开

上海：求进书局，1938.12，4 版，315 页，32 开

本书为日人学习汉话的会话集。分 102 课，收 2000 余句。

收藏单位：南京馆、浙江馆

03554

中日会话集（三音版）　丁卓编

上海：三通书局，1940.4，8 版，36+315 页，32 开

上海：三通书局，1941.2，10 版，36+315 页，32 开

上海：三通书局，1943.4，19 版，36+315 页，32 开

本书为日人学习汉话的会话集。分 102 课，收 2000 余句。所谓"三音"是指日本语、中国语国音和中国语上海方音。书前有序文、例言、日本字母图说、汉语发音概要、上海语发音概要及凡例。

03555

中日会话集（加注日语版 上册）　丁卓编注

上海：三通书局，1943.5，20 版，140 页，32 开

全书共 102 课，收 2000 余句。为日人学习汉话的会话集。自 20 版起加注说明，分册印行。

收藏单位：南京馆

03556

中日会话集（加注日语版 下册）　丁卓编注

上海：三通书局，1943.10，21 版，136 页，32 开

收藏单位：湖南馆

03557

中日会话集（日语版）　丁卓编

上海：三通书局，1940.5，9 版，315 页，32 开

上海：三通书局，1941.5，11 版，315 页，32 开

上海：三通书局，1941.9，12 版，315 页，32 开

收藏单位：绍兴馆

03558

最近分类华语新篇　恩霖 （日）上野巍著

东京：大阪屋号书店，1937.3，6 版，240 页，32 开，精装

本书为中高级汉语学习读本。分时事、法律、社会、商业、欧美、议论、三民主义问答 7 篇。书前有序言及凡例。

收藏单位：国家馆

中国少数民族语言

03559

边民教育读本（边民学校） 谭仪父编

成都：四川省政府教育厅，[1940.4]，石印本，150页，32开，环筒页装

本书选通用汉字 500 个，编为 40 课。

收藏单位：重庆馆、国家馆

03560

传世石刻中女真语文材料及其研究 刘厚滋著

北平：燕京大学国文学会，1941.6，8页，16开

本书为《文学年报》第 7 期单行本。根据传世石刻中的女真语文材料研究女真族的语言和文字，并介绍当时女真语文研究概况。

收藏单位：国家馆

03561

爨文丛刻（甲编） 丁文江编

上海：商务印书馆，1936.1，影印本，[426]页，8开，精装（中央研究院历史语言研究所专刊 10）

本书内容包括:《说文》《帝王世纪》《献酒经》等 11 篇。书前有编者自序。

收藏单位：广西馆、国家馆、湖南馆、吉林馆、辽大馆、南京馆、内蒙古馆、山西馆、上海馆、首都馆、天津馆、西南大学馆

03562

侗语课本 吴修勤主编 杨世芳译

[贵阳]：出版者不详，1941.3，16叶，16开

收藏单位：贵州馆

03563

读爨文丛刻（兼论倮文起源） 闻宥著

北平：世界文化合作中国协会、国立北平图书馆，[1936—1949]，22页，16开

本书为《图书季刊》3 卷 4 期抽印本。是

《爨文丛刻》甲编一书的评论。

收藏单位：内蒙古馆

03564

贡山俅语初探 罗常培著

昆明：国立北京大学研究院文科研究所，1942.8，油印本，48页，16开，环筒页装（国立北京大学研究院文科研究所油印论文 3）

本书内容分引言、音系概略、语法一斑、俅语的系属、日常会话、汉俅词汇 6 节。另有英文提要及著者未结集之论文目录。

收藏单位：重庆馆、南京馆

03565

广西獞语的研究 丁文江著

出版者不详，[1911—1949]，6页，16开

收藏单位：广东馆

03566

广西猺歌记音 赵元任著

上海：国立中央研究院出版品国际交换处，北平：国立中央研究院历史语言研究所，1930，187页，16开（国立中央研究院历史语言研究所单刊甲种 1）

收藏单位：东北师大馆、广东馆、贵州馆、桂林馆、国家馆、湖南馆、吉林馆、江西馆、南京馆、内蒙古馆、首都馆、浙江馆

03567

汉硐分类词汇

[贵阳]：出版者不详，1940，23叶，18开

收藏单位：贵州馆

03568

汉蒙词典

出版者不详，1948，262页，64开

本书搜集一些常用蒙汉术语名词，供一般学习蒙文者及翻译者用。

收藏单位：重庆馆

03569

汉蒙合璧字汇 参谋本部边务研究所蒙文科全体学员编 吴云鹏等校正

参谋本部边务研究所，1935.5，1 册，13 开，精装

　　本书为汉蒙对照字汇。

　　收藏单位：宁夏馆、浙江馆

03570

汉苗（红）分类词汇　贵州省县行政人员训练所方言组编

[贵阳]：出版者不详，[1928—1949]，27 页，18 开

　　本词典收苗语基本词汇 1999 个，按字母顺序编排而成。

　　收藏单位：贵州馆

03571

汉苗（花）分类词汇　贵州省县行政人员训练所方言组编

[贵阳]：出版者不详，[1928—1949]，27 页，18 开

　　本词典收苗语基本词汇 2010 个，按字母顺序编排而成。

　　收藏单位：贵州馆

03572

汉夷分类词汇　贵州省县行政人员训练所方言组编

[贵阳]：出版者不详，[1928—1949]，[39] 页，18 开

　　收藏单位：贵州馆

03573

汉藏合璧实用会话　刘家驹著

南京：蒙藏委员会，1941.8，再版，42 页，32 开

　　本书为汉藏对照例句集。书前有吴忠信序及作者藏语自序。

　　收藏单位：国家馆、南京馆

03574

黑夷语法　高华年编著

昆明：南开大学文科研究所边疆人文研究室，1944.1，油印本，190 页，16 开，环筒页装（南开大学文科研究所边疆人文研究室语言人类学专刊 乙集 第三种）

　　本书包括彝语音系和语法两部分。语法部分是从 45 个当地民间故事里归纳出来的。

　　收藏单位：国家馆

03575

黑夷语中汉语借词研究　高华年著

昆明：南开大学文科研究所边疆人文研究室，1943.9，油印本，50 页，16 开，环筒页装（南开大学文科研究所边疆人文研究室语言人类学专刊 乙集 第二种）

　　收藏单位：重庆馆、国家馆

03576

红苗语课本（第三册）　龙绍华译

[贵阳]：贵州省地方行政干部训练团方言师资班，1941.5，油印本，40 页，32 开

　　本书共 39 课。

　　收藏单位：贵州馆

03577

丽江么些象形文（古事记）研究　傅懋勣著

武昌：华中大学，1948.7，影印本，96 页，16 开

　　本书是著者在云南丽江一带，对么些人（即纳西族）的语言文字进行五年调查研究后写成。对么些语的语音系统、文字特点、文法要点，以及直释字义、意译全文、字形解说等均有研究。分自序、绪论、经文研究、英文节要 4 部分。书后附勘误表。

　　收藏单位：国家馆、辽大馆、南京馆、上海馆、武大馆

03578

莲山摆彝语文初探　罗常培　邢庆兰著

昆明：国立北京大学文科研究所，1944，156 页，32 开

　　本书分 5 章，内容包括：引言、文字、音系、短句等。书前有自序。封面有马叙伦题书名。

　　收藏单位：东北师大馆、广东馆

03579

辽道宗及宣懿皇后契丹国字哀册初释　王静如编

北平：国立中央研究院历史语言研究所，1933，14 页，16 开

　　本书分 9 节，内容包括：绪言、契丹文字制造之记载、论契丹大小字女真大小字及西夏字之构造、已识契丹字表等。书前有《辽道宗哀册契丹篆字盖文》《辽道宗契丹字哀册文》《辽宣懿皇后契丹字哀册盖文》《辽宣懿皇后契丹字哀册文》4 页图版。

　　收藏单位：近代史所、南京馆

03580

龙州土语　（美）李方桂著

长沙：商务印书馆，1940.9，290 页，16 开（国立中央研究院历史语言研究所单刊甲种 16）

上海：商务印书馆，1947.12，再版，290 页，16 开（国立中央研究院历史语言研究所单刊甲种 16）

　　本书是作者收集龙州当地流传的故事及山歌，请会说当地话的李萍、冯伟汉 2 人发音，通过记录整理，罗列原文、汉译、英译，着重对龙州话的音韵、字汇、句法、语助词等加以研究。龙州土语是广西壮族自治区龙州城里的基本语言，该语虽含有不少的汉语成分，但基本词汇、句法则属于另一种语言系统，著者称之为"台语"。属该语系的还有暹罗语、白泰语、侬语等。

　　收藏单位：重庆馆、东北师大馆、广东馆、桂林馆、国家馆、湖南馆、南京馆、中科图

03581

论吐火罗及吐火罗语　王斐烈著

中德学会，[1943]，217—277 页，16 开

　　本书为《中德学志》5 卷 1、2 期合刊抽印本。分论吐火罗和论所谓吐火罗语上下两论。上论为地理考证和历史变革；下论介绍吐火罗语。著者认为此语为新疆及中亚古代文化，是我国古代汉唐文化的一环。

　　收藏单位：国家馆、中科图

03582

蒙古文字课本原稿

出版者不详，[1911—1949]，手写本，1 册，16 开

　　收藏单位：国家馆

03583

蒙古语会话（蒙汉对照）　施云卿编

北平：蒙文书社，1930.4，229 页，32 开

北平：蒙文书社，1933.6，再版，229 页，32 开

　　本书收录蒙汉对照的词汇、短语、句子及短篇小说 1 篇。书前有蒙语序及例言。书脊题名：蒙古语会话篇。

　　收藏单位：复旦馆、国家馆、西南大学馆

03584

蒙古语会话篇（蒙汉对照）　施云卿编

北平：蒙文书社，1930.5，294 页，32 开

　　本书分字母、名词、对话 3 部分。书末附短篇小说 1 篇。内容与《蒙古语会话》相比有所增加。书前有蒙语序。

　　收藏单位：国家馆

03585

蒙汉合璧大学·蒙汉合璧中庸　蒙文书社编译部编译

北京：蒙文书社，1924，40+86 页，25 开，精装

　　本书为蒙汉对照读本。共两册，第 1 册为《大学》，第 2 册为《中庸》。书前有汪睿昌书蒙汉对照序。书脊题名：蒙汉四书。

　　收藏单位：国家馆

03586

蒙汉合璧告子　蒙文书社编译部编译

北京：蒙文书社，1924，94+84 页，25 开，精装

　　本书为蒙汉对照读本。两卷合订。书脊题名：蒙汉四书。

　　收藏单位：国家馆

03587

蒙汉合璧孟子　蒙文书社编译部编译

北京：蒙文书社，1924.10，94+90+90+100+96
页，25 开，精装

本书为蒙汉对照本。5 卷合订。书脊题
名：蒙汉四书。

收藏单位：国家馆

03588

蒙汉合璧五方元音　海山编译

北京：出版者不详，1917，180 页，16 开，精装

本书内容包括：读音诀、字汇、字意等。
书前有序 4 篇。书后有跋。供蒙语字学研究
者参考。

收藏单位：重庆馆

03589

蒙文讲义　萧绍何编

萧绍何 [发行者]，[1930—1939]，油印本，1
册，16 开，环筒页装

收藏单位：国家馆

03590

蒙文教科书　民政部编

长春：民政部，1941.1，3 册（124+60+82 页），
32 开

本书为用蒙文编写的初级课本。

03591

苗文词汇　王建光编著

出版者不详，[1911—1949]，油印本，82 页，
16 开

收藏单位：南京馆

03592

契丹国字再释　王静如著

国立中央研究院历史语言研究所，[1935]，
537—543 页，16 开

本书为《历史语言研究所集刊》第 5 本
抽印本。分 4 节：绪言、兴宗仁懿皇后哀册考
释、兴宗哀册考释、余论。

收藏单位：国家馆、南京馆

03593

汰溪古文　黄仲琴著

广州：岭南学报，[1935.6]，6 页，16 开

本书为《岭南学报》4 卷 2 期抽印本。介
绍了福建华安县汰溪附近发现的一种古代遗
文，它是我国西南民族的古有文化之一。

03594

威宁大花苗语字汇　吴泽霖编

贵阳：大夏大学社会研究部，1940.12，油印
本，[50] 页，18 开，环筒页装

本书收苗语字词近 1500 条，分身体、人
称代名词、天文、地理、短句等 38 类编排。
用国际音标和汉字标音。书前有编者序。

收藏单位：重庆馆、贵州馆、国家馆

03595

维汉字典　杨涤新编著

国立西北大学出版社，1947.7，油印本，135
页，16 开

本书为维汉对照词典，按维语排序。书
前有编著者序。

收藏单位：上海馆

03596

维吾尔语讲读课本

出版者不详，[1954]，1 册，16 开

本书为第一学年维文讲义。课文内容由
浅入深，语法由简而繁，与语法课本相配合。
共 20 课，每课约有 40 个词汇，列于课文之
前，课文后有练习 3—4 个。书前有序言。出
版年根据序言著录。

收藏单位：国家馆

03597

西康夷语会话　傅兹嘉著

西昌：军事委员会委员长西昌行辕，1944.7，
52 页，16 开

本书分 3 部分：概要部分介绍语音概要、
语法概要等；词汇摘要部分收录天文地理、时
节、人体、饮食、用具等方面的词汇；会话部
分介绍通用语、语言文字、住行、军事、交
易等内容。书前有序 5 篇。书后有附表。

收藏单位：重庆馆、近代史所、南京馆、内蒙古馆

03598

西夏文汉藏译音释略　王静如著

国立中央研究院历史语言研究所，1930.8，171—184 页，16 开

本书为《国立中央研究院历史语言研究所集刊》第 2 本第 2 分抽印本。用汉藏文译古西夏文的发音，并略作解释。书后附汉藏译音表。

收藏单位：国家馆、近代史所、中科图

03599

西夏文专号引论　王静如著

北平：国立北平图书馆，[1932]，手写影印本，40 页，16 开

本书为《国立北平图书馆馆刊》4 卷 3 号抽印本。

收藏单位：国家馆

03600

西夏研究（第一辑）　王静如著

北平：国立中央研究院历史语言研究所，1932，15+[301] 页，16 开（国立中央研究院历史语言研究所单刊甲种 8）

本书为西夏文论文集。收《河西字藏经雕版考》《西夏国名考》等 10 篇。内有《斯坦因 Khara Khoto 所获西夏文大般若经考》（陈寅恪）。西夏（1038—1227），在今陕甘一带。西夏文是记录我国古代党项羌族语言的文字。书前有赵元任、陈寅恪及作者本人所作序 3 篇。

收藏单位：东北师大馆、广东馆、国家馆、首都馆、中科图

03601

西夏研究（第二辑）　王静如著

北平：国立中央研究院历史语言研究所，1933，308 页，16 开（国立中央研究院历史语言研究所单刊甲种 11）

本书为西夏文字及其他方面论文集，西夏、中、英文合璧本。收《金光明最胜王经卷一夏藏汉合璧考释》《金光明最胜王经卷三夏藏汉合璧考释》《金光明最胜王经卷四夏藏汉合璧考释》《金光明最胜王经卷五夏藏汉合璧考释》《论四川羌语及弭药语与西夏语》《再论西夏语音及国名》（答伯希和聂历山及屋尔芬顿诸教授）6 篇。书前有中英文引言。

收藏单位：重庆馆、国家馆、首都馆、中科图

03602

西夏研究（第三辑）　王静如著

北平：国立中央研究院历史语言研究所，1933，397 页，13 开（国立中央研究院历史语言研究所单刊甲种 13）

本书为西夏文字及其他方面论文集，西夏、中、英文合璧本。收《金光明最胜王经卷六夏藏汉合璧考释》《金光明最胜王经卷七夏藏汉合璧考释》《金光明最胜王经卷八夏藏汉合璧考释》《金光明最胜王经卷十夏藏汉合璧考释》等 5 篇。

收藏单位：重庆馆、东北师大馆、广东馆、国家馆

03603

西夏语研究小史　（苏）聂斯克著　张玛丽英译　向达汉译

北平：国立北平图书馆，[1935]，389—404 页，16 开

本书为《国立北平图书馆馆刊》4 卷 3 号西夏文专号抽印本。叙述 1870 年以来中外学者研究西夏语文之经过和成就。书后有附注。

收藏单位：国家馆

03604

西藏文法　高观如　罗桑益西译述

上海：菩提学会，[1936]，142 页，18 开

本书共 13 章，内容包括：西藏文字母及其发音概要、拼字法、八种语格、依属语等。供学者读译藏典参考之用。封底题名：西藏文典。

收藏单位：国家馆

03605

西藏文文法　叶斯开（H. A. Jaschke）编著　张煦译

南京：新亚细亚学会，1937.4，24+184 页，25 开

本书共 3 篇。第 1 篇字音论，介绍字母、发音附说、元音等；第 2 篇字品论，介绍区指词、实词、形容词等；第 3 篇章句法，介绍字之排列次第、格之用法、简句、繁句。书前有 1883 年 H. Wenzel 原叙和译者叙。书后有补遗习语、阅读实习、习用动词表；增录藏汉语法对勘。1865 年曾在 Kyetan 地方石印。著者原题：耶司克。

收藏单位：广东馆、国家馆、吉林馆、近代史所、辽宁馆、南京馆、山西馆、上海馆

03606

西藏语读本　中国佛教学院编　董一是对勘

北平：中国佛教学院，1940，影印本，[52] 页，25 开（中国佛教学院丛书 2）

本书为藏汉对照读本，附汉语解释。

收藏单位：天津馆

03607

西藏语文研究专刊（第 1 集）　中国国民党中央执行委员会组织部蒙藏语文研究会编

中国国民党中央执行委员会组织部蒙藏语文研究会，1937.7，96+12 页，16 开

本书编列国民党党政机关名词 544 种。藏汉对照。书前有蒙藏语文研究会成立大会记录及该会章程等。

收藏单位：国家馆、南京馆

03608

西藏字母简明拼音表　孙景风编译

上海：觉园精舍，1936，67 页，10 开，精装

收藏单位：广东馆

03609

鲜卑语言考　方壮猷著

北平：燕京大学，1930.12，1430—1468 页，18 开

本书为《燕京学报》第 8 期单行本。分 5 章：导言、鲜卑族国号人名考释、鲜卑族王号人称考释、鲜卑族地名考释、结论。

收藏单位：国家馆

03610

云南各夷族及其语言研究　（英）台维斯（H. R. Davies）著　张君劢译

外文题名：Tribes of Yunnan

商务印书馆，1939，[12]+75 页，32 开

长沙：商务印书馆，1941.8，[21]+75 页，32 开

本书分 6 部分：绪论、云南与西部四川之各种语言、秦语各群间之关系、云南与西部四川语言之地理的分布、语言联系与种族联系、云南及西部四川各部落之描写。书前有周钟岳、胡石青的序和译者滇缅暹越视察路线图及种族人像图。

收藏单位：重庆馆、国家馆、湖南馆、江西馆、近代史所、南京馆、上海馆、首都馆、中科图

03611

藏汉集论辞汇（藏汉对照）　张煦编

成都：西陲文化院，1937.12，石印本，329 页，32 开

本书据《瑜伽师地论》《大毗婆沙论》编成。收词 4800 余条，按藏文字母排列。书前有作者序。

收藏单位：安徽馆、重庆馆、国家馆、吉林馆、近代史所、西南大学馆

03612

藏汉小辞典　杨质夫编

北平：菩提学会，[1932.12]，石印本，360+284 页，16 开

本书以普通应用为准，对藏文常用字词进行解释，并对藏文动词变化详加说明。共收录两字以内词汇约 1 万个，三字以上词汇未收录。专门名词及佛学术语概不收入。书前有例言。出版年月据编者例言的写作日期。

收藏单位：南京馆、上海馆、首都馆、天津馆

03613

藏汉语对勘　张煦著

成都：西陲文化院，1938.1，影印本，50页，32开

　　本书据英人贝尔《西藏语法》的会话部分改译，原藏英对照，改为藏汉对照。内容包括：常言、与仆人言、饮食、时间、天气等主题例句。特点是在每句藏语与汉语的单字之上标有数码，凡对应的单字为相同数码，以便研究藏、汉语语法结构之不同。书前有序。

　　　　收藏单位：重庆馆、国家馆

03614

藏文初阶　刘通西著

出版者不详，[1911—1949]，40页，32开

　　　　收藏单位：南京馆

03615

藏文读本初稿（第二册）　（释）法尊编著
（释）印顺　（藏）喜饶嘉措　黄懴华校订

汉藏教理院，1940，木版印，44页，16开，环筒页装

　　本书为藏汉对照读本。收录《开学》《太阳出》《不倒翁》等课文。全8册，仅见第2册。逐页题名：藏文读本。

　　　　收藏单位：国家馆

03616

藏文书牍轨范　西陲文化院编

成都：西陲文化院，1938.7，184页，18开，环筒页装

　　本书共3编。第1编为谢札噶伦著；第2编为慧海喇嘛编著；第3编为昔日锡金旅行队所辑录。全书为藏文，收文180余篇，只有中文目录。

　　　　收藏单位：重庆馆、国家馆

03617

藏文文法　叶斯开（H. A. Jaschke）著　张次瑶编译

边疆文化教育馆，1947.11，174页，32开（国立边疆文化教育馆丛书1）

　　本书为藏文语法书。共4卷：音韵、词

类、句法、尊敬的语句。书后附近代方言中日常用语、婆罗门的故事。

　　　　收藏单位：国家馆、吉大馆、吉林馆、近代史所、南京馆

03618

贞丰仲家语字汇　李振麟编

贵阳：大夏大学社会研究部，1940，油印本，28页，16开，环筒页装
贵阳：大夏大学社会研究部，1940.12，油印本，50页，22开

　　本书收录贵州贞丰地区仲家（即布依族）语字汇1921个，分39类编排。汉字释义，国际音标注音。书前有吴泽霖的序。

　　　　收藏单位：重庆馆、国家馆

03619

注音花苗文初稿

教育部，[1930—1939]，手写本，1册，13开，环筒页装

　　本书内容包括：花苗语声韵调系统、注音花苗文、注音妙文符号之使用方法、注音苗文符号之名称等。

　　　　收藏单位：国家馆

03620

注音新疆回文常用字表　徐锡华编著

重庆：正中书局，1938.10，影印本，224页，24开

　　本书收录新疆回文常用名词、代名词、形容词、动词、副词3000余个。表前有回文发音图、字母书写法、字母读音法。书前有序6篇及例言。书末附新疆语文文法变化要略、《新疆语文之变迁概况》（王日蔚）。封面有朱家骅题书名，内页有陈立夫题书名。

　　　　收藏单位：重庆馆、国家馆、吉林馆、南京馆

03621

自修藏文读本　天津佛教功德林藏文组编

天津：天津佛教功德林藏文组，[1911—1949]，[18]页，16开

　　本书为学者研究经籍之用，内容包括：藏

文基本字母、变音符、字典查法、课文、小字汇等，与日常口语有所区别。书前有凡例。

收藏单位：国家馆、吉林馆

常用外国语

03622

革新的外国语学习法 陆殿扬编译

上海：世界出版合作社，1933.9，52页，32开

上海：世界出版合作社，1947.8，再版，52页，32开

本书据巴满的《新原理中之英语教学问题》和编译者的教学讲义编译而成。分导言、语言学习习惯、结论3章。书前有陈布雷序、郭任远序及作者自序。世界出版合作社即世界书局。

收藏单位：重庆馆、广东馆、国家馆、湖南馆、浙江馆

03623

国立北京外国语专科学校一览 北京外国语专科学校编

北平：北京外国语专科学校，1943.1，65页，18开

本书为沦陷区出版物。内容包括：该校成立经过志略、校训、教育方针、组织大纲、行政系统表、校历、各项规章、课程表等。封面有周作人题字。

收藏单位：国家馆

英语

03624

北京大学一年级辅科英文

出版者不详，[1911—1949]，103页，16开

收藏单位：首都馆

03625

标准英语一月通 徐培仁编

外文题名：Master English in one month

上海：三民图书公司，1947，2版，129页，36开

收藏单位：广东馆、南京馆

03626

初级英文法教科书 周越然参订

外文题名：First lessons in English grammar

上海：商务印书馆，1914.1，129页，32开

上海：商务印书馆，1929，8版，129页，32开

本书为中学校及师范学校通用英语教材。分3章108课，第1章"论文法之大要"，第2章"论文法之变化"，第3章"论文法之结构"。书前有弁言、例言和教授约言。

收藏单位：广东馆

03627

大学二年英文 余楠秋 顾仲彝编

上海：中华书局，1934.2，466页，32开，精装

上海：中华书局，1934.9，再版，466页，32开，精装

本书为英语读本。

收藏单位：江西馆、上海馆

03628

大学新英语（第一册） 林汉达著

外文题名：Current English readings for college students. Book I

世界书局，1944.7，65页，32开

世界书局，1948，7版，65页，32开

本书为英语读本。

收藏单位：广东馆

03629

大学新英语（第二册） 林汉达编

外文题名：Current English readings for college students. Book II

世界书局，1948.4，5版，69页，32开

本书为英语读本。收录英语文章10篇。

收藏单位：广东馆、国家馆

03630

大学一年级英文　李慕白选注

外文题名：Freshman English

上海：中国文化服务社，1948.9，203 页，25 开（大学文库）

本书为英语读本。收录英语文章 30 篇。书前有前言和辑编大意。

收藏单位：国家馆

03631

大学一年级英文读本　国立交通大学教授选

外文题名：Freshman English readings

上海：龙门联合书局，1947.8，84 页，28 开

上海：龙门联合书局，1948.5，再版，84 页，28 开

本书为国立交通大学英语教本。收录英语文章 20 篇。

收藏单位：上海馆

03632

大学一年级英文教本　陈福田编

外文题名：Freshman readings in English

长沙：商务印书馆，1939.2，349 页，25 开

重庆：商务印书馆，1942.11，349 页，25 开

重庆：商务印书馆，1946.2，11 版，349 页，25 开

本书收录赛珍珠、林语堂等人的短文共 43 篇。

收藏单位：东北师大馆、国家馆、南京馆

03633

大学一年英文　余楠秋　顾仲彝编

外文题名：Freshman English readings

上海：中华书局，1934.1，433 页，32 开，精装

上海：中华书局，1935.7，3 版，433 页，32 开，精装

香港：中华书局，1938，4 版，433 页，32 开，精装

本书为英语读本。收录文章 56 篇。

收藏单位：广东馆、上海馆

03634

大众英语　陈澄之编著

外文题名：Everybody's English

重庆：正中书局，1944.8，3 册（116+123+114 页），32 开

上海：正中书局，1947.5，3 册（116+123+114 页），32 开

本书全 3 册共 40 课。从基础的 26 个英语字母的发音讲起，由浅入深地教授日常应用英语。包括时态、语法、缩写、近义词的区别和使用等。供自修英语用。书内有插图。书前有程天放序。

收藏单位：国家馆

03635

分类英文法习题　汪毓周　沈同洽编著

外文题名：Classified English grammar exercises

上海：商务印书馆，1934.6，65 页，25 开

上海：商务印书馆，1934.8，再版，65 页，25 开

收藏单位：广东馆

03636

高等英语读本（卷二）　商务印书馆编译所编纂

外文题名：Higher English readers：book II

上海：商务印书馆，1917.10，236 页，32 开

本书为英文读本，共分 40 课，多课连起来组成 1 个小故事。

收藏单位：广东馆、河南馆

03637

高级英语讲座（第四册）　赵丽莲著

外文题名：The student's radio English. Manual IV

北平：丽莲英文丛刊社，1946.10，32 页，32 开

本书为北平广播电台英语讲座课本。

收藏单位：国家馆

03638

国立四川大学基本英语读本　国立四川大学外文系编

外文题名：National Szechwan University basic English reader

成都：周新民［发行者］，1949，再版，164页，24 开

　　本书版权页题名：大学基本英文读本。

　　收藏单位：重庆馆

03639

国民高等学校英语（第 2 卷） 谢中著

长春：满州图书株式会社，1939.12，88 页，28 开

长春：满州图书株式会社，1942.10，翻刻版，88 页，28 开

　　本书为英语课本。全书共 20 课。书内有插图。

　　收藏单位：吉林馆

03640

汉译英文法杂记 邝富灼　甘永龙编

外文题名：Short stories with Chinese notes

上海：中华书局，1917，98 页，32 开

　　本书为英语周刊选本。

　　收藏单位：广西馆

03641

汉译英文速成读本（初集）

外文题名：The English reading-book

上海：文明书局，[1913—1949]，92 页，25 开

　　收藏单位：江西馆

03642

华西标准语范 潘寿成　孟克明著

出版者不详，[1911—1949]，2 册（47+58 页），24 开

　　本书为英汉对照读本。

　　收藏单位：重庆馆

03643

华英初阶 商务印书馆编

外文题名：English and Chinese primer

上海：出版者不详，1912，47 版，48 页，32 开

上海：出版者不详，1913，53 版，48 页，32 开

上海：商务印书馆，1917，63 版，48 页，32 开

上海：商务印书馆，1920.10，76 版，48 页，32 开

上海：商务印书馆，1922.10，79 版，48 页，32 开

上海：商务印书馆，1924.9，81 版，48 页，32 开

　　本书为初级英语教材，据印度文学会编辑的课本重新编译。1946 年版书名前加题：英汉对照 华语文言。

　　收藏单位：广东馆、国家馆、江西馆、南京馆

03644

华英文初范 商务印书馆编译所编译

外文题名：English and Chinese grammatical primer

上海：商务印书馆，1921.10，20 版，91 页，32 开

上海：商务印书馆，1924.10，23 版，91 页，32 开

上海：商务印书馆，1933，国难后 1 版，89 页，25 开

　　收藏单位：广东馆、广西馆

03645

活用英语 石林均编著

外文题名：The illustrated basic English

上海：启明书局，1948.2，303 页，36 开

　　本书为看图识字本。共 280 课，每页一课。书末附单词表。

　　收藏单位：广东馆、首都馆

03646

活用英语（第二册） 詹文浒著

外文题名：Living English for junior middle schools. Book Ⅱ

上海：世界书局，[1930—1949]，102 页，25 开

　　本书为初中英语教材。共 60 课，收英语文章 50 余篇。封面题名：初中活用英语读本。

　　收藏单位：江西馆、内蒙古馆

03647

基本英语　钱歌川编

外文题名：Talks on basic English

上海：中华书局，1934.6，164 页，32 开

上海：中华书局，1940.1，再版，164 页，32 开

　　本书分 16 章，内容包括：什么叫基本英语、基本英语的应用、名词、形容词、行动词、方向词、副词、代名词、国际通用字等。附科学、理化、经济、商业等 4 种单字表。封面题名：自修适用基本英语。

　　收藏单位：黑龙江馆、吉林馆、江西馆、南京馆、上海馆、浙江馆

03648

基本英语初阶　（美）奥格登（Charles Kay Ogden）著　进步英文学社编译

外文题名：The ABC of basic English

上海：世界书局，1933.7，176 页，32 开（基本英语丛书）

　　本书内容包括：基本英语的学习、初步、简单句、字序、其他的字形、引伸、特别用法、最后阶段。

　　收藏单位：东北师大馆、江西馆、浙江馆

03649

基本英语进阶　（美）奥格登（Charles Kay Ogden）著　吴富恒译

外文题名：Basic step by step

上海：中华书局，1937.6，285 页，50 开（基本英语丛书）

　　本书分 3 篇。第 1 篇为基本英语概论；第 2 篇收英文课文 30 篇；第 3 篇为注释及字表。封面加题：基本英语书刊第一册。

03650

基本英语课本　钱歌川　张梦麟编

外文题名：Basic English readers

上海：中华书局，1933.9，3 册（62+90+120 页），32 开

上海：中华书局，1938，5 版，3 册（[60+96+120] 页），32 开

重庆：中华书局，1944—1945，渝重排初版，

3 册（[60+96+120] 页），32 开

上海：中华书局，1946，7 版，3 册（[60+96+120] 页），32 开

　　本书根据英国奥格登所创之基本英语方法编制而成，专供初学英语者学习基本英语 850 字之基本意义、用法及发音，进而学习造句、翻译、会话等，以期应用。全书共 3 册，每册 30 课，共 90 课。书前有编辑凡例及发音表。

　　收藏单位：广东馆、国家馆、江西馆、浙江馆

03651

基本英语留声片课本　赵元任编制发音

外文题名：Basic English records : designing and reading

上海：中华书局，1934.12，93 页，32 开

上海：中华书局，1936.3，再版，93 页，32 开

　　本书为基本英语留声片配套课本。目的在于使学习者能够正确发音。

　　收藏单位：黑龙江馆、辽宁馆、上海馆、浙江馆

03652

基本英语入门　张梦麟编译

外文题名：The ABC of basic English

上海：中华书局，1933.6，342 页，50 开（基本英语丛书）

　　本书根据英国奥格登所创之基本英语方法编制而成，讲述 850 个基本英语单字的分类、构造、变化、用法等。共 8 章，内容包括：基本英语学习法、基本英语学习初步、基本英语的单句、各语的排列秩序等。书前有舒新成序。书末有勘误表。

　　收藏单位：贵州馆、国家馆、河南馆、上海馆、浙江馆

03653

基本英语讨论集　基本英语研究社编辑

上海：中华书局，1933.11，59 页，32 开

　　本书主要讨论英国奥格登所提倡的基本英语及其在中国的推行。书前有引言。书末

附录《英语简易化与基本英语》《英语的简易化与国际化》《西文与汉译》《人为与自然》等 7 篇。

　　收藏单位：国家馆、河南馆、江西馆、南京馆、内蒙古馆、上海馆、浙江馆

03654

警察应用英语撮要（中英文合璧） 包天一著

外文题名：Useful English sentences for police constables

上海：中国图书杂志公司，1937.5，144 页，64 开

上海：中国图书杂志公司，1941.2，再版，144 页，64 开

福州：中国图书杂志公司，1946.5，修正 3 版，144 页，64 开

　　本书为警务应用英语读本。共 8 章：杂句类、交通类、刑事类、政治类、法院类、问答类、警务常识及会话、犯罪种类。

　　收藏单位：江西馆、内蒙古馆、上海馆

03655

柯提拿英语教科书 美国函授学校编

外文题名：Cortina English for Chinese conversation book

上海：中华书局，1919.7，201 页，32 开，精装

上海：中华书局，1922.9，2 版，201 页，32 开，精装

03656

美国语与英国语 张慎伯　桂绍盱编

外文题名：American and British

上海：中华书局，1934.12，156 页，32 开

　　本书分 5 章：绪论、美语与英语缀字法之比较、美语与英语读音上之比较、英美语言书写时的异点、美语与英语用字对照表。主要比较了英国语与美国语中用词之不同。

　　收藏单位：广西馆、河南馆、湖南馆、吉林馆、上海馆、绍兴馆

03657

拟订英文文法译名表

上海：商务印书馆，[1911—1949]，1 册，22 开

　　收藏单位：广东馆

03658

商业英文 邝富灼编纂

外文题名：Business English

上海：商务印书馆，1925.12，366 页，32 开，精装

上海：商务印书馆，1932.12，国难后 1 版，366 页，32 开，精装

上海：商务印书馆，1947.11，10 版，366 页，32 开，精装

　　本书为商业科职业学校英语教科书。书前有英文编辑前言及引言。

　　收藏单位：广东馆

03659

商业英语 马文元编著

上海：开明书店，1935.10，216 页，32 开（开明青年英语丛书）

上海：开明书店，1940.3，2 版，216 页，32 开（开明青年英语丛书）

上海：开明书店，1941.5，4 版，216 页，32 开（开明青年英语丛书）

上海：开明书店，1948，7 版，216 页，32 开（开明青年英语丛书）

　　本书分 8 章：概论、商业书信的写法、商业书信的种类、商业文件、商业新闻、广告、商业会话、商业简语表。书前有编辑例言。

　　收藏单位：贵州馆、国家馆、河南馆、江西馆、辽宁馆、南京馆、浙江馆

03660

实用新英文典 Olin D. Wannamaker 编纂

外文题名：A practical grammar of English for Chinese students

上海：商务印书馆，1933.5，国难后 1 版，153 页，32 开

上海：商务印书馆，1934.12，国难后 3 版，153 页，32 开

　　本书从句子结构、演讲结构等方面讲授英文的使用。书后附录不规则动词时态表及索引。

收藏单位：广东馆

03661

实用英文法教科书 赵本善编

外文题名：Practical English grammar for Chinese students

上海：商务印书馆，1918.9，194 页，32 开

上海：商务印书馆，1930，13 版，194 页，32 开

本书从演讲结构、学生常犯错误和句子翻译等方面讲授英文的使用。

收藏单位：广东馆

03662

实用英语阶梯 商务印书馆编译所著

外文题名：First steps in practical English

上海：商务印书馆，1921.1，6 版，97 页，32 开

上海：商务印书馆，1922，7 版，97 页，32 开

本书按名词、代词、动词等分 8 部分讲授实用英语。书前有作者序。

收藏单位：广东馆

03663

实用职业英语一月通 高时白编

上海：高时白 [发行者]，1936.10，122 页，36 开

上海：高时白 [发行者]，1947.2，4 版，122 页，36 开

本书按 65 类编排日常应用英语和词汇约 4000 条。有汉译和汉字注音。供初学英语者自修用。

收藏单位：广东馆

03664

现代英语杂志（第 3 卷） 温致义编

上海：现代外国语文出版社，[1944]，1 册，36 开

收藏单位：广西馆

03665

新标准英文问答百日通 春明书店编辑部编

外文题名：Master English conversation in hundred days

上海：春明书店，1937.1，10 版，88 页，32 开

本书分"原字"和"英文问答"两部分。收录 21 类生词、32 类英文会话，均有汉文音译。书前有英文字母正体和草体及发音练习。

收藏单位：广东馆

03666

新法英语课本（第 2 集） W. L. Harrington Catharine J. Cunnigham 著

上海：商务印书馆，[1921]，6 版，116 页，32 开，精装

收藏单位：广东馆

03667

新体英语教科书 （英）蔡博敏（Thomas W. Chapman）著

外文题名：English idiomatic phrases and sentences

上海：商务印书馆，1920，10 版，120 页，32 开

本书为英汉对照英语教科书。共 41 课，内容包括：寻常语句、应酬与问候、师生问答、英谚、孔子粹言、尚书摘句等。

收藏单位：广东馆

03668

新制自修英语一瞥（单字及会话） 卜允新编

外文题名：English at a glance

成都：川康英文报社出版部，1941，3 版，30 页，32 开

本书适用于英语自修者。按主题列举单字及会话，附汉文注释。

收藏单位：国家馆

03669

学习英语的正确途径 余兆昆编著

外文题名：A key to the mastery of English

桂林：现代外国语文出版社，1944.6，107 页，32 开（现代英语自学丛书 3）

本书共 8 章，内容包括：学习英语应有基本的认识、耳口训练、精读和略读、读不懂的原因和补救方法、学习文法的态度和方法、从造句到作文、论翻译、怎样写应用文。书末附录文法撮要、英语自修书目。适用于初

级英语自学者。

收藏单位：贵州馆、国家馆、吉林馆、南京馆

03670

燕园英文读本（第三册）　周国屏著

外文题名：The Yen Yuan English readers. Book Ⅲ

[北平]：燕京大学售书处，[1940]，109 页，25 开

本书为初级中学英语读本。共 17 课，每课收录 1 篇英文课文，课文后有提问和练习。

收藏单位：国家馆

03671

英华文通　商务印书馆编译所编纂

外文题名：New manual of English grammar

上海：商务印书馆，1915.5，5 版，245 页，32 开

上海：商务印书馆，1924.2，9 版，245 页，32 开

上海：商务印书馆，1933，国难后 1 版，245 页，32 开

本书为英语教本。从词源、语法等角度教授英语中名词、动词、形容词等的用法。

收藏单位：广东馆、广西馆、湖南馆、西南大学馆

03672

英美言语辨异　钱歌川编

外文题名：The American divergence from the English mother tougue

上海：中华书局，1935.4，323 页，32 开，精、平装

本书共 7 章：总论、英美发音辨异、英美拼字辨异、英美写法辨异、英美用语辨异、英美卑语辨异、英美辞汇往来。书前有编者自序。书末附索引和参考书目。

收藏单位：东北师大馆、黑龙江馆、吉林馆、上海馆

03673

英文　吴献书编

出版者不详，[1930—1949]，85 页，25 开

收藏单位：江西馆

03674

英文　钱颂平编

上海：世界书局，1939.7，再版，[136] 页，25 开（初中自修指导丛书 第三册）

本书版权页及书内题名：初中英文自修指导。

收藏单位：江西馆

03675

英文单语的学习　马文元等著

江西：开明书店，1944.9，赣县内 1 版，100 页，32 开（中学生杂志丛刊 35）

江西：开明书店，1946.11，再版，100 页，32 开（中学生杂志丛刊 35）

上海：开明书店，1948.2，3 版，100 页，32 开（中学生杂志丛刊 35）

上海：开明书店，1949.2，4 版，100 页，32 开（中学生杂志丛刊 35）

本书为英语学习文集。收《英文单语的学习》（马文元）、《怎样扩大英语的语汇》（章育武）、《记生字和查字典》（钟开莱）、《英语相似文之研究》（孔嘉）、《特殊的分量形容词或名词》（曾育群）等 16 篇文章。

收藏单位：重庆馆、东北师大馆、广东馆、湖南馆、江西馆、辽大馆、南京馆、上海馆、浙江馆

03676

英文的讲，读，写　曹志成编著

外文题名：How to study English without a teacher

重庆：求知图书社，1945.4，渝 1 版，87 页，32 开

本书除开场白外，主要分 3 部分。关于讲，介绍英国音和美国音、音节和重读、句语中的读音等；关于读，介绍精读和略读、单字和习语、文法和事实等；关于写，介绍一通百通、从阅读上学写作、思想的英文化等。

收藏单位：国家馆、南京馆

03677

英文典大全　腊底马（David Lattimore）编

外文题名：A complete English grammar for Chinese students

上海：商务印书馆，1923.5，10+508 页，32 开，精装

上海：商务印书馆，1926，6 版，10+508 页，32 开，精装

上海：商务印书馆，1930.6，17 版，10+500 页，32 开

上海：商务印书馆，1948.3，30 版，10+500 页，32 开

　　本书为英语语法教材。共 75 章。

　　收藏单位：广西馆

03678

英文法程读本（华英对照）（英）C. D. Tenney 著

外文题名：English lessons with answers attached

上海：春明书店，1941，2 版，170 页，32 开

　　本书选取日常应用之单字指导读者，并将应用各字连成语句，由浅入深讲解语法的运用。书末附录答案。

　　收藏单位：广东馆

03679

英文高级商业簿记　潘序伦编

上海：立信会计图书用品社，1948，5 版，470 页，25 开（立信会计丛书）

　　收藏单位：广东馆、辽大馆

03680

英文练习　张少岩编

出版者不详，[1911—1949]，52 页，32 开

　　收藏单位：国家馆

03681

英文留声机片课本　（美）福司德　胡宪生编

外文题名：Manual for English records

上海：商务印书馆，1926.1，144 页，32 开

上海：商务印书馆，1931，再版，144 页，32 开

　　本书对应 12 片配套留声机片内容编纂。

第 1 片至第 10 片共 20 课，第 11 片为元音，第 12 片为辅音。书后附难音练习、字表练习、字典轮键。

　　收藏单位：广东馆

03682

英文商务常识（第一学年）　邝富灼编纂

外文题名：English grammar

上海：商务印书馆，1919.5，241 页，32 开

上海：商务印书馆，1939.6，国难后 6 版，241 页，32 开

　　收藏单位：南京馆

03683

英文商学大全　周锡三编纂

外文题名：Handbook of business training

上海：商务印书馆，1933.11，10 版，565 页，22 开，精装

　　本书分办公室日常事务、物流和客户工作、安全措施、银行业务 4 部分，内容包括：电话联络、办公表格、运输、火灾预防等 17 章。1915 年 4 月初版。

　　收藏单位：广东馆

03684

英文商业读本（第 1 册）　吴继杲著

上海：商务印书馆，1935，国难后 3 版，134 页，32 开

　　全书共 4 册，本书为第 1 册。

　　收藏单位：广东馆

03685

英文商业读本（第 2 册）　吴继杲著

上海：商务印书馆，1934，国难后 2 版，129 页，32 开

　　全书共 4 册，本书为第 2 册。

　　收藏单位：广东馆

03686

英文商业读本（第 3 册）　吴继杲著

外文题名：Commercial readers. Third reader

上海：商务印书馆，1915.12，132 页，32 开

上海：商务印书馆，1935，国难后 2 版，132

页，32 开

全书共 4 册，本书为第 3 册。共 30 课。每课生词列在课文前，课后有语法、汉译英练习等。

收藏单位：广东馆

03687

英文手册　杨承芳著

外文题名：A guide to the mastery of English

桂林：文化供应社，1942.5，217 页，32 开

桂林：文化供应社，1942.7，再版，217 页，32 开

桂林：文化供应社，1942.10，3 版，217 页，32 开

香港：文化供应社，1946.4，港 1 版，217 页，32 开

香港：文化供应社，1947.8，港 2 版，217 页，32 开

本书共 10 部分，内容包括：英语学习法、读音、会话、文法、作文、翻译、应用文等。书后附英语学习相关书目。

收藏单位：重庆馆、贵州馆、桂林馆、国家馆、湖南馆、吉林馆、南京馆

03688

英文新课本　吴献书编

外 文 题 名：English lessons for higher primary schools

上海：商务印书馆，1922，4 版，102 页，32 开

上海：商务印书馆，1923，6 版，84 页，32 开

收藏单位：广东馆

03689

英文研究前辈经验谈　林晓编选

上海：金兰书局，[1912—1948]，122 页，36 开

本书选收林语堂、平心、詹文浒、李仲才、周椒青、何一介等人谈如何学习英语的文章。

收藏单位：重庆馆、南京馆

03690

英文一月无师通　外语编译社编

外文题名：A one month course in English

上海：外语编译社，1934.5，20+176 页，32 开

本书内容包括：字母、正音、母音、子音及生活中的单词等。书中单词均标注中文读音及释义。封面加题：音义双注 无师自通。适用于普通英语自学者。

收藏单位：国家馆

03691

英文杂话　钱歌川编著

重庆：中华书局，1944.1，渝 1 版，34 页，32 开（英文研究小丛书 7）

上海：中华书局，1946.4，沪初版，34 页，32 开（英文研究小丛书 7）

上海：中华书局，1946.8，沪再版，34 页，32 开（英文研究小丛书 7）

本书是编者关于英文的个人研究心得，收录了很多日常英语中易犯的错误。

收藏单位：广东馆、国家馆、吉林馆、南京馆、首都馆

03692

英文自修补习读本（第 4 集）　甘永龙　徐铣参编

外文题名：Selections for home reading

上海：商务印书馆，1915.6，146 页，32 开，精装

本书全 4 册，为英语课外自习读本。本册为第 4 集，收录《灰姑娘》等 7 篇文章。书前有序。

03693

英文字课图说　（英）W. Rippmaun 著

上海：中华书局，1917—1918，2 册（24+64 页），横 18 开

上海：中华书局，1933.4，再版，2 册（24+64 页），横 18 开

本书第 1 册为图，第 2 册是说明文字（英文本）。书前有弁言。

收藏单位：吉林馆、上海馆

03694

英语

出版者不详，[1930—1949]，122+62 页，25 开

　　收藏单位：江西馆

03695

英语初学栀　David Gibbs 著

上海：商务印书馆，1913，再版，128 页，25 开，精装

　　收藏单位：广东馆

03696

英语从发音到写作（英汉对照 白话讲解）　林东生编著

外文题名：A stepping-stone to English

桂林：新生书局，1945.4，渝初版，193+32 页，32 开

桂林：新生书局，1946.3，渝初版，193+32 页，32 开

　　本书共 3 编：发音的基础、基本句的译读、应用。书末附读音法具体举例。

　　收藏单位：重庆馆、贵州馆、南京馆

03697

英语的学习与研究　林语堂等著　中学生社编

上海：开明书店，1935.6，187 页，32 开（中学生杂志丛刊 5）

上海：开明书店，1936.5，再版，187 页，32 开（中学生杂志丛刊 5）

上海：开明书店，1939.4，3 版，147 页，32 开（中学生杂志丛刊 5）

上海：开明书店，1940.10，4 版，147 页，32 开（中学生杂志丛刊 5）

南昌：开明书店，1942.3，赣 1 版，147 页，32 开（中学生杂志丛刊 5）

重庆：开明书店，1945，东南 1 版，147 页，32 开（中学生杂志丛刊 5）

　　本书收《英文应怎样学习》（刘延陵）、《怎样研究英语》（林语堂）、《怎样扩大英语底语汇》（章育武）、《介绍自修适用的英文书》（林幽）等论述英语学习与研究的文章 10 篇。

　　收藏单位：重庆馆、东北师大馆、国家

馆、湖南馆、吉林馆、江西馆、南京馆、内蒙古馆、上海馆、天津馆、西南大学馆、浙江馆

03698

英语基本练习　张士一编

外文题名：Foundation work in spoken English

上海：中华书局，1924.9，253 页，32 开，精、平装

昆明：中华书局，1940.4，8 版，253 页，32 开，精、平装

　　本书用英文编写，收录对话及短文，着重培养学生的口语能力。共 360 个单元。

　　收藏单位：辽大馆、辽宁馆、辽师大馆、上海馆

03699

英语捷成（又名，英语速成法）　潘宗骐著

外文题名：The way to English

上海：文生氏英文学校，1914.5，116+38 页，32 开

上海：文生氏英文学校，1936，7 版，116+38 页，32 开

　　本书为英语课本。共 54 课。后附英汉对照字汇。

　　收藏单位：上海馆、浙江馆

03700

英语捷径（前编）　商务印书馆编译所编

外文题名：English conversation-grammar.Vol.1

长沙：商务印书馆，1930.10，20 版，[149] 页，32 开

长沙：商务印书馆，1932.9，国难后 1 版，[149] 页，32 开

长沙：商务印书馆，1938.6，国难后 6 版，[149] 页，32 开

上海：商务印书馆，1947.1，9 版，149 页，32 开

　　本书为英文语法书。根据斋藤秀三郎原作改编。1908 年 5 月初版，1920 年 9 月方豪曾作过修订。本编共 38 课。

03701

英语捷径（后编） 商务印书馆编译所编

外文题名：English conversation-grammar.Vol.2

上海：商务印书馆，1932.9，国难后1版，[138]页，32开

上海：商务印书馆，1935，国难后3版，[138]页，32开

上海：商务印书馆，1939.8，国难后5版，[138]页，32开

本编1908年7月初版，1920年9月方豪曾作过修订。共31课。

收藏单位：广东馆

03702

英语练习课本 Mrs. D. Christie 编纂

外文题名：Lessons for practice in English

上海：商务印书馆，1919，2册（272页），32开

收藏单位：广东馆

03703

英语漫谈 赵维藩著

外文题名：Talks on speaking English

重庆：商务印书馆，1946.2，44页，32开

上海：商务印书馆，1947.6，45页，32开

本书共5章，讲述英语读音、英美音比较、音节和重读、语调、会话、语词等。书前有著者序。

收藏单位：国家馆、辽宁馆

03704

英语模范读本讲义（注音详解 订正新版 第2册） 齐友徽编译

外文题名：Model English readers

东北书店，1946，石印本，230页，32开

本书为英语读本。共32课。

03705

英语模范读本详解（第2册）

外文题名：Model English readers. Book 2

出版者不详，[1946.9]，修订本，183页，36开

本书是东北光复后为失学青年编写的英语读本。单字发音全用万国及伟氏音符对照，成语、难句、文法均加解释。有练习及答案等。扉页有孙中山像。

03706

英语速成通 奚惠廉编著　陈冠英校阅

外文题名：A practical short-cut to English conversation

上海：春明书店，1940.10，144页，32开

本书内容包括：实用基本字及单语、人生上之名称、饮食类、动物部、植物部、家常日用字等。英汉对照。初学自修课程适用。

收藏单位：河南馆

03707

英语无师自通 陈平编著

外文题名：Practical English self-taught

桂林：新生书局，1943.7，143页，32开

桂林：新生书局，1944.4，2版，148页，32开

本书适用于初学英语的自学者。内容包括：字母的写法、拼音、实用名词、简易短句、通俗问答和格言箴语等，且都有华文注音。书中所载上海法租界路名使用法文注音。

封面题名：日用常识英语无师自通。

收藏单位：国家馆、江西馆

03708

英语习用单字及其记忆法 杨骚编

上海：北新书局，1933.5，269页，32开

本书主要讲解英文法、英单语及英俗语。分理论和实际两篇，内容包括：单字的研究、语源的研究、必要的单语集及应用句。所收英语单字按字母顺序排列。附有汉文解释。

收藏单位：国家馆

03709

英语修学指导 李儒勉著

上海：中华书局，1926.5，76页，32开（青年丛书）

上海：中华书局，1928.9，再版，76页，32开（青年丛书）

上海：中华书局，1929，3版，76页，32开

（青年丛书）

上海：中华书局，1931.9，4 版，76 页，32 开（青年丛书）

本书为中等学生英语自学读本。共 6 章：发音学习、拼字学习、文法学习、阅读学习、会话作文及字典用法、浅易书报介绍。书前有舒新城叙。

收藏单位：重庆馆、广东馆、国家馆、河南馆、湖南馆、吉林馆、江西馆、南京馆、上海馆、首都馆、浙江馆

03710

英语学习法　杨承芳编著

上海：开明书店，1941.5，120 页，36 开（开明青年英语丛书）

上海：开明书店，1942.3，赣 1 版，120 页，36 开（开明青年英语丛书）

桂林：开明书店，1943.9，内 2 版，120 页，36 开（开明青年英语丛书）

上海：开明书店，1946.8，4 版，120 页，36 开（开明青年英语丛书）

上海：开明书店，1948，沪 5 版，120 页，36 开（开明青年英语丛书）

上海：开明书店，1949.1，6 版，120 页，36 开（开明青年英语丛书）

本书共收 8 篇文章，阐述学习英语的重要性及学习英语应注意的事项，英语中的字、词、语法、翻译、会话、阅读及作文的方法。供中学生课外自修和失学青年自学英语。辑印前曾在《中学生》杂志上发表。

收藏单位：重庆馆、广东馆、桂林馆、国家馆、吉林馆、南京馆、上海馆

03711

英语学习基础　贺湄著

上海：致用书店，1947.10，132 页，32 开

本书分谈标准、谈音节、谈写法、谈词性、表现法等 7 章。

03712

英语学习讲座　范存忠编

中国文化服务社，1943.7，194 页，32 开（青年文库）

重庆：中国文化服务社，1944.8，渝 1 版，194 页，32 开（青年文库）

上海：中国文化服务社，1945.12，沪 1 版，194 页，32 开（青年文库）

上海：中国文化服务社，1946.9，沪 2 版，194 页，32 开（青年文库）

上海：中国文化服务社，1948.5，沪 3 版，194 页，32 开（青年文库）

本书分语言的习惯与语言的感觉、英语的音与国语的音、语法的基本概念、英语的特性、美国语与英国语等 12 讲。辑印前曾在商务印书馆《学生》杂志上发表。书前有编者自序。

收藏单位：重庆馆、广东馆、贵州馆、国家馆、河南馆、吉林馆、南京馆、内蒙古馆、宁夏馆、首都馆、浙江馆

03713

英语一月通　周敬瑜编译

外文题名：How to master English in one month

上海：世界书局，1934.4，10+248 页，36 开

上海：世界书局，1935.9，9 版，10+248 页，36 开

上海：世界书局，1937.4，13 版，10+248 页，36 开

上海：世界书局，1939.5，新 5 版，10+248 页，36 开

上海：世界书局，1941，新 8 版，10+248 页，36 开

上海：世界书局，1946.4，新 10 版，10+248 页，36 开

上海：世界书局，1946.9，新 11 版，10+248 页，36 开

本书据日本松本环所著 How to Master English in Four Weeks 编译而成。有国际音标和汉语子音。书前有例言。书末附不规则动词表、英汉小词典。

收藏单位：广东馆、国家馆

03714

英语之门（从发音到写作）　林东生编著

上海：启明书局，1938，193 页，32 开

上海：启明书局，1947.8，3 版，193+32 页，32

开

本书共 3 编，内容包括：发音的基础、基本句的译读、应用。书末附读音法具体举例。封面加题：中文注音 白话讲解。

收藏单位：首都馆

03715

英语自修全书 （英）汤姆森著　蒋学模改编

外文题名：The complete self-taught book of English

上海：文摘出版社，1946.4，165 页，32 开

上海：文摘出版社，1947.9，3 版，165 页，32 开

本书共 6 章：简明文法、从选辞到造句、如何用字正确、同义字及对义字、拼音和发音、如何增加你的字汇。附习题解答。供高中生、大学生及英语自学者使用。

收藏单位：浙江馆

03716

怎样读通英文　葛传椝著

外文题名：How to master English without a teacher

上海：竞文书局，1935.6，79 页，32 开

上海：竞文书局，1948.12，改订本，183 页，32 开

本书分讲、读、写 3 部分。"讲"介绍听和讲、正确的发音、音节和重读等；"读"介绍精读和略读、为什么读不懂、不懂文法等；"写"介绍一通百通、文法问题、思想的英文化等。

收藏单位：东北师大馆、国家馆

03717

怎样学习英语　开仁编

上海：南强书局，1934.3，228 页，32 开

本书收讨论英语学习法的论文 10 篇。书末附录《浅易书报介绍》（李儒勉编）。

收藏单位：广东馆、国家馆、内蒙古馆

03718

怎样阅读英文　曹志成著

外文题名：How to study English

上海：天下书店，[1911—1949]，87 页，32 开

本书分开场白、关于讲、关于读、关于写 4 部分。

收藏单位：重庆馆、广西馆

03719

怎样阅读英文　曹志成著

外文题名：How to study English

广西：智仁书局，[1911—1949]，87 页，32 开

收藏单位：广东馆、广西馆、南京馆

03720

怎样自修英文（白话讲解 自学本位）　何一介编著

上海：启明书局，1941.4，64 页，42 开

上海：启明书局，1947.2，3 版，64 页，42 开

本书共 14 节，内容包括：怎样发音、怎样用成语、造句、选择读物、会话、写作及怎样用辞典等。节末介绍基本读物。

收藏单位：江西馆

03721

增广英语撮要　商务印书馆编译所编纂

外文题名：The classified list of miscellaneous important terms

上海：商务印书馆，1914.11，20 版，381 页，32 开

上海：商务印书馆，1932.7，国难后 1 版，381 页，32 开

上海：商务印书馆，1932.9，国难后 2 版，381 页，32 开

本书包括博物之理、天文及天空气象各类、天空气息及奇象、分属地方及街道类、国名京都名及人名、时令门、君臣、中国文武官职等 100 余类分类列举英语单词、短语等。题名页题名：英语撮要。

收藏单位：广东馆、国家馆、首都馆

03722

战士英语　陈澄之著

外文题名：Army English

西安：华北新闻社，1944.5，58 页，36 开

本书列举了军队、战争等相关的单词、短语、例句等，并附有中文释义。供中国军队及勇敢青年在战时研习英语用。

收藏单位：国家馆

03723

职业英语　周椒青编辑

外文题名：Vocational English

上海：中华职业教育社，1934.7，54 页，32 开

　　本书以对话方式介绍工作中需要用的句子、词语，使读者容易理解。

　　收藏单位：浙江馆

03724

中国英文读本　伍光建著

外文题名：The Republican English readers

上海：商务印书馆，1913，14 版，133 页，32 开

　　本书为初级英语教本。全 6 册。原名：帝国英文读本。1906 年 1 月初版。

　　收藏单位：广东馆

03725

中华英语留声片课本　周开甲　马润卿编著

外文题名：Chung Hwa English conversation book

上海：中华书局，1930.1，120 页，25 开

上海：中华书局，1930.10，3 版，120 页，25 开

上海：中华书局，1937.2，5 版，120 页，25 开

　　本书为中华英语留声片配套教本。

　　收藏单位：上海馆

03726

自修高等英文典　詹文浒编著

外文题名：An advanced English grammar for self-study

上海：世界书局，1937.1，470+47+16 页，25 开

上海：世界书局，1939.6，新 1 版，470+47+16 页，25 开

上海：世界书局，1946.10，新 2 版，470+47+16 页，25 开

上海：世界书局，1948.4，新 3 版，470+47+16 页，25 开

　　本书包括句和词类、句子的类型、句子的要素、名词的类型等章节。重要名词附英文定义及汉译文，例句概用中文译出。书前有凡例。供学者进一步研究英文文法之用。

　　收藏单位：广西馆、湖南馆、江西馆、宁夏馆

03727

自修英语一瞥　卜允新编

外文题名：English at a glance

成都：川康英文报社出版部，1941.12，3 版，30 页，32 开

成都：川康英文报社出版部，1942.9，4 版，30 页，32 开

　　本书收录常用英文单词及会话，并附汉文注释。供英语自学者使用。

　　收藏单位：国家馆

03728

最新华英启蒙集　刘崇裘编

外文题名：Anglo-Chinese lessons

上海：商务印书馆，1912.12，59 页，32 开

上海：商务印书馆，1935，国难后 5 版，59 页，32 开

　　本书为初级英语课本。共 50 课。书前有发音法、切音法、双母音表。

　　收藏单位：广东馆、国家馆、辽宁馆

03729

最新英文一月通　刘百海编

外文题名：English in one month with Chinese explanation

桂林：南光书店，1943.7，103 页，32 开

　　本书共 4 部：发音指南、基本字汇、会话、附录。书前有编辑大意。书内题名：（中文详解）最新英文一月通。

　　收藏单位：广东馆、广西馆

03730

最新英文一月通（一名，自学英语初步）　刘百海编

广州：南光书店，1946.11，增订 1 版，103 页，32 开

　　收藏单位：广西馆

语音

03731

初级英语读音教科书　周越然编

外文题名：An English phonetic primer

上海：商务印书馆，1918.9，38 页，25 开

上海：商务印书馆，1923.12，8 版，38 页，25 开

上海：商务印书馆，1924.12，9 版，38 页，25 开

上海：商务印书馆，1926，10 版，38 页，25 开

本书适用于小学 3 年级学生及初学英语发音的自学者。书前有引言。

收藏单位：广东馆、首都馆

03732

汉述英文声音学　江东著

外文题名：English phonetics narrated with Chinese

重庆：志宏西文印刷所，1945，271 页，32 开

本书分基本拼音、母音之重要变音、变母音之读音、重音概说等 9 章。附录音符对照表。

收藏单位：重庆馆

03733

开明英语正音片课本　林语堂编辑

上海：开明书店，1933.1，20 页，32 开

上海：开明书店，1933.10，再版，20 页，32 开

本书为英语发音唱片课本。有简要中文解释。书末附国际音标、开明读本音标及韦氏音标之比较表。

收藏单位：上海馆

03734

开明英语正音片课文　林语堂著　（英）琼斯（Daniel Jones）校订

外文题名：The sounds of English

上海：开明书店，1933.10，2 版，20 页，25 开

本书为英语发音唱片课本。1933 年 1 月初版。

收藏单位：上海馆

03735

实用英语发音学　张金泉编著

香港九龙：青年会英语研究社，[1946.12]，34 页，36 开

收藏单位：国家馆

03736

英文读音 ABC　张仕章著

外文题名：The ABC of pronunciation

上海：世界书局，1929.4，73 页，32 开（活用英文 ABC 丛书）

上海：世界书局，1930.12，再版，73 页，32 开（活用英文 ABC 丛书）

上海：世界书局，1933，3 版，73 页，32 开（活用英文 ABC 丛书）

上海：世界书局，1933.6，5 版，73 页，32 开（活用英文 ABC 丛书）

上海：世界书局，1935.10，6 版，73 页，32 开（活用英文 ABC 丛书）

本书共 10 章，内容包括：发音的原理、难音的读法、字音的误读、读音的变化、语音的同化等。书前有丛书序。

收藏单位：国家馆、湖南馆、江西馆、南京馆、上海馆、首都馆

03737

英文发音法　钱歌川编著

重庆：中华书局，1943.9，渝 1 版，30 页，36 开（英文研究小丛书 4）

重庆：中华书局，1944.6，渝 2 版，30 页，36 开（英文研究小丛书 4）

重庆：中华书局，1944，渝 3 版，30 页，36 开（英文研究小丛书 4）

上海：中华书局，1946.7，沪再版，30 页，36 开（英文研究小丛书 4）

上海：中华书局，1948.4，沪 3 版，30 页，36 开（英文研究小丛书 4）

本书主要研究英文的发音方法，内容包括：母音、子音、难辨之发音、无声的字母等。

收藏单位：广东馆、贵州馆、国家馆、南京馆、上海馆

03738

英文基本正音字表 周庭桢编

外文题名：Fundamental charts on English pronunciation

上海：中华书局，1936.9，44 页，32 开

上海：中华书局，1937.7，再版，44 页，32 开

本书将单词按发音分类，教授英语的发音规则。书前有卷头语。

收藏单位：广东馆

03739

英文音学 张仲葛编

北平：沧海丛书社，1946，43 页，32 开（英语小丛书）

收藏单位：首都馆

03740

英文重音法 钱歌川编著

重庆：中华书局，1943.10，渝 1 版，28 页，36 开（英文研究小丛书 5）

重庆：中华书局，1944.6，渝 2 版，28 页，36 开（英文研究小丛书 5）

上海：中华书局，1946.7，沪再版，28 页，36 开（英文研究小丛书 5）

上海：中华书局，1948.4，沪 3 版，28 页，36 开（英文研究小丛书 5）

本书主要研究英文中重音的发音方法，是对《英文发音法》一书的补充。共 6 部分：关于二音节字的法则、关于一般单字的法则、无重音的接尾语、有重音的接头语、无重音的接头语、同源字的重音辨异。

收藏单位：广东馆、国家馆、江西馆、南京馆

03741

英音引钥 周越然编

上海：国华书局，1912.7，13 页，26 开

收藏单位：上海馆

03742

英语读音一助 谢大任编著

外文题名：Some practical helps to pronunciation

上海：中华书局，1937.5，166 页，32 开（英文学生丛书）

昆明：中华书局，1941.1，3 版，166 页，32 开（英文学生丛书）

上海：中华书局，1947.12，166 页，32 开（中华文库 初中第 1 集）

本书收入讨论英语发音方面的文章 11 篇。书中文章曾登载于中华书局出版的英文高级周报及江苏省教育厅出版的江苏学生者。书前有胡达人序及引言。

收藏单位：国家馆、上海馆、西南大学馆

03743

英语读音指南 谢盛德编纂 林天兰 倪耿光校订

外文题名：Key to English pronunciation

上海：商务印书馆，1936.4，74 页，25 开

上海：商务印书馆，1937.5，增订再版，74 页，25 开

长沙：商务印书馆，1940.1，增订 5 版，74 页，25 开

上海：商务印书馆，1948.8，增订 9 版，74 页，25 开

本书适合初高中学生教本及自修之用。共 15 章 36 课。书前有序（3 篇）、自叙及凡例。

收藏单位：广东馆、江西馆、南京馆

03744

英语发音 张沛霖编

上海：开明书店，1936.3，236 页，32 开（开明青年英语丛书）

上海：开明书店，1938.10，再版，236 页，32 开（开明青年英语丛书）

上海：开明书店，1946，5 版，236 页，32 开（开明青年英语丛书）

上海：开明书店，1947.3，6 版，236 页，32 开（开明青年英语丛书）

上海：开明书店，1949.2，9 版，236 页，32 开（开明青年英语丛书）

本书详细讲解英文发音的基本知识。共12章，内容包括：发音机关、元音与辅音、音节与重音等。书前有编辑例言及序。书末附录元音总表、辅音总表等。

收藏单位：重庆馆、广东馆、国家馆、南京馆、上海馆、首都馆

03745

英语发音津梁　邵鸿鑫编著

外文题名：A guide to English pronunciation

上海：中华书局，1939.5，134页，32开

本书是为中国学生编写的英语发音指导书。书前有引言。

收藏单位：广东馆、国家馆、江西馆、浙江馆

03746

英语发音手册　王洞山编著

重庆：建文书店，1946，再版，17页，32开

收藏单位：重庆馆

03747

英语发音图解　钱歌川编著

上海：中华书局，1948.10，47页，32开

本书共3章：发音法、拼字法、句读法。

收藏单位：东北师大馆、广东馆、上海馆

03748

英语发音学　魏肇基著

外文题名：English phonetics

上海：商务印书馆，1933.4，国难后1版，10+314页，32开，精装（学艺丛书4）

本书是系统性介绍英语发音的著作。共3编：音素论、音势论、音调论。书前有改版序和序言。书末有附录和补正。

收藏单位：国家馆、南京馆

03749

英语发音学　魏肇基著

外文题名：English phonetics

上海：中华学艺社，1928.8，10+314页，32开，精装（学艺丛书4）

上海：中华学艺社，1929.11，再版，10+314

页，32开，精装（学艺丛书4）

上海：中华学艺社，1933，国难后1版，10+314页，32开，精装（学艺丛书4）

上海：中华学艺社，1937，国难后2版，10+314页，32开，精装（学艺丛书4）

收藏单位：重庆馆、广东馆、国家馆、绍兴馆、首都馆、中科图

03750

英语发音学　翟文厚编

外文题名：English phonetics

北平：志文学社，1936.10，28页，32开

本书分10章，内容包括：母声、子声、相同之母声、万国音符号、罗马拼音"百家姓"等。

收藏单位：国家馆

03751

英语音韵论　（日）上阪泰次著

外文题名：A study in English phonetics

东京：三省堂，1942.12，196页，32开（语学文库）

本书用日语编写。书前有日语序。书末有参考书列表及索引。

收藏单位：国家馆

03752

英语语音归纳教学法（卷一　母音之部）

Lawrence Faucett 著

外文题名：Teaching phonetics inductively

上海：商务印书馆，1923.11，50页，32开

上海：商务印书馆，1925.10，3版，50页，32开

收藏单位：广东馆

03753

英语语音学纲要　周由廑编

外文题名：An outline of English phonetics

上海：商务印书馆，1922.5，11+111页，25开，精装

上海：商务印书馆，1922.9，再版，11+111页，25开，精装

上海：商务印书馆，1923.9，5版，11+111页，

25 开, 精装

上海: 商务印书馆, 1932.9, 国难后 1 版, 11+111 页, 25 开, 精装

本书分总论、论语音发生之理、辅音之类别、元音之类别、杂论、练习 6 章。书前有叙言。书末附编写本书所参考书目。

收藏单位: 广东馆、贵州馆、国家馆、湖南馆、首都馆

03754

英语语音学指南　任端编

上海: 世界书局, 1925.11, 68 页, 32 开, 精装

03755

英字读音　周越然编

外文题名: A primer of English sounds

上海: 商务印书馆, 1917.9, 37 页, 32 开（英文自修丛书）

上海: 商务印书馆, 1930, 9 版, 37 页, 32 开

上海: 商务印书馆, 1932.9, 国难后 1 版, 37 页, 32 开（英文自修丛书）

上海: 商务印书馆, 1939.5, 国难后 3 版, 37 页, 32 开（英文自修丛书）

收藏单位: 广东馆、湖南馆

03756

英字发音法　英语周刊社编

外文题名: English sounds

长沙: 商务印书馆, 1940.3, 99 页, 32 开（英语文库）

本书内容包括: 正确发音的重要性、元音和辅音、发音时的呼吸方法等。

收藏单位: 国家馆、湖南馆

03757

英字拼音入门　周越然编

外文题名: A course in English spelling

长沙: 商务印书馆, 1940.1, 57 页, 32 开

长沙: 商务印书馆, 1947.2, 4 版, 57 页, 32 开

本书用拼音为单词注音, 并附中文释义。分 10 份共 77 课。书前有引言及大小写字母

表。书末附录句语音释、人名注音、地名注音及字汇。

收藏单位: 广东馆、贵州馆、首都馆

03758

英字切音　周越然编著

外文题名: English spelling

上海: 商务印书馆, 1915.9, 24 页, 25 开

上海: 商务印书馆, 1924, 21 版, 24 页, 25 开

上海: 商务印书馆, 1932.7, 国难后 1 版, 24 页, 25 开

长沙: 商务印书馆, 1938, 国难后 27 版, 24 页, 25 开

上海: 商务印书馆, 1940.1, 国难后 32 版, 24 页, 25 开

上海: 商务印书馆, 1947, 39 版, 24 页, 25 开

本书主要讲解英语单词的读音和拼法。共 24 课, 课末有注释。

收藏单位: 广东馆、南京馆、首都馆

03759

怎样发音正确　顾仲彝编著

外文题名: How to pronounce correctly

上海: 正中书局, 1948.4, 138 页, 32 开（英语指导丛书）

本书共 10 章, 内容包括: 发音器官、嗓音与气音、元音与辅音、英语语音的分析、音的结合等。书后有单字、短句及短文练习。

收藏单位: 广东馆、国家馆、南京馆

03760

自修英文拼读法　张仕章著

成都: 川康英文报出版部, 1942.10, 40 页, 32 开

收藏单位: 南京馆

文字

03761

单字　龚质彬著

上海：中华书局，1935.4，34 页，42 开（商业英文丛书 2）

本书讲述商业英文中单字的分类、选用方法等。用英文编写。

收藏单位：吉林馆、浙江馆

03762
英国文字源流 樊兆庚编注

昆明：中华书局，1940.1，97 页，32 开

本书讲述英文的起源、发展及其变化等。用英文编写，附汉语注释。

收藏单位：东北师大馆、上海馆

03763
英文大写字母用法 王成瑜编

成都：英语周刊社，1943.5，36 页，36 开（英语周刊社汇刊 5）

本书书末附录参考书目、单词英汉对照表。

03764
英文拼法 ABC 张仕章著

外文题名：The ABC of spelling

上海：世界书局，1930.7，157 页，25 开（活用英文 ABC 丛书）

上海：世界书局，1932.11，3 版，157 页，25 开（活用英文 ABC 丛书）

上海：世界书局，1933.3，4 版，157 页，25 开（活用英文 ABC 丛书）

本书共 10 章，内容包括：总论、拼字的研究、拼字的程序、拼字的变化、拼字的错误等。

收藏单位：广东馆、江西馆

03765
英文拼字法 钱歌川编著

重庆：中华书局，1944.6，渝 3 版，32 页，32 开（英文研究小丛书 3）

上海：中华书局，1946.4，沪初版，32 页，32 开（英文研究小丛书 6）

上海：中华书局，1948.4，沪 4 版，32 页，32 开（英文研究小丛书 3）

本书主要讲述英文中的拼写方法，内容

包括：拼字法则、变则的字、两种拼法的字、美国人的拼法等。

收藏单位：广东馆、国家馆、江西馆、辽大馆、南京馆、首都馆

03766
英文拼字渐进法（上集） 卜允新编

外文题名：Graded spelling book

成都：川康英文报社出版部，1941.12，48 页，32 开

本书讲述英语基础单字、词形拼读等。单词后有中文释义。书后附同音异义字。

收藏单位：国家馆

03767
英文字的研究 英语周刊社编

长沙：商务印书馆，1940，再版，53 页，32 开（英语文库）

收藏单位：广东馆

03768
英语二千字（默记举例） 卞纪良编

外文题名：2000 words for daily use

上海：启明书局，1947.2，173 页，32 开

上海：启明书局，1948.3，3 版，173 页，32 开

本书分默记之部和例句之部两部分。列举英语常用词汇，附音标、词性、中文释义及例句。封面题名："英语常用字 2000：默记举例。"书前有万国发音符号表。

收藏单位：江西馆、南京馆

03769
英语速记练习法

外文题名：Stenographic training

上海：商务印书馆，1923.1，99 页，32 开

上海：商务印书馆，1924.1，再版，99 页，32 开

本书列举日用英文中的略字等。

收藏单位：广东馆

03770
英语用字法（上册） 黎敏伯著

外文题名：Idiomatic uses of words and phrases

文瑞印书馆，1935.10，367 页，32 开，精装

本书列举若干英汉对照的例句。

　　收藏单位：广东馆

03771

英字指南（卷二）　杨勋编

出版者不详，[1913—1949]，52 页，25 开

　　收藏单位：江西馆

03772

英字指南（卷六）　杨勋编

出版者不详，[1913—1949]，52 页，25 开

　　收藏单位：江西馆

03773

增广英字指南　杨少坪辑释

外文题名：Method for learning English

出版者不详，1931，1 册，32 开

　　本书共 6 卷。第 1 卷包括字学浅说、入门诸诀、通用字母、音气注释等内容；第 2 卷讲了一声字部、二字长音、二字短音等内容；第 3 卷分类字学上；第 4 卷分类字学下；第 5 卷贸易须知；第 6 卷通商要语。书前有余序。

　　收藏单位：重庆馆、广东馆、绍兴馆

03774

注音字母书法体式（英文本）　中华书局编

上海：中华书局，1923.4，21 页，16 开

语义、词汇、词义

03775

标准英语字汇　陆殿扬编译

南京：正中书局，1935.12，50 页，24 开（教与学月刊社丛篇）

上海：正中书局，1946.4，沪 1 版，50 页，24 开（教与学月刊社丛篇）

　　本书分编订标准字汇的必要、研究字汇的种种问题、英语字表（包括常用英语五百字表、常用英语第二五百字表、标准英语字汇一千字表、教室英语字汇首六百字表）3 部分。

　　收藏单位：重庆馆、东北师大馆、贵州馆、国家馆、南京馆、首都馆

03776

分类英文字汇　卜允新编

外文题名：Classified English vocabularies

成都：川康英文报社出版部，1942.10，再版，40 页，32 开

　　本书收英文基本单词。按世界及其要素、陆地与水、衣服、饮食、食具等 25 类编排。

　　收藏单位：国家馆

03777

活用英文习语八百句　陈徐堃编　詹文浒校订

外文题名：800 idiomatic phrases

上海：世界书局，1934.11，149 页，32 开

上海：世界书局，1935.5，再版，149 页，32 开

上海：世界书局，1938.5，新 1 版，149 页，32 开

上海：世界书局，1946.12，新 5 版，149 页，32 开

上海：世界书局，1947.9，新 6 版，149 页，32 开

　　本书从英文的习语中选出最实用的习语800 句，附中文释义及例句。书前有校订者引言。

　　收藏单位：广东馆、南京馆、首都馆

03778

基本英语字表　钱歌川译

外文题名：Vocabulary of basic English

重庆：中华书局，1945.4，渝重排初版，24 页，32 开

　　本书按行动词、名词、形容词分类收录英语单词。内容包括：比较格之例外、复数形之例外、代名词之变化、行动词之变化及 HAVE 之变化。书后有文法摘要。

　　收藏单位：国家馆

03779

六百个英文基本成语　桂绍盱编

外文题名：600 foundation English idioms

上海：中华书局，1934.2，185 页，50 开（中学生必读）

上海：中华书局，1935.6，135 页，32 开（初中学生文库）

上海：中华书局，1936.7，7 版，185 页，50 开（中学生必读）

上海：中华书局，1940.6，6 版，135 页，32 开（初中学生文库）

昆明：中华书局，1941.1，7 版，135 页，32 开（初中学生文库）

重庆：中华书局，1943.12，渝重排再版，145 页，36 开

重庆：中华书局，1944.12，渝重排 3 版，145 页，36 开

上海：中 华 书 局，1947.12，135 页，32 开（中华文库 初中 第 1 集）

本书收入 600 个英文成语。每个成语皆有汉文注释，并附例句以示用法。每课后有练习，书末附答案。

收藏单位：重庆馆、广东馆、贵州馆、桂林馆、国家馆、黑龙江馆、湖南馆、江西馆、南京馆、内蒙古馆、上海馆、绍兴馆、浙江馆

03780

美国俗语辞典

出版者不详，[1934.6]，514 页，25 开

收藏单位：江西馆

03781

模范英文成语辞典　桂绍盱　张慎伯编

外文题名：A model dictionary of English phrases

上海：中华书局，1935.4，872 页，64 开，精装

上海：中华书局，1936.4，再版，872 页，64 开，精装

上海：中华书局，1936.9，3 版，872 页，64 开，精装

昆明：中华书局，1940.5，5 版，872 页，64 开，精装

上海：中华书局，1947.9，5 版，872 页，64 开，精装

本书按字母顺序做检索，有汉文解释。书前有本书所用略语表。

收藏单位：上海馆、新疆馆、浙江馆

03782

日用英文习语　葛传椝编著

外文题名：Everyday English idioms

上海：竞文书局，1940.1，168 页，32 开

上海：竞文书局，1941.4，2 版，168 页，32 开

上海：竞文书局，1947.8，3 版，168 页，32 开

本书从若干英美人创作的书报中选取最常用的英文习语 662 个，按常用程度排序，习语后有中文释义、例句及其译文。为查询方便，书后附按字母排序的索引，在习语后注明页数。

收藏单位：南京馆

03783

日用英文习语分类例解　李儒勉编著

外文题名：Everyday English idiomatic phrases classified explained and illustrated

重庆：开明书店，1945.6，96 页，32 开

重庆：开明书店，1946.10，再版，96 页，32 开

重庆：开明书店，1947.3，3 版，96 页，32 开

本书收录常用英文习语，包括动物、昆虫、身体部位、颜色、衣服、时间、花、水果、形状和测量的常用语。习语后有中文释义、例句及其译文。

收藏单位：国家馆、江西馆、辽大馆、辽宁馆、浙江馆

03784

双解标准英文成语辞典　厉志云编

外 文 题 名：The standard dictionary of English phrases with bilingual explanations

上海：商务印书馆，1926.7，897 页，48 开，精装

上海：商 务 印 书 馆，1932.7，国难后 1 版，897 页，48 开，精装

上海：商务印书馆，1932.9，国难后 2 版，897 页，48 开，精装

上海：商务印书馆，1933.7，国难后 5 版，

897 页，48 开，精装

本书收录英文成语约 7500 句，按字母排序。主要取材于 *Century Dictionary* 及邝氏《英文成语词典》。习语后有中文释义、例句及其译文。书前有绪言及凡例。

收藏单位：上海馆、绍兴馆、首都馆

03785

双解标准英文俚语辞典 翁文涛编纂

外文题名：The standard dictionary of English slang with bilingual explanations

上海：商务印书馆，1929.3，336 页，36 开，精装

上海：商务印书馆，1933.7，国难后 14 版，336 页，36 开，精装

本书收录大量英文俗语词汇，按字母顺序排列，有英文及中文释义。

收藏单位：广东馆、广西馆、湖南馆、绍兴馆、西南大学馆、浙江馆

03786

新名词成语汇编（英汉对照） 摩根（E. Morgan）编

外文题名：Colloquial sentences with new terms

上海：Kelly and Walsh，1922，170 页，24 开

本书分经济、历史、哲学、科学等类编排。

收藏单位：上海馆

03787

袖珍英华成语辞典 朱树蒸编译

外文题名：A pocket dictionary English phrases with Chinese equivalents

上海：商务印书馆，1914.10，再版，945 页，64 开

本书收录英文成语、俗语等，按字母顺序排列，有英文及中文释义。书前有黄炎培序。

收藏单位：国家馆

03788

续英文成语例解 鲍屡平著

外文题名：Correct uses of some more common idioms

上海：商务印书馆，1947.7，198 页，32 开

本书内容包括英语词汇、短语、词汇用法与句型、词汇的中文解释等，按字母顺序排列。书前有前言及例言。

收藏单位：南京馆、浙江馆

03789

英汉成语辞林 （英）提克松（M. J. Dixon）著 陈荫明译 颜惠庆校订

外文题名：Dictionary of idiomatic English phrases

上海：商务印书馆，1913，3 版，555+36 页，22 开，精装

上海：商务印书馆，1913.11，4 版，555+36 页，22 开，精装

上海：商务印书馆，1924.1，10 版，555+36 页，22 开，精装

上海：商务印书馆，1927.5，11 版，555+36 页，22 开，精装

本书收英文习用成语，按字母顺序排列，有中文释义、例句及其译文。书前有孙毓修序，书末有附录。

收藏单位：安徽馆、东北师大馆、广东馆、国家馆、山西馆、浙江馆

03790

英汉各科辞汇 毛起鵁著

外文题名：An Anglo-Chinese dictionary on the terms of every course

上海：中原书局，1927.1，1 册，32 开，精装

本书按历史等主题分类收录英文词汇，按字母顺序排列，有中文翻译及释义。

收藏单位：广东馆

03791

英汉双解分类美国俗语辞典 （美）维新（M. H. Weseen）著 李香谷译述

外文题名：A dictionary of American slang

上海：商务印书馆，1946.1，523 页，32 开

上海：商务印书馆，1947.6，再版，523 页，32 开

本书共 21 章，内容包括：铁路工人的俗语、士兵的俗语、戏园的俗语、学院的俗语

等。书前有译者序、原序原文、原序译文及按字母顺序排列的词汇索引。书末附总检字表。

收藏单位：东北师大馆、广西馆、贵州馆、湖南馆、吉林馆、上海馆、首都馆、浙江馆

03792

英汉双解启明英文成语辞典 何一介编

外文题名：The standard dictionary of English phrases

上海：启明书局，1941.7，494页，大64开

上海：启明书局，1947.1，3版，494页，大64开

本书收英文成语5000余条。有解释及例句。卷端题名：英汉成语辞典。

收藏单位：广西馆、河南馆

03793

英汉双解熟语大辞典 陈嘉编著

外文题名：A dictionary of English phrases with Chinese translation

上海：群益书社，1923.3，1249页，32开，精装

上海：群益书社，1924，再版，1249页，32开，精装

上海：群益书社，1933，5版，1249页，32开，精装

本书收录16世纪以来的熟语成语。注重对俗语、俚语、方言等的解释。英汉两解，互有详略。书前有略语表。

收藏单位：东北师大馆、国家馆、湖南馆、上海馆、浙江馆

03794

英汉双解详注略语辞典（缩本） 倪灏森编

外文题名：An Anglo-Chinese dictionary of abbreviations and contraction

上海：商务印书馆，1933.9，224页，50开，精装

上海：商务印书馆，1940.5，再版，224页，50开，精装

本书收录英文缩略语。

收藏单位：东北师大馆、国家馆、湖南馆、绍兴馆

03795

英汉双解英文成语辞典 伍光建编纂

外文题名：Glossary of English phrases with Chinese translations

上海：商务印书馆，1917.1，615页，42开，精装

上海：商务印书馆，1923.5，6版，615页，42开，精装

上海：商务印书馆，1923.11，7版，615页，42开，精装

上海：商务印书馆，1925.2，8版，615页，42开，精装

上海：商务印书馆，1933.12，国难后1版，615页，42开，精装

上海：商务印书馆，1935.5，国难后3版，615页，42开，精装

上海：商务印书馆，1940.5，国难后6版，615页，42开，精装

本书根据邝氏英文成语字典编纂，按字母排列以便检索，英汉两解，并附有例句。从布鲁华（Brewer）、摩理（Murray）及日本增田藤之等人书中补辑近3000条，拉丁、法文、意大利等语言谚语均于句后注明，英美两国之俗语凡属常用者均一一增入。书前有作者自序及例言。

收藏单位：广东馆、南京馆、浙江馆

03796

英汉缩语辞典 陆费执 陈懋烈编

外文题名：The dictionary of abbreviations

上海：中华书局，1936.6，267页，64开，精装

昆明：中华书局，1940.5，再版，267页，64开，精装

本书有原字对照及汉字解释，按英文字母顺序编排。书末附录纽约股票交易符号、略字及符号、数字之略、天文记号、气象记号、世界各国货币及格林威治标准时间表。

收藏单位：吉林馆、上海馆

03797

英华合解英文习语大全　翁良　杨士熙编纂

外 文 题 名：A complete dictionary of English phrases with bilingual explanations

上海：商务印书馆，1926.3，1133 页，24 开，精装

上海：商务印书馆，1926.11，再版，1133 页，24 开，精装

上海：商务印书馆，1935.5，国难后 3 版，1133 页，24 开，精装

　　本书为英语常用语词典。编者为中国人，其署名为英文缩写。版权页题名：英文习语大全。

　　收藏单位：吉林馆、辽宁馆、绍兴馆

03798

英文常用四千字例句　张普安编著

外文题名：The four thousand commonest English words in complete sentences

湖南：湘南印书馆，1947.6，2 版，217 页，32 开

　　本书取《英文最常用四千字》中单词组成 2000 例句，每句均包含一个或多个习语，以求适合日常需要。书中例句均有中文释义。书前有序。

　　收藏单位：湖南馆、南京馆

03799

英文常用五千字　（美）桑代克（Edward Lee Thorndike）著　奚识之译注

外文题名：The five thousand commonest words in English

上海：春明书店，1940.8，398 页，64 开，精装

上海：春明书店，1946.7，再版，398 页，64 开，精装

　　本书按初级中学课程标准编成，共收约 5000 字，按字母顺序排序，详注译音及解释，并附例句及其译文。其中 2000 字用桑代克所著 Teacher's Word Book 中最常用之 2000 字。封面题名：学生实用英文常用五千字。著者原题：桑戴克氏。

　　收藏单位：浙江馆

03800

英文成语　林幽编

上海：开明书店，1937.1，233 页，32 开（开明青年英语丛书）

上海：开明书店，1943.5，内 2 版，233 页，32 开（开明青年英语丛书）

上海：开明书店，1947.3，6 版，233 页，32 开（开明青年英语丛书）

上海：开明书店，1948.10，8 版，233 页，32 开（开明青年英语丛书）

　　本书以分类法编纂，所收成语按空间、时间、数量、因果等 10 类编排。详注中文解释，并附例句及译文。书前有编辑例言及序。供中学生及失学青年自修英语使用。

　　收藏单位：重庆馆、东北师大馆、广西馆、国家馆、吉林馆、辽大馆、南京馆、上海馆、西南大学馆、浙江馆

03801

英文成语八千句　华中书局编辑部编著

外 文 题 名：Eight thousand English idioms and phrases

衡阳：华中书局，1943.4，增订本，121 页，32 开

　　本书为英汉对照读物。所收成语分类编排，并举例句说明用法。

03802

英文成语八千句　谢楚音编著

外 文 题 名：Eight thousand English idioms and phrases

上海：春明书店，1936.7，7 版，126 页，25 开

上海：春明书店，1937.3，重订 1 版，126 页，25 开

上海：春明书店，1939.3，重订 6 版，126 页，25 开

上海：春明书店，1941，增订 2 版，126 页，25 开

上海：春明书店，1947.5，改版后 3 版，126 页，25 开

　　本书为英汉对照学生课外读物，按主题分类收录英语句子。书前有作者序。

收藏单位：广东馆、江西馆

03803

英文成语八千句　谢楚音编著

外文题名：Eight thousand English idioms and phrases

上海：新村书局，[1934.11]，126 页，32 开

上海：新村书局，1935.4，再版，126 页，32 开

上海：新村书局，1935.10，4 版，126 页，32 开

　　本书封面题：上海固而特书店出版。

　　收藏单位：重庆馆、国家馆、南京馆、绍兴馆

03804

英文成语八千句　谢楚音编著

外文题名：Eight thousand English idioms and phrases

桂林：万有书局，1942，2 版，121 页，32 开

桂林：万有书局，1943.9，6 版，121 页，32 开

　　本书为英汉对照读物，按主题分类收录英语句子。书名页题：上海万有书局印行。

　　收藏单位：广东馆、河南馆、湖南馆

03805

英文成语八千句　叶叔文编译

成都：中华出版社，1942.4，103 页，32 开

　　收藏单位：南京馆

03806

英文成语辞典　大东书局编审处编

上海：大东书局，1947.3，178 页，90 开

　　本书分暗记栏及解释、运用栏。按字母顺序编写。书前有序及凡例。

　　收藏单位：江西馆、南京馆

03807

英文成语探源　钱歌川编著

上海：中华书局，1949.5，34 页，32 开（英文研究小丛书）

　　本书讲述英语成语的渊源和用法。

　　收藏单位：重庆馆、南京馆、上海馆

03808

英文成语用法 ABC　李厚康编著

外文题名：The ABC of English phrases and idioms

上海：世界书局，1932.10，3 版，182 页，32 开（活用英文 ABC 丛书）

上海：世界书局，1935.10，7 版，182 页，32 开（活用英文 ABC 丛书）

　　本书收英文成语，按字母顺序排列，有汉语释义、例句及译文。书前有前言和序。

　　收藏单位：广东馆

03809

英文成语用法详解　樊兆庚编

外文题名：Idiomatic expressions explained

上海：中华书局，1939.8，113 页，32 开（英文学生丛书）

昆明：中华书局，1941.7，再版，113 页，32 开（英文学生丛书）

　　本书收英文习用成语 73 个，详注用法，汉语解释，并附例句及其译文。书脊题名：初级英文成语用法详解。

　　收藏单位：国家馆、江西馆

03810

英文词汇（第一卷 名词）

出版者不详，[1911—1949]，手写本，1 册，32 开

　　收藏单位：国家馆

03811

英文词汇（第二卷 形容词）

出版者不详，[1911—1949]，手写本，1 册，32 开

　　收藏单位：国家馆

03812

英文词汇（第三卷 动词）

出版者不详，[1911—1949]，手写本，1 册，32 开

　　收藏单位：国家馆

03813

英文词汇（第四卷 副词 代名词 介词 连续词

感叹词）

出版者不详，[1911—1949]，手写本，1 册，32 开

本书收录英语副词、代名词、介词、连续词、感叹词词汇，按字母顺序排列。

收藏单位：国家馆

03814

英文单字记忆法　陈楚良编著

外文题名：How to remember English words

成都：英语周刊社，1939.2，108 页，32 开（英语周刊社丛书 第 1 种）

成都：英语周刊社，1942.10，3 版，108 页，32 开（英语周刊社丛书 第 1 种）

成都：英语周刊社，1943.10，4 版，108 页，32 开（英语周刊社丛书 第 1 种）

本书分接头语相同的单字、接尾语相同的单字、意义相关的单字等 9 章。

收藏单位：重庆馆、广东馆、国家馆

03815

英文惯用语及难句详解　丘蔼达编

外文题名：A collection of idiomatic English construction and phrases

桂林：现代外国语文出版社，1944.5，143 页，32 开（现代英语自学丛书 2）

上海：现代外国语文出版社，1946.3，再版，143 页，32 开（现代英语自学丛书 2）

上海：现代外国语文出版社，1946.10，3 版，143 页，143 页，32 开（现代英语自学丛书 2）

上海：现代外国语文出版社，1947.4，[再版]，143 页，32 开（现代英语自学丛书 2）

本书收录英文惯用语及难句，附中文释义及重点词语详解。

收藏单位：广西馆、南京馆

03816

英文类似成语辨异（第二集）　喻勋尧编著

外文题名：English phrase-synonyms

湖南：雅雨堂编译社，1944，80 页，32 开

收藏单位：山西馆

03817

英文类语解　农树棻译述

外文题名：Common English synonyms

上海：泰东图书局，1929.3，6 版，80 页，32 开

本书是英文词语解释。按英文字母顺序编排，有汉语详解及例句。书前有序，书末附（一）发音全同，而缀字及意义相异之语；（二）发音殆同，而缀字与意义相异之语；（三）发音缀字意义虽异，而往往易混同之语。

03818

英文里的中国字　佘坤珊编著

贵阳：文通书局，1942.9，19 页，32 开（语文学丛书）

本书考证英文中关于中国事物的单字。例如丝、瓷、茶、桐油等均是从中国字流传过去而演变形成的。

收藏单位：重庆馆、贵州馆、国家馆

03819

英文歧字用法 ABC　俞瑞元编著

外文题名：The ABC of English synonyms

上海：世界书局，1931.4，170 页，32 开（活用英文 ABC 丛书）

上海：世界书局，1933.1，3 版，170 页，32 开（活用英文 ABC 丛书）

上海：世界书局，1936.10，5 版，170 页，32 开（活用英文 ABC 丛书）

本书所载英语歧字皆为日常通用字，收录常见意义及用法，有汉语注释及例句。书前有活用英文 ABC 丛书序、弁言。供中学生及其他初学英语者自修使用。

收藏单位：国家馆、浙江馆

03820

英文日用同义字　邹朝濬编

外文题名：Every English synonyms

上海：竞文书局，1937.3，150 页，32 开

上海：竞文书局，1939.7，再版，150 页，32 开

本书讲述英文同义字的区别及使用，有中英文注释、例句及译文。书前有编者序。

收藏单位：绍兴馆、天津馆

03821

英文俗语集 余秀豪 刘剑如编著

外文题名：English colloquialism

重庆：出版者不详，1944.8，89 页，32 开

本书收英、美俗语约 600 句。出版地、出版年据书前序的写作地点及时间。商震将军题写封面书名并钤印。

收藏单位：重庆馆、广东馆、贵州馆、国家馆、南京馆

03822

英文习语两千句 张则之编辑

外文题名：2000 important English phrases

北平：北平科学社，1937.6，642 页，32 开

本书收录英文习语 2000 个，均有汉语释义、例句及译文。

收藏单位：首都馆

03823

英文相同常用字语用法（华文注释） 谢天镳编著

成都：友生出版社，1943.3，33 页，32 开（自修及参考丛书）

成都：友生出版社，1943.11，再版，33 页，32 开（自修及参考丛书）

收藏单位：国家馆

03824

英文新辞汇 钱歌川编著

外文题名：A glossary of new words and phrases

重庆：中华书局，1944.5，44 页，36 开（英文研究小丛书 8）

重庆：中华书局，1944.12，2 版，44 页，36 开（英文研究小丛书 8）

上海：中华书局，1946.4，43 页，36 开（英文研究小丛书 8）

上海：中华书局，1946.9，再版，52 页，36 开（英文研究小丛书 8）

上海：中华书局，1948，3 版，44 页，36 开（英文研究小丛书 8）

本书收录较流行的英文单词，其中多为军事用语。按字母顺序编排，有汉语注释。书后有补遗。

收藏单位：广东馆、广西馆、贵州馆、国家馆、南京馆、上海馆、首都馆

03825

英文最常用成语 650（自学本位 中文讲解） 陈徐塈编著

上海：启明书局，1938，100 页，32 开

收藏单位：首都馆

03826

英文最常用成语 650（自学本位 中文讲解） 谢克任编著

外文题名：The commonest 650 English phrases

上海：启明书局，1938.7，100 页，32 开

上海：启明书局，1939.5，3 版，100 页，32 开

本书收录英文成语及其同义或反义成语共约 800 句。分暗记之部和活用之部，分别按字母顺序排列。暗记之部将 650 句成语按每 10 句排列，不加注释，不讲用法，只供读者暗记。活用之部也按每 10 句排列，有中英文释义、例句及其译文、同义或反义成语及习题等。

收藏单位：重庆馆、国家馆、南京馆

03827

英文最常用成语 650（自学本位 中文讲解） 谢克任编著

外文题名：The commonest 650 English phrases

重庆：桂林新生书局，1945，100 页，32 开

收藏单位：重庆馆、国家馆

03828

英语成语 林幽编

上海：开明书店，1937.1，233 页，32 开（开明青年英语丛书）

上海：开明书店，1943.5，内 2 版，233 页，32 开（开明青年英语丛书）

上海：开明书店，1946，5 版，233 页，32 开（开明青年英语丛书）

上海：开明书店，1947，6 版，233 页，32 开（开明青年英语丛书）

本书所收成语按空间、时间、数量、因果等 10 类编排。书前有编辑例言及序。

收藏单位：广西馆、首都馆

03829

英语基础一万字 陈嘉编

外文题名：A Classified English Chinese vocabulary

上海：群益书社，[1946.4]，增订新版，411页，36开

本书从英文里面选出 1 万多字，按照社会上各种事项分为饮食、服装、家庭、人等 34 门编成。书前有序言及增订小言。出版时间据增订小言写作时间推测。

收藏单位：广西馆

03830

英语歧字辨异 （英）葛兰伯（George Crabb）著　周越然译

外文题名：English synonyms explained

上海：商务印书馆，1912.9，629 页，32 开，精装

上海：商务印书馆，1913.7，再版，597+45页，32 开，精装

上海：商务印书馆，1924.2，9 版，629 页，32开，精装

上海：商务印书馆，1927.1，11 版，629 页，32开，精装

上海：商务印书馆，1932.9，国难后 1 版，629页，32 开，精装

上海：商务印书馆，1935.5，国难后 3 版，629页，32 开，精装

上海：商务印书馆，1939，国难后 5 版，629页，32 开

本书收约 6000 个英语歧字，分为 1826种，并介绍同义词与反义词的区分，意义与解释等内容。书前有弁言及凡例。书末附字目，按字母顺序排列。

收藏单位：广西馆、贵州馆、辽大馆、绍兴馆、浙江馆

03831

英语语原常识 刘君霭著

昆明：中华书局，1940.6，158 页，48 开

本书分 4 部分：单语构成概要、接头语之

结合现象、接尾语之结合现象、语根集。书前有蒋作实序。

收藏单位：国家馆、南京馆、上海馆

03832

英语最重要熟语解一千题活用法 （日）山川作治郎著

东京：升龙堂书店，1929.9，89 页，32 开

收藏单位：南京馆

03833

英字辨异 英语周刊社编

外文题名：Simple words distinguished

长沙：商务印书馆，1940.3，234 页，32 开（英语文库）

长沙：商务印书馆，1940.9，再版，234 页，32开（英语文库）

本书列举英语近义词，有中文详解及例句。

收藏单位：国家馆、绍兴馆

03834

战时英汉辞汇及人名索引 陈国栋著

[福建]：英语钥论出版社，1945，61 页，32开

收藏单位：广东馆

03835

最新实用英文常用五千字 甲申出版社编

外文题名：The five thousand common words in English

成都：甲申出版社，1944.12，159 页，50 开

本书列举常用英文单词及其发音、词性和中文释义，按字母顺序排列。书前有发音符号说明。

收藏单位：国家馆

语法

03836

标准活用英文法（自学本位 中文详解） 刘道升编

外文题名：The standard living English grammar
重庆：新中国书局，1945.5，[188] 页，32 开

　　本书分句的种类、词类等。

　　收藏单位：广西馆

03837
标准英文改错例解　董绍华编
长沙：中南印书馆，1943.1，88 页，32 开

　　本书根据历届各大学、高中入学试题英文改错及一般初学英文的人容易做错的句子编成。共 400 余句。分 10 类编排。书前有例言。书末附录普通误用字改正、分解个字和分析句语。

　　收藏单位：国家馆

03838
初步英文法（单元编制）　赵鸿隽编著
外文题名：The first step to English grammar
上海：世界书局，1947.4，4 版，188 页，25 开

　　本书旨在为初学英文者提供必备的文法知识，尤其注重个人自修之用。共 48 个单元，由各词类的性质用法讲起，一直讲到句的结构。书前有编者序文。

　　收藏单位：江西馆

03839
初步英文造句法　赵鸿隽编著
外文题名：The first step to English composition
上海：世界书局，1944.3，湘 1 版，170+24 页，32 开

　　本书共 70 个单元，收录英文中最常用的句式和最基本的用法，并汇集相关知识加以举例和图解，务使读者掌握造句诀窍。书末附习题答案。

　　收藏单位：贵州馆、国家馆

03840
初等英文典　（日）神田乃武著　商务印书馆编译所译
外文题名：English grammar for beginners
上海：商务印书馆，1912.12，80 页，32 开
上海：商务印书馆，1932.10，国难后 1 版，80 页，32 开

上海：商务印书馆，1934.10，国难后 6 版，80 页，32 开
上海：商务印书馆，1947.4，22 版，80 页，32 开
上海：商务印书馆，1947，23 版，80 页，32 开

　　本书为适用于初学者的英语语法教材。

　　收藏单位：广东馆、湖南馆、山西馆

03841
初等英文法　刘崇裘著
外文题名：Elements of English grammar
上海：中华书局，1915.4，62 页，32 开
上海：中华书局，1928.12，39 版，62 页，32 开
上海：中华书局，1933，48 版，62 页，32 开
上海：中华书局，1935.12，52 版，62 页，32 开
上海：中华书局，1939.12，61 版，62 页，32 开

　　本书讲述英文单词的分类及用法。按名词、代词、连词、介词等词性分类。

　　收藏单位：广东馆、广西馆、江西馆、辽宁馆、上海馆

03842
初学英文造句法　川康英文报社出版部编
外文题名：Sentence formation for junior middle school
成都：川康英文报社出版部，1941.9，31 页，32 开

　　本书共 18 课，每课收录单词及短语数个，有详解及例句，课后附造句练习。

　　收藏单位：国家馆

03843
渡船（英文动词研究）　龙志霍编著
外文题名：The ferry-boat: a study of the English verb
上海：开明书店，1935.2，346 页，32 开
重庆：开明书店，1945.2，346 页，32 开
重庆：开明书店，1946.10，再版，346 页，32 开

重庆：开明书店，1947.6，3 版，346 页，32 开

本书共 7 章，讲述英文动词的时态、悬揣语气、无定动词、分词、动名词等。编著者把文法的作用比作渡船，故名。用英文编写。

收藏单位：东北师大馆、广西馆、国家馆、辽大馆、上海馆、西南大学馆、浙江馆

03844

渡船练习答案　龙志霍著

外文题名：The ferry-boat : answers to exercises

重庆：开明书店，1944.2，51 页，32 开

重庆：开明书店，1946.10，再版，51 页，32 开

本书是《渡船（英文动词研究）》一书的附册。含 21 个练习问答。

收藏单位：国家馆、辽大馆、辽宁馆、西南大学馆、浙江馆

03845

复兴英文法（第一册 字的类别和使用法）　沈彬编

外文题名：Fohshing English grammar. Book Ⅰ, Words

成都：复兴书局，1943.10，156 页，32 开

本书为英语语法教材。

收藏单位：南京馆

03846

高级详明汉释英文法　李铸尧　黄子蕴合编

外文题名：Full Chinese explanation of English grammar for advanced students

长沙：湘芬书局，1946.11，139 页，32 开

本书为英语语法教材。

收藏单位：南京馆

03847

高级英语文法读本合编（上册）　赵丽莲编著

外文题名：The radio English reader and grammar

北平：丽莲英文丛刊社，1947.3，102 页，32 开

本书为北平广播电台英语讲座补充教本。

收藏单位：国家馆

03848

公式化英语复句构造法　王范五著

外文题名：A formularized construction of complex sentence

重庆：范五英文研究社，1944.12，309 页，32 开（范五英文丛书 2）

本书为英汉对照读物，以公式化理念教授英文文法。

收藏单位：国家馆

03849

公式化英语复句构造法习题答案　王范五著

重庆：范五英文研究社，1944.12，53 页，32 开（范五英文丛书 2）

收藏单位：国家馆、吉林馆

03850

归纳教学法英文法要略　李振南编纂

外文题名：Essentials of English grammar taught by the inductive method

上海：商务印书馆，1924.1，15+170 页，32 开

上海：商务印书馆，1927.3，4 版，15+170 页，32 开

上海：商务印书馆，1932.9，国难后 1 版，15+170 页，32 开

上海：商务印书馆，1935.5，国难后 4 版，15+170 页，32 开

本书介绍句子及其结构、词类等语法知识。

收藏单位：广东馆、河南馆、南京馆

03851

汉英比较英文法讲义　朱我农编纂

外文题名：Lectures in Chinese on English grammar

上海：商务印书馆，1920.11，280 页，32 开

上海：商务印书馆，1921.3，再版，280 页，32 开

本书分 10 篇：时制、可能语气、直接述法及间接述法、不定语气、通常不定式、特别不定式、分词—现在分词、分词—过去分词、名词—分类、名词—性及数。书前有凡例。

收藏单位：浙江馆

03852

华英通用要语　商务印书馆编译所编纂

外文题名：Useful sentences in English and Chinese

上海：商务印书馆，1921.9，22 版，订正本，61 页，32 开

上海：商务印书馆，1930.10，28 版，订正本，61 页，32 开

上海：商务印书馆，1933.9，国难后 1 版，61 页，32 开

上海：商务印书馆，1936.11，国难后 6 版，61 页，32 开

本书为英汉对照读物，收录常用短语、句子等。

收藏单位：河南馆、吉大馆、浙江馆

03853

活的英文法　詹文浒编著

外文题名：A working English grammar

上海：世界书局，1934.8，12+260 页，32 开

上海：世界书局，1934.10，再版，12+260 页，32 开

上海：世界书局，1935，3 版，12+260 页，32 开

上海：世界书局，1937.5，6 版，12+260 页，32 开

上海：世界书局，1946，8 版，12+260 页，32 开

上海：世界书局，1947.2，9 版，12+260 页，32 开

本书共 17 章，内容包括：句、词类、构成句子的要点、名词、代名词、动词、动词与动词性字、句中的修饰词等。书后有附录及习题答案。供初学入门者使用。

收藏单位：国家馆、河南馆、湖南馆、江西馆、南京馆、首都馆、浙江馆

03854

活用英文法（自学本位 中文讲解）　刘鸿隽编著

外文题名：Living English grammar self-taught

上海：启明书局，[1938.5]，219+14 页，36 开

上海：启明书局，1945.10，212 页，32 开

上海：启明书局，1947.10，3 版，219+14 页，

36 开

本书分句的种类、词类、句的构造 3 编。书前有致读者及凡例。书后附录标点法、大写字母使用表、不规则动词变化表。

收藏单位：重庆馆、南京馆、上海馆、首都馆

03855

活用英文造句法　钟子岩　孙立源编著

外文题名：A working English composition

上海：世界书局，1936.12，240 页，32 开

上海：世界书局，1937.3，3 版，240 页，32 开

上海：世界书局，1938.10，重排版，240 页，32 开

上海：世界书局，1938.12，新 1 版，240 页，32 开

本书共 17 章，内容包括：句法、单语和熟语的智识、时制、语句的连结法、一致、相关语句、结合词、修饰语句、代用语句、命令语句等。

收藏单位：南京馆、浙江馆

03856

基本英文典　钟作猷编

外文题名：Basic English grammar

上海：中华书局，1934.4，517 页，25 开，精装

上海：中华书局，1938.7，再版，517 页，25 开，精装

本书为英语语法教材。共 43 章。用英文编写。

收藏单位：广西馆、吉林馆、宁夏馆、绍兴馆

03857

基本英文文法　陈竹君编著

外文题名：The essentials of English grammar

上海：商务印书馆，1946.10，217 页，32 开

上海：商务印书馆，1947.10，3 版，217 页，32 开

本书为英语语法教材。共 13 章。

收藏单位：广东馆、广西馆、江西馆、辽

大馆

03858

基本英语例解 （美）奥格登（Charles Kay Ogden）著　张梦麟译

外文题名：Basic by examples

上海：中华书局，1933.10，281 页，46 开（基本英语丛书）

　　本书用例题表示基本英语的应用，举例说明基本的词句文法，以便实用。

　　收藏单位：贵州馆、吉林馆、上海馆、首都馆、天津馆、浙江馆

03859

基本英语三千句（英汉对照）　徐介夫编

外文题名：An ABC phrase-book of spoken English

桂林：远东书局，1943.9，325 页，32 开

　　本书收录用常用单词所造例句 3000 余句，每个单词对应多个例句，按单词字母顺序排列。

　　收藏单位：国家馆

03860

基本英语文法　张梦麟编译

外文题名：Basic English

上海：中华书局，1933.7，210 页，48 开（基本英语丛书）

上海：中华书局，1940，6 版，210 页，48 开（基本英语丛书）

　　本书详说基本英语字句的构造及文法。共 5 章：基本英语的由来、基本英语的组织、文法的原理、教授与学习、英语发音法。

　　收藏单位：重庆馆、贵州馆、国家馆、吉林馆、南京馆

03861

基本英语一览表 （美）奥格登（Charles Kay Ogden）首创　钱歌川译制

外文题名：Panoptic vocabulary of basic English

上海：中华书局，[1938]，全幅 1 张，对开

　　本书收录基本英语单词、英文动词的不规则变化、比较格之例外、复数形之例外等。

03862

基型英文法　黄咏耀编纂

外文题名：English and grammar learned by diagram

长沙：商务印书馆，1941.1，100 页，32 开

　　本书介绍单词和短语、条款、句子、主语和谓语、主观的补充和链接动词等英文语法。

　　收藏单位：浙江馆

03863

简易初等英文法　燕友学会编

外文题名：Beginners' simple English grammar

长春：国民图书公司，1946.2，70 页，32 开

　　本书共 4 章：品词、句、品词类的变形、同一单字用在不同的品词。英语初学者自修适用。

　　收藏单位：国家馆

03864

简易初等英文法详解　商务印书馆编译所编纂

外文题名：Grammar made easy

上海：商务印书馆，1917.9，162 页，32 开

上海：商务印书馆，1925.11，7 版，162 页，32 开

上海：商务印书馆，1938，国难后 5 版，162 页，32 开

长沙：商务印书馆，1941，128 页，32 开

　　本书为英语语法教材。分品词、文句、品词之变化 3 篇。

　　收藏单位：广东馆、广西馆

03865

简易英文法　刘尚一编

外文题名：Easy lessons in English grammar

上海：中华书局，1923—1924，2 册（34+35 页），32 开

上海：中华书局，1927.1，3 版，2 册（34+35 页），32 开

上海：中华书局，1933.10，12 版，2 册（34+35 页），32 开

　　本书为英语语法教材。用英文编写。

　　收藏单位：上海馆

03866

简易英文文法 陈明裔编

北平：北京大学出版部，1948.11，62 页，32 开

本书据纳氏（Nesfield）文法全集简化而成。分字之性质、字之用法及规律、句之结构 3 章。

03867

开明新编中等英文法 吕叔湘著

外文题名：Intermediate English grammar

上海：开明书店，1947，2 册（144+294 页），32 开

上海：开明书店，1948，再版，2 册（144+294 页），32 开

上海：开明书店，1948，3 版，2 册（144+294 页），32 开

本书分上下两编。上为造句法；下为词类分论。用英文讲解。

收藏单位：广东馆、贵州馆、宁夏馆、上海馆、西南大学馆、浙江馆

03868

科学观之英文法（卷一 变体动词） 平海澜编纂

外文题名：Grammar as a science. Vol Ⅰ, Verbals

上海：商务印书馆，1918.10，64 页，25 开

上海：商务印书馆，1919.12，3 版，64 页，25 开

上海：商务印书馆，1923.12，5 版，64 页，25 开

本书为英语语法教材。

收藏单位：江西馆

03869

科学观之英文法（卷二 冠词之用法） 平海澜编

外文题名：Grammar as a science. Volume Two, Uses of the articles

上海：商务印书馆，1925.9，37 页，32 开

上海：商务印书馆，1928.5，再版，37 页，32 开

本书为英语语法教材。

收藏单位：广东馆

03870

口头英语活用百表 （英）帕尔默（H. E. Palmer）著 张沛霖编注

外文题名：Colloquial English (100 substitution tables)

上海：开明书店，1947.5，274 页，32 开

上海：开明书店，1947.12，再版，274 页，32 开

本书系英语文法书。利用表的形式，根据"频率原则"组成句子。版权页题名：口头英语。书前有原序、编著者赘言、音符表。书末附分课字汇、单词索引、动词表等。

收藏单位：广东馆、贵州馆、江西馆、上海馆、浙江馆

03871

纳氏英文法（改订 第二册） 沈彬改订

外文题名：Nesfield's English grammar. Book Ⅱ

上海：中华书局，1917.3，159 页，32 开

上海：中华书局，1932.8，6 版，159 页，32 开

03872

纳氏英文法讲义 赵灼等编译

上海：群益书社，[1923]，5 册，32 开，精装

收藏单位：广东馆、河南馆、南京馆

03873

纳氏英文法讲义（第一） 纳斯斐尔德（J. C. Nesfield）著 赵灼译述

外文题名：Nesfield's English grammar series. Book 1

上海：群益书社，1912，3 版，改订本，96 页，32 开，精装

03874

纳氏英文法讲义（第一） 纳斯斐尔德（J. C. Nesfield）著 赵灼编译

上海：英文研究会，1913.10，订正版，158 页，32 开，精装

本书共 11 编，内容包括：词类定义、名词、代名词、形容词、动词、副词、前置词、

接续词等。

03875

纳氏英文法讲义（第二） 纳斯斐尔德（J. C. Nesfield）著　赵灼编译

外 文 题 名：Nesfield's English grammar series. Book Ⅱ

上海：群益书社，1913，5 版，173 页，32 开，精装

上海：群益书社，1920.4，7 版，173 页，32 开，精装

上海：群益书社，1926，336 页，32 开，精装

上海：群益书社，1931，336 页，32 开，精装

上海：群益书社，1932，336 页，32 开，精装

　　本书分词类定义、名词、形容词、代名词、动词、副词、前置词、接续词、章句法附解剖模范、单句分解 10 编。

　　收藏单位：广西馆、江西馆、绍兴馆

03876

纳氏英文法讲义（第三） 纳斯斐尔德（J. C. Nesfield）著　赵灼译述

外 文 题 名：Nesfield's English grammar series. Book Ⅲ

上海：群益书社，1912.9，订正 3 版，2 册（[765] 页），32 开，精装

上海：群益书社，1926，653 页，32 开

　　本书分解剖之概略、名词、形容词、代名词、动词、副词、前置词、接续词、感叹词等编。书前有叙。

　　收藏单位：广西馆、河南馆、宁夏馆

03877

纳氏英文法讲义（第三） 纳斯斐尔德（J. C. Nesfield）著　赵灼译述

上海：英文研究会，1921.8，订正 3 版，2 册（508 页），32 开

　　本书共 16 编，内容包括：解剖之概略、名词、形容词、动词、前置词、单文之分解、同字而异词类、普通误谬之更正、文章论及解剖表、句点法等。

　　收藏单位：河南馆

03878

纳氏英文法讲义（第四） 纳斯斐尔德（J. C. Nesfield）著　陈文祥译述

外 文 题 名：Nesfield's English grammar series. Book IV

上海：群益书社，1916.3，2 册（668 页），32 开，精装

上海：群益书社，1921.11，再版，2 册（668 页），32 开，精装

　　本书内容主要包括：惯用法熟语法及成句法、句之变化与组织等。

　　收藏单位：广西馆

03879

纳氏英文法讲义（第一册 最新版） 陈嘉编译

外 文 题 名：Nesfield's English grammar series. Book 1

上海：群益书社，1946，133 页，36 开

上海：群益书社，1948，133 页，36 开

　　本书内容包括：词类之定义、名词、数、形容词、动词、副词、接读词、感叹词、相同之字为不同之词类等。

　　收藏单位：广东馆、广西馆

03880

纳氏英文法讲义（第二册 最新版） 陈嘉编译

外 文 题 名：Nesfield's English grammar series. Book 2

上海：群益书社，1948，336 页，36 开

　　本书共 10 编，内容包括：词类普通之定义、名词、形容词、代名词、动词、副词等。附录动词之变化，助动词、不完全动词及不规则动词。

　　收藏单位：重庆馆

03881

纳氏英文法讲义（第三册 最新版） 陈嘉编译

外 文 题 名：Nesfield's English grammar series. Book 3

上海：群益书社，1948，653 页，36 开

　　收藏单位：广西馆

03882

纳氏英文文法详解（第二册） 纳斯斐尔德

（J. C. Nesfield）原著 奚识之编译

外文题名：Mastery of Nesfield's English grammar series with translations and explanations. Volume Ⅱ

上海：合众书店，1947.3，5 版，480 页，32 开

本书为英语语法教材。

收藏单位：南京馆

03883

纳氏英文文法详解（第三册） 纳斯斐尔德

（J. C. Nesfield）原著 奚识之译

上海：合众书店，1947，5 版，480 页，32 开

本书为英语语法教材。

收藏单位：广东馆

03884

普通文法上之错误 刘大伸编

外文题名：Common grammatical errors

上海：中华书局，1937，2 册（110+112 页），32 开（英文学生丛书）

昆明：中华书局，1941.1，4 版，2 册（110+112 页），32 开（英文学生丛书）

本书分上下两册。内容包括：主语与动词之错误、数之错误、位之错误等。针对误、正例句进行说明，再给出类例。

收藏单位：南京馆、上海馆

03885

如何应用英文片语 李大琦编纂

西安：中国文化服务社陕西分社，1944，170 页，32 开

收藏单位：河南馆

03886

商务实验高级英文法题解 之江编

外文题名：Key to experimental English grammar for advanced students

上海：译者书店，1945.5，190 页，32 开，环筒页装

本书是《实验高级英文法》（上海商务印书馆）一书的习题答案。书脊题名：实验高级英文法题解。

收藏单位：国家馆

03887

商务印书馆新英文典（第一集） 邝富灼著

上海：商务印书馆，1926，12 版，53 页，32 开

上海：商务印书馆，1927，13 版，53 页，32 开

收藏单位：广东馆

03888

实验高级英文法 邓达澄编

外文题名：Experimental English grammar for advanced students

上海：商务印书馆，1933.9，302 页，32 开

长沙：商务印书馆，1938.10，18 版，302 页，32 开

长沙：商务印书馆，1941，26 版，302 页，32 开

上海：商务印书馆，1944.1，赣 5 版，302 页，32 开

上海：商务印书馆，1945，渝 12 版，302 页，32 开

上海：商务印书馆，1946.2，渝 13 版，302 页，32 开

上海：商务印书馆，1946.7，31 版，302 页，32 开

上海：商务印书馆，1947，渝 20 版，302 页，32 开

上海：商务印书馆，1947.6，40 版，312 页，32 开

上海：商务印书馆，1948.4，61 版，312 页，32 开

上海：商务印书馆，1948.6，65 版，312 页，32 开

上海：商务印书馆，1948.8，73 版，312 页，32 开

本书为英语语法教材。用英文编写。

收藏单位：广东馆、河南馆、湖南馆、江西馆、南京馆、首都馆

03889

实验高级英文法（前置词习语） 周新民译

外文题名：Experimental English grammar

成都：普益协社，1938.10，1 册，25 开

成都：普益协社，1947.3，6 版，1 册，25 开

　　收藏单位：江西馆

03890

实用英文文法 龚质彬编

外文题名：Applied English grammar: an interesting way of studying a very old subject

上海：商务印书馆，1936.3，183 页，32 开

　　本书共 5 章，内容包括：名词与动词，代词、形容词和副词，介词、连词和感叹词等。

　　收藏单位：广东馆、湖南馆、浙江馆

03891

泰氏英文法（汉译） 泰纳（W. M. Tanner）原著　苗平　唐允魁　唐长孺译

外文题名：Correct English first course

上海：启明书局，1940.3，488 页，25 开

上海：启明书局，1941.6，再版，488 页，25 开

上海：启明书局，1946.4，3 版，488 页，25 开

上海：启明书局，1947.5，4 版，488 页，25 开

　　本书内容包括：句中之词类、辞句之组织、段落之组织、书信之构成、立即须应用之作文、单字之研究。书前有温习与诊误之测验练习。后附习题详解。

　　收藏单位：广西馆、江西馆、首都馆

03892

泰氏英文法题解（汉译） 唐长孺　苗平编

外文题名：Key to Tanner's correct English first course

上海：启明书局，1947.8，3 版，96 页，25 开

　　本书根据《泰氏英文法》一书中之练习题所编著，选择其中学者所容易错误者为之解答，以供参考。

　　收藏单位：江西馆

03893

图线剖解英文文法镜 史雨文编

上海：东方文学社，1936，496 页，32 开

　　收藏单位：广东馆

03894

图线剖解英文文法镜 史雨文编著

外文题名：The mirror of English grammar

上海：神州书局，1933.5，498 页，32 开

上海：神州书局，1933，5 版，498 页，32 开

上海：神州书局，1935.3，6 版，498 页，32 开

　　本书共 84 课，内容包括：句语、句主与谓语、及物动词与不及物动词、不完意的不及物动词、不完意的及物动词、名词之属、直接受事与间接受事、普通名词及专有名词等。

　　收藏单位：河南馆、浙江馆

03895

文法通（第一册） 何一介编著

外文题名：Easy composition

上海：启明书局，1940.10，105 页，36 开

上海：启明书局，1947.5，3 版，105 页，36 开

　　本书为英文文法读本。共 15 部分，内容包括：句子、问句、答句、名词、代名词、形容词、加减与时刻、动词、副词、助动词、介系词、连接词、冠词、主词与受词、命令句。

　　收藏单位：重庆馆、广东馆、湖南馆、南京馆

03896

文法通（第二册） 何一介编著

外文题名：Easy composition

上海：启明书局，1940.10，122 页，36 开

上海：启明书局，1947.5，3 版，122 页，36 开

　　本书为英文文法读本。共 40 课，13 部分：名词、代名词、形容词、副词、动词、助动词、介系词、连接词、冠词、感叹词、大写、句子、复习。

03897

现代英文法 陈昌盛编

外文题名：Living English grammar for senior middle schools in China

上海：中华书局，1936.3，177 页，32 开

上海：中华书局，1946.5，4 版，177 页，32 开

　　本书为英语语法教材。用英文编写。

　　收藏单位：吉林馆、上海馆、西南大学馆、浙江馆

03898

详明汉释英文法　袁湘生编著

外文题名：A full Chinese explanation of English grammar

江西：安福袁氏出版社，1937.9，322+24 页，25 开

江西：安福袁氏出版社，1943.2，4 版，322+24 页，25 开

江西：安福袁氏出版社，1943.8，5 版，322+24 页，25 开

江西：安福袁氏出版社，1948.9，13 版，322+24 页，25 开

　　本书为英语语法教材。

　　收藏单位：江西馆

03899

新生英文法（英汉对照 中文详注）　樊兆庚编著

重庆：桂林新生书局，1949.1，229 页，32 开

　　本书为英语语法教材。

　　收藏单位：重庆馆

03900

新制英文法与图解　倪明材编

外文题名：English grammar with diagram

上海：知新书局，1933.3，2 册，32 开（武昌中华大学丛书6）

　　本书分上下两册。上册讲语句结构和分析；下册讲字词性质和用法。仅见上册（267 页）。

　　收藏单位：国家馆

03901

循序英文法（第二册）　上海市补习教育协会主编　胡铁吾　黄穉澜编著

外文题名：Step by step English grammar. Book Ⅱ

上海：世界书局，1944.1，湘1版，97 页，32 开

　　本书为英语语法教材。

　　收藏单位：国家馆

03902

英句正误 ABC　樊兆庚著

外文题名：The ABC of sentence correction

上海：世界书局，1933.8，145 页，32 开（活用英文 ABC 丛书）

上海：世界书局，1936.9，6 版，145 页，32 开（活用英文 ABC 丛书）

　　本书介绍英语基本语法及句子改错。书前有林汉达序。

　　收藏单位：首都馆

03903

英文单字与前置词连用法　王承绪编

外文题名：Words followed by different prepositions

上海：中华书局，1937.8，65 页，32 开（英文学生丛书）

上海：中华书局，1941.1，3 版，65 页，32 开（英文学生丛书）

昆明：中华书局，1941.4，3 版，65 页，32 开（英文学生丛书）

　　本书主要介绍英语介词的用法。

　　收藏单位：上海馆

03904

英文倒装法及省略法　钱歌川编著

重庆：中华书局，1944.6，28 页，36 开（英文研究小丛书9）

上海：中华书局，1946.4，28 页，36 开（英文研究小丛书9）

上海：中华书局，1946.8，再版，28 页，36 开（英文研究小丛书9）

　　本书介绍英语倒装句和省略句的用法。

版权页题名：英文倒装及省略法。

　　收藏单位：广东馆、贵州馆、国家馆、南京馆、首都馆

03905

英文典图解　樊崧骏编

外文题名：Diagram of English grammar

上海：科学会编译部，1913.7，72 页，32 开

上海：科学会编译部，1924.2，3 版，72 页，32 开

上海：科学会编译部，1931，6 版，72 页，32 开

　　本书用圆形图式分类讲解各种词类在英文文法上的各种变化，举例说明其特点。

　　收藏单位：广东馆、国家馆、宁夏馆、绍兴馆、首都馆

03906

英文典与作文法　黄添福编

上海：中华书局，1923.4，198 页，32 开，精装

上海：中华书局，1929.9，6 版，198 页，32 开，精装

　　本书介绍英文文法和造句及作文的方法。有范例。

　　收藏单位：上海馆

03907

英文动词时变用法　Mrs. Christie 编纂　邝富灼校订

外文题名：The use of tenses in English and the various of forms of the verb

上海：商务印书馆，1922.8，96 页，25 开

上海：商务印书馆，1923，再版，96 页，25 开

　　本书介绍英语动词时态的用法。

　　收藏单位：首都馆

03908

英文动词用法　钱歌川编著

重庆：中华书局，1945.5，28 页，32 开（英文研究小丛书 10）

上海：中华书局，1946.4，28 页，32 开（英文研究小丛书 10）

上海：中华书局，1946.8，再版，28 页，32 开（英文研究小丛书 10）

　　本书说明英文动词的各种"时"的表示，特别是"既事时"的用法。有中、英两种文字的例句。

　　收藏单位：广东馆、国家馆、南京馆、上海馆、首都馆

03909

英文法常识问答　戚绿荷著

上海：新民书社，1932，续版，61 页，50 开

上海：新民书社，1935，[137] 页，50 开

　　本书为英汉对照读物，收录英文文法理论与应用问答题 100 个。

　　收藏单位：广东馆、国家馆

03910

英文法程初集　（英）C. D. Tenney 著

外文题名：English lessons

英京伦敦麦美伦图书公司，1914，128 页，22 开

　　本书为英语语法教材。

　　收藏单位：国家馆

03911

英文法程二集　（英）C. D. Tenney 著

外文题名：English grammar

英京伦敦麦美伦图书公司，1921，152 页，25 开

　　收藏单位：广东馆

03912

英文法初步　何一佛编著

外文题名：Concise English grammar

上海：启明书局，1941.4，177 页，36 开

上海：启明书局，1947.1，4 版，177 页，36 开

　　本书以实用为目标，注重用法和练习。共 32 章，每章包括定义、例句、说明、注意点、练习题等。封面加题：白话讲解 英文举例。

　　收藏单位：南京馆、上海馆、首都馆

03913

英文法初步　钱歌川编著

重庆：中华书局，1945.4，渝初版，59 页，32 开

上海：中华书局，1947.10，再版，59 页，32
开

　　本书共 20 章，内容包括：单字和句子、
平叙句和问句、否定的语句、名词、单数和
复数、形容词、代名词、冠词等。章后有习
题。

　　收藏单位：国家馆、辽宁馆

03914

英文法初步　商务印书馆编译所编
上海：商务印书馆，1932，国难后 1 版，229
页，32 开

　　收藏单位：广东馆、湖南馆

03915

英文法错误类例　韩时俊著
外文题名：A classified collection of common
errors in English grammar with rules & hints for
correction
上海：开明书店，1936.7，122 页，32 开
上海：开明书店，1947.3，5 版，122 页，32 开

　　本书以举例方式讲解英语语法。共 10
章。用英文编写。

　　收藏单位：广东馆、国家馆

03916

英文法大要　胡越中编著　常心之缮写
[桂林]：出版者不详，[1941]，油印本，204
页，13 开

　　本书为交通部桂林材料厂管理人员训练
讲义第 7 种。内容包括：句之基本要素、基本
结构、三种句子、单词形容词等。题名和责
任者取自封面。出版时间据卷首自序推测。

　　收藏单位：桂林馆

03917

英文法的研究　韩侍桁译
上海：北新书局，1931.4，305 页，32 开，精
装（英文研究丛书）

　　本书收录英语语法研究文章 30 篇。

　　收藏单位：广东馆、国家馆、湖南馆、南
京馆、首都馆、浙江馆

03918

英文法纲要　C. A. Seidle 编纂
上海：开明书店，1934，100 页，32 开

　　收藏单位：广东馆

03919

英文法讲义　王文川编著
外文题名：Practical English grammar
上海：开明书店，1934，2 册（415 页），32
开
上海：开明书店，1939.5，5 版，2 册（415 页），
32 开
上海：开明书店，1939.7，6 版，2 册（415 页），
32 开

　　本书分上下两册。上册 5 章：名词、代名
词、形容词、冠词、动词。下册 5 章：动词、
副词、前置词、接续词、间投词。

　　收藏单位：重庆馆、南京馆

03920

英文法讲义（合订本）　王文川编著
外文题名：Practical English grammar
上海：开明书店，1946.10，415 页，32 开
上海：开明书店，1947.3，再版，415 页，32
开
上海：开明书店，1948.3，3 版，415 页，32 开
上海：开明书店，1948.10，4 版，415 页，32
开
上海：开明书店，1949.2，5 版，415 页，32
开

　　本书共 9 章，内容包括：名词、代名词、
形容词、冠词、动词、副词、前置词、接续
词、间投词。

　　收藏单位：东北师大馆、广东馆、江西
馆、上海馆

03921

英文法捷径　陶士英编
上海：中华书局，1925，2 册（156+156 页），
32 开
上海：中华书局，1925.10，2 版，2 册（156+
156 页），32 开
上海：中华书局，1929，4 版，2 册（156+156

页），32 开

　　本书为英语语法教材。用英文编写。

　　收藏单位：广西馆

03922

英文法精义　徐同邺著

外文题名：The essentials of English grammar

上海：美华出版社，[1940—1949]，127 页，25 开

　　本书共 10 章，内容包括：用字、正确排列、字汇、力量法、对话英语、拼法等。

　　收藏单位：国家馆

03923

英文法练习　C. A. Seidle 著

外文题名：English grammar exercise book with supplementary lessons

上海：开明书店，1934，61 页，32 开

重庆：开明书店，1945.7，东南 1 版，64 页，32 开

　　本书为英语语法练习册。附补编。

　　收藏单位：广东馆

03924

英文法漫谭　陆贞明编著

上海：中华书局，1937.3，114 页，32 开（英文学生丛书）

上海：中华书局，1941.1，4 版，114 页，32 开（英文学生丛书）

　　本书共 27 讲。用英文编写。

　　收藏单位：黑龙江馆、吉林馆、上海馆、西南大学馆

03925

英文法通论　（丹）叶斯泊森（Otto Jespersen）著　胡仲持译

上海：珠林书店，1938.9，76 页，32 开（上海外国语学校丛书 2）

　　本书共 12 部分，内容包括：一般的倾向、古语形上的性的消失、复合名词的造法、数词、代名词的组织、动词语尾、时称组织、不定法、接续词等。书末附文法用语索引、略语符号表、语句索引、发音记号表及人名、

书名索引。著者原题：耶斯剖生。

　　收藏单位：重庆馆

03926

英文法图解大全　杨成章编纂

外文题名：Complete English Diagram

上海：商务印书馆，1936.11，306 页，32 开

长沙：商务印书馆，1938.10，4 版，306 页，32 开

　　本书为英语语法教材。

　　收藏单位：广西馆、湖南馆

03927

英文法问答（考试必备）　周海楼著

上海：东方文学社，1932.8，58 页，25 开

上海：东方文学社，1934.1，14 版，58 页，25 开

　　本书以问答形式讲解英语语法。

　　收藏单位：江西馆

03928

英文副词的研究　樊兆庚编

上海：中华书局，1937.3，110 页，32 开

　　本书讲述英语副词的功用、种类及用法等。

　　收藏单位：东北师大馆、黑龙江馆、江西馆

03929

英文改错大全　宋镜波编著　金少曦校订

外 文 题 名：All the common errors in English composition

北平：进步学社，1937.5，297 页，32 开（英语自修丛书）

　　本书共 20 章，内容包括：名词、代名词、形容词、冠词、动词、一致的法则、假设法、副词等。书末附练习解答。

　　收藏单位：首都馆

03930

英文改错释例　王承绪编

外文题名：How to avoid mistakes in English

上海：知新书局，1932.6，94 页，32 开

本书搜集历年各高中大学入学试验英文改错问题，并参考中学生平日造句错误，按错误性质分为 10 类，共 300 余句。每句代表错误形式一种。书后所列附录，为普通误用字汇，为数 100 有余。

  收藏单位：浙江馆

03931

英文会话文法 徐志诚编

上海：中华书局，1922.8，75 页，32 开

上海：中华书局，1935.7，5 版，75 页，32 开

  收藏单位：上海馆

03932

英文基本图解法 史聿光著

外文题名：Fundamental rules of English diagram

上海：三民图书公司，1935，35+26 页，32 开

  本书分上下两编。上编包括总论，简单句各成分图解，复合、混合和混杂句的图解；下编为练习解答。书后有英文基本图解法问题详解。

  收藏单位：国家馆

03933

英文基本造句法 史聿光编著

外文题名：Fundamental syntax of English

上海：三民图书公司，1935.10，[214] 页，32 开（英文基本丛书）

上海：三民图书公司，1946.7，新 1 版，[214] 页，32 开

  本书共 13 章。有练习和答案。附练习题详解。

  收藏单位：广东馆、广西馆、国家馆

03934

英文介系词用法 俞皋如编

外文题名：Prepositions: how to use them

上海：中华书局，1934.9，170 页，32 开

上海：中华书局，1935.6，170 页，32 开（初中学生文库）

上海：中华书局，1936.10，再版，170 页，32 开（初中学生文库）

上海：中华书局，1941.1，4 版，170 页，32 开（初中学生文库）

  本书共 6 章。讲述英语介词的定义、分类及用法。用英文编写。

  收藏单位：重庆馆、东北师大馆、广西馆、江西馆、辽宁馆、南京馆、上海馆、绍兴馆、首都馆、天津馆、浙江馆

03935

英文介系词用法 ABC 周德辉著

外文题名：The ABC of how to use prepositions correctly

上海：世界书局，1930.2，114 页，25 开（活用英文 ABC 丛书）

上海：世界书局，1931.2，再版，114 页，25 开（活用英文 ABC 丛书）

  本书介绍英语介词的用法。版权页题名：英文介系词 ABC。

  收藏单位：江西馆

03936

英文句式详解 钟子岩编

外文题名：English constructions

上海：开明书店，1940.10，[16]+308 页，32 开

上海：开明书店，1942.10，湘 1 版，[16]+308 页，32 开

上海：开明书店，1947.2，3 版，[16]+308 页，32 开

上海：开明书店，1948.2，4 版，[16]+308 页，32 开

  本书据美国桑代克的著述修订而成。共 5 章。有各种类型例句及文法说明。书末附索引。

  收藏单位：东北师大馆、广东馆、国家馆、湖南馆、江西馆、辽大馆

03937

英文句语分析与图解 李振南编纂

外文题名：Sentence analysis and diagram

商务印书馆，1925.2，46 页，32 开

商务印书馆，1946.10，16 版，46 页，32 开

  本书介绍英语基本语法及句型。

  收藏单位：广西馆

03938

英文类似句辨异 钱歌川编著

重庆：中华书局，1943.3，渝 1 版，34 页，32 开（英文研究小丛书 2）

重庆：中华书局，1943.10，渝 4 版，34 页，32 开（英文研究小丛书 2）

上海：中华书局，1946.4，33 页，32 开（英文研究小丛书 2）

上海：中华书局，1946.8，沪再版，34 页，32 开（英文研究小丛书 2）

本书为英汉对照读物，对 100 组英文类似句进行了解析。

收藏单位：广东馆、国家馆、南京馆、首都馆

03939

英文类语用法 卜允新编纂

成都：川康英文报社出版部，1942.6，32 页，32 开

收藏单位：南京馆、西南大学馆

03940

英文名词用法 樊兆庚编

外文题名：Nouns: how to use them

上海：中华书局，1936.7，122 页，32 开

本书共 14 部分，内容包括：名词定义、名词的种类、专门名词、普通名词、集合名词、物质名词、抽象名词等。

收藏单位：东北师大馆、国家馆、黑龙江馆、湖南馆、上海馆、首都馆、浙江馆

03941

英文难句详解 钱歌川编著

外文题名：English sentences frequently misunderstood

重庆：中华书局，1943.5，34 页，32 开（英文研究小丛书 1）

重庆：中华书局，1943，渝 2 版，34 页，32 开（英文研究小丛书 1）

重庆：中华书局，1943.12，渝 3 版，34 页，32 开（英文研究小丛书 1）

重庆：中华书局，1944.9，渝 4 版，34 页，32 开（英文研究小丛书 1）

上海：中华书局，1946.7，再版，33 页，32 开（英文研究小丛书 1）

上海：中华书局，1948.4，3 版，34 页，32 开（英文研究小丛书 1）

本书列举英文容易误解的句子 100 句，指出误译与正译。

收藏单位：重庆馆、广东馆、国家馆、辽大馆、南京馆

03942

英文前置词用法大全 施督辉著

外文题名：How to use prepositions correctly

上海：商务印书馆，1924.12，483 页，25 开，精装

上海：商务印书馆，1925.7，再版，483 页，25 开，精装

本书介绍英语介词的用法。

收藏单位：广东馆

03943

英文前置词之用法 施督辉编纂

外 文 题 名：Uses of English prepositions and prepositional phrases

上海：商务印书馆，1928.9，132 页，32 开

上海：商务印书馆，1933，国难后 1 版，132 页，32 开

上海：商务印书馆，1934，国难后 3 版，132 页，32 开

本书介绍英语介词与介词短语的用法。

收藏单位：首都馆

03944

英文图解分析法 祝介如编著

外文题名：English diagram and analysis

上海：商务印书馆，1937.5，212 页，32 开

上海：商务印书馆，1940.5，3 版，212 页，32 开

本书介绍英语基本语法及造句法。

收藏单位：广东馆、广西馆

03945

英文图解析句法 刘引之编

外文题名：Sentence analysis by diagram

上海：中华书局，1937.3，35页，32开（英文学生丛书）

昆明：中华书局，1941.8，4版，35页，32开（英文学生丛书）

上海：中华书局，1947.12，35页，32开（中华文库 初中 第1集）

本书共12部分，内容包括：主语述语与其他形容词、补足语、复合要素、无定词、分词、动名词、集合句等。

收藏单位：重庆馆、广东馆、广西馆、桂林馆、黑龙江馆、湖南馆、江西馆、内蒙古馆、上海馆、天津馆

03946

英文文法 ABC 林汉达编著

外文题名：The ABC of grammar

上海：世界书局，1930.1，2册，32开（活用英文 ABC 丛书）

上海：世界书局，1934.12，13版，2册，32开（活用英文 ABC 丛书）

上海：世界书局，1943.6，赣1版，2册，32开（活用英文 ABC 丛书）

上海：世界书局，1946.4，新16版，2册，32开（活用英文 ABC 丛书）

本书为初级英语语法。共30课，每课有例句、解说、定义、提示、练习等。

收藏单位：国家馆、上海馆

03947

英文文法 ABC（上册） 林汉达编著

外文题名：The ABC of grammar. Vol. Ⅰ

上海：世界书局，1933，10版，178页，32开（活用英文 ABC 丛书）

上海：世界书局，1935，14版，178页，32开（活用英文 ABC 丛书）

上海：世界书局，1944.6，赣2版，178页，32开（活用英文 ABC 丛书）

上海：世界书局，1946，新19版，169页，32开（活用英文 ABC 丛书）

上海：世界书局，1947.1，新21版，169页，32开（活用英文 ABC 丛书）

上海：世界书局，1948.8，新26版，169页，32开（活用英文 ABC 丛书）

上海：世界书局，1948，新27版，169页，32开（活用英文 ABC 丛书）

上海：世界书局，1949.2，新28版，169页，32开（活用英文 ABC 丛书）

本书共30课，内容包括：名词、代名词、形容词、动词、变体动词、副词、词类等。书末附文法释名表。1930初版。

收藏单位：重庆馆、广东馆、广西馆、河南馆、湖南馆、江西馆、南京馆、首都馆

03948

英文文法 ABC（下册） 林汉达编著

外文题名：The ABC of grammar. Vol. Ⅱ

上海：世界书局，1933，7版，208页，32开（活用英文 ABC 丛书）

上海：世界书局，1935，10版，208页，32开（活用英文 ABC 丛书）

上海：世界书局，1944，新10版，208页，32开（活用英文 ABC 丛书）

上海：世界书局，1946，新13版，208页，32开（活用英文 ABC 丛书）

上海：世界书局，1947.1，新15版，208页，32开（活用英文 ABC 丛书）

上海：世界书局，1947.9，新17版，208页，32开（活用英文 ABC 丛书）

上海：世界书局，1948.7，新18版，208页，32开（活用英文 ABC 丛书）

上海：世界书局，1949.2，新19版，208页，32开（活用英文 ABC 丛书）

本书共30课，内容包括：句、主词和表词的一致、句的种类、名词的用法、代名词的用法、副词的用法等。书末附文法释名表。

收藏单位：重庆馆、广东馆、广西馆、河南馆、首都馆

03949

英文文法纲要 余幕陶编著

上海：大光书局，1937，4版，175页，32开

收藏单位：广东馆

03950

英文文法讲义 王文川编

上海：开明书店，1934.3，[2册]，36开

上海：开明书店，1946.10，415 页，36 开

本书为英语语法教材。1946 年为合订本初版。

收藏单位：广西馆

03951

英文文法精义　G. L. Kittredge　F. E. Farley 原著　曾作忠译注

外文题名：A concise English grammar

北京：民国大学图书部，1925，396+96 页，32 开，精装

收藏单位：广东馆

03952

英文文法精义　葛传椝著

外文题名：Studies in English grammar

上海：开明书店，1931.8，117 页，32 开

上海：开明书店，1932.1，再版，117 页，32 开

湖南：开明书店，1943.3，内 1 版，117 页，32 开

上海：开明书店，1941.5，4 版，117 页，32 开

上海：开明书店，1947.2，6 版，117 页，32 开

本书为英语语法教材。用英文编写。

收藏单位：重庆馆、广东馆、江西馆、辽宁馆

03953

英文文法镜（下册）　史雨文编

汉口：雨文英文学校、汉江中学校，1926，187—498 页，精装

收藏单位：东北师大馆、广东馆

03954

英文文法练习　詹姆斯（H. P. James）编

上海：中华书局，1929.11，[100] 页，16 开

上海：中华书局，1935.9，6 版，[100] 页，16 开

本书为英语语法练习。用英文编写。

03955

英文文法图解范式　姚慕谭编著

外文题名：Model English diagram

上海：开明书店，1934.8，107 页，25 开

上海：开明书店，1935.5，再版，107 页，25 开

上海：开明书店，1941.12，4 版，107 页，25 开

本书分 25 章，运用图及范式来介绍语法。

收藏单位：浙江馆

03956

英文文法易解　温宗尧编纂

上海：商务印书馆，1912.4，2 册，32 开

上海：商务印书馆，1923，15 版，2 册，32 开

上海：商务印书馆，1926，18 版，2 册，32 开

上海：商务印书馆，1930，21 版，2 册，32 开

上海：商务印书馆，1932.1，27 版，2 册，32 开

上海：商务印书馆，1933.9，国难后 1 版，2 册，32 开

上海：商务印书馆，1935.2，国难后 2 版，2 册，32 开

上海：商务印书馆，1937，国难后 4 版，2 册，32 开

本书为英语语法教材。用英文编写。仅见上册（100 页）。

收藏单位：广东馆、上海馆

03957

英文文法与作文　赵元任编著

外文题名：The English grammar and composition

桂林：民光书局，1943.6，197 页，32 开

本书为华文注解学生读本。分研究英文的方法、英文句子、各种的分词、句子中主要的部分等 40 章。

收藏单位：重庆馆

03958

英文文法与作文　赵元任编著

广州：求知图书社，1947.4，粤初版，197 页，32 开

本书为华文注解学生读本。分研究英文的

方法、英文句子、各种的分词、句子中主要的部分等40章。书名前加题：汉文详明注解。

　　收藏单位：贵州馆

03959

英文文法造句合编　方和靖编著

外文题名：Grammatical sentence structure

上海：生活书店，1948.3，203页，32开

　　本书52课，附复习12课。用对话形式讲述英语句子结构。

03960

英文文法作文两用辞典　詹文浒主编　苏兆龙　葛传椝　朱生豪编辑

外文题名：A dictionary of English grammar and composition

世界书局，1934.10，790+14页，32开

世界书局，1947.9，再版，790+14页，32开，精装

　　收藏单位：东北师大馆、广东馆、广西馆、国家馆、湖南馆、江西馆、近代史所、南京馆、宁夏馆

03961

英文文法作文实习册　陈徐堃编辑

外文题名：A laboratory course in English grammar and composition

上海：世界书局，1935.5，35+88页，32开

上海：世界书局，1937.1，再版，35+88页，32开

　　本书为英语语法与作文教材。

　　收藏单位：国家馆

03962

英文五百难点详解　史亦山编

外文题名：500 difficult points in English discussed

上海：世界书局，1937.5，187页，42开

上海：世界书局，1945.11，重排新1版，187页，42开

上海：世界书局，1947，普1版，187页，42开

　　本书对英语造句及作文方面的难点和易错点加以说明和提示，其中包括文法讲解、句型解剖、字义辨析等。

　　收藏单位：重庆馆、湖南馆、绍兴馆

03963

英文习用法举隅　鲍屡平编

外文题名：Idiomatic uses of words, phrases, and constructions

上海：商务印书馆，1946.12，110页，32开

　　本书列举常见英文单词、仂语（即词组）及词式400个，讲述其用法。附英文谚语和格言200条。书末有索引。

　　收藏单位：广西馆、国家馆、辽大馆

03964

英文形容词的研究　樊兆庚编著

外文题名：Study of adjectives

上海：中华书局，1936.6，118页，32开

　　本书讲述英语形容词的功用、种类及用法等。

　　收藏单位：国家馆、黑龙江馆、江西馆、上海馆

03965

英文语句正误法　姚慕谭编纂

外文题名：A guide to sentence correction

上海：商务印书馆，1937.3，114页，32开

上海：商务印书馆，1940，3版，114页，32开

　　本书介绍英语语法、惯用语，讲解常见错误。

　　收藏单位：广西馆

03966

英文阅读法（句式分析）　英语教育改进社主编　陈徐堃编著

外文题名：A guide to English comprehension

上海：世界书局，1939.7，131页，32开（英文自学丛书）

上海：世界书局，1944.1，湘1版，131页，32开（英文自学丛书）

　　本书从增进阅读力着眼，根据文句结构，分成16个要素，旨在自然而然地增进读者英文了解力。书前有詹文浒序。

　　收藏单位：重庆馆、贵州馆、国家馆、江

西馆、南京馆、首都馆

03967

英文云谓字规范 陈登澥著

外文题名：The verb

上海：商务印书馆，1912.1，158 页，32 开

上海：商务印书馆，1914.2，3 版，158 页，32 开

上海：商务印书馆，1920，4 版，158 页，32 开

上海：商务印书馆，1921，5 版，158 页，32 开

上海：商务印书馆，1935，国难后 2 版，158 页，32 开

本书分 9 篇，内容包括：论及物云谓、论不及物云谓、论声、论情、论无定式、论候、论身与数等。供中学校及师范学校用。

收藏单位：广东馆、广西馆、首都馆

03968

英文云谓字通诠 （英）L. J. Swallow 著

外文题名：The grammar of the verb

上海：商务印书馆，1911.5，131 页，32 开，精装

上海：商务印书馆，1913.4，再版，131 页，32 开，精装

上海：商务印书馆，1921.7，7 版，131 页，32 开，精装

本书介绍英语动词的用法。

收藏单位：南京馆

03969

英文造句 英语周刊社编

外文题名：Sentence formation

商务印书馆，1940.3，133 页，36 开（英语文库）

本书介绍英语基本语法及造句法。

收藏单位：国家馆

03970

英文造句法 ABC 余天韵著

外文题名：The ABC of sentence making

上海：世界书局，1931.7，3 版，136 页，25 开

上海：世界书局，1933.3，6 版，136 页，25 开

本书分 The sentence 和 Correct usage 两部分，共 22 章。介绍英语基本语法及造句法。

收藏单位：湖南馆、江西馆

03971

英文造句公式 陈楚良编著

外文题名：Formulas for sentence formation

重庆：路明书店，1947.12，1 册（3 册合订），32 开（路明青年英语丛书 5）

重庆：路明书店，1948.9，再版，1 册（3 册合订），32 开（路明青年英语丛书 5）

本书教授如何用英文中惯用的句式和成语，和日常生活有关的单字构造正确的句子。每句式后均附有练习。

收藏单位：重庆馆、南京馆

03972

英文造句与作文（自学本位 中文讲解） 王天放编著

外文题名：English composition self-taught

上海：启明书局，1938.6，169+14 页，32 开

上海：启明书局，1939.3，再版，169+14 页，32 开

上海：启明书局，1939.5，3 版，169+14 页，32 开

上海：启明书局，1947.2，4 版，169+14 页，32 开

本书共 32 课，内容包括：名词、主词和述词、代名词、普通疑问句和特殊疑问句、普通动词造成的句子、现在时态、表时间的句子等。书末附标点法、大写字母的用法、不规则动词变化表。

收藏单位：安徽馆、重庆馆、广东馆、国家馆、辽宁馆、上海馆、首都馆

03973

英文造句与作文（自学本位 中文讲解） 王天放编著

桂林：新生书局，1943，169 页，32 开

本书共 32 课。有举例、注解、练习、答案等。末附标点法、大写字母的用法、不规则动词变化表。据启明书局纸型印行。

收藏单位：国家馆

03974

英文造句指南（华英注解 学生读本） 赵克新编著

外文题名：The guide of English sentence construction

上海：春明书店，1946.10，260 页，32 开

本书根据初学英文一二年以上的程度而作，由浅入深指导读者学习英文遣词造句。书前有王士杰序。

收藏单位：广东馆

03975

英文正误表解 刘引之编著

上海：东方文学社，1936.5，再版，180 页，32 开

上海：东方文学社，1937，3 版，180 页，32 开

本书为纠正英语语法错误方面的著作。师生必备。版权页题名：考试必备英文表解。

收藏单位：广东馆

03976

英文正误法（中文讲解） 邵鸿矗编著

外文题名：A guide to correct English

上海：世界书局，[1939.4]，288 页，32 开

上海：世界书局，1943.12，湘 1 版，288 页，32 开

上海：世界书局，1946，再版，288 页，32 开

上海：世界书局，1948.4，3 版，288 页，32 开

本书共 10 章。纠正英语名词、代名词、形容词、动词、副词、连接词、字序等常见错误。初版年月据"引言"的写作日期。

收藏单位：重庆馆、广东馆、贵州馆、国家馆、湖南馆、上海馆

03977

英文正误例解 邹朝濬编著

外文题名：Errors in the use of English

上海：竞文书局，1939.1，146 页，32 开

本书分 7 章，内容包括：用字用错、主动格和被动格的用错、用字太多、用字太少、意思表达不合法、名词单复数的用法等。正误例句对比说明。

收藏单位：南京馆

03978

英文主词及其叙述词 钱歌川编著

上海：中华书局，1947.3，24 页，32 开（英文研究小丛书）

上海：中华书局，1949，再版，24 页，36 开（英文研究小丛书）

本书分条举例说明了英文文法中，一个句子的主词和叙述词如何一致。英汉对照。

收藏单位：广东馆、国家馆、吉林馆、南京馆、上海馆、西南大学馆

03979

英文作文造句正误 钟子岩编

外文题名：Helps to English composition

上海：开明书店，1936.6，375 页，32 开

上海：开明书店，1946.11，4 版，375 页，32 开

本书据日本冈田实磨氏《英作文之着眼点》一书改编而成。分动词、前置词、副词 3 部分。举例说明初学英文写作造句常见的纠正的方法。附练习答案。

收藏单位：国家馆、辽大馆、南京馆、西南大学馆

03980

英语不定词，分词，动名词之研究 陈亚渔编著

外文题名：A study of infinitives, participles, and gerunds

长沙：商务印书馆，1938.7，201 页，32 开

长沙：商务印书馆，1940.3，3 版，201 页，32 开

本书共 3 编 19 章。论述不定词、分词、动名词的意义、性质和用法。章后附简明提要。

收藏单位：国家馆

03981

英语常用五千句（华英对照） 陈冠明著

外文题名：Useful English conversation in five

thousand sentences

上海：英语出版社，[1911—1949]，61 页，32 开

　　初学适用。

　　收藏单位：南京馆

03982

英语动词时候用法　陈亚渔编著

外文题名：How to use the tenses of verbs

上海：商务印书馆，1935.12，205 页，32 开

　　本书分 18 章，内容包括：总论、时候之分类、时候之构造、过去时候与过去分词之作法、助动词、语气等。

　　收藏单位：国家馆、湖南馆

03983

英语构造法　陆殿扬编纂　哈亨利校订

外文题名：Sentence construction for middle and normal schools

上海：商务印书馆，1917.11，137 页，25 开

上海：商务印书馆，1923.9，7 版，137 页，25 开

上海：商务印书馆，1927.10，11 版，137 页，25 开

上海：商务印书馆，1940，国难后 6 版，137 页，25 开

　　本书介绍英语各种句法之组织。书末附拼法规则、冠体应用法、点句记号及应用法。

　　收藏单位：广东馆、河南馆、首都馆

03984

英语构造絜要　商务印书馆编译所编纂

外文题名：A study in sentence formation

上海：商务印书馆，1918.10，376+62，36 开，精装

上海：商务印书馆，1919.5，再版，376+62，36 开，精装

上海：商务印书馆，1925.1，[再版]，376+62 页，36 开，精装

上海：商务印书馆，1927.6，6 版，376+62 页，36 开，精装

　　本书讲述英语句法。分正式构造、措辞变化、特殊构造、字之种类 4 篇。列举近

九百个英文短句。书末附中文字义。

　　收藏单位：江西馆、上海馆

03985

英语教程　（英）马夏尔（E. C. Marshall）（英）沙卜（E. Sehaap）著　杨承芳译

桂林：文化供应社，1944.3，177 页，32 开

　　本书分文法、作文两编。共 18 章。章末附练习。书前有著者序和译者序。

　　收藏单位：桂林馆

03986

英语名字子句虚拟词发微　任充四编著

外　文　题　名：The subjunctive mood in noun clauses

上海：开明书店，1934.8，176 页，25 开

　　收藏单位：河南馆、江西馆、西南大学馆

03987

英语前置词　杨彦劬编著

上海：开明书店，1935.9，252+[50] 页，32 开（开明青年英语丛书）

江西：开明书店，1941，224 页，36 开（开明青年英语丛书）

上海：开明书店，1941.3，2 版，224 页，36 开（开明青年英语丛书）

上海：开明书店，1946.8，5 版，224 页，36 开（开明青年英语丛书）

上海：开明书店，1948.5，7 版，224 页，36 开（开明青年英语丛书）

上海：开明书店，1948.12，8 版，224 页，36 开（开明青年英语丛书）

　　本书分总论、各论两篇。阐述前置词之文法特征和前置词各个之意义及用法。

　　收藏单位：重庆馆、东北师大馆、广西馆、贵州馆、江西馆、辽宁馆、南京馆、上海馆、绍兴馆、西南大学馆、浙江馆

03988

英语图解法　谭湘凤编著

上海：开明书店，1935.8，151 页，32 开（开明青年英语丛书）

上海：开明书店，1939.3，3 版，151 页，32

开（开明青年英语丛书）

上海：开明书店，1941，5 版，151 页，32 开
（开明青年英语丛书）

成都：开明书店，1943.4，蓉 1 版，151 页，
32 开（开明青年英语丛书）

上海：开明书店，1948，11 版，151 页，32 开
（开明青年英语丛书）

　　本书分 16 章，内容包括：简单句、限制
字、句主补足词、同位字和所有格限制字、
介系词短语、动名词、复杂句等。

　　收藏单位：重庆馆、广东馆、广西馆、国
家馆、辽宁馆、辽师大馆、南京馆、内蒙古
馆、上海馆、首都馆

03989

英语用法正义　Josephine Turck Baker 编纂

外文题名：The correct word how to use it: a complete alphabetic list

上海：商务印书馆，1934.2，国难后 1 版，
243 页，42 开，精装

上海：商务印书馆，1935.4，国难后 2 版，
243 页，42 开，精装

　　本书为英语词汇用法教材。

　　收藏单位：广东馆

03990

英语语法初步　谢大任编著

外文题名：English grammar for beginners

上海：普及出版社，1943，80 页，32 开

　　本书为英语语法教材。

　　收藏单位：广西馆

03991

英语语法研究　凌廷堡编著

外文题名：A study of English grammar

上海：竞文书局，1940.11，244 页，32 开

　　本书为研究英语语法的著作。用英文编
写。

03992

英语造句与图解　谷远到著

空军机械学校教育处，1943，85 页，25 开

　　本书供中级班用。

　　收藏单位：广东馆

03993

英语正误实习　姚慕谭编著

外文题名：Practical exercises on English sentence correction

南昌：艺文书社，1936.6，88 页，32 开

　　收藏单位：国家馆

03994

英语正误详解　王元规编

外文题名：Mastery of correct English

上海：经纬书局，1936.12，104 页，32 开

　　本书详细解释了英语中名词、代名词、
形容词、动词、主词、语句等方面的语法规
则。

　　收藏单位：广东馆

03995

英语正误详解　吴献书编纂

外文题名：Helps towards correct English

上海：商务印书馆，1931.9，27+300 页，32
开

上海：商务印书馆，1932.12，国难后 1 版，27+
300 页，32 开

上海：商务印书馆，1934.8，国难后 2 版，
27+300 页，32 开

上海：商务印书馆，1936.8，订正 7 版，27+
304，32 开

上海：商务印书馆，1947.2，订正 19 版，27+
304 页，32 开

上海：商务印书馆，1948.8，订正 21 版，27+
304 页，32 开

　　本书分上下两卷。上卷专述中学生英语
上最普通的错误，凡文法、句法、用字、拼
字及读音的错误，都逐条指出、解释并改正。
下卷给学生讲述一些英语常用知识。

　　收藏单位：甘肃馆、广西馆、浙江馆

03996

英语正误自修册答案　吴献书编著

外文题名：A key to the student's handbook

上海：商务印书馆，1933.12，50 页，32 开

上海：商务印书馆，1934.3，2版，50页，32
开

上海：商务印书馆，1934.6，3版，50页，32
开

　　本书是《英语正误详解》一书的练习题
答案。

　　收藏单位：湖南馆、江西馆、上海馆、浙
江馆

03997

英语字首·字根·字尾例解　闻天声编

外文题名：Prefixes, roots, & suffixes of the English
language with explanations, examples, and
Chinese annotations

世界书局，1944，105页，32开

世界书局，1948.4，再版，105页，32开

　　本书分字首、字根、字尾3部：计字首本
部65条；字尾部分分为4节；字根分重要与
次要两种。一律依照字母次序，分部编列。

　　收藏单位：重庆馆、江西馆

03998

造句　龚质彬著

上海：中华书局，1935.4，30页，42开（商
业英文丛书3）

　　本书讲述英语句子的结构、种类、作用、
要素等。用英文编写。

　　收藏单位：吉林馆、浙江馆

03999

增订英文文法讲义　韦荣编著

外文题名：Lectures on grammar

上海：实用英文出版社，1935，301页，32开

上海：实用英文出版社，1940，6版，301页，
32开

上海：实用英文出版社，1946.8，8版，301
页，32开

上海：实用英文出版社，1948.9，9版，301
页，32开

　　本书分20个部分，内容包括：基本概念、
名字、代名字、形容字、动字、助动字、时
式、语气等。1934年曾在广西大学油印。逐
页题名：英文文法讲义。

　　收藏单位：首都馆

04000

中等英文法　刘崇裘著　（英）梅殿华（C.
Spurgeon Medhurst）校阅

上海：中华书局，1915.5，166页，32开

上海：中华书局，1918.6，42版，166页，32
开

昆明：中华书局，1941.2，45版，166页，32
开

上海：中华书局，1947.9，51版，166页，32
开

　　本书为英语语法教材。梅殿华，又译：梅
德赫斯特。

　　收藏单位：上海馆

04001

中级适用活的英语法　缪廷辅编

外文题名：Functional English grammar. Ⅱ

上海：中华书局，1948.9，222页，32开

　　本书用英文编写。

　　收藏单位：江西馆、西南大学馆

04002

自修英文法　刘思训编述

外文题名：English grammar for self-study

上海：汉文正楷印书局，1935.1，114页，32
开

　　本书用中文讲解英语语法。

　　收藏单位：国家馆

04003

自修英文文法大全　（日）山崎贞著　金则人
编译

外文题名：A complete English grammar self-
taught

上海：世界书局，1933.8，585页，32开（英
语自修丛书）

上海：世界书局，1937.3，10版，585页，32
开（英语自修丛书）

上海：世界书局，1946.2，新5版，585页，
32开（英语自修丛书）

　　本书为英语语法教材。据著者的《新自

修英文典》编译。版权页题名：英文文法大全。

收藏单位：广西馆、河南馆、江西馆、上海馆、西南大学馆

写作、修辞

04004

标准汉译外国人名地名表 何崧龄 余祥森 夏粹若编纂

外文题名：Proper names with standard Chinese equivalents

上海：商务印书馆，1924.8，380+290+36 页，36 开，精装

上海：商务印书馆，1925.4，再版，380+290+36 页，36 开，精装

上海：商务印书馆，1927.12，3 版，380+290+36 页，36 开，精装

上海：商务印书馆，1934.10，国难后 1 版，490+157 页，36 开，精装

上海：商务印书馆，1935.5，国难后 2 版，490+157 页，36 开，精装

上海：商务印书馆，1938，国难后 3 版，490+157 页，36 开，精装

本书内含标准汉译外国人名地名表凡例、标准汉译外国人名地名表、标准汉译外国人名地名表汉文索引、西文译音凡例、西文译音总表、西文译音分表、英语各字典音符对照表。书前有何崧龄序。何崧龄，笔名何公敢。

收藏单位：安徽馆、重庆馆、广东馆、国家馆、湖北馆、湖南馆、吉林馆、江西馆、近代史所、辽大馆、南京馆、内蒙古馆、宁夏馆、山西馆、上海馆、绍兴馆、首都馆、武大馆、西南大学馆、浙江馆、中科图

04005

初级翻译指南 盛谷人编著

外文题名：First steps of translation

上海：世界书局，1927.8，95+23 页，32 开

本书为英文翻译教材。

收藏单位：河南馆

04006

初级模范英语作文（华英对照 详加注释） 华士堂编著

外文题名：Model English composition

重庆：真理出版社，1945，4 版，1 册，32 开

本书分论说、记叙、游记、小说、戏剧、演说、书信、日记等 10 类编排。末附全国初中会考及入学英文试题并答案等。

收藏单位：贵州馆、国家馆

04007

初级英语作文 英语周刊社编

外文题名：Beginning English composition

长沙：商务印书馆，1940.3，107 页，36 开（英语文库）

本书收英语作文 60 篇。

收藏单位：国家馆

04008

初级英语作文（直观法） 周越然编纂

外文题名：Beginning English composition

上海：商务印书馆，1916.12，77 页，25 开

上海：商务印书馆，1920.11，5 版，77 页，25 开

上海：商务印书馆，1933，国难后 2 版，77 页，25 开

本书为教育部审定的英文写作教材。

收藏单位：广东馆、湖南馆、江西馆

04009

大学英语作文 缪廷辅编著

外文题名：New college composition with exercises

上海：龙门联合书局，1948.8，[297] 页，25 开

上海：龙门联合书局，1949.3，再版，[297] 页，25 开

本书是用英文编写的大学教本，主要讲述英语语法及修辞作文的基础知识。分句子的组成、句子的构造、大写字母和标点符号、句子的分析和作文、写信法等 5 编。

收藏单位：吉林馆、辽大馆、上海馆

04010

短篇英文作文　程承祖著

外文题名：Short English compositions

上海：中华书局，1937.6，53 页，32 开（英文学生丛书）

上海：中华书局，1939.9，再版，53 页，32 开（英文学生丛书）

上海：中华书局，1940.8，3 版，53 页，32 开（英文学生丛书）

　　本书为英文作文范本，共收短文 30 篇。

书脊题名：初级短篇英文作文。

　　收藏单位：江西馆

04011

翻译漫谈　梅鼎樑著

外文题名：Talks on translation

上海：现代外国语文出版社，1947.1，55 页，32 开（现代英语自学丛书 6）

　　本书收英译汉方法漫谈 21 则。

　　收藏单位：国家馆

04012

翻译问题解答　李登辉编纂

外文题名：Key to the translation: the culture English readers. Book three

上海：商务印书馆，1929.8，54 页，32 开

　　本书为文化英文读本第 3 册。共 44 课。每课包括若干条英汉对照句子。

　　收藏单位：国家馆

04013

翻译详解（英汉·汉英）　陈东林编

外文题名：Studies in translation

上海：中华书局，1949.5，118 页，32 开

　　本书包括英文中译、英文文法、中文英译 3 部分。编制体例是：先列英文习题，给出详细解释，然后应用其中的现成字句从事中文英译，使读者可以把读过的字句马上见于实用。

　　收藏单位：重庆馆、黑龙江馆、南京馆

04014

翻译小补　吴嘉善编著

外文题名：The translator's assistant

上海：商务印书馆，1933.1，国难后 1 版，95 页，32 开（英文自修丛书）

长沙：商务印书馆，1938.9，国难后 2 版，95 页，32 开（英文自修丛书）

　　本书选常用英语单字和成语数百个，按英文字母顺序排列，以英汉对照形式说明其汉译法。

　　收藏单位：广东馆、国家馆、湖南馆

04015

翻译新闻（第四级 第六种）　商务印书馆附设函授学社英文科编

上海：商务印书馆，[1927]，57 页，32 开

　　收藏单位：广东馆

04016

翻译一助　英语周刊社编

外文题名：An aid to translation

长沙：商务印书馆，1940.3，162 页，32 开（英语文库）

上海：商务印书馆，1948.1，4 版，162 页，32 开（英语文库）

　　本书包含 198 个英文句子，针对每个句子分别给出翻译、公式、比较和类例等。

　　收藏单位：甘肃馆、广东馆、湖南馆、江西馆

04017

翻译之艺术　张其春著

上海：开明书店，1949.4，269 页，32 开（开明青年丛书）

　　本书主要讲述英文翻译艺术。分音韵美、辞藻美、风格美 3 部分。

　　收藏单位：重庆馆、东北师大馆、辽师大馆、南京馆、内蒙古馆、上海馆、首都馆、天津馆

04018

高级翻译指南（作文翻译捷诀）　严畹滋编著

外文题名：The translator's guide

上海：世界书局，1927，91 页，32 开

上海：世界书局，1928.9，再版，91 页，32 开

上海：世界书局，1935.4，4 版，91 页，32 开

上海：世界书局，1935，5 版，91 页，32 开

　　本书共两编。一为汉译英句法正谬和常用套语英译法；二为翻译示范，列举中国文学短论、公文等 30 余种，汉英对照，以示汉译英的方法。

　　收藏单位：重庆馆、河南馆

04019

高级模范英语作文（华英对照 详加注释） 华士堂编著

外文题名：Model English composition with Chinese notes and translation

桂林：真理出版社，1943.2，219+20 页，32 开

桂林：真理出版社，1945.4，4 版，219+20 页，32 开

　　本书为英语作文范本。分论说、记叙、游记、小说、戏剧、演说、书信、日记等 10 类编排。书末附全国高中会考及入学英文试题并答案等。

　　收藏单位：重庆馆、广东馆、吉林馆、西南大学馆

04020

高级英文模范作文（英汉对照） 林荫编译

外文题名：The high model composition in English and Chinese

上海：春明书店，1945.10，86 页，32 开

上海：春明书店，1946.11，再版，86 页，32 开

　　本书收录《我的家庭》《青年的责任》《儿时的回忆》《我之人生观》《在外滩公园》《天才和努力》等英文模范作文。课程适用。

　　收藏单位：河南馆、江西馆

04021

高级英文作法与选读 钟作猷著

上海：中华书局，1934.9，563 页，32 开，精装

　　本书讲述英文尺牍及叙事、描写、说理、论辩等各体文章的作法。有范文。

　　收藏单位：上海馆

04022

葛传椝英文通讯集（第一集） 葛传椝著

外文题名：A collection of letters. Ⅰ

上海：竞文书局，1939.6，86 页，32 开

　　本书收录英文书信 40 封。中文注释。

　　收藏单位：国家馆

04023

国音英译详考 胡炳熙编

天津：谦益丰书局，1927.10，49 页，32 开

　　本书把注音符号拼音字、汉字、英文拼音字对照排列，并作说明和解释。供翻译参考。

　　收藏单位：国家馆

04024

汉文译解英文商业尺牍 冯新五编纂

外文题名：English commercial correspondence

上海：商务印书馆，1920.9，2 册（665 页），32 开

上海：商务印书馆，1921，3 版，2 册（665 页），32 开

上海：商务印书馆，1924.8，5 版，2 册（665 页），32 开

上海：商务印书馆，1931.8，9 版，2 册（665 页），32 开

上海：商务印书馆，1933，国难后 1 版，2 册（665 页），32 开

上海：商务印书馆，1946，8 版，665 页，32 开

　　本书共 3 编。第 1 编总论英文商业书牍之体例及结构，举凡英文商业书牍之应有知识；第 2 编分呈文、函牍、电报、合同、章程、契约、报告书等 9 类示范商业书牍；第 3 编附录，有商业简语表、商业术语表、商业书牍词句类选、商业文件格式、广告文例。

　　收藏单位：重庆馆、东北师大馆、广东馆、国家馆、首都馆、浙江馆

04025

汉英文法翻译合解教科书 张鹏云编辑

外文题名：Grammar and translation with exercises

上海：新中国印书馆，1922.8，315 页，32 开

上海：新中国印书馆，1922.9，再版，315页，32开

上海：新中国印书馆，1923，5版，315页，32开

本书为英语语法和翻译教材。

收藏单位：河南馆

04026

华英翻译捷诀　颜惠庆编纂

外文题名：A manual of translation

上海：商务印书馆，1923.11，17版，93页，32开

上海：商务印书馆，1927.12，19版，93页，32开

上海：商务印书馆，1930.1，20版，93页，32开

本书共120课。

收藏单位：广东馆

04027

华英翻译金针（上编）　李文彬编纂　甘永龙增订

外文题名：Translation exercises. Book Ⅰ. From Chinese to English

上海：商务印书馆，1911.6，195+72页，32开，精装

上海：商务印书馆，1913.6，再版，195+72页，32开，精装

上海：商务印书馆，1914.12，增订4版，195+72页，32开，精装

上海：商务印书馆，1919.10，增订8版，195+72页，32开，精装

上海：商务印书馆，1922.10，增订11版，195+72页，32开，精装

上海：商务印书馆，1932.9，国难后1版，195+72页，32开，精装

上海：商务印书馆，1934，国难后2版，195+72页，32开，精装

上海：商务印书馆，1935，国难后3版，195+72页，32开，精装

本书为翻译教学课本。分汉译英和英译举隅两部分。封面题名：华英翻译金针（上册）。版权页题名：增订华英翻译金针（上

编）。

收藏单位：东北师大馆、广东馆、国家馆、河南馆、湖南馆、绍兴馆、浙江馆

04028

华英翻译金针（下编）　李文彬编纂

外文题名：Translation exercises. Book Ⅱ. From English to Chinese

上海：商务印书馆，1911.6，206+34页，32开，精装

上海：商务印书馆，1916.10，5版，206+34页，32开，精装

上海：商务印书馆，1932.9，国难后1版，206+34页，32开，精装

本书分英译汉和汉译举隅两部分。封面题名：华英翻译金针（下册）。版权页题名：订正华英翻译金针（下编）。国难后1版版权页题名：增订华英翻译金针（下册）。

收藏单位：国家馆、河南馆、南京馆

04029

华英翻译举例　尹莘编著

桂林：英语周刊社，1943.5，40页，32开

本书为英文翻译教材。

收藏单位：国家馆

04030

华英翻译指南（华英对照）　奚惠廉编著

外文题名：A practical guide to translation

上海：春明书局，1940.3，2版，154页，32开

上海：春明书局，1941.4，3版，154页，32开

本书为学生实用英文翻译教材。封面加题：华英对照 翻译读本。

收藏单位：广东馆

04031

活用英文尺牍　赵鸿隽编辑

外文题名：A working English letter-writer

上海：世界书局，1934.11，156页，32开

上海：世界书局，1940.10，新2版，156页，32开

上海：世界书局，1946，4版，156页，32开

本书为英文书信范本。

收藏单位：广东馆、首都馆

04032

活用英文翻译法　苏兆龙著

外文题名：Practical translation

世界书局，1936.12，281 页，64 开

世界书局，1937.5，再版，281 页，64 开

　　本书分 4 编，内容包括：翻译通论、习语、句型等。

　　收藏单位：南京馆

04033

活用英文商业尺牍　史亦山编译

外文题名：A working English business letter-writer

上海：世界书局，1935.7，250 页，32 开

　　本书分 8 编：总说，买卖，银行信式，租船及海上保险，国外贸易，介绍、就职及聘请，通知束，报告。

　　收藏单位：贵州馆、国家馆、浙江馆

04034

简易英语书信集　陆殿扬编

外文题名：Short letters in simple English

重庆：开明书店，1945.12，38+66 页，32 开（简易英语丛书 5）

重庆：开明书店，1946.8，再版，38+66 页，32 开（简易英语丛书 5）

重庆：开明书店，1947.3，3 版，38+66 页，32 开（简易英语丛书 5）

　　本书为初级英语读本。包含社交书信、商业书信、名人书信等。

　　收藏单位：国家馆、湖南馆、浙江馆

04035

李氏英语文范　李登辉编

外文题名：Lee's English language lessons

上海：商务印书馆，1925.5，335 页，32 开

上海：商务印书馆，1932.9，国难后 1 版，335 页，32 开

上海：商务印书馆，1933，国难后 2 版，335 页，32 开

上海：商务印书馆，1935.5，国难后 3 版，335 页，32 开

本书为英语教材。

　　收藏单位：广东馆、湖南馆

04036

李氏英语修词作文合编　李登辉编纂

外文题名：Lee's rhetoric and composition

上海：商务印书馆，1926.6，19+382 页，32 开

上海：商务印书馆，1947.7，13 版，19+382 页，32 开

　　本书为英文写作教材。

　　收藏单位：国家馆

04037

模范实用英文作文　张则之著

外文题名：The model practical English composition

上海：北新书局，1947.11，263 页，25 开

　　本书收 100 篇实用英文作文，并附汉译。书前有陈器序。

　　收藏单位：江西馆

04038

模范书信（英汉对照）　董浩编著

外文题名：Bilingual model letter writing

上海：春明书店，1935.8，126 页，32 开

上海：春明书店，1935.10，再版，126 页，32 开

上海：春明书店，1936.3，4 版，126 页，32 开

　　本书为学生课外读物。分类收录文言体书信 72 封，将之译成英文，对照编排。

　　收藏单位：国家馆

04039

模范英文尺牍　陆费执编

上海：中华书局，1927.9，164 页，32 开

上海：中华书局，1936.12，5 版，164 页，32 开

　　本书为英文书信范本，有中文注释。

04040

模范英语书信（华英对照）　华士堂编著

外文题名：Standard English letters

外文题名：Model English letters

桂林：真理出版社，1942，234 页，32 开

桂林：真理出版社，1943.4，再版，234 页，32 开

重庆：真理出版社，1945.2，渝 1 版，234 页，32 开

本书为学生自修读本。分 20 编，内容包括：通论、报告、庆贺、问候、赞扬、请托、查询、借贷等。

收藏单位：重庆馆、广东馆、贵州馆、国家馆、南京馆

04041

模范英语作文精华 奚识之编

外文题名：Best English by best writers

桂林：进修书店，1944.2，桂 1 版，286 页，32 开

本书为英文作文范本。约收 170 篇。有中文注释。

收藏单位：国家馆

04042

日用英文作文 王翼廷编

上海：北新书局，1933.8，165 页，32 开

上海：北新书局，1934，再版，165 页，32 开

本书为英文写作教材。

收藏单位：首都馆

04043

实用标准英文翻译法（上册） 程豫生著

外文题名：The practical and standard method of English translation. Volume I

上海：南京书店，1930.10，27+279 页，32 开

南京：南京书店，1932.5，再版，27+279 页，32 开

南京：南京书店，1933，再版，27+279 页，32 开

本书共两卷，讲述汉英互译和各体文章的翻译方法。上卷专译单句，分汉文英译、英文汉译、单句的各种译法 3 章；下卷也分 3 章，专译长篇文字。

收藏单位：国家馆

04044

实用英文修辞学 龚质彬编

外文题名：Rhetoric in practice

上海：商务印书馆，1937.3，270 页，32 开

本书揭示了修辞的源流及嬗变，揭示了修辞的新的含义。论述了修辞学的性质，修辞和语境以及和发话人的社会角色的关系等。

收藏单位：广东馆、浙江馆

04045

实用英文作文正误字典 王学谦编

外文题名：A practical dictionary of correct English

上海：大东书局，1947.5，11+133 页，25 开

本书收英文单字、成语及英语语法词目共 400 条。按英文字母次序编排。有简略注释和用法说明。用英文编写。

收藏单位：江西馆

04046

实用英文作文正误字典 王学谦编

上海：南京书店，1933.2，133 页，32 开

本书收英文单字、成语及英语语法词目共 400 条。按英文字母次序编排。有简略注释和用法说明。用英文编写。书名后加题：学生作文教员改课必备之书。

04047

斯宾塞尔文体论（英汉对照）（英）斯宾塞（Herbert Spencer）著 胡哲谋译注

外文题名：Herbert Spencer's the philosophy of style

上海：商务印书馆，1925.10，115 页，32 开

本书为英国著名哲学家斯宾塞 1852 年 10 月发表的评论当时文体、修辞书籍的论文。译文和注释曾在《英文杂志》第 9 卷 1—12 连载。著者原题：斯宾塞尔。

收藏单位：广东馆、国家馆

04048

新增英华尺牍 商务印书馆编译所编纂

外文题名：English letter writing with Chinese translations

上海：商务印书馆，1917.8，15 版，125 页，32 开

上海：商务印书馆，1921，22 版，订正版，

125 页，32 开

上海：商务印书馆，1935.7，国难后 2 版，125 页，32 开

上海：商务印书馆，1936，国难后 3 版，125 页，32 开

本书为英文书信写作教材。收入各类型书信，介绍信面格式、信内称呼、信内省笔字、信内格式等。1908.9 初版。

收藏单位：东北师大馆、广东馆、国家馆、河南馆、湖南馆

04049

新撰英文尺牍　葛传椝编著

外文题名：A new English letter-writer

上海：开明书店，1932.8，150 页，32 开

上海：开明书店，1949.4，新 1 版，150 页，32 开

本书为英文书信写作教材。

收藏单位：上海馆

04050

新撰英文尺牍　葛传椝编

外文题名：A new English letter-writer

上海：商务印书馆，1935.12，150 页，32 开

本书收英文书信范例若干，供学习者用。

收藏单位：浙江馆

04051

新撰英文作文教科书　赵灼编

上海：群益书社，[1911.4]，3 册（122+165+174 页），32 开，精装

上海：群益书社，1916—1917，再版，3 册（122+165+174 页），32 开，精装

本书为英文写作教材。全书分 3 册，共 36 课。初版年据书前序的写作时间推断。

收藏单位：国家馆、上海馆

04052

袖珍商业尺牍概论　（英）皮特曼（Isaac Pitman）原著　马润卿注释

外文题名：Commercial correspondence and commercial English

上海：中华书局，1922.3，2 册（45 页），50 开

上海：中华书局，1928.9，4 版，2 册（45 页），50 开

上海：中华书局，1928.9，5 版，2 册（45 页），50 开

本书分英文商业书信、商业电报的作法等。英文本，有中文注释。封面题名：袖珍英文商业尺牍概论。

收藏单位：上海馆

04053

袖珍英华尺牍范本（第一编 甲级）　程承祖编　（英）梅殿华（C. Spurgeon Medhurst）校阅

外文题名：Specimen letters in English and Chinese with notes. Series 1. Grade A

上海：中华书局，1917.6，23+21 页，50 开

上海：中华书局，1921.5，10 版，23+21 页，50 开

上海：中华书局，1936.12，33 版，23+21 页，50 开

本书收英汉对照信札 30 篇。所载信札依据家庭、学校及社会各方面之实在情形取材。附注释。

收藏单位：国家馆、上海馆

04054

袖珍英华尺牍范本（第二编 甲级）　厉鼎骧编　（英）梅殿华（C. Spurgeon Medhurst）校阅

外文题名：Specimen letters in English and Chinese with notes. Series 2. Grade A

上海：中华书局，1917.8，21+24 页，50 开

上海：中华书局，1920.7，6 版，21+24 页，50 开

上海：中华书局有限公司，1936.12，5 版，21+24 页，50 开

收藏单位：国家馆、上海馆

04055

袖珍英华商业尺牍范本　（英）皮特曼（Isaac Pitman）著　马润卿编辑　中华书局西文编辑部注释

外文题名：Specimen commercial correspondence with notes in English and Chinese

上海：中华书局，1921.2—1930.1，8 册（[310]页），50 开

本书为商业书信范文，附汉语注释。

04056

袖珍英华作文范本（第一编 甲级） 程承祖编

上海：中华书局，1917.8，64 页，50 开

上海：中华书局，1919.6，3 版，64 页，50 开

本书收英文短文 30 篇，附文言译文及注释。

04057

英法尺牍译要 沙德黎（P. Sadler）著 陈篆编译

外 文 题 名：Select correspondence French and English text with Chinese translation

外文题名：Choix de correspondance texte Franco-Anglais avec traduction Chinoise

上海：商务印书馆，1920.1，6 版，68 页，25 开

上海：商务印书馆，1923.5，7 版，68 页，25 开

本书收录英法语种的信件，每封信后都有中文译文。

收藏单位：浙江馆

04058

英汉汉英翻译举例 苏兆龙编

外文题名：Translation by examples with exercises

上海：竞文书局，1936.12，165 页，32 开

本书收语句翻译范例 120 个，篇段翻译范例 60 个。

收藏单位：首都馆

04059

英汉模范书信 董浩编著

外文题名：The model English letter writing with Chinese translations

上海：春明书店，1947，126 页，32 开

本书分家庭书信、交际书信、请托书信、报告书信、询问书信、自荐书信、一般书信、书信程式 8 编。书末附录便条、契约、公文、广告、账单。

收藏单位：国家馆、吉林馆

04060

英汉社交大全 严畹滋主编

外文题名：English for social life

上海：世界书局，1925.9，616 页，32 开，精装

上海：世界书局，1933.7，4 版，616 页，32 开，精装

本书介绍社交范围内各种事物，详细采集各种文件之格式并加注释。

收藏单位：南京馆

04061

英华集（中诗英译比录） 吕叔湘编著

上海：正中书局，1948.3，[23]+214 页，25 开

本书分 4 部分：诗经及楚辞、汉魏六朝（诗）、李白与杜甫、唐诸家（诗）。辑外国人用英文翻译的中国古诗 59 首。先列每首诗的中文，后列不同译者的英译文，以便对比研究。卷首有编者序，讲述中国古诗的英译问题。

收藏单位：国家馆、吉林馆、南京馆、西南大学馆

04062

英文标点法 ABC 王翼廷编著

外文题名：The ABC of punctuation

上海：世界书局，1930.7，77 页，25 开（活用英文 ABC 丛书）

收藏单位：江西馆

04063

英文尺牍 商务印书馆编译所编

外文题名：The companion letter writer

上海：商务印书馆，1914.2，11 版，96 页，32 开

上海：商务印书馆，1914.12，12 版，96 页，32 开

上海：商务印书馆，1922.3，19 版，96 页，32 开

本书收英语书信范文若干，供英文学习者用。

收藏单位：国家馆、浙江馆

04064

英文尺牍 ABC　夏孙桂编著

外文题名：The ABC of letter writing

上海：世界书局，1932.10，4 版，140 页，32 开

本书为英文书信写作教材。

收藏单位：河南馆

04065

英文尺牍大全　李登辉　杨锦森编

外文题名：New complete letter-writer

上海：中华书局，1915.1，268 页，32 开，精装

上海：中华书局，1928，11 版，268 页，32 开，精装

上海：中华书局，1936.12，14 版，268 页，32 开，精装

本书为英文书信范本。封面题名：中华英文尺牍大全。

收藏单位：广东馆、上海馆

04066

英文尺牍大全（英汉对照）　严畹滋主编　谢福生 [等] 编著　秦理齐 [等] 翻译

外 文 题 名：Complete manual of English letter writing

上海：世界书局，1929，再版，1 册，32 开，精装

上海：世界书局，1935.4，3 版，1 册，32 开，精装

本书分书札概论、专用尺牍、普通尺牍、商业尺牍、分类尺牍应用语、杂例 6 编。

收藏单位：广东馆、贵州馆

04067

英文尺牍教科书　张士一编纂　邝富灼校订

外文题名：A class-book of English letter-writing

上海：商务印书馆，1914.1，143 页，32 开，精装

上海：商务印书馆，1922.10，13 版，143 页，32 开，精装

上海：商务印书馆，1923.11，15 版，143 页，32 开，精装

上海：商务印书馆，1924.10，16 版，143 页，32 开，精装

本书为英文书信写作教材。用英文编写。供中学及师范学校用。

收藏单位：广东馆、浙江馆

04068

英文尺牍全书　葛传槼著

外文题名：English letter-writing:principles and practice

上海：竞文书局，1940.5，333 页，36 开

上海：竞文书局，1948.9，重版，333 页，36 开

本书分两部分：英文尺牍要义、尺牍分组实例。第 1 部分讲述英文尺牍形式上和文字上的种种要点和各种信的写法。第 2 部分是关于一个事件的若干连续的信。

收藏单位：山西馆

04069

英文翻译 ABC　苏为光　沈文华著

外文题名：The ABC of translation

上海：世界书局，1930.6，139 页，32 开（活用英文 ABC 丛书）

上海：世界书局，1932.7，4 版，139 页，32 开（活用英文 ABC 丛书）

上海：世界书局，1933.6，5 版，139 页，32 开（活用英文 ABC 丛书）

本书分英文汉译和汉文英译两篇。每课分正文、译文、解说、公式、练习等部分。

收藏单位：南京馆

04070

英文翻译的理论与实际　吴献书编著

外 文 题 名：Theory and practice of translation from English into Chinese

上海：开明书店，1936.12，173 页，32 开

本书分 4 章：翻译通论、句译研究、译文比较、模范译文（中英对照）。

收藏单位：河南馆、宁夏馆、上海馆、天津馆

04071

英文翻译指南 文艺书局编辑

外文题名：A guide to translation

上海：文艺书局，1926.10，2 册（111+110 页），32 开（华英注解学生读本）

上海：文艺书局，1931.10，再版，2 册（111+110 页），32 开（华英注解学生读本）

本书分两集。第 1 集翻译入门，共 67 课；第 2 集作文捷径，包括翻译中的虚字和应用短语译法、翻译中应用的要语（中英对照）、论翻译中文法上的错误、论一般句法中错误的正谬、翻译中起承转合应用的套语、翻译各种电报广告收据票式示范及汉译英、英译汉各种翻译习题等。

收藏单位：国家馆、河南馆

04072

英文范详解 伍光建编

外文题名：Higher English grammar for the use of Chinese students of that language

上海：商务印书馆，1913，3 版，285 页，25 开，精装

上海：商务印书馆，1916.11，5 版，285 页，25 开，精装

本书为英语语法教材。书前有伍光建序。

收藏单位：广东馆

04073

英文改作详解 葛传槼批改

外文题名：A book of corrected English compositions

上海：竞文书局，1936.6，93 页，32 开

上海：竞文书局，1947.1，5 版，93 页，32 开

本书收录《英语作为一种国际语言》《爱国主义》《给朋友的一封信》《纪念玛丽》等 32 篇文章。每篇末有作者所作的批改。

收藏单位：浙江馆

04074

英文国译要钞 东方出版社

台北：东方出版社，1946.11，50 页，32 开

收藏单位：南京馆

04075

英文汉诂 严复著

外文题名：English grammar explained in Chinese

上海：商务印书馆，1916.4，14 版，14+239 页，32 开，精装

上海：商务印书馆，1933.9，国难后 1 版，14+239 页，32 开，精装

本书共 18 章，内容包括：发凡、正书、字论、名物、区别、称代、云谓、疏状、介系等。供中学校及师范学校用。

收藏单位：广东馆、国家馆、辽宁馆、南京馆、浙江馆、中科图

04076

英文汉译的理论与实际（增订本） 吴献书编著

外文题名：Theory and practice of translation from English into Chinese: new and revised edition

上海：开明书店，1936.12，215 页，32 开

上海：开明书店，1939.10，改订初版，215 页，32 开

上海：开明书店，1946.11，3 版，215 页，32 开

上海：开明书店，1949.1，4 版，215 页，32 开

本书是《英文翻译的理论与实践》一书的修订本。分 4 章：翻译通论、句译研究、译文比较、模范译文（中英对照）。

收藏单位：安徽馆、广东馆、贵州馆、国家馆、江西馆、辽大馆、南京馆、首都馆、西南大学馆

04077

英文汉译例解 舒通编译

外文题名：Translation examples

上海：商务印书馆，1940.8，150 页，32 开

本书据日本三省堂《英文和译法》一书编译而成，收近千个例句。分上下两部。上部为 200 例；下部为 300 练习题。

收藏单位：国家馆

04078

英文基本作文法 史聿光著

外文题名：Fundamental rules for writing English

上海：三民图书公司，1935.7，261 页，32 开（英文基本丛书）

本书分造句、图解、作文 3 编，共 22 章。讲述各种句子的构造方法、图解句子成分的相互关系及积句成章和积章成文的正确方法。有练习。书末附录本书英字译名表。

收藏单位：国家馆

04079

英文基本作文法问题详解 史聿光著

外文题名：The answers of fundamental rules for writing English

上海：三民图书公司，1935.9，70 页，32 开（英文基本丛书）

上海：三民图书公司，1946，新 1 版，70 页，32 开（英文基本丛书）

本书为《英文基本作文法》一书所附练习的答案。

收藏单位：广东馆、国家馆

04080

英文名人尺牍 杨锦森编

上海：中华书局，1915.7，136 页，32 开（英文名人丛书 2）

上海：中华书局，1929.4，8 版，136 页，32 开（英文名人丛书 2）

本书为英文书信范本。收录华盛顿、牛顿等名人的书信，有汉语注释。

收藏单位：上海馆

04081

英文模范日记（学生实用） 奚识之编著

外文题名：English diary model

上海：春明书店，1941，再版，226 页，32 开

本书为英文日记，详细介绍了英文日记的作法，从一月到十二月，共 12 章。书前有序。

收藏单位：安徽馆、广东馆、河南馆

04082

英文模范作文 奚惠廉编著

上海：春明书店，1946.7，348 页，32 开

上海：春明书店，1946，再版，348 页，32 开

本书为英文作文范本。

收藏单位：广东馆

04083

英文模范作文辞典 实用语言学社编著

外文题名：A model English composition dictionary

上海：世界书局，1936.9，650+[86] 页，50 开，精装

上海：世界书局，1940.9，新 3 版，650+[86] 页，50 开，精装

上海：世界书局，1946.10，5 版，650+[86] 页，50 开，精装

上海：世界书局，1948.7，6 版，650+[86] 页，50 开，精装

本书为英文作文范本。有附录及索引。

收藏单位：东北师大馆、贵州馆、湖南馆、江西馆、上海馆

04084

英文日记作法 英语周刊社编

外文题名：Diary writing

长沙：商务印书馆，1940.3，43 页，32 开（英语文库）

本书为英文日记写作教材。收录从军记者日记、红十字会员日记等。

收藏单位：广东馆、国家馆

04085

英文散文 ABC 余天韵编著

外文题名：The ABC of essay writing

上海：世界书局，1932.5，再版，121 页，32 开

上海：世界书局，1933，3 版，121 页，32 开

本书分上下两篇。上篇是指导的，讲述散文的性质、功用、特点、体裁等；下篇是示范的，列举各种散文模范，所选各例都是名家杰作。书前有林汉远序。

收藏单位：广东馆

04086

英文商业新尺牍（华英对照） 奚惠廉著

外文题名：New English commercial letters

上海：春明书店，1941.2，2 版，277 页，32 开

　　本书为英文商业书信写作教材。学生读本。

　　收藏单位：广东馆

04087

英文书牍进阶　苏兆龙编

外文题名：Stepping stones to letter writing

上海：中华书局，1937.7，133 页，32 开（英文学生丛书）

　　本书收录英文书信 80 封。附汉译文。

04088

英文书牍入门　张慎伯编

上海：中华书局，1948.2，62 页，32 开（中华文库 初中 第 1 集）

　　本书为英文书信写作教材。

　　收藏单位：重庆馆、广东馆、桂林馆、黑龙江馆、湖南馆、江西馆、上海馆、绍兴馆

04089

英文书翰钥（增订版）　陈光益　黄识编　陈嘉增订

外文题名：Key to English letter writing

上海：群益书社，1929，16+524 页，32 开，精装

　　本书分规格、起结、社交笺启、公用笺启、商用笺启、杂俎 6 编。第 6 编包括中国地名表和百家姓等。

　　收藏单位：广东馆、国家馆

04090

英文书信　李未农编

上海：开明书店，1935.8，189 页，32 开（开明青年英语丛书）

上海：开明书店，1939.10，4 版，189 页，32 开（开明青年英语丛书）

上海：开明书店，1944.9，内 1 版，189 页，32 开（开明青年英语丛书）

上海：开明书店，1947.4，7 版，189 页，32 开（开明青年英语丛书）

上海：开明书店，1948.2，8 版，189 页，32 开（开明青年英语丛书）

　　本书为英文书信范本，讲述英文书信书写工具、格式及写法。包括赠送、感谢及道歉、约会、询问、通知、请求、介绍、庆吊等写法。供中学生课外阅读。

　　收藏单位：重庆馆、国家馆、湖南馆、江西馆、辽宁馆、首都馆、浙江馆

04091

英文书信例释　戴冕伦编著

外文题名：How to write good English letter

重庆：中华书局，1944.9，52 页，32 开

上海：中华书局，1946.9，再版，52 页，32 开

　　本书共 10 章，就普通应酬书信，如通候、陈说、探询、请托等，分门别类，逐一举例，随加诠释。

　　收藏单位：国家馆、辽宁馆、南京馆、上海馆

04092

英文书信写法　刘维向编

外文题名：How to write letters with 100 specimen letters

上海：商务印书馆，1935.12，46 页，32 开

　　本书收英文书信范例若干，供学习者用。

　　收藏单位：浙江馆

04093

英文书信作法　欧阳元编著

海屋出版社，1945.2，197 页，32 开

　　本书分两部分：英文信札的形式、写英文信札时之注意。第 1 部分介绍发信人之住址与发信之日期、收信人之名称地址、称呼、正文、结语等；第 2 部分介绍邀请、道歉、慰问、祝贺、通知等类型信札写作注意事项。

　　收藏单位：重庆馆、贵州馆、国家馆

04094

英文书札指南　李文彬编纂

外文题名：A guide to letter writing

上海：商务印书馆，1910.3，147 页，32 开

上海：商务印书馆，1925，15 版，147 页，32 开

上海：商务印书馆，1929.12，17 版，147 页，

32 开

上海：商务印书馆，1934.1，国难后 1 版，148 页，32 开

上海：商务印书馆，1934.9，国难后 2 版，148 页，32 开

　　本书分 6 篇，内容包括：总论、书札结构、书札通例、书札分类、交际书札、启事书札。书末附录英文简语表、英文造句法、英语勘误表。

　　收藏单位：广东馆

04095

英文文法作文典　秦鹤皋　刘思训　金析声编译

外文题名：Practical English: self-taught with compositions by Chinese students

上海：合众书店，1936.9，3 版，11+357 页，32 开

上海：合众书店，1937.3，4 版，11+357 页，32 开

上海：合众书店，1939.8，5 版，11+357 页，32 开

上海：合众书店，1947.2，6 版，11+357 页，32 开

　　本书共 5 章：词类、分析及图解、句子改错、书信作法、学生作文。

　　收藏单位：河南馆、江西馆、南京馆

04096

英文文章作法　余慕陶编著

外文题名：How to write good English

上海：光华书局，1933.2，161 页，32 开

　　本书共 4 章。讲述单字、造句、演说、书札、故事的写法等。

　　收藏单位：国家馆

04097

英文现代商业尺牍　余天韵著

外文题名：Modern business correspondence

上海：中华书局，1935.2，162 页，32 开

上海：中华书局，1940.6，再版，162 页，32 开

　　本书为英语商业书信写作教材。

04098

英文修辞格　谢大任编著

外文题名：Figures of speech

上海：中华书局，1935.4，131 页，32 开

　　本书用英文编写，难词例句有中文注释。供高中、大学教课用或作课外补充读物。

　　收藏单位：国家馆、湖南馆、上海馆

04099

英文修辞学　林天阑编

上海：中华书局，1922.6，293 页，32 开，精装

上海：中华书局，1924.4，5 版，293 页，32 开，精装

上海：中华书局，1933.9，15 版，293 页，32 开，精装

　　本书讲述英文作文法及文章的体裁和修辞。用英文编写。

　　收藏单位：江西馆、上海馆

04100

英文修辞学 ABC　王翼廷著

外文题名：The ABC of rhetoric

上海：世界书局，1930.2，157 页，32 开（活用英文 ABC 丛书）

上海：世界书局，1931.1，再版，157 页，32 开（活用英文 ABC 丛书）

上海：世界书局，1931，3 版，157 页，32 开（活用英文 ABC 丛书）

上海：世界书局，1932.1，4 版，157 页，32 开（活用英文 ABC 丛书）

　　本书分 16 篇，内容包括：普通文法上的错误、联用的动词与名词、章句、明晰、练习问答解答等。用英文编写，间有中文注释。

　　收藏单位：广东馆、浙江馆

04101

英文修辞学基础　钟作猷编

外文题名：The foundations of English rhetoric

上海：中华书局，1935.8，348 页，32 开

上海：中华书局，1937.6，再版，348 页，32 开

　　本书用英文编写，间有中文注释。附有

练习题。

　　收藏单位：湖南馆、浙江馆

04102

英文修辞学基础习题答案　钟作猷编

外 文 题 名：Key to the foundations of English rhetoric

上海：中华书局，1935.9，64 页，32 开

　　本书是编者《英文修辞学基础》一书的习题答案。

　　收藏单位：吉林馆、上海馆

04103

英文修饰法　英语周刊社编

外文题名：Common faults in writing English

长沙：商务印书馆，1940.3，191 页，36 开（英语文库）

　　本书分通例、择字、文规、文格与思想之编次 4 章。

　　收藏单位：辽宁馆

04104

英文译法的新研究　曲化民编

外文题名：Key to English translation

北平：化民英语研究社，1948.9，242 开（自修丛书）

北平：化民英语研究社，1948.10，再版，242 页，32 开（自修丛书）

　　本书分 3 章：思考方法的要素、英文的翻译方法、难句的翻译方法。书末附字句索引。

　　收藏单位：首都馆

04105

英文应用文写作（自学本位 中文讲解）　郭人健　凌善森编著

外文题名：English sheretarial writings self-taught

上海：启明书局，1948.1，3 版，207 页，32 开

上海：启明书局，[1949.2]，4 版，207 页，32 开

　　本书介绍英文信的构成，以及介绍信、推荐信、自荐信、请求信、通知信、询问信、问候信等应用文的写作方法。

　　收藏单位：广东馆、江西馆、南京馆

04106

英文知识（合订本 第 1 卷）　英文知识半月刊社编著

外文题名：Studies in English

上海：英文知识半月刊社，1940，288 页，32 开

　　本书内容包括：小品文、学生文摘、英谚释义、短篇小说、日记、杂译、名作英译、报纸选录、商业尺牍、读者作文等。

　　收藏单位：重庆馆

04107

英文致友人书　葛传槼著

外文题名：Letters to a friend

上海：中华书局，1935.3，215 页，32 开（初中学生文库）

上海：中华书局，1940.6，再版，215 页，32 开（初中学生文库）

上海：中华书局，1941，3 版，215 页，32 开（初中学生文库）

　　本书为英文书信范本。收著者致友人、论学、抒感的英文书信 57 封。中文注释。

　　收藏单位：安徽馆、重庆馆、广西馆、黑龙江馆、吉林馆、江西馆、辽宁馆、南京馆、绍兴馆、天津馆

04108

英文中译法　曹涟君编著

上海：启明书局，1939.6，12+148 页，32 开

上海：启明书局，1947.10，新 3 版，12+148 页，32 开

　　本书共 54 课。每课包括一至四个翻译公式，并有例句和说明。课后附练习题。封面加题：公式举例 华文讲解。

　　收藏单位：江西馆、南京馆、绍兴馆、首都馆

04109

英文中译法　曹涟君编著

桂林：新生书局，1944.3，12+148 页，32 开

　　收藏单位：国家馆、南京馆

04110

英文中译法　曹涟君编著

外文题名：How to translate English in Chinese

重庆：新中国书局，1945.4，渝初版，12+148页，32 开

　　本书封面加题：公式举例 中文讲解。本版系用启明书局原版印行。版权页编者题：唐明飞。

　　　收藏单位：重庆馆、广东馆、国家馆

04111

英文中译法　英语教育改进社主编　李志英编著

外　文　题　名：Method of translation from English to Chinese

上海：世界书局，1944.1，湘 1 版，189 页，32 开

上海：世界书局，1946，4 版，189 页，32 开

上海：世界书局，1947.10，5 版，189 页，32 开

　　本书共 6 部分。介绍英文成语、句、特写、时论、散文、小说与故事的翻译法。书前有詹文浒序。

　　　收藏单位：广东馆、国家馆、江西馆、南京馆

04112

英文作文　（美）葛蕾勃尔（H. B. Graybill）著

外文题名：Writing English

上海：伊文思图书有限公司，[1924—1925]，2 册（203+229 页），32 开

　　本书为英文写作教材。著者原题：葛理佈。

　　　收藏单位：广东馆、南京馆

04113

英文作文法纲要　龚质彬编

外文题名：Learning to write

上海：中华书局，1934.4，183 页，32 开

　　本书分 6 章，内容包括：作文原则要点、描写文作法、叙事文作法、散文作法研究等。附习题。用英文编写。

　　　收藏单位：黑龙江馆、湖南馆

04114

英文作文纠谬　余楠秋著

外　文　题　名：A guide to composition and letter writing

上海：中华书局，1925，192 页，32 开

　　本书为英文写作教材。

　　　收藏单位：广东馆

04115

英文作文示范　张则之编

外文题名：Specimens of English composition

北平：科学社，1936.4，122+62 页，25 开

北平：科学社，1936.9，再版，62+122 页，25 开

　　本书收录英语作文 100 篇。

　　　收藏单位：江西馆

04116

英文作文示范　张则之编辑

广西：智仁书店，1943.4，184 页，32 开

　　　收藏单位：南京馆

04117

英文作文通常错误指正　慎微之著

外文题名：Common errors in English composition with corrections

上海：群益书社，1948，23 页，64 开

　　本书为英文写作教材。

　　　收藏单位：南京馆

04118

英文作文正误详解　钱歌川编

上海：中华书局，1948.2，218+30 页，32 开

　　本书为英文写作教材。书末附练习问题答案。

　　　收藏单位：上海馆、西南大学馆

04119

英语标点法　任仓厂编

上海：启明书局，1940.5，93 页，42 开

上海：启明书局，1948.1，3 版，93 页，42 开

　　本书介绍英语标点的简单规则和便捷方法。封面加题：白话讲解 英文举例。

收藏单位：上海馆

04120

英语短篇文范 兼声编译出版社编

外文题名：Short English composition

成都：兼声编译出版社，1942.11，再版，73页，36开

本书收范文 40 篇，附汉语注释。书前有引言，叙述编辑旨趣和作文要义。

收藏单位：重庆馆

04121

英语短篇文范 兼声编译出版社编

外文题名：Short English composition

桂林：英语周刊社，1943.4，再版，73页，32开

收藏单位：桂林馆

04122

英语翻译基础 周庭桢编著

外文题名：A stepping stone to translation

上海：开明书店，1947.3，195页，32开

本书共 55 课。每课依次列范句、公式、注释、实用参考句和翻译习题。书末附习题答案。

收藏单位：东北师大馆、广西馆、国家馆、湖南馆、吉林馆、辽大馆、辽宁馆、天津馆、西南大学馆

04123

英语翻译释例（汉文英译之部） 郭昆编著

外文题名：Speciments of translation

重庆：商务印书馆，1946.10，233页，32开

上海：商务印书馆，1947.4，233页，32开

重庆：商务印书馆，1948.7，再版，233页，32开

上海：商务印书馆，1948.8，3版，233页，32开

本书共 60 课。附有练习。

收藏单位：东北师大馆、国家馆、湖南馆、江西馆、浙江馆

04124

英语翻译造句捷径 甘纯权编

上海：上海职业指导所，1935.2，28页，32开

本书采用日常应用文字，每课字句意义连贯，成语以及文法等项均有详细注解。适合中等职业补习学校之用。

收藏单位：国家馆

04125

英语模范作文（英汉对照） 王象咸著

外文题名：The model English composition

上海：北新书局，1946.11，161页，32开

上海：北新书局，1948.4，2版，161页，32开

本书收英语作文 26 篇。

收藏单位：吉林馆、首都馆

04126

英语实用文 陈念坚编著

外 文 题 名：English letter-writing and official correspondence

上海：开明书店，1947.11，144页，32开

上海：开明书店，1948.4，再版，144页，32开

本书分 3 编：信函、公文、杂项文件。第 1 编包括社交信函的结构、信封写法及其他常识、社交信函示范、商业信函的特性；第 2 编包括公文的结构和示范、备忘录与办公函附示范；第 3 编包括电报和便条、合同或契约、广告等。有图式。

收藏单位：南京馆、上海馆、浙江馆

04127

英语实用文写作（自学本位 中文讲解） 郭人健编著

上海：启明书局，1938，207页，32开

收藏单位：首都馆

04128

英语文法捷径 唐宗友编

上海：国防医学院，1948，127页，32开

收藏单位：广东馆

04129

英语文法作文正误通　奚识之编

外文题名：Rules, explanations, examples and exercises of correct English with answers

上海：经纬书局，1936，569+188 页，32 开，精装

上海：经纬书局，1937.6，再版，569+188 页，32 开，精装

　　本书共 17 章，内容包括：英文文法的意义、句子、名词、代名词、动词、形容词、副词、介词、连词等。

　　收藏单位：广东馆

04130

英语文规

上海：商务印书馆，1914，159 页，32 开

　　收藏单位：广东馆

04131

英语写读指谬　王实味编

外文题名：Common errors in writing and speaking English

上海：南京书店，1933.11，87 页，32 开

　　本书分 4 部分：语法错误、单词使用错误、拼写错误、发音错误。

　　收藏单位：河南馆、浙江馆

04132

英语修词学纲要　姚慕谭编纂

外文题名：Essentials of English rhetoric

长沙：商务印书馆，1938.1，131 页，32 开

长沙：商务印书馆，1938.6，再版，131 页，32 开

　　本书为英文写作教材。

　　收藏单位：江西馆

04133

英语作文初步　商务印书馆编译所编纂

外文题名：First steps in English composition

上海：商务印书馆，1934，国难后 2 版，113 页，32 开

　　本书共 13 章，内容包括：文句之种类（其一）、文句之种类（其二）、单简句、谓语、补足谓语之辞、谓语推演之法、单简句之构造、包孕句等。

　　收藏单位：广东馆

04134

英语作文范本　姚慕谭著

外文题名：Specimens of English Composition

上海：商务印书馆，1946.1，10+251 页，32 开

上海：商务印书馆，1946.8，再版，10+251 页，32 开

上海：商务印书馆，1947.5，3 版，10+251 页，32 开

　　本书为英文写作教材。

　　收藏单位：广东馆、山西馆

04135

英语作文教科书（第 1 编）　邝富灼著

外文题名：Elementary composition for Chinese students

上海：商务印书馆，1923.5，16 版，182 页，32 开，精装

上海：商务印书馆，1931，18 版，182 页，32 开，精装

　　本书为英文写作教材。

　　收藏单位：广东馆

04136

英语作文捷径　A. G. Beaumont 编纂

外文题名：Aids to English composition

上海：商务印书馆，1915.10，80 页，32 开

上海：商务印书馆，1934.3，国难后 1 版，80 页，32 开

上海：商务印书馆，1934.8，国难后 2 版，80 页，32 开

上海：商务印书馆，1935，国难后 3 版，80 页，32 开

　　本书为英文写作教材。

　　收藏单位：广东馆

04137

英语作文入门　陆贞明著

外文题名：English composition made easy

上海：中华书局，1937.3，95 页，32 开（英文学生丛书）

上海：中华书局，1941.5，4 版，95 页，32 开（英文学生丛书）

上海：中华书局，1947.12，95 页，32 开（中华文库 初中 第 1 集）

本书是初级英文作文法。共 32 课。内容包括：主语与述语、包含不及物动词的句子、包含连接动词的句子、包含助动词的句子、叙述句、疑问句、祈使句、感叹句等。

收藏单位：重庆馆、广东馆、桂林馆、国家馆、黑龙江馆、湖南馆、江西馆、内蒙古馆、上海馆、首都馆

04138

英语作文示范　William Claud Booth 著

上海：商务印书馆，1916.12，68 页，32 开

上海：商务印书馆，1923.8，5 版，68 页，32 开

上海：商务印书馆，1933.1，国难后 1 版，68 页，32 开

上海：商务印书馆，1935.3，国难后 2 版，68 页，32 开

收藏单位：广东馆

04139

英语作文要略　周越然编纂　邝富灼校订

外文题名：Hints on English composition

上海：商务印书馆，1916.4，97 页，32 开

上海：商务印书馆，1918.3，3 版，97 页，32 开

上海：商务印书馆，1923.10，10 版，97 页，32 开

上海：商务印书馆，1926，13 版，97 页，32 开

上海：商务印书馆，1927.12，14 版，97 页，32 开

上海：商务印书馆，1933，国难后 1 版，97 页，32 开

上海：商务印书馆，1934，国难后 2 版，97 页，32 开

上海：商务印书馆，1937，国难后 4 版，97 页，32 开

本书共 12 章，内容包括：单词的选择、单词量、句子的种类、句子的品质、划分段落等。后有附录及书目。

收藏单位：广东馆、湖南馆、江西馆、南京馆、浙江馆

04140

英语作文正误捷径　Henry Huizinga 编纂

外文题名：The ABC correction code

上海：商务印书馆，1930.10，109 页，32 开

上海：商务印书馆，1933.3，国难后 1 版，109 页，32 开

上海：商务印书馆，1933.9，国难后 2 版，109 页，32 开

上海：商务印书馆，1935.3，国难后 3 版，109 页，32 开

本书为英语教材，帮助学生改正写作中的错误。

收藏单位：广东馆、湖南馆

04141

怎样写英文日记（英汉对照 华文详注）　庄稼编译

上海：启明书局，1942.1，73 页，36 开

上海：启明书局，1946.12，[再版]，73 页，36 开

上海：启明书局，1948.7，3 版，73 页，36 开

本书据日本吉田几次郎的《英语之日记》编译而成。共 4 章：英文日记的写法、各月的日记、日记常用语句、其他日记常用语句。

收藏单位：重庆馆、广东馆、河南馆、江西馆、南京馆、上海馆

04142

怎样写英文日记（英汉对照 华文详注）　庄稼编译

桂林：新生书局，1943.10，73 页，36 开

收藏单位：重庆馆

04143

怎样写英文日记（英汉对照 华文详注）　庄稼编译

重庆：新中国书局，1945.8，73 页，36 开

04144

怎样写英文书信（英汉对照 华文详注） 庄稼编

上海：启明书局，1942.3，75 页，36 开

上海：启明书局，1944，[再版]，75 页，36 开

上海：启明书局，1947，3 版，75 页，36 开

　　本书分 3 章：英文信的样式、英文写信实例、写英文信常用语句。附录世界各国重要地名写法、中国各省都会及重要通商要埠之英译法、上海重要路名英文写法、中国百家姓拼音法。

　　收藏单位：贵州馆、国家馆

04145

怎样写英文书信（英汉对照 中文详注） 庄稼编

重庆：桂林新生书局，1945.7，75 页，32 开

　　收藏单位：重庆馆

04146

怎样写英文书信（英汉对照 中文详注） 庄稼编

桂林：启明书局，1944.5，75 页，36 开

桂林：启明书局，1948.5，沪 3 版，75 页，36 开

　　收藏单位：国家馆、南京馆

04147

怎样修辞 陆殿扬主编　林天兰编著

外文题名：A handbook of practical English rhetoric

南京：正中书局，1937.3，207 页，32 开（英语指导丛书）

上海：正中书局，1946.10，沪初版，207 页，32 开（英语指导丛书）

　　本书围绕造句问题阐述一些修辞知识，指出在修辞造句上的规律性东西，也举述一些作家修改的文章例句。

　　收藏单位：东北师大馆、首都馆、浙江馆

04148

怎样作文 陆殿扬主编　沈彬编著

外文题名：How to write a composition

南京：正中书局，1937.7，京初版，218 页，32 开（英语指导丛书）

上海：正中书局，1946.10，沪初版，218 页，32 开（英语指导丛书）

　　本书为英文写作教材。书末附汉语注释。

　　收藏单位：东北师大馆、湖南馆、南京馆

04149

增注英语尺牍选 顾如荣编

外文题名：Selected English letters with explanatory notes in Chinese

上海：商务印书馆，1923.11，18+220 页，32 开

上海：商务印书馆，1930.8，4 版，18+220 页，32 开

上海：商务印书馆，1933.9，国难后 1 版，21+241 页，32 开

上海：商务印书馆，1933.11，[国难后 2 版]，21+241 页，32 开

　　本书第 1 篇用汉语解释英语信札的构造，并讲到信面写法、信札类别及点顿等事。自第 2 篇至末篇所选各种家属、社交、谋事、商业等信式，均属良善的作品。其中汉文注释，亦甚为精切。

　　收藏单位：国家馆、浙江馆

04150

章节 龚质彬著

上海：中华书局，1935.4，58 页，42 开（商业英文丛书 4）

　　本书讲述英文商业应用文章节的基本原理和种类等。有练习。用英文编写。

　　收藏单位：吉林馆

04151

致友人书 葛传椝著

外文题名：Letters to a friend

上海：中华书局，1934.10，215 页，32 开

　　本书为英文书信范本。收著者致友人、论学、抒感的英文书信 57 封，有汉语注释。

　　收藏单位：上海馆

04152

中文英译法 何一佛著

外文题名：How to translate from Chinese to English

桂林：美美书店，1943.5，桂初版，137 页，32 开

本书分 7 编：小说翻译、散文翻译、书翰翻译、报纸翻译、诗歌翻译、成语翻译、基础翻译。

收藏单位：贵州馆、桂林馆

04153

中文英译法 何一介编著

上海：启明书局，1940.8，135 页，25 开

上海：启明书局，1948.10，3 版，135 页，25 开

本书以经典国学文章为例，教授中文英译法。共 7 编，前 5 编所选小说、散文、诗歌、书翰、报纸均精选自国学名著，第 6 编成语翻译、第 7 编基础翻译是为初学者所设。每篇文章均有正文、注释及英译。书前有小引。封面加题：名著精选 自学本位。

收藏单位：广东馆、江西馆、首都馆

04154

中文英译法 英语教育改进社主编 李志英编著

外文题名：Method of translation from Chinese into English

上海：世界书局，1938.12，152 页，32 开

上海：世界书局，1940.5，再版，152 页，32 开

本书分 6 部分：单句翻译、短篇故事翻译、笑林翻译、浅近论说翻译、出版消息翻译、时论翻译。

收藏单位：广东馆、湖南馆、南京馆

04155

中文英译举例 钱歌川编著

重庆：中华书局，1943.10，渝 1 版，32 页，36 开（英文研究小丛书 6）

重庆：中华书局，1944.10，渝 3 版，32 页，36 开（英文研究小丛书 6）

上海：中华书局，1946.7，沪再版，32 页，32 开（英文研究小丛书 6）

本书列举 100 个汉语短句，分别讲述正误之英译汉，并加说明。

收藏单位：广东馆、贵州馆、国家馆、南京馆、上海馆

词典

04156

百科名汇（英汉对照） 王云五主编

外文题名：Encyclopaedic terminology

上海：商务印书馆，1931.4，419 页，32 开，精装

上海：商务印书馆，1932.12，国难后 1 版，419 页，32 开，精装

本书收各学科英文名词术语 4 万多个，汉译名词 6 万多个。按英文字母顺序排列。

收藏单位：安徽馆、重庆馆、东北师大馆、广东馆、国家馆、湖南馆、江西馆、辽宁馆、南京馆、宁夏馆、山东馆、山西馆、上海馆、绍兴馆、首都馆、西南大学馆、浙江馆、中科图

04157

标准汉英辞典 熊葆廉编著

外文题名：A complete standard Chinese English dictionary

上海：国光书店，[1912—1948]，724 页，50 开，精装

本书按汉字笔画多少编排。

04158

标准英汉字典 奚识之编

上海：博文书店，1940，580 页，64 开，精装

收藏单位：广东馆、绍兴馆

04159

订正汉英辞典 张在新编辑 徐善祥 李文彬校订 冯蕃五订正

外文题名：A Chinese-English dictionary revised

上海：商务印书馆，1912.2，282+10 页，32 开，精装

上海：商务印书馆，1923.6，15 版，282+10 页，

32 开，精装

上海：商务印书馆，1924.3，16 版，282+10 页，32 开，精装

上海：商务印书馆，1926.10，18 版，282+10 页，32 开，精装

上海：商务印书馆，1930.7，21 版，282+10 页，32 开，精装

上海：商务印书馆，1932.5，国难后 1 版，282+10 页，32 开，精装

上海：商务印书馆，1933.5，国难后 2 版，282+10 页，32 开，精装

    本书按汉字笔画多少编排。书末有检字表。书前有张世鎏的订正序及张铁民的原序。书末有检字表。

    收藏单位：广东馆、国家馆、湖南馆、上海馆、绍兴馆、首都馆、天津馆、浙江馆

04160

广州音粤英辞典 （英）迈尔（Bernard Fr. Meyer）（英）温普（Theodore F. Wempe）[编]

外文题名：The student's Cantonese-English dictionary

香港：圣路易工业学校，1935，843+136 页，32 开

    本书是广州音的汉英辞典。

    收藏单位：国家馆

04161

汉英辞典 张在新辑 徐善祥 李文彬校订

外文题名：A Chinese-English dictionary

上海：商务印书馆，1912.2，354 页，32 开，精装

上海：商务印书馆，1913，再版，354 页，32 开，精装

上海：商务印书馆，1915，4 版，354 页，32 开，精装

上海：商务印书馆，1918.12，9 版，354 页，32 开，精装

上海：商务印书馆，1921，13 版，354 页，32 开，精装

上海：商务印书馆，1922.5，14 版，354 页，32 开，精装

本书按汉字笔画多少编排。书末有检字表。

    收藏单位：广东馆、贵州馆、国家馆、南京馆、绍兴馆、首都馆、天津馆

04162

汉英大辞典 张鹏云编

外文题名：A complete Chinese-English dictionary

上海：岭南中学，1920.8，964+37+30 页，16 开，精装

上海：岭南中学，1920.10，2 版，964+37+30 页，16 开，精装

上海：岭南中学，1926，[再版]，964+37+30 页，16 开，精装

上海：岭南中学，1928.9，6 版，964+37+30 页，16 开，精装

    本书收录 6000 多个汉字。按汉字部首检索。书前有黄炎培序。末附检字表。由商务印书馆代印。

    收藏单位：广西馆、山西馆、上海馆、天津馆

04163

汉英大辞典续编 张鹏云编

外文题名：A supplement to a complete Chinese-English dictionary

上海：新中国印书馆，1923.2，100 页，16 开，精装

    收藏单位：上海馆

04164

汉英新辞典 李玉汶编 伍光建等校订

外文题名：A new Chinese-English dictionary

上海：商务印书馆，1918.4，832 页，24 开，精装

上海：商务印书馆，1919.9，4 版，832 页，24 开，精装

上海：商务印书馆，1921.9，5 版，832 页，24 开，精装

上海：商务印书馆，1923，6 版，832 页，24 开，精装

上海：商务印书馆，1927.7，8 版，832 页，24 开，精装

上海：商务印书馆，1930.4，9版，832页，24开，精装

上海：商务印书馆，1933.9，缩本初版，832+73页，48开，精装

上海：商务印书馆，1939.4，缩本7版，832+73页，48开，精装

上海：商务印书馆，1939.6，缩本8版，832+73页，48开，精装

本书约收1万汉字，5万短语。按汉字部首编排。缩本附四角号码索引。缩本之前的各版附笔画索引。

收藏单位：重庆馆、广东馆、国家馆、辽宁馆、山西馆、上海馆、天津馆、浙江馆

04165

华英新字典

出版者不详，[1913—1949]，1册，25开

收藏单位：江西馆

04166

怀中英汉字典 商务印书馆编译所编纂

外文题名：Miniature English-Chinese dictionary

上海：商务印书馆，1921.1，478页，64开

上海：商务印书馆，1933.7，国难后3版，478页，64开

收藏单位：首都馆

04167

基本英语辞典 （美）奥格登（Charles Kay Ogden）著 进步英文学社译

外文题名：The basic words

上海：世界书局，1933.10，139页，32开（基本英语丛书）

本书收录基础的英语词汇，用通俗易懂的解释来阐明当代英语的词义，用生动的典型实例介绍具体的用法。

收藏单位：河南馆、浙江馆

04168

精选英汉辞典 任充四编辑

外文题名：A concise English-Chinese dictionary

上海：商务印书馆，1937.9，1122页，36开，精装

上海：商务印书馆，1947.8，5版，1122页，36开，精装

本书据《综合英汉大辞典》，并参考了Winston及Oxford字典编成。选收精解新字、新颖成语，以及英文报纸常见新语等。按英文字母顺序编排。末附不规则动词表。

收藏单位：国家馆、吉林馆

04169

模范汉英辞典（袖珍本） 林鹏英 王儒林编

外文题名：A model Chinese-English dictionary: Pocket-edition

上海：经纬书局，1935.5，3版，452页，80开，精装

上海：经纬书局，1936.4，9版，452页，80开，精装

本书按汉字笔画多少编排。

收藏单位：绍兴馆

04170

模范汉英小辞典 余田光编

外文题名：A model Chinese-English dictionary

上海：世界书局，1938.10，重排版，631页，50开

上海：世界书局，1946.11，3版，631页，50开

收藏单位：湖南馆、天津馆

04171

模范英汉小辞典 傅绍先编辑

外文题名：A model English-Chinese dictionary

上海：世界书局，1936.10，631页，22开，精装

上海：世界书局，1948.7，重排新3版，631页，22开，精装

收藏单位：重庆馆

04172

模范英汉新辞典 奚识之 王儒林编

外文题名：A new model English-Chinese dictionary

上海：经纬书局，1936.12，再版，639页，64开，精装

本书收录数千个单词。书前有索引表。

收藏单位：浙江馆

04173

模范英汉新字典　周超然编

外文题名：A new model English-Chinese dictionary

上海：沪江图书公司，1942.1，263+20+28 页，64 开，精装

上海：沪江图书公司，1945.6，263+20+28 页，64 开

本书编辑根据英美各家所出之字典综合精选而成，除字典外，还包含本书所用读音符号表、所用略语表、不规则动词表、略字表等。

收藏单位：南京馆、浙江馆

04174

模范英汉字典　奚识之编

世界英语学社，1941，再版，563 页，64 开

收藏单位：广东馆、湖南馆

04175

模范英汉字典　奚识之编　汪承德校阅

外文题名：Model English-Chinese dictionary

新新书店，1944.12，再版，563 页，128 开

收藏单位：江西馆

04176

牛津简明字典的查法　葛传槼著

外文题名：How to use the concise Oxford Dictionary

上海：中华书局，1935.9，16 页，50 开

本书向读者介绍如何查《牛津简明字典》。

收藏单位：国家馆、内蒙古馆、上海馆

04177

瞿氏汉英字典　瞿重福编

瞿重福 [发行者]，1932，109+[36] 页，50 开

本书采用编者创编的汉字检字法编排并检字。书前有"笔顺凡例"和"本法的简单说明"。

04178

日新英汉寸半字典

外文题名：The English Chinese dictionary

上海：日新出版社，[1911—1949]，546 页，128 开，软精装

收藏单位：上海馆

04179

日用英文新字汇（分类详注）　盛志义编著

外文题名：Everyday a vocabulary of new words

上海：袖珍书店，[1946]，89 页，50 开

本书特选日用新字，分基数、序数、分数、倍数、百分率、月份与四季等 57 类，每字皆以英汉对照，其注释力求简明，既可作为学生写作参照，又可作为英文学习自修。

收藏单位：河南馆

04180

商务书馆华英音韵字典集成　（英）罗布存德著

外文题名：Commercial press English and Chinese pronouncing dictionary

上海：商务印书馆，1913.7，10 版，1835 页

收藏单位：湖南馆、近代史所

04181

商务书馆华英字典　商务印书馆编译所编校

外文题名：Commercial press English and Chinese dictionary

上海：商务印书馆，1912.4，13 版，404 页，25 开，精装

上海：商务印书馆，1912.5，14 版，404 页，25 开，精装

上海：商务印书馆，1913.6，17 版，404 页，25 开，精装

本书收录英语词汇千余条，以英文字母顺序检索。版权页题名：重订商务书馆华英字典。

收藏单位：浙江馆

04182

商务书馆英华新字典　商务印书馆编译所编

外文题名：Commercial press English and Chinese

pronouncing condensed dictionary

上海：商务印书馆，1911.10，12 版，578 页，25 开，精装

上海：商务印书馆，1913.1，16 版，562 页，32 开，精装

　　本书版权页题名：商务印书馆英华新字典。

　　收藏单位：南京馆、绍兴馆

04183

实用英汉汉英词典　李儒勉编

外文题名：A practical English-Chinese Chinese-English pocket dictionary

上海：中华书局，1929.10，[913] 页，64 开，精装

上海：中华书局，1936.2，6 版，[913] 页，64 开，精装

上海：中华书局，1948.5，10 版，[913] 页，64 开，精装

　　本书分英汉和汉英两部分。英汉部分收 11000 多语词，汉英部分收 8000 多语词。附录中国重要地名表、外国重要地名表、世界重要人名表等。

　　收藏单位：广东馆、上海馆、首都馆

04184

实用英汉字典　奚识之编纂

上海：大方书局，1946.5，467 页，64 开，精装

　　收藏单位：南京馆

04185

世界标准英汉辞典　　进步英文学社编译

外文题名：The world standard English-Chinese dictionary

上海：世界书局，1933.6，1741 页，32 开，精装

　　本书按字母排列以便检索，收录单词上万余个。

　　收藏单位：河南馆、绍兴馆、首都馆、浙江馆

04186

世界汉英辞典　盛谷人编纂　林汉达校阅

外文题名：The world Chinese-English dictionary

上海：世界书局，1931，再版，847 页，36 开，精装

上海：世界书局，1935.4，7 版，847 页，36 开，精装

上海：世界书局，1943.8，重排新 2 版，增订本，893 页，36 开，精装

上海：世界书局，1946.12，重排新 3 版，增订本，893 页，36 开，精装

　　本书按汉字笔画多少编排。

　　收藏单位：广西馆、河南馆、南京馆、首都馆、浙江馆

04187

世界简明英汉字典　进步英文学社编辑

外文题名：The world concise English-Chinese dictionary

上海：世界书局，1934.7，726+29 页，90 开，精装

上海：世界书局，1934.10，再版，726+29 页，90 开，精装

上海：世界书局，1940，新 2 版，[768] 页，90 开，精装

　　本书共 8 个部分，内容包括：读音符号、本字典所用英文略字表、世界简明英汉字典、交法撮要、不规则动词表等。

　　收藏单位：广东馆、首都馆

04188

世界英汉汉英两用辞典　严恩椿　沈宇主编

外文题名：The world English-Chinese and Chinese-English dictionary

上海：世界书局，1933.10，[994] 页，60 开，精装

上海：世界书局，1934，[994] 页，60 开，精装

上海：世界书局，1937.1，7 版，[994] 页，60 开，精装

上海：世界书局，1940.1，新 2 版，[994] 页，60 开，精装

　　本书分英汉和汉英两部分。各收约 2 万

辞条。

收藏单位：河南馆、南京馆、上海馆、首都馆

04189
双解标准英汉辞典　吴康 [等] 编辑　王云五校阅

上海：商务印书馆，1930，8 版，23+1707 页，36 开

收藏单位：河南馆

04190
双解实用英汉字典　李登辉　郭秉文　李培恩编辑

外文题名：A practical English-Chinese dictionary

上海：商务印书馆，1935.8，14+1674 页，32 开，精装

上海：商务印书馆，1946.5，16 版，14+1674 页，32 开，精装

上海：商务印书馆，1947.6，19 版，14+1674 页，32 开，精装

本书字数共 52000 余个，收 32000 条例句。特收入常用商业用语 2400 条附于卷末，另附商业略语 200 余则。

收藏单位：广西馆、河南馆、南京馆、山西馆、绍兴馆、西南大学馆

04191
五车韵府　（英）莫里森（V. R. Morrison）编

上海：中华图书馆，1913，2 册（762+724 页），50 开，精装

本书为汉英字典。所收汉字按英文字母顺序编排。书前有汉字部首和笔画索引。

收藏单位：河南馆、上海馆

04192
现代汉英辞典　王云五校订　王学哲编辑

外文题名：A modern Chinese-English dictionary

重庆：商务印书馆，1946.4，600+67 页，64 开

上海：商务印书馆，1946.6，600+67 页，64 开

上海：商务印书馆，1947.7，600+67 页，64

开

本书收录汉字 6000 多个，词语约 3 万条。按四角号码检字法检索。书后附笔画检字索引。

收藏单位：国家馆、江西馆、辽宁馆、南京馆、上海馆、首都馆、浙江馆

04193
现代英汉辞典　奚识之编

外文题名：A modern English-Chinese dictionary

上海：经纬书局，1936.5，935 页，32 开，精装

上海：经纬书局，1939.10，再版，935 页，32 开，精装

收藏单位：广东馆、国家馆

04194
现代英文字典　桂绍盱　王翼廷　张慎伯编　陈东林补编

外文题名：A modern Anglo-Chinese dictionary

上海：中华书局，1948.4，1075 页，48 开，精装

本书书前附略语表。书脊题名：现代英文双解字典。

收藏单位：东北师大馆、广东馆、辽宁馆、上海馆、天津馆

04195
新订英汉辞典　商务印书馆编译所编纂

外文题名：An abridged English and Chinese dictionary

上海：商务印书馆，1922，4 版，1441+[19] 页，25 开

收藏单位：广东馆、河南馆

04196
新式英华词典　张谔　沈彬主编

外文题名：A modern English-Chinese dictionary

上海：中华书局，1918.8，[923] 页，48 开，精装

上海：中华书局，1935.5，13 版，[923] 页，48 开，精装

本书据韦字斯脱的《新世界词典》（通称

《韦孛斯脱英文小字典》）编译。

收藏单位：广西馆、上海馆

04197

新式英华双解词典　张谔　沈彬主编

外文题名：A modern dictionary of the English language with Anglo-Chinese explanation

上海：中华书局，1918.7，[1168] 页，32 开，精装

上海：中华书局，1918.10，再版，[1168] 页，32 开，精装

上海：中华书局，1921.10，7 版，17+1138 页，32 开，精装

上海：中华书局，1931.3，12 版，[1168] 页，32 开，精装

上海：中华书局，1934，[13 版]，[1168] 页，32 开，精装

昆明：中华书局，1940.11，15 版，1136 页，32 开，精装

上海：中华书局，1941.7，17 版，[1168] 页，32 开，精装

本书收录单词 1 万余条。书末附新词增刊。曾于 1927 年增订。

收藏单位：东北师大馆、广东馆、湖南馆、江西馆、上海馆、绍兴馆、首都馆、浙江馆

04198

新英字方笺（第一）　黄国柱编

外文题名：New English cards. First volume

上海：群益书社，1924，1 册，16 开

本书内容为英文单词。书前有编者绪言和本书使用方法说明。

收藏单位：湖南馆、南京馆、绍兴馆

04199

袖珍新式英华学生字典　沈彬编

上海：中华书局，1918.8，377 页，100 开，精、平装

上海：中华书局，1923.7，13 版，377 页，100 开，精、平装

上海：中华书局，1937.2，40 版，377 页，100 开，精、平装

本书封面题名：英华学生字典。

收藏单位：上海馆

04200

袖珍英汉辞林　谢洪赉　徐铣　甘作霖编纂

外文题名：English-Chinese handy dictionary

上海：商务印书馆，1915.2，1595 页，50 开，精装

上海：商务印书馆，1917，6 版，1595 页，50 开，精装

上海：商务印书馆，1920.11，11 版，1595 页，50 开，精装

上海：商务印书馆，1923.6，13 版，1595 页，50 开，精装

上海：商务印书馆，1930.2，16 版，1595 页，50 开，精装

本书为英汉辞典。书前有王蕴章序。

收藏单位：国家馆、河南馆、绍兴馆

04201

袖珍英汉字典　吴治俭　胡诒縠编纂　马国骧　徐锐增订

上海：商务印书馆，1926.12，26 版，1 册，64 开，精装

上海：商务印书馆，1933.12，国难后 1 版，1 册，64 开，精装

上海：商务印书馆，1935.5，国难后 3 版，1 册，64 开，精装

收藏单位：河南馆、南京馆

04202

袖珍英华双解字典　杨锦森　关应麟　张莘农编辑

外文题名：Chung hwa pocket English dictionary with Anglo-Chinese explanations

上海：中华书局，1917.1，559 页，64 开，精装

上海：中华书局，1921.8，8 版，559 页，64 开，精装

上海：中华书局，1932.3，17 版，559 页，64 开，精装

上海：中华书局，1941.2，22 版，559 页，64 开，精装

本书收录英文单字 14000 多个。

收藏单位：上海馆

04203

学生模范英汉字典 奚识之编辑

外文题名：A student's model English-Chinese dictionary

上海：博文书店，1940.9，580 页，64 开，精装

收藏单位：广东馆

04204

学生英汉小字典 （美）桑代克（Edward Lee Thorndike）著

现代语言学社，1938.3，再版，235+43 页，100 开，精装

本书有国际音标和汉字注音。附不规则动词表、略字表等。

收藏单位：吉林馆、南京馆

04205

英汉常用字典 奚识之编

重庆：万有书局，1945.3，123 页，64 开

收藏单位：南京馆

04206

英汉模范新字典 赵克新编

上海：华新书局，[1911—1949]，557 页，64 开，精装

本书版权页题名：模范英汉新字典。

收藏单位：广东馆

04207

英汉模范字典（求解作文两用） 张世鎏等编

外文题名：Model English-Chinese dictionary with illustrative examples

上海：商务印书馆，1929.11，16+1431 页，42 开，精装

上海：商务印书馆，1929，增订版，1687 页，42 开，精装

上海：商务印书馆，1932.5，国难后 1 版，16+1431 页，42 开，精装

上海：商务印书馆，1932，国难后 10 版，16+1431 页，42 开，精装

上海：商务印书馆，1933.3，国难后 20 版，16+1431 页，42 开，精装

上海：商务印书馆，1933，国难后 24 版，16+1431 页，42 开，精装

上海：商务印书馆，1934.9，国难后 27 版，16+1431 页，42 开，精装

上海：商务印书馆，1935.8，国难后增订 35 版，24+1687 页，42 开，精装

上海：商务印书馆，1935.11，国难后增订 43 版，24+1687 页，42 开，精装

上海：商务印书馆，1936，国难后增订 53 版，24+1687 页，42 开，精装

上海：商务印书馆，1939，国难后增订 72 版，24+1687 页，42 开，精装

上海：商务印书馆，1941，[增订再版]，24+1687 页，42 开，精装

上海：商务印书馆，1945.12，增订 77 版，24+1687 页，42 开，精装

上海：商务印书馆，1946.10，增订 81 版，24+1687 页，42 开，精装

上海：商务印书馆，1947.10，增订 87 版，24+1687 页，42 开，精装

上海：商务印书馆，1947.12，增订 89 版，24+1687 页，42 开，精装

上海：商务印书馆，1947.12，增订 91 版，24+1687 页，42 开，精装

上海：商务印书馆，1948.7，增订 93 版，24+1687 页，42 开，精装

本书收用于写作的英汉专科名词，内有词汇、短语、短句上万条，按字母顺序排列做检索。书前有编者序、英汉模范字典编辑大意、读音符号、本书所用略字表。书末附同义字反义字对照表等。

收藏单位：安徽馆、广东馆、广西馆、国家馆、河南馆、湖南馆、吉林馆、江西馆、辽宁馆、南京馆、宁夏馆、上海馆、绍兴馆、首都馆、西南大学馆、浙江馆

04208

英汉歧字分类大辞典 陈戬编著

外文题名：A complete dictionary of synonyms with associated words

上海：新中国印书馆，1924，554+116 页，32 开，精装

本书收录"歧字"（即同义词）千余个，有汉语解释。按英文字母顺序排列。书末附各字检查表。

收藏单位：吉林馆、辽大馆

04209

英汉求解 作文 文法 辨义四用辞典 世界书局编辑部编

外文题名：A daily use English-Chinese dictionary

上海：世界书局，1949.9，新 27 版，1945+20 页，36 开，精装

收藏单位：国家馆

04210

英汉求解 作文 文法 辨义四用辞典 詹文浒主编

上海：世界书局，1947.2，1 册，64 开，精装

收藏单位：南京馆

04211

英汉求解 作文 文法 辨义四用辞典 詹文浒主编 苏兆龙等编辑

外文题名：A daily use English-Chinese dictionary

世界书局，1936，3 版，1950+20 页，36 开，软精装

世界书局，1946.8，新 12 版，1950+20 页，36 开，软精装

世界书局，1948.10，新 22 版，1950+20 页，36 开，软精装

世界书局，1948，新 23 版，1950+20 页，36 开，软精装

收藏单位：广东馆、绍兴馆

04212

英汉双解辞典 陈家瑞编辑

上海：群益书社，1912.11，1128 页，48 开，精装

上海：群益书社，1918.5，3 版，1128 页，48 开，精装

本书卷首书名前冠"新译"二字。书末有不规则动词表、外来词表、略词表等 6 种附

录。

收藏单位：河南馆、吉林馆、近代史所

04213

英汉双解韦氏大学字典 郭秉文 张世鎏编译

外文题名：Webster's collegiate dictionary with Chinese translation

上海：商务印书馆，1923.5，1768 页，10 开，精装

上海：商务印书馆，1924，[再版]，1768 页，10 开，精装

上海：商务印书馆，1931.7，7 版，1768 页，10 开，精装

上海：商务印书馆，1933，国难后 1 版，1768 页，10 开，精装

《韦氏大学字典》是国外通行的一部英语字典。1917 年秋商务印书馆取当时最新版本，特约国内学者加注中文。原书解诂尽列，不加增删。

收藏单位：广西馆、国家馆、湖南馆、辽宁馆、山西馆、上海馆、绍兴馆、浙江馆

04214

英汉双解韦氏大学字典 韦伯施编

上海：商务印书馆，1922，1766 页，8 开，精装

本书正文前有蔡元培、黄炎培等人所作序文。

收藏单位：国家馆

04215

英汉双解韦氏高中辞典 陈家瑞编译

上海：求益书社，1936，1028 页，32 开

收藏单位：南京馆、首都馆

04216

英汉四用辞典（求解 作文 成语 翻译） 外国语文学会编

上海：启明书局，1949，1027 页，128 开

本书所收单字采自美国桑代克《二十世纪初级字典》，成语选自福雷《简明牛津字典》。

收藏单位：湖南馆

04217

英汉新字汇　张世鎏等编译

上海：商务印书馆，1915.9，833 页，16 开，精装

本书为英汉字典。书末有不规则动字表、外国语汇、华英地名录等 9 个附录。

收藏单位：浙江馆

04218

英华成语合璧字集　麦克吉利弗雷（D. Macgillivray）编

外文题名：Mandarin-Romanized of Chinese: including new terms and phrase,with new supplement

上海：出版者不详，1921，1145+43 页，22 开

上海：出版者不详，1925，7 版，1145+43 页，22 开

上海：出版者不详，1930，9 版，1145+43，22 开

本书收成语上万条，按字母顺序做检索。

收藏单位：浙江馆

04219

英华大辞典　颜惠庆等编

外文题名：An English and Chinese standard dictionary

上海：商务印书馆，1914.10，6 版，2 册，16 开，精装

上海：商务印书馆，1916.6，7 版，2 册，16 开，精装

上海：商务印书馆，1935.3，缩本初版，2706+21+16+14+152 页，16 开

上海：商务印书馆，1940，缩本 5 版，2706+21+16+14+152 页，16 开

本书收 12 万个英文单词和短语。书前有编中所用文法之略字表。

收藏单位：广东馆、国家馆、吉林馆、山西馆

04220

英华大辞典（上册）　颜惠庆等编

外文题名：An English and Chinese standard dict-ionary

上海：商务印书馆，1916，4 版，1377 页，16 开

收藏单位：国家馆、宁夏馆

04221

英华大辞典（小字本）　颜惠庆 [等] 编

外文题名：English and Chinese standard dictionary: small type edition

上海：商务印书馆，1920.10，1186+[85] 页，22 开，精装

上海：商务印书馆，1921.5，3 版，1186+[85] 页，22 开，精装

上海：商务印书馆，1921.8，4 版，1186+[85] 页，22 开，精装

上海：商务印书馆，1925.4，5 版，1186+[85] 页，22 开，精装

本书收 12 万个英文单词和短语。书前有编中所用文法之略字表。

收藏单位：广东馆、河南馆、近代史所、辽大馆、山西馆、绍兴馆

04222

英华合解辞汇　翁良等编

外文题名：A modern English-Chinese dictionary

上海：商务印书馆，1915.12，58+1532 页，36 开，精装

上海：商务印书馆，1919，9 版，58+1532 页，36 开，精装

上海：商务印书馆，1921，14 版，58+1532 页，36 开，精装

上海：商务印书馆，1924.3，19 版，58+1532 页，36 开，精装

上海：商务印书馆，1924.9，20 版，58+1532 页，36 开，精装

上海：商务印书馆，1925.5，21 版，58+1532 页，36 开，精装

本书收单词上万个，以字母顺序为序。书前有发音指南及字音字尾表等。

收藏单位：安徽馆、河南馆、江西馆、辽大馆、南京馆、绍兴馆、首都馆

04223

英华合解袖珍新字典 郁德基编纂

外文题名：Webster's little gem dictionary translated into Chinese

上海：商务印书馆，1916.11，572 页，50 开，精装

上海：商务印书馆，1918.2，3 版，572 页，50 开，精装

上海：商务印书馆，1933.7，国难后 1 版，10+572 页，50 开，精装

上海：商务印书馆，1933.7，国难后 2 版，10+572 页，50 开，精装

上海：商务印书馆，1933.7，国难后 3 版，10+572 页，50 开，精装

　　本书收单词千余个，按英文字母顺序排列。

　　　　收藏单位：首都馆、浙江馆

04224

英华日用字典 徐善祥等编译

上海：商务印书馆，1915.8，1 册，16 开，精装

上海：商务印书馆，1915.12，再版，1 册，16 开，精装

　　　　收藏单位：东北师大馆、南京馆

04225

英华万字字典 陆费执编辑

外文题名：Anglo-Chinese Thorndike dictionary

上海：中华书局，1926.6，11+267 页，32 开，精、平装

上海：中华书局，1926.6，再版，11+267 页，32 开，精、平装

上海：中华书局，1940.6，4 版，11+267 页，32 开，精、平装

　　本书据桑代克常用万字表编写，有国际音标注音。书前有编者自序及"说明例言"。

　　　　收藏单位：国家馆、吉林馆、江西馆、南京馆、上海馆、绍兴馆

04226

英华新字典 商务印书馆编译所编校

上海：商务印书馆，1917.4，639 页，32 开，精装

　　　　收藏单位：南京馆

04227

英华正音词典 （英）琼斯（Daniel Jones）著 陆费执　瞿桐岗译订

外文题名：An English-Chinese phonetic dictionary

上海：中华书局，1921.11，19+451+106 页，32 开，精装

上海：中华书局，1932.5，7 版，19+451+106 页，32 开，精装

上海：中华书局，1936.4，10 版，19+451+106 页，32 开，精装

　　本书收日常习用英语单词 38000 余个，有注音和汉语解释。音注以英国伦敦附近文人学士以及社会名流日常用语为根据，用万国语音学会颁布的注音字母注音。书末附人名地名词汇。

　　　　收藏单位：东北师大馆、湖南馆、近代史所、南京馆、绍兴馆、浙江馆

04228

英文辞典

出版者不详，[1930—1949]，448 页，90 开

　　　　收藏单位：江西馆

04229

英文新字辞典 葛传椝等编辑

上海：竞文书局，1947.7，289 页，32 开

　　本书收录新字新词共 9892 个，有汉语解释。

　　　　收藏单位：东北师大馆、湖南馆、江西馆、上海馆、绍兴馆、西南大学馆、浙江馆

04230

英文最常用四千字表 （美）桑代克（Edward Lee Thorndike）著　陆育英译注

外文题名：The four thousand commonest words in English

上海：春明书店，1947.1，114 页，32 开

　　本书收常用英语单词 4000 个。单词取自美国哥伦比亚大学教授桑代克所著表。

收藏单位：广东馆

04231

英文最常用四千字表 （美）桑代克（Edward Lee Thorndike）著 张士一改编

外文题名：Four thousand commonest words in English

上海：中华书局，1923.6，84 页，32 开
香港：中华书局，1938，20 版，84 页，32 开
上海：中华书局，1948.4，22 版，84 页，32 开
上海：中华书局，1948，23 版，84 页，32 开

本书著者原题：桑戴克。

收藏单位：重庆馆、东北师大馆、辽宁馆、南京馆、上海馆

04232

英语分类词汇 陈原编

外文题名：A classified glossary of English

桂林：实学书局，1943.8，90 页，32 开
重庆：实学书局，1944.6，赣版，90 页，32 开
重庆：实学书局，1944.10，3 版，90 页，32 开

本书收日常应用字词约 5000 多个。分人及其周围、自然界、社会、学术、财政经济、历史、时间、数目 8 类编排。题名前加题：读书·作文·会话·翻译适用。

收藏单位：重庆馆、广东馆、贵州馆、国家馆、江西馆、南京馆

04233

增订英华合解辞汇 翁良等编纂

外文题名：A modern English-Chinese dictionary

上海：商务印书馆，1920.2，58+1555 页，48 开，精装
上海：商务印书馆，1928，24 版，58+1555 页，48 开，精装
上海：商务印书馆，1932.8，国难后 1 版，58+1555 页，48 开，精装
上海：商务印书馆，1933.6，国难后 12 版，58+1555 页，48 开，精装
上海：商务印书馆，1935.4，国难后 13 版，58+1555 页，48 开，精装
上海：商务印书馆，1939，国难后 16 版，58+1555 页，48 开，精装

本书在原版《英华合解辞汇》基础上加以增订。书前有《英华合解辞汇》原版例言、《英华合解辞汇》增订述略。

收藏单位：安徽馆、广东馆、浙江馆

04234

增订综合英汉大辞典 黄士复 江铁主编 王云五等参订 程选公、陈忠杰、舒重则增订

外文题名：A comprehensive English-Chinese dictionary

上海：商务印书馆，1948.10，增订 1 版，1502+172 页，22 开，精装
上海：商务印书馆，1949.3，增订 3 版，影印本，1502+172 页，22 开，精装

本书在初版基础上加以增订。书前有发音例解、文法用语表、略语表等；书末有中国地名表、不规则动词表等。附新字补编。

收藏单位：东北师大馆、广东馆、国家馆、湖南馆、吉林馆、江西馆、近代史所、辽大馆、南京馆、宁夏馆、山西馆、上海馆、浙江馆

04235

增广英华新字典 商务印书馆编译所编校 郁德基增订

外文题名：English and Chinese pronouncing condensed dictionary

上海：商务印书馆，1922，增广 30 版，693 页，42 开，精装
上海：商务印书馆，1925.12，增广 32 版，693 页，42 开，精装
上海：商务印书馆，1930，增广 34 版，693 页，42 开，精装
上海：商务印书馆，1933.5，国难后 1 版，693 页，42 开，精装
上海：商务印书馆，1940，国难后 4 版，693 页，42 开，精装

本书据 1907 年出版的《商务印书馆英华新字典》增订而成。卷首有李佳白序。书末附英文引用外邦语解、略字解、记号汇释。

收藏单位：广东馆、南京馆、首都馆

04236

中华汉英大辞典 陆费执 严独鹤主编

外文题名：Chung Hwa Chinese-English dictionary

上海：中华书局，1930.3，[57]+758+[20]页，18 开，精装

上海：中华书局，1931.8，再版，[57]+758+[20]页，18 开，精装

上海：中华书局，1934.12，3 版，[57]+758+[20]页，18 开，精装

上海：中华书局，1937.3，5 版，[57]+758+[20]页，18 开，精装

本书收汉字和词语 4000 多个。按汉字笔画多少编排并检索。

收藏单位：国家馆、江西馆、宁夏馆、绍兴馆、首都馆、天津馆、浙江馆

04237

综合英汉大辞典 黄士复 江铁主编

外文题名：A comprehensive English-Chinese dictionary

上海：商务印书馆，1928.1，2 册，50 开，精装

上海：商务印书馆，1933，再版，2 册，50 开，精装

上海：商务印书馆，1933.3，国难后 1 版，2 册，50 开，精装

本书综合英美各著名辞典编辑而成。收单语、复合语、外来语、略语、地名、人名、教名等语词共计 13 万多条，其中成语约 74000 条，例证不下 6 万条。

收藏单位：东北师大馆、广东馆、国家馆、湖南馆、首都馆、西南大学馆、浙江馆

04238

综合英汉大辞典（合订本） 黄士复 江铁主编

外文题名：A comprehensive English-Chinese dictionary

上海：商务印书馆，1937.1，1502+172 页，24 开，精装

上海：商务印书馆，1939.6，6 版，1502+172 页，24 开，精装

江西：商务印书馆，1945.3，赣 1 版，1502+172 页，24 开

上海：商务印书馆，1948.4，8 版，1502+172 页，24 开，精装

本书综合英美各著名辞典编辑而成。收单语、复合语、外来语、略语、地名、人名、教名等语词共计 13 万多条，其中成语约 74000 条，例证不下 6 万条。初版分装两册。

收藏单位：东北师大馆、国家馆、河南馆、湖南馆、近代史所、辽师大馆、首都馆、浙江馆、中科图

04239

综合英汉大辞典新字补编 程选公、陈忠杰、舒重则编

外文题名：A comprehensive English-Chinese dictionary addenda

上海：商务印书馆，1948，63 页，22 开

收藏单位：国家馆、西南大学馆

04240

综合英汉大辞典新字补编（增订） 黄士复 江铁主编 程选公等增订

外文题名：A comprehensive English-Chinese dictionary addenda

上海：商务印书馆，1948，影印本，63 页，24 开

收藏单位：重庆馆

04241

综合英汉新辞典 汪倜然主编

外文题名：A new comprehensive English-Chinese dictionary

北平：世界书局，1935.5，1181+153 页，36 开

上海：世界书局，1935，3 版，1181+153 页，36 开

本书收录单字复合字约 75000 个，成语约 25000 句，且每字均有极周详的释义。

收藏单位：东北师大馆、广东馆、国家馆、河南馆、绍兴馆、首都馆

04242

最新汉英大辞典续编　张鹏云编辑

外文题名：A supplement to a complete Chinese-English dictionary

上海：新中国印书馆，1937.9，400+13 页，16 开，精装

　　本书正文前题名：汉英大辞典续编。

　　收藏单位：上海馆、首都馆

04243

最新增订汉英大辞典　张鹏云编辑

外文题名：A complete Chinese-English dictionary revised edition

上海：新中国印书馆，1920，756+28 页，16 开，精装

上海：新中国印书馆，1926，4 版，756+28 页，16 开，精装

上海：新中国印书馆，1929，[再版]，756+28 页，16 开，精装

上海：新中国印书馆，1930，增订初版，756+28 页，16 开，精装

上海：新中国印书馆，1934.9，12 版，756+28 页，16 开，精装

上海：新中国印书馆，1937.9，13 版，756+28 页，16 开，精装

　　本书为汉英辞典。书末有汉字索引、难字检查表。1937 年版书脊题名：增订汉英大辞典。

　　收藏单位：安徽馆、重庆馆、国家馆、辽师大馆、上海馆、首都馆、天津馆

语文教学

04244

壁上面影　（英）帕尔默（H. E. Palmer）编

外文题名：The face on the wall

上海：中华书局，1946.11，73 页，32 开（直接法口耳训练英语丛书 12）

上海：中华书局，1947.9，再版，73 页，32 开（直接法口耳训练英语丛书 12）

　　本书为全英文读本。

04245

大学一年级生之英文能力　艾伟著

出版者不详，[1930—1939]，39—68 页，16 开

　　本书为《教育丛刊》抽印本。是一份关于大学一年级学生学习英文能力及成绩的调查报告。有图表说明。

　　收藏单位：国家馆

04246

陆殿扬英语教学言论集　陆殿扬著

南京：正中书局，1937.7，京初版，95 页，25 开（外国语研究丛书）

南京：正中书局，1943.1，京 3 版，95 页，25 开（外国语研究丛书）

上海：正中书局，1947.6，沪 1 版，95 页，25 开（外国语研究丛书）

　　本书分 9 章：中学英语科师资训练、英语教材之两要素、英语教学与国防、英语教学的新姿态、排除外国语直接教学法的误会、英语学习法、学习英语的途径、学习英语要用英语思想、英语发音浙江地方性缺点的检讨。

　　收藏单位：东北师大馆、广东馆、贵州馆、国家馆、湖南馆、江西馆、辽宁馆、南京馆、西南大学馆

04247

派克拉夫之真象　（英）帕尔默（H. E. Palmer）编

上海：中华书局，1946.11，156 页，36 开（直接法口耳训练英语丛书 11）

　　本书为全英文读本。

04248

外国语教学法　张士一等著

外文题名：How to teach foreign language

上海：商务印书馆，1925.12，102 页，50 开（教育丛著 57）

　　本书为《教育杂志》16 周年汇刊。收《小学外国语教学法举隅》《英语教学法》《小学英语教学法》《道尔顿制下的英文教学法》《小学教授外国语的示意方法》5 篇文章。

收藏单位：重庆馆、广东馆、国家馆、吉林馆、江西馆、南京馆、内蒙古馆、宁夏馆、上海馆、首都馆、西南大学馆、浙江馆

04249

项链　（英）帕尔默（H. E. Palmer）编

外文题名：The necklace

上海：中华书局，1946.11，102 页，32 开（直接法口耳训练英语丛书 10）

上海：中华书局，1947.9，再版，102 页，32 开（直接法口耳训练英语丛书 10）

　　本书为全英文读本。

04250

学看外国文之研究（一个根据实验的报告）

（英）维斯特（Michael West）著　周胜皋译

上海：民智书局，1929.11，[12]+104 页，24 开（国立中山大学教育研究所丛书 4）

　　本书是作者在印度用直接法教印度人阅读英语的实验报告。

　　收藏单位：广东馆、广西馆、国家馆、湖南馆、江西馆、南京馆、内蒙古馆、首都馆、天津馆

04251

英文学生新尺牍　奚识之编著

外文题名：A new English social letters for students

上海：春明书店，1940.6，294 页，32 开

上海：春明书店，1941.5，2 版，294 页，32 开

上海：春明书店，1947.1，294 页，32 开

　　本书介绍各式英文书信的作法。版权页、书脊加题：华英注解　学生读本。

　　收藏单位：广东馆

04252

英语纲要　董寿朋著

外文题名：Elements of English

上海：商务印书馆，1935.8，111 页，32 开

　　收藏单位：广东馆、西南大学馆

04253

英语纲要答案　董寿朋著

外文题名：A key to elements of English

上海：商务印书馆，1935，9 页，32 开

　　收藏单位：河南馆

04254

英语纲要　吴振民编授

外文题名：English lessons for Kweifong English school

桂林：桂风英语专门学校，1947，12 版，油印本，120 页，18 开

　　本书为私立桂风英语专门学校乙级讲义。包括语句表白法、疑问句、命令请求语等课程。

　　收藏单位：桂林馆

04255

英语教学　张沛霖　钟子岩编著

上海：开明书店，1949.6，66 页，32 开

　　本书分学习法概要、语言学习的过程、声音上的英语、翻译法与直接法、文法教学、作文教学等 10 章。成书前曾在《英文月刊》上发表。

　　收藏单位：国家馆、辽宁馆、浙江馆

04256

英语教学法　张士一讲演

外文题名：Lectures on methods of teaching English

上海：中华书局，1922.8，41 页，24 开

上海：中华书局，1923.7，[再版]，41 页，24 开

上海：中华书局，1924.4，4 版，41 页，24 开

上海：中华书局，1929.11，5 版，41 页，24 开

上海：中华书局，1935.3，6 版，41 页，24 开

　　本书为张士一英语教学法演讲录。分上下两编。上编为基本原理；下编为实行事项。供研究英语教学参考。

　　收藏单位：安徽馆、广西馆、黑龙江馆、湖南馆、江西馆、内蒙古馆、上海馆、天津馆、浙江馆

04257

英语教学法概论　陈东林编

上海：中华书局，1948.5，70 页，32 开（英语教学丛书）

本书分英语教学法研究的必要、外国语教学法简史、教学法分论、决定教学法的各项条件 4 章。

收藏单位：广东馆、南京馆、上海馆

04258

英语全程（汉文讲解） 桂裕著

外 文 题 名：A complete course in English with grammar explained in Chinese

上海：竞文书局，1940.6，385 页，32 开

上海：竞文书局，1948.9，重版，385 页，32 开

本书为读本、文法、会话作文之综合课本，用汉文讲解英语。书前有杨永清序。

收藏单位：广西馆、河南馆

04259

直接法英语读本教授书（第 1 编）（加拿大） 文幼章（J. G. Endieott）编

上海：中华书局，1933.2，130 页，32 开

收藏单位：江西馆

04260

直接法英语读本教授书（改订本）（加拿大） 文幼章（J. G. Endieott）编

上海：中华书局，1937.9，6 册，32 开

本书全 6 册，仅见第 3 册（63 页）。全部英文。

读物

04261

阿 Q 正传（英汉对照） 鲁迅原著

外文题名：The true story of Ah Q

上海：激流书店，1945.12，209 页，32 开

上海：激流书店，1946.11，209 页，32 开

上海：激流书店，1949.9，209 页，32 开

本书共 9 章：序、优胜记略、续优胜记略、恋爱的悲剧、生计问题、从中兴到末路、革命、不准革命、大团圆。

收藏单位：重庆馆、广东馆、南京馆、上海馆、首都馆、浙江馆、中科图

04262

阿 Q 正传（英汉对照） 鲁迅原著

外文题名：The true story of Ah Q

香港：时轮出版社，1941.1，209 页，32 开

本书香港版实系在上海出版。

收藏单位：重庆馆

04263

阿 Q 正传（英汉对照） 鲁迅著

外文题名：The true story of Ah Q

上海：中原书局，1947.5，渝初版，209 页，32 开

上海：中原书局，1948.4，渝 2 版，209 页，32 开

上海：中原书局，1948.10，渝 3 版，209 页，32 开

收藏单位：重庆馆、辽大馆、内蒙古馆、宁夏馆、山西馆、西南大学馆

04264

阿当贝特 （英）艾略特（George Eliot）著 伍光建选译

外文题名：Adam Bede

上海：商务印书馆，1934.6，[88] 页，32 开（英汉对照名家小说选）

上海：商务印书馆，1934.10，3 版，[88] 页，32 开（英汉对照名家小说选）

本书为英国长篇小说节译本。书前有作者传略。著者原题：佐治·爱略脱。

收藏单位：广东馆、国家馆、河南馆、辽大馆、南京馆、上海馆、绍兴馆、首都馆、天津馆、西南大学馆、浙江馆

04265

阿狄生文报捃华（原文 附译文注释） 奚识之译注

外 文 题 名：The Sir Roger de Coverley papers with Chinese notes and translations

上海：三民图书公司，1934.5，293 页，32 开

本书为英汉对照读物。收《阿狄生文报》《文报俱乐部》《乐求先生论到见高识广之人》《在家里的乐求先生》《乐求先生的仆从》《乐求先生和惠勃尔先生》《乐求先生的祖先》等

文章。书前有阿狄生小传。封面加题：华英对照 详细注释。

　　收藏单位：绍兴馆、首都馆、西南大学馆、浙江馆

04266

阿丽思漫游记（英汉对照） （英）卡罗尔（Lewis Carroll）著　刘之根译注

外 文 题 名：Alice's adventures in wonderland: with translation and annotations

重庆：正风出版社，1946.3，143 页，32 开（正风英汉对照丛书）

上海：正风出版社，1948.7，再版，143 页，32 开（正风英汉对照丛书）

　　本书为童话。书前有译者序。题名通译：爱丽丝漫游奇境记。著者原题：凯诺尔。

　　收藏单位：重庆馆、贵州馆、国家馆、南京馆、宁夏馆

04267

阿霞姑娘 （俄）屠格涅夫（Ivan Turgenev）著　蒯斯曛　席涤尘译

上海：黎明书局，1933.8，24+193 页，32 开（英汉对照西洋文学名著译丛）

　　本书为俄国中篇小说。英汉对照读物。书前有伍蠡甫的《屠格涅夫的忧郁》。

　　收藏单位：重庆馆、广东馆、辽宁馆、南京馆、上海馆、天津馆、浙江馆

04268

爱 （俄）契诃夫（Anton Pavlovich Chekhov）著　张友松译注

上海：晨光书局，1946.5，39 页，32 开（英汉对照丛书）

上海：晨光书局，1947，再版，39 页，32 开（英汉对照丛书）

　　收藏单位：广东馆

04269

爱的花园 陈炳洪　梁得所译

上海：良友图书印刷公司，1928.12，[110] 页，25 开

　　本书为英汉对照读物。收王尔德、拜伦、

司各脱等西洋作家关于恋爱的格言 280 条。书前有编译者序。

　　收藏单位：国家馆、上海馆、首都馆、天津馆

04270

爱的受难 （英）里德（Charles Reade）著（英）维斯特（Michael West）英译

外文题名：The cloister and the hearth

上海：中华书局，1935.7，175 页，32 开（韦氏英文补助读本 7）

　　本书为全英文读本。

　　收藏单位：上海馆

04271

爱·凡卡 （俄）契诃夫（Anton Pavlovich Chekhov）著　张友松译注

重庆：晨光书局，1943.11，39 页，32 开（晨光英汉对照丛书 甲级）

重庆：晨光书局，1944，再版，39 页，32 开（晨光英汉对照丛书 甲级）

　　本书收《爱》《凡卡》两篇短篇小说。书前有作者传略。

　　收藏单位：重庆馆、国家馆

04272

爱珠 （美）威尔斯（Herbert George Wells）等著　钱歌川译注

外文题名：The pearl of love and others

上海：中华书局，1948.4，161 页，32 开（英汉对照文学丛书）

　　本书收《爱珠》《特制品》《翠玉戒指》《说不得》《诱惑》等美英短篇小说 10 篇。书前有小引。

　　收藏单位：南京馆、上海馆、浙江馆

04273

安维洛尼伽 （英）威尔斯（Herbert George Wells）　伍光建选译

外文题名：Ann Veronica

上海：商务印书馆，1934.7，[100] 页，32 开（英汉对照名家小说选）

上海：商务印书馆，1934.8，再版，[100] 页，

32 开（英汉对照名家小说选）

上海：商务印书馆，1934.10，3 版，[100] 页，32 开（英汉对照名家小说选）

本书为原小说的选译本。选译原小说第 4、5、7、9、11、14、16 回。书前有作者传略。著者原题：威尔士。

收藏单位：重庆馆、广东馆、国家馆、河南馆、黑龙江馆、辽大馆、南京馆、宁夏馆、上海馆、绍兴馆、首都馆、浙江馆

04274

巴尔沙克的短篇小说 （法）巴尔扎克（Honore de Balzac）著 伍光建选译

外文题名：Short stories by Balzac

上海：商务印书馆，1936.2，[100] 页，32 开（英汉对照名家小说选 2）

本书收《玛当狄第最后一次的聚会》《罚他独生》《不信教的人听教士念经》3 篇短篇小说。书前有作者传略。著者原题：巴尔沙克。

收藏单位：国家馆、上海馆、绍兴馆、天津馆

04275

巴金短篇小说选（汉英对照） 巴金著 钟文宜编选

外文题名：Short stories by Pa Chin with English translation

上海：中英出版社，1940.8，[62] 页，32 开

上海：中英出版社，1940.9，再版，[62] 页，32 开

上海：中英出版社，1941.3，3 版，[62] 页，32 开

上海：中英出版社，1941.6，4 版，[62] 页，32 开

本书收《复仇》《初恋》《狗》3 篇短篇小说。供学习英文者阅读。

收藏单位：广东馆、国家馆、上海馆、首都馆

04276

白菜与帝王 （美）欧·亨利（O. Henry）著 伍光建选译

外文题名：Cabbage and kings

上海：商务印书馆，1934.8，[92] 页，32 开（英汉对照名家小说选）

上海：商务印书馆，1934.9，再版，[92] 页，32 开（英汉对照名家小说选）

本书为原小说部分章节选译。书前有作者传略。著者原题：奥显理。

收藏单位：重庆馆、东北师大馆、广东馆、国家馆、河南馆、黑龙江馆、吉林馆、辽大馆、南京馆、内蒙古馆、上海馆、绍兴馆、首都馆、天津馆、浙江馆

04277

白皮书（美国国务院中美关系白皮书选辑 英汉对照）

外文题名：The white paper: selections from United States relations with China

香港：美国新闻处香港分处，1949，40 页，13 开

本书收《美国和中国的关系》《艾契逊国务卿的述要函》《美国对华关系的坦率纪录》《艾契逊国务卿概述美国远东政策的基本原则》，以及 9 篇取材于白皮书的特稿。

收藏单位：重庆馆、上海馆、浙江馆

04278

拜伦诗选 （英）拜伦（George Gordon Byron）著 苏曼殊译

上海：泰东图书局，1922.11，4 版，36 页，40 开，精、平装

本书为英汉对照读物。收《去国行》《留别雅典女郎》《赞大海》《哀希腊》等 5 首诗。书前有译者序。封面加题：曼殊大师遗著。

收藏单位：重庆馆、国家馆、上海馆、浙江馆

04279

暴风雨 （英）莎士比亚（William Shakespear）著 余楠秋 王淑瑛译

外文题名：The tempest

上海：黎明书局，1935.4，148 页，25 开（英汉对照西洋文学名著译丛 8）

本书为五幕剧。英汉对照读物。书前有

译者序。

收藏单位：重庆馆、广西馆、国家馆、湖南馆、南京馆、内蒙古馆

04280
暴风雨（汉文注释） 张莘农注释

外文题名：The tempest

上海：中华书局，1936.2，87 页，32 开（初中学生文库）

上海：中华书局，1936，再版，87 页，32 开（初中学生文库）

上海：中华书局，1941.1，4 版，87 页，32 开（初中学生文库）

英语读本，有汉文注释。

收藏单位：重庆馆、广西馆、国家馆、黑龙江馆、江西馆

04281
悲惨世界 （法）雨果（Victor Hugo）著 伍光建译

外文题名：The miserables

上海：黎明书局，1933.6，22+51 页，25 开（英汉对照西洋文学名著译丛 2）

上海：黎明书局，1935.3，再版，22+51 页，25 开（英汉对照西洋文学名著译丛 2）

本书为原小说部分章节的选译本。英汉对照读物。书前有译者的《关于悲惨世界》，介绍本书及作者。

收藏单位：重庆馆、广西馆、国家馆、江西馆、南京馆、上海馆、浙江馆

04282
悲惨世界 （法）雨果（Victor Hugo）著 张梦麟译注

外文题名：The story of Les Misérables

上海：中华书局，1934.9，367 页，36 开

上海：中华书局，1944，渝再版，367 页，36 开

本书涵盖了拿破仑战争和之后的十几年的时间。故事的主线围绕主人公获释罪犯冉·阿让（Jean Valjean）试图赎罪的历程，融进了法国的历史、建筑、政治、道德哲学、法律、正义、宗教信仰。英汉对照。据英译

本转译。书前有译者序。

收藏单位：重庆馆、东北师大馆、贵州馆、国家馆、吉林馆、南京馆、上海馆、西南大学馆、浙江馆

04283
倍根文选 张谔选订

上海：中华书局，1917.1，88 页，32 开（英美名人文选 3）

上海：中华书局，1934.8，9 版，88 页，32 开（英美名人文选 3）

本书为英语读本。

收藏单位：上海馆

04284
玻璃盒 （丹）安徒生（H. C. Andersen）等著 张慎伯译注

外文题名：Seven famous fairy tales

上海：中华书局，1936.6，273 页，32 开（英汉对照文学丛书）

本书为英汉对照读物。收《桌子驴子和棒》《辛巴德航海记》《王子和他的仆人》《玻璃盒》《渔夫和巨人》《白鸟》《飞行马》等 7 篇童话故事。据 Michael West 的改写本汉译。

收藏单位：国家馆、吉林馆、上海馆

04285
伯尔克解仇演说（原文 附汉文释义） 屈尔拍编纂

外文题名：Conciliation with the colonies speech by Edmund Burke with Chinese notes

上海：商务印书馆，1915.5，115 页，32 开

上海：商务印书馆，1927.6，6 版，115 页，32 开

本书为英语读本。

收藏单位：河南馆

04286
财阀 （美）辛克莱（Upton Sinclair）著 伍光建选译

外文题名：The moneychangers

上海：商务印书馆，1934.5，[104] 页，32 开（英汉对照名家小说选）

本书为原小说部分章节选译。书前有作者传略。著者原题：沁克雷。

收藏单位：重庆馆、广东馆、国家馆、河南馆、辽宁馆、南京馆、上海馆

04287

蔡公家训（英汉对照） 邵挺译述

外文题名：Lord Chesterfield's letters to his son with Chinese translation

上海：商务印书馆，1935.10，[306] 页，32 开

上海：商务印书馆，1936.2，再版，[306] 页，32 开

本书收录英国蔡思爽德公爵家训 50 篇。汉译文为文言体。

收藏单位：国家馆

04288

草原上 （苏）高尔基（Maxim Gorky）著 梁遇春译注

上海：北新书局，1931.6，121 页，32 开（英文小丛书）

本书为英汉对照读物。收《草原上》《可汗同他的儿子》两篇短篇小说。书前有作者简介。

收藏单位：重庆馆、广东馆、国家馆、江西馆

04289

茶花女（小说本英译文）（法）小仲马（Alexandre Dumas）著 洪高注

外文题名：The lady of Camellias

北平：文化学社，1933.8，15+270+116 页，32 开

本书为英语读本，正文后有汉语注释。

收藏单位：国家馆

04290

茶花女（英汉对照）（法）小仲马（Alexandre Dumas）著 胡苏译

外文题名：La Dame Aux Camilias

外文题名：The lady with Camille

重庆：复活书店，1947.4，[258] 页，32 开（英汉对照世界名著）

重庆：复活书店，1948.6，4 版，[258] 页，32 开（英汉对照世界名著）

重庆：复活书店，1949.3，5 版，[258] 页，32 开（英汉对照世界名著）

收藏单位：安徽馆、重庆馆

04291

柴霍甫小说（汉英合璧）（俄）契诃夫（Anton Pavlovich Chekhov）著 王靖译

外文题名：The tales of Chekhov: the darling and other stories

上海：泰东图书局，1921.1，10+114 页，25 开

上海：泰东图书局，1923.6，3 版，10+114 页，25 开

本书收《可爱之人》《歌女》《雨天》《美术家》《书记》《一个绅士的朋友》6 篇短篇小说。初版书前有译者的《柴霍甫传略及其文学思想》。版权页题名：(英汉合璧) 柴霍甫小说，逐页题名：汉译柴霍甫小说。著者原题：柴霍甫。

收藏单位：国家馆、上海馆、天津馆

04292

柴霍甫小说选（华文详注）（俄）契诃夫（Anton Pavlovich Chekhov）著 林汉达注释

外文题名：Selections from Anton Tchekhov with Chinese notes

上海：世界书局，[1929]，137+18 页，42 开（世界近代英文名著集 3）

上海：世界书局，1932.9，4 版，137+18 页，42 开（世界近代英文名著集 3）

本书为英语读本。收英译契诃夫短篇小说 12 篇。书前有作者传略。书末有汉语注释。初版年据书前序的写作时间推断。

收藏单位：国家馆、吉林馆、上海馆、绍兴馆

04293

长恨歌（汉英对照）（唐）白居易著 任泰英译

昆明：中华书局，1939.3，27 页，23 开

本书为英汉对照读物。

收藏单位：辽宁馆、上海馆

04294

长恨歌（汉英对照）（唐）白居易著　张则之编辑

北平：林文印书局，1936，1 册，32 开

　　收藏单位：首都馆

04295

长乐叶　张慎伯注释

外文题名：The Christmas cuckoo

上海：中华书局，1934.3，50 页，42 开（小本英文说苑 19）

　　本书为英语读本，附国文注释。

　　收藏单位：广东馆

04296

诚实的贼　（俄）陀思妥耶夫斯基（Fedor Dostoevsky）著　张友松译

上海：北新书局，1931.2，113 页，42 开（英文小丛书）

上海：北新书局，1931.6，再版，113 页，42 开（英文小丛书）

　　本书为短篇小说。英汉对照读物。据英译本转译。著者原题：朵斯退益夫斯基。

　　收藏单位：国家馆、江西馆、上海馆、西南大学馆、浙江馆

04297

痴汉骑马歌（华英合璧）（英）柯珀（William Cowper）著　辜鸿铭译述

外文题名：The diverting history of John Gilpin

上海：商务印书馆，1935.5，国难后 1 版，22 页，32 开

　　本书收短诗 63 首。汉译文系五言体诗。

　　收藏单位：广东馆、国家馆、内蒙古馆、上海馆

04298

初步背诵英语　黄穉澜编著

外文题名：Elementary English selections for recitation

世界书局，1947.6，40 页，32 开

收藏单位：南京馆

04299

初步英文报读法　钱天佑编著

上海：世界书局，1941.9，480 页，32 开

　　收藏单位：南京馆

04300

初级英文背诵文选　何一介著

上海：启明书局，1948.1，2 版，73 页，36 开

　　收藏单位：广东馆

04301

初级英文论说文范（汉译详注）　丁浩霖编著

外文题名：Short English essays for beginners

上海：世界书局，1939.7，178 页，32 开

湖南：世界书局，1944，湘 1 版，178 页，32 开

上海：世界书局，1946.5，再版，178 页，32 开

　　本书为英汉对照读物，收录英语说明文、议论文、记叙文范文共 40 篇。

　　收藏单位：安徽馆、河南馆、江西馆、绍兴馆

04302

初级英语模范读本（华英对照）　瞿世镇　秦思沛编

上海：三民图书公司，1948，新 8 版，1 册，32 开

　　收藏单位：广东馆

04303

初恋　（俄）屠格涅夫（Ivan Turgenev）著　丰子恺译注

外文题名：First love

上海：开明书店，1931.4，209 页，36 开（开明英汉译注丛书）

上海：开明书店，1942.11，湘 1 版，209 页，36 开（开明英汉译注丛书）

桂林：开明书店，1944.3，内 2 版，209 页，36 开（开明英汉译注丛书）

上海：开明书店，1948，11 版，209 页，36

开（开明英汉译注丛书）
上海：开明书店，1949.6，12 版，209 页，36 开（开明英汉译注丛书）

本书是作者的第二部小说，是自传体小说。书前有译者序。汉译时参考了藤浪由之的日译文。供学习英语用。

收藏单位：重庆馆、东北师大馆、广东馆、国家馆、湖南馆、江西馆、南京馆、上海馆

04304
初恋（华英对照） 巴金著
外文题名：First love
桂林：真理出版社，1943，[62] 页，32 开（巴金短篇小说选译）
重庆：真理出版社，1944.4，渝 1 版，65 页，32 开（巴金短篇小说选译）
上海：真理出版社，1948.12，沪 1 版，65 页，32 开（巴金短篇小说选译）

本书收《初恋》《复仇》《狗》3 篇短篇小说。中学生课外自修及教材适用。

收藏单位：重庆馆、桂林馆

04305
初恋（英汉对译 普及本）（俄）屠格涅夫（Ivan Turgenev）著 丰子恺译注
外文题名：First love
上海：开明书店，1932.1，247 页，36 开
上海：开明书店，1932.4，3 版，247 页，36 开
上海：开明书店，1939，6 版，247 页，36 开

本书依据 Garnett 的英译本转译，又参考藤浪氏的日译本，注解大都是抄藤浪氏的。译文竭力保存原文的句法。

收藏单位：重庆馆、国家馆

04306
初恋（英汉对照） 巴金著 丁明英译
上海：大陆书报社，1941.6，65 页，36 开

本书收《初恋》《复仇》《狗》3 篇短篇小说。供中学生课外自修英文用。

04307
处世箴言 郑麐 林素珊辑译
外文题名：Chinese wisdom thoughts for harmonious & victorious living
上海：世界书局，1947.10，35+71 页，32 开

本书选辑中国古代格言、谚语 223 条，译为英文，并用中英文对照的方式编排。

收藏单位：安徽馆、重庆馆、广西馆、国家馆、南京馆、内蒙古馆、山东馆、上海馆、绍兴馆、首都馆

04308
村姑艳遇记 （英）哈代（Thomas Hardy）著 张易译注
外文题名：The romantic adventures of a milkmaid
上海：中华书局，1948.6，401 页，32 开（英汉对照文学丛书）

本书为长篇小说。有中文注释。

收藏单位：重庆馆、湖南馆

04309
大的和小的 吕叔湘编注
外文题名：The big and the small
上海：开明书店，1948.10，61 页，36 开（详注现代英文丛刊乙辑 3）

本书选注《银河之外》《原子之内》《动物的大小》3 篇通俗科普文章。供自修英语用。《详注现代英文丛刊》每种都有两个本子，一种只有注释，一种兼附译文。本书为注释版。

收藏单位：东北师大馆、国家馆

04310
大的和小的（附译文） 吕叔湘译注
外文题名：The big and the small
上海：开明书店，1948.10，88 页，32 开（详注现代英文丛刊乙辑 3）

本书选注《银河之外》《原子之内》《动物的大小》3 篇通俗科普文章。供自修英语用。《详注现代英文丛刊》每种都有两个本子，一种只有注释，一种兼附译文。本书为附译文版。

收藏单位：东北师大馆、国家馆、湖南馆、浙江馆

04311

大街 （美）刘易斯（Sinclair Lewis）著　伍光建选译

外文题名：Main street

上海：商务印书馆，1934.8，[94] 页，32 开（英汉对照名家小说选）

上海：商务印书馆，1934.9，再版，[94] 页，32 开（英汉对照名家小说选）

　　本书为原小说部分章节的选译。书前有作者传略。著者原题：留伊斯。

　　收藏单位：广东馆、国家馆、河南馆、辽大馆、辽宁馆、南京馆、宁夏馆、上海馆、绍兴馆、首都馆、天津馆、浙江馆

04312

大拇指　程承祖注释

外文题名：Tom thumb with notes in Chinese

上海：中华书局，1934.3，74 页，46 开（小本英文说苑 15）

　　本书为英语读本。附国文注释。

　　收藏单位：吉林馆

04313

大小克劳斯及其他（华文详注） （丹）安徒生（H. C. Andersen）著　周德辉注释

外文题名：Great Claus and little Claus and other stories with Chinese notes

世界书局，1930.9，65 页，32 开（初学必读英文丛刊）

　　本书为英语童话故事读本。

　　收藏单位：广东馆

04314

大学初年级英文选读　李庆民　周辨明编选

外文题名：Freshman English readings

国立厦门大学，1943，196+[54] 页，25 开

国立厦门大学，1947，1 册，25 开

　　本书为大学英语读本，收《哲学家》《打开的窗》《雨伞》等 23 篇文章。

　　收藏单位：江西馆

04315

大学近代英文选　顾仲彝编注

外文题名：College modern English readings

上海：东新书局，1947.9，238 页，25 开

上海：东新书局，1947.12，2 版，238 页，25 开

上海：东新书局，1948.8，3 版，238 页，25 开

　　本书为大学英语读本，收文 36 篇。

　　收藏单位：江西馆

04316

大学英诗研读　周由廑著

外文题名：A college book of English verse

上海：中华书局，1947.2，76 页，32 开

　　本书为大学英语读本，分英诗概论和英诗选两部分。

　　收藏单位：上海馆

04317

大学英文选　国立编译馆大学用书编辑委员会编

重庆：国立编译馆，1946.9，渝初版，310 页，25 开

上海：国立编译馆，1947.2，沪 1 版，310 页，25 开

　　本书为部定大学用书。

　　收藏单位：重庆馆、东北师大馆、湖南馆、江西馆

04318

大学英文选　邝耀坤编注

外文题名：Selected readings in English literature

上海：中华书局，1933.9，632 页，24 开，精装

　　本书为大学英语读本。分历史、传记、散文、书信、报刊社论、评论文、演说、故事 8 类。每类选文二至十余篇。

　　收藏单位：东北师大馆、贵州馆、吉林馆

04319

呆伊凡故事（华文详注） （俄）列·托尔斯泰（Leo Tolstoy）著　章嘉伦注释

世界书局，1934，65 页，32 开（初学必读英文丛刊）

　　收藏单位：广东馆

04320

丹麦故事 卜允新编纂

外文题名：Stories from Denmark

成都：川康英文报社出版部，1942.4，34 页，32 开

本书为英语故事读本，收入《安徒生轶事》以及童话故事 3 篇。

收藏单位：国家馆

04321

丹娘（英汉对照）（苏）里多夫（P. Lidov）著　陈原注译

外文题名：Tanya

重庆：新知书店，1946.5，67+18 页，32 开

本书据苏联外国文书籍出版局英文版转译。书前有题记。书后有注释。

收藏单位：东北师大馆、国家馆、辽宁馆、上海馆

04322

单调集 薛诚之著

上海：东方书社，1948，62 页，36 开

本书为英语读本。

收藏单位：重庆馆

04323

当代名家短篇小说选（第一——二集） 桂绍盱　丁广平　张慎伯编

外文题名：Short stories by living authors

上海：中华书局，1934.7，2 册（211+211 页），32 开

本书为短篇英语小说读本。第 1 集收英美作家的短篇小说 10 余篇；第 2 集收各国著名短篇小说英译文 16 篇。每篇有作者小传。

收藏单位：贵州馆、吉林馆

04324

当代英文选　戴（Clarence Burton Day）编

外文题名：Current English readings

上海：世界书局，1936.9，248 页，32 开

上海：世界书局，1944.3，2 版，248 页，32 开

本书为英语读本。

收藏单位：国家馆

04325

当代英文选　周其勋选注

外文题名：Contemporary English selections for college students

广州：中西图书仪器公司，[1947.8]，132+25 页，23 开

本书为英语读本。初版年月据前言的写作时间推断。

04326

盗马贼（俄）契诃夫（Anton Pavlovich Chekhov）著　张友松译

上海：北新书局，1931.10，103 页，42 开（英文小丛书）

本书为短篇小说。英汉对照读物。译者根据 A. E. Chamot 的英译文，并参考 C. Garnett 的译本略加修改。

04327

敌人（美）赛珍珠（Pearl Buck）著　柳无垢译注

外文题名：The enemy

桂林：现代外国语文出版社，1944.1，103 页，32 开（现代英语自学丛书）

上海：现代外国语文出版社，1946.3，再版，103 页，32 开（现代英语自学丛书）

上海：现代外国语文出版社，1946.10，3 版，103 页，32 开（现代英语自学丛书）

本书为中篇小说，讲述日本外科医生贞夫救助身受重伤的美国海兵的故事。英汉对照读物。书前有编者赘言。

收藏单位：重庆馆、广东馆、贵州馆、国家馆、湖南馆、南京馆、上海馆、西南大学馆、浙江馆

04328

第十二夜（英）帕尔默（H. E. Palmer）编

外文题名：Twelfth night

上海：中华书局，1946.11，144 页，32 开（直接法口耳训练英语丛书 6）

上海：中华书局，1947.9，再版，12+144 页，32 开（直接法口耳训练英语丛书 6）

本书是根据莎士比亚戏剧改写的英语故

事读本。

04329

点金术（华文详注） （美）霍桑（Nathaniel Hawthorne）著　姚三恩注释

外文题名：The Golden Touch

上海：世界书局，1930.1，45 页，32 开（初学必读英文丛刊）

本书为英语读本，短篇小说。

收藏单位：浙江馆

04330

冬景　颜景煿释注

上海：商务印书馆，1934，国难后 3 版，48 页，42 开（惜阴英文选刻）

本书为英语读本。

收藏单位：广东馆

04331

董吉诃德　（西班牙）塞万提斯·萨维德拉（Miguel de Cervantes Saavedra）著　张慎伯译注

外文题名：Adventures of Don Quixote De La Mancha

上海：中华书局，1936.2，213 页，32 开（英汉对照文学丛书）

上海：中华书局，1940.10，再版，213 页，32 开（英汉对照文学丛书）

本书据原小说英文节本译。卷首有译注者《弁言》。题名通译：唐·吉诃德。著者原题：西万提斯。

收藏单位：重庆馆、贵州馆、国家馆、黑龙江馆、吉林馆、上海馆

04332

独幕剧选　顾仲彝译注

上海：北新书局，1930.5，367 页，32 开，精装（自修英文丛刊）

上海：北新书局，1931.4，再版，367 页，32 开，精装（自修英文丛刊）

本书选译英美独幕剧 5 篇：《孩子回家了》（A. A. Milne）、《终局》（H. A. Jones）、《进来的主角》（T. Helburn）、《金色的恶运》（L.

Dunsany）、《最先与最后》（J. Galsworthy）。英汉对照。

收藏单位：广东馆、国家馆、吉林馆、江西馆、上海馆、天津馆

04333

短篇故事　英语周刊社编

外文题名：Short narratives

长沙：商务印书馆，1940.3，207 页，36 开（英语文库）

本书为英汉对照读物，收短篇故事 86 篇。中译文为文言体。

收藏单位：国家馆、黑龙江馆、吉林馆、西南大学馆

04334

短篇小说（英汉对照）　英语周刊社编

长沙：商务印书馆，1940.3，159 页，36 开（英语文库）

本书收《伺敌的枪手》《他乡》《悲惨的奇遇》《美丽的海》《大都会里》《吁求》《一个莫名其妙的女性》《恶作剧的孩子》《失而复得》《婚后》《漂泊者》11 篇欧美短篇小说。

收藏单位：贵州馆

04335

短篇英文背诵选（原稿 第 1 册）　周忠等注释

长沙：湘芬书局，1942，4 版，64 页，32 开

收藏单位：广东馆

04336

短篇英文背诵选（原稿 第 2 册）　吴小甫注释

长沙：湘芬书局，1942，5 版，64 页，32 开

收藏单位：广东馆、贵州馆

04337

短篇英文故事（第 1、2 集）　中华书局西文编辑部编

外文题名：Short English narratives

上海：中华书局，1921—1922，2 册（78+83 页），32 开

上海：中华书局，1923—1928，5 版，2 册（78+83 页），32 开

本书为英汉对照短篇故事读本。汉译文为文言与白话两种，附译文注释。部分故事曾载于《中华英文周报》。

收藏单位：天津馆

04338

短篇英文故事（第3集） 胡剑心译注

上海：中华书局，1936.4，120页，32开

本书为英汉对照短篇故事读本，收短篇英文故事60篇。汉译文为文言体，有单词注释。

收藏单位：吉林馆、浙江馆

04339

短篇英文论说 谢颂羔编

上海：中华书局，1925.6，110页，32开

上海：中华书局，1929.12，3版，110页，32开

本书为英语读物。收短论17篇。

收藏单位：上海馆

04340

短篇英文论说（英汉对照） James Syddall 著 张则之汉译

外文题名：Short essays with Chinese translations and notes

北平：中原书店，1934.2，247页，32开

北平：中原书店，1934.6，再版，247页，32开

北平：中原书店，1934.10，3版，247页，32开

本书为英汉对照读物，附中文释义。收短论17篇。书前有译者序。

收藏单位：首都馆

04341

短篇英文选 James Syddall 著

外文题名：Short essays

北平：文化协会，1929，99页，32开

本书为英语读本，附汉文释义。收短文82篇。

收藏单位：国家馆

04342

短篇英语背诵文选 张云谷 姚志英编注

外文题名：Short English selections for declamation

上海：陈纶卿[发行者]，1940，改订版，3册（[148]页），32开

上海：陈纶卿[发行者]，1946，7版，3册（[148]页），32开

上海：陈纶卿[发行者]，1946，8版，3册（[148]页），32开

上海：陈纶卿[发行者]，1947，改订版，3册（[148]页），32开

本书共3册，每册各收文32篇。第1、2册收实用文；第3册收古今名家作品。

收藏单位：国家馆、湖南馆、江西馆、南京馆、上海馆

04343

短篇英语背诵文选 张云谷 姚志英编注

外文题名：Short English selections for declamation

桂林：进修出版教育社，1944.5，[148]页，32开

重庆：进修出版教育社，1945，渝3版，[148]页，32开

本书为3册合订本。每册各收文32篇。第1、2册收实用文；第3册收古今名家作品。

收藏单位：国家馆、南京馆

04344

短篇作文选 James Syddall 著 吴定绍校订

上海：文化学社，1935.9，9版，123页，25开

收藏单位：江西馆

04345

咄咄怪事 （美）马克·吐温（Mark Twain）著 王学浩注释

外文题名：A curious experience

上海：中华书局，1935.10，64页，72开（中华英文小丛书2）

本书为英语读本，书后有中文注释。题名也可译为：一个奇怪的经历。

收藏单位：广东馆、吉林馆、浙江馆

04346

俄国童话集　范仰华著

外文题名：Russian fairy tales

北平：中华书局，1940.1，69 页，32 开（初级英文丛书 14）

　　本书为俄国童话英译本，有汉语注释。

　　收藏单位：贵州馆、山西馆

04347

厄斯忒哀史　（英）怀特（William Hale White）著　梁遇春译注

外文题名：Esther

上海：北新书局，1930.12，125 页，32 开（英文小丛书）

上海：北新书局，1931.6，再版，125 页，32 开（英文小丛书）

　　本书为书信体小说。英汉对照读物。书前有作者简介。

　　收藏单位：国家馆、湖南馆、西南大学馆

04348

儿童诗集　（英）斯蒂文森（Robert Louis Stevenson）著　马润卿注释

外文题名：A child's garden of verses

上海：中华书局，1935.10，57 页，72 开（中华英文小丛书 1）

上海：中华书局，1938，再版，57 页，72 开（中华英文小丛书 1）

　　本书为英语读本，有中文注释。

　　收藏单位：广东馆、吉林馆、浙江馆

04349

二城故事（英汉合注）（英）狄更斯（Charles Dickens）著　沈步洲等注释

外文题名：A tale of two cities with bilingual notes

上海：中华书局，1929.4，240+53 页，32 开，精、平装（英文文学丛书 2）

上海：中华书局，1935.2，再版，240+53 页，32 开，精、平装（英文文学丛书 2）

上海：中华书局，1948.8，4 版，240+53 页，32 开，精、平装（英文文学丛书 2）

　　本书为英语读本。题名通译：双城记。

　　收藏单位：南京馆、上海馆、西南大学馆

04350

二京记　（英）狄更斯（Charles Dickens）著　伍光建选译

外文题名：A tale of two cities

上海：商务印书馆，1934.5，[90] 页，32 开（英汉对照名家小说选）

上海：商务印书馆，1934.6，再版，[90] 页，32 开（英汉对照名家小说选）

上海：商务印书馆，1934.10，3 版，[90] 页，32 开（英汉对照名家小说选）

　　本书为原小说节译本。书前有作者传略。题名通译：双城记。

　　收藏单位：安徽馆、重庆馆、广东馆、国家馆、河南馆、吉大馆、辽大馆、南京馆、上海馆、绍兴馆、首都馆、天津馆、浙江馆

04351

二十六男和一女　（苏）高尔基（Maxim Gorxy）著　张友松译注

外文题名：Twenty-six men and a girl

重庆：晨光书局，1943.11，53 页，32 开（晨光英汉对照丛书 甲级）

重庆：晨光书局，1944.2，再版，53 页，32 开（晨光英汉对照丛书 甲级）

上海：晨光书局，1946.5，沪初版，53 页，32 开（晨光英汉对照丛书 甲级）

重庆：晨光书局，1947，沪再版，53 页，32 开（晨光英汉对照丛书 甲级）

　　本书为短篇小说，讲述二十六个面包工人与一个绣花女工之间发生的故事。书前有"致读者"和作者简介。

　　收藏单位：重庆馆、广东馆、国家馆、吉林馆、南京馆、浙江馆

04352

发树　Mary de Morgan 著　（英）维斯特（Michael West）英译

外文题名：The hair tree and the story of opal

上海：中华书局，1935.10，47 页，32 开（韦氏英文补助读本 3）

　　本书收两篇英语童话故事。

　　收藏单位：国家馆、吉林馆、上海馆、浙江馆

04353

返老还童 （美）霍桑（Nathaniel Hawthorne）著 傅东华 石民译注

上海：北新书局，1931.9，115 页，32 开（英文小丛书）

本书为英汉对照读物。收《返老还童》《美人，黄金，威权》两篇短篇小说。书前有作者简介。

收藏单位：重庆馆、广东馆、国家馆、江西馆、天津馆

04354

房客 （英）欧兹（Susan Ertz）著 钱歌川译注

外文题名：The house guest

重庆：文津社，1944.8，55 页，36 开

本书为短篇小说。英汉对照读物。

收藏单位：贵州馆、国家馆

04355

房客 （英）欧兹（Susan Ertz）著 钱歌川译注

外文题名：The house guest

上海：中华书局，1946.12，55 页，32 开（英汉对照文学丛书）

本书为短篇小说。

收藏单位：重庆馆、国家馆、辽宁馆、上海馆

04356

飞行靴 厉鼎骧注释

外文题名：Hop-o'my-thumb

上海：中华书局，1934.3，38 页，50 开（小本英文说苑 18）

本书为英文短篇小说，附国文注释。

收藏单位：上海馆

04357

飞行靴（汉文注释） 厉鼎骧注释

外文题名：Hop-o'my-thumb and the ugly duckling

上海：中华书局，1936.2，57 页，32 开（初中学生文库）

上海：中华书局，1936.10，再版，57 页，32

开（初中学生文库）

上海：中华书局，1940，3 版，57 页，32 开（初中学生文库）

上海：中华书局，1941.7，4 版，57 页，32 开（初中学生文库）

本书为英语读本，短篇小说集。另有《小本英文说苑》版。

收藏单位：重庆馆、广东馆、广西馆、黑龙江馆、吉林馆、江西馆、内蒙古馆、上海馆、天津馆、浙江馆

04358

费利沙海滩 （英）斯蒂文森（Robert Louis Stevenson）著 伍光建选译

外文题名：The beach of Falesá

上海：商务印书馆，1934.8，[96] 页，32 开（英汉对照名家小说选）

本书为原小说部分章节选译本。书前有作者传略。

收藏单位：安徽馆、广东馆、国家馆、吉林馆、江西馆、辽大馆、辽宁馆、南京馆、上海馆、绍兴馆、首都馆、天津馆、浙江馆

04359

分级英语故事读本（第一册） 桂裕编

外文题名：Graded story readers. Grade A

上海：竞文书局，1941.8，67 页，36 开

上海：竞文书局，1946.2，5 版，67 页，36 开

本书为英语故事读本，收《小学生》《两只青蛙》《井里的狐狸》等 22 篇英语小故事。

收藏单位：南京馆

04360

疯侠 （西班牙）塞万提斯·萨维德拉（Miguel de Cervantes Saavedra）著 伍光建选译

外文题名：Don Quixote

上海：商务印书馆，1936.1，[108] 页，32 开（英汉对照名家小说选 2）

本书是《唐·吉诃德》英译本部分章节选译。书前有作者传略。著者原题：施尔万提。

收藏单位：重庆馆、广东馆、国家馆、河

南馆、吉大馆、辽大馆、南京馆、宁夏馆、上海馆、天津馆

04361

浮生六记（汉英对照）（清）沈复著　林语堂英译

外文题名：Six chapters of a floating life

上海：西风社，1939.5，15+326页，32开（西风丛书2）

上海：西风社，1939.8，再版，15+326，32开（西风丛书2）

上海：西风社，1940.3，3版，15+326，32开（西风丛书2）

上海：西风社，1941.1，订正4版，15+326页，32开（西风丛书2）

上海：西风社，1941.11，5版，15+326页，32开（西风丛书2）

上海：西风社，1948，6版，15+326，32开（西风丛书2）

本书为自传体笔记小说。分闺房记乐、闲情记趣、坎坷记愁等6卷。汉英对照。书前有译者序，书末有译者后记。

收藏单位：广东馆、国家馆、湖南馆、南京馆、宁夏馆、首都馆

04362

富兰克林格言集（美）富兰克林（Benjamin Franklin）著　王学浩注释

上海：中华书局，1935.11，70+10页，72开（中华英文小丛书3）

本书为英语读本，有中文注释。

收藏单位：广东馆、浙江馆

04363

富兰克林传（美）鲍德温（James Baldwin）著　张镜潭译注

外文题名：Benjamin Franklin

重庆：晨光书局，1944.11，93页，32开（晨光英汉对照丛书乙级）

重庆：晨光书局，1945，再版，93页，32开（晨光英汉对照丛书乙级）

上海：晨光书局，1946.5，沪初版，93页，32开（英汉对照丛书）

重庆：晨光书局，1948.1，4版，93页，32开（晨光英汉对照丛书乙级）

本书介绍本杰明·富兰克林（1706—1790）的生平事迹，讲述其传奇的一生。著者原题：包尔温。

收藏单位：重庆馆、东北师大馆、广东馆、国家馆、南京馆、上海馆、西南大学馆、浙江馆

04364

富兰克林自传（中文注释）（美）富兰克林（Benjamin Franklin）著　桂绍盱注释

外文题名：Autobiography of Benjamin Franklin

上海：中华书局，1929.12，281页，32开，精、平装（英文文学丛书5）

上海：中华书局，1932.9，再版，281页，32开，精、平装（英文文学丛书5）

本书为英语读本。

收藏单位：黑龙江馆

04365

富于想像的妇人（英）哈代（Thomas Hardy）著　顾仲彝译

外文题名：An imaginative woman

上海：黎明书局，1933.9，87页，32开（英汉对照西洋文学名著译丛6）

上海：黎明书局，1935.12，再版，87页，32开（英汉对照西洋文学译丛6）

本书为中篇小说。书名又译：一个富有想象力的女人。

收藏单位：重庆馆、广东馆、贵州馆、国家馆、河南馆、吉林馆、首都馆、浙江馆

04366

甘地特（法）伏尔泰（Voltaire）著　华英学社译

蓝田[湖南]：公益书店，1943，102页，32开（英汉对照世界名小说集）

收藏单位：广东馆

04367

甘地特（法）伏尔泰（Voltaire）著　伍光建选译

外文题名：Candide

上海：商务印书馆，1935.12，[108] 页，32 开（英汉对照名家小说选 2）

上海：商务印书馆，1936，[108] 页，32 开（英汉对照名家小说选 2）

本书为法国小说节译本。书前有作者传略。著者原题：福尔特耳。

收藏单位：广东馆、国家馆、黑龙江馆、吉大馆、辽宁馆、南京馆、宁夏馆、绍兴馆、天津馆

04368

甘特巴尔利的圣妥玛 （瑞士）迈尔（C. F. Meyer）著 伍光建选译

外文题名：The saint

上海：商务印书馆，1936.3，[108] 页，32 开（英汉对照名家小说选 2）

本书为原小说节译本。书前有作者传略。

收藏单位：重庆馆、广东馆、国家馆、南京馆、上海馆、绍兴馆、天津馆

04369

橄榄园 （法）莫泊桑（Guy de Maupassant）著 樊仲云译

外文题名：The field of olives

上海：黎明书局，1935.11，91 页，32 开（英汉对照西洋文学名著译丛 10）

本书为英汉对照读物。据法国中篇小说转译。

收藏单位：国家馆、吉林馆、南京馆

04370

橄榄园（华文详注） （法）莫泊桑（Guy de Maupassant）著 吴永昌注释

上海：世界书局，1930.6，64 页，32 开（英文文学基础丛刊）

本书为法国中篇小说英译本。有中文注释。

收藏单位：浙江馆

04371

高等英文散文选 王仲达选注

外文题名：College English prose

上海：商务印书馆，1928.7，188 页，32 开，精装

上海：商务印书馆，1930.7，再版，188 页，32 开，精装

上海：商务印书馆，1931.8，3 版，188 页，32 开，精装

上海：商务印书馆，1933.9，国难后 1 版，188 页，32 开，精装

上海：商务印书馆，1934，国难后 2 版，188 页，32 开，精装

长沙：商务印书馆，1938.10，国难后 4 版，188 页，32 开，精装

本书收英文散文 40 篇。

收藏单位：广东馆

04372

高等英文选 林天兰 林承鹄编纂

外文题名：College English readings

上海：商务印书馆，1925，6 版，236 页，32 开

上海：商务印书馆，1927.6，8 版，236 页，32 开

上海：商务印书馆，1933，国难后 2 版，236 页，32 开

本书为英语读本。

收藏单位：广东馆、河南馆、江西馆、绍兴馆

04373

高级英文选读 桂绍盱编

上海：中华书局，1937.7，109 页，32 开（英文学生丛书）

昆明：中华书局，1941.1，4 版，109 页，32 开（英文学生丛书）

本书为英语读本，附中文注释。收英文散文 18 篇。

收藏单位：上海馆、西南大学馆

04374

高级英语模范作文读本（华英对照 详细注释） 瞿世镇 秦思沛编

外文题名：Model English composition for senior middle school with Chinese notes and translation

上海：三民图书公司，1946.7，新 6 版，219+
[22] 页，36 开

上海：三民图书公司，1946，新 7 版，219+
[22] 页，36 开

本书收论说文、记叙文、游记、小说、戏剧、小品文、诗、会话与演说、书信、日记 10 类模范作文。

收藏单位：广东馆

04375

高老夫子 鲁迅著 王际真英译

外文题名：Professor Kao

香港：齿轮编译社，1940.11，71 页，32 开（英汉对照文艺丛刊 1）

本书为英汉对照读物。收《高老夫子》《幸福的家庭》两篇短篇小说。封面丛书名：汉英对照文艺丛刊。

收藏单位：广东馆、吉大馆

04376

高老夫子 鲁迅著 王际真英译

外文题名：Professor Kao

桂林：远方书店，1942，71 页，32 开（英汉对照文艺丛书）

本书收《高老夫子》《幸福的家庭》两篇短篇小说。

收藏单位：重庆馆、广东馆、国家馆、浙江馆

04377

高老夫子（汉英对照） 鲁迅著 王际真英译

外文题名：Professor Kao

上海：世界英语编译社，1947.2，71 页，32 开

本书收《高老夫子》《幸福的家庭》两篇短篇小说。

收藏单位：东北师大馆、国家馆、湖南馆、吉林馆、上海馆、首都馆

04378

高中英文名人文选（华英对照 详细注释） 奚识之译注

外文题名：Selected English and American essays for senior middle school with Chinese notes and translations

上海：三民图书公司，1934.8，455 页，32 开，精、平装

上海：三民图书公司，1947，再版，455 页，32 开

本书收录欧美名人的论说、评论、演说、尺牍、序文、传记、游记、日记、小品、短篇故事、小说、诗歌等。篇末附作者小传和文字注释。

收藏单位：广东馆、国家馆、河南馆

04379

缟衣仙 马润卿注释

外文题名：Prince Cherry

上海：中华书局，1934.3，39 页，46 开（小本英文说苑 16）

本书为英语读本。附国文注释。

收藏单位：吉林馆

04380

歌女 （俄）契诃夫（Anton Pavlovich Chekhov）著 张友松译注

上海：北新书局，1931.3，75 页，42 开（英文小丛书）

本书为英汉对照读物。收《歌女》《药剂师的妻》两篇俄国小说。书前有作者简介。

收藏单位：国家馆、江西馆、西南大学馆、浙江馆

04381

歌舞团中的德性 （法）莫泊桑（Guy de Maupassant）著 王学浩注释

上海：中华书局，1935.11，70 页，64 开（中华英文小丛书 4）

本书为英语读本，有中文注释。收法国短篇小说 5 篇。

收藏单位：吉林馆、上海馆、浙江馆

04382

革命故事 （俄）阿戚巴瑟夫（M. Artzibashef）著 伍光建选译

外文题名：Tales of the revolution

上海：商务印书馆，1936.2，[114]页，32开（英汉对照名家小说选2）

本书是《晨影》《医师》两篇小说部分章节的选译。书前有作者传略。

收藏单位：重庆馆、广东馆、贵州馆、国家馆、宁夏馆、天津馆

04383

革命文牍撷要（华英对照） 商务印书馆编译所编辑

外文题名：Important documents relating to China's revolution with English translations

上海：商务印书馆，1912.6，106页，32开

本书按布告、照会、函牍、电报、请谕等类编排。收《清帝宣布四川铁路收归国有谕》《清帝罪己诏》《民军照会上海英领事文》《中华民国临时政府组织大纲》《清帝垂询政体谕》《临时大总统孙誓词》《临时大总统孙宣言书》等40篇革命文牍。

收藏单位：国家馆、浙江馆

04384

格列佛游记 （英）斯威夫特（Jonathan Swift）著 黄庐隐译注

外文题名：Gulliver's travels

上海：中华书局，1935.3，147页，32开（英汉对照文学丛书）

上海：中华书局，1939.8，147页，32开（英汉对照文学丛书）

本书为原小说节译本，只取其前两篇，即小人国与大人国，从字里行间可以窥出作者犀利的作风和孤僻的个性。书前有李唯建序。

收藏单位：国家馆、黑龙江馆、上海馆

04385

格列佛游记 （英）斯威夫特（Jonathan Swift）等著 （英）维斯特（Michael West）重述

外文题名：Gulliver's journey to lilliput and other stories

上海：中华书局，1936.4，87页，32开（韦氏英文补助读本9）

上海：中华书局，1939.7，再版，87页，32开（韦氏英文补助读本9）

本书收《小人国游记》（选自《格列佛游记》）、《金河王》（英国拉斯金著）、《鸡的故事》（英国乔叟著）3篇英国童话。

04386

格列佛游记 严枚注释

外文题名：Gulliver's travels

上海：中华书局，1916.12，107页，32开（初级英文丛书5）

上海：中华书局，1929.4，16版，107页，32开（初级英文丛书5）

上海：中华书局，1933.10，20版，107页，32开（初级英文丛书5）

上海：中华书局，1935.6，107页，32开（初中学生文库）

上海：中华书局，1936.10，再版，107页，32开（初中学生文库）

昆明：中华书局，1940，107页，32开（初中学生文库）

昆明：中华书局，1941.7，4版，107页，32开（初中学生文库）

本书为英语读本，有汉语注释。全书共4个部分，描写了外科医生格列佛航海漂流到小人国、大人国、飞岛国、慧骃国的种种经历。1916年版书名后加题：附国文释义。1935、1941年版书名前加题：汉文注释。

收藏单位：重庆馆、湖南馆、江西馆、南京馆、上海馆、浙江馆

04387

格林童话集（汉文注释） 樊兆庚 高启永编注

外文题名：Grimm's fairy tales

上海：中华书局，1935.3，93页，32开（初中学生文库）

昆明：中华书局，1941.1，3版，93页，32开（初中学生文库）

本书为英语读本。收英译格林童话10篇。

收藏单位：广西馆、国家馆、黑龙江馆、湖南馆、吉林馆、江西馆、绍兴馆、浙江馆

04388

格言杂录 英语周刊社编

外文题名：Wise men's words

长沙：商务印书馆，1940.3，45 页，32 开（英语文库）

长沙：商务印书馆，1941.10，2 版，45 页，32 开（英语文库）

　　本书收格言 537 条，以英汉对照形式刊出。

　　收藏单位：国家馆、上海馆

04389

葛立夫游记（英汉对照 正音注释） 力行教育研究社译注

上海：新亚书店，1941.1，312 页，36 开

　　本书封面题名：葛立夫游记（小人国·大人国）。题名通译：格列佛游记。

　　收藏单位：广东馆、贵州馆

04390

葛传椝英文集 葛传椝著

外文题名：Man and Student

上海：中华书局，1937.3，3 册（122+143+150 页），32 开（英文学生丛书）

　　本书为英语读本，附汉语注释。书前有苏兆龙序。

　　收藏单位：黑龙江馆

04391

葛氏神仙掌故录 樊兆庚　高启永编注

上海：中华书局，1930.1，119 页，32 开（初级英文丛书 9）

　　本书为英语读本，附国文释义。

　　收藏单位：吉林馆

04392

跟父亲一块儿过日子 （美）戴（Clarence Shepard Day）著　吕叔湘译注

外文题名：Life with father

上海：开明书店，1948.8，61 页，36 开（详注现代英文丛刊乙辑 1）

　　本书为英汉对照读物，附译文。注意词语的用法和文句的结构，随时加以提示。版权页题名后加题：注释本。

　　收藏单位：重庆馆、东北师大馆、贵州馆、辽宁馆、浙江馆

04393

孤儿奇遇记 丁广平注释

外文题名：The goodieman's whistle

昆明：中华书局，1940.6，53 页，32 开（初级英文丛书 15）

　　本书为英语读本，有中文注释。

　　收藏单位：广东馆

04394

孤星泪（英汉注释） （法）雨果（Victor Hugo）著　吴锦森注释

外文题名：Les miserables with bilingual notes

上海：中华书局，1933.2，484 页，影印本，32 开，精、平装（英文文学丛书 11）

上海：中华书局，1946.9，4 版，影印本，484 页，32 开，精、平装（英文文学丛书 11）

　　本书为法国小说英译本。书前有作者简介。

　　收藏单位：吉林馆、上海馆

04395

古籍新编老子（中英文本） 郑麐编

上海：中国学典馆，[1949]，71+118 页，32 开

　　本书据高亨校本及众校本将《道德经》正文重新分为 14 篇 180 章。收录河上公本（据虞氏家塾刊本四卷本校），王弼注本（据《古逸丛书》两卷本校），以及通行本、新编本、英译本《道德经》。书前有杨家骆的叙论，包括老子新传、先秦老学文献及老子书传本源流新说、新编述略等篇。出版时间据序著录。

　　收藏单位：国家馆

04396

古今英文情诗选 王学浩编

外文题名：Best English romantic poetry

上海：中华书局，1935.2，142 页，32 开

　　本书为英语读本，有中文注释。

04397

古史钩奇录 （美）霍桑（Nathaniel Hawthorne）
著　周越然注释

外文题名：A wonder book

上海：商务印书馆，1917.8，186+53，32 开

上海：商务印书馆，1929.1，12 版，186+53 页，
32 开

　　本书为英语读本，附汉文释义。书前有
著者小传。著者原题：霍觞。

　　收藏单位：河南馆

04398

古史钩奇录（原文　附译文注释） （美）霍桑
（Nathaniel Hawthorne）著　常文煜译注

外文题名：A wonder book

上海：三民图书公司，1933.11，373 页，32
开（华英对照标准英文文学读本）

上海：三民图书公司，1934.5，再版，373 页，
32 开（华英对照标准英文文学读本）

　　本书为短篇小说集。收《魔女首》《触手
成金术》《小孩们的天堂》《三只金苹果》《剑
鲨》等篇。书前有作者小传。初版卷首有
《华英对照的意义——写给教师学生及自修
者》一文。著者原题：霍觞。

　　收藏单位：国家馆、浙江馆

04399

古冢行（英文名著） （英）格雷（Thomas
Gray）著　陈家麟　邵瑞彭译

外文题名：Gray's elegy: written in a country chur-
chyard

北平：华新印书馆，1932，1 册，32 开

　　本书为英汉对照读物。收录英国墓园派
诗人 Thomas Gray 的代表作《古冢行》的译
文及原文。书前有章太炎先生序、坦模士葛
瑞传、译余赘语等。著者原题：坦模士葛瑞。

　　收藏单位：浙江馆

04400

贵妇之死 （英）L. Holden 著

外文题名：Death in high society and other stories

上海：中华书局，1935.8，81 页，32 开（基
本英语文库）

　　本书为英语读本。书前有基本英语一览
表。

　　收藏单位：吉林馆

04401

国际联合会　Maxwell Garnett 著　洛克哈特
（L. W. Lockhart）英译

外文题名：The organization of peace

上海：中华书局，1935.11，92 页，32 开（基
本英语文库）

　　本书为英语读本。

　　收藏单位：东北师大馆、吉林馆

04402

国际文献（英汉对照 1944）　唯明编

外文题名：Documentary record of international
affairs: 1944

重庆：世界出版社，1945.5，211 页，32 开

　　本书是 1944 年一些重要国际文献的汇
编，包括苏、英、美等国领袖的言论、双边
协定等，共 13 篇。

　　收藏单位：重庆馆、贵州馆、国家馆、吉
林馆

04403

国际文献（中英对照）　杜本选辑

桂林：新艺书店，1943，239 页，32 开

　　本书收《英首相邱吉尔为德军侵苏向世
界广播演词》《中美协定全文》《威尔基对我
全国广播》《威尔基答蒋夫人词》《英苏同盟
条约全文》《美李顿爵士论印度国民》《克利
浦斯向印人广播全文》等 22 篇国际文献。

　　收藏单位：广东馆、湖南馆、南京馆

04404

国际政治一瞥（英汉对照）　李思明　关敏可
编著

外文题名：Glimpses into international politics

上海：中华书局，1944.10，61 页，32 开

上海：中华书局，1946.9，再版，61 页，32
开

　　本书收论述国际关系及各国政治的文章
15 篇。

收藏单位：国家馆、南京馆、内蒙古馆、上海馆

04405

国外诗歌一百篇（英汉对照） 张则之编辑

外文题名：One hundred famous English poems with Chinese translation

北平：立达书局，1933.5，202 页，25 开

本书收国外 100 首诗歌，书前有译者序。

收藏单位：国家馆、中科图

04406

孩子回家了 （英）米尔恩（Alan Alexander Milne）等著　顾仲彝译注

上海：北新书局，1930，367 页，32 开

本书著者原题：米尔思。

收藏单位：重庆馆

04407

孩子们及其他 丁玲原著　孟津选编

上海：英文学会，1941，81 页，32 开

本书为中英对照详注本。

收藏单位：广东馆、黑龙江馆

04408

海客谈瀛录 严独鹤注释

外文题名：Sinbad the sailor in simple English

上海：中华书局，1917.1，100 页，32 开（初级英文丛书 6）

上海：中华书局，1921.2，3 版，100 页，32 开（初级英文丛书 6）

上海：中华书局，1933.2，10 版，100 页，32 开（初级英文丛书 6）

本书为英语读本，附国文释义。注释者原题：严桢。

收藏单位：国家馆、吉林馆、上海馆

04409

海客谈瀛录（汉文注释） 严独鹤注释

外文题名：Sinbad the sailor

上海：中华书局，1935.10，81 页，32 开（初中学生文库）

上海：中华书局，1936.10，再版，81 页，32

开（初中学生文库）

上海：中华书局，1940，3 版，81 页，32 开（初中学生文库）

昆明：中华书局，1941.7，4 版，81 页，32 开（初中学生文库）

本书为中篇小说英语读本。注释者原题：严桢。

收藏单位：重庆馆、广西馆、黑龙江馆、湖南馆、江西馆、南京馆、上海馆、天津馆

04410

海上的劳工 （法）雨果（Victor Hugo）著　伍光建选译

外文题名：The toilers of the sea

上海：商务印书馆，1935.12，[112] 页，32 开（英汉对照名家小说选 2）

上海：商务印书馆，1936.1，再版，[112] 页，32 开（英汉对照名家小说选 2）

本书为原小说部分章节的选译本。书前有作者传略。著者原题：嚣俄。

收藏单位：重庆馆、广东馆、贵州馆、国家馆、黑龙江馆、吉大馆、上海馆、天津馆

04411

海外轩渠录 （英）斯威夫特（Jonathan Swift）著　陈士义注释

外文题名：Gulliver's travels

上海：世界书局，1930.1，74 页，32 开（初学必读英文丛刊）

本书为英语读本，英国长篇小说。

收藏单位：浙江馆

04412

海外轩渠录（华文详注）（英）斯威夫特（Jonathan Swift）著　王翔注释

外文题名：Gulliver's travels

上海：世界书局，1933.7，233 页，32 开

本书为英语读本。书前有作者传略。题名通译：格列佛游记。著者原题：斯尉夫特。

收藏单位：国家馆、西南大学馆

04413

海外轩渠录（原文 附译文注释）（英）斯威

夫特（Jonathan Swift）著　李宗汉译注

外文题名：Gulliver's travels into several remote regions of the world

上海：春江书局，1931.4，326 页，32 开，精、平装（华英对照标准英文文学读本）

上海：春江书局，1934.2，再版，326 页，32 开，精、平装（华英对照标准英文文学读本）

上海：春江书局，1935.7，3 版，326 页，32 开，精、平装（华英对照标准英文文学读本）

　　本书为英汉对照读本。题名通译：格列佛游记。

　　收藏单位：重庆馆、贵州馆、国家馆、绍兴馆、首都馆、天津馆

04414

海外轩渠录（原文 附译文注释）（英）斯威夫特（Jonathan Swift）著　周越然注释

外文题名：Gulliver's travels into several remote regions of the world

上海：商务印书馆，1916.6，325 页，32 开

上海：商务印书馆，1933.3，国难后 1 版，325 页，32 开

　　本书为英汉对照读物。书前有《华英对照的意义——写给教师学生及自修者》及著者小传。题名通译：格列佛游记。著者原题：斯惠夫特。

　　收藏单位：上海馆

04415

汉释英文杂记（第二集）　邝富灼　甘永龙编

外文题名：Short stories with Chinese notes. Volume II

上海：商务印书馆，1918.7，125 页，32 开（英语周刊选本）

上海：商务印书馆，1920.4，再版，125 页，32 开（英语周刊选本）

上海：商务印书馆，1926，5 版，125 页，32 开（英语周刊选本）

　　本书为英语读本，有汉语注释。书前有张世鎏序。

　　收藏单位：广东馆、国家馆

04416

汉文英译基础一千句　陈汉声编

外文题名：1000 Chinese idiomatical sentences translated into English

上海：求益书社，1937，62 页，32 开

　　本书分 17 部分，内容包括：名文古语、熟语、风景时令、国家社会、人伦、人品、苦乐、人心世道、恩爱仇怨、才智贤愚、贫富名位等。收书报上常用而多见的汉语语句及其英译文。各语句的译文以忠实自然为主，字语力求平易，便于作文时之引用。

　　收藏单位：国家馆

04417

汉译天方夜谭　王儒林编译

上海：经纬书局，1937.11，[564] 页，50 开，精装

　　本书为英语故事读本。英汉对照，有注解。

04418

汉英三昧集　苏曼殊纂

东京：东辟，1925，120 页，32 开，精装

　　本书为汉英对照读物。收《麦秀歌》《采薇歌》《陌上桑》《七步诗》《归园田居》等 71 首中国古诗文及《大乘起信论真如门》《李陵答苏武书》两篇短文。卷首责任者题：曼殊阿阇黎。责任者原题：曼殊大师。

　　收藏单位：国家馆

04419

汉英文学因缘　苏曼殊编著

上海：求益书社，[1911—1949]，68 页，横 23 开

　　本书为英汉对照读物。收录英译的诗经、乐府诗、唐诗、《红楼梦》中的葬花诗等，以及汉译外国诗篇。书末有苏曼殊的跋。

　　收藏单位：国家馆

04420

汉英文学因缘（散文篇）　凌云编

外文题名：Chinese-English prose

上海：求益书社，[1935.9]，62 页，24 开

苏曼殊曾编《汉英文学因缘》，内容均为诗词，编者仿其体例将《孟子见梁惠王》《李陵答苏武书》《诸葛亮前后出师表》等7篇散文译成英文，对照排列。

收藏单位：安徽馆、国家馆

04421

合同 章程 条例 布告（汉英对照 翻译类纂）
张则之编译
外文题名：Agreements Regulations Rules Notifications
北平：文化学社，1935.11，843—965页，25开

本书收《宁湘铁路借款合同》《民国三年内国公债条例》等合同4篇、章程7篇、条例2篇、布告4篇，共17篇。

收藏单位：国家馆

04422

河上风车 （英）艾略特（George Eliot）著（英）维斯特（Michael West）浅释重述
外文题名：The mill on the floss
昆明：中华书局，1939.1，209页，32开（韦氏英文补助读16）

本书为长篇小说英语读本。

收藏单位：东北师大馆、湖南馆、上海馆

04423

黑猫 （美）爱伦·坡（Edgar Allan Poe）著 钱歌川译注
外文题名：Black cat
上海：中华书局，1935.3，143页，32开（英汉对照文学丛书）
上海：中华书局，1940.7，再版，143页，32开（英汉对照文学丛书）

本书收《红死之假面》《黑猫》《椭圆形的肖像》3篇作品。书前有译者的话及亚伦坡评传。著者原题：亚伦坡。

收藏单位：北师大馆、广东馆、贵州馆、国家馆、黑龙江馆、湖南馆、上海馆、绍兴馆、首都馆、浙江馆

04424

黑美人 （英）休厄尔（Anna Sewell）著 水天同译注
外文题名：Black beauty
上海：中华书局，1936.1，217页，32开（英汉对照文学丛书）
上海：中华书局，1940.10，再版，217页，32开（英汉对照文学丛书）

本书为英汉对照长篇小说。著者原题：塞威尔。

收藏单位：北师大馆、吉林馆、上海馆

04425

红百合花 （法）法朗士（Anatole France）著 伍光建选译
外文题名：The red lily
上海：商务印书馆，1936.1，[106]页，32开（英汉对照名家小说选2）
上海：商务印书馆，1936.2，再版，[106]页，32开（英汉对照名家小说选2）

本书为原小说部分章节的选译本。卷首有作者传略。著者原题：安那图勒·法兰西。

收藏单位：广东馆、国家馆、河南馆、吉林馆、南京馆、宁夏馆、上海馆、天津馆

04426

红花 （俄）迦尔洵（Всеволод Михайлович Гаршин）著 梁遇春译注
外文题名：The red flower
上海：北新书局，1930.10，105页，42开（英文小丛书）
上海：北新书局，1931.4，再版，105页，42开（英文小丛书）

本书为短篇小说。英汉对照读物，据英译本转译。书前有作者简介。著者原题：V. M. Garshin。

收藏单位：北师大馆、广东馆、国家馆、首都馆、浙江馆

04427

红楼梦 孤鸿零雁记选 袁嘉华 石民编
外文题名：Dream of the Red Chamber and the Lone Swan selections

上海：北新书局，1933.10，257 页，32 开

本书为《红楼梦》《孤鸿零雁记》节译本。英汉对照读物。

收藏单位：国家馆、上海馆、首都馆

04428

红云（种橡实者 加利福尼亚森林剧）（美）杰克·伦敦（Jack London）著　方土人译

外文题名：The acorn-planter

上海：商务印书馆，1934.5，[128] 页，32 开

上海：商务印书馆，1934.9，再版，[128] 页，32 开

本书为美国歌剧剧本。英汉对照读物。著者原题：贾克·伦敦。

收藏单位：重庆馆、广东馆、国家馆、河南馆、内蒙古馆、上海馆、首都馆、浙江馆

04429

红字记（美）霍桑（Nathaniel Hawthorne）著　伍光建选译

外文题名：The scarlet letter

上海：商务印书馆，1934.9，[90] 页，32 开（英汉对照名家小说选）

上海：商务印书馆，1934.10，再版，[90] 页，32 开（英汉对照名家小说选）

上海：商务印书馆，1934.11，3 版，[90] 页，32 开（英汉对照名家小说选）

本书为长篇小说部分章节选译本。书前有作者传略。著者原题：何桑。

收藏单位：广东馆、贵州馆、国家馆、河南馆、辽大馆、辽宁馆、南京馆、宁夏馆、上海馆、绍兴馆、首都馆、天津馆

04430

华莱士在华言论集（英汉对照）唯明编注

外文题名：Wallace in China

重庆：世界出版社，1944.9，102 页，36 开

重庆：世界出版社，1944.10，2 版，102 页，36 开

本书收美国副总统亨利·华莱士 1944 年访华期间的谈话和演讲。书末附华莱士在美对访中苏两国之广播辞等。

收藏单位：重庆馆、贵州馆、国家馆、吉林馆、近代史所、天津馆内部

04431

华盛顿文选　杨锦森选编

外文题名：Washington's letters and addresses

上海：中华书局，1916.4，92 页，32 开（英美名人文选 1）

上海：中华书局，1923.6，6 版，92 页，32 开（英美名人文选 1）

上海：中华书局，1924.12，7 版，92 页，32 开（英美名人文选 1）

本书收乔治·华盛顿的书信、演说词 18 篇。

收藏单位：上海馆

04432

华英成语格言合璧二千句　么文荃编著

外文题名：Chinese-English idioms and proverbs

北平：盛兰学社，1940.5，131 页，32 开（若兰著述 3）

本书选辑我国成语格言 2000 句。汉英对照。

04433

华英对照四书（大学 中庸 论语 孟子）（英）莱杰（James Legge）著

外文题名：The four books: The Great Learning, The Doctrine of The Mean, The Confucian Analects, The Works of Mencius

上海：国际出版社，1936.6，22+43+184+351 页，32 开，精装

上海：国际出版社，1936.12，再版，22+43+184+351 页，32 开，精装

上海：国际出版社，1947.9，沪 3 版，22+43+184+351 页，32 开，精装

上海：国际出版社，1948，6 版，22+43+184+351 页，32 开，精装

本书为《大学》《中庸》《论语》《孟子》的中英文对照本。

收藏单位：国家馆、湖南馆、山东馆、上海馆、首都馆

04434

华英对照四书（大学）（英）莱杰（James Legge）译

外文题名：The great learning

上海：国际出版社，1935.10，22 页，32 开

　　本书为《大学》中英文对照本。

　　　　收藏单位：国家馆

04435

华英对照四书（论语）（英）莱杰（James Legge）译

上海：国际出版社，1935，184 页，32 开

　　本书为《论语》中英文对照本。

　　　　收藏单位：国家馆

04436

华英对照四书（孟子）（英）莱杰（James Legge）译

外文题名：The works of Mencius

上海：国际出版社，1935.10，351 页，32 开

　　本书为《孟子》中英文对照本。

　　　　收藏单位：广东馆、国家馆、湖南馆

04437

华英对照四书（中庸）（英）莱杰（James Legge）译

外文题名：The doctrine of the Mean : The Four Books

上海：国际出版社，1935.10，43 页，36 开

　　本书为《中庸》中英文对照本。

　　　　收藏单位：国家馆

04438

华英国学文编（卷三）

外文题名：Anglo-Chinese royal third reader

上海：商务印书馆，1919，226 页，32 开

上海：商务印书馆，1921，12 版，226 页，32 开

　　本书为英汉对照读物。封底有上海中西书院谢虹赉序。

　　　　收藏单位：国家馆

04439

华英国学文编（卷四）

外文题名：Anglo-Chinese royal fourth reader

上海：商务印书馆，[1926]，337 页，32 开

　　本书为英汉对照读物。

　　　　收藏单位：广东馆

04440

华英四书　（英）莱杰（James Legge）著

外文题名：The Four Books with English translation and notes

上海：中国图书公司，[1948.1]，1014 页，32 开，精装

　　本书为《论语》《大学》《中庸》《孟子》中英文对照本。

　　　　收藏单位：北师大馆、上海馆

04441

华英四书（注释校正）

上海：商务印书馆，[1912—1948]，296+378 页，25 开，精、平装

　　本书为《论语》《大学》《中庸》《孟子》中英文对照本。有注释。

　　　　收藏单位：安徽馆、重庆馆、国家馆、湖南馆、南京馆、宁夏馆、山东馆、上海馆、首都馆

04442

华英通史问答　王之瑞编译

外 文 题 名：English and Chinese catechism of general history

上海：伊 文 思 书 馆，1911.1，226 页，25 开，软精装

　　　　收藏单位：上海馆

04443

华英训蒙编

出版者不详，1934，27 页，32 开

　　　　收藏单位：广东馆

04444

华英中国姓氏表　张慎伯编

外文题名：Chinese surnames romanized

上海：中华书局，1935.10，54 页，32 开（初中学生文库）

上海：中华书局，1936.10，再版，54 页，32 开（初中学生文库）

上海：中华书局，1941.1，4 版，54 页，32 开（初中学生文库）

本表所列姓氏系用国语罗马字拼音和威妥玛氏拼音对照注音，按《百家姓》编次。书末附笔画索引。

收藏单位：重庆馆、广东馆、广西馆、贵州馆、吉林馆、江西馆、辽宁馆、南京馆、内蒙古馆、上海馆、绍兴馆、天津馆、浙江馆

04445
阉人之女 （英）吉辛（George Robert Gissing）等著 刘泗译注
外文题名：A daughter of the Lodge
北平：青年书店，1933.6，203 页，32 开（青年英文译注丛书）

本书收《仆人》《樊伽》《阉人之女》《询问》《二十六个男人与一个姑娘》5 篇短篇小说。英汉对照，有注释。著者还有：谢苗诺夫、契诃夫、高尔基。

收藏单位：国家馆

04446
婚后（英汉对照） （美）德莱塞（Theodore Dreiser）著 钟宪民译注
外文题名：Married
重庆：正风出版社，1946.1，125 页，32 开（正风英汉对照丛书）

上海：正风出版社，1948.1，再版，125 页，32 开（正风英汉对照丛书）

本书为中篇小说。

收藏单位：重庆馆、国家馆、湖北馆、江西馆、南京馆、内蒙古馆、首都馆

04447
活动产 （俄）契诃夫（Anton Pavlovich Chekhov）著 张友松译注
外文题名：The living chattel
重庆：晨光书局，1945.11，125 页，32 开（晨光英汉对照丛书 甲级）

上海：晨光书局，1947.1，沪初版，125 页，32 开（英汉对照丛书）

本书为短篇小说。书前有著者简介。

收藏单位：重庆馆、国家馆、南京馆、天津馆

04448
活尸 （俄）屠格涅夫（Ivan Turgenev）著 傅东华译注
上海：北新书局，1931.9，83 页，32 开（英文小丛书）

本书为英汉对照读物。书前有著者简介。

收藏单位：广东馆、国家馆、辽大馆、南京馆、天津馆

04449
霍桑氏故事选录（英汉注释） （美）霍桑（Nathaniel Hawthorne）著 吴锦森注释
外文题名：Twice-told tales with billingual notes
上海：中华书局，1932.9，139 页，32 开，精、平装（英文文学丛书 12）

本书为英语故事读本。有中文注释。

04450
霍桑氏祖父的椅子 英语周刊社编
外文题名：Grandfather's chair
长沙：商务印书馆，1940.3，2 册（353 页），32 开（英语文库）

本书为长篇小说。英汉对照读物。

收藏单位：广东馆、国家馆、浙江馆

04451
基本英文选 游经世编
南昌：江西省立农业专科学校出版委员会，1947.9，308 页，25 开

南昌：江西省立农业专科学校出版委员会，1948.10，再版，308 页，25 开

本书为英文读物。高中大学适用。

收藏单位：江西馆

04452
羁绊 （法）莫泊桑（Guy de Maupassant）著 王学浩注释

上海：中华书局，1935.12，74 页，72 开（中华英文小丛书 6）

本书为英语读本，有中文注释。收法国短篇故事数篇。

收藏单位：广东馆、吉林馆、浙江馆

04453

加尔 （法）柏里华（E. Privat）著　李恺良　孙义植译注

上海：世界语书店，1931，169 页，50 开

收藏单位：广东馆

04454

伽利华游记 （英）斯威夫特（Jonathan Swift）著　伍光建选译

外文题名：Gulliver's travels

上海：商务印书馆，1934.5，[100] 页，32 开（英汉对照名家小说选）

上海：商务印书馆，1934.6，再版，[100] 页，32 开（英汉对照名家小说选）

本书为幻想小说《格列佛游记》的节译本。书前有著者传略。题名通译：格列佛游记。著者原题：土维甫特。

收藏单位：甘肃馆、广东馆、国家馆、河南馆、辽大馆、南京馆、上海馆、绍兴馆、首都馆、天津馆、浙江馆

04455

简易英语故事集　陆殿扬编

外文题名：Short stories in simple English

重庆：开明书店，1945.1，2 册（61+54 页），32 开（简易英语丛书）

重庆：开明书店，1946.8，再版，2 册（61+54 页），32 开（简易英语丛书）

上海：开明书店，1947，3 版，2 册（61+54 页），32 开（简易英语丛书）

本书为初级英语读本，有汉语注释。收寓言、物语、名人轶事等。

收藏单位：广东馆、国家馆、南京馆、浙江馆

04456

简易英语剧本集　陆殿扬编

外文题名：Short plays in simple English

重庆：开明书店，1945，2 册（57+64 页），32 开（简易英语丛书）

重庆：开明书店，1946，再版，2 册（57+64 页），32 开（简易英语丛书）

本书为初级英语读本，有汉语注释。收英语表演故事、世界名剧等。

收藏单位：贵州馆、国家馆、宁夏馆、浙江馆

04457

简易英语论说集　陆殿扬编

外文题名：Short essays in simple English

重庆：开明书店，1945.9，2 册（72+79 页），32 开（简易英语丛书）

上海：开明书店，1946，2 册（72+79 页），32 开（简易英语丛书 3）

重庆：开明书店，1946.8，再版，2 册（72+79 页），32 开（简易英语丛书 3）

重庆：开明书店，1947.3，3 版，2 册（72+79 页），32 开（简易英语丛书 3）

本书为初级英语读本，有汉语注释。收英语记叙文、说明文、议论文等。

收藏单位：广东馆、国家馆、南京馆、浙江馆

04458

简易英语日记（英汉对照）　陈东林编

外文题名：Easy English diary writing

昆明：中华书局，1939.8，100 页，32 开（英文学生丛书）

昆明：中华书局，1941.7，再版，100 页，32 开（英文学生丛书）

本书分 12 部分，内容包括：一月份日记、二月份日记、三月份日记等。每部分包含"用语"和"日记"两部分。

收藏单位：广西馆、上海馆

04459

简易英语诗歌集　陆殿扬编

外文题名：Short poems in simple English

重庆：开明书店，1945，2 册（32+41 页），32 开（简易英语丛书）

重庆：开明书店，1946.8，再版，2 册（32+41 页），32 开（简易英语丛书）

本书为初级英语读本，有汉语注释。收英语儿歌、名歌、短诗等。

收藏单位：国家馆、华东师大馆、辽宁馆、南京馆、浙江馆

04460

杰克歼魔　樊仲云注释

外文题名：Jack the giant-killer

上海：中华书局，1930.1，46 页，46 开（小本英文说苑 11）

上海：中华书局，1932.8，再版，46 页，46 开（小本英文说苑 11）

上海：中华书局，1938.10，3 版，46 页，46 开（小本英文说苑 11）

本书为短篇小说英语读本，附国文注释。

收藏单位：上海馆

04461

杰克歼魔（汉文注释）　樊仲云注释

上海：中华书局，1936.2，103 页，32 开（初中学生文库）

上海：中华书局，1941.4，4 版，103 页，32 开（初中学生文库）

本书为短篇小说英语读本。

收藏单位：广西馆、黑龙江馆、湖南馆、江西馆、内蒙古馆、上海馆、天津馆、浙江馆

04462

结了婚　（瑞典）斯特林堡（August Strindberg）著　伍光建选译

外文题名：Married

上海：商务印书馆，1936.3，[118] 页，32 开（英汉对照名家小说选 2）

本书收《恋爱与面包》《不自然的选择》《多子》《决斗》4 篇小说。书前有作者传略。

收藏单位：重庆馆、广东馆、国家馆、南京馆、天津馆

04463

姐姐　聂绀弩著　金重英译

上海：新知书店，1948.6，沪版，77 页，32 开（英汉对照文艺读物 2）

本书为英汉对照短篇小说读物。著者原题：绀弩。

收藏单位：辽宁馆、南京馆

04464

姐姐　聂绀弩著　金重英译

外文题名：Sister

桂林：远方书店，1944.3，77 页，32 开（英汉对照文艺丛书）

上海：远方书店，1946.1，77 页，32 开（英汉对照文艺丛书）

收藏单位：重庆馆、国家馆、黑龙江馆、南京馆、宁夏馆、上海馆

04465

解颜录　中山英文周报社编译

外文题名：Wits and humors

上海：中华书局，1933.3，67 页，32 开

本书为英汉对照短篇笑话、小品集。选自《中华英文周报》。

收藏单位：河南馆

04466

解颐集（第一卷）　胡宏纶编译

外文题名：Laughs & sighs from the "Chung Hwa English Weekly"

上海：中华书局，1922.10，42 页，32 开

上海：中华书局，1924，4 版，42 页，32 开

上海：中华书局，1928.9，6 版，42 页，32 开

上海：中华书局，1936.12，7 版，42 页，32 开

本书为英汉对照读物。选收《中华英文周报》上曾刊载过的谜语、笑话一类作品。

收藏单位：国家馆、上海馆、天津馆

04467

金河王　（英）罗斯金（John Ruskin）著　陈东林注释

外文题名：The king of the Golden River

上海：中华书局，1936.6，56 页，32 开（初级英文丛书 13）

本书为英语童话故事读本，有汉语注释。

著者原题：剌斯金。

收藏单位：吉林馆、浙江馆

04468

金河王 （英）罗斯金（John Ruskin）著　张镜潭译注

外文题名：The king of the Golden River

上海：正风出版社，1948.7，127 页，32 开（正风英汉对照丛书）

收藏单位：安徽馆、东北师大馆、广东馆、辽宁馆、南京馆、绍兴馆

04469

金河王（华英对照　详细注释） （英）罗斯金（John Ruskin）著　徐培仁编译

上海：三民图书公司，1937，79 页，32 开

上海：三民图书公司，1946.9，新 1 版，79 页，32 开

收藏单位：广东馆

04470

金奈 （挪）安赛特（Sigrid Undset）著　伍光建选译

外文题名：Jenny

上海：商务印书馆，1936.1，[104] 页，32 开（英汉对照名家小说选 2）

上海：商务印书馆，1936.2，再版，[104] 页，32 开（英汉对照名家小说选 2）

本书为长篇小说部分章节选译。书前有作者传略。

收藏单位：重庆馆、广东馆、贵州馆、国家馆、辽大馆、南京馆、上海馆、天津馆

04471

金银岛 （英）斯蒂文森（Robert Louis Stevenson）著　（英）维斯特（Michael West）编译

外文题名：Treasure Island

上海：中华书局，1935.6，217 页，32 开（韦氏英文补助读本 10）

本书为长篇小说英语读本。叙述了少年吉姆一行人去荒岛寻宝的历险故事。书前有钱歌川序。

收藏单位：河南馆

04472

金银岛（华文详注） （英）斯蒂文森（Robert Louis Stevenson）著　张重注释

外文题名：Treasure island

上海：世界书局，1932.6，308 页，32 开

上海：世界书局，1933.4，再版，308 页，32 开

本书著者原题：斯蒂芬孙。

收藏单位：广东馆

04473

金银岛（原文　华英对照　详细注释） （英）斯蒂文森（Robert Louis Stevenson）著　奚识之译注

外文题名：Treasure Island

上海：三民图书公司，1934.3，563 页，32 开，精装（华英对照标准英文文学读本）

上海：三民图书公司，1936，3 版，563 页，32 开（华英对照标准英文文学读本）

上海：三民图书公司，1937，4 版，563 页，32 开（华英对照标准英文文学读本）

上海：三民图书公司，1939.10，5 版，563 页，32 开（华英对照标准英文文学读本）

本书为英汉对照读本，附译文注释。叙述了少年吉姆一行人去荒岛寻宝的历险故事。书前有史蒂文生小传。著者原题：史蒂文生。

收藏单位：重庆馆、广东馆、南京馆、首都馆、天津馆

04474

金羊毛（华文详注） （美）霍桑（Nathaniel Hawthorne）著　姚三恩注释

外文题名：The Quest of the Golden Fleece

上海：世界书局，1930.1，89 页，32 开（初学必读英文丛刊）

本书为英语读本，短篇小说。是十九世纪美国杰出的浪漫主义小说家纳斯尼尔·霍桑的一部少儿精品。

收藏单位：广东馆、西南大学馆、浙江馆

04475

锦秀集（英汉对照） 林语堂著　梁乃治编注

上海：朔风书店，1941.4，189 页，32 开

上海：朔风书店，1941.5，再版，189 页，32 开

本书收《美国人》《美国人的三件恶习》《中国的人文主义》《写作的艺术》《我们的女子教育》《中国的书法》《陶渊明》《张潮的警句》《不亦快哉三十三则》9 篇文章。封面加题：英汉对照 详细注译。

收藏单位：国家馆、南京馆

04476

进步英文背诵文选　何一介编著

外 文 题 名：English readings for recitation: for advanced course

上海：启明书局，1948.2，74 页，25 开

上海：启明书局，1948.9，再版，74 页，25 开

本书收英文文章 32 篇，有汉语注释。所选文章为英语国家妇孺皆知或传诵全球的作品。

收藏单位：吉大馆、江西馆

04477

近代独幕剧选粹　王学浩编

外文题名：Representative one-act plays with notes and biographical sketches

上海：中华书局，1933.3，248 页，32 开

本书是英语读本，有中文注释。

04478

近代短篇英文选　吴风编注

外文题名：Modern English short essays

重光出版社，1934，再版，62 页，32 开

收藏单位：广西馆

04479

近代短篇英文选　吴风编注

外文题名：Modern English short essays

雷风出版社，1943，62 页，32 开

本书为英语读本。

收藏单位：广东馆、湖南馆

04480

近代发明小史　英语周刊社编

外文题名：Stories of modern invention

长沙：商务印书馆，1940.3，181 页，32 开（英语文库）

本书为英汉对照读物。介绍了电报、海底电线、电话、长途电话、无线电报、无线电话、航空术、潜水艇的历史。

收藏单位：贵州馆、国家馆、吉林馆、江西馆、山西馆

04481

近代欧美短篇小说选　（美）柳无忌编注

外文题名：Modern short stories for Chinese students

桂林、重庆：开明书店，1944.2—11，2 册（186+226 页），32 开

上海：开明书店，1946.10，再版，2 册（186+226 页），32 开

本书为大学英语读本。每册选收欧美小说 10 篇，后附注释。

收藏单位：桂林馆、国家馆、山西馆、西南大学馆、浙江馆

04482

近代戏剧选　英语周刊社编

外文题名：Modern drama

长沙：商务印书馆，1940.3，4 册，36 开（英语文库）

长沙：商务印书馆，1943.3，4 册，32 开（英语文库）

本书为英汉对照读物，附汉文注释。收《一家之宝》《卖国贼》《狱门》《健儿回家》《求婚者》《救火钟声》《皇帝与乞丐》等欧美各国的剧本多部。

收藏单位：贵州馆、国家馆、黑龙江馆、辽大馆、内蒙古馆、上海馆、首都馆、西南大学馆、浙江馆

04483

近代英美散文选　方重　朱光潜　戴镏龄编

外文题名：Recent English prose: for colleges and senior middle schools

重庆：开明书店，1944.8，202 页，25 开

上海：开明书店，1946.11，4 版，192 页，25 开

本书收近代英美散文数十篇。适合大学生及高中生阅读。

收藏单位：国家馆、辽大馆、内蒙古馆

04484

近代英文名著选　唐庆怡编

外文题名：Selected modern English essays

昆明：中华书局，1940.8，244 页，24 开

昆明：中华书局，1947.9，修订再版，[244] 页，24 开

　　本书为大学用英语读本。共收课文 29 篇。

　　收藏单位：上海馆

04485

近代英文散文选（第二册）　方重编纂

外文题名：The second book of modern English prose for college students

上海：商务印书馆，1935.5，318 页，25 开

　　本书收近代英文散文数十篇。适合大学生阅读。

　　收藏单位：江西馆

04486

近世英文选　（英）蔡博敏（Thomas W. Chapman）编辑　（英）梅殿华（C. Spurgeon Medhurst）校订

外文题名：Selected English readings

上海：中华书局，1914.9，292 页，32 开，精装

上海：中华书局，1929.4，16 版，292 页，32 开，精装

上海：中华书局，1931.5，17 版，292 页，32 开，精装

　　本书为英语读本。

　　收藏单位：上海馆、绍兴馆

04487

近世英文选　沈彬编

外文题名：Modern English readings

成都：复兴书局，1943.1，2 册（188+176 页），32 开

　　本书为英语读本。选文均系刊登在美国各大杂志上的名人著述的文章，并加编者注释。可作高中英文教材。

收藏单位：国家馆

04488

经济学大纲　洛克哈特（L. W. Lockhart）著

上海：中华书局，1936.2，109 页，32 开（基本英语文库）

　　本书为英语读本。

　　收藏单位：安徽馆、江西馆

04489

惊婚记　（英）司各特（Walter Scott）著（英）维斯特（Michael West）译述

外文题名：Quentin durward

上海：中华书局，1937.6，162 页，32 开（韦氏英文补助读本 12）

　　本书据长篇小说《Quentin durward》缩写。

04490

惊婚记（英汉合注）　（英）司各特（Walter Scott）著　W. Vernon Doherty 注释

外文题名：Quentin durward: with bilingual notes

上海：中华书局，1931.1，[398+144] 页，32 开，精、平装（英文文学丛书 6）

　　本书为英语读本。

　　收藏单位：上海馆、绍兴馆

04491

精选三十故事　余天培编注

外文题名：Thirty selected stories

世界书局，1931.12，3 版，111 页，32 开（初学必读英文丛刊）

　　本书为华文详注英语读本。

　　收藏单位：重庆馆

04492

精选英语短篇演说集　D. L. Sherertz　缪廷辅编

外文题名：Short oratorical selections

上海：中华书局，1936.12，133 页，32 开

上海：中华书局，1940.6，再版，133 页，32 开

　　本书分 "Historical and Patriotic" "Oratorical

and Inspirational" 两部分，分别收录 28 篇、22 篇演说稿，附汉语注释。

收藏单位：国家馆、江西馆

04493

井外仙源　李虞杰编注

外文题名：The land beyond the well

上海：中华书局，1922.3，52 页，46 开（小本英文说苑 9）

上海：中华书局，1933.2，10 版，52 页，46 开（小本英文说苑 9）

本书为英语读本。附国文注释。

收藏单位：广东馆、国家馆、吉林馆、上海馆

04494

巨婴传　李虞杰注释

外文题名：The gaint baby

上海：中华书局，1930.1，66 页，46 开（小本英文说苑 14）

上海：中华书局，1932.8，再版，66 页，46 开（小本英文说苑 14）

本书为英语读本。附国文注释。

收藏单位：广西馆、黑龙江馆、上海馆

04495

巨婴传（汉文注释）　李虞杰编

外文题名：The gaint baby and the land beyond the well

上海：中华书局，1936.2，78 页，32 开（初中学生文库）

上海：中华书局，1936.10，再版，78 页，32 开（初中学生文库）

昆明：中华书局，1941.1，4 版，78 页，32 开（初中学生文库）

本书为英语读本。收 The gaint baby 和 The land beyond the well 两部作品。版权页责任方式题：李虞杰注释。

收藏单位：江西馆、天津馆、浙江馆

04496

巨足国　厉鼎骧注释

外文题名：The story of fairyfoot

上海：中华书局，1934.3，49 页，46 开（小本英文说苑 20）

本书为英语读本。附国文释义。

收藏单位：广东馆

04497

巨足国（汉文注释）　厉鼎骧注释

外文题名：The story of fairyfoot

上海：中华书局，1936.2，74 页，32 开（初中学生文库）

上海：中华书局，1936.10，3 版，74 页，32 开（初中学生文库）

上海、昆明：中华书局，1941.1，5 版，74 页，32 开（初中学生文库）

本书为英语读本，有汉文注释。

收藏单位：广东馆、广西馆、国家馆、黑龙江馆、江西馆、天津馆、浙江馆

04498

飓引　张莘农注释

外文题名：The tempest

上海：中华书局，1930.1，87 页，32 开（初级英文丛书 11）

上海：中华书局，1932.11，再版，87 页，32 开（初级英文丛书 11）

本书是查尔斯·兰姆姐弟据《莎氏乐府本事》改编的英语故事读本。附国文注释。

收藏单位：吉林馆、浙江馆

04499

军用英文读本（Ⅳ）　何浩若编

南京：中央陆军军官学校，[1927—1937]，164—193 页，28 开

收藏单位：国家馆

04500

卡利浦之月　（美）奥尼尔（Eugene G. O'Neill）著　钱歌川译注

外文题名：The moon of the caribbees

上海：中华书局，1935.4，131 页，32 开（英汉对照文学丛书）

上海：中华书局，1940.10，昆明再版，131 页，32 开（英汉对照文学丛书）

本书为美国独幕诗剧。正文前有译者的冗言及奥尼尔评传。奥尼尔评传分为三部分：1. 奥尼尔的生涯；2. 奥尼尔的艺术；3. 著作年表。

收藏单位：北师大馆、重庆馆、湖南馆、吉林馆、上海馆、浙江馆

04501

凯撒大将　（古希腊）普鲁塔克（Plutarch）原著　A. P. Rossiter 译

上海：中华书局，1935.10，109 页，32 开（基本英语文库）

昆明：中华书局，1941，3 版，109 页，32 开（基本英语文库）

本书为英语读本。

收藏单位：广东馆、上海馆

04502

抗建英文选（第一辑）　杨彦劬编注

外文题名：Wartime English selections. First series

自力出版社，1941，1 册，32 开

本书为英语读本。

收藏单位：广东馆

04503

科学知识　英语周刊社编

外文题名：Scientific knowledge

长沙：商务印书馆，1940.3，2 册（230 页），32 开（英语文库）

本书为英语读本，附汉语注释。

收藏单位：贵州馆、国家馆、江西馆、西南大学馆

04504

克罗狄阿　（德）茨韦格（Arnold Zweig）著　伍光建选译

上海：商务印书馆，1935.12，[102] 页，32 开（英汉对照名家小说选 2）

上海：商务印书馆，1936.1，再版，[102] 页，32 开（英汉对照名家小说选 2）

本书为长篇小说节译本。书前有作者传略。著者原题：阿诺·斯维治。

收藏单位：广东馆、国家馆、河南馆、吉

大馆、辽宁馆、上海馆、绍兴馆、天津馆、武大馆、西南大学馆

04505

孔雀东南飞剧本　季剑编译

外文题名：The peacock flies south-east

上海：竞文书局，1935.8，[49] 页，32 开

上海：竞文书局，1941.4，再版，[49] 页，32 开

本书为《孔雀东南飞》的英译本，后附原文。书前有译者自序。

收藏单位：国家馆、南京馆

04506

孔子的智慧　林语堂著　吴锦森译

上海：光华书局，1941，290+26 页，32 开

本书为英汉对照读物。

收藏单位：广东馆

04507

苦儿暴富记　严枚注释

上海：商务印书馆，1935.3，10 版，91 页，32 开（初中学生文库）

收藏单位：重庆馆、广西馆、黑龙江馆、湖南馆、首都馆、天津馆、浙江馆

04508

苦儿暴富记　严枚注释

外文题名：Dick Whittington

上海：中华书局，1920.3，91 页，32 开（初级英文丛书 8）

上海：中华书局，1921，再版，91 页，32 开（初级英文丛书 8）

上海：中华书局，1929，10 版，91 页，32 开（初级英文丛书 8）

上海：中华书局，1933.10，12 版，91 页，32 开（初级英文丛书 8）

本书为英国中篇小说改写本，有中文注释。1920 年版书名后加题：附国文释义。1935 年版封面加题：汉文注释。

收藏单位：国家馆、河南馆、上海馆

04509
块肉余生述（英汉合注） （英）狄更斯
（Charles Dickens）著 沈步洲等注释
上海：中华书局，1929.4，279 页，32 开，精、
平装（英文文学丛书 3）
上海：中华书局，1932.8，再版，279 页，32
开，精、平装（英文文学丛书 3）
　　本书为英国小说，有汉语注释。题名通
译：大卫·科波菲尔。著者原题：迭更司。

04510
快乐王子 （英）王尔德（Oscar Wilde）著
梁鋆立 桂绍盱编
外文题名：The happy prince and other stories
上海：中华书局，1934.12，108 页，32 开
　　本书为英语读本，有汉语注释。收 5 篇
英语故事。

04511
傀儡家庭（又名，娜拉） （挪）易卜生
（Henrik Ibsen）著 翟一我译 朱光潜 缪朗
山校阅
外文题名：A doll's house
南京：世界出版社，1947.4，118 页，32 开
上海：世界出版社，1948.12，再版，118 页，
32 开
　　本书为挪威剧本。英汉对照，有注释。
书前摘引鲁迅、郭沫若有关娜拉出走后前途
的论述。书末附朱君允译《傀儡家庭》索引。
　　收藏单位：广东馆、河南馆、吉林馆、宁
夏馆、上海馆、首都馆

04512
蜡烛制造史 （英）法拉第（Michael Faraday）
著 罗西特（Phyllis Rossiter）译
上海：中华书局，1935.10，118 页，32 开（基
本英语文库）
　　本书为英语读本。
　　收藏单位：吉林馆、内蒙古馆、上海馆、
浙江馆

04513
蓝葩 （美）Heney Van Dyke 著 梁鋆立编注

外文题名：The blue flower and other stories
上海：中华书局，1933.3，81 页，32 开（世
界文学丛刊）
　　本书为英语读本，有汉语注释。收 3 篇
短篇小说。

04514
老保姆的故事 （英）盖斯凯尔（Gaskell
Elizabeth Cleghorn）著 梁遇春译注
外文题名：The old nurse's story
上海：北新书局，1931.5，137 页，32 开（英
文小丛书）
　　本书为英汉对照读物。书前有作者简介。
著者原题：Mrs. Gaskell。
　　收藏单位：北师大馆、重庆馆、国家馆、
南京馆、浙江馆

04515
老残游记（英汉对照 详细注释 卷上） （清）
刘鹗著 林语堂译 梁乃治注释
外文题名：Tramp doctor's travelogue. Volume I
上海：朔风书店，1941.7，303 页，32 开
　　本书封面题名：老残游记（英汉对照）。
著者原题：刘铁云。
　　收藏单位：国家馆、首都馆

04516
老残游记（英汉对照） （清）刘鹗著 杨宪
益译
外文题名：Mr. Decadent
南京：独立出版社，1947.10，319 页，32 开
　　收藏单位：广东馆、国家馆

04517
励志文选 桂绍盱编
上海：中华书局，1937.3，106 页，32 开（英
文学生丛书）
昆明：中华书局，1939.6，再版，106 页，32
开（英文学生丛书）
　　本书为英语读本，有中文注释。
　　收藏单位：吉林馆

04518

励志文选　王齐芬编

合川 [重庆]：濂溪中学，1940，2 册，32 开

　　本书为文言读本，有白话注释。分议论、书牍、记序 3 类，共收文章 83 篇。取材除少数选自各家用文集外，多节录资治通鉴。

　　　　收藏单位：重庆馆

04519

恋爱的权利　（苏）罗曼诺夫（P. Romanof）著　陈德维译

外文题名：The right to love

上海：大地图书公司，1947，109 页，32 开（大地英汉对照丛书）

　　本书为英汉对照读物。

　　　　收藏单位：重庆馆

04520

恋爱的权利　（苏）罗曼诺夫（P. Romanof）著　洪深译

外文题名：The right to love

上海：黎明书局，1935.7，85 页，32 开（英汉对照西洋文学名著译丛 9）

　　本书为英汉对照读物。据书前伍蠡甫的《谈 Romanof》一文说，本书是《樱花未开时节》中的第 5 篇。

　　　　收藏单位：国家馆、浙江馆

04521

两个罗曼司　刘麟生　伍蠡甫译

外文题名：Two mediaeval romances

上海：黎明书局，1933.8，74 页，32 开（英汉对照西洋文学名著译丛 5）

　　本书为英汉对照读物。收《俄卡珊和聂珂莱》（刘麟生译）、《阿密士和阿密力士》（伍蠡甫译）两篇恋爱故事。

　　　　收藏单位：北师大馆、重庆馆、国家馆、江西馆、浙江馆

04522

两渔夫及项圈　（法）莫泊桑（Guy de Maupassant）著　徐蔚南译

重庆：万光书局，1944.7，47 页，32 开（英

汉对照丛书 2）

重庆：万光书局，1945.7，再版，47 页，32 开（英汉对照丛书 2）

　　本书为英汉对照读物。收《两渔夫》《项圈》两篇短篇小说。

　　　　收藏单位：重庆馆、广东馆

04523

聊斋志异补译　白乃逸译

上海：中华书局，1937.9，65 页，32 开（英文学生丛书）

　　本书为英汉对照读物。选译蒲松龄《聊斋志异》中的《橘树》《安期岛》等 15 篇。

04524

猎人记　（美）库柏（James Fenimore Cooper）著　（英）维斯特（Michael West）英译

外文题名：The deerslayer

上海：中华书局，1936.8，75 页，32 开（韦氏英文补助读本 6）

上海：中华书局，1939.7，昆明再版，75 页，32 开（韦氏英文补助读本 6）

　　本书为英语读本，据美国长篇小说改写。

　　　　收藏单位：上海馆

04525

猎人奇遇记　Edward Arnold[著]　余兴扬注

外文题名：The two brothers

上海：商务印书馆，1937，67 页，32 开

　　本书为英语读本。

　　　　收藏单位：广东馆

04526

林肯传　（美）鲍德温（James Baldwin）著　何公超译注

外文题名：Abraham Lincoln

重庆：晨光书局，1944.5，111 页，32 开（晨光英汉对照丛书乙级）

重庆：晨光书局，1945.5，再版，111 页，32 开（晨光英汉对照丛书乙级）

重庆：晨光书局，1946，[再版]，111 页，32 开（晨光英汉对照丛书乙级）

上海：晨光书局，1946.5，沪初版，111 页，

32 开（英汉对照丛书）

上海：晨光书局，1946，3 版，111 页，32 开（英汉对照丛书）

上海：晨光书局，1948，4 版，111 页，32 开（英汉对照丛书）

本书为英汉对照读物。介绍了美国南北战争时期的总统——林肯的生平与主要事迹。著者原题：包尔温。

收藏单位：重庆馆、广西馆、国家馆、湖南馆、吉林馆、南京馆、西南大学馆

04527

林肯传（原文 附译文注释）（美）鲍德温（James Baldwin）著 徐植仁译述 吴继铨注释

上海：春江书局，1940.6，[543] 页，32 开

上海：春江书局，1941.4，再版，[543] 页，32 开

本书记述了美国总统林肯的童年与成长，包括其坎坷奋进之路、在生活与政治上的打击与中伤，以及从政态度与信仰。封面加题：华英对照 详细注释。

收藏单位：广东馆、湖南馆

04528

林肯传（原文 附译文注释）（美）鲍德温（James Baldwin）著 徐植仁译述 吴继铨注释

外文题名：Abraham Lincoln

上海：三民图书公司，1948，543 页，32 开

04529

林语堂短篇小说集（英汉对照 详细注释） 林语堂著 梁乃治译注

上海：朔风书店，1946，109 页，32 开

本书为英汉对照短篇小说集。封面题：上海自强书局印行。

收藏单位：首都馆

04530

林语堂幽默小品集（英汉对照 详细注释） 林语堂著 梁乃治译注

上海：朔风书店，1941.4，83 页，32 开

本书收《我怎样过除夕》《论躺在床上》《买鸟》《一些西洋怪俗》《我爱美国的什么》《看电影流泪》6 篇小品文。

收藏单位：国家馆

04531

六钜著故事 周由廑注释

外文题名：Stories from six great works

上海：商务印书馆，1937.5，140 页，32 开（故事读本）

本书前有中文"荷马小传"。

收藏单位：广东馆

04532

琉璃山 庄则忠编注

外文题名：The princess on the hill of glass

上海：中华书局，1916.12，37 页，46 开（小本英文说苑 4）

上海：中华书局，1935.2，18 版，37 页，46 开（小本英文说苑 4）

上海：中华书局，1938.10，19 版，37 页，46 开（小本英文说苑 4）

本书为英语读本，附国文注释。

收藏单位：上海馆

04533

龙齿 （美）霍桑（Nathaniel Hawthorne）著 贺玉波译注

外文题名：The dragon's teeth

上海：北新书局，1931.6，157 页，32 开（英文小丛书）

本书为美国中篇小说，英汉对照读物。书前有作者简介。

收藏单位：国家馆、湖南馆、浙江馆

04534

鲁拜集 （波斯）欧玛尔·海亚姆（Ghiyasoddin Abual-Fath Omar Khayyam）著 郭沫若译

上海：光华书局，1930.12，再版，90 页，50 开（世界名著选 4）

上海：光华书局，1933.5，3 版，90 页，50 开（世界名著选 4）

本书为英汉对照读物。分上下篇：上篇

导言，包括《读了鲁拜集后之感想》《诗人莪默伽亚谟略传》；下篇鲁拜集，收汉译诗 101 首，附注释。著者原题：莪默伽亚谟。

收藏单位：国家馆、湖南馆、南京馆、上海馆、天津馆、浙江馆

04535

鲁拜集 （波斯）欧玛尔·海亚姆（Ghiyasoddin Abual-Fath Omar Khayyam）著　郭沫若译

上海：泰东图书局，1924.1，26+112 页，50 开（辛夷小丛书 4）

上海：泰东图书局，1925.6，再版，26+112 页，50 开（辛夷小丛书 4）

上海：泰东图书局，1926.7，3 版，26+112 页，50 开（辛夷小丛书 4）

上海：泰东图书局，1928.5，4 版，26+112 页，50 开（辛夷小丛书 4）

上海：泰东图书局，1929.5，5 版，26+112 页，50 开（辛夷小丛书 4）

上海：泰东图书局，1932.10，13 版，26+112 页，50 开（辛夷小丛书 4）

本书分上下篇：上篇导言，包括《读了鲁拜集后之感想》《诗人莪默伽亚谟略传》；下篇鲁拜集，收英汉对照诗 101 首，附注释。著者原题：莪默伽亚谟。

收藏单位：东北师大馆、广东馆、广西馆、国家馆、吉林馆、江西馆、辽宁馆、宁夏馆、首都馆

04536

鲁拜集 （波斯）欧玛尔·海亚姆（Ghiyasoddin Abual-Fath Omar Khayyam）著　吴剑岚选译

外文题名：The Rubaiyat

上海：黎明书局，1934.5，18+79 页，25 开（英汉对照西洋文学名著译丛 7）

本书为英汉对照读物。共收 100 首诗。书前有伍蠡甫的《序吴译鲁拜集》和译者自序。版权页题名：鲁拜选集，逐页题名：鲁拜集选。著者原题：莪默。

收藏单位：重庆馆、国家馆、江西馆、浙江馆

04537

鲁拜集 （波斯）欧玛尔·海亚姆（Ghiyasoddin Abual-Fath Omar Khayyam）著　郭沫若译

上海：创造社，1927.11，90 页，42 开（世界名著选 7）

上海：创造社，1930.12，再版，90 页，42 开（世界名著选 7）

本书为诗集，内收 101 首，附注释。据英译本转译。卷首有译者导言。著者原题：莪默·伽亚谟。

收藏单位：国家馆、湖南馆、山西馆、上海馆、天津馆

04538

鲁拜集（英汉对照） （波斯）欧玛尔·海亚姆（Ghiyasoddin Abual-Fath Omar Khayyam）著　郭沫若译

上海：大光书局，1936.10，3 版，90 页，50 开

本书著者原题：莪默·伽亚谟。

收藏单位：国家馆、上海馆

04539

鲁拜集（英汉对照） 郭沫若译

上海：大中书局，1937，重版，112 页，32 开

收藏单位：上海馆、绍兴馆、首都馆

04540

鲁滨孙漂流记 （英）笛福（Daniel Defoe）著

外文题名：The life and adventures of Robinson Crusoe

出版者不详，1931，274 页，16 开

本书为美国长篇小说，英汉对照读物。题名通译：鲁宾逊漂流记。著者全称：丹尼尔·笛福。

04541

鲁滨孙漂流记 （英）笛福（Daniel Defoe）著　T. Takata 译

外文题名：Robinson Crusoe

上海：中华书局，1937.4，再版，68 页，32 开（基本英语文库）

本书为原著缩写本。全英文读物。题名

通译：鲁宾逊漂流记。著者全称：丹尼尔·笛福。

04542

鲁滨孙飘流记　杨锦森编注

外文题名：Robinson Crusoe

上海：中华书局，1932.5，4 版，96 页，32 开（初级英文丛书）

上海：中华书局，1935.2，96 页，32 开（初中学生文库）

昆明：中华书局，1940，96 页（初中学生文库）

昆明：中华书局，1941.1，4 版，96 页，32 开（初中学生文库）

重庆：中华书局，1944，渝重排初版，96 页，32 开（初级英文丛书）

　　本书是根据原小说故事情节改写的通俗英语读本。题名通译：鲁宾逊漂流记。

　　收藏单位：复旦馆、国家馆、黑龙江馆、江西馆、南京馆、上海馆、绍兴馆、浙江馆

04543

鲁滨孙漂流记（华英对照）（英）笛福（Daniel Defoe）著　奚识之编注

外文题名：The life and adventures of Robinson Crusoe

上海：春江书局，1932，再版，596 页，32 开

上海：春江书局，1935，3 版，596 页，32 开

　　本书题名通译：鲁宾逊漂流记。著者全称：丹尼尔·笛福。

　　收藏单位：国家馆

04544

鲁滨孙飘流记（华文详注）（英）笛福（Daniel Defoe）著

上海：世界书局，[1934]，392 页，32 开

　　收藏单位：南京馆

04545

鲁滨孙飘流记（原文 附译文注释）（英）笛福（Daniel Defoe）著

外文题名：The life and adventures of Robinson Crusoe with Chinese notes and translations

上海：三民图书公司，1930，596 页，32 开（华英对照标准英文文学读本）

　　本书为英国小说。书前有狄孚旦尼尔小传。题名通译：鲁宾逊漂流记。著者全称：丹尼尔·笛福。

　　收藏单位：首都馆

04546

鲁滨逊漂流记（英汉对照 直接法图解读本）

（英）笛福（Daniel Defoe）著　（加拿大）文幼章（J. G. Endieott）编

外文题名：An English-Chinese picture story of Robinson Crusoe

上海：中华书局，1947.2，177 页，32 开

上海：中华书局，1948，再版，177 页，32 开

　　本书为原著缩写本。有图 176 幅。著者全称：丹尼尔·笛福。

　　收藏单位：贵州馆、辽大馆、辽宁馆、上海馆、首都馆

04547

鲁迅短篇小说选（汉英对照）　鲁迅著　顾宗沂编选

外文题名：Short stories by Lu Hsin

上海：中英出版社，1941.4，147 页，32 开

　　本书收《白光》《故乡》《一件小事》《孔乙己》《风波》《祝福》《肥皂》《离婚》8 篇短篇小说。书前有鲁迅小传。

　　收藏单位：国家馆、南京馆

04548

鲁迅自传及其作品（中英对照详注）　孟津选编

上海：光明书局，[1936]，76 页，32 开

上海：光明书局，1947.3，战后新 1 版，77 页，32 开

上海：光明书局，1949.1，战后新 3 版，77 页，32 开

　　本书收《鲁迅自叙传略》《关于我的创作》《药》《示众》《影的告别》《立论》6 篇文章。书前有英文序引。版权页题名：鲁迅自传及其作品（英汉对照）。

　　收藏单位：重庆馆、广东馆、国家馆、内

蒙古馆、山西馆、上海馆、天津馆

04549

鲁迅自传及其作品（中英对照详注） 孟津选编

[桂林]：上海英文学会，1944.4，77 页，32 开

重庆：上海英文学会，1945.6，77 页，32 开

收藏单位：重庆馆、复旦馆、国家馆、湖南馆、南京馆

04550

卵异 厉鼎骧编注

外文题名：The ugly ducking

上海：中华书局，1917.4，49 页，46 开（小说英文说苑 8）

上海：中华书局，1935，13 版，49 页，46 开（小说英文说苑 8）

本书为英语读本，附国文注释。

收藏单位：广东馆、上海馆

04551

论人民民主专政及新政治协商会议筹备会上讲词（英汉对照） 毛泽东著

外文题名：Mao Tze-Tung on People's Democratic Dictatorship and speech at the Preparatory Meeting of the new PCC

北平：红叶书店、启明书局，[1949]，22 页，32 开

本书收录毛泽东《论人民民主专政》和《在新的政治协商会议筹备会上的讲词》两篇文章。

收藏单位：国家馆、南京馆、山东馆

04552

论语 胡曼曼编

上海：珠林书店，1940.7，223 页，32 开

本书为《论语》英汉对照读本，供学习英语用。封面题：哈佛大学新译本。

收藏单位：广东馆、南京馆

04553

罗马英雄里因济 （英）李敦（Lord Lytton）著 伍光建选译

外文题名：Rienzi: the lion of basalt

上海：商务印书馆，1934.7，[94] 页，32 开（英汉对照名家小说选）

上海：商务印书馆，1934.8，再版，[94] 页，32 开（英汉对照名家小说选）

上海：商务印书馆，1934.10，3 版，[94] 页，32 开（英汉对照名家小说选）

本书为原小说部分章节的选译本。书前有作者传略。

收藏单位：广东馆、贵州馆、国家馆、河南馆、湖南馆、辽大馆、南京馆、上海馆、绍兴馆、首都馆、天津馆、浙江馆

04554

罗斯福文选 杨锦森选

外文题名：Essays and addresses by Theodore Roosevelt

上海：中华书局，1916.7，76 页，32 开（英美名人文选 2）

上海：中华书局，1923.12，6 版，76 页，32 开（英美名人文选 2）

上海：中华书局，1925.7，8 版，76 页，32 开（英美名人文选 2）

本书为英语读本。收 6 篇文章。

收藏单位：上海馆

04555

洛宾荷德传 严独鹤编注

外文题名：Robin Hood

上海：中华书局，1917.8，90 页，32 开（初级英文丛书 7）

上海：中华书局，1920，3 版，90 页，32 开

上海：中华书局，1925.11，6 版，90 页，32 开（初级英文丛书 7）

上海：中华书局，1929.4，8 版，90 页，32 开（初级英文丛书 7）

上海：中华书局，1933.10，9 版，90 页，32 开（初级英文丛书 7）

本书为英语读本，附国文释义。编注者原题：严桢。

收藏单位：河南馆、上海馆、浙江馆

04556

洛宾荷德传（汉文注释） 严独鹤编注

外文题名：Robin Hood

上海：中华书局，1935.6，71 页，32 开（初中学生文库）

上海：中华书局，1936.6，71 页，32 开（初中学生文库）

上海：中华书局，1941，4 版，71 页，32 开（初中学生文库）

　　本书为英语读本，有中文注释。编注者原题：严桢。

　　收藏单位：重庆馆、广西馆、湖南馆、江西馆、辽宁馆、绍兴馆、天津馆

04557

洛士柴尔特的提琴 （俄）契诃夫（Anton Pavlovich Chekhov）著　伍光家建选译

外文题名：Rothschild's fiddle

上海：商务印书馆，1936.2，[100] 页，32 开（英汉对照名家小说选 2）

　　本书收《洛士柴尔特的提琴》《一个放荡的女子》《老年》3 篇短篇小说。书前有作者传略。

　　收藏单位：广东馆、国家馆、河南馆、南京馆、宁夏馆、上海馆、绍兴馆、首都馆、天津馆

04558

吕伯温梦游记 （美）伊尔文（Washington Irving）著　张慎伯注释

外文题名：Rip Van Winkle and legend of sleepy hollow

上海：中华书局，1936.7，101 页，72 开（中华英文小丛书 8）

　　本书为英语读本，有中文注释。

　　收藏单位：广东馆

04559

旅伴 （苏）高尔基（Maxim Gorky）作　张镜潭译注

外文题名：My fellow-traveller

重庆：晨光书局，1945.1，121 页，32 开（晨光英汉对照丛书 甲级）

重庆：晨光书局，1945，再版，121 页，32 开（晨光英汉对照丛书 甲级）

　　本书为苏联短篇小说，讲述主人公与他的旅伴共同旅行的四个月里所发生故事。书前有"致读者"和作者简介。

　　收藏单位：重庆馆、国家馆、西南大学馆

04560

旅客所说的故事 （美）伊尔文（Washington Irving）著　伍光建选译

外文题名：Tales of a traveller

上海：商务印书馆，1934.9，[100] 页，32 开（英汉对照名家小说选）

上海：商务印书馆，1934.10，再版，[100] 页，32 开（英汉对照名家小说选）

上海：商务印书馆，1934，3 版，[100] 页，32 开（英汉对照名家小说选）

　　本书为原著部分章节选译。书前有作者传略。

　　收藏单位：甘肃馆、广东馆、国家馆、辽大馆、南京馆、绍兴馆、天津馆、浙江馆

04561

旅人谭 （德）拉斯佩（Rudolf Erich Raspe）著　（英）维斯特（Michael West）重述

外文题名：Travellers' tales

昆明：中华书局，1939.5，70 页，32 开（韦氏英文补助读 17）

　　本书为英语读本。

04562

旅舍 商务印书馆编译所译注

外文题名：The hotel

上海：商务印书馆，1918.11，50 页，42 开（惜阴英文选刻）

上海：商务印书馆，1934.5，国难后 1 版，50 页，42 开（惜阴英文选刻）

　　本书为情景英文选读本。收《旅舍》《蛛与蝇之所为》《美仪止》《驴与担盐》《佐治叔之归来》《鹅与金卵》《野兔与龟》等 14 篇文章，附中文注释。

　　收藏单位：河南馆

04563

妈妈的银行存款 （美）福布斯（Kathry Forbes）著　吕叔湘注释

外文题名：Mama and her bank account

上海：开明书店，1947.3，54 页，36 开（详注现代英文丛刊 甲辑 2）

　　本书为英文读物，以"妈妈"为中心，描写她及家人亲戚间的事情。书末附中文注释。

　　收藏单位：浙江馆

04564

妈妈的银行存款 （美）福布斯（Kathry Forbes）著　吕叔湘译注

外文题名：Mama and her bank account

上海：开明书店，1947.3，81 页，36 开（详注现代英文丛刊 甲辑 2）

上海：开明书店，1948.4，再版，81 页，36 开（详注现代英文丛刊 甲辑 2）

　　本书为英汉对照读物，以"妈妈"为中心，描写她及家人亲戚间的事情。

　　收藏单位：辽宁馆、南京馆、宁夏馆、浙江馆

04565

麦皋莱约翰生行述译注　裴錯　吴继杲译注

外文题名：Macaulay's life of Samuel Johnson

上海：商务印书馆，1918.5，194 页，32 开（英文杂志丛刊）

上海：商务印书馆，1920.5，再版，194 页，32 开（英文杂志丛刊）

上海：商务印书馆，1925.9，8 版，194 页，32 开（英文杂志丛刊）

上海：商务印书馆，1926，9 版，194 页，32 开（英文杂志丛刊）

上海：商务印书馆，1928.5，10 版，194 页，32 开（英文杂志丛刊）

上海：商务印书馆，1934.7，国难后 1 版，194 页，32 开（英文杂志丛刊）

　　本书为文学家传记。英汉对照读物。原书为英国 Thomas Babington Macaulay 所著。书前有麦皋莱小传。书末附本书难句之研究、英文书评。

　　收藏单位：广东馆、湖南馆、南京馆、上海馆、绍兴馆、首都馆

04566

卖花女 （英）萧伯纳（George Bernard Shaw）著　林语堂译注

外文题名：Pygmalion

上海：开明书店，1931.7，255 页，32 开（英汉译注丛书）

上海：开明书店，1931.11，再版，255 页，32 开（英汉译注丛书）

上海：开明书店，1932.8，3 版，255 页，32 开（英汉译注丛书）

　　本书为英国五幕戏剧剧本。英汉对照读物。书前有译者弁言。1932 年版封面题名：卖花女（英汉译注）；版权页题名：卖花女（普及本）。著者原题：萧伯讷。

　　收藏单位：重庆馆、广东馆、国家馆、南京馆、上海馆、绍兴馆、首都馆

04567

卖花女（英汉对照） （英）萧伯纳（George Bernard Shaw）著　林语堂译注

外文题名：Pygmalion

重庆：开明书店，1945.11，东 1 版，267 页，32 开

　　本书为英国戏剧剧本。讲述一古岛上的王，曾雕刻一座绝世佳人的象牙像，后因思恋其美，爱上了这座牙像，只好祈求爱神，使这牙像变成一个活人。书前有译者弁言。

　　收藏单位：重庆馆、江西馆

04568

卖花女（英汉译注本） （英）萧伯纳（George Bernard Shaw）著　林语堂译注

外文题名：Pygmalion

上海：开明书店，1943.11，修正初版，267 页，36 开（开明英汉译注丛书）

上海：开明书店，1947.12，修正再版，267 页，32 开（开明英汉译注丛书）

上海：开明书店，1949.2，修正 3 版，267 页，36 开（开明英汉译注丛书）

　　本书为英国戏剧剧本。书前有译者弁言。

著者原题：萧伯讷。

收藏单位：重庆馆、东北师大馆、上海馆

04569

曼殊大师译诗集 苏曼殊译 文公直编辑

上海：教育书店，1946.11，胜利后1版，87页，32开

本书分3部分：汉英三昧集、拜伦诗选、泰西名人诗选。收英译汉诗、汉译英诗数十首。封面题名：曼殊大师译诗集（汉英对照）。译者原题：苏玄瑛。

收藏单位：国家馆、湖南馆、内蒙古馆、上海馆

04570

忙里偷闲 （美）克罗泽尔（Samuel Mechord Crotthers）等著 李霁野译注

重庆：新知书店，1944.6，87页，32开（嘉陵文学小丛书）

上海：新知书店，1948.6，沪版，87页，32开（英汉对照文艺读物4）

本书为英汉对照读物，附中文注释。收《忙里偷闲》《论乡居》《我的朋友》《旅伴》《论友谊》《我们的身体》6篇文章。书前有著者简介。

收藏单位：重庆馆、广东馆、国家馆、吉林馆、近代史所、辽宁馆、南京馆、上海馆

04571

美国人的中国观 美国政府陆海军部著 傅葆琛译

成都：新四川文化社，1946.9，2版，33页，32开

本书为英汉对照读物。

收藏单位：南京馆

04572

美国三伟人传 （美）鲍德温（James Baldwin）著 张友松注

外文题名：Three great Americans

重庆：晨光书局，1936.3，150页，32开

重庆：晨光书局，1947，150页，32开

本书为英汉对照读物。收入华盛顿、富兰克林、林肯三个伟人的故事。系美国传记作家包尔温专为少年读者所著。汉语注解特别注重句子与成语，单字则一字数义，恐读者不易分辨者，亦加注释。中学教材及英语自修两用。著者原题：包尔温。

收藏单位：重庆馆、湖南馆

04573

美人呢，猛虎？（英汉对照） （美）斯托克顿（F. R. Stockton）等著 吴廉铭译注

外文题名：The lady, or the tiger? and two other stories

重庆：中华书局，1944.8，渝初版，71页，32开

上海：中华书局，1946.9，再版，71页，32开（英汉对照文学丛书）

本书收《美人呢，猛虎？》《雪里孤儿》《两个亡命者》3篇短篇小说。著者原题：斯托克敦。

收藏单位：贵州馆、国家馆、南京馆、上海馆

04574

蒙提喀列斯突伯爵 （法）大仲马（Alexandre Dumas）著 伍光建选译

外文题名：The Count of Monte Cristo

上海：商务印书馆，1935.12，[102]页，32开（英汉对照名家小说选2）

上海：商务印书馆，1936，再版，[102]页，32开（英汉对照名家小说选2）

本书为原小说部分章节的选译本。书前有作者传略及作品本事。题名通译：基督山伯爵。

收藏单位：广东馆、广西馆、贵州馆、国家馆、河南馆、湖南馆、上海馆、绍兴馆、首都馆、天津馆、西南大学馆

04575

名人逸事（英汉对照） （美）卡内基（D. Carnegie）著 萧敏颂译

外文题名：Little known facts about well-known people

桂林：文化供应社，1943.7，87页，32开（英

汉对照小丛书）

桂林：文化供应社，1948.8，新 1 版，87 页，32 开（英汉对照小丛书）

　　本书收录列宁、爱因斯坦、爱伦坡、马可尼、约瑟芬、哥伦布、韦尔斯、爱迪生、甘地等名人逸事 10 篇。

　　收藏单位：重庆馆、东北师大馆、广东馆、广西馆、桂林馆、国家馆、南京馆、西南大学馆

04576

名人语录　吴铁声译注

外文题名：Useful quotations

昆明：中华书局，1939.4，93 页，32 开（英文学生丛书）

昆明：中华书局，1941.1，3 版，93 页，32 开（英文学生丛书）

上海：中华书局，1947.10，4 版，93 页，32 开（英文学生丛书）

　　本书为英汉对照读物。收录名人名言。

　　收藏单位：广东馆、湖南馆、江西馆

04577

鸣鸾集　陈乃文著　张中楹英译

上海：陈乃文 [发行者]，1931，[90] 页，32 开

　　本书为英汉对照读物。收录旧体诗词。

　　收藏单位：上海馆

04578

冥寥子游（汉英对照）（明）屠纬真著　林语堂译

外文题名：The travels of Mingliaotse

上海：西风社，1940.9，67 页，32 开（西风丛书 8）

上海：西风社，1943.12，67 页，32 开（西风丛书 8）

上海：西风社，1947，再版，67 页，32 开（西风丛书 8）

　　本书为文言笔记小说。屠纬真即屠隆。

封面责任者题：冥寥子著。

　　收藏单位：广东馆、吉林馆、南京馆

04579

模范书信英语读本（英文信怎样作法）　伍鹤鸣著

上海：三民图书公司，1937，233 页，32 开

　　本书介绍了日常生活和工作方面有关英文信的写作方法，附录百家姓拼音、中国省名及名城、世界国名及名城、书信常用缩写字等内容。英语学习用书。中英文对照。

　　收藏单位：重庆馆

04580

模范英文选　储菊人编译

外文题名：Bilingual model English selections for self-study

外文题名：Model English readings for junior middle school

上海：春明书店，1936.2，再版，92 页，32 开

上海：春明书店，1939，5 版，91 页，32 开

　　本书为自修英语读物。封面书名前加题：新标准英汉对照。版权页题名：华英对照模范英文选。

　　收藏单位：广东馆、国家馆

04581

模范英语日记（华英对照）　华士堂著

外文题名：Model English diary

真理出版社，1943.3，226 页，32 开

真理出版社，1945.2，再版，226 页，32 开

　　本书为日记范文集。供读者学习模仿。版权页题名：模范英语日记。

　　收藏单位：南京馆

04582

魔窟奇闻　程承祖编注

外文题名：The giants stew

上海：中华书局，1917.2，47 页，46 开（小本英文说苑 6）

上海：中华书局，1920.9，4 版，47 页，46 开（小本英文说苑 6）

上海：中华书局，1932.9，16 版，47 页，46 开（小本英文说苑 6）

　　本书为英语读本，附国文注释。

收藏单位：广东馆、上海馆

04583

魔侠吉诃德冒险记（华文详注） 胡山源注释

外文题名：The adventures of Don Quixote

世界书局，1933.5，121 页，32 开（英文文学基础丛刊）

本书为西班牙小说英译本。

收藏单位：重庆馆

04584

魔侠传 桂慈注释

外文题名：Don Quixote in simple English

上海：中华书局，1930.1，148 页，32 开（初级英文丛书 10）

上海：中华书局，1932.11，再版，148 页，32 开（初级英文丛书 10）

上海：中华书局，1940.11，3 版，148 页，32 开（初级英文丛书 10）

本书为西班牙小说英译本。附国文释义。

收藏单位：内蒙古馆

04585

末了的摩希干人 （美）库柏（James Fenimore Cooper）著 伍光建译

外文题名：The last of the Mohicans

上海：商务印书馆，1934.5，[104] 页，32 开（英汉对照名家小说选）

上海：商务印书馆，1934.6，再版，[104] 页，32 开（英汉对照名家小说选）

上海：商务印书馆，1934.10，3 版，[104] 页，32 开（英汉对照名家小说选）

本书为原小说部分章节选译。书前有作者传略。题名通译：最后的莫西干人。

收藏单位：重庆馆、广东馆、国家馆、吉大馆、辽大馆、辽宁馆、南京馆、上海馆、绍兴馆、首都馆、天津馆、浙江馆

04586

莫特先生在法国 （美）莫法特（Donald Moffat）[著] 吕叔湘译注

外文题名：Mr Mott in France

上海：开明书店，1948.9，67 页，36 开（详注现代英文丛刊 乙辑 2）

上海：开明书店，1949.1，再版，67 页，36 开（详注现代英文丛刊 乙辑 2）

本书为英汉对照读物。收《钓鱼》《且慢！且慢！》《盲点》3 篇短篇小说。附译文。

收藏单位：东北师大馆、国家馆、江西馆、浙江馆

04587

母亲 （美）安德森（Sherwood Anderson）著 钱歌川译注

外文题名：Mother

上海：中华书局，1937.4，161 页，32 开（英汉对照文学丛书）

本书为英汉对照读物。收《母亲》《哲学家》等 4 篇短篇小说。著者原题：安得生。

收藏单位：国家馆、吉林馆、上海馆

04588

母亲和她的房客们 Rosemary Taylor 著 吕叔湘译注

外文题名：Mother & her boarders

上海：开明书店，1948.8，95 页，36 开（开明现代英文丛刊 甲辑 4）

上海：开明书店，1949.1，再版，95 页，36 开（开明现代英文丛刊 甲辑 4）

本书为英汉对照读物。原名 Chicken every Sunday，记录作者母亲一生招待房客的故事。附译文。

收藏单位：广东馆、江西馆、南京馆、浙江馆

04589

姆指丽娜 （丹）安徒生（H. C. Andersen）著

上海：开明书店，50 页，32 开（开明少年英文丛刊）

本书为英语读本。

收藏单位：首都馆、浙江馆

04590

木偶奇遇记 （意）科洛迪（Carlo Collodi）著 张慎伯译注

外文题名：Pinocchio: the adventures of a marionette

上海：中华书局，1934.3，425 页，32 开（英汉对照文学丛书）

本书为意大利童话。据英译本转译。著者原题：柯洛第。

收藏单位：北师大馆、复旦馆、国家馆、吉林馆、上海馆、首都馆

04591

牧场秘史　胡宪生译

外文题名：A ranch secret

上海：商务印书馆，1919.12，2 册（293 页），50 开（英汉合璧小说丛刊 9）

上海：商务印书馆，1925.12，3 版，2 册（293 页），50 开（英汉合璧小说丛刊 9）

上海：商务印书馆，1935，国难后 1 版，2 册（293 页），50 开（英汉合璧小说丛刊 9）

本书为英汉对照读物，有注释。

收藏单位：国家馆、河南馆、湖南馆、首都馆

04592

呐喊　鲁迅作　赵景深编注

外文题名：The war cry

上海：北新书局，1948.10，319 页，32 开（英汉对照现代中国文学丛刊）

本书为英汉对照读物。收《狂人日记》《孔乙己》《药》《一件小事》《风波》《故乡》《阿 Q 正传》《白光》8 篇中短篇小说。

收藏单位：山西馆、首都馆

04593

呐喊（中英对照）　鲁迅原著　林兰编

上海：北新书局，1943.12，蓉初版，159 页，32 开

本书收《狂人日记》《孔乙己》《一件小事》《风波》《故乡》5 篇中短篇小说。英译文选自当时用英文出版的报刊。封面题名：呐喊（汉英对照）。

收藏单位：重庆馆、贵州馆、国家馆、西南大学馆

04594

男性的友情　（俄）阿耳瓦（Olga Zif）著　彦英译

外文题名：Masculine friendship

桂林：文化供应社，1943.7，52 页，36 开（英汉对照小丛书）

桂林：文化供应社，1948.8，新 1 版，52 页，36 开（英汉对照小丛书）

本书为英汉对照读物。收《男性的友情》《一个上校的妻子》两篇短篇小说。1943 年版封面题名：男性的友情（汉英对照）。1948 年版封面题名：男性的友情（英汉对照）。

收藏单位：广东馆、吉林馆

04595

南洋土人逛纽约　（美）凯斯（Agnes Newton Keith）著　吕叔湘译注

外文题名：A jungle man in New York

上海：开明书店，1947.3，73 页，36 开（详注现代英文丛刊 甲辑 3）

本书为英汉对照读物。收《南洋土人逛纽约》《坐屋顶的人》两篇文章。附译文。

收藏单位：贵州馆、辽宁馆、浙江馆

04596

尼勒斯莱尼　（丹）雅各生（J. P. Jacobsen）著　伍光建选译

外文题名：Niels Lyhne

上海：商务印书馆，1936.3，[98] 页，32 开（英汉对照名家小说 2）

本书为原长篇小说部分章节的选译本。书前有作者传略。

收藏单位：东北师大馆、广东馆、国家馆、辽宁馆、上海馆、绍兴馆、天津馆

04597

碾煤机　（美）哥尔德（M. Gold）著　荃麟注释

外文题名：Coal breaker

重庆：开明书店，1944.12，[159] 页，32 开

本书为英语读本，有中文注释。收《碾煤机》《两个墨西哥人》《垃圾堆上的恋爱》《河畔的女子》《伟大的行动》《罢工》《一亿

二千万》等 14 篇短篇小说。书末有译后随笔。

收藏单位：国家馆、绍兴馆

04598

女叛徒（又名，一个女兵的自传）（汉英对照） 谢冰莹著　林如斯　林无双英译

外文题名：Girl rebel: the autobiography of Hsieh Pingying

重庆：求知图书社，1945.3，渝 1 版，227 页，32 开

本书为自传体小说。封面题名：女叛徒（英汉对照）。

收藏单位：重庆馆、国家馆、南京馆

04599

女叛徒（又名，一个女兵的自传）（汉英对照） 谢冰莹著　林如斯　林无双英译

外文题名：Girl rebel: the autobiography of Hsieh Pingying

民光书局，1940.12，159 页，32 开

民光书局，1941.4，再版，159 页，32 开

民光书局，1943，227 页，32 开

本书为自传体小说。1940 与 1941 年版由民光书局印行，1943 年版由民光出版社印行。

收藏单位：重庆馆、贵州馆、国家馆、上海馆

04600

欧美的情诗与恋歌 邱楠选译

北平：立达书局，1934.8，114 页，32 开

本书为英汉对照读物。分情诗与恋歌两部分，收拜伦、雪莱、爱伦坡、莎士比亚、荷马等人的诗 40 多首。

收藏单位：国家馆、首都馆

04601

欧美小说选 张友松译注

上海：北新书局，1930.8，327 页，32 开，精装（自修英文丛刊）

上海：北新书局，1931.6，再版，327 页，32 开，精装（自修英文丛刊）

本书为英汉对照读物。收《爱》《询问》《圣诞树与婚礼》《秋》《沙漠中的艳事》《他们俩》《惹祸的心》《野心客》《二十六个男子和一个少女》9 篇欧美短篇小说。卷首有译者序。

收藏单位：国家馆、吉林馆、上海馆

04602

欧美演说文选 顾仲彝译注

上海：北新书局，1931.5，269 页，32 开，精装（自修英文丛刊）

本书为英汉对照读物。收欧美名流演说词 15 篇。每篇前有演说人简介。

收藏单位：国家馆、江西馆

04603

欧文见闻杂记 （美）伊尔文（Washington Irving）著　葛宗超注释

外文题名：The sketch book

上海：中华书局，1933.2，203+36 页，32 开，精、平装（英文文学丛书 10）

上海：中华书局，1948.8，再版，203+36 页，32 开，精、平装（英文文学丛书 10）

本书为英语读本，附中文注释。封面题名：欧文见闻杂记（汉文注释）。

收藏单位：吉林馆、辽宁馆、上海馆

04604

潘彼得与汶狄（华文详注） （英）巴栗（J. M. Bassie）著　徐克春注释

外文题名：Peter Pan and Wendy

上海：世界书局，1933.8，135+27 页，36 开（世界近代英文名著集 25）

本书为英语读本。书前有作者传略，书后有汉语注释。

收藏单位：国家馆

04605

飘（英汉对照 节本） （美）米切尔（Margaret Mitchell）著　唯明节译

外文题名：Gone with the wind: a digest with Chinese translation

重庆：教育书店，1945.4，[240] 页，32 开

上海：教育书店，1947.5，再版，[240] 页，32

开

重庆：教育书店，1948.12，沪4版，[240]页，32开

本书为原长篇小说部分章节选译。版权页题名：飘（节本）。著者原题：宓西尔。

收藏单位：广东馆、湖南馆、吉林馆、南京馆、上海馆

04606

评注政治文选 龚质彬编著

上海：中华书局，1933.3，370页，32开

本书为英语读本，有中文注释。

收藏单位：吉林馆

04607

泼姑娘 （德）海泽（Paul Heyse）著 高殿森译注

外文题名：L'arrabiata

重庆：晨光书局，1943.11，67页，32开（晨光英汉对照丛书 甲级）

重庆：晨光书局，1944.2，再版，67页，32开（晨光英汉对照丛书 甲级）

上海：晨光书局，1946.5，沪初版，67页，32开（英汉对照丛书）

本书为德国小说。书前有著者简介。英汉对照，有注释。

收藏单位：重庆馆、国家馆、吉林馆、南京馆、上海馆、西南大学馆

04608

普的短篇小说 （美）爱伦·坡（Edgar Allan Poe）著 伍光建选译

外文题名：Tales by Edgar Allan Poe

上海：商务印书馆，1934.7，[98]页，32开（英汉对照名家小说选）

上海：商务印书馆，1934.8，再版，[98]页，32开（英汉对照名家小说选）

本书收《会揭露秘密的心脏》《深坑与钟摆》《失窃的信》3篇短篇小说。书前有作者传略。著者原题：普。

收藏单位：东北师大馆、广东馆、国家馆、河南馆、黑龙江馆、吉林馆、辽大馆、南京馆、上海馆、绍兴馆、首都馆、天津馆、

西交大馆、浙江馆

04609

骑士传 （英）哈代（Thomas Hardy）著 马润卿译

外文题名：The melancholy hussar of the German legion

上海：中华书局，1933.3，53页，32开

本书为英国小说。英汉对照读物。

收藏单位：国家馆、吉林馆

04610

启示录的四骑士 （西）伊巴涅斯（Vicente Blasco Ibanez）著 伍光建选译

外文题名：The four horsemen of the apocalypse

上海：商务印书馆，1936.1，[110]页，32开（英汉对照名家小说选2）

上海：商务印书馆，1936，再版，[110]页，32开（英汉对照名家小说选2）

本书是西班牙中篇小说节译本。书前有作者传略。

收藏单位：重庆馆、广东馆、国家馆、吉大馆、吉林馆、南京馆、上海馆

04611

契可夫短篇小说选（英汉对照） （俄）契诃夫（Anton Pavlovich Chekhov）著 李葳译注

外文题名：Selected short stories of Tchekhov

上海、南京、重庆：正风出版社，1948.1，289页，32开（正风英汉对照丛书）

本书收小说10篇，包括《赌》《亲爱的》《歌女》《瞌睡》《坏孩子》等。书前有《关于契诃夫》。

收藏单位：重庆馆、东北师大馆、广东馆、国家馆、湖北馆、山西馆、首都馆

04612

谦屈拉（华文详注） （印）泰戈尔（Rabindranath Tagor）著 林汉达注释

外文题名：Chitra

世界书局，1930.1，59页，25开（英文文学基础丛刊）

本书是抒情诗剧。根据《摩诃婆罗多》

一段故事写作。

　　收藏单位：江西馆、浙江馆

04613

谦屈拉（英汉对照）（印）泰戈尔（Rabindranath Tagor）著　吴致觉译述

外文题名：Chitra

上海：商务印书馆，1923.11，[90] 页，32 开

上海：商务印书馆，1925.11，再版，[90] 页，32 开

上海：商务印书馆，1933.7，国难后 1 版，[90] 页，32 开

上海：商务印书馆，1940，3 版，[90] 页，32 开

　　本书为印度独幕剧。汉译文为文言体。卷首有译者《汉译谦屈拉序》。著者原题：泰谷尔。

　　收藏单位：东北师大馆、广东馆、广西馆、国家馆、湖南馆、吉林馆、南京馆、西南大学馆、浙江馆

04614

钦差大臣（英汉对照）（俄）果戈理（Николай Васильевич Гоголь）著　唯明译注

外文题名：The government inspector

上海：教育书店，1945.6，重庆初版，219+19 页，32 开

上海：教育书店，1947.5，再版，219+19 页，32 开

　　本书是揭示社会内幕的讽刺喜剧，分五幕。前有人物表，后附注解。著者原题：戈果里。

　　收藏单位：东北师大馆、广东馆、广西馆、湖南馆、内蒙古馆、山西馆、上海馆、首都馆

04615

钦差大臣（英汉对照）（俄）果戈理（Николай Васильевич Гоголь）著　唯明译注

外文题名：The government inspector

重庆：世界出版社，1945.6，219+19 页，32 开

　　本书是揭示社会内幕的讽刺喜剧，分五幕。前有人物表，后附注解。

　　收藏单位：重庆馆、国家馆

04616

青春　（英）康拉德（Joseph Conrad）著　梁遇春译注

外文题名：Youth

上海：北新书局，1931.7，136 页，32 开（世界文学名著）

　　本书为康拉德根据自己亲历的冒险故事创作的最有名的短篇小说。中英文对照。书后附作者介绍。

　　收藏单位：国家馆、吉林馆、江西馆、上海馆、绍兴馆、首都馆

04617

青年励志文选　苏兆龙译注

外文题名：Friendly talks

上海：竞文书局，1938.7，73 页，32 开

上海：竞文书局，1940.7，再版，73 页，32 开

　　本书为英汉对照读物。收《快乐的家庭》《回来了》《大自然的美丽》《我们都是自己的主人翁》等 15 篇。

　　收藏单位：国家馆

04618

青年问题　英语周刊社编

外文题名：The young man's problems

[长沙]：商务印书馆，1940.3，2 册（277 页），32 开（英语文库）

　　本书分上下两册。上册内容为：特质、品性、志力、自制、自恃、决心、心智；下册内容为：脾气、烦乱、感发、胆略、和爱、时间、金钱、书籍、兴奋剂、天才。中英文对照。

　　收藏单位：重庆馆、贵州馆、国家馆

04619

青年训言　梁鋆立译

外文题名：Advice to young men

上海：中华书局，1937.8，101 页，32 开（英文学生丛书）

上海：中华书局，1939.8，再版，101 页，32
开（英文学生丛书）

上海：中华书局，1940.8，3 版，101 页，32
开（英文学生丛书）

昆明：中华书局，1941.1，4 版，101 页，32
开（英文学生丛书）

本书共 14 篇，内容包括：戒惰、书籍之
价值、是之谓得不偿失、敏捷之决断力、如
何成为世上有能力之人等。英汉对照，汉译
文为文言体。

收藏单位：江西馆、南京馆、天津馆

04620

情歌　梁遇春译注

外文题名：Madrigal

上海：北 新 书 局，1931.11，191 页，32 开
（英文小丛书）

本书选译英国近四百年的情诗 43 首。英
汉对照。书末有作品及作者简介。

收藏单位：国家馆、湖南馆、吉林馆、天
津馆

04621

情书　桂绍盯等编

上海：中华书局，1937.5，141 页，32 开（英
文学生丛书）

本书为英语读本，短篇小说选集，收
《情书》（E.Hamilton 作）等短篇小说 5 篇，
有中文注释。

04622

情书一束（英汉对照）　胡萍青　江绍梃著

上海：中国文化服务社，1937.4，144 页，32
开，精装

本书收信 45 封，每封后附英译文。

收藏单位：广东馆、国家馆

04623

裘儿（一个法国集中营的故事）（德）沃尔
夫（Friedrich Wolf）著　柳无垢译注

外文题名：Jules

上海：新 知 书店，1948.6，119+28 页，32 开
（英汉对照文艺读物 1）

本书为英汉对照中篇小说。著者原题：瓦
尔夫。

收藏单位：国家馆、南京馆、首都馆

04624

裘儿（一个法国集中营的故事）（德）沃尔
夫（Friedrich Wolf）著　柳无垢译注

外文题名：Jules

桂林：远方书店，1944.4，119+28 页，32 开
（英汉对照文艺丛书）

收藏单位：重庆馆、国家馆、吉林馆、江
西馆

04625

秋夜集（苏）高尔基（Maxim Gorky）著
胡仲持译

外文题名：One autumn night

桂林：文艺出版社，1942，48 页，32 开（英
汉对照文艺丛刊）

收藏单位：重庆馆、广东馆、桂林馆、国
家馆、南京馆

04626

趣味小品（第 1 集）　吴铁声编译

外文题名：Short sketches

上海：竞文书局，1939.5，73 页，42 开

本书为幽默文选，内容包括：准时、交
互作用、感恩、救治方法等 40 部分。英汉对
照。

收藏单位：重庆馆、上海馆、西南大学馆

04627

全国学生英文成绩模范大全（第 2 集）　奚亚
夫　（美）倍根氏编纂

外文题名：The English composition models. book
II

上海：振业书局，1924.8，再版，295 页，32
开

收藏单位：贵州馆、河南馆

04628

仁爱的教育（原文 附译文注释）（意）
德·亚米契斯（Edmondo De Amicis）著　秦

瘦鸥译

外文题名：Heart a schoolboy's journal

上海：春江书局，1940.1，747 页，32 开

　　本书为日记体小说。华英对照，详细注释。书前有译者序言及作者小传。卷端题名：仁爱的教育（一个学生的日记）。

　　收藏单位：安徽馆、国家馆、首都馆

04629

仁爱的教育（原文 附译文注释）（意）

德·亚米契斯（Edmondo De Amicis）著　秦瘦鸥译

上海：三民图书公司，1947.3，新 1 版，747 页，32 开

　　本书为日记体小说。华英对照，详细注释。书前有译者序言及作者小传。卷端题名：仁爱的教育（一个学生的日记）。书名页题：上海春江书局印行。

　　收藏单位：河南馆

04630

人心兽语　王公蕃编注

外文题名：True and untrue

上海：中华书局，1917.1，54 页，46 开（小本英文说苑 5）

上海：中华书局，1935.2，18 版，54 页，46 开（小本英文说苑 5）

　　本书为英语读本。附国文注释。

　　收藏单位：广东馆

04631

日常生活法　英语周刊社编

外文题名：How to live on 24 hours a day

长沙：商务印书馆，1940.3，119 页，32 开（英语文库）

　　本书共 12 部分，内容包括：每日之奇事、人欲超过其事程表之愿望、开始前之预防、困恼之原因等。

　　收藏单位：贵州馆、国家馆

04632

日常英语阅读及会话　李儒勉编著

外文题名：Everyday English readings and conv-

ersations

上海：中华书局，1947.2，2 册（48+44 页），32 开

上海：中华书局，1948.4，再版，2 册（48+44 页），32 开

　　收藏单位：广东馆、国家馆、西南大学馆

04633

蕊中儿　陶士英编注

外文题名：Little thumb

上海：中华书局，1917.2，40 页，46 开（小本英文说苑 7）

上海：中华书局，1935.12，16 版，40 页，46 开（小本英文说苑 7）

　　本书为英语读本。附国文注释。

　　收藏单位：广东馆

04634

蕊中儿（汉文注释）　陶士英　张慎伯注释

上海：中华书局，1936.2，64 页，32 开（初中学生文库）

上海：中华书局，1936.10，再版，64 页，32 开（初中学生文库）

　　本书为英文读本。原书名：Little Thumb。

　　收藏单位：重庆馆、广西馆、黑龙江馆、江西馆、辽宁馆、上海馆、天津馆、浙江馆

04635

瑞士家庭鲁滨孙　张莘农编注

外文题名：The Swiss family Robinson

上海：中华书局，1916.5，121 页，32 开（初级英文丛书 3）

上海：中华书局，1924.4，6 版，121 页，32 开（初级英文丛书 3）

上海：中华书局，1933.10，10 版，121 页，32 开（初级英文丛书 3）

上海：中华书局，1935.6，121 页，32 开（初中学生文库）

上海：中华书局，1941.7，3 版，121 页，32 开（初中学生文库）

　　本书为改写本英文小说读本。1916 年版书名后加题：附国文释义；1935 年版书名前加题：汉文注释。

收藏单位：广西馆、国家馆、黑龙江馆、湖南馆、江西馆、内蒙古馆、上海馆、浙江馆

04636

三个播种者 （法）孟戴斯（Catulle Mendes）著 林兰译注

上海：北新书局，1931.7，99 页，32 开（英文小丛书）

本书为短篇小说集。收《三个播种者》《两枝雏菊》《致命的愿望》《跛天使》4 篇。英汉对照。书前有作者简介。著者原题：孟代。

收藏单位：广东馆、国家馆、湖南馆、江西馆、首都馆、天津馆、浙江馆

04637

三个陌生人 （英）哈代（Thomas Hardy）著 梁遇春译注

外文题名：The three strangers

上海：北新书局，1931.5，135 页，32 开（英文小丛书）

本书为英国短篇小说，英汉对照。卷首有作者介绍。

收藏单位：东北师大馆、国家馆、湖南馆、江西馆、上海馆、浙江馆

04638

三个金苹果（华文详注） （美）霍桑（Nathaniel Hawthorne）著 姚三恩注译

外文题名：The Three Golden Apples

上海：世界书局，1930.1，57 页，32 开（初学必读英文丛刊）

本书为英语读本，短篇小说。是十九世纪美国杰出的浪漫主义小说家纳斯尼尔·霍桑的一部少儿精品，霍桑的作品素以关注人的心灵状态而著称，他在写作《三个金苹果》时，时刻不忘有益于少年读者心灵的健康成长这一神圣目标。古老的希腊神话原来就为想像力的驰骋，为诸如勇敢、善良、不畏强暴、不怕困难、爱与同情等人类美好品质的展现提供了理想的广阔的舞台。

收藏单位：浙江馆

04639

三国志与西游记 嘉华 影清选注

外文题名：Romance of the three kingdoms and a mission to heaven

上海：北新书局，1931.6，265 页，32 开（英译中国文学选粹 第一辑）

本书节选三国志和西游记两书的部分内容编辑而成。其中三国志分 4 部分，西游记分 3 部分。英汉对照并附有注释。书前有小引。

收藏单位：北师大馆、重庆馆、国家馆

04640

三美姬（英汉对照） （美）伊尔文（Washington Irving）著 李犹龙译注

外文题名：The three beautiful princesses

上海：群益书社，1912.6，98 页，32 开，精装（青年英文学丛书 5）

本书为短篇小说，有注释。

收藏单位：国家馆、浙江馆

04641

三民主义英文读本 李培恩编纂

外文题名：Three principles English reader

上海：商务印书馆，1928.2，385 页，25 开

上海：商务印书馆，1929.9，7 版，385 页，25 开，精、平装

上海：商务印书馆，1930.2，14 版，385 页，25 开

上海：商务印书馆，1932.5，国难后 1 版，385 页，25 开

上海：商务印书馆，1932.6，国难后 2 版，385 页，25 开

上海：商务印书馆，1933.1，国难后 3 版，385 页，25 开

收藏单位：江西馆

04642

三姊妹 金问洙编注

外文题名：The three sisters

上海：中华书局，1916.10，34 页，46 开（小本英文说苑 2）

上海：中华书局，1935.12，22 版，34 页，46

开（小本英文说苑2）

广州：中华书局，1938.10，23版，34页，46开（小本英文说苑2）

　　本书为英语读本，短篇小说。附国文注释。

　　收藏单位：重庆馆、广西馆、国家馆、河南馆、江西馆、上海馆、绍兴馆、浙江馆

04643

三姊妹（汉文注释） 金问洙　王公蕃　庄则忠注释

外文题名：The three sisters

上海：中华书局，1936.2，69页，32开（初中学生文库）

昆明：中华书局，1941.2，4版，69页，32开（初中学生文库）

　　本书为英语读本，短篇小说。

　　收藏单位：重庆馆、国家馆、江西馆、上海馆、绍兴馆、浙江馆

04644

散文诗选 （法）波德莱尔著　石民译注

上海：北新书局，1931.3，2册（69+75页），32开（英文小丛书）

　　本书为英汉对照读物。分上下两册，各收散文诗11首。上册书前有"小引"，为作者简介。

　　收藏单位：重庆馆、国家馆、湖南馆、首都馆、西南大学馆、浙江馆

04645

沙场间的三个梦 （南非）席莱纳（Oliver Schreine）著　林兰译注

上海：北新书局，1931.5，123页，32开（英文小丛书）

　　本书收《猎夫》《欢乐的花园》《沙场间的三个梦》《生命的赠品》《艺术家的秘密》5篇短篇小说。英汉对照，有注释。书前有作者简介。

　　收藏单位：国家馆、吉林馆、上海馆、浙江馆

04646

莎乐美（英汉对照） （英）王尔德（Oscar Wilde）著　桂裕　徐名骥译

外文题名：Salome

上海：商务印书馆，1930，3版，140页，32开

　　收藏单位：广东馆

04647

莎士比亚时代抒情诗 （英）莎士比亚（William Shakespear）等著　（美）柳无忌选译

外文题名：Selected lyrics from Shakespeare and others

上海：大时代书局，1947.5，沪1版，10+114页，25开

　　本书为英汉对照读物。收莎士比亚等25人的抒情诗40余首。

　　收藏单位：重庆馆、湖南馆

04648

莎士比亚乐府纪略 邝富灼编纂

上海：商务印书馆，1919.9，[74]页，25开

上海：商务印书馆，1930.10，11版，74页，25开

　　本书为英语读本。

　　收藏单位：江西馆

04649

莎氏戏剧本事（汉文注释） （英）兰姆（Charles Lamb）（英）兰姆（Mary Lamb）著　桂来苏注释　沈问梅校阅

上海：中华书局，1929.4，316+54页，32开，精、平装（英文文学丛书1）

昆明：中华书局，1941.2，3版，316+54页，32开，精、平装（英文文学丛书1）

　　本书为英语读本。收录据莎士比亚戏剧情节改写的故事19篇。

　　收藏单位：吉林馆、上海馆

04650

莎氏乐府 （英）兰姆（Charles Lamb）著

外文题名：Lamb's stories from Shakespeare

上海：中华书局，1935.8，85页，32开（基本

英语文库）

本书为英语读本。收录据莎士比亚剧本改编的故事4篇，包括《威尼斯商人》等。

收藏单位：吉林馆

04651

莎氏乐府本事（汉译） 张哲民译

上海：明日书店，1934.2，306页，32开

本书是据莎士比亚剧本改编的故事集，内容包括：《风潮》《仲夏夜里的梦》《冬天的故事》《无为的烦恼》《如你所喜》等20篇。英汉对照读物。

04652

莎氏乐府本事（英汉对照）（英）兰姆（Charles Lamb）（英）兰姆（Mary Lamb）著 何一介译

外文题名：Tales from Shakespeare

上海：启明书局，1941.12，595页，36开

上海：启明书局，1948，3版，595页，36开

本书收录据莎士比亚剧本改编的故事20篇。书前有霭美的小引。对莎氏的创作及本书改编者作了简介。

收藏单位：广东馆、国家馆、湖南馆、首都馆、浙江馆

04653

莎氏乐府本事（英汉对照 正音注释） 力行教育研究社译注

外文题名：Tales from Shakespeare

重庆：新亚书店，1945.4，渝版，660页，36开

上海：新亚书店，1946.10，4版，660页，36开

本书收录据莎士比亚剧本改编的20篇故事。

收藏单位：重庆馆、国家馆

04654

莎氏乐府本事（原文 附汉文释义）（英）兰姆（Charles Lamb）（英）兰姆（Mary Lamb）原著 甘永龙注释 徐铣校订

外文题名：Tales from Shakespeare

上海：商务印书馆，1916.9，9版，339+39页，25开，精装

上海：商务印书馆，1919.10，14版，339+39页，25开，精装

上海：商务印书馆，1922.5，19版，339+39页，25开，精装

上海：商务印书馆，1927.4，24版，339+39页，25开，精装

上海：商务印书馆，1930.9，29版，339+39页，25开，精装

本书是据莎士比亚剧本改编的故事集。

收藏单位：广东馆、江西馆

04655

莎氏乐府本事（原文 附译文注释）（英）兰姆（Charles Lamb）（英）兰姆（Mary Lamb）改编 奚识之译注

外文题名：Tales from Shakespeare : with Chinese notes and translations

上海：春江书局，1930.10，678页，32开，精、平装（华英对照标准英文文学读本）

上海：春江书局，1933.1，3版，678页，32开，精、平装（华英对照标准英文文学读本）

上海：春江书局，1935.1，4版，678页，32开，精、平装（华英对照标准英文文学读本）

上海：春江书局，1936.1，5版，678页，32开，精、平装（华英对照标准英文文学读本）

上海：春江书局，1939.1，7版，678页，32开，精、平装（华汉对照标准英文文学读本）

上海：春江书局，1941.2，8版，678页，32开，精、平装（华汉对照标准英文文学读本）

本书收莎士比亚剧本改编的故事20篇。包括《暴风》《仲夏夜之梦》《冬天的故事》《无为的纷扰》《森林里的会集》《维罗那的两个青年》《威尼斯城的商人》《辛佩林》等。卷首有《莎士比亚小传》。由上海三民图书公司发行。封面加题：华英对照 详细注释。

收藏单位：国家馆、南京馆、上海馆、首都馆

04656

山中人 马润卿编注

外文题名：The man of the hill

上海：中华书局，1916.11，35 页，46 开（小本英文说苑 1）

上海：中华书局，1926.7，17 版，35 页，46 开（小本英文说苑 1）

上海：中华书局，1935，24 版，35 页，46 开（小本英文说苑 1）

广州：中华书局，1938.10，25 版，35 页，46 开（小本英文说苑 1）

本书为英语读本，附国文注释。

收藏单位：上海馆

04657

山中人（汉文注释）　马润卿注释

上海：中华书局，1936.2，64 页，32 开（初中学生文库）

上海：中华书局，1936，2 版，64 页，32 开（初中学生文库）

上海：中华书局，1941.7，4 版，64 页，32 开（初中学生文库）

本书为英语读本。

收藏单位：重庆馆、广东馆、广西馆、黑龙江馆、江西馆、辽宁馆、南京馆、内蒙古馆、上海馆、浙江馆

04658

伤逝（汉英对照）　鲁迅原著　陈立民英译

外文题名：Remorse

上海：世界英语编译社，1947.2，83 页，32 开

本书为英汉对照短篇小说读物。

收藏单位：东北师大馆、国家馆、上海馆、首都馆

04659

商业英文读本　余天韵编著　马润卿校阅

外文题名：Business English readers

上海：中华书局，1931.6—7，3 册，32 开

上海：中华书局，1936.12，3 版，3 册，32 开

上海：中华书局，1939，4 版，3 册，32 开

收藏单位：广东馆

04660

少年维特底烦恼　（德）歌德（Johann Woifgang

Goethe）作　古大綦译

外文题名：The sorrow of young Werther

重庆：复活书店，1947，92 叶，32 开

重庆：复活书店，1948.6，4 版，92 叶，32 开

本书为英汉对照读物。题名通译：少年维特的烦恼。

收藏单位：重庆馆、国家馆

04661

少年维特之烦恼　（德）歌德（Johann Woifgang Goethe）著　罗牧译注

上海：北新书局，1931.7，231 页，32 开，精装（世界文学名著丛书）

上海：北新书局，1932，再版，231 页，32 开，精装（世界文学名著丛书）

上海：北新书局，1934.8，4 版，231 页，32 开，精装（世界文学名著丛书）

上海：北新书局，1947.4，新 2 版，231 页，32 开（世界文学名著丛书）

本书为日记体长篇小说，英汉对照节译本。根据日本英文学社出版的英译本转译。题名通译：少年维特的烦恼。著者原题：哥德。

收藏单位：重庆馆、东北师大馆、广东馆、广西馆、国家馆、湖南馆、南京馆、上海馆、首都馆、浙江馆

04662

少年维特之烦恼　（德）歌德（Johann Woifgang Goethe）作　古大綦译

外文题名：The sorrow of young werther

重庆：大地图书公司，[1931—1949]，92 叶，32 开（大地英汉对照丛书）

本书题名通译：少年维特的烦恼。

收藏单位：重庆馆、贵州馆、国家馆

04663

少年维特之烦恼　（德）歌德（Johann Woifgang Goethe）著　古大綦译

重庆：文风书局，1949，1 册，32 开

本书为英汉对照长篇小说读物。题名通译：少年维特的烦恼。

收藏单位：重庆馆

04664

神曲的故事 Mary Macpherson 著 傅东华译述

外文题名：Divine comedy

上海：中国联合出版公司，1944.3，211 页，32 开

　本书据但丁长诗《神曲》的情节改编，共 13 章。内容包括：檀德和媲阿屈里斯、檀德之放逐、檀德的梦旅等。英汉对照。前有译者作"引言"。

　收藏单位：上海馆

04665

生火 （美）杰克·伦敦（Jack London）著 傅东华译注

外文题名：To build a fire

上海：北新书局，1931.8，103 页，40 开（英文小丛书）

　本书为短篇小说，英汉对照。书前有对著者的介绍。

　收藏单位：重庆馆、国家馆、吉林馆、南京馆、上海馆、首都馆、浙江馆

04666

生命之复活 李唯建著

上海：中华书局，1934，100 页，32 开，精装

　本书为英语读本，散文诗。

04667

圣经故事 （美）奥格登（Charles Kay Ogden）译

外文题名：Stories from the Bible

上海：中华书局，1935.8，105 页，32 开（基本英语文库）

　本书为英语读本。

　收藏单位：吉林馆、上海馆

04668

失恋复恋 （美）德莱塞（Theodore Dreiser）著 傅东华译注

外文题名：The second choice

上海：中华书局，1935.3，173 页，32 开（英汉对照文学丛书）

上海：中华书局，1940.5，昆明再版，173 页，32 开（英汉对照文学丛书）

　本书为英汉对照读物。收《失恋复恋》《老夫老妻》两篇短篇小说。前有译者序，对原著者进行介绍。

　收藏单位：重庆馆、东北师大馆、广东馆、辽大馆、上海馆、浙江馆

04669

诗经（中英对照） （英）莱杰（James Legge）译

上海：商务印书馆，[1911—1949]，476 页，32 开，精装

　本书选译《国风》《小雅》《大雅》《周颂》等篇。

　收藏单位：贵州馆

04670

诗经楚辞古诗唐诗选 石民编

上海：北新书局，1933.10，231 页，32 开

　本书英译文为英国 H. A. Giles 和 A. Waley 及日本小烟薰良所译。汉英对照编排。

　收藏单位：上海馆、首都馆、西南大学馆、中科图

04671

诗人的手提包 （英）吉辛（George Robert Gissing）著 梁遇春译注

外文题名：The poet's portmanteau

上海：北新书局，1931.3，77 页，32 开（英文小丛书）

　本书为英汉对照短篇小说。书前有作者传略。

　收藏单位：国家馆、吉林馆

04672

十日谈 （意）薄伽丘（Giovanni Boccaccio）著 伍光建选译

外文题名：The decamerom

上海：商务印书馆，1936.1，44 页，32 开（英汉对照名家小说选 2）

　本书为短篇小说选译。书前有作者传略和作者的介绍文。著者原题：卜克吉奥。

收藏单位：广东馆、国家馆、吉大馆、吉林馆、南京馆、首都馆

04673

时代英文读本　上海市补习教育协会研究部主编　黄穉澜　胡铁吾编著

外文题名：Epochal English readers

上海：世界书局，1946.2，新2版，5册，32开

本书全5册。书前有序及编辑大意。

收藏单位：国家馆

04674

时事文选（中英文对照）

外 文 题 名：An anthology of essays on current events

重庆：侨声书店，[1941—1949]，32页，16开

收藏单位：重庆馆、国家馆

04675

时事译读　夏孙桂编辑

外文题名：Current readings

上海：时事译读社，1938，[200]页，32开

本书为《时事译读》第1卷的合订本。共包含6期，每期内容不同，涉及时事、中苏不侵犯条约、蒋夫人向美广播等。附中文注释。

04676

史乘节录　英语周刊社编

外文题名：Short sketches from history

长沙：商务印书馆，1940.3，2册（123+255页），32开（英语文库）

本书为英汉对照读物，有注释。

收藏单位：贵州馆、国家馆

04677

史达林与朱可夫（英汉对照）（美）劳台巴赫（Richard E. Lauterbach）著　朱葆光　孙少礼译

外文题名：Stalin and Zhukov

北平：中外出版社，1945.7，73页，32开

北平：中外出版社，1945.9，再版，73页，32开

北平：中外出版社，1946.5，平版，73页，32开

本书为英汉对照读物，内容为斯大林、朱可夫的传略。

收藏单位：重庆馆、东北师大馆、国家馆、吉林馆、辽大馆、首都馆

04678

世界民间故事集（英汉对照）　桂裕编译

外文题名：Tales of different nations

长沙：商务印书馆，1938.7，155页，32开

本书为英汉对照读物，有注释。

收藏单位：国家馆

04679

世界名言集（中英对照）　沙夫编

外文题名：The world useful quotation

重庆：业余读物出版社，[1943]，69页，32开

本书分智识、勤劳、努力、谦逊等16类，选编世界名人格言。

收藏单位：国家馆、内蒙古馆

04680

手　萧红著　任玲逊英译

上海：世界英语编译社，1947.2，71页，32开

本书为英汉对照短篇小说。

收藏单位：吉大馆、宁夏馆、首都馆

04681

手　萧红著　任玲逊英译

桂林：远方书店，1943.5，71页，40开（英汉对照文艺丛书）

收藏单位：重庆馆、贵州馆、桂林馆、国家馆、南京馆、西南大学馆

04682

述异记（英汉合注）（美）霍桑（Nathaniel Hawthorne）著　（美）W. Vernon Doherty　B. Shen注释　马润卿校阅

外文题名：A wonder book and tanglewood tales

上海：中华书局，1931.1，340+81 页，32 开，精、平装（英文文学丛书 7）

本书为英语读本。是 *A Wonder Book* 和 *Tanglewood Tales* 两书的合刊，前者为中篇儿童小说，后者为短篇故事集。

收藏单位：吉林馆、西南大学馆

04683

双城记 （英）狄更斯（Charles Dickens）著 奚识之译注

外文题名：A tale of two cities

上海：三民图书公司，1934，2 册（1041 页），32 开

上海：三民图书公司，1947.2，新 1 版，2 册（1041 页），32 开

本书为长篇小说。英汉对照，有详细注释。著者原题：迭更斯。

收藏单位：重庆馆、国家馆、河南馆、湖南馆、上海馆、首都馆、天津馆

04684

水孩子 （英）金斯利（Charles Kingsley）著 王实味译注

外文题名：The Water-Babies

上海：中华书局，1935.7，208 页，32 开（英汉对照文学丛书）

本书共 7 部分，讲述了一个男孩怎样成为一个男子汉的故事。根据 Amy Steedman 的改本译注。书前有序。著者原题：金斯莱。

收藏单位：北师大馆、贵州馆、上海馆

04685

死的得胜 （意）邓南遮（Gabriele D'Annunzio）著 伍光建选译

外文题名：The triumph of death

上海：商务印书馆，1936.3，54 页，32 开（英汉对照名家小说选 2）

本书为英汉对照读物。原长篇小说部分章节的选译本。书前有作者传略。著者原题：但农吉奥。

收藏单位：国家馆、首都馆、天津馆

04686

死的控诉（独幕剧杰作） （英）高尔斯华绥（John Galsworthy）著 史其华译注

外文题名：The first and the last

上海：现代外国语文出版社，1948.1，91 页，32 开（现代英语自学丛书 8）

本书为英汉对照独幕剧。译者译成中文时曾参照宫森麻太朗的日译本。

收藏单位：广东馆、国家馆、南京馆

04687

速成英文读本 杨锦森编辑

外文题名：A rapid course in every-day English

上海：中华书局，1917.5，152 页，32 开

上海：中华书局，1934.3，14 版，150 页，32 开

本书前半册详述文法要点，后半册着重谈话、书札中的种种程式。共 48 课，每课后附翻译及会话练习。

收藏单位：河南馆、辽宁馆

04688

孙子兵法 （英）齐尔士译

外文题名：Sun Tzu the art of war

重庆：南方印书馆，1945.4，59 叶，32 开（兵法英华）

本书为中英对照本。前有引言，对孙子及《孙子兵法》做简要介绍。

收藏单位：广东馆、国家馆、宁夏馆

04689

孙子兵法 郑麐编译

外文题名：The art of war

上海：世界书局，1946.11，[60] 页，18 开（英译先秦群经诸子丛书）（世界学院中国学典馆丛书）

本书为《孙子兵法》的对照英译本，前为原文，后为英译文。书前有杨家骆序，介绍了孙子的年代及《孙子兵法》的流传始末及考证。

收藏单位：重庆馆、广东馆、广西馆、国家馆、内蒙古馆、上海馆、浙江馆

04690

所罗门王的宝窟 （英）哈格德（H. Rider Haggard）著 （英）维斯特（Michael West）重述

外文题名：King Solomon's mines

上海：中华书局，1937.1，141 页，32 开（韦氏英文补助读本 8）

本书为英国中篇冒险小说。书前有张梦麟序。英文读本。著者原题：哈葛德。

04691

泰谷尔的苦行者（英汉对照）（印）泰戈尔（Rabindranath Tagor）原著 方乐天译述

外文题名：Tagore's sanyasi

上海：商务印书馆，1936.1，[116] 页，32 开

上海：商务印书馆，1937，再版，[116] 页，32 开

本书收《苦行者》《麦伶俐》两篇诗剧。著者原题：泰谷尔。

收藏单位：重庆馆、广东馆、国家馆、湖南馆、西南大学馆、浙江馆

04692

泰谷儿小说（英汉合璧 第一辑 上册）（印）泰戈尔（Rabindranath Tagor）著 王靖译

外文题名：Postmaster and other stories

上海：泰东图书局，1920.10，108 页，24 开

本书为印度短篇小说集。收《邮政长》《喜兆》《尊严之夜》《命运》《河阶》《芳邻》6 篇。后附黄玄的《太谷儿传》。逐页题名：汉译泰谷儿小说。著者原题：泰谷儿。

收藏单位：国家馆、上海馆、首都馆

04693

泰丕 （美）米勒维（Herman Melville）原著 伍光建选译

外文题名：Typee

上海：商务印书馆，1934.9，[110] 页，32 开（英汉对照名家小说选）

上海：商务印书馆，1934.10，再版，[110] 页，32 开（英汉对照名家小说选）

上海：商务印书馆，1934.11，3 版，[110] 页，32 开（英汉对照名家小说选）

本书为原长篇小说的节译本。书前有作者传略。

收藏单位：广东馆、国家馆、河南馆、黑龙江馆、吉林馆、辽大馆、南京馆、内蒙古馆、上海馆、绍兴馆、首都馆、天津馆、浙江馆

04694

泰西名人文选

外文题名：Specimens of modern English prose

上海：商务印书馆，1926，118 页，42 开（学生用英文学丛刻）

收藏单位：广东馆

04695

泰西三十轶事（英汉对照）（美）鲍德温（James Baldwin）著 黄深译述

外文题名：Thirty more famous stories retold

上海：启明书局，1948.4，3 版，369 页，25 开

收藏单位：江西馆、绍兴馆

04696

泰西三十轶事（英汉对照）（美）鲍德温（James Baldwin）著 周树培译注 严独鹤 严畹滋增订

外文题名：Thirty more famous stories retold

上海：世界书局，1926.10，410+34 页，32 开

上海：世界书局，1929.5，再版，410+34 页，32 开

上海：世界书局，1931，3 版，410+34 页，32 开

上海：世界书局，1932.11，5 版，410+34 页，32 开

上海：世界书局，1944，新 1 版，410+34 页，32 开

本书收故事 30 篇。附译文注释。

收藏单位：广东馆、河南馆、江西馆、绍兴馆、首都馆

04697

泰西三十轶事（英汉对照 正音注释） 力行教育研究社译注

上海：新亚书店，1941.5，346 页，32 开

本书为西洋历史故事、名人轶事、童话、寓言集，收《哥伦布和鸡蛋》《在达连山的顶峰》《青春之泉》《伽利略和灯》《艾萨克·牛顿先生和苹果》等30篇。

收藏单位：重庆馆、广东馆、贵州馆、浙江馆

04698

泰西三十轶事（原文 附译文注释）（美）鲍德温（James Baldwin）著 奚识之 秦瘦鸥译注

外文题名：Thirty more famous stories retold

上海：三民图书公司，1935.1，407页，32开（华英对照标准英文文学读本）

上海：三民图书公司，1936.1，再版，407页，32开（华英对照标准英文文学读本）

上海：三民图书公司，1937，3版，407页，32开（华英对照标准英文文学读本）

上海：三民图书公司，1940，4版，407页，32开（华英对照标准英文文学读本）

本书收故事30篇。封面加题：华英对照详细注释。

收藏单位：重庆馆、广东馆、国家馆、南京馆、上海馆、首都馆

04699

泰西四十轶事（英汉对照） 何澄波译

外文题名：Forty famous stories retold

上海：启明书局，1947.5，167页，32开

上海：启明书局，1948.3，2版，167页，32开

收藏单位：广东馆、南京馆

04700

泰西五十轶事（美）鲍德温（James Baldwin）著

外文题名：Fifty famous stories retold

上海：中华书局，1922.5，164页，32开

上海：中华书局，1923.5，5版，164页，32开

本书为英语读本，短篇故事集。

收藏单位：辽大馆、绍兴馆

04701

泰西五十轶事（华英对照 详细注释）（美）

鲍德温（James Baldwin）著

上海：时代英文图书公司，[1942.12]，301页，32开

本书内容包含《亚勒弗烈王与面饼》等50个小故事。书前有夏晋麟作序言。著者原题：鲍尔温。出版年据书前序言写作时间推断。

收藏单位：首都馆

04702

泰西五十轶事（英汉对照）（美）鲍德温（James Baldwin）著

外文题名：Fifty famous stories retold

上海：启明书局，1939.12，281页，36开

上海：启明书局，1940.5，再版，281页，36开

上海：启明书局，1947.8，3版，281页，36开

上海：启明书局，1948，[4版]，281页，36开

本书著者原题：鲍尔温。

收藏单位：重庆馆、广东馆、绍兴馆、首都馆

04703

泰西五十轶事（英汉对照）（美）鲍德温（James Baldwin）著 丁宝钧译

外文题名：Fifty famous stories retold

上海：世界书局，1924.2，284页，32开

上海：世界书局，1927，再版，284页，32开

上海：世界书局，1936.4，9版，284页，32开

上海：世界书局，1937.10，10版，284页，32开

本书著者原题：鲍尔温。

收藏单位：安徽馆、北师大馆、广东馆、首都馆

04704

泰西五十轶事（英汉对照 正音注释）（美）鲍德温（James Baldwin）著 力行教育研究社译注

外文题名：Fifty famous stories retold

上海：新亚书店，1940，264页，36开

上海：新亚书店，1942，再版，264 页，36 开

上海：新亚书店，1945.2，再版，264 页，36 开

上海：新亚书店，1946.10，再版，264 页，36 开

本书收短篇故事 50 篇。有注释。

收藏单位：重庆馆、广东馆、湖南馆、南京馆、西南大学馆

04705

泰西五十轶事（原文 附译文注释）（美）鲍德温（James Baldwin）著　奚识之　秦瘦鸥译注

外文题名：Fifty famous stories retold

上海：春江书局，1941，5 版，301 页，32 开（华英对照标准英文文学读本）

上海：春江书局，1942，6 版，301 页，32 开（华英对照标准英文文学读本）

本书收故事 50 篇。封面加题：华英对照详细注释。

收藏单位：广东馆、首都馆

04706

泰西五十轶事（原文 附译文注释）（美）鲍德温（James Baldwin）著　奚识之　秦瘦鸥译注

外文题名：Fifty famous stories retold

上海：三民图书公司，1935，301 页，32 开（华英对照标准英文文学读本）

上海：三民图书公司，1936.2，再版，301 页，32 开（华英对照标准英文文学读本）

上海：三民图书公司，1943，3 版，301 页，32 开（华英对照标准英文文学读本）

本书收故事 50 篇。书前有夏晋麟作序。封面加题：华英对照 详细注释。

收藏单位：国家馆、河南馆、首都馆、浙江馆

04707

唐吉诃德（汉文注释）　桂慈注释

上海：中华书局，1935.6，148 页，32 开（初中学生文库）

上海：中华书局，1941.7，昆明 3 版，148 页，

32 开（初中学生文库）

本书为英语读本，由 W.M.Thackeray 据西班牙塞万提斯的长篇小说改写。

收藏单位：大庆馆、广西馆、湖南馆、吉林馆、江西馆、辽大馆、辽宁馆、南京馆、内蒙古馆、天津馆、浙江馆

04708

天方夜谈　Martha A. L. Lane 译述　樊仲云注释

外文题名：The Arabian nights' entertainments

上海：中华书局，1929.12，264 页，32 开，精、平装（英文文学丛书 4）

上海：中华书局，1932.9，3 版，264 页，32 开，精、平装（英文文学丛书 4）

本书为英语读本，书末附中文注释。收英文译述《天方夜谈》的故事 20 多篇。题名通译：天方夜谭。

收藏单位：吉林馆、辽宁馆、上海馆

04709

天方夜谭（华文详注）　林汉达注释

外文题名：The Arabian nights' entertainments

上海：世界书局，1932.6，235 页，32 开

上海：世界书局，1944，新 1 版，235 页，32 开

收藏单位：广东馆

04710

天方夜谭（英汉对照）

上海：启明书局，1939.12，479 页，36 开

上海：启明书局，1947.4，3 版，479 页，36 开

本书收《这故事怎样发生的》《渔翁和妖魔》《魔马的故事》《王子阿米德故事》《致富奇谈》等阿拉伯民间故事 13 篇。附汉文注释。

收藏单位：广东馆

04711

天方夜谭（英汉对照 正音注释）　力行教育研究社译注

外文题名：Stories from the Arabian nights

桂林：新亚书店，1942.10，2 版，388 页，32

开

本书为阿拉伯民间故事集，即《一千零一夜》。收《渔翁和妖魔》《王子阿米拉的故事》《亨生老爷的故事》等。

收藏单位：重庆馆、广东馆

04712

天方夜谭（原文 附译文注释） 奚识之译注

外文题名：Stories from the Arabian nights

上海：春江书局，1931.4，388 页，32 开

上海：春江书局，1937.1，6 版，388 页，32 开

上海：春江书局，1946，10 版，388 页，32 开

本书为阿拉伯民间故事集。版权页加题：英华对照 译文注释。

收藏单位：重庆馆、广东馆、黑龙江馆、湖南馆、江西馆、首都馆、浙江馆

04713

天方夜谈别集 卡提巴（H. I. Katibath）著 桂绍盱注释

外文题名：Selections from other Arabian nights

上海：中华书局，1933.3，131 页，32 开（初级英文丛书 12）

上海：中华书局，1934.4，再版，131 页，32 开（初级英文丛书 12）

本书为英语读本，附中文注释。收《他给自己买了一名妻子》《一个聪明的父亲》《阿布脱鞋》《幸运者》《贪婪的商人》等阿拉伯民间故事。天方夜谈，通译：天方夜谭。

收藏单位：上海馆

04714

天方夜谈别集（汉文注释） 卡提巴（H. I. Katibath）著 桂绍盱注释

外文题名：Selections from other Arabian nights

上海：中华书局，1935.6，118 页，32 开（初中学生文库）

上海：中华书局，1940，再版，118 页，32 开（初中学生文库）

昆明：中华书局，1941.1，3 版，118 页，32 开（初中学生文库）

收藏单位：重庆馆、广西馆、黑龙江馆、江西馆、南京馆、上海馆、天津馆、浙江馆

04715

天文学概论 萨尔塞多（S. L. Salzedo）著 基本英语研究会译

上海：中华书局，1936.7，75 页，32 开（基本英语文库）

本书为英语读本。

收藏单位：北师大馆、吉林馆、上海馆、浙江馆

04716

天下一家 （美）威尔基（Wendell L. Willkie）著 唯明摘译

外文题名：One world

上海：联益出版社，1948.6，沪 2 版，91 页，36 开（英汉对照丛书）

原书系第二次世界大战时的时事评论，本书摘译其中的第 6、11、12、14 章。

收藏单位：广东馆

04717

天下一家（摘译对照本） （美）威尔基（Wendell L. Willkie）著 唯明译

外文题名：One world

重庆：万光书局，1944.7，91 页，32 开（英汉对照丛书 时事读物 第一辑）

重庆：万光书局，1944，再版，91 页，32 开（英汉对照丛书 时事读物 第一辑）

重庆：万光书局，1945.7，3 版，91 页，32 开（英汉对照丛书 时事读物 第一辑）

广州：万光书局，1946.11，粤 1 版，91 页，32 开（英汉对照丛书 时事读物 第一辑）

收藏单位：重庆馆、广东馆、江西馆、西南大学馆

04718

天性的研究（汉英对照） （英）科沃德（Noel Coward）著 柳无垢译

外文题名：Nature study

桂林：文化供应社，1943.8，62 页，32 开（英汉对照小丛书）

本书为汉英对照短篇小说。

收藏单位：重庆馆、广东馆、广西馆、国家馆、湖南馆、吉林馆

04719

铁蒂姨母（英汉对照） （英）科沃德（Noel Coward）著 柳无垢译

外文题名：Aunt Tittie

桂林：文化供应社，1943.9，86 页，32 开（英汉对照小丛书）

上海[等]：文化供应社，1948.8，新 1 版，86 页，32 开（英汉对照小丛书）

本书为英汉对照短篇小说。出版地还有：香港、广州、桂林。

收藏单位：重庆馆、广东馆、广西馆、桂林馆、国家馆、南京馆、西南大学馆

04720

童话集 （英）维斯特（Michael West）英译

外文题名：Seven famous fairy tales

上海：中华书局，1935.7，103 页，32 开（韦氏英文补助读本 2）

本书著者原题：威斯特。

04721

托尔斯泰短篇小说 （俄）列·托尔斯泰（Leo Tolstoy）著 伍光建选译

外文题名：L.tolstoy's short tales

上海：商务印书馆，1936.3，114 页，32 开（英汉对照名家小说选 2）

本书收《冤狱》《在高加索的一个俘虏》《小鬼和干面包皮》《工作、死亡与疾病》4 篇。书前有作者传略。

收藏单位：国家馆、南京馆、天津馆

04722

托尔斯泰短篇小说选（英汉对照） （俄）列·托尔斯泰（Leo Tolstoy）著 高殿森译注

外文题名：Selected short stories of Tolstoy

重庆：正风出版社，1945.9，253 页，32 开（正风英汉对照丛书）

上海、南京、重庆：正风出版社，1948.1，再版，253 页，32 开（正风英汉对照丛书）

本书收《天网恢恢疏而不漏》《像鸡蛋大的一颗谷粒》《苏莱特的咖啡店》《伊莱阿斯》《太贵了》《上帝与爱俱在》等 10 篇。书前冠序及托尔斯泰小传各一篇。

收藏单位：重庆馆、吉林馆、南京馆、首都馆、西南大学馆

04723

托尔斯泰短篇轶事集（中文注释） （俄）列·托尔斯泰（Leo Tolstoy）著 樊兆庚注释

外文题名：Twenty-three tales

上海：中华书局，1935.10，320 页，32 开，精、平装（英文文学丛书 14）

本书为英语读本。收俄国短篇故事 23 篇。英译者为：Aylmer maude 夫妇。

收藏单位：吉林馆、上海馆

04724

妥木琐耶尔的冒险事 （美）马克·吐温（Mark Twain）著 伍光建选译

外文题名：The adventures of Tom Sawyer

上海：商务印书馆，1934.6，[98] 页，32 开（英汉对照名家小说选）

本书为长篇小说节译本。书前有译者所做作者传略。题名通译：汤姆·索亚历险记。著者原题：克勒门兹（Samuel L. Clemens）。

收藏单位：安徽馆、广东馆、贵州馆、国家馆、黑龙江馆、辽大馆、辽宁馆、南京馆、上海馆、绍兴馆、首都馆、天津馆

04725

妥木宗斯 （英）菲尔丁（Henry Fielding）著 伍光建选译

外文题名：The history of Tom Jones (a foundling)

上海：商务印书馆，1934.7，[92] 页，32 开（英汉对照名家小说选）

上海：商务印书馆，1934.8，再版，[92] 页，32 开（英汉对照名家小说选）

上海：商务印书馆，1934，3 版，[92] 页，32 开（英汉对照名家小说选）

本书为长篇小说节译本。书前有著者传略。著者原题：斐勒丁。

收藏单位：广东馆、国家馆、河南馆、黑龙江馆、辽大馆、南京馆、上海馆、绍兴馆、首都馆、浙江馆

04726

网球王　胡宪生译注　钱智修校订

上海：商务印书馆，1919，2 册（193 页），42 开（英汉合璧小说丛刊 8）

上海：商务印书馆，1929，再版，2 册（193 页），42 开（英汉合璧小说丛刊 8）

　　本书为英汉对照读物，有注释。

　　收藏单位：广东馆、河南馆、湖南馆

04727

威克斐牧师传　（爱尔兰）哥尔德斯密斯（Oliver Goldsmith）著　葛宗起注释

外文题名：The vicar of Wakefield

上海：中华书局，1933.2，236 页，32 开，精、平装（英文文学丛书 9）

上海：中华书局，1947.10，再版，236 页，32 开，精、平装（英文文学丛书 9）

　　本书为英语读本。附注释。

　　收藏单位：吉林馆、上海馆

04728

威克斐牧师传　秦瘦鸥编译

外文题名：Vicar of Wakefield

上海：三明图书公司，1937.1，421 页，32 开

　　本书为英汉对照读物，附译文注释。书前有哥尔斯密奥李夫小传。封面加题：华英对照 详细注释。

　　收藏单位：国家馆

04729

威克斐牧师传（英汉对照）（爱尔兰）哥尔德斯密斯（Oliver Goldsmith）著　唐长儒译述

上海：启明书局，1948，3 版，401 页，36 开

　　本书著者原题：高尔斯蜜斯。

　　收藏单位：首都馆

04730

威廉的修业年代　（德）歌德（Johann Woifgang Goethe）著　伍蠡甫译

外文题名：Wilhelm Meister's apprenticeship

上海：黎明书局，1933.5，23+49 页，32 开（英汉对照西洋文学名著译丛 3）

上海：黎明书局，1937.6，再版，23+49 页，32 开（英汉对照西洋文学名著译丛 3）

　　本书为长篇小说部分章节选译本。共 4 节：在途中、死者的传信、威廉的修业年代、违反理性的心。据英译本转译。书前有译者序。

　　收藏单位：东北师大馆、国家馆、河南馆、湖南馆、江西馆、南京馆、上海馆、浙江馆

04731

维廉迈斯特　（德）歌德（Johann Woifgang Goethe）著　伍光建选译

外文题名：Wilhelm meister

上海：商务印书馆，1936.1，[102] 页，32 开（英汉对照名家小说选 2）

上海：商务印书馆，1936.2，再版，[102] 页，32 开（英汉对照名家小说选 2）

　　本书选译原书的第 6 卷"一个女圣贤的自状"。据英译本转译。书前有译者写的作者传略。著者原题：哥德。

　　收藏单位：重庆馆、广东馆、国家馆、河南馆、辽大馆、辽宁馆、南京馆、上海馆、绍兴馆、天津馆、西南大学馆

04732

威匿思商人　（英）莎士比亚（William Shakespear）编纂　沈宝善注释

上海：商务印书馆，1933.11，146 页，32 开

　　本书为英文读本，有中文注释。题名通译：威尼斯商人。

　　收藏单位：南京馆

04733

威匿思商人　张莘农编注

外文题名：The merchant of Venice

上海：中华书局，1916.11，92 页，32 开（初级英文丛书 4）

上海：中华书局，1928.12，15 版，92 页，32 开（初级英文丛书 4）

上海：中华书局，1933.10，19 版，92 页，32 开（初级英文丛书 4）

上海：中华书局，1940.11，20 版，92 页，32

开（初级英文丛书 4）

本书为英语读本，附国文释义。据莎士比亚同名剧本改写的小说。题名通译：威尼斯商人。

收藏单位：吉大馆

04734

威匿思商人（汉文注释） 张莘农注释
外文题名：The merchant of Venice
上海：中华书局，1935.6，70 页，32 开（初中学生文库）
上海：中华书局，1936.10，再版，70 页，32 开（初中学生文库）
上海：中华书局，1941，4 版，70 页，32 开（初中学生文库）

本书为英语读本。据莎士比亚同名剧本改写的小说。题名通译：威尼斯商人。

收藏单位：重庆馆、广西馆、国家馆、黑龙江馆、江西馆、内蒙古馆

04735

为奴隶的母亲 柔石原著 （美）斯诺（Edgar Snow）英译
香港：齿轮编译社，1941.5，97 页，32 开（汉英对照文艺丛刊）

本书为汉英对照短篇小说。译者原题：爱特伽·斯诺。

收藏单位：广东馆、国家馆

04736

为奴隶的母亲 柔石原著 （美）斯诺（Edgar Snow）英译 柳无垢编注
外文题名：Slave mother
桂林：远方书店，1943.4，97 页，32 开（汉英对照文艺丛刊）

本书为汉英对照短篇小说。封面、版权页丛书名：英汉对照文艺丛书。译者原题：史诺。

收藏单位：贵州馆、国家馆、吉大馆、西南大学馆、浙江馆

04737

为奴隶的母亲（汉英对照） 柔石原著 （美）斯诺（Edgar Snow）英译
外文题名：Slave mother
上海：世界英语编译社，1947.2，97 页，32 开

本书译者原题：史诺。

收藏单位：东北师大馆、国家馆、辽宁馆、上海馆

04738

韦氏英文读本（第 4-7 册） （英）维斯特（Michael West）编
外文题名：The new method readers
上海：中华书局，1939，4 册（[808] 页），32 开

04739

韦氏英文读本练习书（第 5 册） （英）维斯特（Michael West）原编 张梦麟改订
昆明：中华书局，1939.10，64 页，32 开

收藏单位：广东馆

04740

伟里市商人 （英）兰姆（Charles Lamb）改编 周砥译注
外文题名：The merchant of venice
上海：群益书社，1911，58 页，32 开，精装（青年英文学丛书 4）
上海：群益书社，1923，再版，58 页，32 开，精装（青年英文学丛书 4）

本书为短篇故事。原文选自改编者的《莎氏乐府本事》。英汉对照含注释。题名通译：威尼斯商人。

收藏单位：浙江馆

04741

文鉴
出版者不详，[1911—1949]，128 页，32 开

本书为英汉对照读物。

收藏单位：广东馆

04742

文学家事略 英语周刊社编
外文题名：Stories of men of letters
长沙：商务印书馆，1940.3，96 页，32 开（英

语文库）

长沙：商务印书馆，1941.2，再版，96 页，32
开（英语文库）

本书为英语读本。收英语短文 50 篇。有
中文注释。

收藏单位：贵州馆、国家馆

04743

文学家传记选 袁嘉华译注

外文题名：Lives of some great artists

上海：北新书局，1931.5，339 页，32 开，精
装（自修英文丛书）

本书分 7 部分，内容包括：法律博士萨谟
欧耳蒋生传、夏绿蒂白朗斗传、许雷传、诗
歌与真理、忏悔录、回忆录等。英汉对照，
有注释。

收藏单位：东北师大馆、国家馆、南京
馆、绍兴馆、浙江馆

04744

文学因缘（汉英对照 卷一） 苏曼殊译

外文题名：Chinese-English poetry

东京：齐民社，[1910—1929]，68 页，横 25
开

本书为英译中外古诗集。

收藏单位：国家馆、南京馆

04745

文学与诗歌（汉英对照 翻译类纂） 张则之编
译

外文题名：Literature and poems

北平：文化学社，1932.6，310 页，25 开

本书为英译中国古诗文，分文学与诗歌
两部分。供学习英语者阅读。

收藏单位：辽宁馆、首都馆

04746

文艺谭 （日）小泉八云著 石民译注

外文题名：Talks to writers

上海：北新书局，1930.12，281 页，32 开，精
装（自修英文丛刊）

上海：北新书局，1931，再版，281 页，32
开，精装（自修英文丛刊）

本书为英汉对照读物。收《论生活和性
格对于文学的关系》《论创作》《论读书》《略
论文学团体之滥用与利用》4 篇论文。书前有
译者弁言。

收藏单位：重庆馆、东北师大馆、贵州
馆、国家馆、上海馆、天津馆

04747

我叫阿拉木 （美）萨罗扬（William Saroyan）
著 吕叔湘译注

外文题名：My name is Aram

上海：开明书店，1947.3，106 页，32 开（详
注现代英文丛刊 甲辑 1）

上海：开明书店，1948.4，再版，106 页，36
开（详注现代英文丛刊 甲辑 1）

本书为英汉对照读物。收《漂亮的白马》
《马戏》《三十八号火车头》《经验之谈》4 篇
英文文章。附译文及中文注释。

收藏单位：东北师大馆、吉林馆、辽宁
馆、南京馆、浙江馆

04748

我叫阿拉木 （美）萨罗扬（William Saroyan）
著 吕叔湘注释

外文题名：My name is Aram

上海：开明书店，1947.3，74 页，32 开（详
注现代英文丛刊 甲辑 1）

本书为英文读物。收《漂亮的白马》《马
戏》《三十八号火车头》《经验之谈》4 篇英文
文章。书后附中文注释。

收藏单位：浙江馆

04749

我们的乡村 （英）米特福德（Mary Russell
Mitford）著 梁遇春译注

外文题名：Our village

上海：北新书局，1931.5，125 页，32 开（英
文小丛书）

本书为英汉对照读物。收《老游民》《年
青的游民》《落叶》3 篇，均自《我们的乡村》
一书中选译。书前有作者简介。

收藏单位：北师大馆、国家馆、南京馆、
首都馆、天津馆、浙江馆

04750

沃兹沃斯名诗三篇（英汉对照）（英）华兹华斯（William Wordsworth）著 张则之 李香谷译

外文题名：Three famous poems(juvenile pieces) of the poetical works of William Wordsworth

上海：商务印书馆，1936.11，[11]+[62] 页，32 开

本书收《夕游》《写景》《飘零女》3 篇诗作。书前有《沃兹沃斯名诗三篇述义》、译者自序、丛译诗话、沃兹沃斯传略。书后附《沃兹沃斯诗集第一编序者跋》。著者原题：沃兹沃斯。

收藏单位：广东馆、贵州馆、国家馆、浙江馆

04751

沃兹沃斯诗集（英汉合璧）（英）华兹华斯（William Wordsworth）著 张则之 李香谷译

北平：建设图书馆，1932.5，102+10 页，32 开

本书收英诗 16 首。书末附作者传略及译者跋、勘误表。著者原题：沃兹沃斯。

收藏单位：国家馆

04752

无人殿 程承祖注释

外文题名：Beauty and the beast

上海：中华书局，1930.1，53 页，46 开（小本英文说苑 12）

上海：中华书局，1935.8，3 版，53 页，46 开（小本英文说苑 12）

本书为英文读本。附国文注释。

收藏单位：广东馆、广西馆、上海馆

04753

舞女 （英）高尔斯华绥（John Galsworthy）著 钱歌川译注

外文题名：Salta pro nobis

上海：中华书局，1936.9，187 页，32 开（英汉对照文学丛书）

上海：中华书局，1940，2 版，187 页，32 开（英汉对照文学丛书）

昆明：中华书局，1940.10，再版，187 页，32 开（英汉对照文学丛书）

本书为英汉对照短篇小说集。收《重游》《败北》《特质》《舞女》4 篇。书前有 Santa Lucia 歌谱及译者所作序。

收藏单位：北师大馆、国家馆、上海馆、浙江馆

04754

勿雷岛居小传 J. F. Dwyer 著 胡宪生译述

外文题名：The man who fought a battleship

上海：商务印书馆，1918.8，107 页，50 开（英汉合璧小说丛刊 2）

上海：商务印书馆，1919.1，再版，107 页，50 开（英汉合璧小说丛刊 2）

上海：商务印书馆，1926，5 版，107 页，50 开（英汉合璧小说丛刊 2）

上海：商务印书馆，1935，国难后 1 版，107 页，50 开（英汉合璧小说丛刊 2）

本书为短篇小说。英汉对照，汉译文为文言体。

收藏单位：北师大馆、广东馆、国家馆、上海馆

04755

西兰蝶 胡宪生编纂

外文题名：The lesser celandine

上海：商务印书馆，1919.3，143 页，42 开（英汉合璧小说丛刊 7）

上海：商务印书馆，1935，国难后 1 版，143 页，42 开（英汉合璧小说丛刊 7）

收藏单位：广东馆

04756

西洋文学鉴赏 孙寒冰 伍蠹甫编

外文题名：Appreciations in western literature

上海：黎明书局，1931.11，22+354 页，32 开

本书为英语读本。分英译文学（包括欧洲各国英译作品）、英国文学、美国文学。以西洋文学史为纲，摘选代表性文学作品的章节、片断共 28 篇，每篇前有序文，介绍作品时代和作者，篇后有注释。

收藏单位：国家馆、湖南馆、江西馆、南

京馆、绍兴馆、浙江馆

04757

西洋文学名著选　孙寒冰　伍蠡甫编

外文题名：Selected readings in western literature

上海：黎明书局，1930.3，211 页，32 开（复旦大学丛书）

上海：黎明书局，1930.10，2 版，211 页，32 开（复旦大学丛书）

上海：黎明书局，1931.4，3 版，211 页，32 开（复旦大学丛书）

上海：黎明书局，1932.8，增订 4 版，19+266 页，32 开，精装

上海：黎明书局，1932.12，增订 5 版，19+266 页，32 开，精装

　　本书为英语读本。分英译文学、英国文学、美国文学。选欧美论文、小说、诗歌、童话、书札等名著 30 多篇，每篇前列小序，略述作者的生平、思想、作风和重要著作。附汉文注释。从增订 4 版起书前有伍蠡甫作代序"西洋文学的赐予"。

　　收藏单位：重庆馆、国家馆、江西馆、南京馆、西南大学馆

04758

西洋文学选录　英语周刊社编

外文题名：Selections from western literature

长沙：商务印书馆，1940.3，105 页，32 开（英语文库）

　　本书为英语读本。收西洋文学作品 24 篇。有中文注释。

　　收藏单位：国家馆、江西馆、西南大学馆

04759

希尔和特　（英）金斯利（Charles Kingsley）著　伍光建选译

外文题名：Hereward the wake

上海：商务印书馆，1934.9，[88] 页，32 开（英汉对照名家小说选）

上海：商务印书馆，1934.9，再版，[88] 页，32 开（英汉对照名家小说选）

　　本书选译长篇历史小说中的第 31、32、36、41 节。书前有译者作的作者传略。著者

原题：查理·金斯黎。

　　收藏单位：广东馆、国家馆、湖南馆、辽大馆、辽宁馆、南京馆、上海馆、绍兴馆、首都馆、天津馆、浙江馆

04760

希腊神话（华文详注）　萧炳实注释　林汉达校阅

外文题名：Greek fairy tales with Chinese notes

世界书局，1930.1，1 册，32 开（英文文学基础丛刊）

世界书局，1931.10，再版，1 册，32 开（英文文学基础丛刊）

　　收藏单位：国家馆

04761

希奇的事情　（英）高尔斯华绥（John Galsworthy）著　张友松译

外文题名：

上海：北新书局，1931.10，84 页，42 开（英文小丛书）

　　本书为英汉对照读物。收《希奇的事情》《两种神色》两篇短篇小说。

　　收藏单位：吉林馆、江西馆、南京馆、上海馆、西南大学馆、浙江馆

04762

现代短篇小说选（第一——二集）　张慎伯　丁广平　桂绍旴编

外文题名：Best modern short stories

上海：中华书局，1932.8—1934.7，2 册（409+412 页），32 开

　　本书为英语读本。有注释。

　　收藏单位：江西馆

04763

现代小说选（中英对照）　鲁迅　茅盾　丁玲原著　（美）斯诺（Edgar Snow）译　之江编辑

外文题名：Modern short stories

上海：译者书店，1943.6，82 页，32 开

　　本书为中英对照短篇小说集。收《泥泞》（茅盾）、《孔乙己》（鲁迅）、《消息》（丁玲）3 篇。书前有编者序。

收藏单位：重庆馆、国家馆、吉林馆

04764

现代英美小品文选　林娜等译

外文题名：A selection of modern English sketches

上海：现代外国语文出版社，1948.1，1 册，32 开（现代英语自学丛书 9）

上海：现代外国语文出版社，1949.3，再版，1 册，32 开（现代英语自学丛书 9）

本书为汉英对照读物。

收藏单位：南京馆

04765

现代英文小品文选　王翼廷编

外文题名：A collection of modern English essays

上海：中华书局，1937.4，97 页，32 开（英文学生丛书）

本书收英文小品 16 篇，有注释。

收藏单位：黑龙江馆、吉林馆、内蒙古馆

04766

现代英文选　谢大任　徐燕谋编注

外文题名：Modern English selections for college students

上海：龙门联合书局，1946.8，191+61 页，25 开

上海：龙门联合书局，1947.7，增订版，191+61 页，25 开

本书为大学英语教本。共收英文课文 30 篇。书前有钱钟书作前言。

收藏单位：江西馆、上海馆

04767

现代英文选（英汉对照）（英）卢卡斯（Edward Verrall Lucus）等著　钱歌川编译

外文题名：Contemporary English essays

重庆：文津社，1944，105 页，32 开

重庆：文津社，1944，再版，105 页，32 开

本书收英汉对照短篇散文 10 篇。著者原题：卢克斯。

收藏单位：贵州馆、国家馆

04768

现代英文选（英汉对照）（英）卢卡斯（Edward Verrall Lucus）等著　钱歌川译注

外文题名：Contemporary English essays

上海：中华书局，1946.12，105 页，32 开（英汉对照文学丛书）

收藏单位：辽宁馆、南京馆、西南大学馆

04769

现代中国小说选　赵景深编注

上海：北新书店，1946，213 页，32 开

外文题名：Contemporary Chinese short stories

本书收《十字架》（郭沫若）、《自杀》（茅盾）、《遗腹子》（叶绍钧）、《花匠》（俞平伯）、《第一次宴会》（冰心）、《萧萧》（沈从文）、《柏子》（沈从文）等短篇小说。

收藏单位：重庆馆、东北师大馆、首都馆

04770

现代中国小说续选　赵景深编注

上海：北新书局，1946.4，269 页，32 开（汉英对照现代中国文学丛刊）

本书为短篇小说集。收《孤独者》（鲁迅）、《怀旧》（鲁迅）、《莴萝行》（郁达夫）、《为奴隶的母亲》（柔石）、《大连丸上》（田军）、《皈依》（萧乾）。汉英对照。附英文单词及成语的注释。

收藏单位：国家馆、吉大馆、辽宁馆、南京馆、首都馆、四川馆

04771

显理埃斯曼特（英）萨克雷（William Makepeace Thackeray）著　伍光建选译

外文题名：The history of Henry Esmond

上海：商务印书馆，1934.7，[94] 页，32 开（英汉对照名家小说选）

上海：商务印书馆，1934.8，再版，[94] 页，32 开（英汉对照名家小说选）

上海：商务印书馆，1934，3 版，[94] 页，32 开（英汉对照名家小说选）

本书为长篇小说部分章节的选译本。书前有作者传略。著者原题：萨可莱。

收藏单位：重庆馆、甘肃馆、广东馆、贵

州馆、国家馆、吉林馆、辽大馆、南京馆、上海馆、绍兴馆、首都馆、天津馆、浙江馆

04772

乡居杂记 （英）吉辛（George Robert Gissing）著 水天同译

外文题名：The private papers of Henry Ryecroft

上海：中华书局，1948.4，171页，32开（文学丛书）

本书为英汉对照读物，有注释。前有译者所译作者"原序"及译者作"致读者"和作者评传。著者原题：吉星。

收藏单位：广东馆、湖南馆、南京馆、宁夏馆

04773

详注近代英文选（第一册） 吕天石编注

外文题名：Modern English readings.Book I

上海：正风出版社，1947.8，208页，32开（英语研究丛书）

收藏单位：南京馆

04774

详注近代英文选（第二册） 吴景荣编注

外文题名：Modern English readings.Book II

上海：正风出版社，1947.8，229页，32开（英语研究丛书）

收藏单位：南京馆

04775

详注英文简易诗选 周越然选

上海：国华书局，1914，49页，36开

本书收英文诗36首。附汉文读诗法和汉文释义。

收藏单位：重庆馆

04776

小妇女（华文详注）（美）奥尔克脱（Louisa M. Alott）著 周德辉注释

外文题名：Little women

上海：世界书局，1933.6，364页，32开

上海：世界书局，1944.3，新1版，364页，32开

本书为英语读本，长篇小说。书前有林汉达写的作者传略。

收藏单位：广东馆、南京馆

04777

小品文续选 梁遇春译注

上海：北新书局，1935.6，279页，32开（自修英文丛刊）

本书收《孤居》（A. Cowley）、《人性的高尚或卑鄙》（D. Hume）等10篇小品文。英汉对照，有简要中文注释。书前有序。

收藏单位：重庆馆、广东馆、国家馆、南京馆、上海馆、首都馆、浙江馆

04778

小品文选 梁遇春译注

外文题名：Some best English essays

上海：北新书局，1930.4，339页，32开（自修英文丛刊）

上海：北新书局，1931，3版，339页，32开（自修英文丛刊）

上海：北新书局，1934，4版，339页，32开（自修英文丛刊）

本书收《伉俪幸福》《恶作剧》《悲哀》等20篇小品文。英汉对照，有注释。

收藏单位：广东馆、国家馆、湖南馆

04779

小人国游记（英）斯威夫特（Jonathan Swift）著 C. Hughes Hartmann 译

上海：中华书局，1935.9，86页，32开（基本英语文库）

本书为英语读本。

收藏单位：吉林馆、内蒙古馆

04780

小人国游记（英）斯威夫特（Jonathan Swift）著 陈亮初译

外文题名：Gulliver's travels in lilliput

上海：群益书社，1922，117页，32开，精装（青年英文学丛书8）

上海：群益书社，1923，2版，117页，32开，精装（青年英文学丛书8）

本书为英汉对照读物，汉译文为文言文。题名通译：格列佛游记。

收藏单位：河南馆

04781

小鼠被捕记 李威廉（William Lee）著

外文题名：Caught and others

上海：中华书局，1937.6，105 页，32 开（英文学生丛书）

上海：中华书局，1941.6，3 版，105 页，32 开（英文学生丛书）

本书为英语读本，有中文注释。收短文 21 篇。曾发表于 1933—1936 年《中华英语周刊》。

04782

笑话 （美）马克·吐温（Mark Twain）著 马顾諟明注释

外文题名：Humorous fables

上海：中华书局，1935.12，42 页，72 开（中华英文小丛书 7）

本书为英语读本，有中文注释。

收藏单位：广东馆

04783

新哀绿绮思 （法）卢梭（Jean-Jacques Rousseau）著 伍蠡甫译

外文题名：The new heloise

上海：黎明书局，1930.8，[39]+59 页，32 开（英汉对照西洋文学名著译丛 1）

上海：黎明书局，1931.5，2 版，[39]+59 页，32 开（英汉对照西洋文学名著译丛 1）

上海：黎明书局，1933.9，3 版，[39]+59 页，32 开（英汉对照西洋文学名著译丛 1）

本书为英汉对照书信体小说。书前有译者序和乔治伯朗德司、约翰莫雷介绍本书的文章。

收藏单位：北师大馆、重庆馆、广西馆、国家馆、湖南馆、江西馆、南京馆、首都馆

04784

新生的中国 林语堂编著

外文题名：A new-born China

上海：林氏出版社，1939.10，再版，92 页，28 开（近代英文研究丛书）

本书为英汉对照读物。

收藏单位：国家馆

04785

新世界之旧梦谈 （美）伊尔文（Washington Irving）著 刘作柱 谢国藻译注

外文题名：Rip van winkle

上海：群益书社，1911.4，94 页，25 开，精装（青年英文学丛书 10）

上海：群益书社，1923，94 页，25 开，精装（青年英文学丛书 10）

本书为英汉对照读物，有注释。汉译文为文言文。

收藏单位：上海馆

04786

新式英文学生百科全书 沈彬编

外文题名：Modern English student's cyclopaedia

上海：中华书局，1919.4，549 页，48 开，精装

上海：中华书局，1935.2，4 版，549 页，48 开，精装

本书内容包括历史、地理、化学、生物等各科名词、术语及解释。后附英译百家姓。

收藏单位：东北师大馆、上海馆

04787

新天方夜谈 （英）斯蒂文森（Robert Louis Stevenson）著 桂绍盱 樊兆庚注释

外文题名：New Arabian nights

上海：中华书局，1935.6，385 页，32 开，精装（英文文学丛书 13）

昆明：中华书局，1941.2，再版，385 页，32 开，精装（英文文学丛书 13）

本书为英语读本，附中文注释。长篇小说。

收藏单位：吉林馆

04788

新中国 （美）葛蕾勃尔（H. B. Graybill）著 朱友光著 / 译

出版者不详，[1926]，[366] 页，32 开

　　本书为英汉对照读物。共 17 章，分别讲述南京国民党政府成立初期的国家观念、企业精神、人民的生活、自由、法律与秩序、政府和公共事业等。著者"葛蕾勃尔"原题：葛理佩。

　　收藏单位：江西馆、南京馆

04789

新中国（华英对照）（美）葛蕾勃尔（H. B. Graybill）　朱友光著　苏雁亭译

外文题名：The new China

北平：北平科学社，1935.6，358+358 页，36 开

北平：北平科学社，1937.5，3 版，358+358 页，36 开

　　收藏单位：国家馆

04790

新中国（英汉对照）（美）葛蕾勃尔（H. B. Graybill）　朱友光原著　唐长孺译述

外文题名：The new China

上海：启明书局，[1939]，541 页，32 开

重庆：启明书局，1948，541 页，32 开

重庆：启明书局，1949，2 版，541 页，32 开

上海：启明书局，1949，3 版，541 页，32 开

　　本书为英汉对照读物。共 17 章，内容包括：爱国、中国一个足以自傲的国家、中国一应当保存的国家、建国者、稳固性与永久性等。

　　收藏单位：安徽馆、重庆馆、广东馆、国家馆、黑龙江馆、南京馆、绍兴馆、首都馆

04791

新中国（英汉对照）（美）葛蕾勃尔（H. B. Graybill）　朱友光著　唐长孺译注

桂林：新生书局，1943，541 页，36 开

　　收藏单位：重庆馆、湖南馆

04792

新中国（英汉对照）（美）葛蕾勃尔（H. B. Graybill）　朱友光原著　陈汉声译

外文题名：The new China

上海：群益书社，1920，267+267 页，25 开

　　本书为英汉对照读物。共 17 章，内容包括：爱国；中国：可荣耀的一个国家；中国：应当保存的一个国家；建国者等。书前有英文原序及关于该书版权的有关说明。

　　收藏单位：重庆馆、河南馆、首都馆

04793

新中国（英汉对照）（美）葛蕾勃尔（H. B. Graybill）　朱友光原著　陈汉声注译

外文题名：The new China

上海：求益书社，[1941—1949]，267+267 页，32 开

　　收藏单位：贵州馆、国家馆

04794

新中国（英汉对照 中文详注）（美）葛蕾勃尔（H. B. Graybill）　朱友光著　唐长孺译注

外文题名：The new China

重庆：新中国书局，1946.10，541 页，32 开

　　收藏单位：重庆馆、东北师大馆、国家馆、湖南馆

04795

星　巴金原著　任玲逊翻译

外文题名：Star

桂林：远方书店，1943.5，157 页，36 开（汉英对照文艺丛刊）

　　本书为中篇小说。书末有齿轮编译社的"后记"。封面题丛书名：英汉对照文艺丛书。

　　收藏单位：重庆馆、贵州馆、国家馆、山东馆、首都馆、浙江馆

04796

星（汉英对照）　巴金原著　任玲逊译

香港：齿轮编译社，1941.1，157 页，32 开（汉英对照文艺丛刊）

　　本书为中篇小说。书末有齿轮编译社的"后记"。

　　收藏单位：广东馆、国家馆

04797

星（汉英对照）　巴金原著　任玲逊英译

外文题名：Star

上海：世界英语编译社，1947.2，157 页，32 开

　　收藏单位：辽宁馆、上海馆、首都馆、浙江馆

04798

袖珍英文谈丛（甲集） 严独鹤注释

外文题名：Short stories

上海：中华书局，1917.8—1930.1，6 册（[248] 页），50 开

　　本书为英语短篇故事读本。汉文译注为文言。注释者原题：严桢。

04799

薛涛艳史（英汉对照） Charles Weber 著　之江编译

外文题名：The romance of Sie-Thao

成都：译者书店，1945.10，80 页，36 开，环筒页装

　　本书为短篇小说。共 7 部分，内容包括：爱力圈内、情之所钟、春暖花开、欢乐无疆等。书前有雪莱诗一首。

　　收藏单位：国家馆

04800

学生英文创作集（第 1 集） 英文周报读者著

外文题名：English essays by Chinese students

上海：中华书局，1925.3，125 页，32 开

上海：中华书局，1925.4，2 版，125 页，32 开

　　本书为英文读本。收短文数十篇，选自《中华英文周报》。

　　收藏单位：北师大馆、上海馆

04801

雪地悲声（英汉对照） （丹）尼克索（Martin Andersen Nexo）著　萧壬译注

文光书店，1943.10，39 页，32 开

　　本书为短篇小说。书前有"译者的话"，简要介绍该小说。著者原题：列所。

　　收藏单位：广东馆、湖南馆、吉大馆、西南大学馆

04802

雪儿 吴康编注

外文题名：Little Snowdrop with notes in Chinese

上海：中华书局，1916.11，29 页，46 开（小本英文说苑 3）

上海：中华书局，1925.4，12 版，29 页，46 开（小本英文说苑 3）

上海：中华书局，1938.10，20 版，29 页，46 开（小本英文说苑 3）

　　本书为英语读本，附国文注释。

　　收藏单位：广东馆、上海馆

04803

雪儿（汉文注释） 吴康　程承祖注释

外文题名：Little Snowdrop and other stories

外文题名：Little Snowdrop with notes in Chinese

上海：中华书局，1936.2，85 页，32 开（初中学生文库）

上海：中华书局，1936.10，再版，85 页，32 开（初中学生文库）

上海：中华书局，1941.7，4 版，85 页，32 开（初中学生文库）

　　本书为短篇小说英语读本。

　　收藏单位：重庆馆、广西馆、国家馆、黑龙江馆、湖南馆、江西馆、上海馆、天津馆、浙江馆

04804

循序英文读本（一） 福西特（Lawrence Faucett）　邝富灼编著

外文题名：Step by step English readers. Book I

上海：商务印书馆，1935.8，108 页，32 开

上海：商务印书馆，1948，42 版，108 页，32 开

　　收藏单位：广东馆、山西馆

04805

循序英文读本（二） 福西特（Lawrence Faucett）　邝富灼编著

外文题名：Step by step English readers. Book II

上海：商务印书馆，1935.8，124 页，32 开

上海：商务印书馆，1938，13 版，124 页，32 开

上海：商务印书馆，1947.4，29 版，124 页，32 开

上海：商务印书馆，1948，30 版，124 页，32 开

上海：商务印书馆，1948，32 版，124 页，32 开

　　收藏单位：广东馆、山西馆

04806

循序英文读本（三） 福西特（Lawrence Faucett） 邝富灼编著

外文题名：Step by step English readers. Book III

上海：商务印书馆，1935.9，133 页，32 开

上海：商务印书馆，1936，4 版，133 页，32 开

上海：商务印书馆，1938.5，10 版，133 页，32 开

上海：商务印书馆，1940.1，16 版，133 页，32 开

上海：商务印书馆，1940.9，17 版，133 页，32 开

上海：商务印书馆，1948，24 版，133 页，32 开

　　收藏单位：广东馆

04807

循序英文读本（四） 福西特（Lawrence Faucett） 邝富灼合编著

上海：商务印书馆，1937.4，3 版，240 页，32 开

上海：商务印书馆，1947，16 版，240 页，32 开

　　收藏单位：广东馆

04808

雅歌 吴曙天译

外文题名：The song of songs

上海：北新书局，1930.7，130+60 页，32 开

　　本书为叙事长诗，选自《旧约》。英汉对照。书后附《圣书与中国文学》（周作人）、《论雅歌与传道书》（Havelock Ellis 作，周作人译）、《论雅歌》（冯三昧）、《雅歌之文学研究》（薛冰）。

　　收藏单位：安徽馆、重庆馆、国家馆、黑龙江馆、辽大馆、上海馆、首都馆、天津馆、浙江馆、中科图

04809

洋务职业指南 吴锦章编辑

上海：安利书社，1925.12，229 页，25 开，精装

上海：安利书社，1927，再版，229 页，25 开，精装

上海：安利书社，1931.1，4 版，229 页，25 开，精装

上海：安利书社，1932.5，5 版，234 页，32 开，精装

上海：安利书社，1936.5，9 版，234 页，25 开，精装

　　本书为供商业用的英语字汇。汉英对照，有中文注音。附 1927 年 5 月绘制的上海全埠地图。

　　收藏单位：河南馆、上海馆

04810

扬州十日记（汉英对照） （清）王秀楚著
毛如升英译

外文题名：A ten day's massacre in Yangchow

上海：西风社，1940.9，65 页，32 开（西风丛书 7）

上海：西风社，1941.5，再版，65 页，32 开（西风丛书 7）

　　本书卷首有美贝德（A. L. Bader）博士的英文序，有译者作对照汉文。

　　收藏单位：国家馆、湖南馆、首都馆

04811

药（汉英对照） 鲁迅著

上海：无名出版社，1940.4，35 页，32 开（汉英对照文学小丛书）

　　本书为短篇小说。译文原载于英国《亚细亚》杂志。

　　收藏单位：重庆馆

04812

野兽世界（第二集）（英）祁贝林（Rudyard Kipling）著　伍光建选译

外文题名：The Second jungle book

上海：商务印书馆，1934.9，[94] 页，32 开（英汉对照名家小说选）

上海：商务印书馆，1934.9，再版，[94] 页，32 开（英汉对照名家小说选）

上海：商务印书馆，1934.11，3 版，[94] 页，32 开（英汉对照名家小说选）

本书为英汉对照读物。收《害怕是怎样来的》《普朗巴伽特的奇迹》《国王的珠宝镶嵌的刺棍》3 篇短篇小说。书前有作者传略。

收藏单位：重庆馆、广东馆、国家馆、河南馆、辽大馆、南京馆、宁夏馆、绍兴馆、首都馆

04813

耶稣言行三十课（美）戴斐士（John P. Davies）著　吕朝良译

外文题名：Thirty lessons in the life of Jesus Christ

成都：华英书局，1940.11，翻版，125 页，32 开

成都：华英书局，1942.6，再翻版，125 页，32 开

成都：华英书局，1948，6 版，129 页，32 开

本书为中英文对照读物。共 30 课，内容包括：耶稣基督的诞生、童年时代的耶稣、耶稣所受的试探、耶稣召门徒等。上海中华浸会书局初版。

收藏单位：重庆馆、国家馆、南京馆

04814

耶稣言行三十课（美）戴斐士（John P. Davies）著　吕朝良重译

外文题名：Thirty lessons in the life of Jesus Christ

上海：中华浸会书局，1932.9，125 页，32 开

上海：中华浸会书局，1937.6，3 版，125 页，32 开

上海：中华浸会书局，1940.8，4 版，125 页，32 开

收藏单位：重庆馆

04815

野莴苣　Grimms 著　张沛霖编注

外文题名：Rapunzel

上海：开明书店，1936.7，49 页，32 开（开明少年英文丛刊）

英语读本，短篇小说。

收藏单位：浙江馆

04816

野心客·惹祸的心（美）霍桑（Nathaniel Hawthorne）（美）爱伦·坡（Edgar Allan Poe）著　张友松译注

外文题名：The ambitious guest

重庆：晨光书局，1943.11，49 页，32 开（晨光英汉对照丛书 甲级）

重庆：晨光书局，1944.1，再版，49 页，32 开（晨光英汉对照丛书 甲级）

重庆：晨光书局，1946.5，再版，49 页，32 开（晨光英汉对照丛书 甲级）

本书为短篇小说集。收《野心客》（霍桑）、《惹祸的心》（亚伦·坡）两篇。书前有《致读者》，讲述如何用英汉对照的书学习英文。著者"爱伦·坡"原题：亚伦·坡。

收藏单位：重庆馆、贵州馆、国家馆、南京馆、浙江馆

04817

野性的呼声（英汉对照）（美）杰克·伦敦（Jack London）著　余慕陶译注

外文题名：The call of the wild

上海：大东书局，1948.9，282 页，32 开

本书为美国长篇小说。书前有译者序，介绍本书内容及著者生平。封面题名：野性的呼声（英汉对译）。著者原题：贾克·伦敦。

收藏单位：重庆馆、黑龙江馆、南京馆、上海馆、绍兴馆

04818

一场热闹（英汉对译）（英）高尔斯华绥（John Galsworthy）著　方光焘译注

外文题名：The show

上海：开明书店，1931.12，15+203 页，32 开

上海：开明书店，1932.5，再版，15+203 页，

32 开

本书为三幕话剧剧本，附有注释。卷首有译者序。

收藏单位：国家馆、上海馆、西南大学馆、浙江馆

04819

一个兵士的回家 （美）加兰（Hamlin Garland）著 傅东华译注

外文题名：The return of a private

上海：北新书局，1931.7，109 页，42 开（英文小丛书）

本书为汉英对照读物，有简明注解。中篇小说。书前有作者简介。Hamlin Garland，封面误题：Hawlin Garland。著者又译：高兰德。

收藏单位：广东馆、国家馆、黑龙江馆、湖南馆、吉林馆、江西馆、上海馆

04820

一个女性的奋斗（汉英对照） 谢冰莹著 林如斯 林无双英译

外文题名：The struggle of a girl

上海：世界文化出版社，1947.4，3 版，159 页，32 开

上海：世界文化出版社，1948.10，5 版，159 页，32 开

本书为自传体长篇小说，即《一个女兵的自传》。共 7 章：幼年时代、求学时代、从军时代、家庭监狱、逃奔、飘流、饥饿与爱恋。

收藏单位：安徽馆、东北师大馆、国家馆、湖南馆、南京馆、上海馆、天津馆

04821

一个人需要多少土地 （俄）列·托尔斯泰（Leo Tolstoy）著 胡仲持译

外文题名：How much land does a man require

桂林：文范出版社，1943.7，70 页，32 开（英汉对照文艺丛刊 2）

本书为英汉对照读物。收《一个人需要多少土地》《鸡蛋般大的谷粒》两篇故事。书前有译者前记，介绍作者生平。

收藏单位：北师大馆、重庆馆、吉林馆

04822

一个自由人的信仰 （英）罗素（Bertrand Russell）著 梁遇春译注

外文题名：A free man's worship

上海：北新书局，1931.1，121 页，42 开（英文小丛书）

上海：北新书局，1931.5，再版，121 页，42 开（英文小丛书）

本书为英汉对照读物，有简明注释。收《一个自由人的信仰》《机械与感情》《罗素的自序》3 篇哲学论文。

收藏单位：国家馆、江西馆、南京馆、上海馆、天津馆、浙江馆

04823

伊文见闻杂记（原文 附译文注释） 柳影云 奚识之译注

上海：春江书局，1932.4，400 页，32 开

上海：春江书局，1935.2，再版，400 页，32 开

本书为华盛顿·伊尔文的传记。书前有汉英对照《伊尔文小传》和汉文序。版权页加题：华英对照。供中等学校教学及自修参考用。

收藏单位：安徽馆、河南馆、绍兴馆、首都馆

04824

伊尔文见闻杂记（原文 附译文注释） （美）伊尔文（Washington Irving）编著 周越然注释

外文题名：The sketch-book

上海：商务印书馆，1916.9，7 版，200+150 页，32 开

上海：商务印书馆，1933.7，国难后 1 版，253 页，32 开

收藏单位：国家馆

04825

伊索寓言（译注） （古希腊）伊索（Aesop）著 陈嘉编译

外文题名：Aesop's fables

上海：群益书社，1923，3 版，457 页，32 开，精装

上海：群益书社，1927，[再版]，457 页，32 开，精装

本书为英汉对照读物，有注释。收 313 则寓言。

收藏单位：吉林馆、绍兴馆、浙江馆

04826

伊索寓言（英汉对照）（古希腊）伊索（Aesop）著　林华译

外文题名：The Aesop's fables

上海：启明书局，1948.1，3 版，287 页，32 开

上海：启明书局，1948.6，4 版，287 页，32 开

上海：启明书局，1949，[再版]，287 页，32 开

本书为英汉对照读物。收伊索寓言 300 则。

收藏单位：东北师大馆、广东馆、湖南馆、绍兴馆、首都馆

04827

伊索寓言全集（原文 附译文注释）（古希腊）伊索（Aesop）著　瞿世镇译注

外文题名：Aesop's fables

上海：三民图书公司，1938.4，295 页，32 开（华英对照标准英文文学读本）

上海：三民图书公司，1941，4 版，295 页，32 开（华英对照标准英文文学读本）

本书收 313 篇寓言。封面加题：华英对照详细注释。

收藏单位：安徽馆、广东馆、国家馆、湖南馆、吉林馆、西南大学馆

04828

伊索寓言详解（英汉对照） 商务印书馆编译所编译

外文题名：Aesop's fables

上海：商务印书馆，1918.7，364 页，32 开

上海：商务印书馆，1924.6，9 版，364 页，32 开

上海：商务印书馆，1930.9，12 版，364 页，32 开

上海：商务印书馆，1939，国难后 4 版，364 页，32 开

本书为英汉对照读物。收《狼与小羊》《狐与狮》《犬与其影》《百舌鸟与其雏》等 126 则寓言及其详解。

收藏单位：广东馆、河南馆、绍兴馆、浙江馆

04829

移行（汉英对照） 张天翼著

外文题名：In our time

上海：无名出版社，1940，97 页，36 开（汉英对照文学小丛书）

上海：无名出版社，1940.10，再版，97 页，36 开（汉英对照文学小丛书）

本书为短篇小说。英译文原载英国《今日生活与文学》杂志。

收藏单位：重庆馆、广东馆、国家馆

04830

遗腹子 叶绍钧等著

外文题名：A man must have a son

桂林：长风书店，1944.4，[117] 页，32 开（英汉对照文艺丛书）

本书为英汉对照读物，收《遗腹子》（叶绍钧）、《无聊》（凌叔华）、《前途》（孙俍工）3 篇短篇小说。

收藏单位：桂林馆、国家馆

04831

遗腹子 叶绍钧等著

上海：地球出版社，1941.5，[117] 页，32 开（英汉对照文学丛书）

04832

异驹 厉鼎骧注释

外文题名：Dapple gray

上海：中华书局，1934.3，43 页，46 开（小本英文说苑 21）

本书为英语读本。附国文注释。

收藏单位：广东馆、吉林馆

04833

意外的惊愕（英汉对照）（苏）诺维可夫·泼立薄罕（A. Novlkev-pritoi）等著　荃麟译

外文题名：The admiral's unexpected surprise

桂林：文化供应社，1943.9，60 页，32 开（英汉对照小丛书）

本书收《意外的惊愕》（泼立薄罕）、《我变诚实了》（爱尔曼）两篇短篇小说。

收藏单位：重庆馆、广东馆、国家馆、辽宁馆、西南大学馆

04834

茵梦湖（德）施托姆（Theodor W. Storm）著　张友松译注

外文题名：Immensee

上海：北新书局，1930.9，137 页，32 开（世界文学名著）

上海：北新书局，1933，4 版，137 页，32 开（世界文学名著）

上海：北新书局，1935.3，5 版，137 页，32 开（世界文学名著）

上海：北新书局，1936，5 版，137 页，32 开，精装（世界文学名著）

成都：北新书局，1942，137 页，32 开（世界文学名著）

成都：北新书局，1943.6，蓉版，137 页，32 开（世界文学名著）

上海：北新书局，1948.3，再版，137 页，32 开（世界文学名著）

本书由英文转译，为英汉对照读物，有注释。收《老人》《儿时》《林中》《茵梦湖》等 10 篇德国中篇小说。书前有译者序。著者原题：斯托姆。

收藏单位：重庆馆、广东馆、贵州馆、国家馆、河南馆、湖南馆、吉林馆、南京馆、上海馆、首都馆、天津馆、浙江馆

04835

茵梦湖（原文 附译文注释）（德）施托姆（Theodor W. Storm）著　李绍缪译

外文题名：Immensee

上海：春江书局、三民图书公司，1942，再版，103 页，32 开

本书著者原题：斯托姆。

收藏单位：重庆馆、湖南馆、首都馆

04836

英儿救父记　巴恩斯（Richard Barnes）著　刘家琪注

外文题名：The hero of tower school

上海：竞文书局，1941.5，45 页，36 开

本书为英语读物，有注释。

收藏单位：广东馆

04837

英国人名的意义（英汉对照）　张则之编辑

北平：北平科学社，1937，76 页，32 开

收藏单位：首都馆

04838

英国散文选　袁家华译注

上海：北新书局，1931.10，375 页，32 开（自修英文丛刊）

本书选英国十六世纪至现代 23 位作家的散文 26 篇，包括《结婚与独身》《恋爱之力》《快乐》《真理》等。英汉对照，有注释。

收藏单位：安徽馆、广东馆、国家馆、天津馆

04839

英国诗歌选　梁遇春译注

上海：北新书局，1930.8，339 页，32 开（自修英文丛刊）

本书收十六世纪至现代的英国诗歌 105 首。英汉对照。

收藏单位：国家馆、吉林馆、辽大馆、南京馆、天津馆

04840

英国诗选　王文川译注

上海：开明书店，1933.10，再版，141 页，32 开

本书为《英诗译注》改书名重印出版。英汉对照。

收藏单位：国家馆

04841

英国文人尺牍选　石民译注

外文题名：Letters from English authors

上海：北新书局，1930.8，307 页，32 开，精装（自修英文丛刊）

上海：北新书局，1931.2，再版，307 页，32 开，精装（自修英文丛刊）

　　本书选十八世纪初至十九世纪末英国 15 位文人的书信。英汉对照，有注释。

　　收藏单位：国家馆

04842

英国现代生活一瞥　苏兆龙编

外文题名：A peep into English modern life

上海：中华书局，1937.6，93 页，32 开（英文学生丛书）

　　本书为英语补充读物，收短文 10 篇。英汉对照。

　　收藏单位：国家馆、吉林馆、江西馆、上海馆

04843

英国小品文选　梁遇春译注

外文题名：English essays

上海：开明书店，1932.5，201 页，36 开（开明英汉译注丛书）

上海：开明书店，1941，[再版]，201 页，36 开（开明英汉译注丛书）

上海：开明书店，1947.3，3 版，201 页，32 开（开明英汉译注丛书）

上海：开明书店，1949.3，5 版，201 页，36 开（开明英汉译注丛书）

　　本书收《毕克司达夫先生访友记》《论健康之过虑》《黑衣人》《读书杂感》《青年之不朽感》《更夫》等 10 篇小品文。英汉对照，有注释。

　　收藏单位：重庆馆、广东馆、国家馆、辽大馆、辽宁馆、内蒙古馆、上海馆、首都馆、四川馆、浙江馆

04844

英汉对照读本　苏跃衢　余田光译注

外文题名：Readings with Chinese translations

上海：中华书局，1937.9—1939.8，2 册（109+89 页），32 开（英文学生丛书）

重庆：中华书局，1943.11，渝重排初版，2 册（109+89 页），32 开（英文学生丛书）

　　本书包括短篇故事、寓言、散文等。课后有注释。

　　收藏单位：国家馆、内蒙古馆、上海馆

04845

英汉对照短篇小说选（第一集）　苏兆龙译注

外文题名：Selected short stories I

上海：中华书局，1937.3，125 页，32 开（英文学生丛书）

上海：中华书局，1939.8，再版，125 页，32 开（英文学生丛书）

上海：中华书局，1941.1，4 版，125 页，32 开（英文学生丛书）

　　本书收《神牛》《疯妇人》《兔子》《昂贵的功课》《顽皮的孩子》《长生鸟》《红海里的八月》7 篇短篇小说。有中文注释。

　　收藏单位：南京馆、上海馆

04846

英汉对照短篇小说选（第二集）　张慎伯译注

外文题名：Selected short stories II

上海：中华书局，1937，139 页，32 开（英文学生丛书）

上海：中华书局，1941.1，4 版，139 页，32 开（英文学生丛书）

　　本书收《赌》《无赖汉》《无形的创伤》《大克老司和小克老司》《一个母亲的故事》《小桶》6 篇短篇小说。有中文注释。

　　收藏单位：国家馆、黑龙江馆、南京馆

04847

英汉对照短篇小说选（第三集）　吴铁声译注

外文题名：Selected short stories III

上海：中华书局，1939.3，177 页，32 开（英文学生丛书）

　　本书收《可怜的绅士》《再想一下》《一个不相识的朋友》等 5 篇短篇小说。有中文注释。书前有苏兆龙序。

04848

[英汉对照文选]　[James C. I.Wen 编]

上海：出版者不详，1946，3—88 页，32 开

　　本书卷首有 James C. I.Wen 和赖恩的序。收文 19 篇，包括《作为研究科学工具的英文》《团结就是力量》《胜利在望》《蒙特巴顿将军抵印》《中野正刚的切腹》等。残书。题名为编目员自拟。

　　　　收藏单位：国家馆

04849

英汉三昧集　苏曼殊译

上海：泰东图书局，1923，再版，120 页，32 开

上海：泰东图书局，1926.11，3 版，120 页，32 开

　　本书内容同《汉英三昧集》。译者原题：曼殊大师。

　　　　收藏单位：国家馆、中科图

04850

英汉双解新体莎氏乐府演义　（英）康斯坦斯（Constance）（英）莫德（Mary Maud）著（英）多尔蒂（W. Vernon Doherty）　沈步洲注释

外文题名：Shakespeare's stories in modern English with bilingual notes

上海：中华书局，1917.3，432 页，32 开，精装（英文学丛书）

上海：中华书局，1931.5，再版，404 页，32 开，精装（英文学丛书）

上海：中华书局，1932.9，3 版，404 页，32 开，精装（英文学丛书）

　　本书为英语读本，有中文注释。共收 10 篇据莎士比亚剧本情节编写的故事。

04851

英美爱国文选　（英）梅殿华（C. Spurgeon Medhurst）编

外文题名：Patriotic selections

上海：中华书局，1934.4，203 页，32 开

　　本书为英语读本。收英美短文 19 篇，每篇有作者小传，篇末附英文注释。

收藏单位：辽宁馆、上海馆

04852

英美社交风土谈（英汉对照 英国之部）　周树培编译

外文题名：Life among Englishmen and Americans

上海：世界书局，1925.6，91+84 页，32 开

上海：世界书局，1925.10，再版，91+84 页，32 开

　　本书共 12 章，内容包括：初次印象、游城记、购物、公宴等。用日记和对话形式介绍英国风土。

　　　　收藏单位：安徽馆、国家馆、河南馆、上海馆

04853

英诗译注（英汉对译）　王文川译注

外文题名：English poems

上海：开明书店，1931.9，141 页，32 开

　　本书收海立克、凯来、彭士、华治华斯、雪莱、济芝、福特、勃朗宁、罗在蒂、哈提等英国诗人的诗 46 首。有作者简介。

　　　　收藏单位：南京馆、上海馆

04854

英文报读法入门　葛传椝编

外文题名：An introductory course in English newspaper reading

上海：竞文书局，1935.6，260 页，32 开

上海：竞文书局，1939.3，7 版，260 页，32 开

上海：竞文书局，1939.8，9 版，260 页，32 开

　　本书精选新闻、书评、社论、通讯、广告等约 200 则，分类详解。有中文注释。

　　　　收藏单位：南京馆

04855

英文报阅读举隅　陈希周编著

外文题名：A guide to the study of journalistic English

上海：开明书店，1933.9，232 页，36 开

上海：开明书店，1934，214 页，32 开

上海：开明书店，1936.4，6 版，214 页，32 开

开

上海：开明书店，1937.11，7版，214页，32开

上海：开明书店，1939.3，8版，214页，32开

江西：开明书店，1942，232页，36开

重庆：开明书店，1945.7，东南1版，233页，36开

上海：开明书店，1949.2，13版，233页，36开

　　本书收英文报纸阅读举例近200条。分短简、政治、外交、军事、经济等14类。英汉对照，中文注解，供学习英语用。

　　收藏单位：安徽馆、重庆馆、广东馆、贵州馆、国家馆、河南馆、黑龙江馆、辽大馆、南京馆、绍兴馆、首都馆、浙江馆

04856

英文报纸读法　李慕白编著　施端履增订

外文题名：Guide to newspaper reading

上海：中国文化服务社，1946.8，293页，32开

上海：中国文化服务社，1947.5，再版，293页，32开

　　本书为英汉对照读物。包括英美重要报纸和各国重要通讯概述、新闻报导实例、新闻略语和注解等。供阅读英文报纸用。

　　收藏单位：重庆馆、国家馆、吉林馆、上海馆、绍兴馆、西南大学馆

04857

英文创作集　邹朝瀋等著

外文题名：Some essays and some stories

上海：中华书局，1937.5，111页，32开（英文学生丛书）

上海：中华书局，1941.1，4版，111页，32开（英文学生丛书）

　　本书收英文散文、短篇故事共25篇。选自《中华英语周报》。

04858

英文短篇论说　谢颂羔著

外文题名：Why I love my country and others

上海：中华书局，1937.8，114页，32开（英文学生丛书）

上海：中华书局，1939.9，再版，114页，32开（英文学生丛书）

　　本书收伦理、游记、传记等各类短文88篇，其中多数曾在《中华英文周报》上发表过。书末附《英文学生丛书》初、高级书目。

　　收藏单位：江西馆、内蒙古馆

04859

英文短篇论说（汉文注释）　谢颂羔编

上海：中华书局，1935.10，195页，32开（初中学生文库）

上海：中华书局，1936.10，再版，195页，32开（初中学生文库）

　　本书为英语读本。分爱国论、自然界、传记等6辑。有汉文注释。

　　收藏单位：黑龙江馆、辽宁馆、浙江馆

04860

英文短篇论文集（第1集）　谢颂羔著

昆明：中华书局，1939.9，51页，32开

　　本书为英语读本，收短论30篇。

04861

英文访英日记　王云五著

外文题名：My British diary

重庆：商务印书馆，1945.8，157页，32开

上海：商务印书馆，1945.9，157页，32开

上海：商务印书馆，1945.11，再版，157页，32开

上海：商务印书馆，1946.5，3版，156页，32开

　　本书书前有介绍和序，书后附注释。学生版。

　　收藏单位：广东馆、江西馆、绍兴馆

04862

英文分类名著评解　龚质彬编

外文题名：Classified English prose studies

上海：中华书局，1930.10—1932.9，2册（211+196页），32开

　　本书选录短篇小说、幽默及教育、艺术、

商业等类的英文短文 30 篇。每类前有概论，每篇前有中文提要和作者小传，篇后有注释。

收藏单位：吉林馆、江西馆

04863

英文古文观止（华英对照 详细注释） 奚识之译注

外文题名：The best English and American essays with Chinese notes and translations

上海：三民图书公司，1934.8，455 页，32 开

上海：三民图书公司，1947.2，新 1 版，455 页，32 开

本书收记叙文、论说文、应用文及小说、诗歌等共 50 篇，附译文注释。篇后有作者小传。选自欧美名人文集。供学习英语者阅读。

收藏单位：国家馆、湖南馆、吉林馆、浙江馆

04864

英文津选

上海：伊文思图书有限公司，[1920—1949]，159 页，25 开

收藏单位：江西馆

04865

英文精选 陆殿扬　张儒秀选注

外文题名：Selections from the best authors

上海：光明书局，1944.7，渝初版，2 册，32 开

上海：光明书局，1945.11，5 版，2 册，32 开

本书每册选英美名家文 20 篇。供专科学校必修英文及大学基本英文或补习英文之用。

收藏单位：国家馆

04866

英文精选（下册） 陆殿扬　张儒秀选注

外文题名：Selections from the best authors

上海：北新书局，1947.10，115 页，32 开

收藏单位：南京馆

04867

英文谜语（英汉对照） 张梦麟编

外文题名：English riddles

上海：中华书局，1937.3，51 页，32 开（英文学生丛书）

本书收英文谜语 50 则，有汉文注解。

收藏单位：吉林馆

04868

英文名人论说 王宠惠编辑

外文题名：Famous English essays

上海：中华书局，1915.9，178 页，32 开，精装（英文名人丛书 3）

上海：中华书局，1928.8，8 版，178 页，32 开，精装（英文名人丛书 3）

本书为英语读本，收十九世纪英美名家文 6 篇。

收藏单位：国家馆、上海馆

04869

英文名人述异 杨锦森编

外文题名：Famous English tales

上海：中华书局，1915.10，169 页，32 开，精装（英文名人丛书 4）

上海：中华书局，1930.11，11 版，169 页，32 开，精装（英文名人丛书 4）

上海：中华书局，1932.5，12 版，169 页，32 开，精装（英文名人丛书 4）

本书为英语读本，收华盛顿等 5 位世界名人的传略。

收藏单位：上海馆

04870

英文名人小说 杨锦森编

外文题名：Famous English fiction

上海：中华书局，1915.11，171 页，32 开，精装（英文名人丛书 5）

上海：中华书局，1931.10，9 版，171 页，32 开，精装（英文名人丛书 5）

本书为英语读本，英文注释。收柯南道尔、马克·吐温等英美作家的短篇小说 6 篇。

收藏单位：上海馆

04871

英文名人演说 杨锦森编

外文题名：Famous English speeches

上海：中华书局，1915.5，185 页，32 开，精装（英文名人丛书）

上海：中华书局，1923.9，5 版，185 页，32 开，精装（英文名人丛书）

上海：中华书局，1928.4，7 版，185 页，32 开，精装（英文名人丛书）

上海：中华书局，1932.8，8 版，185 页，32 开，精装（英文名人丛书）

本书为英语读本，收英美名人演说 8 篇。

收藏单位：上海馆

04872

英文模范论说 苏兆龙译注

外文题名：Model English essays

上海：竞文书局，1939.6，115 页，32 开

上海：竞文书局，1947.7，重版，115 页，32 开

本书共 4 部分，内容包括：记叙文、描写文、议论文、说明文。共收文章 20 篇。英汉对照，有注释。

收藏单位：广东馆

04873

英文情诗选 （英）雪莱（Percy Bysshe Shelley）等著 丘瑞曲选译

上海：光华书局，1932.9，169 页，42 开，精装

本书为抒情诗选。收莎士比亚、雪莱、拜伦、朗弗罗等人的诗 36 首。

收藏单位：广东馆

04874

英文散文名著选 谢颂羔编

外文题名：Forty short prose selections

上海：中华书局，1936.7，56 页，32 开

本书为英语读本。收华盛顿、罗斯福、奥亨利等欧美政治家、作家的散文片断 40 篇。

收藏单位：吉林馆、上海馆

04875

英文商业常识 阮凤人参订

外文题名：Commercial knowledge

上海：商务印书馆，1914.1，241 页，32 开

上海：商务印书馆，1927.1，12 版，241 页，32 开

上海：商务印书馆，1932.8，国难后 1 版，241 页，32 开

上海：商务印书馆，1938.3，国难后 5 版，241 页，32 开

上海：商务印书馆，1939.6，国难后 6 版，241 页，32 开

本书共 14 章，内容包括：商业贸易、贸易表格、资本和代理商等。

收藏单位：广东馆、南京馆

04876

英文时论选注 孟子厚选注

外文题名：Select English short essays on current events

上海：开明书店，1936.9，180 页，32 开

上海：开明书店，1937.5，3 版，180 页，32 开

上海：开明书店，1939，4 版，169 页，32 开

桂林：开明书局，1944.2，内 2 版，169 页，32 开

本书收入《世界危机》《中华民族宜奋斗》《我国外交之干线》《亚洲门罗主义》《农村复兴》《中国职业教育》《中国农民教育》《希特勒与欧洲》等 80 篇。有中文注释。

收藏单位：重庆馆、江西馆

04877

英文四十故事 谢颂羔编

外文题名：Forty simple stories

上海：中华书局，1936.5，67 页，32 开

本书为英语读本，有注释。

收藏单位：吉林馆、浙江馆

04878

英文文思论 方乐天著

上海：商务印书馆，1934，177 页，32 开

收藏单位：广东馆

04879

英文五十故事 谢颂羔编

上海：中华书局，1937.4，116 页，72 开

本书为英语读本，有注释。

收藏单位：广东馆

04880

英文戏剧故事　鲍维湘译注

外文题名：Stories in dramatic form

昆明：中华书局，1939.7，75 页，32 开（英文学生丛书）

本书收短剧《帽中雀》《盲人论象》等 10 篇。

04881

英文新闻例释　雅普（Hawe Yapp）编著

外文题名：A guide to the reading of English newspapers

桂林：文化供应社，1943.10，143 页，32 开

香港：文化供应社，1946.7，143 页，32 开

本书辑英文新闻稿例，分类编排。例文后有汉文注释。供学阅读英文报纸用。

收藏单位：桂林馆、国家馆、吉林馆、宁夏馆

04882

英文新闻纸读法（举隅 详注）　周思良　朱生豪编著

上海：启明书局，1939.6，263 页，32 开

上海：启明书局，1947.2，3 版，263 页，32 开

本书共 7 部分，包括英文报纸概说、政治军事栏、经济交通栏、教育与宗教栏、社会栏、人事栏、杂事栏。有中文注释。

收藏单位：重庆馆、广东馆、国家馆、首都馆

04883

英文英美诗歌小史　龚质彬编著

外文题名：Bird's-eye view of English poetry

上海：中华书局，1934.4，276 页，32 开

本书为英语读本。

04884

英文中国童话　王翼廷编译

外文题名：Chinese fairy tales (told in simple English)

上海：中华书局，1934.3，89 页，32 开

本书为英语读本。收英译中国童话 20 篇。附中文注释。

收藏单位：广东馆、吉林馆、上海馆

04885

英雄故事（英汉对照）　（英）Kingsly 著　张友松　陈启明译

外文题名：The heroes

上海：大东书局，1948.9，87+80 页，32 开

本书收《伯修士》《德修士》两篇小说。

收藏单位：重庆馆、国家馆

04886

英译古文观止　蒋凤征主编

外文题名：Gems of Chinese literature

重庆：进步英华周刊社，1942.1，98 页，32 开

重庆：进步英华周刊社，1942.3，2 版，98 页，32 开

本书为英汉对照读物。收《归去来辞》《桃花源记》（陶渊明）、《捕蛇者说》（柳宗元）、《祭十二郎文》（韩愈）、《醉翁亭记》（欧阳修）等篇。

收藏单位：重庆馆、广东馆、贵州馆、桂林馆、辽大馆、南京馆

04887

英译古文观止　进步书店编

外文题名：Gems of Chinese literature

上海：进步书店，[1912—1948]，98 页，32 开

收藏单位：广东馆

04888

英译四川谚语　卜允新编

外文题名：Proverbs of Szechwan

成都：川康英文报社出版部，1941.10，40 页，32 开

本书内容包括：德育教训、人性、家庭与社会、协助与友谊、智慧与劝告等。中英文对照。

收藏单位：重庆馆

04889

英译唐人绝句百首　吕叔湘编注

外文题名：One hundred quatrains by the T'ang poets English translations

上海：开明书店，1947.6，126 页，36 开

上海：开明书店，1948.5，再版，126 页，36 开

　　本书为英语读本。辑录英译唐人绝句 100 首，其中有 22 首曾发表在《中学生》杂志上。所选作者包括王绩、王维、孟浩然、李白、杜甫、卢纶、白居易、杜牧、李商隐等 55 位诗人。后附赘说，对所选诗进行评说。

　　收藏单位：东北师大馆、广东馆、国家馆、江西馆、辽大馆、南京馆、上海馆、天津馆、西南大学馆、浙江馆

04890

英译婉容词（中英对照）　吴芳吉著　金龙史译

外文题名：The English translation of Wan Yung Tze

成都：英译周刊社，1942，24 页，32 开

成都：英译周刊社，1943.5，再版，24 页，32 开

　　本书书前有作者略历，对著者进行介绍，书后附壮悔作的跋尾。

　　收藏单位：广东馆、贵州馆、国家馆

04891

英译中国歌诗选　（英）翟理斯（Herbert A. Giles）（英）韦利（Arthur Waley）选译

外文题名：Select Chinese verses

上海：商务印书馆，1934.11，96 页，32 开

上海：商务印书馆，1935.4，再版，96 页，32 开

　　本书为英汉对照读物，选译我国唐以前的古诗。分两部分：第 1 部分为翟理斯所译；第 2 部分为韦利所译。书前有张元济的序。

　　收藏单位：广东馆、国家馆、湖南馆、浙江馆

04892

英译中国三大名剧（中文注释）　曹禺等著　姚莘农等译　张伯文编选

外文题名：Three famous plays with Chinese notes

上海：中英出版社，1941.4，230 页，32 开

　　本书为英语读本，包括四幕悲剧《雷雨》、独幕悲喜剧《子见南子》和独幕悲剧《湖上的悲剧》3 个剧本。

　　收藏单位：吉大馆、上海馆

04893

英语尺牍范本　王步贤编纂

外文题名：Model letter writing

上海：商务印书馆，1924.9，146 页，32 开

上海：商务印书馆，1928，4 版，17+146 页，32 开

上海：商务印书馆，1932.8，国难后 1 版，146 页，32 开

上海：商务印书馆，1933，国难后 2 版，146 页，32 开

上海：商务印书馆，1941.2，国难后 8 版，146 页，32 开

　　收藏单位：广东馆、河南馆、绍兴馆

04894

英语的日记　施少明著

上海：珠林书店，1939.4，131 页，32 开（上海外国语学校丛书 5）

　　本书的日记以月份逐个排列，后附日记用杂语句。

04895

英语抗建文选　姚慕谭编

外文题名：English essays on armed resistance and national reconstruction

吉安：东南书局，1942.10，55 页，32 开

　　本书选收英语短文 20 篇。书末有英汉对照词汇。

　　收藏单位：广东馆、国家馆

04896

瀛海奇谈　英语周刊社编

外文题名：Stories of world wonders

长沙：商务印书馆，1940.3，121 页，36 开（英语文库）

　　本书收《古代之天下七奇》《奇山》《北

极光》《鸟类之迁移》等 10 篇杂文。英汉对照，有注释。

收藏单位：国家馆、吉林馆

04897

应用文库（华英对照） 董坚志著

上海：春明书店，1936.6，92 页，32 开

上海：春明书店，1937.5，再版，92 页，32 开

本书为学生自修读物。封面题名：英汉对照应用文库。

收藏单位：广东馆

04898

永逝了的菲比 （美）德莱塞（Theodore Dreiser）著 黄药眠译

外文题名：The lost Phcebe

桂林：文化供应社，1944.1，46 页，32 开（英汉对照小丛书）

桂林：文化供应社，1948.8，新 1 版，46 页，32 开（英汉对照小丛书）

本书为短篇小说。英汉对照。

收藏单位：重庆馆、广西馆、桂林馆、国家馆

04899

幽会 （英）高尔斯华绥（John Galswothy）著 梁遇春译注

上海：北新书局，1930.10，87 页，32 开（英文小丛书）

本书为英汉对照读物。收《远山的青山》《三瞥》《幸福》《幽会》4 篇短篇小说。

收藏单位：重庆馆、国家馆、湖南馆、绍兴馆、首都馆、浙江馆

04900

幽默小简 （英）帕尔默（H. E. Palmer）编

外文题名：Comical correspondence

上海：中华书局，1946.11，96 页，32 开（直接法口耳训练英语丛书 5）

上海：中华书局，1947.9，再版，96 页，32 开（直接法口耳训练英语丛书 5）

本书为英文读本。

收藏单位：辽宁馆

04901

邮务局长 桂绍盰选注

外文题名：The postmaster and other stories

上海：中华书局，1934.4，56 页，32 开

本书为英语读本，有中文注释。收泰戈尔的 The Postmaster 等 4 篇短篇小说。

收藏单位：吉林馆、上海馆

04902

有不为斋古文小品（汉英对照） （晋）陶潜等著 林语堂译

外文题名：Gems from Chinese literature

上海：西风社，1940.5，111 页，32 开（西风丛书 5）

上海：西风社，1941.10，3 版，111 页，32 开（西风丛书 5）

桂林：西风社，1944，111 页，32 开（西风丛书 5）

上海：西风社，1947，4 版，111 页，32 开（西风丛书 5）

本书为古文小品选。收《归去来辞》（陶渊明）、《兰亭集序》（王羲之）、《三十三不亦快哉》（金圣叹）、《论居室》（李笠翁）、《小窗幽记》（陈眉公）等 11 篇，有英文注释。

收藏单位：重庆馆、广东馆、桂林馆、国家馆、黑龙江馆、湖南馆、南京馆、首都馆

04903

有志竟成 胡宪生译

上海：商务印书馆，1918.10，103 页，50 开（英汉合璧小说丛刊 4）

上海：商务印书馆，1921，4 版，103 页，42 开（英汉合璧小说丛刊 4）

本书为英汉对照，有注释。

收藏单位：国家馆、河南馆、湖南馆

04904

娱妻记 （英）哈代（Thomas Hardy）著 钟宪民译

外文题名：To please his wife

重庆：万光书局，1944.7，105 页，32 开（英汉对照丛书 3）

重庆：万光书局，1945.7，再版，105 页，32

开（英汉对照丛书 3）

　　本书为中篇小说。英汉对照，有注释。

　　收藏单位：国家馆、南京馆

04905

娱妻记（英汉对译）（英）哈代（Thomas Hardy）著　钱歌川译注

外文题名：To please his wife

上海：开明书店，1931.10，97 页，32 开

上海：开明书店，1932.4，再版，97 页，32 开

　　本书为中篇小说。英汉对照，有注释。书前有译者作序、哈代略传、哈代的著作年表。

　　收藏单位：河南馆、辽宁馆、宁夏馆、山西馆、首都馆、天津馆、浙江馆

04906

域外谚语摘句集　顾序东选辑

上海：商务印书馆，1929，193 页，32 开

　　本书为英汉对照读物。

　　收藏单位：广东馆

04907

寓言与童话　（英）维斯特（Michael West）英译

上海：中华书局，1935.9，61 页，32 开（韦氏英文补助读本 1）

　　本书著者原题：威斯特。

　　收藏单位：吉林馆

04908

狱中寄给英儿的信　（印）尼赫鲁（Jawaharlal Nehru）著　余楠秋　吴道存译

外文题名：Prison letters to Indira

上海：中华书局，1936.3，149 页，32 开

　　本书为英汉对照读物。内容为印度尼鲁（即尼赫鲁）在狱中写给女儿的信，所说问题涉及政治、经济、历史、地理等方面。书前有译者序言。

　　收藏单位：广东馆、南京馆、内蒙古馆、上海馆、浙江馆

04909

约翰生行述（英汉对照 正音注释）（英）麦皋莱（Thomas Babington Macaulay）著　力行教育研究社译注

外文题名：The life of Samuel Johnson

上海：新亚书店，1943.8，106 页，36 开

上海：新亚书店，1946，106 页，36 开

　　本书为英国作家、文艺批评家约翰生的传记。

　　收藏单位：重庆馆、国家馆、湖南馆、上海馆、首都馆

04910

约翰生行述（原文 附译文注释）（英）麦皋莱（Thomas Babington Macaulay）著　奚识之译

外文题名：The life of Samuel Johnson

上海：三民图书公司，1936.2，109 页，32 开

上海：三民图书公司，1947.3，新 1 版，109 页，32 开

　　本书为英国作家、文艺批评家约翰生的传记。书前附著者小传。

　　收藏单位：重庆馆、国家馆、首都馆

04911

约翰生传记　（英）麦皋莱（Thomas Babington Macaulay）著　桂绍盱注释

外文题名：Life of Samuel Johnson

上海：中华书局，1936.5，96 页，72 开（中华英文小丛书 9）

　　本书为英语读本，有中文注释。

　　收藏单位：广东馆、吉林馆

04912

约翰孙行述　（美）克尔泼编纂

上海：商务印书馆，1915.9，94 页，32 开

上海：商务印书馆，1926，[再版]，94 页，32 开

上海：商务印书馆，1929.4，8 版，94 页，32 开

　　本书为笺注英文名著，附汉文释义。

　　收藏单位：广东馆

04913

约翰孙行述（原文　附汉文释义）（英）麦皋莱（Thomas Babington Macaulay）著　马骥注译　温宗尧校订

外文题名：The life of Samuel Johnson

上海：商务印书馆，1911.1，61+26 页，32 开

上海：商务印书馆，1929.10，11 版，61+26 页，32 开

上海：商务印书馆，1933.6，国难后 1 版，61+26 页，32 开

上海：商务印书馆，1935.3，国难后 2 版，61+26 页，32 开

　　本书为笺注英文名著，附汉文释义。

　　收藏单位：贵州馆、上海馆

04914

约翰熊的耳朵（美）斯坦恩培克（J. Steinbeck）著　胡仲持译

外文题名：The ears of Johnny bear

桂林：文苑出版社，1944.1，69 页，32 开（英汉对照文艺丛刊 3）

　　本书为短篇小说。英汉对照。书前有译者前记，介绍作者和作品。

　　收藏单位：重庆馆、桂林馆、国家馆、湖南馆、南京馆、浙江馆

04915

月亮所讲的故事（丹）安徒生（H. C. Andersen）著　桂裕译注

外文题名：What the moon saw

上海：商务印书馆，1930.11，195 页，50 开，精装

上海：商务印书馆，1933.8，国难后 1 版，195 页，50 开，精装

　　本书为童话集。各篇均在《英语周刊》上发表过。书前有周由廑作序言。英汉对照，有注释。

　　收藏单位：广东馆、国家馆、湖南馆、上海馆

04916

月下人影（英）哈代（Thomas Hardy）著　林伦彦译

外文题名：What the shepherd saw

桂林：环珠书屋，1943.4，[99] 页，32 开

　　本书为中篇小说。英汉对照，附注释。书前有译者小记。

　　收藏单位：重庆馆、广东馆、国家馆、南京馆

04917

云消日现　Alan J. Thompson 著　胡宪生译注

外文题名：The passing of a shadow

上海：商务印书馆，1935.4，国难后 1 版，147 页，50 开（英汉合璧小说丛刊）

　　本书为短篇小说。英汉对照，汉译文为文言体。

　　收藏单位：广东馆、河南馆、上海馆

04918

在山上（德）奥尔巴哈（Berthold Auerbach）著　伍光建选译

外文题名：On the heights

上海：商务印书馆，1936.1，56+56 页，32 开（英汉对照名家小说选 2）

　　本书为长篇小说节译本。书前有作者传略。

　　收藏单位：广东馆、贵州馆、国家馆、河南馆、黑龙江馆、辽大馆、南京馆、上海馆

04919

造谣学校（英）谢里丹（Richard Brinsley Sheridan）著　苏兆龙译

外文题名：The school for scandal

上海：商务印书馆，1929.3，223 页，32 开

上海：商务印书馆，1933，国难后 1 版，223 页，32 开

　　本书为剧本。英汉对照。书前有译者序，简介作者生平和创作。著者原题：薛立敦。

　　收藏单位：广东馆、国家馆、辽宁馆

04920

怎样读英文报　温致义编著

外文题名：Helps towards English newspaper reading

上海：现代外国语文出版社，1947.9，[200+

30] 页，32 开（现代英语自学丛书 7）

上海：现代外国语文出版社，1947.10，2 版，[200+30] 页，32 开（现代英语自学丛书 7）

上海：现代外国语文出版社，1948.3，增订 3 版，[200+30] 页，32 开（现代英语自学丛书 7）

本书为英汉对照读物。分简闻、政治、外交、军事、金融、电讯等 15 个栏目，内容涉及英美重要报纸和各国重要通讯概述、新闻报导实例、新闻略语和注解等。附录单字及用语、新字汇解等。

收藏单位：河南馆、湖南馆、辽大馆、南京馆、宁夏馆、山东馆、上海馆

04921

怎样应用日常英语 王哲安编

外文题名：Practical forms of spoken English

重庆：正中书局，1939.8，渝初版，144 页，32 开

上海：正中书局，1947.1，沪初版，144 页，32 开

本书为英语读物。分两部分，第 1 部分为日常英语，应用各种语式及其体裁；第 2 部分为参加会议及日常谈话情境及游戏等各种用语。书前有郑晓沧作英文序。

收藏单位：南京馆

04922

炸药千磅 M. Swayne 著 胡宪生译

外文题名：Half a ton of dynamite

上海：商务印书馆，1918.8，93 页，50 开（英汉合璧小说丛刊 1）

上海：商务印书馆，1922.8，4 版，93 页，50 开（英汉合璧小说丛刊 1）

上海：商务印书馆，1935，国难后 1 版，93 页，50 开（英汉合璧小说丛刊 1）

本书为中篇小说。汉译文为文言体，有注释。

收藏单位：北师大馆、广东馆、国家馆、湖南馆

04923

战时名人英文演说选 沈同洽编注

外文题名：Famous English orations of the war with notes

蓝田：兴中印书馆，1943.7，144 页，32 开

本书收 10 篇演说，包括《蒋委员长向英国国会访华团致欢迎词》《艾尔文勋爵答词》《劳森先生答词》《罗斯福总统对法国人民之呼唤》《威尔基对渝市报界谈话》《邱吉尔向美国国会第二次演说词》等。卷首有序言。

收藏单位：国家馆、湖南馆

04924

战时英文读本 许祖惇编

外文题名：A wartime English reader

吉安：东南书局，1943.7，454 页，32 开

本书收英文短文 40 篇，每篇均有单词表。

收藏单位：广东馆、国家馆

04925

织工马南传 （英）艾略特（George Eliot）著 葛宗超注释

外文题名：Silas Marner

上海：中华书局，1933.1，271 页，32 开，精、平装（英文文学丛书 8）

上海：中华书局，1933.10，再版，271 页，32 开，精、平装（英文文学丛书 8）

本书为英语读本，附汉文注释。著者原题：乔治·哀利奥特。

04926

直接法英语副读本（第 1 种） （英）帕尔默（H. E. Palmer）编

外文题名：The "living-English" series. Volume One

上海：中华书局，1933.5，83 页，32 开

本书为英语读本。

04927

直接法英语副读本（第 2 种） （英）帕尔默（H. E. Palmer）编

外文题名：The "living-English" series. Volume Two

上海：中华书局，1933.6，144 页，32 开

本书为英语读本。

04928

直接法英语副读本（第 3 种）（英）帕尔默（H. E. Palmer）编

外文题名：The "living-English" series. Volume Three

上海：中华书局，[1933]，91 页，32 开

本书为英语读本。

04929

直接法英语副读本（第 4 种）（英）帕尔默（H. E. Palmer）编

外文题名：The "living-English" series. Volume Four

上海：中华书局，[1933]，178 页，32 开

本书为英语读本。

04930

直接法英语副读本（第 5 种）（英）帕尔默（H. E. Palmer）编

外文题名：The "living-English" series. Volume Five

上海：中华书局，1933.9，96 页，32 开

本书为英语读本，据 Edward Gawntlett 著 *Comical co vurpondence* 改写。

收藏单位：上海馆

04931

直接法英语副读本（第 6 种）（英）帕尔默（H. E. Palmer）编

外文题名：The "living-English" series. Volume Six

上海：中华书局，1933.9，144 页，32 开

本书为英语读本，根据莎士比亚剧本《第十二夜》的故事改写。附练习题。

收藏单位：上海馆

04932

直接法英语副读本（第 7 种）（英）帕尔默（H. E. Palmer）编

外文题名：The "living-English" series. Volume Seven

上海：中华书局，1934.2，81 页，32 开

本书为英语读本，据 *Punch* 周刊中的 8 个片断改写。附练习题。

04933

直接法英语副读本（第 9 种）（英）帕尔默（H. E. Palmer）编

外文题名：The "living-English" series. Volume Nine

上海：中华书局，1934.2，46 页，32 开

本书为英语读本，据 W. S. Maugham 的 *A Chinese on A Chinese Screen* 中的两段素描改写。有解说和练习题。

04934

直接法英语副读本（第 11 种）（英）帕尔默（H. E. Palmer）编

外文题名：The "living-English" series. Volume Eleven

上海：中华书局，1934.3，156 页，32 开

本书为英语读本。

04935

智婢灭盗记 沈彬译注

外 文 题 名：Ali baba and the forty thieves with notes Chinese

上海：中华书局，1930.1，56 页，46 开（小本英文说苑 13）

上海：中华书局，1939.1，4 版，56 页，46 开（小本英文说苑 13）

本书为英文读本，附国文注释。

收藏单位：广东馆、吉林馆

04936

置产人 （英）高尔斯华绥著（John Galsworthy）伍光建选译

外文题名：The man of property

上海：商务印书馆，1934.8，47+47 页，32 开（英汉对照名家小说选）

上海：商务印书馆，1934.9，再版，47+47 页，32 开（英汉对照名家小说选）

上海：商务印书馆，1934.11，4 版，47+47 页，32 开（英汉对照名家小说选）

本书为原长篇小说部分章节的选译本。书前有作者传略。著者原题：伽尔和提。

收藏单位：重庆馆、广东馆、国家馆、吉林馆、江西馆、辽大馆、辽宁馆、南京馆、上海馆、绍兴馆、首都馆、浙江馆

04937

姊姊的日记（英汉对译） （英）哈代（Thomas Hardy）著 方光焘译注

外文题名：Alicia's diary

上海：开明书店，1927.8，164 页，32 开

上海：开明书店，1929.4，3 版，164 页，32 开

上海：开明书店，1930.9，4 版，164 页，32 开

上海：开明书店，1931.10，5 版，164 页，32 开

上海：开明书店，1933，6 版，164 页，32 开

本书为近代英国小说，英汉对照本。

收藏单位：安徽馆、重庆馆、广东馆、国家馆、河南馆、湖南馆、南京馆、绍兴馆、浙江馆

04938

中国故事选译 葛传椝编

外文题名：Chinese stories translated

上海：中华书局，1937.7，60 页，32 开（英文学生丛书）

上海：中华书局，1941，4 版，60 页，32 开（英文学生丛书）

本书为英汉对照读物。收短篇历史故事30 篇。

收藏单位：广东馆、江西馆、首都馆

04939

中国故事一百篇（华英对照 译文注释） 伍鹤鸣编译

外文题名：One hundred Chinese stories retold

上海：春江书局，1938.11，263 页，32 开

上海：春江书局，1941，再版，263 页，32 开

本书所收故事系从当时各大书局出版的故事集中选辑。供中学生课外阅读。

收藏单位：南京馆

04940

中国见闻杂记 （英）毛姆（William Somerset Maugham）著 胡仲持注释

外文题名：On a Chinese screen

桂林：开明书店，1943.5，18+247 页，32 开

本书为英语读本。内容包括：论我国民主化问题、论自信等。书前有编者序言，简介作者生平及本书内容。著者原题：莎默塞德·穆漠。

收藏单位：国家馆、江西馆、西南大学馆

04941

中国近代短篇小说选（汉英对照） 顾宗沂等译 陆庄编选

外文题名：Modern Chinese short stories

上海：中英出版社，1941.6，[152] 页，32 开

本书收《一篇抄袭的恋爱故事》（鲁彦）、《好人》（巴金）、《狂人日记》（鲁迅）、《孟夫子出妻》（郭沫若）、《春风沉醉的晚上》（郁达夫）、《二十一个》（张天翼）、《抗争》（叶绍钧）、《超人》（谢冰心）8 篇短篇小说。

收藏单位：上海馆

04942

中国名人小说选（汉英对照） 张则之编译

外文题名：Some famous Chinese stories

北平：中原书店，1934.7，395 页，32 开，精装

本书收《羊角哀》《女剑侠》《王城》《西门豹》等短篇小说。

收藏单位：首都馆

04943

中华英文新读本（第二册） 张莘农编

上海：中华书局，1916，149 页，25 开

收藏单位：河南馆

04944

中华英文新读本（第三册） 张莘农编

上海：中华书局，1916，137 页，25 开

收藏单位：河南馆

04945

中山名著集（汉英对照） 戚正成编译

上海：商务印书馆，1927.12，42 页，32 开

本书选收《孙中山先生传略》《孙中山先生遗嘱》《三民主义》《建国大纲及五权宪法图》等。

04946

中尉麦敏 （美）项美丽（Emily Hahn） 林疑今译注

外文题名：Lieutenant Macbean

重庆：新中国文化社，1944.2，[32]页，32开（英汉对照文艺丛刊）

本书为短篇小说，原载于 1941 年的 *New Yorker* 杂志。

收藏单位：重庆馆、湖南馆、南京馆

04947

中西四书 L.Y.T. 编辑

外文题名：The four books or the Chinese classics

上海：中华图书馆，1914，619页，22开，精装

上海：中华图书馆，1918.5，再版，619页，22开，精、平装

上海：中华图书馆，1920，7版，619页，22开

上海：中华图书馆，1924.10，8版，619页，22开，精装

本书为《大学》《中庸》《论语》《孟子》的中英文对照本。

收藏单位：国家馆、山东馆、山西馆

04948

中兴鼓吹（英汉对照） 卢冀野著 （英）戴乃迭（Gladys Margaret Tayler）（英）H. Y. Yang 英译

外文题名：The trumpet of national resurgence

桂林：开明书店，1944.3，81页，36开

本书为中英文对照词集。著者原题：卢前。

收藏单位：重庆馆、广东馆、国家馆、吉林馆、江西馆、上海馆

04949

忠心的爱人 （英）St. John Hankin 著 梁遇春译注

外文题名：The constant lover

上海：北新书局，1931.5，93页，42开（英文小丛书）

本书为独幕剧本。卷首有作者简介。

收藏单位：国家馆、天津馆

04950

逐鹿缘 马润卿注释

外文题名：The forest roe

上海：中华书局，1934.3，28页，46开（小本英文说苑 17）

本书为英语读本，附国文注释。

收藏单位：广东馆、吉林馆

04951

祝福 鲁迅著

外文题名：Benediction

香港：齿轮编译社，1941，79页，32开（汉英对照文艺丛刊）

本书为英汉对照读物。讲述中国农村一个寡妇悲惨的故事。

收藏单位：广东馆、国家馆

04952

祝福 鲁迅著 柳无垢编注

外文题名：Benediction

桂林：远方书店，1943.4，77+15页，32开（英汉对照文艺丛书）

桂林：远方书店，1943，66+67页，32开

收藏单位：重庆馆、国家馆、吉林馆、南京馆、浙江馆

04953

祝福（汉英对照） 鲁迅原著 柳无垢英译

外文题名：Benediction

上海：世界英语编译社，1947.2，77页，32开

收藏单位：国家馆、上海馆

04954

铸情（英汉对照） （英）兰姆（Charles Lamb）（英）兰姆（Mary Lamb）改编 之堇 之江译

外文题名：Romeo and Juliet

成都：译者书店，1944.2，79 页，32 开

本书是据莎氏《罗米欧与朱丽叶》剧本改编的故事。后附译后散记《我与之堇》。

收藏单位：重庆馆

04955

坠楼记 （英）司各特（Walter Scott）著　伍光建选译

外文题名：Keniworth

上海：商务印书馆，1934.6，45+45 页，32 开（英汉对照名家小说选）

上海：商务印书馆，1934.10，再版，45+45 页，32 开（英汉对照名家小说选）

本书为原长篇小说部分章节选译本。书前有作者传略。著者原题：司各脱。

收藏单位：重庆馆、广东馆、国家馆、辽大馆、辽宁馆、上海馆、绍兴馆、首都馆、浙江馆

04956

姊妹花　樊仲云编注

外文题名：Snow-white and rose-red

上海：中华书局，1925.4，36 页，46 开（小本英文说苑 10）

上海：中华书局，1932.9，7 版，36 页，46 开（小本英文说苑 10）

上海：中华书局，1938.10，8 版，36 页，46 开（小本英文说苑 10）

本书为英语读本，附国文注释。短篇小说。

收藏单位：上海馆

04957

自杀俱乐部（英汉对译）（英）斯蒂文森（Robert Louis Stevenson）著　丰子恺译

外文题名：The suicide club

上海：开明书店，1931.7，247 页，32 开

上海：开明书店，1932.4，247 页，32 开

本书为长篇小说。1932 年版权页加题：普及本。著者原题：史蒂文生。

收藏单位：国家馆、上海馆、绍兴馆、首

都馆

04958

自修英文读本（第 1 集）　张世鎏编

外文题名：Supplementary readers. Book I

上海：商务印书馆，1917.6，164 页，32 开（英语周刊选本）

上海：商务印书馆，1924.10，8 版，164 页，32 开（英语周刊选本）

本书为英汉对照读物。

04959

自修英文读本（第 2 集）　张世鎏编

外文题名：Supplementary readers. Book II

上海：商务印书馆，1918.9，1 册，32 开（英语周刊选本）

本书为英汉对照读物。

04960

租押顶卖　徐訏著

出版者不详，[1911—1949]，92 页，32 开

本书为英汉对照读物。收《租押顶卖》《男婚女嫁》两个剧本。

收藏单位：重庆馆

04961

租押顶卖　徐訏著　胡曦英译

桂林：三叶书室，1943.4，49 页，32 开（汉英对照文艺小丛书）

本书为话剧剧本，有剧中人物、时间及地点介绍。

收藏单位：重庆馆、广东馆、贵州馆、南京馆、西南大学馆

04962

罪恶与刑罚　（俄）陀思妥耶夫斯基（Fedor Dostoevsky）著　伍光建选译

外文题名：Crime and punishment

上海：商务印书馆，1935.12，53+53 页，32 开（英汉对照名家小说选 2）

上海：商务印书馆，1936.1，再版，53+53 页，32 开（英汉对照名家小说选 2）

本书为原长篇小说部分章节的选译本。

书前有作者传略。题名通译：罪与罚。著者原题：杜退夫斯基。

收藏单位：广东馆、国家馆、河南馆、吉林馆、南京馆、上海馆、天津馆

04963

最后的残叶　（美）欧·亨利（O. Henry）著
　张友松译注
外文题名：The romance of a busy broker
上海：北新书局，1931.7，75 页，32 开（英文小丛书）

本书收《经纪先生的恋爱》《最后的残叶》两个短篇。英汉对照，有注释。书前有作者小传。

收藏单位：重庆馆、国家馆、湖南馆、江西馆、浙江馆

04964

最后一本的日记　W. N. P. Barbellion 著　梁遇春译
外文题名：A last diary
上海：北新书局，1931.5，107 页，32 开（英文小丛书）

本书为英汉对照读物。是作者 1918 年的日记。书前有作者介绍。

收藏单位：国家馆、吉林馆、首都馆、浙江馆

04965

最佳英文诗选　（英）哈代（Thomas Hardy）
等著　张则之译
桂林：东山书室，1943，65 页，32 开（英汉对译文艺丛刊）

本书为诗集。英汉对照。

收藏单位：广东馆

04966

最佳英文诗选　张则之选译
成都：复兴书局，1943.9，65 页，48 开（英汉对译文艺丛刊）

本书为诗集。英汉对照。

收藏单位：国家馆、南京馆

04967

最新英美杂志文选（英汉对照 第一辑）　吴奚真译注
外文题名：Selected readings from current English and American magazines
重庆：环球中西文印刷所，1944.9，71 页，32 开

本书收《拿破仑莫斯科撤退记》《英国人的性格》《一个世界大学的拟议》《气候怎样成了武器》4 篇杂文。

收藏单位：重庆馆、贵州馆、国家馆、南京馆

04968

最新英文选　范凤源　吴嘉麟编纂
外文题名：Modern English readings
上海：友文印刷所，1928.4，140 页，32 开，精装

收藏单位：广东馆

04969

最新英语良友（中英对照）　何良编
外文题名：New English companion
桂林：新艺书店，1943.9，90 页，32 开

本书内容包括：作文示范、句译示范、专用字汇、小文法、会话等 8 部分。

收藏单位：国家馆

04970

最著闻的人 最未著闻的事　蒋凤征编著
外文题名：Little known facts about well known people
重庆：进步书店，[1912—1948]，84 页，32 开

本书为英汉对照读物。内容系有关著名人物的短篇故事。

收藏单位：贵州馆、国家馆

04971

最著闻的人 最未著闻的事　蒋凤征编著
外文题名：Little known facts about well known people
上海：进步英华周刊社，[1912—1948]，84 页，32 开

本书为英汉对照读物，有注释。内容系有关著名人物的短篇故事。

收藏单位：重庆馆、南京馆、上海馆

会话

04972

标准交际英语会话 顾锦藻编

外文题名：Standard English social conversation

上海：三民图书公司，1948，新 2 版，78 页，32 开

本书为英汉对照。

收藏单位：国家馆

04973

标准英文会话 韦荣编著

外文题名：Brush up your English

上海：实用英文出版社，1939.4，121 页，32 开

本书内容包括：早餐、介绍来克塔维许夫妇、蔡姆斯买帽子、宴客与餐单、乘公共汽车、在俱乐部中午餐、装饰、嘉宾来到等。附注解。

收藏单位：浙江馆

04974

标准英语问答百日通 春明书店编辑部编著

上海：春明书店，[1949]，4 版，88 页，32 开

收藏单位：南京馆

04975

初级英语会话 徐慰慈编著

外文题名：English conversation for beginners

上海：春明书店，1946.6，71 页，25 开

本书为华英对照，自修适用。

收藏单位：广东馆、江西馆

04976

初级英语会话一百首 黎敏伯著

出版者不详，1935，118 页，32 开

收藏单位：广东馆

04977

刁氏初级英文会话 刁敏谦编

外文题名：Junior brighter English conversations

上海：商务印书馆，1935.9，350 页，32 开

本书内容包括：学期开始了、在课室内、下课后、互相认识、食饭时间、在运动场和体育室、在图书室和阅报室、在自修室、就寝等。书前有编者序。

收藏单位：广东馆、湖南馆、浙江馆

04978

订正华英要语类编 商务印书馆编译所编纂

外文题名：English and Chinese conversations

上海：商务印书馆，1925.6，41 版，增订本，82 页，32 开

本书封面题名：华英要语类编。

收藏单位：国家馆

04979

妇女英语会话 哈金斯（M. I. Huggins）编

外文题名：How to speak English: conversations for girls and women

昆明：中华书局，1940.10—11，4 册，32 开

本书为英文本。

收藏单位：国家馆

04980

复式英语会话 商务印书馆编译所编

外文题名：A coat of many colours

上海：商务印书馆，1917.9，197 页，36 开

上海：商务印书馆，1920.10，4 版，197 页，36 开

上海：商务印书馆，1926.2，8 版，197 页，36 开

上海：商务印书馆，1932，国难后 1 版，197 页，36 开

上海：商务印书馆，1935，国难后 5 版，197 页，36 开

上海：商务印书馆，1940.1，国难后 8 版，197 页，36 开

本书会话内容涉及早、晚、时候、天气、健康、一日间之所事、英语、初晤、访问等。

收藏单位：广东馆、河南馆、江西馆、上

海馆、浙江馆

04981

高级英文军语会话（第一册） 田世英编

外文题名：Military conversation for advanced students. book Ⅰ

重庆：中华书局，1944.4，96 页，32 开

重庆：中华书局，1944，3 版，96 页，32 开

上海：中华书局，1946，5 版，96 页，32 开

上海：中华书局，1948.3，6 版，96 页，32 开

  本书内容为军队生活、战争原则、英国海陆空军、美国国防政策及美国参与第一次世界大战经过等方面的英文会话。

  收藏单位：东北师大馆、贵州馆、国家馆、上海馆、首都馆

04982

高级英文军语会话（第二册） 田世英编

外文题名：Military conversation for advanced students. book Ⅱ

重庆：中华书局，1944.10，132 页，32 开

重庆：中华书局，1945.2，再版，132 页，32 开

上海：中华书局，1946，3 版，132 页，32 开

上海：中华书局，1948.3，6 版，132 页，32 开

  本书共 4 编 35 课，介绍了美国的国防政策、陆军、海军，以及与第一次世界大战的关系。有附录。

  收藏单位：贵州馆、国家馆、上海馆、首都馆

04983

高级英语会话教科书（上册） 沈竹贤编

外文题名：Advanced English conversations for middle and normal schools. Part I

上海：商务印书馆，1917，4 版，122 页，32 开

上海：商务印书馆，1923，14 版，122 页，32 开

上海：商务印书馆，1924，15 版，122 页，32 开

上海：商务印书馆，1929，19 版，122 页，32 开

上海：商务印书馆，1935，国难后 5 版，122 页，32 开

  本书内容包括：日用长短句、行礼、学校记事、访友、职业、政府、陆军、海军等。教育部审定，中学及师范学校用。

  收藏单位：重庆馆、广东馆、国家馆、河南馆、南京馆、浙江馆

04984

高级英语会话教科书（下册） 沈竹贤编纂

外文题名：Advanced English conversations for middle and normal schools. part II

上海：商务印书馆，1915.12，121 页，32 开

上海：商务印书馆，1917，再版，121 页，32 开

上海：商务印书馆，1930，14 版，122 页，32 开

上海：商务印书馆，1932.7，国难后 1 版，121 页，32 开

上海：商务印书馆，1934.5，国难后 3 版，121 页，32 开

上海：商务印书馆，1935，国难后 4 版，121 页，32 开

  本书以类分章，每章分若干课，每课首列生字附以音符释以汉义，并列会话、成语、格言辅助学习记忆。教育部审定，中学及师范学校用。

  收藏单位：重庆馆、广东馆、国家馆、河南馆

04985

汉译英文会话 L. Newton Haye 编 甘永龙校订

外文题名：The method conversation book

长沙：商务印书馆，1917.5，37 页，32 开

长沙：商务印书馆，1932.11，国难后 1 版，37 页，32 开

长沙：商务印书馆，1932.12，国难后 3 版，37 页，32 开

长沙：商务印书馆，1938，国难后 9 版，37 页，32 开

  收藏单位：广东馆、南京馆

04986

护士应用华英会话 何美贞编

外文题名：English-Chinese conversation book for nurses

上海：广协书局，1936.8，3 版，177 页，44 开

上海：广协书局，1937，4 版，177 页，44 开

上海：广协书局，1939.12，6 版，177 页，44 开

上海：广协书局，1946.8，12 版，177 页，44 开

上海：广协书局，1946.11，14 版，177 页，44 开

上海：广协书局，1947.7，15 版，177 页，44 开

上海：广协书局，1949.9，18 版，177 页，44 开

　　本书内容为医院设备、各病症状、手术、治疗、药名、身体各部等词语会话。

　　收藏单位：广东馆、河南馆

04987

华英商业会话尺牍大全 奚亚夫编

外文题名：Anglo-Chinese commercial conversation and letter writing

上海：商业书局，1922.8，100 页，32 开

　　收藏单位：南京馆

04988

华英商业会话大全（原名，华英商业必携）

李觉译 （英）梅殿华校订

外文题名：Anglo-Chinese practical business conversation

上海：中华书局，1913.5，246 页，32 开，精装

上海：中华书局，1917.10，4 版，246 页，32 开，精装

上海：中华书局，1923.5，11 版，246 页，32 开，精装

上海：中华书局，1926.3，14 版，246 页，32 开，精装

广州：中华书局，1938.10，18 版，234+[38] 页，32 开，精装

　　本书附录商业辞汇表。

　　收藏单位：湖南馆、上海馆、首都馆

04989

会话 龚质彬著

上海：中华书局，1935.4，26 页，50 开（商业英文丛书 1）

　　本书用英文编写，有中文注释。商业适用。

　　收藏单位：吉林馆

04990

活的英语会话 陈东林编著

外文题名：The talk of the town

上海：求益书社，1948.9，86 页，25 开

　　本书收入 76 篇中英文对照的会话，涉及年节、园艺、新衣、拍照、误会、年龄、新屋、买汽车、账单、搬家、郊游等话题，并对其中的习惯用语进行了注解。

　　收藏单位：江西馆

04991

活用英文会话 由稚吾编著

外文题名：The living English conversation

世界书局，1934.6，144 页，32 开

世界书局，1934.11，[2 版]，144 页，32 开

世界书局，1935.10，3 版，144 页，32 开

世界书局，1936，4 版，144 页，32 开

世界书局，1937，5 版，144 页，32 开

世界书局，1941.4，新 5 版，144 页，32 开

世界书局，1942.1，赣 1 版，144 页，32 开

世界书局，1948.8，10 版，144 页，32 开

　　本书收入 24 篇英文会话，涉及学校与教育、时间、假日与节日、世界、访问、身体与健康、食物与食事、商店与购物、散步、问路等话题。

　　收藏单位：广东馆、贵州馆、湖南馆、江西馆、南京馆、绍兴馆、首都馆、浙江馆

04992

基本英语会话（英汉对照） 洛克哈特（L. W. Lockhart）著 张梦麟编译

外文题名：Basic English conversations

上海：中华书局，1935.7，291 页，50 开（基

本英语丛书）

上海：中华书局，1936.4，再版，291 页，50
开（基本英语丛书）

上海：中华书局，1941，4 版，291 页，50 开
（基本英语丛书）

本书为用 850 个基本英语单字编成的会
话。共 18 课。

收藏单位：重庆馆、吉林馆、南京馆、上
海馆

04993

简易常用普通之成语（第二册）

外文题名：Simple phrases in common use. Book
Ⅱ

出版者不详，[1930—1937]，50 页，32 开

全书共 20 课。封面题名：英文会话便览。

收藏单位：国家馆

04994

近代实用英语会话（华英对照） 凌渭民编著

上海：新中国联合出版社，1948.1，55 页，32
开

本书自修适用。

收藏单位：国家馆

04995

警用英语 林中字编

首都警察厅警员训练所，1946，106 页，64
开

收藏单位：南京馆

04996

空中英语会话 王铁城著

外文题名：The conversational book of the air

上海：文明书局，1935.7，120 页，32 开

上海：文明书局，1936.6，重订，120 页，32
开

本书会话内容涉及起身、穿着、睡眠、
寝室、时间、四季、气候、饮茶、晚餐等。

收藏单位：浙江馆

04997

李氏社交英语 李维新著

外文题名：Lee's social English

上海：沪海英语研究社，1936.8，99 页，32
开

本书内容包括：会话中日用之单字与成
语；遇友；when，where 及 why 之用法；与一
学生谈话等。

收藏单位：浙江馆

04998

流利的英语（日用英语会话 英汉对照）（美）

布赖恩（J. Ingram Bryan）著　　劳绍玑编译

外文题名：Fluency in English

上海：蓓开书店，1945.8，108 页，36 开

本书有汉文注释。著者原题：布赖安。

收藏单位：重庆馆、南京馆

04999

旅行用会话 中华书局编

外文题名：A handbook of conversations for trav-
ellers

上海：中华书局，1924.1，260 页，32 开，精
装

上海：中华书局，1931.10，再版，260 页，32
开，精装

上海：中华书局，1939.2，3 版，260 页，32
开，精装

本书会话内容涉及旅行、住宿、食品、
商业、护照等。英汉对照。

收藏单位：湖南馆、浙江馆

05000

模范英汉会话 陆费执编

外文题名：Model Anglo-Chinese conversation

上海：中华书局，1927.3，605 页，32 开，精
装

上海：中华书局，1939.9，昆明 7 版，605 页，
32 开，精装

上海：中华书局，1948.7，10 版，605 页，32
开，精装

本书分基础会话、分类会话、分类单词
等 4 编。第 4 编为附录，讲述文法上的注意
点。

收藏单位：河南馆、湖南馆

05001

模范英语会话　C. C. Jao[编]

外文题名：Model English conversation

[新中国书店]，[1945—1949]，47 页，32 开

　　本书共 3 部分：常用单语、对话、普通商业用语。

　　收藏单位：国家馆

05002

模范英语会话（华英对照）　华士堂编

外文题名：Model English conversational reader

桂林：真理出版社，1943.4，81+[11] 页，32 开

桂林：真理出版社，1943，3 版，81+[11] 页，32 开

重庆：真理出版社，1945.5，81+[11] 页，32 开

　　本书为学生自修读本。共 40 课，均为日常会话用语。

　　收藏单位：安徽馆、重庆馆、广西馆、国家馆

05003

南武英语会话（第 1 册）　W. J. B. Fletcher 著

外文题名：The Nam Wu English conversation book. Volume One

上海：商务印书馆，1922.4，65 页，32 开

上海：商务印书馆，1926.6，6 版，65 页，32 开

上海：商务印书馆，1933.1，国难后 1 版，65 页，32 开

上海：商务印书馆，1933.4，国难后 2 版，65 页，32 开

长沙：商务印书馆，1938，国难后 5 版，65 页，32 开

上海：商务印书馆，1939.1，国难后 6 版，65 页，32 开

上海：商务印书馆，1949.4，13 版，65 页，32 开

　　收藏单位：广东馆

05004

南武英语会话（第 2 册）　W. J. B. Fletcher 著

外文题名：The Nam Wu English conversation book. Volume Two

上海：商务印书馆，1922.5，66 页，32 开

上海：商务印书馆，1924，3 版，66 页，32 开

上海：商务印书馆，1929，5 版，66 页，32 开

上海：商务印书馆，1933.1，国难后 1 版，66 页，32 开

上海：商务印书馆，1933.4，国难后 2 版，66 页，32 开

上海：商务印书馆，1949.4，10 版，66 页，32 开

　　收藏单位：广东馆

05005

帕末尔灌音会话集（汉译详注）（英）帕末尔（H. E. Palmes）著　何至衡译注

上海：英文研究社，1946.7，107 页，32 开（英美名人灌音丛书 第 1 种）

　　本书为英语广播讲座课本。封面题名：帕末尔博士会话集。

　　收藏单位：首都馆

05006

青岛市公安局警士教练所教科用警察用语

青岛市公安局编

青岛：青岛市公安局，1930，[71] 页，50 开

　　本书分 5 部分，介绍警察常用的英语单词、会话及语法等。

　　收藏单位：国家馆

05007

趣味英语会话（英汉对照 注释详明 第 1 册）　凌子平　周耘青著

北平：中国文化服务社北平分社，1946，44 页，32 开

　　收藏单位：首都馆

05008

全句注音英语会话　葛传槼著

外文题名：English conversation principles and practice

上海：竞文书局，1937.1，110 页，16 开

上海：竞文书局，1938.11，再版，110 页，16

开

上海：竞文书局，1939.10，3 版，110 页，16
开

上海：竞 文 书 局，1941.4，4 版，110 页，16
开

　　本书分英语会话要义和英语会话实习两
部分。英语会话要义共 4 章；英语会话实习共
30 课，每课都有全句注音、中文翻译和详细
解释。

　　收藏单位：国家馆

05009

日常英语会话（汉文注释） 钱歌川编
上海：北新书局，1947，新 1 版，213 页，32
开

05010

日常英语交际会话 陈浩编
重庆：新光出版社，[1944.1]，93 页，32 开
　　本书会话内容涵盖起身及着衣、应酬语、
散步、问路、公共汽车上等。英汉对照。

　　收藏单位：国家馆

05011

日用会话（第一、二册合编） 赵丽莲编著
外文题名：Every day conversation books I&II
北平：丽莲英文丛刊社，1946.9，再版，32
页，32 开
　　本书为北平广播电台英语讲座节目之教
材。英汉对照。

　　收藏单位：国家馆

05012

日用英文会话 钱歌川编
[上海]：北新书局，1933.2，213 页，36 开
[上海]：北新书局，1947.4，新 1 版，213 页，
36 开
　　本书共 3 编：概说、日常用语、会话实
例。

　　收藏单位：国家馆

05013

日用英语会话 （英）史密斯（C. Smith）编

上海：中华书局，1934.2，174 页，32 开
上海：中华书局，1935.6，174 页，32 开（初
中学生文库）
上海：中华书局，1936.10，再版，174 页，32
开（初中学生文库）
上海：中华书局，1941，5 版，174 页，32 开
（初中学生文库）
　　本书为英文本。共 44 课。

　　收藏单位：重庆馆、河南馆、湖南馆、江
西馆、上海馆

05014

日用英语会话（汉译详注） 英语教育改进社
主编　陈徐堃编著
外文题名：Everyday English conversation
上海：世界书局，1939.11，247 页，32 开
上海：世界书局，1940.10，再版，247 页，32 开
上海：世界书局，1946.7，4 版，247 页，32 开
上海：世界书局，1947，6 版，247 页，32 开
　　本书除介绍会话中的一般用语外，将日
常会话分为进膳、在菜馆中、旅馆、公寓、
租屋、访问、送别、火车旅行、轮船旅行、
邮局等 44 类。

　　收藏单位：广东馆

05015

日用英语会话教本 （美）布赖恩（J. Ingram
Bryan）编纂
外文题名：The English echo
上海：商务印书馆，1917.9，102 页，32 开
上海：商务印书馆，1929.11，16 版，102 页，
32 开
上海：商务印书馆，1932.9，国难后 1 版，96
页，32 开
上海：商务印书馆，1938，订正 12 版，96 页，
32 开
成都：商务印书馆，1944，蓉 1 版，102 页，
32 开
成都：商务印书馆，1944.4，蓉 2 版，96 页，
32 开
重庆：商务印书馆，1945，渝 1 版，102 页，
32 开
重庆：商务印书馆，1945.3，渝 2 版，102 页，

32 开

上海：商务印书馆，1946.12，订正 25 版，96
页，32 开

上海：商务印书馆，1949.3，订正 30 版，96
页，32 开

本书编纂者原题：布赖安。

收藏单位：广东馆、贵州馆、国家馆、河
南馆

05016

日用英语交际会话　陈冠明著

外文题名：English conversation in every day

上海：英语出版社，[1940—1948]，120 页，32
开

本书封面加题：华英对照 各界适用。

收藏单位：南京馆

05017

商业会话　英语周刊社编

外文题名：Business conversation

长沙：商务印书馆，1947，3 版，2 册（411 页），
32 开（英语文库）

收藏单位：广东馆

05018

商业英语会话　施端履编著

外文题名：Business conversation

上海：中国文化服务社，1947.1，142 页，32
开

本书分会话、单字、缩写 3 篇。会话内
容涵盖办公室里谈话、推广生意、买船票、
打电话、迎客等。英汉对照。

收藏单位：南京馆、上海馆

05019

商业英语会话（汉文译注）　张毓良编

外文题名：Commercial conversation

上海：商务印书馆，1920.4，116 页，36 开

上海：商务印书馆，1921.7，4 版，116 页，36
开

上海：商务印书馆，1931.7，10 版，116 页，36
开

上海：商务印书馆，1932.9，国难后 1 版，116

页，36 开

上海：商务印书馆，1935.2，国难后 3 版，116
页，36 开

上海：商务印书馆，1941，国难后 14 版，116
页，36 开

重庆：商务印书馆，1942，渝 1 版，68+44 页，
36 开

本书是商业英语会话课本。共 32 课。书
后有按类编排的日常商用英文单词和成语
及全部课文的汉译文。

收藏单位：广东馆、上海馆、浙江馆

05020

实用标准英语（汉文注释）　甲申出版社编

外文题名：Brush up your English conversation
of real use

重庆：甲申出版社，[1940—1945]，114 页，32
开

本书为日常英语会话。书末附文法、书
札及歧字辨异。

收藏单位：广东馆、国家馆、吉林馆

05021

实用商业会话　周锡三编纂　黄访书汉译

外文题名：Practical commercial conversation

上海：商务印书馆，1921.12，185 页，32 开

上海：商务印书馆，1925，6 版，185 页，32
开

上海：商务印书馆，1932.9，国难后 1 版，185
页，32 开

上海：商务印书馆，1933.5，国难后 2 版，185
页，32 开

上海：商务印书馆，1934.3，国难后 3 版，185
页，32 开

上海：商务印书馆，1940.8，国难后 12 版，
185 页，32 开

收藏单位：国家馆、河南馆、上海馆

05022

实用体育会话　朱士方　胡尚新编

上海：体育书店，1932.9，78+46 页，32 开

本书分上下两卷。共 40 课。英汉对照。

收藏单位：国家馆、南京馆

05023

实用英华商业会话 李觉编

外文题名：Anglo-Chinese practical business conversation

上海：中华书局，1936.2，234 页，32 开（初中学生文库）

上海：中华书局，1936.10，再版，234 页，32 开（初中学生文库）

上海：中华书局，1941.1，4 版，234 页，32 开（初中学生文库）

　　本书内容分商业、铁道、订货、银行、簿记、计算等18类。附各类商业词汇。

　　收藏单位：重庆馆、广东馆、国家馆、黑龙江馆、江西馆、南京馆

05024

实用英文 叶德光编著

外文题名：Practical English

重庆：实学书局，1944.10，再版，91 页，32 开

重庆：实学书局，1945.2，渝版，91 页，32 开

　　本书分会话、实用句子、日用句子、通用语辞、军用语辞 5 部分。分别以《实用英文初步》和《实用英语会话》为书名出版过，内容相同。

　　收藏单位：国家馆

05025

实用英文初步 叶德光编著

桂林：实学书局，1944.5，91 页，32 开

　　本书分会话、实用句子、日用句子、通用语辞、军用语辞 5 部分。可作大中学校英文作文会话的补充教材。

　　收藏单位：广东馆、贵州馆

05026

实用英文会话新编 赵丽莲编

外文题名：Practical English conversation

北平：丽莲英文丛刊社，1946—1948，2 册，32 开

　　本书为北平广播电台英语讲座补充教本。

　　收藏单位：国家馆

05027

实用英语会话 唯明编著

重庆：上海书局，1944.11，105 页，32 开

　　收藏单位：南京馆

05028

实用英语会话 叶德光编著

桂林：实学书局，1944.10，赣初版，91 页，32 开

　　本书分会话、实用句子、日用句子、通用语辞、军用语辞 5 部分。

05029

实用英语会话（华英对照） 羊城彦编著

上海：春明书店，1949.3，125 页，32 开

　　本书分遇友、拜访、话别等46 篇。各界适用。

05030

实用英语交际会话 陈浩编

外文题名：Practical social intercourse of English conversation

重庆：万象周刊社，1945.3，93 页，32 开

　　本书共 34 课，前有潘公展序及编者前记。英汉对照。版权页题名：实用交际英语会话。

　　收藏单位：国家馆

05031

实用英语交际会话（英汉对照） 陈浩编

重庆：天地出版社，1944.1，101 页，32 开

　　本书末附交际常识。

　　收藏单位：重庆馆、广东馆

05032

实用中美会话 （美）诺克（S. A. Nock）（德）H. Mutschmanuu 编 钱歌川译注

外文题名：Conversations in American on American subjects

上海：中华书局，1936.6，242 页，32 开，精、平装

重庆：中华书局，1944.12，渝重排再版，214 页，32 开

上海：中华书局，1946.5，再版，242 页，32
开

　　本书以汉英对照的方式编排常用的中美
会话。内容包括：早餐、火车旅行、旅馆、菜
馆、电影院、打电话和吃便饭、邮政局、参
观农场等。

　　收藏单位：广东馆、贵州馆、国家馆、吉
林馆、南京馆、上海馆、首都馆

05033

外事警察英语会话　余秀豪　丰裕坤著
南京：中国警政出版社，1947，157 页，32 开
　　收藏单位：重庆馆、黑龙江馆、南京馆、
上海馆

05034

外事英文会话教科书　方丽韶编著
重庆：自由西报，1945.2，144 页，32 开
　　本书内容包括：英语发音略述、日用会
话、普通会话、海陆空与战事用句等。
　　收藏单位：重庆馆、国家馆

05035

无师自通英语指南针　香港兴记书庄编
香港：兴记书庄，1932.10，332+[38] 页，32 开
香港：兴记书庄，1947.6，6 版，332+[38] 页，
32 开

　　本书内容包括常用英语单词及会话用语。
分类编排。有汉译及汉字注音。版权页题名：
英语指南针。

05036

现代日用英语会话　葛传椝编著
外文题名：Present-day English conversation
上海：竞文书局，1937—1939，3 册，32 开
上海：竞文书局，1941，再版，3 册，32 开
上海：竞文书局，1946，3 版，3 册，32 开
　　收藏单位：国家馆

05037

现代英文会话　J. L. Howe 著
上海：世界书局，1936，2 册（104+130 页），
25 开

上海：世界书局，1947.10，再版，2 册（104+
130 页），25 开
　　收藏单位：广东馆、国家馆、江西馆

05038

现代英语会话　柳无垢著
外文题名：A book of dialogues for modern youth
重庆：开明书店，1945.2，126 页，32 开
重庆：开明书店，1946.3，再版，126 页，32
开
重庆：开明书店，1947.5，3 版，126 页，32
开
　　本书为英文会话，附中文注释。读物与
参考书并重。读者对象以一般研究英文者及
实用英文者为主。
　　收藏单位：重庆馆、国家馆、浙江馆

05039

现代英语会话　方乐天编著
外文题名：Modern English conversation with
Chinese translation
上海：商务印书馆，1949.2，231 页，32 开
　　本书内容包括：交通类、社会服务类、大
学生活、娱乐类、社交类等。英汉对照。
　　收藏单位：国家馆

05040

袖珍英华会话范本　王公藩编辑　（英）梅殿
华（C. Spurgeon Medhurst）校阅
外文题名：Specimen conversations
上海：中华书局，1921.10，35+42 页，50 开
上海：中华书局，1925.11，5 版，35+42 页，50
开
　　本书前为英文，后为汉译文。有中文注
释。
　　收藏单位：上海馆

05041

袖珍英华会话范本（第二编 甲级）　厉鼎骧编
辑　（英）梅殿华（C. Spurgeon Medhurst）校
阅
外文题名：Specimen conversations. Series 2
上海：中华书局，1917.1，26+36 页，50 开

上海：中华书局，1936.4，29 版，26+36 页，50 开

本书前为英文，后为汉译文。有中文注释。

收藏单位：国家馆

05042

袖珍英华会话范本（第三编 乙级） 王公蕃编辑 （英）梅殿华（C. Spurgeon Medhurst）校阅

外文题名：Specimen conversations. Series 3

上海：中华书局，1917.3，33+41 页，50 开

上海：中华书局，1936.4，22 版，33+41 页，50 开

本书前为英文，后为汉译文。有中文注释。

收藏单位：国家馆

05043

袖珍英华会话范本（第四编 乙级） 马润卿编辑 （英）梅殿华（C. Spurgeon Medhurst）校阅

外文题名：Specimen conversations. Series 4

上海：中华书局，1917.5，42+48 页，50 开

上海：中华书局，1934.3，17 版，42+48 页，50 开

本书前为英文，后为汉译文。有中文注释。

收藏单位：国家馆

05044

袖珍英华会话范本（第五编） 厉鼎骧编辑 （英）梅殿华（C. Spurgeon Medhurst）校阅

外文题名：Specimen conversations. Series 5

上海：中华书局，1922.11，27+34 页，50 开

上海：中华书局，1932.10，7 版，27+34 页，50 开

本书前为英文，后为汉译文。有中文注释。

收藏单位：国家馆

05045

袖珍英华会话范本（第六编） 程承祖编辑

（英）梅殿华（C. Spurgeon Medhurst）校阅

外文题名：Specimen conversations. Series 6

上海：中华书局，1922.11，25+38 页，50 开

上海：中华书局，1935.3，6 版，25+38 页，50 开

本书前为英文，后为汉译文。有中文注释。

收藏单位：国家馆、吉林馆

05046

袖珍英华会话范本（第七编） 王公蕃编辑 （英）梅殿华（C. Spurgeon Medhurst）校阅

外文题名：Specimen conversations. Series 7

上海：中华书局，1935，7 版，42 页，50 开

本书前为英文，后为汉译文。有中文注释。

收藏单位：国家馆、吉林馆

05047

袖珍英华商业会话范本（第一集） 西文编辑部编辑 马润卿校阅

外文题名：Specimen commercial conversation translated and annotated. Series 1

上海：中华书局，1921.4，45 页，50 开

上海：中华书局，1928.1，11 版，45 页，50 开

上海：中华书局，1937，17 版，45 页，50 开

本书为英汉对照，有中文注释。

收藏单位：国家馆、湖南馆

05048

学生英文交际会话 奚识之编著

外文题名：Student's English social conversations

上海：春明书店，1946.7，262 页，32 开

上海：春明书店，1946，2 版，263 页，32 开

本书为课程标准学生读本。

收藏单位：南京馆、首都馆

05049

学生英语会话 王元章编

外文题名：Students' English conversation

上海：商务印书馆，1924.12，131 页，32 开

上海：商务印书馆，1933.4，国难后 1 版，131 页，32 开

本书共 32 课。后附学生日用之单字。

收藏单位：广东馆

05050

学生英语会话 张谔编

外 文 题 名：English conversation for Chinese students

上海：中华书局，1935.6，166 页，32 开（初中学生文库）

上海：中华书局，1941.1，5 版，166 页，32 开（初中学生文库）

上海：中华书局，1941，17 版，166 页，32 开（初中学生文库）

上海：中华书局，1947.12，166 页，32 开（中华文库初中第 1 集）

本书共 40 课。前半部分为英语会话，后半部分为汉译文。

收藏单位：重庆馆、广东馆、广西馆、桂林馆、国家馆、黑龙江馆、湖南馆、江西馆、南京馆、内蒙古馆、上海馆、天津馆、浙江馆

05051

英汉会话

出版者不详，[1930—1949]，694 页，90 开

收藏单位：江西馆

05052

英汉军事常识会话（第一册） 吴光杰编

外 文 题 名：English-Chinese military common sense conversation volume I

重庆：大东书局，1945.8，225 页，32 开

本书内容包括：陆、海、空军和英、美军事用语会话，以及英译中国战斗纲要草案摘录和美国野外勤务令摘录等。英汉对照。

收藏单位：国家馆、南京馆

05053

英汉商业会话指南 严畹滋 周树培编 严独鹤校订

上海：世界书局，1925，193 页，50 开

收藏单位：首都馆

05054

英华交际会话（英汉对照） 张慎伯编译

上海：中华书局，1934.11，224 页，48 开

收藏单位：黑龙江馆、吉林馆、上海馆、首都馆

05055

英华旅行会话 李唯建编

外文题名：A handbook of conversations for travellers

上海：中华书局，1935.10，260 页，32 开（初中学生文库）

上海：中华书局，1936.9，再版，260 页，32 开（初中学生文库）

上海：中华书局，1941.1，4 版，260 页，32 开（初中学生文库）

本书分行程、膳宿、饮食、交易、护照等 14 编。

收藏单位：重庆馆、黑龙江馆、江西馆、辽宁馆、上海馆、首都馆

05056

英话注解 商务印书馆编译所编纂

外文题名：Lessons in English words and phrases with Chinese explanations

上海：商务印书馆，1913.4，7 版，164 页，32 开

上海：商务印书馆，1914.10，9 版，164 页，32 开

上海：商务印书馆，1929.8，23 版，164 页，32 开

收藏单位：广东馆

05057

英美会话学习法及实例

上海：启明书局，1939，220 页，32 开

收藏单位：山西馆

05058

英美会话学习法及实例（英汉对照） 徐纪平 唐允魁编著

外文题名：Examples of colloquial Anglo-Chinese conversation

重庆：桂林新生书局，1945.4，渝初版，366+18 页，36 开

本书分英语会话学习上之注意点和英语会话实例两编。附录英语及美语、中国地名英译表、基础单语。封面加题：社交本位。原由上海启明书局出版。

收藏单位：贵州馆、国家馆

05059

英文百日通 华英书局编辑部编辑

外文题名：English in hundred days

上海：华英书局，1947.4，5 版，113 页，32 开

本书为英汉对照，附华文读音解释。封面加题：文法会话 无师自通。

05060

英文百日通

外文题名：The mastery of English in one hundred days

上海：国光书店，[1949]，104 页，32 开

本书封面加题：中文注音 无师自通。

收藏单位：南京馆

05061

英文百日通

英文编译社，1933.7，206 页，25 开

本书附中文注释切音。

收藏单位：江西馆

05062

英文百日通（汉文注释） 英文研究社编纂

外文题名：English in hundred days with Chinese explanation

上海：新智书局，1932.4，203 页，25 开

上海：新智书局，1940.3，8 版，203 页，25 开

本书附中文注释切音。

收藏单位：江西馆

05063

英文会话 ABC 余天韵编著

外文题名：The ABC of conversation

上海：世界书局，1930.6，204 页，32 开（活用英文 ABC 丛书）

上海：世界书局，1931.3，再版，204 页，32 开（活用英文 ABC 丛书）

上海：世界书局，1933.7，6 版，204 页，32 开（活用英文 ABC 丛书）

上海：世界书局，1937.1，9 版，204 页，32 开（活用英文 ABC 丛书）

本书内容包括：访谒、与新生谈话、赏桃花、学生会、运动会、学校膳食、寄宿学校、学校宿舍等。附录会话中的简字。

收藏单位：江西馆、浙江馆

05064

英文会话百日通 董天亢编辑 金哲夫注释

上海：寰球书局，1934.3，126 页，32 开

上海：寰球书局，1934.5，再版，126 页，32 开

上海：寰球书局，1934.8，3 版，126 页，32 开

上海：寰球书局，1935.4，4 版，126 页，32 开

本书用汉字上海方音标注英文读音。附华文注释切音。供练习英语会话用。

收藏单位：上海馆

05065

英文会话全程 陈东林编

外文题名：A complete course in English conversation

昆明：中华书局，1939.9，119 页，32 开（英文学生丛书）

昆明：中华书局，1946.8，3 版，119 页，32 开（英文学生文库）

本书分有用的句子、会话基础、基本对话、会话 4 部分。英汉对照。

收藏单位：上海馆

05066

英文基础三千句 陈济编著

外文题名：An ABC phrase-book of spoken English

成都：群益出版社，1943.1，277 页，32 开

本书用 450 个英语基本词编成 3400 个常用句子。英汉对照。

05067

英文基础三千句 陈嘉著

外文题名：An ABC phrase-book of spoken English

上海：群益书社，[1949]，10+277 页，32 开，精装

　　收藏单位：国家馆、上海馆、绍兴馆

05068

英文交际会话大全　国光书店编辑

外文题名：Social conversation for daily use

上海：国光书店，1947.10，再版，257 页，32 开

　　收藏单位：广东馆

05069

英文体育会话　张锦源编纂

外文题名：English conversation of physical education

上海：商务印书馆，1935.5，79 页，32 开

　　本书会话内容涵盖跳舞、打猎、海水浴、网球、篮球、排球、音乐会、室内垒球、毽子、足球等。英汉对照。

　　收藏单位：广东馆、湖南馆

05070

英文通译手册　李慕白编著

外文题名：Hand book for Chinese interpreters

重庆：中国文化服务社，1944.6，230 页，32 开

北平：中国文化服务社，1944，2 版，230 页，32 开

重庆：中国文化服务社，1946.1，沪 6 版，230 页，32 开

　　本书为英汉对照会话。收有关战时会话及军用术语约 1500 句。书末附录（一）口令；（二）常用美国俚语；（三）菜单与吃的规矩。

　　收藏单位：广东馆、贵州馆、国家馆、南京馆

05071

英文学生会话　张谔著

外文题名：English conversation for Chinese students

上海：中华书局，1916.9，122 页，18 开，精

装

上海：中华书局，1934.4，17 版，122 页，18 开，精装

　　本书内容以日常事务为主，兼顾欧美人的风俗习惯和智慧思想。各段会话均是两人连贯式，后附句法练习。

　　收藏单位：东北师大馆、南京馆、上海馆

05072

英语从军会话　周觉识著

外文题名：Join the army

重庆：开明书店，1945.6，71 页，32 开

　　本书内容包括训练、在途中、野外演习、在前线等。供中学生学习英语用。

　　收藏单位：国家馆

05073

英语高级商业会话　张毓良编

外文题名：Advanced commercial conversation

上海：商务印书馆，1924.9，86+66 页，32 开

上海：商务印书馆，1927.9，再版，86+66 页，32 开

上海：商务印书馆，1933，国难后 1 版，86+66 页，32 开

上海：商务印书馆，1946.12，9 版，86+66 页，32 开

上海：商务印书馆，1948.7，10 版，86+66 页，32 开

　　本书为英汉对照。供中国学生和商务人士使用。

　　收藏单位：广东馆、湖南馆、上海馆

05074

英语会话　吴一鸣编译

上海：中英编译社，1935.6，142 页，32 开

　　收藏单位：南京馆

05075

英语会话　袁克行编著

上海：开明书店，1936.3，190 页，32 开（开明青年英语丛书）

湖南：开明书店，1943.5，内 3 版，190 页，32 开（开明青年英语丛书）

湖南：开明书店，1945，内4版，190页，32开（开明青年英语丛书）

上海：开明书店，1946.8，11版，190页，32开（开明青年英语丛书）

上海：开明书店，1947.3，12版，190页，32开（开明青年英语丛书）

上海：开明书店，1948.3，13版，190页，32开（开明青年英语丛书）

上海：开明书店，1949.4，14版，190页，32开（开明青年英语丛书）

本书共5章，内容包括：日常会话、交际会话、学校会话、商业会话等。末附分类单语及短语。

收藏单位：重庆馆、广东馆、贵州馆、国家馆、河南馆、吉林馆、江西馆、辽宁馆、南京馆、上海馆、绍兴馆

05076

英语会话法程　周庭桢编

外文题名：A textbook of progressive grammatical conversation

上海：商务印书馆，1922.8，99页，32开

上海：商务印书馆，1926，3版，99页，32开

上海：商务印书馆，1931.11，4版，99页，32开

上海：商务印书馆，1934.2，国难后1版，99页，32开

上海：商务印书馆，1936.10，国难后2版，99页，32开

收藏单位：广东馆

05077

英语会话范本　王步贤编纂

外文题名：Conversational English

上海：商务印书馆，1923.11，161页，32开

上海：商务印书馆，1926.2，3版，161页，32开

上海：商务印书馆，1927，4版，161页，32开

上海：商务印书馆，1930，5版，161页，32开

上海：商务印书馆，1933，国难后1版，161页，32开

商务印书馆，1946.3，8版，161页，32开

本书内容包括缩略语、否认或疑惑、惊叹语、谈论人的品性、年龄、友谊等。

收藏单位：重庆馆、广东馆、江西馆、南京馆

05078

英语会话公式　周越然编

外文题名：Fifty formulas English conversation

上海：商务印书馆，1919.2，25页，32开

上海：商务印书馆，1920.12，5版，25页，32开

上海：商务印书馆，1921，6版，25页，32开

上海：商务印书馆，1922，7版，25页，32开

上海：商务印书馆，1928，10版，25页，32开

上海：商务印书馆，1933.4，国难后1版，25页，32开

收藏单位：广东馆、首都馆

05079

英语会话教科书（新大陆采风谈）（美）埃利斯（John Ellis）编纂

外文题名：A trip to America

上海：商务印书馆，1934，国难后2版，96页，32开

收藏单位：广东馆

05080

英语会话实习　葛传椝著

外文题名：Exercises in English conversation

上海：竞文书局，1937.7，77页，32开

本书是以一般研究英文者及实用英文者为主，读物与参考书并重。

收藏单位：浙江馆

05081

英语会话手册　吕福田编著

外文题名：A handbook for English conversation

重庆：世界出版社，1944，78页，46开

本书内容涵盖日常用语、交际、天气、问路、邮局、旅游、娱乐、购物等方面。中英文对照。编著者原题：吕吟声。

收藏单位：重庆馆

05082

英语会话小丛书 王翼廷著

上海：中国文化服务社，[1911—1949]，1 册，128 开，精装

收藏单位：广东馆

05083

英语会话学习法及实例 徐纪平编

外文题名：Examples of colloquial Anglo-Chinese conversation

上海：启明书局，1940，366+18 页，46 开，精装

上海：启明书局，1948.12，3 版，366+18 页，46 开，精装

本书分英文会话学习上之注意点、英语会话实例两编。书脊题名:（社交本位）英美会话学习法及实例。

收藏单位：江西馆、上海馆

05084

英语会话钥 陈嘉编

外文题名：Key to English conversation

上海：群益书社，1947，增订版，743 页，50 开，精装

本书介绍了英语会话的技巧及各种场合常用英语会话。

收藏单位：广西馆

05085

英语会话一月通（中英对照） 葛史规编

外文题名：English Chinese conversation understand in one month

上海：英文学社，1945.12，136 页，32 开

收藏单位：国家馆

05086

英语交际会话 周惠礼编

上海：惠礼英语专科学校，1935.6，200 页，32 开，精装

本书为英汉对照。

收藏单位：绍兴馆

05087

英语交际会话大全 文光书店编

上海：出版者不详，1947，257 页，32 开

收藏单位：南京馆

05088

英语每月会话 袁克行编

上海：开明书店，1936.7，129 页，36 开（开明青年英语丛书）

上海：开明书店，1938.7，4 版，129 页，36 开（开明青年英语丛书）

上海：开明书店，1947.3，8 版，129 页，36 开（开明青年英语丛书）

上海：开明书店，1947，9 版，129 页，36 开（开明青年英语丛书）

上海：开明书店，1948，10 版，129 页，36 开（开明青年英语丛书）

上海：开明书店，1949.4，11 版，129 页，36 开（开明青年英语丛书）

本书按 12 个月编排英语日常会话。英汉对照，有注释。供中学生课外阅读和青年自修英语用。

收藏单位：重庆馆、广东馆、国家馆、南京馆、浙江馆

05089

英语商业会话（华英对照 教科适用） 徐慰慈编著

外文题名：Business English conversation

上海：春明书店，1946.7，76 页，32 开

收藏单位：南京馆、首都馆

05090

英语通 熊正民注释

外文题名：Key to English

上海：明华书局，1936，3 版，344 页，32 开

收藏单位：广东馆

05091

英语图解会话 王学谦编

外文题名：Pictorial conversation

上海：商务印书馆，1931.9，120 页，32 开，精装

上海：商务印书馆，1932.9，国难后1版，120页，32开，精装

上海：商务印书馆，1933.3，国难后2版，120页，32开，精装

　　收藏单位：广东馆

05092

邮政会话　奚亚夫　奚惠廉编

外文题名：Conversation on postal service

上海：振业书局，1923.10，112页，32开

上海：振业书局，1933.8，增订版，112页，32开

　　本书共25课。英汉对照。

　　收藏单位：国家馆

05093

怎样说话流利　陈启南编著

外文题名：How to speak English

上海：正中书局，1947.9，220页，32开（英语指导丛书）

　　本书分基本练习和会话两编。

　　收藏单位：首都馆

05094

战时英语会话　之江著

外文题名：Wartime English conversation

成都：上海译者书店，1943.1，84页，32开（中英对照青年丛书）

成都：上海译者书店，1943.4，增订再版，84页，32开（中英对照青年丛书）

成都：上海译者书店，1943.9，增订3版，84页，32开（中英对照青年丛书）

　　本书收《中国为自由和平而战》《重庆底新生》《常胜将军李宗仁》《中国空军底长成》《青年底呼声》《民穷财尽的日本》《劳苦功高的薛岳》《今日的西康》《生命之歌》《民族英雄傅作义》《突飞猛进的贵州》等14篇会话。附录回顾与展望。

　　收藏单位：重庆馆

05095

中等英语会话读本（第1册）（美）布赖恩（J. Ingram Bryan）编

外文题名：Conversational readers for middle schools. Book 1

上海：商务印书馆，1926.12，69页，32开

上海：商务印书馆，1930.2，再版，69页，32开

上海：商务印书馆，1935，国难后4版，69页，32开

　　本书著者原题：布赖安。

　　收藏单位：广东馆

05096

中等英语会话读本（第3册）（美）布赖恩（J. Ingram Bryan）编

外文题名：Conversational readers for middle schools. Book 3

上海：商务印书馆，1934，国难后2版，91页，32开

　　本书著者原题：布赖安。

　　收藏单位：广东馆

05097

中英会话大全（英汉对照）　李明编著

西安：启新印书馆，1945.5，132页，50开

　　本书供外国人学习汉语和中国人学习英语用。

05098

中英泰文军用会话　军令部第二厅编

出版者不详，[1911—1949]，132页，横50开

　　收藏单位：广东馆

05099

中英暹会话

暹京：叻昌兴印务局，[1911—1949]，157页，25开

　　收藏单位：广东馆

05100

自学英语会话（华文注音 习题测验）　周思良编著

上海：启明书局，1947.7，3版，88页，36开

　　本书内容涵盖问候、分别、访问、天气、时间、年龄、电车等。英汉对照。

收藏单位：江西馆

05101

自学英语会话（华文注音 习题测验） 周思良编著

外文题名：Self-rened

桂林：新生书局，1943.12，1 册，36 开

05102

自学英语会话（华文注音 习题测验） 周思良编著

重庆：新中国书局，1945.4，88 页，32 开

收藏单位：国家馆、南京馆

05103

综合英语会话 张其春编著

外文题名：English conversation without tears

重庆：路明书店，1946.9，183 页，32 开

重庆：路明书店，1946.12，沪初版，183 页，32 开

重庆：路明书店，1947.6，再版，183 页，32 开

本书共 5 章，介绍英语发音、语法及日常应用会话等。

收藏单位：南京馆、上海馆

05104

最新英华会话大全 李登辉　杨锦森编

外文题名：New practical Anglo-Chinese conversation

上海：中华书局，1913.12，373 页，48 开，精装

上海：中华书局，1919.3，13 版，373 页，48 开，精装

上海：中华书局，1924.7，26 版，373 页，48 开，精装

上海：中华书局，1930，34 版，373 页，48 开，精装

上海：中华书局，1932.5，35 版，373 页，48 开，精装

本书分单语、会话两编。

收藏单位：国家馆、上海馆

法语、西班牙语

05105

班华字典（福安方言） （西）O. P. I. Ibarez 编

上海：商务印书馆，1943，1041 页，32 开

本字典是我国较早的一部西班牙文与汉文对照字典。汉文以福建省福安县方言为准。

05106

初级法文文法 徐仲年编著

南京：钟山书局，1936.9，[16]+156 页，32 开

本书据法国路易·马尔山的教授法编成。编者结合他所编的课本《居邦一家》中的例句归纳出语句的规则和注意要点，讲述法语知识。

收藏单位：国家馆、南京馆

05107

春秋左传

外文题名：Tch'ouen Ts'iou et Tso Tchouan

河间：河间府，1914，585 页，18 开

本书为汉文、法文对照读物。

收藏单位：国家馆、河南馆、湖南馆

05108

大学初级法文 （法）邵可侣（Jacgues Reclus）著

外文题名：Cours de Francais elementaire

上海：商务印书馆，1936.9，269 页，24 开，精装（大学丛书 教本）

长沙：商务印书馆，1937.4，269 页，24 开（大学丛书 教本）

长沙：商务印书馆，1940.5，5 版，270 页，24 开（大学丛书 教本）

长沙：商务印书馆，1940.9，6 版，270 页，24 开（大学丛书 教本）

成都：商务印书馆，1944.2，蓉 1 版，270 页，24 开（大学丛书 教本）

上海：商务印书馆，1947.1，8 版，270 页，24 开（大学丛书 教本）

本书是著者为中国大学生编写的法文教本。共 6 部分，内容包括：单词、语法、课

文、练习等。末附法汉单词对照表。

收藏单位：重庆馆、国家馆、南京馆、内蒙古馆、西南大学馆

05109

大学法文文法　徐仲年著

上海：中华书局，1948.6，406 页，24 开

本书是《大学基本法文文法》一书的修订重排本。内分 12 章，讲述法文字、句及各类词等文法知识。末附法华法文文法术语对照表和华法法文文法术语对照表。

收藏单位：国家馆、上海馆、首都馆、西南大学馆

05110

大学基本法文文法　徐仲年著

长沙：中西文化印书馆，1943.7，13+420 页，24 开（国立中央大学丛书）

本书共 12 章，内容包括：论字、论字及句、论名词、论冠词、论形容词等。书前有序，书后附法华法文文法术语对照表、华法法文文法术语对照表、正误表。

收藏单位：国家馆

05111

二年法文　国立东北大学出版组编

[国立东北大学]，1943，油印本，59 叶，18 开，环筒页装

收藏单位：国家馆

05112

法华新字典　陆伯鸿等编译

外文题名：Dictionnaire Francais-Chinois

上海：商务印书馆，1914.4，4 版，621 页，22 开，精装

上海：商务印书馆，1921，9 版，621 页，22 开

本书据法国辣罗司字典编译而成。附汉译。

收藏单位：广东馆、国家馆、山西馆、绍兴馆、首都馆

05113

法华袖珍辞典　华克诚著

外文题名：Petit dictionnaire Francais-Chinois

出版者不详，1925，583 页，32 开

收藏单位：南京馆

05114

法文初范　张骏声编

外文题名：Grammaire Francaise élémentaire: à l'usage des éléves chinois

上海：土山湾印书馆，1916，5 版，308 页，32 开，精装

上海：土山湾印书馆，1924，7 版，302 页，32 开，精装

上海：土山湾印书馆，1932，15+302 页，32 开，精装

本书为法语文法书。法汉对照。

收藏单位：国家馆、绍兴馆、天津馆

05115

法文动词论　徐仲年著

长沙：商务印书馆，1940.9，229 页，24 开（中法文化丛书）

长沙：商务印书馆，1944.5，蓉 1 版，229 页，24 开（中法文化丛书）

本书共 7 章，内容包括：绪论、直陈状的意义和用法、拟议状的意义和用法等。前有著者自序。

收藏单位：广东馆、国家馆、江西馆、南京馆

05116

法文讲义（上册）　李蔚慈编

外文题名：Cours de francais

昆明：上智学校，1942.9，164 页，28 开

本书为中法大学文学院的法文讲义。共 26 课，每课分文法、文选、会话和练习。

收藏单位：国家馆

05117

法文捷径（第 2 集 法语入门）　圣母小昆仲会编

外文题名：Méthode graduée de langue francaise

圣母小昆仲会，1914，288 页，25 开，精装

全书共 3 集，本书为第 2 集，内容为法语入门，作初级读本。

收藏单位：东北师大馆、国家馆

05118

法文捷径（第 3 集 法语提纲） 圣母小昆仲会编

外文题名：Méthode graduée de langue francaise

圣母小昆仲会，1915，1 册，25 开，精装

全书共 3 集，本书为第 3 集，内容为法语提纲，作中级读本。

05119

法文名词辨类 贺之才编

外文题名：Classification du genre des substantifs de la langue francaise

上海：商务印书馆，1921.6，36 页，32 开

上海：商务印书馆，1925.5，4 版，36 页，32 开

本书共 7 章，内容包括：以字义辨类、以字源辨类、以字之尾部辨类等。

收藏单位：广西馆

05120

法文文牍程式 陈箓编

外文题名：Manuel de correspondances en francaise et en Chinois

上海：商务印书馆，1918.5，95 页，32 开

本书内容包括：请帖类、通告类、贺函类、唁函类、谢函类等。

收藏单位：国家馆

05121

法文文法 黄洛书　黄恩蔡编

出版者不详，1924，[471] 页，16 开，精装

收藏单位：首都馆

05122

法文阴阳词性 沈仲俊编

上海：三多编译社，1921，59 页，大 64 开

本书封面责任者题：沈梁编。

收藏单位：首都馆

05123

法英华会话 江显之编

外文题名：Guides polyglottes

上海：商务印书馆，1923.12，291 页，22 开

上海：商务印书馆，1933.4，国难后 1 版，291 页，22 开

上海：商务印书馆，1935.1，国难后 3 版，291 页，22 开

本书为法文、英文、汉文对照。

收藏单位：广西馆

05124

法语初步 褚泽永编著

外文题名：Les premiers pas en francais

上海：土山湾印书馆，1944，2 册，32 开

本书为法语课本。每册 60 课。

05125

法语初步 凌望超编纂

外文题名：Elements de langue francaise

上海：商务印书馆，1918.10，148 页，32 开

上海：商务印书馆，1920.2，2 版，148 页，32 开

上海：商务印书馆，1925，8 版，148 页，32 开

上海：商务印书馆，1926，9 版，148 页，32 开

上海：商务印书馆，1928，10 版，148 页，32 开

上海：商务印书馆，1933，国难后 1 版，148 页，32 开

上海：商务印书馆，1935，国难后 2 版，148 页，32 开

上海：商务印书馆，1937.4，国难后 5 版，148 页，32 开

本书共 6 编：字母、翻译、普通单字、熟语及会话、物语及诗歌、动词之活用法。

收藏单位：广东馆、河南馆、南京馆、上海馆、首都馆、天津馆

05126

法语进阶 震旦大学院编

外文题名：Introduction a l'étude de la langue

Francaise : a l'usage des éléves Chinois
上海：土山湾印书馆，1924，210 页，28 开，
精装

　　本书为法汉对照。封面加题：震旦大学院课本（法文科）第一年用。书前有 1885 年序言。

　　收藏单位：广东馆、国家馆、天津馆

05127

法语速成讲义　沈梁编
出版者不详，[1911—1949]，96 页，32 开，环筒页装 11

　　本书据欧美大学使用的法语教材编译。共 34 课，课文字句有汉译。

05128

法语文法新解　萧石君编
外文题名：Nouveau cours de grammaire francaise
上海：中华书局，1935.5，355 页，32 开
昆明：中华书局，1940.9，订正再版，355 页，32 开

　　本书共 4 章，内容包括：文章概论、文章构成的材料、单一文章论、复杂文章论。对字句的解释，主要根据法国 E.Littre 的 *Dictionnaire de La Langue francaise* 一书，而全书的结构则参照日本折竹锡的《法兰西文典》一书。后附品词变化表、主要的不规则动词。

　　收藏单位：重庆馆、东北师大馆、国家馆、黑龙江馆、湖南馆、辽大馆、上海馆、首都馆、西南大学馆、浙江馆

05129

法语一月通　杨明海编译
外文题名：Le francais en un mois
上海：世界书局，1935.7，286+41 页，48 开
上海：世界书局，1936.10，再版，286+41 页，48 开
上海：世界书局，1937.4，3 版，286+41 页，48 开

　　本书据日本德尾俊彦的 *Le Francais en Quatre semaine* 编译。书末有练习问题解答、动词变化表等 8 个附录。

　　收藏单位：国家馆、湖南馆、南京馆、首都馆、天津馆

05130

法语正音
外文题名：Phonetique
出版者不详，[1911—1949]，28 叶，18 开

　　收藏单位：国家馆

05131

分类锦囊法语　吴宗濂编译
外文题名：Manuel de poche Francais-Chinois
上海：商务印书馆，1928.8，317 页，50 开
上海：商务印书馆，1934.10，国难后 1 版，317 页，50 开
上海：商务印书馆，1939.4，国难后 2 版，317 页，50 开

　　本书分字汇、习用语、谈话门 3 部分，介绍常用法语词汇、短语及会话。

　　收藏单位：河南馆、浙江馆

05132

汉法新辞典　丁鸿宾著
外文题名：Nouveau dictionnaire chinois-francais
北平：北平西城丁宅，1934.11，494+28 页，22 开

　　收藏单位：近代史所、首都馆

05133

汉法字汇简编　[孔明道编]
[上海]：出版者不详，1924，559 页，36 开
　　收藏单位：首都馆

05134

汉译法语启蒙　顾润卿编译
商务印书馆，1930，115 页，32 开
　　收藏单位：广东馆

05135

汉译法语启蒙（第 1 册）　顾润卿编译
上海：商务印书馆，1930，68 页，32 开
上海：商务印书馆，1935，国难后 2 版，68 页，32 开

收藏单位：东北师大馆、广东馆

05136

华法启蒙（初集） 庄允升编

上海：商务印书馆，1923.8，11 版，120 页，32 开

上海：商务印书馆，1933，国难后 1 版，120 页，32 开

　　收藏单位：广东馆、广西馆、辽宁馆

05137

华法启蒙（二集） 庄允升编

上海：商务印书馆，1933.7，国难后 1 版，169 页，32 开

　　封面题名：华法启蒙贰集。

　　收藏单位：广东馆、广西馆

05138

华法启蒙（三集） 庄允升编

上海：商务印书馆，1928.4，5 版，168 页，32 开

上海：商务印书馆，1934.1，国难后 1 版，168 页，32 开

　　收藏单位：广东馆、广西馆

05139

华法要语注解 顾润卿著

上海：商务印书馆，1920.5，298 页，32 开

　　本书为法语分类字汇。注有国语读音。附法语缀音法、文法摘要、不规则动词表等。

　　收藏单位：江西馆、上海馆

05140

华法中学读本 商务印书馆编译所编译

外文题名：Lectures courantes

上海：商务印书馆，1920.10，7 版，189 页，32 开

上海：商务印书馆，1924，8 版，189 页，32 开

上海：商务印书馆，1930，9 版，189 页，32 开

上海：商务印书馆，1933，国难后 1 版，189 页，32 开

收藏单位：广东馆、广西馆、河南馆

05141

华法字汇 [孔明道] 编

[上海]：出版者不详，1929，473 页，36 开

　　收藏单位：首都馆、浙江馆

05142

华英双解法文辞典 上海法文学会编

外文题名：French-English-Chinese dictionary

上海：中华书局，1921.1，477 页，42 开，精装

上海：中华书局，1921.3，再版，477 页，42 开，精装

上海：中华书局，1930.1，6 版，447 页，42 开，精装

上海：中华书局，1936.2，9 版，447 页，42 开，精装

　　收藏单位：广东馆、河南馆、上海馆、绍兴馆

05143

猫的天堂 （法）左拉（Emile Zola）著　刘半农译

外文题名：Le paradis des chats

北京：北新书局，1927.3，20 页，32 开（北京孔德学校小丛书）

北京：北新书局，1927.10，2 版，20 页，32 开（北京孔德学校小丛书）

　　本书为法汉对照短篇小说。书前有译者的"卷头语"。译者原题：刘复。

　　收藏单位：重庆馆、国家馆、河南馆、上海馆

05144

模范法华辞典 萧子琴　谢寿昌　沈福顺编译

外文题名：Nouveau dictionnaire Francais-Chinois

上海：商务印书馆，1923.1，846 页，50 开，精装

上海：商务印书馆，1926.11，3 版，846 页，50 开，精装

上海：商务印书馆，1930.12，5 版，846 页，

50 开，精装

上海：商务印书馆，1933.3，缩本初版，846页，50 开，精装

上海：商务印书馆，1933，[缩本 2 版]，846页，50 开，精装

上海：商务印书馆，1935.4，缩本 3 版，846页，50 开，精装

上海：商务印书馆，1937.4，缩本 4 版，846页，50 开，精装

上海：商务印书馆，1938，缩本 6 版，846页，50 开，精装

　　本书介绍常用法语的词汇，以及常用短语。版权页题名：模范法华字典。

　　收藏单位：河南馆、近代史所、上海馆、首都馆、西南大学馆、浙江馆

05145

目触心惊　Lu-Kouo-Tchang 译

外文题名：Guerre et terreur

北京：西什库印字馆，1932，35 页，24 开

　　本书为法汉对照读物。收吴佩孚的《警世文》《蚁斗论》《吊今战场歌》《礼教救国说》4 篇诗文。汉字下有法文注音。供法国人学习汉语用。

　　收藏单位：国家馆

05146

社会律　光启社编译

外文题名：Code social

上海：土山湾印书馆，1930，67+72 页，32 开

　　本书以天主教的观点论述社会方面的问题，包括人与社会、公民生活、经济生活、国际生活、超性生活、尘世生活之成功。法华对照合订本。

　　收藏单位：安徽馆、国家馆

05147

失业（法汉对照）（法）左拉（Emile Zola）著　刘半农译

北京：北新书局，1927.3，26 页，32 开（北京孔德学校小丛书）

　　本书为短篇小说。译者原题：刘复。

　　收藏单位：国家馆

05148

四书（汉法对照）

出版者不详，1930，748 页，18 开

　　本书中文部分据朱熹集注本印。

05149

图解初学法文读本　王绍辉编译

外文题名：Lectures elementaires de la langue francaise

上海：商务印书馆，1919.9，122 页，32 开（华法教育会丛书 法文部）

上海：商务印书馆，1933.2，国难后 1 版，122 页，32 开（华法教育会丛书 法文部）

长沙：商务印书馆，1938.3，国难后 3 版，122 页，32 开（华法教育会丛书 法文部）

　　收藏单位：广东馆、黑龙江馆、南京馆

05150

新编法文文法　瞿宣治编纂

外文题名：Grammaire francaise

上海：商务印书馆，1921.1，143+12 页，32 开

上海：商务印书馆，1929.1，5 版，143+12 页，32 开

上海：商务印书馆，1932.9，国难后 1 版，143+12 页，32 开

　　本书分 12 篇，内容包括：引言、名字、区指字等。用中文文言讲述。

　　收藏单位：广东馆、河南馆、黑龙江馆

05151

新编法语教程　吴晓芝编著

北平：立达书局，1932.9，269 页，25 开

　　本书内容包括：法语字母、法语发音、名词、数词、冠词等。

　　收藏单位：重庆馆、浙江馆

05152

粤法字典　（法）奥巴扎克（Louis Aubazac）[著]

外文题名：Dictionnaire Cantonnais-Francais

Hongkong：Imprimerie de la Societe des Missions-Etrangeres，1912，1116+139 页，18 开

　　收藏单位：广西馆

05153

增订法文文牍程式大全（上卷） 陈箓编

外文题名：Manuel de la correspondance

上海：商务印书馆，1932.10，国难后 1 版，211 页，32 开

　　本书内容包括：请帖、通告、贺函、唁函、荐函、谢函、合同、国书、照会、条约、祝词、护照、章程、各种函牍首尾程式等 20 类。

　　收藏单位：国家馆

05154

最新法文读本及会话 郑明公著

外文题名：Nouveau manuel de langue francaise par simon tseng

上海：中华书局，1929.5，116 页，32 开

上海：中华书局，1933.1，再版，116 页，32 开

上海：中华书局，1937.11，160 页，32 开

上海：中华书局，1938.10，再版，160 页，32 开

上海：中华书局，1939.9，3 版，160 页，32 开

　　本书共 4 部分，内容包括：法文文法、会话及名文选读等。

　　收藏单位：东北师大馆、国家馆、河南馆、辽师大馆、南京馆、上海馆

05155

最新法文法独修 王养怡编

外文题名：Nouveau cours de grammaire francaise

北平：立达书局，1932，99+44 页，28 开

　　本书分上下两编。上编为语之研究，下编为句之研究。

　　收藏单位：国家馆、首都馆、浙江馆

05156

最新法语读音篇 王养怡编

外文题名：Nouveau cours de prononciation francaise

北平：王养怡 [发行者]，1934.8，47 页，28 开

　　收藏单位：国家馆、浙江馆

05157

最新中法文会话 孙橘泉编

上海：世界书局，1928，3 版，289 页，32 开

　　收藏单位：广西馆

05158

最新中法文会话 孙橘泉　孙邵萍青编纂

外文题名：Nouveau manuel de conversation Franco-Chinois

长沙：商务印书馆，1923.3，289 页，32 开，精装

长沙：商务印书馆，1932.9，国难后 1 版，289 页，32 开，精装

长沙：商务印书馆，1938.10，国难后 3 版，289 页，32 开，精装

　　收藏单位：贵州馆、黑龙江馆

德语

05159

德国文法教科书（前编） 王撰曾译述

上海：商务印书馆，1911.6，214 页，25 开

上海：商务印书馆，1912.11，重订再版，214 页，25 开

上海：商务印书馆，1913.7，重订 3 版，214 页，25 开

上海：商务印书馆，1914.12，重订 4 版，214 页，25 开

　　收藏单位：河南馆

05160

德华常用小字汇 孙用震编　杨丙辰　董逐会校

外文题名：Kleines deutsch-chinesisehes worterbuch

北平：中德学会，1939.10，93 页，32 开

　　本书为补助德语教材刊本。初学者适用。

　　收藏单位：首都馆

05161

德华成语辞典 陈充文编著

外文题名：Deutsche sprichworter und redensarten

上海：商务印书馆，1937.7，100 页，32 开，精装

收藏单位：东北师大馆、广东馆、西南大学馆

05162

德华大辞典 （德）卫德明（Hellmut Wilkelm）主编

外文题名：Deutsch-Chinesisches worterbuch

上海：璧恒图书公司，1945.5，1236 页，16 开，精装

本书在中国专家们的合作下编成。

收藏单位：东北师大馆、国家馆、吉林馆、辽宁馆、山西馆、西南大学馆、新疆馆

05163

德华大字典 瞿侃 黄异 余云岫编

外文题名：Deutsch-Chinesisches wörterbuch

上海：商务印书馆，1920.1，1289+48 页，50 开

上海：商务印书馆，1927.2，5 版，1289+48 页，50 开

上海：商务印书馆，1930.6，6 版，1289+48 页，22 开

上海：商务印书馆，1933.3，缩本初版，1289+48 页，50 开，精装

上海：商务印书馆，1935.5，缩本 3 版，1289+48 页，50 开，精装

上海：商务印书馆，1938.6，缩本 5 版，1289+48 页，50 开，精装

上海：商务印书馆，1940.4，缩本 7 版，1289+48 页，50 开，精装

上海：商务印书馆，1948.8，缩本 8 版，1289+48 页，50 开，精装

本书字数计 13 万，比普通德华字典增数倍，内容有德文，以及拉丁文，注明词类词性自动被动等意以便查考。末附强变化及不规则变化之动词表等。

收藏单位：广东馆、湖南馆、辽宁馆、南京馆、内蒙古馆、山西馆、上海馆、首都馆、天津馆、浙江馆

05164

德华对照读本（第一卷） （德）额尔德（Friedrich Otte）编 余云岫校订

外文题名：Deutsches lesebuch fur Chinesen

上海：商务印书馆，1920.1，80+73 页，32 开

上海：商务印书馆，1924，3 版，80+73 页，32 开

上海：商务印书馆，1933.7，国难后 1 版，80+73 页，32 开

上海：商务印书馆，1937.3，国难后 2 版，80+73 页，32 开

本书分原文篇和对照篇两部分。供教科及自修用。后附勘误表。

收藏单位：广东馆、广西馆

05165

德华对照读本（第二卷） （德）额尔德（Friedrich Otte）编 余云岫校订

外文题名：Deutsches lesebuch fur Chinesen

上海：商务印书馆，1920.1，132+101 页，32 开

上海：商务印书馆，1922.6，再版，132+101 页，32 开

上海：商务印书馆，1933.1，[再版]，132+101 页，32 开

本书分原文篇和对照篇两部分。供教科及自修用。

收藏单位：广东馆、国家馆

05166

德华对照读本（第三卷） （德）额尔德（Friedrich Otte）编

外文题名：Deutsches lesebuch fur Chinesen

长沙：商务印书馆，1924.9，235+173 页，32 开

长沙：商务印书馆，1933.2，国难后 1 版，235+173 页，32 开

长沙：商务印书馆，1938.10，国难后 2 版，235+173 页，32 开

本书分原文篇和对照篇两部分。供教科及自修用。

收藏单位：广东馆、广西馆

05167

德华会话　陈任才　楼特全编

外文题名：Deutsch-Chinesische militar-konversation

南京：特全外国语学校，1935.8，188 页，32 开，精装

　　本书分两编：第 1 编单字（侧重军事方面字词），第 2 编会话。附军语。版权页题名：德华军语会话。

　　收藏单位：广东馆、国家馆、南京馆

05168

德华会话大全　中华书局编

外文题名：Deutsch-Chinesisches konversations buch

昆明：中华书局，1924.1，152 页，48 开，精装

昆明：中华书局，1936.2，4 版，152 页，48 开，精装

昆明：中华书局，1940.4，5 版，152 页，48 开，精装

　　本书分常用单字、短语、问答句等编。德汉对照。

　　收藏单位：湖南馆、上海馆

05169

德华浅显小说（别体德文读本）　李梅龄编辑

上海：中华图书馆，1917.10，242+[62] 页，32 开，精装

　　本书收《雅各之宅》《三睡汉》等 15 篇短篇小说及谚语数十则。有中文注释，篇后有习题。书末附小字典（即本书各篇字汇）。

05170

德华字典　马君武编

外文题名：Deutsch-Chinesisches worterbuch

上海：中华书局，1920.4，1123+20 页，32 开，精装

上海：中华书局，1933.4，2 版，1123+20 页，32 开，精装

昆明：中华书局，1940.5，5 版，1123+20 页，32 开，精装

昆明：中华书局，1941.11，6 版，1123+20 页，

32 开，精装

　　本字典系著者赴德留学、工作时所编，为我国出版较早的一部德华字典。书末附略字解和不规则动词表。

　　收藏单位：东北师大馆、桂林馆、国家馆、山西馆、上海馆、首都馆、浙江馆

05171

德华字典　徐洪兴著

上海：吴淞万昌书局，1947，增订 2 版，影印本，773 页，24 开，精装

　　本书书末附普通略语和地理名词等。

　　收藏单位：辽宁馆

05172

德华字典

出版者不详，1917，1091 页，22 开

　　收藏单位：山西馆

05173

德诗汉译　应时选译

上海：世界书局，1939.1，53+128+12 页，32 开，精装

　　本书内收歌德、海涅、席勒、乌郎、豪夫及其他人的诗共 11 首。德汉对照，译文为文言体。卷首有颜惠庆、张元济、褚民谊、杨永清、萧友梅等的序。书末附德国诗人姓字里居表、德诗源流。译者原题：应溥泉。

　　收藏单位：国家馆、上海馆

05174

德诗汉译　应时选译

杭州：浙江印刷公司，1914.1，75 页，23 开

　　本书为德汉对照读物。汉译为旧体律诗。

　　收藏单位：南京馆、浙江馆

05175

德文成语（德汉双解）（德）赖华德（O. Rheinald）著　魏以新译

长沙：商务印书馆，1938，282 页，32 开

　　收藏单位：贵州馆、首都馆

05176
德文读本（初集 附释义） 王撰曾著
商务印书馆，1917，订正4版，50+20页，32开
　　收藏单位：广东馆

05177
德文读本（二集 附释义） 王撰曾著
上海：东方印书局，1915.12，78+24页，32开
上海：东方印书局，1919.9，订正再版，78+24页，32开
　　本书正文78页，附释义24页。

05178
德文读本（三集 附释义） 王撰曾著
商务印书馆，1916，158+32页，32开
　　收藏单位：广东馆

05179
德文法程 洪中编
上海：商务印书馆，1920，16版，96页，32开
上海：商务印书馆，1925.9，19版，96页，32开
上海：商务印书馆，1932.9，国难后1版，96页，32开
上海：商务印书馆，1934.4，国难后2版，96页，32开
　　收藏单位：重庆馆、广东馆、广西馆、河南馆、上海馆

05180
德文捷径 汤坚　康士敦著
北平：国立北京大学医学院，1942，104页，32开
　　收藏单位：首都馆

05181
德文入门 桑德满（H. Sander）编著
坪石［广东］：大学图书供应社，[1927]，188页，32开
　　收藏单位：广东馆

05182
德文入门 桑德满（H. Sander）著
外文题名：Kurzgefates lehrbuch der deutschen sprche fur Chinesen
上海：德商璧恒图书公司，[1922]，192页，32开
上海：德商璧恒图书公司，1924，再版，192页，32开
上海：德商璧恒图书公司，1931.8，[再版]，192页，32开
　　本书共44课。书前有初版序言（1922年秋）、再版序言（1924年春）、三至五版序言（1925年夏）。书末附单字索引和文法名词索引。初版年据写初版序时间。
　　收藏单位：重庆馆、南京馆、上海馆、首都馆

05183
德文文法 赵为楣　郝景盛编著
重庆：赵为楣、郝景盛[发行者]，1942.6，202页，16开
　　本书分字学、句学两篇，共15章。
　　收藏单位：国家馆

05184
德文文法读本 （德）奥笃著　楼特全译
南京：特全外国语学校，1934.7，226页
　　收藏单位：南京馆

05185
德文语法 戴恩荣著
外文题名：Deutsche sprachlehre
上海：璧恒公司，1933.2，202页，32开
上海：璧恒公司，1935，再版，202页，32开
　　收藏单位：广东馆

05186
德英华会话合璧（英汉释） 戴恩荣编著
外文题名：Deutsch-Englisch-Chinesische gespraeche mit lesestuecken
上海：璧恒公司，1930.4，223页，32开
上海：璧恒公司，1936，再版，198页，32开
　　本书分上下两卷，上卷为普通会话，下

卷为读物。附载德文读物。

收藏单位：广东馆

05187
德语津梁 （德）柯武华编　施通译
北平：商务出版社，1941，290 页，25 开

收藏单位：山西馆

05188
德语类编　恩仲华著
发行者不详，[1911—1949]，手写本，1 册，22 开

收藏单位：国家馆

05189
德语入门（英汉释）　戴恩荣著
上海：商务印书馆，1936，147 页，32 开

收藏单位：广东馆

05190
德语一月通　周明编译
上海：世界语言学社，1934.11，306 页，42 开
上海：世界语言学社，1935.5，3 版，306 页，42 开
上海：世界语言学社，1939.9，重排版，306 页，42 开
上海：世界语言学社，1940.4，新 1 版，306 页，42 开

　　本书为德语速成读本。书末附《大旋风》德华对译篇等。

收藏单位：首都馆

05191
第二年德文　[国立东北大学出版组] 编
[国立东北大学]，1943，油印本，38 叶，18 开，环筒页装

收藏单位：国家馆

05192
辅仁大学新设德国语言文学组说明书　辅仁大学编
外文题名：Sektion fur deutsche sprache und literatur

in verbindung mit den naturwissen-schaften
北平：辅仁大学，[1942]，16 页，32 开

　　本书为中德文对照。对开设德国语言文学组的目的、教学内容、学时安排等加以说明。

收藏单位：国家馆

05193
汉译德文文法　秦文中编
上海：商 务 印 书 馆，1916，227+106 页，22 开，精装

收藏单位：首都馆

05194
汉译德文文法（前编）　秦文中编译
北平：京华印书局，1920，228 页，22 开

收藏单位：首都馆

05195
汉译德文文法（中德对照 前编）　秦文中编译
北平：京华印书局，1916.11，252 页，22 开
北平：京华印书局，1921.11，再版，252 页，22 开
北平：京华印书局，1930.1，3 版，252 页，22 开

　　本书分发音学、词解两部分。发音学讲解音、音缀；词解讲解冠词、名词、形容词、数词、代名词、动词、副词、前置词、接续词、感觉词。1921 年版题名加题：订正再版。1930 年版题名加题：增订三版。

收藏单位：广东馆

05196
汉语德文解释汇编　李光恒编
北京：京师武学官书局，1911.9，504 页，22 开，精装

　　本书分正书、字学、句学、附编 4 编。用汉语讲述德文语法。

收藏单位：国家馆

05197
汉语通释
出版者不详，[1911—1949]，421 页，32 开，

精装

　　本书为德汉对照读物。

　　收藏单位：南京馆

05198

华德字典　薛田资编

外文题名：Chinesisch-Deutsches worterbuch

山东：济宁中西中学校，1917，10+588 页，36 开

山东：济宁中西中学校，1928，增订再版，842 页，36 开

　　本书增订再版前有弁言，版次取自弁言。

　　收藏单位：国家馆

05199

莫克趣史（德文译注 小说 第 1 集）（德）哈华甫（Wilhelm Hauff）著　俞敦培　谢维耀译

外文题名：Die geschichte von demkleinen Muck

上海：俞敦培 [发行者]，1924.12，96 页，50 开

　　本书为德汉对照读物。有注释。汉译文为文言体。

　　收藏单位：国家馆

05200

实用德华会话全书　王撰曾编

上海：生活书店，1933，国难后 8 版，重订本，408 页，50 开

　　收藏单位：广西馆

05201

新体德文典（卷一）　商务印书馆编译所编

外文题名：Neues deutsches grammatik fur Chinesische schulen

上海：商务印书馆，1922.5，98 页，32 开

上海：商务印书馆，1924，再版，98 页，32 开

上海：商务印书馆，1928.6，4 版，98 页，32 开

上海：商务印书馆，1930，5 版，98 页，32 开

上海：商务印书馆，1934.1，国难后 1 版，98 页，32 开

　　收藏单位：重庆馆、广东馆、广西馆、湖南馆

05202

新体德文典（卷二）　商务印书馆编译所编

外文题名：Neues deutsches grammatik fur Chinesische schulen

上海：商务印书馆，1922.6，178 页，32 开

　　收藏单位：广东馆

05203

英汉释德文举隅　戴恩荣　巴塞尔　巴塞尔夫人编纂

外文题名：Neutsche grammatik

上海：商务印书馆，1928.10，126 页，32 开

上海：商务印书馆，1933.7，国难后 1 版，126 页，32 开

上海：商务印书馆，1938.10，国难后 3 版，126 页，32 开

　　收藏单位：广东馆、河南馆、南京馆

05204

正则德文读本　商务印书馆编译所编

外文题名：Neues deutsches lesebuch fur Chinesische schulen

上海：商务印书馆，1920，2 册（90+17+118 页），32 开

上海：商务印书馆，1925.4，3 版，2 册（90+17+118 页），32 开

上海：商务印书馆，1929.4，5 版，2 册（90+17+118 页），32 开

　　本书全部德文，无汉语解说。书末有生字表。

　　收藏单位：广东馆、国家馆

05205

中德字典　宾步程编

上海：商务印书馆，1911.3，再版，261 页，50 开

上海：商务印书馆，1913.8，再版，261 页，50 开

　　本书据《德法字典》译出。为一本中型汉德词典，条目的选择主要根据对外交往及在德生活、学习和工作的实际需要而定。

收藏单位：河南馆、上海馆、浙江馆

05206

最新德文法真诠　王养怡编

外文题名：Neue deutsche grammatik

北平：王养怡 [发行者]，1934.7，236 页，25 开

　　本书分声音论、词论、文章论 3 部分。

　　收藏单位：国家馆、天津馆、浙江馆

俄语

05207

阿Q正传（中俄文对照）　鲁迅撰　（苏）罗果夫（B. H. Рогов）译　刘辽逸注释

外文题名：Подлинная история

大连：新中国出版社，1949，1 册，32 开

　　本书为中俄文对照中篇小说。

　　收藏单位：重庆馆、广东馆、国家馆、南京馆、浙江馆

05208

阿霞　（俄）屠格涅夫（Ivan Turgenev）著　温佩筠编译

温佩筠 [发行者]，1934.8，196 页，32 开

　　本书为中篇小说。中俄文对照。书前有译者引言。

　　收藏单位：国家馆、首都馆

05209

暴风雪（中俄文对照）（俄）普希金（А. С. Пушкин）著　梁香译

外文题名：Метель

上海：时代书报出版社，1947.11，47 页，32 开

　　本书为中俄文对照短篇小说。

　　收藏单位：重庆馆、广东馆、国家馆、黑龙江馆、吉林馆、南京馆、上海馆、绍兴馆

05210

标准俄文读本　张允行　张孙煦民编著

北平：立达书局，1934，[119] 页，20 开

　　本书分语词、文法两部分。

05211

初等俄语文法　舒重野编

上海：中华书局，1949.9，144 页，32 开

　　本书共 33 课。教学自修两用。

　　收藏单位：东北师大馆、国家馆、南京馆、山西馆、天津馆

05212

初级俄语文法　柳思编

大连：关东中苏友好协会，1947.8，137 页，32 开（俄文学习丛书 1）

　　本书共 32 课，对俄语文法作简要叙述。书末附录（一）新旧俄语字母；（二）名词特殊变化。

　　收藏单位：吉林馆

05213

初级俄语文法（修正本）　柳思编

大连：旅大中苏友好协会，1949.4，再版，131 页，32 开（俄文学习丛书 1）

　　本书据日本八杉贞利的《初等露语文法》一书编成。共 32 课，对俄语文法作简要叙述。书末附录（一）新旧俄语字母；（二）名词特殊变化。

　　收藏单位：东北师大馆

05214

村姑小姐（中俄文对照）（俄）普希金（А. С. Пушкин）著　磊然译

外文题名：Барышня-Крестьянка

上海：时代书报出版社，1947.10，69 页，32 开

　　本书为中俄文对照短篇小说。

　　收藏单位：重庆馆、国家馆、辽宁馆、南京馆、宁夏馆、上海馆、首都馆

05215

俄汉新辞典　А. П. Хиония 编

哈尔滨：商务印书局，1927，400 页，16 开

　　收藏单位：吉林馆

05216

俄汉新辞典 舒恬波编著

上海：珠林书店，1941.6，430 页，64 开，精装（上海外国语学校丛书 7）

本书内容包括：语言整合描写、同义现象与同义词典问题、体系性词典学、借助句法描写语义、语言的形式模式等。

收藏单位：浙江馆

05217

俄华航空会话 葆和甫编译

成都：航空委员会训练监编译科，1940.9，117 页，32 开

本书分轰炸机、驱逐机、侦察机、飞行术、警报、夜间警报、空战、轰炸、防空、飞机场、飞行人员、机械人员等 20 课。供航空专业人员学习俄语会话用。

收藏单位：重庆馆、国家馆

05218

俄华会话进阶 鸿宾如编译

哈尔滨：商务印书局，1917.9，1 册，32 开

收藏单位：南京馆

05219

俄华求解、同义、成语、文法四用辞典 郭景天编

大连：旅大中苏友好协会，1949.8，2786 栏（每页 2 栏）

本辞典前有凡例、略语表、发音、文法检查索引。后附世界重要地名表、人名表、动词变化表等 7 个附录。

收藏单位：东北师大馆、近代史所、西南大学馆、中科图

05220

俄罗斯文法 魏渤编

北京：俄国教会，1914.3，97 页，大 32 开

收藏单位：南京馆

05221

俄文单字简捷记忆法 王世馥编 刘履之校阅

北平：五十年代出版社，1949.9，269 页，32 开

本书分 3 编。除对俄文单字简捷记忆法作一般理论介绍外，编者将俄文单字分成两部分：一部是流行的基本单字，按字首、字根、字尾排列；一部是重要单字，按性质、意义、用途分类汇编。全书包括俄文单字 1 万多个。

05222

俄文读本 军训部陆军军官预备学校筹备总处 [编]

军训部陆军军官预备学校筹备总处，[1944.9]，224 页，32 开

本书为军训部审定陆军军官预备学校专用课本，共 60 课。

05223

俄文读本 （苏）柯席乌洛夫（Г. П. Кожеуров）顾用中编

外文题名：Учебник русского языка

上海：时代社，1945，15+123 页，16 开

上海：时代社，1946，2 版，15+123 页，16 开

上海：时代社，1948，修正 3 版，15+123 页，16 开

上海：时代社，1948，修正 4 版，15+123 页，16 开

上海：时 代 社，1949，7 版，15+123 页，16 开

本书共 32 课。有文法说明和注释。卷首有《略谈俄罗斯语文》一文。

收藏单位：重庆馆、广东馆、国家馆、上海馆

05224

俄文读本 刘泽荣编

昆明：国立西南联合大学，1939.6，424 页，32 开

收藏单位：南京馆

05225

俄文读本

出版者不详，1936，140 页，20 开

本书为东北大学边政系俄文组讲义。用俄文编写，夹有汉文释义。

05226

俄文读本（第一册）　伏洛霍维赤　柳子厚编

外文题名：Учебник русского языка для китайских студетов

上海：中俄书局，1946.1，126 页，25 开

　　收藏单位：江西馆、山西馆

05227

俄文读本（第一册）　贺青编著

桂林：新知书店，1940.11，365 页，32 开

大连：新知书店，1946.4，365 页，32 开

大连：新知书店，1948.3，再版，365 页，32 开

大连：新知书店，1948.10，3 版，365 页，32 开

　　本书为俄语课本，共 40 课。书末有字汇。

　　收藏单位：东北师大馆、国家馆、吉林馆、辽宁馆、南京馆、浙江馆

05228

俄文高级教科书（第一册）（苏）吴拉塞夫著

哈尔滨：商务印书局，1931，1 册，32 开

　　收藏单位：南京馆

05229

俄文会话教程　顾用中编著

上海：世界书局，1940.8，126 页，32 开

上海：世界书局，1949.7，再版，126 页，32 开

　　本书共 30 课。包括日常语汇、会话、应用单词等。附录字母和发音、文法用表、单词索引。

　　收藏单位：国家馆

05230

俄文会话进阶　梁秀彦编

外文题名：Руководство для изучения русского разговорново языка

上海：时代书报出版社，1949.3，[83] 页，28 开

本书分会话和单词分类两部分。曾以燕京大学名义出版过，后经修正改由时代书报出版社出版。

　　收藏单位：国家馆、吉林馆、南京馆

05231

俄文简易文法（第 1 册）（苏）札月尔年耶夫（И. С. Заверняев）（苏）谢越留国夫（А. Ф. Северюков）编著

哈尔滨：商务印书馆，1933，4 版，123 页，16 开

　　本书封面加题：东省特别区教育厅审定。

05232

俄文讲座读本（2）　何倩　李汜著

北京：知识出版社，1949，94 页，32 开

　　收藏单位：山西馆

05233

俄文教程　牛光夫编译

成都：自立语文学会出版部，1944.7，336 页，36 开（自立语文学会丛书）

　　本书据日本冈泽秀虎的《俄语四周间》一书编译。书前有原著序言。

　　收藏单位：重庆馆

05234

俄文津梁（第 1 册）（苏）吴索福（С. Н. Усов）著

[哈尔滨]：东北书店，1949，23 版，增订本，234+13 页，32 开

　　本书为东北书店翻印的俄语课本。后附本册单字总表。

　　收藏单位：东北师大馆、辽宁馆、山西馆

05235

俄文津梁（第 1 册）（苏）吴索福（С. Н. Усов）（苏）П. А. Шосс 著

哈尔滨：秋林洋行，[1925]，12+55 页，32 开

　　本书为俄语课本。

05236

俄文津梁（第 2 册）（苏）吴索福（C. H. Усов）（苏）П. А. Шосс 著

重庆：中西图书印刷总社，1939.3 印，122 页，32 开

本书为俄语课本。

05237

俄文入门 诸良著

上海：中华书局，1949，171 页，32 开

收藏单位：山西馆

05238

俄文实习读本（第 1 册）（苏）吴拉塞夫编

外文题名：Практический курс русского языка

哈尔滨：商务印书局，1934.3，6 版，[109] 页，16 开

本书共分 100 课。

05239

俄文实用读本（第 1 册） 查伊范 许怡曾编著

外文题名：Русский язык практическии учебник

上海：许怡曾 [发行者]，1939.7，92 页，22 开

本书共 20 课，每课均有习题。

收藏单位：国家馆

05240

俄文通用尺牍 （苏）卜朗特（Я. Вранлть）著 赵季和注释

北京：俄文法政专门学校，1924，193 页，32 开，精装

本书为俄文尺牍作法及范本，夹有中文注释。

收藏单位：辽宁馆、南京馆

05241

俄文文法 龚人放编著

外文题名：Грамматика

北平：国立清华大学外文系，1949.5，2 册，28 开

本书为编者在西北大学、清华大学教授

俄文的讲义。分上下两册，上册讲发音、单字的构成和品词，下册讲句法。

收藏单位：东北师大馆、国家馆、山西馆、天津馆

05242

俄文文法 柳思编译

外文题名：Грамматика русского языка

东北：新中国书局，1949.5，470 页，32 开

本书分字母和发音、品词论、句法论 3 部分。据日本八杉贞利所著的俄语文法编译而成。

收藏单位：东北师大馆、广东馆、湖南馆、辽宁馆、南京馆、内蒙古馆、天津馆

05243

俄文文法（第一卷） 柳子厚 伏洛霍维赤合编

外文题名：Грамматика русского языка

北京：中俄书局，1946.1，75 页，32 开

北京：中俄书局，1947.2，再版，75 页，32 开

收藏单位：东北师大馆、山西馆

05244

俄文文法（第一篇 变字法） 葛烈佳金著

出版者不详，1929，58 页，32 开

收藏单位：南京馆

05245

俄文文法（中俄文讲述） 刘泽荣编

北平：刘泽荣 [发行者]，1936.9，423 页，18 开

北平：刘泽荣 [发行者]，1937.5，增订再版，423 页，18 开

本书为俄文补习讲义，分 17 章讲述。

收藏单位：甘肃馆、上海馆

05246

俄文文法大全 吴辉扬 陶锡琪编著

上海：新华外国语文研究会，1949，459 页，32 开

收藏单位：东北师大馆、广东馆、绍兴馆

05247

俄文文法中变格问题之研究 杨间钟著

外文题名：Изследование о законах падежей русской грамматики

科学出版社，1938.8，[154] 页，32 开，精装

本书为汉俄对照。

收藏单位：南京馆、西南大学馆

05248

俄文新课本 禹夫 师哲合编

大连：关东中苏友好协会，1948.6，451 页，32 开（俄文学习丛书 2）

本书为初级俄语课本。共 20 课。原系抗战期间某解放区干部学校俄文讲义。

收藏单位：东北师大馆、国家馆、辽宁馆

05249

俄文选（第一册）（苏）柯席乌洛夫（Г. П. Кожеуров）顾用中著

上海：时代社，1947，78 页，16 开

上海：时代社，1949，78 页，16 开

本书为俄文读本第一册补充读物，选收 17 篇文章，有文法说明和注释。

收藏单位：广东馆、国家馆、湖北馆、南京馆、上海馆、天津馆、云南馆

05250

俄文造句法 董若水编著

哈尔滨：商务印书局，1928，140 页，32 开

本书为编著者在哈尔滨法政大学研习俄文的心得。

收藏单位：南京馆

05251

俄文折变重音法全书 何竣业著

哈尔滨：商务印书局，1924，1 册，32 开

收藏单位：南京馆

05252

俄文指南 张嘉礽 黄璞编辑

哈尔滨：商务印书局，1927.1，208 页，16 开

哈尔滨：商务印书局，1929.4，再版，208 页，16 开

本书分文法、读课、轶事 3 部分。

收藏单位：国家馆、南京馆

05253

俄语初级教科书 （苏）吴拉塞夫著

哈尔滨：商务印书局，1930，2 册，16 开

收藏单位：南京馆

05254

俄语捷径 程耀臣编译

哈尔滨：商务印书局，1916.7，133 页，32 开

哈尔滨：商务印书局，1929.7，133 页，32 开

本书内容包括：常用之单字、问答、练习问答、家庭问答、俄人交接常礼等。

收藏单位：南京馆

05255

俄语文法初级教程 魏荒弩著

上海：光华出版社，1949，116 页，32 开

收藏单位：东北师大馆、山西馆

05256

俄语一月通 舒重野编译

上海：世界语言学社，1936.6，283 页，42 开

上海：世界语言学社，1938.4，新 1 版，283 页，42 开

上海：世界语言学社，1939，新 3 版，283 页，42 开

上海：世界语言学社，1946.8，5 版，283 页，42 开

本书据日本冈泽《露西亚语四周间》一书编译，分发音、文法、会话材料等部分。后附动词变化一览表和屠格涅夫散文诗 5 篇及译文。

收藏单位：重庆馆、广西馆、贵州馆、辽宁馆、南京馆、山西馆、天津馆、西南大学馆、浙江馆

05257

俄语语法（词源学 第 3 分册） 中国东北民主联军指挥部所属外语学校编

中国东北民主联军指挥部所属外语学校，1947，202 页，32 开

本册包括第 8 章到第 12 章，讲述俄语语法中的副词、前置词、连接词、小品词、感叹词。文中多有俄汉对照的范文和例句。

收藏单位：黑龙江馆

05258

俄语自通 程耀臣编译

哈尔滨：商务印书局，1917.4，76 页，32 开

本书只列汉字词义和用汉字直音注音的俄语读音，有简单的语句问答和会话。

05259

俄语自习 吴清友编著

上海：珠林书店，1939.2—6，2 册（103+78 页），32 开（上海外国语学校丛书 1）

上海：珠林书店，1940.3，再版，2 册（103+78 页），32 开（上海外国语学校丛书 1）

本书分上下两篇。上篇为读本；下篇为文法。

收藏单位：广西馆、贵州馆、国家馆、上海馆

05260

俄语自修丛书（1） 楼钱江　楼湘江编著

[广西]：王井平 [发行者]，1939，42 页，32 开

本书内容可分为 3 段：第 1 段供初学者用，第 2 段为各俄文学校学生补充读物，第 3 段作阅读报纸之预备。

收藏单位：重庆馆、贵州馆、西南大学馆

05261

俄语自修丛书（2） 楼钱江　楼湘江编著

[广西]：程杰慷，张建之 [发行者]，1940，58 页，32 开

本书内容包括：拼音练习、单句练习、文法练习等。

05262

高尔基早期作品集（中俄文对照）（苏）高尔基（Maxim Gorky）著　林陵等翻译

外文题名：Ранние произведения М.Горъкого

林陵 [发行者]，1949，3 版，3 册（129+129+

127 页），32 开

本书收《马加尔·朱德拉》（林陵译）、《伊席吉婆婆》（白寒译）、《草原上》（白寒译）、《汗和他的儿子》（戈若年译）、《切尔卡斯》（水夫译）等短篇小说和童话诗《少女与死神》（林陵译）。第 1 集书前有《马克西姆·高尔基》（传记）一文。发行者原题：姜椿芳。

收藏单位：安徽馆、东北师大馆、广东馆、国家馆、江西馆、内蒙古馆、上海馆、绍兴馆、首都馆、云南馆

05263

高尔基早期作品集（中俄文对照　第一集）

（苏）高尔基（Maxim Gorky）著

大连：中苏友好协会，1947.5，129 页，36 开

本书收《马加尔·朱德拉》（林陵译）、《伊席吉尔婆婆》（白寒译）、《汗和他的儿子》（戈若年译）3 篇短篇小说和童话诗《少女与死神》（林陵译）。书前有马克西姆·高尔基的传记。

收藏单位：东北师大馆、吉林馆、辽宁馆、天津馆

05264

高尔基早期作品集（中俄文对照　第一集）

（苏）高尔基（Maxim Gorky）著　林陵等译

上海：苏商时代书报出版社，1945，129 页，32 开

上海：苏商时代书报出版社，1947，2 版，129 页，32 开

收藏单位：国家馆、山东馆、山西馆

05265

高尔基早期作品集（中俄文对照　第二集）

（苏）高尔基（Maxim Gorky）著　林陵等译

上海：苏商时代书报出版社，1946，129 页，32 开

上海：苏商时代书报出版社，1948，[2 版]，129 页，32 开

上海：苏商时代书报出版社，1949，[3 版]，129 页，32 开

本书收《切尔卡斯》（水夫译）、《有一

次，在秋天》（林陵译）、《筏上》（水夫译）3
篇短篇小说。

    收藏单位：东北师大馆、广东馆、国家
馆、黑龙江馆、吉林馆、南京馆、宁夏馆、
首都馆

05266
高尔基早期作品集（中俄文对照 第三集）
（苏）高尔基（Maxim Gorky）著 白寒等译
上海：苏商时代书报出版社，1947，127 页，
32 开
上海：苏商时代书报出版社，1948，[2 版]，
127 页，32 开
上海：苏商时代书报出版社，1949，3 版，
127 页，32 开
    本书收《草原上》（白寒译）、《叶密
良·皮莱》《祖父阿尔希帕与廖恩卡》（水夫
译）、《鲍列司》（磊然译）4 篇短篇小说。
    收藏单位：重庆馆、东北师大馆、广东
馆、国家馆、黑龙江馆、山西馆、首都馆

05267
汉俄简略辞典
出版者不详，1935，684 页，32 开，精装
    本书收录俄文单词数千个，书前有笔画
顺序检索表。
    收藏单位：安徽馆、上海馆、首都馆、浙
江馆

05268
汉俄新字典 路大和编译
哈尔滨：商务印书局，1924.1，761+95 页，
36 开，精装
    收藏单位：重庆馆

05269
汉译俄文游历要语类编 魏渤编译
顺天时报印字局，1911.9，52 页
    收藏单位：南京馆

05270
华俄初语 商务印书局编译所编
哈尔滨：商务印书局，1914.6，3 版，108 页，

50 开
哈尔滨：商务印书局，1931.5，7 版，108 页，
50 开
    本书之作原为初学俄语者之便利起见，
常见国人与俄人交易只因不会说几俄语而误
事，鉴于此特编译此书，由俄文之下依华字
注音，本书重新修正改用新文法。
    收藏单位：重庆馆

05271
华俄辞典
出版者不详，1935，687 页，32 开，精装
    收藏单位：首都馆

05272
华俄合璧 （苏）吴索福（C. H. Усов） 郑爱
堂编
哈尔滨：秋林洋行，[1930.9]，104 页，16 开
    本书为学习俄文课本。封面加题：东省特
别区行政长官公署审定。初版年月据写俄文
序时间。

05273
华俄合璧商务大字典 程耀臣编译
哈尔滨：广吉印书馆，1917.12，804+[16] 页，
16 开，精装
    本字典为我国出版较早的一部华俄字典，
共十万余言。书末附俄文引用外邦字语解、
华俄合璧地名录。
    收藏单位：东北师大馆、辽宁馆

05274
华俄会话大全 路大和编译
哈尔滨：商务印书局，1918.6，321 页，64 开
    收藏单位：南京馆

05275
华俄简明尺牍 路大和编译
哈尔滨：商务印书局，1929.7，94 页，32 开
    收藏单位：南京馆

05276
华俄语言问答 程耀臣编译

哈尔滨：商务印书局，1916，再版，2 册，32 开

收藏单位：南京馆

05277

华俄字典 葛烈佳金编

哈尔滨：商务印书局，1927.11，146 页，32 开

本书附华文口音俄文字母拼音。

收藏单位：南京馆

05278

活的书 （苏）伊林著 庆光编译

大连：旅大中苏友好协会，1949.5，57 页，32 开（注解俄文文库）

本书为《书的故事》节译本，包括第 1、2、3、4 章的头一部分。俄汉对照，有汉文注释。

收藏单位：重庆馆、东北师大馆、国家馆、吉林馆、辽宁馆

05279

简明中俄会话 黄铁城编著

旅顺：出版者不详，1948.12，187 页，32 开

本书共 42 课。每课前为俄汉对照会话，后为语汇。书末附录数词、应用文。

05280

模范俄文一百零八篇 郑菁编著

上海：启明书局，1947.6，100 页，25 开（学生文库）

收藏单位：广东馆、江西馆

05281

日语露语速成学习读本（俄日文对照） 南满洲教育会教科书编辑部编著

南满洲教育会教科书编辑部，1936.11，107 页，32 开

本书俄文上标注日文假名读音，供通日语者学习俄语会话用。

05282

实用中俄会话 刘辽逸编译

大连：光华书店，1947.10，179 页，32 开

哈尔滨：光华书店，1948.9，再版，179 页，32 开

本书共 28 章，内容包括：日常用语、问候、人及职业、访问、天候、火车旅行、商业、军事等。每章前为语汇，后为会话。

收藏单位：重庆馆、东北师大馆、辽宁馆、南京馆、天津馆

05283

实用中俄会话 刘辽逸编译

新中国书局，1949，再版，179 页，32 开

收藏单位：广东馆

05284

屠格涅夫散文诗选（俄华英对照） （俄）屠格涅夫（Ivan Turgenev）著 牛光夫译

国立语文学会，1945.1，52 页，32 开

本书收散文诗 10 篇。

收藏单位：重庆馆、国家馆、西南大学馆

05285

我说俄国话（俄华对照） 樊元彰著

重庆：樊元彰 [发行者]，1939，135 页，32 开

重庆：樊元彰 [发行者]，1944.8，135 页，32 开

本书为自修俄文读本。

收藏单位：重庆馆、国家馆、南京馆

05286

现代俄文报读法入门 何万福 郭佶诚编

北平：何万福 [发行者]，1937.4，257+71 页，18 开

本书为俄文报刊文章选录，分类编排，有汉文注解和译释。书后附现代俄文报最常用名词和缩语。

收藏单位：上海馆

05287

新俄华辞典检字表 柏烈伟编

北京：柏烈伟 [发行者]，1927，242 页，32 开

本书是据《新俄华辞典》（Серген Лоле Вои）编制的汉字检字表，按汉字笔画排列。

收藏单位：国家馆

05288

新俄罗斯 张西曼编著

北京：张西曼［发行者］，1925.5，190 页，22 开

本书为大学适用之俄文读本。据编著者历年在各大学教授俄文的讲义改编而成。每课有文法注释。出版年月据写自序时间。

收藏单位：国家馆

05289

新中俄大字典 路大和等编译

哈尔滨：商务印书局，1930.10，1024+12 页，20 开，精装

本书共 10 万余言。书末附"各国首都、名城、大埠地名字汇""中华民国东三省自治省政府与苏维埃联邦政府之奉俄协定""暂行管理中东铁路协定"等 5 个附录。

收藏单位：国家馆、辽宁馆、天津馆

05290

学习俄语基本手册 舒恬波编

上海：珠林书店，1939.11，[145] 页，32 开（上海外国语学校丛书 6）

本书分字汇、文法两篇。可作初、中级俄文课本。

收藏单位：贵州馆、国家馆

05291

驿站长（中俄文对照）（俄）普希金（А. С. Пушкин）著 水夫译

外文题名：Станционный Смотритель

上海：时代书报出版社，1947.10，45 页，32 开

上海：时代书报出版社，1949.9，再版，45 页，32 开

本书为中俄文对照短篇小说。

收藏单位：重庆馆、东北师大馆、国家馆、黑龙江馆、吉林馆、辽宁馆、南京馆、上海馆、首都馆、浙江馆

05292

怎样学习俄文 牛光夫译

重庆：联友出版社，1943.7，40 页，32 开（自立语文学会丛书）

本书据日本八杉贞利主编的《最新俄语讲座》选译而成。收有关学习俄文的论文多篇。附录《关于学习俄文诸问题》（戈宝权）。

收藏单位：重庆馆、国家馆

05293

增编中俄文三千字汇

汉口：中西图书印刷社，[1911—1949]，[187 页，32 开

本书书前有俄文字母表。

收藏单位：重庆馆、东北师大馆、南京馆

05294

增补华俄大字典 程耀辰编著

外文题名：Полный русско-китайский словарь

哈尔滨：滨江墨林堂，1921.4，854+43 页，16 开，精装

哈尔滨：滨江墨林堂，1925，854+43 页，16 开，精装

本书经教育部审定。

收藏单位：国家馆

05295

中等俄文典 张西曼编著

外文题名：Средний курс этимологии русского языка

北京：张西曼［发行者］，1923.10，1 册，18 开

北京：张西曼［发行者］，1926.11，增订再版，1 册，18 开

本书为俄语文法书。内容包括：声韵学提要、品词、形容词、代名词、数词等。附录句法述要、标点符号法。

收藏单位：国家馆、南京馆、上海馆

05296

中俄常用会话（无师自通） 王玉麟编译

北京：京城印书局，1949.7，88 页，32 开

本书共两编：常用单语、常用会话。中俄

文对照，有中文注释和标音。

> 收藏单位：国家馆、山西馆、天津馆

05297

中俄会话教程 柳子厚著

上海：群众图书公司，1949，238 页，32 开

> 收藏单位：山西馆

05298

中苏实用会话

上海：沪西书店，[1911—1949]，230 页，32 开

> 本书内容分拜会、在旅馆、找人、邮政、在学校、运动、娱乐等 200 余类。版面分 3 栏，左栏是俄语，中栏是中文，右栏是用俄文拼成的中文词语的音读。

05299

中苏实用会话（增编） 黄玺清增编

外文题名：Практика двух языков руссково и китайсково

汉口：中西图书印刷社，[1917—1938]，230 页，32 开

> 本书内容分问好语、遇见朋友、拜会、在旅馆、租赁房宅、雇听差、饮食、健康、找人、邮政局、在学校内、运动、娱乐等 200 余类。版面分 3 栏，左栏是俄语，中栏是中文，右栏是俄文拼成的中文词语的音读。

> 收藏单位：贵州馆、国家馆、南京馆

05300

注解俄文课本 庆光编译

大连：关东中苏友好协会，1948.12，41 页，32 开（俄文学习丛书 3）

> 本书每课之后有汉译、字句解义、文法等项说明。供初学俄语者用。

> 收藏单位：东北师大馆、辽宁馆、西南大学馆

05301

自修俄文通（中英双解 英文注音） 徐同邺注释

上海：徐氏英语研究所，[1949]，再版，50

页，32 开

> 本书是专为通英语的中国人学习俄语而编的读本。共 8 课。用英文标注读音，中英两种文字解释。

05302

自修俄文通（中英双解 英文注音） 徐同邺注释

上海：中央书店，[1949]，50 页，32 开

> 收藏单位：上海馆

05303

最新俄文读本 黄玺清增编

汉口：中西图书印刷社，1938.5，122 页，16 开

> 收藏单位：南京馆

05304

最新俄文读本（第 1 册） 于之汾编著

哈尔滨：商务印书局，1947.6，80 页，25 开

> 本书共 20 课。每课后讲解文法。

> 收藏单位：东北师大馆、辽宁馆

日语

05305

北京广播电台日语讲座教材（第一册） 北京业余日文讲习所编

北平：世界日报社，[1937—1945]，3 版，30 页，32 开

> 本书为抗战期间敌伪出版物。分发音、会话两篇。

> 收藏单位：国家馆

05306

标准日本语读本（卷一）（日）大出正笃著

东京：大出正笃 [发行者]，1943.8，130 页，24 开

> 本书封面题名：(效果的速成式）标准日本语读本（卷一）。

> 收藏单位：广东馆

05307

标准日本语读本（卷二）（日）大出正笃著

东京：大出正笃［发行者］，1937.7，176 页，24 开

东京：大出正笃［发行者］，1942.10，59 版，176 页，24 开

　　本书着重讲述口语和会话。中日文对照。封面题名：（效果的速成式）标准日本语读本（卷二）。

　　收藏单位：上海馆、天津馆

05308

标准日本语读本（卷二）（日）大出正笃著

奉天（沈阳）：满洲图书文具株式会社，1940，23 版，176 页，24 开

　　本书着重讲述口语和会话。中日文对照。封面题名：（效果的速成式）标准日本语读本（卷二）。封面加题：三等目标 贰百时间速成。

　　收藏单位：天津馆

05309

标准日华辞典　赵立言编著

上海：开华书局，1931.3，317 页，32 开，精装

上海：开华书局，1931.5，再版，317 页，32 开，精、平装

上海：开华书局，1932.7，3 版，317 页，32 开，精装

上海：开华书局，1933.10，4 版，317 页，32 开，精装

　　本书所收词按汉字部首编排。供初学日语者用。

　　收藏单位：广东馆、南京馆

05310

标准日文自修讲座（前期第 1—4 册）　张我军著

北平：人人书店，1936，4 册（298+302+314+334 页），25 开

　　本书根据作者历年教授日文的经验，收入用于看书读报的文法文章，加以详明、扼要的文字讲解。分前后两期，每期各 4 册。前期讲解日本的文字与发音、清音、浊音、半浊音、拨音、促音、拗音、长音等。

　　收藏单位：广东馆、首都馆

05311

标准日文自修讲座（后期第 1 册）　张我军讲述

北平：人人书店，1937.6，302 页，25 开

　　本书后期第 1 册共 25 讲，专讲文语文法与文语文，内容包括体言、形容词、动词、形容动词、助动词、文范、助词等。

　　收藏单位：广东馆

05312

标准日语读本　何孝怡　徐炳南编

上海：广益书局，1933.9，2 册（142+139 页），32 开

上海：广益书局，1934，再版，2 册（142+139 页），32 开

　　本书分上下两卷。

　　收藏单位：广东馆

05313

初级日语讲座读本　柯政和编

北京：新民音乐书局，1939.6，262+13 页，32 开

　　本书为日伪时期北京中央广播电台广播日语读本。共 70 课，每课之末附日语华译和华语日译的练习。书末附十余首日本歌曲。

　　收藏单位：国家馆

05314

当代日语（混合编制）　袁文彰编著

上海：中学生书局，1934.8，159+158 页，25 开

上海：中学生书局，1935.2，再版，159+158 页，25 开

　　本书为大学及中等学校适用教本。

　　收藏单位：广东馆、贵州馆、华东师大馆

05315

东文新教程（修正增补）　沈觐鼎著

南京：沈觐鼎［发行者］，1931.11，142 页，32 开

上海：沈觐鼎［发行者］，1933.12，再版，142 页，32 开

本书分 4 篇：字音、日本文法概要、主要惯用语等、文例。再版主要增补日本现代流行语及外来语例、其他新式文例，并指出近代日文之趋向。

收藏单位：广东馆、上海馆

05316

东语集成（全）（日）金太仁著

东京：东亚公司、崇文书局，[1911—1949]，1 册，22 开，精装

收藏单位：广东馆

05317

对译大众日语会话　东方印书馆编辑部编纂

奉天（沈阳）：东方印书馆，1933.5，217 页，50 开

奉天（沈阳）：东方印书馆，1937.5，30 版，217 页，50 开

本书分 5 篇：会话之根底、家庭会话、买卖会话、交际会话、单语。后附大连市街名称、奉天市街名称两个附录。

收藏单位：国家馆

05318

对译详注日满交际礼法与会话（日汉对照）

（日）饭河道雄著

奉天（沈阳）：东方印书馆，1935.7，199 页，32 开

奉天（沈阳）：东方印书馆，1937.5，18 版，199 页，32 开

奉天（沈阳）：东方印书馆，1938.3，21 版，199 页，32 开

本书据著者《中日对译注解交际会话》一书改订增补而成。分介绍、访问、会晤、请托等 10 类编排各种会话。

收藏单位：国家馆

05319

改订东文实用读本（初等篇）　游无为著

南京：东文专修学校，1929.9，177 页，24 开

南京：东文专修学校，1930.2，增订再版，177 页，24 开

南京：东文专修学校，1930.7，增订 3 版，177 页，24 开

南京：东文专修学校，1931.3，增订 4 版，177 页，24 开

南京：东文专修学校，1931.9，增订 5 版，177 页，24 开

本书分上下两卷，各 50 课。讲述日文发音、语法、翻译等。附中译文。

收藏单位：上海馆

05320

高级日文自修丛书（日汉对译详解）　张我军译注

北平：人人书店，1934.3，2 册（162+172 页），32 开

北平：人人书店，1934.4，再版，2 册（162+172 页），32 开

本书收 3 篇文章，内容侧重句子成分分析、成语、惯用语法等。适用于有一定语法基础和看书能力者阅读。

收藏单位：广西馆、国家馆、上海馆

05321

国语常用语句例解　黄和光编著

台北：东方出版社，1947.6，113 页，32 开

本书为中日文对照读本。

收藏单位：南京馆

05322

汉吴音图　（日）太田方述

日本：东京六合馆，1915，3 册，精装

本书为铅印本，分上中下 3 卷。中卷题名：汉吴音征；下卷题名：汉吴音图说。版本据日本国立国会图书馆藏本定。太田方（1759—1829），号全斋。

收藏单位：国家馆

05323

汉译日本辞典　东亚语学研究会编

东京：日用书房，1930.5，55 版，610 页，50 开，精装

收藏单位：国家馆

05324

汉译日本口语文法教科书 （日）松本龟次郎著

东京：笹川书店，1919.10，357 页，25 开，精装

东京：笹川书店，1926.3，再版，357 页，25 开，精装

东京：笹川书店，1927.8，3 版，357 页，25 开，精装

东京：笹川书店，1928.3，4 版，357 页，25 开，精装

东京：笹川书店，1929.4，5 版，357 页，25 开，精装

东京：笹川书店，1930，7 版，357 页，25 开，精装

东京：笹川书店，1933，8 版，357 页，25 开，精装

　　本书除总说外，分 3 编：音韵及文字概说、品词概说、品词详说。

　　收藏单位：广东馆、国家馆

05325

汉译日本文典（言文对照）（日）松本龟次郎著

东京：日本堂书店，1925.3，订正增补 31 版，442 页，22 开，精装

东京：日本堂书店，1926.10，订正增补 32 版，442 页，22 开，精装

东京：日本堂书店，1928.3，订正增补 33 版，442 页，22 开，精装

东京：日本堂书店，1929.4，订正增补 34 版，442 页，22 开，精装

上海：日本堂书店，1933，订正增补 37 版，442 页，22 开，精装

东京：日本堂书店，1940，订正增补 40 版，442 页，22 开，精装

　　本书分 3 编：品词概说、文章概说、品词详说。文语口语对比说明，举例示证，附以汉译。

　　收藏单位：广东馆、首都馆

05326

汉译日语辞典　李声甫编

上海：世界书局，1934.7，819 页，60 开，精装

上海：世界书局，1934.12，3 版，819 页，60 开，精装

　　本书为日汉对照字典，按汉字部首检字。

　　收藏单位：东北师大馆、南京馆、西南大学馆

05327

汉译日语要览　（日）松村政亲著

东京：冈崎屋书店，1919.12，196 页，64 开

　　收藏单位：南京馆

05328

和文读本入门　商务印书馆编译所编纂

商务印书馆，1922.3，7 版，40 页，32 开

　　本书主要介绍文语体和白话体及两者的差异。

　　收藏单位：广东馆

05329

基本日语读本　张骏岳著

上海：三通书局，1940.7，195 页，32 开

　　本书内容包括日语发音及基本语法等。供日语专修学校、日语补习学校作教本或自修用。

　　收藏单位：河南馆

05330

简明日语文法　黄在江著

上海：现代出版社，1941.1，273 页，32 开

上海：现代出版社，1942.6，订正版，273 页，32 开

　　收藏单位：南京馆

05331

教学常用语（中日文对照）　台北市立大同国民学校编

台北：东方出版社，1947.8，57 页，32 开

　　本书共 8 部分，内容包括：关于学校内外教学训练用语、关于出席欠席用语、关于清洁整齐用语、关于运动游戏用语等。

　　收藏单位：国家馆、南京馆

05332

抗战日语读本　王克西　潘冲洲编

西安：大公报西安分馆，1939.6，92 页，32
开

本书共 6 部分，内容包括：文字及发音、军事简单用语、口号和标语、军用会语等。

收藏单位：国家馆、南京馆

05333

口语假名遣文法（国定准据）　台北第一中学校丽正会编

［台北］：新高堂书店，1930.10，4 版，139
页，22 开

本书讲解了假名遣（即假名用法）的概念，动词的送假名，助动词的假名遣，形容词的送假名，名词的假名遣，代名词的送假名，副词的假名遣，接续词、助词、感动词，熟语的送假名以及记号法。书末附录常用略字表。

收藏单位：广东馆

05334

狂人日记（汉文译注）　日语研究社注释

上海：开华书店，1933.2，63+16 页，32 开
（日语文学丛刊）

本书为日汉对照读物，内容为鲁迅《狂人日记》的日译文。后附原文。

收藏单位：国家馆、南京馆、浙江馆

05335

两条血痕（汉文译注）（日）石川啄木著
日语研究社注释

上海：开华书局，1933.3，50+22 页，32 开
（日语文学丛刊）

本书为日汉对照读物。有中文注释及周作人的汉译文。

收藏单位：上海馆

05336

模范日华新辞典　黄鉴村编

广州：中华书局，1939.1，258+56 页，48 开，
精装

本书词条按日文假名顺序排列。有汉文

解释。

收藏单位：重庆馆、广西馆、江西馆、浙江馆

05337

模范日语读本　俞康德编著

北平：郭纪云图书馆，1935.12，[17]+340 页，
22 开

北平：郭纪云图书馆，1936.9，增订再版，
[17]+340 页，22 开

本书分 3 部分：假名与发音、语法、模范文选。附录文语口语动词活用对照表、文语动词表、文语助动词表、口语助动词表。

收藏单位：国家馆

05338

日本国语中辞典　日本三省堂编辑所编著

上海：三通书局，1943.2，744 页，32 开

收藏单位：东北师大馆

05339

日本口语文法（国语详解）　王玉泉著

东京：冈崎屋书店，1935.3，494 页，22 开，
精装

东京：冈崎屋书店，1935.5，再版，494 页，
22 开，精装

东京：冈崎屋书店，1935.10，3 版，494 页，
22 开，精装

东京：冈崎屋书店，1935.11，4 版，494 页，
22 开，精装

东京：冈崎屋书店，1936.3，5 版，494 页，
22 开，精装

东京：冈崎屋书店，1936.10，6 版，494 页，
22 开，精装

东京：冈崎屋书店，1937.3，7 版，494 页，
22 开，精装

东京：冈崎屋书店，1937.9，8 版，494 页，
22 开，精装

东京：冈崎屋书店，1937.12，9 版，494 页，
22 开，精装

收藏单位：广东馆

05340

日本口语文法公式（国语详注） 刘锡山著

奉天（沈阳）：恒日书店，1942.1，4 版，477 页，24 开，精装

　　本书共 13 章。概述日语口语文法纲要，解释各种词类的功用，阐述文章连属的关系、品词各部的组织及文法结构之系统等，难解复杂之处有列表说明。所举例为日汉对照。

05341

日本口语文法简钞 金宪云编

长春：满洲帝国教育会，1938.4，57 页，22 开

　　本书分总说、品词详说两编，扼要讲述日语口语语法。

05342

日本普通尺牍（对译详注）（日）饭河道雄著

奉天（沈阳）：东方印书馆，1936.8，127 页，22 开

奉天（沈阳）：东方印书馆，1939，6 版，127 页，22 开

奉天（沈阳）：东方印书馆，1941.5，9 版，127 页，22 开

　　本书将日本通常所最流行的普通尺牍汇集起来，加以译文及注解。共 14 章，内容包括：总说、祝贺文、慰问文、馈赠文例、谢礼文例、招待文、通知文、商用文、依赖文等。卷首加以尺牍文体及尺牍写法，以便初学者理解及应用。

　　收藏单位：国家馆

05343

日本童话集（对译详注） 张我军编

北平：新民印书馆，1942.10—1943.5，2 册（163+163 页），32 开

　　本书分上下两卷，收《桃太郎》《开花老》《猴子和螃蟹》《断舌雀》等 10 篇童话。日汉对照。书前有编者序和译注例言。

　　收藏单位：国家馆

05344

日本文典 （日）芳贺矢一著　商务印书馆编译所译

上海：商务印书馆，1914.6，再版，204 页，25 开

上海：商务印书馆，1932.10，国难后 1 版，204 页，25 开

　　本书主要讲解日语语法。分品词之分别、品词相互之关系、文之构造 3 篇。1907 年初版。

　　收藏单位：广西馆、河南馆、湖南馆、辽宁馆

05345

日本文法辑要 新中华学校编

上海：商务印书馆，1925.10，27 页，32 开

上海：商务印书馆，1933.2，国难后 1 版，27 页，32 开

上海：商务印书馆，1938.5，国难后 3 版，27 页，32 开

　　本书为新中华教本。展示给学生日本文之译法，即所谓汉读法，包括假名、品词、译文 3 章。

　　收藏单位：广东馆、贵州馆、国家馆、河南馆、黑龙江馆、南京馆

05346

日本文法捷径 畴隐居士编著

上海：医学书局，1939，150 页，32 开

　　本书共 13 章，内容包括：总论、音韵、名词、代名词、动词、形容词、助动词等。

　　收藏单位：浙江馆

05347

日本文字的起源及其变迁 朱明著

南京：中日文化协会，1941，65 页，32 开（日本文化小丛刊 3）

　　本书分 6 部分：引言、汉文时代、假名文字、现代日文、改革运动、结语。

　　收藏单位：国家馆、南京馆

05348

日本现代语辞典 葛祖兰编译

上海：商务印书馆，1930.10，12+696+21 页，
32 开，精装

上海：商务印书馆，1933.10，再版，12+696+
21 页，32 开，精装

上海：商务印书馆，1934.9，3 版，12+696+
21 页，32 开，精装

上海：商务印书馆，1934.10，4 版，12+696+
21 页，32 开，精装

　　本书词条按日文假名顺序排列。有汉文
解释。书末附索引。

　　收藏单位：安徽馆、东北师大馆、广东
馆、贵州馆、国家馆、湖南馆、南京馆、绍
兴馆、浙江馆

05349

日本语初步（短期学习）（日）山口喜一郎
（日）益田信夫编

北平：新民印书馆，1940.9，120 页，32 开

　　本书为日语广播教材，为《日本语入门》
一书的续编。

　　收藏单位：国家馆

05350

日本语第一步　叶树芳著

上海：生活书店，1936.12，42 页，24 开

上海：生活书店，1937.1，再版，42 页，24 开

　　本书为日语读本。

　　收藏单位：上海馆

05351

日本语典　松台山人编著　沧庐居士校阅

上海：华丰印刷所，1923.2，188+30 页，32 开

　　本书分上下两篇。上篇内容有 9 章，包
括名词等；下篇内容有 3 章，包括文之要素
等。

　　收藏单位：河南馆、上海馆

05352

日本语读本　日本语教育振兴会编辑

日本语教育振兴会，1941—1942，2 册（91+
93 页），25 开

　　收藏单位：广东馆

05353

日本语读本（上卷）　总务局炼成课编

满铁总务局炼成课，1944.8，136+24 页，24
开

05354

日本语法精解（英文法比较研究）　洪炎秋著

北平：人人书店，1936.11，584 页，24 开

　　本书分总论、品词论、文章论 3 部分，
对日、英两种语法加以比较研究。日文语句
旁注读音，下附汉译文。版权页著者题：洪
橷。

05355

日本语法例解　艾华编

上海：开明书店，1933.10，[16]+354 页，32
开

上海：开明书店，1935.5，再版，[16]+354 页，
32 开

上海：开明书店，1939.4，3 版，[16]+354 页，
32 开

　　本书以 30 篇《伊索寓言》的日译文为
例，讲述日语语法。

　　收藏单位：广西馆、国家馆、江西馆

05356

日本语法十二讲　张我军编著

北平：人文书店，1932.9，[14]+281 页，24 开
（北平日文学会丛书）

　　本书以山田孝雄的《日本口语法讲义》
为蓝本，参考小林好日的《国语法精义》编
成。分序论、体言、用言、副言、助词、单
词之运用等 12 讲。

　　收藏单位：广东馆、国家馆、西南大学馆

05357

日本语惯用形　[北京大学东语系] 编

北京：[北京大学东语系]，[1949]，油印本，
54 页，16 开

　　收藏单位：国家馆

05358

日本语和日本精神　（日）谷川彻三编著

北京：近代科学图书馆，[1936—1945]，12页，22 开（北京近代科学图书馆丛刊 15）

　　本书从日本数词的特性、宗教的种类，以及汉语、欧洲语言的传入，论述日本语言的产生和发展，说明日本语言与精神的关系。

　　收藏单位：国家馆

05359

日本语教程　中央陆军军官学校编
中央陆军军官学校，1942，1 册，22 开
　　收藏单位：南京馆

05360

日本语教科书　维新政府教育部编辑
维新政府教育部，1938.8，3 册（105+100+110 页），22 开
　　收藏单位：东北师大馆、广东馆

05361

日本语入门　（日）山口喜一郎　（日）益田信夫编
北京：新民印书馆，1940.4，104 页，32 开
北京：新民印书馆，1942.2，27 版，104 页，32 开
　　本书为日语广播教材。分两编，前为发音，后为入门。书末有交际用语、语汇表等 3 个附录。供北京中央广播电台短期学习用。
　　收藏单位：国家馆

05362

日本语文键　苏愍知著
上海：三通书局，1939.10，240 页，32 开
　　本书为日语语法书。共 85 课。
　　收藏单位：广东馆

05363

日本语学校用语集　滨江省民生厅教育会编
滨江省民生厅教育会，1943.1，23 页，32 开
　　本书据《日本语教室用语集》一书改订编成。分教室用语、仪式用语、体育用语 3 部分。

05364

日本语助词研究（中日对照）　叶树芳著
叶树芳 [发行者]，1936.1，186 页，22 开
叶树芳 [发行者]，1936.2，新订再版，186 页，22 开
叶树芳 [发行者]，1936.5，新订 3 版，186 页，22 开
　　本书分总说、分解、误用 3 部分，就日语中的助词进行了研究。书前有松本龟次郎序。
　　收藏单位：贵州馆

05365

日华成语辞典（看读写作）　陈言编
上海：求益书社，1936.7，343 页，24 开，精装
　　本书为中日对照成语辞典。
　　收藏单位：南京馆、西南大学馆

05366

日华辞典　何若等编
上海：世界书局，1934.5，25+1001 页，32 开
上海：世界书局，1934.9，再版，25+1001 页，32 开
上海：世界书局，1934.10，3 版，25+1001 页，32 开
　　本书为中日对照辞典。
　　收藏单位：广西馆、南京馆、绍兴馆、西南大学馆

05367

日华辞典　（日）井上翠著
东京：文求堂书店，1940 重印，1 册，大 64 开
　　本书为中日对照辞典。
　　收藏单位：湖南馆、首都馆

05368

日华辞典（对译）
台北：东方出版社，1946.7，228 页，42 开
　　本书为中日对照辞典。
　　收藏单位：湖南馆

05369

日华大辞典（五十音顺索引） 东方印书馆编译所编纂

奉天（沈阳）：东方印书馆，1934.12，1 册，32 开，精装

奉天（沈阳）：东方印书馆，1937.7，1 册，32 开，精装

本书为中日对照辞典。版权页题：饭河道雄编纂兼发行。

收藏单位：南京馆

05370

日华大字典（汉字索引）（日）服部操著

京都：内外出版印刷株式会社，1926.5，22+1241 页，50 开，精装

京都：内外出版印刷株式会社，1930.5，再版，22+1241 页，50 开，精装

京都：内外出版印刷株式会社，1936.7，25 版，22+1241 页，50 开，精装

京都：内外出版印刷株式会社，1942.8，48 版，22+1241 页，50 开，精装

本字典就日本现在所用之汉字 4000 余字，或成语，或熟语，一一检画排列释以华语，又择其必要者示以例句。口语用口语体，文语用文语体，尺牍用尺牍体，照例翻译说明。

收藏单位：国家馆、湖南馆、南京馆、首都馆、浙江馆

05371

日华大字典（增补汉字索引）（日）服部操著

东京：内外出版印刷株式会社，1926，改装版，1141+26+38 页，50 开，精装

东京：内外出版印刷株式会社，1944，51 版，22+1241+67 页，50 开，精装

本字典就日本现在所用之汉字 4000 余字，或成语，或熟语，一一检画排列释以华语，又择其必要者示以例句。口语用口语体，文语用文语体，尺牍用尺牍体，照例翻译说明。

收藏单位：国家馆、首都馆

05372

日华会话签要（日）平岩道知著　张廷彦校

东京：冈崎屋书店，1927.12，3 版，205 页，32 开

收藏单位：南京馆

05373

日华会话入门（日）本间良平著

东京：大阪屋号书店，1927.4，5 版，165 页，32 开，精装

东京：大阪屋号书店，1928，7 版，165 页，32 开，精装

收藏单位：广东馆

05374

日华假名汉字两用辞典　周庄萍编著

上海：启明书局，1937.7，640 页，32 开，精装

上海：启明书局，1938.3，640 页，32 开，精装

上海：启明书局，1939.1，再版，640 页，32 开，精装

上海：启明书局，1941.11，3 版，640 页，32 开，精装

上海：启明书局，1943.4，14 版，640 页，32 开，精装

本辞典内容包括：序、查字法、五十音检查表、片假名与平假名对照表、凡例、部首索引、汉字索引、辞典正文。

收藏单位：南京馆

05375

日华两用辞典（假名汉字）　周融　周萍编译

上海：世界书局，1936.7，95+92+859 页，32 开

上海：世界书局，1936.7，再版，95+92+859 页，232 开

上海：世界书局，1936，3 版，95+92+859 页，32 开

上海：世界书局，1936，4 版，95+92+859 页，32 开

上海：世界书局，1936.7，5 版，95+92+859 页，32 开

本书以芳贺矢一所著之新式辞典为蓝本，略加删削编译而成，语义解释白话文言并用，凡见汉字而不知其读法或见假名而不明其解义者，均可检索得之。书前有发音索引、汉字索引。

收藏单位：重庆馆、东北师大馆、广西馆、吉林馆、南京馆、首都馆、西南大学馆

05376

日华铁道会话　南满洲铁道株式会社运输部编

大连：南满洲铁道株式会社运输部，1922.10，236页，32开，精装

本书为中日对照读物。分5章：旅客门、货物门、走车门、庶务、杂问答。末有附录多种。

收藏单位：辽宁馆

05377

日华正音字典　（日）吉田隆编著

北平：中华法令编印馆，1942.6，467页，42开，精装

本书为著者在国立北京外国语专科学校讲授汉字日音读法的资料汇编。以日语中的汉字之现代日语语音与现代北京官话音对照，阐明二者在发音上的相互关系。分本文、字画部首、笔画索引、发音一览表、附录5部分。

05378

日文补充读本（卷一）　北京近代科学图书馆编纂部编

北京：北京近代科学图书馆，1937，62页，25开

收藏单位：国家馆

05379

日文尺牍大全（汉译详注）　日语研究社编

大连：日语研究社，1935.2，326页，32开

大连：日语研究社，1942.2，18版，326页，32开

本书分3编：日文尺牍的写法、普通尺牍例文、商业尺牍例文。例文有文言、语体两

种。书末附录（一）尺牍用语集；（二）简明电报文例；（三）常用公文程式。

收藏单位：辽宁馆

05380

日文典纲要　钱歌川编

上海：中华书局，1930.9，220页，25开

上海：中华书局，1931.9，3版，230页，25开

上海：中华书局，1932.7，4版，220页，25开

上海：中华书局，1934.5，5版，220页，25开

上海：中华书局，1938.10，6版，220页，25开

本书分文字概说、品词概说两章，共20节，内容包括：日本字与汉字、日本字母、发音、浊音、半浊音、促音、变音及合字、名词、代名词、动词、形容词等。

收藏单位：东北师大馆、广东馆、广西馆、国家馆、吉林馆、江西馆、辽宁馆、南京馆、上海馆

05381

日文典纲要续编　钱歌川编

上海：中华书局，1931.1，190页，25开

上海：中华书局，1931.9，再版，190页，25开

本书分前后两篇：语法篇和翻译篇。

收藏单位：国家馆、上海馆

05382

日文法课本　黄振编著

上海：东方日文补习学校，1935.5，183页，24开

本书为适应我国各种学校日文法课之需要而编。分4篇：品词概论、品词详论（上）、品词详论（下）、文章论。

05383

日文翻译着眼点（日华对照）　汪大捷著

北平：午未日文研究社，1935.7，[13]+243页，22开，精装

北平：午未日文研究社，1936.2，再版，[13]+243 页，22 开，精装

北平：午未日文研究社，1936.9，3 版，[13]+243 页，22 开，精装

本书著者从日语基本文句构成、语气与方式构成及难解的成语等方面总结出翻译公式 100 题，详述其语源，标举其译法。

收藏单位：东北师大馆、国家馆、南京馆

05384

日文自修读本（日文函授讲义） 殷师竹编辑 吴敬晖校阅

上海：外语编译社，1935.11，1 册，28 开

本书内容包括四卷本：卷一发音篇，卷二文法篇，卷三造句篇，卷四会话篇。

05385

日语百日通 汤溪 范天磬编

上海：百新书店，1938.2，244 页，32 开

上海：百新书店，1939.4，修正 2 版，244 页，32 开

本书分上中下 3 编，即日用分类单语、日用语简易问答、日用语分类会话。修正 2 版责任者题：范天磬著。

收藏单位：南京馆

05386

日语常用二千字 易言编著

上海：启明书局，1939.7，164 页，36 开

本书封面题名：（暗记活用）日语常用字 2000。

收藏单位：广东馆、贵州馆

05387

日语常用熟语俗语例解 王玉泉编著

东京：冈崎屋书店，1938.2，447 页，36 开

东京：冈崎屋书店，1938.3，再版，447 页，36 开

本书收日语熟语、俗语若干条，每条配以例句。

收藏单位：国家馆、江西馆

05388

日语尺牍（日华对照） 叶芳华编

上海：世界书局，1934.9，2 册，32 开（日语基础丛书）

收藏单位：北师大馆、东北师大馆、湖南馆、西南大学馆

05389

日语动词使用法（日华对照） 许达年编

上海：世界书局，1934.9，167 页，32 开（日语基础丛书）

上海：世界书局，1934.10，再版，167 页，32 开（日语基础丛书）

本书共 8 章，内容包括：概说、动词之活用及语根语尾、动词的性质、动词的活用法等。

收藏单位：湖南馆、江西馆、上海馆

05390

日语读本 （日）内堀维文著

上海：商务印书馆，1925.10，14 版，4 册（50+58+116+150 页），25 开

上海：商务印书馆，1928.3，16 版，4 册（50+58+116+150 页），25 开

上海：商务印书馆，1930.7，19 版，4 册（50+58+116+150 页），25 开

上海：商务印书馆，1933.3，国难后 1 版，50+58+116+150 页，25 开

上海：商务印书馆，1933.11，国难后 2 版，50+58+116+150 页，25 开

上海：商务印书馆，1935.6，国难后 3 版，50+58+116+150 页，25 开

本书内容包括四卷，卷一介绍了日语片假名及平假名、日语文字及发音等，卷二至四收录多篇日语文章。1909 年初版。有的版本为每卷一册，有的版本为四卷合订为一册。

收藏单位：安徽馆、东北师大馆、甘肃馆、广东馆、河南馆、湖南馆、绍兴馆

05391

日语读本 许仲逸编著

上海：世界书局，1938.10，3 册，32 开

上海：世界书局，1942.7，6 版，3 册，32 开

本书共 3 册，文法与会话混合编制。

收藏单位：南京馆

05392

日语读本（满日对译 百日速成） 殷海楼著

安东：诚文信书局，1933.4，再版，192 页，23 开

　　本书分单语篇、语法会话篇、交际会话篇 3 卷，共 130 余课。有汉译文对照。

05393

日语读音（日华对照） 李君达编

上海：世界书局，1934.9，126 页，32 开（日语基础丛书）

上海：世界书局，1934.10，再版，126 页，32 开（日语基础丛书）

上海：世界书局，1937.5，3 版，126 页，32 开（日语基础丛书）

　　本书内容包括：绪言、声音和文字、音韵的变化、音便等。书后附录读音实习。

收藏单位：重庆馆、湖南馆、上海馆

05394

日语读音研究 牛光夫编

重庆：联友出版社，1943.7，96 页，36 开（自立语文学会丛书）

　　本书分 7 篇，内容包括：日文发音的研究、日文中汉字的几种读法、讹读惯的常用汉字、同字异读的汉字、中国人不认得的中国字、日本罗马字的问题等。

收藏单位：重庆馆

05395

日语法（实用双关） 丁卓著

上海：三通书局，1942.8，162 页，32 开

上海：三通书局，1942.9，再版，162 页，32 开

上海：三通书局，1943.6，修正 4 版，162 页，32 开

　　本书分上下两篇。上篇为读音；下篇为文法。

收藏单位：南京馆、上海馆

05396

日语翻译（日华对照） 许亦非编

上海：世界书局，1934.9，172 页，32 开（日语基础丛书）

　　本书内容分两大部分：一部分为自日本语译入中文；另一部分为自中文译入日本语。重点是第一部分，包括语词类和文章类，先将日本语中比较难以译为中文的词类列出，并举例表示出来，然后再将各类的文章分门别类，连同译文对照排列出来。

收藏单位：贵州馆、湖南馆

05397

日语公式成句熟语详解 程伯轩编著

上海：生活书店，1935.10，248+28 页，32 开

上海：生活书店，1937.3，再版，248+28 页，32 开

　　本书辑录一般日语文法书和辞典里见不到的成句、熟语、俗谚等加以注释，按日语假名顺序排列。附助词用法概括。

收藏单位：重庆馆、东北师大馆、广西馆、贵州馆、国家馆、南京馆、浙江馆

05398

日语汉译辞典 傅祺敏编著

上海：中学生书局，1931.8，422 页，32 开，精、平装

上海：中学生书局，1932.7，再版，422 页，32 开，精、平装

　　本书选收两万余字，按日语五十音图假名顺序编排。

收藏单位：东北师大馆、湖南馆、南京馆、上海馆、浙江馆

05399

日语汉译读本 葛祖兰著

上海：商务印书馆，1919.2，[463] 页，24 开

上海：商务印书馆，1920.11，再版，[463] 页，24 开

上海：商务印书馆，1921.12，3 版，[463] 页，24 开

上海：商务印书馆，1922.4，增订 4 版，[463] 页，24 开

上海：商务印书馆，1925.4，增订 5 版，[463]
页，24 开

上海：商务印书馆，1928.3，增订 6 版，[463]
页，24 开

上海：商务印书馆，1930，增订 8 版，[463]
页，24 开

上海：商务印书馆，1934.9，增订 9 版，[463]
页，24 开

上海：商务印书馆，1934.10，增订 11 版，
[463] 页，24 开

上海：商务印书馆，1935.5，增订 12 版，
[463] 页，22 开

本书共 35 课。每课包括日文、汉译文、
注释和备考。后附日语文法。自修适用。

收藏单位：重庆馆、东北师大馆、广东
馆、贵州馆、湖南馆、首都馆

05400

日语华译大辞典（汉字索引） 东方印书馆编
译所编纂 （日）饭河道雄监修

奉天（沈阳）：东方印书馆，1937，534 页

本书系《五十音顺索引日华大辞典》的
姊妹篇。书后附录假名用法、送假名法。

收藏单位：近代史所

05401

日语会话（日华对照） 叶芳华编

上海：世界书局，1932，新 2 版，179 页，32
开（日语基础丛书）

上海：世界书局，1934.10，再版，179 页，32
开（日语基础丛书）

上海：世界书局，1935.7，3 版，179 页，32
开（日语基础丛书）

收藏单位：东北师大馆、广东馆、江西馆

05402

日语会话（注音符号标音 卷一） 张仲直编著

北京：顺城印书局，1937.2，120 页，32 开

北京：顺城印书局，1937.11，增订 3 版，120
页，32 开

本书由北京地方维持会文化组审定。

收藏单位：首都馆

05403

日语会话宝典（增补对译）（日）饭河道雄
著

奉天（沈阳）：东方印书馆，1928.7，360 页，
32 开

奉天（沈阳）：东方印书馆，1933.2，360 页，
32 开

奉天（沈阳）：东方印书馆，1937.9，74 版，
360 页，32 开

奉天（沈阳）：东方印书馆，1938.2，99 版，
360 页，32 开

奉天（沈阳）：东方印书馆，1939，150 版，
356 页，32 开

本书是为方便中国人士学习日语会话而
编著。分 4 篇：假名·发音篇、会话基础篇、
会话篇、单语篇。

收藏单位：国家馆、吉林馆、南京馆、首
都馆

05404

日语会话自通 三通书局编辑部编辑

上海：三通书局，1939.8，订正版，165 页，32
开

上海：三通书局，1940.11，16 版，订正版，165
页，32 开

上海：三通书局，1941.10，25 版，订正版，
165 页，32 开

本书封面题名前加题：最新编印。

收藏单位：南京馆

05405

日语混合读本 袁文彰编

上海：双叶书店，1937.2，103 页，24 开

上海：双叶书店，1938.4，4 版，103 页，24
开

上海：双叶书店，1942.2，12 版，103 页，24
开

本书为采用课文与文法解释混合编成的
读本，共 56 课。书末有附录。自修适用。

收藏单位：上海馆

05406

日语基础读本 张我军编著

北平：人人书店，1931.6，154页，22开
北平：人人书店，1932.7，增补订正再版，154页，22开
北平：人人书店，1932.12，订正3版，154页，22开
北平：人人书店，1934.7，新订4版，154页，22开
北平：人人书店，1935.5，5版，154页，22开
北平：人人书店，1936.3，6版，154页，22开
北平：人人书店，1936.5，7版，154页，22开
北平：人人书店，1936，8版，154页，22开

本书分文字与发音、基础语法、模范文选3部分。

收藏单位：广东馆

05407
日语讲义 陈嘉明著
西南游击干部训练班，[1939—1949]，140页，32开

收藏单位：广东馆

05408
日语讲座（第一辑） 高明盛编辑
上海：新申报馆，1939.1，128页，32开
上海：新申报馆，1939.3，3版，128页，32开

收藏单位：南京馆

05409
日语教程 夏强编著
国民政府军事委员会战时工作干部训练团第三团政治部，1938，96页，22开

收藏单位：广东馆

05410
日语教科书 毛文麟著
中央陆军军官学校，1940，456页，32开

收藏单位：南京馆

05411
日语教科书（第2卷） 高建编
中央陆军军官学校，[1927—1949]，108页，25开

本书收60篇文章。

收藏单位：重庆馆

05412
日语肯綮大全 （日）松本龟次郎著
东京：有邻书屋，1940.4，12版，1册，32开
东京：有邻书屋，1941.3，13版，1册，32开
东京：有邻书屋，1942.5，14版，1册，32开
东京：有邻书屋，1943.1，[15版]，1册，32开

收藏单位：南京馆

05413
日语口号捷径 国民政府军事委员会政治部编
国民政府军事委员会政治部，[1940—1949]，14页，64开

本书为抗日战争时期出版的对日军进行宣传瓦解的简单日语口号。

收藏单位：广东馆、国家馆

05414
日语入门 （日）佐伯筤四郎编
上海：上海语文研究社，1936，再版，182页，25开

本书分文字和发音、基础语法两部分。供初学日语者自修使用。

收藏单位：重庆馆、绍兴馆

05415
日语文典 傅少华著
上海：商务印书馆，1936.2，159页，24开（日本研究会丛书）
上海：商务印书馆，1938.3，3版，159页，24开（日本研究会丛书）

本书共11章，内容包括：词之种类、名词、代名词、动词、形容词、副词、接续词、感叹词、助动词等。详述日语口语语法。

收藏单位：重庆馆、广东馆、贵州馆、国

家馆、湖南馆、江西馆、浙江馆

05416

日语文法　陈绍琳编译

[广州]：国立暨南大学南洋文化事业部，1931.1，140 页，24 开

本书为自修适用日语文法读本。

收藏单位：贵州馆

05417

日语文法（日华对照）　王邦模编

上海：世界书局，1934.9，2 册（182+173 页），32 开（日语基础丛书）

上海：世界书局，1934.10，再版，2 册（182+173 页），32 开（日语基础丛书）

上海：世界书局，1935.10，3 版，2 册（182+173 页），32 开（日语基础丛书）

本书分上下册，共 9 章，内容包括：绪论、词类概说、名词、代名词、动词、形容词、助动词等。

收藏单位：广东馆、广西馆、湖南馆、江西馆、浙江馆

05418

日语文法概要　卢杰编辑

北平：英华书店，1934.1，180 页，22 开

本书共 14 章，内容包括：绪论、音韵、名词、动词等。

收藏单位：东北师大馆

05419

日语文艺读本　葛祖兰编译

上海：商务印书馆，1931.6，370 页，22 开

上海：商务印书馆，1934.9，再版，370 页，22 开

上海：商务印书馆，1934.12，3 版，370 页，22 开

上海：商务印书馆，1938.4，4 版，370 页，22 开

本书收录日本著名作家的作品共 17 篇，编译者将其译作中文，并加以文章出处、原著者、语法等方面的解释说明。自修适用。

收藏单位：东北师大馆、西南大学馆

05420

日语要领（学习篇 文法篇 会话篇）　张深切著

北京：新民印书馆，1942，248 页，32 开

收藏单位：河南馆

05421

日语一月通　世界语言学社编译

上海：世界书局，1934.12，380 页，36 开

上海：世界书局，1935.5，[再版]，380 页，36 开

上海：世界书局，1937，6 版，380 页，36 开

上海：世界书局，1939，新 3 版，380 页，36 开

本书以日语文法为经，以会话为纬编译而成。汉日对照，有上海方音注音。书末附练习解答。

收藏单位：重庆馆、广东馆、贵州馆、南京馆

05422

日语造句（日华对照）　邓理平编

上海：世界书局，1934.9，121 页，32 开（日语基础丛书）

上海：世界书局，1934.10，再版，121 页，32 开（日语基础丛书）

本书内容包括：绪论、句子概说、句子的种类、句子的成分、句子的构造、造句时应注意之点等。

收藏单位：湖南馆、绍兴馆、浙江馆

05423

日语之门　冯亨嘉编

上海：启明书局，1938.12，126 页，32 开（日语自修丛书）

上海：启明书局，1940.3，再版，126 页，32 开（日语自修丛书）

上海：启明书局，1943.4，3 版，126 页，32 开（日语自修丛书）

本书为日语自修书。分发音篇、用例篇、文法篇 3 部分，共 30 课。

05424

日语助词的用法 中谷鹿二编

大连：善邻社，1938.7，154 页，32 开

大连：善邻社，1942，9 版，154 页，32 开

大连：善邻社，1942.8，10 版，154 页，32 开

　　收藏单位：河南馆

05425

日语助辞教科书 陆昌龄著

上海：知新书局，1935.11，94 页，32 开

　　收藏单位：南京馆

05426

日语助动词、助词使用法（日华对照） 许达年编

上海：世界书局，1934.9，189 页，32 开（日语基础丛书）

上海：世界书局，1934.10，再版，189 页，32 开（日语基础丛书）

　　本书配合基础日语的学习，将日语中的助词、助动词加以归纳和小结并举例说明词义及使用方法。分 3 章：概说、助动词的定义及分类、助词的定义及分类。

　　收藏单位：重庆馆、贵州馆、南京馆、浙江馆

05427

日语综合讲座 （日）丸山林平编著

长春：艺文书房，1941.12—1943.2，10 册（1238 页），32 开

　　本书分入门篇、文章篇、惯语篇、新语篇、实用篇、汉文篇等。

　　收藏单位：东北师大馆

05428

日语作文（日华对照） 邓理平编

上海：世界书局，1934.9，206 页，32 开（日语基础丛书）

　　本书分前后两编。前编作法论，内容包括：绪言、文体的分类、记事文、叙事文、说明文、议论文等。后编日语作文示范，内容包括：记事文类、叙事文类、说明文类等。

　　收藏单位：湖南馆、江西馆、辽大馆、浙

江馆

05429

日粤会话读本 （日）长野政来　神田树著

台北：株式会社福大公司，1939，18 版，166 页，36 开

台北：株式会社福大公司，1940，42 版，166 页，36 开

　　收藏单位：广东馆

05430

日支日用语字典 （日）石山喜一郎编

外文题名：Ishiyama's Japanese-Chinese everyday dictionary

大连：大阪屋号书店，1922.12，359 页，42 开

大连：大阪屋号书店，1924.11，2 版，359 页，42 开

大连：大阪屋号书店，1925.11，3 版，359 页，42 开

大连：大阪屋号书店，1929.3，4 版，359 页，42 开

　　收藏单位：国家馆

05431

山中避雨 丰子恺著 （日）吉川幸次郎日译

台北：开明书店，1947.6，53 页，32 开（中日对照缘缘堂随笔 2）

　　本书从作者《缘缘堂随笔》等著作中选辑《山中避雨》《记音乐研究会中所见之一》《记音乐研究会中所见之二》3 篇文章译成日文，并与原文对照排列。

　　收藏单位：国家馆

05432

上海日语专修学校章程 上海日语专修学校编

上海：上海日语专修学校，[1926]，13 页，32 开

　　本章程共分 15 章：总则、开学、科别、学科、学则、纳费、上课、入学、修业及毕业、成绩考查及升级、奖励与惩戒、管理、优遇、设备、附则。

收藏单位：国家馆

05433

商业、旅行、交际会话范本（中日对照） 陈万里著

厦门：中日语言研究社，1939.8，218 页，32 开

厦门：中日语言研究社，1940.10，4 版，218 页，32 开

　　本书分 5 篇：商业会话、旅行会话、交际会话（附语体写信文范）、白话文法的概说、日本语法概要。

　　收藏单位：上海馆

05434

实用日语会话（对译明解）（日）近藤喜功著

奉天（沈阳）：满洲文化普及会，1934.6，373 页，32 开

奉天（沈阳）：满洲文化普及会，1942，新订 292 版，373 页，32 开

奉天（沈阳）：满洲文化普及会，1942.12，新订 317 版，373 页，32 开

　　本书分基本入门篇、实用会话篇、常用名词篇 3 篇。后附平假名五十音图表、片假名五十音图表。

　　收藏单位：首都馆

05435

实用日语会话读本 姚咏平编

上海：北新书局，1935.9，169 页，32 开

　　本书为编者在日本留学期间，搜集多种会话方面的书籍，摘其精华编成，共 30 课。后附音韵、音同字异表、口语文法撮要等 6 种附录。

　　收藏单位：国家馆、河南馆、西南大学馆

05436

鼠牙（日汉对照） 鲁彦原著 （日）井田启胜译注

东京：文求堂书店，1943，135 页，32 开

　　收藏单位：首都馆

05437

私立东方日文补习学校简章 私立东方日文补习学校编

上海：私立东方日文补习学校，1935，7 页，32 开

05438

速成日本语读本 在满日本教育会教科书编辑部编

大连：大陆教科用图书株式会社，1943.10，2 册（122+147 页），35 开

　　本书为日汉对照读物，是以会话为主的日语学习读本。

　　收藏单位：吉林馆、南京馆

05439

速成日语读本 （日）桥爪政之编著

上海：开华书局，1931.5，91 页，25 开

上海：开华书局，1933，4 版，91 页，25 开

上海：开华书局，1935.10，7 版，91 页，25 开

　　本书主要介绍日本语中的 76 个字母和清音字母、浊音字母、半浊音字母及鼻音字母的四种发音。

　　收藏单位：广东馆

05440

速成日语会话 袁文彰编著

上海：开华书局，1933.1，102 页，25 开

上海：开华书局，1933.2，再版，102 页，25 开

上海：开华书局，1935，4 版，102 页，25 开

上海：开华书局，1941.11，10 版，102 页，25 开

　　收藏单位：广东馆、河南馆、上海馆

05441

速成日语书信 袁文彰编著

上海：开华书局，1934.3，148 页，25 开

　　本书分上下两编。上编为日语书信的写法；下编为各类书牍实例。

　　收藏单位：广东馆

05442

速成日语书信（日满对译） 王守庸编

奉天（沈阳）：艺声书店，1939.4，148 页，24 开

　　本书分上下两编。上编为书简文之心得，介绍书信的用话、构造、写法、称呼等；下编为书简文实例，列举各类书信范文。

05443

速成日语文法 张广中编著

上海：开华书局，1933.1，113 页，25 开

上海：开华书局，1934.4，再版，113 页，25 开

上海：开华书局，1938.5，5 版，113 页，25 开

　　本书分发音和品词详说两编，包括文字与发音、日本语的构成、名词和数词、代名词、动词、形容词、助动词、助词、副词、接续词、感叹词、接词 12 课内容。

　　收藏单位：辽宁馆

05444

速成日语用例 赵立言编著

上海：开华书局，1933.2，118 页，32 开

　　收藏单位：广东馆

05445

速修日语会话（京音旁注） （日）饭河道雄著

奉天（沈阳）：东方印书馆，1930.11，259 页，50 开

奉天（沈阳）：东方印书馆，1935.1，21 版，259 页，50 开

奉天（沈阳）：东方印书馆，1938.5，26 版，259 页，50 开

　　本书分 4 篇：会话之根底、家庭会话与单语、买卖会话与单语、交际会话。日汉对照，日文旁用汉字北京音注音。末有附录。

　　收藏单位：国家馆

05446

谈自己的画 丰子恺著 （日）吉川幸次郎日译

台北：开明书店，1947.6，65 页，32 开（中日对照缘缘堂随笔 4）

　　本书从作者《缘缘堂随笔》等著作中选辑《闲》《谈自己的画》两篇随笔译成日文，并与原文对照排列。

　　收藏单位：国家馆

05447

文言日文典 程思进编著

上海：中华书局，1936.3，218 页，32 开

　　本书分文字概说和品词概说两章，内容包括：文字的种类、音韵的种类、音韵的变化、汉字的读法、名词、代名词、动词、形容词、助动词、助词、副词、接续词、感叹词等。

　　收藏单位：东北师大馆、国家馆、吉林馆、江西馆、辽宁馆、上海馆、西南大学馆

05448

西湖船 丰子恺著 （日）吉川幸次郎日译

上海：开明书店，1947.6，63 页，32 开（中日对照缘缘堂随笔 3）

　　本书从作者《缘缘堂随笔》等著作中选辑《西湖船》《新年怀旧》《带点笑容》《送考》4 篇随笔译成日文，并与原文对照排列。

　　收藏单位：国家馆

05449

现代模范日语 洪光洲著

[上海]：日本人 YMCA 外语学校，1936.9，299 页

　　本书分发音篇、语形篇、会话篇、文法篇、文选篇一（口语体）、文选篇二（文语体）6 部分，共 86 课。

　　收藏单位：西交大馆

05450

现代模范日语 吴仁加编著

上海：吴仁加 [发行者]，1939.5，266 页，25 开

上海：吴仁加 [发行者]，1939.12，再版，266 页，25 开

上海：吴仁加 [发行者]，1940.10，3 版，266

页，25 开

上海：吴仁加［发行者］，1942.4，5 版，266 页，25 开

本书分字母基本发音、基础应用语法、口语文法纲要 3 篇。

05451

现代模范日语 吴仁加编著

上海：吴仁加［发行者］，1942.7，6 版，142 页，25 开

本书分字母基本发音、基础应用语法两篇。

收藏单位：国家馆

05452

现代日本语法大全（分析篇） 张我军编著

北平：人人书店，1934.8，14+300 页，22 开

北平：人人书店，1935.8，再版，14+313 页，22 开

本书分 12 讲。讲述体言、用言、形容词与动词、助动词、副词、助词等日语语法知识。

收藏单位：广东馆、国家馆、首都馆

05453

现代日本语法大全（运用篇） 张我军编著

北平：人人书店，1935.3，10+248 页，22 开

北平：人人书店，1938，4 版，10+248 页，22 开

收藏单位：东北师大馆、广东馆、首都馆

05454

现代日文语法讲义（表解） 汪大捷编著

北平：午未日文研究社，1935.7，[18]+408 页，22 开，精装

北平：午未日文研究社，1936.2，再版，[18]+408 页，22 开，精装

北平：午未日文研究社，1936.9，3 版，[18]+408 页，22 开，精装

本书为编者在北平东大、师大等校教授日文语法的讲义。分音的种类、品词论及现代日文语法详论 3 编。书后有练习及答案。

附录文语口语动词活用对照表、文语助动词活用表、文语口语重要助动词活用对照表。

收藏单位：东北师大馆、国家馆

05455

现代日文综合读本（文法中心） 谢求生编著

广州：广州日文专修馆，1936.9，448 页，22 开

本书共 44 课，分口语文、文语文两篇。

收藏单位：广东馆

05456

现代日语（上卷） 蒋君辉著

上海：蒋君辉［发行者］，1930.2，178+38 页，32 开

上海：蒋君辉［发行者］，1931.9，5 版，178+38 页，32 开

上海：蒋君辉［发行者］，1933.5，10 版，178+38 页，32 开

上海：蒋君辉［发行者］，1934.2，15 版，178+38 页，32 开

上海：蒋君辉［发行者］，1935.1，20 版，178+38 页，32 开

上海：蒋君辉［发行者］，1935.3，21 版，178+38 页，32 开

上海：蒋君辉［发行者］，1935.5，22 版，178+38 页，32 开

上海：蒋君辉［发行者］，1935.7，23 版，178+38 页，32 开

上海：蒋君辉［发行者］，1935.9，24 版，178+38 页，32 开

上海：蒋君辉［发行者］，1936.9，29 版，178+38 页，32 开

本书分发音、语形、文法、会话 4 部分，共 60 课。后附第 1 课至第 25 课之读音及释义。发行者原题：蒋韫。

收藏单位：广东馆、国家馆、南京馆

05457

现代日语（下卷） 蒋君辉著

上海：蒋君辉［发行者］，1931.3，253+10+76 页，32 开

上海：蒋君辉 [发行者]，1933.9，改正 4 版，
253+10+76 页，32 开

上海：蒋君辉 [发行者]，1935，5 版，253+
10+76 页，32 开

本书分语体选读、文体文法、文语对译、
书简文、难解辞 5 部分，共 60 课。后附第 1
课至第 35 课释义。发行者原题：蒋韫。

收藏单位：广东馆

05458

现代日语（上卷） 蒋君辉著

上海：中华书局，1930.2，195+48 页，32 开

上海：中华书局，1930.9，再版，195+48 页，32
开

本书为日语教科书。分发音、语形、文
法、会话 4 部分，共 60 课。后附第 1 课至第
25 课之读音及释义。蒋君辉，又名蒋韫。

收藏单位：东北师大馆、上海馆、首都
馆、西南大学馆

05459

现代日语会话 程柳枝编

上海：读者书局，1942.1，271 页，32 开

上海：读者书局，1942.3，9 版，271 页，32
开

本书内容包括：指示代名词、人代名词、
前课运用、数词等。

收藏单位：南京馆

05460

现代日语会话 吴主惠著

东京：文求堂，1936.6，220 页，32 开，精装

东京：文求堂，1937.5， 再 版，220 页，32
开，精装

东京：文求堂，1938.8，3 版，220 页，32 开，
精装

东京：文求堂，1939.3，4 版，220 页，32 开，
精装

东京：文求堂，1939.12，6 版，220 页，32
开，精装

本书共分 5 篇：发音、重要的类似散语、
实用短句问答、日常会话、应用文法的说话。
附录：实用单语、东京主要地名读法、日本姓

氏读法择要。

收藏单位：浙江馆

05461

新编日本语言集全（单语部） 王淅水著

出版者不详，[1911—1949]，30 页，25 开

收藏单位：广东馆

05462

新编日本语言集全（会话部）

出版者不详，[1911—1949]，53 页，25 开

收藏单位：广东馆

05463

新编日语法详解 金爽田编著

北平：戊辰学会，1934，352 页，32 开

本书共 14 章，内容包括：日语字母发音、
词类、语法等。

收藏单位：国家馆、首都馆

05464

新订详解汉和大字典 （日）服部宇之吉
（日）小柳司气太著

东京：冨山房，1916.12，2180+[227] 页，32 开，
精装

东京：冨山房，1936.1，新订版，2180+[227]
页，32 开，精装

东京：冨山房，1936.2，50 版，2180+[227] 页，
32 开，精装

东京：冨山房，1939，新订 221 版，2180+ [227]
页，32 开，精装

东京：冨山房，1943.4，122 版，增补本，2180+
[227] 页，32 开，精装

本书含部首索引 45 页，音训索引 110
页，草字索引 14 页，草字便览 58 页，正文
2180 页。

收藏单位：东北师大馆、浙江馆、中科图

05465

新汉和大辞林 （日）春日靖轩著

东京：公文书院，1915，20 版，1 册，32 开，
精装

本书为中日对照字典。

收藏单位：广东馆

05466

新汉和大字典　（日）宇野哲人编

东京：株式会社三省堂，1932.2，1 册，32 开

东京：株式会社三省堂，1932.3，5 版，1 册，32 开

东京：株 式 会 社 三 省 堂，1932.4，10 版，1 册，32 开

东京：株式会社三省堂，1933.4，15 版，1 册，32 开

东京：株式会社三省堂，1934.9，20 版，1 册，32 开

东京：株式会社三省堂，1935.9，25 版，1 册，32 开

　　本书为中日对照字典。

　　收藏单位：南京馆

05467

新式短期日语讲义

出版者不详，[1913—1949]，140 页，25 开

　　本书内容包括：字母及发音、主语及补足语、动词现在形及第一目的语、动词之命令形及第二目的语、动词之否定法、疑问语、动词之时间及形容词、动词之进行形及代名词、条件法（一）及副词、条件法（二）及助动词、会语、标语及口号等。

　　收藏单位：重庆馆、广东馆、湖南馆、江西馆

05468

新式日语文法讲座　邰玉镇著

长春：满洲国通信社出版部，1938.4，4 册，32 开

长春：满洲国通信社出版部，1939.2，再版，4 册，32 开

　　本书共 4 卷，前 3 卷未见书。第 4 卷含 8 讲，内容包括：形容词、形容词的活用、形容词的名词、助动词的常体与敬体、接辞等。

05469

新修汉和大字典　（日）小柳司气太著

东京：株式会社博文馆，1936，增补版，2082 页，精装

东京：株式会社博文馆，1940.3，230 版，增补版，2082 页，32 开，精装

东京：株式会社博文馆，1940.5，242 版，增补版，2082 页，32 开，精装

　　本书为中日对照字典。收录汉字 1842 个、连语 1844 个、辨似 1854 个、俗字 1858 个。按笔画多少编排并检索。附录助字篇、国字、连语、辨似、俗字、常用汉字、略字、音训索引等。

　　收藏单位：东北师大馆、江西馆、南京馆、浙江馆

05470

星孩儿（汉文译注）　日语研究社译注

上海：开 华 书 局，1934.3，73+24 页，32 开（日语文学丛刊）

　　本书为中日对照读物。内容为英王尔德《星孩儿》的日译。后附《星孩儿》原文及穆木天的汉译文。

　　收藏单位：国家馆

05471

学生与日语　迟镜诚著

长春：艺文书房，1942.9，110 页，32 开（学生文库）

　　本书分学日语的出发点、日语和汉语不同的地方、日语和汉语相似的地方，以及形容词、名词、副词的几个特征 4 篇。以中日两种语言相互比较介绍学习日语的方法，但书中的奴化言论甚多。书末附字典的介绍、汉字音读发音结合表。

05472

学校常用语　台北市立大同国民学校编著

台北：东方出版社，1947.8，115 页，50 开

　　本书为中日对照读物，有注音。

　　收藏单位：国家馆

05473

怎样研究日语　日语读书会编

上海：开华书局，1934.5，[104] 页，32 开

上海：开华书局，1935.10，再版，[104]，32 开

本书收葛祖兰、蒋君辉、洪水星、叶作舟、高振清等 11 人研究日语及指导日语学习的文章 11 篇。

收藏单位：国家馆、河南馆、南京馆、上海馆

05474

增订语法本位新日语捷径　艾华编著

北平：立达书局，1930.9，272 页，22 开

北平：立达书局，1933.8，再版，272 页，22 开

本书为增订改版语法本位新日语捷径。书前有再版序言。书脊和逐页题名：增订新日语捷径。

收藏单位：河南馆

05475

战地宣传日语

出版者不详，[1939]，油印本，7 叶，32 开，环筒页装

本书收录战地宣传日语口号、标语、歌曲等。

收藏单位：广东馆、国家馆

05476

浙江省立日语专门学校概览（二十八年度第一学期）　浙江省立日语专门学校编

杭州：浙江省立日语专门学校，1939，1 册，16 开

收藏单位：浙江馆

05477

正则日本语读本（卷一）　教育部编审会著

北京：新民印书馆，1938.2，89+12 页，32 开

北京：新民印书馆，1938.9，再版，89+12 页，32 开

本书为初学日语读本。书后附新语新字一览表。

收藏单位：国家馆、河南馆

05478

正则日本语讲座（第 1 卷 日本语入门篇）
（日）田中庄太郎编

北京：新民印书馆，1939.10，229 页，25 开

北京：新民印书馆，1940.8，再版，229 页，25 开

北京：新民印书馆，1940，3 版，229 页，25 开

北京：新民印书馆，1940.9，5 版，229 页，25 开

北京：新民印书馆，1941.1，10 版，229 页，25 开

北京：新民印书馆，1942，订正 1 版，229 页，25 开

北京：新民印书馆，1942.4，19 版，229 页，25 开

北京：新民印书馆，1942.9，24 版，229 页，25 开

北京：新民印书馆，1943.3，32 版，229 页，25 开

本书分两篇。第 1 篇为假名和发音，介绍了语音学习之必要、母音和子音、假名的发音等。第 2 篇为入门篇，分主题列举了常用的日本语。本卷执笔者为日本四宫春行。

收藏单位：国家馆、首都馆

05479

正则日本语讲座（第 2 卷 初等会话篇）（日）田中庄太郎编

北京：新民印书馆，1940.2，176 页，25 开

北京：新民印书馆，1941.2，7 版，176 页，25 开

北京：新民印书馆，1941.10，10 版，176 页，25 开

本卷执笔者为日本四宫春行。

收藏单位：首都馆

05480

正则日本语讲座（第 3 卷 童话・物语篇）（日）田中庄太郎编

北京：新民印书馆，[1939—1942]，1 册，25 开

05481

正则日本语讲座（第 4 卷 日本事情篇）（日）田中庄太郎编

北京：新民印书馆，1940.11，146 页，25 开

北京：新民印书馆，1942.1，5 版，146 页，25 开

北京：新民印书馆，1942.11，10 版，146 页，25 开

05482

正则日本语讲座（第 5 卷 文语篇）（日）田中庄太郎编

北京：新民印书馆，1941.5，258 页，25 开

北京：新民印书馆，1942.4，5 版，258 页，25 开

北京：新民印书馆，1942.11，10 版，258 页，25 开

　　本书分 8 章：序论、用言、体言、副词、助词、感动词、接续词、助动词。

　　收藏单位：东北师大馆

05483

正则日本语讲座（第 6 卷 语法篇）（日）田中庄太郎编

北京：新民印书馆，1942.11，10 版，1 册，25 开

05484

正则日本语讲座（第 7 卷 尺牍·作文篇）（日）田中庄太郎编

北京：新民印书馆，1940.12，200 页，25 开

北京：新民印书馆，1942.4，5 版，200 页，25 开

05485

正则日本语讲座（第 8 卷 翻译法）（日）田中庄太郎编

北京：新民印书馆，1942.12，116 页，25 开

　　本卷执笔者为龙泽铣。

05486

正则日本语讲座（第 9 卷 演说·式辞篇）（日）田中庄太郎编

北京：新民印书馆，1940.8，152 页，25 开

北京：新民印书馆，1942.5，5 版，152 页，25 开

北京：新民印书馆，1942.12，10 版，152 页，25 开

05487

正则日本语讲座（第 10 卷 日本语学概论）（日）田中庄太郎编

北京：新民印书馆，1942.10，149 页，25 开

北京：新民印书馆，1943.4，6 版，149 页，25 开

05488

正则日本语讲座（第 11 卷 日本文学篇）（日）田中庄太郎编

北京：新民印书馆，1941.6，152 页，25 开

北京：新民印书馆，1942.6，5 版，152 页，25 开

北京：新民印书馆，1942.12，10 版，152 页，25 开

　　收藏单位：东北师大馆

05489

正则日本语讲座（第 12 卷 日本语教授法）（日）田中庄太郎编

北京：新民印书馆，1942.9，5 版，1 册

　　收藏单位：东北师大馆、近代史所

05490

治安总署复试留日警察讲习所学员日语试卷

治安总署，[1937—1945]，油印本，1 册，16 开

　　收藏单位：国家馆

05491

中日对照会话捷径（无师自通）　陈万里著

厦门：中日语言研究社，1939.8，[21]+182 页，32 开

厦门：中日语言研究社，1939.10，2 版，[21]+182 页，32 开

厦门：中日语言研究社，1939.12，3 版，[21]+182 页，32 开

厦门：中日语言研究社，1940.1，4 版，[21]+182 页，32 开

厦门：中日语言研究社，1940.3，5 版，[21]+

182 页，32 开

厦门：中日语言研究社，1940.5，6 版，[21]+
182 页，32 开

厦门：中日语言研究社，1940.9，7 版，[21]+
182 页，32 开

厦门：中日语言研究社，1940.10，8 版，[21]+
182 页，32 开

　　本书分会话入门、语法会话、普通会话 3
篇。包括名词、数词、形容词、地理的词类、
食物的词类、植物的词类等 25 章。

　　　　收藏单位：南京馆、山西馆

05492
中日交际会话讲义　殷师竹　张会编著

上海：外语编译社，1935.11，100+10+172 页，
32 开

上海：外语编译社，1937.5，100+10+172 页，
32 开

　　本书共两编，第 1 编为单词，有释义和
汉字注音，由殷师竹编著；第 2 编为汉日对照
会话，由张会编著。

　　　　收藏单位：国家馆、河南馆、浙江馆

05493
中日语文通　林永嘉等编著

良友公司，1942，124 页，大 64 开

　　本书详注沪日粤语读音。

　　　　收藏单位：广东馆

05494
自修教授参考书　张我军编著

北平：人人书店，1935.1，176 页，25 开（日
语基础丛书）

　　本书为日语基础读本。分文字与发音、
基础语法、模范文选 3 部分。结合选文讲述
日语基础语法知识。

　　　　收藏单位：国家馆、南京馆

05495
自修日语口语文法　刘杰撰

[北平]：[聚兴书局]，[1936]，[20]+602 页，
25 开

　　本书卷首书名前加题"附注国音字母"。

出版年据写"付印感言"时间。

　　　　收藏单位：国家馆、首都馆

05496
自学日语会话　易言编著

上海：启明书局，1942.3，3 版，107 页，32
开（日语自修丛书）

05497
综合日本语自习读本　屋野芳树　潘逖书编

上海：容海语学校，1943.2，79 页，32 开

　　　　收藏单位：南京馆

05498
综合日华大辞典　赵立言等编

上海：开华书局，1936.2，317+422+381 页，
32 开，精装

上海：开华书局，1938.4，4 版，317+422+381
页，32 开，精装

　　本书分 3 部分：标准日华辞典、日语汉译
辞典、日本新语辞典。书末附高振清的《日
文学习法》。标准日华辞典按汉字部首编排，
其他两部分按日语五十音图假名顺序编排。

　　　　收藏单位：东北师大馆、广东馆、上海馆

05499
综合日语学教程　（日）工藤文雄　王白渊编
　苏光耀　梁耀南校

上海：南华书店，1936.8，554 页，32 开

　　本书共 3 部分：音韵篇、品词篇、文章
篇，每部分后各有附篇。

　　　　收藏单位：南京馆

05500
最新标准日语口试问答　关毅著

长春：大陆书局，1941.6，155 页，32 开

　　本书为日汉对照读物。共 4 篇，内容是
升学、就职、文官考试等日语口试问答会话。

05501
最新日本口语文法　汪洪法著

上海：商务印书馆，1936.2，298 页，32 开，
精装

本书分字母、品词、文章论 3 篇。

收藏单位：广东馆、贵州馆、国家馆、湖南馆

05502

最新日语速成法　杨伟昌编著

南京：军政部学兵队，1934.7，252 页，32 开（军政部学兵队丛书）

收藏单位：南京馆

05503

最新实用日语会话大全　王玉泉编著

东京：佛教学苑出版部，1936，4 版，393，54 页，32 开

收藏单位：首都馆

05504

作父亲　丰子恺著　（日）吉川幸次郎日译

台北：开明书店，1947.6，55 页，32 开（中日对照缘缘堂随笔 1）

本书从作者的《缘缘堂随笔》等著作中选辑《吃瓜子》《作父亲》《姓》《华瞻的日记》4 篇文章译成日文，并与原文对照排列。

收藏单位：国家馆

阿拉伯语

05505

阿拉伯文读本（高级 第二册）

北平：成达师范学校出版部，[1925—1949]，1 册，32 开

本书为阿拉伯文口语读本，内有大量插图。

收藏单位：浙江馆

05506

模范中阿会话　（埃及）康美伦　黄承才编

上海：中国回教书局，1936.10，438 页，32 开，精装

本书分 4 编：阿文字汇、问句作法、一问多答法、两人对谈法。汉文、阿拉伯文对照。

书前有达浦生序。

收藏单位：复旦馆

05507

中阿初婚（第一册 字义学）　杨敬修著

北京：秀真精舍，1911.3，54 页，16 开

本书是回族经堂大学阿拉伯文基础课改良教材。共 4 册，用古汉语与阿拉伯文对译讲解。本册分门别类汇集天文、地理、自然风物、日常生活、宗教教义方面的阿拉伯语单词和短句，加以讲解、翻译。

收藏单位：国家馆、中科图

05508

中阿初婚（第二册 字体学）　杨敬修著

北京：秀真精舍，1911.3，54 页，16 开

本册选自《素尔夫》，讲述阿拉伯语词法，增补大量注释，并从理论上概括，译文文笔古奥。

收藏单位：国家馆、中科图

05509

中阿初婚（第三册 字用学）　杨敬修著

北京：秀真精舍，1911.3，60 页，16 开

本册取自《阿瓦米来》，以词能为主讲解句子结构，大量引译《米苏巴哈》原文作注。

收藏单位：国家馆、中科图

05510

中阿初婚（第四册 菁华录）　杨敬修著

北京：秀真精舍，1911.3，56 页，16 开

本册讲解文法，对修辞学、哲学、逻辑学、教法学进行综述。

收藏单位：国家馆、中科图

05511

中阿文乜帖　杨耀斌校正

北京：北京牛街清真书报社，1938.8，再版，影印本，102 页，18 开

本书为伊斯兰教教义、教规和祷文等汇编本。汉文、阿拉伯文对照。供教徒和学习中阿文者用。

收藏单位：国家馆

05512

中阿新字典（中阿双解）（埃及）伊洛雅司氏著　王静斋译

天津：清真北寺前伊光报社，1934.7，1册，16开，精装

本书为汉文、阿拉伯文双解字典。

收藏单位：国家馆

05513

中阿要语合璧（回）马德宝编译

北京：马德宝，1925.5，石印本，150页，18开

本书为汉文、阿拉伯文会话分类辞典。内分天文、地理、身体、学校用语、饮食、禽兽，以及语法修辞、各种谈话等51类。版权页题：善亭马德宝编译。马德宝，字善亭。

收藏单位：国家馆

05514

中回辞典（初稿）　沈仲章　穆天民编

西北科学考察团，[1927—1935]，[540]页，16开，环筒页装

本书为汉文、阿拉伯文对照辞典。

汉藏语系

05515

南华字典

出版者不详，[1911—1949]，390页，25开

收藏单位：广西馆

05516

暹汉辞典　萧元川编译

曼谷：萧元川，[1946]，订正版，半修正新版9版，1册，大64开

本书为泰文、汉文对照辞典。

05517

暹汉辞典　萧元川编译

暹京：中山有限公司，1934.6，1册，64开，精装

暹京：中山有限公司，1946.4，5版，1册，64开，精装

暹京：中山有限公司，1949.4，6版，1册，64开，精装

05518

暹汉辞典　萧元川编译

[泰京]：中山印务局，1940，4版，1册，50开，精装

收藏单位：广东馆

05519

暹语会话指南（初集）　夏林盛编译

暹京：中山印书局，1938，再版，48页，32开

收藏单位：广东馆

05520

暹语会话指南（续集）　夏林盛编

暹京：中山印书局，1938，48页，32开

收藏单位：广东馆

05521

暹语细究　蔡文星编著

曼谷：亚细亚文化学会，1948.7，40页，32开（亚细亚文化学会丛书2）

本书共4章：暹语源流、暹语之分析及外来语之影响、暹文中之汉语、今后汉语英语梵语影响暹文之趋向。书前有秦斌序。

收藏单位：国家馆、湖南馆、吉林馆、江西馆、南京馆

05522

越语必读　吴吉臣著

出版者不详，1941，2版，276页，18开

本书为越南语读本，共58课。后附世界商港地名表。

收藏单位：广东馆

05523

中台藏缅数目字及人称代名词语源试探 王静如著

北平：国立中央研究院历史语言研究所，1931，49—92 页，16 开

本书是国立中央研究院历史语言研究所集刊第 3 本第 1 分抽印本。就汉语、暹台语、西藏语、缅甸语 4 种语言中的数目字及人称代名词的发音作了比较，说明后 3 种语与汉语同源。

收藏单位：国家馆、近代史所

05524

中英注释缅甸语 郭寿华主编

西南运输公司仰光分处监查科，1940.4，14+223 页，22 开

本书分字母读法及拼音、会话、实用单语和缅文文法概要、词汇等 5 篇。中英缅三种文法对照，缀有中英文解释和读音。后附缅甸地名译名。版权页编者题为：钟祺镇、李简君、卢定干。

收藏单位：国家馆、上海馆

阿尔泰语系

05525

维 文 文 法 概 要 （苏）纳西洛夫（В. М. НасиЛов）（苏）巴 斯 克 科 夫（Н. А. Ђаскаков）著 陈郁文 杨永编译

[南京]：国立边疆文化教育馆，1948.3，114 页，32 开（国立边疆文化教育馆丛书 2）

本书分字母、音及缀字法、字法、句法概要 4 章。书后附录时间、空间、重量及其他度量表，维文字母表。

收藏单位：国家馆、吉林馆、南京馆

05526

注音汉释蒙文读本 伊德钦编著

南京：汉文正楷印书局，1935.2，112 页，16 开

收藏单位：浙江馆

南岛语系（马来亚－玻里尼西亚语系）

05527

汉巫辞典

出版者不详，1915，272 页，36 开

本书为汉语马来语对照辞典。

收藏单位：上海馆

05528

华巫新词典（四角号码） 昌怀著

上海：今文学社，[1935.2]，32+488+[86] 页，32 开，精装

巫语即马来语。本书是一部比较早的汉语马来语对照辞典。共收词 4000 余条。用四角号码检字法检字，并有笔画索引。附录有四角号码检字法、国语罗马字等。书末有补遗和改正。初版年月据著者写序时间。

收藏单位：国家馆

05529

马拉语粤音译义 冯兆年辑

新加坡：丹绒巴角正兴书画公司，[1912—1948]，18 叶，32 开，环筒页装

本书是按天文、地理、时令、食物、衣物等 28 类编排的汉语词汇。分别用汉语的粤语方音注出马拉语音，书中并无马拉语原文。供广东华侨学马来话用。

05530

袖珍印华字典续编 李毓恺著

吧城（雅加达）：国民书局，[1911—1949]，

282 页，50 开

本书封面题名：最新增订袖珍印华字典续编。

收藏单位：广东馆

05531

印尼中华大辞典　李毓恺编

外 文 题 名：Kamus baharu bahasa Indonesia-Tionghoa

椰城国民书局，1931，486+158 页，42 开

本书为汉语印尼语对照辞典。书前有新印尼文外来语之来源简写表。

收藏单位：广东馆

印欧语系

05532

佛教梵文读本　王子农著

外 文 题 名：Kamus baharu bahasa Indonesia-Tionghoa

北京：中国佛教学院出版部，1943，石印本，2 册（100+174 页），24 开（中国佛教学院丛书 4）

本书内容为佛经，有汉文对照。版权页题：王子农对勘。

收藏单位：北大馆、国家馆、天津馆

05533

拉丁初学（教员用本）（德）石作基（A. Schildknecht）编著

外文题名：Schola Latina. pars magistri

兖州：保禄印书馆，1940.9，104 页，25 开

本书为拉丁语课本教员用书。按词性等分课，每课均有例句若干及中文翻译。

收藏单位：国家馆

05534

拉 丁 初 学（课 本）（德）石 作 基（A. Schildknecht）编著

外文题名：Schola Latina. exercitia

兖州：保禄印书馆，1940.7，114 页，25 开

本书为拉丁语课本。共 160 课。按词性等分课，每课均有例句若干及中文翻译。书前有前言。

收藏单位：国家馆

05535

拉 丁 初 学（文 法）（德）石 作 基（A. Schildknecht）编著

外文题名：Schola Latina. grammatica

兖州：保禄印书馆，1940.9，136 页，25 开

本书为拉丁语课本。书前有卷头语。书后附标点符号、拉汉名词对照表。

收藏单位：国家馆

05536

拉丁句学（课本 四年级用）（德）石作基（A. Schildknecht）编著

外文题名：Schola Latina

兖州：保禄印书馆，1943，113 页，22 开

本书为四年级用拉丁文法课本。分 3 章：单句、合句、简句。课文例句为拉汉对照。

收藏单位：国家馆

05537

拉丁文初学

兖州：天主教堂印书局，1932，5 版，84+87 页，22 开

本书教授初级拉丁文文法。内容包括话规和课本两部分。

收藏单位：国家馆、湖南馆

05538

拉丁文初学（课本）

外文题名：Rudimenta linguae Latinae. exercitia

兖郡：天主教堂印书局，1923，3 版，89 页，22 开

本书为拉丁语汉语对照课本。附有练习。书前有拉丁文序言，书后附录问词目录。

收藏单位：国家馆

05539

拉丁文传入中国考　方豪著

遵义：浙江大学文学院，1942，石印本，[41]叶，16开，环筒页装

本书为浙江大学文学院集刊第2集抽印本。收录《拉丁文传入中国考》和《埃及象形文之组织及其与中国六书之比较》（黄尊生）两篇论文。第1篇讲述拉丁字与中国音韵学，国人研习拉丁文小史、汉文名著与拉丁文名著互译、中国拉丁文典述例等。

收藏单位：国家馆

05540

拉丁文句学（话规） 维昌禄 苗德秀编著

外文题名：Syntaxis lingua Latina. Grammatica

兖州：保禄印书馆，1942.1，6版，86页，32开

收藏单位：广西馆

05541

拉丁文句学（课本）

外文题名：Syntaxis lingua Latina. Exercitia

衮郡：天主教堂印书局，1928,3版，130页，大32开，精装

05542

拉丁文学（卷一 位置论）

外文题名：Stilistica linguae Latinae. Pars 1, Ordo verborum

兖州：天主教堂印书局，1928，25页，22开

兖州：天主教堂印书局，1935，2版，32页，22开

本书分3部分：位置之种类、位置之规则、位置的形式。讲述拉丁文句内诸词布置的秩序。书前有绪言。

收藏单位：国家馆

05543

拉丁文学（卷三 诗韵论）

外文题名：Stilistica linguae Latinae. Pars 3, De Prosodia

兖州：天主教堂印书局，1928，24页，22开

兖州：天主教堂印书局，1935，2版，24页，22开

本书分两部分：缀音量、作诗法。书前有

绪言。

收藏单位：国家馆

05544

拉丁重音研究 陈熙止著

鄞县：增爵小修院，1941.6，55页，32开

本书研究拉丁语重音的读法。分4章：导言、通则、不受联变应响的尾字、各词变动的尾字。书前有方豪序。书后附录拉丁语读音的几点注意。

收藏单位：上海馆

05545

拉丁字母

外文题名：ABC Linguae Latinae

兖州：天主教堂印书局，1923，3版，39页，22开

本书为拉丁文初学课本。共42课。书前有前言。

收藏单位：国家馆

05546

辣丁文词学课本 山东兖郡修道院著

外文题名：Elementa linguae Latinae exercitia

兖郡：天主教堂印书局，1916，177页，25开

本书主要介绍文章的写作修辞，包括名词、形容词、代名词、状词及句法等。书后附录讲究合句法表。

收藏单位：近代史所

05547

辣丁文规

外文题名：Elementa grammaticae Latinae

北京：西什库天主堂印字馆，1930，增订7版，4册（[506]页），25开

本书是为中国初学者编辑的拉丁文文法书。分读法、字法、句法、文法4册。

收藏单位：国家馆

05548

辣丁文津 张省机编著

上海：土山湾印书馆，1911，24页，32开

本书分造句浅法、文范名词、新经约选3

部分。

收藏单位：国家馆

05549

辣丁文句学（话规）

外文题名：Syntaxis linguae Latinae. Volumen Primum: Grammatica

兖郡：天主教堂印书局，1921，2 版，71 页，22 开，精装

本书是用拉丁文编写的拉丁文文法书。分论句分和论句类两章。

收藏单位：国家馆

05550

辣丁文句学（课本）

兖郡：天主教堂印书局，1922，2 版，130 页，22 开

本书是用拉丁文编写的拉丁文文法课本。分单句、合句、断句、新话（单词）4 部分，附有练习。

收藏单位：国家馆、内蒙古馆

05551

辣丁文字　F. M. J. Gourdon 编

外文题名：Grammatical Latina

上海：出版者不详，1936，143 页，32 开

本书为教会出版物，是用中文解说的拉丁文文法书。分论名词、形容词、动词、代名词、通名、状词、前词、叹词、句法 9 章。

收藏单位：国家馆

05552

辣丁中华合璧字典　北平西什库天主堂遣使会编

外文题名：Lexicon magnum Latino-Sinicum

北平：西什库天主教遣使会印字馆，1936，3 版，778 页，16 开

北平：西什库天主教遣使会印字馆，1937，6 版，778 页，16 开

本书为拉丁语汉语对照字典。

收藏单位：国家馆

05553

日耳曼语系研究　（法）德鲁盎（Drouin）著　董世礼译注

北平：辅仁大学，1935.8，28 页，16 开

北平：辅仁大学，1935.11，28 页，16 开

本书收录有关日尔曼语言学的论文两篇：《新德语与低德语之比较》《盎格罗萨克森与英吉利语之关系》。后附译诗《拿破仑二世》6 首。

收藏单位：国家馆、南京馆、上海馆、首都馆

05554

希腊文字法初窥　李涌泉著

济南：广智院，1937.4，石印本，168 页，25 开

本书分字母、书写法·标点符号·音韵、字法、冠词、名词、形容词、副词、数词、代名词、动词 10 部分。书末附录（一）名词分类小字汇；（二）形容词分类表；（三）熟识要目；（四）特殊论目索引。

收藏单位：国家馆、吉林馆、首都馆

05555

新编义文课本（第一册）　高福安编著

上海：慈幼印书馆，1947.3，116 页，32 开

本书为意大利语课本。

收藏单位：国家馆

05556

新编义文课本（第三册）　高福安编著

澳门、上海、香港：慈幼印书馆，1949.4，271—387 页，32 开

本书为意大利语课本。收录系列课本中第 51 课至第 75 课。每课有生字、文法、成语及练习。书后有勘误表。

收藏单位：国家馆

05557

新编义文课本（第四册）　高福安编著

澳门、上海、香港：慈幼印书馆，1949.6，389—482 页，32 开

本书为意大利语课本。收录系列课本中

第 76 课至第 100 课。每课有生字、文法、成语及练习。书后有勘误表。

收藏单位：国家馆

05558

义文法　王宝善编译

外文题名：Grammatica della lingua Italiana

北平：传信印书局，1935.6，145 页，25 开

本书为意大利语文法书。书前有译者序。

收藏单位：吉林馆

05559

医药拉丁语　（日）朝比奈泰彦　（日）清水藤太郎著　楼之岑译述

上海：药学季刊社，1947.4，270+12 页，32 开

本书为医药用拉丁语教材。共 18 章，内容包括：处方与拉丁语、名词、数词、动词、前置词、接续词等。书后附录英美式拉丁之药品名。

收藏单位：国家馆、浙江馆

05560

中文详注荷文百日通（第一册）　李毓恺编

吧城（雅加达）：国民书局，1937.1，32 页，36 开

吧城（雅加达）：国民书局，1940.9，增订再版，32 页，36 开

本书为荷兰语教材。共 20 课。介绍荷兰语中的字母、发音、文法等。初学适用。

收藏单位：国家馆

05561

字典

外文题名：Vocabularium

北京：出版者不详，1914，118 页，22 开

出版者不详，[1913—1949]，22+148+192+1530 页，32 开

本书为中文、拉丁文对照词典。

收藏单位：国家馆、江西馆

国际辅助语

05562

北京世界语专门学校计划书　北京世界语专门学校董事会编

外文题名：La prospekto de pekina Esperanto-kolefio

北京：北京世界语专门学校董事会，1923，14 页，22 开

本书主要介绍筹办北京世界语专门学校的宗旨、招生简章及课程设施等。

收藏单位：国家馆

05563

初级世界语读本　冯省三编

外文题名：Unuagrada lernolibro de Esperanto

上海：商务印书馆，1923.11，190 页，50 开

上海：商务印书馆，1924.6，再版，190 页，50 开

上海：商务印书馆，1929.6，4 版，190 页，50 开

本书适用于世界语初级学习者。书前有周作人序。

收藏单位：广东馆、河南馆、首都馆、云南馆

05564

分类世界语汇（世界语汉语对照）　朱华编

上海：朱华，1914.4，48 页，24 开

05565

奉天世界语学社发生之历史　吴天民编

外文题名：Historio de Esperantista-grupo

奉天（沈阳）：世界语学社，1911.5，36 页，24 开

本书内容包括：拟立世界语学社之原意、发起人召集同志之广告、拟立世界语学社之意见说、第一次会议纪事、第二次演说纪事等。书前有编者肖像。

收藏单位：国家馆

05566

国际世界语教育概况（节译国际联盟秘书厅报告书） 黄尊生译

出版者不详，1930.10，52 页，32 开（广州市市立世界语师范讲习所丛书 3）

本书内容包括：世界语的缘起、世界语教育、世界语教育的效果、世界语之实际的用途。

收藏单位：浙江馆

05567

国际语问题及其解决 爱由尔（Unuel）著 陈兆瑛 于道泉译

上海：世界语书店，1928，67 页，32 开

本书就国际语是否需要、按理论说国际语是不是可能、将来国际语是不是有实际上被采用的希望等问题进行了分析论述。

收藏单位：浙江馆

05568

国际语运动 胡愈之等著 东方杂志社编

上海：商务印书馆，1923.12，92 页，50 开（东方文库 70）

上海：商务印书馆，1924.11，再版，92 页，50 开（东方文库 70）

上海：商务印书馆，1925，3 版，92 页，50 开（东方文库 70）

本书为东方杂志社 20 周年纪念刊物。收文 6 篇，包括《国际语的理想与现实》《世界语创作者柴门霍夫传》《世界语普及的概况》等。著者有胡愈之、黄幼雄等人。

收藏单位：安徽馆、重庆馆、东北师大馆、广东馆、广西馆、桂林馆、国家馆、河南馆、黑龙江馆、湖南馆、辽大馆、南京馆、内蒙古馆、山东馆、上海馆、绍兴馆、天津馆、西南大学馆

05569

国际语运动 胡愈之等著 东方杂志社编

上海：商务印书馆，1924，再版，4 册，50 开（东方文库 70—73）

本书为东方杂志 20 周年纪念刊物的合订本。与《考古学零简》（罗振玉等著）、《开

封一赐乐业教考》《元也里可温考》（陈垣撰）合订。

收藏单位：重庆馆、国家馆、中科图

05570

海滨别墅与公墓 （保）斯塔玛托夫著 （保）克勒斯大诺夫世 金克木汉译

外文题名：Vilao apud la maro kaj en la tombejo

北平：中国世界语书社，1934.12，47 页，36 开（世汉小丛书 第 1 册）

本书为世界语汉语对照读本。收《海滨别墅》《公墓》两篇短篇小说。据世译本转译。书前有引言。

收藏单位：国家馆

05571

汉世辞典 萧聪编

外文题名：Moderna vortaro Cina-Esperanta

上海：绿叶书店，1935.11，458 页，36 开

本书为汉语世界语对照辞典。依照康熙字典部首排列检索。书前有编者序及凡例。书后附录星座名称表、化学元素名称表、各国货币单位名称表、国际标准度量衡表。

收藏单位：国家馆、吉林馆、青海馆、浙江馆

05572

汉译世界语小辞典 周庄萍编著 上海世界语学会校订

外文题名：Vortareto Esperato-Hina

上海：开明书店，1934.12，215 页，32 开

上海：开明书店，1937.4，再版，215 页，32 开

上海：开明书店，1938.3，3 版，215 页，32 开

上海：开明书店，1940.5，4 版，215 页，32 开

上海：开明书店，1948.3，5 版，215 页，32 开

上海：开明书店，1949，6 版，215 页，32 开

本书收字千余个，按笔画顺序检索。

收藏单位：重庆馆、东北师大馆、广东馆、广西馆、贵州馆、桂林馆、国家馆、湖

南馆、辽大馆、南京馆、上海馆、西南大学馆、浙江馆

05573

你会说世界语吗？（世汉对照初级会话指南） 蔡方选编纂

北平：中国世界语书社，1935.1，73 页，48 开

　　本书分前后两部分。前为简单会话；后为各类单字表。

　　收藏单位：国家馆

05574

普及世界语教程（基本的） 世界语学联教育股编译

外文题名：La kurso por elementa Esperanto

北平：世界语学联教育股，1933.5，68 页，16 开

　　本书内容包括：字母表、单词、课文、文法等。

　　收藏单位：国家馆

05575

莎乐美（世界语汉文对照）（英）王尔德（Oscar Wilde）著　H. J. Bulthuis 译　钟霖重译

外文题名：Salome

成都：中华绿星社，1934.3，99 页，32 开

　　本书为剧本，共分 5 场。前有译者小传。

封面题名：沙乐美。

　　收藏单位：重庆馆、国家馆、湖南馆、近代史所

05576

上海世界语者协会章程一览　上海世界语者协会等编

上海：中国世界语书店，[1936.2]，20 页，32 开

　　本书内容包括：上海世界语者协会会章、中国世界语函授学社社章、中国世界语图书馆简章及组织和各部的活动情况等。

　　收藏单位：国家馆

05577

世 界 语 （波）柴门霍甫（Ludwik Lazar Zamenhof）著　（英）乌克那校订　林振翰编译

上海：科学会编译部，1911.2，222 页，32 开

　　本书比较系统地介绍了世界语的字母、发音、拼音、语法等。全书分文规、练习文规、会话、尺牍、字汇 5 篇。"字汇"为世、英、汉对照排列。书前有林栋的《汉译世界语序》和译者例言。书末附世、英、汉对照排列的各国国名。封面题名：汉译世界语。著者原题：（俄国）柴门合。

　　收藏单位：国家馆

05578

世界语初级讲义　乐嘉煊编

上海：中国世界语函授学社，1932.5，176 页，32 开

上海：中国世界语函授学社，1935.3，改订再版，176 页，32 开

上海：中国世界语函授学社，1936.3，3 版，176 页，32 开

　　本书共 70 课，内容包括：字母及发音、拼音、重音、词的种类、接头语、接尾语、主语与尾语等。

　　收藏单位：重庆馆、国家馆、上海馆、天津馆

05579

世界语初级文法　世界语函授学社编

外文题名：Elementa gramatiko de Esperanto

重庆：世界语函授学社，1940，81 页，36 开

　　本书共 27 章，内容包括：字母和发音、拼音、音节和重音、文法等。

　　收藏单位：重庆馆、国家馆、南京馆、上海馆

05580

世界语丛谈　李泝编

广州市立世界语师范讲习所，1932.8，48 页，32 开

广州市立世界语师范讲习所，1934.2，改订版，90 页，32 开（世界语基本文库）

本书介绍世界语的历史和现状，以及文字构造等。

05581

世界语崔氏教授法 李泺著

出版者不详，[1911—1949]，1 册，32 开

收藏单位：广东馆

05582

世界语发音学 法朗金著 卢剑波译

成都：中华绿星社，1945.6，30 页，32 开（世界语研究室丛书）

收藏单位：南京馆

05583

世界语翻译研究 叶君编

上海：绿叶书店，1936.9，48 页，32 开（世界汇刊 2）

本书分 8 个部分举例讲述世界语翻译问题。曾连载于《世界汇刊》。书末附《讨论世汉翻译的一封信》《TRAKTORO（原文及译文）》《翻译用术语之拟定与诠释》。

收藏单位：国家馆

05584

世界语分类词典 亚克编

重庆：世界语函授学校，1941.10，62 页，32 开

本书分时间、矿物、人体、衣服等 26 类编排。

05585

世界语概论 后觉著

上海：商务印书馆，1926.1，134 页，48 开（百科小丛书 96）

上海：商务印书馆，1930.4，120 页，32 开（百科小丛书）（万有文库 第 1 集 0374）

上海：商务印书馆，1933.4，国难后 1 版，120 页，32 开（百科小丛书）

上海：商务印书馆，1934.7，再版，120 页，32 开（百科小丛书）

本书概述世界语的历史及世界语运动概况。分 17 章，内容包括：世界语是什么、世界语是否需要、世界语有成立底可能吗、那一种语言配作世界语等。卷首有陈兆英的序。

收藏单位：安徽馆、重庆馆、大理馆、大连馆、大庆馆、东北师大馆、广东馆、广西馆、贵州馆、桂林馆、国家馆、河南馆、黑龙江馆、湖南馆、江西馆、辽大馆、辽宁馆、辽师大馆、南京馆、内蒙古馆、宁夏馆、上海馆、首都馆、天津馆、武大馆、西南大学馆、浙江馆

05586

世界语高等文典 孙国璋编纂

外文题名：La plena gramatiko de Esperanto

上海：商务印书馆，1922.12，130 页，25 开

上海：商务印书馆，1928，3 版，130 页，25 开

上海：商务印书馆，1933.7，国难后 1 版，130 页，25 开

收藏单位：广东馆、江西馆

05587

世界语高等新读本 孙国璋编

外文题名：La nova krestomatieto de Esperanto

上海：商务印书馆，1922.12，70 页，32 开

上海：商务印书馆，1923.6，再版，70 页，32 开

上海：商务印书馆，1926.10，3 版，70 页，32 开

本书收录《过大之要求》《一妇人》《副官》《年岁》《艰难文字》《诸名人之思想》等世界语文章。

收藏单位：重庆馆、广东馆、广西馆

05588

世界语高等新读本

外文题名：La nova krestomatieto de Esperanto

北京：国立北京大学出版部，[1922]，61 页，18 开

本书收录《过大之要求》《一妇人》《副官》《年岁》《艰难文字》《诸名人之思想》等世界语文章 66 篇。

收藏单位：浙江馆

05589

世界语函授学校课本　胡愈之　徐耕阡编
上海：出版者不详，1926，1 册，32 开
　　收藏单位：南京馆

05590

世界语汉文模范字典（求解作文两用 正续编）
　钟宪民编
外文题名：Modela vortaro Esperanto-Hin
钟宪民 [发行者]，1933.4，252+78 页，25 开
钟宪民 [发行者]，1936.9，3 版，252+78 页，
25 开
　　本书根据 1932 年出版的 *Plena Vortaro de Esperanto* 编成，收入最新语根。每字诠释力求精确详尽，用法不易明了者，均于文例集中举例说明之。一字有两种拼法者，并揭载之。一字有数解者，前置阿拉伯数字区别之。
　　收藏单位：吉林馆、南京馆、上海馆、浙江馆、中科图

05591

世界语汉文新字典　杭州世界语学社编　王造周　张民权校正
外文题名：Nova vortaro Esperanto-Hina
杭州：浙江印刷公司，1924.2，416 页，48 开
　　本书收字千余个，按笔画顺序检索。
　　收藏单位：吉林馆、南京馆、浙江馆

05592

世界语讲习班课本　E. 帕利佛著
综合书店，1949.1，78 页，36 开
　　收藏单位：广东馆、天津馆

05593

世界语讲义　盛国成编著
上海：东方世界语传播社，1922.12，286 页，
32 开
　　本书分上下两卷。上卷共 71 课，内容包括：字母及读音、拼音、重音读法等；下卷分 4 部分：世界语文规、模范短文、应用文程式、作诗法。自修适用。
　　收藏单位：广西馆、国家馆、湖南馆、辽

大馆、内蒙古馆、首都馆

05594

世界语教科书　（德）鲍雷而著　沈羽编译
上海：中国图书公司，1911.3，82+35 页，32 开，精装
　　本书附详解。

05595

世界语捷径　张锦源编著
广州：文思英文补习学校，1930.4，52 页，32 开（广州文思英文补习学校世界语丛书）
　　本书为世界语课本。共 20 课。
　　收藏单位：国家馆

05596

世界语捷径　钟宪民编著
南京：中国世界语出版社，1932.11，177 页，
24 开
南京：中国世界语出版社，1934.10，3 版，
177 页，24 开
　　本书共 40 课，内容包括：字母发音、字母拼音、音节与重音、词之分类、语根与语尾等。自修教科适用。
　　收藏单位：南京馆、上海馆

05597

世界语论文集　吕蕴儒编
上海：民智书局，1925.11，254 页，32 开（绿叶社丛书）
上海：民智书局，1933.1，2 版，254 页，32 开（绿叶社丛书）
　　本书收录爱罗先珂关于世界语的讲话（周作人、李小峰译）及胡愈之、钱玄同、陈独秀等有关世界语问题的论文 30 余篇，大都选自《新青年》《东方杂志》等刊物。书前有世界语创造者柴门霍甫的像。后附世界语书报之介绍。
　　收藏单位：安徽馆、广东馆、国家馆、上海馆、首都馆、浙江馆

05598

世界语模范文选（华文译注）　钟宪民编译

南京：中国世界语出版社，1933.8，101 页，32 开

　　本书为汉语、世界语对照短篇文选。书末有世界语创造者柴门霍甫致 Borovko 的信。

　　收藏单位：南京馆

05599

世界语全程　盛国成编著

上海：开明书店，1928.9，264 页，32 开

上海：开明书店，1929.5，再版，264 页，32 开

上海：开明书店，1931.2，3 版，290 页，32 开

上海：开明书店，1933.8，4 版，290 页，32 开

上海：开明书店，1937.2，5 版，290 页，32 开

上海：开明书店，1939.4，6 版，290 页，32 开

　　本书共 71 课，内容包括：字母及读音、拼音、主语谓语、补足语、语格之变化、主语及谓语之延长、语根及字之造法、冠词等。书末附录世界语文规、模范短文、应用文程式。教科自修适用。

　　收藏单位：东北师大馆、广东馆、广西馆、国家馆、河南馆、湖南馆、江西馆、南京馆、绍兴馆、首都馆、浙江馆

05600

世界语入门　索非编著

外文题名：Abacolibro de Esperanto

上海：开明书店，1935.8，178 页，32 开

上海：开明书店，1939.2，再版，178 页，32 开

上海：开明书店，1947.1，4 版，178 页，32 开

　　本书分上中下 3 编。上编介绍世界语的发音、组织及文法等；中下两编为世界语课文。在绪论中介绍了世界语的产生及使命。

　　收藏单位：重庆馆、国家馆、河南馆、吉林馆、辽宁馆、南京馆、内蒙古馆、上海馆、首都馆、天津馆、浙江馆

05601

世界语史　（法）柏里华（E. Privat）著　天均译

外文题名：Historio de la lingvo Esperanto

上海：商务印书馆，1931.6，106 页，32 开（百科小丛书）

上海：商务印书馆，1933.4，国难后 1 版，106 页，32 开（百科小丛书）

　　本书是从世界语原文译出的。原书分两卷。第 1 卷讲述世界语的创始及初期的运动；第 2 卷讲述世界语运动发展情况。

　　收藏单位：安徽馆、重庆馆、东北师大馆、广东馆、广西馆、国家馆、河南馆、江西馆、近代史所、辽宁馆、南京馆、宁夏馆、上海馆、天津馆、浙江馆

05602

世界语文法修辞讲话　La Mondo 社编

上海：绿叶书店，1936.3，143 页，32 开（世界汇刊）

　　本书共 4 部分：词类、句子、单字、接头语·接尾语。

　　收藏单位：国家馆、上海馆

05603

世界语文规　疾侵编

上海：出版合作社，1914.6，3 版，64 页，50 开

上海：出版合作社，1928.3，4 版，64 页，50 开

　　本书分读音、辨字、作句 3 章。讲述世界语文规百条，举例为世界语原文。

　　收藏单位：上海馆

05604

世界语问题　一工著

长沙：岳云中学，1930.12，石印本，16 页，16 开

　　本书的另一书名为《（关于世界语问题的）商榷书》，内容系关于世界语的修改意见，由一工提议。

05605

世界语五十年　周庄萍编

上海：世界语者协会，1937.1，83 页，32 开

　　本书主要根据《SAT 年鉴》《VEA 年鉴》《一九三〇及三二年年鉴》，以及日本出版的几种世界语杂志编辑而成。简介中外世界语运动的历史和现状。

　　收藏单位：重庆馆、国家馆、南京馆

05606

世界语新论　徐沫著

外文题名：Teorio de Esperanto

上海：新知书店，1936.5，101 页，32 开（新知丛书 第 1 辑 4）

上海：新知书店，1936.9，再版，101 页，32 开（新知丛书 第 1 辑 4）

　　本书分 6 章：世界语底产生、在实际应用里的世界语、世界语和言语进化、世界语运动及其组织、世界语底基础文法、对照读物。书末附录世界主要世界语团体表、万国世界语大会年表。

　　收藏单位：安徽馆、重庆馆、桂林馆、国家馆、河南馆、吉大馆、内蒙古馆、上海馆

05607

世界语一月通　陈俊卿编

上海：世界语言学社，1936.10，449 页，32 开

　　本书内容包括：字母与发音、基本文法、字之构成、日常语法、日常用语等。书后附实用分类字汇。

　　收藏单位：广东馆、贵州馆、国家馆、河南馆、浙江馆、中科图

05608

世界语语法　冯文洛编

外文题名：Gramatiko Esperanta

重庆：世界语函授学校，1944.4，再版，161 页，32 开

　　本书共 36 章，内容包括：世界语的声音怎样用字母代表、音节是怎样构成的、字素和字是怎样构成的、修饰语、单数和复数、主格和目的格等。

　　收藏单位：重庆馆

05609

世界语运动拉杂记　伍大光著

[广州]：伍大光[发行者]，1928.8，80 页，42 开

　　本书收录有关世界语及作者为推广世界语而写的文章 18 篇。书前有卷头语。

　　收藏单位：广东馆、国家馆、中科图

05610

世界语运动在四川

成都：世界语学会，1933，40 页，32 开

　　本书除介绍世界语在四川的开展情况外，还收录《世界语与中国绘画》《世界语之原素及造字》《成都世界语协会章程》等文章。

　　收藏单位：重庆馆

05611

世界语造句法　V. Varankin 著　卢剑波译

外文题名：Stintakso

成都：中华绿星社，1935.3，29 页，32 开（世界语研究丛书 4）

　　本书分句、句词之连结、句之连结 3 章。

　　收藏单位：国家馆

05612

世界语战时读本

重庆：世界语函授学社，1940，37 页，32 开

　　收藏单位：广东馆

05613

世界语战时读本（讲义）　世界语函授学社编

重庆：世界语函授学社，1940，74 页，32 开，环筒页装

　　本书可与《世界语战时读本》《世界语初级文法》两书配合作自修书用。共 36 课，课后附练习题。

　　收藏单位：国家馆、南京馆

05614

世界语战时读本讲义　世界语函授学社编

外文题名：Komentario por milittempa legolibro

de Esperanto

重庆：世界语函授学社，1943.5，30 页，32 开

　　本书为《世界语战时读本》的中译及注释，专为用该书学习世界语者作讲义之用。共 36 课，课后附练习题。

　　收藏单位：广东馆、贵州馆

05615

世界语中文大辞典　冯文洛编

外文题名：Plena vortaro Esperanta-Cina

重庆：世界语函授学社，1943，7 册（918 页），32 开

重庆：世界语函授学社，1944.8，7 册（918 页），32 开

　　本辞典所收单字比我国以前出版的世界语辞典及英、法、日等国出版的几种世界语辞典都多。书末有补遗、略语表等。供中国世界语者阅读世界语书刊之用。

　　收藏单位：重庆馆、南京馆、上海馆

05616

万国通语论　周辨明编译

上海：商务印书馆，1933.10，106 页，32 开

　　本书分 9 章，内容包括：万国通语是合逻辑的、万国通语的开端、独创语、仿造语等。据 E. Sylvia Pankhurst 所著《国际语之将来》编译而成。

　　收藏单位：安徽馆、重庆馆、东北师大馆、广东馆、广西馆、国家馆、河南馆、湖南馆、辽大馆、辽宁馆、南京馆、内蒙古馆、宁夏馆、上海馆、首都馆、天津馆、浙江馆、中科图

05617

为跌下而造的塔　（苏）爱罗先珂（Василий Яковлевич Ерошенко）著　胡愈之译

外文题名：Turo por fali

上海：绿的书店，[1911—1949]，39 页，50 开（世界语汉译小丛书 2）

　　本书为世界语、汉语对照读物。

05618

为世界语主义的世界语　卢剑波著

成都：中华绿星社，1933，52 页，32 开（自由青年小丛书 第 1 辑 2）

　　本书收录论述世界语同政治的关系的短文 6 篇，均曾刊载于《绿星月刊》。

　　收藏单位：南京馆、上海馆

05619

现代中文世界语辞典　周庄萍　徐文　郑竹逸编

上海：曙光出版社，1935.9，551+[60] 页，48 开，精装

　　本书收录各科专门术语、外来新语、日常用语、各地方言等 42000 条。附录（一）世界语文法要览；（二）接头字一览表；（三）接尾字一览表；（四）相关词表解；（五）略语一览表；（六）国际重要团体名称略语。书前有中文略语表；书末附检字表。

　　收藏单位：广东馆、国家馆、上海馆、浙江馆

05620

新世界语　朝城县合作社指导所编

出版者不详，1932，油印本，1 册，16 开，环筒页装

　　收藏单位：国家馆

05621

袖珍世界语字典　（波）柴门霍甫（Ludwik Lazar Zamenhof）著　沈羽译

上海：土山湾印书馆，1911.3，67 页，50 开

　　本书为世界语创造者柴门霍甫所著字典。著者原题：柴孟河。

05622

英汉双解基本世界语字典　傅振伦编

外文题名：Fundamenta vortaro Esperanta trilingva

上海：民智书局，1927.5，365 页，50 开

　　本书据 Universala Vortaro 和 Unua, Dua oflciala aldono 两书编辑而成。按世界语字母顺序排列。附英文、中文两种解释。

　　收藏单位：国家馆

05623

在战斗的中国　绿川英子作

重庆：世界语函授学社，1945，98 页，46 开

　　本书为世界语学习资料。

　　收藏单位：重庆馆

05624

中国与世界语问题　黄尊生著

上海：上海世界语学会，1929.5，55 页，50

开（世界语小丛书 第 1 种）

　　本书收录 1925 年至 1928 年著者相继在

广东省教育会、广东大学、暨南大学等处的

演讲辞。讲述世界语自 1887 年创始以来，在

世界各国的发展情况，以及中国推广世界语

的意义和现状。

　　收藏单位：国家馆

05625

注释世界语文选（第一辑）　世界语者协会选

辑

上海：世界语者协会，1949，96 页，32 开

　　收藏单位：国家馆、吉林馆、内蒙古馆

题名首字汉语拼音检索表

(按题名首字汉语拼音音序排列，对应页码为题名索引页码)

M

ma

N

na

题名索引

（按题名首字汉语拼音音序排列，题名尾部五位数码即该书的顺序号）

F

fa

fan

H

hai

O

ou

P

pa

pai

pan

pian

piao

ping

po

pu

yong

you

Z

za